SolidWorks® Office Premium 2008

Teoria e Prática no Desenvolvimento de Produtos Industriais

Plataforma para projetos CAD/CAE/CAM

Seja Nosso Parceiro no Combate à Cópia Ilegal

A cópia ilegal é crime. Ao efetuá-la, o infrator estará cometendo um grave erro, que é inibir a produção de obras literárias, prejudicando profissionais que serão atingidos pelo crime praticado.

Junte-se a nós nesta corrente contra a pirataria. Diga não à cópia ilegal.

Seu Cadastro É Muito Importante para Nós

Ao preencher e remeter a ficha de cadastro constante no final desta publicação, você passará a receber informações sobre nossos lançamentos em sua área de preferência.

Conhecendo melhor nossos leitores e suas preferências, vamos produzir títulos que atendam suas necessidades.

Obrigado pela sua escolha.

Fale Conosco!

Eventuais problemas referentes ao conteúdo deste livro serão encaminhados ao(s) respectivo(s) autor(es) para esclarecimento, excetuando-se as dúvidas que dizem respeito a pacotes de softwares, as quais sugerimos que sejam encaminhadas aos distribuidores e revendedores desses produtos, que estão habilitados a prestar todos os esclarecimentos.

Os problemas só podem ser enviados por:

1. E-mail: producao@erica.com.br

2. Fax: (11) 6197.4060

3. Carta: Rua São Gil, 159 - Tatuapé - CEP 03401-030 - São Paulo - SP

Eng. Arivelto Bustamante Fialho

SolidWorks® Office Premium 2008

Teoria e Prática no Desenvolvimento de Produtos Industriais - Plataforma para projetos CAD/CAE/CAM

1ª Edição

São Paulo
2008 - Editora Érica Ltda.

Dados Internacionais de Catalogação na Publicação (CIP)
(Câmara Brasileira do Livro, SP, Brasil)

Fialho, Arivelto Bustamante
SolidWorks Office Premium 2008: Teoria e Prática no Desenvolvimento de Produtos Industriais: plataforma para projetos CAD/CAE/CAM / Arivelto Bustamante Fialho. -- 1. ed. -- São Paulo: Érica, 2008.

Bibliografia.
ISBN 978-85-365-0193-2

1. Computação gráfica. 2. Design de engenharia - Programas de computador. 3. Projetos auxiliados por computador. 4. SolidWorks. I. Título.

08-00972 CDD-604.202855369

Índices para catálogo sistemático
1. SolidWorks: Desenvolvimento de produtos industriais: Computadores: Programas: Tecnologia 604.202855369

Editora Érica Ltda.
Rua São Gil, 159 - Tatuapé
CEP: 03401-030 - São Paulo - SP
Fone: (11) 2295-3066 - Fax: (11) 6197-4060
www.editoraerica.com.br

Fabricante

Produto: **SolidWorks® Office Premium 2008**

Fabricante: **SolidWorks Corporation**

Site: **www.solidworks.com**

Rua Iguatemi, 448

São Paulo - SP - 01451-010 - Brasil

Fones: (11) 3186-4150 ou 0800-772-4041

Requisitos de Hardware e de Software

Hardware

- Intel® Pentium® IV, Intel Xeon® ou AMD Opteron, 3 GHz ou superior;
- 512 MB RAM mínimo requerido (1 GB ou superior recomendado);
- 10 GB de espaço livre em disco;
- Placa de vídeo 1024 x 768 VGA com True Color (mínimo);
- Mouse, TrackBall ou outro dispositivo de apontamento;
- Leitor de DVD;
- Modem e acesso à Internet.

Software

- Microsoft® Windows® XP (Professional SP1 e SP2) ou Windows Vista;
- Software SolidWorks Office Premium 2008.

Sobre o Material Disponível na Internet

O material disponível no site da Editora Érica (www.editoraerica.com.br) contém todos os arquivos dos exercícios passo a passo e dos exercícios propostos (arquivos PRT, SLASM) desenvolvidos no livro.

Para utilizar os arquivos, é necessário que você possua os requisitos citados na página 5 instalados em sua máquina.

Arquivo	Tamanho
Exerc_1.EXE	5.05 KB
Exerc_2.EXE	4.43 KB
Exerc_3.EXE	3.44 KB
Exerc_4.EXE	2.57 KB

Arquivo	Tamanho
Exerc_5.EXE	3.89 KB
Exerc_6.EXE	3.68 KB
Exerc_7.EXE	5.28 KB

Procedimento para Download

Acesse o site da Editora Érica: www.editoraerica.com.br. A transferência dos arquivos disponíveis pode ser feita de duas formas:

- *Por meio do módulo pesquisa.* Localize o livro desejado, digitando palavras-chave (nome do livro ou do autor). Aparecerão os dados do livro e os arquivos para download. Dê um clique sobre cada arquivo executável que será transferido.
- *Por meio do botão "Download".* Na página principal do site, clique no item "Download". Será exibido um campo, no qual devem ser digitadas palavras-chave (nome do livro ou do autor). Serão exibidos o nome do livro e os arquivos para download.

Procedimento para Descompactação

Primeiro passo: após ter transferido os arquivos para sua máquina, verifique o diretório em que se encontram e dê um duplo-clique sobre cada arquivo. Será exibida uma tela do programa WinZip Self-Extractor que o conduzirá ao processo de descompactação. Abaixo da opção Unzip to Folder, existe um campo que indica o destino dos arquivos que serão copiados para o disco rígido do seu computador.

C:\SolidWorks Office Premium 2008

Segundo passo: prossiga a instalação, clicando no botão Unzip, o qual se encarrega de descompactar os arquivos. Logo abaixo dessa tela, aparece a barra de status, a qual monitora o processo para que você acompanhe. Após o término da descompressão, outra tela de informação surgirá, indicando que os arquivos foram descompactados com sucesso e estão no diretório indicado. Para sair dessa tela, clique no botão OK. Para finalizar o programa WinZip Self-Extractor, clique no botão Close.

Dedicatória

A todo aquele que, ao buscar a informação e o conhecimento que engrandecem o ser, enriquecem a alma e transformam uma nação, tem a consciência de que o único valor que realmente levamos de nossa existência é, tão-somente, a consciência adquirida com a informação, o conhecimento e a experiência, pois somos nós que definimos a cada dia o tamanho de nossa única bagagem;

A meus pais e familiares;

A Maria Cecília Bazzotti, luz de minha vida e amada companheira;

A todas as demais pessoas importantes em minha vida;

A meu querido, bondoso e paciente Anjo Tutelar.

Agradecimentos

Gostaria de expressar meus mais sinceros agradecimentos a todo o corpo de profissionais da Editora Érica pelo reconhecimento de meu trabalho e, portanto, interesse em publicá-lo;

Especialmente à gerente de produção Rosana Arruda, à Rosana Aparecida pela editoração do livro, ao Pedro Paulo e ao Maurício França por mais esta capa, como também de meus cinco livros anteriores. A esse time de excelentes profissionais meu mais afetuoso agradecimento;

Principalmente a Deus, o grande Senhor da Luz que habita em cada um de nós e que, amorosamente, a cada dia, presenteia-nos com infinitas possibilidades de aprendizado;

Minha dívida de eterna gratidão ao querido casal de amigos Nilo e Cristiane, diretores da Max 3D, representante da SolidWorks Brasil, pelo carinho e oportunidade profissional do aprendizado que muito contribuiu para a criação desta obra.

"Aquele que semeia saiu a semear, e enquanto semeava, parte da semente caiu pelo caminho; e os pássaros vieram e comeram-na; outra parte caiu sobres as pedras, onde havia pouca terra, e logo nasceu, porque o terreno não tinha profundidade; mas o sol queimou-as, e como não tinha raízes, secou logo; outra caiu entre espinhos, e os espinhos, crescendo, abafaram-na; outra, enfim, caiu em bom lugar, e produziu, havendo grãos que deram cem por um, outros sessenta por um, e outros trinta. Quem tiver ouvidos de ouvir, ouça."

(S. Matheus, Cap. XIII, vv. 1 a 9.)

(MT 13, 3b-9)

Índice Analítico

Prefácio

O surgimento do paradigma da informática tornou-se um marco na história da humanidade, inserindo-se de um modo tal quais a eletricidade, o telefone convencional e hoje a telefonia celular, e muitas outras invenções e descobertas recentes, que é quase impossível imaginarmos o mundo sem essas ferramentas, principalmente quando vemos pela prática a eficácia de sua aplicação.

Os anos de 1970 trouxeram ao mundo, além de grandes movimentos culturais, grandes disputas entre companhias que buscavam aplicações científicas ao novo paradigma das máquinas capazes de substituir o homem no exaustivo processo de equacionamentos matemáticos e astronômicos usados na corrida armamentista e espacial. Foi quando a Hewllet-Packard, uma dessas grandes e promissoras companhias, apresentou sua interface gráfica para aplicações em engenharia, ou seja, os primeiros softwares CAD, que permitiram ao engenheiro de projetos projetar e visualizar seus componentes em diferentes vistas, bem como modificá-los e dimensioná-los. Concomitantemente às interfaces gráficas foram desenvolvidos softwares para análises estruturais, dando início às tecnologias CAE.

Na década seguinte, as tecnologias CAD e CAE se difundiram pelo mundo como ferramentas de trabalho de alguns segmentos industriais muito específicos, como as indústrias automotiva, aeronáutica e aeroespacial, pois seu custo era relativamente elevado e as interfaces ainda não eram muito amigáveis, principalmente no que se referiam às aplicações CAE, que somente um seleto grupo de engenheiros e pesquisadores conseguia entender e aplicar a ferramenta devidamente.

Os anos que se seguiram, até os dias de hoje, têm sido marcados por uma verdadeira concorrência de plataformas gráficas CAD/CAE em que o profissional de projetos não apenas concebe o design, mas também o analisa, simulando condições reais de funcionamento e até situações extremas, utilizando os mais avançados algoritmos e, em alguns casos, dependendo do software, é claro, sem precisar ser um especialista em engenharia avançada. Este é o caso da SolidWorks Corporation que tem trazido ao mercado mundial de aplicações industriais, a cada ano, uma nova versão desse incrível conjunto de ferramentas CAD/CAE 3D paramétrico bidirecional SolidWorks Office Premium que é, sem dúvida, hoje, a mais completa e amigável plataforma gráfica para criação e validação de projetos. Além, é claro, da relação custo/benefício que, frente ao ferramental oferecido, principalmente concernente ao CAE que possibilita simulações e análises por elementos finitos com o COSMOSWorks Designer e simulações e análises cinemáticas e dinâmicas com o COSMOSMotion, mostra-se de custo bastante aprazível, sem contar a reduzida curva de aprendizagem.

Esta obra está estruturada em 14 capítulos ricamente ilustrados e direcionados ao público que deseja aprender a usar o SolidWorks Office Premium como ferramenta de trabalho, ou até mesmo como livro-texto em cursos.

Sem ter a pretensão de esgotar o assunto, apresenta um enfoque prático do ferramental destinado a modelagem de peças, chapas, moldes de injeção, montagens ascendente e descendente, simulações com COMOSXpress e COSMOSFloXpress, renderização PhotoWorks e criação de layouts de plotagem.

Além disso, em quase todos os capítulos foram inseridos, ao final, uma lista de exercícios resolvidos passo a passo, questões de revisão e exercícios propostos que possibilitam a fixação do conteúdo. Os modelos gerados nos exercícios passo a passo e propostos podem ser obtidos por download no site da Editora.

Desejo ao leitor um excelente estudo e um ótimo aprendizado.

O autor

Sobre o Autor

Graduado em Engenharia Mecânica - UNISINOS em São Leopoldo, RS.

Especialista em Mecânica dos Sólidos - PROMEC/UFRGS em Porto Alegre, RS.

Ex-professor do curso de Automação Industrial da Escola Técnica Mesquita em Porto Alegre, RS.

Autor dos livros publicados pela Editora Érica:

- Automação Hidráulica - Projetos, Dimensionamento e Análises de Circuitos, 2002
- Instrumentação Industrial - Conceitos, Aplicações e Análises, 2002
- Automação Pneumática - Projetos, Dimensionamento e Análises de Circuitos, 2003
- AutoCAD 2004 - Teoria e Prática 3D no Desenvolvimento de Produtos Industriais, 2004
- Pro/Engineer Wildfire 3.0 - Teoria e Prática 3D no Desenvolvimento de Produtos Industriais, 2007

1

Esboços 2D para a Criação de Modelos

1.1. Introdução

Bem-vindo ao SolidWorks **2008**!

Com base no que temos estudado sobre essa plataforma CAD/CAE, bem como ministrando cursos, podemos afirmar, sem sombra de dúvidas, que o SolidWorks é atualmente o melhor, o mais completo, de interface amigável e intuitivo software paramétrico bidirecional CAD/CAE do mercado.

Suas mais recentes versões, que objetivam cada vez mais a produtividade e aliam ferramentas de análises avançadas, como é o caso do COSMOS, têm permitido às empresas que o adotam um verdadeiro crescimento qualitativo e quantitativo.

A prática tem demonstrado também que a curva de aprendizado dessa plataforma CAD/CAE, em comparação com as concorrentes similares do mercado, é bem menor, o que comprova a afirmação com relação à interface amigável e intuitiva.

O SolidWorks é um software totalmente paramétrico, isto é, permite que o projeto seja totalmente modelado em 3D, peça a peça, e por simples comandos gerar as vistas 2D com todos os detalhes construtivos necessários. Sua natureza paramétrica possibilita grande economia de tempo, pois como o sistema cria associações entre os modos 3D e 2D, qualquer alteração no modelo é automaticamente gerada nas vistas, cortes 2D e montagens, bem como qualquer modificação dimensional no desenho final é refletida na montagem e na peça (capacidade associativa bidirecional).

Com relação ao COSMOS, Figura 1.1, ferramenta para análise CAE integrada ao SolidWorks Premium e que permite ao projetista aplicar os mais avançados algoritmos em análises por elementos finitos (FEA) e assim validar seus projetos, a SolidWorks conseguiu tornar uma ferramenta, antes somente manipulada por grandes especialistas da engenharia aplicada, acessível ao projetista que não possui alto nível de conhecimento. É claro que isso não o isenta de buscar um aprendizado um pouco mais profundo sobre as várias questões importantes e observações necessárias ao correto uso dos recursos dessa ferramenta, por se tornar um usuário desse recurso avançado.

Iniciamos o estudo com o aprendizado das inúmeras ferramentas e comandos para a composição dos esboços 2D, que servirão de base para os primeiros recursos na geração de um modelo. Os próximos capítulos prosseguem o estudo e a aplicação de ferramentas de nível médio e avançado.

1.2. Acesso ao SolidWorks Office Premium

Com o software SolidWorks Office Premium instalado no sistema, há duas formas possíveis de acessá-lo. A primeira é pelo comando Iniciar, localizado no canto inferior esquerdo da tela e que dá acesso ao menu principal e secundário do Windows. Ao abrir o menu, selecione na opção Programas a pasta SolidWorks 2008, que acessa o ícone de abertura do programa. A outra forma é pelo atalho criado na tela, visualizado no canto direito, durante o processo de instalação.

Ao abrir o programa, a tela de entrada do SolidWorks Office Premium apresenta ao fundo a logomarca do SolidWorks e à direita, o **Painel de tarefas** que dá acesso aos **Recursos do SolidWorks**, à **Biblioteca de projetos**, ao **File Explorer** e à **Palheta de vistas**. Para isso, basta alternar a seleção clicando em cada uma das guias exibidas no canto direito da tela, Figura 1.1.

A plataforma SolidWorks CAD 3D paramétrica bidirecional está dividida basicamente em três modos de trabalho, sendo **modo Peça**, **modo Montagem** e **modo Desenho**, em que são criados os detalhamentos nos formatos normalizados para a impressão final.

No tempo das pranchetas, era costume o profissional iniciar um projeto a partir de um estudo em que desenhava em primeiro lugar o conjunto montado, para posteriormente gerar os desenhos de cada componente e detalhá-los. Já as plataformas CAD trabalham com os conceitos de projeto ascendente, em que primeiramente se gera o esboço do componente, depois o componente, os subconjuntos, os conjuntos e por fim a formatação e os detalhamentos finais.

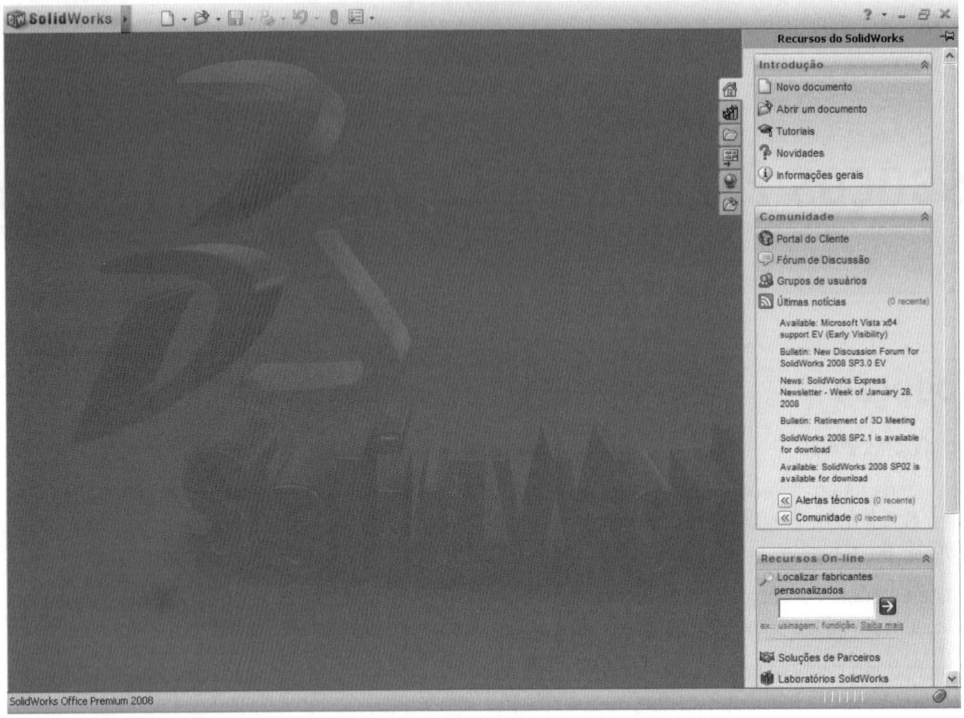

Figura 1.1 - Tela de entrada do SolidWorks Office Premium 2008.

1.3. O Ambiente de Esboço

Todos os modelos gerados originalmente no SolidWorks surgem a partir de esboços elaborados em determinados planos de trabalho. Esses esboços podem ser do tipo bidimensional 2D ou tridimensional 3D, seguidos de aplicação de recursos como protrusão, filetes, chanfros, arredondamentos, furos, inclinações etc.

1.3.1. O Modo Peça

Para criar o esboço de um componente, é necessário entrar no modo de trabalho **Peça**. Clique no comando **Novo** localizado no canto esquerdo superior, na barra de ícones horizontal, como mostra a Figura 1.2, ou pressione (**Ctrl+N**). É então exibida a caixa de diálogo **Novo documento SolidWorks**, Figura 1.3.

Figura 1.2 - Comando Novo.

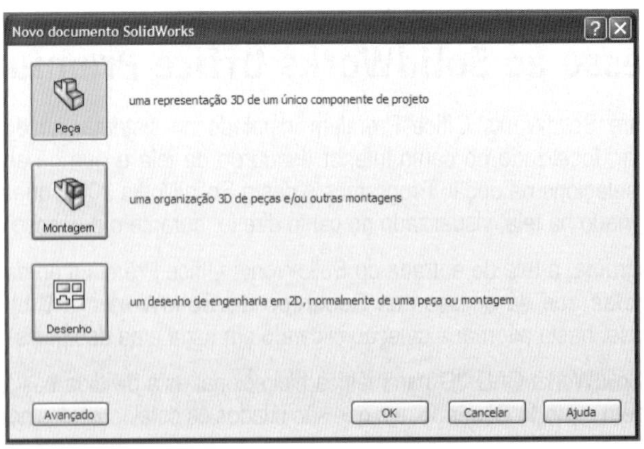

Figura 1.3 - Caixa de diálogo Novo documento SolidWorks - configuração iniciante.

Observe que a caixa de diálogo apresenta alguns comandos de interesse. O botão de comando **Avançado**, por exemplo, dá acesso a uma configuração mais avançada da caixa de diálogo, Figura 1.4. Já a configuração, como indica a Figura 1.3, exibe ícones e explicações relacionadas aos documentos da peça, montagem e desenho.

A guia **Tutorial**, na configuração avançada, dá acesso aos templates de tutorial do SolidWorks. Se um desenho for aberto a partir do ambiente de tutorial, será exibido um template de tutorial com as unidades apropriadas, as orientações de vista etc.

Os três botões dispostos na horizontal permitem configurar a exibição dos ícones dentro da janela das guias Templates e Tutorial, Figura 1.5.

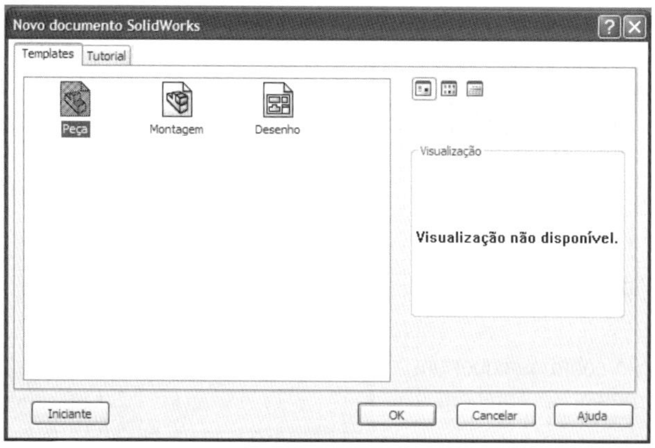

Figura 1.4 - Caixa de diálogo Novo documento SolidWorks - configuração avançada.

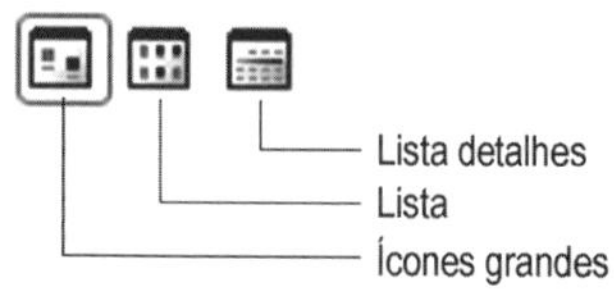

Figura 1.5 - Botões de configuração.

1.3.2. Configurações para Criar Esboços 2D

Para criar um esboço 2D, selecione na guia **Templates** a opção **Peça** e clique no botão de comando **OK**. Será aberta a área gráfica para criação de esboço e peça, Figura 1.6.

A Figura 1.6 ilustra algumas indicações de barras de ferramentas, árvore de projetos, origem etc.

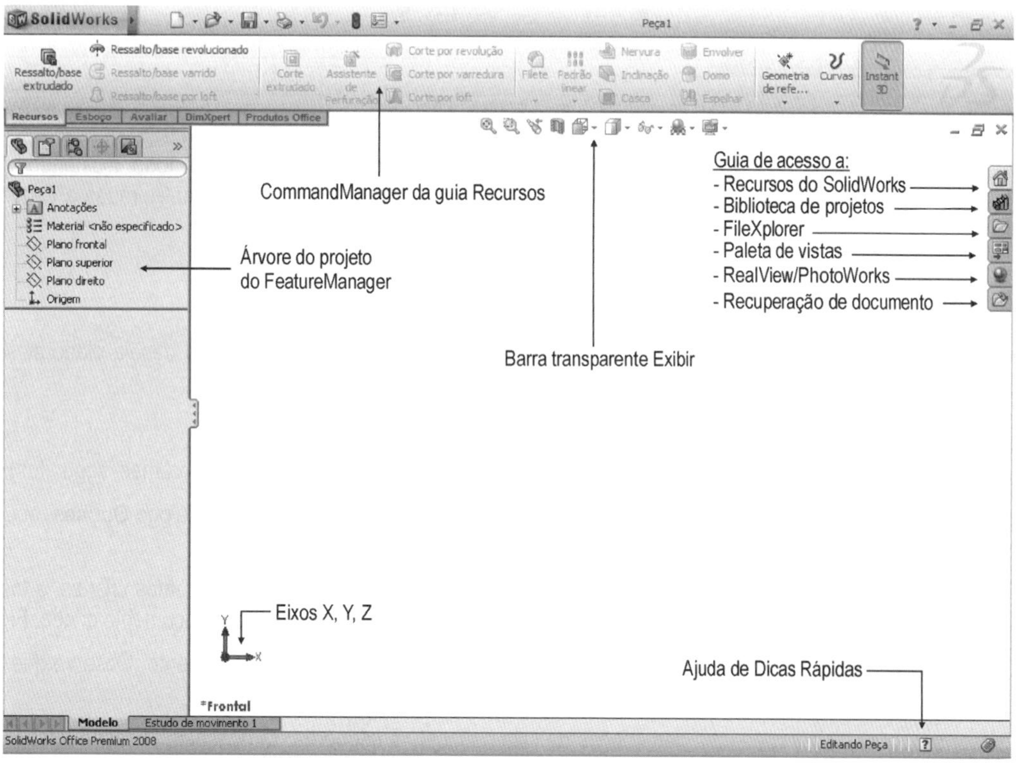

Figura 1.6 - Ambiente de esboço.

A configuração de exibição de barras de ferramentas disposta na tela pode ser modificada conforme a necessidade por meio da caixa de diálogo **Personalizar**, que é acessada pelo menu *drop-down* **Ferramentas**.

1.3.2.1. Personalizar Barras de Ferramentas

Abra o menu *drop-down* **Ferramentas** e selecione o comando **Personalizar**. Aparece na tela a caixa de diálogo de mesmo nome.

Note que a caixa exibe cinco guias de seleção:

- **Barra de ferramentas** - possui uma janela de cursor deslizante que apresenta uma lista de todas as barras de ferramentas disponíveis no SolidWorks com suas respectivas *checkboxes* para ativação, além da possibilidade de configurá-las para exibição também no CommandManager.
- **Comandos** - permite selecionar comandos por ordem de categoria, arrastá-los e inseri-los em barras de ferramentas específicas.
- **Menus** - possibilita editar e modificar as configurações dos menus *drop-down*.
- **Teclado** - permite obter rapidamente informação sobre qualquer um dos comandos dispostos nas barras de ferramentas. Também é possível pesquisá-los por categoria.
- **Opções** - personaliza atalhos, menus, teclado e fluxo de trabalho.

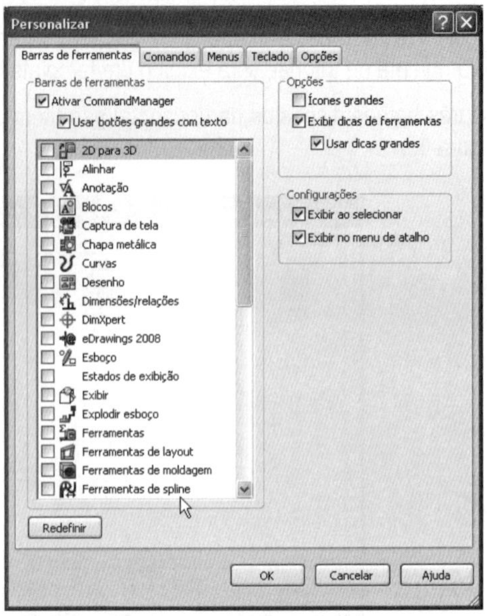

Figura 1.7- Caixa de diálogo Personalizar.

1.3.2.2. O CommandManager

O **CommandManager** constitui uma barra de ferramentas sensível ao contexto de trabalho. Cada vez que o usuário ativa um comando de uma determinada barra de ferramentas, o CommandManager atualiza-se com os comandos dessa barra. Na Figura 1.8 é possível ver os comandos da barra de ferramentas de **Recursos** dispostas ao longo do CommandManager.

Figura 1.8 - CommandManager.

Diferente da versão anterior, nesta versão 2008 o CommandManager permanece acessível o tempo todo, ajustando-se ao contexto de qualquer das barras de ferramentas utilizadas, ou pela ativação das guias de acesso rápido enfileiradas a esquerda, em sua borda inferior.

1.3.2.3. Opções de Sistema e Propriedades do Documento

O CAD paramétrico SolidWorks permite ao usuário definir sob qual padrão de dimensionamento deseja elaborar seus projetos. Assim é possível configurá-lo para trabalhar de acordo com uma das seguintes normas técnicas:

ANSI, **DIN**, **ISO**, **JIS**, **BSI**, **GOST** e **GB**.

No Brasil, costumamos utilizar a padronização **ISO** com o sistema de unidades **MMGS** (milímetros, gramas, segundos).

Para configurar o documento de trabalho, acesse **Ferramentas** → **Opções**. É exibida a caixa de diálogo **Opções**, que mostra duas guias de configuração, sendo **Opções do sistema** e **Propriedades do documento**.

Modificadas as configurações da guia **Opções do sistema**, elas são válidas para todos os documentos criados, a todo o sistema. Já as configurações definidas na guia **Propriedades do documento** são válidas somente para o documento criado, Figura 1.9.

Clique na guia **Propriedades do documento** para acessar as opções de configuração do documento. Observe que por default o *Padrão de dimensionamento* é definido como **ISO**, Figura 1.10.

Posicione o cursor do mouse sobre cada uma das opções da lista na janela à esquerda; *Dimensões, Notas, Balões, Setas, Pontos virtuais, Exibição de anotações, Fonte das anotações etc.*

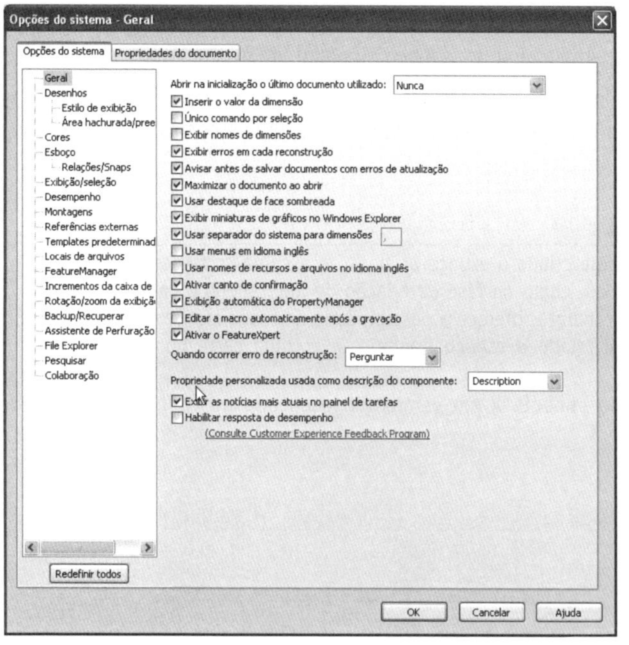

Figura 1.9 - Guia Opções do sistema.

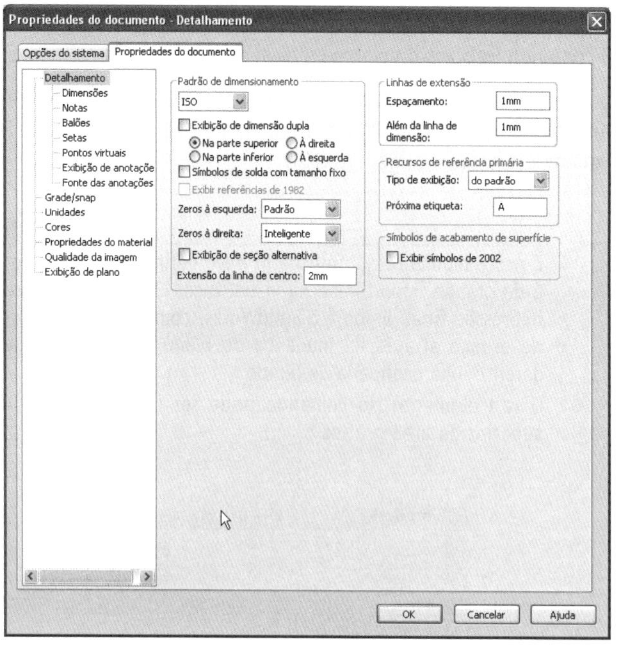

Figura 1.10 - Guia Propriedades do documento.

Note que a cada uma delas aparecem, na área ao lado, todas as possibilidades de configuração referentes à opção selecionada.

Selecione a opção *Unidades* e verifique se o *Sistema de unidades* está configurado em **MMGS** e a área *Unidades de comprimento* em duas casas decimais. Ainda é possível, pela opção *Personalizar*, modificar as unidades de comprimento, propriedades de massa e seção.

Terminadas as configurações, clique em **OK** para sair.

1.3.3. A Barra-Padrão de Ferramentas de Esboço

Os comandos seguintes fazem parte da Barra-padrão de ferramentas de **esboço** que, como citado, pode ser ativada pelo menu *drop-down* **Ferramentas → Personalizar → Barra de ferramentas → Esboço**.

Na barra-padrão exibida na Figura 1.11, são mostrados apenas alguns dos comandos disponíveis no SolidWorks para a geração de esboços de geometrias. O usuário pode acessar os demais comandos pelo menu *drop-down* **Ferramentas** nas seguintes opções:

- Entidades de esboços
- Configurações de esboço
- Blocos
- Feramentas de splines

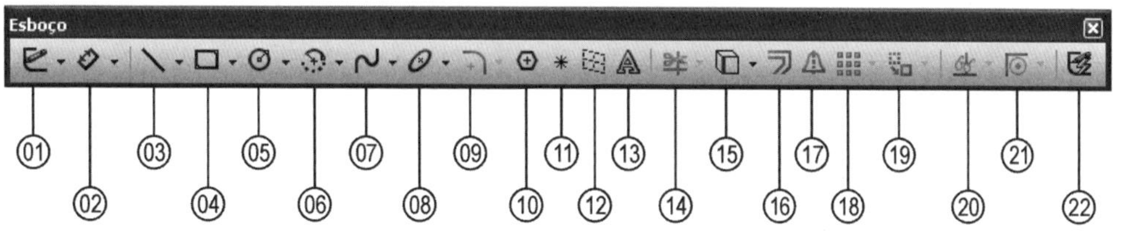

1. Esboço
2. Dimensão inteligente
3. Linha
4. Retângulo de canto
5. Círculo
6. Arco de ponto central
7. Spline
8. Elipse
9. Esboçar filete
10. Polígono
11. Ponto
12. Plano
13. Texto
14. Aparar entidades
15. Converter entidades
16. Offset de entidades
17. Espelhar entidades
18. Padrão de esboço linear
19. Mover entidades
20. Exibir/excluir relação
21. Snaps rápidos
22. Esboço rápido

Figura 1.11 - Barra-padrão de ferramentas de esboço.

1.3.3.1. Comando Esboço

O comando **Esboço** dá acesso efetivo ao ambiente de esboço. Ele permite criar um esboço ou editar um existente.

Quando selecionado, exibe uma tela contendo ao centro os três planos de projeção padrão, sendo o plano frontal, representado pelo retângulo maior, e os planos superior e direito, exibidos como duas linhas ortogonais que se cruzam ao centro do plano frontal, exatamente sobre a origem (0,0,0).

Nota

É neste momento que o usuário deve definir o plano em que será criado o esboço primário. A escolha certa desse plano é de grande importância na visualização 3D de seu modelo, bem como na fase da criação de montagens e desenho de impressão final. Embora o SolidWorks, como será visto posteriormente, ofereça a possibilidade de reposicionar o modelo no espaço através da mudança do plano original em que foi criado o esboço primário, a escolha certa no princípio garante uma economia de tempo.

O cancelamento do comando pode ser feito pressionando o símbolo **X** em vermelho, localizado no canto direito superior da área gráfica.

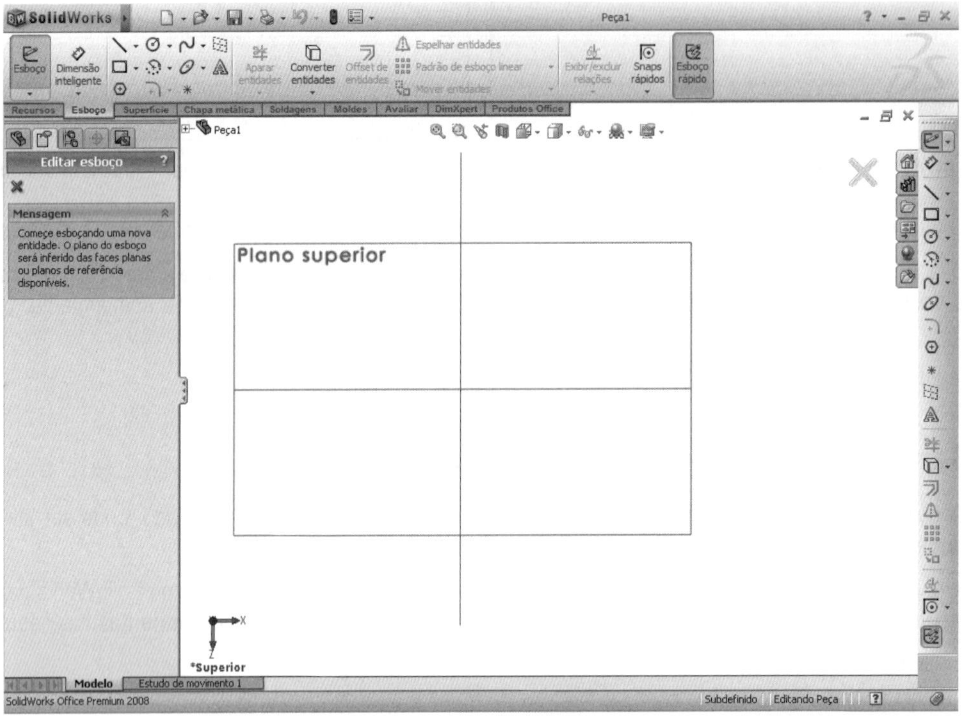

Figura 1.12 - Tela de entrada do ambiente de esboço.

1.3.3.2. Comando Ponto

O comando **Ponto** permite localizar um ponto de esboço na área gráfica. Quando o comando é ativado, aparece no lugar do cursor do mouse um pequeno símbolo em forma de um lápis amarelo posicionado a 45°, apontando para cima e tendo mais abaixo um pequeno asterisco azul.

Para fixar o ponto no local desejado, basta pressionar o botão esquerdo do mouse. Note que a ferramenta permanece ativa, esperando o próximo ponto. Isso ocorre até que seja pressionada a tecla **ESC**.

Figura 1.13 - Comando Ponto.

O comando Ponto é uma importante ferramenta de auxílio na criação de esboços e seus dimensionamentos.

1.3.3.3. Comando Linha

O comando **Linha** desenha uma linha reta em qualquer direção. Quando o comando é acionado, um pequeno traço de linha é exibido paralelo ao lápis. Observe que, após o ponto inicial da linha, ao movimentar o cursor, aparece junto a este a informação referente ao comprimento e ao ângulo da linha. Depois do próximo ponto, o cursor permanece preso a este por uma linha elástica.

Para encerrar o comando, clique na tecla **ESC** ou no botão direito do mouse para abrir o menu de atalho e escolha **Selecionar**.

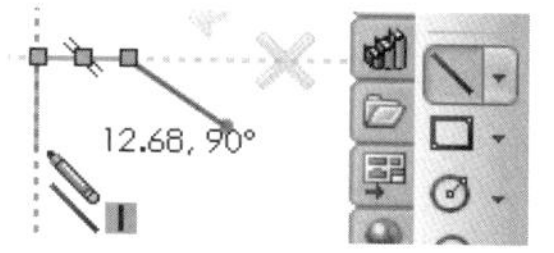

Figura 1.14 - Comando Linha.

1.3.3.4. Comando Retângulo

Essa nova versão do SolidWorks uma interessante modificação no processo de criação de retângulos ou quadrados foi inserida. Agora, ao pressionar o comando **Retângulo** é aberto a esquerda da área gráfica um **PropertyManager** com as diferentes possibilidades de criação da geometria, e clicando na pequena seta junto ao comando, uma peque lista *drop-down*, para acesso rápido ao tipos de construções da geomeria é mostrada, Figura 1.16. Uma das novidades incorporadas é criação da geometria a partir de um ponto central.

Quando qualquer uma das alternativas do comando é acionada, um pequeno retângulo surge próximo à parte inferior do lápis.

Observe que, ao deslizar o mouse na diagonal para definir o segundo vértice (vértice oposto), os valores referentes às coordenadas x e y são exibidos e atualizados dinamicamente, definindo as dimensões de largura e de altura do retângulo. O comando **Paralelogramo**, antes separado, foi inserido juntamente ao comando **Retângulo**.

O comando permanece ativo até que seja acionada a tecla **ESC** ou o comando **Selecionar**, no menu de atalhos.

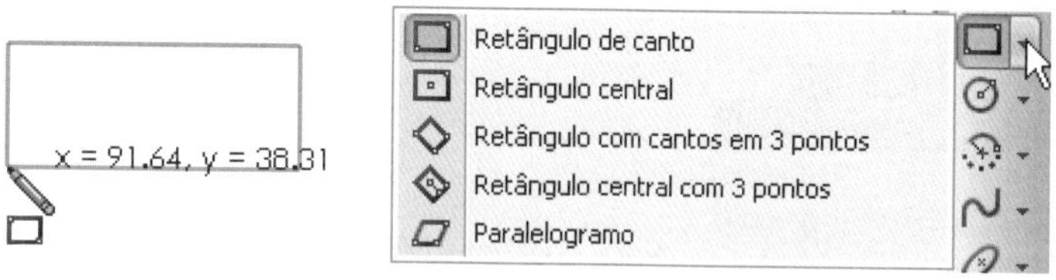

Figura 1.15 - Comando Retângulo com variações e Paralelogramo.

1.3.3.5. Comando Polígono

Ele cria polígonos eqüiláteros com qualquer número de lados, entre três e 40 lados.

É acessado pela Barra de ferramentas **Esboço** ou pelo menu *drop-down* **Ferramentas** → **Entidades de esboço** → **Polígono**. Quando acionado, ativa ao canto esquerdo da tela o **PropertyManager de Polígono**, em que:

Opções

- **Para construção** - essa *checkbox*, quando ativada, cria o polígono como linha de construção.

Parâmetros

- **Número de lados** - define o número de lados do polígono. Um polígono pode ter de três a 40 lados.
- **Círculo inscrito** - exibe um círculo inscrito dentro do polígono para definir o tamanho do polígono. O círculo é uma geometria de construção.
- **Círculo circunscrito** - mostra um círculo circunscrito fora do polígono para definir o tamanho do polígono. O círculo é uma geometria de construção.
- **Coordenada X do centro** - expõe a coordenada X do centro do polígono.
- **Coordenada Y do centro** - exibe a coordenada Y do centro do polígono.
- **Diâmetro do círculo** - mostra o diâmetro do círculo inscrito ou circunscrito.
- **Ângulo** - indica o ângulo de rotação.
- **Novo polígono** - permite criar outro polígono.

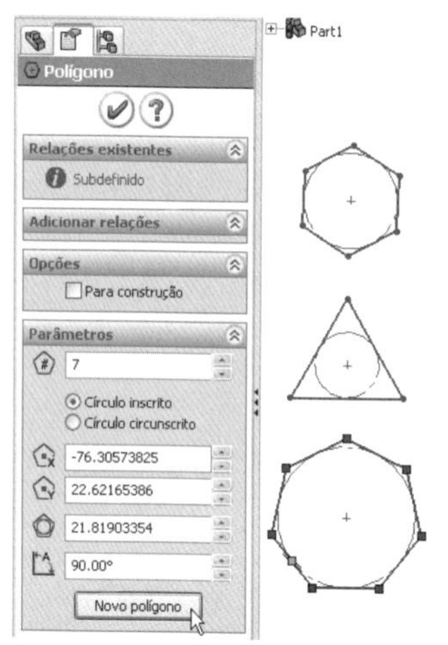

Figura 1.16 - Comando Polígono.

Nota

Não é possível adicionar relações a polígonos, entretanto é possível adicionar relações a pontos e linhas de polígonos.

1.3.3.6. Comando Círculo

O comando **Círculo** permite criar círculos com base em seu centro ou em seu perímetro. Quando acionado, exibe no canto esquerdo da tela o **PropertyManager** de **Círculo** com os dois parâmetros possíveis para o esboço, Figura 1.17.

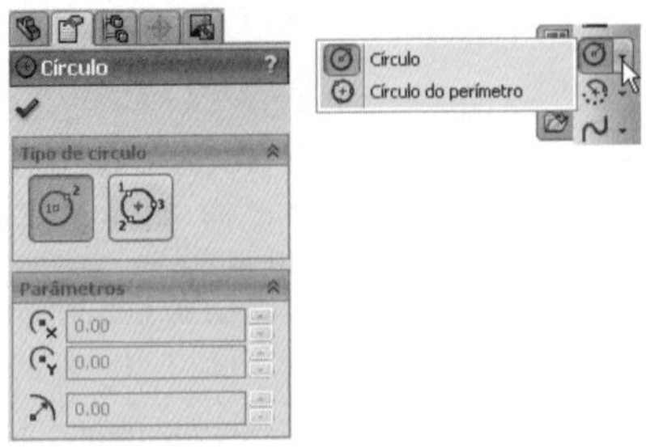

Figura 1.17 - Comando Círculo e configuração de parâmetros.

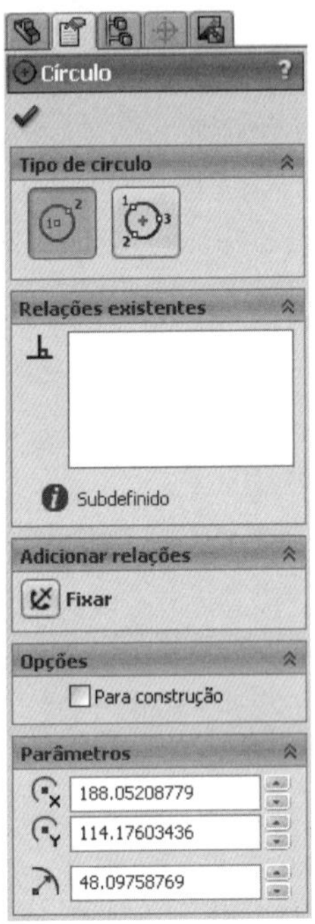

Figura 1.18 - PropertyManager de Círculo.

Para criar um círculo, defina um dos dois parâmetros e em seguida clique na área gráfica. Neste momento o **PropertyManager** de **Círculo** assume a forma ilustrada na Figura 1.18, exibindo outras opções de configuração.

Relações existentes - exibe relações inferenciadas durante o esboço ou criadas manualmente com o comando *Adicionar relações*.

Adicionar relações - permite adicionar relações à entidade selecionada. A lista mostra somente as relações possíveis à entidade. Nesse caso, a relação **Fixar**.

Opções - converte a entidade em linha **Para construção**.

Parâmetros - especifica qualquer combinação apropriada dos seguintes parâmetros para definir o círculo, se ele não for restringido por relações. Essas opções só estão disponíveis para o parâmetro **Criação do centro**.

- **Coordenada X do centro** - distância X em relação à origem.
- **Coordenada Y do centro** - distância Y em relação à origem.
- **Raio** - raio do círculo.

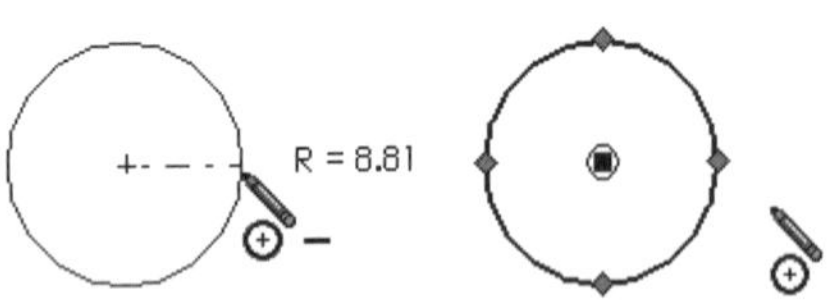

Figura 1.19 - Círculo por Criação do centro.

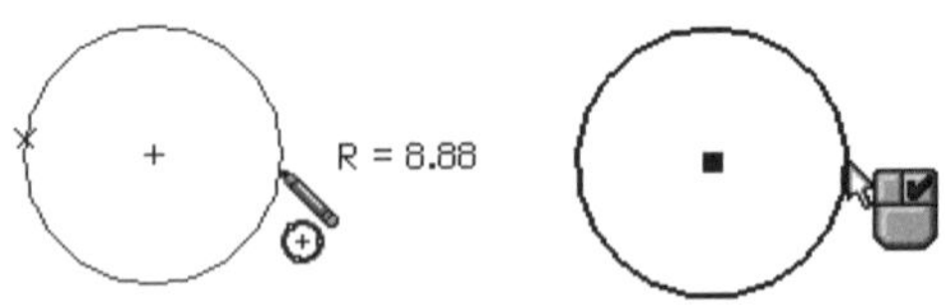

Figura 1.20 - Círculo por Criação do perímetro.

1.3.3.7. Comando Arco de Ponto Central

O comando **Arco de ponto central** cria arcos com base em seu centro, deslizando o mouse para definir seu ponto de início e de finalização, Figura 1.21.

Depois de definido o ponto de finalização do arco, aparece ao canto esquerdo da tela o **PropertyManager de Arco**, como mostra a Figura 1.22, exibindo outras opções de configuração.

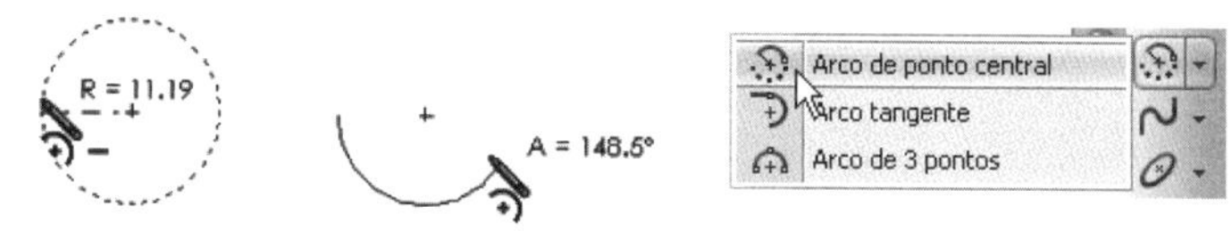

Figura 1.21 - Comando Linha.

Figura 1.22 - PropertyManager de Arco de ponto central.

Relações existentes - exibe relações inferenciadas durante o esboço ou criadas manualmente com o comando *Adicionar relações*.

Adicionar relações - adiciona relações à entidade selecionada. A lista exibe somente as relações possíveis à entidade. Nesse caso, a relação **Fixar**.

Opções - converte a entidade em linha **Para construção**.

Parâmetros - especifica qualquer combinação apropriada dos seguintes parâmetros para definir o arco, se ele não for restringido por relações.

- **Coordenada X do centro** - distância X em relação à origem.
- **Coordenada Y do centro** - distância Y em relação à origem.
- **Iniciar coordenada X** - distância X do ponto de início do arco em relação à origem.
- **Iniciar coordenada Y** - distância Y do ponto de início do arco em relação à origem.
- **Finalizar coordenada X** - distância X do ponto de término do arco em relação à origem.
- **Finalizar coordenada Y** - distância Y do ponto de término do arco em relação à origem.
- **Raio** - raio do arco.
- **Ângulo** - ângulo de abertura do arco.

1.3.3.8. Comando Arco Tangente

Ele desenha um arco tangente ao ponto final de uma entidade de esboço. Depois de selecionado o ponto final da entidade, desliza-se o cursor até a posição desejada para formar o arco.

A Figura 1.23 ilustra um arco traçado tangente aos pontos finais de dois segmentos de linhas horizontais. Observe que ao final do segundo ponto, também aparece no canto esquerdo da tela o mesmo **PropertyManager** da Figura 1.23.

1.3.3.9. Comando Arco de 3 Pontos

O comando **Arco de 3 pontos** desenha um arco pela definição de três pontos. Depois de selecionado o ponto inicial, deslize o cursor para estabelecer o ponto final. Em seguida, mova o cursor para definir o terceiro ponto que estabelece o raio e a direção do arco. Ao final do terceiro ponto, também surge no canto esquerdo da tela o mesmo **PropertyManager** da Figura 1.24.

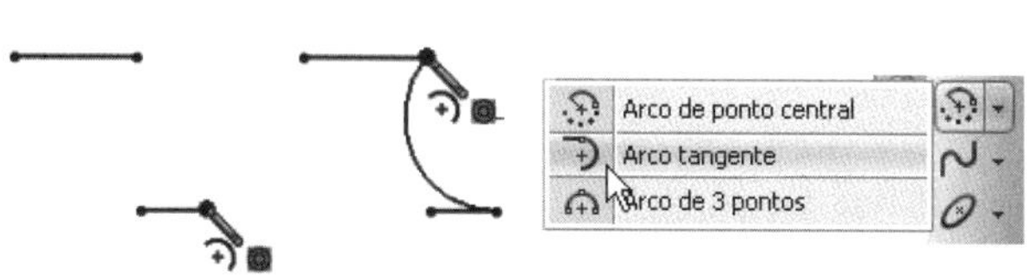

Figura 1.23 - Comando Arco tangente.

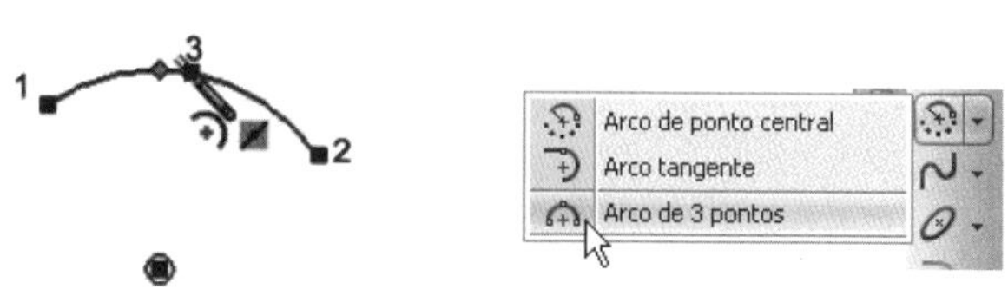

Figura 1.24 - Comando Arco de 3 pontos.

1.3.3.10. Comando Filete

O comando **Filete** arredonda o canto formado por duas entidades de esboço que se interceptam criando um arco tangente. Note que, ao ativar o comando, o **PropertyManager** exibe ao canto esquerdo da tela a caixa *Filete de esboço* com a janela de configuração de raio *Parâmetros de filete*, Figura 1.25.

No item 1.3.5.1 veremos esse comando em maiores detalhes.

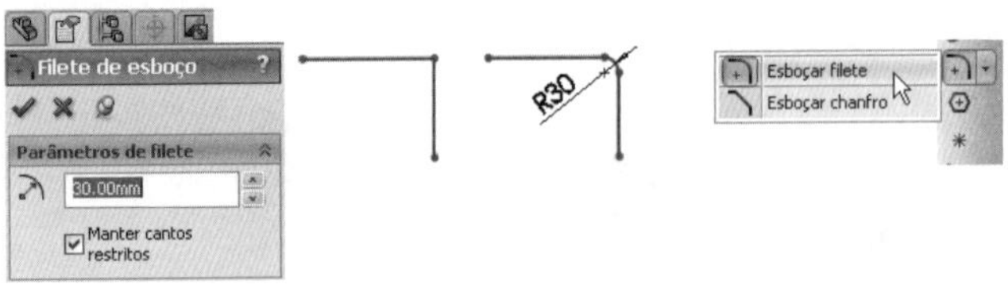

Figura 1.25 - Comando Filete e a caixa de configuração de raio.

1.3.3.11. Comando Chanfro

O comando **Chanfro** quebra o canto formado por duas entidades de esboço que se interceptam, criando uma diagonal que pode ser determinada em função de Ângulo-distância ou Distância-distância. A *checkbox* **Distância igual**, quando selecionada, atribui o mesmo valor para as duas distâncias, Figura 1.26.

No item 1.3.5.1 veremos esse comando em maiores detalhes.

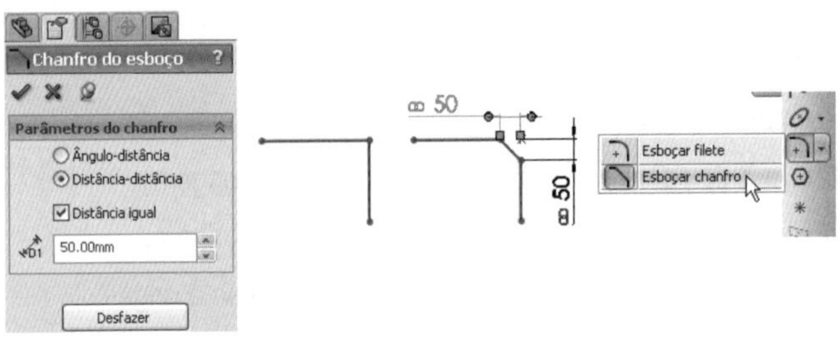

Figura 1.26 - Comando Chanfro e caixa de configuração de ângulo ou distância.

1.3.3.12. Comando Linha de Centro

O comando **Linha de centro** é usado para criar recursos simétricos ou que irão gerar sólidos de revolução. Quando acionado, exibe no canto esquerdo da tela o **PropertyManager** de **Linha de centro** com as caixas de diálogo Orientação, e Opções, Figura 1.27.

A caixa Orientação permite configurar a linha em quatro diferentes modos: como esboçado, horizontal, vertical, ângulo.

A caixa Opções permite definir se a linha será para construção ou de comprimento infinito.

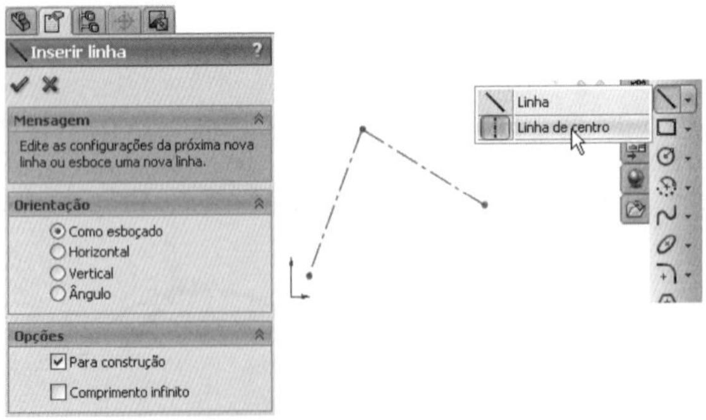

Figura 1.27 - Comando Linha de centro.

Em seguida da criação da Linha de centro, é exibido o PropertyManager Propriedades da linha, Figura 1.28, com as seguinte caixas de diálogo:

Relações existentes - exibe relações inferenciadas durante o esboço ou criadas manualmente com o comando *Adicionar relações*.

Adicionar relações - adiciona relações à entidade selecionada. A lista enumera somente as relações possíveis à entidade.

Opções - converte a entidade em linha **Para construção**.

Parâmetros - especifica qualquer combinação apropriada dos seguintes parâmetros para definir o círculo, se ele não for restringido por relações. Essas opções só estão disponíveis ao parâmetro **Criação do centro**.

- **Comprimento** - comprimento da linha.
- **Ângulo** - ângulo de inclinação da linha em relação ao eixo X.

Parâmetros adicionais - especifica qualquer combinação apropriada dos seguintes parâmetros para definir a linha de centro.

- **Iniciar coordenada X** - coordenada X de início da linha em relação à origem.
- **Iniciar coordenada Y** - coordenada Y de início em relação ao eixo.
- **Finalizar coordenada X** - coordenada final em relação ao eixo X.
- **Finalizar coordenada Y** - coordenada final em relação ao eixo Y.
- **Delta X** - incremento no comprimento em relação ao eixo X.
- **Delta Y** - incremento no comprimento em relação ao eixo Y.

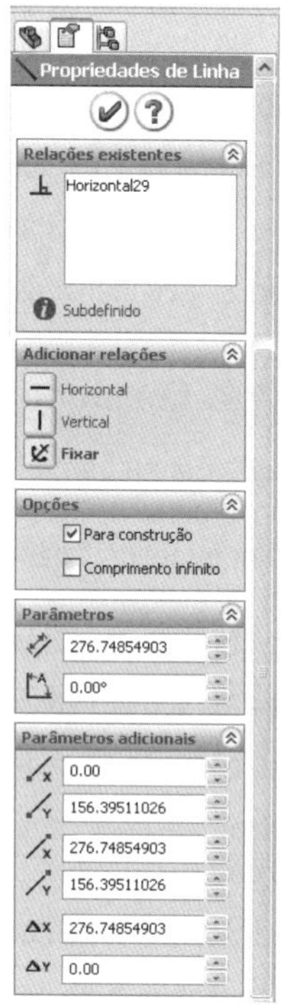

Figura 1.28 - PropertyManager de Linha de centro.

1.3.3.13. Comando Elipse

O comando **Elipse** pode ser acessado pelo menu *drop-down* **Ferramentas** → **Entidades de esboço** → **Elipse**, ou pela própria barra de ferramentas **Esboço**. Ele possibilita criar elipses com base em seu centro e em seus raios maior e menor. Quando o comando é ativado, o **PropertyManager** de **Elipse** é exibido à esquerda da tela com os parâmetros variando dinamicamente, até a marcação do ponto do segundo raio que define totalmente a elipse, Figura 1.29. Em seguida, o **PropertyManager** de **Elipse** é complementado, como indica a Figura 1.30.

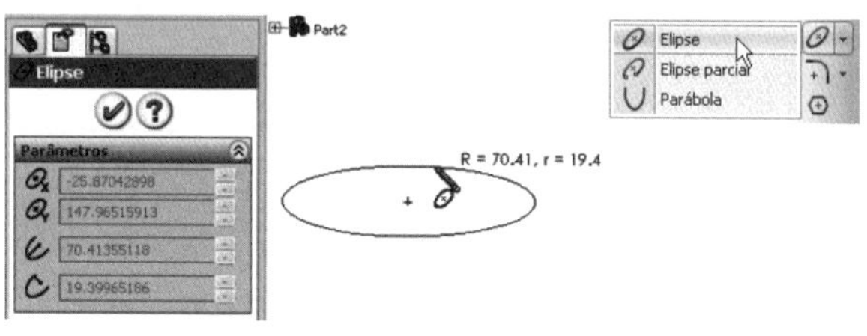

Figura 1.29 - Comando Elipse.

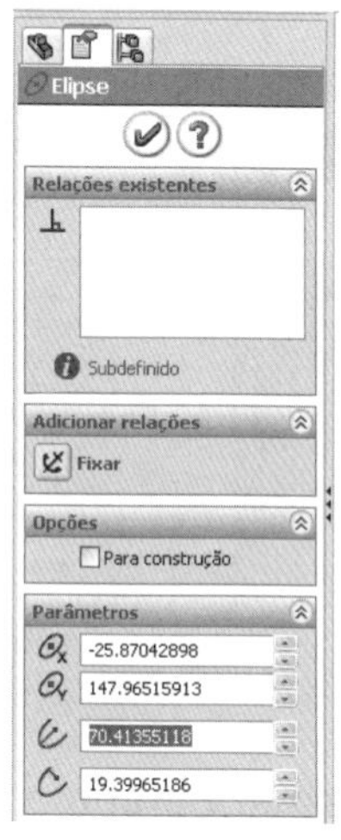

Figura 1.30 - PropertyManager de Elipse.

Relações existentes - exibe relações inferenciadas durante o esboço ou criadas manualmente com o comando *Adicionar relações*.

Adicionar relações - permite adicionar relações à entidade selecionada. A lista exibe somente as relações possíveis à entidade.

Opções - converte a entidade em linha **Para construção**.

Parâmetros - especifica qualquer combinação apropriada dos seguintes parâmetros para definir a elipse, se ela não for restringida por relações.

- **Coordenada X do centro** - coordenada X do centro em relação à origem (0,0,0).
- **Coordenada Y do centro** - coordenada Y do centro em relação à origem (0,0,0).
- **Raio 1** - raio maior da elipse.
- **Raio 2** - raio menor da elipse.

1.3.3.14. Comando Elipse Parcial

O comando **Elipse parcial** pode ser acessado pelo menu *drop-down* **Ferramentas** → **Entidades de esboço** → **Elipse parcial**, ou pela própria barra de ferramentas **Esboço**. Ele permite criar elipses parciais (arcos de elipses) com base em seu centro e em seus raios maior e menor. Quando o comando é ativado, o **PropertyManager** de **Elipse** é exibido à esquerda da tela com os parâmetros variando dinamicamente, até a marcação do ponto do segundo raio que define a elipse parcial, Figura 1.31. Em seguida, o **PropertyManager** de **Elipse** é complementado, conforme a Figura 1.32.

Adicionar relações - adiciona relações à entidade selecionada. A lista exibe somente as relações possíveis à entidade.

Opções - converte a entidade em linha **Para construção**.

Parâmetros - especifica qualquer combinação apropriada dos seguintes parâmetros para definir a elipse, se ela não for restringida por relações.

- **Coordenada X do centro** - coordenada X do centro em relação à origem (0,0,0).
- **Coordenada Y do centro** - coordenada Y do centro em relação à origem (0,0,0).
- **Iniciar coordenada X** - distância X do ponto de início do arco em relação à origem.
- **Iniciar coordenada Y** - distância Y do ponto de início do arco em relação à origem.
- **Finalizar coordenada X** - distância X do ponto de término do arco em relação à origem.
- **Finalizar coordenada Y** - distância Y do ponto de término do arco em relação à origem.
- **Raio 1** - raio maior da elipse.
- **Raio 2** - raio menor da elipse.
- **Ângulo** - ângulo de abertura do arco.

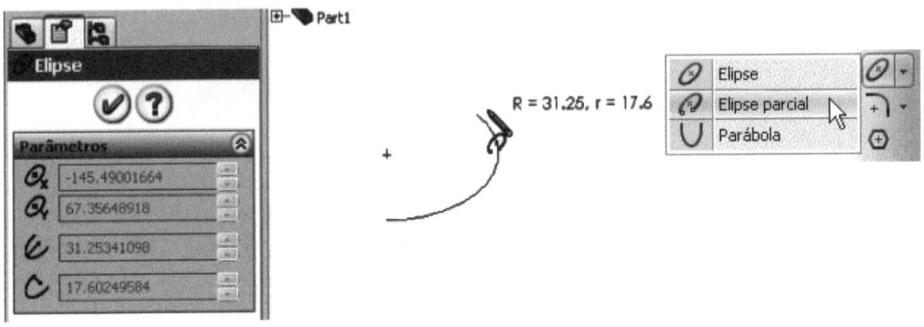

Figura 1.31 - Comando Elipse parcial.

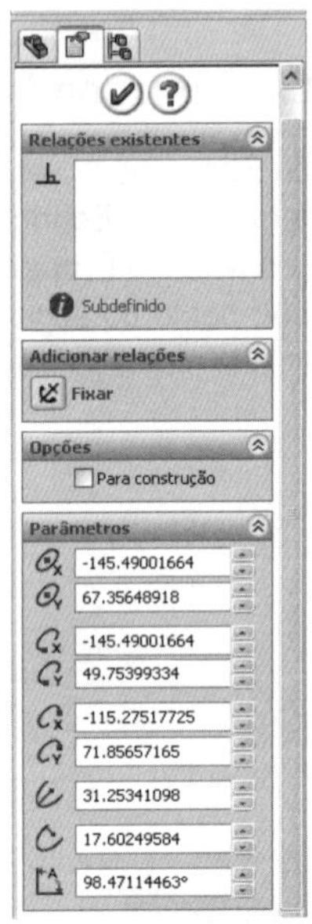

Figura 1.32 - PropertyManager de Elipse parcial.

1.3.3.15. Comando Parábola

O comando **Parábola** pode ser acessado pelo menu *drop-down* **Ferramentas** → **Entidades de esboço** → **Parábola**, ou pela própria barra de ferramentas **Esboço**. Ele permite criar parábolas com base em seu centro (foco), direção do ápice e pontos final e inicial. Quando o comando é ativado, o **PropertyManager** de **Parábolas** aparece à esquerda da tela com os parâmetros variando dinamicamente, até a marcação dos pontos que definem a parábola, Figura 1.33. Em seguida, o **PropertyManager** de **Elipse** é complementado, como ilustra a Figura 1.34.

Adicionar relações - permite adicionar relações à entidade selecionada. A lista exibe somente as relações possíveis à entidade.

Opções - converte a entidade em linha **Para construção**.

Parâmetros - especifica qualquer combinação apropriada dos seguintes parâmetros para definir a elipse, se ela não for restringida por relações.

- **Iniciar coordenada X** - ponto de coordenada X inicia em relação à origem (0,0,0).
- **Iniciar coordenada Y** - ponto de coordenada Y inicia em relação à origem (0,0,0).
- **Finalizar coordenada X** - ponto de coordenada X final da parábola arco em relação à origem.
- **Finalizar coordenada Y** - ponto de coordenada Y final da parábola em relação à origem.
- **Coordenada X do centro** - distância X do ponto central (foco) da parábola em relação à origem.
- **Coordenada Y do centro** - distância Y do ponto central (foco) da parábola em relação à origem.
- **Coordenada X do ápice** - em relação à origem (0,0,0).
- **Coordenada Y do ápice** - em relação à origem (0,0,0).

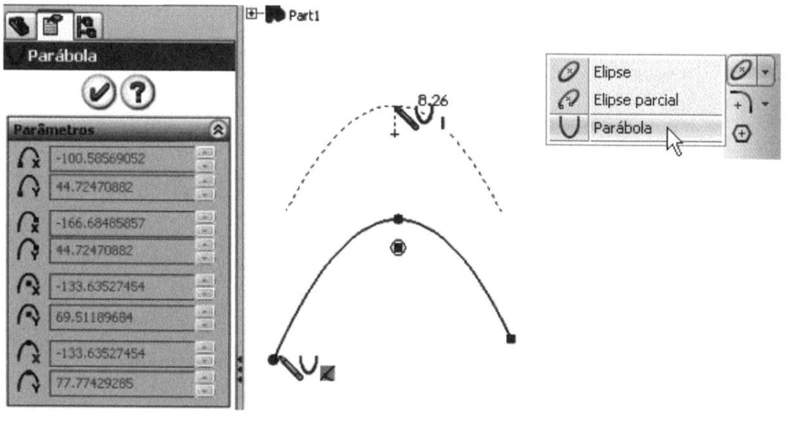

Figura 1.33 - Comando Parábola.

Figura 1.34 - PropertyManager de Parábola.

1.3.3.16. Comando Spline

Splines são entidades curvadas que passam por um número infinito de pontos intermediários. Geralmente, as splines são usadas para definir a superfície exterior de um modelo, porque possibilitam gerar formas diferentes de curvas, bem como possuem a flexibilidade de modificar as superfícies das quais são geratrizes. As splines encontram sua maior aplicação em desenhos de automóveis, aviões e frascos injetados em plástico.

O comando **Spline** pode ser acessado pela barra de ferramentas **Esboço** ou pelo menu *drop-down* **Ferramentas → Entidades de esboço → Spline**.

Ao ativar o comando e clicar com o cursor na tela, será definido o ponto inicial da spline. Similarmente, ao clicar na tela outros pontos, a spline continua por meio deles. Para finalizar a linha, pressione a tecla **ESC** ou o botão direito do mouse e selecione no menu de atalhos a opção *Spline final*. Essa opção mostra as alças de controle sobre os pontos da spline (**ver nota 1**), e também exibe ao canto esquerdo da tela o **PropertyManager** com todas as suas possibilidades de edição, Figuras 1.36 e 1.37.

Adicionar relações - adiciona relações à entidade selecionada. A lista exibe somente as relações possíveis à entidade.

Opções - apresenta duas *checkboxes*:

- **Para construção** - converte a entidade em geometria de construção.
- **Exibir curvatura** - exibe o PropertyManager de *Escala de curvatura* e adiciona combos de curvatura à spline.

Parâmetros - especifica qualquer combinação apropriada dos seguintes parâmetros para definir a spline, caso ela não esteja restrita por relações.

- **Número do ponto de spline** - destaca o ponto de spline selecionado na área gráfica.
- **Coordenada X** - coordenada X do ponto da spline em relação à origem (0,0,0).
- **Coordenada Y** - coordenada Y do ponto da spline em relação à origem (0,0,0).
- **Raio de curvatura** - controla o raio de curvatura de qualquer ponto da spline. A opção de comando **Raio de curvatura** é exibida somente se o usuário selecionar na barra de ferramentas de spline ou no menu de atalhos a opção **Adicionar controle de curvatura**, Figura 1.38, e adicionar um ponto de curvatura à spline, Figura 1.39.
- **Curvatura** - distância Y do ponto central.
- **Peso da tangente 1** - controla o vetor de tangência esquerdo pela modificação da curvatura da spline no respectivo ponto.
- **Peso da tangente 2** - controla o vetor de tangência direito pela modificação da curvatura da spline no respectivo ponto.
- **Direção radial da tangente** - controla a direção da tangência pela modificação do ângulo de inclinação da spline em relação aos eixos X, Y ou Z.

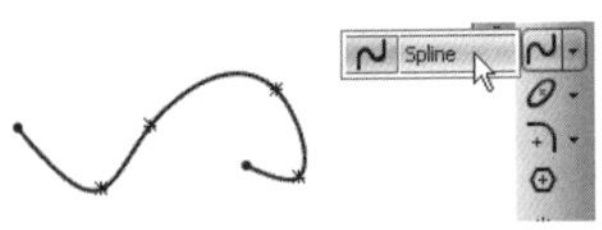

Figura 1.35 - Comando Spline.

Figura 1.36 - Spline ativada para edição, exibindo as alças.

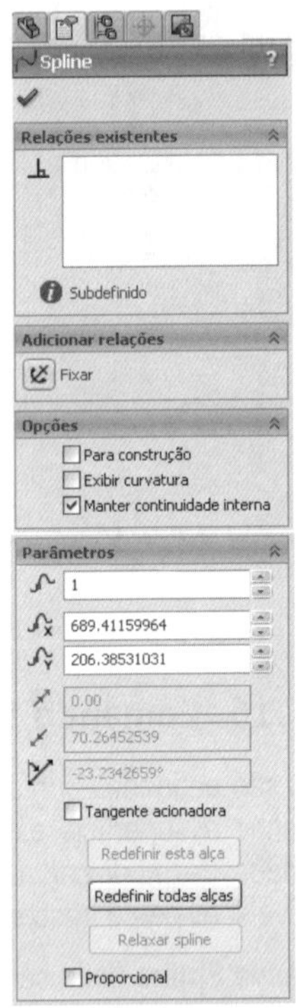

Figura 1.37 - PropertyManager de Spline.

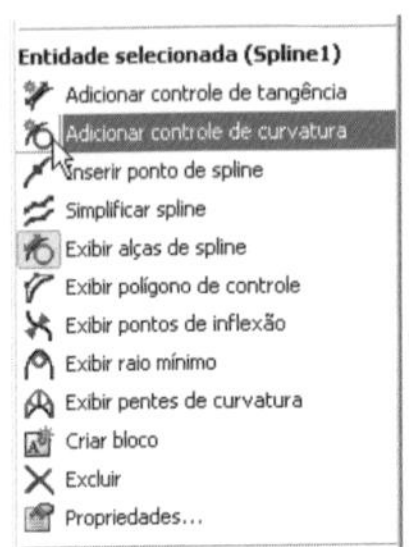

Figura 1.38 - Menu de atalhos.

Figura 1.39 - Ativação da opção Raio de curvatura.

Nota

As alças da spline são exibidas por padrão. Para exibi-las ou ocultá-las, clique em Exibir alças de spline. Esse comando está disponível na barra de ferramentas **Spline** ou pelo menu *drop-down* **Ferramentas** → **Ferramentas de spline** → **Exibir alças de spline.**

1.3.3.17. Comando Spline na Superfície

O comando **Spline na superfície** permite esboçar uma spline em superfície qualquer, e ficam seus pontos restritos à superfície. Entre suas aplicações estão:

- Projeto de peça e molde, em que as splines de superfície permitem criar linhas de partição ou transição visualmente mais precisas.
- Varreduras complexas, em que as splines de superfície facilitam as criações de curvas-guia limitadas à geometria da superfície.

Nota

As splines esboçadas em superfícies possuem os mesmos atributos das splines-padrão, além das seguintes capacidades:

1. Adicionam e arrastam pontos ao longo da superfície.
2. Geram uma visualização automaticamente suavizada por meio dos pontos.

As splines não podem cruzar várias superfícies.

O comando **Spline na superfície** permite esboçar uma spline em qualquer superfície. Entretanto, seus pontos ficam restritos à superfície.

As Figuras 1.40 a 1.43 exemplificam os passos para a criação de uma spline sobre uma superfície gerada no espaço 3D.

Selecione o comando na barra de ferramentas de **Esboço** ou em **Ferramentas → Entidades de esboço → Spline na superfície**, no menu *drop-down*.

1. Clique com o cursor na posição desejada sobre a superfície, Figura 1.40.
2. Trace o esboço de uma spline qualquer, como mostra a Figura 1.41.
3. Ao finalizar a spline e escolher no menu de atalhos o comando **Finalizar spline**, ela será exibida como indica a Figura 1.42, mostrando as alças de edição sobre os pontos.
4. Para concluir totalmente a operação, clique em **OK**, Figura 1.43.

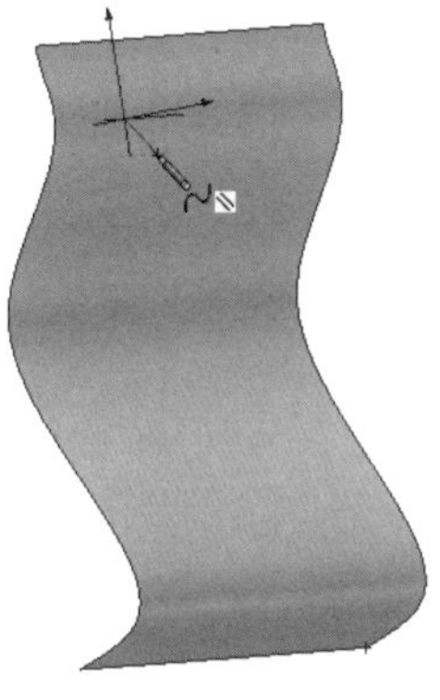

Figura 1.40 - Superfície e ponto inicial para spline.

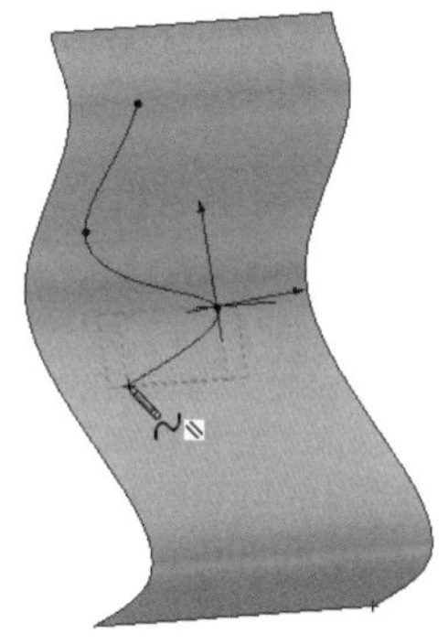

Figura 1.41 - Spline traçada sobre a superfície.

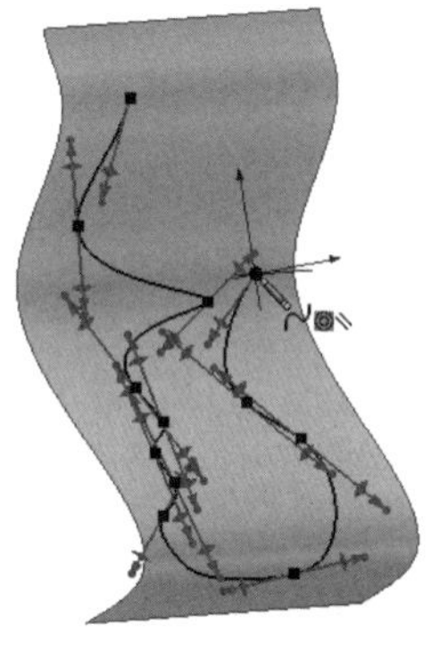

Figura 1.42 - Finalização da spline e alças de edição.

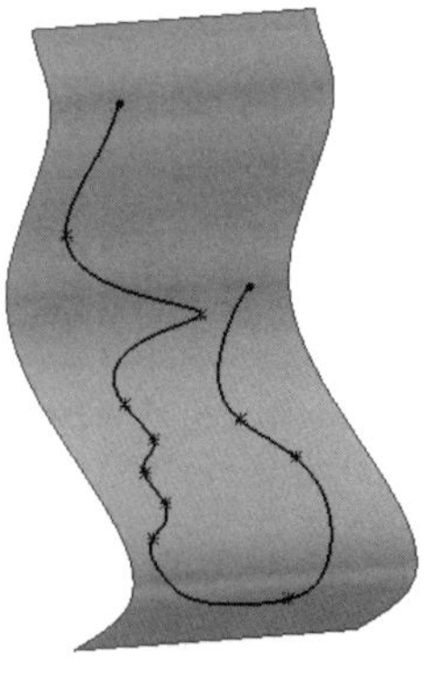

Figura 1.43 - Spline concluída.

1.3.4. Relações de Esboço

No SolidWorks, as entidades geométricas em um esboço têm que ser especificadas completamente em termos de tamanho, forma, orientação e localização. Isso é possível fixando relações geométricas. O uso de relações no esboço reduz o número de dimensões.

Relações geométricas são operações lógicas executadas na geometria selecionada para torná-la mais precisa e definir sua posição em relação à outra geometria. Por exemplo, se uma linha estiver aproximadamente paralela à outra, o SolidWorks torna-a paralela e exibe o símbolo de relação Paralelo. Algumas relações geométricas são automaticamente criadas durante a geração do esboço, porém é possível também aplicar manualmente as relações.

Há dois tipos de relações no SolidWorks:

- **Relações geométricas** - aplicadas à elaboração dos esboços.
- **Relações de posicionamento** - aplicadas à montagem de conjuntos para definir posicionamentos e restringir movimentos de componentes.

Vamos discorrer sobre as relações geométricas, deixando as de posicionamento para os capítulos posteriores.

1.3.4.1. Relações Geométricas Manuais

Para aplicar relações geométricas manualmente, selecione o comando **Adicionar** na barra de ferramentas **Esboço**, ou no menu *drop-down* **Ferramentas → Relações → Esboço**. Aparece no **PropertyManager** a caixa **Adicionar relações**. Ao clicar em um segmento do esboço, a caixa exibe as relações possíveis.

A Figura 1.44 exemplifica por um esboço duas situações (A e B). Na primeira, dois segmentos de retas ligados entre si são selecionados para aplicação de uma relação geométrica de perpendicularidade. Na segunda, a relação já está aplicada. Vemos ainda na Figura 1.45 o **PropertyManager Adicionar relações**, exibindo as possíveis relações a serem utilizadas com os dois segmentos de retas que foram selecionados, e na janela **Relações existentes**, a relação aplicada. Note que na janela **Entidades selecionadas** aparecem os dois segmentos selecionados.

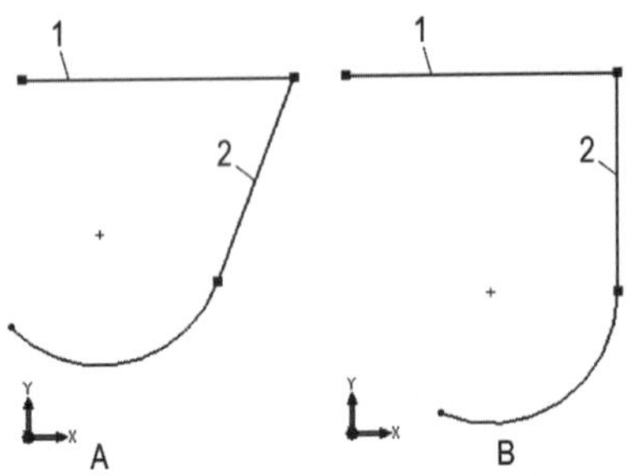

Figura 1.44 - Esboço de segmentos nas duas situações citadas.

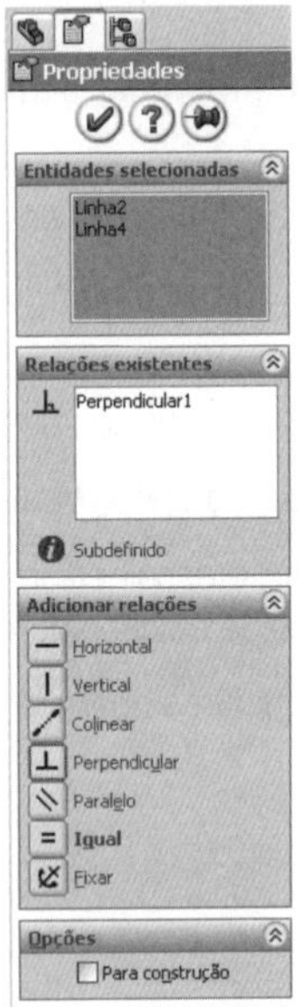

Figura 1.45 - PropertyManager Adicionar relações.

A lista seguinte descreve a aplicação de cada uma das relações geométricas disponíveis no SolidWorks e passíveis de serem aplicadas conforme a necessidade. Algumas delas não foram apresentadas no **PropertyManager** da Figura 1.45 porque, como já mencionado, elas são disponibilizadas no **PropertyManager** em função da natureza das entidades selecionadas.

Relação Geométrica Vertical

Essa relação força um segmento de linha selecionado a se tornar uma linha vertical. Também força dois vértices a serem colocados ao longo de uma linha vertical.

Relação Geométrica Horizontal

Essa relação força um segmento de linha selecionado ou dois vértices que são partes de uma mesma distância a se tornarem horizontais ou alinhados na horizontal.

Relação Geométrica Perpendicular

Força uma entidade a assumir a posição normal em relação a uma outra entidade.

Relação Geométrica Igual

Força duas entidades selecionadas (linhas, arcos, círculos ou elipses) a ficarem iguais em dimensão de comprimento, para tornar seus raios iguais.

Relação Geométrica Paralelo

Faz com que duas linhas se tornem paralelas.

Relação Geométrica Colinear

Faz com que duas ou mais entidades (pontos ou linhas) se posicionem na mesma linha infinita.

Relação Geométrica Tangente

Um arco, elipse ou spline, e uma linha ou um arco. Os dois itens permanecem tangentes.

Relação Geométrica Fixar

O tamanho e a localização da entidade são fixos. Entretanto, os pontos finais de uma linha fixa são livres para se moverem ao longo da linha infinita subjacente. Da mesma forma, os pontos finais de um arco ou de um segmento elíptico são livres para se moverem ao longo do círculo completo ou elipse subjacente.

Relação Geométrica Concêntrico

Dois ou mais arcos, ou um ponto e um arco. Os arcos compartilham o mesmo ponto central.

Relação Geométrica Co-Radial

Aplicada a dois ou mais arcos. Os itens compartilham o mesmo ponto central e o mesmo raio.

Relação Geométrica Mesclar Pontos

Aplicada a dois pontos de esboço ou pontos finais. Os dois pontos são mesclados em um ponto único.

Relação Geométrica Ponto-Médio

Força um ponto selecionado ou o ponto da extremidade de uma linha posicionar-se ao centro de uma linha selecionada.

Relação Geométrica Simétrico

Uma linha de centro e dois pontos, linhas, arcos ou elipses. Os itens permanecem eqüidistantes da linha de centro, ou uma linha perpendicular à linha de centro.

Relação Geométrica Intersecção

Força a intersecção de duas linhas e um ponto. O ponto fica localizado sobre a intersecção das duas linhas.

Relação Geométrica Coincidente

Aplicada a um ponto e uma linha, arco ou elipse. O ponto se situa na linha, arco ou elipse.

Relação Geométrica Perfurar

Aplicada a um ponto de esboço e um eixo, aresta, linha ou spline. O ponto de esboço é coincidente com o local em que um eixo, uma aresta ou uma curva perfura o plano de esboço. A relação **Perfurar** é usada em Varreduras com curvas-guia.

Relação Geométrica Ao Longo de X, Ao Longo de Y, Ao Longo de Z

Essa relação é aplicada a uma linha e um plano (ou uma face plana) em um esboço 3D. A linha é normal à face do plano selecionado.

Relações com eixos globais são denominadas **AlongX**, **AlongY** e **AlongZ**. Relações locais a um plano são chamadas de **Horizontal**, **Vertical** e **Normal**.

1.3.4.2. Exibir ou Ocultar Relações de Esboço

É possível, conforme a necessidade, exibir ou ocultar as relações de esboço. Há três formas para isso:

1. Clicar duas vezes sobre cada entidade do esboço para visualizar quais relações estão associadas a ela.
2. Clicar no menu *drop-down* em **Exibir → Relações de esboço**. Esse comando mostra todas as relações existentes no esboço, permanecendo ativo até que seja desativado pelo mesmo modo.
3. Utilizar o comando **Exibir/excluir relações** presente na barra de ferramentas **Dimensões/relações**. Esse comando ilustra no canto esquerdo da tela o **PropertyManager** com uma lista de todas as relações presentes no esboço, Figura 1.48.

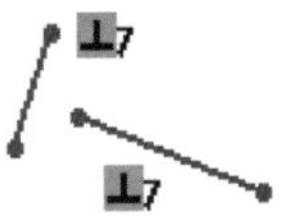

Figura 1.46 - Relação Perpendicular de uma entidade à outra.

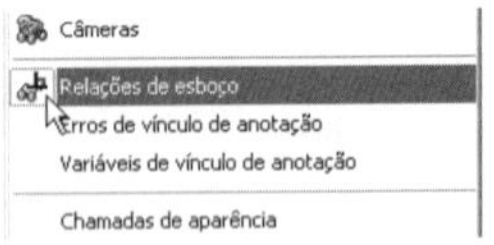

Figura 1.47 - Menu *drop-down* Exibir → Relações de esboço.

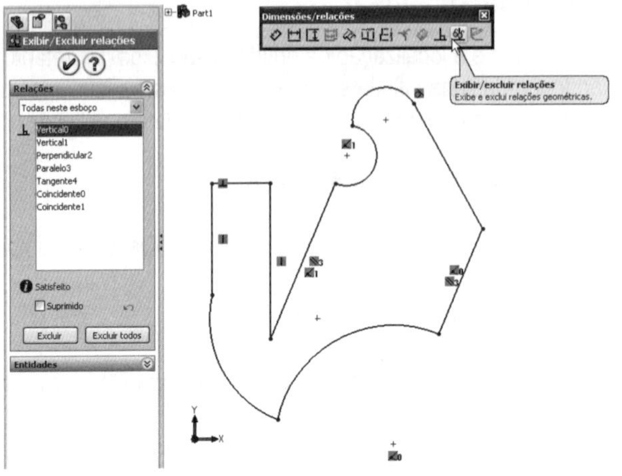

Figura 1.48 - Esboço, barra de ferramentas e PropertyManager.

1.3.5. Ferramentas de Esboço

A série de 21 ferramentas apresentada a seguir é utilizada para complementar as entidades de esboço estudadas anteriormente para a criação das geometrias de esboço.

1.3.5.1. Ferramenta Esboçar Filete

A ferramenta **Esboçar filete** apara duas entidades que se interceptam ou convergem para um mesmo ponto, sem no entanto se encontrarem. Esse comando pode ser acessado pelo **CommandManager**, pelo menu *drop-down* **Ferramentas → Ferramentas de esboço → Esboçar filete** ou pela barra de ferramentas **Esboço**, Figura 1.11.

1. A Figura 1.49 exemplifica uma situação em que a ferramenta é aplicada a duas linhas convergentes, porém não unidas. No exemplo, é aplicado um filete de raio 5mm.
2. Digite o valor do raio dentro da janela do **PropertyManager** e selecione as duas entidades. Note que o arco é criado tangente às duas linhas, e que é possível desfazer o comando clicando no botão **Desfazer**, Figura 1.50.
3. Para finalizar, clique em **OK**.

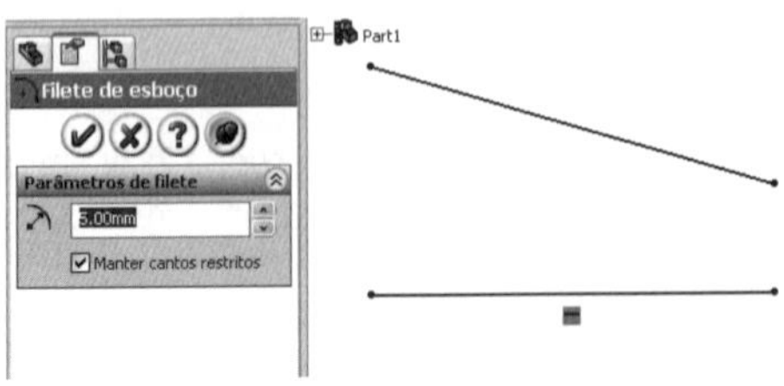

Figura 1.49 - Linhas convergentes.

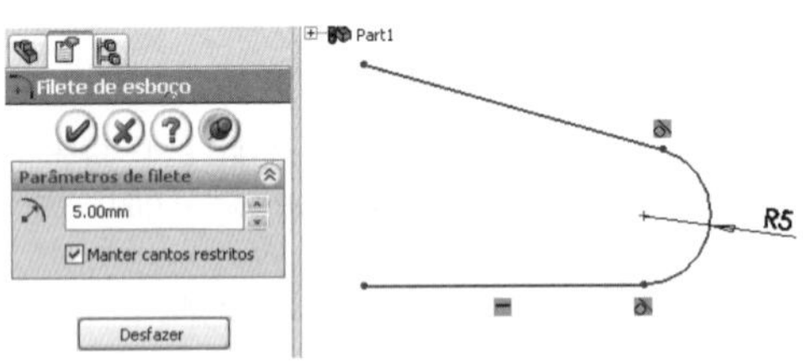

Figura 1.50 - Filete de raio 5 aplicado.

Observe agora as Figuras 1.51 e 1.52. A primeira delas apresenta duas entidades ortogonais que se cruzam. Ao selecionar o comando e as entidades no lado indicado pelos pontos 1 e 2, o filete é gerado para o lado selecionado. Caso as entidades fossem selecionadas nos pontos 3 e 4, o filete ficaria o oposto.

Na Figura 1.52, a ferramenta é aplicada aos dois arcos indicados 1 e 2. Os arcos tiveram um leve prolongamento e o filete é gerado no sentido oposto a eles. Se quiséssemos um arco que complementasse a figura com concavidade para o mesmo lado, teríamos que utilizar o comando **Arco de 3 pontos**.

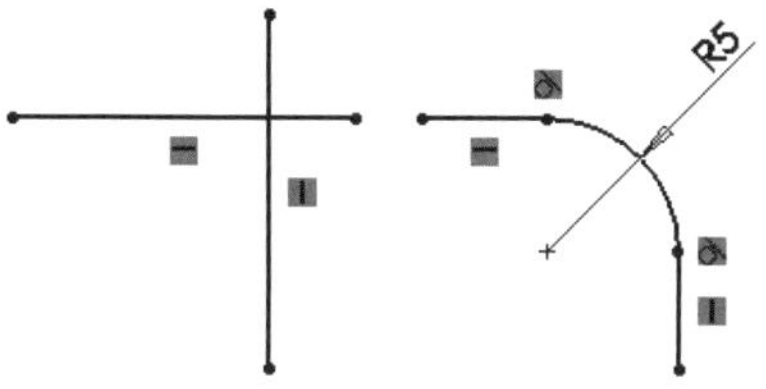

Figura 1.51 – Linhas cruzadas.

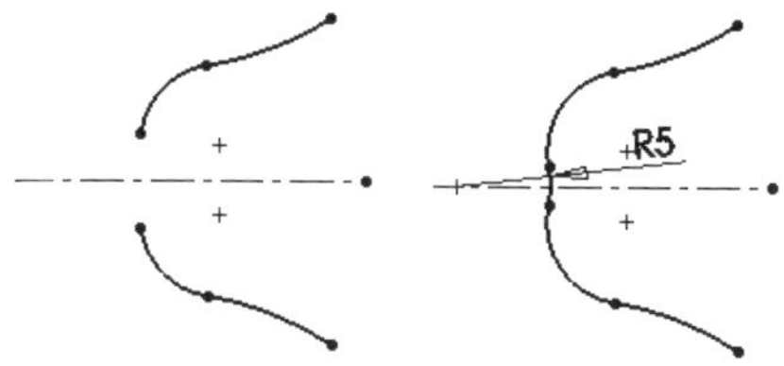

Figura 1.52 - Filete aplicado a arcos.

1.3.5.2. Ferramenta Esboçar Chanfro

A ferramenta **Esboçar chanfro** apara duas entidades que se interceptam ou convergem para um mesmo ponto, sem no entanto se encontrarem, criando um chanfro entre elas. Esse comando pode ser acessado pelo menu *drop-down* **Ferramentas** → **Ferramentas de esboço** → **Esboçar chanfro**. Note que ela não aparece na barra de ferramentas **Esboço** nem no **CommandManager**, entretanto é possível adicioná-la à barra de ferramentas clicando em **Ferramentas** → **Personalizar** → **Comandos** → **Esboço**, e arrastando da área *Botões* para a barra de ferramentas **Esboço**, o botão de comando **Esboçar chanfro**. O SolidWorks permite configurar três modos diferentes de chanfro, como indicam as Figuras 1.53 a 1.55.

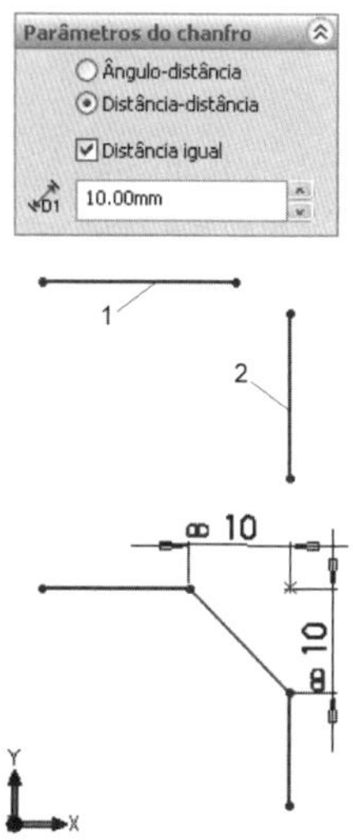

Figura 1.53 - Chanfro configurado para modos de distâncias iguais.

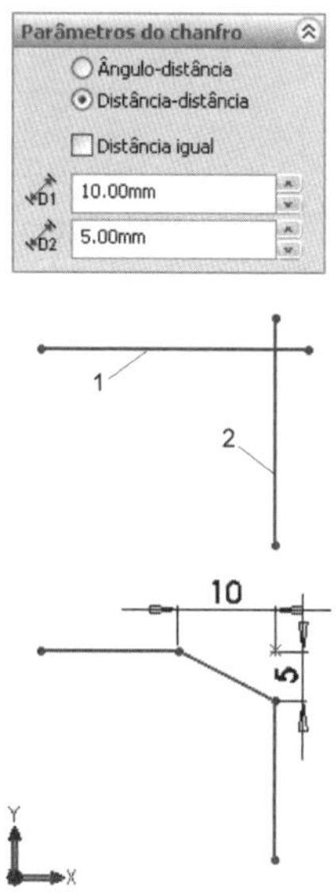

Figura 1.54 - Chanfro configurado para modos de distâncias diferentes.

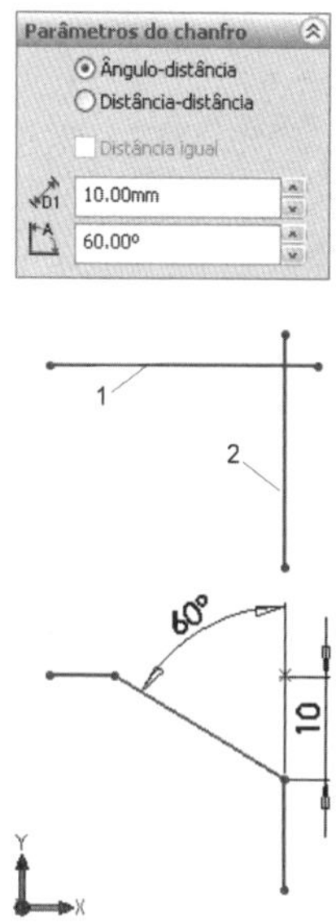

Figura 1.55 - Chanfro configurado para modos de ângulo e distância.

1.3.5.3. Ferramenta Offset de Entidades

A ferramenta **Offset de entidades** gera cópias paralelas a entidades com uma distância preestabelecida que pode ser na direção interna, externa ou bidirecional. Permite ainda que:

- O contorno de referência utilizado para o offset seja convertido em linha de construção, bem como a dimensão de offset exibida, Figura 1.59.
- Sejam criadas tampas para offset bidirecional, Figuras 1.60 e 1.61.

Observação

O cursor do mouse indica a entidade original.

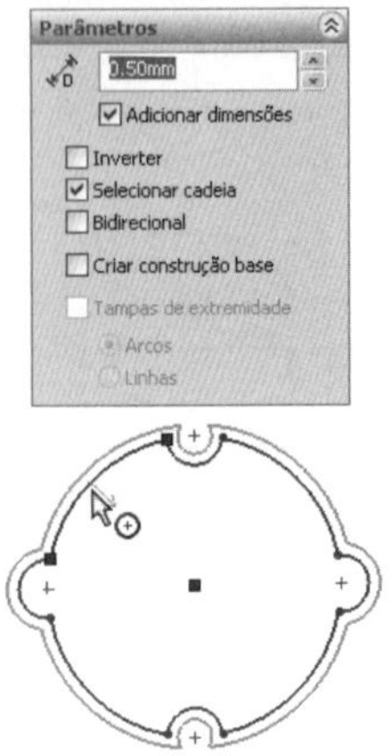

Figura 1.56 - Offset para fora. Opção-padrão do SolidWorks.

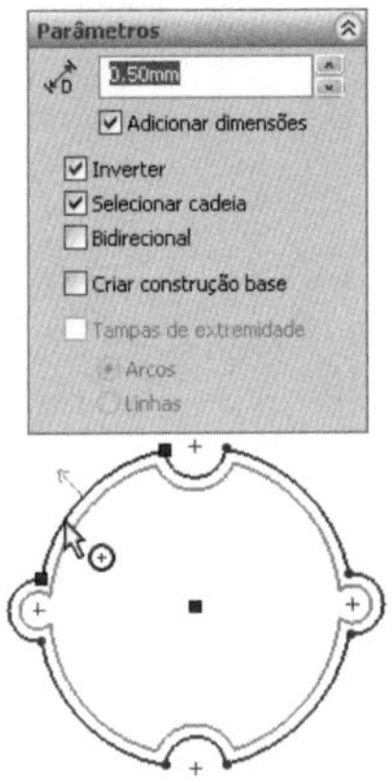

Figura 1.57 - Offset para dentro. Opção Inverter ativada.

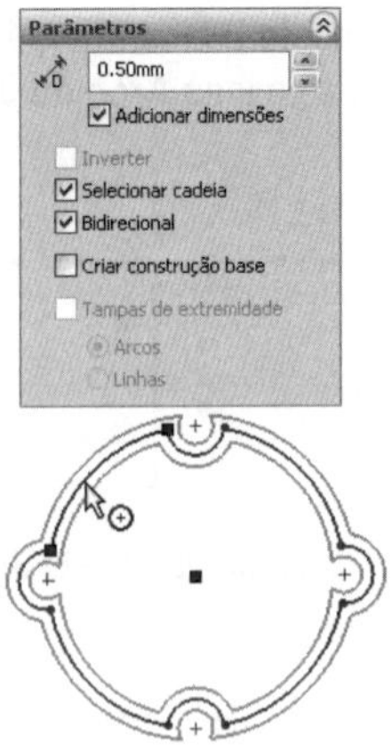

Figura 1.58 - Offset com a opção Bidirecional configurada.

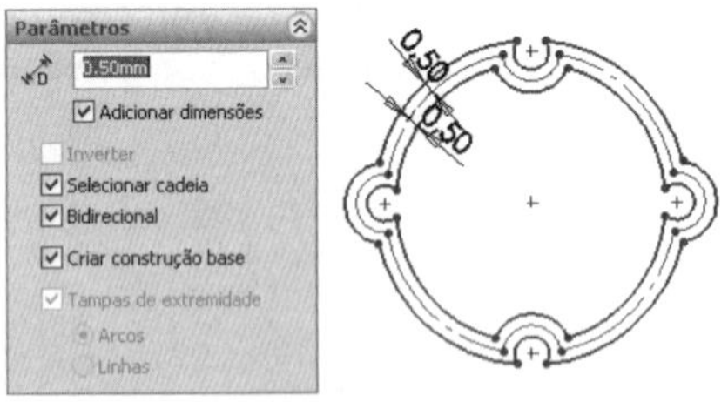

Figura 1.59 - Offset Bidirecional concluído com a opção Adicionar dimensões e Criar construção base.

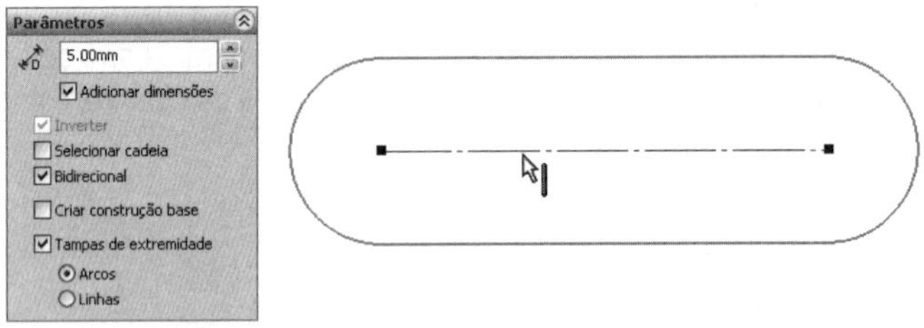

Figura 1.60 - Offset Bidirecional com tampa nas extremidades do tipo Arcos.

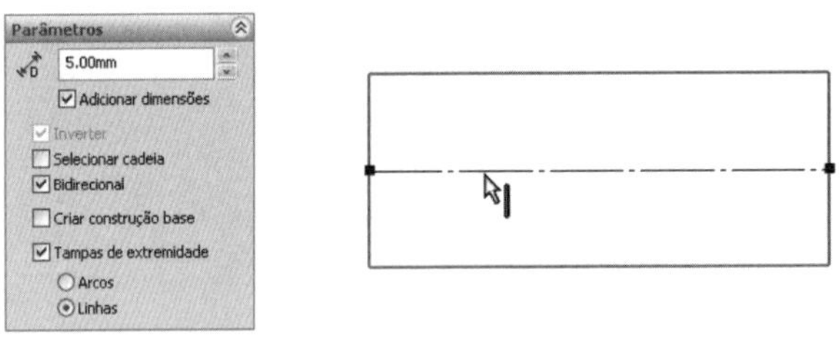

Figura 1.61 - Offset Bidirecional com tampa nas extremidades do tipo Linhas.

1.3.5.4. Ferramenta Aparar Entidades

A ferramenta **Aparar entidades** possibilita escolher entre cinco tipos de aparagem disponíveis no SolidWorks. Todos os tipos de aparagem estão disponíveis para entidades 2D ou esboços 2D em planos 3D. O **PropertyManager** da Figura 1.62 exibe os cinco botões de configuração possíveis para a ferramenta Aparar entidades.

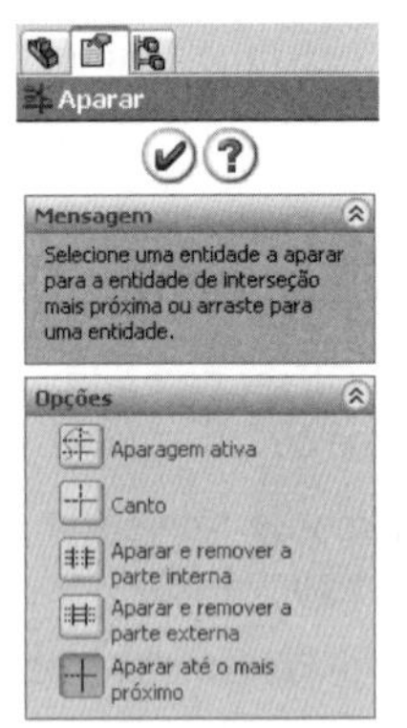

Figura 1.62 - PropertyManager para a ferramenta Aparar entidades.

Aparagem ativa

- Apara várias entidades de esboço adjacente, arrastando o ponteiro sobre cada entidade de esboço.
- Estende as entidades de esboço ao longo de seus caminhos naturais.

Para estender uma entidade, selecione a opção e clique em qualquer ponto da entidade. Mantendo o botão do mouse pressionado, deslize-o para a direção desejada, estendendo-a. Clique em **OK** ao final.

Canto

- Estende ou apara duas entidades de esboço até elas se cruzarem em um canto virtual, Figura 1.63.
- Para utilizar essa opção, proceda como na seqüência a, b, c da Figura 1.63.

1. Selecione a entidade número 2. Em seguida, selecione no **PropertyManager** a opção **Canto**.
2. Selecione a entidade número 1. A entidade se estende até tocar a número 2.
3. Pressione **OK** para finalizar.

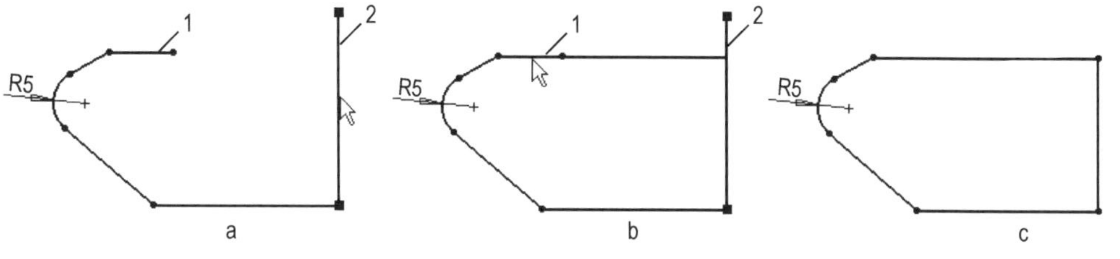

Figura 1.63 - Aplicação da opção Aparar canto.

Aparar e remover a parte interna

- Apara as entidades de esboço abertas que estão dentro de duas entidades delimitadoras, Figura 1.64. Selecione inicialmente as duas entidades delimitadoras indicadas na Figura 1.64a. Em seguida selecione a opção do comando e com o cursor, clique nas demais entidades que deseja aparar, conforme as Figuras 1.64b e 1.64c. Finalize a operação com **OK**.

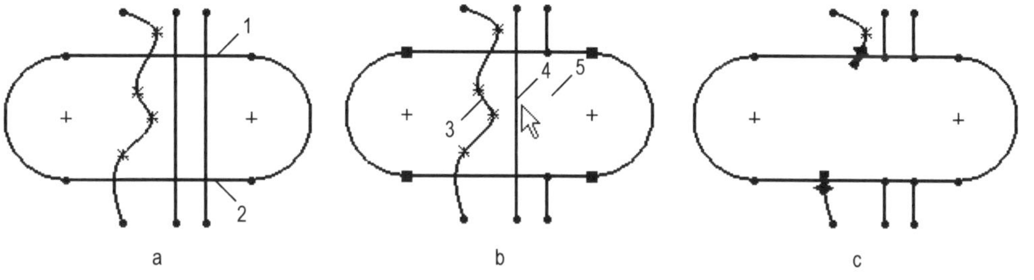

Figura 1.64 - Aplicação da opção Aparar e remover a parte interna.

Aparar e remover a parte externa

- Apara as entidades de esboço abertas que estão fora de duas entidades delimitadoras, Figura 1.65. O processo é análogo ao anterior. Selecione primeiramente duas entidades delimitadoras (1 e 2), depois a opção da ferramenta e as entidades externas que deseja aparar.

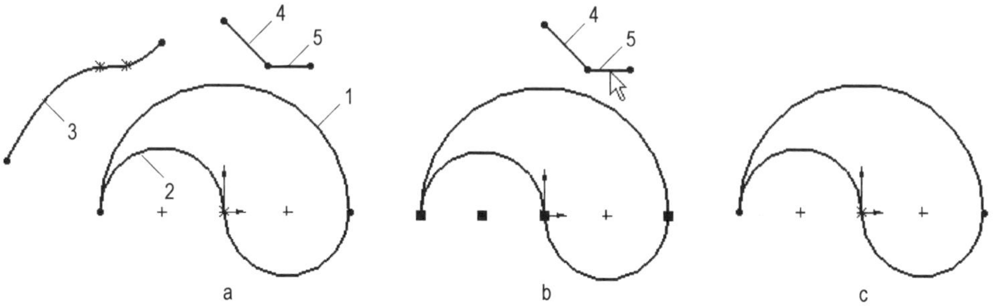

Figura 1.65 - Aplicação da opção Aparar e remover a parte externa.

Aparar até o mais próximo

- Apara ou estende as entidades mais próximas de zonas de intersecção, Figura 1.66. Selecione a opção e clique com o mouse uma a uma as regiões das entidades que deseja aparar.

Observação

Para estender, selecione a entidade e arraste-a até a intersecção.

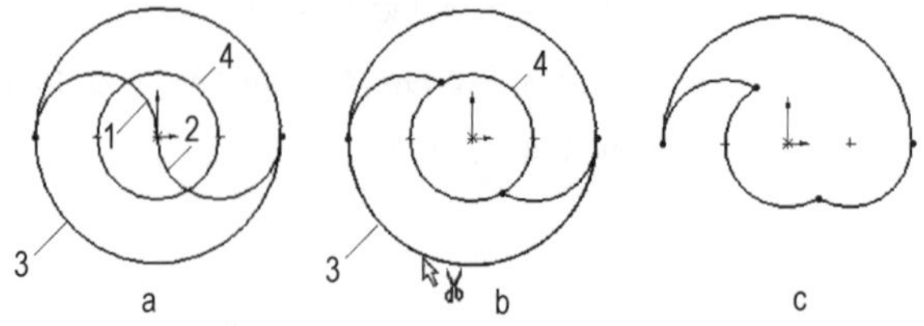

Figura 1.66 - Aplicação da opção Aparar até o mais próximo.

1.3.5.5. Ferramenta Estender Entidades

A ferramenta **Estender entidades** permite estender entidades de esboço como linhas cheias, linhas de centro, de construção e arcos até encontrarem uma outra entidade desejada.

Essa ferramenta não aparece na barra de ferramentas **Esboço** nem no **CommandManager**. Para acessá-la vá ao menu *drop-down* **Ferramentas → Ferramentas de esboço → Estender**.

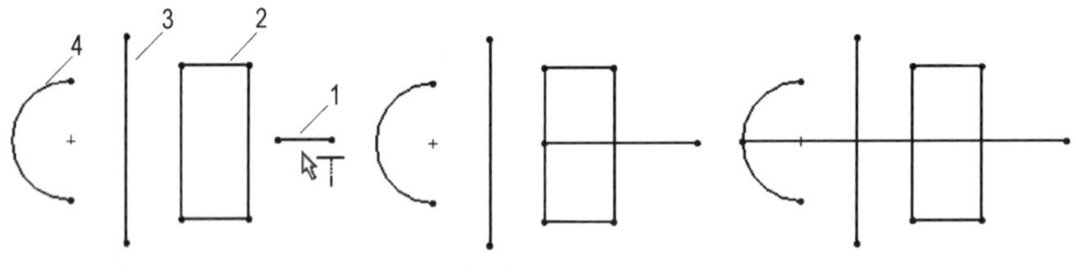

Figura 1.67 - Aplicação da ferramenta Estender entidades.

1.3.5.6. Ferramenta Dividir Entidades

A ferramenta **Dividir entidades** divide entidades de esboço como linhas cheias, linhas de centro, de construção, arcos, círculos e elipses por meio da inserção de pontos de divisão na entidade.

Essa ferramenta não aparece na barra de ferramentas **Esboço** nem no **CommandManager**. Para acessá-la vá ao menu *drop-down* **Ferramentas → Ferramentas de esboço → Dividir**.

Criados os pontos, é possível clicar em um dos pedaços da entidade e deletá-lo, como mostra a Figura 1.68. Também é possível, em qualquer momento, apagar pontos de divisão, tornando a entidade inteira novamente. Para isso, apenas selecione o ponto com o mouse e pressione o botão de comando **Delete**.

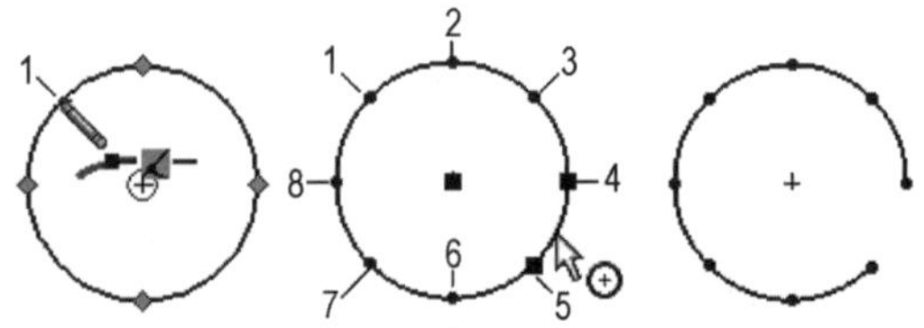

Figura 1.68 - Aplicação da ferramenta Dividir entidades.

1.3.5.7. Ferramenta Linha com Desvio

Essa ferramenta apresenta uma peculiaridade interessante. Ela possibilita gerar um esboço 2D ou 3D no formato de "onda quadrada" em documentos de peças, montagens e desenhos. Linhas com desvios são automaticamente restritas como paralelas ou perpendiculares à linha de esboço original.

Uma linha com desvio pode ainda ser arrastada e dimensionada, como ilustra a Figura 1.69.

Note que essa ferramenta não aparece na barra de ferramentas **Esboço** nem no **CommandManager**. Para acessá-la vá ao menu *drop-down* **Ferramentas → Ferramentas de esboço → Linha com desvio**.

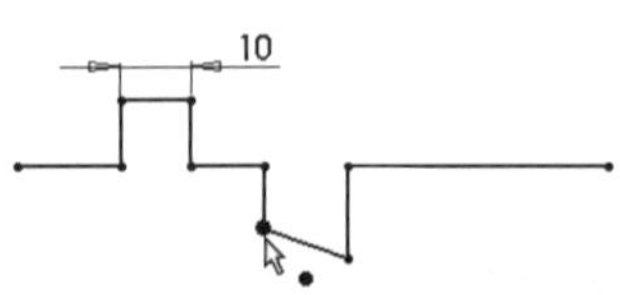

Figura 1.69 - Linha com desvio.

Nota

Para aplicar a ferramenta **Linha com desvio** é necessário ter antes uma linha comum, pois o comando, na verdade, serve para gerar uma modificação geométrica em uma linha reta.

Para arrastar um dos pontos da linha com desvio como indicado na figura, é necessário apagar a restrição paralela ou perpendicular entre a linha a ser arrastada e sua próxima.

1.3.5.8. Geometria de Construção

A ferramenta **Geometria de construção** converte qualquer geometria de esboço gerado em linha cheia, em linha de construção. A geometria de construção é usada somente para ajudar na criação de entidades de esboço e geometrias que estão incorporadas à peça, por isso elas não são sensíveis aos comandos de protrusão (comandos que geram elementos sólidos ou recursos a partir de esboços).

A Figura 1.70 exemplifica um retângulo em que, após a seleção da ferramenta, uma a uma as arestas são convertidas em geometria de construção.

A ferramenta pode ser acessada diretamente na barra de ferramentas **Esboço**, no **CommandManager**, ou pelo menu *drop-down* **Ferramentas → Ferramentas de esboço → Geometria de construção**.

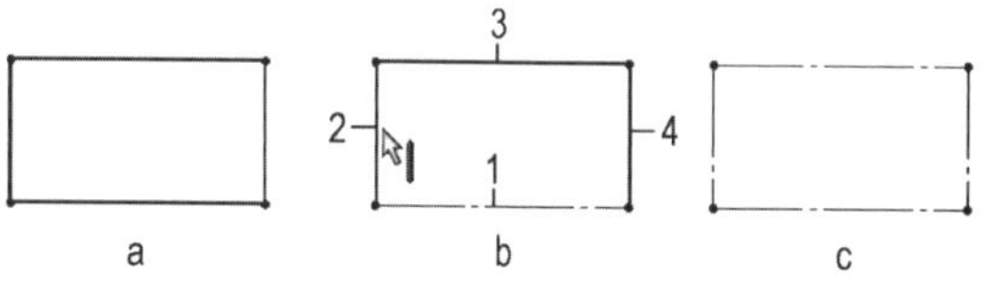

Figura 1.70 - Aplicação da ferramenta Geometria de construção.

1.3.5.9. Ferramenta Criar Caminho

É indicada à criação de esboços para projetos de máquinas e elementos de máquinas, como perfis de cames e elementos móveis em geral. Vamos examinar essa ferramenta no capítulo 11, juntamente com outras de semelhante aplicação.

1.3.5.10. Ferramenta Espelhar Entidades

A ferramenta **Espelhar entidades** permite fazer o espelhamento de entidades de esboço, sobre uma referência que pode ser uma linha de centro ou de construção, Figura 1.71, ou mesmo uma aresta de um elemento sólido, Figura 1.72. O comando possibilita ainda produzir cópia por espelhamento, Figura 1.73. Ele pode ser acessado pelo **CommandManager** ou pelo menu *drop-down* **Ferramentas → Ferramentas de esboço → Espelhar**.

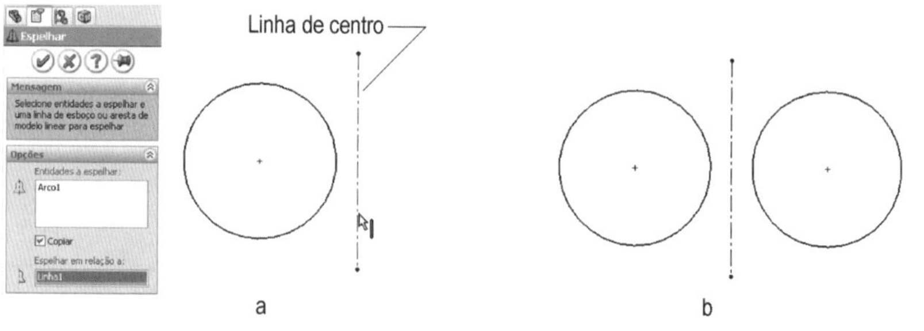

Figura 1.71 - Espelhamento sobre uma linha de referência.

Para gerar uma cópia por espelhamento, apenas desmarque a *checkbox* **Copiar** no **PropertyManager** que aparece à esquerda da tela. Ao confirmar o comando com **OK**, a cópia fica similar à Figura 1.73c.

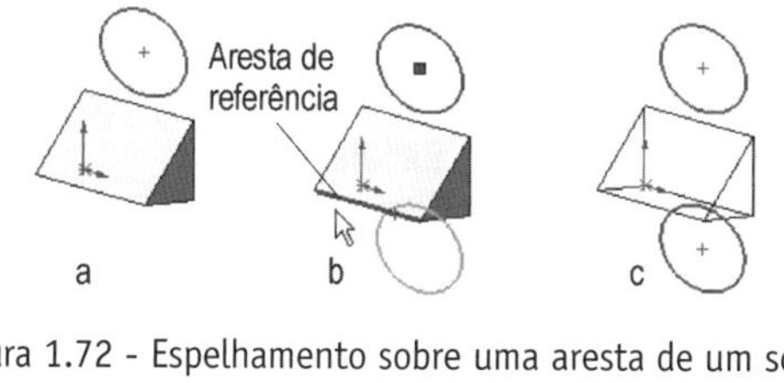

Figura 1.72 - Espelhamento sobre uma aresta de um sólido.

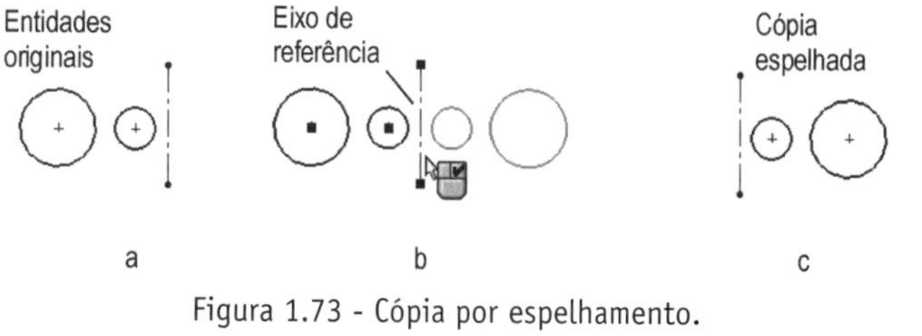

Figura 1.73 - Cópia por espelhamento.

1.3.5.11. Ferramenta Espelho Dinâmico

A ferramenta **Espelho dinâmico** gera o espelhamento simultaneamente à criação da entidade original. O comando pode ser acessado pela barra de ferramentas **Esboço**, pelo **CommandManager**, ou pelo menu *drop-down* **Ferramentas** → **Ferramentas de esboço** → **Espelho dinâmico**.

Para utilizar a ferramenta é necessário, inicialmente, ter uma linha ou eixo de referência que represente a posição média do espelhamento, Figura 1.74a. Em seguida, clique na linha de referência, Figura 1.74b, e ative o comando. Qualquer entidade que for desenhada em um dos lados da referência é simultaneamente repetida no lado oposto, Figura 1.74c. Para desativar a ferramenta, clique nela novamente.

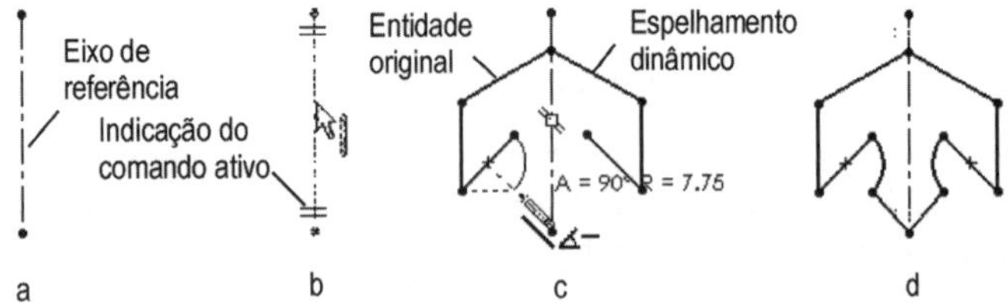

Figura 1.74 - Aplicação da ferramenta Espelho dinâmico.

1.3.5.12. Ferramenta Mover

A ferramenta **Mover** permite mover qualquer entidade de esboço de um ponto a outro na tela gráfica. Pode ser acessada pela barra de ferramentas **Esboço**, pelo **CommandManager**, ou pelo menu *drop-down* **Ferramentas** → **Ferramentas de esboço** → **Mover**. É possível ainda manter as relações geométricas de esboço.

Ela oferece duas opções para mover entidades. A primeira, opção-padrão do SolidWorks, é **De/Para**, Figura 1.75, ou seja, de um ponto qualquer da entidade para outro ponto clicado na tela.

A segunda opção de movimentação consiste em digitar coordenadas de localização X/Y em relação à posição inicial de qualquer ponto na entidade que é considerado como zero.

O botão **Repetir** reaplica a movimentação inicial da entidade, em relação ao zero, a um incremento de mesmo valor ao aplicado, ou seja, se em ΔX foi aplicada inicialmente a dimensão 20mm, ao pressionar **Repetir**, a dimensão ΔX passa para 40mm.

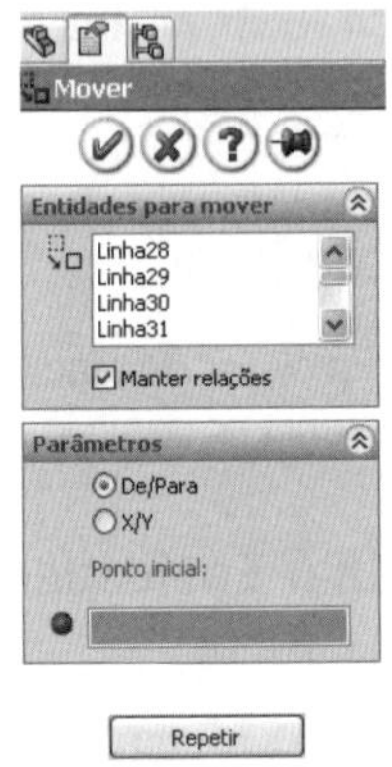

Figura 1.75 - PropertyManager.

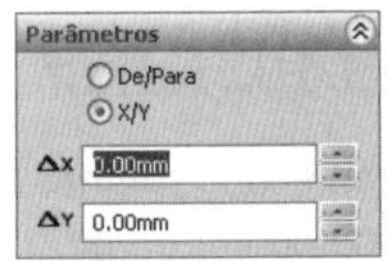

Figura 1.76 - Janelas para configuração da opção X/Y.

1.3.5.13. Ferramenta Girar

A ferramenta **Girar** permite girar qualquer entidade de esboço, em qualquer ângulo, em torno de um ponto determinado. Pode ser acessada pela barra de ferramentas **Esboço**, pelo **CommandManager**, ou pelo menu *drop-down* **Ferramentas** → **Ferramentas de esboço** → **Girar**. É possível ainda manter as relações geométricas de esboço.

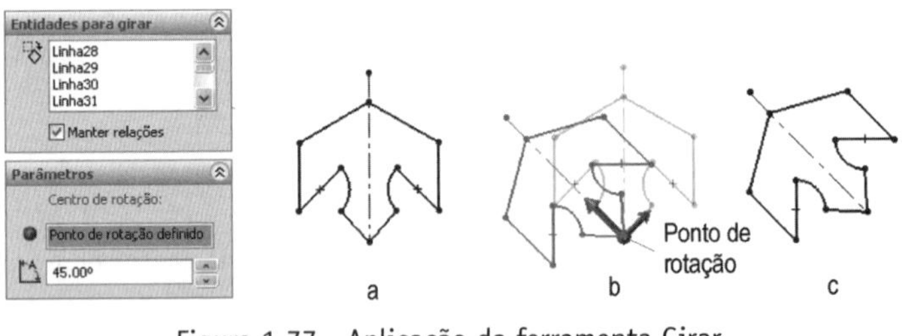

Figura 1.77 - Aplicação da ferramenta Girar.

1.3.5.14. Ferramenta Escala

Ela aumenta ou diminui a escala de qualquer entidade de esboço, bem como gera cópias em escala da entidade selecionada. A ferramenta pode ser acessada pelo menu *drop-down* **Ferramentas** → **Ferramentas de esboço** → **Escala**.

Selecionadas as entidades, clique dentro da primeira janela em **Parâmetros** para entrar com o **Ponto de escala definido**.

Na segunda janela, defina o valor numérico da escala. Neste exemplo, o valor definido é 1.5. Se desejar gerar mais de uma cópia com esse padrão de escala definido, clique na *checkbox* **Copiar**, Figura 1.78.

1.3.5.15. Ferramenta Copiar

Copia qualquer entidade de esboço de um ponto a outro na tela gráfica. A ferramenta pode ser acessada pelo menu *drop-down* **Ferramentas → Ferramentas de esboço → Copiar**.

O **PropertyManager** é similar ao exibido para o comando **Mover**, permitindo o mesmo tipo de configuração **De/Para** ou **X/Y**.

Com a ferramenta **Copiar entidades** você pode copiar dimensões e relações para uma nova localização. As relações são copiadas se selecionar **Manter relações**.

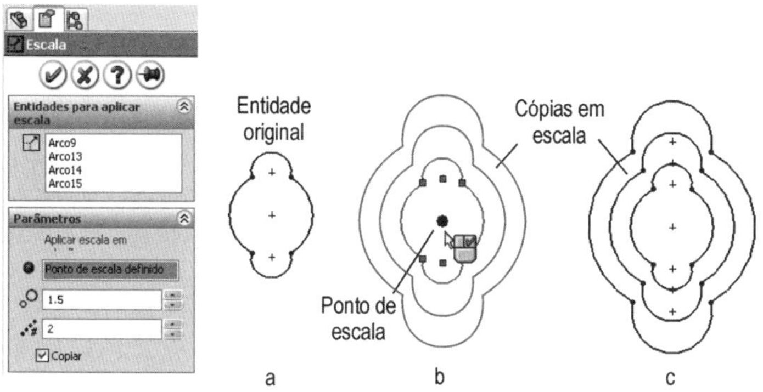

Figura 1.78 - Aplicação da ferramenta Escala.

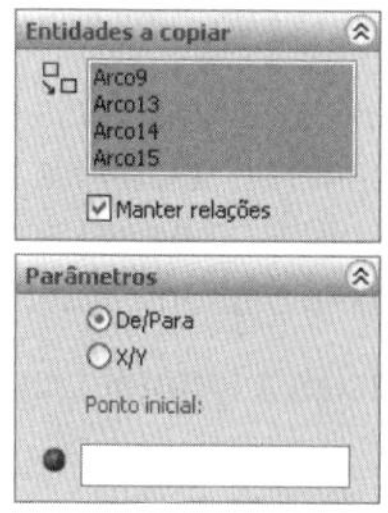

Figura 1.79 - PropertyManager Copiar.

1.3.5.16. Ferramenta Padrão Linear

Reproduz linearmente, em linhas e colunas, conforme a configuração definida (**Direção 1** e/ou **Direção 2**), cópias exatas de uma entidade de esboço selecionada. É possível ainda adicionar dimensão entre os elementos replicados, bem como replicá-los em ângulo, como revelam as opções do **PropertyManager** de Padrão linear exibidas na Figura 1.80. A ferramenta pode ser acessada pelo menu *drop-down* **Ferramentas → Ferramentas de esboço → Padrão linear**.

Figura 1.80 - PropertyManager Padrão linear.

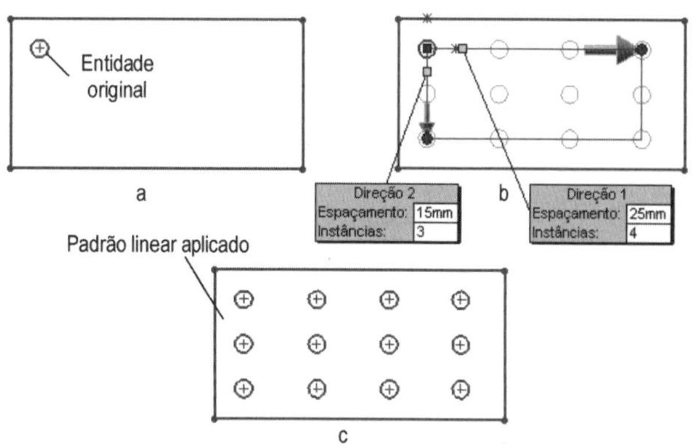

Figura 1.81 - Padronização de uma entidade circular.

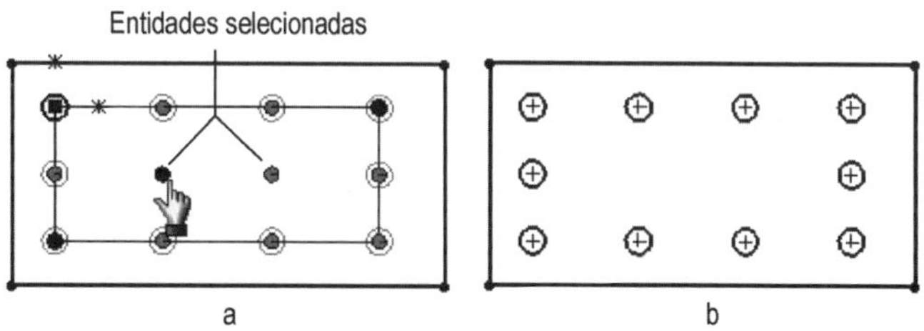

Figura 1.82 - Instâncias a ignorar.

A Figura 1.81 ilustrou as três fases de aplicação de um padrão linear. Observe que na Figura **1.81a** o círculo é selecionado (entidade original), em seguida definidas as direções 1 e 2 bem como o número de réplicas para cada direção. Ao definir o número de réplicas, deve-se somar a entidade original. Assim, a **Direção 1** exibe 1 + 3 réplicas = 4 e a **Direção 2** exibe 1 + 2 réplicas = 3. As demais figuras (b, c) descrevem o restante do processo.

A janela **Instâncias a ignorar** permite ocultar réplicas não desejadas, como no caso dos dois círculos mostrados, Figura 1.82.

1.3.5.17. Ferramenta Padrão Circular

Reproduz em torno de um eixo previamente selecionado, em sentido horário ou anti-horário, cópias exatas de uma entidade de esboço selecionada. É possível ainda adicionar dimensão entre os elementos replicados, bem como replicá-los em ângulos variados, como revelam as opções do **PropertyManager** de Padrão circular exibidas na Figura 1.83. A ferramenta pode ser acessada pelo menu *drop-down* **Ferramentas → Ferramentas de esboço → Padrão circular.**

A Figura 1.84 exibe as três fases de aplicação de um padrão circular. Na Figura 1.84a o círculo é selecionado (entidade original) e em seguida o ponto de referência (centro do círculo). O número de réplicas é definido na janela apropriada, neste caso, 6. Ao definir o número de réplicas, deve-se somar a entidade original, assim, a janela exibe 1+ 5 réplicas = 6. Também é possível adicionar a dimensão de raio à padronização. As demais figuras (b, c) mostram o restante do processo.

A janela **Instâncias a ignorar** oculta réplicas não desejadas, como no caso dos dois círculos mostrados, Figura 1.85.

Figura 1.83 - PropertyManager Padrão circular.

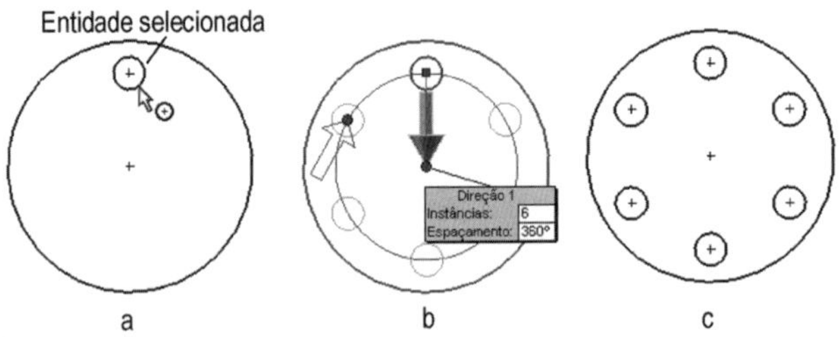

Figura 1.84 - Padronização de uma entidade circular.

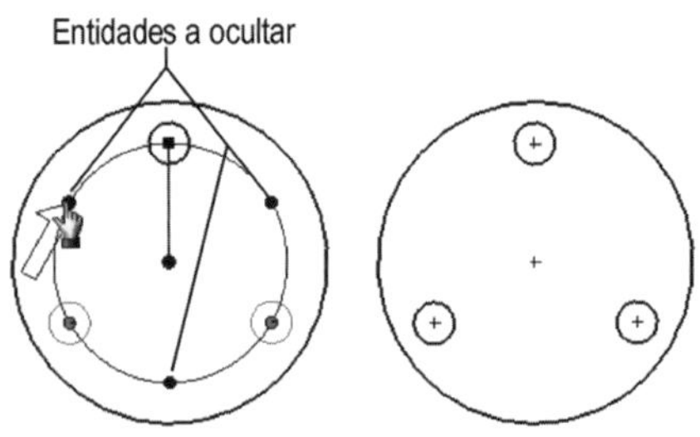

Figura 1.85 - Instâncias a ignorar.

1.3.5.18. Ferramenta Criar Esboço a partir das Seleções

A ferramenta **Criar esboço a partir das seleções** permite extrair somente os elementos de um esboço (normalmente um desenho importado) necessário para criar o recurso. É possível extrair um esboço, por exemplo, e modificá-lo antes de criar o recurso.

A ferramenta pode ser acessada pelo menu *drop-down* **Ferramentas → Ferramentas de esboço → Criar esboço a partir das seleções**.

Para criar esboço a partir de seleções, acompanhe as seguintes etapas:

1. Edite um esboço.
2. Selecione as entidades de esboço desejadas no novo esboço.
3. Clique em **Ferramentas → Ferramentas de esboço → Criar esboço a partir das seleções**.
4. Um novo esboço é exibido na árvore de projetos do **FeatureManager**.

1.3.5.19. Ferramenta Reparar Esboço

A ferramenta **Reparar esboço** freqüentemente conserta erros em um esboço para utilizá-lo na criação de um recurso. Algumas ferramentas, como as de Extrusão e Cortar, por exemplo, reparam esboços automaticamente quando detectam erros que podem ser consertados. Também é possível consertar esboços manualmente. A ferramenta **Reparar esboço** é particularmente útil para os esboços criados pela importação de arquivos DXF/DWG.

Ela pode ser acessada pelo menu *drop-down* **Ferramentas → Ferramentas de esboço → Reparar esboço**.

Atua automaticamente da seguinte maneira:

- Exclui segmentos de linha e de arco com comprimento zero;
- Mescla linhas colineares que se sobrepõem;
- Elimina espaçamentos inferiores a ±1,0 e –8 metro em linhas colineares;
- Coleta pequenos segmentos em linha colineares sem nenhum espaçamento superior a ±1,0 e –8 metro;
- Mescla em uma linha as linhas coincidentes (separadas por menos de ±1,0 e –8 metro).

Para reparar um esboço manualmente, siga as etapas descritas em seguida:

1. Selecione um esboço na árvore de projetos do **FeatureManager**.
2. Clique em **Reparar esboço** na barra de ferramentas 2D para 3D, ou clique em **Ferramentas → Ferramentas de esboço → Reparar esboço**.

1.3.5.20. Ferramenta Alinhar → Esboço

A ferramenta **Alinhar → Esboço** alinha dois esboços por meio de duas linhas paralelas, dois pontos e uma linha, ou dois pontos.

Ela pode ser acessada pelo menu *drop-down* **Ferramentas → Ferramentas de esboço → Alinhar → Esboço**.

Para alinhar dois esboços, conforme mostra a Figura 1.86, siga o procedimento:

1. Selecione no primeiro esboço uma linha paralela à de referência do segundo esboço à qual se deseja o alinhamento. Mantendo a tecla **CTRL** pressionada, selecione a linha de referência do segundo.
2. Clique no comando do menu *drop-down* **Ferramentas → Ferramentas de esboço → Alinhar → Esboço**. Observe que o primeiro esboço será alinhado ao segundo, conforme a Figura 1.86.

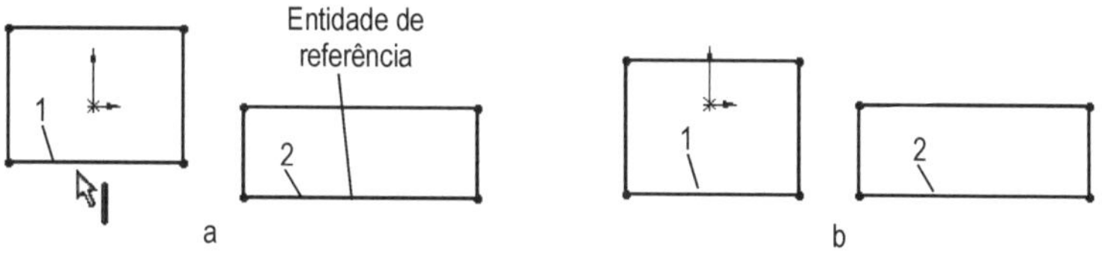

Figura 1.86 - Ferramenta Alinhar → Esboço.

1.3.5.21. Ferramenta Modificar Esboço

A ferramenta **Modificar esboço** permite agir sobre o esboço, movendo-o de um ponto a outro, ou girá-lo em ângulo determinado, ou ainda aplicar-lhe escala e também copiá-lo. Quando ativada, exibe a caixa de diálogo Modificar esboço, Figura 1.87.

Ela pode ser acessada pelo menu *drop-down* **Ferramentas → Ferramentas de esboço → Modificar**.

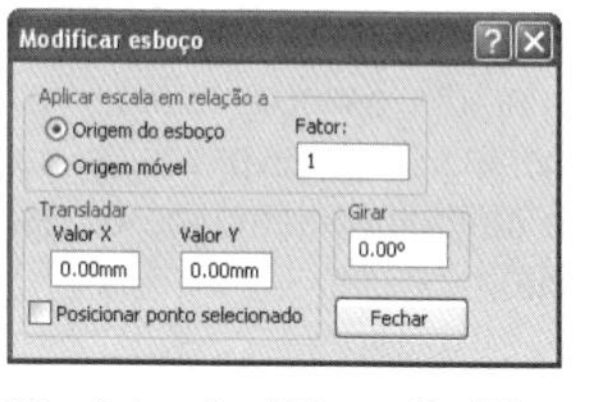

Figura 1.87 - Caixa de diálogo Modificar esboço.

Aplicar escala em relação à:

- **Origem do esboço** - aplica uma escala uniforme em relação à origem do esboço, Figura 1.88.
- **Origem móvel** - atribui uma escala uniforme em relação à origem móvel, Figura 1.89.

Transladar

- **Valor X** - move o esboço incrementalmente na direção do eixo X.
- **Valor Y** - move o esboço incrementalmente na direção do eixo Y.

Nota

Para mover um ponto determinado do esboço para um local específico, em **Transladar** selecione **Posicionar o ponto selecionado** e clique em um ponto no esboço. Digite um **valor** X e um **valor** Y e pressione **Enter**.

A ferramenta Modificar esboço translada toda a geometria do esboço em relação ao modelo (incluindo a origem do esboço). A geometria do esboço não se move em relação à origem do esboço.

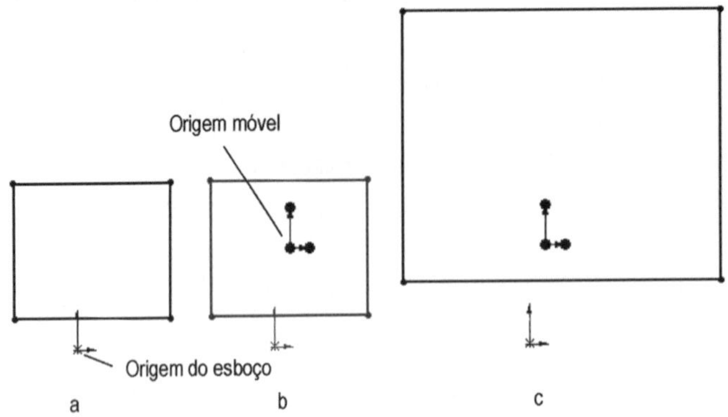

Figura 1.88 - Escala em relação à origem do esboço.

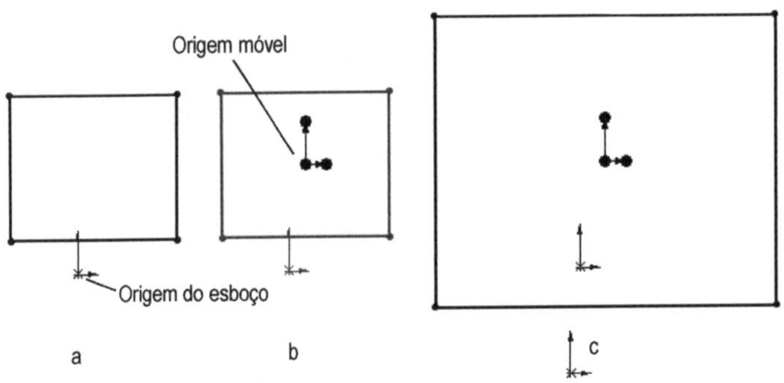

Figura 1.89 - Escala em relação à origem móvel.

Girar

- Coloque um valor entre 0 < x < 360 e pressione **Enter** para girar o modelo, ou pressione o botão direito do mouse para girar o modelo em torno da origem móvel, em preto, Figura 1.90.

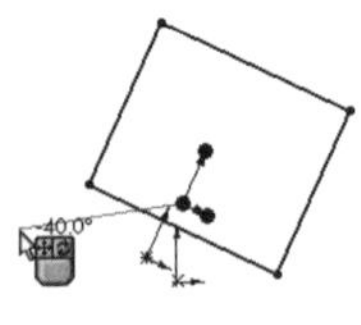

Figura 1.90 - Giro manual em torno da origem móvel.

1.3.6. Dimensionamento de Esboço

Depois de criar um esboço, o próximo passo envolve o seu dimensionamento. O objetivo básico do dimensionamento no SolidWorks é controlar o tamanho do esboço e localizá-lo com uma referência.

O SolidWorks, no menu *drop-down* **Ferramentas** → **Dimensões**, disponibiliza seis opões de ferramentas diferentes para dimensionar um esboço, as quais estão também disponíveis na barra de ferramentas dimensões, Figura 1.91, que pode ser ativada pelo menu *drop-down* **Ferramentas** → **Personalizar** → **Barra de ferramentas** → **Dimensões/relações**.

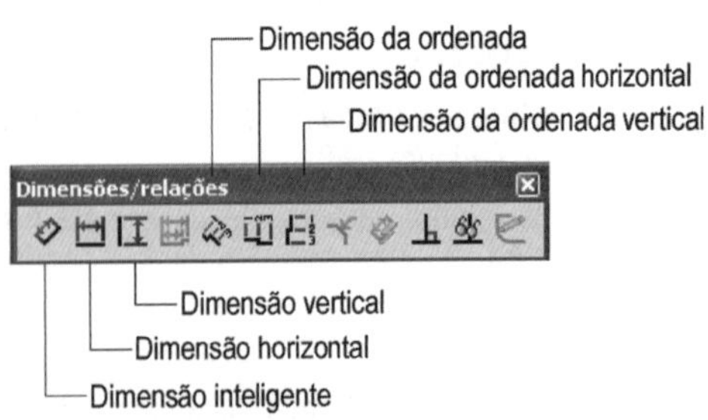

Figura 1.91 - Barra de ferramentas Dimensões/relações.

1.3.6.1. Dimensões Inteligentes

A ferramenta **Dimensão inteligente** cria uma dimensão para uma ou mais entidades selecionadas.

- Para utilizar a ferramenta, clique na entidade que deseja dimensionar e mova o mouse para fora. As linhas de chamada e cota aparecem presas à ponta do cursor.
- Mova o cursor para fora, cerca de 10mm da entidade, e clique novamente no botão esquerdo do mouse. Aparece a caixa **Modificar** que possibilita entrar com o valor desejado para a cota, Figura 1.92.

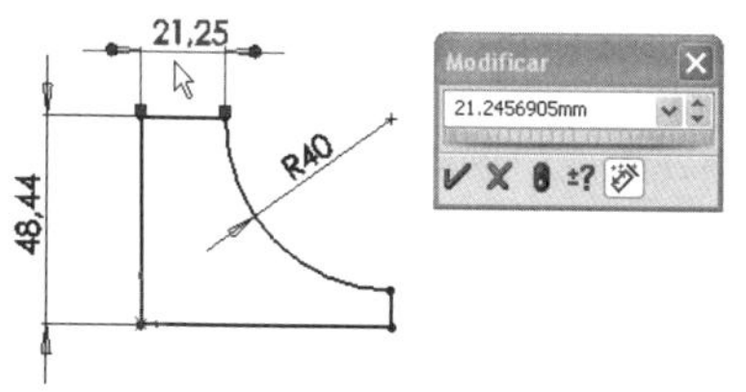

Figura 1.92 - Aplicação da ferramenta Dimensão inteligente.

1.3.6.2. Dimensionamento Horizontal

A ferramenta **Dimensão horizontal** cria uma dimensão horizontal entre duas entidades selecionadas. A direção horizontal é definida pela direção do esboço atual.

- Para utilizar a ferramenta, clique nas entidades desejadas, neste exemplo, nas duas entidades internas verticais ou nos dois pontos das arestas, e mova o mouse para fora. As linhas de chamada e cota aparecem presas à ponta do cursor.
- Mova o cursor para fora, cerca de 10mm da entidade, e clique novamente no botão esquerdo do mouse. Surge a caixa **Modificar** que permite entrar com o valor desejado para a cota, Figura 1.93.

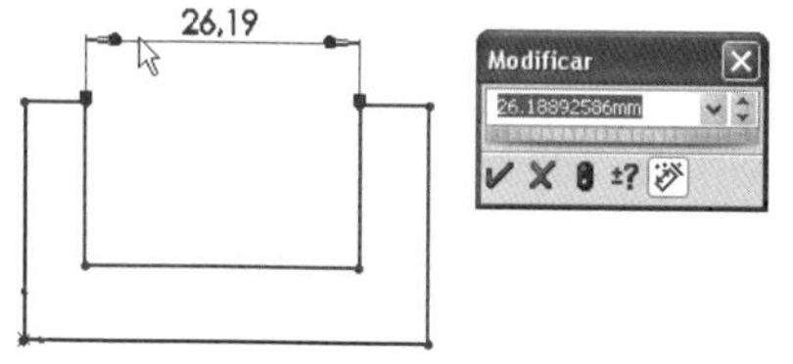

Figura 1.93 - Dimensionamento horizontal.

1.3.6.3. Dimensionamento Vertical

A ferramenta **Dimensão vertical** cria uma dimensão vertical entre duas entidades selecionadas. A direção vertical é definida pela direção do esboço atual.

- Para utilizar a ferramenta, clique nas entidades desejadas, neste exemplo, nas duas entidades internas verticais ou nos dois pontos das arestas, e mova o mouse para fora. As linhas de chamada e cota aparecem presas à ponta do cursor.

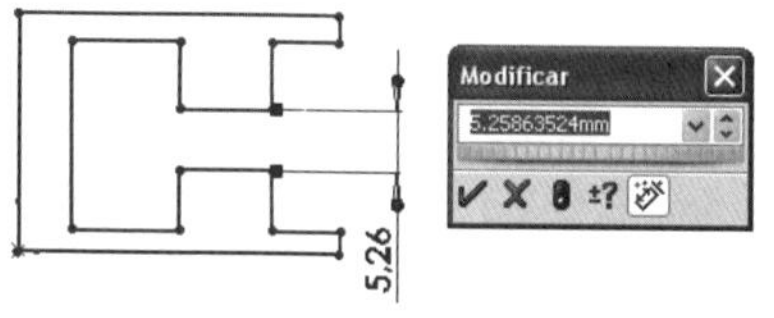

Figura 1.94 - Dimensionamento vertical.

- Mova o cursor para fora, cerca de 10mm da entidade, e clique novamente no botão esquerdo do mouse. Será exibida a caixa **Modificar** que permite entrar com o valor desejado para a cota, Figura 1.94.

1.3.6.4. Dimensionamento por Ordenadas

A ferramenta **Dimensão da ordenada** é aplicada para dimensionar um conjunto de medidas a partir de uma ordenada zero em um desenho ou esboço. Nos desenhos, elas são dimensões de referência, e não é permitido alterar seus valores ou usar os valores para direcionar o modelo.

As dimensões de ordenada são medidas a partir do eixo selecionado primeiro. O tipo de dimensão de ordenada (horizontal ou vertical) é definido pela orientação dos pontos selecionados.

É possível dimensionar para aresta, vértices e arcos (centros e pontos mínimos e máximos) e ainda para pontos médios ao adicionar dimensões de ordenadas.

As dimensões de ordenadas são automaticamente agrupadas para manter o alinhamento. Quando qualquer membro é arrastado do grupo, todos os outros são movidos juntos. Para separar uma dimensão do grupo de alinhamento, clique com o botão direito do mouse na dimensão zero e selecione **Quebrar alinhamento**.

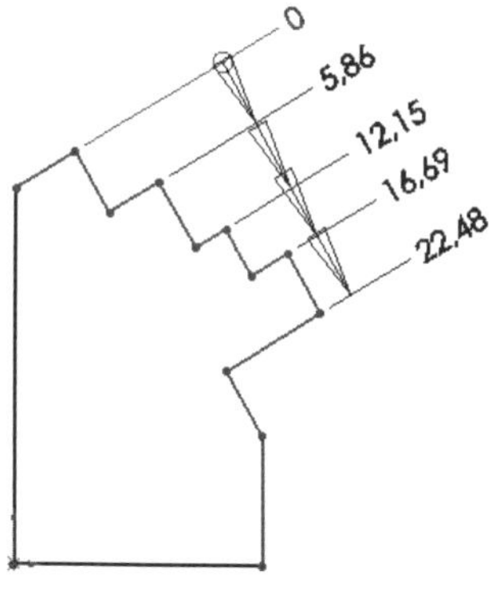

Figura 1.95 - Dimensionamento por ordenadas.

É possível arrastar a dimensão zero para uma nova posição, e todas as ordenadas são atualizadas para que coincidam com a nova posição zero.

Se as dimensões adjacentes estiverem muito próximas, as linhas de chamada são automaticamente desviadas de acordo com a necessidade para impedir a sobreposição do texto. As alças de arrastar são exibidas nas dobras quando uma dimensão ordenada é selecionada com uma linha de chamada curva. É possível adicionar uma dobra a uma dimensão de ordenada diferente ou removê-la.

Nota

Se desejar, é possível especificar que as linhas de chamada não sejam automaticamente desviadas, desmarcando a *checkbox* **Desviar ordenadas** em **Ferramentas** → **Opções** → **Propriedades do documento** → **Dimensões.**

Para criar dimensões de ordenada, siga o procedimento:

1. Na barra de ferramentas Dimensões/relações, ou no menu *drop-down* **Ferramentas** → **Dimensões** → **Ordenada** clique em **Dimensão da ordenada**.
2. Clique no primeiro item (aresta, vértice etc.), a partir do qual todos os outros são medidos para serem a base (a dimensão 0,0), e clique novamente para posicionar a dimensão fora do modelo.
3. Clique nas arestas, vértices ou arcos dimensionados usando a mesma ordenada. À medida que você clica em cada item, a dimensão é posicionada na vista e alinhada com a ordenada zero.
4. Pressione **ESC** para sair do modo de ordenada.

1.3.6.5. Dimensionamento por Ordenada Horizontal

A ferramenta **Dimensão da ordenada horizontal** é aplicada para dimensionar um conjunto de medidas a partir de uma ordenada horizontal zero em um desenho ou esboço. Nos desenhos, elas são dimensões de referência, e não é permitido alterar seus valores ou usar os valores para direcionar o modelo.

Para criar dimensões de ordenada, acompanhe o procedimento:

1. Na barra de ferramentas Dimensões/relações, ou no menu *drop-down* **Ferramentas** → **Dimensões** → **Ordenada horizontal** clique em **Dimensão da ordenada horizontal**.
2. Clique no primeiro item (aresta, vértice etc.) a partir do qual todos os outros são medidos para serem a base (a dimensão 0,0) e clique novamente para posicionar a dimensão fora do modelo.
3. Clique nas arestas, vértices ou arcos dimensionados usando a mesma ordenada. À medida que você clica em cada item, a dimensão é posicionada na vista e alinhada com a ordenada zero.
4. Pressione **ESC** para sair do modo de ordenada.

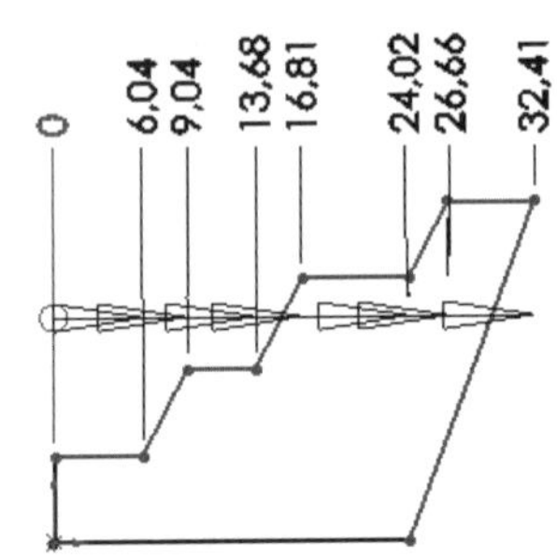

Figura 1.96 - Dimensionamento por ordenada horizontal.

1.3.6.6. Dimensionamento por Ordenada Vertical

O procedimento é análogo ao anterior. Na barra de ferramentas **Dimensões/relações**, ou no menu *drop-down* **Ferramentas** → **Dimensões** → **Ordenada vertical** clique em **Dimensão da ordenada vertical**.

Siga os demais passos e tecle **ESC** para sair.

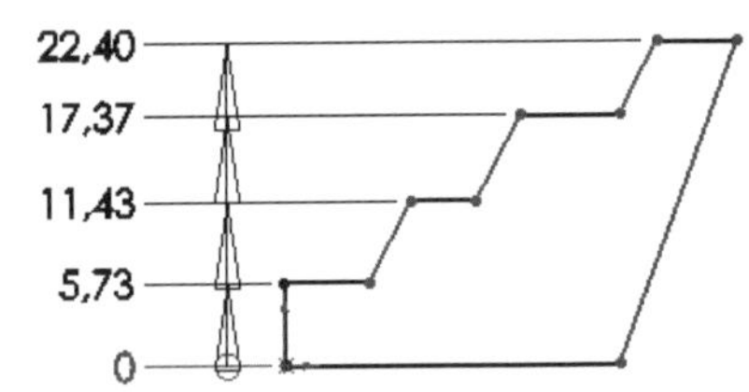

Figura 1.97 - Dimensionamento por ordenada vertical.

1.3.7. Status da Geometria de Esboço

Os esboços incluem um status (estado), e as entidades que o compõem também. Os estados das entidades de esboço são exibidos em cores diferentes para facilitar a identificação. São eles:

1.3.7.1. Estado Pendente

Aparece na cor marrom na área de gráficos em **Relações**, no **PropertyManager** de **Exibir/excluir** relações e na árvore do **FeatureManager**.

O estado **Pendente** indica a geometria de esboço que não pode ser removida. Por exemplo, excluir uma entidade que foi usada para definir uma outra entidade de esboço.

1.3.7.2. Estado Dirigido

O estado **Dirigido** aparece na cor cinza na área de gráficos. Ele indica uma dimensão redundante. É possível **Tornar esta dimensão modificável** e clicar em **OK** na caixa de diálogo. A dimensão muda da cor vermelha (sobredefinida) para cinza.

Nota

Quando uma dimensão redundante é adicionada, é possível selecionar **Tornar esta dimensão modificável** e clicar em OK na caixa de diálogo. A dimensão muda da cor vermelha (sobredefinida) para cinza.

1.3.7.3. Estado Sobredefinido

O estado **Sobredefinido** é exibido na cor amarela na área de gráfico em **Relações** no **PropertyManager** de **Exibir/excluir relações**. Ele indica uma dimensão redundante ou uma relação desnecessária. Neste caso, trata-se da dimensão **16**, incluída por último, e que sobredefiniu a dimensão **R8** que aparece em amarelo juntamente com o arco. A dimensão 16 aparece em verde e pode se tornar **Dirigida**, entretanto não pode mais ser alterada.

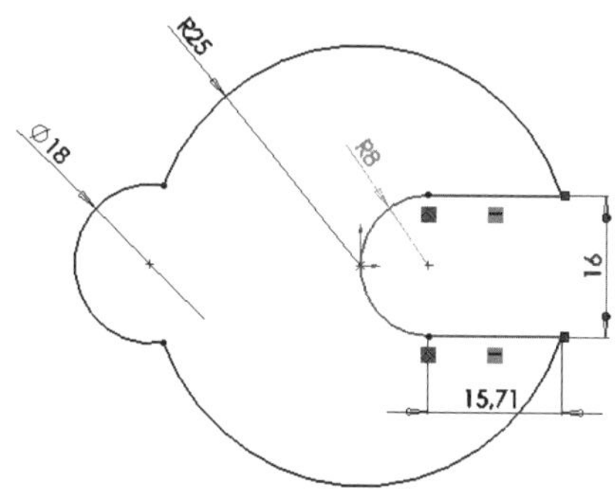

Figura 1.98 - Esboço Sobredefinido.

Nota

Para resolver esboços **sobredefinidos**, é apropriado usar a ferramenta **SketchXpert**. Veja o item 1.3.8.

Sempre que uma dimensão tornar o esboço **sobredefinido**, surge a caixa de diálogo **Tornar dirigida pelo dimensionamento?**, Figura 1.99, cujas opções são:

- **Tornar esta dimensão dirigida** - o estado sobredefinido ou insolúvel é reparado, porém a dimensão não pode mais ser alterada.
- **Deixar esta dimensão como direcionadora** - o esboço permanece sobredefinido ou insolúvel. Procure outras dimensões ou relações que possam ser excluídas ou alteradas.

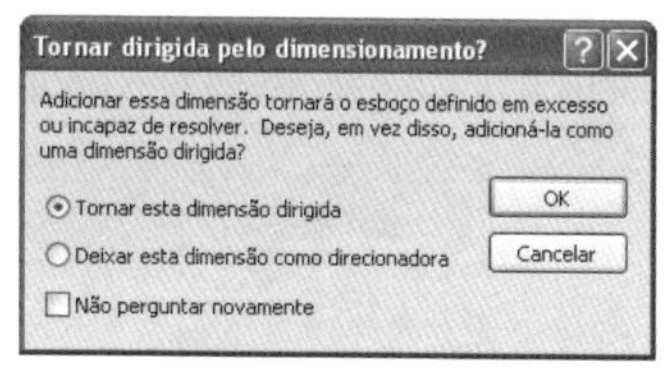

Figura 1.99 - Caixa de diálogo Tornar dirigida pelo dimensionamento?.

1.3.7.4. Estado Subdefinido

O estado **Subdefinido** é exibido na cor azul na área de gráfico em **Relações**, no **PropertyManager** de **Exibir/excluir relações**. Ele indica uma entidade de esboço que requer uma dimensão ou relação com outra entidade de esboço. No exemplo, o arco **R8** e as duas entidades que tangenciam suas extremidades aparecem na cor azul.

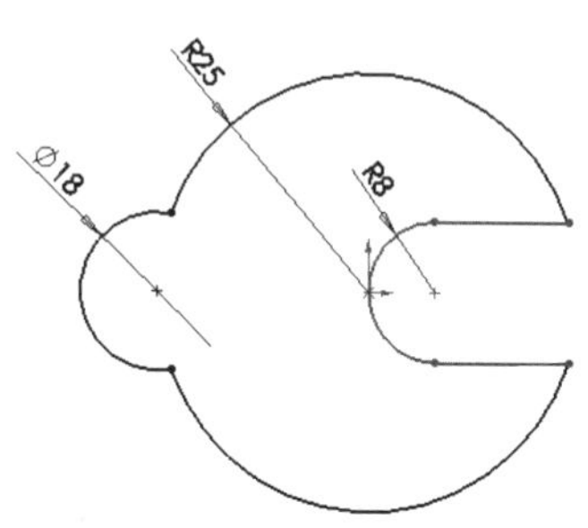

Figura 1.100 - Esboço Subdefinido.

Nota

Para resolver esboços **Subdefinidos**, é apropriado usar a ferramenta **Definir totalmente o esboço.**

1.3.7.5. Estado Totalmente Definido

Aparece na cor preta na área de gráfico em **Relações**, no **PropertyManager** de **Exibir/excluir relações**. Ele indica que todas as dimensões e relações com entidades de esboço estão presentes, sem elementos redundantes ou desnecessários que tornam o esboço **sobredefinido**, Figura 1.101.

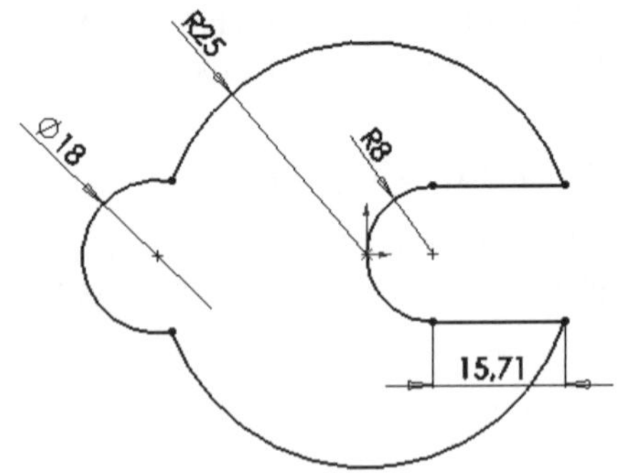

Figura 1.101 - Esboço Totalmente definido.

1.3.7.6. Estado Inválido

O estado **Inválido** é exibido na cor amarela na área de gráfico em **Relações**, no **PropertyManager** de **Exibir/excluir relações**. Ele indica entidades de esboço inválidas, criando um esboço sem solução no estado atual.

Requer a exclusão de algumas relações ou dimensões, ou retorno da entidade de esboço ao seu estado anterior, Figura 1.102.

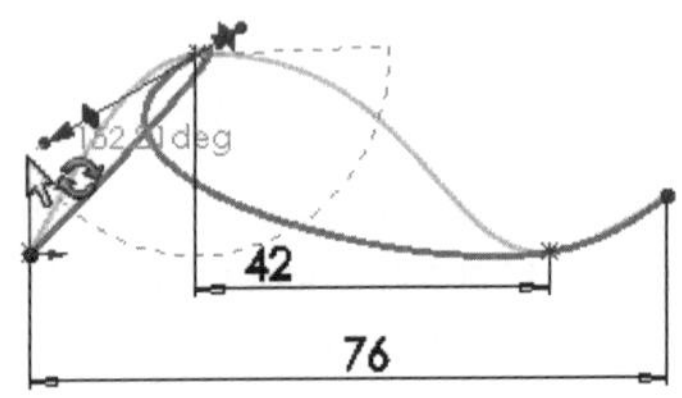

Figura 1.102 - Esboço Inválido.

Nota

Na Figura 1.102, a **spline** foi editada e sua direção modificada, fazendo-a mudar de seu traçado original para um cruzamento sobre ela mesma. Modificar a direção radial da tangente cria uma entidade de esboço inválida.

1.3.7.7. Estado Não Resolvido

O estado **Não resolvido** é exibido na cor vermelha na área de gráfico em **Relações**, no **PropertyManager** de **Exibir/excluir relações**. Ele indica que a geometria não pode determinar a posição de uma ou mais entidades do esboço, Figuras 1.103 e 1.104.

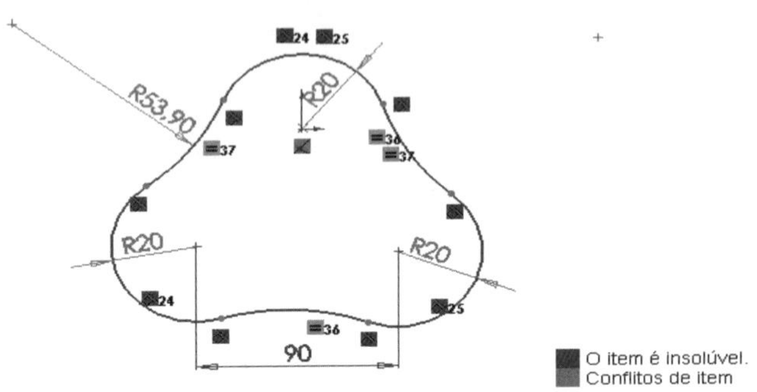

Figura 1.103 - Esboço Não resolvido.

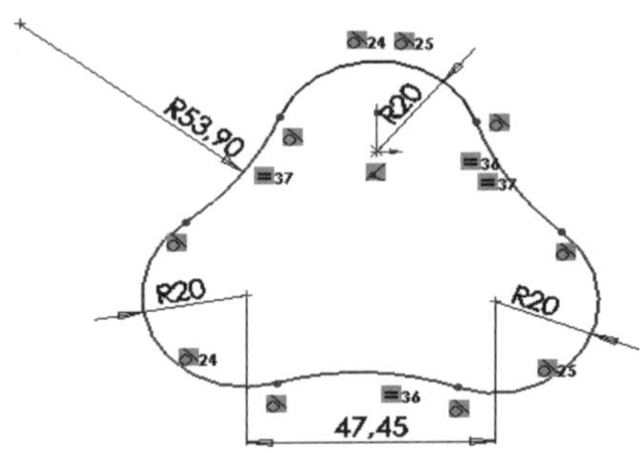

Figura 1.104 - Esboço Resolvido.

Nota

Na Figura 1.103, o esboço é **Não resolvido** porque os arcos de R20 são oriundos de três círculos que se tangenciam. Assim, a maior dimensão admitida entre os centros cotados é de 80mm e a menor é 47.5mm.

1.3.8. O SketchXpert

É uma ferramenta disponibilizada pelo SolidWorks para automatizar o reparo de esboços nas condições **Sobredefinido, Nenhuma solução encontrada** ou **Solução inválida encontrada** no esboço. Baseia-se na tecnologia SolidWorks SWIFT.

Para ativá-la, posicione o cursor do mouse sobre uma das entidades do esboço e pressione o botão direito para acessar o menu de atalhos. Será exibido no canto esquerdo da tela o **PropertyManager** do **SketchXpert**, Figura 1.105.

- **Diagnóstico** - faz um diagnóstico do problema e oferece possíveis soluções.
- **Reparo manual** - exibe uma lista das relações geométricas com erros entre as entidades. A eliminação de uma ou outra pode resolver o problema.

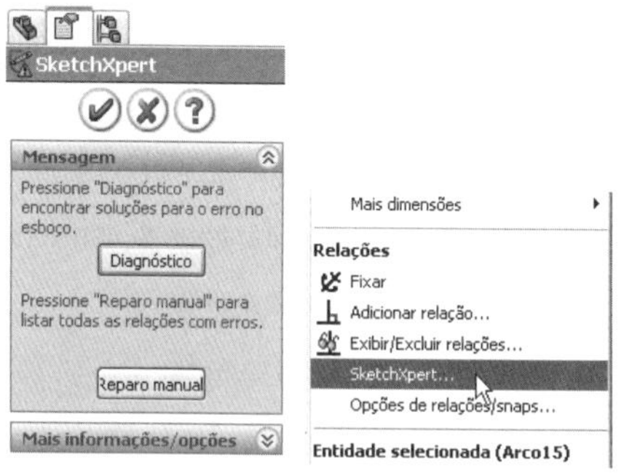

Figura 1.105 - PropertyManager SketchXpert e menu de atalho.

1.3.9. Definir Totalmente o Esboço

Para quem tem alguma dificuldade em determinar as relações e dimensões necessárias à correta definição de um esboço, o SolidWorks oferece a ferramenta **Definir totalmente o esboço**. É possível acessá-la em qualquer ponto e com qualquer combinação de dimensões e relações já adicionadas.

Para aplicar a ferramenta, siga os passos:

1. Edite um esboço.
2. No menu *drop-down*, clique em **Ferramentas** → **Relações** → **Definir totalmente o esboço** ou na barra de ferramentas **Dimensões**.
3. Defina as opções para relações e dimensões no **PropertyManager** de **Definir totalmente o esboço**.
4. Clique em **OK** para finalizar.

Nota

O esboço deve incluir algumas dimensões e relações antes de você poder utilizar essa ferramenta.

Exercícios Passo a Passo

Exercício 1

Desenhe o esboço para o modelo apresentado na Figura 1.106.

Figura 1.106 - Modelo para o exercício 1.

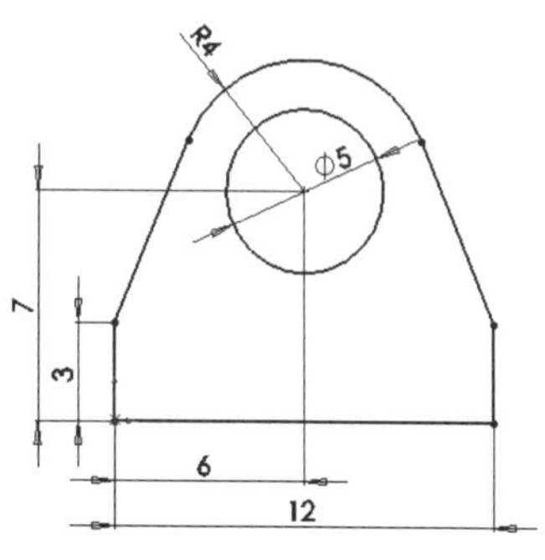

Figura 1.107 - Esboço do modelo.

Os seguintes passos são necessários para completar este exercício:

1. Abra a seção SolidWorks.
2. Fixe o diretório de trabalho e crie um arquivo de esboço no plano frontal.
3. Desenhe linhas utilizando as ferramentas da barra de ferramentas **Esboço**. Veja a Figura 1.108.
4. Desenhe um arco de círculo e depois um círculo interno de mesmo centro, Figuras 1.109 e 1.110.
5. Defina as restrições faltantes e dimensione o esboço, Figuras 1.111 e 1.112.
6. Salve o esboço e feche o arquivo.

Iniciar o SolidWorks

Inicie o SolidWorks com um duplo-clique no ícone SolidWorks na tela do computador ou pelo menu Iniciar.

Fixar o Diretório de Trabalho

1. Crie no diretório **C** de seu computador, em **Meus documentos**, uma pasta que deve conter todas as subpastas referentes aos exercícios dos capítulos deste livro, e nomeie a pasta como **EXERCLSW**.
2. Abra a pasta **EXCERCLSW** e crie a subpasta denominada **Exerc_Cap1**.
3. Todos os exercícios deste primeiro capítulo devem ser salvos nessa pasta.

Iniciar um Novo Arquivo

1. Abra o SolidWorks e inicie um **Novo Arquivo**. Selecione o template **Peças**.
2. No SolidWorks, esboço e modelo são criados dentro do modo **Peça**, portanto são salvos com a mesma terminação: ***.Prt**.
3. Clique no comando **Esboço** na barra de ferramentas e selecione o **Plano frontal**.

Desenho das Linhas Retas

1. Selecione o botão de comando **Linha** na barra de ferramentas **Esboço** ou no **CommandManager**.
2. Especifique como ponto inicial na área gráfica a **Origem** (eixos marcados em vermelho no centro da tela). Dê um clique no mouse. A outra extremidade da linha estará presa ao cursor. Mova o cursor para a direita e observe a variação do comprimento da linha até aproximar-se de 12. Clique novamente no mouse para finalizar a primeira entidade.
3. Suba o mouse até a distância de aproximadamente três unidades e clique para finalizar a linha. Em seguida, mova o cursor do mouse para a esquerda, conduzindo-o para cima para criar a primeira diagonal. Pressione **ESC** para abandonar o comando.
4. Clique novamente no comando Linha e volte à Origem para desenhar a outra linha horizontal de comprimento três unidades. Ao final, mova o cursor do mouse para a direita, conduzindo-o para cima para criar a segunda diagonal, à esquerda. A figura deve estar similar à 1.108.

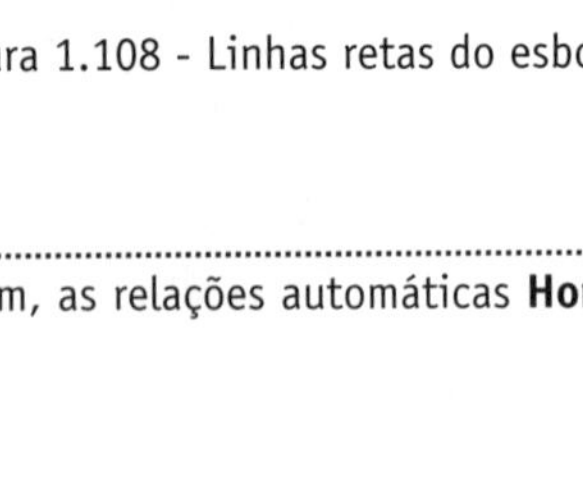

Figura 1.108 - Linhas retas do esboço.

Nota

O comando **Relações de esboço** do menu *drop-down* **Exibir** está ativo. Assim, as relações automáticas **Horizontal** e **Vertical** são exibidas junto com as entidades correspondentes.

Desenho do Arco

1. Pressione o botão de comando Arco de 3 pontos na barra de ferramentas **Esboço**, Figura 1.25, ou no **CommandManager**.
2. Selecione o ponto final da linha inclinada da esquerda, clique e mova o cursor do mouse para a direita até encontrar a extremidade da outra linha inclinada, estabelecendo o segundo ponto do arco.
3. O terceiro ponto define-se movendo o cursor para cima, Figura 1.109.
4. Pressione **ESC** para sair do comando.

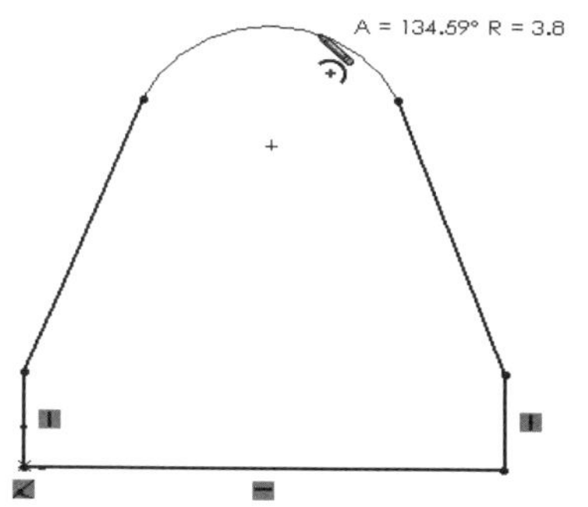

Figura 1.109 - Esboço com arco.

Desenho do Círculo

1. Pressione o botão de comando **Círculo** na barra de ferramentas **Esboço** ou no **CommandManager**.
2. Clique com o cursor do mouse no ponto central do arco desenhado anteriormente.
3. Deslize o cursor, abrindo um círculo de raio qualquer, Figura 1.110.
4. Pressione **ESC** para sair do comando.

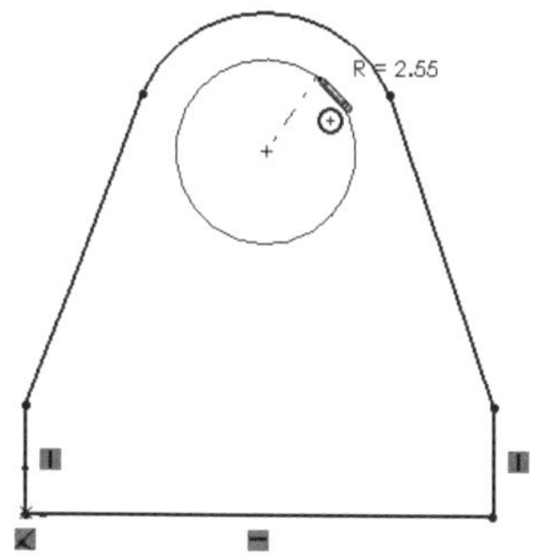

Figura 1.110 - Esboço com todas as entidades.

Aplicação das Restrições Faltantes

Três outras restrições são necessárias no esboço. A primeira, uma restrição de tangência entre as linhas diagonais e o arco, a segunda, uma restrição de concentricidade entre o círculo e o arco e a terceira, uma restrição de igualdade entre as duas linhas diagonais, Figura 1.111.

1. Selecione uma das linhas diagonais, pressione **CTRL** e selecione o arco. No **PropertyManager** clique na restrição **Tangente**. Repita o processo para a outra entidade diagonal.
2. Selecione o círculo, pressione **CTRL** e marque o arco. No **PropertyManager** clique na restrição **Concêntrico**.
3. Aplique às duas entidades diagonais uma restrição de **Igual**.

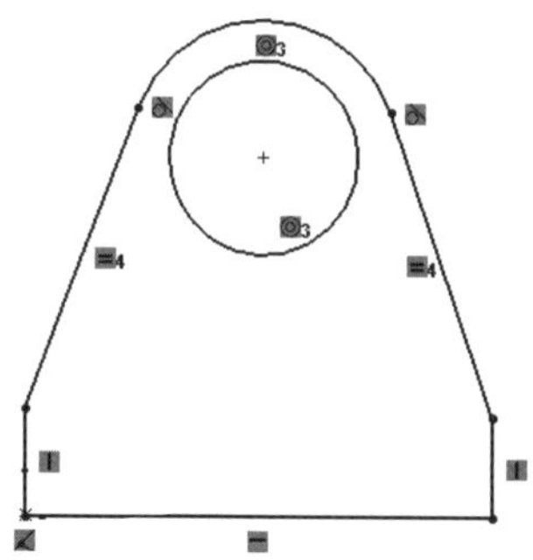
Figura 1.111 - Esboço com restrições.

Dimensionar o Esboço

Para dimensionar o esboço, use o comando **Dimensão inteligente** da barra de ferramentas **Esboço**, Figura 1.112.

1. Clique no canto inferior esquerdo, posicionado sobre a Origem, e em seguida no centro do círculo. Mova o cursor para baixo até cerca de 7mm abaixo da linha horizontal. Clique e defina na caixa **Modificar** a dimensão 6.0.
2. Clique na linha horizontal e mova o cursor para baixo, definindo na caixa **Modificar** a dimensão 12.
3. Clique na linha vertical esquerda mova o cursor para a esquerda e defina na caixa Modificar a dimensão 3.

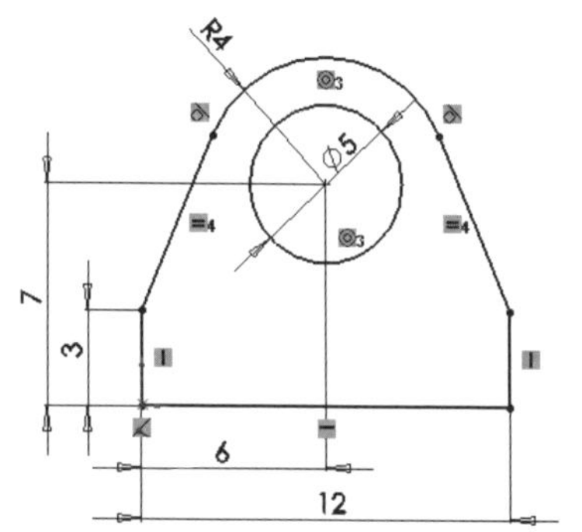

Figura 1.112 - Esboço dimensionado e com restrições.

4. Dimensione a distância entre a linha horizontal e o centro do círculo.
5. Dimensione o diâmetro do círculo e por último, o raio do arco.

Fechar e Salvar o Esboço

Para salvar o esboço, é necessário primeiramente sair do ambiente de esboço. Clique no botão de comando **Sair do esboço** no **CommandManager** da guia **Esboço**, como mostra a Figura 1.113, ou no indicador mostrado no canto superior direito da área gráfica, Figura 1.114.

1. Salve o arquivo na pasta **Exerc_Cap1** com o nome de **Exerc_PP1**.

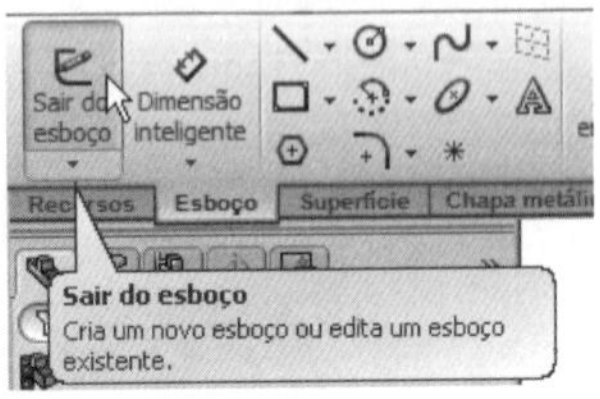

Figura 1.113 - Botão de comando Sair do esboço.

Figura 1.114 - Sair ou cancelar esboço.

Exercício 2

Neste exercício desenhe o esboço para o modelo apresentado na Figura 1.115. Observe o esboço exibido na Figura 1.116.

(Tempo estimado: 30 minutos)

Figura 1.115 - Modelo para o exercício 2.

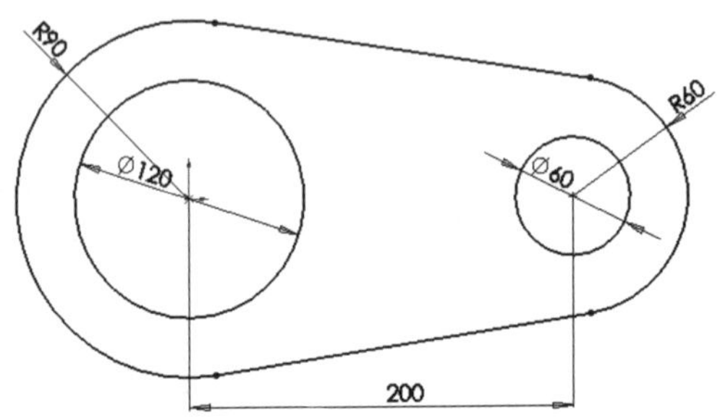

Figura 1.116 - Esboço do modelo.

Os seguintes passos são necessários para completar o exercício:

1. Inicie um novo arquivo no SolidWorks.
2. Desenhe o esboço no plano frontal utilizando as ferramentas da barra de ferramentas **Esboço**. Observe as Figuras 1.115 e 1.116.
3. Aplique as relações de esboço necessárias e dimensione-o.
4. Salve o esboço e feche o arquivo.

Iniciar um Novo Arquivo

1. Abra o SolidWorks e inicie um **Novo Arquivo**. Selecione o template **Peças**.
2. No SolidWorks, esboço e modelo são criados dentro do modo **Peça**, portanto são salvos com a mesma terminação: ***.Prt**.
3. Clique no comando **Esboço** na barra de ferramentas e selecione o **Plano frontal**.

Desenho dos Círculos

1. Escolha o botão de comando **Círculo** da barra de ferramentas **Esboço** e especifique o centro do círculo maior como a **Origem**, no centro da tela.
2. Mova o cursor para um tamanho aproximado ao raio de 90 e clique para completar o círculo.
3. Desenhe o círculo menor mais afastado à direita e procure observar que seja colinear ao primeiro. Com o comando **Dimensão inteligente**, dimensione a distância entre os centros de ambos.

A Figura 1.117 mostra os dois círculos colineares desenhados.

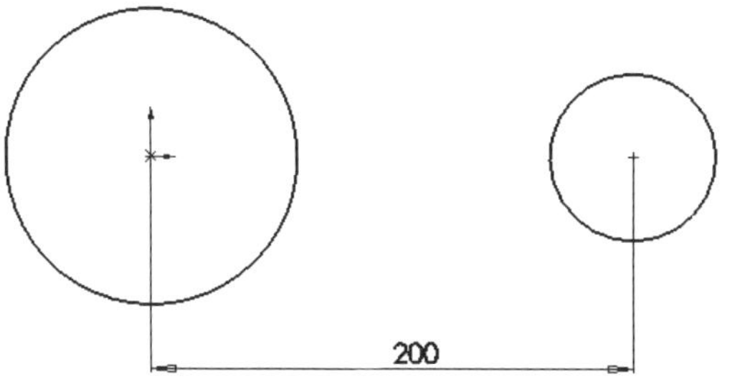

Figura 1.117 - Círculos colineares.

Observação

Posteriormente você aplicará entre o centro dos dois círculos colineares a relação **Horizontal.**

Nota

Para ampliar ou reduzir a imagem na tela gráfica, é possível utilizar os botões de comando de **Zoom** disponível na barra de ferramentas **Exibir,** ou ainda, simplesmente, girar o botão Scroll existente no centro do mouse. O giro para frente reduz a imagem, e para trás a aumenta.

Desenho dos Arcos

1. Escolha o botão de comando **Arco de ponto central** da barra de ferramentas **Esboço** e clique no centro do círculo maior, movendo o cursor para fora deste no sentido vertical para cima, até que a legenda do raio mostre um valor aproximado a **90**. Então clique na tela.
2. Mova o cursor no sentido horário, descendo até o lado oposto, descrevendo o arco maior. Clique com o cursor na tela ao final, quando a legenda acusar **A = 180**.
3. Repita o procedimento para criar o arco menor.

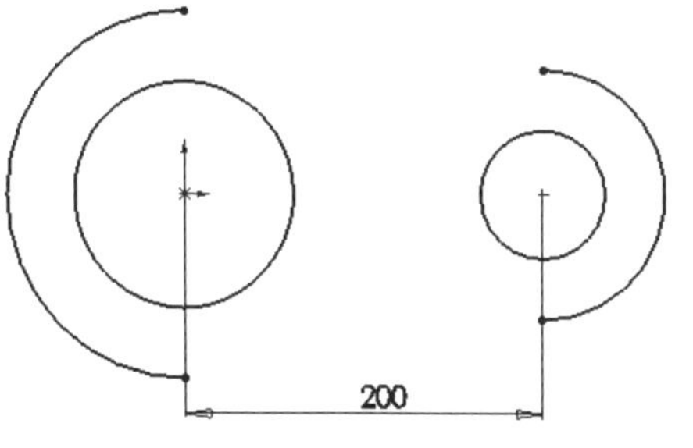

Figura 1.118 - Arcos externos.

Desenho das Linhas Tangentes

As linhas de tangência inicialmente apenas ligam as extremidades dos arcos. Elas somente serão tangentes após a aplicação das devidas relações.

1. Escolha o botão de comando **Linha** da barra de ferramentas **Esboço** e ligue um arco a outro por suas extremidades, conforme a Figura 1.119.

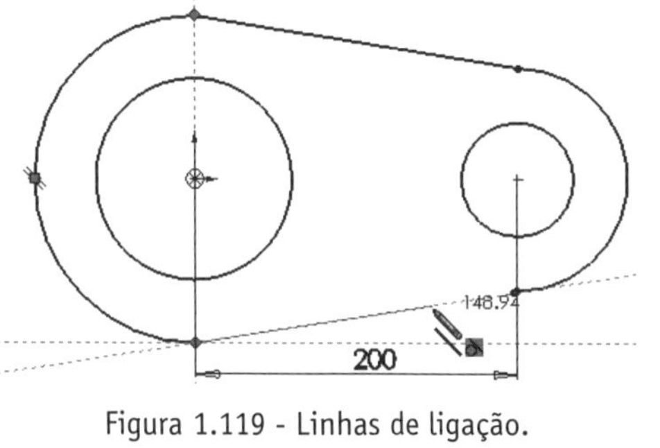

Figura 1.119 - Linhas de ligação.

Aplicação das Relações Faltantes

1. Clique no centro do primeiro círculo, na tecla **CTRL** e no centro do segundo círculo. Selecione no **PropertyManager** a relação **Horizontal**. Clique em **OK**.
2. Para as relações de tangência, clique em um arco, em **CTRL** e em uma das linhas. Selecione no **PropertyManager** a relação **Tangente**. Clique em **OK**.
3. Repita o procedimento mais três vezes até que os símbolos de tangência apareçam nos quatro pontos, Figura 1.120.

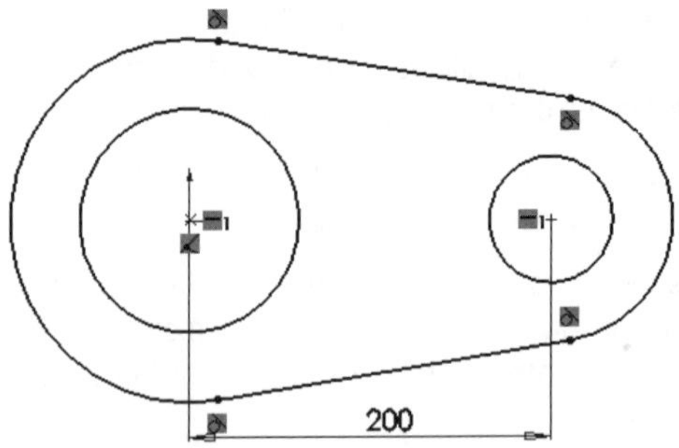

Figura 1.120 - Esboço com relações aplicadas.

Dimensionar o Esboço

1. Clique no comando **Dimensão inteligente** e em seguida no círculo maior. Digite o valor de **120** dentro da caixa **Modificar**. Clique em **OK**. Repita o procedimento para o círculo menor, digitando a dimensão **60**.
2. Dimensione agora o arco maior. Clique no arco e mova o cursor para fora e clique para abrir a caixa **Modificar**. Digite o valor **90**. Clique em **OK**.
3. Repita o procedimento para o arco menor.

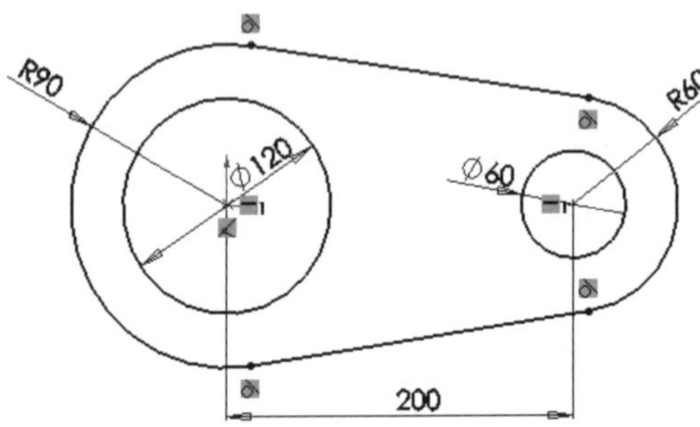

Figura 1.121 - Esboço com relações aplicadas e dimensionado.

Fechar e Salvar o Esboço

1. Para salvar o esboço, é necessário primeiramente sair do ambiente de esboço. Clique no botão de comando **Sair do esboço**.
2. Salve o arquivo na pasta **Exerc_Cap1** com o nome de **Exerc_PP2**.

Questões de Revisão

1. Descreva os passos para a criação de um esboço no SolidWorks.
2. Enumere os passos para a configuração do sistema de unidades no SolidWorks.
3. Como é possível inserir um botão de comando em uma barra de ferramentas ou retirá-lo?
4. Que são relações geométricas, para que servem e como podem ser adicionadas manualmente?
5. O que significa dizer que um esboço está sobredefinido ou subdefinido?
6. Para que serve e como funciona o comando **Espelho dinâmico**?
7. Que comando pode ser usado para modificar uma linha reta para o formato de onda quadrada, e como é possível gerar desvios nela?
8. De que forma é possível desativar o desvio automático das linhas de chamada em um dimensionamento por ordenada?
9. Descreva o procedimento para eliminar réplicas indesejadas em uma aplicação da ferramenta **Padrão circular**.
10. Para que serve a opção **Tampas nas extremidades**, no comando **Offset**?

Exercício 1

Desenhe um esboço para o modelo apresentado na Figura 1.122.

(Tempo estimado: 30 minutos)

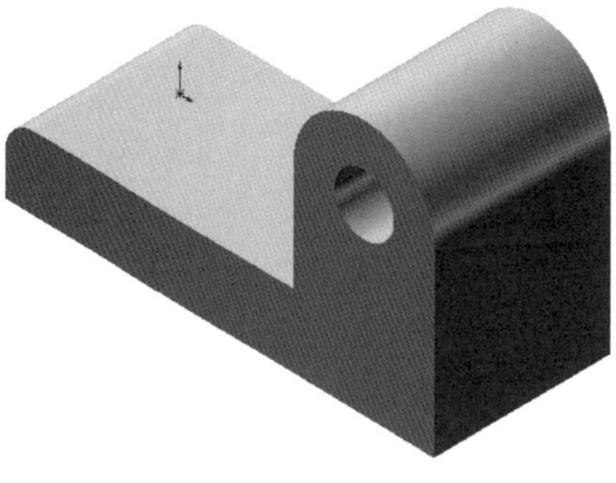

Figura 1.122 - Modelo para o exercício 1.

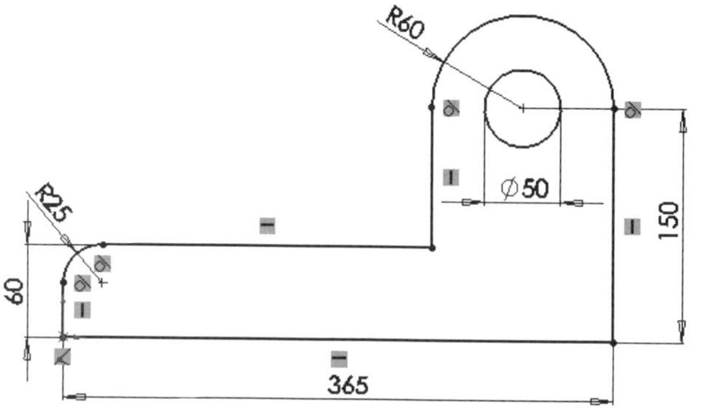

Figura 1.123 - Esboço do modelo.

Exercício 2

Desenhe o esboço para o modelo exibido na Figura 1.124. Neste exercício, utilize a relação de simetria entre os dois pontos das extremidades da entidade de dimensão 65 e uma linha de centro criada para esse propósito.

(Tempo estimado: 30 minutos)

Figura 1.124 - Modelo para o exercício 2.

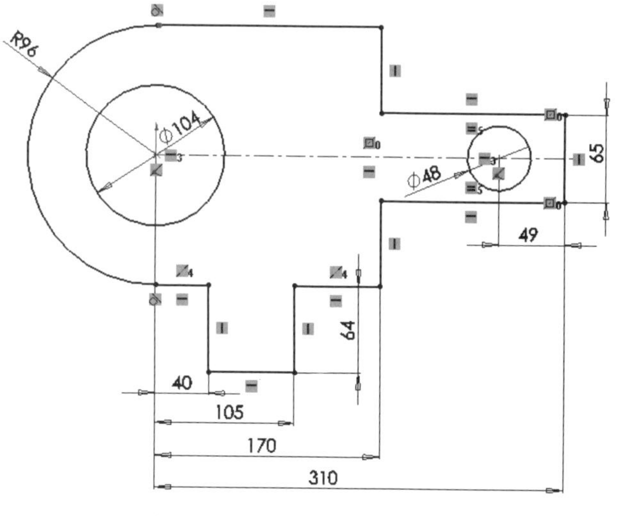

Figura 1.125 - Esboço do modelo.

Exercício 3

Desenhe o esboço para o modelo da Figura 1.126.

Este exercício consiste em dois esboços criados um sobre o outro. O primeiro representa a parte central fina, e o segundo, os cilindros perfurados.

(Tempo estimado: 30 minutos)

Figura 1.126 - Modelo para o exercício 3.

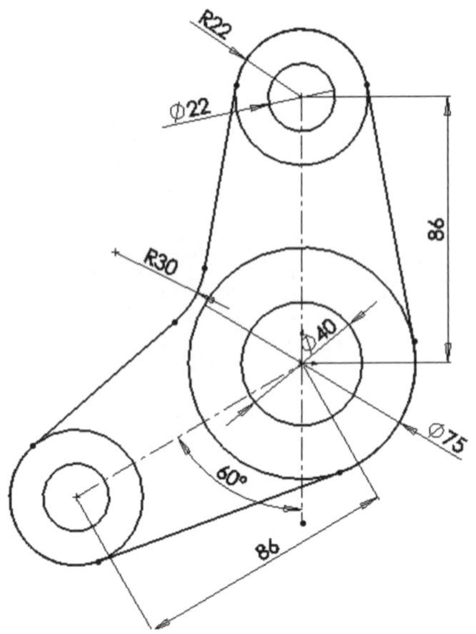

Figura 1.127 - Esboço do modelo.

2

Protrusão de Esboços

Define-se protrusão como o processo de adicionar um material específico a um esboço e gerar um sólido. No SolidWorks, há várias opções para realizar essa tarefa, tais como: **Extrusão**, **Revolução**, **Varredura** e **Loft**, as quais podem ser acessadas no menu *drop-down* **Inserir → Ressalto/base**.

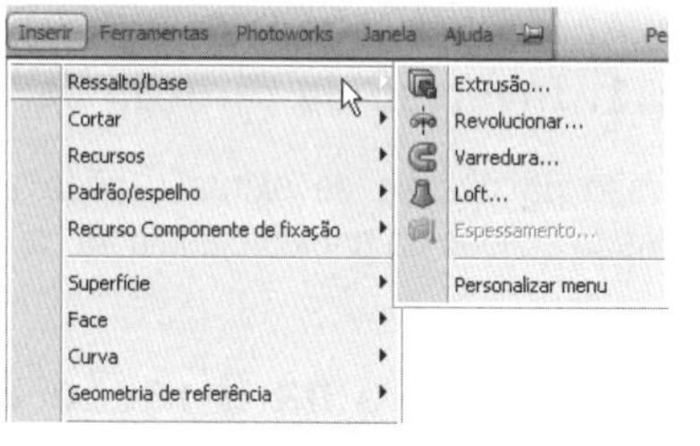

Figura 2.1 - Comandos geradores de protrusão.

2.1. Modelos Gerados por Extrusão

Como referido, o comando **Extrusão (Ressalto/base extrudado)** é uma das opções de protrusão de um esboço em um plano de projeção selecionado. Nesse tipo de protrusão, o material é adicionado na direção normal ao plano de projeção em que o esboço foi criado.

O comando pode ser acessado pelo menu *drop-down* **Inserir → Ressalto/base → Extrusão**, pelo **CommandManager**, no menu *drop-down* **Recursos**, Figura 2.2, ou pela barra de ferramentas **Recursos** no botão de comando **Ressalto/base extrudado**, Figura 2.3.

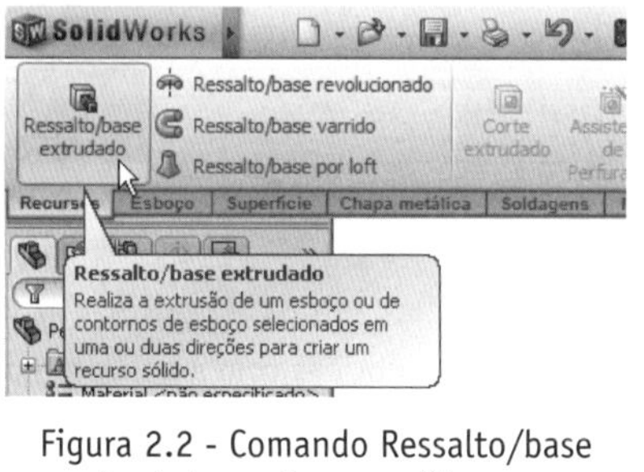

Figura 2.2 - Comando Ressalto/base extrudado no CommandManager.

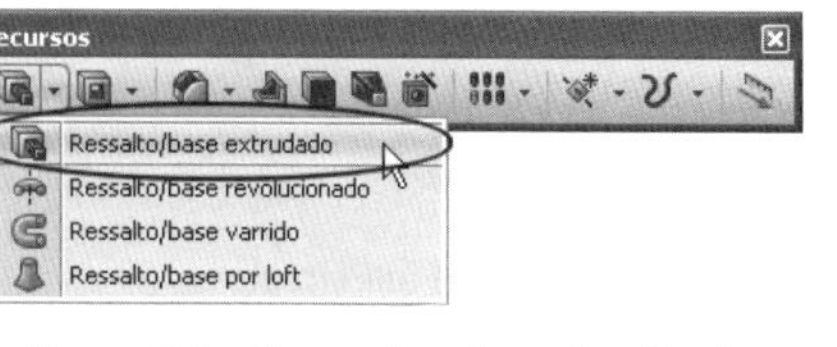

Figura 2.3 - Comandos de protrusão da barra de ferramentas Recursos.

2.1.1. Extrusão na Direção 1

A protrusão de extrusão pode ser realizada em duas direções opostas e com diferentes profundidades. Por padrão, a extrusão do SolidWorks é definida para a direção 1 (sentido normal para fora do plano de esboço), podendo ser invertida se necessário, ou ainda, aplicada inclinação a ela. A Figura 2.4 exibe como exemplo o esboço de um círculo que é extrudado na direção 1, com uma dimensão de profundidade de 20mm, formando um cilindro regular. Já a Figura 2.5 ilustra o mesmo esboço com a aplicação de um ângulo de inclinação de 30° para a extrusão. Observe que nas figuras c e d foi usada a opção de **Inclinação para fora**, marcando a *checkbox* indicada.

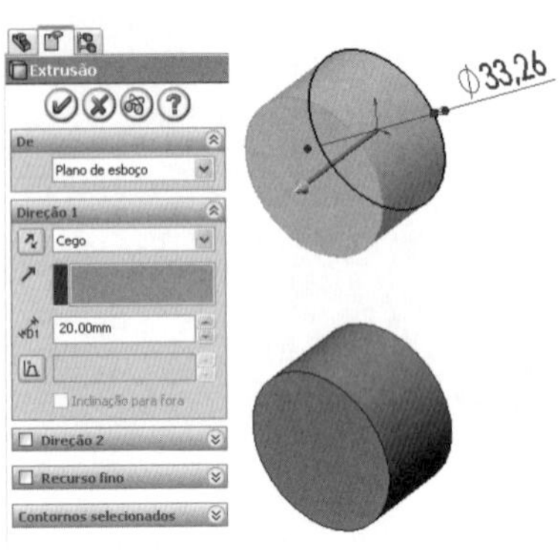

Figura 2.4 - Extrusão de um círculo formando um cilindro regular.

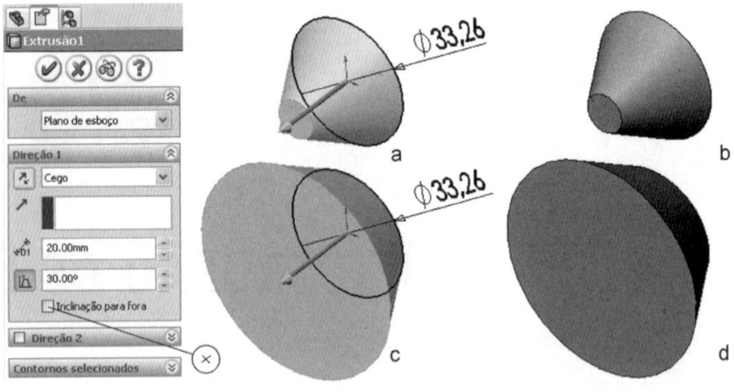

Figura 2.5 - Extrusão do mesmo círculo com aplicação de ângulo com inclinação para dentro e para fora. O sólido é um tronco de cone.

2.1.1.1. Inversão da Direção de Extrusão

A inversão da direção de extrusão pode ser feita pelo pequeno botão identificado com duas setas invertidas que aparece posicionado ao lado da primeira janela da caixa **Direção 1**, que por padrão está configurada como **Cego**.

2.1.2. Extrusão na Direção 2

Para fazer a extrusão do esboço, também na direção oposta à primeira, basta marcar a *checkbox* identificada como **Direção 2**. Observe na Figura 2.6 que o **PropertyManager** é expandido em mais um nível, exibindo os controles de configuração para a nova direção, e o esboço, antes do **OK** final, apresenta, partindo do centro, um segundo vetor que indica a direção 2. O modelo resultante continua sendo um cilindro regular, entretanto o plano do esboço fica agora localizado transversalmente ao centro do modelo. Já a Figura 2.7 apresenta algumas variações obtidas com ângulos.

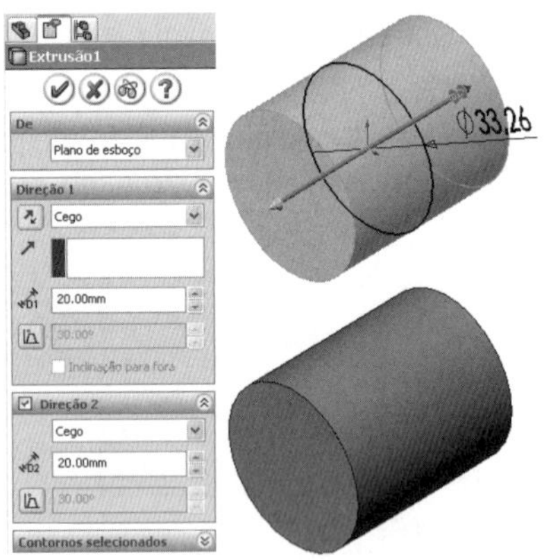

Figura 2.6 - Extrusão de um círculo nas direções 1 e 2.

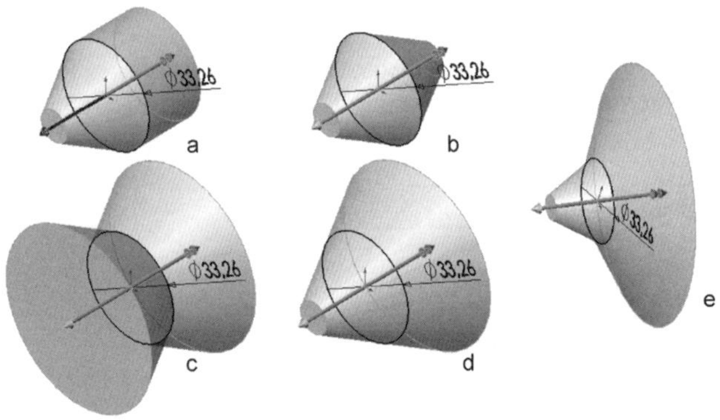

Figura 2.7 - Variações de forma obtidas com a aplicação de ângulos de inclinação nas direções 1 e 2.

2.1.3. Extrusão com Recurso Fino

A extrusão com recurso fino gera modelos vazados na direção 1, ou 1 e 2, com controle de inclinação e de espessura de parede e três tipos de direcionamento da espessura aplicada, além da possibilidade de inclusão de tampas às extremidades.

Para ativar esse recurso de extrusão, deve-se configurar a *checkbox* **Recurso fino** no **PropertyManager**. Ao configurar a *checkbox*, a caixa de diálogo **Recurso fino** é expandida no **PropertyManager**, mostrando o controle de *direção*, *profundidade* e a *checkbox* para inclusão de **Tampas de extremidade**.

Observe na Figura 2.8 a extrusão com **Recurso fino** do esboço círculo, nas direções 1 e 2, com uma espessura de parede de 10mm. Nas visualizações c e d foi aplicada a opção **Tampas de extremidade**.

A direção 1 possui profundidade de 40mm e a 2, profundidade de 20mm com um ângulo de inclinação de 30°.

- Figura 2.8a - extrusão do esboço nas direções 1 e 2.
- Figura 2.8b - corte total para visualização interna do recurso.
- Figura 2.8c - a mesma extrusão, aplicando a opção **Tampas de extremidade**.
- Figura 2.8d - corte total para visualização interna da opção aplicada.

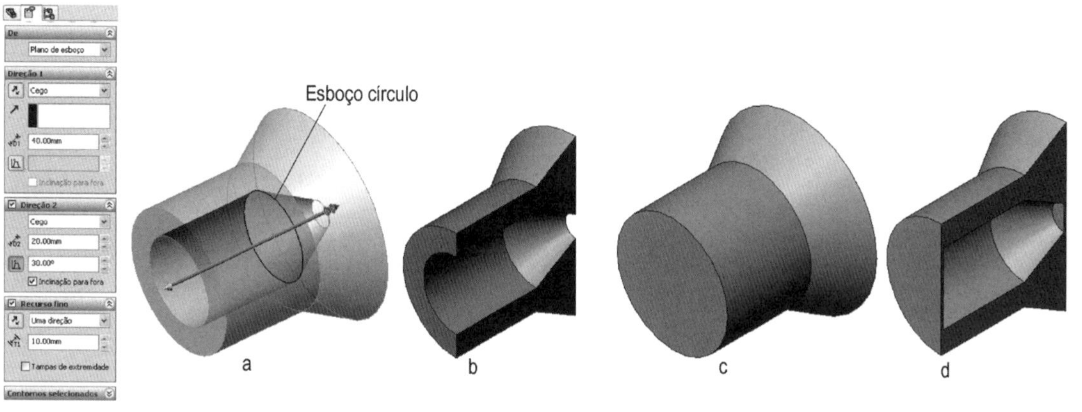

Figura 2.8 - Extrusão nas direções 1 e 2 com aplicação de Recurso fino, ângulo de inclinação na direção 2 e aplicação da opção Tampas de extremidade.

2.1.3.1. Direção Radial da Parede do Recurso Fino

A extrusão com recurso fino permite ainda definir a direção da extrusão radial da parede. Essa direção radial pode ser como um dos três tipos exibidos e exemplificados na Figura 2.9, e que é configurado no controle *drop-down* da janela de direção do **Recurso fino**.

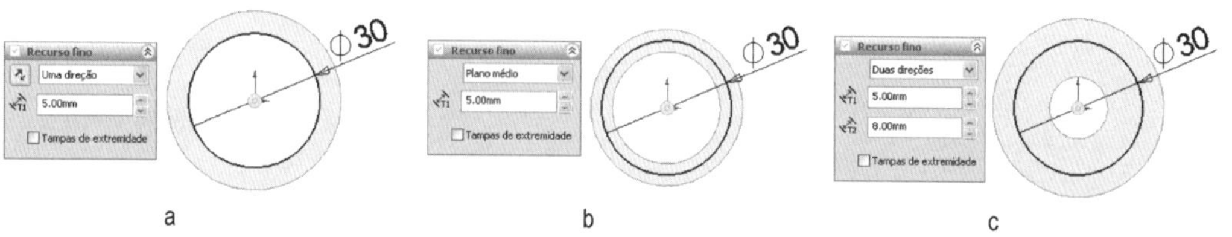

Figura 2.9 - Configuração da direção radial do Recurso fino - vista frontal do esboço círculo.

2.1.4. Condição Inicial de Extrusão

A condição inicial de uma extrusão apresenta-se na caixa de seleção **De**, exibida ao topo do **PropertyManager**. Por padrão, a configuração é **Plano de esboço**. Clicando na seta ao lado da janela, no controle *drop-down*, é possível acessar as outras configurações.

Figura 2.10 - Opções para condição inicial de extrusão.

Nota

A opção de condição inicial de extrusão somente é possível de ser aplicada à Direção 1.

2.1.4.1. Condição Plano de Esboço

Plano de esboço é a condição-padrão do SolidWorks e foi a apresentada nos exemplos anteriores. Nela, a extrusão se dá normal ao plano de esboço e a partir dele, Figura 2.11.

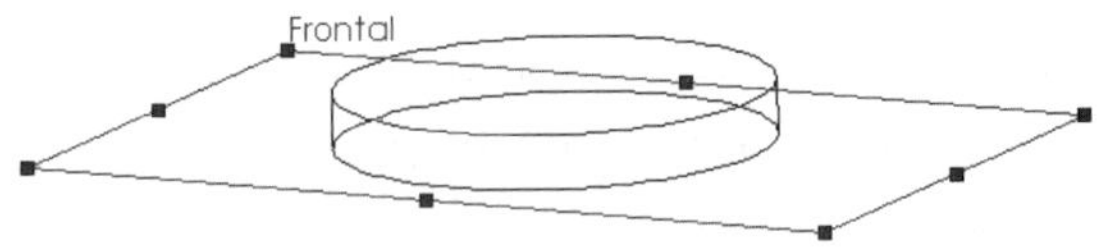

Figura 2.11 - Condição Plano de esboço.

2.1.4.2. Condição Superfície/Face/Plano

Essa condição permite iniciar a extrusão do esboço a partir das três entidades. Selecione uma entidade válida para **Superfície/ Face/Plano** (janela logo abaixo das opções de seleção), Figura 2.12.

- A entidade pode ser plana ou não-plana. Entidades planas não precisam ser paralelas ao plano de esboço.
- O esboço deve estar totalmente dentro dos limites da superfície ou face não-plana.
- O esboço acompanha a forma da entidade não-plana na superfície ou face inicial.

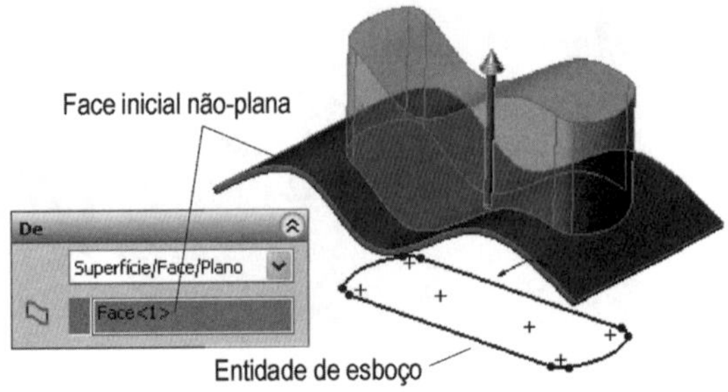

Figura 2.12 - Condição Superfície/Face/Plano.

2.1.4.3. Condição Vértice

A condição **Vértice**, de forma análoga à anterior, inicia a extrusão a partir de um vértice selecionado, Figura 2.13.

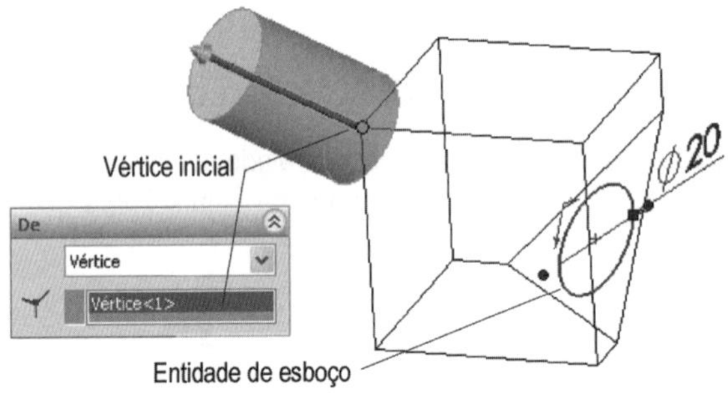

Figura 2.13 - Condição Vértice.

2.1.4.4. Condição Offset

A extrusão pela condição **Offset** inicia a extrusão em um plano que possui um offset em relação ao plano atual do esboço. Defina a distância de offset em **Insira o valor de offset**.

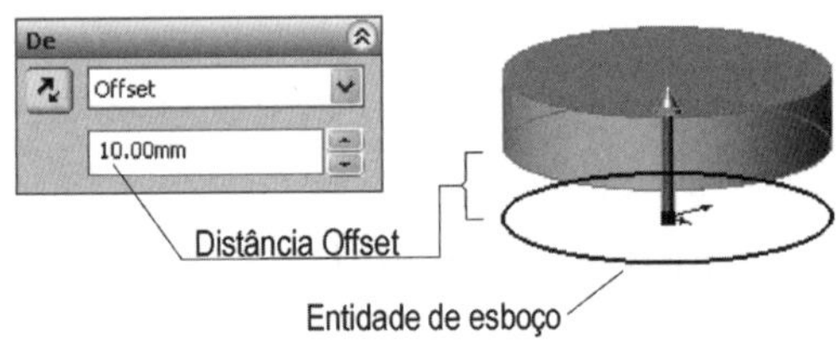

Figura 2.14 - Condição Offset.

2.1.5. Condição Final de Extrusão na Direção 1 e/ou 2

A condição final de uma extrusão é exibida nas caixas de seleção **Direção 1** e **Direção 2**, disponível no **PropertyManager** logo abaixo da caixa de opções **De**. Por padrão, a configuração é **Cego**. Clicando na seta ao lado da janela, no controle *drop-down*, é possível acessar as outras configurações.

Nos itens seguintes, veremos cada uma dessas opções de configuração para extrusão de um esboço em uma vista isométrica e lateral.

Figura 2.15 - Opções de direcionamento da extrusão.

2.1.5.1. Condição Cego

Cego é a condição em que a extrusão se dá normal ao plano de esboço, sem um final específico.

2.1.5.2. Condição Passante

A condição **Passante** permite estender o recurso do plano de esboço, passando por dentro de outro recurso até uma superfície paralela a esse plano, Figura 2.16.

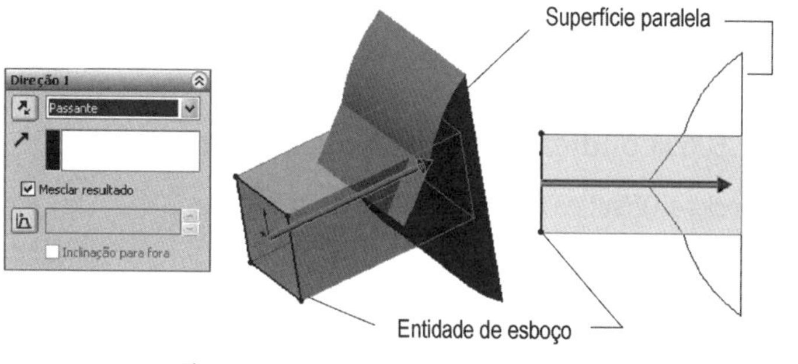

Figura 2.16 - Condição final Passante.

2.1.5.3. Condição Até o Próximo

A condição **Até o próximo** possibilita estender o recurso do plano de esboço até a próxima superfície que intercepta todo o perfil, Figura 2.17.

- A superfície interceptadora precisa estar na mesma peça.

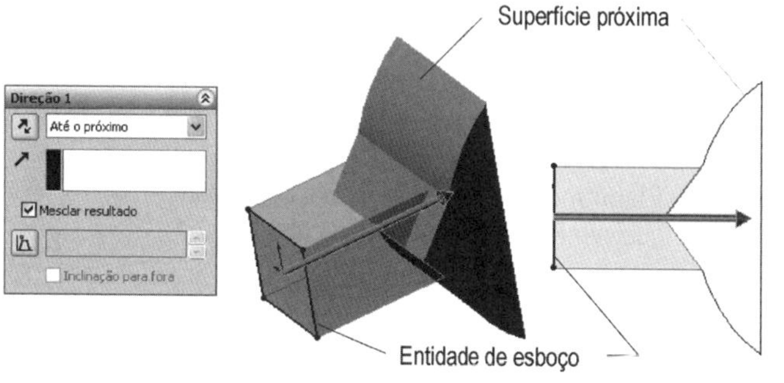

Figura 2.17 - Condição final Até o próximo.

2.1.5.4. Condição Até o Vértice

A condição **Até o vértice** permite estender o recurso do plano de esboço até um plano paralelo a ele, passando pelo vértice especificado, Figura 2.18

- Vértices de esboços são seleções válidas para extrusões **Até o vértice**.

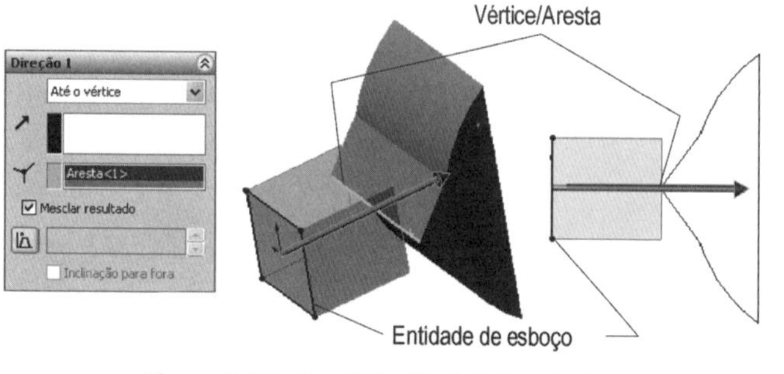

Figura 2.18 - Condição final Até o vértice.

2.1.5.5. Condição Até a Superfície

A condição **Até a superfície** possibilita estender o recurso do plano de esboço até a superfície selecionada, Figura 2.19.

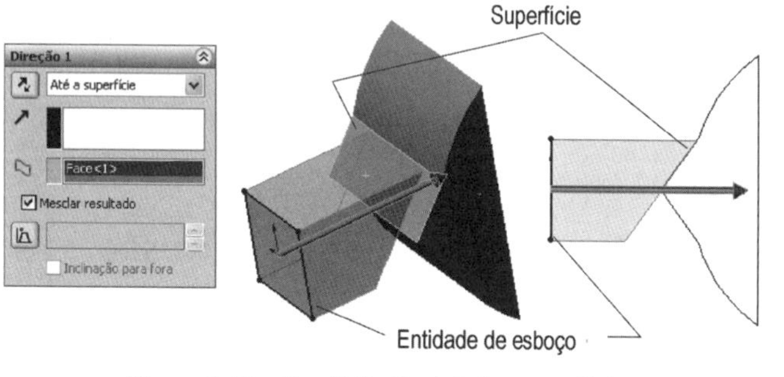

Figura 2.19 - Condição final Até a superfície.

Nota

O recurso alvo em que é exibida a indicação da superfície (Face <1>) possui duas superfícies curvas e outras duas retas, que se encontram definindo uma aresta. Nessa opção de condição final, somente é possível a escolha de uma única superfície (face).

2.1.5.6. Condição Offset da Superfície

A condição **Offset da superfície** estende o recurso do plano de esboço até uma distância especificada da superfície selecionada, Figura 2.20.

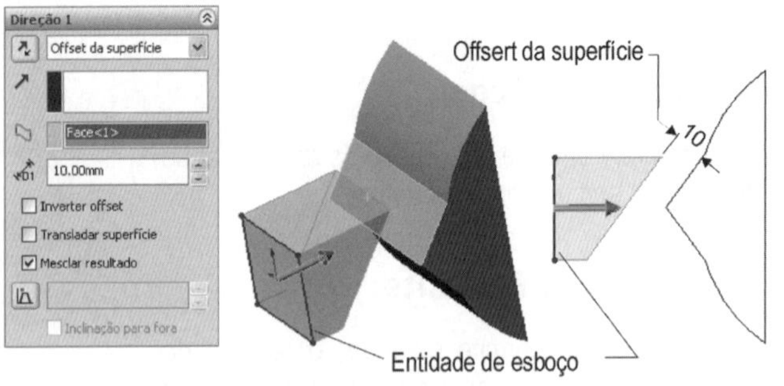

Figura 2.20 - Condição final Offset da superfície.

2.1.5.7. Condição Plano Médio

A condição **Plano médio** estende o recurso do plano de esboço igualmente em ambas as direções, Figura 2.21.

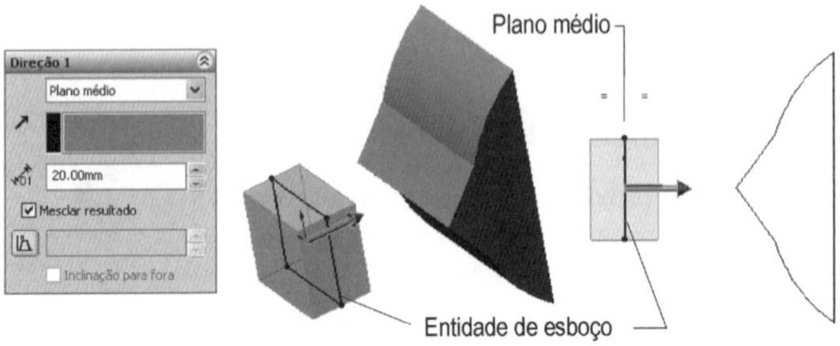

Figura 2.21 - Condição final Plano médio.

2.1.5.8. Condição Até o Corpo

A condição **Até o corpo** estende o recurso do plano de esboço até um corpo especificado, Figura 2.22.

É possível empregar **Até o corpo** em montagens, peças de moldagem ou com múltiplos corpos.

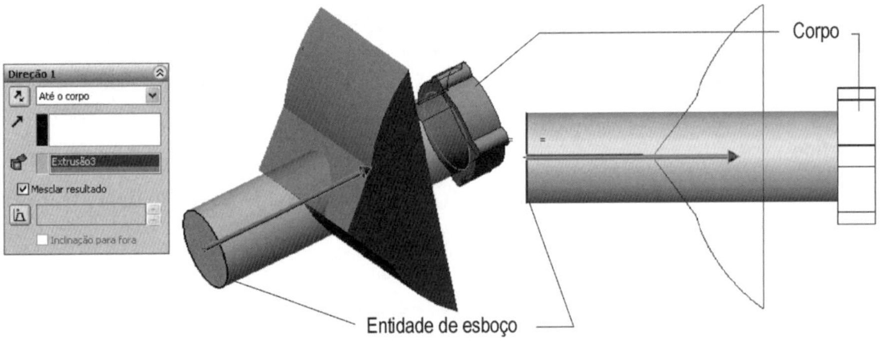

Figura 2.22 - Condição final Até o corpo.

2.1.6. Vetor Direcionador de Extrusão

É possível especificar uma referência para o direcionamento da extrusão de um esboço 2D e 3D pela especificação de um vetor de direção. A Figura 2.23 exemplifica a extrusão de um esboço ao longo de um vetor direcionador, uma entidade de esboço linear.

Os vetores de direção incluem:

- Faces cilíndricas;
- Pontos na geometria de referência;
- Planos de referência;
- Arestas lineares;
- Faces cônicas;
- Eixos de referência;
- Vértices;
- Entidades de esboço linear;
- Faces planas.

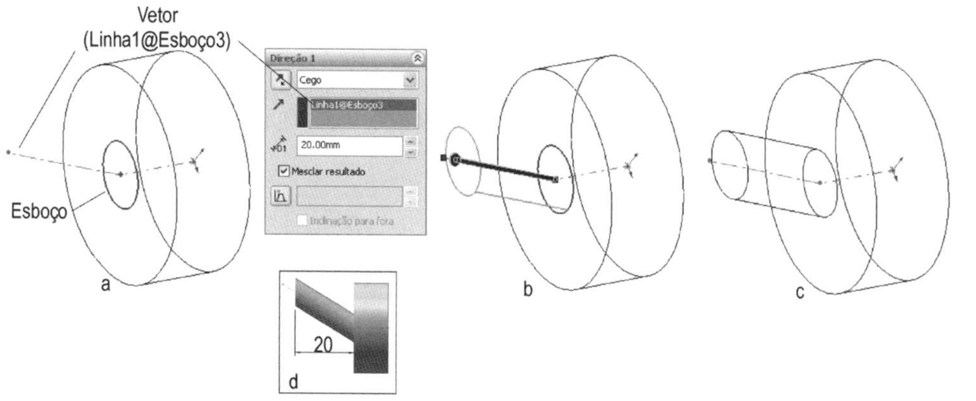

Figura 2.23 - Extrusão de esboço direcionada por vetor de referência.

2.1.7. Extrusão por Seleção de Contorno

Além das várias formas de extrusão já estudadas, é possível ainda aplicar a extrusão por **Contornos selecionados**. A configuração para esse tipo de extrusão é feita pela caixa **Contornos selecionados**, exibida na parte mais baixa do **PropertyManager** de extrusão.

A Figura 2.24 ilustra um exemplo típico em que essa opção de extrusão torna-se a mais apropriada.

1. Um esboço é gerado como indica a Figura 2.24a. Clique dentro da caixa **Contornos selecionados** para ativá-la.
2. Clique dentro do esboço e configure no **PropertyManager** as demais opções desejadas.
3. Para finalizar, clique em **OK**.

Na Figura 2.24b é possível ver o momento da extrusão da região interna do esboço e na Figura 2.24c, o modelo gerado.

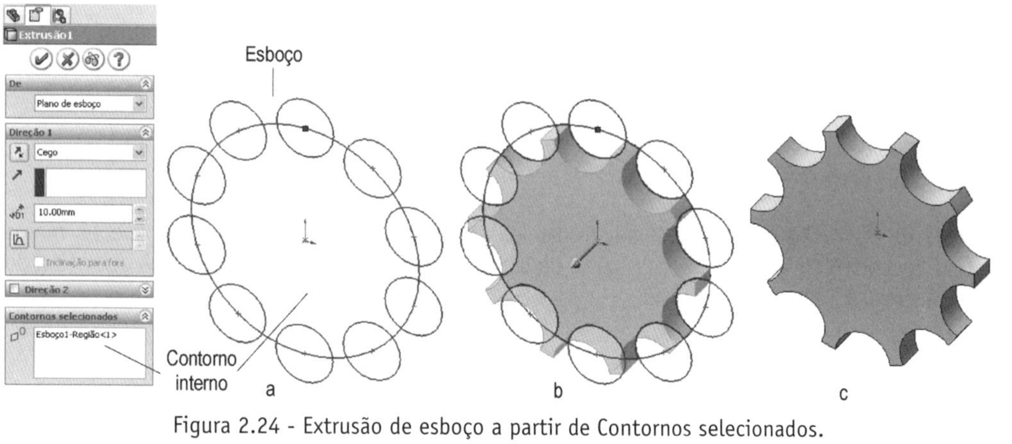

Figura 2.24 - Extrusão de esboço a partir de Contornos selecionados.

Nota

Essa solução é bem mais rápida e eficaz do que a aplicação do comando **Aparar entidades** para gerar um esboço de perfil igual à extrusão obtida ao final.

2.2. Modelos Gerados por Revolução

Os modelos ou recursos gerados por revolução requerem geometria simétrica do eixo e uma linha central (usada como eixo) no esboço. Em circunstâncias normais, uma linha de esboço pode ser usada como a linha de centro.

Há basicamente três tipos de recursos de revolução que geram modelos, e podem ser do tipo **Sólido**, **Fino** e por **Contornos selecionados**.

2.2.1. Recurso Sólido

Esse recurso gera um sólido de revolução a partir de um esboço fechado e rotacionado em torno de um eixo. Esse eixo de revolução pode ser uma linha de centro ou uma das arestas do esboço, dependendo da geometria final desejada ao modelo, Figura 2.25.

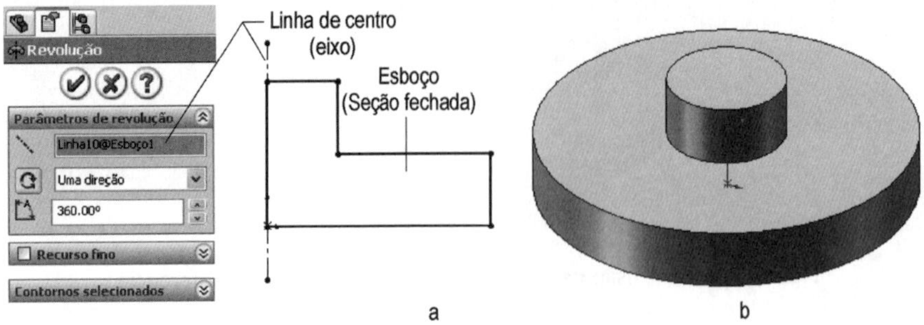

Figura 2.25 - Revolução de um esboço, gerando um sólido em ângulo de 360°.

Observe no **PropertyManager** que há ainda a possibilidade de configurar o ângulo de revolução para valores menores que 360°, Figura 2.26.

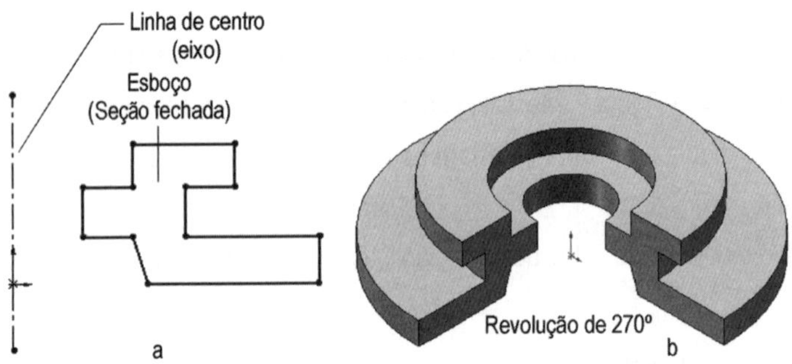

Figura 2.26 - Revolução de um esboço, gerando um sólido em ângulo de 270°.

2.2.2. Recurso Fino

Para gerar modelos de revolução que resultem em elementos com paredes finas, é necessário apenas marcar a *checkbox* **Recursos finos** no **PropertyManager** e expandir a caixa de configuração, conforme a Figura 2.27. A geometria do esboço pode ser fechada ou aberta, Figura 2.28.

Figura 2.27 - PropertyManager.

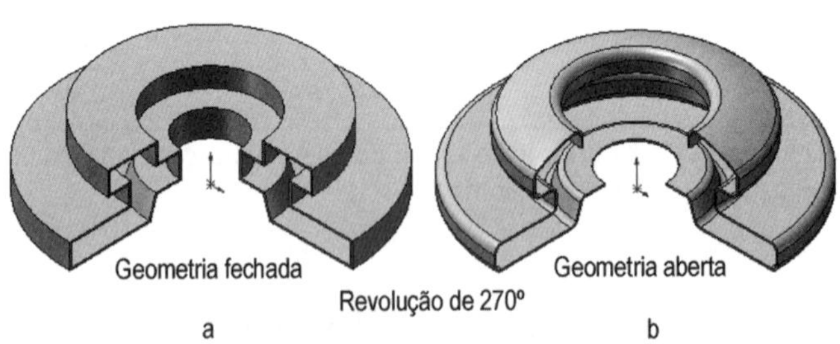

Figura 2.28 - Recursos gerados com geometrias fechada e aberta.

2.2.3. Recurso Gerado por Contornos Selecionados

Além das várias formas de revolução já estudadas, é possível ainda aplicar a revolução por **Contornos selecionados**. A configuração para esse tipo de revolução é feita pela caixa **Contornos selecionados**, exibida na parte mais baixa do **PropertyManager** de revolução.

A Figura 2.29 ilustra um exemplo típico em que essa opção de revolução torna-se a mais apropriada.

1. Um esboço é gerado, como mostra a Figura 2.29a. Clique dentro da caixa **Contornos selecionados** para ativá-la.
2. Clique dentro do esboço e configure no **PropertyManager** as demais opções desejadas.
3. Para finalizar, clique em **OK**.

Na Figura 2.23b é possível ver o momento da revolução da região interna do esboço e na Figura 2.29c, o modelo gerado.

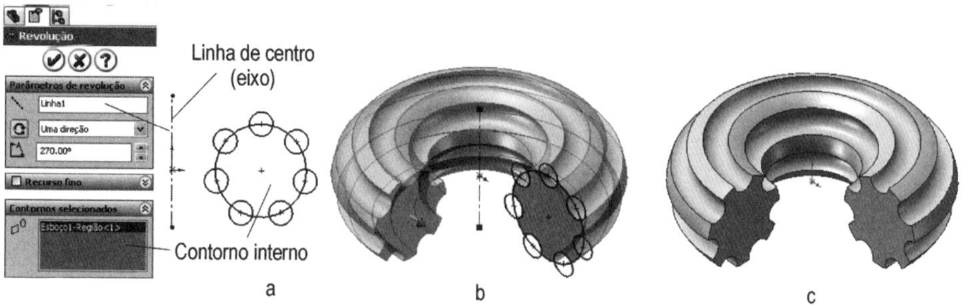

Figura 2.29 - Recursos de revolução de esboço a partir de Contornos selecionados.

2.2.4. Direção de Revolução

Para configurar a direção da extrusão, clique com o cursor do mouse no controle *drop-down* localizado abaixo da primeira janela na caixa de diálogos **Parâmetros de revolução**.

Defina os demais parâmetros de revolução desejados no **PropertyManager** e clique em **OK** para finalizar.

O recurso de revolução pode ser configurado para geração segundo três diferentes opções.

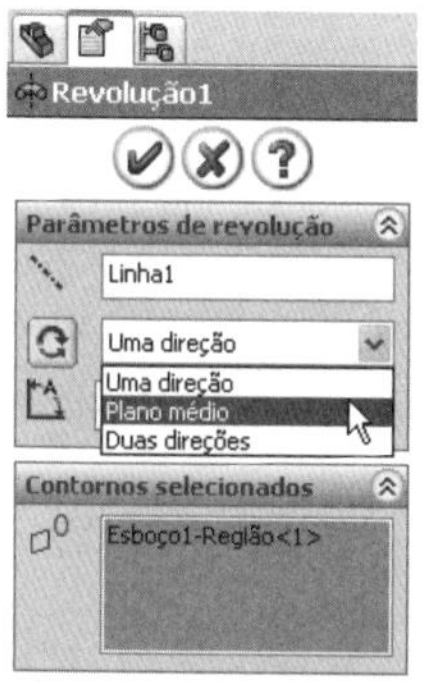

Figura 2.30 - Opções de direção do PropertyManager Revolução.

2.2.4.1. Revolução em uma Direção

A revolução em uma direção é a configuração-padrão do SolidWorks. Os exemplos das Figuras 2.25 a 2.29 foram gerados com essa opção.

2.2.4.2. Revolução em Plano Médio

A revolução conforme a opção **Plano médio** faz com que o esboço gere, simultaneamente, em sentido horário e anti-horário e com mesmo ângulo, a revolução em torno do eixo selecionado, Figura 2.31.

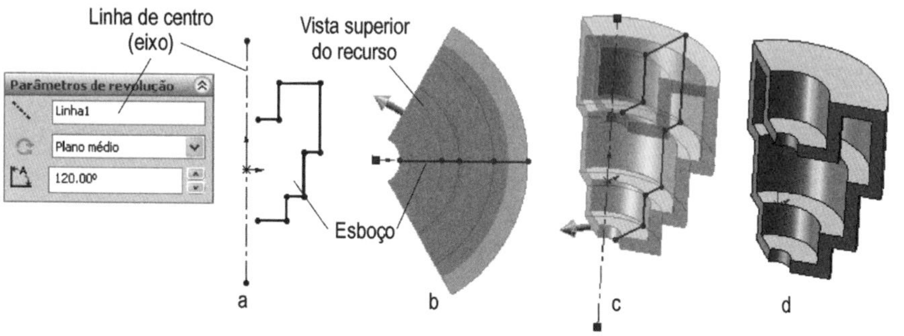

Figura 2.31 - Revolução no Plano médio.

2.2.4.3. Revolução em Duas Direções

A revolução conforme a opção **Duas direções** faz com que o esboço gere, simultaneamente, em sentido horário e anti-horário e com ângulos diferenciados, a revolução em torno do eixo selecionado, Figura 2.32. No sentido anti-horário o ângulo configurado é 120°, e no sentido horário 30°.

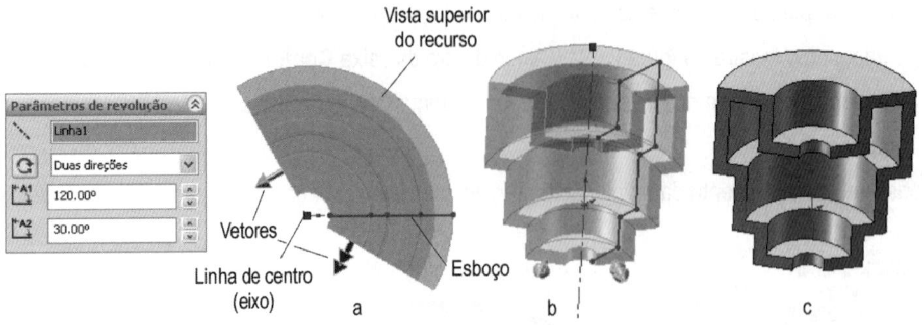

Figura 2.32 - Revolução no Plano médio.

Nota

A opção de direção radial do recurso fino para **Revolução** funciona da mesma forma que a citada no item 2.1.3.1.

2.3. Planos Normais de Referência

Todos os esboços e recursos exibidos até agora nos exemplos foram gerados no **Plano frontal**. Como você pode observar, toda vez que inicia um novo esboço, o SolidWorks solicita a escolha do plano de esboço em que deseja gerá-lo, Figura 2.33.

Uma vez selecionado o plano, ele se mostra paralelo à tela para facilitar a criação do esboço, ou seja, em uma vista de topo, também denominada **Normal**. Entretanto, isso somente ocorre na criação do primeiro esboço. A partir do primeiro, os próximos planos selecionados não se posicionam mais automaticamente.

Para posicioná-los manualmente, se desejado, utilize o botão de comando **Normal** da barra de ferramentas **Vistas padrão**.

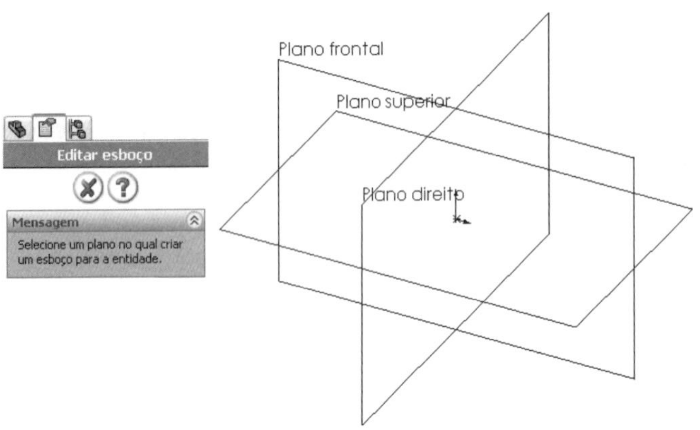

Figura 2.33 - Planos normais de referência.

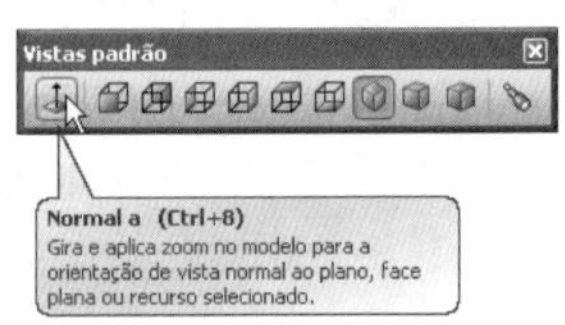

Figura 2.34 - Barra de ferramentas Vistas padrão.

Se essa barra de ferramentas não estiver ativa em seu SolidWorks, pode ativá-la pelo menu *drop-down* **Inserir** → **Barra de ferramentas** → **Vistas padrão**.

2.3.1. Escolha Correta do Plano de Referências

É muito importante que você escolha corretamente o plano de referência em que criará o primeiro esboço, pois essa escolha é o fator determinante na forma como seu modelo será exibido quando posicionado em *Vista isométrica*, bem como quando for gerar o desenho de detalhes e também criar suas montagens. É bem verdade que o SolidWorks possibilita reconfigurar o plano em que um esboço foi gerado, porém isso se traduz em tempo. E tempo é dinheiro.

As Figuras 2.35, 2.36 e 2.37 ilustram modelos na *Vista isométrica* e os respectivos planos de projeção em que foram criados.

Note que os três modelos sofreram extrusão com a opção **Plano médio**.

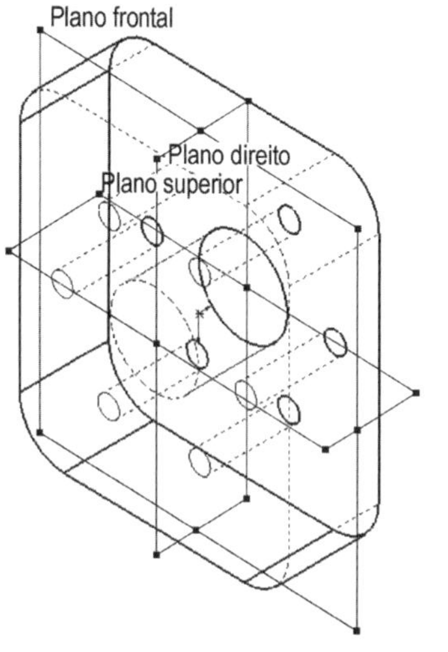

Figura 2.35 - Vista isométrica de modelo gerado no Plano frontal.

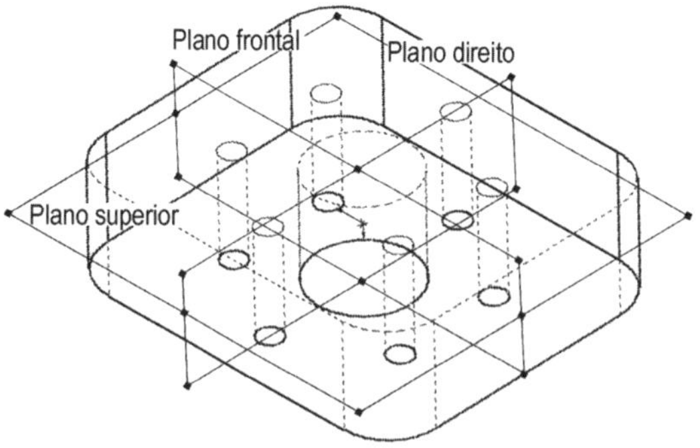

Figura 2.36 - Vista isométrica de modelo gerado no Plano superior.

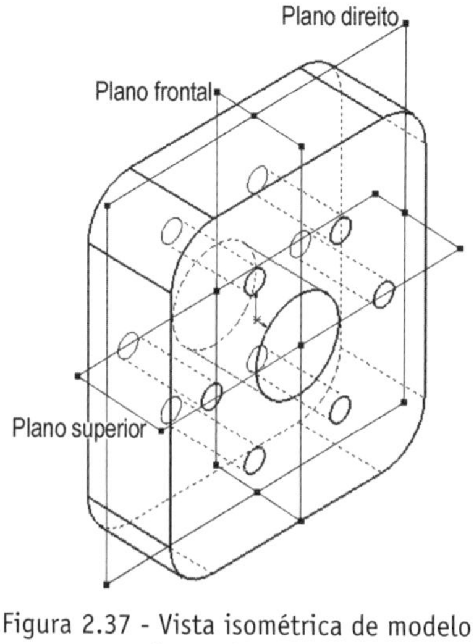

Figura 2.37 - Vista isométrica de modelo gerado no Plano direito.

2.4. Relação Hierárquica entre Recursos

Todo modelo criado no SolidWorks é composto de recursos que de um modo ou outro estão relacionados entre si. O recurso criado primeiramente na árvore do modelo (árvore de projetos) é denominado *recurso pai*, e os demais que a ele estão relacionados denominam-se *recurso filho*. Como resultado, a árvore do modelo representa a seqüência cronológica de operações de modelagem. Ela também permite o acesso à edição de recursos (objetos) que ela contém, Figura 2.38.

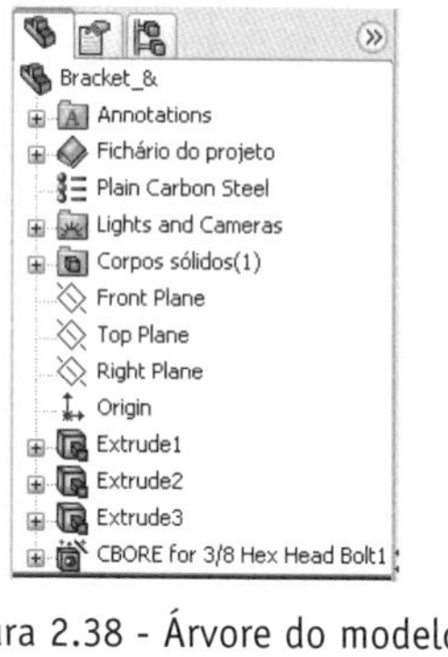

Figura 2.38 - Árvore do modelo.

Há dois tipos de relacionamento entre dois recursos, sendo o implícito e o explícito.

2.4.1. Relacionamento Implícito

Esse tipo de relacionamento existe quando dois recursos são relacionados por equações, valores de dimensões vinculadas, tema que estudaremos em capítulo posterior.

2.4.2. Relacionamento Explícito

O relacionamento explícito ocorre quando um recurso é usado como referência para criar outro, ou uma aresta de um recurso é usada como referência para o dimensionamento de outro recurso. Neste caso, o primeiro recurso é denominado *recurso pai*, e o segundo, *recurso filho* do primeiro.

Outro exemplo desse tipo de relacionamento é quando um furo é referenciado pelas arestas de uma superfície na qual ele é posicionado, ou pelas arestas de alguma outra superfície. Neste caso, o furo é considerado *recurso filho* do recurso ao qual é referenciado, ou seja, a superfície.

Lembre-se de que se um recurso pai é modificado, então um filho também será. Similarmente, se um recurso pai for apagado, seu recurso filho também é. Por exemplo, se você usou os três planos de projeção para criar o **recurso pai** base, e apagar qualquer um dos planos de projeção, esse recurso pai base também é apagado.

Nota

Se você quiser verificar uma relação de recurso pai/filho em um modelo, selecione o recurso desejado na *árvore do modelo* e clique no botão direito do mouse para acessar o menu de atalhos. Clique em **Pai/Filho.** Será exibida a caixa de diálogo **Relacionamentos pai/filho,** como mostra a Figura 2.39.

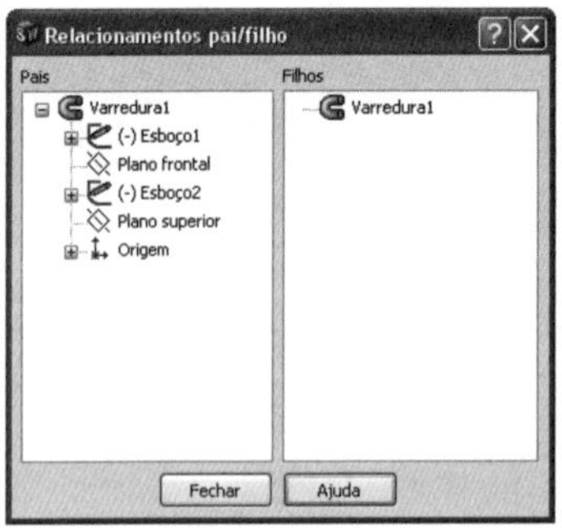

Figura 2.39 - Relacionamentos pai/filho do recurso CBORE for 3/8 Hex Head Bolt1 exibido na árvore do modelo da Figura 2.37.

2.5. Recursos Originados por Esboços Compostos

Quando mais de uma seção fechada é desenhada, uma envolvendo a outra, na composição de um esboço para gerar um recurso, denomina-se *esboço composto*. A Figura 2.40 apresenta um esboço que consiste em uma seção fechada com três círculos internos. Observe o que ocorre quando a extrusão é aplicada, Figura 2.41.

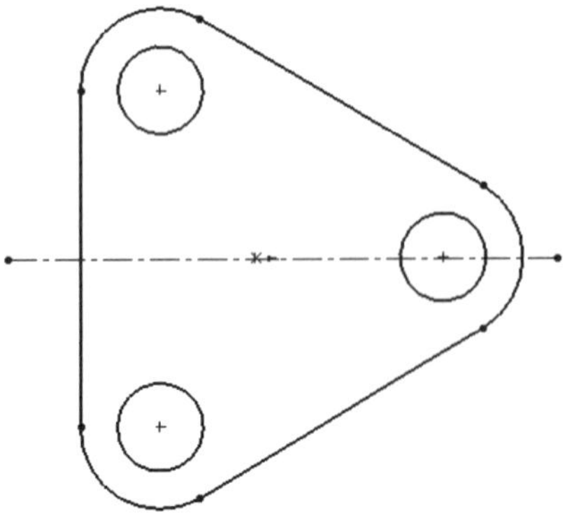

Figura 2.40 - Esboço composto.

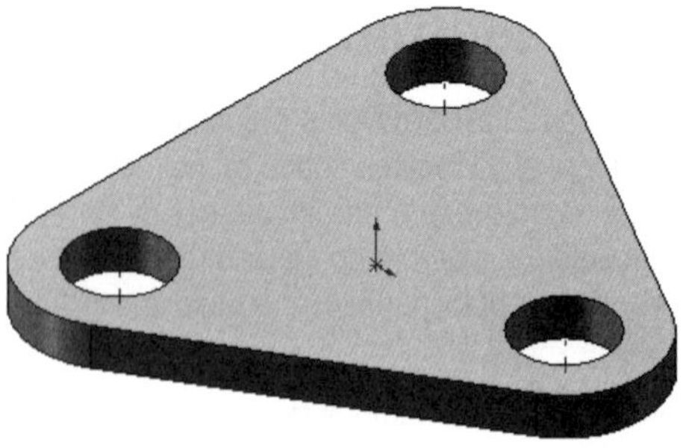

Figura 2.41 - Modelo sólido resultante do esboço.

2.5.1. Vantagens dos Esboços Compostos

1. Uma das vantagens dos esboços compostos é que o número de recursos usados para criar o modelo é reduzido. Observe que no modelo apresentado na Figura 2.41 há dois recursos. Um recurso base que é o corpo, e o segundo que são os três furos. Quando você compõe os esboços para criar o modelo, utiliza somente um recurso.
2. Não há relacionamento pai/filho em esboços compostos.
3. A profundidade dos furos é igual à da extrusão do recurso base. Isso ocorre porque os três círculos e o perfil básico são partes do mesmo esboço. Isso depende, é claro, se o desenhista quer usar a composição de esboços para criar o modelo.

2.5.2. Desvantagens dos Esboços Compostos

1. No processo de composição de esboço, a combinação de dois recursos em um não permite flexibilidade de edição do modelo.
2. Se em um estágio posterior o projetista quiser converter os furos circulares em elípticos com profundidade igual à metade da profundidade da extrusão do recurso base, consumirá um tempo relativamente longo na edição do modelo.

Depois de entender as vantagens e desvantagens na composição de esboços, recomenda-se dividir o modelo em recursos individuais. Crie os esboços separadamente, tornando o modelo mais flexível. Entretanto, isso depende de o projetista precisar ou não fazer alterações no modelo, ou seja, depende da intenção do projeto.

Exercícios Passo a Passo

Exercício 1

Crie o modelo conforme dimensões exibidas, Figura 2.42.

(Tempo estimado: 30 minutos)

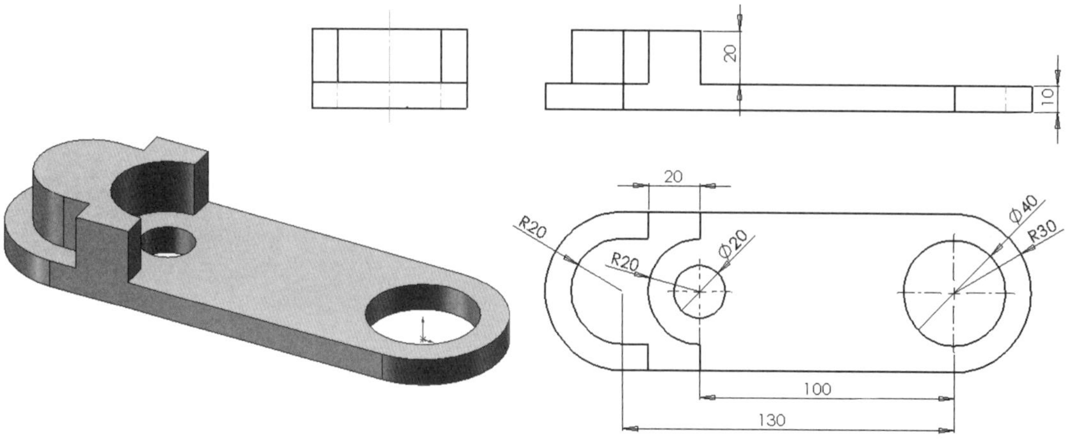

Figura 2.42 - Modelo e detalhes para o exercício passo a passo 1.

Os seguintes passos são necessários para completar este exercício:

1. Abra a seção SolidWorks.
2. Fixe o diretório de trabalho e crie um arquivo de esboço no plano superior, faça a extrusão e depois use a superfície superior para gerar o novo esboço.
3. Desenhe linhas e arcos utilizando as ferramentas da barra de ferramentas **Esboço**.
4. Aplique as relações necessárias e dimensões a fim de definir totalmente os esboços.
5. Salve o modelo e feche o arquivo.

Iniciar o SolidWorks

Inicie o SolidWorks com um duplo-clique no ícone SolidWorks da tela do computador ou pelo menu Iniciar.

Fixar o Diretório de Trabalho

1. Crie no diretório **C** do computador, em **Meus documentos**, uma pasta que deve conter todas as subpastas referentes aos exercícios dos capítulos deste livro, e nomeie a pasta como **EXERCLSW**.
2. Abra a pasta **EXCERCLSW** e crie a subpasta denominada **Exerc_Cap2**.
3. Todos os exercícios deste segundo capítulo devem ser salvos nessa pasta.

Iniciar um Novo Arquivo

1. Abra o SolidWorks e inicie um **Novo Arquivo**. Selecione o template **Peças**.
2. No SolidWorks, esboço e modelo são criados dentro do modo **Peça**, portanto são salvos com a mesma terminação: ***.Prt**.
3. Clique no comando **Esboço** na barra de ferramentas e selecione o **Plano superior**.

Desenho de Círculo, Arcos e Linhas Tangentes - Primeiro Nível

1. Utilizando inicialmente os comandos **Círculo** e **Linha de centro**, crie a primeira parte do esboço, como indica a Figura 2.43. Crie o círculo na **Origem** (centro da tela).
2. Aplique o comando **Offset de entidades** na linha de centro, configurado a distância Offset em **30**mm. Selecione a *checkbox* **Bidirecional** e ative ainda a *checkbox* **Tampas de extremidade** com a opção **Arco**, Figura 2.44.

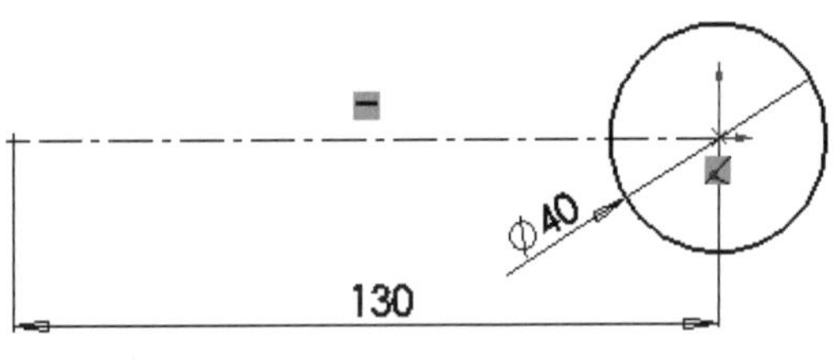

Figura 2.43 - Círculo e linha de centro dimensionados.

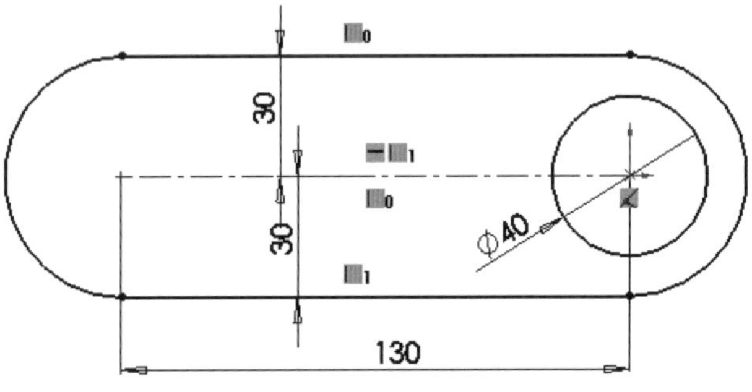

Figura 2.44 - Offset de entidades.

Desenho de Círculo e Extrusão 1

1. Com o comando **Círculo,** crie o círculo de diâmetro 20 e localize-o em relação à **Origem**, como mostra a Figura 2.45.
2. Aplique ao esboço uma extrusão de profundidade 10mm, Figura 2.46.

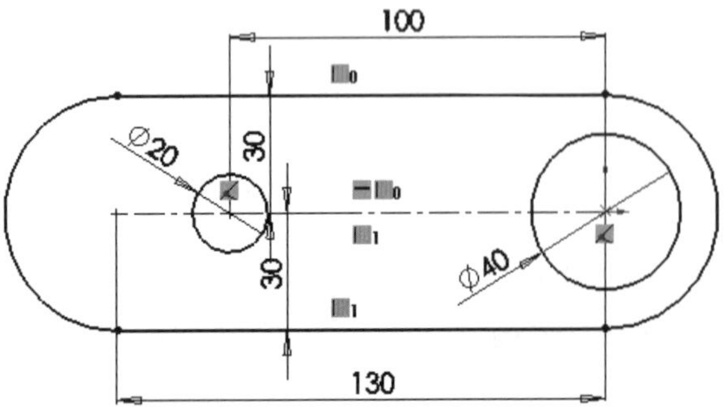

Figura 2.45 - Círculo de diâmetro 20.

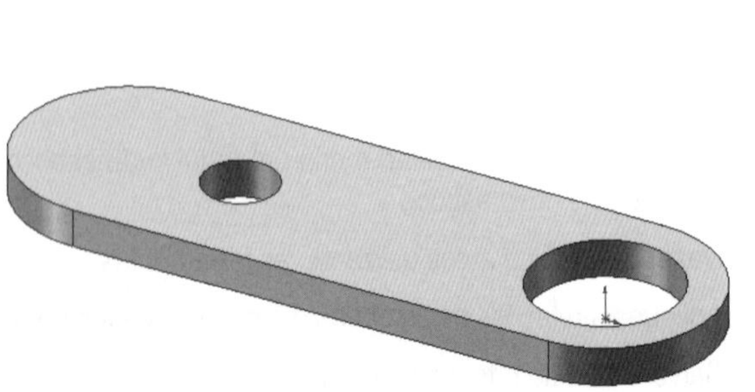

Figura 2.46 - Primeira extrusão.

Desenho do Segundo Nível

O segundo nível do modelo consiste em um novo esboço. Para esse novo esboço use como referência a superfície superior do modelo exibido na Figura 2.46.

1. Inicie um novo esboço e selecione a superfície superior como referência. Use o comando **Normal a** da barra de ferramentas **Vista padrão** ou tecle **CTRL+8**. O modelo é então posicionado com a superfície selecionada paralela à tela do computador.
2. Com o comando **Arco de ponto central** crie um arco no mesmo centro do círculo de diâmetro 20mm. Clique no centro do círculo e mova o mouse para cima até que a gradação numérica junto ao cursor seja de aproximadamente **R=20**. Clique novamente para definir uma das extremidades do arco e depois conduza o cursor para baixo para criar o ponto final do arco.
3. Use o comando **Linha** e suba a partir do ponto superior do arco criado até encontrar a aresta horizontal do modelo. Siga um trecho de linha de cerca de 10mm para a esquerda sobre a aresta do modelo e desça o cursor, traçando uma vertical por cerca de 5mm. Repita essa seqüência para o ponto inferior do arco, Figura 2.47.
4. Com o comando **Arco tangente** clique nas extremidades das linhas horizontais e estabeleça o arco para fechar o esboço. Aplique uma relação **Horizontal** entre os centros dos dois arcos e relação de **Igualdade** entre os segmentos de retas concorrentes. Dimensione conforme indicações da Figura 2.42. Veja a Figura 2.48.

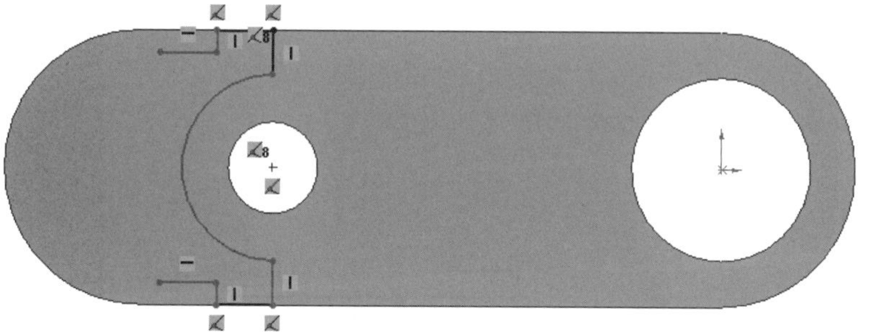

Figura 2.47 - Círculo de diâmetro 20.

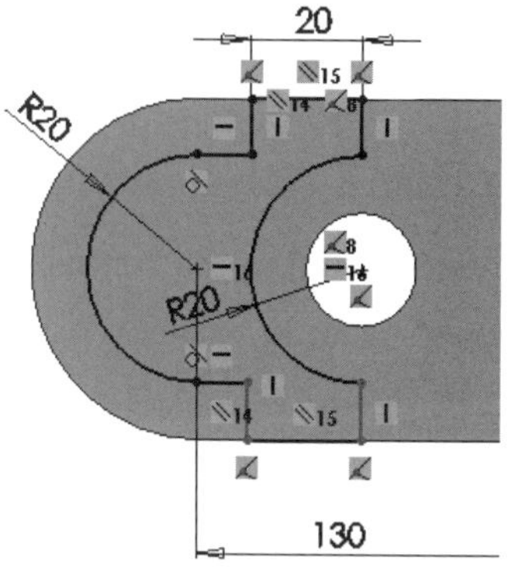

Figura 2.48 - Primeira extrusão.

Extrusão e Finalização

Concluído o novo esboço, selecione-o na árvore do modelo e aplique o comando de extrusão definido como profundidade à dimensão de 20mm. A Figura 2.49 mostra o modelo quando em extrusão e depois concluído. Na Figura 2.50 é possível ver sua respectiva árvore com os recursos que foram criados. Note que cada recurso tem como pai seu respectivo esboço e que o recurso 2 é filho do recurso 1.

Salve o esboço com o nome de **Exerc_PP1**.

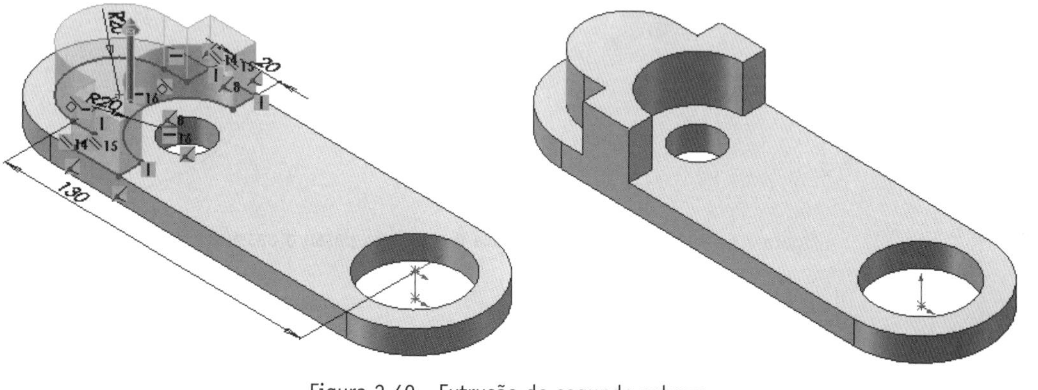

Figura 2.49 - Extrusão do segundo esboço.

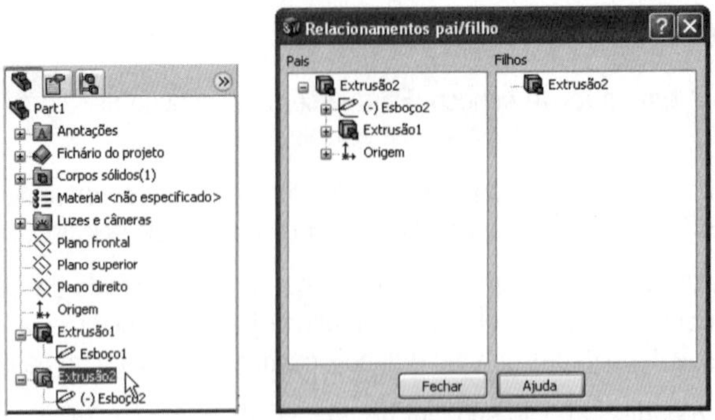

Figura 2.50 - Árvore do modelo e caixa de Relacionamentos pai/filho.

Fechar e Salvar o Esboço

Para salvar o esboço, é necessário primeiramente sair do ambiente de esboço. Clique no botão de comando **Sair do esboço** na barra de ferramentas esboço ou no indicador triangular no canto superior direito da área gráfica.

1. Salve o arquivo na pasta **Exerc_Cap2** com o nome de **Exerc_PP1**.

Exercício 2

Neste exercício você vai criar o modelo conforme dimensões exibidas, Figura 2.51.

(Tempo estimado: 30 minutos)

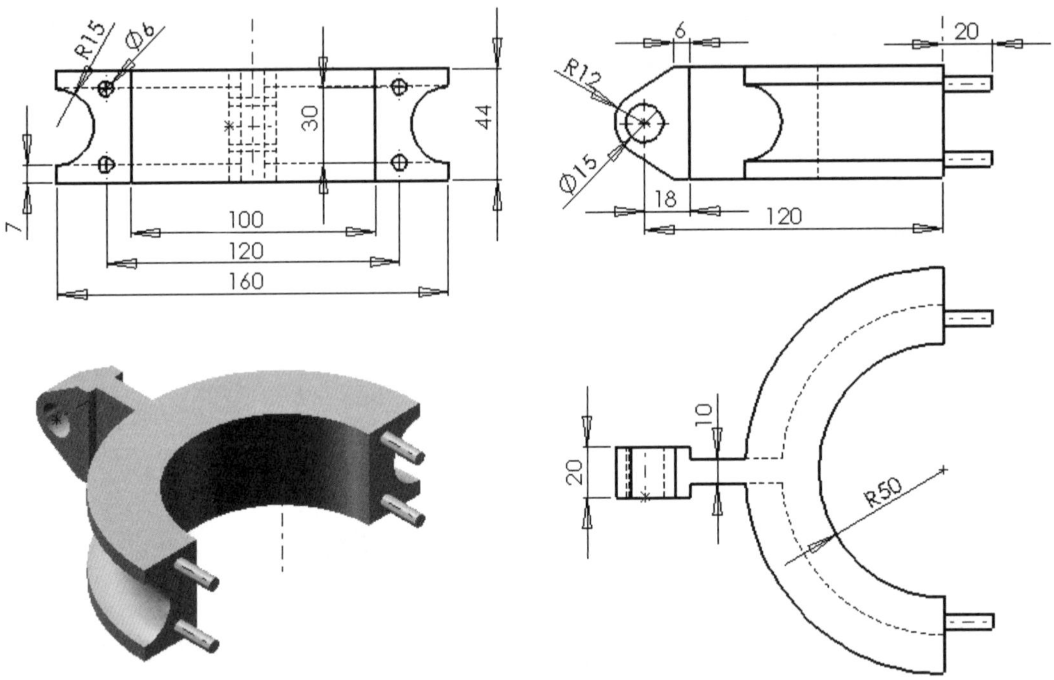

Figura 2.51 - Modelo e detalhes para o exercício passo a passo 2.

Os seguintes passos são necessários para completar o exercício:

1. Abra a seção SolidWorks.
2. Fixe o diretório de trabalho e crie um arquivo de esboço no plano direito, Figuras 2.52 e 2.53. Faça a extrusão por revolução, Figura 2.54.
3. Use a superfície do esboço inicial como referência para gerar o novo esboço, Figura 2.55. Faça a extrusão do novo esboço com profundidade 20mm, Figura 2.56.
4. Crie o esboço do novo perfil no plano frontal, Figuras 2.57 e 2.58. Faça a extrusão com a opção **Plano médio**, Figura 2.59.
5. Desenhe uma linha e aplique o comando **Offset** com tampas. Em seguida, faça a extrusão do perfil com a opção **Até o corpo**, Figura 2.60.
6. Salve o modelo e feche o arquivo.

Iniciar um Novo Arquivo

1. Abra o SolidWorks e inicie um **Novo Arquivo**. Selecione o template **Peças**.
2. No SolidWorks, esboço e modelo são criados dentro do modo **Peça**, portanto são salvos com a mesma terminação: ***.Prt**.
3. Clique no comando **Esboço** na barra de ferramentas e selecione o **Plano frontal**.

Desenho do Primeiro Perfil

1. Conforme mostra a Figura 2.52, trace uma **Linha de centro** sobre a *Origem* e com os comandos **Retângulo** e **Círculo** crie a sobreposição apresentada.
2. Aplique o comando **Aparar** para recortar o arco externo e a linha do retângulo que atravessa o círculo.
3. Aplique uma relação **Horizontal** entre o centro do círculo e a *Origem*, bem como uma relação de **Igual** para os dois segmentos de retas verticais das extremidades do arco. Em seguida, dimensione o esboço conforme a Figura 2.53.

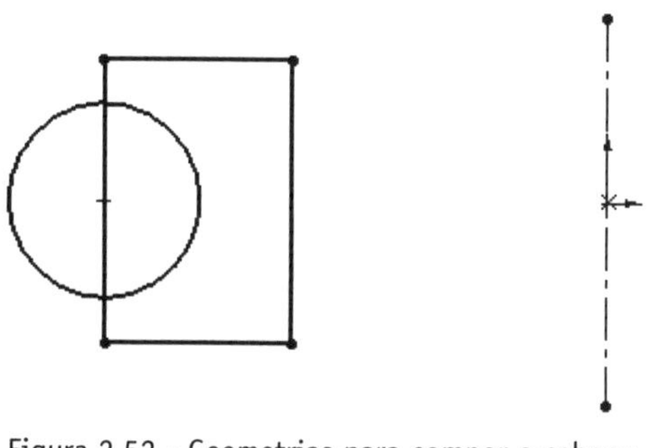

Figura 2.52 - Geometrias para compor o esboço.

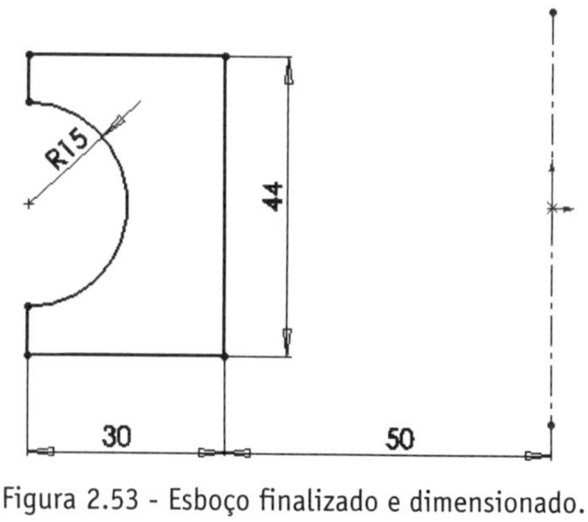

Figura 2.53 - Esboço finalizado e dimensionado.

Protrusão de Rotação e Esboço dos Pinos

Selecione o esboço na *árvore do modelo* e clique no comando **Ressalto/base revolucionado** no **CommandManager**. Defina o ângulo de rotação em 180°.

Para criar o esboço dos pinos, inicie um novo esboço e defina com o plano de referência a face da protrusão gerada pela forma geométrica do esboço anterior.

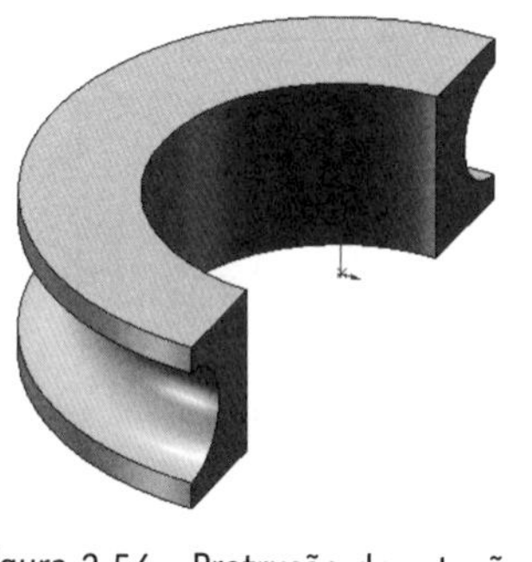

Figura 2.54 - Protrusão de rotação.

1. Crie o círculo inferior esquerdo de diâmetro 6mm e localize-o em relação à *Origem* com o afastamento vertical de 15mm e horizontal de 60mm. Com o comando **Linha de centro** estabeleça um segmento de linha de centro partindo da *Origem* em direção vertical e um outro segmento em direção horizontal para a esquerda. Essas linhas serão referência para o espelhamento do círculo de diâmetro 6mm.

2. Use o comando **Espelhar entidades** para espelhar o círculo sobre as linhas de centro criadas. Faça a extrusão do esboço com uma profundidade de 20mm, Figuras 2.55 e 2.56.

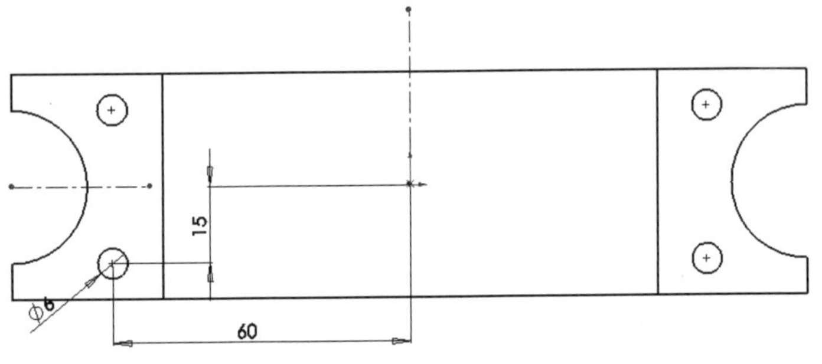

Figura 2.55 - Esboço dos pinos.

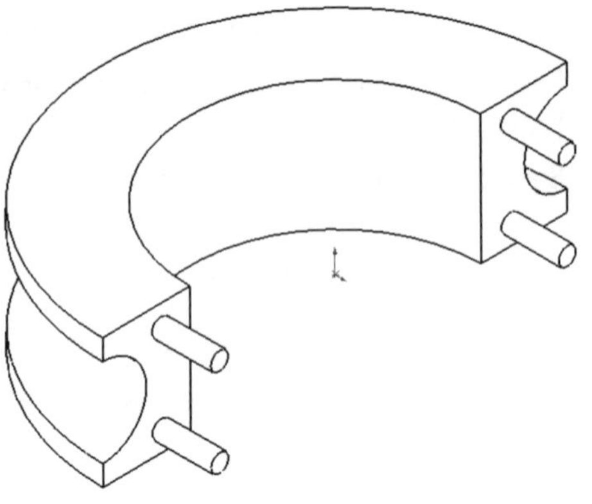

Figura 2.56 - Pinos extrudados.

Desenho do Segundo Perfil e Extrusão

1. Inicie um novo esboço e escolha como referência o plano frontal, como indica a Figura 2.57.

2. Clique no comando **Normal** a para exibir o plano em posição paralela à área gráfica.

3. Com o comando **Círculo**, desenhe um círculo à esquerda, com diâmetro de 15mm e referencie seu centro a uma distância de 40mm da aresta do modelo. Aplique uma relação **Horizontal** entre o centro do círculo e a origem.

4. Use o comando **Arco de ponto central** para criar o arco de raio 12mm, e com o comando **Linha** desenhe o restante do esboço.

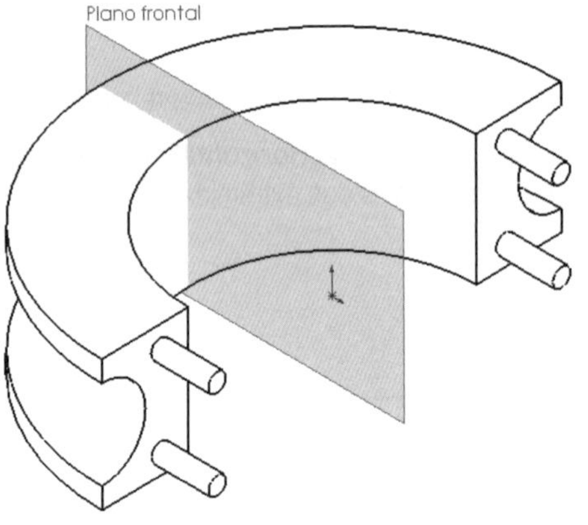

Figura 2.57 - Referência do plano frontal.

5. Aplique a relação de **Tangência** entre o arco e os dois segmentos de retas inclinadas e defina as demais dimensões, conforme a Figura 2.58.

6. Faça a extrusão do esboço com uma profundidade de 20mm na **Direção 1** usando a opção **Plano médio**, Figura 2.59.

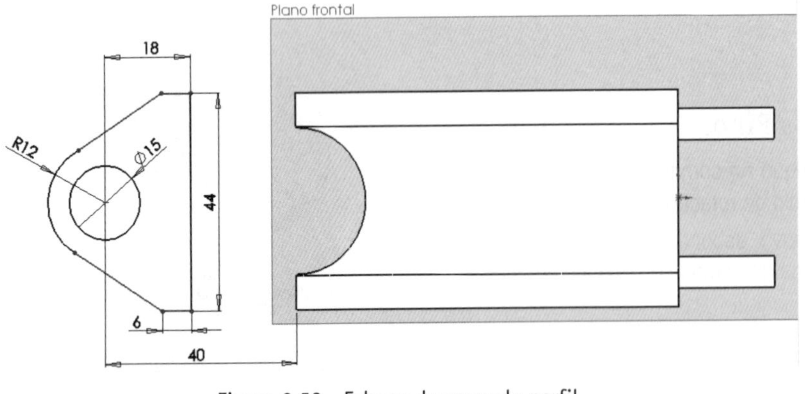

Figura 2.58 - Esboço do segundo perfil.

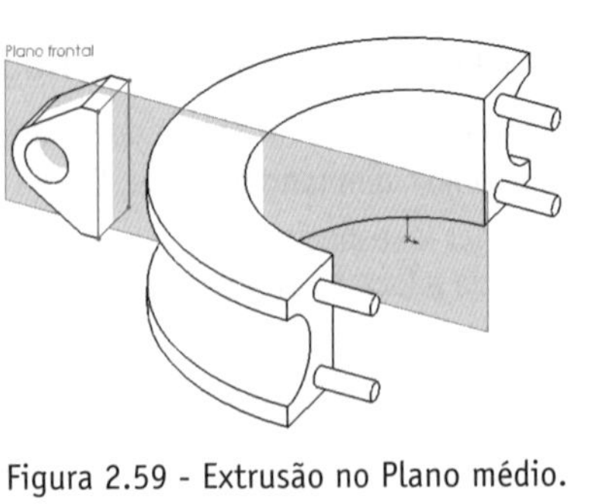

Figura 2.59 - Extrusão no Plano médio.

Desenho do Terceiro Perfil e Extrusão Final

1. Com o comando **Linha de centro** trace um segmento de linha vertical ligando o centro das arestas superior e inferior, como ilustra a Figura 2.60a.
2. Para formar a geometria retangular do esboço, aplique ao segmento de reta criado o comando **Offset de entidades**, com uma distância de 5mm. Configure as opções **Bidirecional** e **Tampas na extremidade**, Figura 2.60b.
3. Faça a extrusão do esboço criado usando a opção **Até o corpo**, Figura 2.60c. O modelo finalizado é exibido na Figura 2.61.

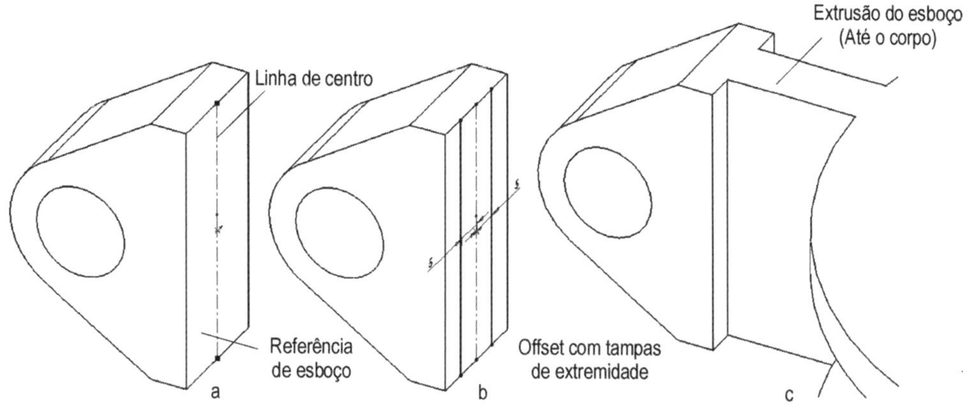

Figura 2.60 - Seqüência de criação e extrusão do esboço final.

Salvar e Fechar o Modelo

Para salvar o esboço, é necessário primeiramente sair do ambiente de esboço. Para isso, clique no botão de comando **Sair do esboço** (barra de ferramentas **Esboço**, ou no CommandManager da guia **Esboço**).

1. Salve o arquivo na pasta **Exerc_Cap2** com o nome de **Exerc_PP2**.

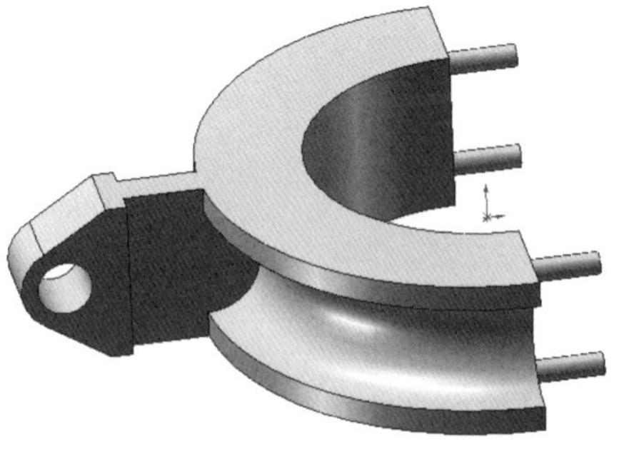

Figura 2.61 - Modelo finalizado.

Questões de Revisão

1. O que é protrusão?
2. Como é possível criar um cone e um tronco de cone a partir do esboço de um círculo?
3. Que referência ou referências pode(m) ser usada(s) para gerar uma protrusão de Revolução?
4. Qual a função do comando **Contornos selecionados** no **PropertyManager** de Revolução?
5. O que significa dizer que determinados *recursos* mantêm um *Relacionamento Explícito*?
6. Enumere as vantagens e desvantagens dos esboços compostos.
7. Por que, no exercício passo a passo anterior, na Figura 2.60, não foi utilizada a opção de extrusão **Até a face**?
8. O que ocorre com um recurso filho quando seu recurso pai é excluído?
9. Que tipo de modelo é gerado quando se usa a protrusão de revolução ou de extrusão de um *esboço fechado* com a opção **Recurso fino**?
10. Para ser extrudado, um esboço deve ser sempre uma geometria fechada?

Exercício 1

Crie o modelo conforme as dimensões exibidas em suas vistas de detalhes, Figura 2.62.

(Tempo estimado: 30 minutos)

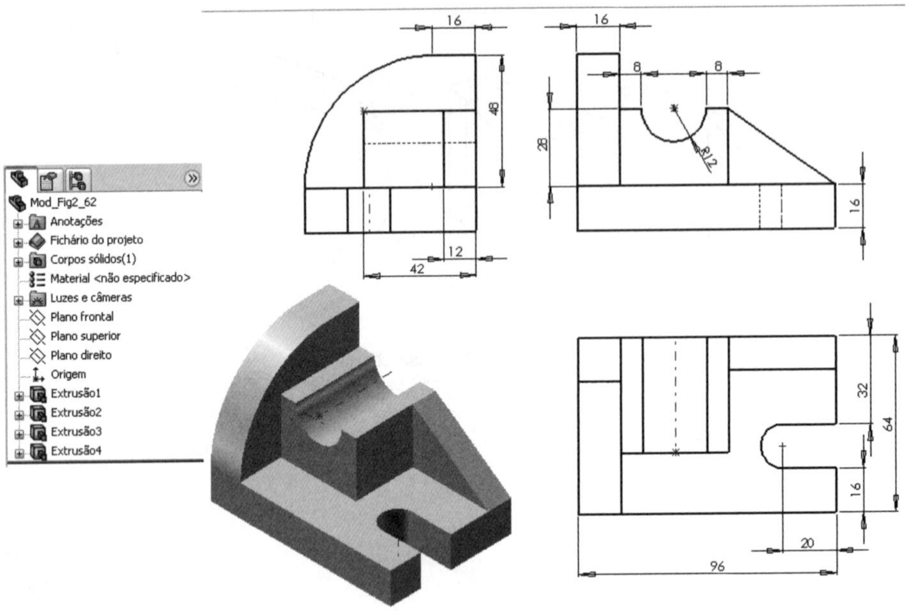

Figura 2.62 - Modelo para o exercício proposto 1.

Exercício 2

Crie o modelo conforme as dimensões exibidas em suas vistas de detalhes, Figura 2.63.

(Tempo estimado: 30 minutos)

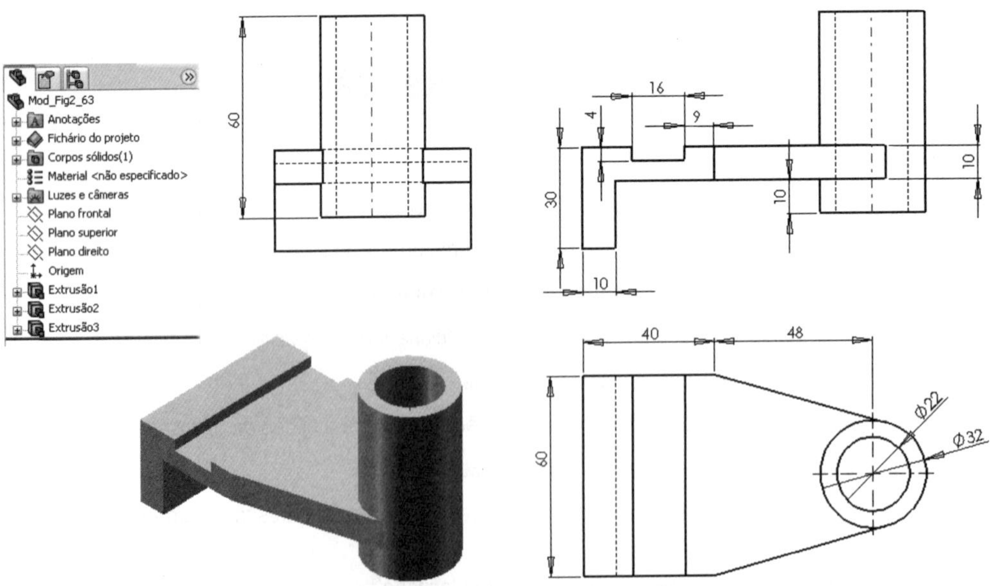

Figura 2.63 - Modelo para o exercício proposto 2.

Exercício 3

Crie o modelo conforme as dimensões exibidas em suas vistas de detalhes, Figura 2.64.

(Tempo estimado: 30 minutos)

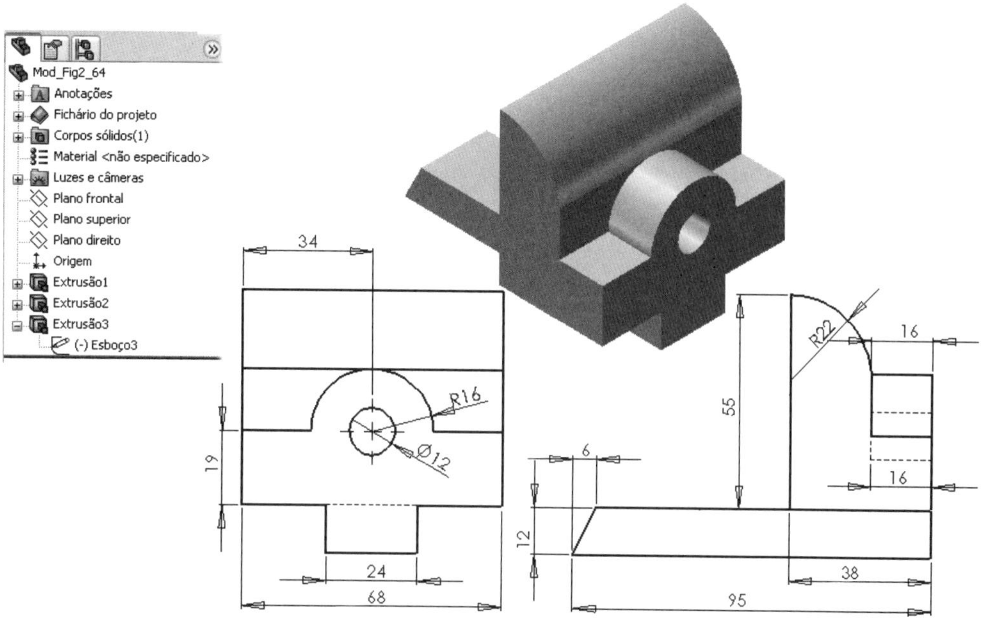

Figura 2.64 - Modelo para o exercício proposto 3.

Exercício 4

Crie o modelo conforme dimensões exibidas em suas vistas de detalhes, Figura 2.65.

(Tempo estimado: 30 minutos)

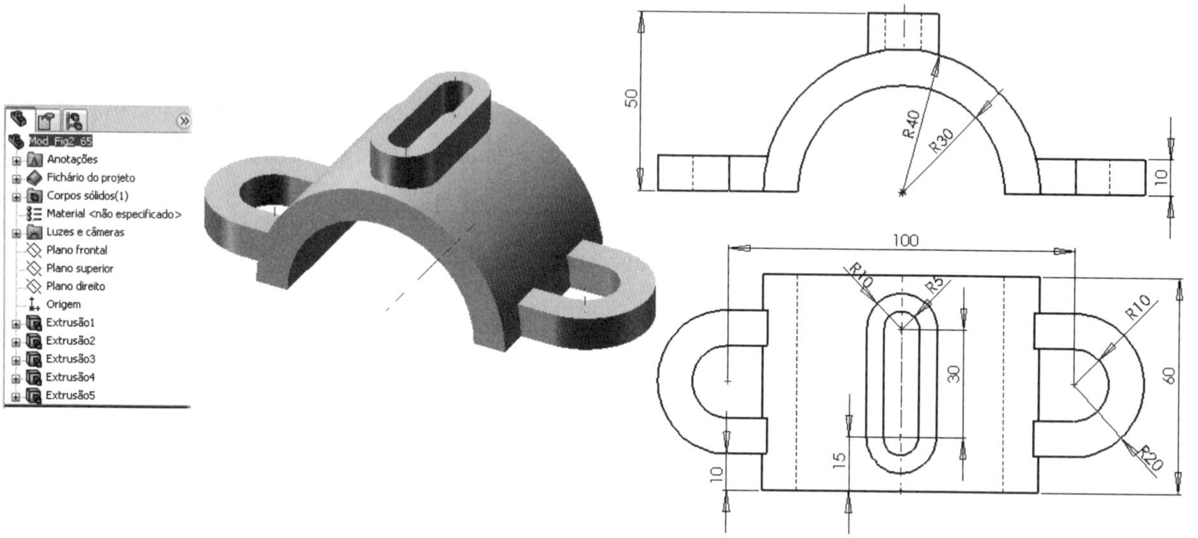

Figura 2.65 - Modelo para o exercício proposto 4.

3

Protrusão por Corte e Recursos Auxiliares de Modelagem Básica

Embora tenhamos definido no capítulo anterior que uma protrusão consiste no processo de adicionar um material específico a um esboço e gerar um sólido, há também uma outra categoria de protrusão, feita por corte. Ela funciona de modo inverso à anterior, ou seja, retira material de um corpo sólido formando cavidades nele. Podemos concluir que a protrusão por corte somente pode ser utilizada após uma protrusão de adição que tenha como resultado um sólido formado por extrusão ou por revolução.

No SolidWorks, há várias opções de protrusão por corte, tais como: **Extrusão**, **Revolução**, **Varredura**, **Loft** e **Com superfície**. Essas opções podem ser acessadas no menu *drop-down* **Inserir** → **Cortar**.

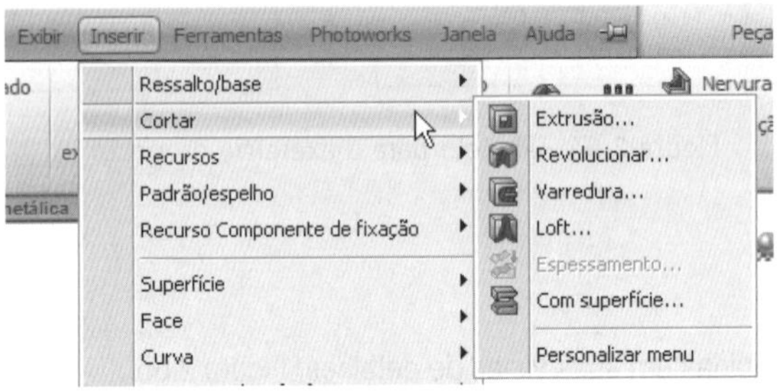

Figura 3.1 - Comandos geradores de protrusão por corte.

3.1. Cortes Gerados por Extrusão

Como referido, o comando **Cortar** dá acesso a opções para gerar recursos de recorte nos modelos obtidos por protrusão de adição.

No corte por extrusão o material é recortado na direção normal ao plano de projeção em que o esboço foi criado a uma profundidade determinada pelo usuário.

O comando pode ser acessado pelo menu *drop-down* **Inserir** → **Cortar** → **Extrusão**, já exibido na Figura 3.1, pela barra de ferramentas **Recursos**, no botão de comando **Corte extrudado** ou pelo CommandManager da guia **Recursos**, Figura 3.2.

Figura 3.2 - Comandos de protrusão por corte da barra de ferramentas Recursos e CommandManager.

3.1.1. Corte Extrudado na Direção 1

A protrusão de corte extrudado pode ser realizada em duas direções opostas e com diferentes profundidades. Por padrão, o corte extrudado no SolidWorks é definido para a direção 1 (sentido normal para dentro da face em que o esboço é gerado), podendo ser invertida se necessário, ou ainda aplicada inclinação a ela. A Figura 3.3 exibe como exemplo o esboço de um círculo que é extrudado em corte na direção 1, com uma dimensão de profundidade de 20mm, formando um furo cilíndrico regular não passante. Já a Figura 3.4 ilustra o mesmo esboço, agora com a aplicação de um ângulo de inclinação do corte de 30° para a extrusão. Observe que nas figuras c e d foi usada a opção de **Inclinação para fora**, marcando a *checkbox* indicada.

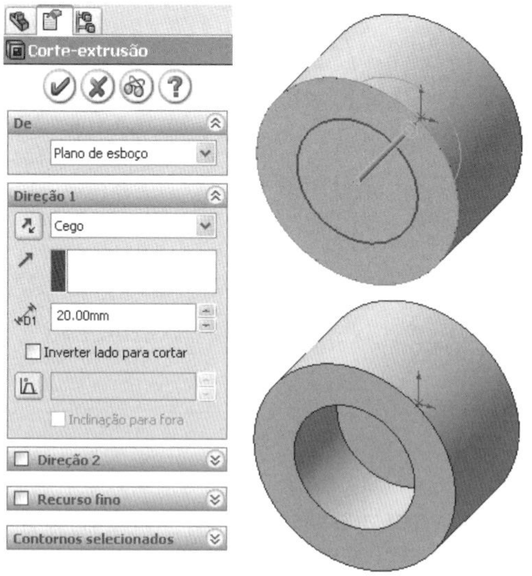

Figura 3.3 - Corte extrudado de um círculo formando um cilindro regular de profundidade 20mm.

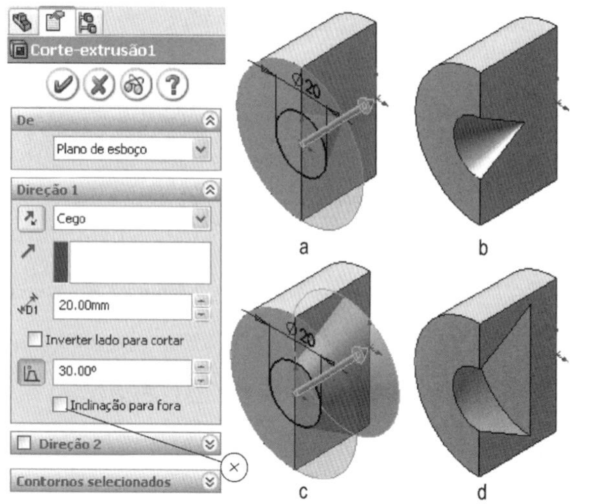

Figura 3.4 - Corte extrudado do mesmo círculo com aplicação de ângulo com inclinação para dentro e para fora.

3.1.1.1. Inversão da Direção do Corte Extrudado

A inversão da direção do corte extrudado pode ser feita pelo pequeno botão identificado com duas setas invertidas que aparece ao lado da primeira janela da caixa **Direção 1**, que por padrão está configurada como **Cego**.

Nota

A opção de inversão do corte extrudado somente não resulta em **erro** quando acionada, se houver material na direção oposta à superfície em que o esboço foi criado, como no exemplo da Figura 3.5.

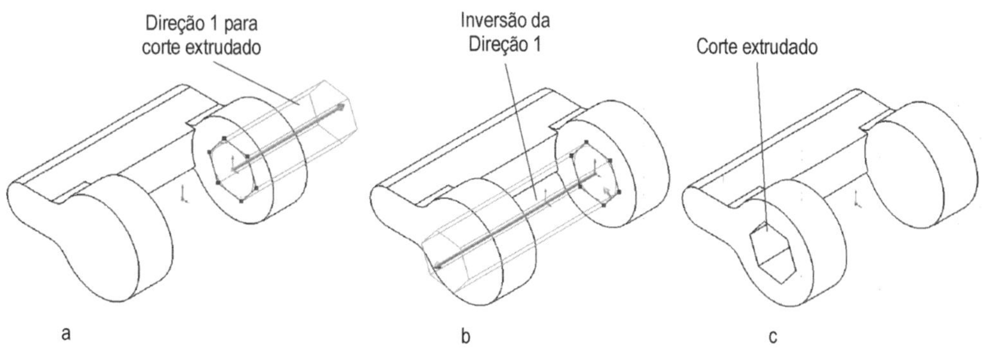

Figura 3.5 - Inversão da Direção 1 para um corte extrudado.

3.1.1.2. Inversão do Lado para Cortar

Quando no **PropertyManager** é ativada a *checkbox* **Inverter lado para cortar**, o corte extrudado resultante é um sólido na forma do esboço que fora extrudado para o corte, ou seja, todo o material circundante ao volume ocupado pelo esboço extrudado é removido, Figura 3.6.

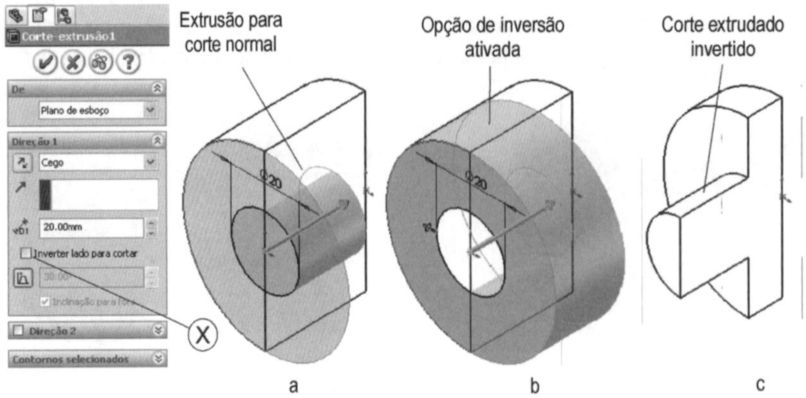

Figura 3.6 - Inversão do lado para cortar.

3.1.2. Corte Extrudado na Direção 2

Para gerar o corte extrudado do esboço também na direção oposta à primeira, basta marcar a *checkbox* identificada como **Direção 2**. Na Figura 3.7 o **PropertyManager** é expandido em mais um nível, exibindo os controles de configuração para a nova direção, e o esboço, antes do **OK** final, partindo do centro apresenta Plano frontal, um segundo vetor indicando a **Direção 2**. O modelo resultante continua sendo um cilindro regular, entretanto o plano do esboço fica agora localizado transversalmente ao centro do modelo. Já a Figura 3.8 apresenta algumas variações obtidas com ângulos.

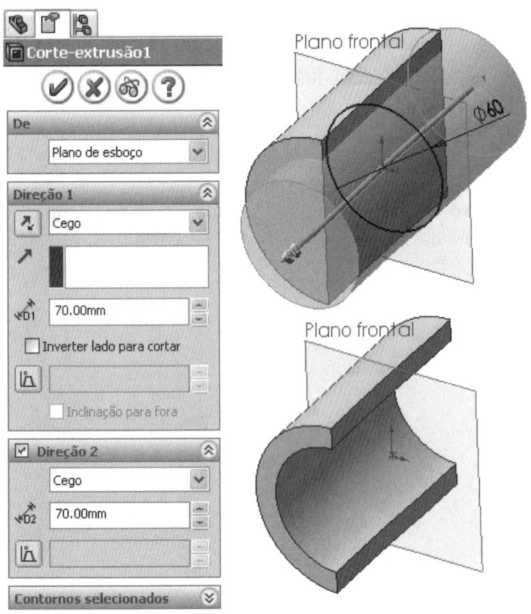

Figura 3.7 - Corte extrudado de um círculo nas direções 1 e 2.

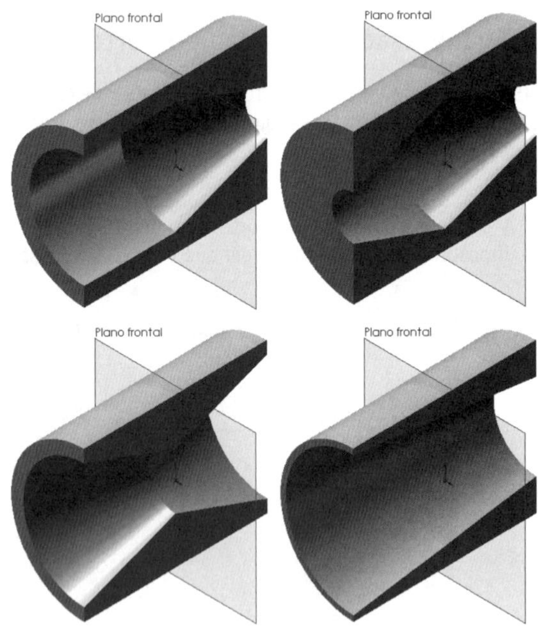

Figura 3.8 - Variações de forma obtidas com a aplicação de ângulos de inclinação nas direções 1 e 2.

3.1.3. Corte Extrudado com Recurso Fino

O corte extrudado com recurso fino gera uma casca de espessura variável com três diferentes opções de expansão radial. A Figura 3.9 exibe as três opções.

- Figura 3.9a - extrusão para corte em **Uma direção** radial (direção para fora - padrão do SolidWorks).
- Figura 3.9b - extrusão para corte com opção **Plano médio**.
- Figura 3.9c - extrusão para corte com opção **Duas direções**.

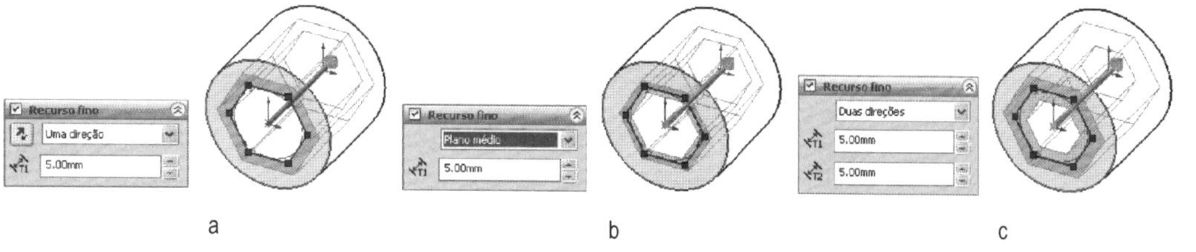

Figura 3.9 - Opções de expansão radial para corte extrudado com Recurso fino.

3.1.4. Corte Extrudado de Seleção de Contorno

Além das várias formas de corte extrudado já estudadas, é possível ainda aplicar a extrusão por **Contornos selecionados**. A configuração para esse tipo de extrusão é feita pela caixa **Contornos selecionados**, exibida na parte mais baixa do **PropertyManager** de corte extrudado. Observe o exemplo da Figura 3.10.

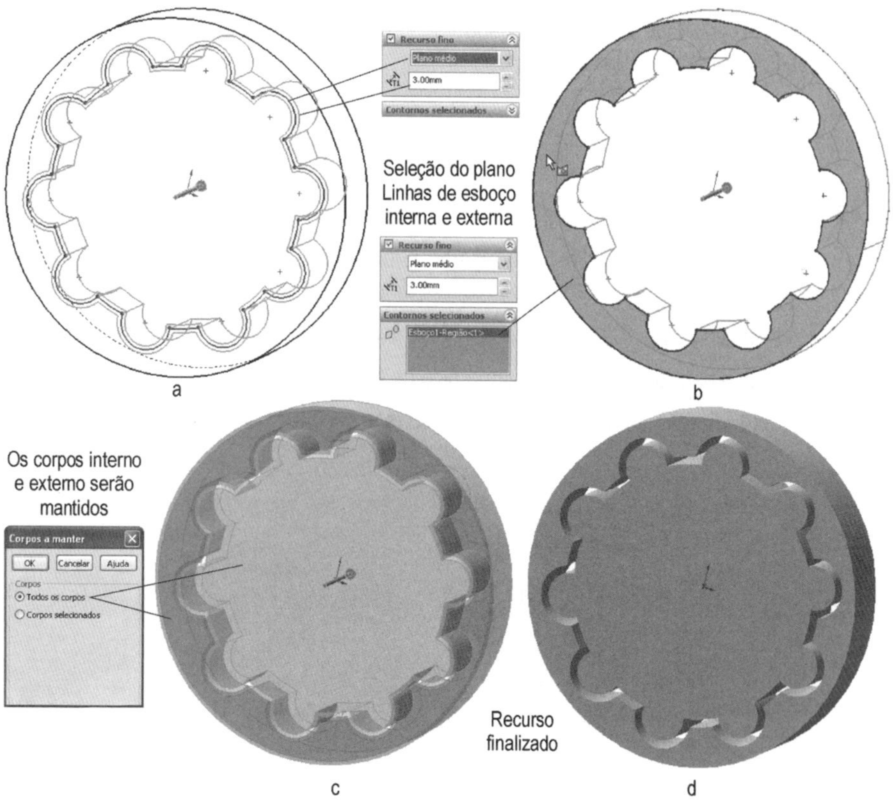

Figura 3.10 - Corte extrudado de seleção de contorno.

3.1.5. Condição Inicial de Corte Extrudado

A condição inicial de um corte extrudado aparece na caixa de seleção **De** exibida ao topo do **PropertyManager**. Note que, por padrão, a configuração é **Plano de esboço**. Clicando na seta ao lado da janela, no controle *drop-down*, é possível acessar as outras configurações.

Figura 3.11 - Opções para condição inicial de corte extrudado.

Nota

Somente é possível aplicar a opção de condição inicial de corte extrudado à Direção 1.

3.1.5.1. Condição Plano de Esboço

Plano de esboço é a condição-padrão do SolidWorks e foi apresentada nos exemplos anteriores. Nela, o corte extrudado se dá a partir do Plano de esboço e normal a ele, Figura 3.12.

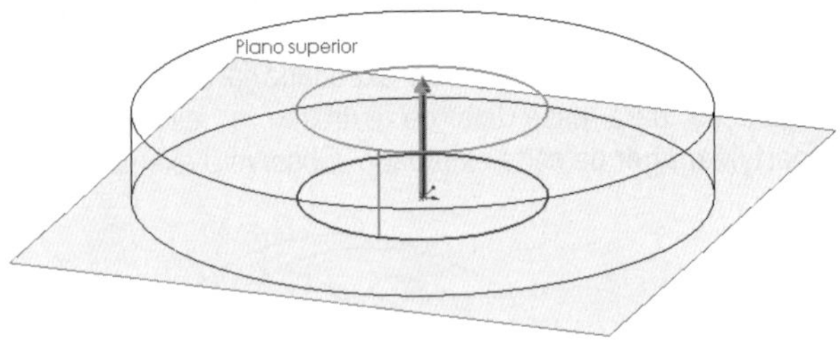

Figura 3.12 - Condição Plano de esboço.

3.1.5.2. Condição Superfície/Face/Plano

Essa condição permite iniciar o corte extrudado do esboço a partir de uma superfície, uma face ou um plano. Para isso, selecione uma entidade válida para **Superfície/Face/Plano** (janela logo abaixo das opções de seleção), Figura 3.13a.

- A entidade pode ser plana ou não-plana. Entidades planas não precisam ser paralelas ao Plano de esboço.
- O esboço deve estar totalmente dentro dos limites da superfície ou face não-plana.

O esboço acompanha a forma da entidade não-plana na superfície ou face inicial.

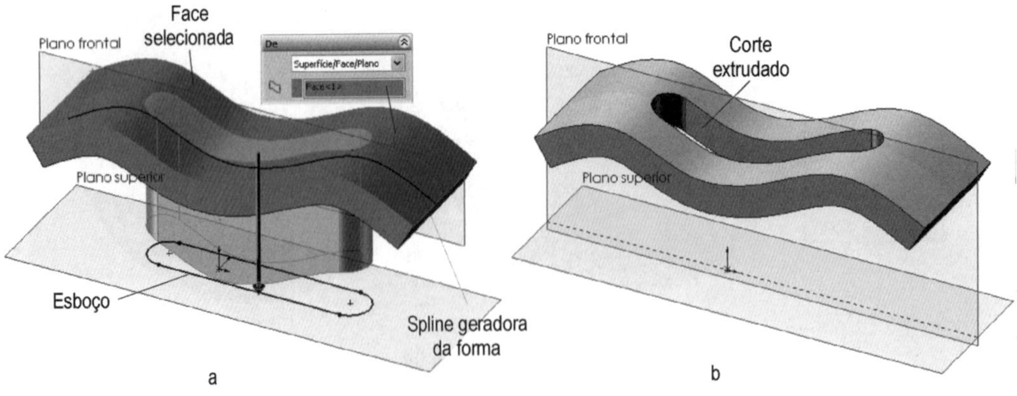

Figura 3.13 - Condição Superfície/Face/Plano.

3.1.5.3. Condição Vértice

A condição **Vértice**, de forma análoga à anterior, inicia o corte extrudado a partir de um vértice selecionado, Figura 3.14.

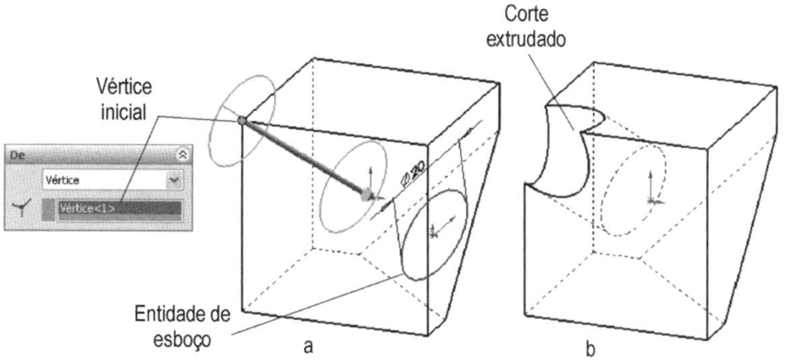

Figura 3.14 - Condição Vértice.

3.1.5.4. Condição Offset

A extrusão pela condição **Offset** inicia um corte extrudado em um plano que possui um offset em relação ao plano atual do esboço. Defina a distância de offset em **Insira o valor de offset**.

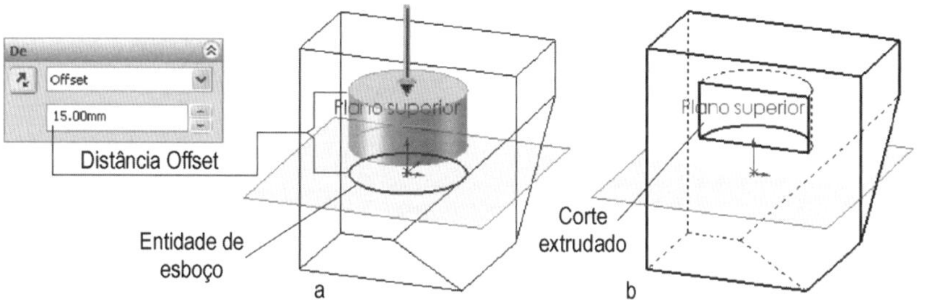

Figura 3.15 - Condição Offset.

3.1.6. Condição Final de Corte Extrudado na Direção 1 e/ou 2

As opções de condição final de um corte extrudado encontram-se nas caixas de seleção **Direção 1** e **Direção 2** exibidas no **PropertyManager** logo abaixo da caixa de opções **De**. Por padrão, a configuração é **Cego**. Clicando na seta ao lado da janela, no controle *drop-down*, é possível acessar as outras configurações.

Nos itens seguintes, veremos cada uma dessas opções de configuração para corte extrudado de um esboço em uma vista isométrica e lateral.

Figura 3.16 - Opções de direcionamento do corte extrudado.

3.1.6.1. Condição Cego

Cego é a condição-padrão do SolidWorks e foi apresentada nos exemplos anteriores. Nela, o corte extrudado se dá a partir do plano de esboço e normal a ele, sem um final específico.

3.1.6.2. Condição Passante

Passante é a condição que permite estender o recurso do plano de esboço, passando por dentro de outro recurso até a última superfície paralela a esse plano, Figura 3.17.

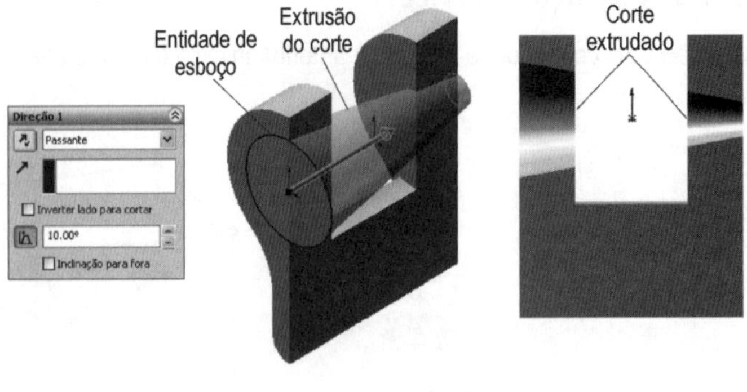

Figura 3.17 - Condição final Passante.

3.1.6.3. Condição Até o Próximo

Até o próximo é a condição que permite estender o recurso do plano de esboço até a próxima superfície que intercepta todo o perfil, Figura 3.18.

- A superfície interceptadora precisa estar na mesma peça.

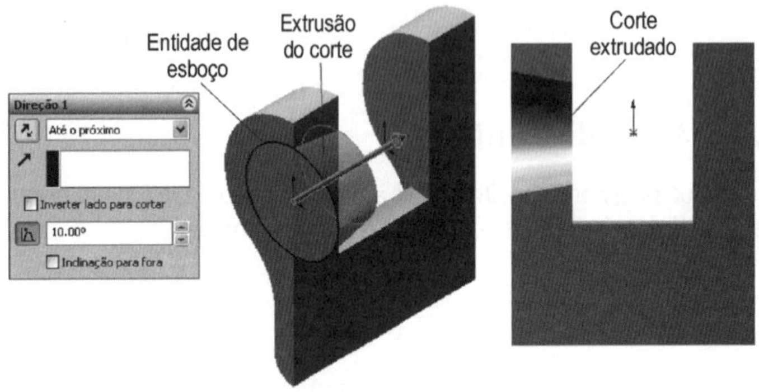

Figura 3.18 - Condição final Até o próximo.

3.1.6.4. Condição Até o Vértice

A condição **Até o vértice** possibilita estender o recurso do plano de esboço até um plano paralelo que contenha um vértice selecionado, Figura 3.19.

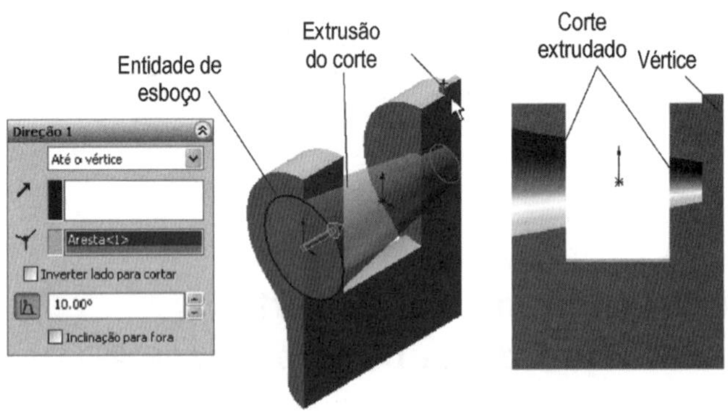

Figura 3.19 - Condição final Até o vértice.

3.1.6.5. Condição Até a Superfície

A condição **Até a superfície** permite estender o recurso do plano de esboço até a superfície selecionada, Figura 3.20.

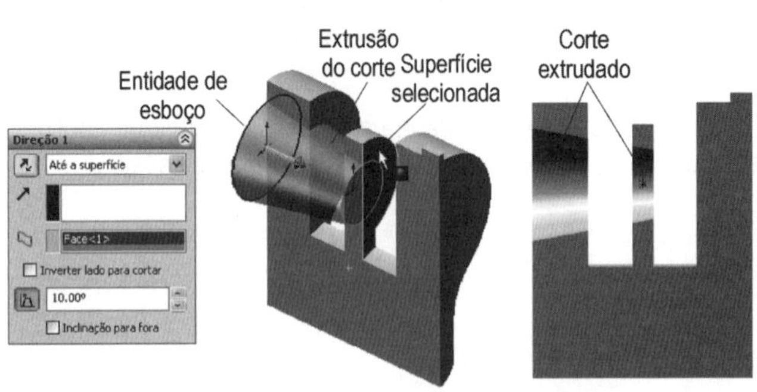

Figura 3.20 - Condição final Até a superfície.

3.1.6.6. Condição Offset da Superfície

A condição **Offset da superfície** permite estender o recurso do plano de esboço até uma distância especificada da superfície selecionada, Figura 3.21.

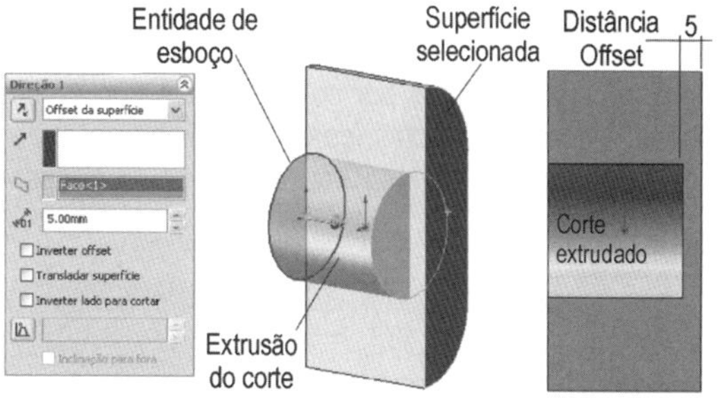

Figura 3.21 - Condição final Offset da superfície.

3.1.6.7. Condição Plano Médio

Plano médio é a condição que permite estender o recurso do plano de esboço igualmente em ambas as direções, Figura 3.22.

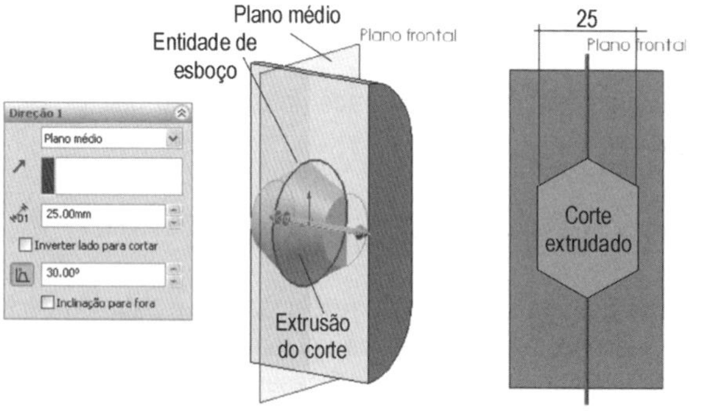

Figura 3.22 - Condição final Plano médio.

3.1.7. Vetor Direcionador de Corte Extrudado

É possível especificar uma referência para o direcionamento de um corte extrudado de um esboço 2D e 3D pela especificação de um vetor de direção. A Figura 3.23 exemplifica um corte extrudado de um esboço ao longo de um vetor direcionador, uma entidade de esboço linear.

Os vetores de direção incluem:

- Faces cilíndricas;
- Pontos na geometria de referência;
- Planos de referência;
- Arestas lineares;
- Faces cônicas;
- Eixos de referência;
- Vértices;
- Entidades de esboço linear;
- Faces planas.

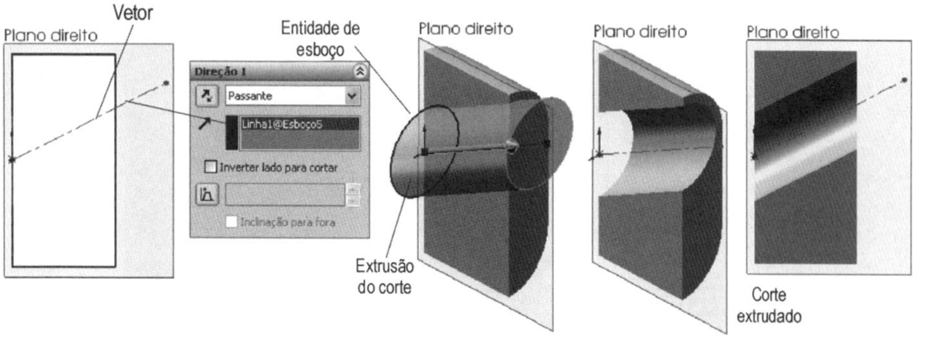

Figura 3.23 - Corte extrudado de esboço direcionado por vetor de referência.

3.2. Recursos Gerados por Corte por Revolução

Os modelos ou recursos gerados por corte por evolução requerem geometria simétrica do eixo e uma linha central (usada como eixo) no esboço. Em circunstâncias ideais, uma linha de esboço pode ser usada como a linha de centro. O comando pode ser acessado pela barra de ferramentas **Recursos** ou pelo CommandManager da guia **Recursos**, Figura 3.24.

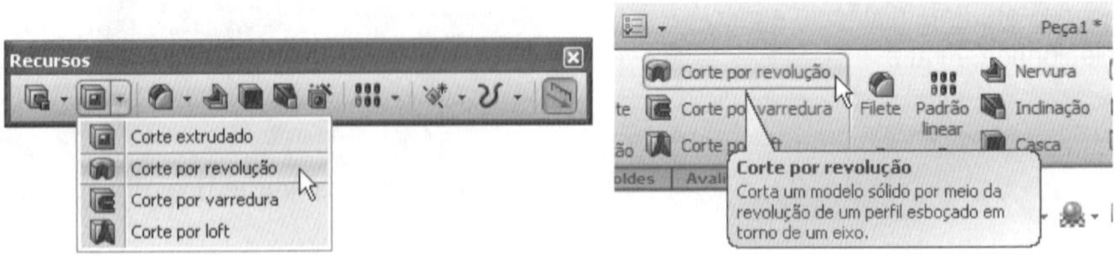

Figura 3.24 - Comandos para corte por revolução da barra de ferramentas Recursos e CommandManager.

Há basicamente três tipos de recursos de revolução que geram modelos, e podem ser do tipo **Sólido**, **Fino** e por **Contornos selecionados**.

3.2.1. Corte de Recurso Sólido

O recurso sólido gera um sólido de revolução que é extraído de um sólido base. Esse sólido de revolução de recorte é gerado a partir de um esboço fechado que gira em torno de um eixo específico e que pode ser uma linha de centro ou uma das arestas do esboço, dependendo da geometria final desejada ao modelo, Figura 3.25.

Observe no **PropertyManager** que há ainda a possibilidade de configurar o ângulo de revolução para valores menores que 360°.

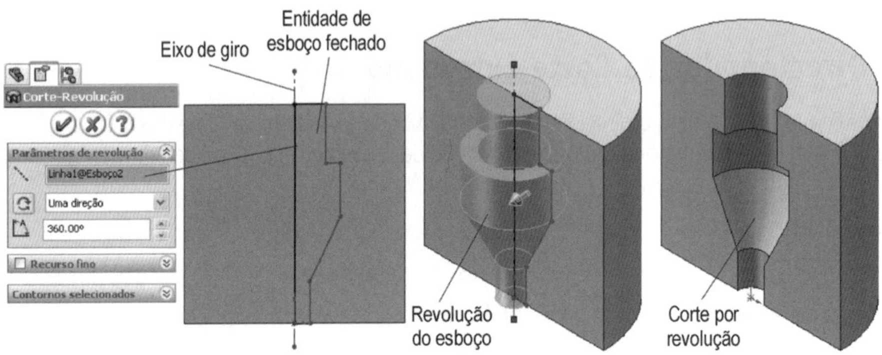

Figura 3.25 - Corte por Revolução de um esboço em um sólido - ângulo de giro 360°.

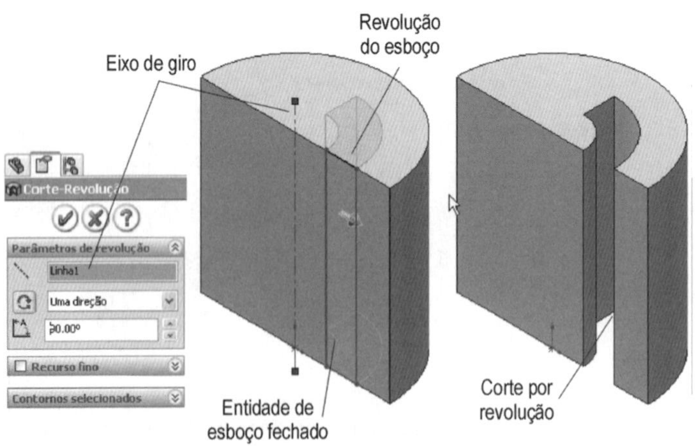

Figura 3.26 - Corte por Revolução de um esboço em um sólido - ângulo de giro 90°.

3.2.2. Corte com Recurso Fino

Para gerar corte por revolução em modelos que resultem em elementos com paredes finas, é necessário apenas marcar a *checkbox* **Recursos finos** no **PropertyManager** e expandir a caixa de configuração. A geometria do esboço pode ser fechada ou aberta. A Figura 3.27 ilustra dois recursos, em que o primeiro é criado usando inicialmente a mesma geometria de esboço da figura anterior, e depois de retirada a entidade vertical interna, paralela ao eixo de giro, resulta no segundo recurso em função do esboço que passou a ser aberto.

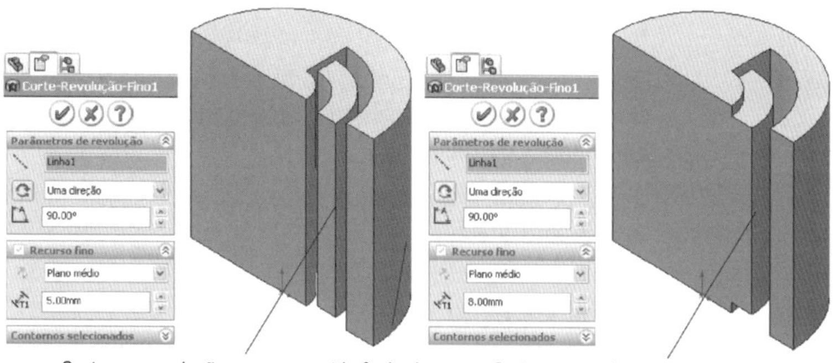

Figura 3.27 - Recursos gerados com geometria fechada e geometria aberta.

3.2.3. Recurso de Corte Gerado por Contornos Selecionados

Além das várias formas de revolução já estudadas, é possível ainda aplicar a revolução por **Contornos selecionados**. A configuração para esse tipo de revolução é feita pela caixa **Contornos selecionados**, exibida na parte mais baixa do **PropertyManager** de revolução.

A Figura 3.28 apresenta um exemplo típico em que essa opção de revolução torna-se a mais apropriada.

1. Um esboço é gerado, Figura 3.28a. Em seguida, clique dentro da caixa **Contornos selecionados** para ativá-la.
2. Clique dentro do esboço e configure no **PropertyManager** as demais opções desejadas.
3. Para finalizar, clique em **OK**.

Na Figura 3.28b é possível ver o perfil final do recorte por revolução da região interna do esboço que foi gerado.

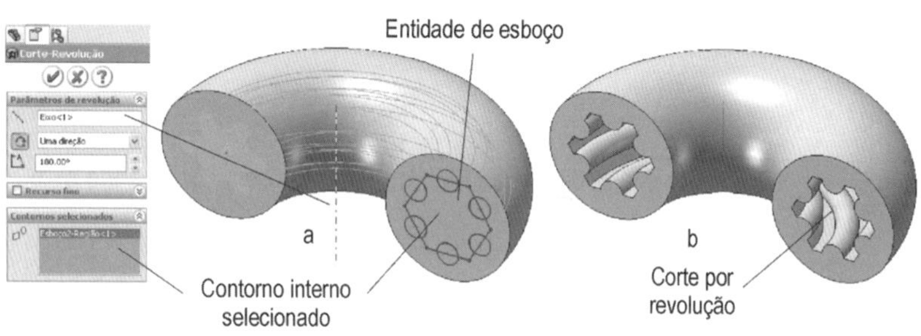

Figura 3.28 - Recursos de recorte por revolução de esboço a partir de Contornos selecionados.

3.2.4. Direção de Corte por Revolução

Figura 3.29 - Opções de direção do PropertyManager Corte-Revolução.

O recurso de Corte por revolução pode ser configurado para geração com três diferentes opções como mostra a lista *drop-down* do **PropertyManager Corte--Revolução**, Figura 3.29.

- Uma direção
- Plano médio
- Duas direções

Para configurar a direção do Corte por revolução, clique com o cursor do mouse no controle *drop-down* localizado abaixo da primeira janela na caixa de diálogos **Parâmetros de revolução**.

Defina os demais parâmetros de revolução desejados no **PropertyManager** e clique em **OK** para finalizar.

3.2.4.1. Corte por Revolução em uma Direção

A revolução em uma direção é a configuração-padrão do SolidWorks. Os exemplos ilustrados nas Figuras 3.25 a 3.28 foram gerados com essa opção.

3.2.4.2. Corte por Revolução em Plano Médio

O corte por revolução conforme opção **Plano médio** faz com que o esboço gere, simultaneamente, em sentido horário e anti--horário, e com metade do ângulo, um corte por revolução em torno do eixo selecionado, perfazendo no recorte o ângulo total definido, Figura 3.30.

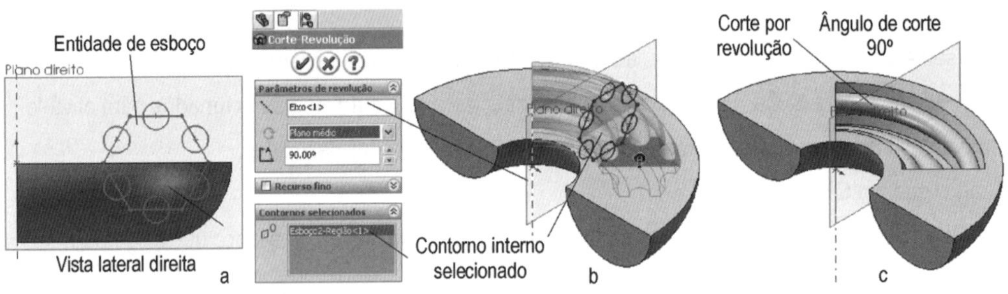

Figura 3.30 - Corte por Revolução no Plano médio.

Nota

O recorte foi distribuído simetricamente a 45° para cada lado do Plano direito, totalizando os 90° definidos para o recorte.

3.2.4.3. Corte por Revolução em Duas Direções

O corte por revolução conforme opção **Duas direções** faz com que o esboço gere, simultaneamente, em sentido horário e anti--horário, e com ângulos diferenciados, um recorte por revolução em torno do eixo selecionado, Figura 3.31. Note que no sentido anti-horário o ângulo configurado é 30°, e no sentido horário, 60°.

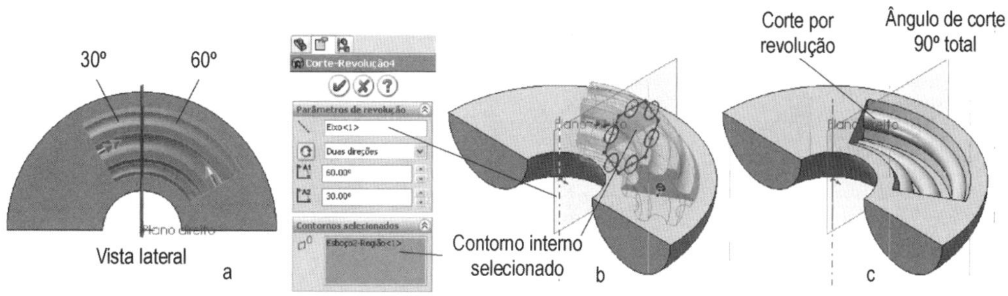

Figura 3.31 - Corte por Revolução em duas direções.

3.3. Recursos Auxiliares de Modelagem

Os recursos auxiliares de modelagem são comandos que auxiliam na obtenção de determinadas formas em um modelo sólido. Alguns dos mais utilizados podem ser encontrados na barra de ferramentas **Recursos**, Figura 3.32.

Estes e outros mais podem ser acessados pelo menu *drop-down* **Inserir** → **Recursos**. Também é possível, se necessário, devido a um constante uso, inserir alguns dos outros comandos do menu *drop-down* na barra de ferramentas **Recursos**. Para isso, vá até **Ferramentas** → **Personalizar** → **Comandos** → **Recursos** e selecione o botão de comando desejado, puxando-o em seguida para a barra de ferramentas **Recursos**.

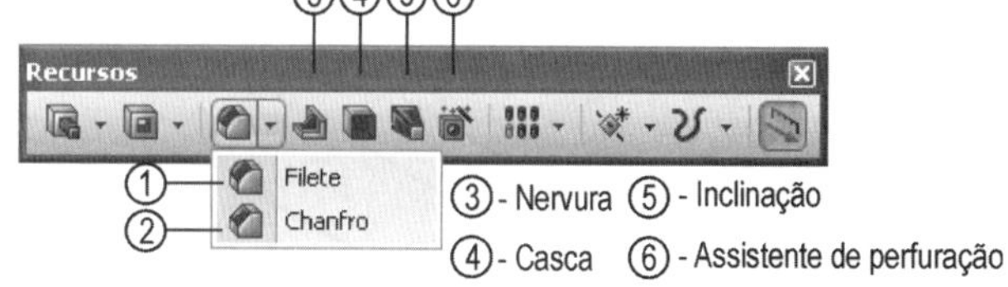

Figura 3.32 - Recursos auxiliares de modelagem.

3.3.1. Recurso de Filete/Arredondamento de Arestas

Figura 3.33 - PropertyManager do comando Filete.

Quando o comando é ativado pela barra de ferramentas **Recursos**, aparece no canto esquerdo da tela o seu **PropertyManager**.

Há duas formas de aplicação para o comando Filete, **Manual** e **FilletXpert**. No modo **Manual**, a caixa **Tipo de filete** exibe quatro opções de configuração de filete.

- **Raio constante** - cria filetes (arredondamentos) com raio constante para todo o comprimento do filete, Figura 3.34.

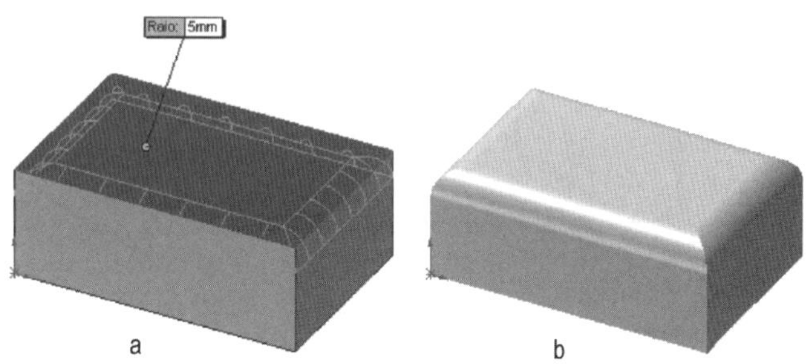

Figura 3.34 - Filete de raio constante.

Após a seleção dessa opção, é possível definir as outras na caixa **Itens a aplicar filete**.

  – **Filetes de múltiplos raios** - cria filetes com valores de raios diferentes, Figura 3.35.

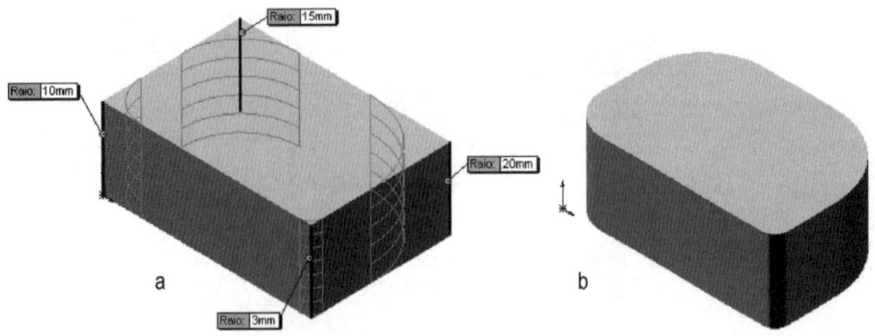

Figura 3.35 - Raio constante com opção de múltiplos raios.

- **Propagação de tangente** - propaga um filete ao longo de uma aresta tangente a outra cujo filete foi aplicado, Figuras 3.36 e 3.37.

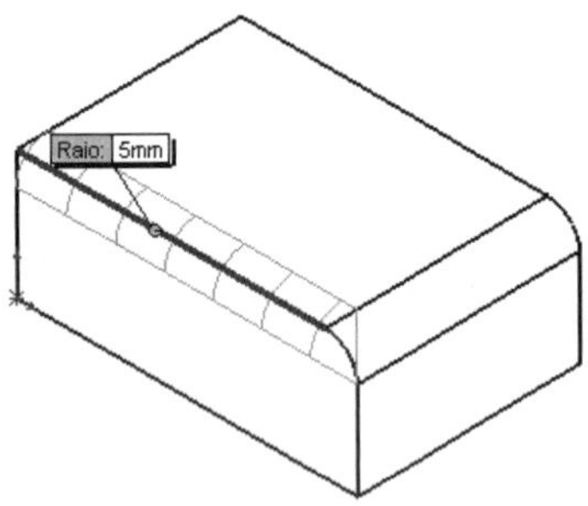

Figura 3.36 - Modelo sem propagação da tangente.

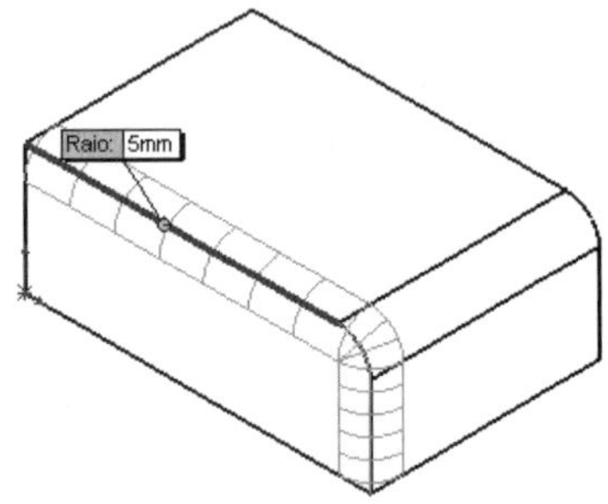

Figura 3.37 - Modelo com propagação da tangente.

- **Visualização completa** - permite a visualização de todas as arestas com filetes quando o recurso é editado, Figura 3.38.
- **Visualização parcial** - possibilita a visualização parcial dos filetes aplicados. Somente um é exibido quando o recurso é editado, Figura 3.39.
- **Nenhuma visualização** - nenhum dos filetes é exibido quando o recurso é editado, Figura 3.40.

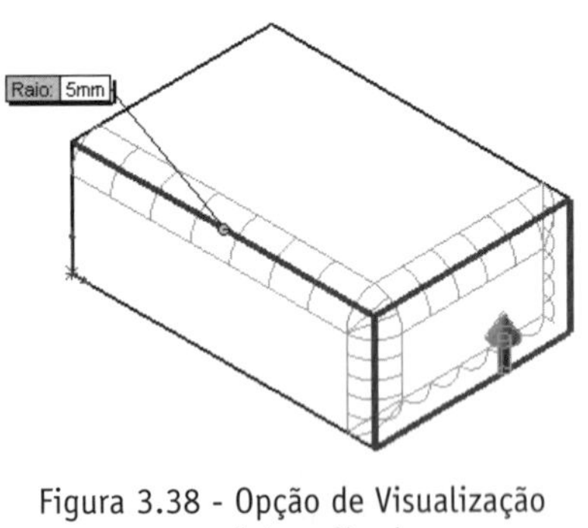

Figura 3.38 - Opção de Visualização completa aplicada.

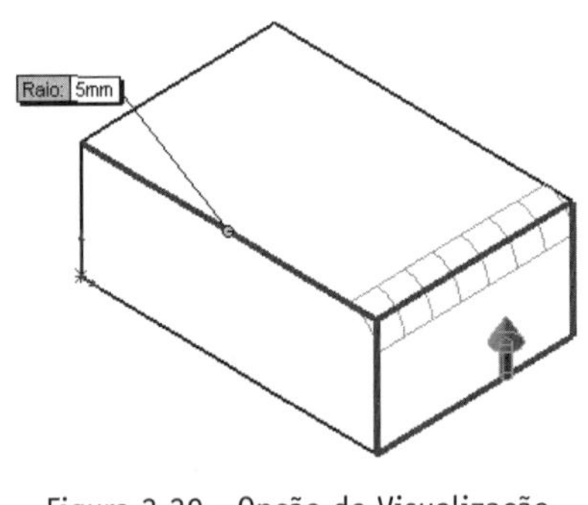

Figura 3.39 - Opção de Visualização parcial aplicada.

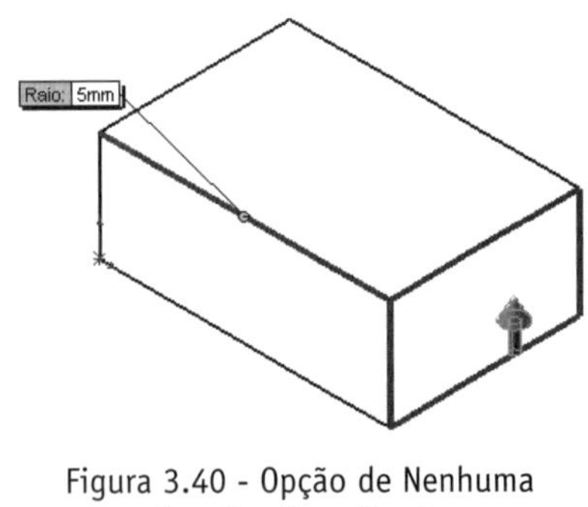

Figura 3.40 - Opção de Nenhuma visualização aplicada.

- **Raio variável** - cria filetes (arredondamentos) com raio variável ao longo de todo o comprimento do filete. Essa opção mostra no **PropertyManager** a caixa **Parâmetros de raio variável**, que permite determinar o número de pontos de divisão (pontos de controle) da aresta, Figura 3.41.

  Para este exemplo, conforme ilustra a figura, foram criados três pontos eqüidistantes (divisão-padrão do SolidWorks), dividindo a aresta em quatro seções de iguais comprimentos. Observe que os percentuais são 25%, 50% e 75%. Assim, sendo a dimensão de raio inicial 3mm e a final 8mm, a dimensão de raio referente aos 50% é igual à média da primeira e da última dimensão [(3mm + 8mm)/2 = 5.5mm]. A dimensão referente aos 25% é [(3mm + 5.5mm)/2 = 4.25mm], e a referente aos 75% é [(5.5mm + 8mm)/2 = 6.75mm].

  Entretanto, essa relação de média somente é válida para a situação em que os pontos estão eqüidistantes. Em verdade, os percentuais apenas definem a posição dos pontos ao longo do vértice que é considerado de dimensão igual a 1.

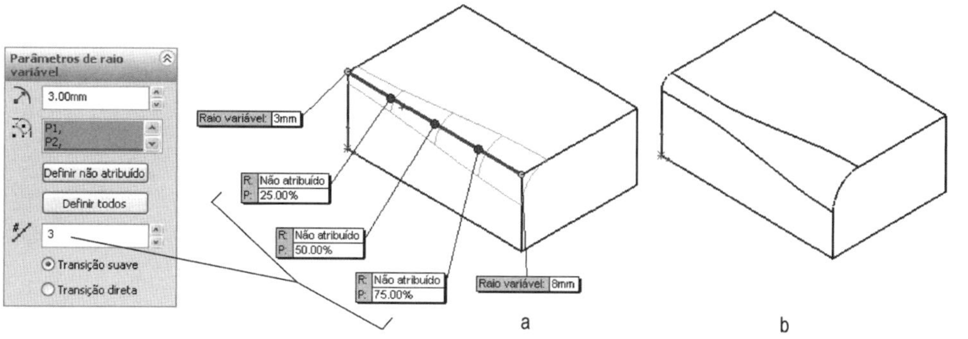

Figura 3.41 - Filete gerado com a opção Raio variável.

Para modificar os valores desses raios, basta clicar dentro das caixas de **Não atribuído** e digitar o valor desejado, Figura 3.42.

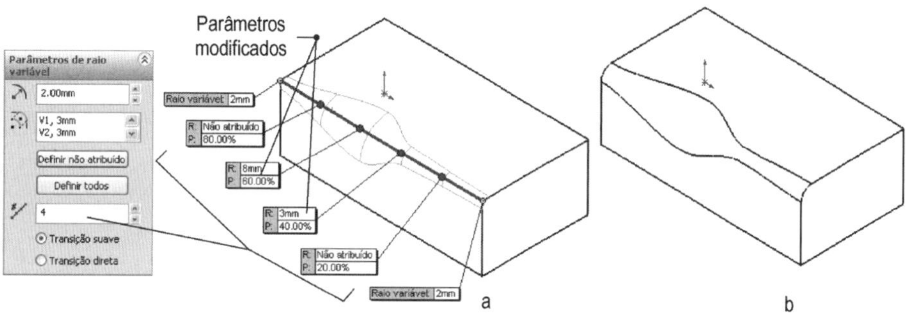

Figura 3.42 - Parâmetros de raio modificados.

- **Filete de face** - mistura as faces não-adjacentes e não-contínuas. Quando essa opção é selecionada na caixa **Tipo de filete** do **PropertyManager**, a caixa **Itens a aplicar filete** exibe duas janelas selecionadoras de faces. Clique na primeira janela para ativá-la e na primeira face não-adjacente. Clique na segunda janela e depois na outra face não-adjacente. Defina o raio e clique em **OK** para finalizar, Figura 3.43.

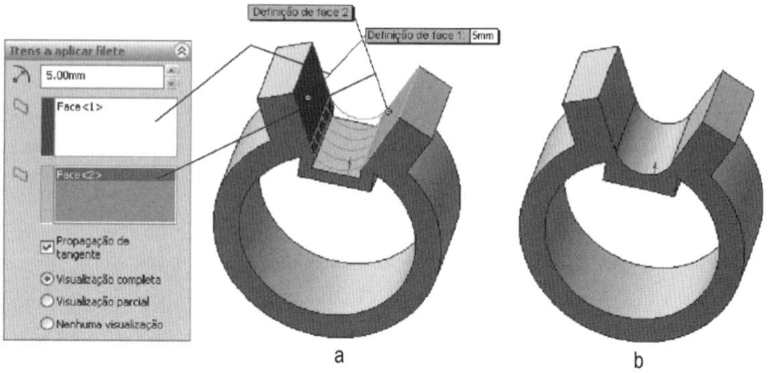

Figura 3.43 - Aplicação de filete de face.

- **Filete totalmente arredondado** - cria filetes tangentes a três conjuntos adjacentes (com uma ou mais faces tangentes). Quando essa opção é selecionada na caixa **Tipo de filete** do **PropertyManager**, a caixa **Itens a aplicar filete** exibe três janelas selecionadoras de faces. Clique na primeira janela para ativá-la e na primeira face adjacente. Repita o procedimento para a segunda e a terceira face com relação às janelas dois e três. Defina o raio e clique em **OK** para finalizar, Figura 3.44.

Nota

A seleção das três faces para aplicação do **Filete totalmente arredondado** deve ser feita sempre em seqüência, ou seja, a primeira face lateral na primeira janela, a face central para a segunda janela e a face oposta à primeira na terceira janela.

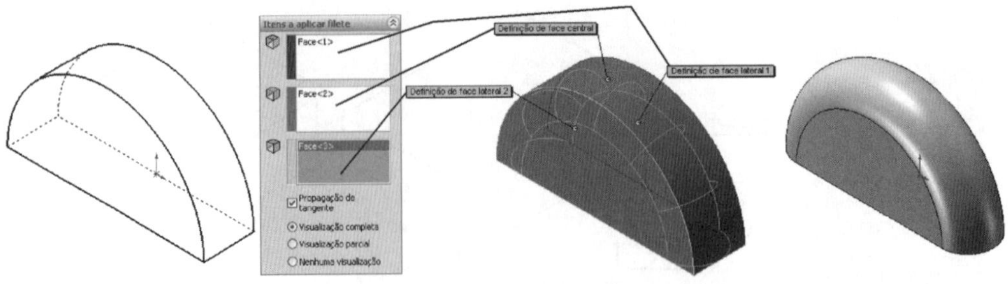

a b c

Figura 3.44 - Aplicação de filete totalmente arredondado.

3.3.1.1. Parâmetros de Recuo

Esse recurso define uma distância de recuo a partir de um vértice em que os filetes começam a ser misturados. A aplicação desse recurso consiste em expandir no **PropertyManager** a caixa **Parâmetros de recurso**, que disponibiliza três janelas de controle.

- Na primeira janela aparece a distância de recuo aplicada à aresta.
- Na segunda janela, é definido o vértice de convergência das três arestas selecionadas anteriormente na caixa **Itens a aplicar filete**.
- Na terceira janela encontram-se as três distâncias de recuo.

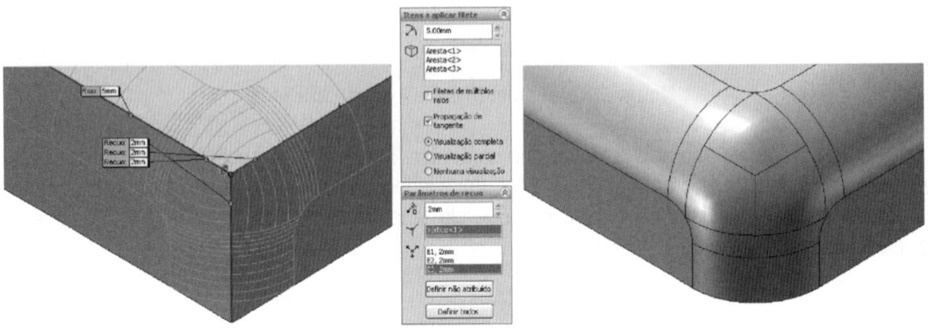

a b

Figura 3.45 - Aplicação de parâmetros de recuo.

Nota

Na Figura 3.45 as três distâncias de recuo são configuradas com igual valor. Já na Figura 3.46, a distância do recuo da aresta vertical foi modificada para 4mm e as duas arestas horizontais para 1mm.

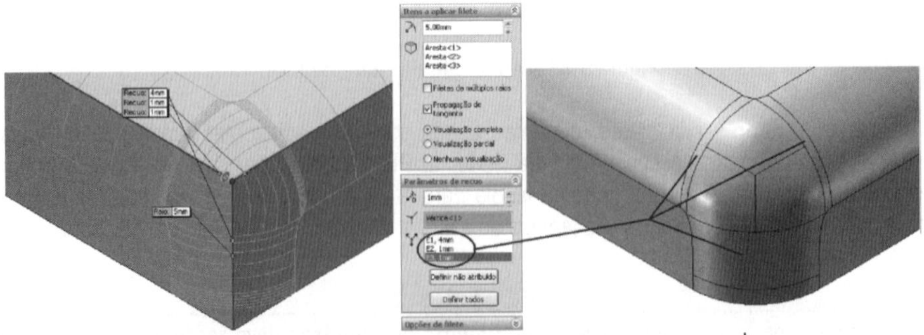

a b

Figura 3.46 - Aplicação de parâmetros de recuo.

3.3.2. Recurso FilletXpert

A aba **FilletXpert** do **PropertyManager** do comando **Filete** dá acesso às configurações de **FilletXpert**, um recurso que gerencia, organiza e reordena os filetes de raio constante para que o usuário possa se concentrar na intenção do projeto. Esse comando pode:

- Criar múltiplos filetes;
- Abrir o **FilletXpert** automaticamente;
- Reordenar automaticamente os filetes quando necessário;
- Utilizar a guia Adicionar para criar filetes ou a guia Alterar para modificar filetes.

Você pode utilizar o **FilletXpert** sempre que quiser que o SolidWorks gerencie a estrutura de recursos subjacentes. Utilize o **PropertyManager** manual de **Filete** quando quiser manter o controle do nível de recurso.

Os seguintes passos são necessários pra acessar o **FilletXpert**:

1. Clique no comando **Filete** na barra de ferramentas **Recursos** ou em **Inserir** → **Recursos** → **Filete/arredondamento** no menu *drop-down*.
2. No **PropertyManager** clique na aba **FilletXpert**. Surgem as opções de configuração, Figura 3.47.

Figura 3.47 - PropertyManager do comando FilletXpert.

Para criar múltiplos filetes utilizando a guia Adicionar do FilletXpert, acompanhe os próximos passos:

1. Clique na guia adicionar.
2. Clique na janela **Itens a aplicar filete** para ativá-la e adicionar Arestas, Faces, Recursos e Loops, selecionados no modelo com o cursor.
3. Defina na janela inferior o Raio comum a todos.
4. Clique em Aplicar.

Note que o **FilletXpert** adiciona os recursos de filete sem sair do **PropertyManager**.

Nota

Sempre que houver alguma incompatibilidade de raio, ou seja, se ele apresenta dimensão maior que o necessário para uma determinada aplicação, automaticamente o **FilletXpert** se abre para possibilitar a correção manual.

Os exemplos seguintes mostram um modelo em que se deseja, inicialmente, aplicar um filete de raio 2mm em todas as arestas, criando, simultaneamente, vários recursos de filetes. Para isso usa-se o **FilletXpert**. Em seguida, um raio de filete é modificado, Figura 3.48.

Após ter selecionado os recursos que compõem o modelo, e todos aparecerem na janela da caixa **Itens a aplicar filete**, clique no botão **Aplicar**. A Figura 3.49 apresenta o modelo e sua respectiva árvore com os recursos de filetes que foram criados simultaneamente.

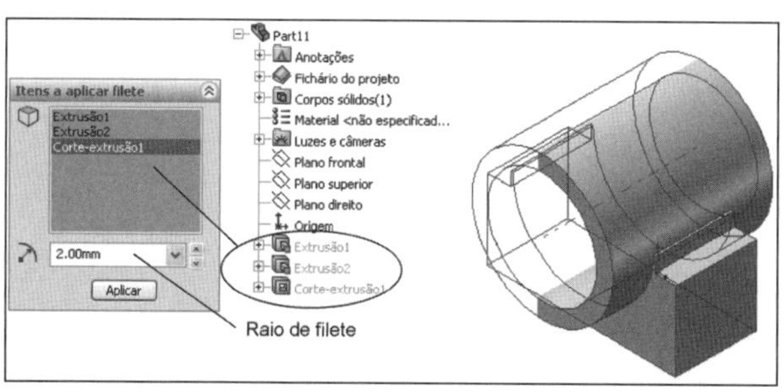

Figura 3.48 - Seleção dos recursos que compõem o modelo para aplicação do filete.

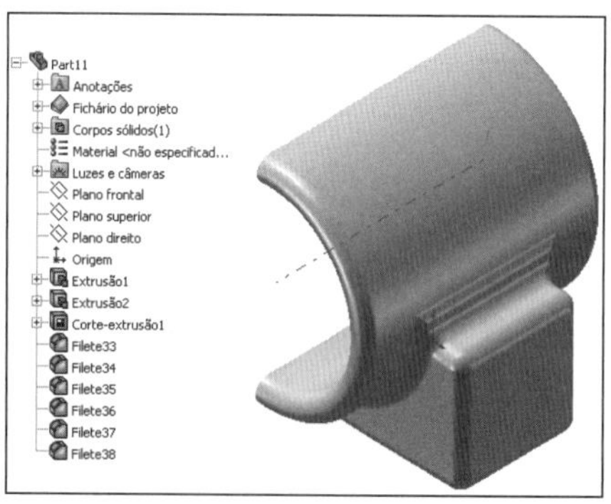

Figura 3.49 - Filetes gerados com o FilletXpert.

Na Figura 3.49 é possível observar uma alteração de raio de filete de uma determinada face filetada do modelo.

1. Clique na aba **Altera** para acessar a janela de seleção, em seguida selecione a face desejada. Entre com o novo raio de filete e clique no botão **Redimensionar**. A face selecionada é então modificada, conforme a Figura 3.50b.

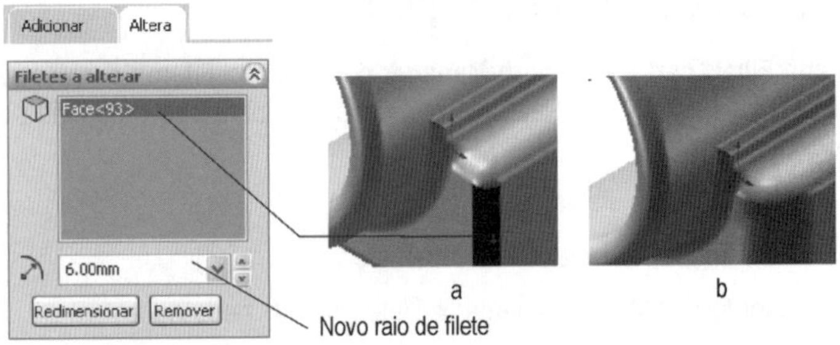

Figura 3.50 - Redimensionamento de raio de um filete.

3.3.3. Recurso Chanfro

O recurso **Chanfro** é gerado pelo botão de comando **Chanfro**, acessado pela barra de ferramentas **Recursos** ou pelo menu *drop-down* **Inserir → Recursos → Chanfro**.

Um chanfro é a geração de uma face oblíqua por meio de um vértice, faces convergentes ou aresta selecionada em um modelo.

Há três modos de geração de chanfros no SolidWorks:

- **Ângulo distância** - definem-se a distância **D** e o ângulo **A** no **PropertyManager** de chanfros ou na área gráfica. Uma seta manipuladora aparece e aponta na direção da medição da distância. Selecione a seta para inverter a direção ou clique na *checkbox* **Inverter direção** no **PropertyManager**.

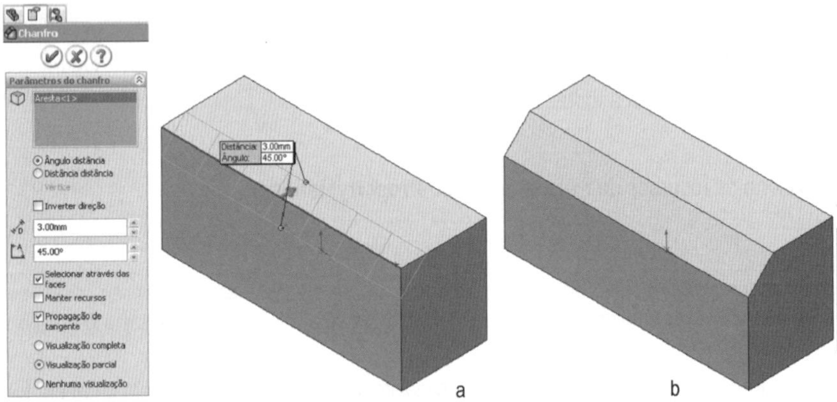

Figura 3.51 - Chanfro gerado por Ângulo distância.

- **Distância distância** - configura a inclinação do chanfro por meio de duas distâncias de afastamento das bordas em relação à aresta selecionada. Para definir as duas distâncias como iguais, clique na *checkbox* **Distância igual**.

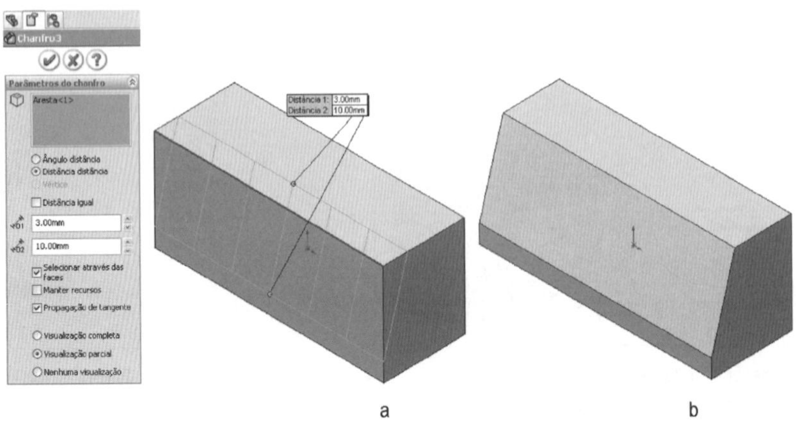

Figura 3.52 - Chanfro gerado por Distância distância.

- **Vértice** - permite criar um chanfro pela seleção de um vértice no sólido.

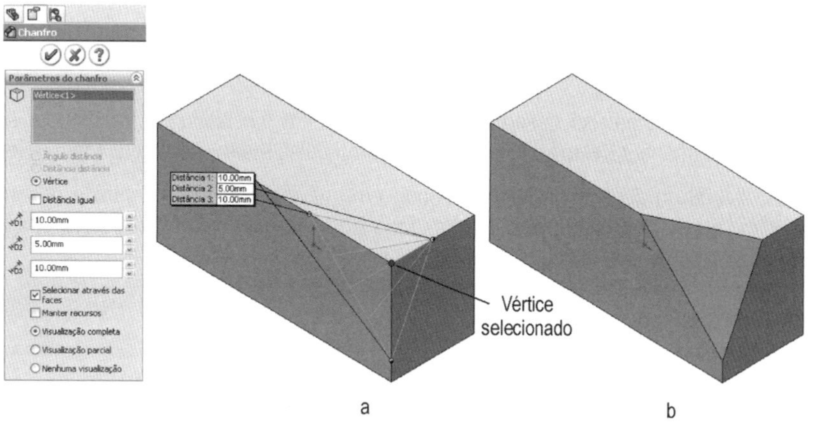

Figura 3.53 - Chanfro gerado por Vértice.

3.3.3.1. Opção Manter Recurso

O **PropertyManager** de Chanfro exibe uma *checkbox* com a opção **Manter recurso**. Quando selecionada, ela permite manter um recurso que seja afetado pela aplicação de um chanfro a outro recurso que lhe serve de base. As Figuras 3.54, 3.55 e 3.56 ilustram esse caso.

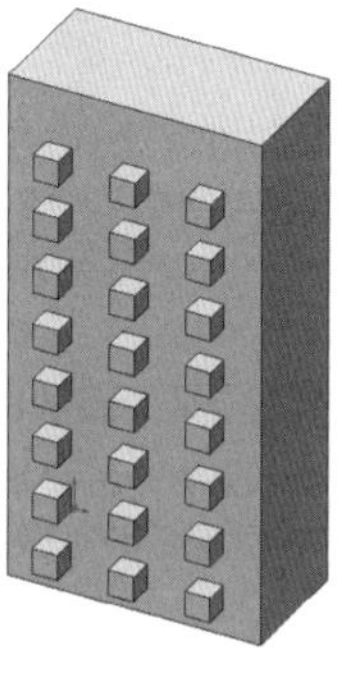

Figura 3.54 - Modelo com padrões.

Figura 3.55 - Chanfro sem a opção Manter recurso.

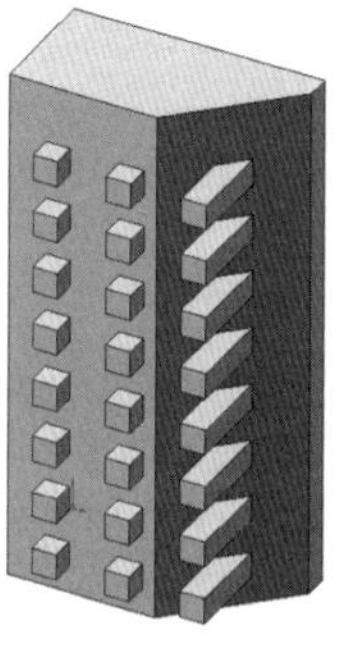

Figura 3.56 - Chanfro com a opção Manter recurso.

3.3.4. Recurso Nervura

Nervuras são elementos planos de perfil geométrico variável, soldados ou fundidos diretamente a alguns componentes mecânicos com a finalidade de lhes elevar a resistência a esforços de tração, compressão, torção ou combinados. No SolidWorks, uma nervura é definida por um esboço aberto, normalmente uma simples linha que quando da aplicação do comando, pode ainda ser extrudada para uma ou duas direções do plano de esboço.

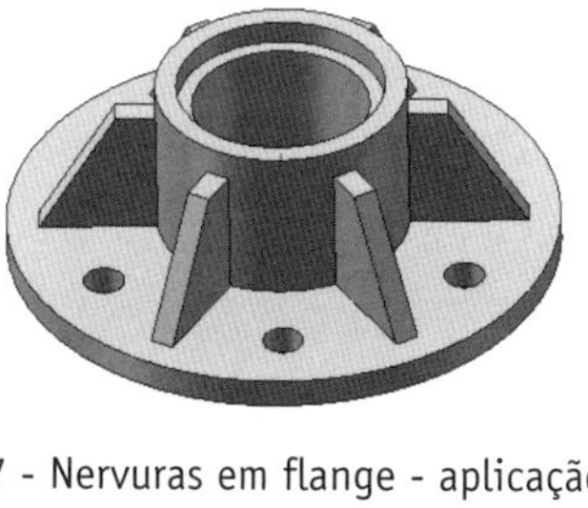

Figura 3.57 - Nervuras em flange - aplicação circular.

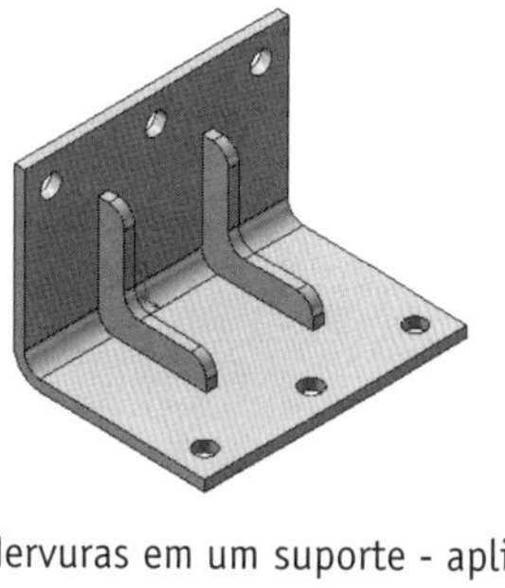

Figura 3.58 - Nervuras em um suporte - aplicação linear.

As nervuras podem ser aplicadas linearmente ao longo de um componente, ou ainda, ao redor de componentes circulares, como, por exemplo, flanges para tubulações, Figura 3.57 e 3.58.

3.3.4.1. Criação de Nervuras

Para criar uma nervura, inicialmente é preciso desenhar o seu esboço em um plano de trabalho, e somente depois ativar o comando **Nervura** da barra de ferramentas **Recursos** ou pelo menu *drop-down* **Inserir** → **Recursos** → **Nervura**.

A Figura 3.59 ilustra a vista lateral do suporte da figura anterior, em que o esboço da nervura é desenhado sobre o plano de trabalho **Plano 1**. Em seguida, é pressionado o botão de comando **Nervura** que abre o **PropertyManager** de configurações do comando. Na Figura 3.60, note que uma seta indica a extrusão da nervura.

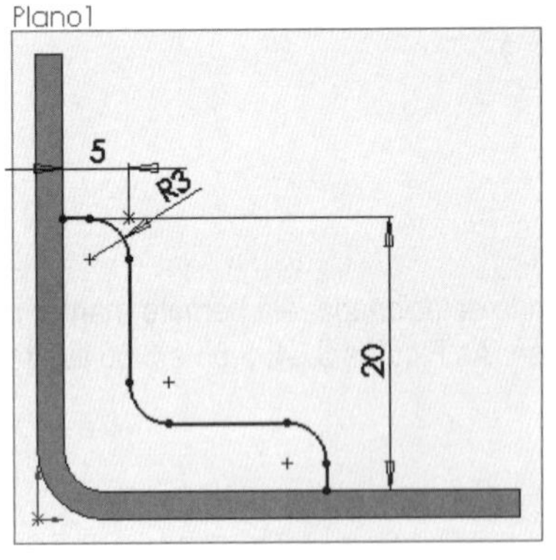

Figura 3.59 - Nervuras em um suporte - aplicação linear.

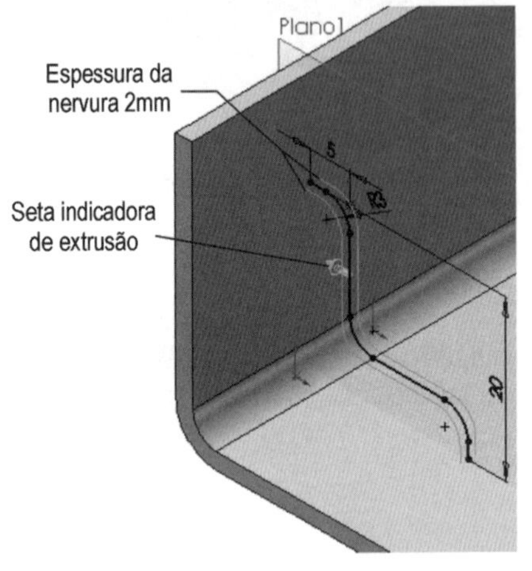

Figura 3.60 - Configuração da nervura no modelo.

Figura 3.61 - PropertyManager do comando Nervura.

- **Caixa Parâmetros**
  - **Espessura** - no **PropertyManager** há três botões de comando para o controle do sentido de expansão da espessura da nervura. É possível definir que a espessura ocorra apenas em um sentido (botão esquerdo), para ambos os sentidos (botão central) ou para o sentido oposto ao primeiro (botão direito). Na janela logo abaixo dos botões, referenciada do **T1**, define-se a medida da espessura da nervura.
  - **Direção da extrusão** - exibe dois botões de controle que estabelecem o direcionamento da extrusão da nervura que é indicado pela seta. O primeiro botão a define como **Paralela ao esboço**, e o segundo como **Normal ao esboço**.

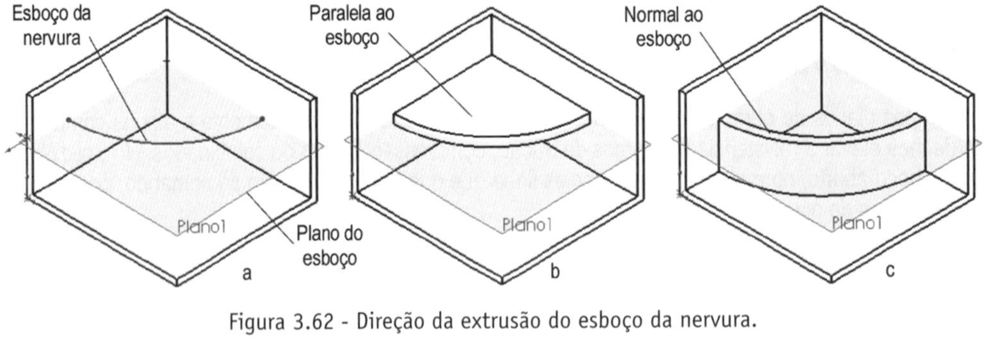

Figura 3.62 - Direção da extrusão do esboço da nervura.

- **Inverter lado do material** - quando selecionada, inverte o lado de adição do material, como mostram as duas situações das Figuras 3.63 e 3.64.

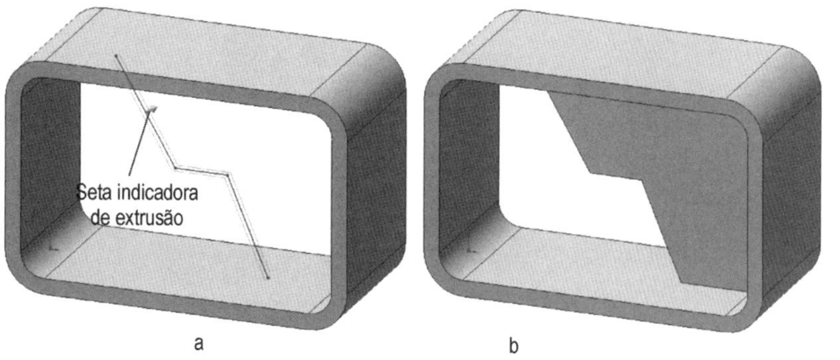

Figura 3.63 - Extrusão normal de uma nervura.

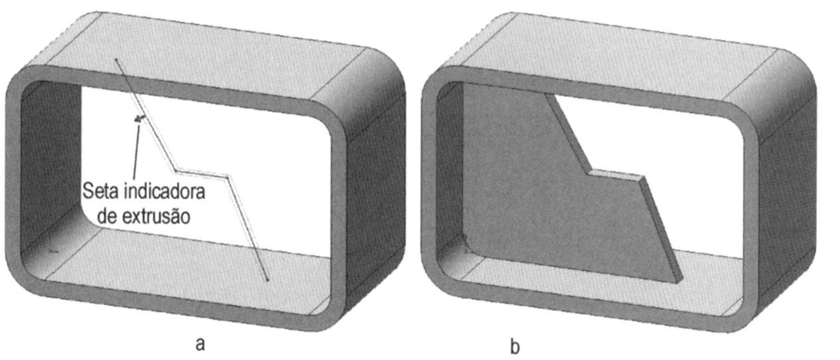

Figura 3.64 - Extrusão com opção Inverter lado do material.

- **Inclinação ativada/desativada** - localizado logo abaixo da *checkbox* referida no item anterior, esse botão de controle permite atribuir à janela ao lado que é ativada ao pressioná-lo, um ângulo de inclinação para a nervura que está sendo criada. A Figura 3.64 ilustra uma nervura normal e depois com a aplicação de um ângulo de **8°** de inclinação para fora e para dentro.

Para modificar o sentido do ângulo de inclinação, selecione a *checkbox* **Inclinação para fora**.

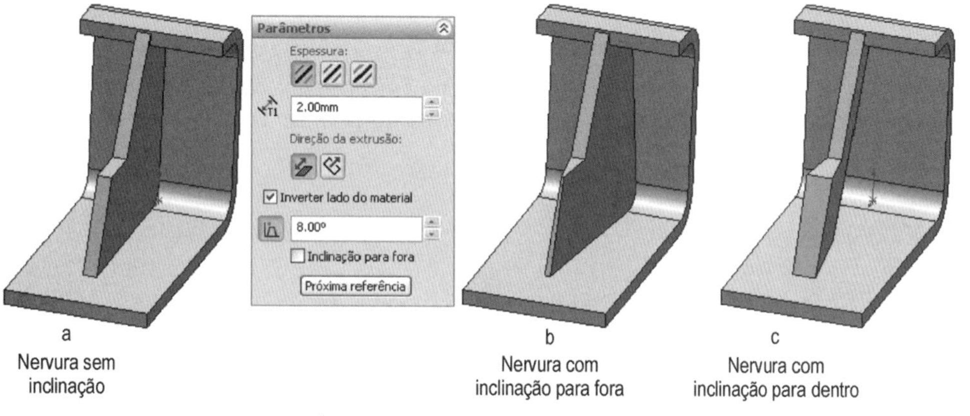

Figura 3.65 - Inclinação de nervura.

- **Próxima referência** - quando ativado, muda a direção da seta para uma próxima referência, modificando a geometria resultante da nervura em função de o ângulo estar configurado com a inclinação para dentro ou para fora.

Repare na Figura 3.66 o mesmo modelo utilizado na figura anterior com a referência da seta modificada para outra direção, ou seja, a referência de origem passa a ser outra linha do esboço e não mais a indicada na posição da Figura 3.66a e que resultou a geometria da Figura 3.66c.

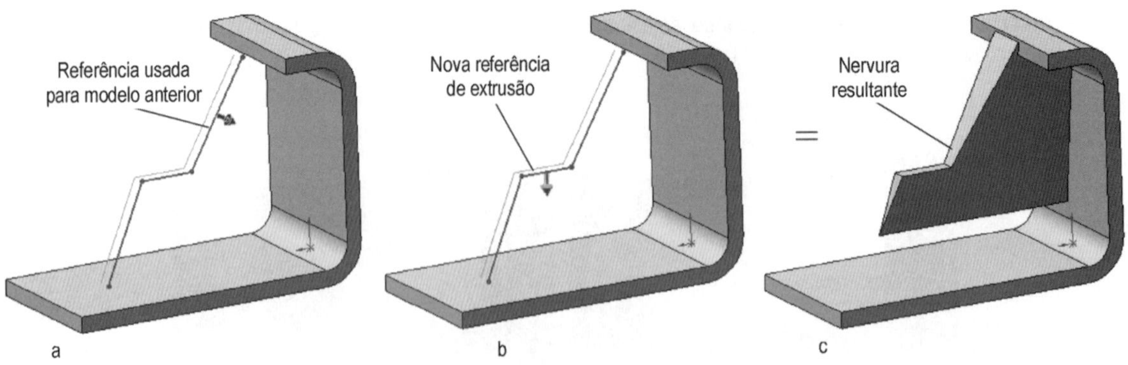

Figura 3.66 - Mudança de referência da nervura.

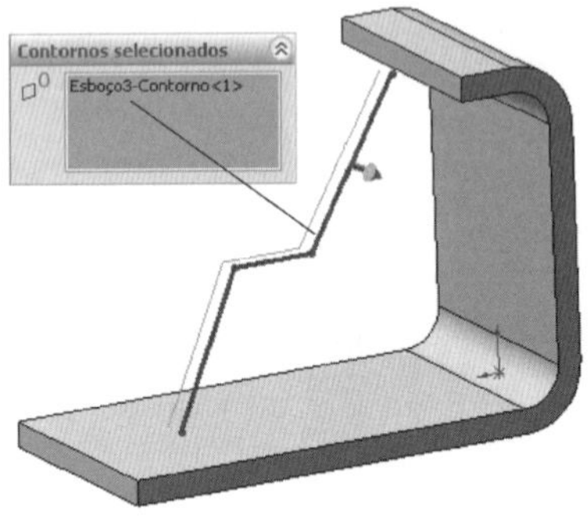

Figura 3.67 - Caixa Contornos selecionados.

- **Caixa Contornos selecionados** - lista na janela os contornos de esboço utilizados para a criação da nervura, Figura 3.67.

3.3.5. Recurso Casca

O recurso **Casca** torna um sólido um modelo oco, deixando as faces selecionadas abertas, criando paredes finas de espessura determinada. O recurso permite ainda configurar espessuras diferenciadas para as paredes.

Para modelos aos quais serão aplicados filetes e também o recurso **Casca**, o recurso de **Filete** deve ser sempre aplicado antes do **Casca**.

Havendo erro na aplicação do recurso **Casca**, a seção **Diagnóstico de erro** aparece no **PropertyManager** a fim de ajudar a diagnosticar o problema.

O recurso Casca pode ser ativado pela barra de ferramentas **Recursos** ou pelo menu *drop-down* **Inserir → Recursos → Casca**.

Quando o comando é ativado, abre-se o **PropertyManager** com as opções de configuração. Em seguida, configura-se a espessura da parede se deseja a casca e seleciona-se a face que deseja eliminar. Ao clicar em OK, o modelo em casca é formado, Figura 3.68.

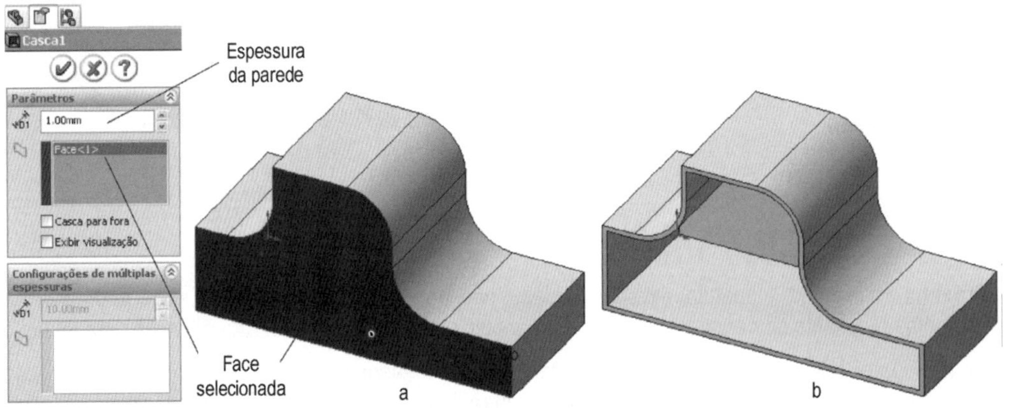

Figura 3.68 - Formação de um modelo em casca com parede de espessura constante.

Logo abaixo da tela coletora de faces estão duas *checkboxes* de configuração:

- **Casca para fora** - a casca é formada com sua aresta interna a partir do contorno externo da face selecionada, Figura 3.69.
- **Exibir visualização** - exibe o contorno da casca antes de sua confirmação pelo comando **OK**. Sua aplicação é demonstrada nas Figuras 3.69 e 3.70.

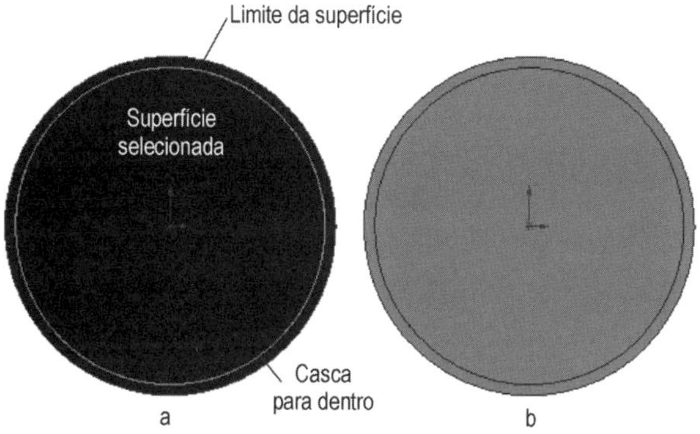

Figura 3.69 - Casca para dentro (padrão).

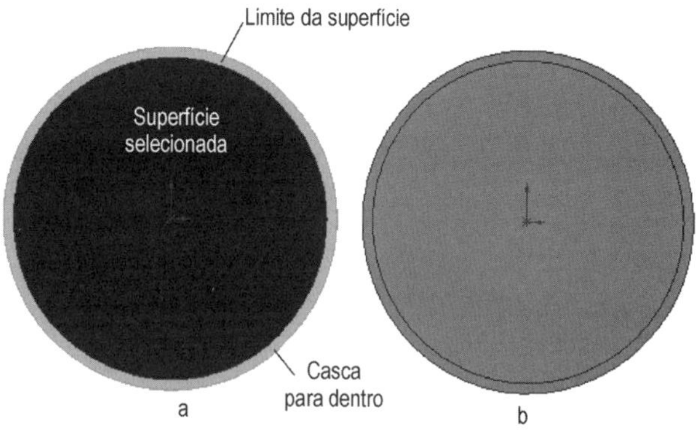

Figura 3.70 - Casca para fora.

3.3.5.1. Casca de Espessura Variável

Como citado anteriormente, o recurso **Casca** pode ainda ser aplicado com espessuras variáveis. Quando essa aplicação for desejada, deve-se utilizar a caixa **Configurações de múltiplas espessuras** do **PropertyManager**.

A Figura 3.71 mostra o exemplo de um modelo sólido perfurado em que a superfície superior é selecionada para ser extraída (**Face 1**) na janela **Parâmetros**. As demais superfícies são exibidas na janela da caixa **Configurações de múltiplas espessuras**. Acima dessa janela há a exibição das espessuras **D1** das faces listadas.

Pata melhor visualização e entendimento do modelo, ele está cortado longitudinalmente na Figura 3.71b.

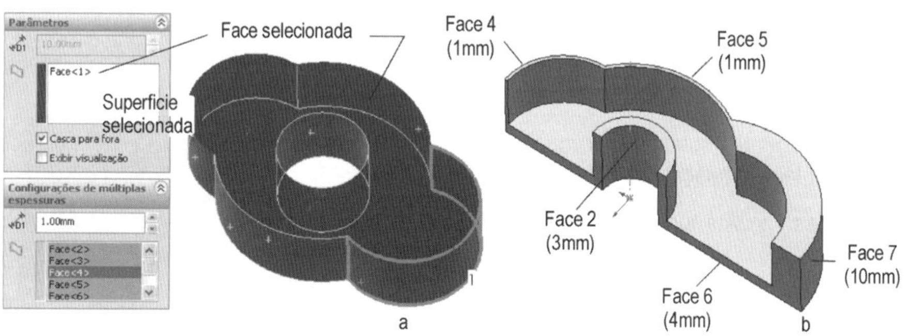

Figura 3.71 - Casca de espessura variável.

3.3.6. Recurso Inclinação

O recurso **Inclinação** torna possível aplicar um ângulo de inclinação a faces de um modelo em relação a uma outra face ou plano de trabalho selecionado. Entre suas aplicações, pode-se dizer que a maior delas é na geração de ângulo de desmoldagem para peças injetadas em plástico. Toda peça injetada em materiais plásticos necessita ter um determinado ângulo de inclinação (desmoldagem) para poder ser extraída da cavidade.

É possível aplicar os seguintes tipos de inclinação:

- **Plano neutro**
- **Linha de partição**
- **Inclinação em etapas**

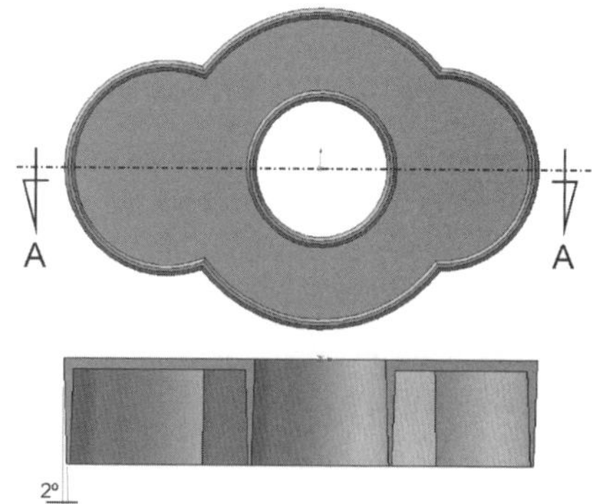

Figura 3.72 - Modelo em corte com ângulo de inclinação 2°.

3.3.6.1. Inclinação Plano Neutro

Na inclinação com referência a um plano neutro, seleciona-se um plano base, que pode ser um *Plano de trabalho* ou uma das faces do modelo. Essa face é a referência zero (**Plano neutro**) e todas as outras têm suas inclinações medidas em relação a ela. Também é possível utilizar o **DraftXpert** para criar, alterar ou remover inclinações de plano neutro.

Para criar uma inclinação no modo **Plano neutro**, siga os passos:

Tendo o modelo, clique no comando **Inclinação** na barra de ferramentas **Recursos** ou no menu *drop-down* **Inserir → Recursos → Inclinação**. Abre-se **o PropertyManager** do comando, Figura 3.73.

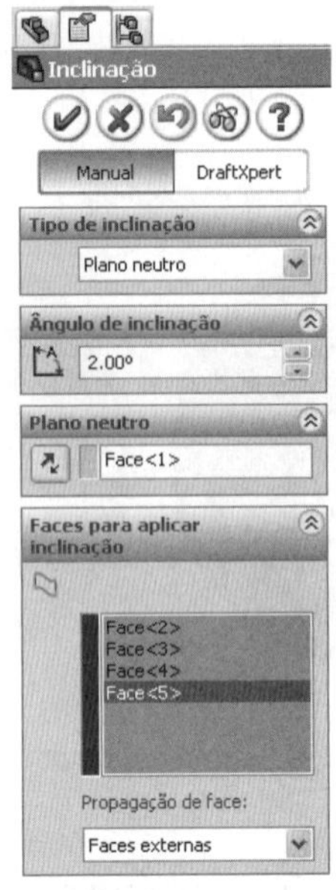

Figura 3.73 - PropertyManager de Inclinação.

1. No PropertyManager, clique em Manual para exibir o PropertyManager de **Inclinação**.
2. Na caixa **Tipo de inclinação**, selecione na lista *drop-down* a opção **Plano neutro**.
3. Na caixa **Ângulo de inclinação** digite o ângulo de inclinação desejado, o qual é medido perpendicularmente em relação ao **Plano neutro**.
4. Clique na janela da caixa **Plano neutro** para ativá-la e no plano ou face que deseja definir como **Plano neutro**. Se necessário, clique no botão **Inverter direção** para mudar a inclinação para a direção oposta.
5. Clique na caixa **Faces para aplicar inclinação** para ativá-la, em seguida clique nas faces do modelo em que deseja aplicar o ângulo de inclinação definido.
6. No item **Propagação de face**, selecione uma das seguintes opções quando desejar propagar o ângulo em faces adicionais:
   - **Nenhum** - inclina somente as faces selecionadas.
   - **Ao longo da tangente** - estende a inclinação a todas as faces tangentes em relação à face selecionada.
   - **Todas as faces** - inclina todas as faces extrudadas do plano neutro.
   - **Faces internas** - inclina todas as faces internas extrudadas do plano neutro.
   - **Faces externas** - inclina todas as faces externas extrudadas do plano neutro.

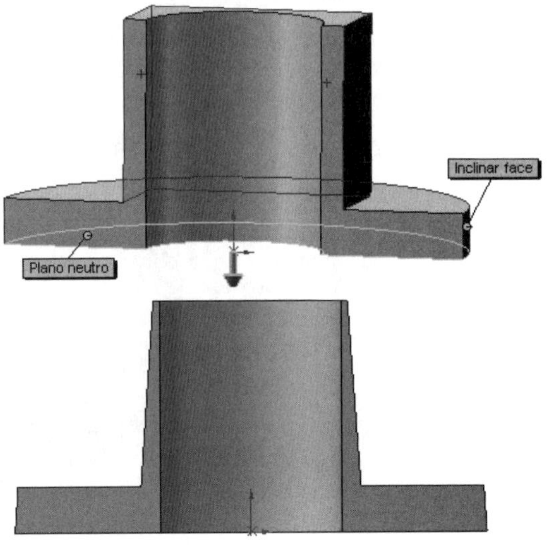

Figura 3.74 - Inclinação Plano neutro.

3.3.6.2. Inclinação Linha de Divisão

Na inclinação com referência a uma **Linha de divisão** é possível inclinar as faces de um modelo ao redor de uma linha de partição. Há alguns modelos de peças injetadas, que dada a profundidade e o nível de detalhamentos, torna-se necessário dividi-la em duas cavidades que se contrapõem gerando uma linha de partição, o que resulta na necessidade de o modelo ter ângulos de extração para os dois lados opostos.

A linha de partição pode ser não-plana. Em uma inclinação que usa uma linha de partição, é possível também incluir uma **Inclinação em etapas**.

Para aplicar inclinação a partir de uma linha de divisão, é preciso primeiramente dividir as faces a serem inclinadas por meio da inserção de uma **Linha de divisão** ou usar uma aresta de modelo existente. Em seguida, especifique a direção da extração ou o lado da linha de partição do qual o material deve ser removido.

Nota

É possível verificar os ângulos de inclinação no modelo usando a ferramenta de **Análise de inclinação.** A análise de inclinação cria uma reedição codificada por cor das faces de modelos com base no ângulo e na direção dos critérios de extração especificados. Discorreremos sobre este assunto no capítulo 8.

Para inserir uma linha de partição de ângulo de inclinação, acompanhe as etapas:

1. Esboce a peça a ser inclinada.
2. Insira uma curva de linha de divisão, se desejado.
3. Clique em **Inclinação** na barra de ferramentas **Recursos** ou no menu *drop-down* em **Inserir → Recursos → Inclinação**.
4. Na caixa Tipo de inclinação, selecione na lista *drop-down* a opção Linha de partição.
5. Sob determinadas condições, marque a caixa de seleção **Permitir ângulo reduzido**.
6. Na caixa **Ângulo de inclinação**, insira o **Ângulo de inclinação**.
7. Em **Direção de extração**, selecione uma aresta ou uma face na área de gráficos para indicar a direção da extração.
8. Observe a direção da seta e clique em **Inverter direção**, se desejado.
9. Na caixa **Linhas de partição**, selecione as linhas de partição na área de gráficos.

   Veja a direção da seta. Para especificar uma direção de inclinação diferente para cada segmento da linha de partição, clique no nome da aresta na caixa **Linhas de partição** e em **Outra face**.

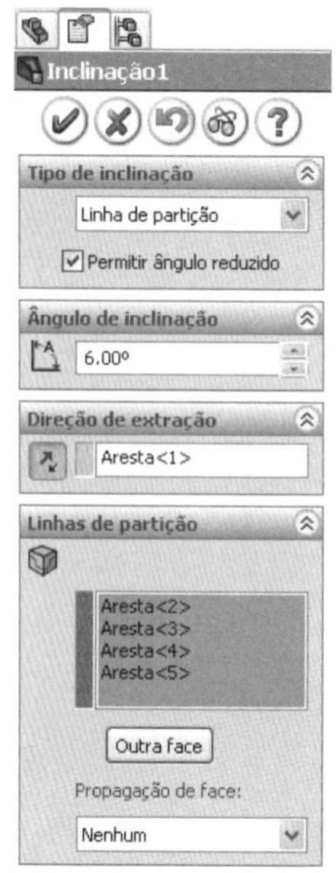

Figura 3.75 - PropertyManager Inclinação com linha de partição.

Nota

O passo 2 sugere a inserção de uma curva de linha de divisão. A Figura 3.75 exemplifica o modelo referente a esse texto e ao **PropertyManager** da Figura 3.74. Os passos para a criação da curva de linha de separação são descritos no texto em seguida e ilustrados no modelo.

3.3.6.3. Curva de Linha de Divisão

A curva de linha de divisão em um modelo é criada pelo comando do menu *drop-down* **Inserir → Curva → Linha de divisão**. Ao ativar o comando, surge o **PropertyManager** correspondente, Figura 3.76, que permite configurar o tipo de linha de divisão.

A curva de linha de divisão pode ser criada de três maneiras: por **Silhueta**, por **Projeção** ou por **Inserção**. No exemplo foi usado o modo de criação por **Projeção**. Entretanto, para isso é necessário primeiramente criar um esboço em um plano, Figura 3.75a.

1. Ativa-se então o comando em **Inserir → Curva → Linha de divisão** e define-se o **Tipo de divisão**. Na caixa **Seleções**, clique dentro da primeira janela para ativá-la e no esboço de projeção.
2. Clique dentro da janela de seleção de faces para ativá-la, em seguida nas faces em que deseja aplicar o ângulo. Clique em **OK** para finalizar. Note que a linha de esboço é projetada nas faces selecionadas, Figura 3.76b.
3. Ative o comando **Inclinação** e aplique os passos 3 ao 7 descritos anteriormente, Figuras 3.76c e 3.76d.

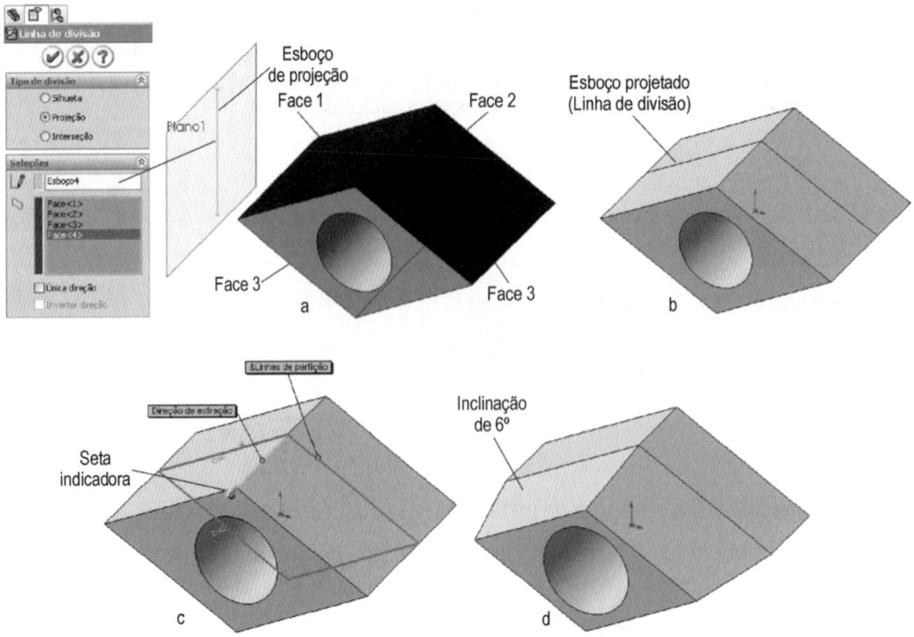

Figura 3.76 - Criação da curva de linha de divisão e aplicação da inclinação.

3.3.6.4. Inclinação em Etapas

A inclinação em etapas é uma variação da inclinação da linha de separação. Ela cria uma face girada sobre o plano usado como a **Direção de extração**. Isso resulta em faces pequenas, representando as etapas (destacadas em azul no exemplo seguinte).

Nota

A distinção de cores citada no texto somente poderá ser visualizada no computador do usuário.

Para inserir um ângulo de inclinação usando uma linha de separação com inclinação em etapas, siga os passos:

1. Esboce a peça a ser inclinada e insira uma curva de linha de divisão, se desejar, Figura 3.77.
2. Clique em **Inclinação** na barra de ferramentas **Recursos** ou no menu *drop-down* em **Inserir → Recursos → Inclinação**. Abre-se o **PropertyManager**, Figura 3.78.
3. Na caixa Tipo de inclinação, selecione na lista *drop-down* a opção Inclinação por passo.

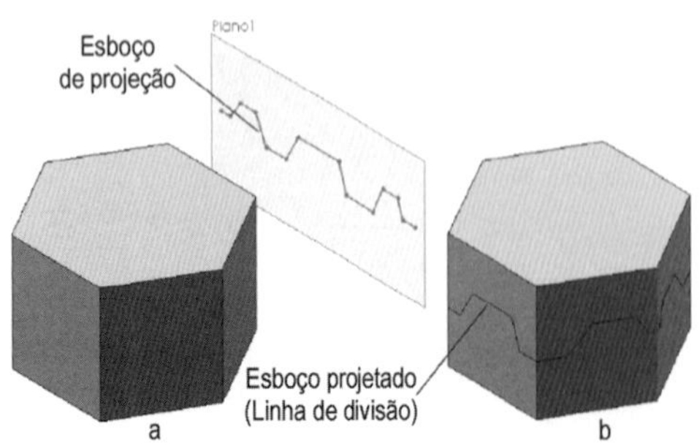

Figura 3.77 - Inserção de linha de divisão.

Figura 3.78 - PropertyManager Inclinação com linha por passo.

Nota

É possível verificar os ângulos de inclinação em seu modelo usando a ferramenta de **Análise de inclinação.** A análise de inclinação cria uma reedição codificada por cor das faces de modelos com base no ângulo e na direção dos critérios de extração especificados. O capítulo 8 discorre sobre este assunto.

4. Logo abaixo, selecione a opção **Etapas cônicas** para que as superfícies sejam geradas da mesma forma que as superfícies cônicas, ou **Etapas perpendiculares** para que elas sejam perpendiculares à face principal.
5. Em **Ângulo de inclinação**, entre com o ângulo desejado.
6. Em **Direção de extração**, selecione o plano perpendicular à direção da extração. Neste caso, o plano superior. Veja a seta indicadora de direção de extração e clique em **Inverter direção**, se quiser, Figura 3.79a.
7. Selecione no modelo os segmentos de linhas de divisão desejados e observe-os na caixa Linhas de partição, bem como a direção das setas amarelas sobre elas no modelo, Figura 3.79b.
8. Clique em Outra face se desejar especificar uma direção de inclinação diferente para cada segmento de linha de partição.
9. Selecione um tipo de Propagação de face.
10. Clique em **OK** para finalizar, Figura 3.79c.

Nota

A opção **Propagação de face** permite dois tipos de configuração que podem ser selecionados na lista *drop-down*:

- **Nenhuma** - inclina somente a face selecionada.
- **Ao longo da tangente** - estende a inclinação a todas as faces tangentes à face selecionada (faces que se encontram com filetes ou arredondamentos).

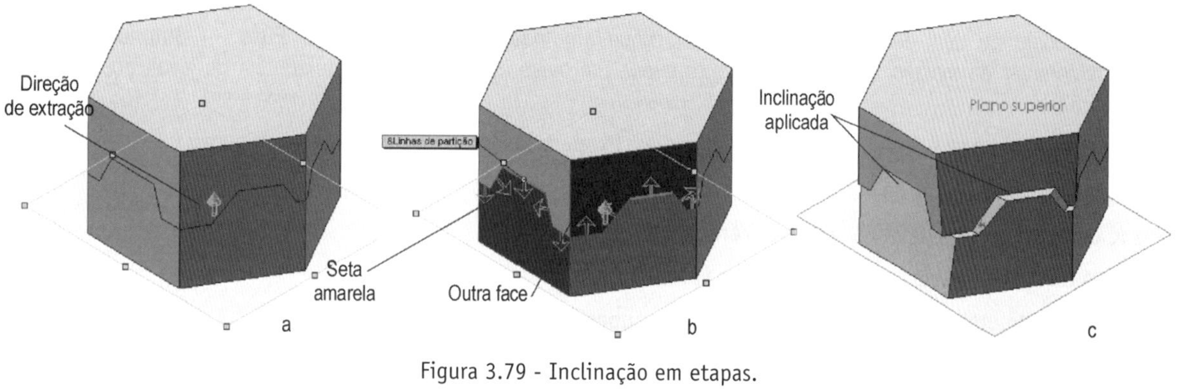

Figura 3.79 - Inclinação em etapas.

As Figuras 3.80 e 3.81 exemplificam, em close ampliado, as opções **Etapas cônicas** e **Etapas perpendiculares**. Repare no sentido das arestas em cada modo de inclinação.

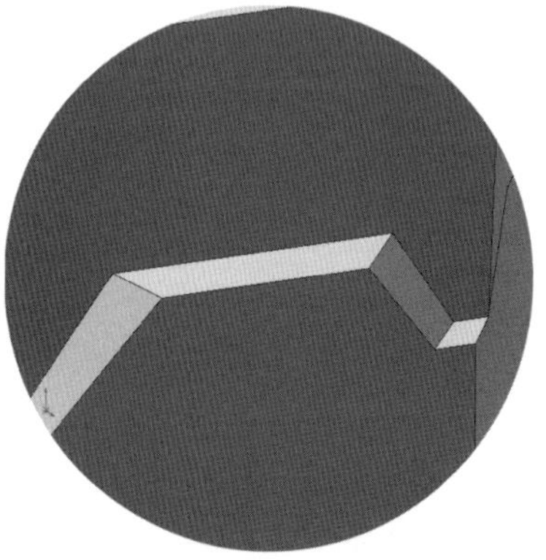

Figura 3.80 - Etapas cônicas.

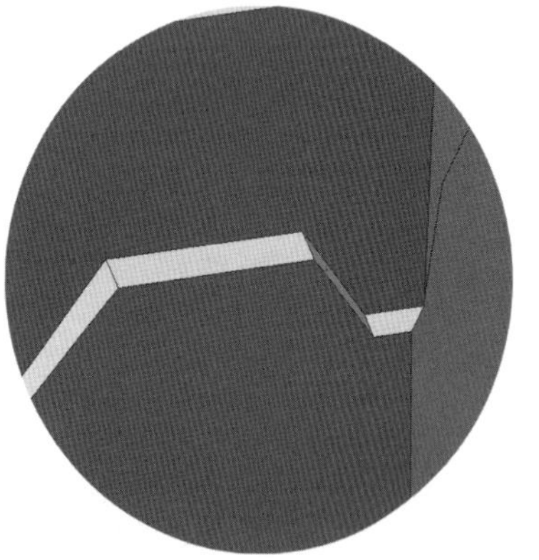

Figura 3.81 - Etapas perpendiculares.

3.3.7. Recurso DraftXpert

O Recurso **DraftXpert**, acessado pelo botão de comando **DraftXpress** do **PropertyManager Inclinação**, Figura 3.73, gerencia a criação e a modificação de inclinações em plano neutro. Ele remove o método de tentativa e erro do processo de inclinação. Você seleciona o ângulo e as referências da inclinação e o **DraftXpert** gerencia o resto, o que inclui o reordenamento automático de recursos de inclinação antes de filetes adjacentes.

O **DraftXpert** pode:

- Criar múltiplas inclinações;
- Realizar análise de inclinação (tópico a ser discutido no capítulo 8);
- Editar inclinações;
- Executar automaticamente o **FeatureXpert** para resolver recursos de inclinação que não se aplicam com facilidade ao modelo;
- Utilizar a guia **Adicionar** para criar recursos de inclinação, ou a guia **Alterar** para modificar esses recursos.

Use o **DraftXpert** quando quiser que o software SolidWorks gerencie a estrutura dos recursos subjacentes. Utilize o **PropertyManager** manual de **Inclinação** para manter o controle no nível de recurso.

3.3.8. Recurso Furo Simples

O recurso **Furo** no SolidWorks está disponível em dois diferentes modos, sendo **Furo simples** e **Assistente de perfuração**.

O modo **Furo simples** não está presente na barra de ferramentas **Recursos**, mas pode ser adicionado se assim desejar. É acessado pelo menu *drop-down* **Inserir → Recursos → Furo → Simples**.

O procedimento para sua aplicação é apresentado em seguida:

1. Com o modelo ao qual deseja adicionar o furo, clique em **Inserir → Recursos → Furo → Simples** para exibir o PropertyManager do modelo. Se exibido antes, aparece um aviso de solicitação de referência de localização para o furo, Figura 3.82.
2. Referencie o furo na face desejada e em seguida surge o **PropertyManager** de configurações, Figura 3.83.
3. Na caixa **De**, defina a opção de partida do furo, que pode ser:

   Plano de esboço, **Superfície/Face/Plano**, **Vértice**, **Offset**.
4. Na caixa **Direção 1**, defina na lista *drop-down* o tipo de furo:

   Cego, **Passante**, **Até o próximo**, **Até o vértice**, **Até a superfície** ou **Offset da superfície**.
5. Em **D1**, para a opção anterior **Plano de esboço**, defina a profundidade do furo.

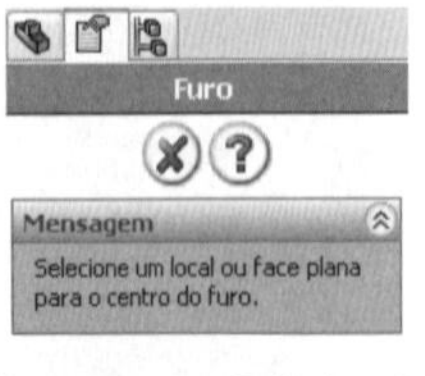

Figura 3.82 - Solicitação de referência.

Figura 3.83 - PropertyManager do recurso Furo.

6. Na janela abaixo, escolha o diâmetro do furo. Se desejar furo cônico, clique no botão **Inclinação ativada/ desativada** logo abaixo. Note que pode ser feita a inversão da inclinação do furo.
7. Clique em **OK** para finalizar. As Figuras 3.84 a 3.88 mostram algumas variações de furo.

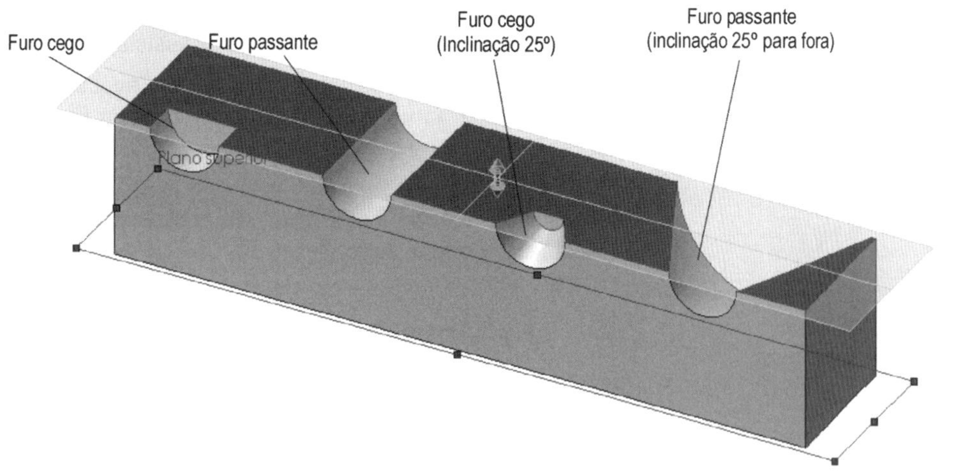

Figura 3.84 - Variações de furo simples.

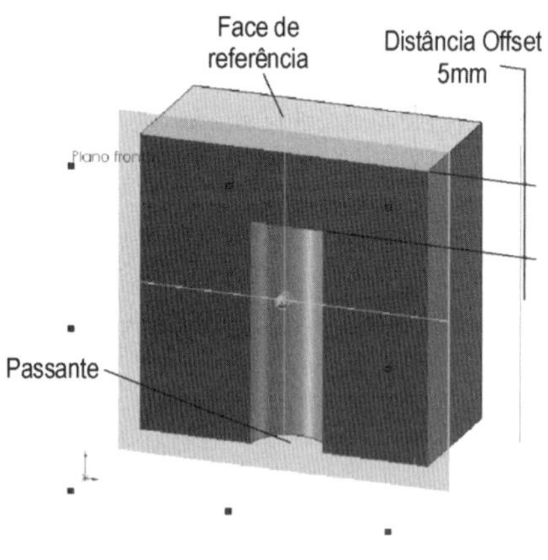

Figura 3.85 - Furo 5mm Offset da face de referência e passante.

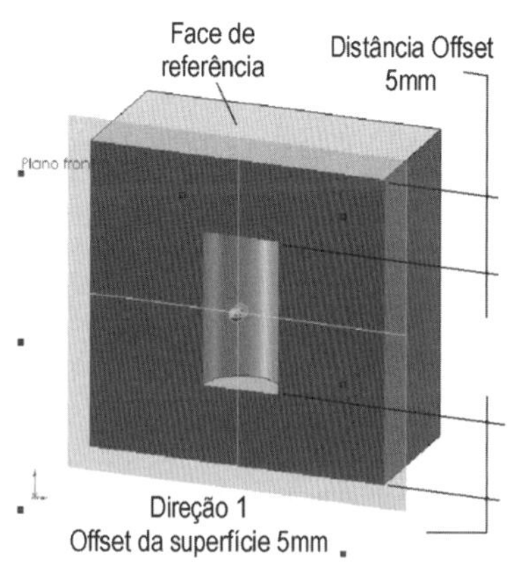

Figura 3.86 - Furo 5mm Offset da face de referência e Direção 1 Offset da superfície 5mm.

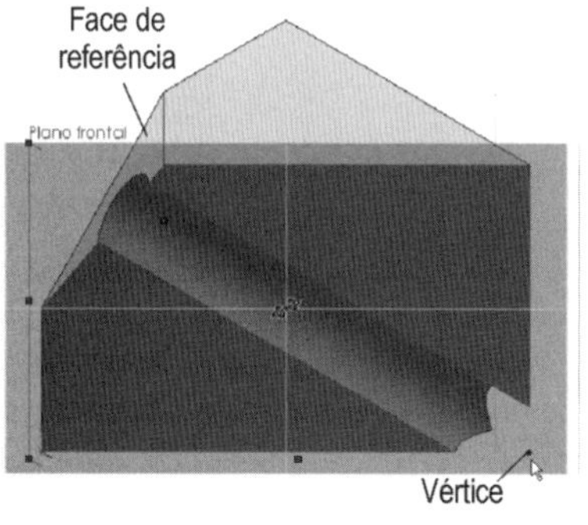

Figura 3.87 - Furo de Face para Vértice na Direção 1.

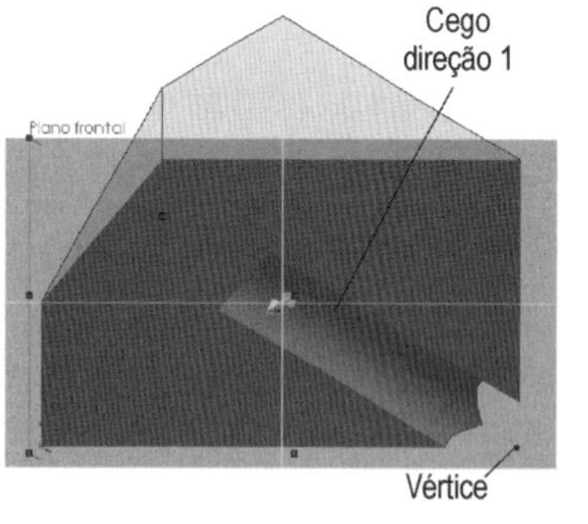

Figura 3.88 - Furo de Vértice para Cego na Direção 1.

3.3.9. Recurso Assistente de Perfuração

Figura 3.89 - PropertyManager de Especificação de furo.

Além do **Furo** simples, o SolidWorks oferece um **Assistente de perfuração** que contém uma biblioteca de padrões de furos para parafusos normalizados. Essa ferramenta está disponível na barra de ferramentas **Recurso**, Figura 3.32, ou pelo menu *drop-down* **Inserir → Recursos → Furo → Assistente de perfuração**.

Ao selecionar a ferramenta, surge o **PropertyManager Especificação de furo**, Figura 3.89. É disponibilizada ao usuário uma série de configurações, incluindo todas as possibilidades de combinações que possam ser necessárias ao completo projeto e detalhamento de furos.

- **Especificação de furo** - a guia **Tipo** exibe quatro caixas de controles. Na caixa **Especificação do furo**, selecione um dos seis botões com ícones para definir o tipo de furo desejado.

 Furo com rebaixo

 Furo escareado

 Furo liso

 Tarraxa - furo com rosca

 Tarraxa de tubo flexível

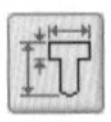 Furo legado - dimensões definidas pelo usuário

A cada tipo selecionado, algumas opções do **PropertyManager** se modificam, adequando-se ao tipo definido.

- **Padrão** - é possível selecionar na lista *drop-down* a opção de padrão conforme a **Norma** desejada, Figura 3.90.

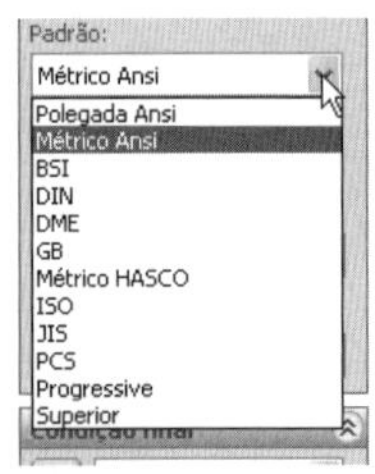

Figura 3.90 - Opções de Padrão.

Os padrões mais utilizados na indústria nacional são:

- **Métrico Ansi**
- **Métrico HASCO**
- **ISO**
- **Tipo** - em **tipo**, logo abaixo de **Padrão**, é possível selecionar na lista *drop-down* o tipo de parafuso que deve ser utilizado naquele furo definido por um dos seis botões.
- **Tamanho** - seleciona o tamanho em termos de rosca. Por exemplo, se o padrão selecionado for **Métrico Ansi** e o tipo **Parafuso sextavado - ANSI B18.2.3.5M**, os tamanhos (roscas) variam de **M5** a **M100**, Figura 3.92.
- **Ajuste** - define o tipo de ajuste do furo em relação ao parafuso que foi determinado, Figura 3.93.

  A listra *drop-down* apresenta três tipos de ajustes possíveis.
- **Condição final** - determina a condição de término do furo, que pode ser: **Passante**, **Até o próximo**, **Até a superfície**, **Offset da superfície**, Figura 3.94.

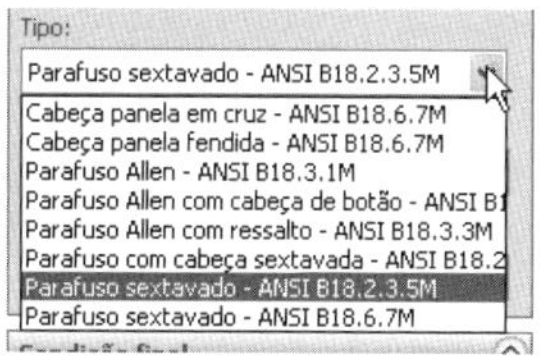

Figura 3.91 - Opções de Tipo.

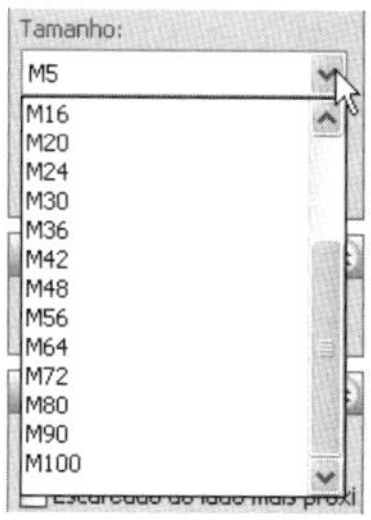

Figura 3.92 - Opções de Tamanho (rosca).

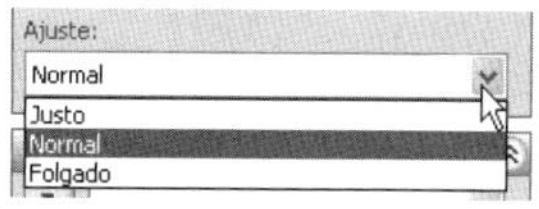

Figura 3.93 - Opções de Ajuste.

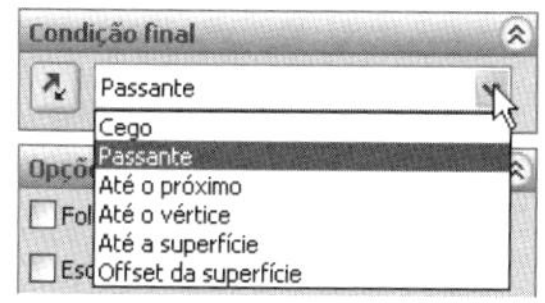

Figura 3.94 - Opções de Condição final.

- **Opções** - nessa caixa são exibidas quatro *checkboxes* para configurações de detalhes com relação à folga de cabeça e escareados de entrada e saída dos diâmetros do furo.

  A cada *checkbox* selecionada, a caixa se expande revelando o ícone correspondente à opção e uma janela para entrada do valor desejado.

  A Figura 3.95 apresenta a caixa **Opções** com todas as *checkboxes* selecionadas, permitindo a visualização simultânea de todas as opções de ajuste.

- **Favoritos** - permite utilizar configurações de furos criadas pelo usuário, bem como adicionar, excluir ou carregar as informações criadas.

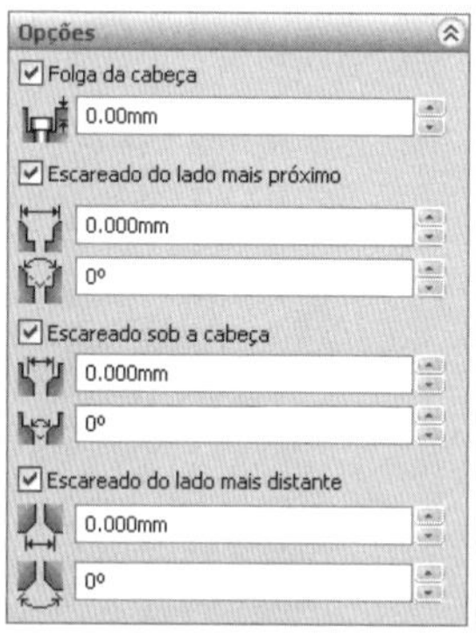

Figura 3.95 - Configurações de Opções.

1. Aplicar valores predeterminados em Favoritos
2. Adicionar ou atualizar Favorito
3. Excluir Favorito
4. Carregar Favorito

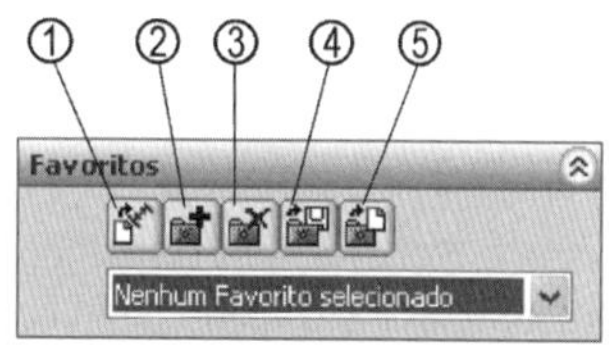

Figura 3.96 - Configurações de Favoritos.

- **Dimensionamento personalizado** - indica as dimensões normalizadas dos furos definidos na caixa **Especificação do furo**. Permite que o usuário modifique as dimensões exibidas. Note que para cada um dos seis botões de seleção de furo pressionado, a caixa **Dimensionamento personalizado** modifica-se, Figuras 3.97 a 3.101.

Figura 3.97 - Configurações de Favoritos.

Figura 3.98 - Configurações de Favoritos.

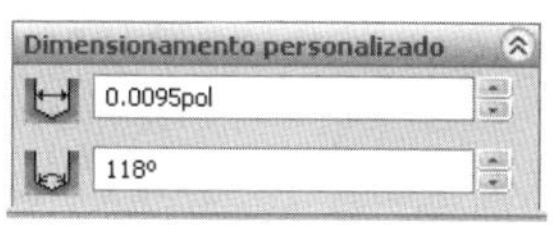

Figura 3.99 - Configurações de Favoritos.

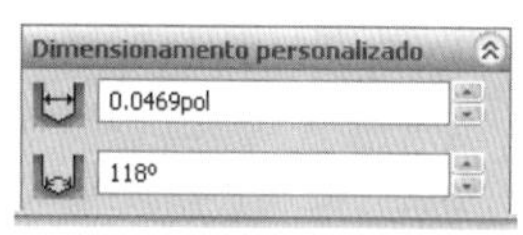

Figura 3.100 - Configurações de Favoritos.

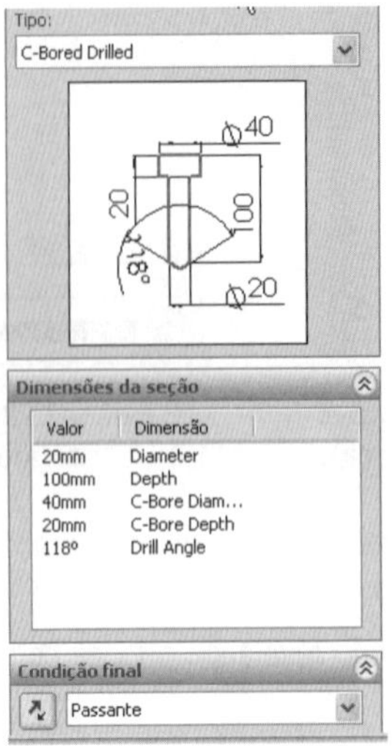

Figura 3.101 - Configurações de Favoritos.

Para o botão Furo legado não aparece exatamente uma caixa de Dimensionamento personalizado, mas sim as caixas **Tipo**, **Dimensão de seleção** e **Condição final**.

A caixa **Tipo** contém uma lista *drop-down* para seleção do tipo de parafuso e uma janela que mostra o desenho com dimensões. Alterações nas dimensões podem ser feitas em **Valor**, na caixa **Dimensões da seção**.

3.3.9.1. Posicionamento do Furo

Definidos o **Tipo** e as características do furo desejado, é necessário posicioná-lo no modelo em construção.

1. Clique na guia Posições do **PropertyManager**. Aparece a caixa **Posições de furos**, Figura 3.102.

   Surge no cursor o ícone de posicionamento na forma de um lápis, exibindo abaixo os caracteres XY e o ícone de indicação de ponto. Ao passar o cursor sobre qualquer uma das faces do modelo, ela escurece, Figura 3.103a.

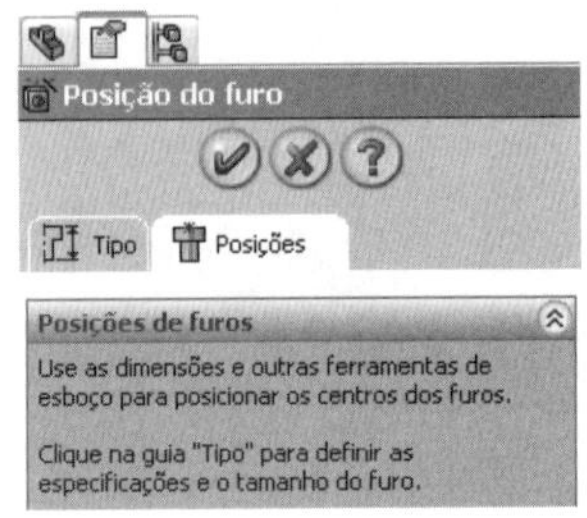

Figura 3.102 - Guia Posições.

2. Localize a posição desejada e dê um clique. Note que a forma do furo é exibida concêntrica ao ponto clicado, Figura 3.103b.
3. Ative o comando **Dimensão inteligente**, na barra de ferramentas **Esboço**, e clique no ponto criado (centro do furo) e depois na aresta de referência desejada. Repita o processo para a segunda referência de localização, Figura 3.103c.
4. Clique em **OK** para finalizar o recurso, Figura 3.103d.

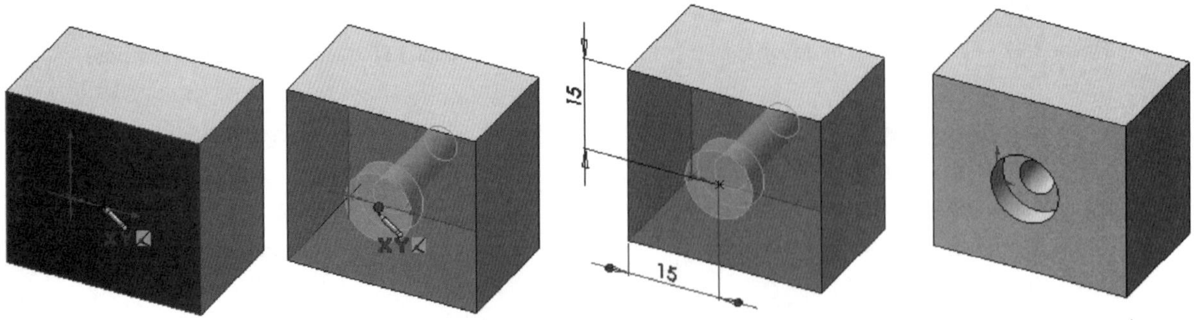

a b c d

Figura 3.103 - Seqüência de posicionamento de um furo.

Nota

O tipo de furo selecionado determina os recursos, as seleções disponíveis e as visualizações gráficas. Após selecionar um tipo de furo, determine o componente de fixação apropriado. O componente de fixação atualiza dinamicamente os parâmetros apropriados. Use o **PropertyManager** para definir os parâmetros do tipo de furo e localizar os furos. Além de uma visualização gráfica dinâmica baseada na condição final e na profundidade, os gráficos no **PropertyManager** exibem detalhes específicos, já que se aplicam ao tipo de furo selecionado.

Quando se cria um furo com o **Assistente de perfuração**, o tipo e o tamanho do furo aparecem na árvore de projeto do **FeatureManager**.

É possível criar **furos em um plano** com o **Assistente de perfuração**, assim como furos em faces planas e **não-planas**. Os furos em uma face plana permitem criar furos em ângulo para o recurso.

Há ainda um outro recurso relacionado a furos bastante interessante e de grandes aplicações em projetos, indicado para montagens. Trata-se do **Série de Furos** localizado no menu *drop-down* **Inserir** → **Recursos de montagem** → **Furo** → **Série de furos.** Para maiores informações, procure **Série de furos** na Ajuda do **SolidWorks**.

Exercícios Passo a Passo

Exercício 1

Crie o modelo conforme as dimensões exibidas, Figura 3.104.

(Tempo estimado: 30 minutos)

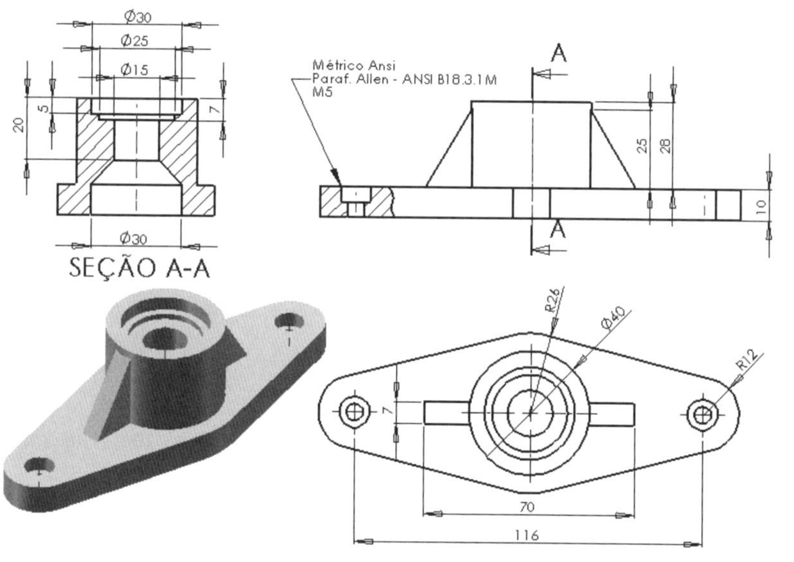

Figura 3.104 - Modelo e detalhes para o exercício passo a passo 1.

Os seguintes passos são necessários para completar este exercício:

1. Abrir a seção SolidWorks.
2. Fixar o diretório de trabalho e criar um arquivo de esboço no plano superior. Aplicar relações de esboço e fazer a extrusão.
3. Desenhar um círculo na superfície superior do modelo anterior e fazer a extrusão para gerar a forma cilíndrica.
4. Criar um esboço e gerar um corte por revolução.
5. Aplicar as relações necessárias e dimensões a fim de definir totalmente os esboços.
6. Utilizar o Assistente de perfuração. Salvar o modelo e fechar o arquivo.

Iniciar o SolidWorks

Inicie o SolidWorks com um duplo-clique no ícone SolidWorks da tela do computador ou pelo menu Iniciar.

Fixar o Diretório de Trabalho

1. Crie no diretório **C** do computador, em **Meus documentos**, uma pasta que deve conter todas as subpastas referentes aos exercícios dos capítulos deste livro, e nomeie a pasta como **EXERCLSW**.
2. Abra a pasta **EXCERCLSW** e crie a subpasta denominada **Exerc_Cap3**.
3. Todos os exercícios deste terceiro capítulo devem ser salvos nessa pasta.

Iniciar um Novo Arquivo

1. Abra o SolidWorks e inicie um **Novo Arquivo**. Selecione o template **Peças**.
2. No SolidWorks, esboço e modelo são criados dentro do modo **Peça**, portanto são salvos com a mesma terminação: ***.Prt**.
3. Clique no comando **Esboço**, na barra de ferramentas selecione o **Plano superior**.

Desenho do Esboço da Base e Extrusão

1. Utilizando inicialmente o comando **Círculo**, desenhe três círculos eqüidistantes, tomando como referência para o círculo central a **Origem**. Em seguida, estabeleça uma relação de **Igual** entre o primeiro e o terceiro círculos, bem como uma relação de **Horizontal** entre seus centros e **Origem**. O círculo central deve ser maior que os laterais.
2. Com o comando **Linha** ligue os círculos por suas tangentes e aplique uma relação de **Tangente** entre cada linha e círculo.
3. Aplique o comando **Cortar** para eliminar as arestas internas. O esboço deve ficar como mostra a Figura 3.105. Ajuste as dimensões conforme indicado. Em seguida faça a extrusão do esboço com uma profundidade de 10mm, Figura 3.106.

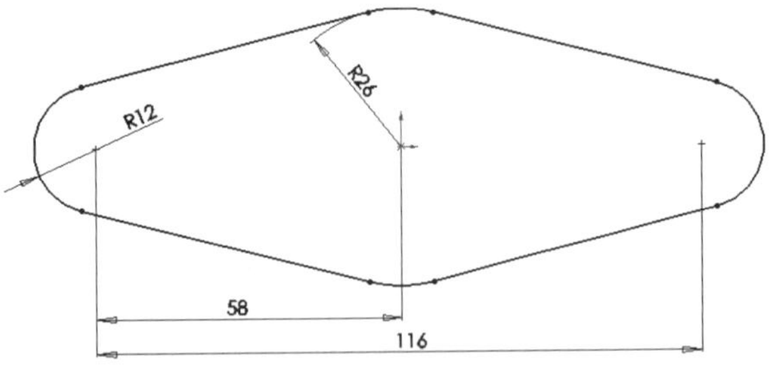

Figura 3.105 - Esboço da base dimensionado.

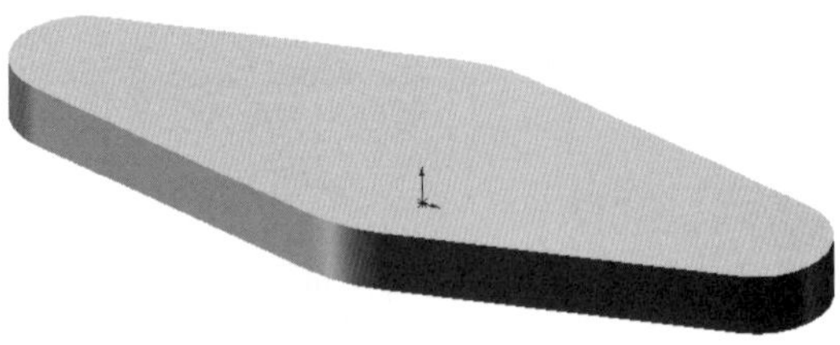

Figura 3.106 - Extrusão do esboço.

Desenho do Corpo Cilíndrico e Extrusão

1. Com o comando **Círculo**, crie o círculo de diâmetro 40mm na superfície da base e localize-o com o centro na **Origem**, como indica a Figura 3.107.
2. Faça a extrusão com uma profundidade de 28mm, Figura 3.108.

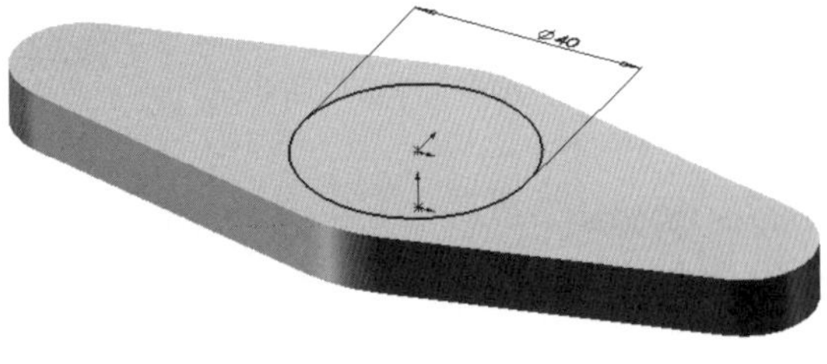

Figura 3.107 - Esboço do corpo cilíndrico.

Figura 3.108 - Extrusão do esboço.

Criação das Nervuras

As nervuras devem ser criadas no **Plano frontal**, uma por vez, pois os recursos de espelhamento ou de padronização somente serão estudados em capítulo posterior.

1. Inicie um novo esboço e selecione o **Plano frontal** como plano de referência. Use o comando **Normal a** da barra de ferramentas **Vista padrão** ou pressione **CTRL+8**. O modelo é posicionado com a superfície selecionada paralela à tela do computador.

2. Com o comando **Linha** ativado, clique sobre aresta da base a uma das extremidades da linha, e a aresta do cilindro à outra. Use o comando **Dimensão inteligente** para acertar as dimensões, conforme a Figura 3.109.

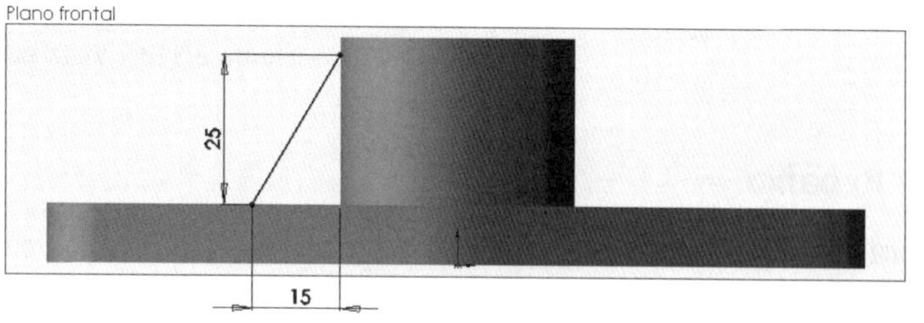

Figura 3.109 - Esboço da nervura.

3. Com o comando **Nervura** da barra de ferramentas **Recursos** ou do menu *drop-down* **Inserir** → **Recursos** → **Nervura**, crie a primeira nervura, definindo sua espessura **T1** em 7mm. Atente que o botão *Paralelo ao esboço* em **Direção da extrusão** esteja pressionado. Essa condição ocorre se a seta estiver apontando para o esboço, Figura 3.110. Repita o procedimento para criar a nervura do lado oposto, Figura 3.111.

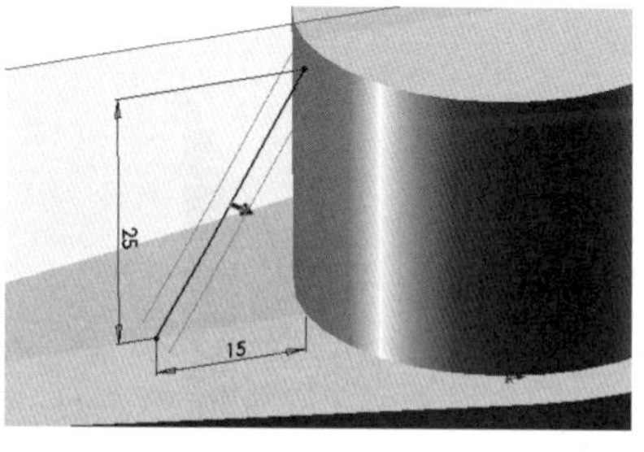

Figura 3.110 - Comando Nervura.

Figura 3.111 - Nervuras finalizadas.

Criação da Furação Central por Recorte de Revolução

Essa operação também será realizada no **Plano frontal**.

1. Abra um novo esboço e defina-o para o **Plano frontal**.

2. Com o comando **Linha de centro**, estabeleça no sentido vertical uma linha que passe pela **Origem** até um pouco mais acima da aresta superior do modelo. Essa linha é o eixo de rotação do esboço para o recorte.

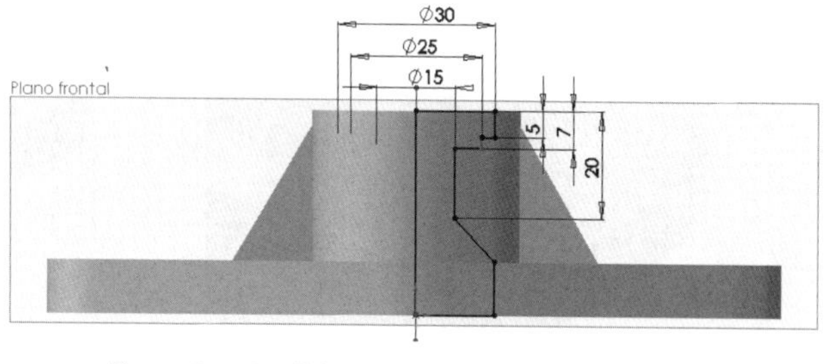

Figura 3.112 - Esboço para recorte por revolução.

3. Com o comando **Linha** desenhe o esboço conforme a Figura 3.112. Crie um esboço fechado. Em seguida, com o comando **Dimensão inteligente**, dimensione-o como indicado. Para cotar os diâmetros, clique na aresta vertical do cilindro, depois na linha de centro, e mova o cursor para o lado oposto a ela.

4. Definido o esboço, ative o comando **Corte por revolução** na barra de ferramentas **Recursos** ou pelo menu *drop-down* **Inserir → Recursos → Corte por revolução**.

   Selecione a linha de centro no modelo como eixo de revolução.

O ângulo deve estar configurado para 360°. A Figura 3.113 exibe um corte longitudinal do modelo para permitir melhor visualização do recorte por revolução.

Figura 3.113 - Vista em corte do Recorte.

Criação dos Furos com Rebaixo

Os dois furos com rebaixo localizados no centro das extremidades do modelo serão criados com o comando **Assistente de perfuração** (*Hole wizard*) da barra de ferramentas **Recursos**, também acessado pelo menu *drop-down* **Inserir → Recursos → Furos → Assistente de perfuração**.

1. Clique no comando **Assistente de perfuração** e defina nas opções da guia **Tipo** do **PropertyManager** o furo, conforme descrição da Figura 3.104. Em seguida, selecione a guia Posições e aproxime o cursor do mouse da aresta curva da extremidade do modelo, como mostra a Figura 3.114. Aparece na superfície o centro do arco. Mova o cursor para o centro indicado e clique. Um ponto é exibido, Figura 3.115.
2. Clique em **OK** para finalizar o comando. Observe que o furo configurado aparece no local do ponto, Figura 3.116.
3. Repita o procedimento para criar o furo da outra extremidade, Figura 3.117.

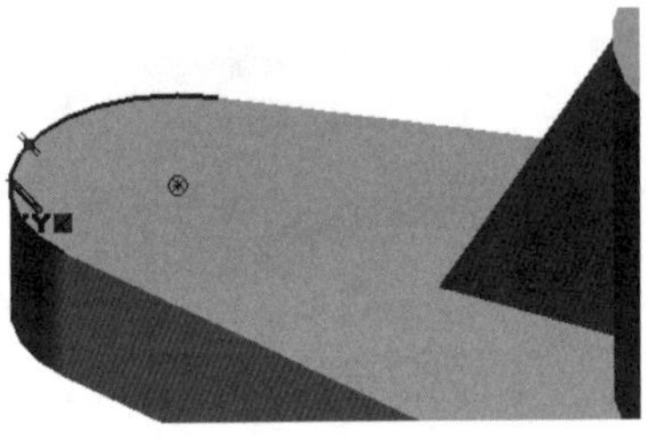

Figura 3.114 - Exibição do centro.

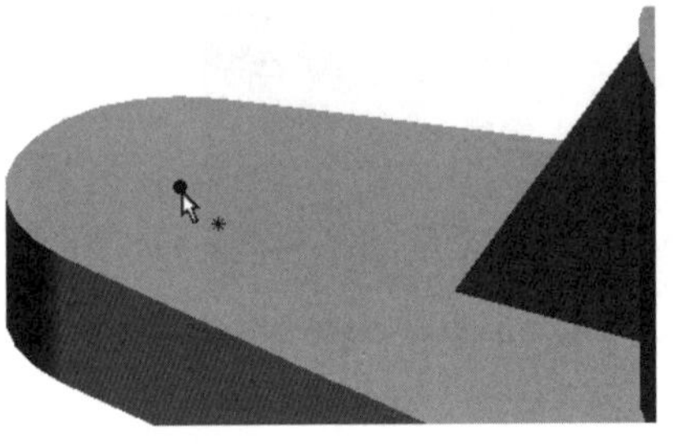

Figura 3.115 - Ponto de posição.

Figura 3.116 - Furo executado.

Figura 3.117 - Modelo concluído.

Fechar e Salvar o Modelo

1. Salve o modelo na pasta **Exerc_Cap3** com o nome de **Exerc_PP1** e feche o arquivo.

Exercício 2

Neste exercício você vai criar o modelo conforme as dimensões exibidas, Figura 3.118.

(Tempo estimado: 30 minutos)

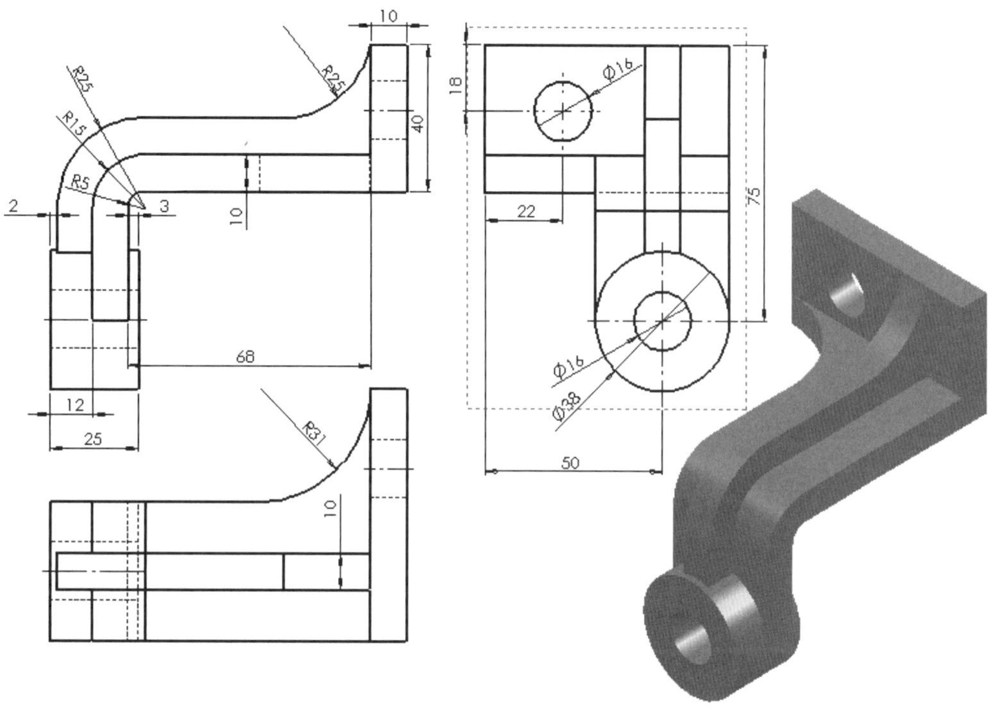

Figura 3.118 - Modelo e detalhes para o exercício passo a passo 2.

Para este exercício, é preciso:

1. Abrir a seção SolidWorks.
2. Fixar o diretório de trabalho e criar um esboço no plano frontal e fazer a extrusão, Figuras 3.119 e 3.120. Observe a posição do esboço em relação à **Origem**. Esse ponto é importante para a perfeita execução do modelo.
3. Referenciar os demais esboços nas superfícies do modelo corretamente e atribuir as necessárias relações.
4. Utilizar o comando **Furo simples** na condição **Passante**.
5. Aplicar **Filetes de raios múltiplos**.
6. Criar uma nervura de geometria não-linear no plano direito.
7. Salvar o modelo e fechar o arquivo.

Iniciar um Novo Arquivo

1. Abra o SolidWorks e inicie um **Novo Arquivo**. Selecione o template **Peças**.
2. No SolidWorks, esboço e modelo são criados dentro do modo **Peça**, portanto são salvos com a mesma terminação: ***.Prt**.
3. Clique no comando **Esboço** na barra de ferramentas e selecione o **Plano frontal**.
4. Para melhor visualização dos planos, selecione conjuntamente os três planos na árvore do modelo, clique no botão direito do mouse e selecione a opção **Exibir** no menu de atalhos. Os três planos ficam ativos o tempo inteiro na tela até que você reverta o comando da mesma forma. Clique no comando **Ocultar** no menu de atalhos.

Desenho e Extrusão do Primeiro Esboço

1. Utilize o comando **Retângulo** da barra de ferramentas **Esboço** e depois o comando **Círculo**. Com o comando **Dimensão inteligente** dimensione-o em relação à **Origem**, como ilustra a Figura 3.119 (cota de afastamento da aresta 50mm).
2. Faça a extrusão do esboço com uma profundidade de 10mm, Figura 3.120.

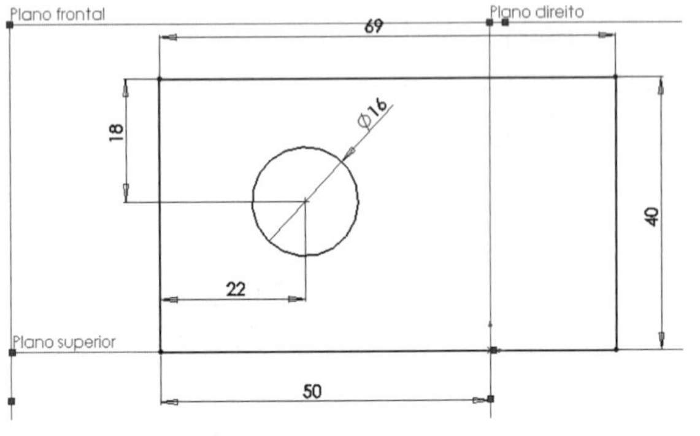

Figura 3.119 - Esboço para a primeira extrusão.

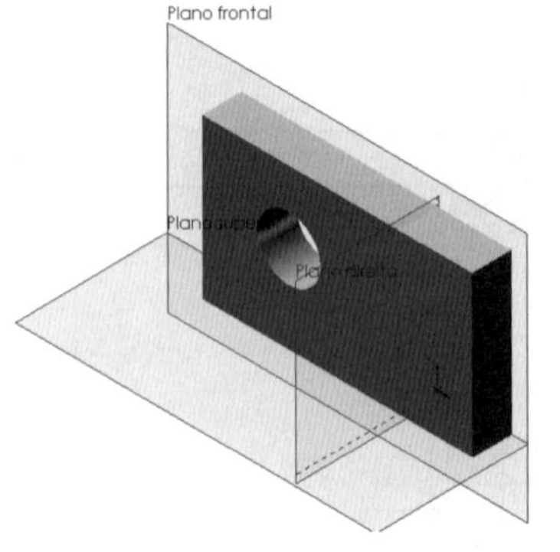

Figura 3.120 - Extrusão do primeiro esboço.

Desenho e Extrusão do Segundo Esboço

1. Inicie um novo esboço utilizando como referência o **Plano superior**. Use o comando **Normal a** da barra de ferramentas **Vista padrão** ou tecle **CTRL+8**. O modelo é então posicionado com o plano selecionado paralelo à tela do computador.
2. Com o comando **Linha,** clique no vértice inferior direito da forma retangular e desça na vertical um trecho de cerca de 80mm. Em seguida, trace um segmento de reta horizontal, para a esquerda, de aproximadamente 40mm. Suba na vertical até pouco mais da metade da vertical anterior.
3. Utilize o comando **Arco tangente** da barra de ferramentas **Esboço** para criar o arco da extremidade da reta vertical traçada até o vértice inferior esquerdo da forma retangular. Feche o esboço com o comando **Linha**.
4. Aplique uma relação de **Vertical** entre o centro do arco e a aresta inferior esquerda da forma retangular. Dimensione o esboço como na Figura 3.121. Faça a extrusão do esboço com profundidade 10mm, Figura 3.122.
5. Clique em **OK** para finalizar.

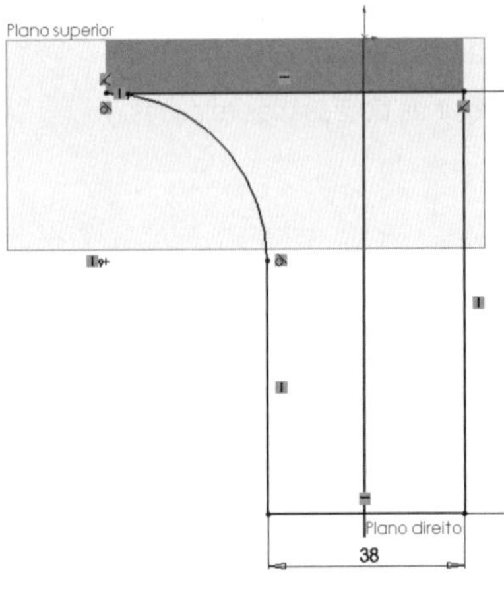

Figura 3.121 - Esboço para a segunda extrusão.

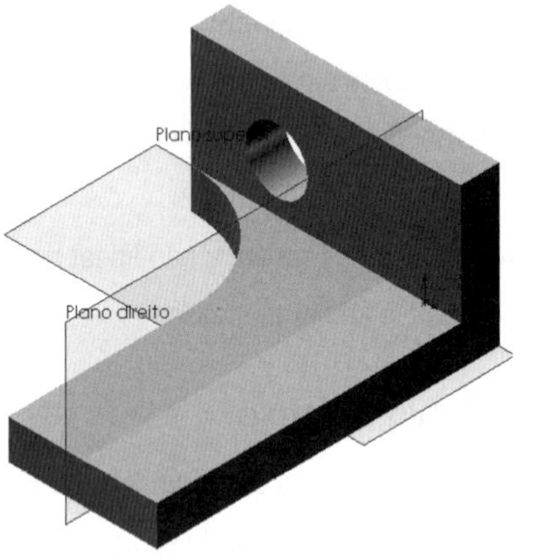

Figura 3.122 - Extrusão do segundo esboço.

Desenho e Extrusão do Terceiro Esboço

1. Inicie um novo esboço com base na **Face frontal** de dimensões **38 x 10** resultantes da extrusão anterior. Use o comando **Normal a** da barra de ferramentas **Vista padrão** ou tecle **CTRL+8**. O modelo é então posicionado com o plano selecionado paralelo à tela do computador. Desenhe o esboço e dimensione-o como mostra a Figura 3.123. Em seguida, faça a extrusão com profundidade de 10mm, Figura 3.124.

   As dimensões de raio e de largura não são necessárias. Apenas cuide para, se for preciso, utilizar as relações de **Tangente** entre o arco e as arestas verticais.

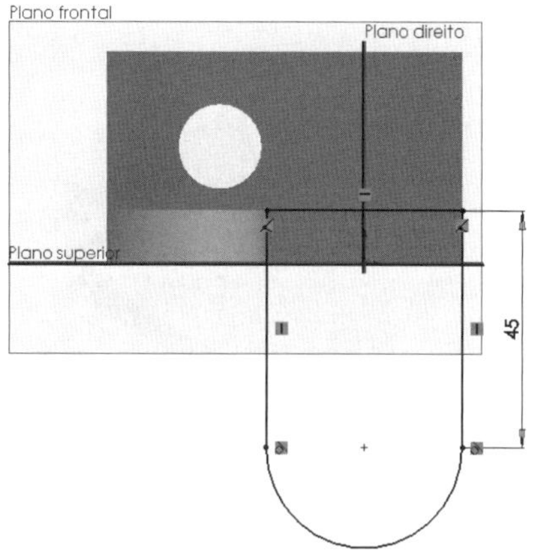

Figura 3.123 - Esboço para a terceira extrusão.

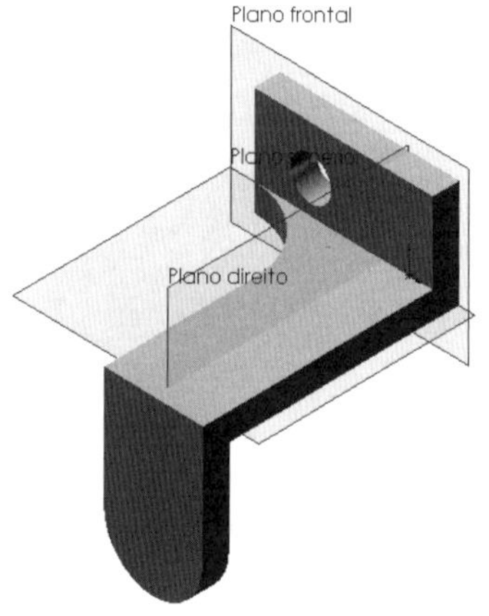

Figura 3.124 - Extrusão do terceiro esboço.

Desenho e Extrusão do Quarto Esboço

O quarto esboço dá origem à forma cilíndrica da extremidade do modelo, e será extrudado em duas direções.

1. Inicie um novo esboço utilizando como referência a **Face frontal** da forma em arco gerada há pouco e crie um círculo de mesmo raio e centro do arco, Figura 3.125.
2. Faça a extrusão do círculo nas duas direções. Na **Direção 1** (para fora) com profundidade de 10mm e na **Direção 2** para dentro, com profundidade de 13mm, Figura 3.126.
3. Clique em **OK** para finalizar o comando.

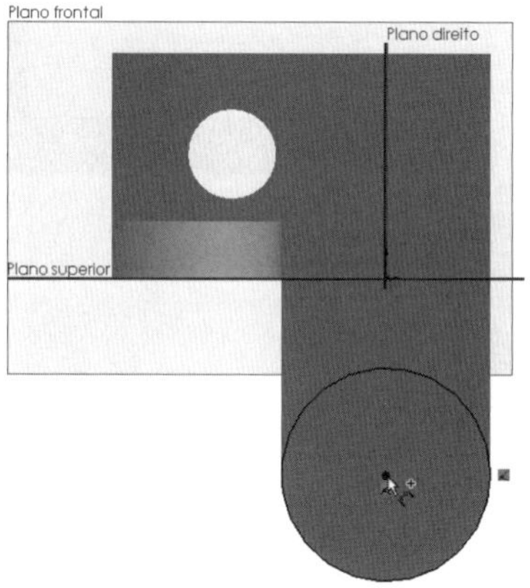

Figura 3.125 - Esboço para a quarta extrusão.

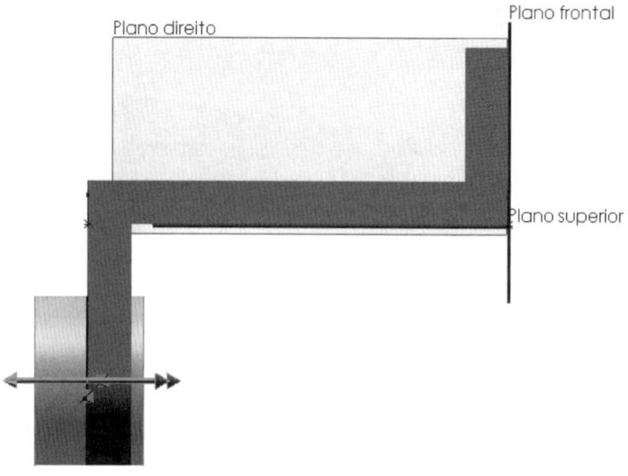

Figura 3.126 - Extrusão do quarto esboço na Direção 1 e na Direção 2.

Criação do Furo Simples

1. Clique em **Inserir → Recursos → Furo → Furo simples** no menu *drop-down* para ativar o comando gerador do recurso **Furo simples**. Selecione a face da extrusão cilíndrica gerada anteriormente. Defina no **PropertyManager** em **Direção 1** a opção **Passante** e o diâmetro do furo em 16mm, Figura 3.127. Clique em **OK** para finalizar o comando.
2. Para corrigir e coincidir a posição do centro do furo com o centro do cilindro, clique no recurso **Furo 1** criado na **Árvore do projeto** e edite o recurso clicando no botão direito do mouse e escolhendo a opção **Editar esboço**. Clique na aresta do círculo (esboço do furo), na tecla **CTRL**, e na aresta do cilindro. Aparece o **PropertyManager** de **Propriedades**. Selecione a relação **Concêntrico** e clique em **OK** para aceitar. Feche o ambiente de esboço. A Figura 3.128 apresenta o furo simples finalizado.

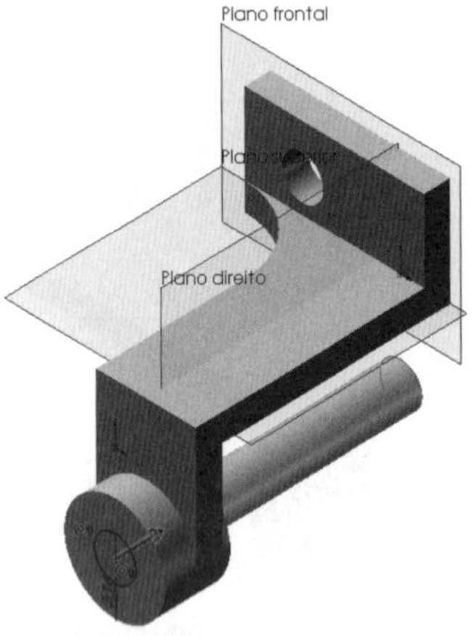

Figura 3.127 - Seqüência de criação e extrusão do esboço final.

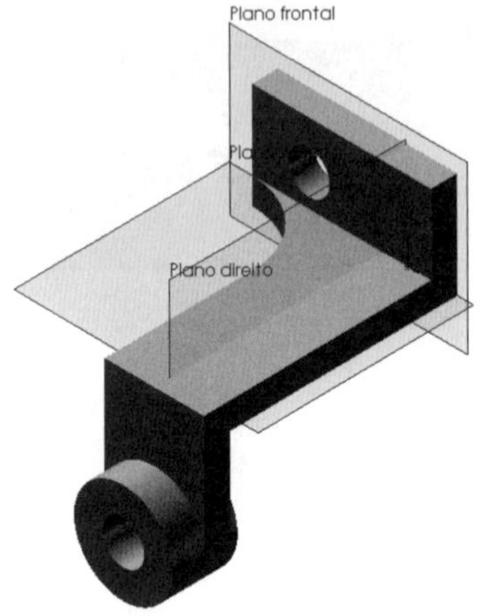

Figura 3.128 - Seqüência de criação e extrusão do esboço final.

Criação do Filete de Múltiplos Raios

1. Ative o botão de comando **Filete** na barra de ferramentas **Recursos**. No **PropertyManager** selecione a guia **Manual** e configure a *checkbox* **Filete de múltiplos raios** na caixa **Itens a aplicar filete**. Defina o raio maior na janela como 15mm e clique na aresta externa do modelo. Clique na aresta interna, volte à janela e substitua o valor 15mm por 5mm. Pressione **ENTER** para aceitar o raio do novo **Filete**. Clique em OK para finalizar, Figuras 3.129 e 3.130.

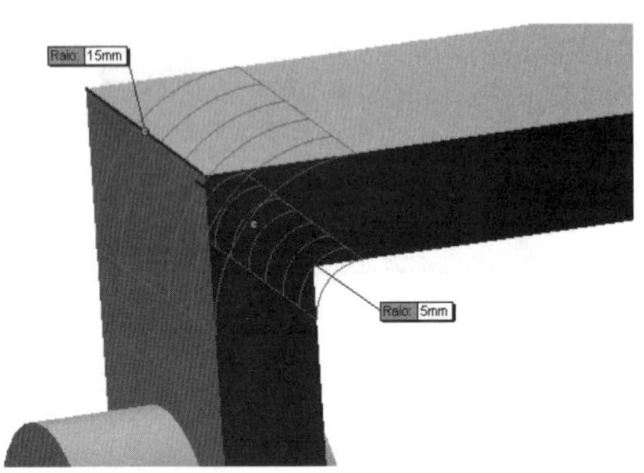

Figura 3.129 - Filete de múltiplos raios.

Figura 3.130 - Seqüência de criação e extrusão do esboço final.

Criação da Nervura Central

A nervura será criada no **Plano direito**, por isso a advertência inicial quanto a observar a posição no esboço em relação à **Origem**.

1. Inicie um novo esboço e selecione o **Plano frontal** como plano de referência. Use o comando **Normal a** da barra de ferramentas **Vista padrão** ou tecle **CTRL+8**. O modelo é então posicionado com a superfície selecionada paralela à tela do computador. Crie um esboço como o da Figura 3.131 e dimensione-o.

2. Ative o comando **Nervura** e defina como espessura da nervura 10mm. Observe a direção da seta e clique em **OK** para finalizar. A Figura 3.132 ilustra o modelo finalizado com sua respectiva **Árvore do projeto**.

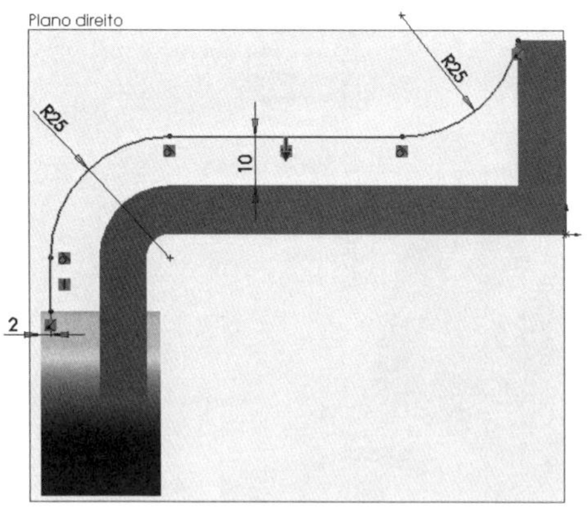

Figura 3.131 - Esboço dimensionado da nervura.

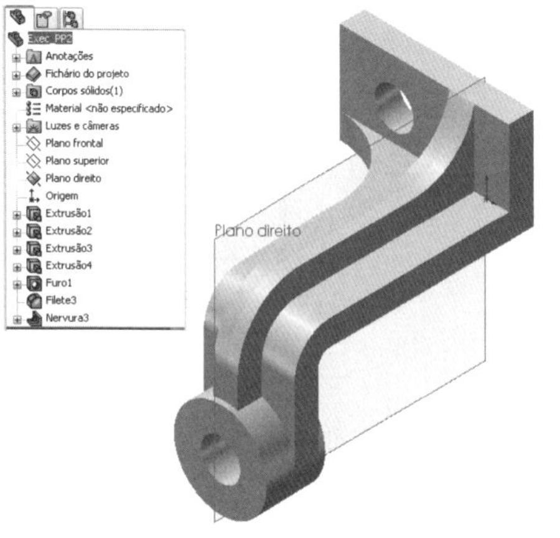

Figura 3.132 - Modelo finalizado com a nervura.

Salvar e Fechar o Modelo

1. Salve o modelo na pasta **Exerc_Cap3** com o nome **Exerc_PP2** e feche o arquivo.

Questões de Revisão

1. Qual a condição para que a opção de corte extrudado não resulte em erro ?
2. O que deve ocorrer com um esboço para ser possível aplicar o corte extrudado **Superfície/Face/Plano**?
3. É possível utilizar uma curva como vetor direcionador de um corte por extrusão?
4. Descreva uma situação para aplicar a opção **Manter recurso** do comando **Chanfro**.
5. Qual o comando indicado para criar furos normalizados para parafusos?
6. Para que serve o recurso **FilletXpert**?
7. De que forma é possível aplicar diferentes dimensões de raio com um único comando **Filete**?
8. Qual a condição para aplicar a opção **Filete totalmente arredondado**?
9. Descreva os passos básicos para a criação de uma **Nervura**.
10. Qual a finalidade do recurso **DraftXpert**?

Exercícios Propostos

Exercício 1

Crie o modelo conforme as dimensões exibidas em suas vistas de detalhes, Figura 3.133.

(Tempo estimado: 30 minutos)

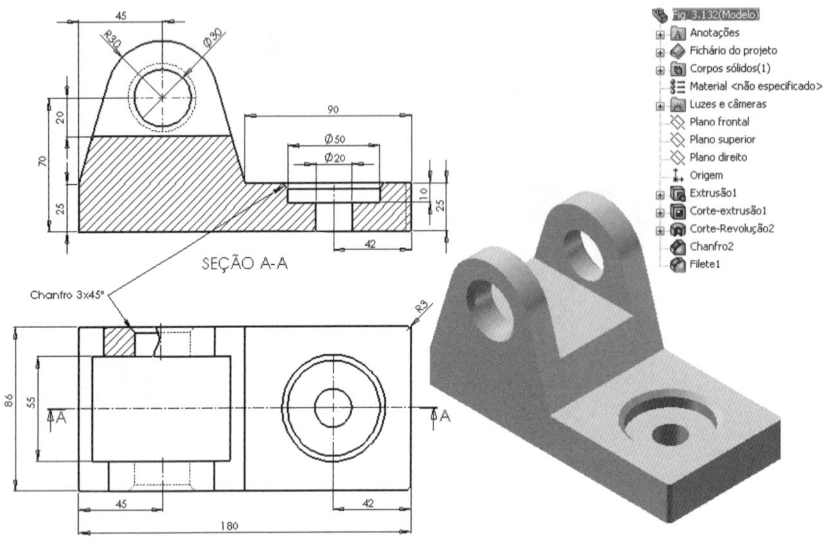

Figura 3.133 - Modelo e detalhes para o exercício proposto 1.

Exercício 2

Crie o modelo conforme as dimensões mostradas em suas vistas de detalhes, Figura 3.134.

(Tempo estimado: 30 minutos)

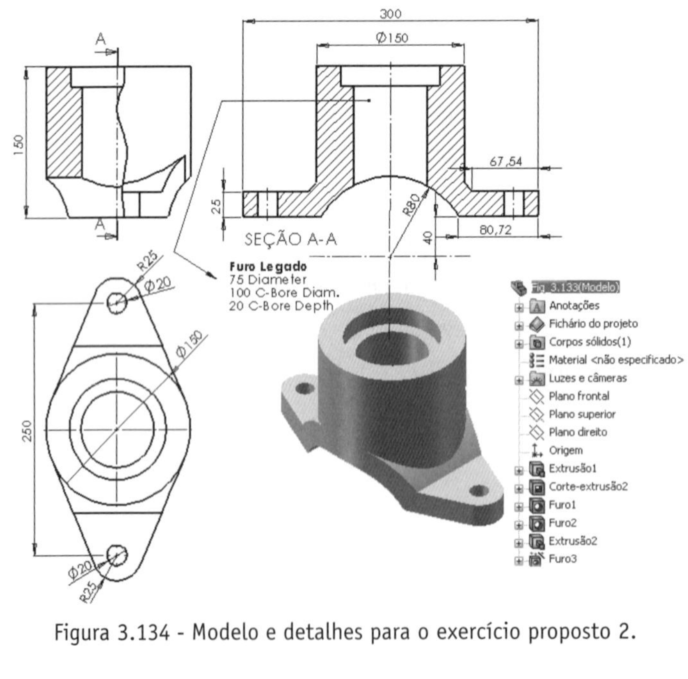

Figura 3.134 - Modelo e detalhes para o exercício proposto 2.

Exercício 3

Crie o modelo conforme as dimensões ilustradas em suas vistas de detalhes, Figura 3.135.

(Tempo estimado: 30 minutos)

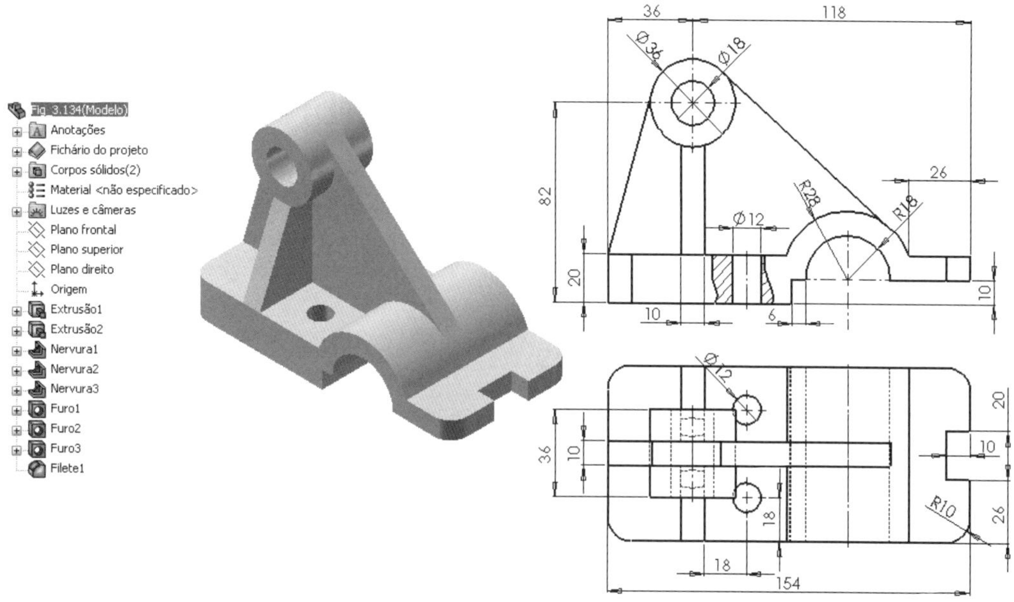

Figura 3.135 - Modelo e detalhes para o exercício proposto 3.

Exercício 4

Crie o modelo conforme dimensões apresentadas em suas vistas de detalhes, Figura 3.136.

(Tempo estimado: 30 minutos)

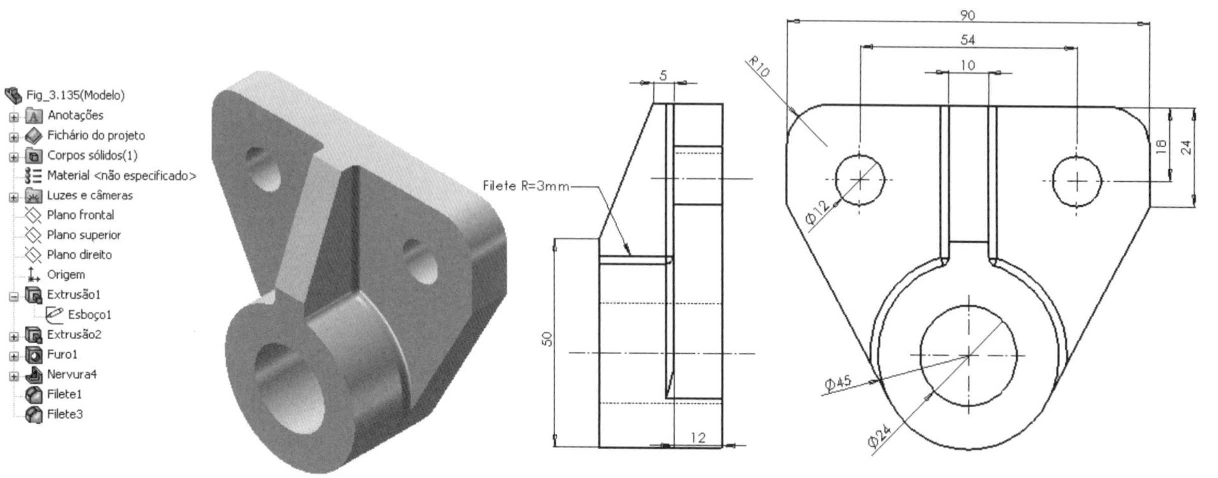

Figura 3.136 - Modelo e detalhes para o exercício proposto 4.

4

Geometrias de Referência e Padronização de Recursos

4.1. Inserção de Planos Auxiliares

Até o momento, todos os exemplos e exercícios demonstrados e sugeridos têm como base os três planos normais de projeção. Entretanto, o SolidWorks possibilita, quando necessário, a inserção de novos planos de trabalho que podem estar paralelos a uma distância offset específica ou oblíquos em relação a qualquer um dos planos normais, e ainda, referenciado em relação a pontos, eixos, arestas, superfícies, vértices etc.

O comando para criar um plano pode ser acessado pelo menu *drop-down* **Inserir → Geometria de referência → plano**. É aberto o **PropertyManager Plano**, como mostra a Figura 4.1.

Note que na janela são exibidas as referências selecionadas para criação do plano.

Os itens seguintes e suas respectivas ilustrações exemplificam cada uma das possibilidades mencionadas.

Figura 4.1 - PropertyManager Plano.

4.1.1. Plano por Meio de Linhas/Pontos

Essa opção cria um plano referenciado em linhas ou arestas e/ou pontos ou vértices, ou seja, linha e ponto ou vértice, aresta e ponto ou vértice.

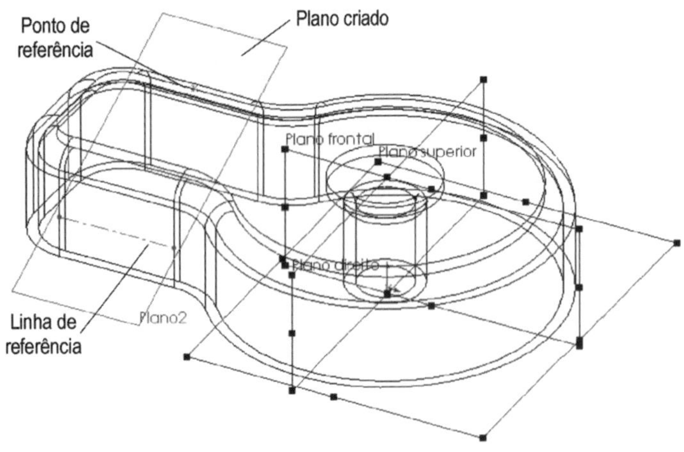

Figura 4.2 - Plano referenciado em linha e ponto.

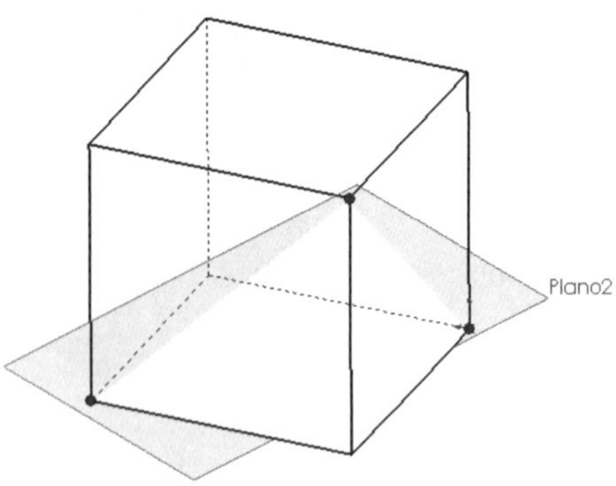

Figura 4.3 - Plano por três vértices.

4.1.2. Plano Paralelo no Ponto

Cria um plano por meio de um ponto paralelo a um plano ou uma face. Para criar esse plano, é necessário referenciá-lo a um ponto e um plano ou face, Figura 4.5.

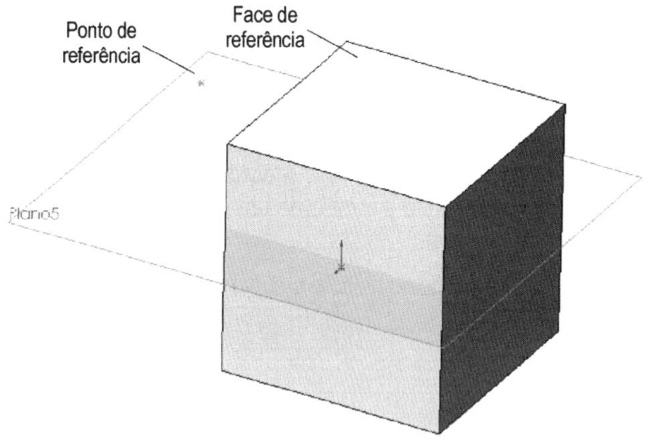

Figura 4.4 - Plano paralelo no ponto.

4.1.3. Plano no Ângulo

Essa opção cria um plano por meio de uma aresta, um eixo ou uma linha de esboço no ângulo em uma face ou um plano. A Figura 4.5 exemplifica um plano criado, passando através de um eixo e em um ângulo de 45° com o plano superior.

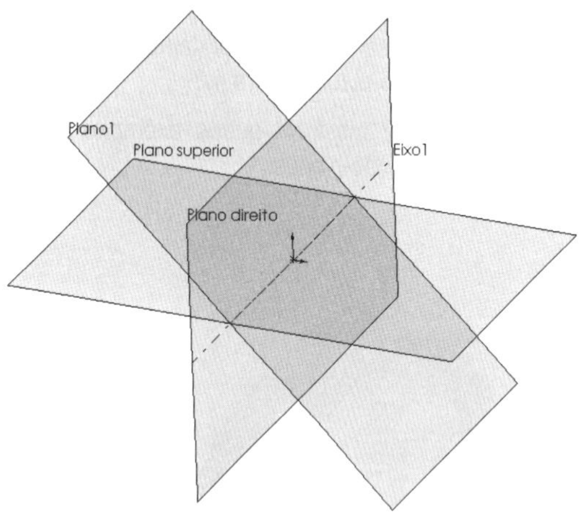

Figura 4.5 - Plano no ângulo.

4.1.4. Plano a uma Distância Offset

Cria um plano paralelo a outro plano ou a uma superfície regular, não curva, a uma distância determinada. A Figura 4.6 demonstra um plano criado a uma distância **offset** de 30mm em relação ao plano de referência superior.

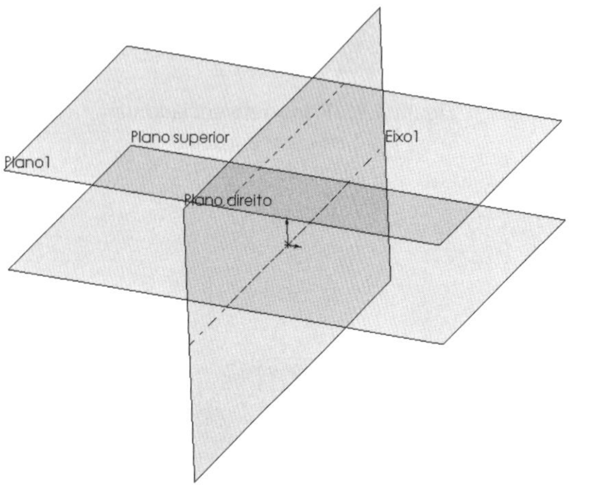

Figura 4.6 - Plano a uma distância offset.

4.1.5. Plano Normal à Curva

Cria um plano Normal a uma curva, ou seja, esse plano passa pelo centro de origem da curva e a divide em duas simetricamente, ou cria um plano por meio de um ponto e perpendicular a uma aresta ou curva.

A Figura 4.7 exemplifica o plano e a curva de referência.

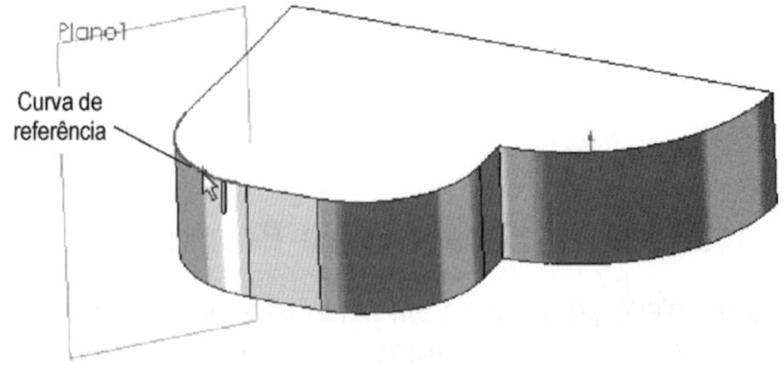

Figura 4.7 - Plano normal à curva.

4.1.6. Plano na Superfície

Cria um plano referenciado em uma face não-plana ou superfície angular. É necessário referenciar também um ponto na aresta da superfície não-plana, Figura 4.8.

As Figuras 4.9 a 4.12 mostram outros exemplos de planos criados em superfícies não-planas.

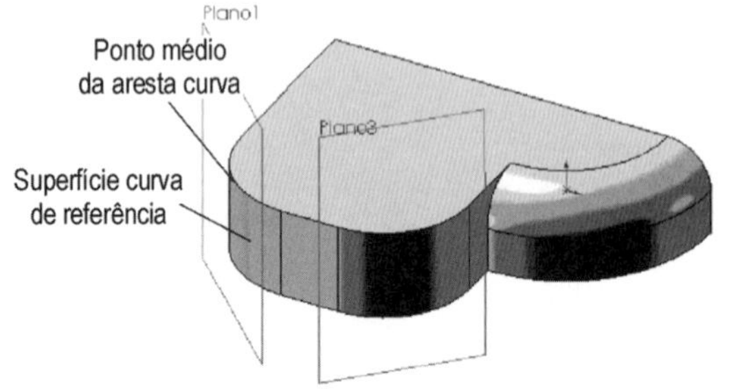

Figura 4.8 - Plano referenciado na superfície e no ponto médio da curva.

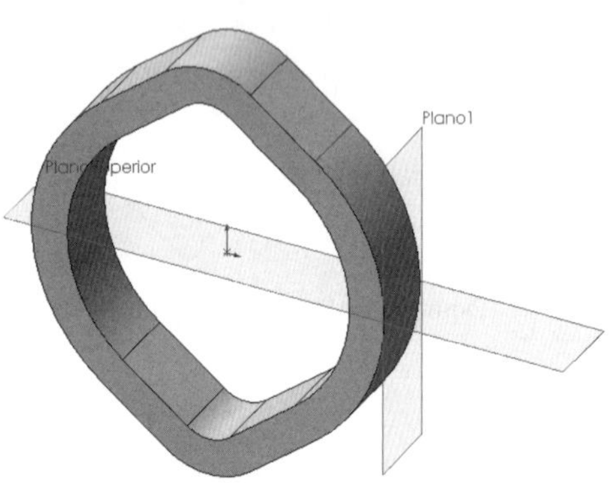

Figura 4.9 - Plano referenciado na superfície e em seu plano de corte.

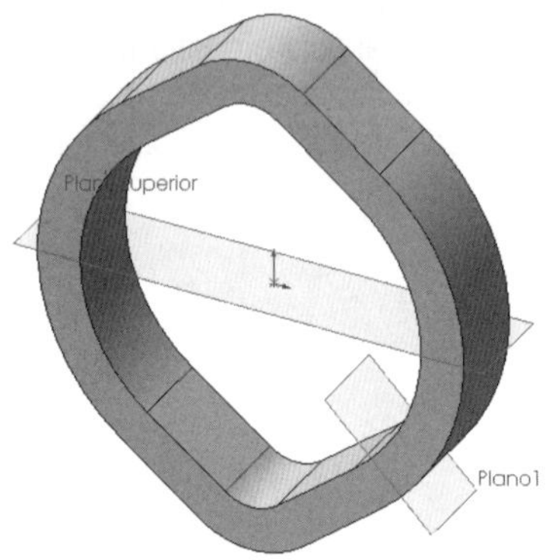

Figura 4.10 - Plano referenciado na superfície, em seu plano de corte, e com a opção Plano normal configurada.

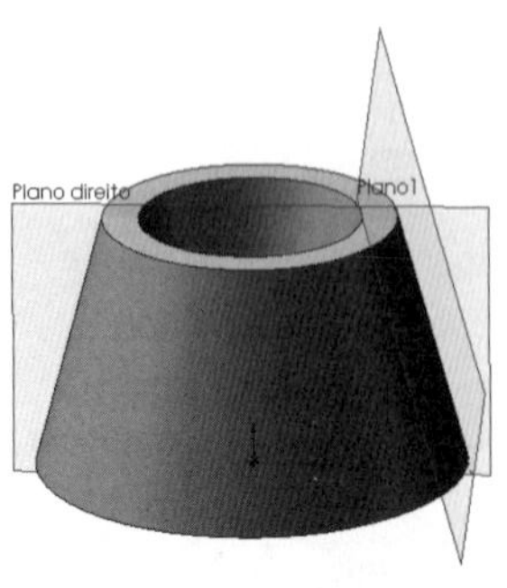

Figura 4.11 - Plano referenciado na superfície e plano de corte de um tronco de cone.

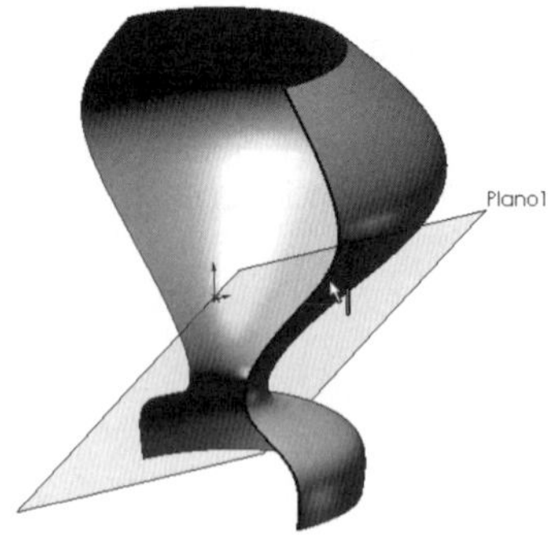

Figura 4.12 - Plano referenciado na superfície, em uma aresta e um ponto.

4.1.7. Arrastar e Soltar Plano

O SolidWorks permite ainda criar planos paralelos simplesmente com a técnica "arraste e solte". Siga os passos:

1. Selecione uma borda do plano existente.
2. Pressione a tecla **CTRL** e arraste o plano.
3. O **PropertyManager** de **Plano** é exibido com **Distância de offset** selecionado. Uma visualização do novo plano aparece na área de gráficos.
4. Solte o novo plano no novo local.
5. Ajuste os valores no **PropertyManager**.
6. Os itens selecionados aparecem na caixa **Entidades de referência**. Uma visualização do novo plano surge na área de gráficos.
7. Clique em **OK** para criar o plano.
8. O novo plano aparece na área de gráficos e é listado na árvore de projeto do **FeatureManager**.

4.2. Inserção de Eixo de Referência

Quando necessário, para o auxílio na construção de novos recursos, é possível inserir eixos de referência. O recurso **Eixo** é ativado no menu *drop-down* **Inserir** → **Geometria de referência** → **Eixo**. Quando ativado, o **PropertyManager**, Figura 4.13, apresenta-se com as seguintes opções para criação do recurso Eixo.

- **Uma linha/aresta/eixo** - cria um eixo sobre uma linha de esboço, uma aresta, ou então selecione **Exibir**, **Eixos temporários** e escolha o eixo exibido.
- **Dois planos** - cria um eixo na transição entre dois planos ou faces planas não paralelas. Selecione duas faces planas ou **Exibir**, **Planos** e selecione dois planos, Figura 4.14.

Figura 4.13 - PropertyManager do recurso Eixo.

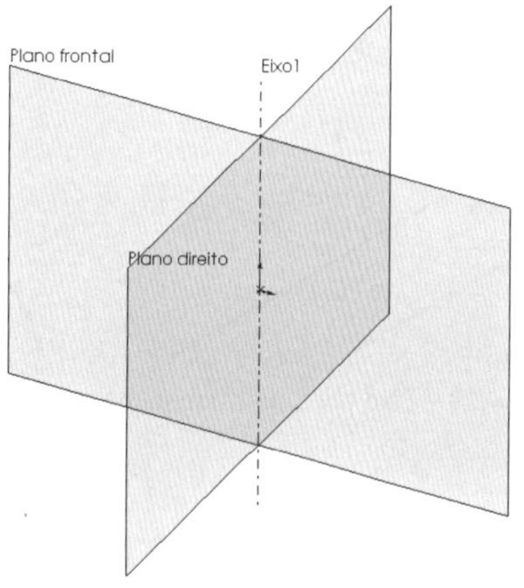

Figura 4.14 - Eixo entre dois planos.

- **Dois pontos/vértices** - cria um eixo por dois vértices, pontos ou **pontos médios**, Figuras 4.15 e 4.16.

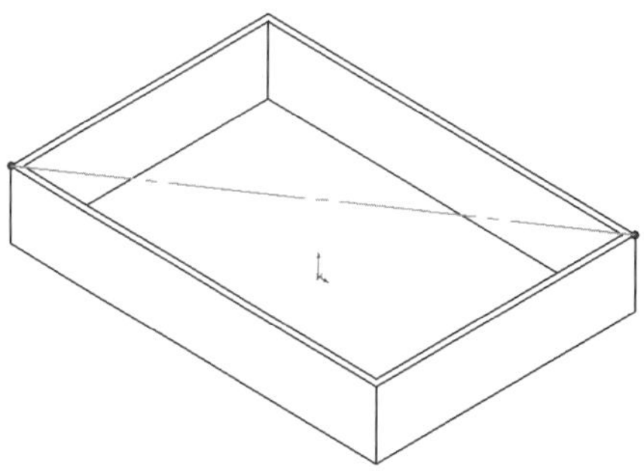
Figura 4.15 - Eixo por dois vértices.

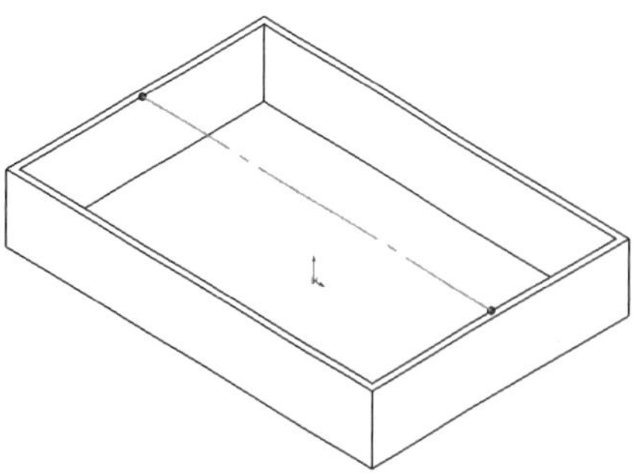
Figura 4.16 - Eixo por pontos médios.

- **Face cilíndrica/cônica** - cria um eixo por uma face cilíndrica ou cônica, Figuras 4.17 e 4.18.

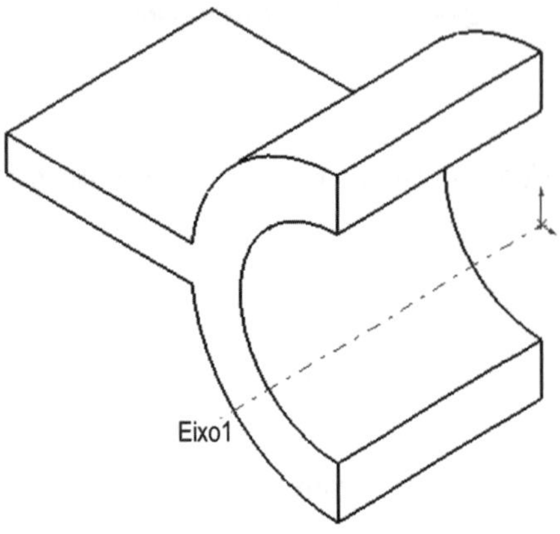

Figura 4.17 - Eixo por face cilíndrica.

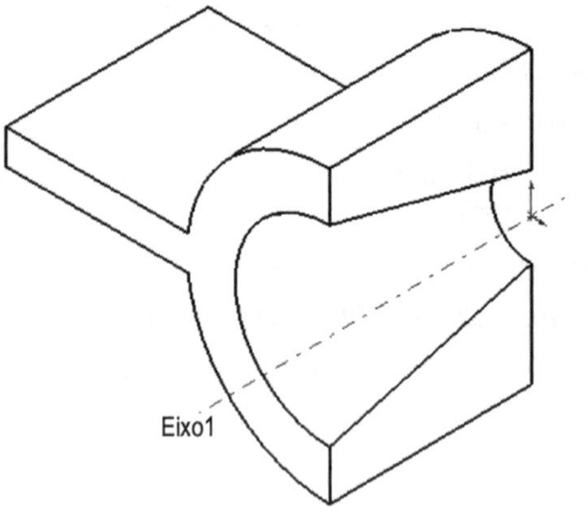

Figura 4.18 - Eixo por face cônica.

- **Ponto e face/plano** - seleciona uma superfície ou plano em um vértice, ponto ou ponto médio. O eixo resultante é normal para a superfície ou para o plano selecionado por meio do vértice, ponto ou ponto médio selecionado. Se a superfície não for plana, o ponto deve estar na superfície, Figuras 4.19 e 4.20.

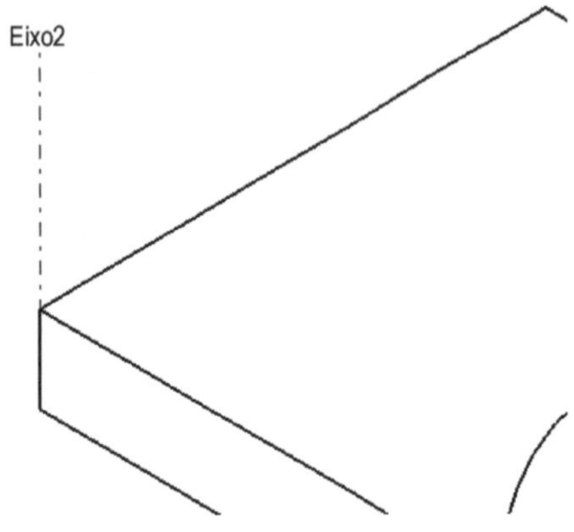

Figura 4.19 - Eixo por superfície plana e vértice.

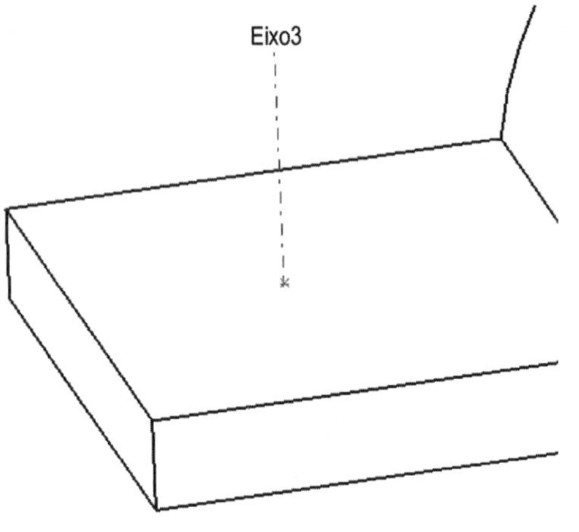

Figura 4.20 - Eixo por superfície plana e ponto.

4.3. Inserção de Ponto de Referência

O SolidWorks possibilita a criação de vários pontos de referência para usar como objetos de construção. É possível criar múltiplos pontos de referência que estão a uma distância especificada de curvas. Clique em **Exibir** → **Ponto**, no meu *drop-down*, para alternar a exibição de pontos de referência.

Quando os itens são selecionados, o software SolidWorks tenta selecionar um método de construção de ponto apropriado. Por exemplo, se uma face for selecionada, o SolidWorks seleciona o método de construção **Centro da face** no **PropertyManager**. É possível selecionar um tipo diferente de método de construção de ponto.

Para criar um único ponto de referência:

1. Clique em **Ponto** na barra de ferramentas **Geometria de referência,** Figura 4.21, ou em **Inserir** → **Geometria de referência** → **Ponto,** no menu *drop-down.*
2. No **PropertyManager**, selecione o tipo de ponto de referência a ser criado.
3. Na área de gráficos, selecione as entidades a serem usadas para criar o ponto de referência.
4. Clique em **OK**.

Para criar múltiplos pontos de referência ao longo de uma curva:

5. Tendo um Plano com uma curva **Spline**, por exemplo, clique em **Ponto** na barra de ferramentas **Geometria de referência** ou clique em **Inserir** → **Geometria de referência** → **Ponto**.

6. No PropertyManager, Figura 4.22:

- Selecione a opção **Distância ao longo da curva ou ponto de referência múltiplo**. Note a modificação no **PropertyManager**, Figura 4.23. Em seguida, selecione uma curva ao longo da qual deseja criar os pontos de referência, Figura 4.24.
- Selecione um tipo de distribuição: Distância, Porcentagem ou Distribuir uniformemente.
- Defina os valores em Insira o número de pontos de referência a ser criado ao longo da entidade selecionada e em Insira o valor de distância/porcentagem de acordo com a distância, Figuras 4.23 e 4.24.

7. Clique em **OK**. Note que os pontos foram criados sobre a curva como especificado, Figura 4.25.

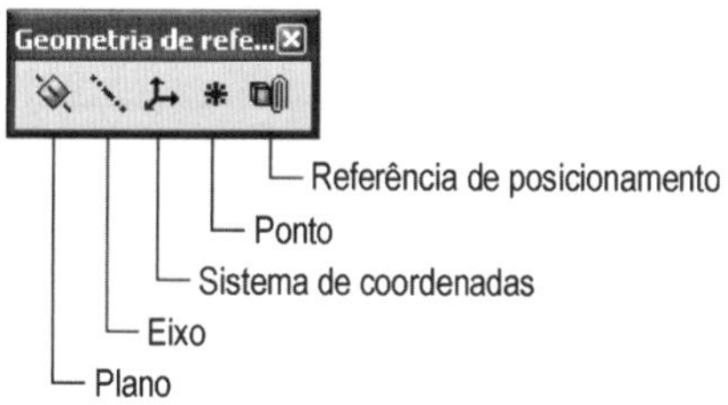

Figura 4.21 - Barra de ferramentas Geometria de referência.

Figura 4.22 - PropertyManager do recurso Ponto.

Figura 4.23 - PropertyManager.

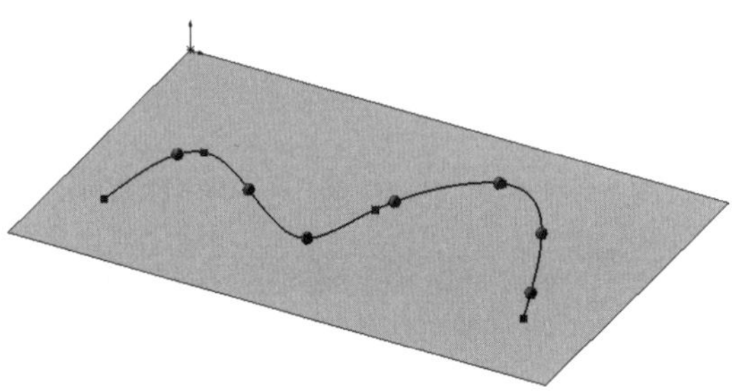

Figura 4.24 - Definição e configuração de múltiplos pontos - sete pontos espaçados a 10mm.

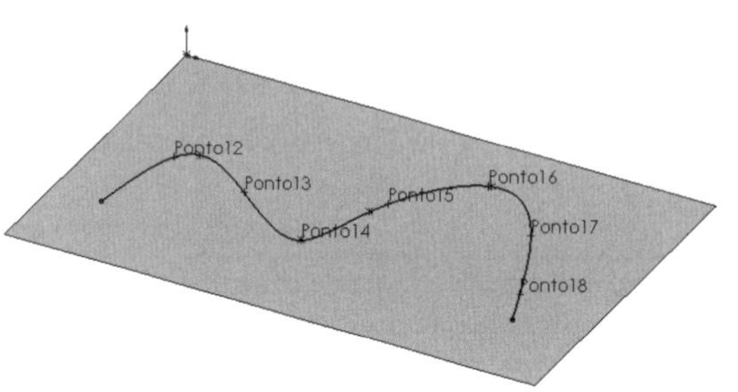

Figura 4.25 - Pontos criados.

4.4. Inserção de Sistema de Coordenadas Auxiliar

O SolidWorks permite a inserção de um novo sistema de coordenadas para uma peça ou montagem. Normalmente, o propósito é a utilização com o comando **Medir** e com **Propriedades de massa**, ou ainda para exportar documentos do SolidWorks nos formatos IGES, STL, ACIS, STEP, Parasolid, VRML e VDA.

O acesso ao comando é feito pelo menu *drop-down* **Inserir** → **Geometria de referência** → **Sistema de coordenadas**, ou pela barra de ferramentas **Geometria de referência**.

Para criar um sistema de coordenadas:

1. Clique em **Sistema de coordenadas** na barra de ferramentas **Geometria de referência** ou em **Inserir** → **Geometria de referência** → **Sistema de coordenadas**.

2. Use o **PropertyManager** do **Sistema de coordenadas** para criar um sistema de coordenadas, Figura 4.26.

É possível corrigir suas seleções:

- Para alterar suas seleções, clique com o botão direito do mouse na área de gráficos e selecione **Limpar seleções**.
- Para inverter a direção de um eixo, clique no botão **Inverter direção do eixo** no **PropertyManager**.

3. Clique em **OK**.

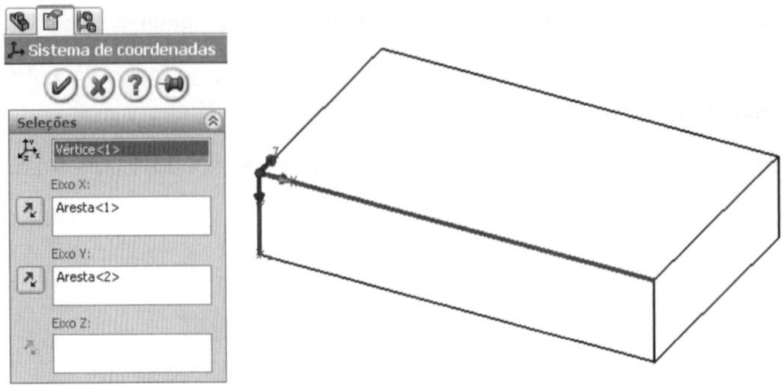

Figura 4.26 - Configuração de um novo sistema de coordenadas (sistema de coordenadas relativo).

Nota

Talvez seja necessário inserir um sistema de coordenadas onde haja entidades disponíveis, porém, insuficientes para definir o sistema de coordenadas. Nesse caso, é possível definir um sistema de coordenadas em qualquer lugar na peça ou na montagem que forneça as entidades necessárias. Em seguida, a nova origem pode ser movida para o local desejado, que deve conter pelo menos um ponto ou vértice.

Para transladar um sistema de coordenadas para um novo local:

1. Clique em Sistema de coordenadas ou **Inserir → Geometria de referência → Sistema de coordenadas**.
2. Defina o sistema de coordenadas em um local na peça ou na montagem que forneça as entidades necessárias para controlar o ângulo e a direção de cada eixo.
3. Clique em **Origem** e selecione o ponto ou vértice para o qual deseja transladar a origem.
4. Clique em **OK**. A origem é movida para o local selecionado.

Nota

Quando se cria um sistema de coordenadas, é recomendável atribuir um nome significativo para explicar sua finalidade. Selecione e clique no nome do sistema de coordenadas, na árvore de projetos do **FeatureManager**, e digite um novo nome.

Para alternar a exibição dos sistemas de coordenadas:

1. Clique em **Exibir → Sistemas de coordenadas**.

Para ocultar ou exibir sistemas de coordenadas individuais:

2. Clique com o botão direito do mouse no sistema de coordenadas na área de gráficos ou na árvore de projetos do **FeatureManager**.
3. Selecione **Ocultar** ou **Exibir**.

Sistemas de coordenadas individuais sempre são realçados quando selecionados, mesmo quando estão ocultos.

4.5. Comandos de Exibição

O SolidWorks Office Premium em sua versão 2008 trouxe uma interessante modificação com relação aos comandos de exibição. Nesta nova versão foi inserida no topo da área gráfica a barra transparente de ferramentas Exibir. Esta barra fornece todas as ferramentas comuns necessárias para manipulação da vista.

Não é possivel excluir ou ocultar a barra de ferramentas **Excluir** que está presente em todas as viewports abertas no Solidworks.

A Figura 4.27 apresenta a barra e seu comando. Note que alguns dos comandos são do tipo flyout. Clicando sobre a seta junto a cada um deles, eles se expandem, exibindo os demais comandos de mesma natureza.

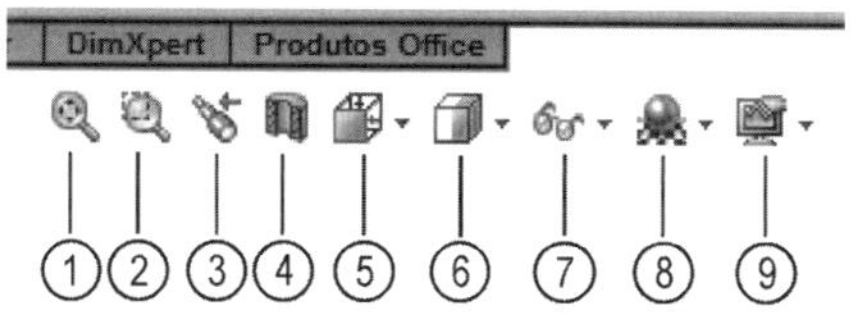

Figura 4.27 - Barra transparente de ferramentas Exibir.

1. Zoom para ajustar (F)	6. Estilo de exibição
2. Zoom para área	7. Ocultar/ Exibir itens
3. Vista anterior (Ctrl+Shift+z)	8. Aplicar cena
4. Vista de seção	9. Configurações de vista
5. Orientação de vista	

4.5.1. Zoom para Ajustar

Aplica um zoom de aproximação ou de afastamento para que seja possível visualizar inteiramente o modelo, a montagem ou a folha de desenho. Esse comando também pode ser aplicado somente clicando na tecla **F** do teclado.

4.5.2. Zoom para Área

Aplica um zoom de aproximação na área selecionada por uma caixa limitadora.

Para fazer o zoom em uma área selecionada:

1. Clique no botão **Zoom na área**, na barra de ferramentas **Exibir**, ou no menu *drop-down* **Exibir** → **Modificar** → **Zoom na área**. Note que o cursor se torna uma lupa com um pequeno quadro tracejado.
2. Clique em um ponto fora, porém próximo à região que deseja ampliar, e mova o cursor diagonalmente até um ponto oposto também fora da região desejada. Solte o botão do mouse e observe que a área que foi circundada pela caixa de zoom é ampliada, Figura 4.28.

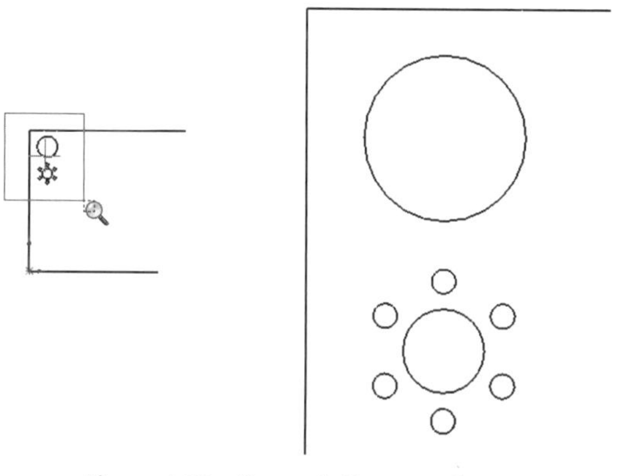

Figura 4.28 - Comando Zoom na área.

4.5.3. Vista Anterior

Essa opção permite retornar à vista anterior após ter configurado uma nova vista para o modelo. É possível retornar até às dez últimas alterações de vista. Esse comando também pode ser acionado pela combinação **CTRL + SHIFT + Z**.

4.5.4. Aumentar/Diminuir Zoom

A tabela seguinte descreve os procedimentos de aplicação dessa opção de comando.

Dispositivo	Procedimento
Botão esquerdo do mouse	**1.** Clique no comando no menu *drop-down* **Exibir** → **Modificar**→ **Aumentar/Diminuir Zoom**. **2.** Arraste o ponteiro para cima para aumentar o zoom e para baixo para diminuí-lo.
Botão direito do mouse	Mantenha a tecla **SHIFT** pressionada e arraste.

Dispositivo	Procedimento
Roda scroll do mouse	Para aumentar o zoom em relação à posição do ponteiro: 1. Gire a roda scroll para trás. Ao girar a roda, mantenha o ponteiro na área em que deseja aplicar o zoom. Para aplicar zoom no centro da tela: 2. Clique em **Exibir** → **Modificar** → **Zoom no centro da tela** e gire a roda scroll para trás.
Teclado do PC	1. Pressione a tecla **Z** para diminuir o zoom ou **SHIFT + Z** para aumentá-lo.

4.5.5. Zoom na Seleção

Essa opção de comando aplica o efeito de zoom a uma parte selecionada do modelo, da montagem ou do desenho. Sua aplicação consiste nas seguintes etapas:

1. Selecione uma entidade ou mantenha a tecla **CTRL** pressionada e selecione múltiplas entidades.

É possível selecionar entidades na área gráfica ou na árvore de projeto do **FeatureManager**.

2. Clique no menu *drop-down* em **Exibir** → **Modificar** → **Zoom na seleção**.

Também é possível utilizar os menus de atalho.

- Na árvore de projeto do **FeatureManager**, clique com o botão direito e selecione **Zoom na seleção**.
- Na área de gráficos, clique com o botão direito e selecione **Zoom/Pan/Girar**, **Zoom na seleção**.

Para aplicar zoom em uma folha de desenho, clique com o botão direito na folha, fora de qualquer vista de desenho e selecione **Zoom/Pan/Girar**, **Zoom na seleção**.

4.5.6. Girar Vista

Gira a vista do modelo em documentos de peça e montagem.

1. Clique no menu *drop-down* em **Exibir** → **Modificar** → **Girar Vista**, e arraste o ponteiro pressionando a tecla esquerda do mouse.

Outra forma é pelas teclas do PC:

1. Pressione as teclas de movimentação para girar a vista na vertical e na horizontal.

Mantenha pressionada a tecla **SHIFT** para girar em incrementos de 90°.

2. Mantenha pressionada a tecla **ALT** e use as teclas de seta esquerda-direita para girar no sentido horário ou anti-horário.

Também é possível efetuar o giro em qualquer direção, simplesmente pressionado a roda central scroll e movendo o mouse.

Para girar ao redor de um vértice, aresta ou face:

1. Clique no comando, selecione um vértice, uma aresta ou uma face. Pressione o botão esquerdo do mouse e arraste o ponteiro.

Ou ainda:

2. Clique no meio de um vértice, aresta ou face, pressione o botão direito do mouse e arraste o ponteiro.

Nota

Para alterar opções como velocidade do mouse ou incrementos de ângulo com teclas de movimentação, consulte **Opções de exibir rotação.** Para alterar as configurações da qualidade de transparência usada durante a rotação, consulte **Opções de desempenho.**

4.5.7. Panorâmica

Essa opção rola a peça, a montagem ou o desenho na janela do documento. Funciona depois de ativado o botão na barra de ferramentas **Exibir**:

- Clicando no botão esquerdo do mouse e simplesmente arrastando o cursor.
- Clicando no botão direito do mouse e mantendo a tecla **CTRL** pressionada, e então arrastando o cursor.
- Girando a roda central **Scroll** enquanto mantém a tecla **SHIFT** pressionada.
- Mantendo a tecla **SHIFT** pressionada enquanto utiliza as teclas de movimentação.

4.5.8. Vista de Desenho 3D

O modo de vista de desenho 3D permite girar uma vista de desenho para fora do seu plano, possibilitando a visualização de componentes ou arestas ocultas por outras entidades. Ao girar uma vista de desenho no modo de vista de desenho 3D, é possível salvar a **orientação** para ser utilizada por outra vista de modelo em um desenho. O modo de vista de desenho 3D é especialmente útil quando se deseja selecionar uma aresta oculta na profundidade de uma vista de seção de corte parcial.

Nota

O modo de vista de desenho 3D somente pode ser utilizado no modo Drawing (Desenhos), porém não está disponível nas vistas de detalhes, quebrada, recortada, vazia ou desanexada.

Para manipular uma vista de desenho no modo de vista de desenho 3D:

1. Com uma vista de desenho selecionada, clique em **Vista de desenho 3D** (barra de ferramentas Visualização) ou **Exibir**, **Modificar**, **Vista de desenho 3D**.

Aparece uma barra de ferramentas instantânea com o botão de comando **Girar** selecionado, Figura 4.29. Se a vista de desenho contiver anotações, elas ficam ocultas quando a vista é girada. Não é possível inserir anotações no modo de vista de desenho 3D.

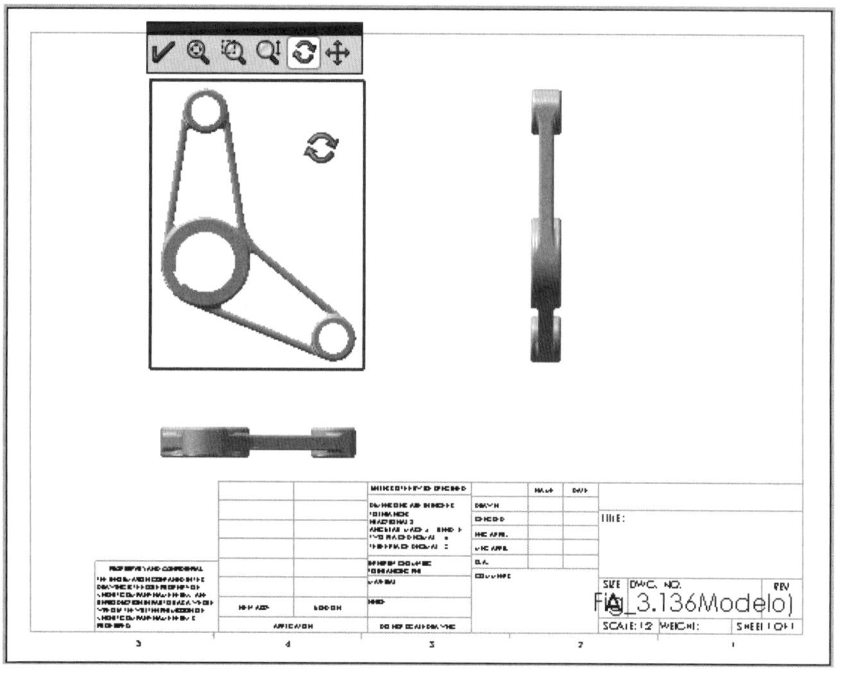

Figura 4.29 - Seleção da vista com o comando Vista de desenho 3D.

2. Use as ferramentas da barra de ferramentas instantânea para manipular a vista de desenho conforme o necessário, Figura 4.30.

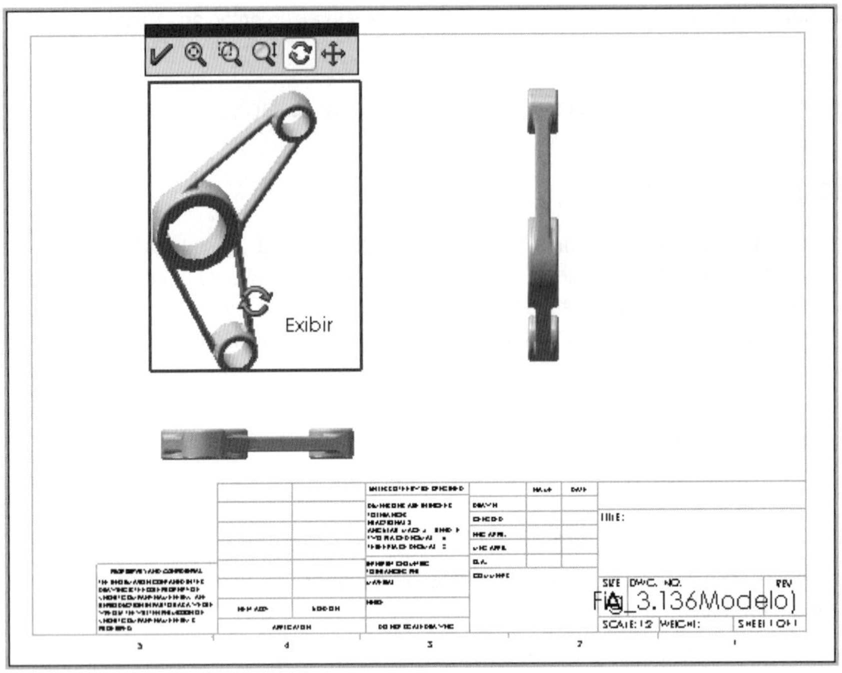

Figura 4.30 - Manipulação da vista.

3. Para criar uma orientação de vista, pressione a barra de espaços e adicione uma vista nomeada na caixa de diálogo **Orientação**. Essa orientação de vista estará disponível em **Mais vistas**, no **PropertyManager** de **Vista de modelo**, na próxima vez que você inserir uma vista de modelo.

4. Clique em **Sair** na barra de ferramentas instantânea. A vista de desenho retorna à orientação original.

4.5.9. Vistas Padrão

A configuração de Vistas padrão pode ser feita pela barra de ferramentas **Vistas padrão**, que pode ser habilitada no SolidWorks pela *checkbox* **Vistas padrão**, acessada pelo menu *drop-down* **Ferramentas → Personalizar → Barra de ferramentas**, ou ainda, pela barra transparente de ferramentas Exibir, Figura 4.31.

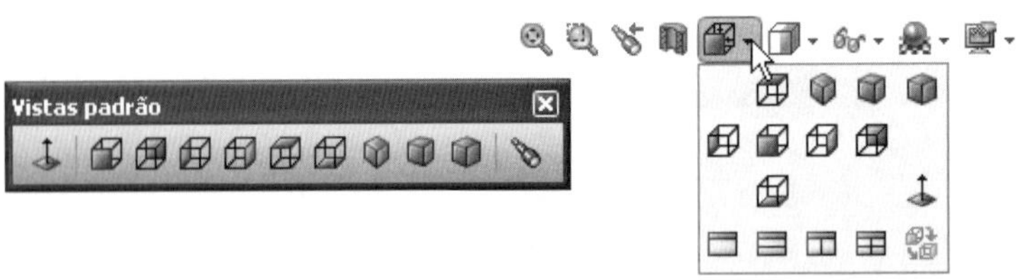

Figura 4.31 - Opções de posicionamento de vistas, barra de ferramentas Vistas padrão e barra transparente de ferramentas Exibir.

Nota

É provável que em sua barra de ferramentas **Vistas padrão** não apareçam todos os comandos exibidos neste livro, porque nesta foram inseridos os demais comandos pertencentes a ela, e que podem ser configurados pelo menu *drop-down* **Ferramentas → Personalizar → Comandos.**

Para facilitar o entendimento das **vistas padrão** de um modelo, a Figura 4.32 exemplifica um corpo sólido com as indicações delas sobre ele.

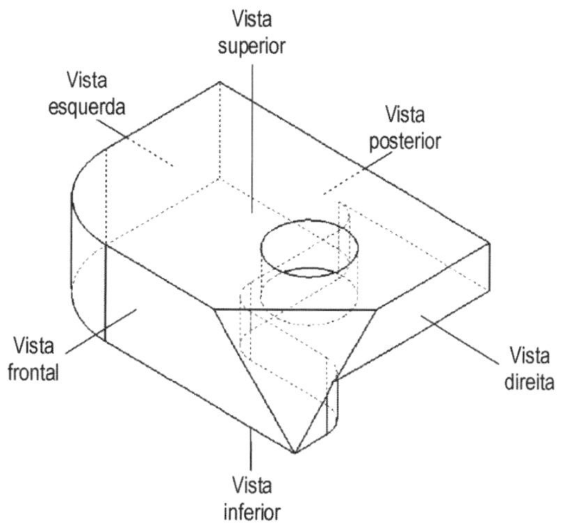

Figura 4.32 - Modelo com indicação das vistas padrão.

4.5.9.1. Normal a

A opção **Normal a** posiciona a face do modelo, ou plano de trabalho, normal à vista do usuário em relação à área gráfica, oferecendo melhores condições para a criação do esboço 2D. Define-se o plano ou face de referência para a criação do esboço 2D que dará origem ao recurso e configura-se o plano ou face na posição normal, Figuras 4.33 e 4.34.

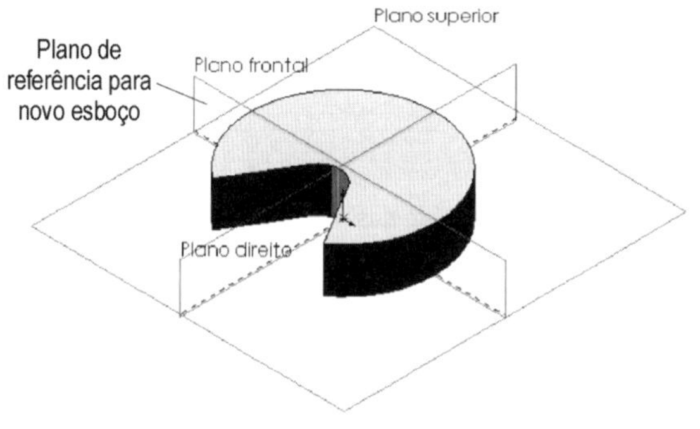

Figura 4.33 - Plano de referência para esboço definido.

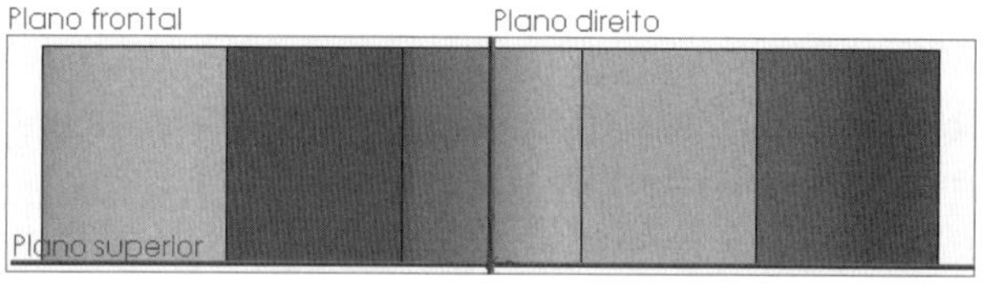

Figura 4.34 - Plano de referência posicionado Normal a.

4.5.9.2. Frontal

Apresenta a vista frontal (VF) do modelo.

4.5.9.3. Posterior

Mostra a vista posterior (VP) do modelo.

4.5.9.4. Esquerda

Apresenta a vista frontal (VE) do modelo.

4.5.9.5. Direita

Apresenta a vista posterior (VP) do modelo.

4.5.9.6. Superior

Exibe a vista posterior (VS) do modelo.

4.5.9.7. Inferior

Apresenta a vista frontal (VI) do modelo.

A Figura 4.35 exibe algumas vistas padrão do modelo ilustrado na Figura 4.32, usando o recurso de divisão da área gráfica em quatro janelas. Esse recurso está disponível na barra de ferramentas **Vistas padrão**, ou pode ser inserido nela, como já citado.

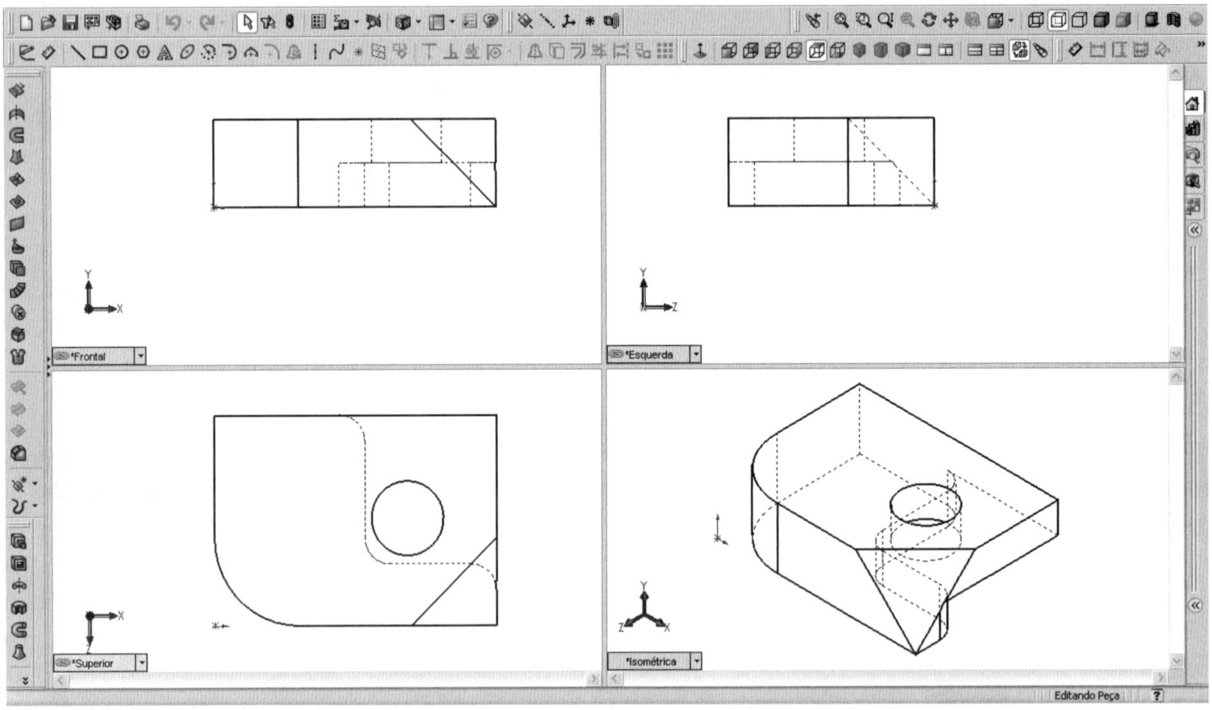

Figura 4.35 - Vistas padrão exibidas com recurso de quatro janelas.

Observe que, no canto inferior esquerdo de cada janela, aparece um controle de configuração de vista que possibilita a modulação dela, independente das demais janelas, Figura 4.36.

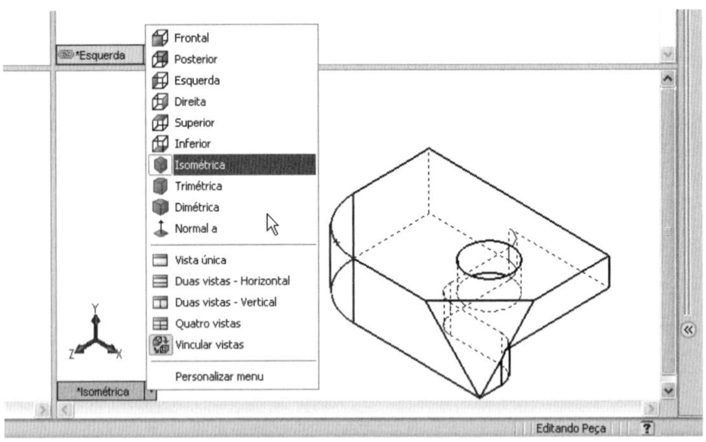

Figura 4.36 - Configuração independente para uma vista do modelo, usando o controle interno da janela.

A configuração de janela também pode ser feita para duas vistas - horizontal e duas vistas - vertical, como mostram as Figuras 4.37 e 4.38.

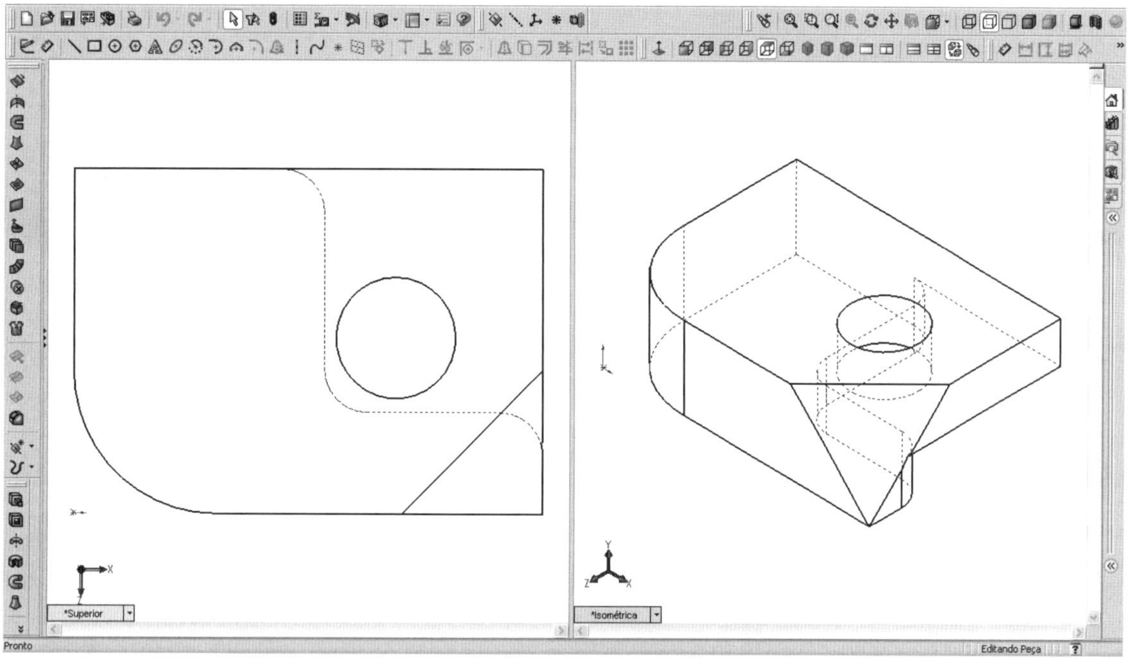

Figura 4.37 - Janela com duas vistas - vertical.

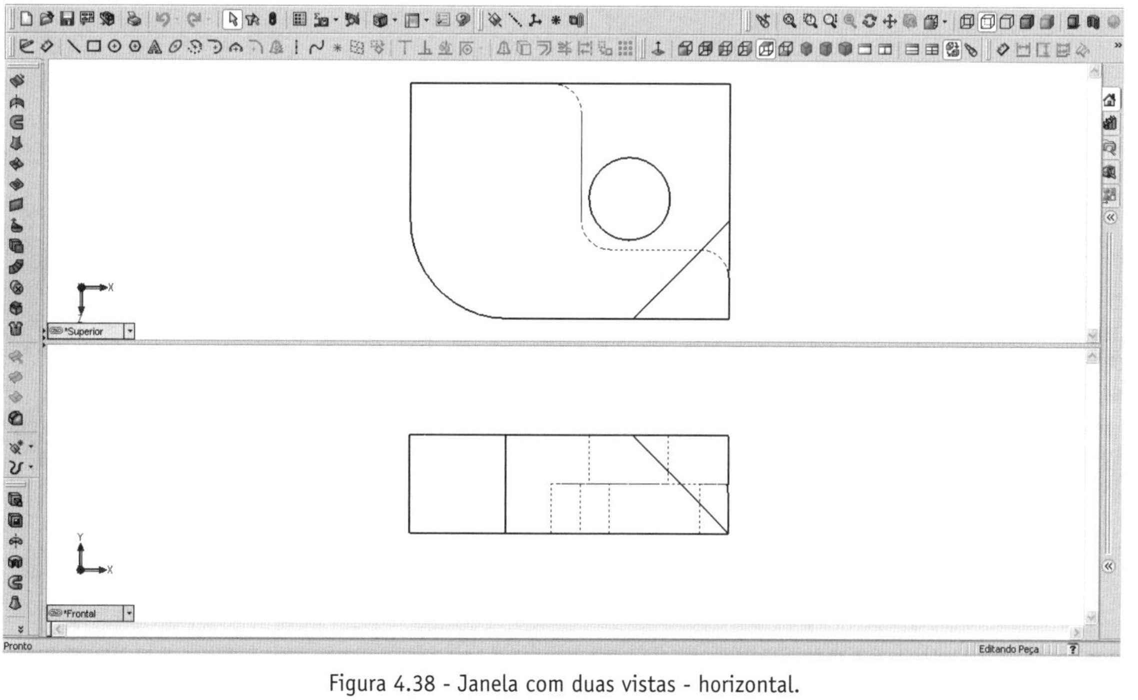

Figura 4.38 - Janela com duas vistas - horizontal.

4.5.9.8. Isométrica

A opção **Isométrica** encontra-se na barra de ferramentas **Vistas padrão** e é uma vista em perspectiva axonométrica ortogonal, em que a projeção ortogonal é feita sobre um plano perpendicular à diagonal de um cubo, cujas arestas são paralelas aos três eixos ou planos principais. Para construí-la, basta adotar uma única escala para os três eixos. A Figura 4.39 indica um cubo isométrico e esse posicionamento aplicado ao modelo.

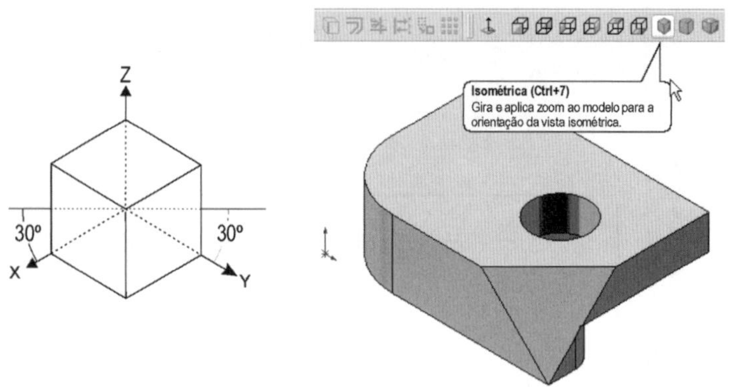

Figura 4.39 - Vista Isométrica.

4.5.9.9. Trimétrica

A opção vista **Trimétrica** é obtida quando as três faces do objeto (sólido envolvente) formam ângulos diferentes com o plano de projeção.

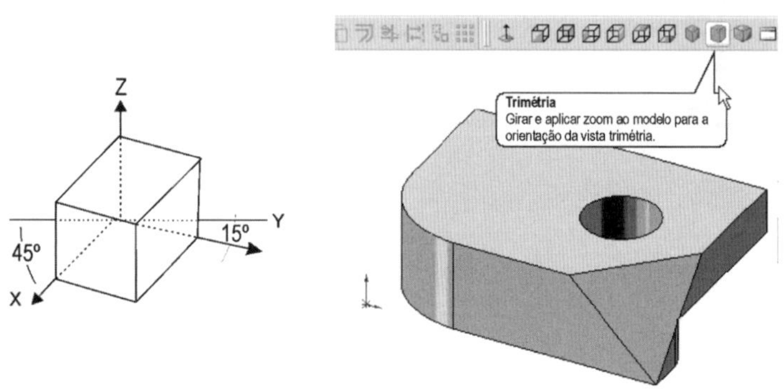

Figura 4.40 - Vista Trimétrica.

4.5.9.10. Dimétrica

A opção **Dimétrica** é uma perspectiva que tem a sua construção conduzida da mesma forma que a perspectiva isométrica, com exceção à mudança de conserva da sua largura, ângulo e escala em um dos eixos. Na perspectiva dimétrica, a face da frente conserva a sua largura e a face de fuga (eixo X) é reduzida em dois terços.

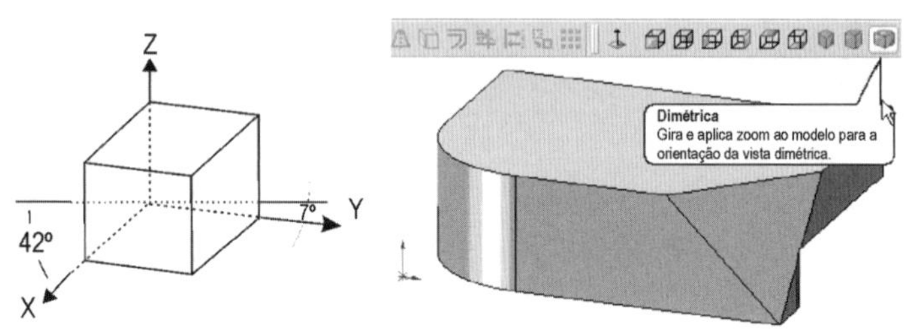

Figura 4.41 - Vista Dimétrica.

4.5.10. Estrutura de Arames

Exibe o modelo 3D como se fosse totalmente elaborado em arames, sem faces, apenas arestas, Figura 4.42.

4.5.11. Linhas Ocultas Visíveis

Apresenta as arestas ocultas de um modelo 3D com linhas pontilhadas, Figura 4.43.

4.5.12. Linhas Ocultas Removidas

Exibe o modelo 3D totalmente sólido, sem arestas invisíveis e sem cor nenhuma nas faces, Figura 4.44.

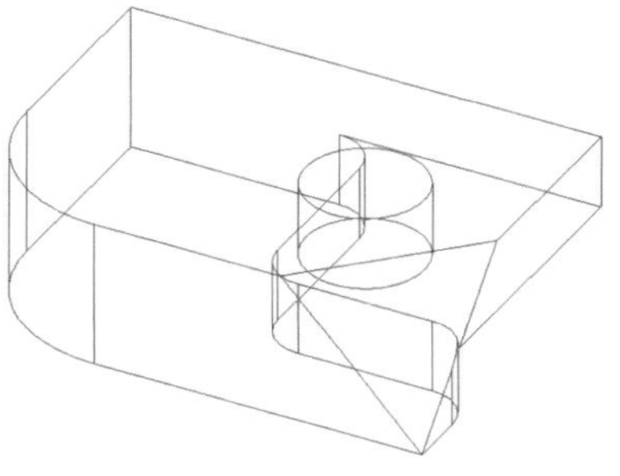

Figura 4.42 - Estrutura de arames.

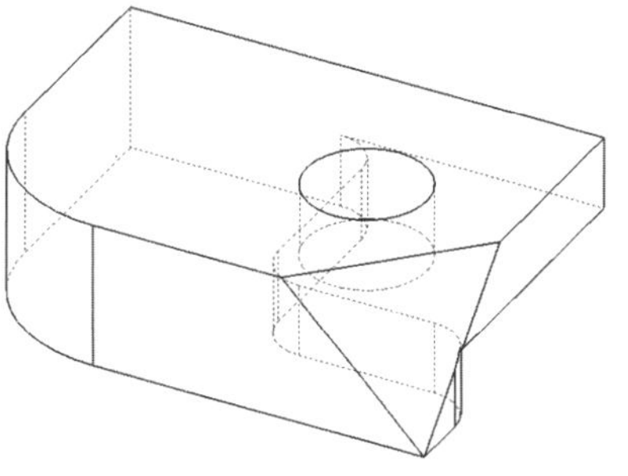

Figura 4.43 - Linhas ocultas visíveis.

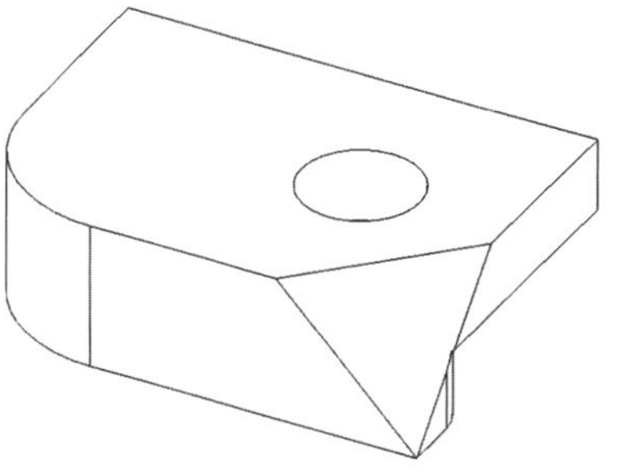

Figura 4.44 - Linhas ocultas removíveis.

4.5.13. Sombreado com Arestas

Essa opção ilustra o modelo 3D como sólido sombreado, porém evidencia as arestas como linhas pretas, Figura 4.45.

4.5.14. Sombreado

Mostra o modelo 3D sem evidenciar as arestas e fornece um efeito mais suave à transição entre as superfícies delimitadas pelas arestas, Figura 4.46.

4.5.15. Sombras no Modo Sombreado

Essa opção simula o efeito de sombra do modelo projetada sobre o plano de base que foi definido para criação do primeiro esboço, Figura 4.47.

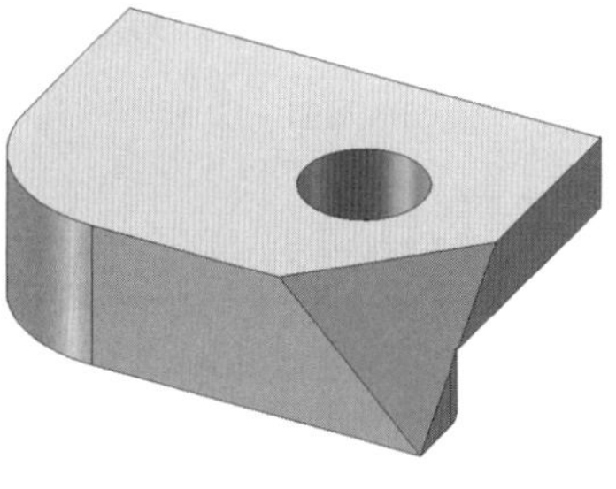

Figura 4.45 - Sombreado com arestas.

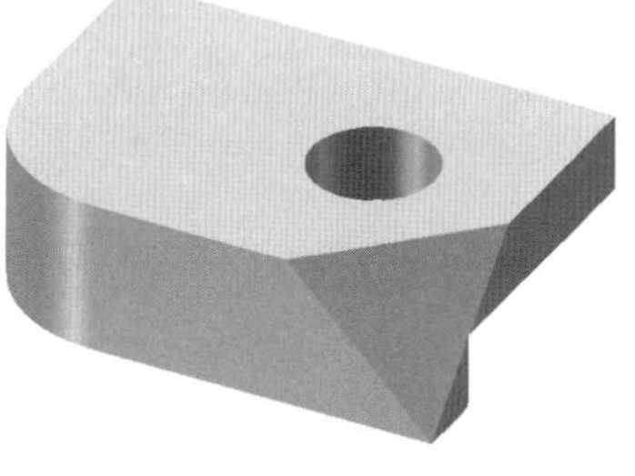

Figura 4.46 - Sombreado.

Figura 4.47 - Efeito de sombra.

4.5.16. Vista de Seção em Modelos

O comando **Vista de seção** permite criar em um modelo, para efeitos de visualização de detalhes internos, enquanto ele está sendo gerado, a sua visualização em corte transversal ou longitudinal, ou a combinação de ambos, manipulando planos de corte. É possível:

- Ligar e desligar a vista, mantendo o estado de vista de seção.
- Selecionar faces, arestas e vértices criados por uma vista de seção.
- Salvar a vista de seção como:
  - Uma vista nomeada no documento de peça ou montagem.
  - Uma vista de anotação 3D para uso em documentos de desenho.
- Criar curvas de seção em desenho.

Quando o comando é ativado, o **PropertyManager** é exibido com as opções de configuração, como mostra a Figura 4.48.

Por padrão, o corte aparece como no *Plano frontal*, indicado pelo primeiro botão de configuração na caixa de diálogo **Seção 1**.

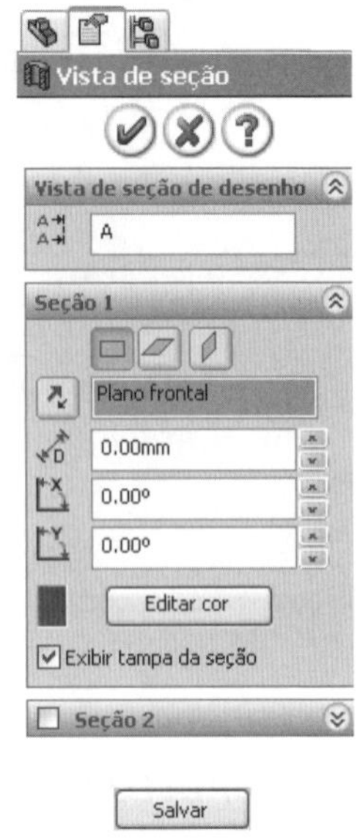

Figura 4.48 - PropertyManager.

4.5.16.1. Caixa de Diálogo Vista de Seção em Desenho

Essa caixa de diálogo exibe uma janela em que se define o nome para a seção que pode ser salva com a aplicação do botão de comando **Salvar**, localizado ao final do **PropertyManager**. Por padrão, a primeira seção aparece nomeada com a letra **A**, entretanto esse nome pode ser modificado.

4.5.16.2. Caixa de Diálogo Seção 1

Essa caixa mostra inicialmente dispostos na horizontal, três botões de seleção do plano de corte. As Figuras 4.49, 4.50 e 4.51 ilustram um corte em um modelo, utilizando o primeiro botão de opção, Corte com um plano frontal.

Figura 4.49 - Modelo 3D.

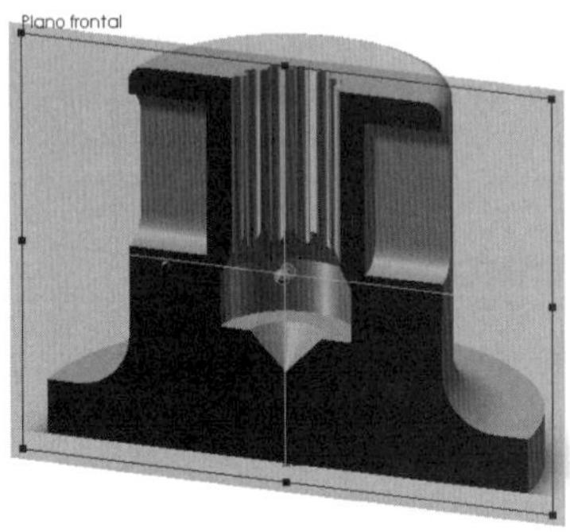

Figura 4.50 - Plano e corte selecionado e ajustado.

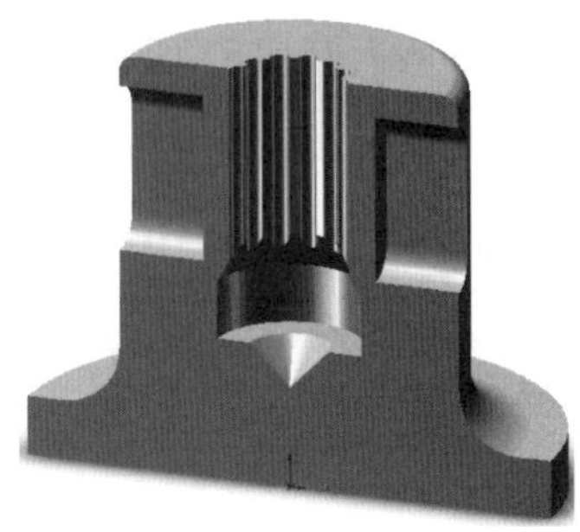
Figura 4.51 - Corte definido.

As Figuras 4.52 e 4.53 exemplificam as duas outras opções de plano de corte para o mesmo modelo.

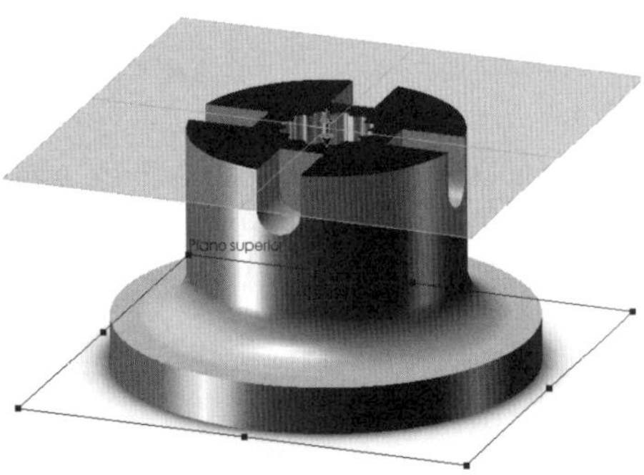
Figura 4.52 - Plano e corte em distância D do plano superior.

Figura 4.53 - Plano e corte direito selecionado e ajustado, e inversão de vista do corte.

É possível fazer a inversão da vista do corte selecionado, bem como variar o deslocamento angular do plano de corte em relação aos eixos X e Y.

Também é possível modificar a cor da face cortada pressionando o botão de comando **Editar cor**, ou ainda, utilizando a *checkbox* **Exibir tampa de seção**, remover ou exibir a face da seção cortada. As Figuras 4.54 e 4.55 exemplificam esses casos.

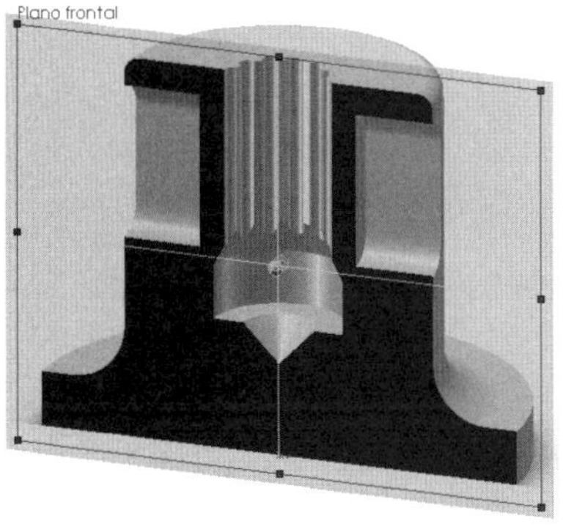

Figura 4.54 - Cor da face de corte modificada para o preto.

Figura 4.55 - Ângulo do plano de corte sobre X e Y modificado.

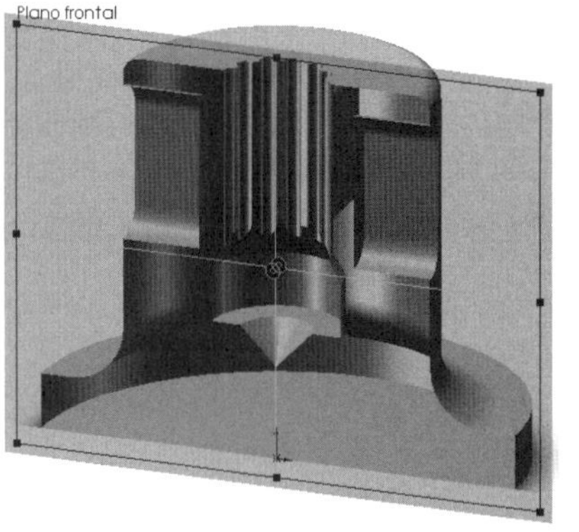

Figura 4.56 - *Checkbox* Exibir tampa de seção demarcada.

4.5.16.3. Caixas de Diálogo Seção 2 e Seção 3

Se necessário, ainda é possível criar a vista de seção utilizando mais de um plano de corte. Ao clicar na *checkbox* **Seção 2**, uma nova caixa de diálogo, de mesma configuração da caixa referente à seção 1, é exibida, permitindo que um novo plano de corte seja configurado, Figura 4.57. Além deste, um terceiro plano também pode ser utilizado, clicando na *checkbox* **Seção 3**, que é disponibilizada quando da criação da **Seção 2**, Figura 4.58.

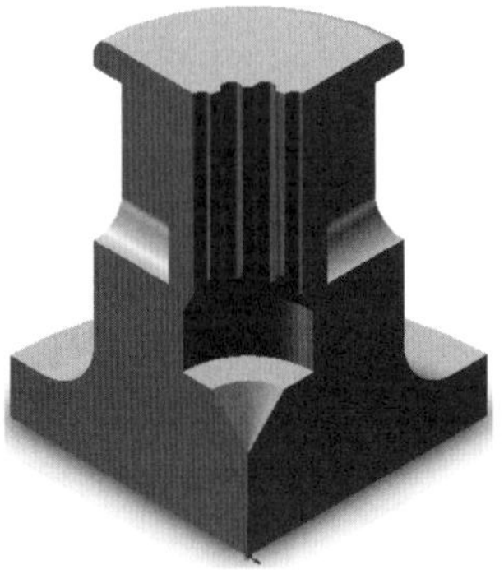

Figura 4.57 - Vista de seção com dois planos de corte.

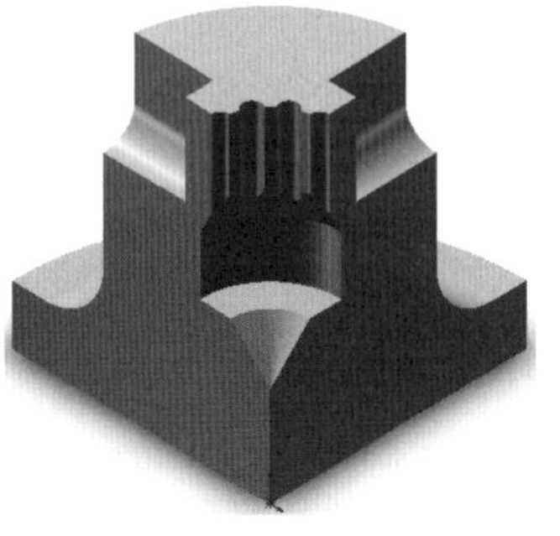

Figura 4.58 - Vista de seção com três planos de corte.

Como citado, é possível salvar uma vista de seção apenas nomeando a vista e clicando no botão de comando **Salvar**. Aparece a caixa de diálogo **Salvar como**, Figura 4.59. Ao confirmar o comando no botão **Salvar** da caixa, é exibida a caixa **Orientação**, que permite escolher entre as orientações padrão e as salvas, Figura 4.60.

A caixa **Orientação** pode ser aberta a qualquer momento, clicando no comando **Orientação da vista**, na barra de ferramentas **Vistas padrão**, ou pressionando a barra de espaço do teclado.

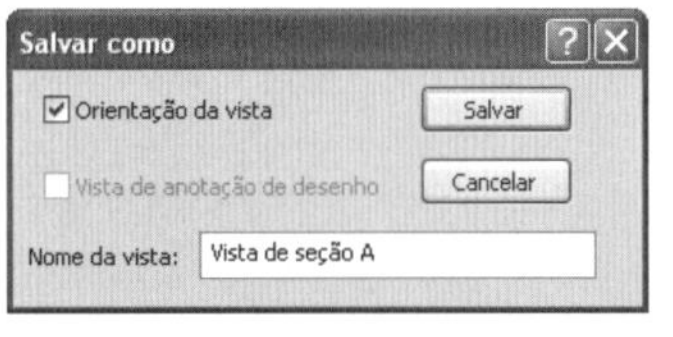

Figura 4.59 - Caixa de diálogo Salvar como.

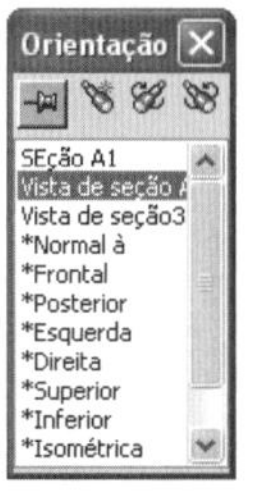

Figura 4.60 - Caixa Orientação.

4.5.17. Gráficos RealView

Os gráficos **RealView** constituem o suporte por hardware (placa gráfica) de sombreamento avançado em tempo real. Por exemplo, se você girar uma peça, ela manterá a aparência **renderizada** durante toda a rotação.

Quando aplicar um material a uma peça, e quiser ter a real visão do efeito dele sobre o modelo, use o recurso **RealView**. Entretanto, esse recurso somente está disponível para algumas placas gráficas específicas.

Ele pode ser ativado, quando cumprido o requisito da placa gráfica, pela barra de ferramentas **Exibir**, ou pelo menu *drop-down* **Exibir** → **Exibição** → **Gráficos do RealView**. A Figura 4.61 indica um exemplo de uma derivação Y em latão.

Figura 4.61 - Modelo com aplicação do recurso RealView.

Nota

Os **gráficos RealView** não ficam disponíveis quando uma montagem está no **modo de grande montagem.**

Para obter informações mais recentes sobre placas gráficas aceitas pela exibição **Gráficos do RealView**, acesse **www.solidworks.com/pages/services/videocardtesting.html.**

4.6. Padronização de Recursos

Em um projeto, quando um recurso deve ser repetido várias vezes a distâncias ou posições angulares definidas, é possível padronizá-lo em uma das seguintes formas:

- Padrão linear
- Padrão circular
- Padrão dirigido por tabela
- Padrão dirigido por esboço
- Padrão dirigido por curva
- Padrão de preenchimento

4.6.1. Padrão Linear

O padrão linear replica o recurso linearmente, dispondo-o em linhas e colunas ao longo de um modelo, segundo duas referências tomadas do próprio modelo, como, por exemplo, duas arestas. O comando pode ser acessado pela barra de ferramentas **Recurso**, ou pelo menu *drop-down* **Inserir** → **Padrão/Espelho** → **Padrão linear**.

Quando o comando é ativado, o **PropertyManager** com as opções de configuração é exibido, Figura 4.62.

Figura 4.62 - PropertyManager Padrão linear.

4.6.1.1. Caixa de Diálogo Direção 1

Exibe três janelas e um botão de inversão de direção para expansão do padrão. Os valores descritos nas janelas da caixa de diálogo são referentes ao modelo das Figuras 4.63 e 4.64. Na primeira figura, note a indicação do padrão a ser replicado (um corte extrudado), a aresta de referência, o número de elementos replicados (número de instâncias) e a distância entre eles (espaçamento **D1**), e a seta de indicação da direção de expansão do padrão.

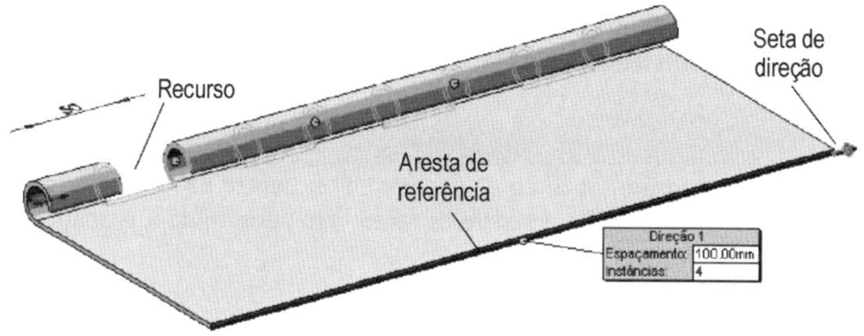

Figura 4.63 - Configurações para padronização linear na Direção 1.

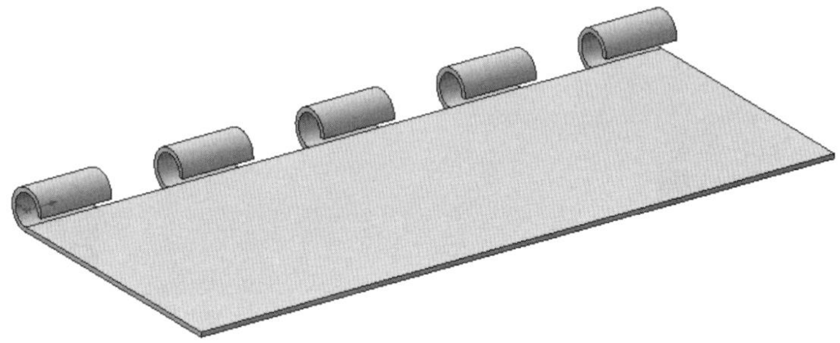

Figura 4.64 - Padronização linear do recurso na Direção 1.

4.6.1.2. Caixa de Diálogo Direção 2

Apresenta três janelas e um botão de inversão de direção para expansão do padrão, além de uma *checkbox* para definir que a expansão do padrão se dê apenas na linha ou coluna do recurso-padrão.

A Figura 4.64 exemplifica uma padronização do recurso Furo em ambas as direções.

A Figura 4.66 ilustra o mesmo modelo, utilizando a opção da *checkbox* **Somente recurso original do padrão**. Observe que o recurso é replicado somente na linha e na coluna que partem de sua origem.

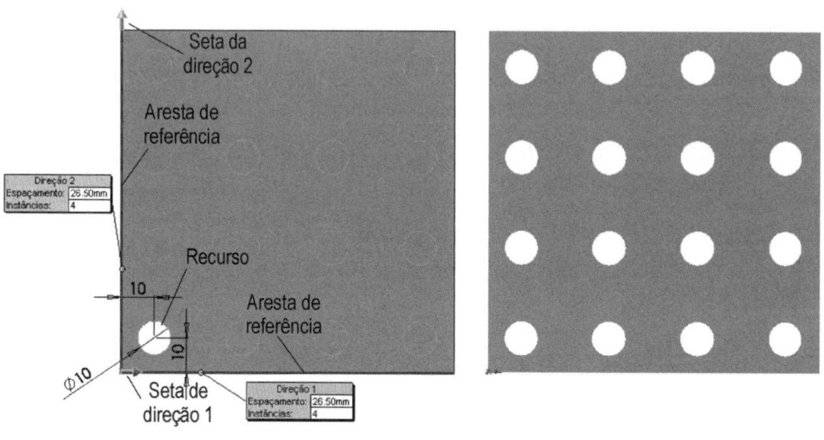

Figura 4.65 - Padronização linear do recurso na Direção 1 e na Direção 2.

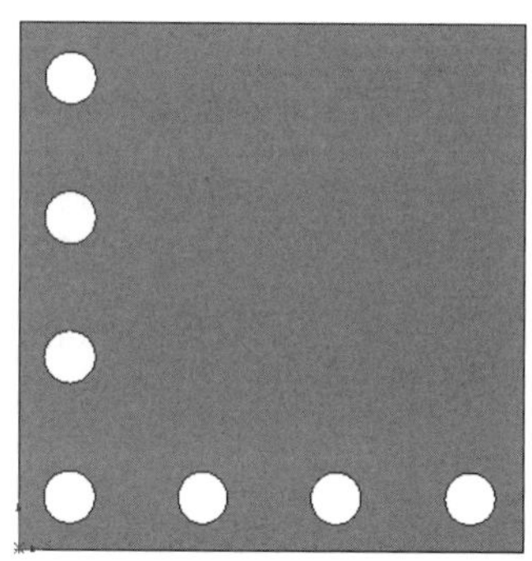

Figura 4.66 - Padronização linear com opção Somente recurso original do padrão.

4.6.1.3. Caixa de Diálogo Recursos para Padrão

Lista os nomes dos recursos a serem replicados. Se algum recurso for selecionado por engano, para desmarcá-lo retirando-o da lista, apenas selecione-o na janela e pressione a tecla **DELETE**.

4.6.1.4. Caixa de Diálogo Faces para Padrão

Cria um padrão com uso de faces que compõem os recursos de origem. Selecione todas as faces dos recursos de origem na área gráfica. Isso é útil com os modelos que importam apenas as faces que compõem o recurso e não o próprio recurso.

Nota

Quando se usa **Faces para aplicar padrão,** o padrão deve permanecer dentro da mesma face ou em níveis diferentes (como uma aresta elevada), pois cria um limite e separa as faces, não permitindo a propagação do padrão.

4.6.1.5. Caixa de Diálogo Instâncias a Ignorar

Exibe a janela **Corpos sólidos/superfície para padrão.** Nessa opção é possível criar o padrão com uso dos corpos selecionados em uma peça com múltiplos corpos.

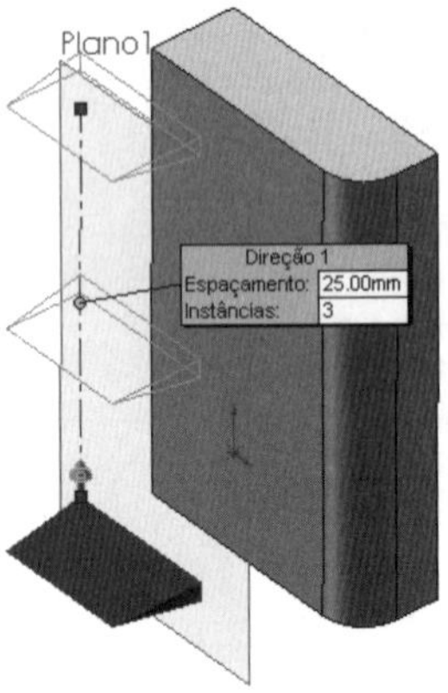

Figura 4.67 - Sólido de corpos múltiplos.

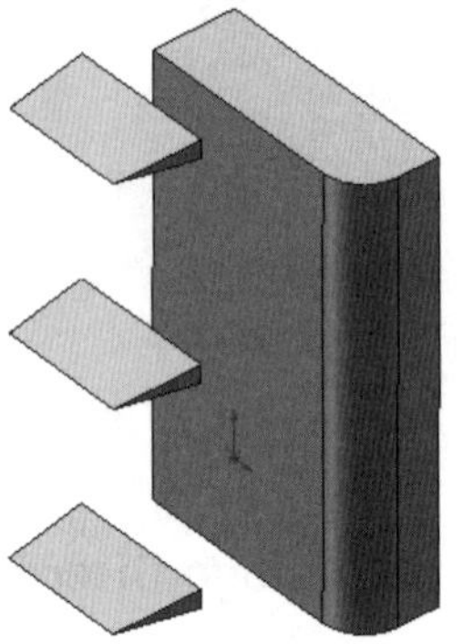

Figura 4.68 - Padronização aplicada a um dos corpos.

4.6.1.6. Caixa de Diálogo Instâncias a Ignorar

Quando ativada, essa caixa exibe no modelo todos os recursos replicados com um pequeno prisma de cor rosa ao centro. A cada réplica (instância) selecionada com o cursor, clicando em seu prisma central de cor rosa, seu respectivo endereço (coordenadas de instância de linha, coluna) é exibido dentro da caixa.

Note que os prismas de cor rosa, após serem selecionados, tornam-se vermelhos, sendo então a réplica oculta (ignorada) no modelo.

As Figuras 4.69 e 4.70 exemplificam uma placa com padrão linear aplicado nas direções 1 e 2 e em que algumas das instâncias são ignoradas para gerar a concepção final.

Observe ainda que nesse processo de reedição, é possível modificar os parâmetros de **Direção 1** e **Direção 2.**

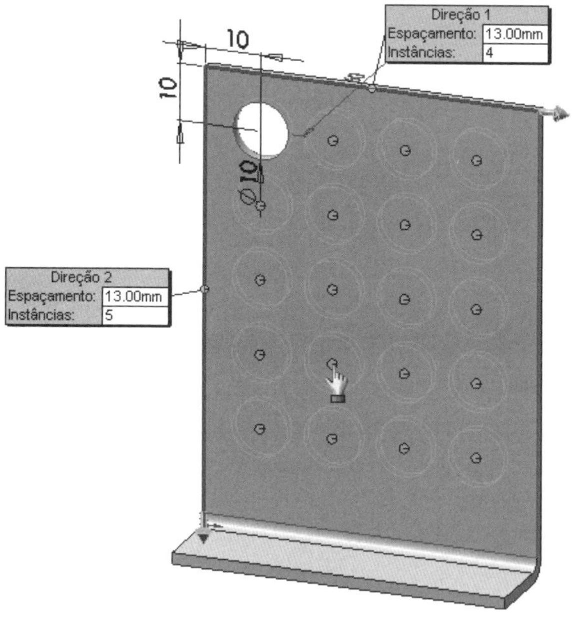

Figura 4.69 - Seleção de instâncias a ignorar.

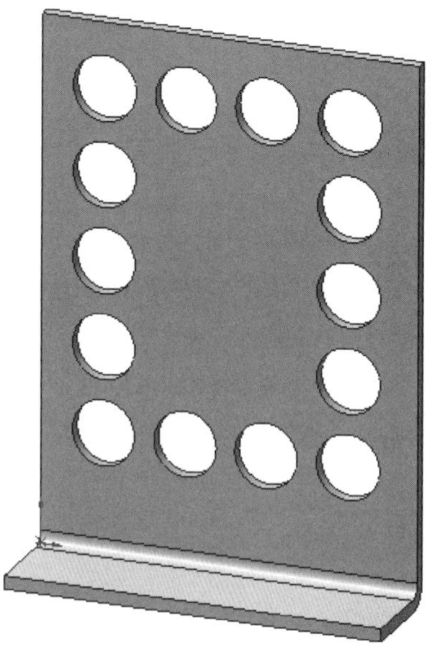

Figura 4.70 - Padronização com instâncias ignoradas.

4.6.1.7. Caixa de Diálogo Opções

Essa caixa contém duas *checkboxes* com as seguintes opções:

- **Variar esboço** - altera o padrão à medida que ele for repetido. As Figuras 4.71, 4.72 e 4.73 exemplificam a necessidade de aplicação dessa opção em função da geometria do modelo. Na Figura 4.72 o padrão replica-se horizontalmente, causando recorte na peça. Neste caso, a opção **Variar padrão** não foi selecionada. Já a Figura 4.73 exibe o efeito da expansão da padronização, utilizando a opção **Variar padrão**.

  Para que essa opção possa ser aplicada, o esboço deve ser dimensionado de acordo com algumas regras:

  - O esboço do recurso deve ficar restrito ao limite que define a variação das instâncias de padrão. Por exemplo, no padrão ilustrado, o centro do arco superior mantém afastamento constante em relação à aresta superior angular da peça base.
  - O esboço do recurso deve ser totalmente definido.

  Dimensione as medidas que permanecem inalteradas no esboço e certifique-se de **não** dimensionar as medidas que variam nas instâncias de padrão, neste exemplo, a distância entre centros.

  Neste exemplo, certifique-se de definir essas relações e dimensões, porque elas permanecem inalteradas nas instâncias de padrão:

  - Defina a distância entre o centro do arco superior e a linha de inclinação da peça em **4mm**.
  - Dimensione a distância entre o centro do arco inferior em relação à aresta inferior horizontal da peça (**20mm**).
  - Dimensione a distância entre o centro do arco inferior em relação à aresta vertical esquerda da peça (**10mm**). Utilize posteriormente essa dimensão para a direção do padrão.
  - Dimensione o raio do arco (**1,5mm**). Estabeleça uma relação de **igual** entre os arcos.

Nota

Não dimensione a altura do esboço (distância entre centros dos arcos) porque ela deve variar nas instâncias de padrão.

- Clique em **Corte extrudado**, na barra de ferramentas Recursos, ou em **Inserir**, **Corte**, **Extrusão** e crie o recurso de origem.
- Na árvore de projetos do **FeatureManager**, selecione o recurso de corte-extrusão.
- Clique em Padrão linear, na barra de ferramentas **Recursos**, ou em **Inserir → Pattern/Mirror (Espelhar/criar padrão) → Padrão linear**.
- No PropertyManager, em **Direção 1**:
- Selecione a dimensão acionadora (**10mm**) para a **Direção do padrão**. Se necessário, clique em **Inverter direção** a fim de aplicar padrão às instâncias à direita.
- Defina os valores de **Espaçamento** e **Número de instâncias**.
- Observe que a visualização mostra três instâncias correspondentes ao recurso de origem. Modifique para quatro.
- Em **Opções**, selecione **Variar esboço**. A visualização desaparece.
- Clique em **OK**. A altura das instâncias de padrão varia, ao passo que outras relações são mantidas, Figura 4.73.

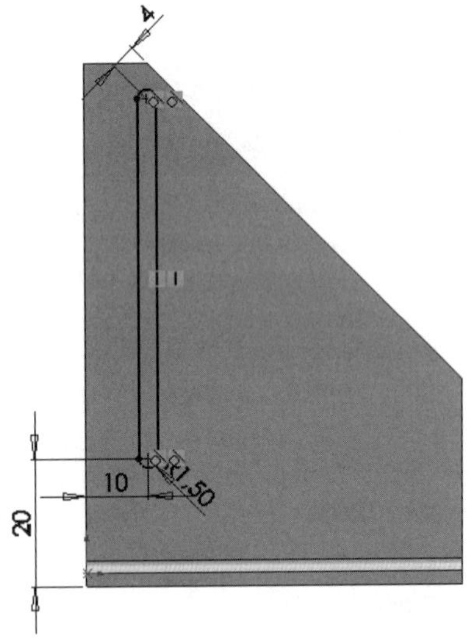

Figura 4.71 - Dimensionamento do esboço do padrão.

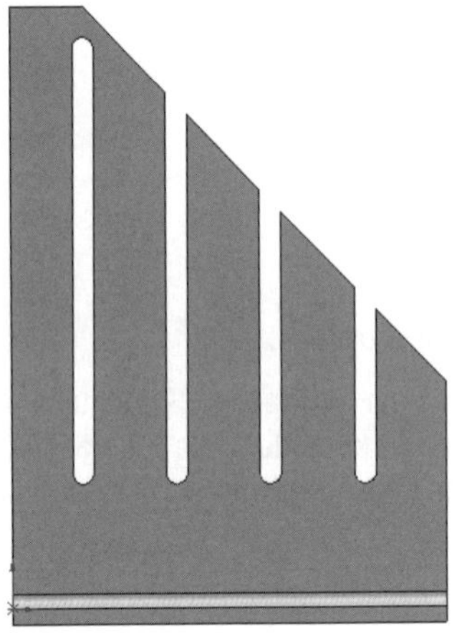

Figura 4.72 - Padronização com a opção **Variar esboço** desmarcada.

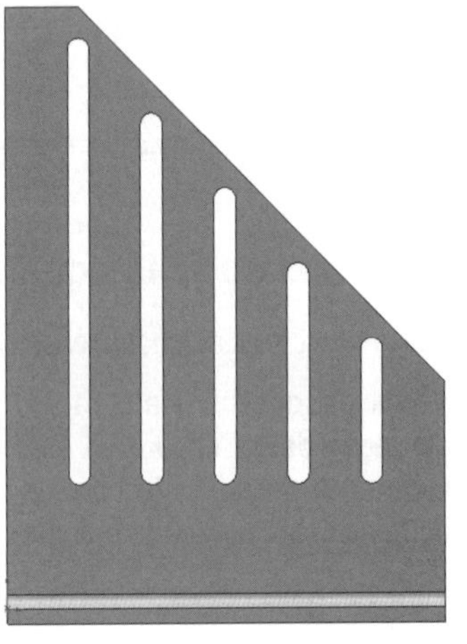

Figura 4.73 - Padronização com a opção **Variar esboço** marcada.

- **Padrão de geometria** - cria o padrão somente com o uso da geometria (faces e arestas) dos recursos, em vez de aplicar padrão a cada instância dos recursos e resolver essa instância. A opção **Padrão de geometria** aumenta a velocidade de criação e de reconstrução do padrão. Não é possível criar padrões de geometria dos recursos que possuem faces mescladas com o restante da peça.

  Observe a Figura 4.74. O corte extrudado teve sua condição final definida como **Offset da superfície inclinada**, em uma distância de 2mm, e a direção de propagação das instâncias tomada como referência em uma das arestas verticais, no sentido para baixo. Na Figura 4.75 as instâncias mantêm a distância **Offset** constante, que é o padrão do SolidWorks. Já a Figura 4.76 mostra o resultado das instâncias quando a opção **Padrão de geometria** é selecionada. Note que todas as instâncias mantêm a mesma profundidade.

- **Propagar propriedades visuais** - propaga cores, texturas e dados de representação de rosca do SolidWorks a todas as instâncias do padrão.

Nota

A opção **Padrão de geometria** acelera a criação e a reconstrução de um padrão. As instâncias individuais do recurso copiado não são resolvidas; condições finais e cálculos são ignorados. Cada instância é uma cópia exata das faces e das arestas do recurso original. Por padrão, a opção **Padrão de geometria não** é selecionada, exceto quando você cria um padrão utilizando o recurso **Forma** ou **Domo**.

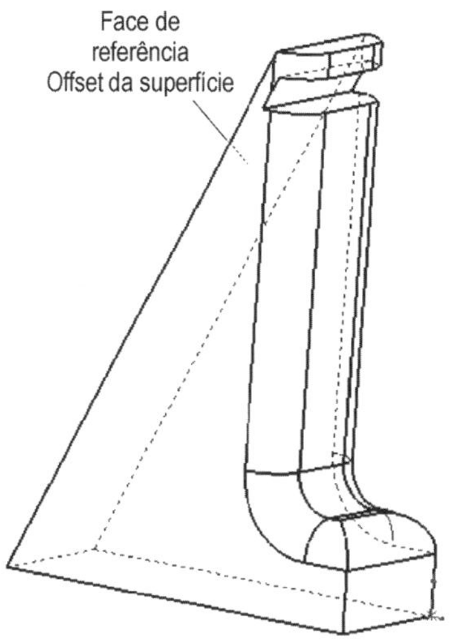

Figura 4.74 - Extrusão de corte padrão com referência final **Offset da superfície.**

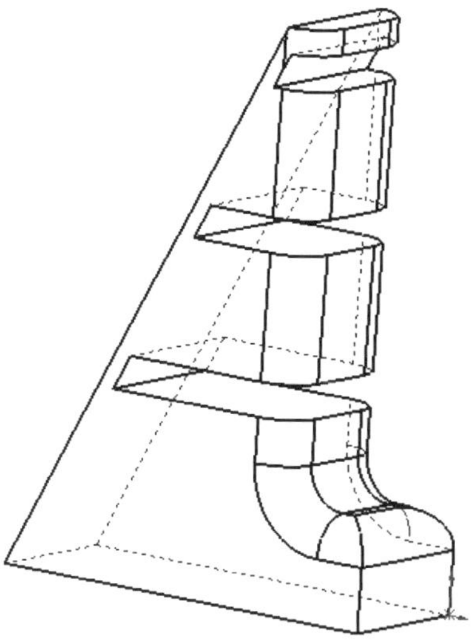

Figura 4.75 - Padronização com a opção **Padrão de geometria** desmarcada.

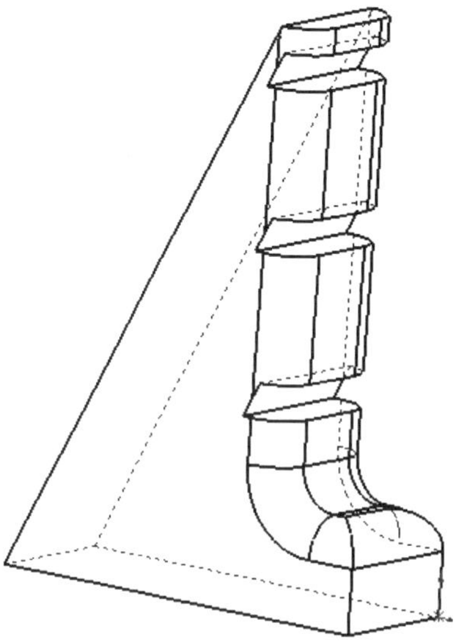

Figura 4.76 - Padronização com a opção **Padrão de geometria** marcada.

4.6.2. Padrão Circular

O padrão circular replica o recurso (instâncias) de forma circular em torno de um eixo de referência, em ângulos entre 0 e 360°.

Use padrões circulares para criar várias instâncias de um ou mais recursos que podem ser espaçados uniformemente em torno de um eixo.

As instâncias de padrão herdam a cor do recurso original quando:

- O padrão se baseia em um recurso.
- As cores do padrão ou as faces em qualquer instância do padrão não foram modificadas.

Nota

As cores do recurso não são herdadas se você aplicar o padrão ou espelhar peças com múltiplos corpos.

4.6.2.1. Caixa de Diálogo Parâmetros

Essa caixa possui as seguintes opções:

- **Eixo do padrão** - seleciona um eixo, uma aresta de modelo ou uma dimensão angular na área de gráficos. O padrão é criado ao redor desse eixo. Se necessário, clique em **Inverter direção** para alterar a direção do padrão circular.
- **Ângulo** - define o ângulo entre cada instância.
- **Número de instâncias** - define o número de instâncias do recurso de origem.
- **Espaçamento igual** - define Ângulo total como 360°.

4.6.2.2. Caixa de Diálogo Recursos para Padrão

Essa caixa exibe os recursos selecionados que deverão ser replicados em forma do padrão escolhido.

As Figuras 4.78 e 4.79 exemplificam uma aplicação de padrão circular ao replicar uma nervura em uma roda, em torno de seu eixo central.

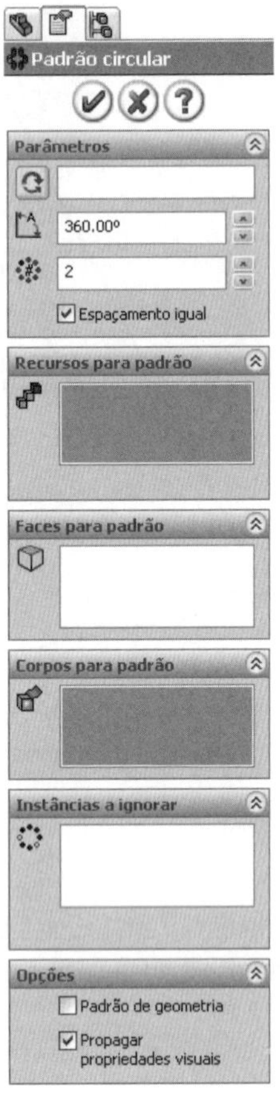

Figura 4.77 - PropertyManager de Padrão circular.

Figura 4.78 - Modelo com nervura.

Figura 4.79 - Padronização da nervura - seis instâncias.

Para exibir o eixo central quando o modelo não é gerado por revolução de um esboço em torno de uma linha de centro, recorra ao comando **Eixos temporários**, acessado pelo menu *drop-down* **Exibir → Eixos temporários**.

4.6.2.3. Caixa de Diálogo Faces para Padrão

Cria um padrão com o uso de faces que compõem o recurso. Selecione todas as faces do recurso na área de gráficos. Isso é útil com os modelos que importam apenas as faces que compõem o recurso e não o próprio recurso.

Nota

Ao usar **Faces para aplicar padrão**, o padrão deve permanecer dentro da mesma face ou limite. Ele não pode **cruzar os limites**. Por exemplo, um corte através de toda a face ou em níveis diferentes (como uma aresta elevada) cria um limite e separa as faces, não permitindo a propagação do padrão.

4.6.2.4. Caixa de Diálogo Corpos para Padrão

Cria o padrão com o uso dos corpos selecionados em uma peça com múltiplos corpos.

4.6.2.5. Caixa de Diálogo Instâncias a Ignorar

Ignora as instâncias do padrão selecionadas na área de gráficos quando o padrão é criado. O ponteiro muda quando posicionado sobre cada instância do padrão.

Clique para selecionar a instância do padrão. As coordenadas da instância do padrão são exibidas. Para restaurar uma instância do padrão, clique na instância novamente.

As Figuras 4.80, 4.81 e 4.82 exemplificam uma aplicação dessa opção.

Figura 4.80 - Padronização exibindo todas as instâncias.

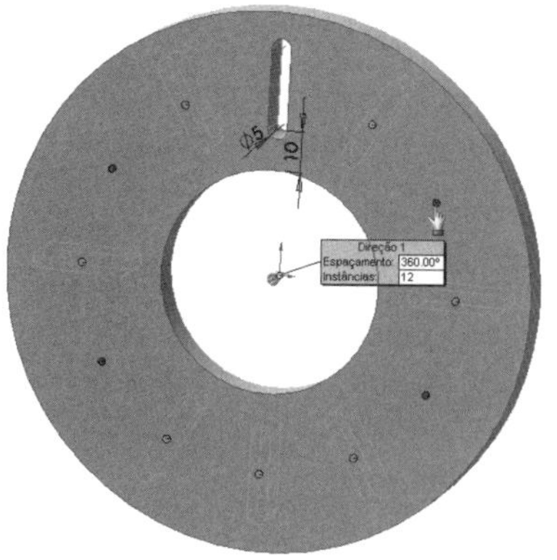

Figura 4.81 - Seleção de instâncias a serem ignoradas.

Figura 4.82 - Padronização com instâncias ignoradas.

4.6.2.6. Caixa de Diálogo Opções

Possui as seguintes opções:

- **Variar esboço** - permite **alterar o padrão** à medida que ele for repetido.
- **Padrão de geometria** - cria o padrão somente com o uso da geometria (faces e arestas) dos recursos, em vez de aplicar padrão a cada instância do recurso e resolver essa instância. O **Padrão de geometria** aumenta a velocidade de criação e reconstrução do padrão. Não é possível criar padrões de geometria dos recursos que possuem faces mescladas com o restante da peça.
- **Propagar propriedades visuais** - propaga cores, texturas e dados de representação de rosca do SolidWorks a todas as instâncias do padrão.

4.6.3. Padrão Dirigido por Tabela

Outra forma possível para a criação de padrões, principalmente padrões de furos que podem ser posicionados mediante coordenadas X-Y, é a aplicação do padrão dirigido por tabela. Entretanto, é possível usar outros recursos de origem, como um ressalto, com padrões dirigidos por tabela.

Também é possível salvar e carregar as coordenadas X-Y de um padrão de recurso e aplicá-las a uma nova peça.

Para criar um padrão dirigido por tabela:

1. Crie um recurso de origem.
2. Crie um **sistema de coordenadas**, Figura 4.83. A origem desse sistema de coordenadas se torna a origem do padrão de tabela, e os eixos X e Y definem o plano em que o padrão ocorre.

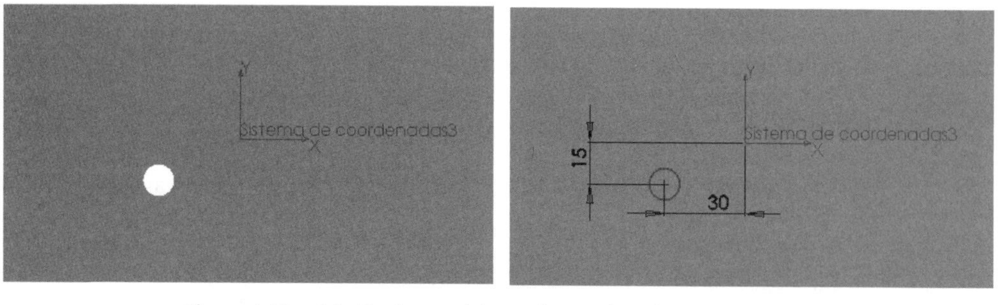

Figura 4.83 - Criação de um sistema de coordenadas e um recurso, e posicionamento do recurso em relação ao sistema de coordenadas.

3. Clique em Padrão dirigido por tabela na barra de ferramentas Recursos ou em **Inserir → Pattern/Mirror (Espelhar/criar padrão) → Padrão dirigido por tabela**. Será aberta a caixa de diálogos, Figura 4.84.

4. Na caixa de diálogo, defina estas opções:

- **Ler um arquivo de** - importa uma tabela de padrões ou um arquivo de texto com as coordenadas X-Y. Clique em **Procurar** e selecione um arquivo de tabela de padrões (***.sldptab**) ou um arquivo de texto (***.txt**) para importar coordenadas X-Y existentes.

  Os arquivos de texto usados para modelos dirigidos por tabela devem ter somente duas colunas, sendo esquerda para coordenadas X e direita para coordenadas Y. As duas colunas devem ser separadas por um delimitador, como espaço, vírgula ou tabulação. Você pode usar uma combinação de delimitadores diferentes no mesmo arquivo de texto. Não insira nenhuma outra informação no arquivo de texto, porque faz com que a importação falhe.

- **Ponto de referência** - especifica o ponto a que as coordenadas X-Y são aplicadas no posicionamento das instâncias de padrão. As coordenadas X-Y do ponto de referência são exibidas como **Ponto 0** na tabela de padrões.
  - **Ponto selecionado** - define o ponto de referência para o ponto de esboço ou o vértice selecionado.
  - **Centróide** - indica o ponto de referência para o centróide do recurso de origem. Consulte **Centróide** para obter mais informações sobre como o sistema determina o centróide de um recurso de origem.

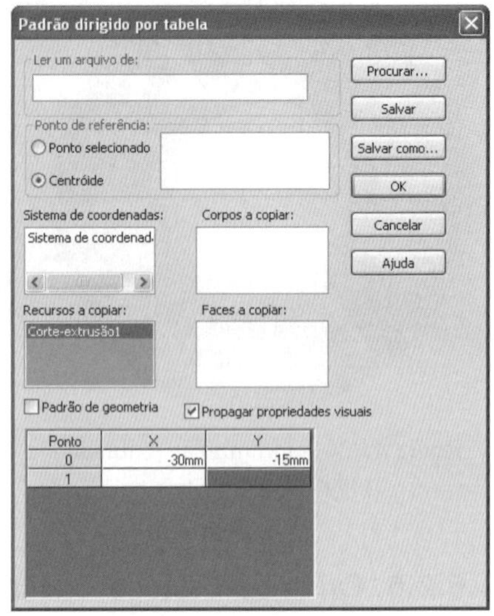

Figura 4.84 - Caixa de diálogo **Padrão dirigido por tabela.**

- **Sistema de coordenadas** - determina o sistema de coordenadas, incluindo a origem, usado para criar o padrão de tabela. Selecione o sistema de coordenadas criado na árvore de projetos do **FeatureManager**.
- **Recursos a copiar** - cria o padrão com base em recursos. É possível selecionar vários recursos.
- **Faces a copiar** - cria um padrão com base nas faces que compõem o recurso. Selecione todas as faces na área de gráficos. Isso é útil para modelos que importam apenas as faces que compõem o recurso e não o próprio recurso.

Nota

Ao usar **Faces a copiar**, o padrão deve permanecer dentro da mesma face ou limite. Ele não pode **cruzar os limites.** Por exemplo, um corte através de toda a face ou em níveis diferentes (como uma aresta elevada) cria um limite e separa as faces, não permitindo a propagação do padrão.

- **Corpos a copiar** - cria o padrão com base em peças com múltiplos corpos. Selecione os corpos para padrão.
- **Padrão de geometria** - cria o padrão somente com o uso da geometria (faces e arestas) dos recursos, em vez de aplicar padrão a cada instância do recurso e resolver essa instância. A opção **Padrão de geometria** aumenta a velocidade de criação e de reconstrução do padrão. Não é possível criar padrões de geometria dos recursos que possuem faces mescladas com o restante da peça. **Padrão de geometria** não fica disponível com **Corpos para padrão**.
- **Propagar propriedades visuais** - propaga cores, texturas e dados de representação de rosca do SolidWorks a todas as instâncias do padrão.
- **Tabela de coordenadas X-Y** - cria os pontos de local para as instâncias de padrão que usam coordenadas X-Y. Clique duas vezes na área em **Ponto 0** para inserir as coordenadas X-Y de cada instância do padrão de tabela. As coordenadas X-Y do ponto de referência são exibidas como **Ponto 0**. Clique em **Desfazer (CTRL + Z)** para desfazer as operações de tabela, Figura 4.85.

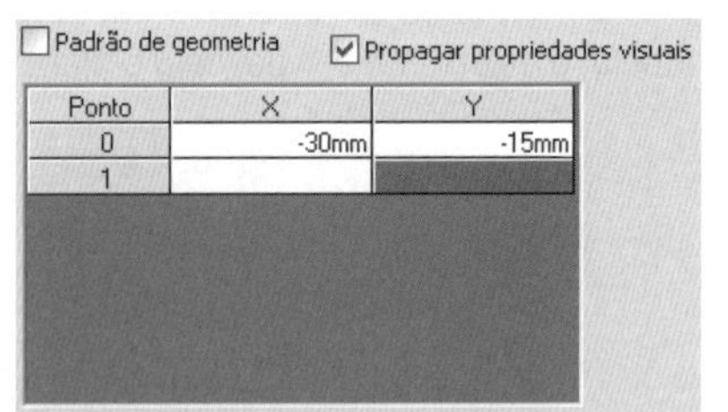

Figura 4.85 - Tabela de coordenadas X-Y.

Nota

É possível usar coordenadas positivas ou negativas. Para inserir uma coordenada negativa, coloque um sinal de menos (-) antes do valor. Não será preciso inserir coordenadas X-Y se tiver importado uma tabela de padrões ou um arquivo de texto.

5. Clique em **OK**.

A Figura 4.86 ilustrou o modelo descrito na Figura 4.83, com a padronização completa e sua respectiva tabela de coordenadas X-Y.

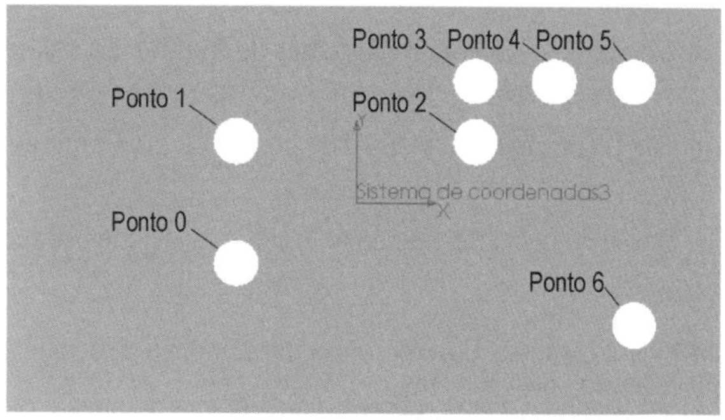

Ponto	X	Y
0	-30mm	-15mm
1	-30mm	15mm
2	30mm	15mm
3	30mm	30mm
4	50mm	30mm
5	70mm	30mm
6	70mm	-30mm
7		

Figura 4.86 - Padronização por tabela.

4.6.4. Padrão Dirigido por Esboço

O padrão dirigido por esboço utiliza pontos para referenciar a posição das instâncias replicadas do padrão. É possível utilizar essa opção para furos e outras instâncias de recurso. Quando o comando é aplicado, clicando em **Padrão dirigido por esboço**, na barra de ferramentas **Recursos**, ou em **Inserir → Pattern/Mirror (Espelhar/criar padrão) → Padrão dirigido por esboço**, o **PropertyManager** é exibido, Figura 4.87.

Para criar um padrão dirigido por esboço:

1. Abra um esboço na face de uma peça.
2. Crie um recurso de origem no modelo.
3. Clique em **Ponto** ou em **Ferramentas**, **Entidade de esboço**, **Ponto** e adicione vários pontos de esboço para representar o padrão a ser criado com base no recurso de origem, Figura 4.88.

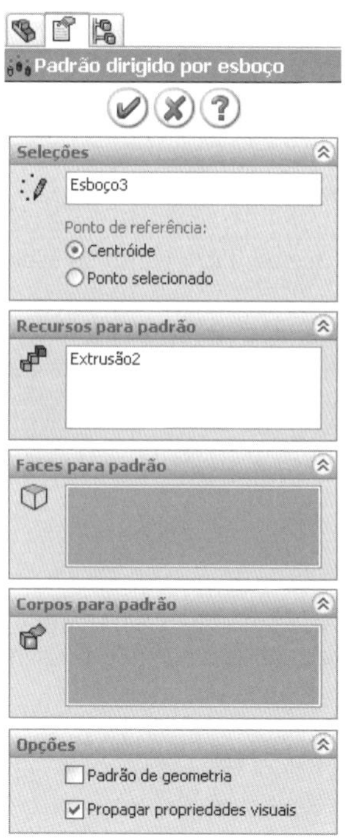

Figura 4.87 - PropertyManager de Padrão dirigido por esboço.

Figura 4.88 - Pontos adicionados para representar o padrão.

4. Feche o esboço.
5. Clique em **Padrão dirigido por esboço**, conforme já citado.

6. Na caixa de diálogo **Seleções**, do **PropertyManager**, faça o seguinte:

- Se necessário, use a árvore de projeto do **FeatureManager** de **flyout** para selecionar um Esboço **de referência** a ser usado como padrão.
- Clique em **Centróide** para usar o **centróide** do recurso de origem ou em **Ponto selecionado** para **usar um outro ponto** como o ponto de referência.
- Se **Ponto selecionado** for escolhido como o ponto de referência, selecione **Vértice de referência** na área de gráficos.

7. Siga um destes procedimentos:

- Para criar um padrão com base no recurso, em **Recursos para padrão** selecione o recurso na área de gráficos.
- Se o recurso para padrão tiver filetes ou outras adições, use a árvore de projeto do **FeatureManager** do **flyout** para selecionar esses recursos.
- Para criar o padrão com base nas faces que compõem o recurso, em **Faces para aplicar padrão** selecione todas as faces na área de gráficos. Isso é útil com os modelos que importam apenas as faces que compõem o recurso e não o próprio recurso.
- Para criar um padrão com base em peças com múltiplos corpos, em **Corpos para padrão** selecione o corpo para padrão na área de gráficos.

8. Em **Opções**, defina as seguintes opções:

- **Padrão de geometria** - cria o padrão somente com o uso da geometria (faces e arestas) dos recursos, em vez de aplicar padrão a cada instância dos recursos e resolver essa instância. A opção **Padrão de geometria** aumenta a velocidade de criação e de reconstrução do padrão. Não é possível criar padrões de geometria dos recursos que possuem faces mescladas com o restante da peça.
- **Propagar propriedades visuais** - propaga cores, texturas e dados de representação de rosca do SolidWorks a todas as instâncias do padrão.

9. Clique em **OK**. A Figura 4.89 mostra o resultado-padrão aplicado.

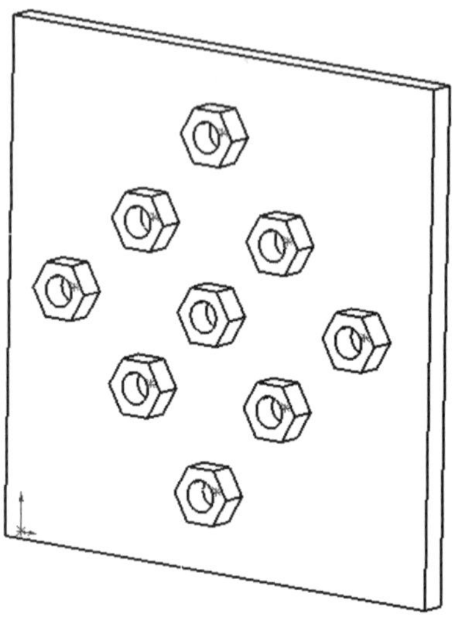

Figura 4.89 - Padrão definido por esboço.

Nota

É possível usar o centróide do recurso de origem, a origem do esboço, um vértice ou outro ponto de esboço como o ponto de referência em um padrão dirigido por esboço.

Ao usar **Faces para aplicar padrão**, o padrão deve permanecer dentro da mesma face ou limite. Ele não pode **cruzar os limites**. Por exemplo, um corte através de toda a face ou em níveis diferentes (como uma aresta elevada) cria um limite e separa as faces, não permitindo a propagação do padrão.

Padrão de geometria não fica disponível com **Corpos para padrão**.

4.6.5. Padrão Acionado por Curva

A ferramenta **Padrão dirigido por curva** cria padrões ao longo de uma curva plana ou 3D. Para definir o padrão, é possível utilizar qualquer segmento de esboço ou a aresta de uma face (sólido ou superfície) que se encontre no plano. É possível basear o padrão em uma curva aberta ou fechada, como um círculo.

A exemplo de outros tipos de padrão, como o **linear** ou o **circular**, é possível ignorar instâncias de padrão e aplicar um padrão em uma ou duas direções.

Para criar um padrão dirigido por curva:

- Crie uma peça que inclua um recurso que deseje aplicar como padrão em uma curva.
- Clique em **Padrão acionado por curva** na barra de ferramentas **Recursos**, ou então em **Inserir** → **Pattern/Mirror (Espelhar/criar padrão)** → **Padrão acionado por curva**. Será aberto o PropertyManager do comando, Figura 4.90.
- Defina as opções no **PropertyManager**.
- Clique em **OK**.

As Figuras 4.91 e 4.92 ilustram essa aplicação.

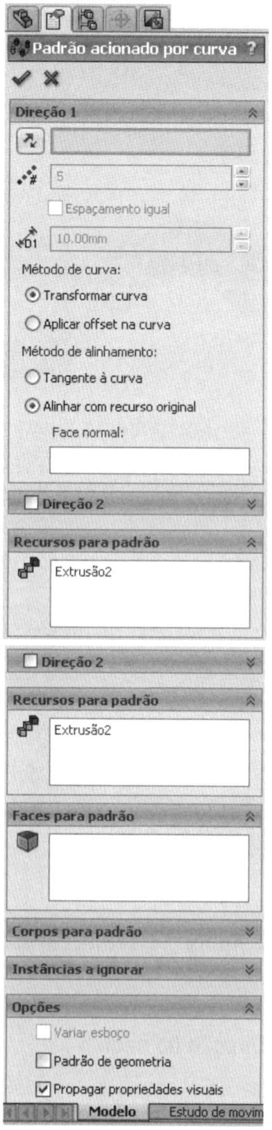

Figura 4.90 - PropertyManager.

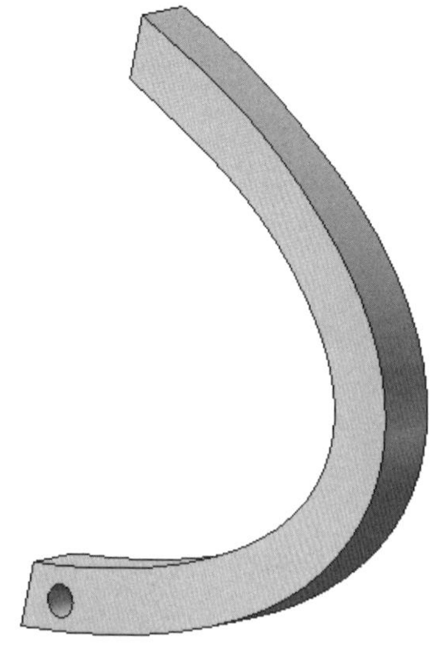

Figura 4.91 - Modelo curvo com recurso para padronizar.

Figura 4.92 - Modelo curvo com o recurso padronizado.

4.6.5.1. Caixa de Diálogo Direção 1

Exibe três janelas, um botão de inversão de direção para expansão do padrão e duas *checkboxes* de opções de controle e configuração.

- **Direção do padrão** - seleciona uma curva, aresta, entidade de esboço ou um esboço no **FeatureManager** para usá-lo como o caminho para o padrão. Se necessário, clique em **Inverter direção** para alterar a direção do padrão. O exemplo seguinte usa a aresta superior do modelo com a **Direção do padrão** para a **Direção 1**.
- **Número de instâncias** - define um valor para o número de instâncias do recurso de origem no padrão.
- **Espaçamento igual** - determina o espaçamento igual entre cada instância de padrão. A separação entre as instâncias depende da curva selecionada em **Direção do padrão** e do **Método de curva**.
- **Espaçamento** (essa janela aparece disponível se a opção **Espaçamento igual** não estiver selecionada) - define um valor para a distância entre as instâncias de padrão ao longo da curva. A distância entre a curva e os **Recursos para padrão** é medida normalmente em relação à curva.

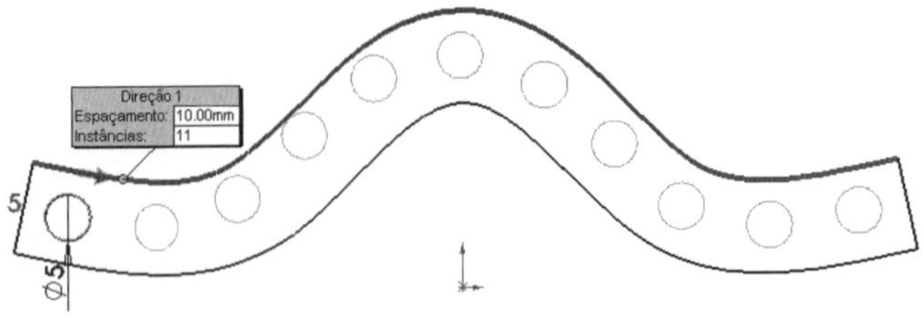

Figura 4.93 - Seleção de aresta curva para caminho do padrão.

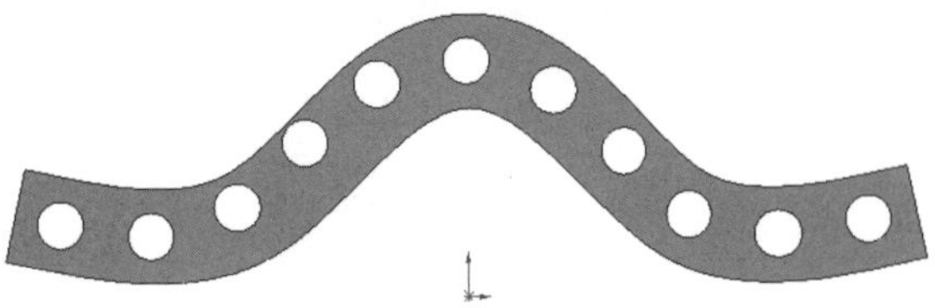

Figura 4.94 - *Checkbox* **Espaçamento igual** desmarcada.

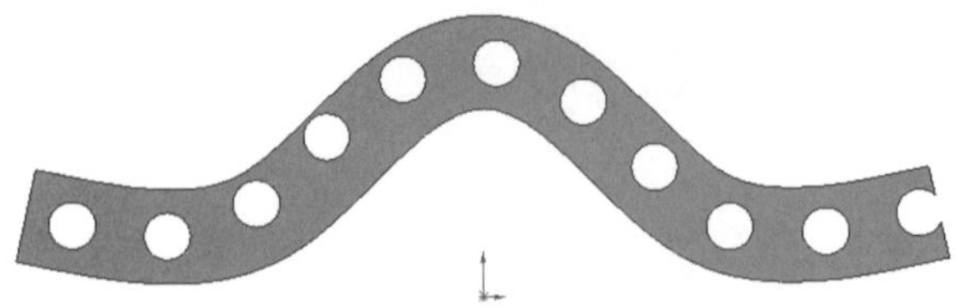

Figura 4.95 - *Checkbox* **Espaçamento igual** marcada.

- **Método de curva** - define a direção do padrão, transformando o modo como a curva selecionada é utilizada para **Direção do padrão**. Selecione um dos seguintes procedimentos:
  - **Transformar curva** - as distâncias delta X e delta Y da origem da curva selecionada até o recurso de origem são mantidas para cada instância.
  - **Aplicar offset na curva** - a distância normal da origem da curva selecionada até o recurso de origem é mantida para cada instância.

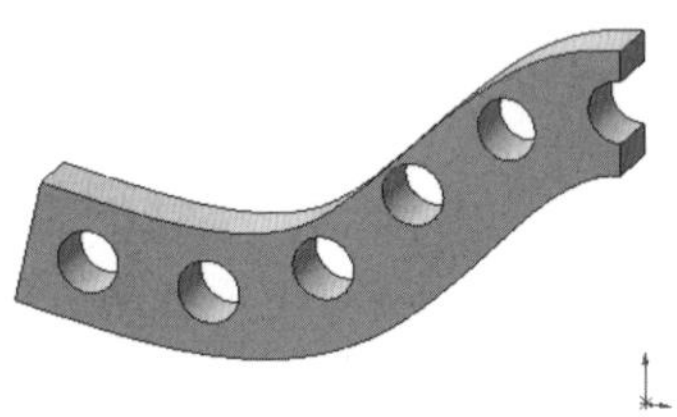

Figura 4.96 - Opção **Transformar curva** marcada.

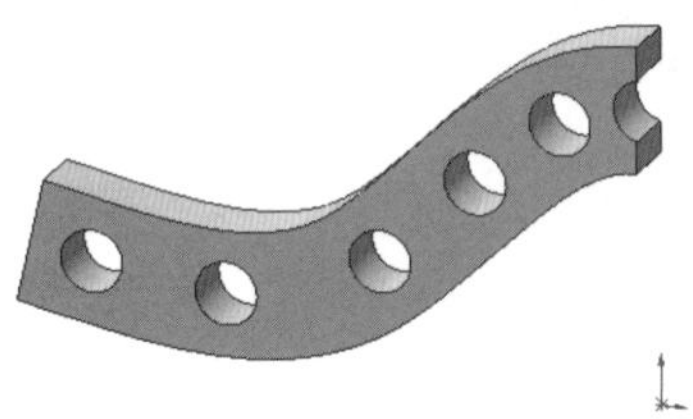

Figura 4.97 - Opção **Aplicar offset na curva** marcada.

- **Método de alinhamento** - selecione um dos seguintes procedimentos:
  - **Tangente à curva** - alinha cada tangente de instância à curva selecionada para **Direção do padrão**.
  - **Alinhar com recurso original** - alinha cada instância, fazendo a correspondência do alinhamento original do recurso de origem.
- **Face normal** (essa opção está disponível somente para curva 3D) - selecione a face em que a curva 3D reside para criar o padrão dirigido por curva, Figuras 4.98 e 4.99.

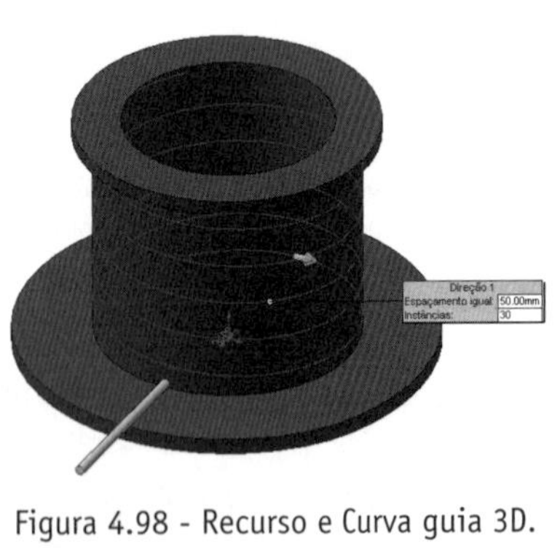

Figura 4.98 - Recurso e Curva guia 3D.

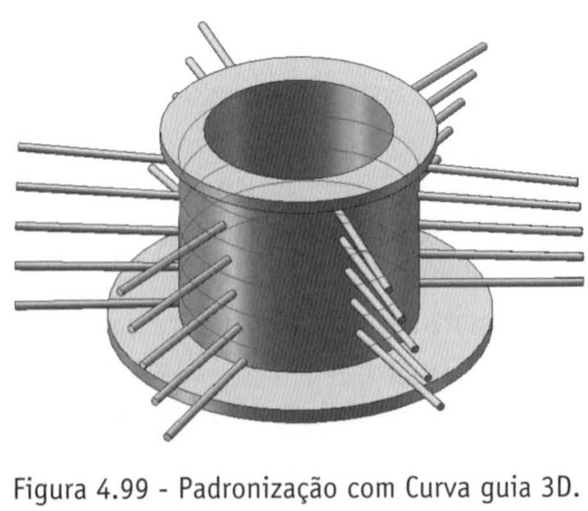

Figura 4.99 - Padronização com Curva guia 3D.

Nota

Se marcar a caixa de seleção **Direção 2** sem selecionar um elemento de esboço ou uma aresta para **Direção do padrão** em **Direção 2**, um padrão implícito é criado com base no que foi selecionado para **Direção do padrão** em **Direção 1**.

4.6.5.2. Caixa de Diálogo Direção 2

- **Direção do padrão** - seleciona uma curva, aresta, entidade de esboço ou um esboço no **FeatureManager** para usá-lo como o caminho da segunda direção do padrão. Se necessário, clique em **Inverter direção** para alterar a direção do padrão. O exemplo seguinte usa a aresta lateral do modelo como a **Direção do padrão** para **Direção 2**.

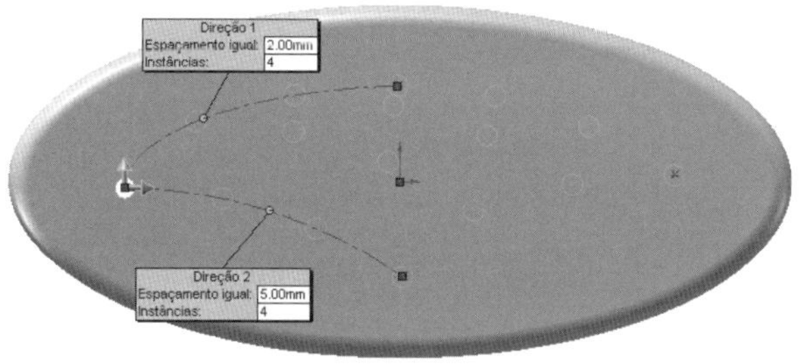

Figura 4.100 - Seleção de curva para Direção 2.

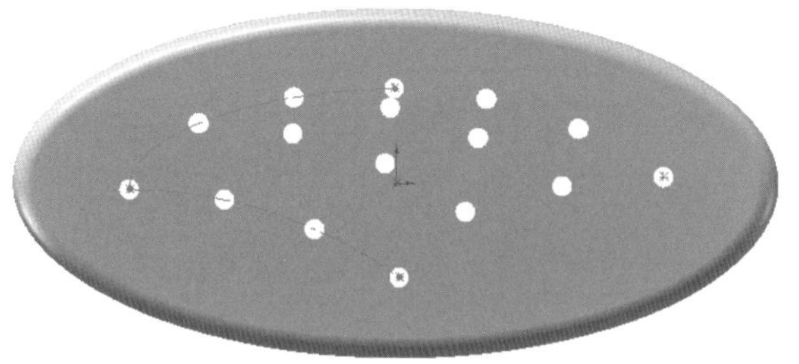

Figura 4.101 - Padronização nas direções 1 e 2.

- **Número de instâncias** - define um valor para o número de instâncias do recurso de origem no padrão.
- **Espaçamento igual** - estabelece espaçamento igual entre cada instância de padrão. A separação entre as instâncias depende da curva selecionada para **Direção do padrão** e do **Método de curva** em **Direção 1**.
- **Espaçamento** (disponível se a opção **Espaçamento igual** não estiver selecionada) - determina um valor para a distância entre as instâncias de padrão.
- **Somente recurso original do padrão** - copia apenas o padrão de origem, que cria um padrão de curva em **Direção 2**, sem copiar o padrão de curva gerado em **Direção 1**.

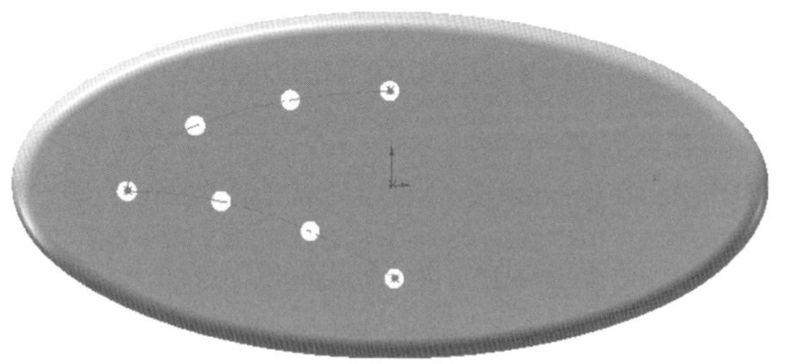

Figura 4.102 - Opção **Somente recurso original do padrão.**

4.6.5.3. Caixa de Diálogo Recursos para Padrão

Essa caixa exibe os recursos selecionados para replicar conforme um dos padrões selecionados.

- **Recursos para padrão** - seleciona o recurso de origem para padrão na área de gráficos.

Nota

Se o recurso para padrão tiver filetes ou outras adições, use a árvore de projetos do **FeatureManager** do **flyout** para selecionar esses recursos.

4.6.5.4. Caixa de Diálogo Faces para Padrão

- **Faces para aplicar padrão** - selecione todas as faces que compõem o recurso na área de gráficos para criar o padrão. Isso é útil com os modelos que importam apenas as faces que compõem o recurso e não o próprio recurso.

Nota

Ao usar **Faces para aplicar padrão**, o padrão deve permanecer dentro da mesma face ou limite. Ele não pode **cruzar os limites.** Por exemplo, um corte através de toda a face ou em níveis diferentes (como uma aresta elevada) cria um limite e separa as faces, não permitindo a propagação do padrão.

4.6.5.5. Caixa de Diálogo Corpos para Padrão

- **Corpos sólidos/superfície para padrão** - em peças com múltiplos corpos, selecione os corpos para padrão na área de gráficos.

4.6.5.6. Caixa de Diálogo Instâncias a Ignorar

Instâncias a ignorar - selecione cada instância de padrão a ser ignorada na área de gráficos. As instâncias selecionadas são removidas do padrão, Figuras 4.103 e 4.104.

Note que o ponteiro muda para o formato de uma *pequena mão* com o dedo indicador esticado quando posicionado sobre cada instância do padrão. Clique para selecionar a instância do padrão e as suas coordenadas aparecem. Para restaurar uma instância de padrão, clique na instância novamente ou a exclua da caixa **Instâncias a ignorar**.

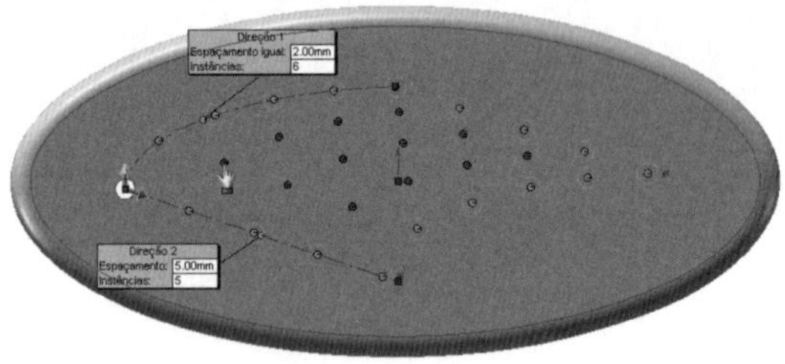

Figura 4.103 - Seleção das instâncias a ignorar.

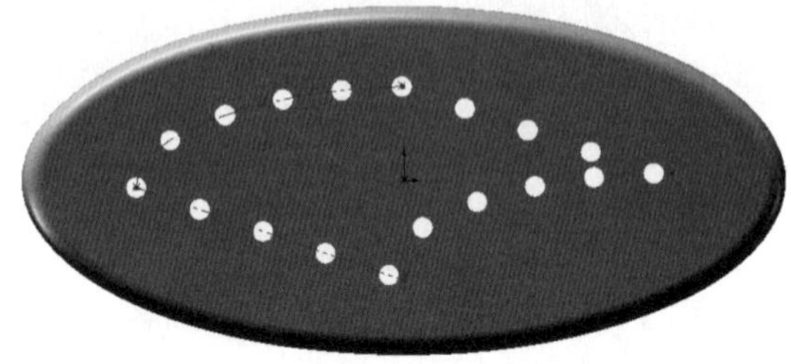

Figura 4.104 - Modelo com instâncias ignoradas.

4.6.5.7. Caixa de Diálogo Opções

- **Variar esboço** - permite que o padrão altere suas dimensões à medida que ele for repetido.
- **Padrão de geometria** - cria um padrão utilizando uma cópia exata do recurso de origem. As instâncias individuais do recurso de origem não são resolvidas; as condições finais e os cálculos são ignorados. A opção Padrão de geometria aumenta a velocidade de criação e de reconstrução de um padrão.

  Não é possível criar padrões de geometria dos recursos que possuem faces mescladas com o restante da peça.
- **Propagar propriedades visuais** - propaga cores, texturas e dados de representação de rosca do SolidWorks a todas as instâncias do padrão.

4.6.6. Padrão de Preenchimento

O recurso **Padrão de preenchimento** seleciona uma área definida por faces *coplanares* ou um esboço localizado em uma dessas faces. O comando preenche a região definida com um padrão de recursos ou uma forma de corte predefinida.

Se você utilizar um esboço para o limite, pode ser necessário selecionar a direção do padrão.

Parâmetros controlam o layout do padrão. É possível criar um padrão no estilo de perfuração de chapa metálica, ou um padrão de formas concêntricas normalmente utilizado para aprimorar a estética.

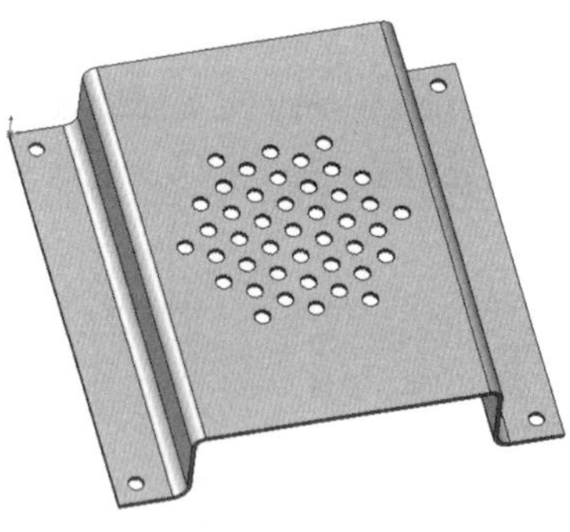

Figura 4.105 - Exemplo de Padrão de preenchimento.

Os usos típicos incluem:

- Redução de peso
- Furos de ventilação
- Superfícies para segurar com as mãos

4.6.6.1. Tipos de Padrão de Preenchimento

O SolidWorks oferece quatro tipos de padrão de preenchimento:

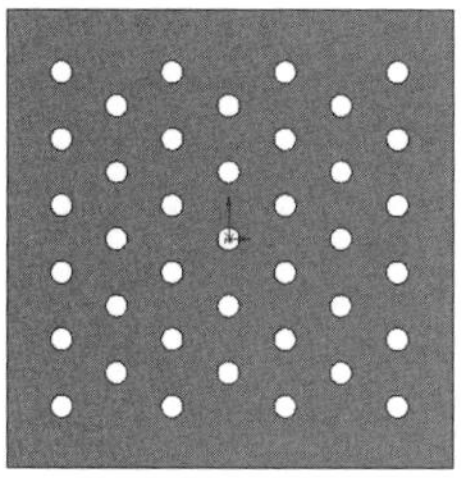

Figura 4.106 - Perfuração.

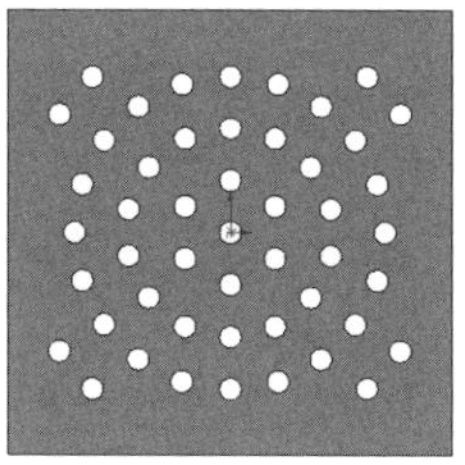

Figura 4.107 - Circular.

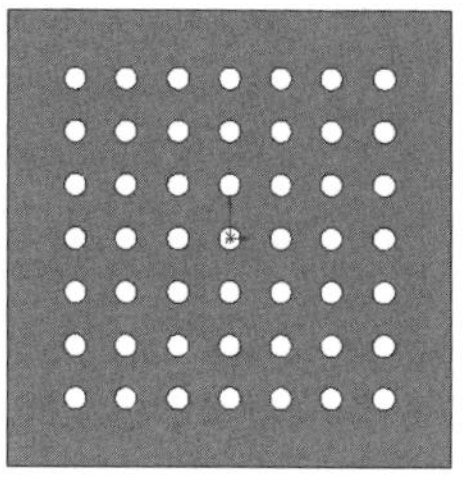

Figura 4.108 - Quadrado.

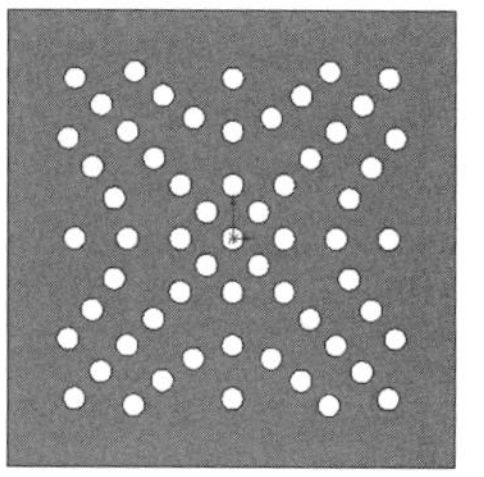

Figura 4.109 - Polígono.

Figura 4.106 - preenchimento projetado para padrões de perfuração de chapa metálica.

Figuras 4.107 a 4.109 - preenchimentos projetados para preencher áreas arbitrárias com um padrão que se repete em uma grade concêntrica. Esses padrões possuem opções similares no **PropertyManager**:

- Defina o espaçamento entre as voltas concêntricas ou linhas (utilizando centros de instância), iniciando no recurso de origem.
- Defina o padrão com base em:
  - Espaçamento entre instâncias dentro de uma volta ou linha (espaçamento de alvo). O espaçamento real pode variar dentro de cada volta ou linha para que as instâncias ajustem-se uniformemente.
  - O número de instâncias por volta ou linha.
  - Margens.
  - Direção do padrão.

O comando para padrão de preenchimento é acessado pelo menu *drop-down* **Inserir → Padrão/espelho → Padrão de preenchimento**. Ao selecionar o comando, o **PropertyManager** se abre, Figura 4.110, exibindo os seguintes controles de propriedades:

Figura 4.110 - PropertyManager Preencher limite.

4.6.6.2. Caixa de Diálogo Preencher Limite

Define a área a ser preenchida com o padrão. Selecione esboços, curvas planas em faces, uma face ou faces coplanares. Se for utilizado um esboço para o limite, será necessário selecionar a direção do padrão.

4.6.6.3. Caixa de Diálogo Layout do Padrão

Determina o layout do padrão das instâncias dentro do limite de preenchimento. Selecione uma forma personalizável para aplicar o padrão ou aplique o padrão a um recurso. O layout das instâncias de padrão é feito de maneira concêntrica com o recurso de origem.

O recurso de origem do padrão fica no centro da face do limite de preenchimento, a não ser que um vértice ou ponto seja selecionado a fim de posicionar o recurso de origem em **Formas para padrão**.

Botões de Padrão de Layout

 Cria uma grade para um padrão de estilo de perfuração de chapa metálica.

 Cria um padrão de forma circular.

 Cria um padrão de forma quadrada.

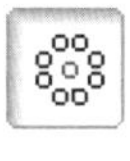 Cria um padrão de forma poligonal.

4.6.6.4. Caixa de Diálogo Recursos para Padrão

Figura 4.111 - Opções de corte original.

- **Recursos selecionados** - selecione um recurso para aplicar padrão em **Recursos para padrão**.
- **Criar corte original** - quando essa opção é selecionada, quatro botões aparecem na caixa, Figura 4.111. Essa opção personaliza uma forma de corte para que o recurso de origem aplique o padrão.

Botões de opções de corte

Cria um corte circular como o recurso de origem.

- **Diâmetro** - define o diâmetro.
- **Ponto de esboço ou vértice** - localiza o centro do recurso de origem no ponto de esboço ou vértice selecionado e cria o padrão que se inicia nesse ponto. Se essa caixa ficar vazia, o padrão é centralizado na face do limite de preenchimento.

Cria um corte quadrado como o recurso de origem.

- **Lado** - define o comprimento dos lados.
- **Ponto de esboço ou vértice** - localiza o centro do recurso de origem no ponto de esboço ou vértice selecionado e cria o padrão que se inicia nesse ponto. Se essa caixa ficar vazia, o padrão é centralizado na face do limite de preenchimento.
- **Rotação** - gira cada instância em sentido anti-horário nesse valor.

Cria um corte em forma de diamante como o recurso de origem.

- **Lado** - define o comprimento dos lados.
- **Diagonal** - determina o comprimento da diagonal.
- **Ponto de esboço ou vértice** - localiza o centro do recurso de origem no ponto de esboço ou vértice selecionado e cria o padrão que se inicia nesse ponto. Se essa caixa ficar vazia, o padrão é centralizado na face do limite de preenchimento.
- **Rotação** - gira cada instância em sentido anti-horário nesse valor.

Cria um corte poligonal como o recurso de origem.

- **Lados** - define o número de lados.
- **Raio externo** - indica o lado com base no raio externo.
- **Raio interno** - estabelece o lado com base no raio interno.
- **Ponto de esboço ou vértice** - localiza o centro do recurso de origem no ponto de esboço ou vértice selecionado e cria o padrão que se inicia nesse ponto. Se essa caixa ficar vazia, o padrão será centralizado na face do limite de preenchimento.
- **Rotação** - gira cada instância em sentido anti-horário nesse valor.
- **Inverter direção da forma** - *checkbox* para inverter a direção do recurso de origem sobre a face selecionada em **Limite de preenchimento**.

4.6.6.5. Caixa de Diálogo Faces para Padrão

Seleciona as faces para aplicar padrão. As faces devem formar um corpo fechado que entre em contato com a face do limite de preenchimento.

4.6.6.6. Caixa de Diálogo Corpos para Padrão

Seleciona corpos sólidos e de superfície para aplicar padrão.

4.6.6.7. Caixa de Diálogo Recursos a Ignorar

Seleciona cada instância de padrão a ser ignorada na área de gráficos. As instâncias selecionadas são removidas do padrão, Figuras 4.112 e 4.113.

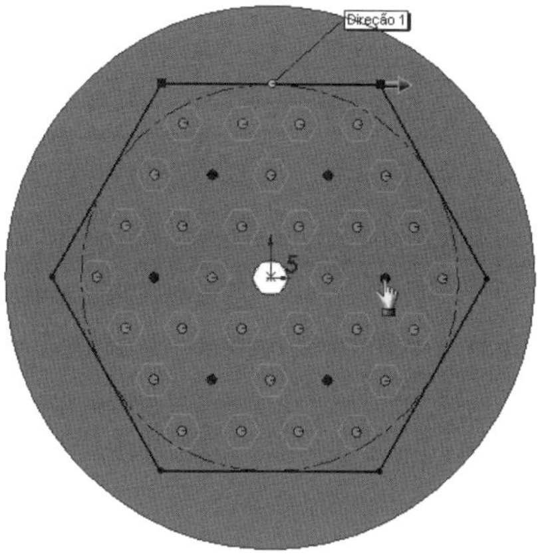

Figura 4.112 - Instâncias a ignorar.

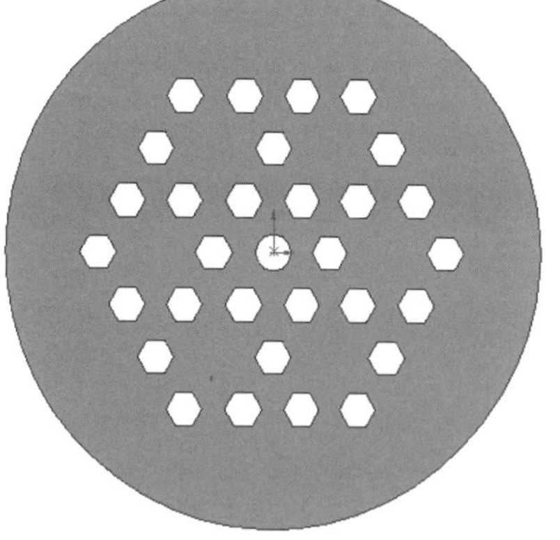

Figura 4.113 - Instâncias ignoradas.

4.6.6.8. Caixa de Diálogo Opções

- **Padrão de geometria** - quando selecionada, essa *checkbox* cria um padrão utilizando uma cópia exata do recurso de origem. As instâncias individuais do recurso de origem não são resolvidas; as condições finais e os cálculos são ignorados. Essa opção aumenta a velocidade de criação e de reconstrução de um padrão.

  Não é possível criar padrões de geometria dos recursos que possuem faces mescladas com o restante da peça.

- **Propagar propriedades visuais** - quando selecionada, propaga cores, texturas e dados de representação de rosca do SolidWorks a todas as instâncias do padrão.

4.7. Padrão de Padrão

Outra possibilidade do SolidWorks, e bastante lógica, é a criação de padrão de padrão. Ou seja, a partir de um recurso, cria-se um padrão, e depois um padrão de padrão. Observe o exemplo das Figuras 4.114 a 4.116.

Figura 4.114 - Modelo com recurso de rasgo na superfície.

Figura 4.115 - Padrão gerado a partir do recurso de rasgo.

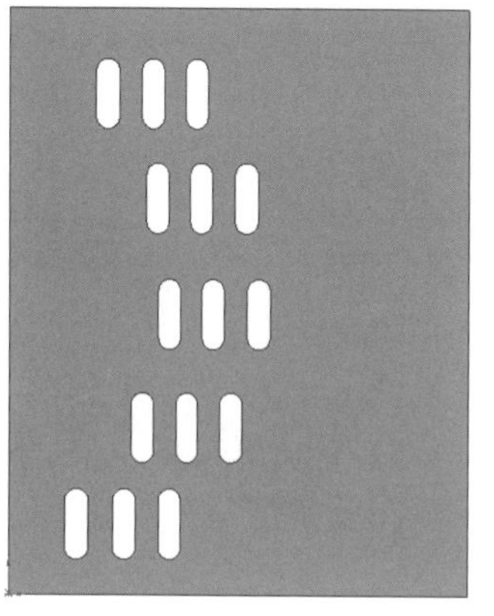

Figura 4.116 - Padrão de padrão.

4.8. Espelhamento de Recursos Simples e Padronizados

O Padrão repete os recursos selecionados em uma matriz com base em um recurso de origem. É possível criar um padrão linear, circular, dirigido por curva, de preenchimento ou usar pontos de esboço ou coordenadas de tabela para criar o padrão.

O espelhamento copia os recursos selecionados ou todos os recursos, espelhando-os sobre a face ou o plano selecionado.

Para propagar as cores, as texturas e os dados de representação de rosca do SolidWorks a todas as instâncias de padrão e recursos espelhados, selecione a opção **Propagar propriedades visuais** no **PropertyManager**.

A ferramenta para espelhar recurso e padrões pode ser acessada pelo menu *drop-down* **Inserir → Padrão/espelhar → Espelhar**.

Quando a ferramenta é ativada, surge seu **PropertyManager**, Figura 4.117.

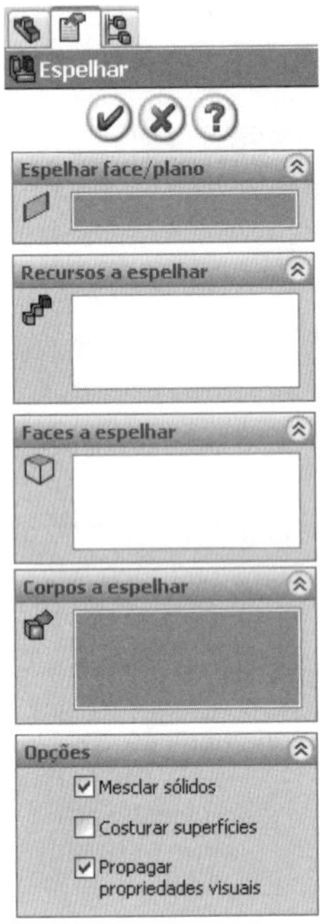

Figura 4.117 - PropertyManager Espelhar.

Para espelhar um recurso:

1. Clique em Espelhar na barra de ferramentas Recursos ou em **Inserir**, **Pattern/Mirror (Espelhar/criar padrão)**, Espelhar.
2. Em Espelhar **face/plano**, selecione uma face ou um plano na área de gráficos.

   É possível selecionar recursos, as faces que compreendem os recursos ou um corpo contendo peças com múltiplos corpos.

- Para usar os recursos: em **Recursos a espelhar**, clique em um ou mais recursos no modelo ou use o **flyout** na árvore de projetos do **FeatureManager**, Figuras 4.118 e 4.119.

Figura 4.118 - Recurso a espelhar.

Figura 4.119 - Espelhamento do recurso sobre o plano.

- Para espelhar todo o modelo: em **Corpos a espelhar**, selecione um modelo na área de gráficos, Figuras 4.120 e 4.121.

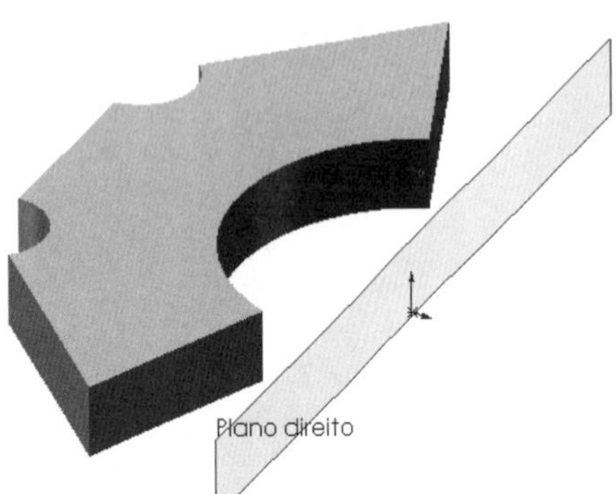

Figura 4.120 - Corpos a espelhar.

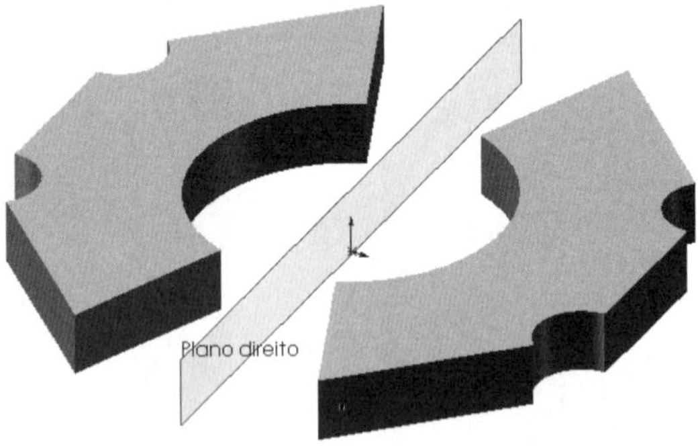

Figura 4.121 - Espelhamento do corpo sobre o plano.

- O modelo espelhado é anexado à face selecionada.
- Para usar faces: em **Faces a espelhar**, na área de gráficos, clique nas faces que compreendem o recurso a ser espelhado. **Faces a espelhar** é útil para as peças importadas em que o processo de importação incluiu as faces do recurso, mas não o próprio recurso.
- Para espelhar um padrão em peças com múltiplos corpos:
  - Em **Recursos a espelhar**, selecione o padrão na árvore de projetos do **FeatureManager**.

  Em Opções, selecione Padrão de geometria.
  - Em **Escopo do recurso**, selecione uma **opção** com base nos corpos aos quais o padrão deve ser aplicado.
- Para usar corpos: em **Corpos a espelhar**, selecione o corpo a ser espelhado na área de gráficos.

Se a opção **Corpos a espelhar** for selecionada, as seguintes **Opções** são exibidas:

- **Mesclar sólidos** - ao selecionar uma face em uma peça sólida e desmarcar a caixa de seleção **Mesclar sólidos**, é possível criar um corpo espelhado anexado ao corpo original, mas ele será uma entidade separada. Se a opção **Mesclar sólido** for selecionada, a peça original e a espelhada se tornam uma única entidade.
- **Costurar superfícies** - se optar por espelhar uma superfície anexando a face de espelho à face original, sem interseções nem espaçamentos entre as superfícies, selecione **Costurar superfícies** para costurar as duas superfícies juntas.

3. Se quiser espelhar somente a geometria (faces e arestas) dos recursos, em vez de resolver o recurso inteiro, selecione **Padrão** de geometria.
4. O Padrão de geometria fica disponível somente com **Recursos a espelhar** e **Faces a espelhar**.
5. Para espelhar as propriedades visuais das entidades espelhadas (cores, texturas e dados de representação de rosca do SolidWorks), selecione **Propagar propriedades visuais**.
6. Clique em **OK**.

Nota

A opção de padrão de geometria aumenta a velocidade de criação e de reconstrução do padrão. Entretanto, não é possível criar padrões de geometria dos recursos que possuem faces mescladas com o restante da peça. Para espelhar um padrão de recurso em peças com múltiplos corpos, selecione **Padrão de geometria**.

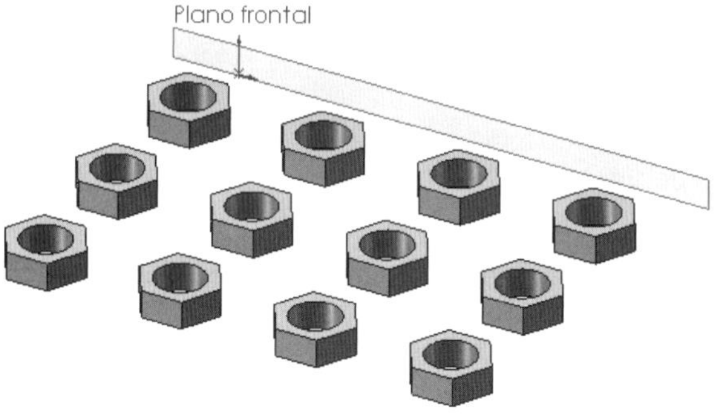

Figura 4.122 - Padrão de corpos múltiplos a espelhar.

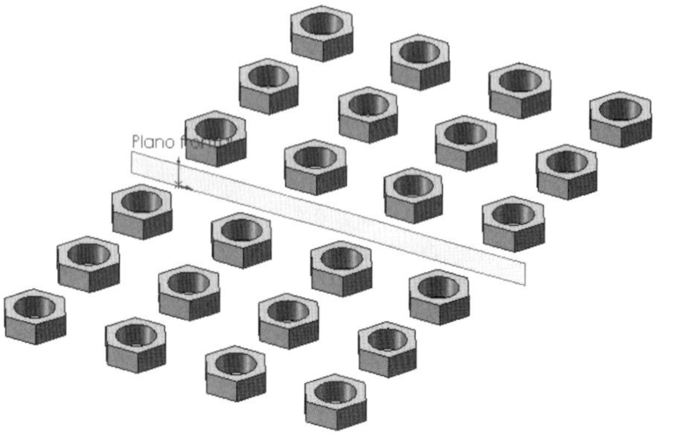

Figura 4.123 - Padrão de corpos múltiplos espelhado.

Exercício 1

Crie o modelo conforme dimensões exibidas, Figura 4.124.

(Tempo estimado: 30 minutos)

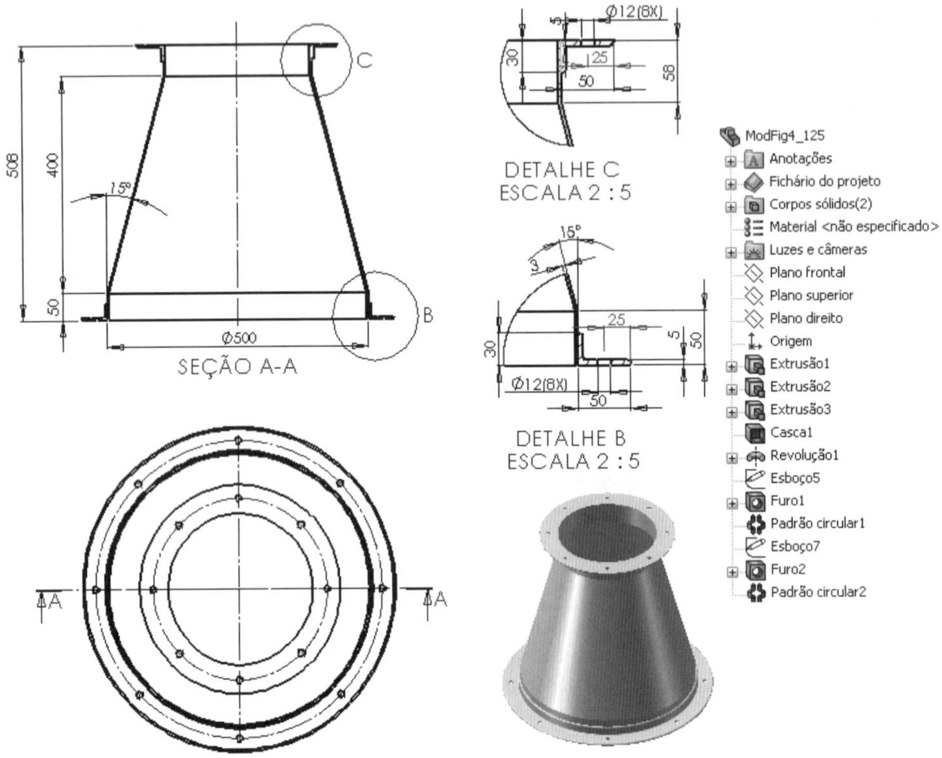

Figura 4.124 - Modelo e detalhes para o exercício passo a passo 1.

Os seguintes passos são necessários para completar este exercício:

1. Abra a seção SolidWorks.
2. Fixe o diretório de trabalho e crie um arquivo de esboço, na forma de círculo, no plano superior. Faça a extrusão e depois use a superfície superior para gerar o novo esboço.
3. Desenhe um novo círculo na superfície da extrusão anterior e faça a extrusão com profundidade de 400mm e ângulo de 15°.
4. Faça um círculo na superfície dessa extrusão e a extrusão com profundidade de 58mm.
5. Use o comando Casca, especificando parede de 3mm.
6. Crie o perfil de cantoneira e gere uma extrusão por revolução.
7. Crie um furo de diâmetro 12mm em cada um dos perfis e gere um padrão circular.

Iniciar o SolidWorks

Inicie o SolidWorks com um duplo-clique no ícone SolidWorks na tela do computador ou pelo menu Iniciar.

Fixar o Diretório de Trabalho

1. Crie no diretório **C** do computador, em **Meus documentos**, uma pasta que deve conter todas as subpastas referentes aos exercícios dos capítulos deste livro, e nomeie a pasta como **EXERCLSW.**
2. Abra a pasta **EXCERCLSW** e crie a subpasta denominada **Exerc_Cap4**.
3. Todos os exercícios deste segundo capítulo devem ser salvos nesta pasta.

Iniciar um Novo Arquivo

1. Abra o SolidWorks e inicie um **Novo Arquivo**. Selecione o template **Peças**.
2. No SolidWorks, esboço e modelo são criados dentro do modo **Peça**, portanto são salvos com a mesma terminação: ***.Prt**.
3. Clique no comando **Esboço** na barra de ferramentas e selecione o **Plano superior**.

Criação da Primeira Extrusão Sólida - Primeiro Nível

1. Inicie um novo esboço e selecione o plano Superior como plano de esboço.
2. Crie um círculo de diâmetro **500mm** e faça a extrusão com profundidade de **50mm**, Figuras 4.125 e 4.126.

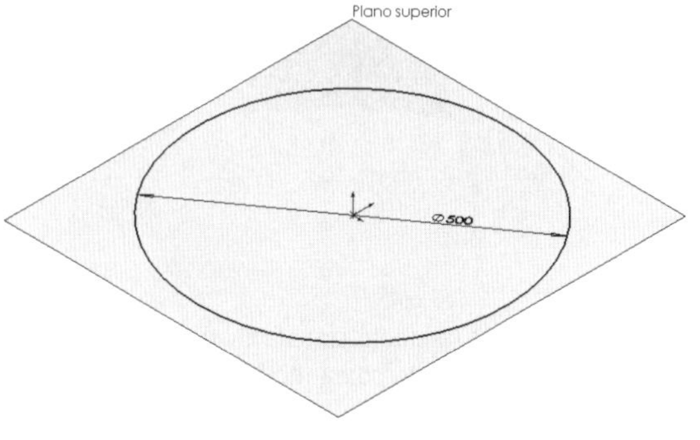

Figura 4.125 - Esboço da primeira extrusão.

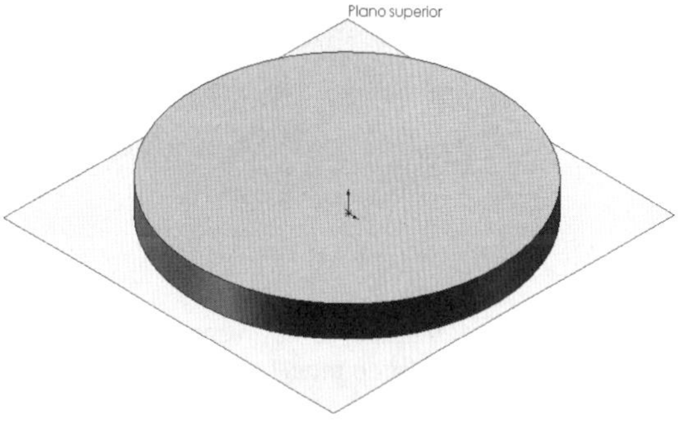

Figura 4.126 - Extrusão do esboço.

Criação da Segunda Extrusão - Segundo Nível

1. Com o comando **Círculo,** crie agora um círculo de mesmo diâmetro do anterior, porém usando como plano de esboço a face superior da extrusão anterior.
2. Faça a extrusão do novo esboço com profundidade de **400mm** e um ângulo de **15**°, para dentro, Figura 2.127.

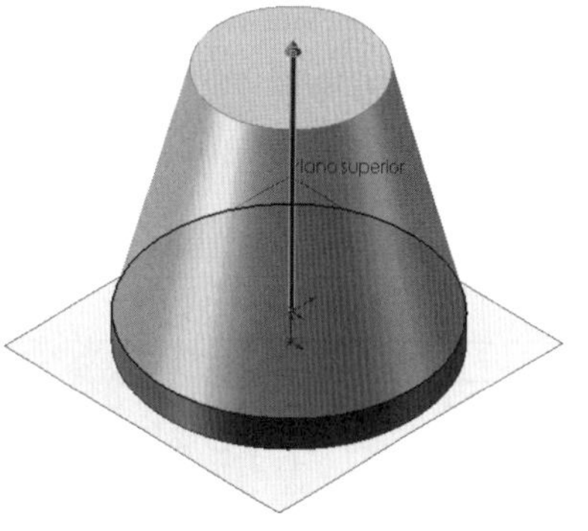

Figura 4.127 - Extrusão do segundo nível.

Criação da Terceira Extrusão - Terceiro Nível

1. Utilizando novamente o comando **Círculo,** crie um círculo de mesmo diâmetro do anterior, porém usando como plano de esboço a face superior da extrusão anterior.
2. Faça a extrusão do novo esboço com profundidade de **58mm**, Figura 4.128.

Figura 4.128 - Extrusão do terceiro nível.

Criação da Casca - Espessura da Parede

Para transformar o sólido obtido em uma estrutura vazada, é necessário aplicar o comando **Casca**.

1. Clique em **Casca**, na barra de ferramentas **Recursos**, ou em **Inserir** → **Recursos** → **Casca**, no menu *drop-down*. Será aberto o **PropertyManager** do comando.
2. Em **D1** (Espessura), defina a espessura da casca como **3mm**.
3. Selecione as faces superior e inferior do modelo, Figura 4.129.
4. Clique em **OK** para formar a casca, Figura 4.130.

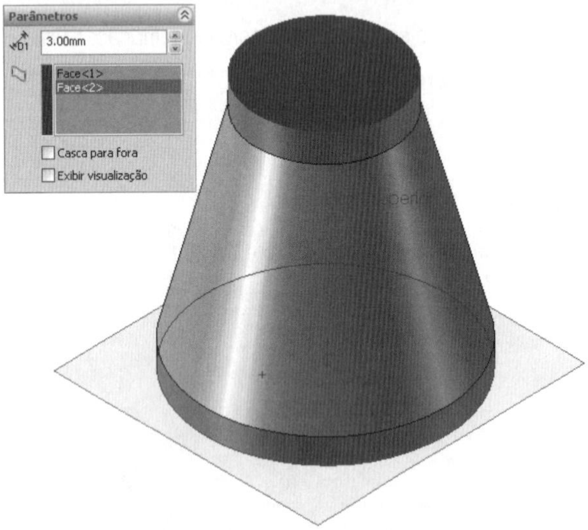

Figura 4.129 - Seleção das faces superior e inferior do modelo sólido.

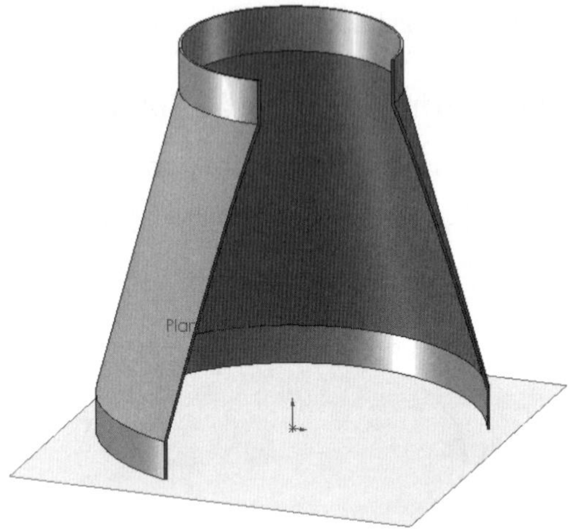

Figura 4.130 - Modelo transformado em casca - visualização pelo comando **Vista de seção.**

Criação dos Flanges Inferior e Superior - Ressalto Revolucionado

Os flanges superior e inferior serão criados pela aplicação do comando **Ressalto/base revolucionado**.

1. Abra um novo esboço e selecione como plano de esboço o **Plano frontal**.
2. A partir das extremidades do modelo, crie os esboços dos flanges, conforme as Figuras 4.131 e 4.132.

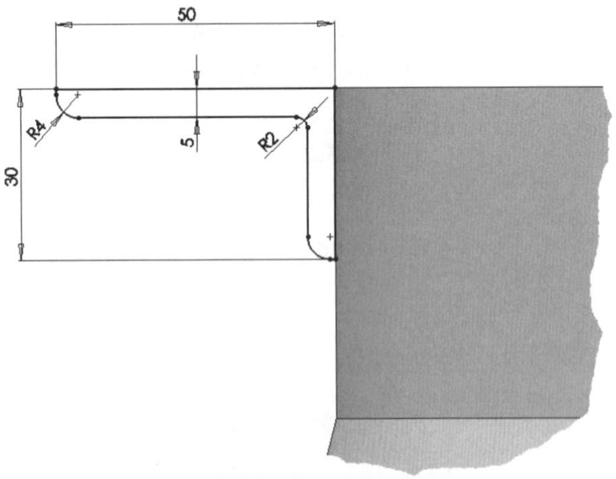

Figura 4.131 - Esboço do flange superior.

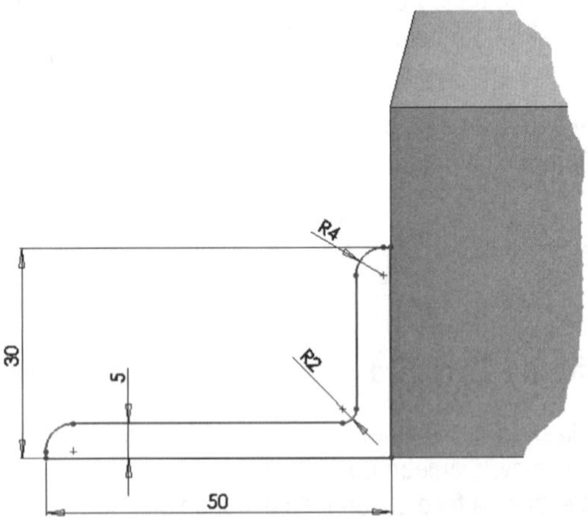

Figura 4.132 - Esboço do flange inferior.

3. Dimensione os esboços e crie uma **Linha de centro** no modelo, partindo da **Origem**. Feche o esboço.

   O próximo passo é a aplicação do comando **Ressalto/base revolucionado**.

4. Na barra de ferramentas **Recursos**, selecione o botão de comando **Ressalto/base revolucionado** e depois, na árvore do projeto, selecione o esboço. Note que imediatamente o recurso de flanges superior e inferior é formado.

5. Clique em **OK** para finalizar o comando.

Criação dos Furos dos Flanges - Padronização de Recursos

Os furos de ambos os flanges serão gerados sobre uma linha de centro circular obtida por **Offset** em sentido interno, distante 25mm da aresta externa de cada flange.

1. Abra um novo esboço e selecione a superfície superior do flange superior como plano de esboço. Clique em **Estrutura de arame**, na barra de ferramentas **Exibir**.

2. Na barra de ferramentas **Esboço**, selecione o comando **Offset de entidade** e configure a distância offset em 23mm. Em seguida, clique na *checkbox* Inverter direção para que o efeito do offset seja de fora para dentro.

3. Clique na aresta externa da superfície superior do flange e observe que uma circunferência com afastamento de **25mm** da aresta selecionada aparece sobre a superfície de esboço. Clique na circunferência e transforme-a em uma linha de construção.

4. Estabeleça uma **Linha de centro** partindo da **Origem** em direção vertical, Figura 4.133. Feche o ambiente de esboço.

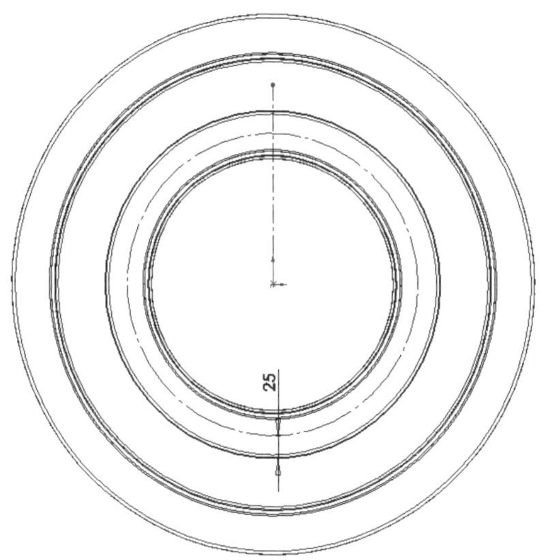

Figura 4.133 - Circunferência gerada por **Offset de entidade**, e linha de centro.

5. Insira um **ponto** no cruzamento entre a linha de centro e a circunferência para definir o ponto de localização para o furo de diâmetro **12mm** que servirá de padrão para os demais.

   Para garantir a coincidência entre o **ponto**, a circunferência e a linha de centro, clique sobre o **ponto**, pressione a tecla **CTRL** e mantenha-a pressionada, enquanto seleciona também a **circunferência** e a **linha de centro**. Será aberto o *painel de relações*. Clique na relação **Interseção**.

6. Clique no comando **Furo simples** no menu *drop-down* **Inserir** → **Recursos** → **Furo** → **Simples**. É exibida no **PropertyManager** a solicitação de seleção de uma superfície de referência para inserção do furo. Clique próximo ao ponto estabelecido e na nova caixa do **PropertyManager**, que será aberta, configure **Direção 1** com a opção **Até o próximo** e o diâmetro **D1** em **12mm**.

7. Clique em **OK** para confirmar. Observe que o centro do furo não coincide com o ponto criado. Para estabelecer a coincidência entre ambos, edite o esboço do furo (selecione-o com o cursor na árvore e pressione o botão direito para abrir o menu de atalho e depois a opção **Editar esboço**). Será aberto o modo de edição do SolidWorks.

8. Clique com o cursor na circunferência do furo, pressione a tecla **CTRL** e clique sobre o ponto. Novamente surgirá o painel de relações. Clique na relação **Concêntrico**. Pressione **OK** para confirmar.

9. Saia do ambiente de esboço. Terá sido criado e definido o primeiro furo, Figura 4.134.

10. Coloque o modelo em perspectiva **Isométrica** para melhor visualização e mostre o **Eixo temporário**. Para isso, clique no menu *drop-down* em **Exibir** → **Eixos temporários**. Em seguida, na barra de ferramentas **Recursos**, clique no comando **Padrão circular** ou vá ao menu *drop-down* **Inserir** → **Padrão/espelho** → **Padrão circular**. Será exibido o **PropertyManager** de padrão circular.

11. Clique dentro da janela **Eixo do padrão** para ativá-la e no **Eixo temporário** do modelo. Mais abaixo, clique dentro da janela **Recursos para padrão**, também para ativá-la, e selecione o recurso **Furo 1** criado na **Árvore de projeto**. Note que as réplicas do furo-padrão aparecem no flange superior.

12. Clique em **OK** para confirmar o comando, Figura 4.135.

O processo para criação da furação no flange inferior é exatamente análogo ao anterior:

1. Selecione a face superior do flange como referência de esboço.

2. Use o comando **Offset de entidades** para criar a circunferência e transforme-a em linha de construção.

3. Estabeleça uma linha de centro e insira um furo, tornando-o coincidente com a circunferência e linha de centro. Insira um **ponto** e acerte a concentricidade. Aplique o **Padrão circular**.

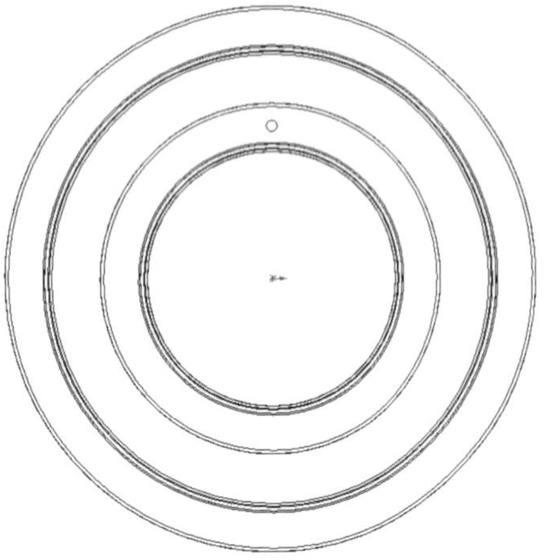

Figura 4.134 - Furo-padrão para o flange superior.

Figura 4.135 - Padronização circular no flange superior.

Fechar e Salvar o Arquivo

1. Salve o arquivo na pasta **Exerc_Cap4** com o nome de **Exerc_PP1**.

Exercício 2

Neste exercício você vai criar o modelo conforme as dimensões exibidas, Figura 4.136.

(Tempo estimado: 30 minutos)

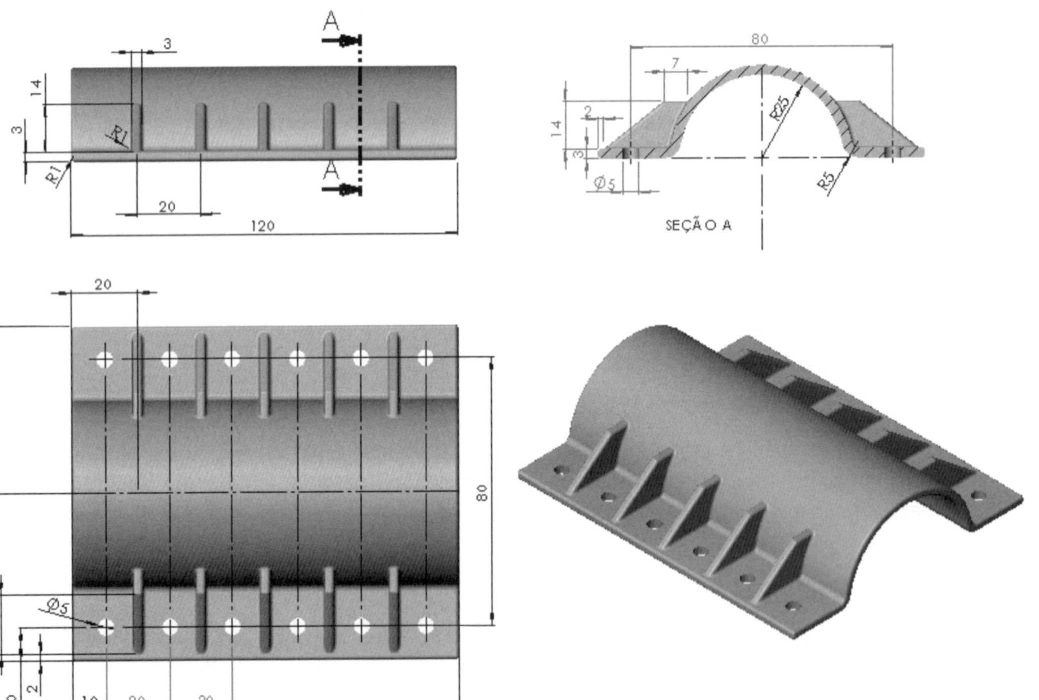

Figura 4.136 - Modelo e detalhes para o exercício passo a passo 2.

Os seguintes passos são necessários para completar o exercício:

1. Abra a seção SolidWorks.
2. Fixe o diretório de trabalho e crie um arquivo de esboço no plano direito, Figura 4.137. Faça uma extrusão fina com espessura e profundidade determinadas, Figura 4.138.
3. Crie um furo simples para defini-lo como padrão e aplique uma padronização linear nas direções 1 e 2.
4. Crie um plano de esboço paralelo ao plano lateral direito a uma distância offset determinada, e use-o como plano de referência para a criação do esboço de uma nervura.
5. Aplique uma padronização linear da nervura na Direção 1 e um espelhamento da padronização da nervura sobre o plano frontal.
6. Por fim, aplique os filetes de arredondamento, salve o modelo e feche o arquivo.

Iniciar um Novo Arquivo

1. Abra o SolidWorks e inicie um **Novo Arquivo**. Selecione o template **Peças**.
2. No SolidWorks, esboço e modelo são criados dentro do modo **Peça**, portanto são salvos com a mesma terminação: ***.Prt**.
3. Clique no comando **Esboço** na barra de ferramentas e selecione o **Plano direito**.

Desenho, Dimensionamento e Extrusão do Perfil Base

1. Com os comandos **Linha**, **Arco de ponto central** e **Filete**, todos pertencentes à barra de ferramentas **Esboço**, desenhe o esboço e dimensione-o, como mostra a Figura 4.137. Observe para que a **Origem** fique no centro do arco.
2. Feche o ambiente de esboço e clique no comando **Ressalto/base extrudado** da barra de ferramentas **Recursos**, ou no menu *drop-down* **Inserir** → **Recursos** → **Ressalto/base extrudado**. Abre-se o PropertyManager do comando.
3. Na caixa **Direção 1**, configure a profundidade **D1** em **120mm**. Na caixa **Recurso fino**, configure a espessura **T1** em **3mm**. Clique em **OK** para aceitar. Será feita a extrusão no esboço, como indica a Figura 4.138.

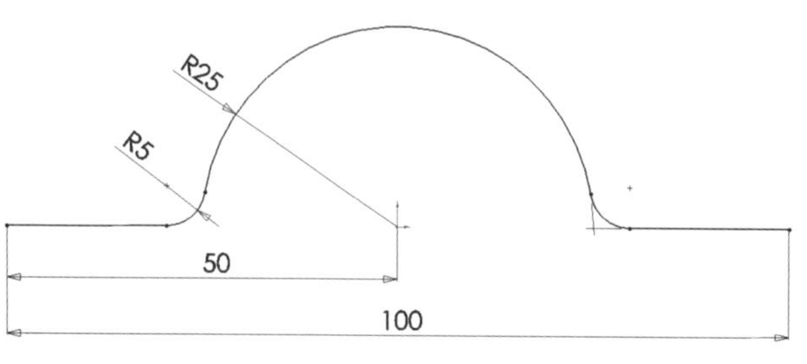

Figura 4.137 - Esboço dimensionado.

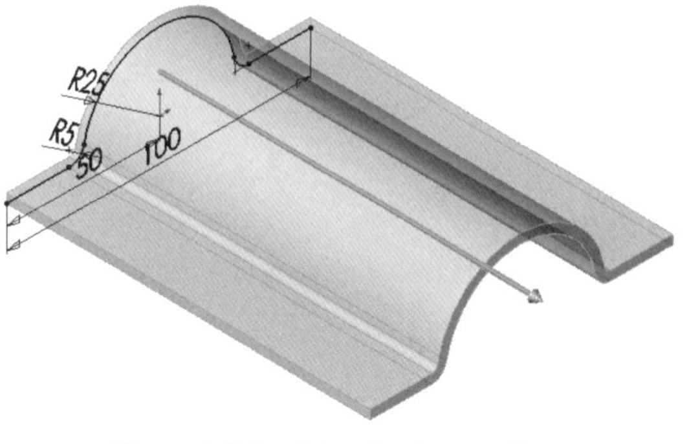

Figura 4.138 - Extrusão Recurso fino.

Criação do Furo Simples Padrão

1. Posicione o modelo em sua vista superior e clique no comando **Furo simples** no menu *drop-down* **Inserir** → **Recursos** → **Furo** → **Simples**. Uma mensagem pede para selecionar um local ou face plana para o centro do furo. Clique com o cursor do mouse em um ponto qualquer próximo ao canto esquerdo da face plana superior do modelo e aparece o **PropertyManager** do comando.
2. Na caixa **Direção 1**, mude a opção da janela de **Cego** para **Passante**. Configure a janela **Diâmetro do furo** para a dimensão de **5mm**. Clique em **OK** para aceitar.
3. Para acertar o posicionamento do furo em relação às arestas, selecione o recurso **Furo 1** na **árvore do modelo** e pressione o botão direito do mouse para acessar o menu de atalhos. Clique na opção **Editar recursos**. É exibido o esboço do furo. Usando a ferramenta **Dimensão inteligente**, clique no centro do esboço (círculo) e em uma das arestas, e configure na caixa **Modificar** a dimensão de afastamento do centro em relação à aresta selecionada. Repita o procedimento para a outra aresta. Clique em **OK** para confirmar. O posicionamento do esboço encontra-se na Figura 4.139.

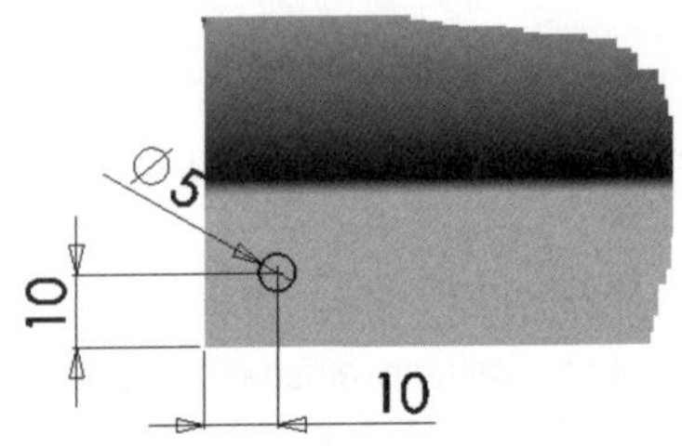

Figura 4.139 - Esboço dimensionado.

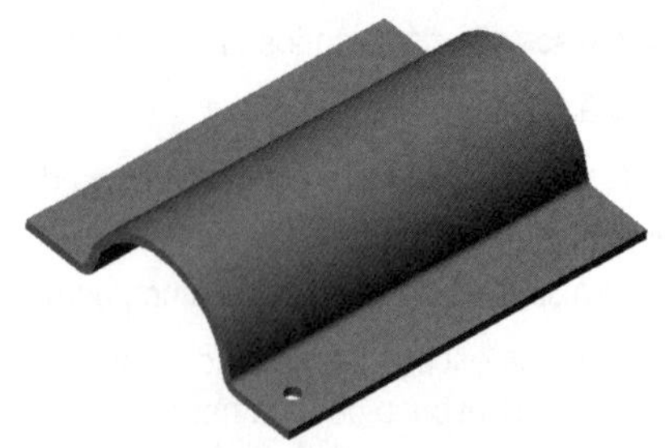

Figura 4.140 - Extrusão fina do esboço.

Criação da Padronização Linear do Furo

1. Criado o furo-padrão, selecione-o na **árvore do modelo** e clique no comando **Padrão linear**, na barra de ferramentas **Recursos** ou pelo menu *drop-down* **Inserir → Padrão/espelho → Padrão linear**. Surge o **PropertyManager** do comando.
2. Defina a aresta maior da face plana do modelo como **Direção 1**, configure o número de instâncias a replicar como **6** e a distância entre instâncias como **20mm**.
3. Defina a aresta menor da face plana do modelo como **Direção 2**, configure o número de instâncias a replicar como **2** e a distância entre instâncias como **80mm**.
4. Clique em **OK** para confirmar a configuração. As Figuras 4.141 e 4.142 ilustram a padronização do furo.

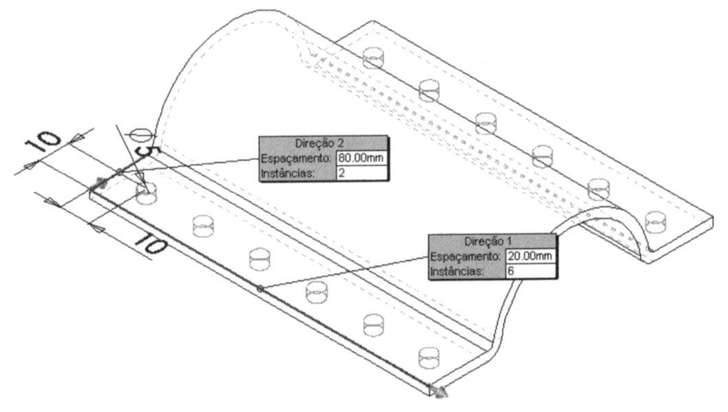

Figura 4.141 - Definição para o Padrão linear.

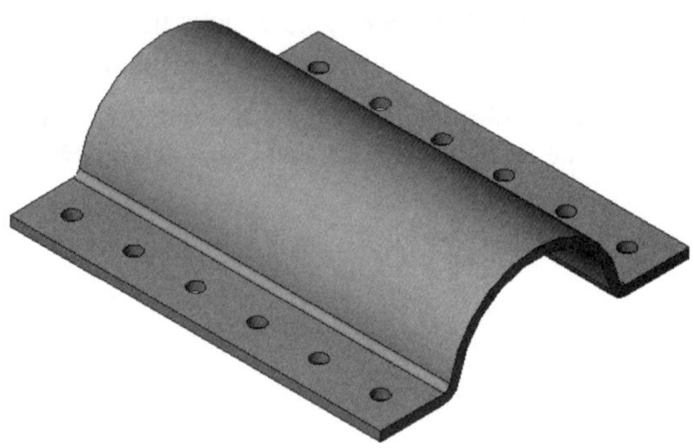

Figura 4.142 - Padrão linear aplicado.

Criação do Plano de Esboço para Nervura

1. Para criar a nervura, é necessário primeiramente criar um plano de esboço, pois o esboço da nervura deve ser desenhado a uma distância de **20mm** da extremidade do modelo e paralelo ao plano Direito.
2. Clique em **Inserir → Geometria de referência → Plano**, no menu *drop-down*. Em seguida, selecione o **Plano direito.** Note que automaticamente é criado um plano paralelo a uma distância Offset padrão. Clique em Inverter posição, se necessário.
3. Mude a distância Offset para **20mm**. Clique em **OK** para aceitar a configuração. É criado o plano, conforme a Figura 4.143.

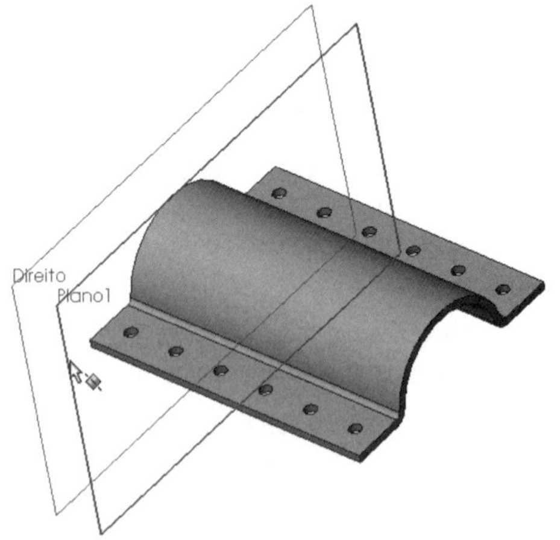

Figura 4.143 - Novo plano de esboço.

Criação da Nervura

1. Inicie um novo esboço definindo como plano de esboço o plano criado (Plano 1).
2. Posicione o modelo em **Normal a**. Utilizando o comando **Linha**, crie e dimensione o esboço, conforme indica a Figura 4.144. O esboço é apenas uma linha originada próxima à aresta vertical de espessura e finalizada sobre a aresta curva, portanto um esboço aberto.
3. Feche o ambiente de esboço, selecione o esboço na **árvore do modelo** e, em seguida, clique no comando **Nervura** na barra de ferramentas **Recursos** ou no menu *drop-down* **Inserir** → **Recursos** → **Nervura**, para abrir o **PropertyManager** do comando.
4. Clique no botão central de **Espessura** para defini-la para **Ambos os lados** e, na janela abaixo, entre com a dimensão de **3mm**. Observe para que a **Direção da extrusão** esteja configurada em **Paralela ao esboço** (botão esquerdo pressionado).
5. Se necessário, clique na *checkbox* **Inverter lado do material** para que a seta aponte para a direção do modelo, Figura 4.144.
6. Clique em **OK** para confirmar. A Figura 4.145 mostra a nervura.
7. A finalização da geometria consiste em aplicar filetes às arestas da nervura. Clique em **Filetes** na barra de ferramentas **Recursos** ou pelo menu *drop-down* **Inserir** → **Recursos** → **Filetes**. É apresentado o **PropertyManager** do comando. Clique na guia **Manual** e configure-a para **Raio constante**. Defina o raio como **1mm**. Aplique filete a todas as arestas do modelo, Figura 4.146.

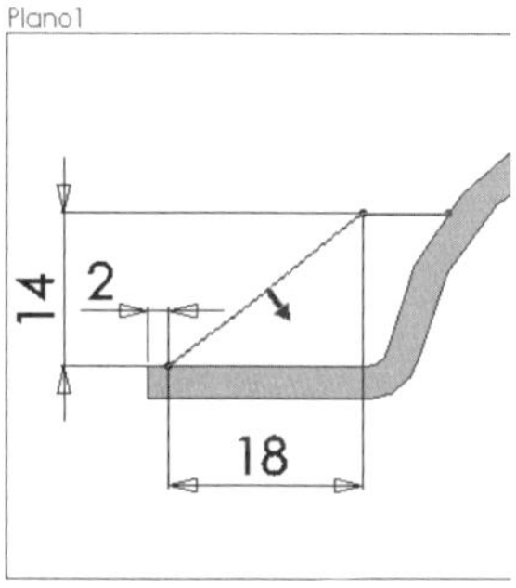

Figura 4.144 - Esboço dimensionado.

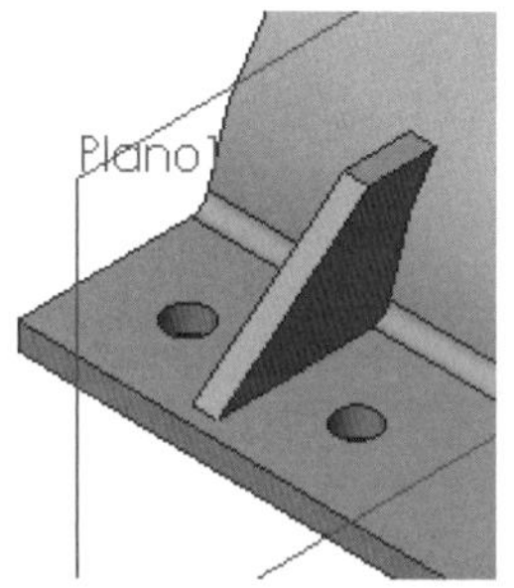

Figura 4.145 - Nervura criada.

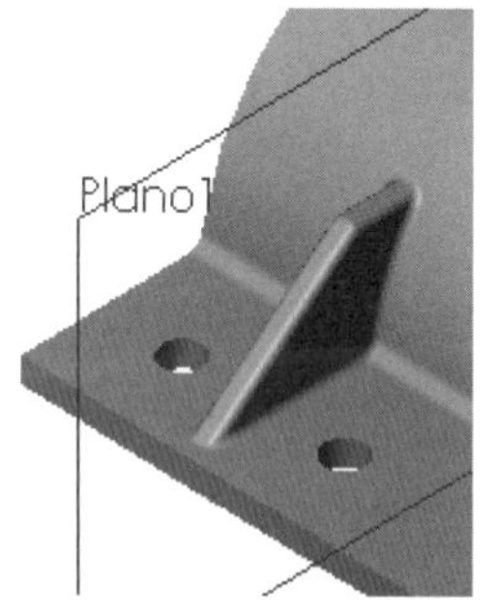

Figura 4.146 - Filetes aplicados à nervura.

Criação do Padrão Linear Nervura

1. Criada a nervura, selecione-a na **árvore do modelo** juntamente com o recurso Filete 1 criado e clique no comando **Padrão linear**, na barra de ferramentas **Recursos**, ou pelo menu *drop-down* **Inserir** → **Padrão/espelho** → **Padrão linear**. Aparece o **PropertyManager** do comando.
2. Defina a aresta maior da face plana do modelo como **Direção 1** e configure o número de instâncias a replicar como **5** e a distância entre instâncias como **20mm**.
3. Clique em **OK** para confirmar a configuração. As Figuras 4.147 e 4.148 ilustram a padronização da nervura.

Figura 4.147 - Esboço dimensionado.

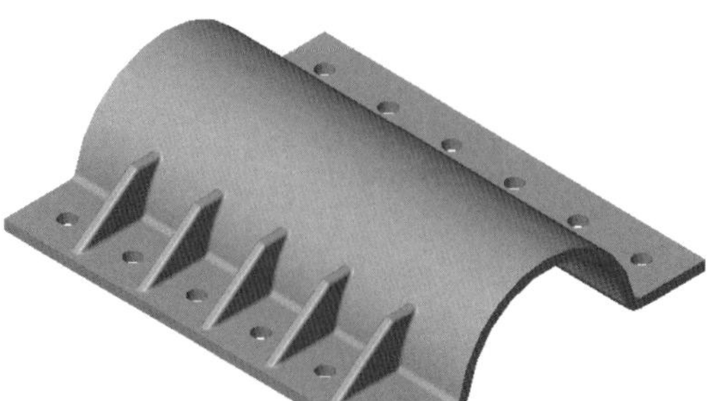
Figura 4.148 - Extrusão fina do esboço.

Espelhamento da Nervura

1. O último passo para a conclusão do modelo consiste no espelhamento da padronização da nervura. Selecione o recurso há pouco criado na **árvore do modelo** e clique no comando **Espelhar**, na barra de ferramentas **Recursos**, ou pelo menu *drop--down* **Inserir** → **Padrão/espelho** → **Espelhar**. O **PropertyManager** do comando é exibido. Defina como referência de espelhamento o Plano frontal, Figuras 4.149 e 4.150.

2. Clique em **OK** para finalizar o comando.

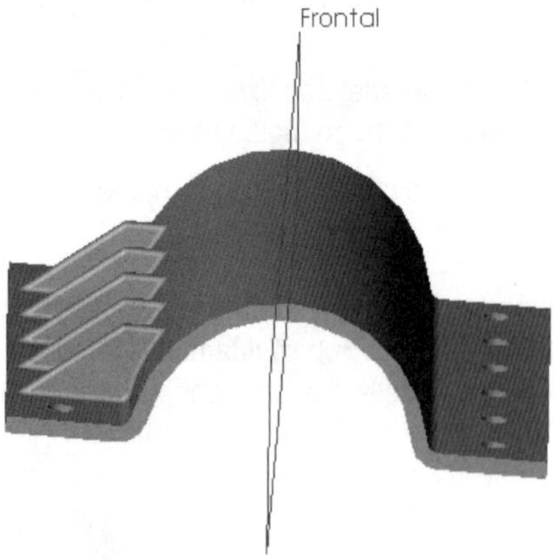

Figura 4.149 - Esboço dimensionado.

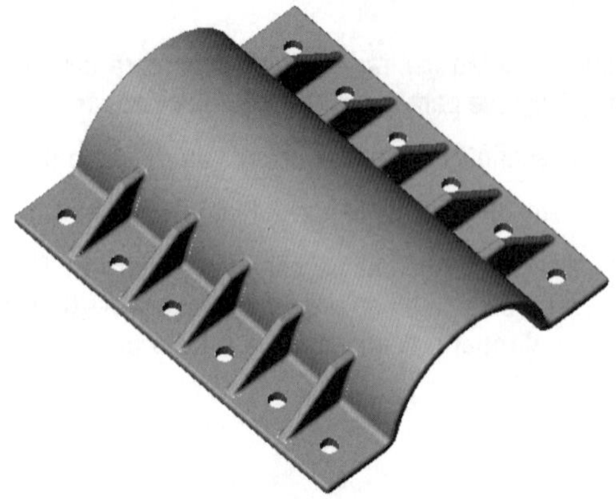

Figura 4.150 - Extrusão fina do esboço.

Fechar e Salvar o Arquivo

1. Salve o arquivo na pasta **Exerc_Cap4** com o nome **Exerc_PP2**.

Questões de Revisão

1. Que referências são necessárias para criar um plano a um ângulo de 30º com qualquer um dos planos normais?
2. Qual a utilidade de exibir os **Eixos temporários**?
3. Qual a restrição quanto à aplicação do comando **Vista de desenho 3D**?
4. Cite as características diferencias entre as vistas **Trimétrica**, **Dimétrica**, e **Isométrica**.
5. Para que serve o comando **Vista de seção** e como ativá-lo?
6. Explique os procedimentos para criação de um **Padrão dirigido por tabela**.
7. Para que serve a opção **Padrão de geometria** da caixa de diálogo **Opções**, do **PropertyManager** do **Padrão linear**?
8. Em que situações as instâncias de padrão herdam a cor do recurso original? Qual a exceção?
9. Em que situação se deve usar a opção **Face normal** em **Padrão dirigido por curva**?
10. Quando é aconselhável o uso de **Padrões de preenchimento**?

Exercício 1

Crie o modelo conforme as dimensões exibidas em suas vistas de detalhes, Figura 4.151.

(Tempo estimado: 30 minutos)

Observação: Este modelo será utilizado em exercícios posteriores.

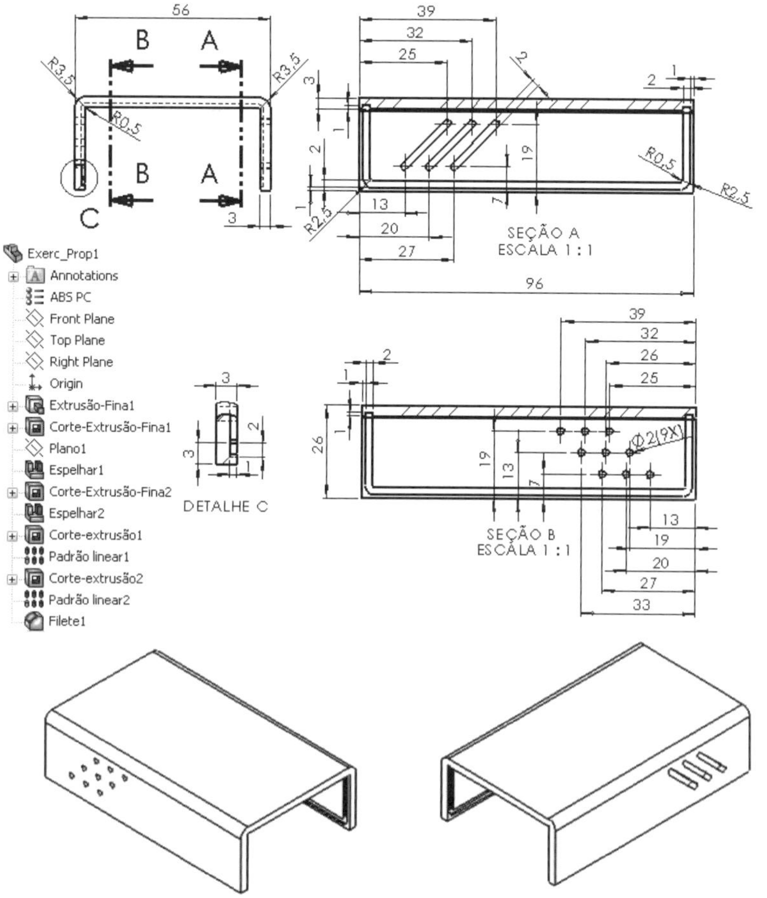

Figura 4.151 - Modelo para o exercício proposto 1.

Exercício 2

Crie o modelo conforme as dimensões exibidas em suas vistas de detalhes, Figura 4.152.

(Tempo estimado: 30 minutos)

Observação: Este modelo será utilizado em exercícios posteriores.

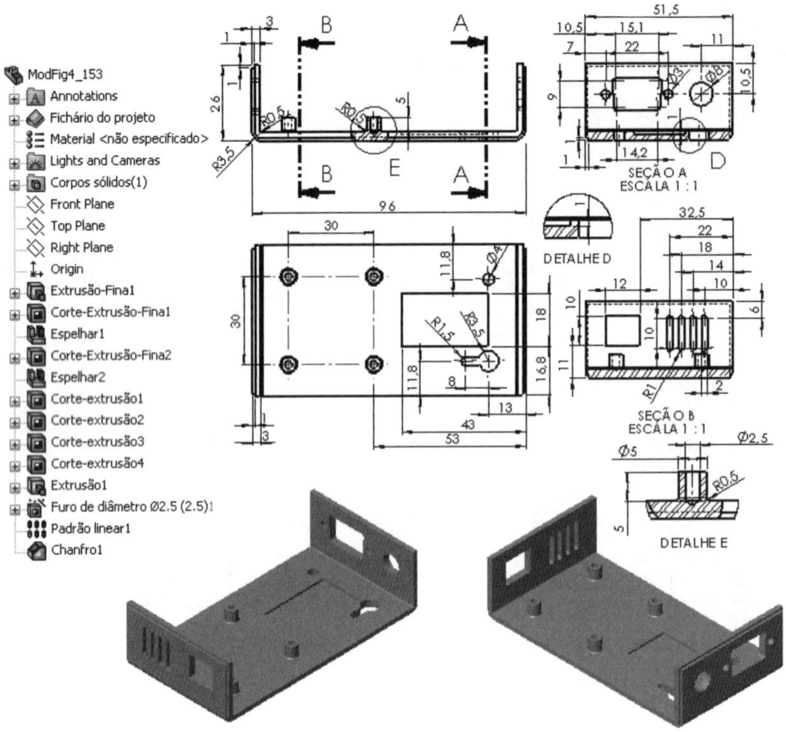

Figura 4.152 - Modelo para o exercício proposto 2.

Exercício 3

Crie o modelo conforme as dimensões exibidas em suas vistas de detalhes, Figura 4.153.

(Tempo estimado: 30 minutos)

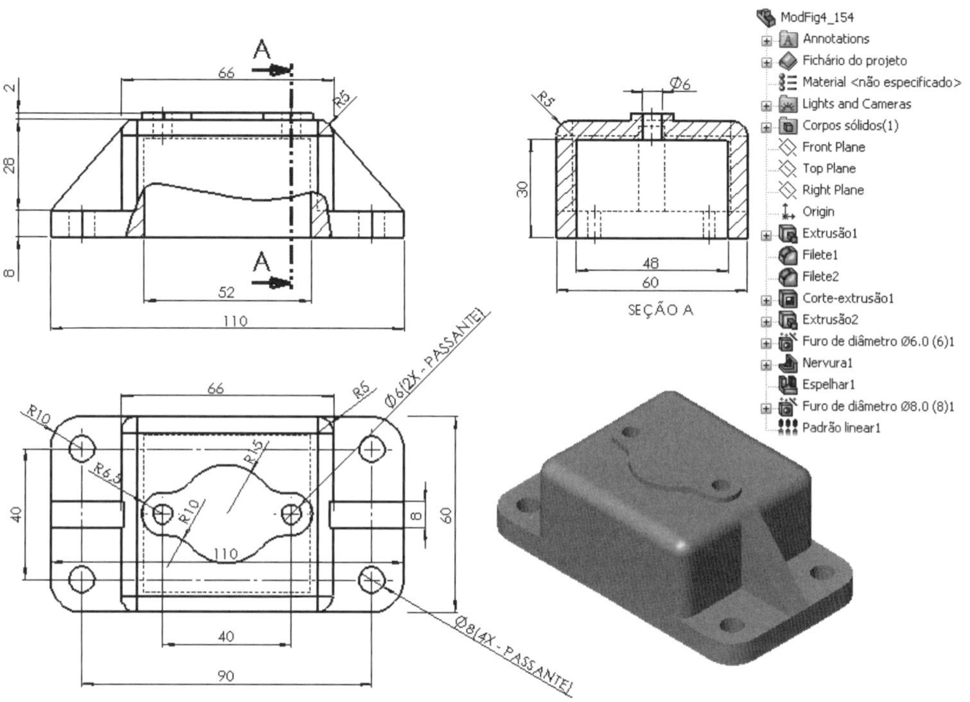

Figura 4.153 - Modelo para o exercício proposto 3.

Exercício 4

Crie o modelo conforme dimensões exibidas em suas vistas de detalhes, Figura 4.154.

(Tempo estimado: 30 minutos)

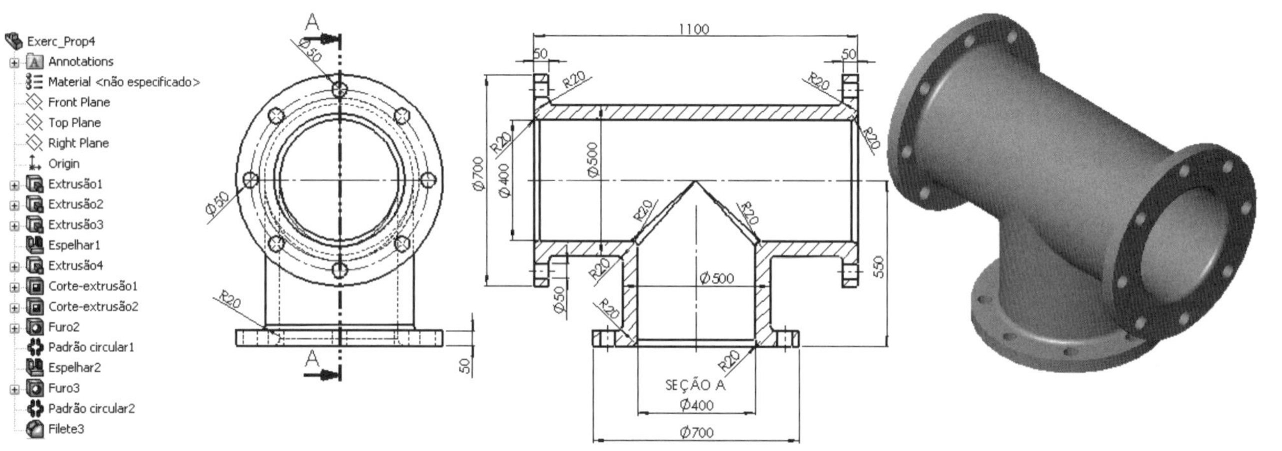

Figura 4.154 - Modelo para o exercício proposto 4.

5

Modelagem de Superfícies

A modelagem de superfícies é uma técnica para criar superfícies planas ou não-planas de espessura zero. Essa geometria de espessura zero é conhecida como superfície, geralmente usada para criar modelos de formas complexas. É possível converter modelos gerados em superfícies em modelos sólidos. É possível também extrair a superfície de modelos sólidos usando as ferramentas disponíveis para modelagem de superfícies.

Este capítulo explana as ferramentas para modelagem de superfícies disponíveis no SolidWorks. Com essas ferramentas, você pode criar formas complexas como superfícies e então convertê-las em modelos sólidos, se necessário.

As ferramentas de superfície são encontradas na barra de ferramentas **Superfícies**, Figura 5.1, ou pelo menu *drop-down* **Inserir → Superfície**.

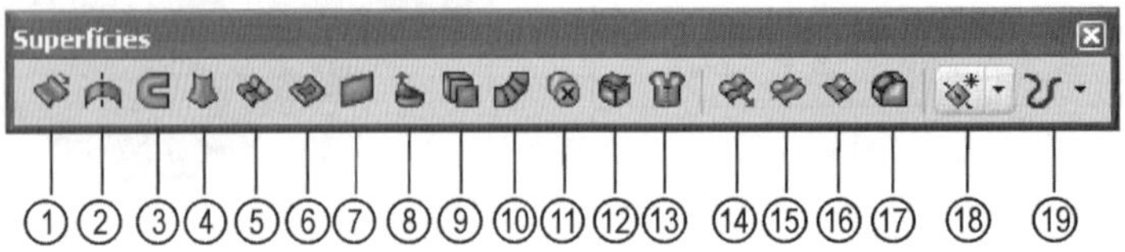

Figura 5.1 - Barra de ferramentas Superfícies.

1. Superfície extrudada	8. Forma livre	14. Estender superfície
2. Superfície por revolução	9. Superfície em offset	15. Aparar superfície
3. Superfície varrida	10. Superfície regrada	16. Cancelar aparar superfície
4. Superfície por loft	11. Excluir face	17. Filete
5. Superfície limite	12. Substituir face	18. Geometria de referência
6. Superfície preenchida	13. Costurar superfície	19. Curvas
7. Superfície plana		

É possível usar superfícies das seguintes formas:

- Selecionar vértices e arestas de superfície para servir como caminho e curva-guia de varredura.
- Criar um recurso sólido ou de corte por meio do **espessamento de uma superfície**.
- Fazer a extrusão de um recurso sólido ou de corte com a condição final **Até a superfície** ou **Offset da superfície**.
- Criar um recurso sólido por meio do espessamento de superfícies que foram costuradas em um volume fechado.
- **Substituir uma face** por uma superfície.

5.1. Superfície Extrudada

O SolidWorks permite fazer a extrusão de superfícies a partir de esboços fechados ou abertos. Para criar uma superfície extrudada, depois de definir o plano de esboço e desenhar o esboço, que pode ser aberto ou fechado, clique no comando **Superfície extrudada** na barra de ferramentas **Superfícies** ou no menu *drop-down* **Inserir → Superfície → Superfície extrudada**. O **PropertyManager** é exibido com suas configurações-padrão, Figura 5.2.

Observe que é possível gerar uma superfície extrudada em duas direções, modulando a inclinação da extrusão para dentro ou para fora. A Figura 5.3 exemplifica um caso de um esboço retangular fechado extrudado na Direção 1 e na Direção 2, com inclinação para dentro, segundo ângulos e profundidades diferentes.

Figura 5.2 - PropertyManager Superfície-Extrusão.

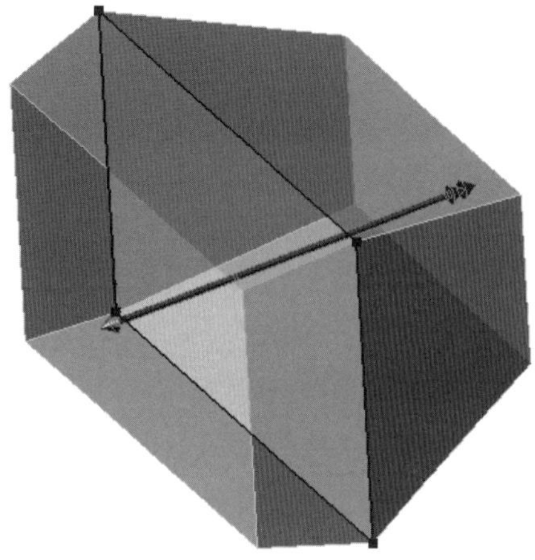

Figura 5.3 - Esboço em extrusão nas direções 1 e 2 com inclinação.

As opções da caixa de diálogo **De** e das caixas **Direção 1** e **Direção 2**, com relação ao posicionamento de partida e finalização da extrusão, são as mesmas já estudadas na extrusão normal de um esboço para a geração de um modelo sólido ou uma extrusão fina, Figuras 5.4, 5.5 e 5.6.

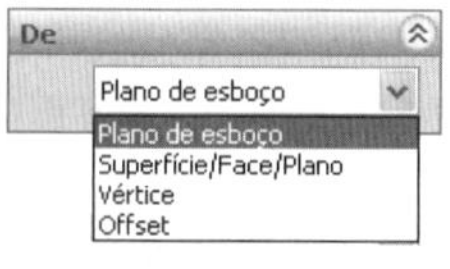

Figura 5.4 - Opções da caixa De.

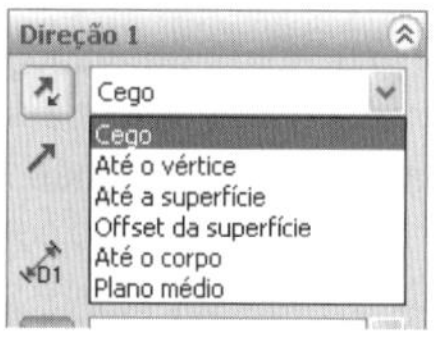

Figura 5.5 - Opções da caixa Direção 1.

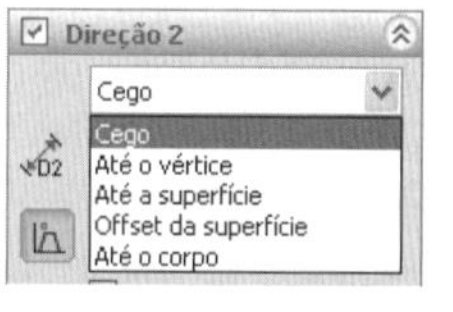

Figura 5.6 - Opções da caixa Direção 2.

A caixa de diálogo Contornos selecionados funciona como às de extrusão normal para formação de um sólido. As Figuras 5.7 a 5.9 exemplificam um esboço composto em que, ao selecionar o centro, lado interno, a extrusão resultante tem a forma das arestas internas do esboço.

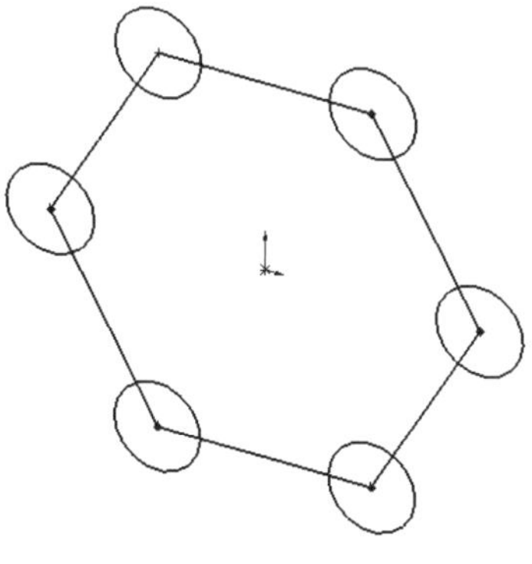

Figura 5.7 - Esboço composto.

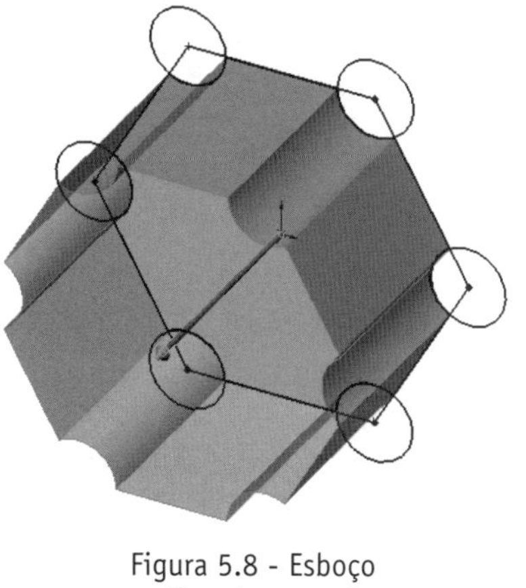

Figura 5.8 - Esboço em fase de extrusão.

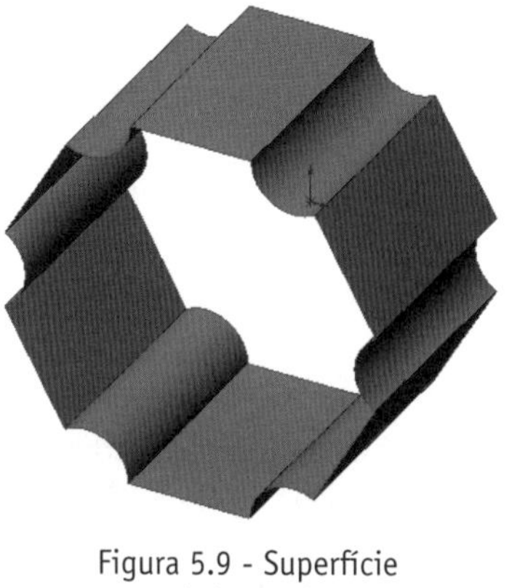

Figura 5.9 - Superfície extrudada resultante.

Como citado, é possível também gerar superfície pela extrusão de um esboço aberto, que pode ser resultante de geometrias retas ou curvas, Figuras 5.10 a 5.13.

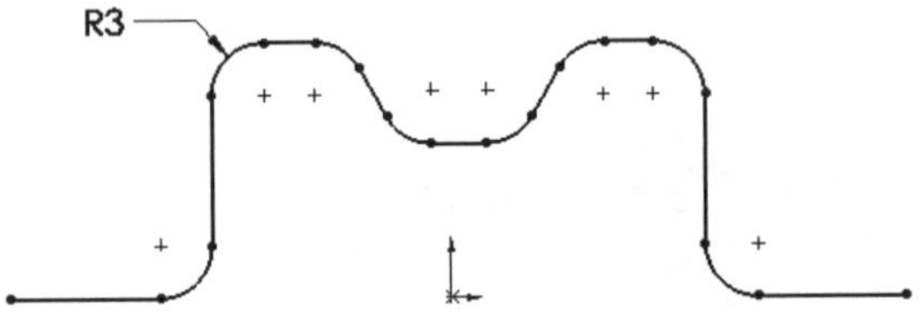

Figura 5.10 - Esboço aberto.

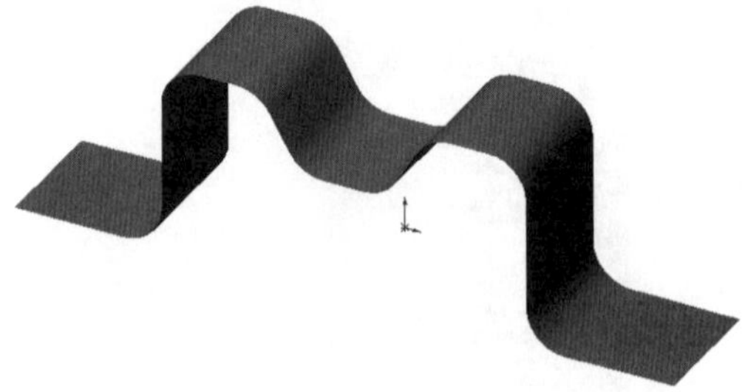

Figura 5.11 - Superfície extrudada resultante.

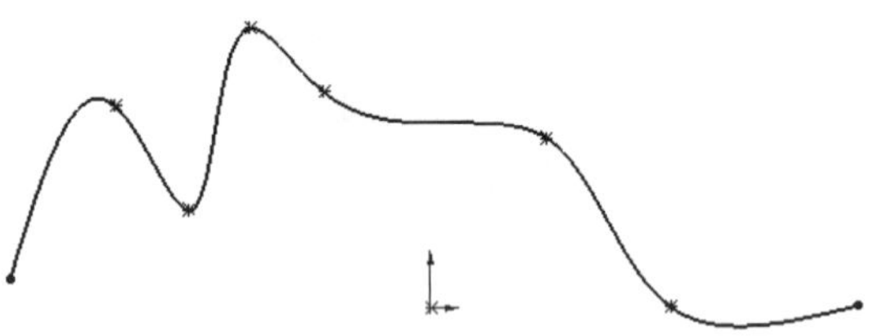

Figura 5.12 - Esboço aberto (Spline).

Figura 5.13 - Superfície extrudada resultante.

5.2. Superfície por Revolução

O SolidWorks também pode gerar superfícies a partir da revolução de um esboço fechado ou aberto. Para criar uma superfície por revolução, depois de definir o plano de esboço e desenhar o esboço, que pode ser aberto ou fechado, e uma linha de centro, clique no comando **Superfície por revolução** na barra de ferramentas **Superfícies** ou no menu *drop-down* **Inserir** → **Superfície** → **Superfície por revolução**. Note que o **PropertyManager** é exibido com suas configurações-padrão, Figura 5.14.

É possível modificar a direção da revolução para o sentido horário ou anti-horário, bem como defini-la em **Uma direção**, **Plano médio** ou **Duas direções**. O ângulo de revolução pode variar entre **0** e **360**°. A Figura 5.15 mostra um caso de superfície gerada pela revolução parcial de uma curva em torno de um eixo.

Figura 5.14 - PropertyManager Superfície por revolução.

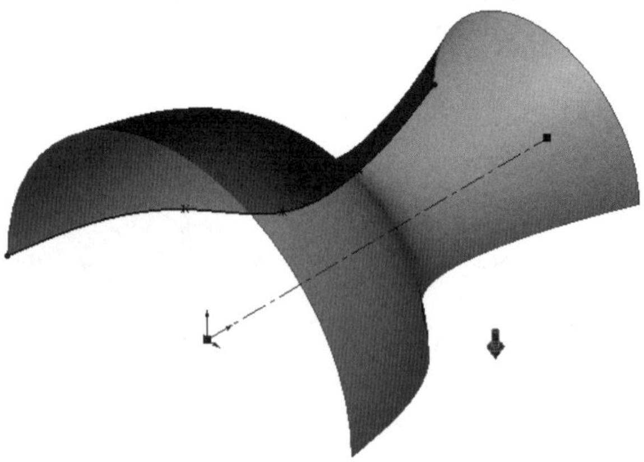

Figura 5.15 - Superfície a partir de um esboço por revolução em 180º.

A superfície por revolução de **Contornos selecionados** funciona de forma análoga à estudada na revolução para geração de sólidos e de espessuras finas. Somente é necessário clicar no centro do esboço composto, Figuras 5.16 e 5.17.

Como citado, também é possível obter uma superfície por revolução a partir de um esboço fechado rotacionado em torno de um eixo, Figuras 5.18 e 5.19.

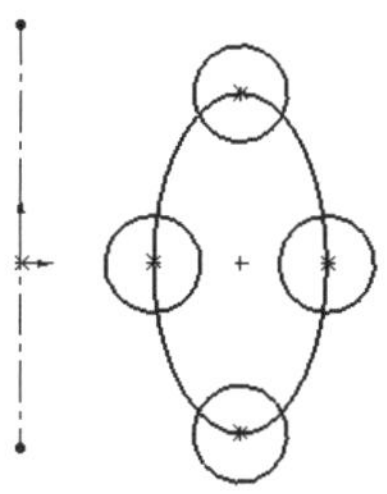

Figura 5.16 - Esboço composto.

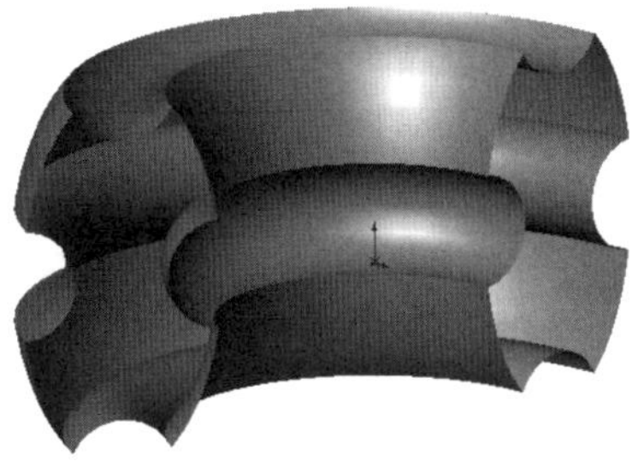

Figura 5.17 - Superfície resultante.

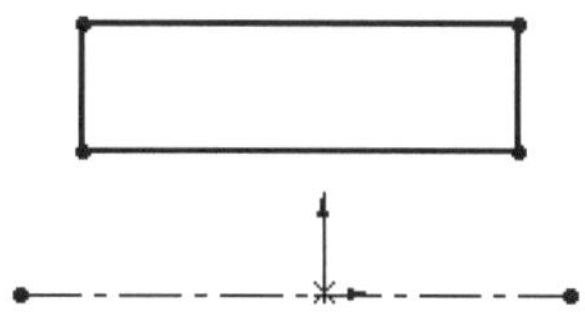

Figura 5.18 - Esboço fechado.

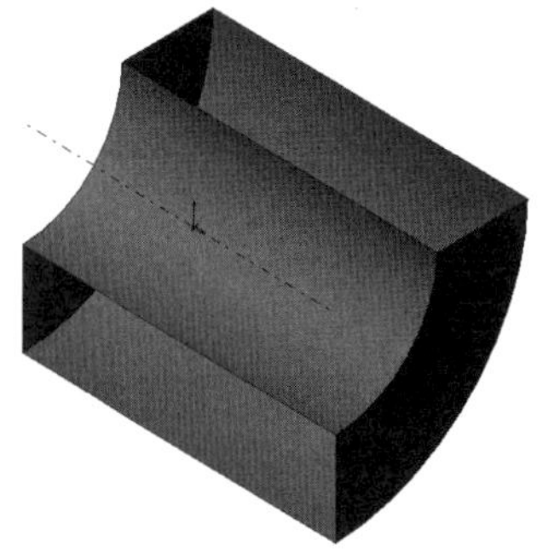

Figura 5.19 - Superfície resultante.

5.3. Superfície por Varredura

Uma superfície gerada por varredura, também conhecida como superfície **Swept**, é obtida pelo deslizamento de um perfil (esboço aberto ou fechado), ao longo de um caminho que pode ser aberto ou fechado, gerado por retas, retas e curvas, curvas ou splines.

Para criar uma superfície por varredura, depois de definir o plano de esboço e desenhar o perfil, que pode ser aberto ou fechado, e o caminho (trajetória aberta ou fechada) vem outro plano de esboço. Clique no comando **Superfície por verredura** na barra de ferramentas **Superfícies** ou pelo menu *drop-down* **Inserir** → **Superfície** → **Superfície por varredura**. Note que o **PropertyManager** é exibido com suas configurações-padrão, Figura 5.20.

A Figura 5.21 ilustra uma superfície em forma tubular gerada a partir da varredura de um círculo criado no **Plano direito** por um caminho em spline esboçado no **Plano frontal**.

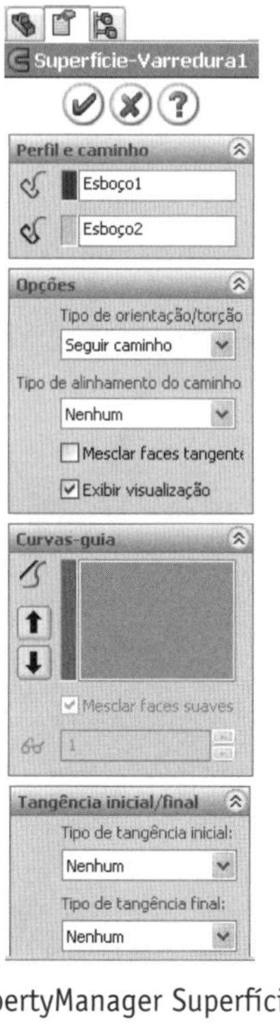

Figura 5.20 - PropertyManager Superfície por varredura.

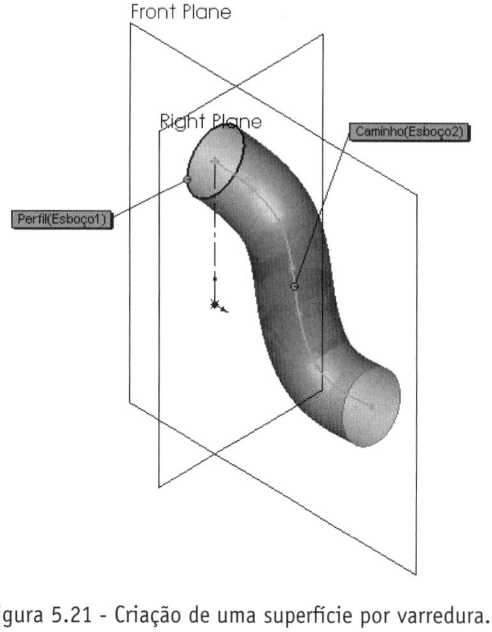

Figura 5.21 - Criação de uma superfície por varredura.

5.3.1. Caixa de Diálogo Perfil e Caminho

- **Perfil** - define o perfil do esboço (seção) usado para criar a varredura. Selecione um esboço de perfil na árvore de projetos do **FeatureManager** ou na área de gráficos. O perfil deve ser fechado para um recurso de varredura base ou de ressalto. Pode ser aberto ou fechado para um recurso de varredura de superfície.
- **Caminho** - define o caminho ao longo do qual o perfil é varrido. Selecione um esboço de caminho na **árvore de projetos** do **FeatureManager** ou na área de gráficos. O caminho pode ser aberto ou fechado e ser um conjunto de curvas esboçadas contidas em um esboço, curva ou conjunto de arestas de modelo. O ponto inicial do caminho deve residir no plano do perfil.

5.3.2. Caixa de Diálogo Opções

A caixa de diálogo **Opções** contém as seguintes listas do tipo *drop-down* e duas *checkboxes*:

- **Tipo de orientação/torção** - essa lista *drop-down* permite controlar a orientação do **Perfil** à medida que ele é varrido ao longo do **Caminho**. As opções são:
  - **Seguir caminho** - a seção sempre permanece no mesmo ângulo com relação ao caminho, Figura 5.22.

    Quando essa opção é selecionada, as opções estabilizam os perfis sempre que pequenas flutuações irregulares na curvatura ao longo do caminho causarem o desalinhamento deles.
  - **Manter constante normal** - a seção sempre permanece paralela à seção inicial, Figura 5.23.

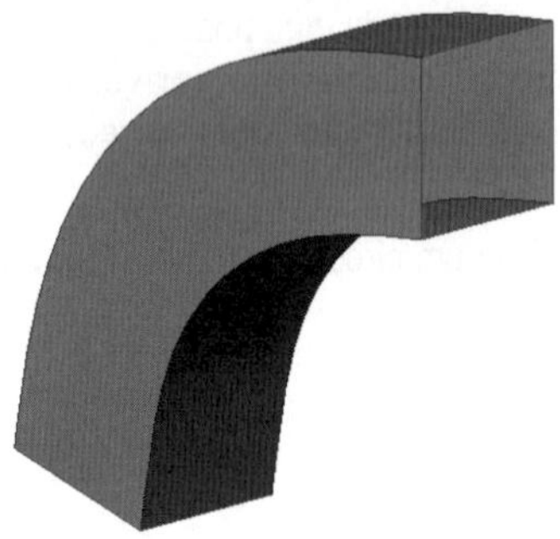

Figura 5.22 - Seção segue o ângulo da curvatura.

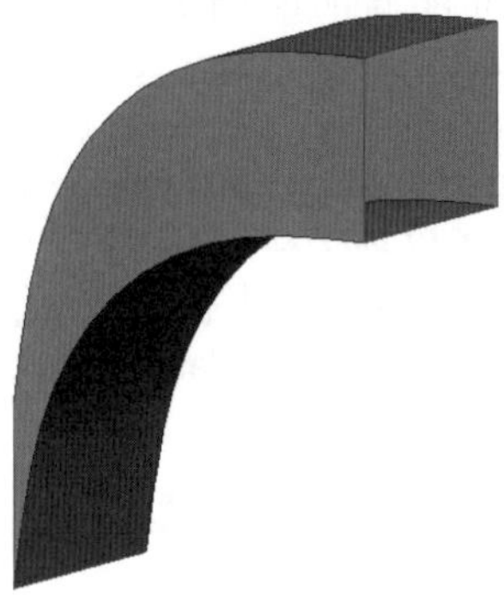

Figura 5.23 - Seção permanece paralela ao longo da varredura.

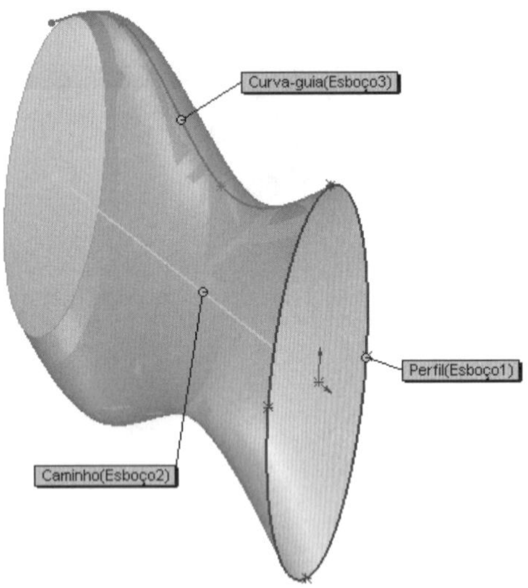

Figura 5.24 - Superfície referenciada pelo caminho e uma curva-guia.

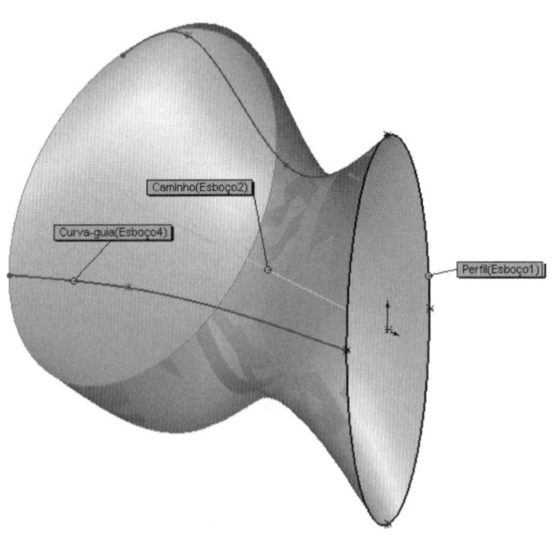

Figura 5.25 - Superfície referenciada pelo caminho e duas curvas-guia.

  - **Seguir caminho e 1ª curva-guia** - o perfil esboçado descreve a varredura, seguindo o caminho descrito e referenciando-se também em uma curva-guia, Figura 5.24.

- Seguir 1ª e 2ª curvas-guia - o perfil esboçado descreve a varredura, seguindo o caminho descrito e referenciando-se também em duas curvas-guia, Figura 5.25.
- **Torção ao longo do caminho** - realiza a torção da seção ao longo do caminho. Defina a torção em graus, radianos ou voltas em **Definir por**, Figura 5.26.
- **Torção ao longo do caminho com constante normal** - faz a torção da seção ao longo do caminho, mantendo-a paralela à seção inicial à medida que ela é torcida ao longo do caminho, Figura 5.27.

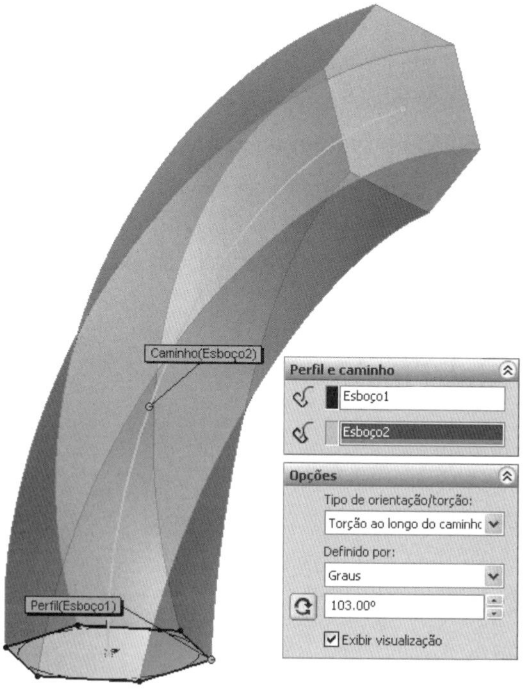

Figura 5.26 - Seção acompanha curvatura do caminho.

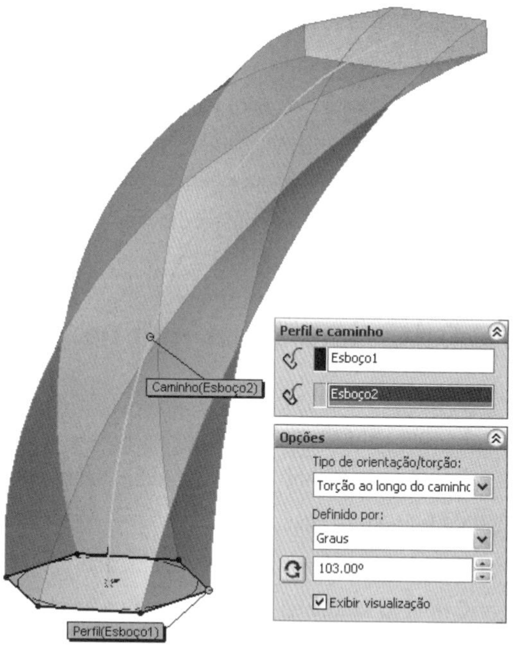

Figura 5.27 - Seção mantém paralelismo com o plano de esboço.

- **Definir por** - disponível com **Torção ao longo do caminho** ou **Torção ao longo do caminho** com constante normal selecionada em **Tipo de orientação/torção**.
  - **Definição de torção** - define a torção. Selecione Graus, Radianos ou Voltas.
  - **Ângulo de torção** - define o número de graus, radianos ou volta na torção.
- **Tipo de alinhamento do caminho** - disponível com a opção **Seguir caminho** selecionada em **Tipo de orientação/torção**). Estabiliza o perfil quando pequenas e irregulares flutuações na curvatura ao longo do caminho causam o desalinhamento do perfil. As opções são:
  - **Nenhum** - alinha o perfil normal em relação ao caminho. Nenhuma correção é aplicada.
  - **Torção mínima** (somente para caminhos 3D) - não permite o autocruzamento do perfil à medida que ele segue o caminho.
  - **Vetor de direção** - alinha o perfil na direção selecionada para **Vetor de direção**. Selecione entidades para definir o vetor de direção.
  - **Todas as faces** - quando a peça tem faces adjacentes, torna o perfil de varredura tangente à face adjacente onde for geometricamente possível.
- **Vetor de direção** (disponível com **Vetor de direção** selecionado em **Tipo de alinhamento do caminho**) - selecione um plano, face plana, linha, aresta, cilindro, eixo, um par de vértices em um recurso etc. para definir o vetor de direção.
- **Mesclar faces tangentes** - se o perfil de varredura tiver segmentos tangentes, as superfícies correspondentes na varredura resultante serão tangentes. As faces que puderem ser representadas como um plano, cilindro ou cone são mantidas. Outras faces adjacentes são mescladas e os perfis aproximados. É possível converter os arcos de esboço em splines.

- **Exibir visualização** - exibe uma visualização sombreada da varredura. Desmarque para mostrar somente o perfil e o caminho.
- **Mesclar resultado** - mescla os sólidos em um corpo.
- **Alinhar com as faces das extremidades** - continua o perfil de varredura até a última face encontrada pelo caminho. As faces da varredura são estendidas ou truncadas para que coincidam com as faces nas extremidades de varredura sem a necessidade de geometria adicional. Essa opção é geralmente usada com hélices.

  Este comando somente funciona para varredura com recurso sólido.

5.3.3. Caixa de Diálogo Curvas-Guia

- **Curvas-guia** - guia o perfil à medida que ele é varrido ao longo do caminho. Selecione curvas-guia na área de gráficos.
- **Mover para cima** e **Mover para baixo** - ajustam a ordem das curvas-guia. Selecione uma **Curva-guia** e ajuste a ordem do perfil.
- **Mesclar faces suaves** - desmarque para melhorar o desempenho das varreduras com as curvas-guia e segmentar a varredura em todos os pontos em que a curva-guia ou o caminho não tem curvatura contínua.
- **Exibir seções** - exibe as seções da varredura. Selecione as setas para visualizar o perfil e solucionar seus problemas por **Número da seção**.

5.3.4. Caixa de Diálogo Tipo de Tangência Inicial/Final

- **Tipo de tangência inicial**. As opções são:
  - **Nenhum** - nenhuma tangência é aplicada.
  - **Caminho tangente** - cria a varredura normal em relação ao caminho no início.
- **Tipo de tangência final**. As opções são:
  - **Nenhum** - nenhuma tangência é aplicada.
  - **Caminho tangente** - cria a varredura normal em relação ao caminho no fim.
  - **Vetor de direção** - cria a varredura tangente a um eixo ou aresta linear selecionada ou tangente à normal de um plano selecionado. Selecione um Vetor de direção.
  - **Todas as faces** - cria a varredura tangente às faces adjacentes da geometria existente no início ou no fim. Essa seleção é disponibilizada somente quando a varredura for anexada a uma geometria existente.
- **Vetor de direção** (disponível com **Vetor de direção** selecionado em **Tipo de tangência final**) - selecione uma aresta, eixo ou plano para controlar a tangência final.

5.3.5. Recomendações para Varredura com Curvas-Guia

As seguintes recomendações ajudam na criação de uma varredura com curvas-guia:

1. **Esboço de caminho e curva-guia** - primeiramente crie o caminho e as curvas-guia, em seguida crie a seção. Uma relação de **Pierce** não é necessária para as varreduras com curvas-guia. Os perfis intermediários da varredura dependem do caminho e das curvas-guia para serem definidos. O caminho deve ser uma entidade única (linha, arco etc.) ou os segmentos do caminho devem ser tangentes (sem cantos angulares).
2. **Relações** - relações como **Horizontal** ou **Vertical** podem ser adicionadas automaticamente à medida que a seção for esboçada. Essas relações influenciam a forma das seções intermediárias e podem gerar resultados inesperados.

   Uma relação constantemente usada na geração de superfície por varredura é a do tipo **Pierce (Perfurar)**. Ela permite que a curva-guia controle a dimensão do **Perfil**.

- Use **Exibir/excluir relações** para excluir as relações indesejadas. Isso permite que as seções intermediárias sejam torcidas.

3. **Comprimento de caminho e curva-guia** - o caminho e as curvas-guia podem ter diferença no comprimento.

- Se as **curvas-guia** forem maiores do que o caminho, a varredura tem o mesmo comprimento do caminho, Figura 5.28.
- Se as **curvas-guia** forem menores do que o caminho, a varredura tem o mesmo comprimento da menor curva-guia, 5.29.

4. **Curvas-guia** - as curvas-guia podem se encontrar em um ponto comum, que é o ápice da superfície varrida. É possível usar qualquer um dos seguintes itens como curva-guia: curvas esboçadas, arestas de modelo ou curvas.

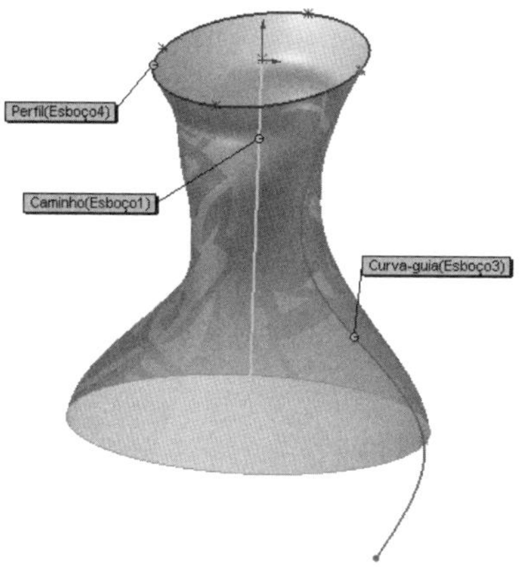

Figura 5.28 - Curva-guia maior que o caminho.

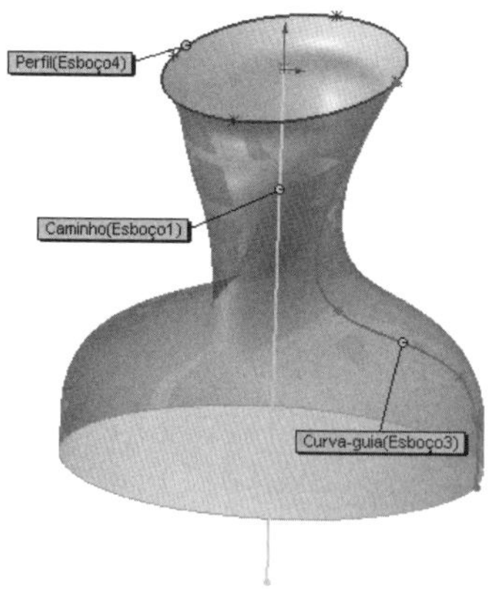

Figura 5.29 - Curva-guia menor que o caminho.

5.4. Superfície por Loft

Figura 5.30 - PropertyManager Superfície-Loft.

O perfil das superfícies geradas por **Loft** pode variar ao longo de sua dimensão de propagação. Assim, ela pode, por exemplo, iniciar-se por um perfil quadrado e terminar com um circular. Por isso, é bastante apropriada para gerar elementos de transição em tubulações de sistemas de ventilação, coifas etc.

Para criar uma superfície por loft, é necessário pelo menos dois perfis criados em diferentes planos de esboço. Depois de definir os planos de esboço e criar os perfis, que podem ser abertos ou fechados, clique no comando **Superfície por loft** na barra de ferramentas **Superfícies** ou no menu *drop-down* **Inserir** → **Superfície** → **Superfície por loft**. Note que o **PropertyManager** aparece com suas configurações-padrão, Figura 3.30.

As Figuras 5.31 e 5.32 exemplificam uma superfície de transição tipicamente utilizada em tubulações para ventilação, faltando apenas os flanges nas extremidades. Os perfis foram criados em planos paralelos.

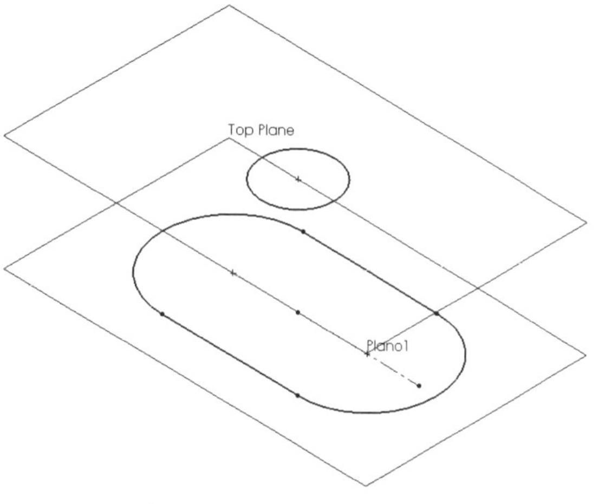

Figura 5.31 - Perfis fechados definidores da superfície por loft.

Um ponto importante é que, na criação de superfícies geradas por lofts, não é possível misturar perfis abertos e fechados. Ou seja, ou o loft é gerado por perfis somente abertos ou somente fechados. As Figuras 5.33 e 5.34 mostram a criação de um loft a partir de perfis somente abertos.

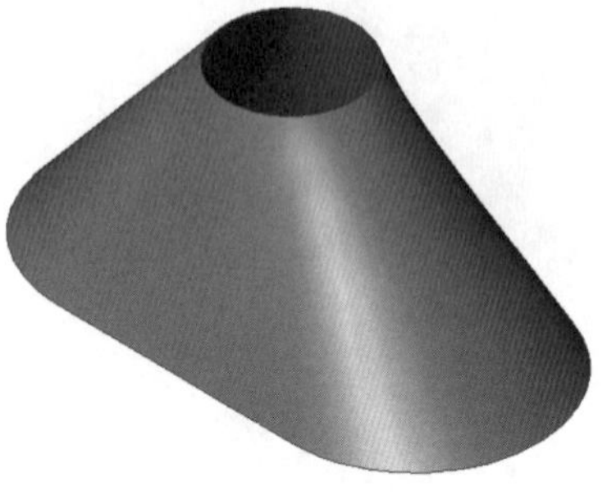

Figura 5.32 - Superfície loft fechada.

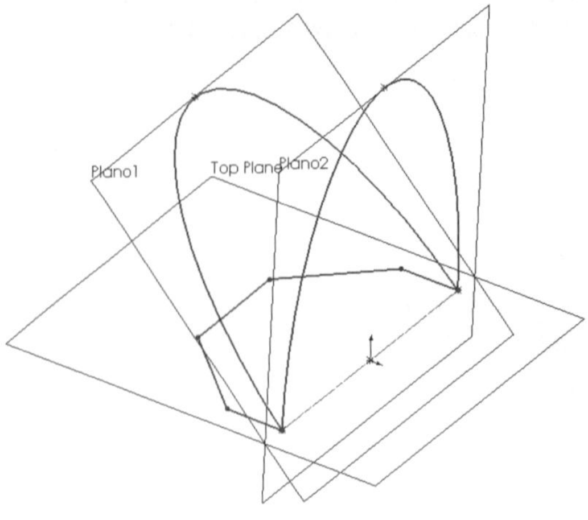

Figura 5.33 - Perfis abertos.

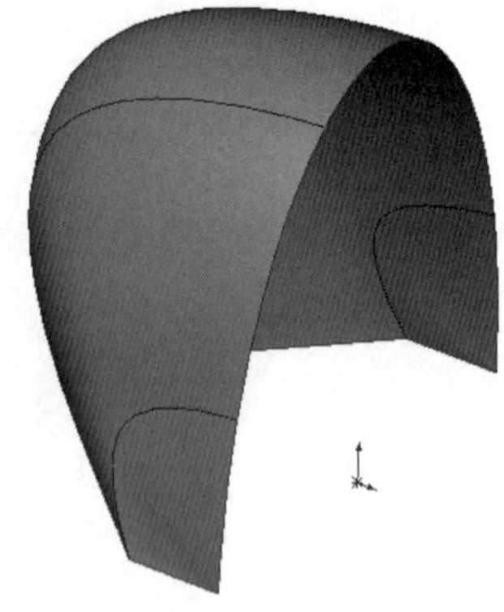

Figura 5.34 - Superfície loft aberta.

As opções de configuração do **PropertyManager** são descritas a seguir.

5.4.1. Caixa de Diálogo Perfis

Determina os perfis usados para criar um loft. Selecione perfis de esboço, faces ou arestas para conexão. Os lofts são criados com base na ordem de seleção de perfil.

Para cada perfil, selecione o ponto a partir do qual o caminho do loft deve percorrer.

- **Mover para cima** e **Mover para baixo** - ajustam a ordem dos perfis. Selecione um **Perfil** e ajuste a ordem dele.

Se a visualização de loft exibir um loft indesejado, selecione ou ordene novamente os esboços para conectar diferentes pontos nos perfis.

5.4.2. Caixa de Diálogo Restrições Inicial/Final

- **Restrição inicial** e **Restrição final** - aplicam uma restrição para controlar a tangência em relação aos perfis inicial e final. As opções são:
  - **Valor predeterminado** - aproxima uma parábola traçada entre o primeiro perfil e o último. A tangência dessa parábola controla a superfície do loft, o que resulta em uma superfície de loft mais previsível e natural quando as condições correspondentes não forem especificadas.
  - **Nenhum** - nenhuma restrição de tangência (curvatura zero) é aplicada.
  - **Vetor de direção** - aplica uma restrição de tangência com base na entidade selecionada usada como vetor de direção. Selecione um **Vetor de direção** e defina o **Ângulo de inclinação** e o **Comprimento de tangente inicial** ou o **Comprimento de tangente final**.
  - **Normal ao perfil** - aplica a restrição de tangência normal em relação ao perfil inicial ou final. Define o **Ângulo de inclinação** e o **Comprimento de tangente inicial** ou **Comprimento de tangente final**.
  - **Tangência à face** (disponível ao anexar um loft a uma geometria existente) - torna as faces adjacentes tangentes no perfil inicial ou final selecionado.
  - **Curvatura à face** (disponível ao anexar um loft a uma geometria existente) - aplica um **loft contínuo de curvatura** suave e visualmente chamativo no perfil inicial ou final selecionado.
- **Próxima face** (disponível com **Tangência à face** ou **Curvatura à face** selecionada para **Restrição inicial** ou **Restrição final**) - alterna o loft entre as faces disponíveis.
- **Vetor de direção** (disponível com **Vetor de direção** selecionado para **Restrição inicial** ou **Restrição final**) - aplica uma restrição de tangência com base na entidade selecionada usada como vetor de direção. O loft é tangente à aresta linear ou ao

eixo selecionado ou à normal de uma face ou plano selecionado. É possível também selecionar um par de vértices para definir o vetor de direção.

- **Ângulo de inclinação** (disponível com **Vetor de direção** ou **Normal ao perfil** selecionado para **Restrição inicial** ou **Restrição final**) - aplica um ângulo de inclinação em relação ao perfil inicial ou final. Se necessário, clique em **Inverter direção**. É possível aplicar também um ângulo de inclinação ao longo das curvas-guia.
- **Comprimento de tangente inicial** e **Comprimento de tangente final** (indisponível quando a opção **Nenhuma** estiver selecionada na **Restrição inicial** ou na **Restrição final**) - controla a quantidade de influência no loft. O efeito de comprimento da tangente é limitado até a próxima seção. Se necessário, clique em **Inverter direção de tangente**.
- **Aplicar a todos** - exibe uma alça que controla as restrições de todo o perfil. Desmarque essa opção para mostrar várias alças que permitam controle de segmento individual. Arraste as alças para modificar o comprimento da tangente.

5.4.3. Caixa de Diálogo Curvas-Guia

- **Influência das curvas-guia** - controla a influência das curvas-guia no loft, Figura 5.35. As opções são:
  - **Para próxima guia** - estende a influência da curva-guia somente à próxima curva-guia.
  - **Até a próxima aresta viva** - estende a influência da curva-guia somente até a próxima aresta viva. A aresta viva é um canto vivo do perfil; são duas entidades de esboço contíguas, sendo uma sem uma curvatura igual ou tangente em relação à outra, Figura 5.36.
  - **Para próxima aresta** - estende a influência da curva-guia somente à próxima aresta.
  - **Global** - estende a influência da curva-guia a todo o lote, Figura 5.37.
- **Curvas-guia** - seleciona as curvas-guia para controlar o loft.

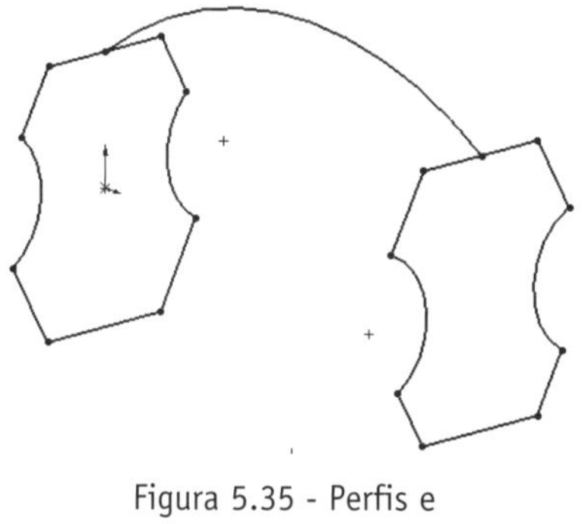

Figura 5.35 - Perfis e curva-guia.

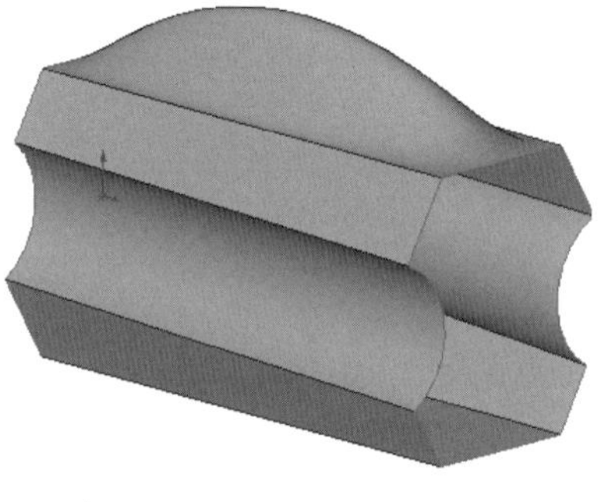

Figura 5.36 - Influência parcial da curva-guia.

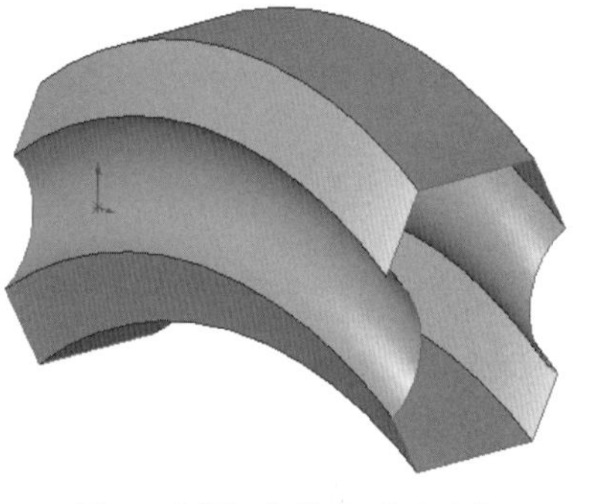

Figura 5.37 - Influência total da curva-guia.

- **Mover para cima** e **Mover para baixo** - ajustam a ordem das curvas-guia. Selecione uma **Curva-guia** e ajuste a ordem do perfil.
- **Tipo de tangência do guia** - controla a tangência em que o loft encontra as curvas-guia. As opções são:
  - **Nenhuma** - nenhuma restrição de tangente é aplicada.
  - **Normal ao perfil** - aplica uma restrição de tangência normal em relação ao plano da curva-guia. Defina o **Ângulo de inclinação**.
  - **Vetor de direção** - aplica uma restrição de tangência com base na entidade selecionada usada como vetor de direção. Selecione um **Vetor de direção** e defina o **Ângulo de inclinação**.
  - **Tangência à face** (disponível quando uma curva-guia reside na aresta da geometria existente) - adiciona tangência lateral entre as faces adjacentes que se encontram ao longo do caminho da curva, criando uma transição mais suave entre as faces adjacentes.
- **Vetor de direção** (disponível com **Vetor de direção** selecionado para **Tipo de tangência do guia**) - aplica uma restrição de tangência com base na entidade selecionada usada como vetor de direção. O loft é tangente à aresta linear ou ao eixo selecionado ou à normal de uma face ou plano selecionado.

Nota

Caso sejam exibidas mensagens de erro de curva-guia inválida ao selecionar curvas-guia, clique com o botão direito do mouse na área de gráficos, selecione **Iniciar seleção de contorno** e depois as curvas-guia.

Para que haja melhores resultados, os perfis também devem ser tangentes às faces de tangência no ponto em que cada perfil encontra a curva-guia. A tolerância ideal é de 2° ou menos. É possível usar os perfis com os pontos de conexão com até 30° de tangência antes de o loft falhar.

- **Ângulo de inclinação** (disponível com **Vetor de direção** ou **Normal ao perfil** selecionada para **Restrição inicial** ou **Restrição final**) - aplica um ângulo de inclinação ao loft ao longo da curva-guia, sempre que geometricamente possível. Se necessário, clique em **Inverter direção**.

5.4.4. Caixa de Diálogo Parâmetros de Linha de Centro

- **Linha de centro** - guia a forma de loft com o uso de uma linha de centro. Selecione um esboço na área de gráficos, Figuras 5.38 e 5.39.

  Neste caso, as linhas de centro são splines ou linhas cheias e podem coexistir com as curvas-guia.

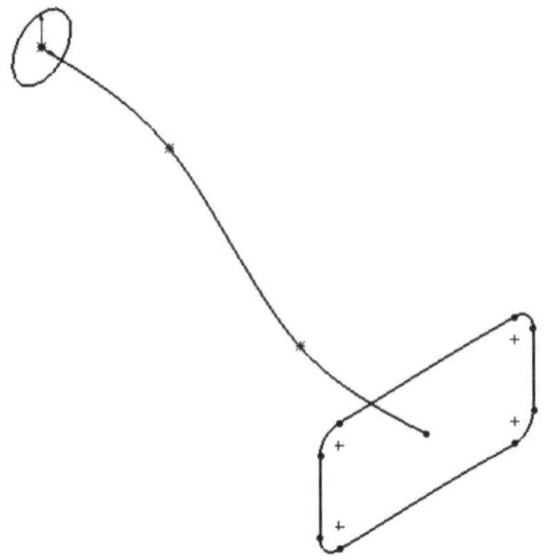

Figura 5.38 - Perfis e Linha de centro.

Figura 5.39 - Loft resultante.

- **Número de seções** - adiciona seções entre o perfil e ao redor da linha de centro. Move a barra deslizante para ajustar o número de seções.
- **Exibir seções** - exibe as seções de loft. Clique nas setas para mostrar as seções. Você também pode inserir um número de seção e clicar em **Exibir seções** para ir até a seção escolhida.

5.4.5. Caixa de Diálogo Ferramentas de Esboço

Use o **SelectionManager** para ajudar a selecionar entidades de esboço.

- **Arrastar esboço** - ativa o modo de arrasto. Ao editar o recurso de loft, você pode arrastar qualquer segmento de esboço 3D, ponto ou plano de esboço 3D a partir dos quais os contornos foram definidos para o loft. O esboço 3D é atualizado enquanto for arrastado. É possível também editar o esboço 3D para dimensionar os contornos usando as ferramentas de dimensionamento. A visualização de loft é atualizada quando o arrasto termina ou quando as dimensões de esboço 3D são editadas. Para sair do modo de arrasto, clique em **Arrastar esboço** novamente ou em outra lista de seleção no PropertyManager.
- **Desfazer arrastar esboço** - desfaz o arrasto anterior do esboço e retorna a visualização ao seu estado anterior. É possível desfazer vários arrastos e edições de dimensão.

5.4.6. Caixa de Diálogo Opções

- **Mesclar faces tangentes** - faz com que as superfícies no loft resultante sejam tangentes se os segmentos correspondentes forem tangentes.
- **Fechar loft** - cria um corpo fechado ao longo da direção do loft. Conecta o primeiro e o último esboços automaticamente.
- **Exibir visualização** - exibe visualizações sombreadas do loft. Desmarque essa opção para mostrar somente o caminho e as curvas-guia.
- **Mesclar resultado** - mescla todos os elementos do loft. Desmarque essa opção para não mesclar todos os elementos do loft.

5.5. Superfície Limite

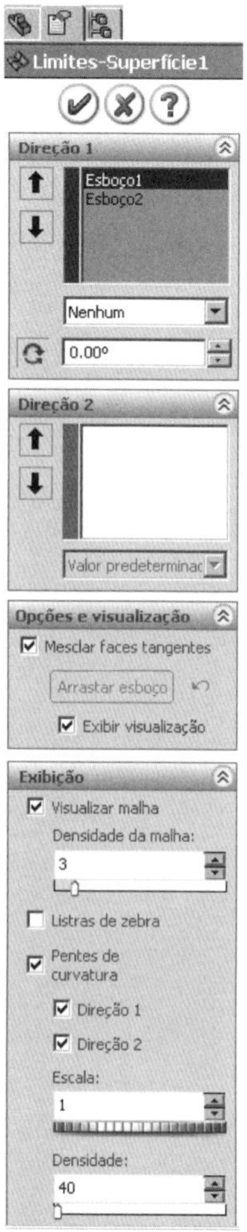

Figura 5.40 - PropertyManager Superfície Limite.

O recurso de superfície limite permite criar superfícies que podem ser tangentes ou contínuas à curvatura em ambas as direções (todos os lados da superfície). Na maioria dos casos, a qualidade do resultado é melhor do que ao usar o recurso de loft.

Os projetistas de produto de consumo e outras pessoas que requeiram superfícies de alta qualidade com continuidade de curvatura podem usar essa ferramenta.

Para criar uma superfície limite, é necessário, pelo menos, uma curva e um ponto, ou curvas que definam os limites da superfície desejada.

Depois de definir os planos de esboço e desenhar o perfil da curva em cada plano, que pode ser uma linha ou curva spline, clique no comando **Superfície por limite** na barra de ferramentas **Superfícies** ou no menu *drop-down* **Inserir** → **Superfície** → **Superfície por limite**. Note que o **PropertyManager** é exibido com suas configurações-padrão, Figura 5.40.

As Figuras 5.41 e 5.42 exemplificam a criação de uma superfície pela definição de duas curvas limitantes geradas no **Plano direito** e no **Plano superior**.

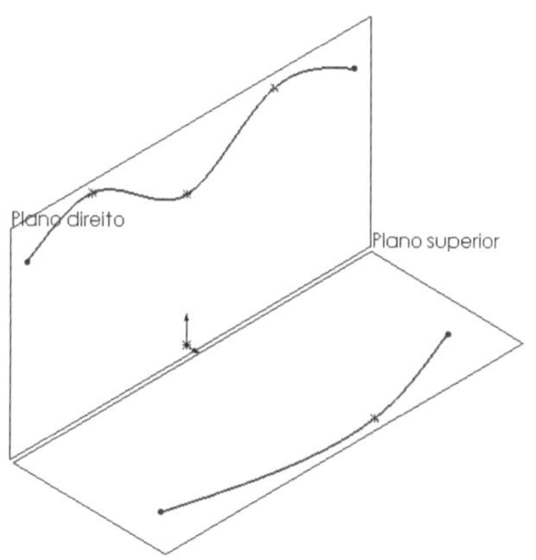

Figura 5.41 - Curvas limites definidas.

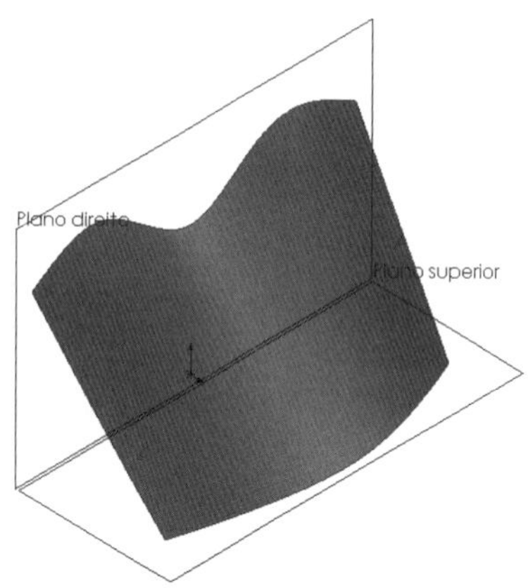

Figura 5.42 - Superfície gerada.

5.5.1. Caixa de Diálogo Direção 1

- **Curvas** - determina as curvas usadas para criar a superfície limitante nesse sentido. Selecione curvas de esboço, faces ou arestas para conexão. As superfícies limitantes são criadas com base na ordem de seleção de curvas que podem ser linhas, splines ou curvas fechadas.

  Para cada curva selecione o ponto a partir do qual o caminho da superfície limitante deve percorrer.

Se os conectores da superfície limitante não estiverem corretos, clique com o botão direito do mouse na área de gráficos e selecione **Inverter conectores** para tentar corrigi-los, Figuras 5.43 e 5.44.

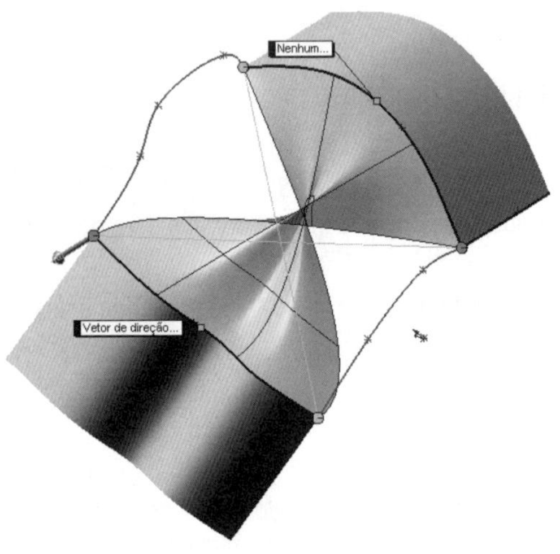

Figura 5.43 - Curvas limites definidas.

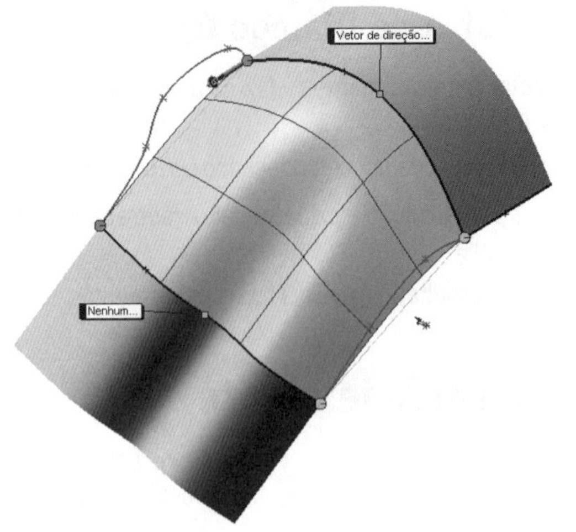

Figura 5.44 - Superfície gerada.

- **Mover para cima** e **Mover para baixo** - ajustam a ordem das curvas. Selecione uma **Curva** e ajuste a ordem.

  Se a visualização exibir uma superfície limitante indesejada, selecione ou ordene novamente os esboços para conectar diferentes pontos nas curvas.

- **Influência das curvas Dir1** - somente está disponível quando você seleciona curvas em **Direção 1** e **Direção 2**, Figura 5.45.

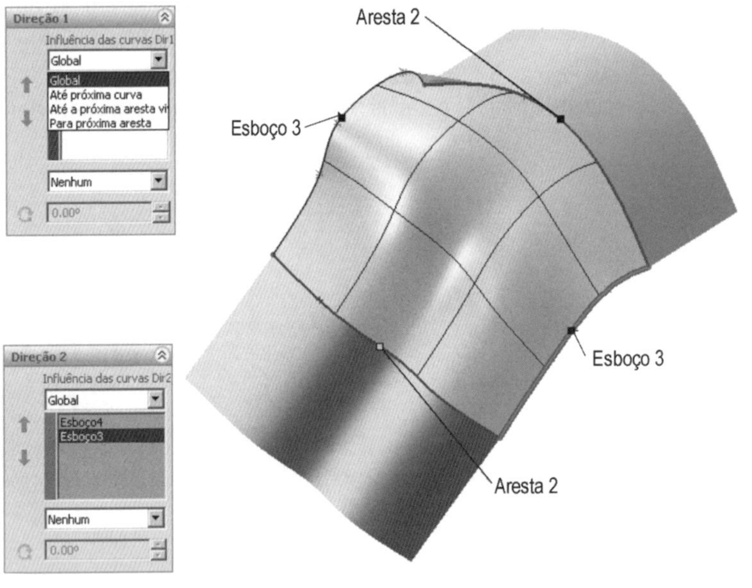

Figura 5.45 - Superfície utiliza as direções 1 e 2.

- **Global** - estende a influência da curva a toda a superfície limitante. O efeito é o mesmo apresentado na Figura 5.37.
- **Até próxima curva** - estende a influência da curva somente até a próxima curva.
- **Até a próxima aresta viva** - estende a influência da curva somente até a próxima aresta viva. A aresta viva é um canto vivo do perfil; são duas entidades de esboço contíguas, e uma não tem uma curvatura igual ou tangente em relação à outra.
- **Para próxima aresta** - estende a influência da curva somente até a próxima aresta.
- **Influência tangente** - estende a influência da tangência até a próxima curva. É útil para formas muito arredondadas, Figuras 5.46 e 5.47.

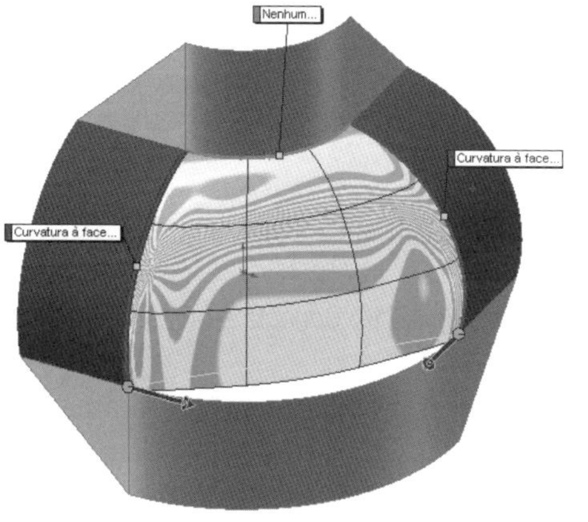

Figura 5.46 - Influência das curvas Dir1 e Dir2.
Opção definida como Global.

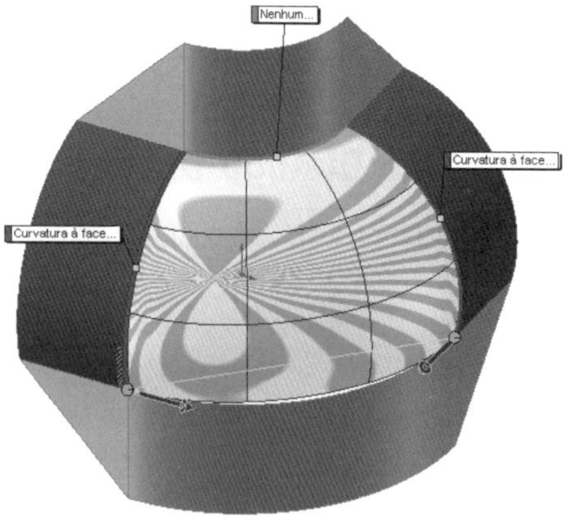

Figura 5.47 - Influência das curvas Dir1 e Dir2.
Opção definida como Influência tangente.

Nota

Na Figura 5.46, o fluxo da superfície limitante é contínuo à curvatura, mas é possível inflar mais para alterar o padrão das listras de zebra. A questão se aplica a formas muito arredondadas.

Quando a influência é definida como **Influência tangente**, Figura 5.47, pode-se ver a mudança no padrão das listras de zebra.

A influência tangente ajuda a inflar a superfície de formas muito arredondadas.

- **Tipo de tangente**
  - **Valor predeterminado** - essa opção está disponível quando há no mínimo três curvas na direção. Seu efeito é o de aproximar uma parábola traçada entre o primeiro e o último perfis.
  - **Nenhum** - nenhuma restrição de tangência (curvatura zero) é aplicada.
  - **Normal ao perfil** - somente está disponível quando as curvas **não** anexam uma superfície limitante a uma geometria existente. Ela aplica uma restrição de tangência normal à curva. Também define o Ângulo de inclinação e o Comprimento de tangente inicial ou Comprimento de tangente final.
  - **Vetor de direção** - aplica uma restrição de tangência com base na entidade selecionada usada como vetor de direção. Selecione um Vetor de direção, defina o Ângulo de inclinação e o Comprimento da tangente.
  - **Tangência à face** - apenas está disponível ao anexar uma superfície limitante a uma geometria existente. Sua aplicação torna as faces adjacentes tangentes na curva selecionada. Defina o Comprimento da tangente.
  - **Curvatura à face** - essa opção é ativada ao anexar uma superfície limitante a uma geometria existente. A opção aplica uma superfície contínua de curvatura suave e visualmente atraente na curva selecionada. Defina o Comprimento da tangente.
- **Alinhamento** - somente está disponível para casos de superfícies unidirecionais. Sua função é controlar o alinhamento dos parâmetros **ISO**, que controlam o fluxo da superfície.
- **Vetor de direção** - somente está ativa com **Vetor de direção** selecionado para **Tipo de tangência**. Aplica uma restrição de tangência com base na entidade selecionada usada como vetor de direção. A superfície limitante é tangente à aresta linear ou ao eixo selecionado ou à normal de uma face ou plano selecionado. Você também pode selecionar um par de vértices para definir o vetor de direção.
- **Ângulo de inclinação** - aplica um ângulo de inclinação à curva inicial ou final. Se necessário, clique em **Inverter direção**. Para superfícies limitantes unidirecionais, o ângulo de inclinação está disponível a todos os **Tipos de tangente**. Para superfícies limitantes bidirecionais, se conectar a uma entidade existente que tenha inclinação, a opção **Ângulo de inclinação** não fica disponível porque o sistema automaticamente aplica a mesma inclinação à superfície limitante na curva de interseção.
- **Comprimento de tangente** - esta configuração não é exibida quando a opção **Nenhum** é selecionada para **Tipo de tangente** para alguma curva. Sua função é controlar a quantidade de influência na superfície limite. O efeito de comprimento da tangente é limitado até a próxima seção. Se necessário, clique em **Inverter direção de tangente**.

- **Aplicar a todos** - somente está disponível para os casos de superfícies unidirecionais. Quando selecionada, exibe uma alça que controla todas as restrições do perfil. Desmarque essa opção para exibir várias alças que permitam o controle de segmento individual. Arraste as alças para modificar o comprimento da tangente.

5.5.2. Caixa de Diálogo Opções e Visualização

- **Mesclar faces tangentes** - faz com que as superfícies na superfície limitante resultante sejam tangentes se os segmentos correspondentes também forem.
- **Superfície fechada** - cria um corpo fechado ao longo da direção da superfície limitante. Conecta o primeiro e o último esboço automaticamente.
- **Aparar por direção 1 e direção 2** - apara as superfícies por direção quando as curvas não formam um limite fechado.
- **Arrastar esboço** - ativa o modo de arrasto. Ao editar o recurso de superfície limitante, você pode arrastar qualquer segmento de esboço 3D, ponto ou plano do esboço 3D a partir do qual os contornos foram definidos para a superfície limitante. O esboço 3D é atualizado enquanto arrastado. É possível também editar o esboço 3D para dimensionar os contornos com as ferramentas de dimensionamento. A visualização de superfície limitante será atualizada quando o arrasto terminar ou quando as dimensões de esboço 3D forem editadas. Para sair do modo de arrasto, clique em **Arrastar esboço** novamente ou em outra lista de seleção no **PropertyManager**.

  Pode haver no máximo um esboço 3D no recurso de superfície limitante para ativar o modo **Arrastar esboço**.
- **Desfazer arrastar esboço** - desfaz o arrasto anterior do esboço e retorna a visualização ao seu estado anterior. É possível desfazer vários arrastos e edições de dimensão.
- **Exibir visualização** - exibe visualizações sombreadas da superfície limitante. Desmarque essa opção para ver apenas as curvas, Figuras 5.48 e 5.49.

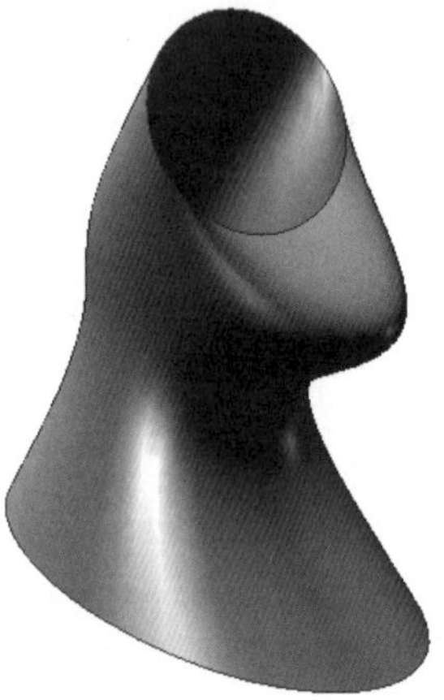

Figura 5.48 - Visualização sombreada da superfície gerada a partir de curvas fechadas.

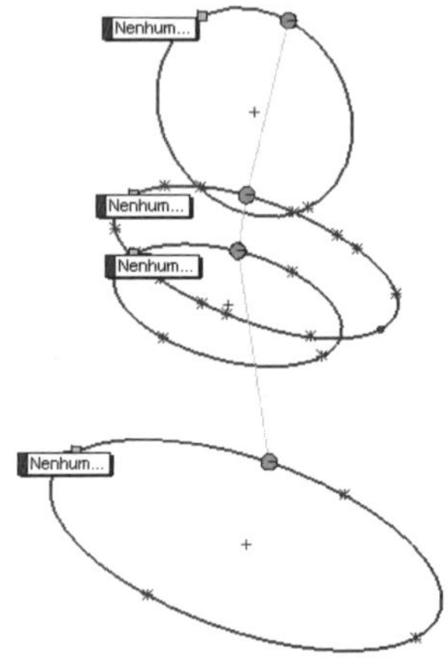

Figura 5.49 - Curvas fechadas limitantes da superfície.

5.5.3. Caixa de Diálogo Exibição

- **Visualizar malha** - Permite a visualização da malha.
- **Densidade da malha** - ajusta o número de linhas da malha.
- **Listras de zebra** - este tema já foi discutido em itens anteriores.
- **Pentes de curvatura** - selecione pelo menos uma dessas opções:
  - **Direção 1** - alterna a exibição dos pentes de curvatura ao longo da Direção 1.
  - **Direção 2** - alterna a exibição dos pentes de curvatura ao longo da Direção 2.
- **Escala** - ajusta o tamanho dos pentes de curvatura.
- **Densidade** - ajusta o número de linhas da visualização de pentes de curvatura.

5.6. Preencher Superfície

O recurso **Preencher superfície** constrói um remendo de superfície com qualquer número de lados dentro de um limite definido pelos esboços, arestas de modelo ou curvas existentes, incluindo as curvas compostas. Você pode usar esse recurso a fim de construir uma superfície para preencher um espaçamento em um modelo. É possível usar a ferramenta **Preencher superfície** nestes casos:

- Corrigir uma peça que não seja importada corretamente no SolidWorks (sem todas as faces).
- Preencher os furos em uma peça usada para moldagem de núcleo e cavidade.
- Construir uma superfície para aplicações de projeto industrial.
- Criar um sólido.
- Incluir recursos como entidades separadas ou fundir esses recursos.

Para criar uma superfície preenchida, é necessário uma abertura em um modelo gerado por superfície, ativar o comando e selecionar as arestas que delimitam a abertura.

O exemplo seguinte ilustra o procedimento. Clique no comando **Preencher superfície** na barra de ferramentas **Superfícies** ou no menu *drop-down* **Inserir → Superfície → Preencher superfície**. Note que o **PropertyManager** é exibido com suas configurações-padrão, Figura 5.50.

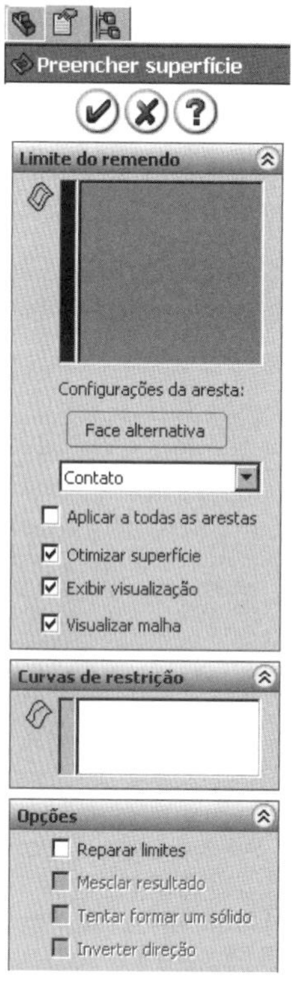

Figura 5.50 - PropertyManager Preencher superfície.

1. Selecione a aresta limite da abertura, Figura 5.51. A referência da aresta selecionada aparece dentro da janela da caixa de diálogo Limite de remendo e em seguida surge sobre a região um malha de cobertura, Figura 5.52.
2. Clique em **OK** para confirmar o comando. A abertura é preenchida, ficando apenas o contorno da região, Figura 5.53.

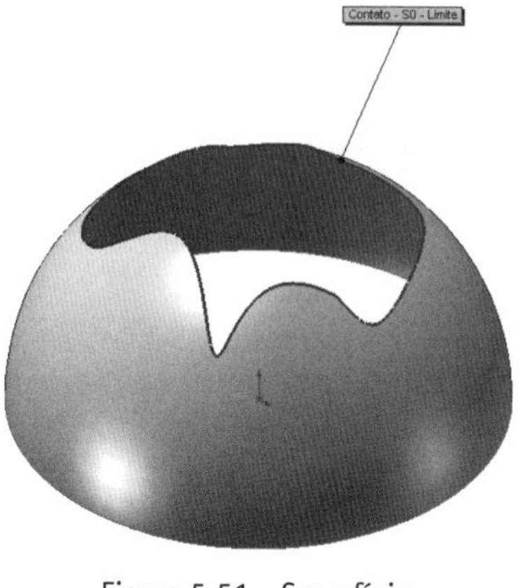

Figura 5.51 - Superfície perfurada.

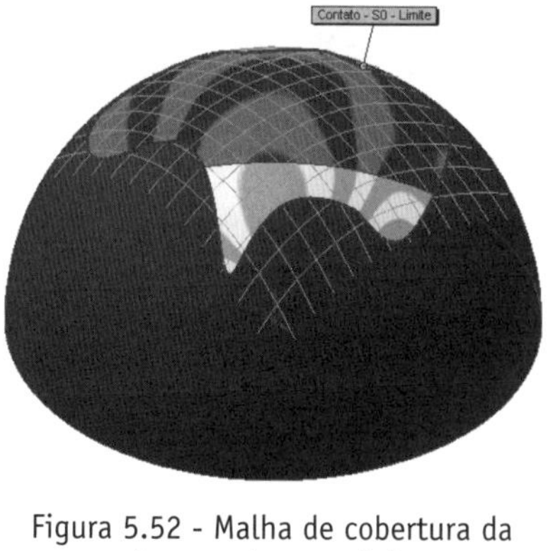

Figura 5.52 - Malha de cobertura da abertura da superfície.

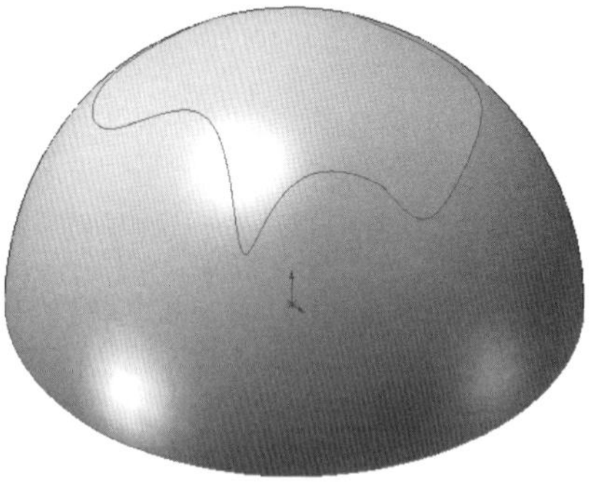

Figura 5.53 - Superfície preenchida e linha limite.

5.6.1. Caixa de Diálogo Limite do Remendo

- **Limite do remendo** define as arestas do remendo aplicado. Os limites incluem as seguintes propriedades e recursos:
  - É possível usar superfícies ou arestas sólidas, bem como esboços 2D ou 3D como limites para cada remendo. As curvas compostas também são oferecidas.

- Para todos os limites de esboço, você pode selecionar apenas um remendo **Contato** como o tipo de **Controle de Curvatura**.

- **Face alternativa** - inverte a face de limite do controle de curvatura do remendo. É usada apenas para criar um remendo em um modelo sólido.
- **Controle de curvatura** - janela de opções selecionada na lista *drop-down* que define o tipo de controle a ser exercido sobre o remendo criado.

  Os tipos de **Controle de curvatura** são:

  - **Contato** - cria uma superfície dentro do limite selecionado. A Figura 5.54 exemplifica a opção aplicada à criação de uma superfície de fechamento no topo do modelo. Note que a superfície resultante é plana.

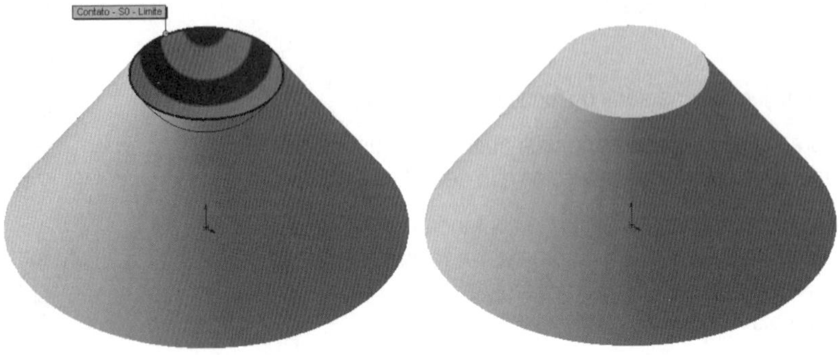

Figura 5.54 - Superfície de preenchimento com a opção Contato.

  - **Tangente** - cria uma superfície dentro do limite selecionado, mas mantém a tangência das arestas de remendo. A Figura 5.55 ilustra a opção aplicada à criação de uma superfície de fechamento no topo do modelo. A superfície resultante é arredondada e tangente à superfície lateral.

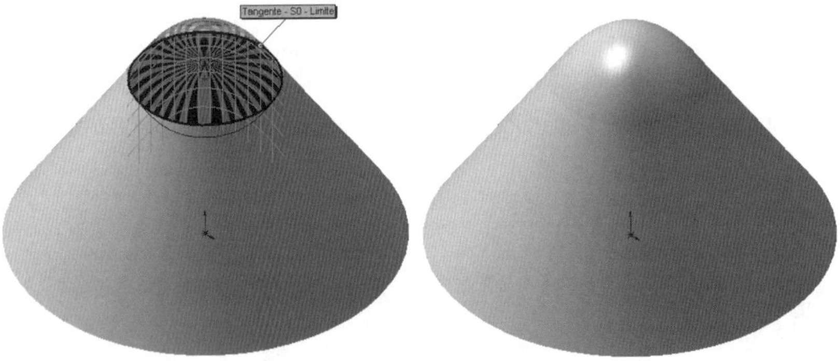

Figura 5.55 - Superfície de preenchimento com a opção Tangente.

  - **Curvatura** - cria uma superfície correspondente à curvatura da superfície selecionada na aresta de delimitação com a superfície adjacente, Figura 5.56.

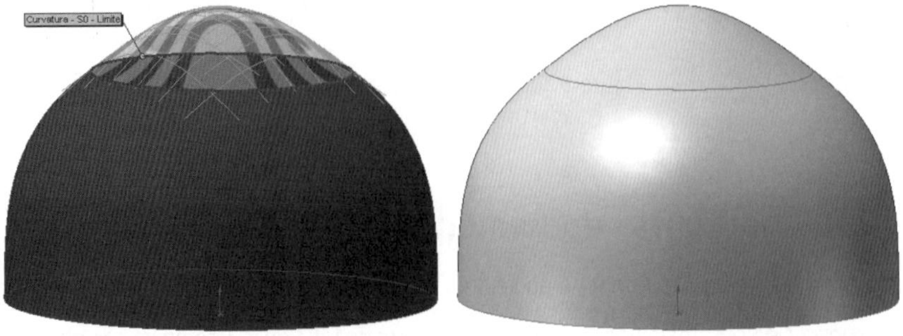

Figura 5.56 - Superfície de preenchimento com a opção Curvatura.

É possível aplicar diferentes tipos de **Controle de curvatura** ao mesmo remendo.

- **Aplicar a todas as arestas** - aplica o mesmo controle de curvatura a todas as arestas. Se a função for selecionada após a aplicação de **Contato** e **Tangente** a diferentes arestas, ela é aplicada à seleção atual para todas as arestas.
- **Otimizar superfície** - selecione essa opção para superfícies de dois ou quatro lados. Ela aplica um remendo de superfície simplificado similar a uma superfície com loft. As grandes vantagens do remendo de superfície otimizado são menos tempo de construção e mais estabilidade quando usado em conjunto com outros recursos no modelo.
- **Exibir visualização** - exibe uma visualização sombreada do preenchimento da superfície.
- **Visualizar malha** - mostra uma grade no remendo para ajudar a visualizar a curvatura. **Visualizar malha** fica disponível apenas quando **Exibir visualização** for selecionada.
- **Inverter superfície** - altera a direção do remendo da superfície. O botão **Inverter superfície** é dinâmico, sendo exibido apenas quando todas estas condições são atendidas:
  - Todas as curvas de limite são coplanares
  - Não há pontos de restrição
  - Não há restrições internas
  - A superfície preenchida não é plana
  - Selecionar Tangente ou Curvatura para Controle de curvatura

As Figuras 5.57, 5.58 e 5.59 exemplificam a inversão de uma superfície de fechamento criada a partir da seleção da aresta limite.

Figura 5.57 - Malha da superfície de preenchimento sem inversão.

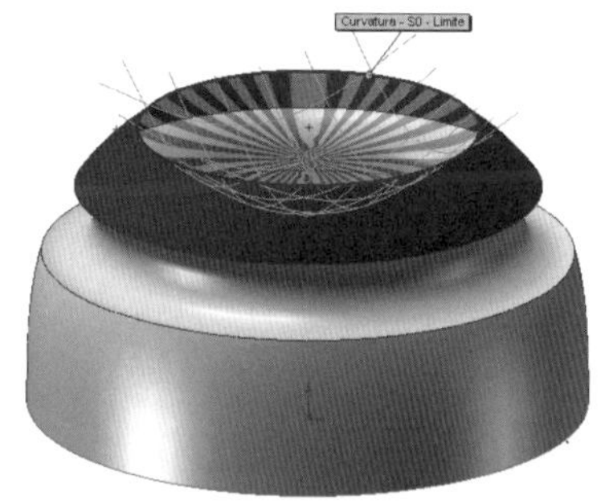

Figura 5.58 - Malha da superfície de preenchimento com opção de inversão selecionada.

Figura 5.59 - Superfície de preenchimento resultante (invertida).

5.6.2. Caixa de Diálogo Curvas de Restrição

As **Curvas de restrição** adicionam um controle de inclinação ao remendo. Elas são usadas principalmente em aplicações de desenho industrial. É possível criar uma curva de restrição usando elementos de esboço, como pontos ou splines de esboço.

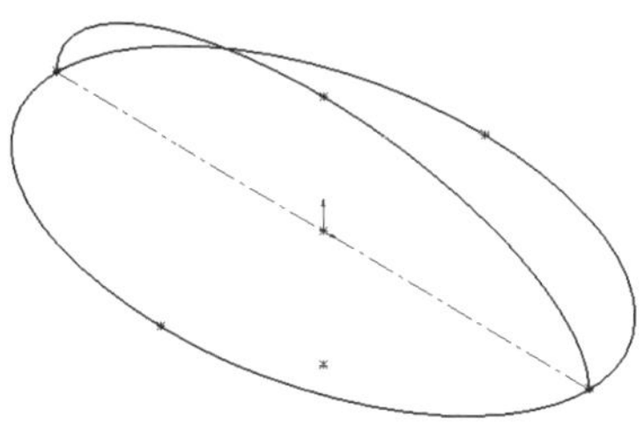

Figura 5.60 - Curvas de restrição.

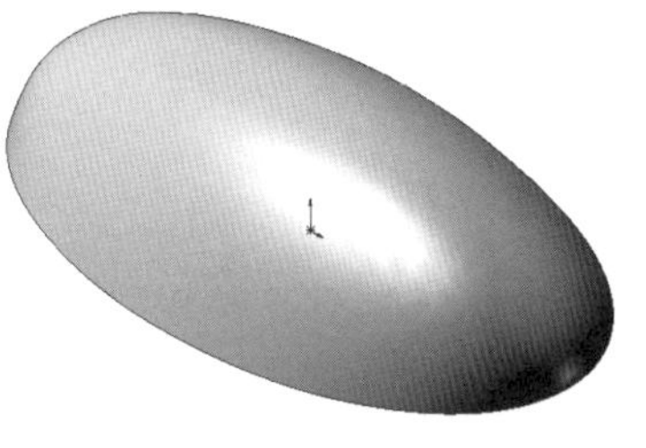

Figura 5.61 - Superfície resultante.

5.6.3. Caixa de Diálogo Opções

- **Reparar limites** - constrói um limite válido ao criar automaticamente as peças que estão faltando ou aparar as que são muito grandes.
- **Mesclar resultado** - o comportamento dessa opção depende dos limites.
  - Quando todos os limites pertencerem ao mesmo corpo sólido, é permitido usar o preenchimento de superfície para remendar o sólido.
  - Se pelo menos uma das arestas for de folha aberta e você selecionar **Mesclar resultado**, o **Preenchimento de superfície** costura as superfícies às quais as arestas pertencem.
  - Se todas as entidades delimitadoras forem arestas abertas, um sólido pode opcionalmente ser criado.

  A opção **Mesclar resultado** permite:

  - Organizar a operação, eliminando **Substituir face**.
  - Ocultar os detalhes do sólido no modelo.
- **Tentar formar um sólido** - se todas as entidades delimitadoras forem arestas de superfície aberta, a formação de um sólido é possível. A opção **Tentar formar um sólido** fica desmarcada por padrão.
- **Inverter direção** - ao remendar um sólido com a superfície preenchida, há em geral dois possíveis resultados. Clique em **Inverter direção** para corrigir a direção se a superfície preenchida exibir uma direção inesperada.

5.7. Superfície Plana

Cria superfícies planas a partir de:

- Um esboço fechado sem interseção, Figura 5.62.
- Um conjunto de arestas fechadas.
- Várias linhas de partição não-planas.
- Um par de entidades planas, como curvas ou arestas, Figura 5.63.

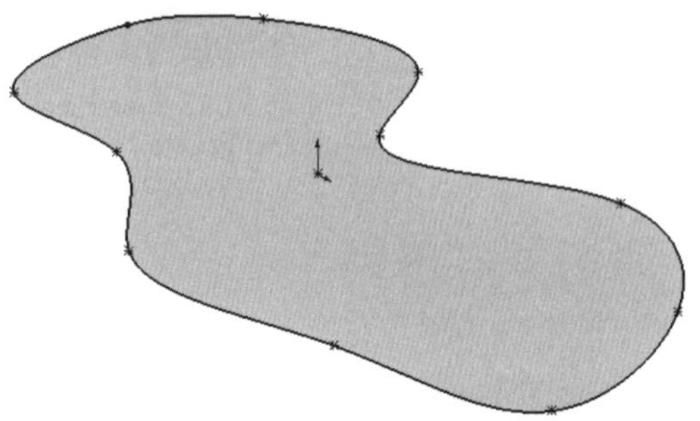

Figura 5.62 - Superfície plana a partir de esboço fechado.

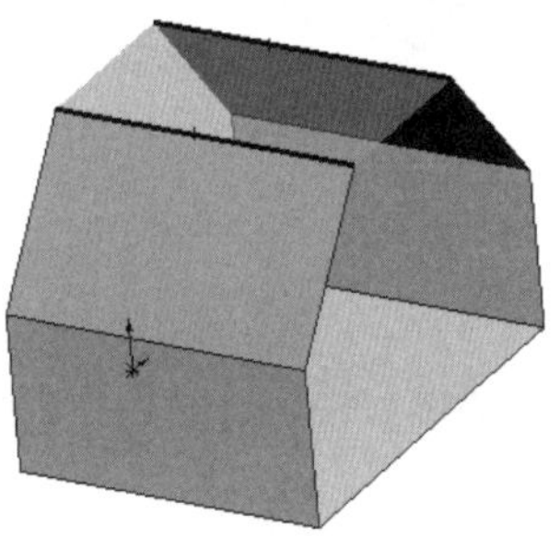

Figura 5.63 - Superfície plana a partir das arestas de duas superfícies planas inclinadas.

5.8. Forma Livre

O recurso **Forma livre** modifica faces de superfícies ou de corpos sólidos. É possível modificar apenas uma face de cada vez e ela só pode ter quatro lados. Os projetistas dispõem do controle direto e interativo das deformações pela criação de curvas e pontos de controle, puxando-os e empurrando-os para modificar a face. Use a tríade para restringir a direção da ação de puxar ou empurrar.

A Forma livre oferece um controle mais direto em comparação com os recursos de deformação. Ela atende às necessidades dos projetistas de produtos de consumo que criam projetos curvilíneos.

Os recursos da Forma livre não afetam a topologia do modelo por não criarem faces adicionais. As Figuras 5.64 e 5.65 exemplificam a aplicação do comando.

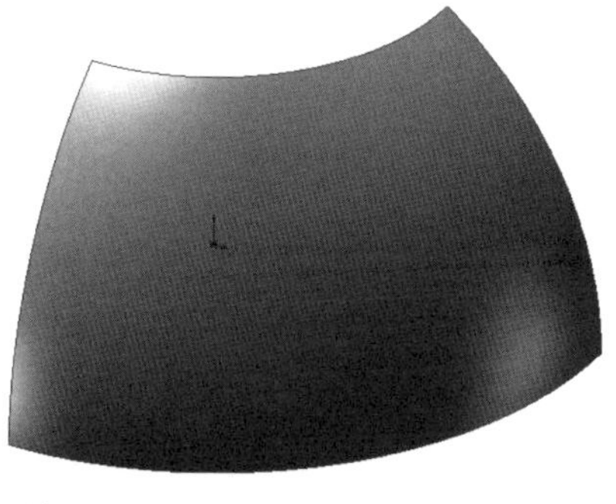

Figura 5.64 - Superfície curva original.

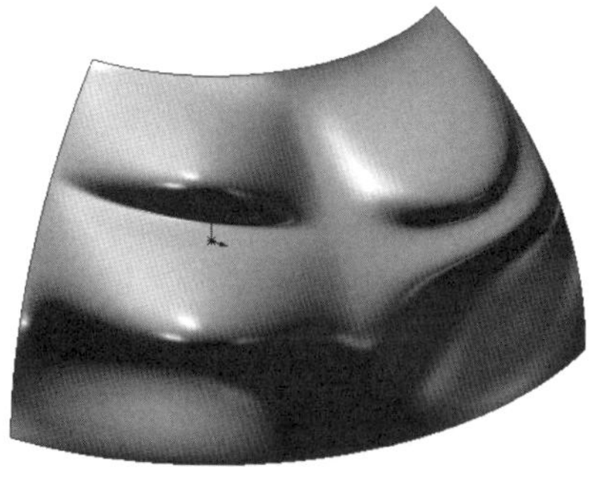

Figura 5.65 - Superfície modificada.

É possível criar uma face de quatro lados pela projeção de um esboço utilizando **linhas de separação** sobre qualquer face. Quanto mais retangular for a face, mais simétricos serão os resultados. Esse recurso é particularmente útil quando se utilizam formas livres para suavizar rugas na superfície.

Para criar uma forma livre, é necessário, como já referido, uma superfície de quatro lados. Depois de definir a superfície a deformar, clique no comando **Forma livre** na barra de ferramentas **Superfícies** ou acesse pelo menu *drop-down* **Inserir** → **Superfície** → **Forma livre**. O **PropertyManager** aparece com suas configurações-padrão, Figura 5.68.

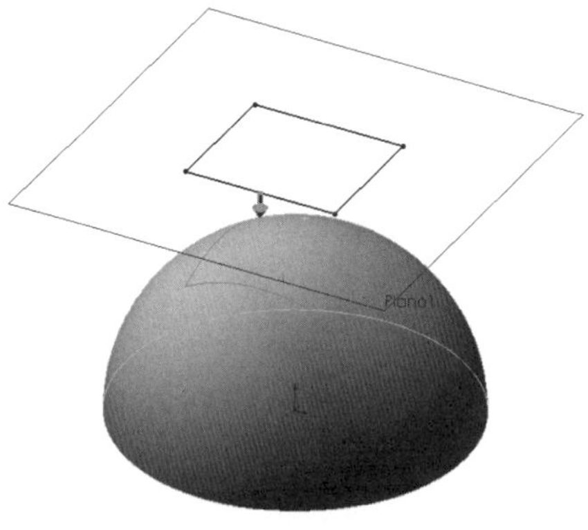

Figura 5.66 - Projeção de um esboço por linhas de separação sobre a superfície.

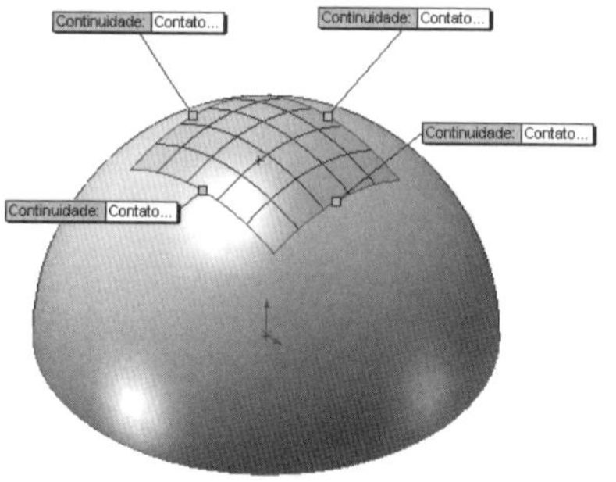

Figura 5.67 - Esboço de geometria de quatro lados projetado sobre a superfície para aplicar Forma livre.

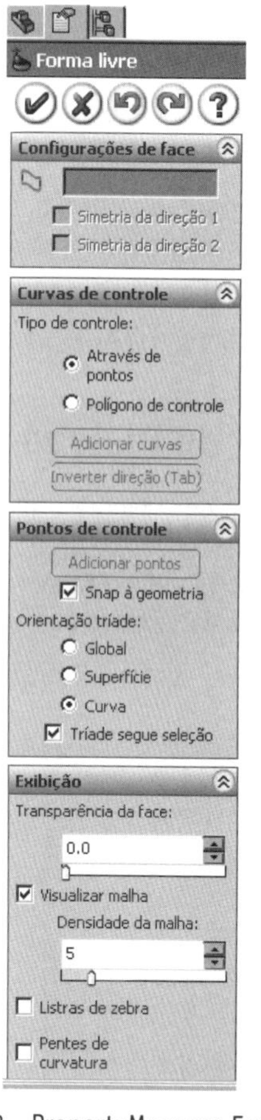

Figura 5.68 - PropertyManager Forma livre.

5.8.1. Caixa de Diálogo Configurações de Face

- **Face a deformar** - selecione uma face de quatro lados para modificar como um recurso de forma livre.
- **Simetria da Direção 1** - está disponível se a peça for simétrica em uma direção. Permite adicionar curvas de controle simétricas em uma direção à linha de simetria da face. Um plano aparece quando você atinge o plano de simetria, no qual é possível criar uma curva de controle. Use essa opção para projetar metade do modelo e permitir que **Forma livre** aplique o projeto simetricamente à outra metade.
- **Simetria da Direção 2** - essa opção fica disponível se a peça for simétrica em ambas as direções. Permite adicionar curvas de controle simétricas à segunda direção.

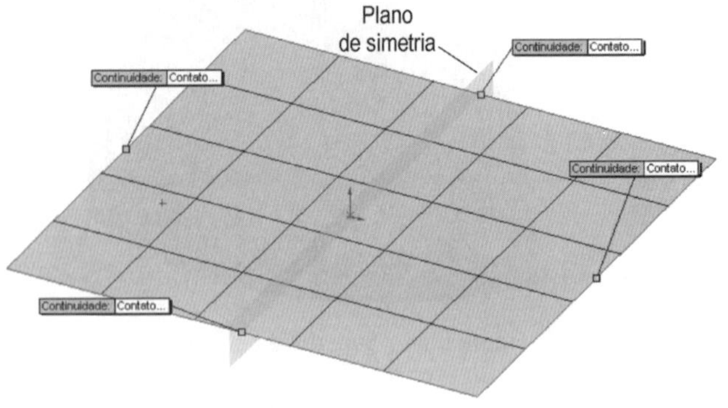

Figura 5.69 - Plano de simetria na face a deformar.

5.8.2. Caixa de Diálogo Curvas de Controle

- **Tipo de controle** - define os tipos de controle disponíveis para os pontos de controle adicionados ao longo da curva de controle.
  - **Através de pontos** - utiliza pontos de controle em curvas de controle. Arraste os pontos de controle para modificar a face.
  - **Polígono de controle** - utiliza polígonos de controle em curvas de controle. Arraste os polígonos de controle para modificar a face.
  - **Adicionar curvas** - ativa e desativa o modo **Adicionar curvas**, no qual você move o ponteiro sobre a face selecionada e clica para adicionar curvas de controle. Clique com o botão direito para adicionar curvas de controle e entrar no modo Adicionar pontos.
  - **Inverter direção (TAB)** - permite inverter a direção de novas curvas de controle. Clique em **TAB** para alternar direções.

5.8.3. Caixa de Diálogo Pontos de Controle

- **Adicionar pontos** - alterna o modo **Adicionar pontos**, ao qual se adicionam pontos de controle ao longo das curvas de controle. Clique no **botão direito do mouse** para exibir o **menu de atalhos** (Figura 5.70), adicionar os pontos de controle e entrar no modo **Modificar face**, no qual você arrasta pontos de controle para modificar a face selecionada. Pontos de controle são visíveis e selecionáveis somente ao selecionar suas curvas de controle.

  É possível mover pontos de controle sempre que não estiver em modo **Adicionar curvas** ou **Adicionar pontos**, Figura 5.71.

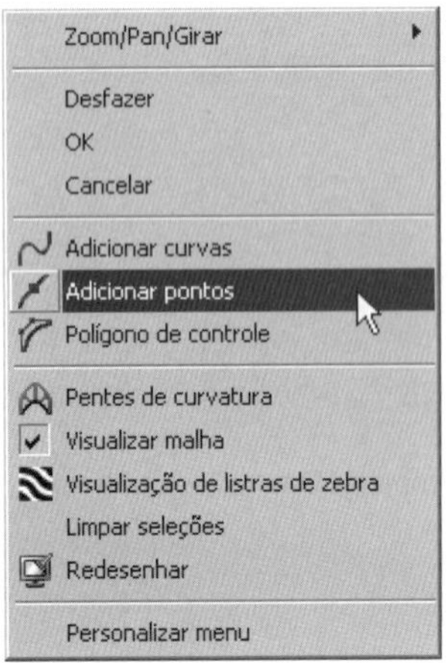

Figura 5.70 - Menu de atalhos.

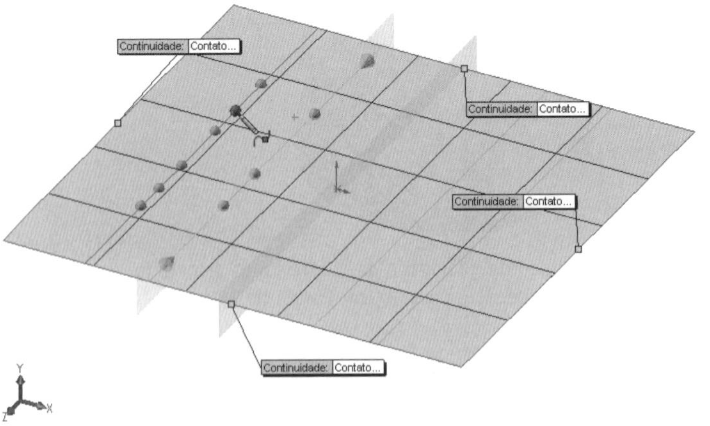

Figura 5.71 - Inserção de pontos de controle para modificação da face selecionada.

- **Snap à geometria** - faz **snap** do ponto na geometria, como pontos em uma curva de referência quando você move pontos de controle para modificar a face. O centro da tríade muda de cor quando ele faz **snap** na geometria. As Figuras 5.72, 5.73 e 5.74 demonstram essa aplicação.

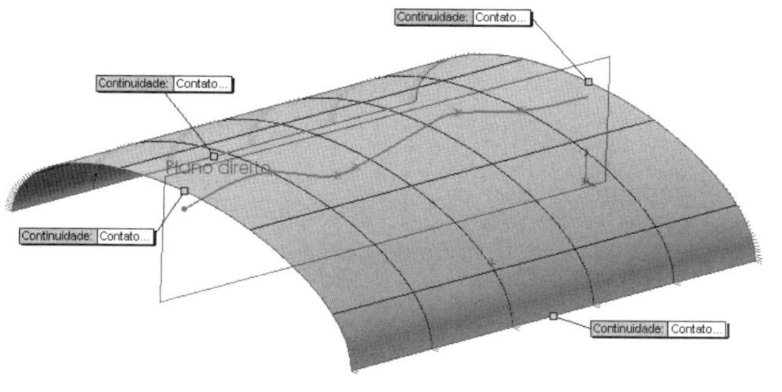

Figura 5.72 - Superfície a ser modificada. Uma spline-guia é desenhada no Plano frontal.

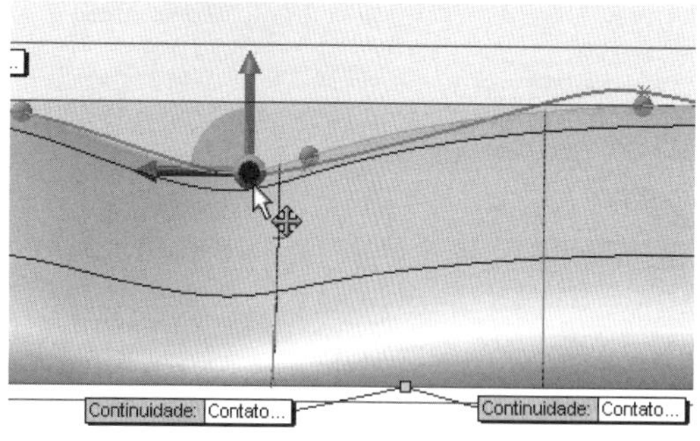

Figura 5.73 - A superfície é colocada em vista lateral e adicionados a curva-guia e os pontos. Depois são movidos com a tríade para cima da spline.

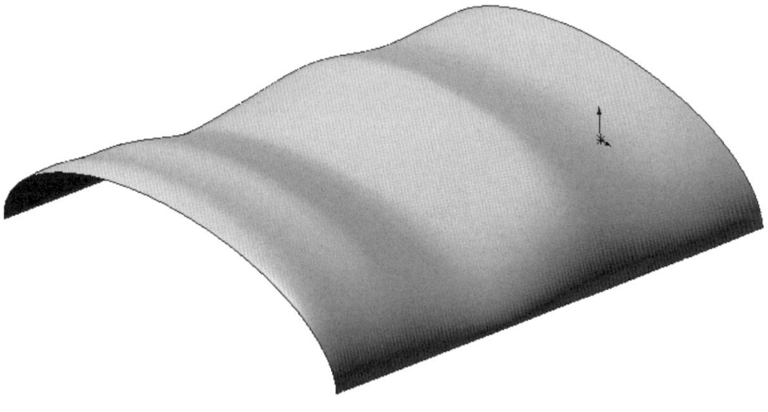

Figura 5.74 - Superfície resultante após a modificação da forma.

- **Orientação tríade** - controla a orientação da tríade utilizada para fazer movimentos precisos de pontos de controle.
  - **Global** - orienta a tríade de modo a coincidir com os eixos da peça.
  - **Superfície** - orienta a tríade a ficar normal à superfície antes da ação de arrastar.
  - **Curva** - orienta a tríade a ficar paralela à direção de uma linha normal criada por três pontos na curva de controle.
- **Tríade segue seleção** - move a tríade para o ponto de controle atualmente selecionado. Quando essa opção é desmarcada, a tríade permanece no seu ponto de controle atual quando se selecionam outros pontos de controle. Ela não é fixada a nenhum ponto de controle.
- **Controles de direção da tríade** - essas opções estão disponíveis quando você seleciona um ponto de controle para arrastar e o ponteiro muda para o modo de movimentação. Defina valores nas janelas ou clique o cursor do mouse sobre o controle deslizante localizado na base de cada uma delas para o ajuste preciso da posição **X**, **Y** ou **Z** da tríade, Figura 5.75.

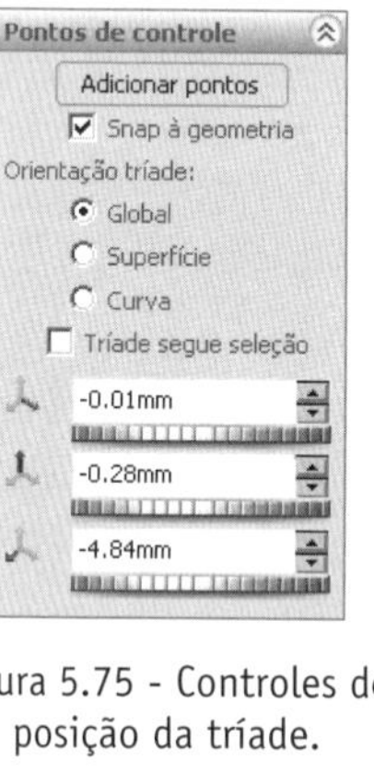

Figura 5.75 - Controles de posição da tríade.

5.8.4. Caixa de Diálogo Exibição

- **Transparência da face** - define um valor para ajustar a transparência da face selecionada.

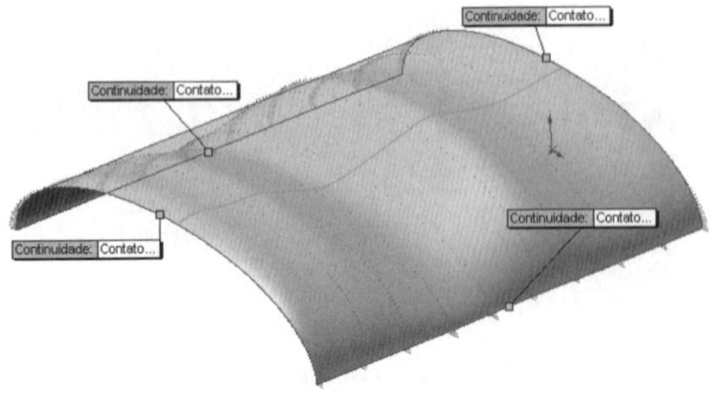

Figura 5.76 - Transparência de face = 0 (sem transparência).

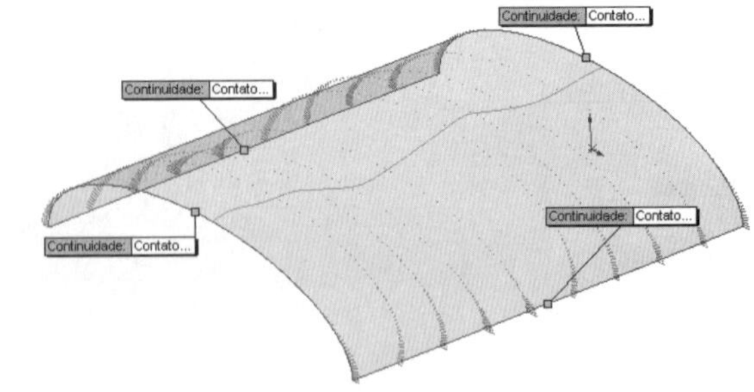

Figura 5.77 - Transparência de face = 1 (transparência máxima).

- **Visualizar malha** - exibe uma malha que pode ser utilizada pata ajudar a colocar pontos de controle.
  - **Densidade da malha** - ajusta a densidade (quantidade de linhas) da malha.

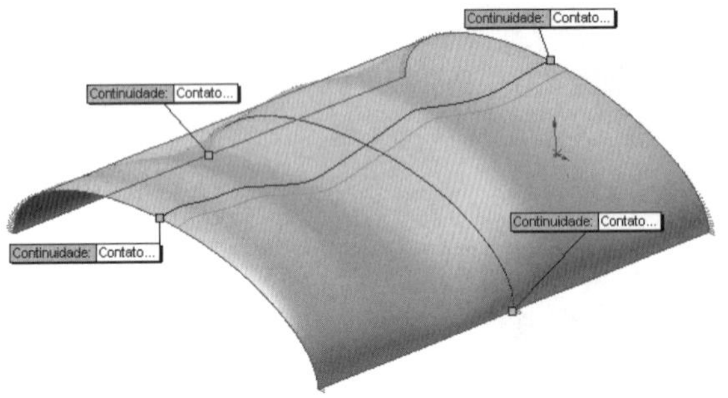

Figura 5.78 - Densidade de malha = 1 (valor mínimo possível).

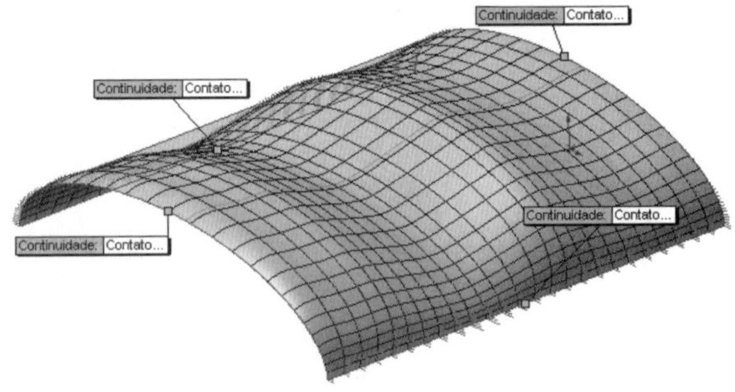

Figura 5.79 - Densidade de malha = 25 (valor máximo possível).

- **Listras de zebra** - possibilitam a visualização de pequenas alterações em uma superfície que seriam difíceis de perceber na exibição-padrão. Elas simulam a reflexão de longas faixas de luz em uma superfície muito brilhante.

  As listras de zebra permitem visualizar facilmente rugas ou defeitos em uma superfície e verificar se duas superfícies adjacentes estão em contato, são tangentes ou possuem curvatura contínua.

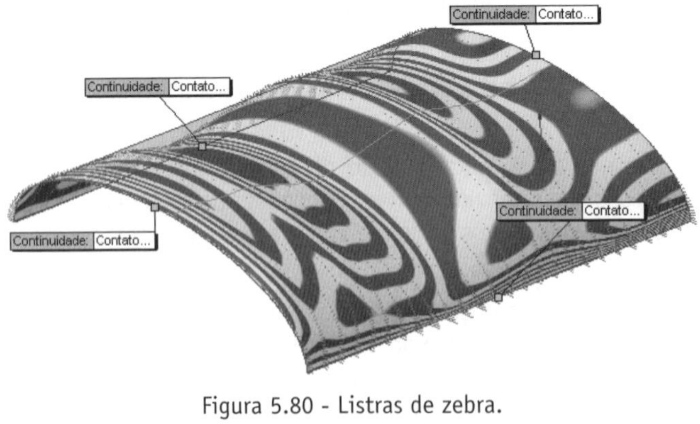

Figura 5.80 - Listras de zebra.

As configurações das listras de zebra podem ser feitas pelo **PropertyManager Listras de zebra**, Figura 5.81.

- **Número de listras**
- **Largura das listras**
- **Exatidão de listra** - mova o controle deslizante desde baixa precisão (esquerda) até alta precisão (direita) para aprimorar a qualidade da exibição. Observe que aumentar a precisão também aumenta o tempo para o cálculo da exibição.
- **Cor da listras** - clique em Editar cor.
- **Cor de fundo** - clique em Editar cor.
- **Mapa esférico** - disponível em todos os sistemas. A peça parece estar dentro de uma grande esfera revestida de faixas de luz. As listras de zebra são sempre curvas (mesmo em faces planas) e apresentam **singularidades**.

Figura 5.81 - PropertyManager Listras de zebra.

- **Mapa de cubo** - disponível em sistemas com placa gráfica que ofereça suporte para mapas de textura de cubo. Se o seu computador não dispuser desse tipo de placa gráfica, o SolidWorks não permite a seleção dessa opção. A peça parece estar dentro de uma grande sala quadrada revestida de faixas de luz nas paredes, no teto e no piso. As listras de zebra são retas em superfícies planas e não possuem singularidades.
- **Combos de curvatura** - exibe combos (pentes) de curvatura ao longo das linhas de grade da malha. Também é possível alternar a exibição de combos de curvatura utilizando o menu de atalho. Quando a *checkbox* é selecionada, a caixa de diálogo expande-se mostrando mais configurações, Figura 5.82.
- **Direção 1** - mostra os combos de curvatura em uma direção.
- **Direção 2** - revela os combos de curvatura na segunda direção.
- **Tipo de curvatura:**
  - **Superfície** - exibe a curvatura da superfície ao longo da curva normal à superfície.
  - **Curva** - ilustra a curvatura da curva apenas.
- **Escala** - ajusta o tamanho dos combos de curvatura.
- **Densidade** - ajusta a densidade (quantidade de linhas) da exibição dos combos de curvatura.

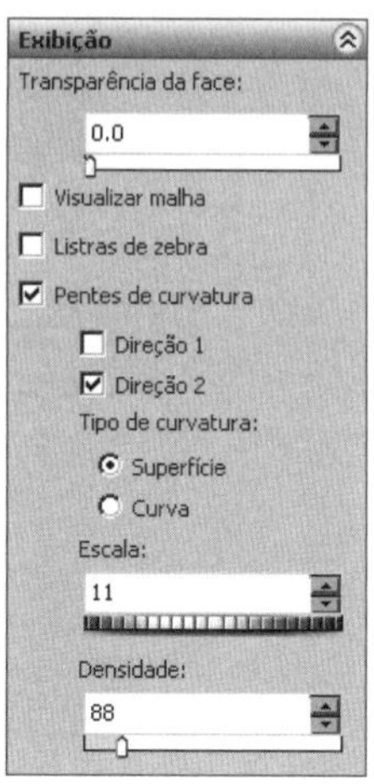

Figura 5.82 - Caixa de diálogo Exibição.

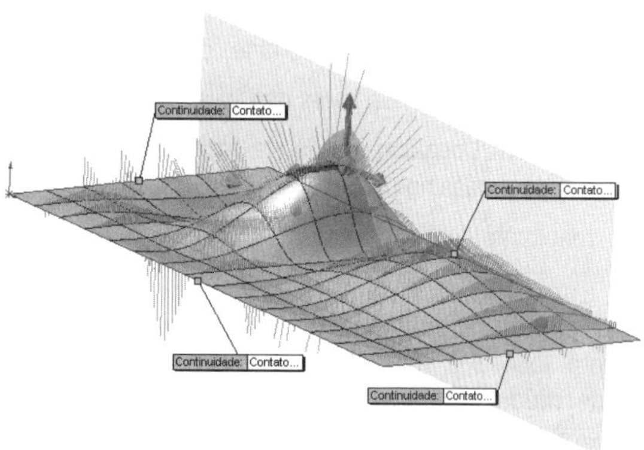

Figura 5.83 - Combos de curvatura na Direção 2.

5.9. Superfície de Offset

Esse comando gera uma superfície a uma distância offset a partir de outra selecionada. Basta configurar a distância offset e defini--la como interna ou externa à superfície selecionada.

Selecione o comando Superfície de offset na barra de ferramentas Superfícies ou pelo menu *drop-down* **Inserir → Superfície → Offset**. Será exibido o **PropertyManager** do comando, Figura 5.84.

Figura 5.84 - PropertyManager Superfície de offset.

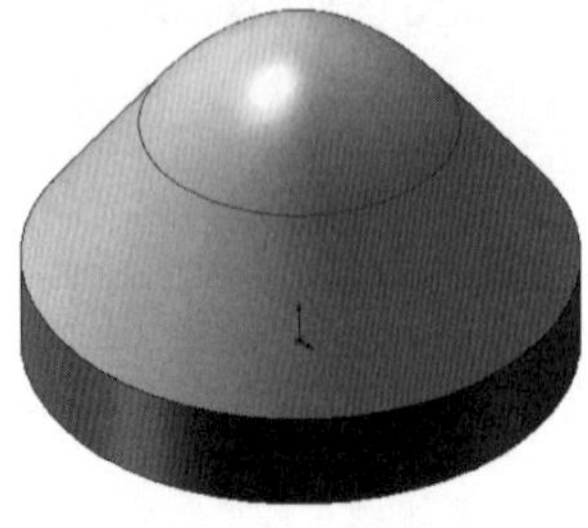
Figura 5.85 - Superfície a ser selecionada.

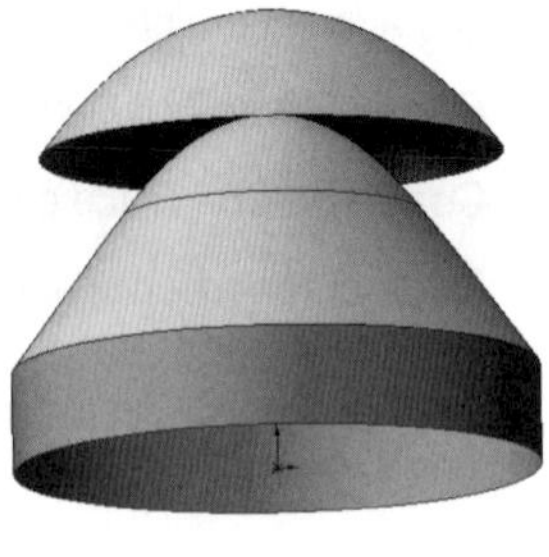
Figura 5.86 - Superfície offset criada a partir da ponta selecionada.

Para gerar uma superfície offset interna à selecionada, pressione o botão de comando **Inverter direção do offset** no PropertyManager.

É possível ainda criar uma superfície offset a uma distância zero.

5.10. Superfície Regrada

Essa ferramenta será estudada no capítulo 8, que trata de Projeto de Moldes de Injeção.

5.11. Superfície Média

A ferramenta **Superfície média** é usada para criar uma superfície entre as duas faces offset de um modelo sólido. É possível definir o posicionamento da superfície em termos de porcentagem em relação à primeira face selecionada. As faces de referência para a criação da superfície média devem estar distanciadas paralelamente ou concentricamente. A superfície média é útil para gerar malhas de elementos bidimensionais na modelagem de elementos finitos.

É possível criar as seguintes superfícies médias:

- **Simples** - selecione um único par de faces offset na área de gráficos.
- **Múltiplo** - selecione múltiplos pares de faces offset na área de gráficos.
- **Tudo** - clique em **Localizar pares de face** para que o sistema selecione todas as faces offset adequadas no modelo.

A superfície resultante inclui os mesmos atributos de qualquer superfície criada no SolidWorks.

1. Para criar uma **Superfície média**, é necessário, como já referido, a existência de um sólido com faces de referências paralelas ou concêntricas. Clique no comando **Superfície média** na barra de ferramentas **Superfícies** ou pelo menu *drop-down* **Inserir → Superfície → Superfície média**. Note que o **PropertyManager** exibe na caixa de diálogo Seleções as opções de configurações possíveis, Figura 5.87.

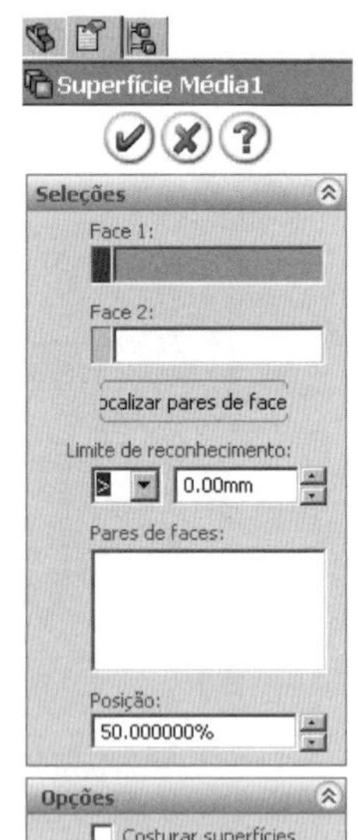

Figura 5.87 - PropertyManager Superfície Média.

2. Por padrão, a janela **Face 1** aparece ativada, podendo logo o usuário selecionar a primeira das faces. Em seguida, ativa-se a janela **Face 2** para a seleção da segunda face em plano paralelo ou concêntrico à primeira. As faces selecionadas são exibidas na janela **Pares de faces**.

   A Figura 5.88 descreve a criação de uma superfície média a partir da seleção das faces 1 e 2.

   No modo **Simples**, a janela **Posição** automaticamente define-se em 50%, o que também é válido para os modos **Múltiplo** e **Tudo**.

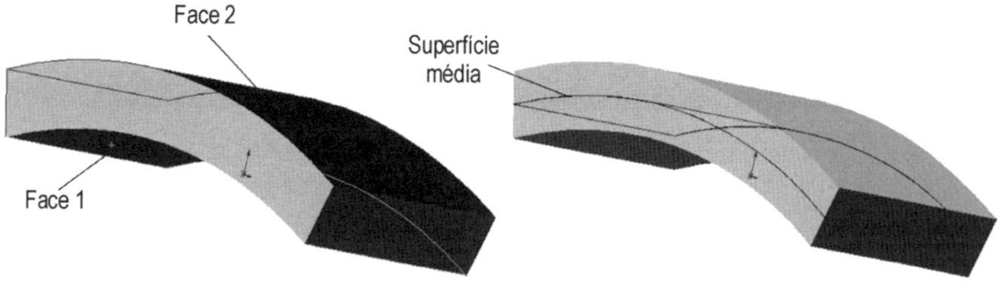

Figura 5.88 - Seleção de faces e criação de superfície média.

3. É possível redefinir as posições em termos percentuais de distância offset em relação às faces. Observe a Figura 5.89 em que, para o mesmo modelo anterior, utilizou-se para criação das superfícies médias o botão de comando **Localizar pares de face**. Em seguida, as faces criadas foram selecionadas na árvore de projeto e editadas para modificação da **Posição**. A posição da superfície média maior foi redefinida para **80%** e a superfície média menor para **30%**.

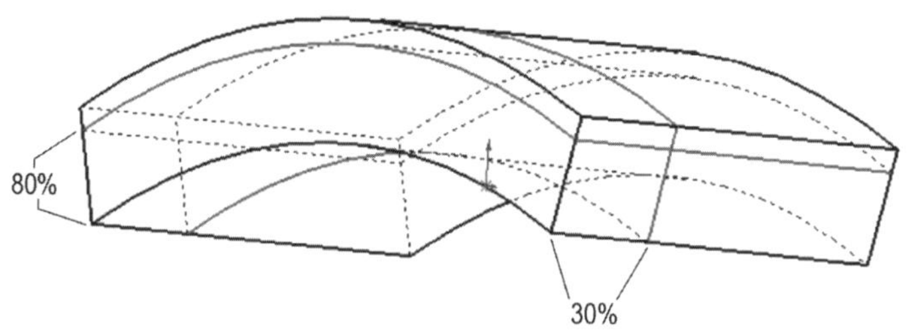

Figura 5.89 - Reposicionamento das superfícies médias.

4. Ao usar **Localizar pares de face**, você pode especificar um **Limite de reconhecimento** para filtrar os resultados. O **Limite de reconhecimento** tem como base a combinação seguinte:

- A função **Operador de limite** (= igual, < menor que, <= menor ou igual a, > maior que, >= maior ou igual a) é o operador matemático.
- A **Espessura do limite** é a espessura da parede.

   Por exemplo, é possível definir o sistema para que ele reconheça todos os pares de face adequados com uma espessura de parede menor ou igual a (<=) 3 milímetros. Qualquer par de face que não atender a esse critério não será incluído nos resultados.

5. Clique em **Costurar superfícies** para criar uma superfície costurada ou desmarque essa opção para manter superfícies individuais.
6. Clique em **OK**.

É possível adicionar novos pares de faces, excluir os existentes ou atualizá-los.

Para excluir pares de faces:

1. Selecione um conjunto em **Pares de faces** e pressione **DELETE**.
2. Clique em **OK**.

Para adicionar pares de faces:

1. Selecione **Face 1** no PropertyManager e escolha uma face na área de gráficos.
2. Escolha uma face offset como **Face 2**.

   As faces selecionadas são destacadas na área de gráficos e exibidas em **Pares de faces**.
3. Clique em **OK**.

5.12. Excluir Face

Essa ferramenta exclui faces de uma superfície selecionada ou de um sólido, convertendo-o em superfícies. Se você excluir e remendar uma face de um sólido, ele não é convertido em um corpo de superfícies.

Para excluir faces de uma superfície ou corpo sólido, clique no comando **Excluir face**, na barra de ferramentas **Superfícies.** Será exibido o **PropertyManager Excluir face**, Figura 5.90.

Com a ferramenta **Excluir face**, é possível fazer o seguinte:

- **Excluir** - exclui uma face de um corpo de superfície ou uma ou mais faces de um corpo sólido para criar superfícies.
- **Excluir e remendar** - exclui uma face de um corpo sólido ou de uma superfície e automaticamente remenda e apara o corpo.
- **Excluir e preencher** - exclui as faces e gera uma única face para fechar qualquer espaçamento.

5.12.1. Exclusão de Face em Corpo Sólido

Ative o comando, configure a opção **Excluir** e selecione a face para ser excluída do sólido. Note que o sólido será convertido em sólido de superfície, Figuras 5.91 e 5.92.

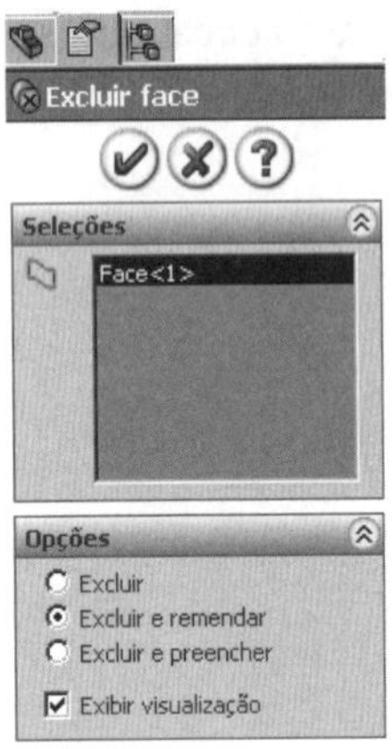

Figura 5.90 - PropertyManager Excluir face.

Figura 5.91 - Face selecionada em um modelo sólido.

Figura 5.92 - Face excluída. Modelo de superfície resultante.

5.12.2. Exclusão e Remendo de Face em Corpo Sólido

Ative o comando, configure a opção **Excluir e remendar** e selecione a(s) face(s) a ser(em) excluída(s) do sólido. O recorte no sólido foi excluído após a seleção das paredes que o compõem, Figuras 5.93 e 5.94.

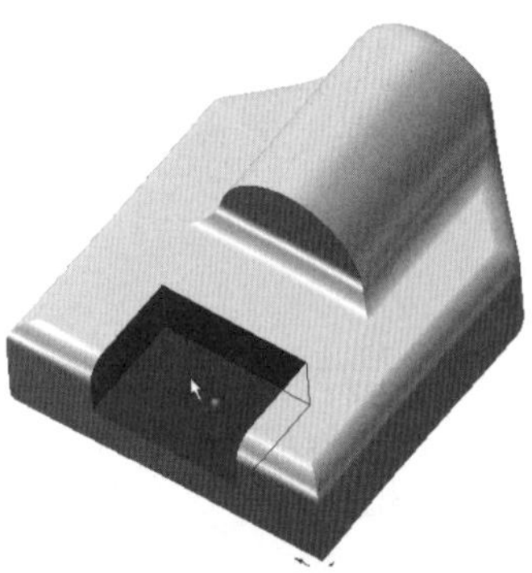

Figura 5.93 - Faces selecionadas para exclusão e remendo.

Figura 5.94 - Modelo sólido com faces excluídas e remendadas.

5.12.3. Exclusão de Face em Corpo de Superfície

Ative o comando, configure a opção **Excluir** e selecione a(s) face(s) a ser(em) excluída(s) do Corpo de superfície, Figuras 5.95 e 5.96.

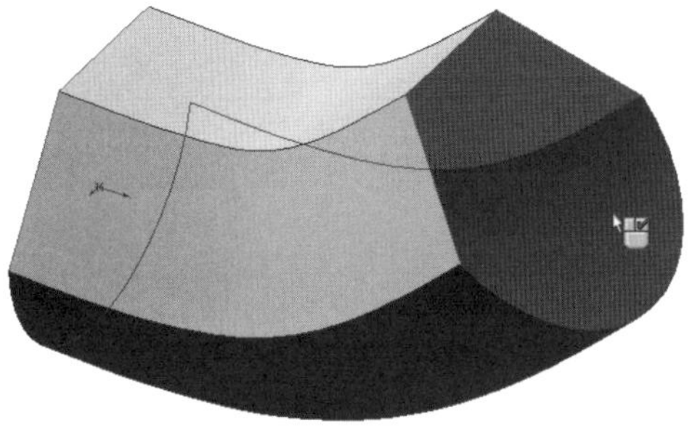

Figura 5.95 - Face selecionada para exclusão.

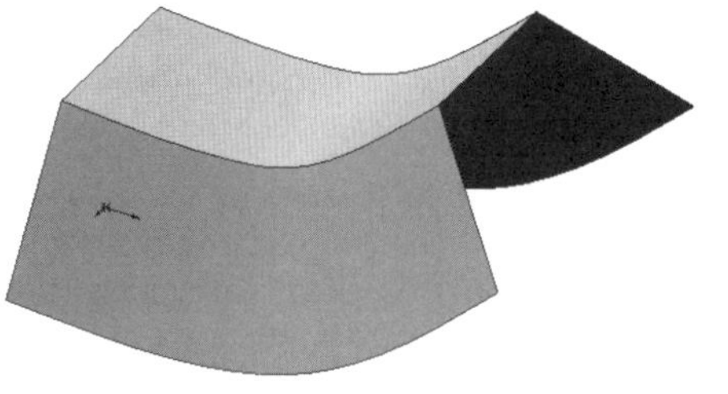

Figura 5.96 - Corpo de superfície com face removida.

5.12.4. Exclusão e Remendo de Face em Corpo de Superfície

Ative o comando, configure a opção **Excluir e remendar,** e selecione a(s) face(s) a ser(em) excluída(s) do sólido. Note que o recorte no sólido foi excluído após a seleção das paredes que o compõem, Figuras 5.97 e 5.98.

Figura 5.97 - Face selecionada em modelo de superfície para exclusão e remendo.

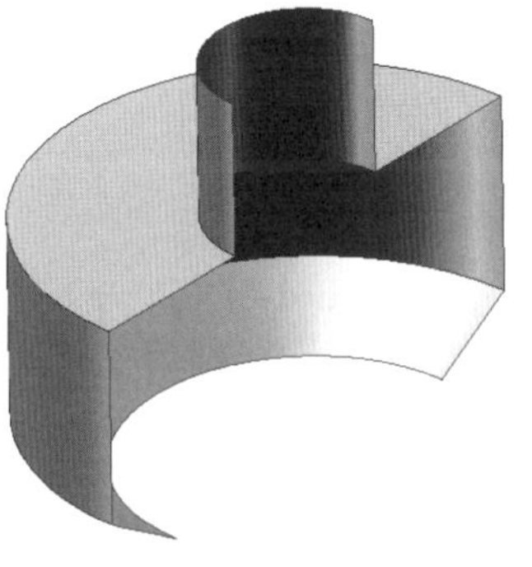

Figura 5.98 - Modelo de superfície com face selecionada, excluída e remendada.

5.12.5. Exclusão e Preenchimento de Superfícies

Ao ativar essa opção de comando, a caixa de diálogo **Opções** incorpora uma *checkbox* com uma nova opção de configuração, Figura 5.99. A opção **Excluir e preencher** exclui as faces e as substitui por uma única face.

- **Preenchimento tangente desmarcada** - o preenchimento usa arestas de contato.
- **Preenchimento tangente selecionada** - o preenchimento usa arestas tangentes.

As faces são excluídas e preenchidas por uma única superfície, Figuras 5.100 e 5.101.

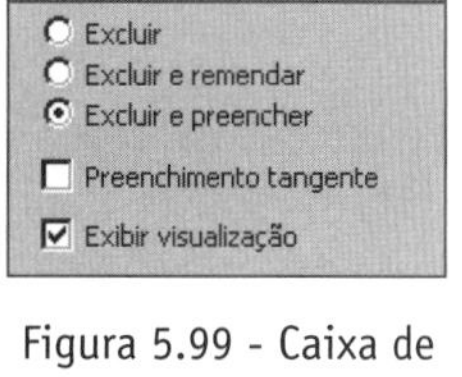

Figura 5.99 - Caixa de diálogo Opções.

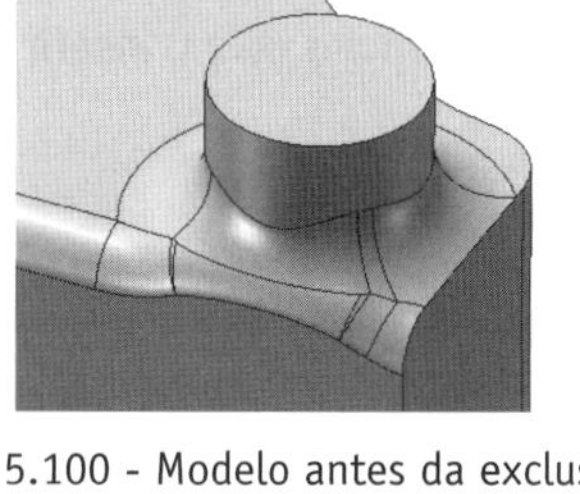

Figura 5.100 - Modelo antes da exclusão e preenchimento das superfícies.

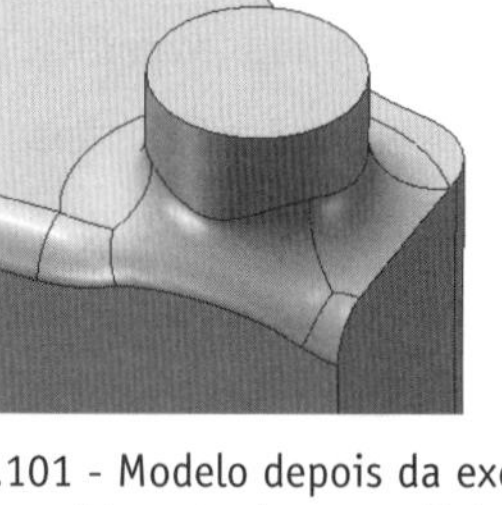

Figura 5.101 - Modelo depois da exclusão e preenchimento das superfícies.

5.13. Substituir Face

No SolidWorks, é possível substituir a face selecionada de um corpo sólido com uma ou mais superfícies. Ao substituir as faces selecionadas por outras superfícies, o corpo sólido resultante retém o perfil (forma) da superfície substituta por adição ou subtração de material. É necessário que a superfície diretora seja maior que a do modelo que deve ser substituída.

1. Para usar essa opção de comando, selecione **Substituir face** na barra de ferramentas **Superfícies** ou pelo menu *drop-down* **Inserir** → **Superfícies** → **Substituir face**. Abre-se o **PropertyManager** do comando, Figura 5.102.
2. Selecione a face do corpo sólido a ser substituída (Face <1>), a qual será exibida na primeira janela do PropertyManager. Em seguida, selecione a superfície de substituição (Superfície-Extrusão1). Será também indicada na outra janela do PropertyManager, Figura 5.103.
3. Clique em **OK** para confirmar o comando. A face será modificada conforme a superfície, Figura 5.104. Observe que ficaram sobras da superfície além da face do corpo sólido.
4. Na área gráfica, selecione a superfície e clique no botão direito do mouse para abrir o menu de atalhos. Em **Corpo**, clique na opção **Ocultar** do menu. A Figura 5.105 traz o resultado final.

Figura 5.102 - PropertyManager Substituir parâmetros.

Figura 5.103 - Face do sólido e superfície Substituir parâmetros selecionada.

Figura 5.104 - Face do sólido substituída pela superfície.

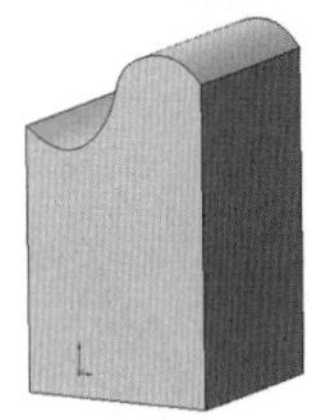

Figura 5.105 - Modelo final.

5.14. Costurar Superfície

A ferramenta **Costurar superfície** combina duas ou mais faces ou superfícies em uma.

Para aplicar o comando, as seguintes situações devem ser observadas:

- As arestas das superfícies devem ser adjacentes e não sobrepostas.
- As superfícies não precisam estar no mesmo plano.
- Selecione todo o corpo de superfície ou um ou mais corpos de superfície adjacentes.
- As superfícies costuradas não absorvem as usadas para criá-las.
- Crie um corpo sólido quando as superfícies costuradas formarem um volume fechado ou deixe-as como um corpo de superfície.

5.14.1. Para Costurar Superfícies

1. Clique em **Costurar superfície** na barra de ferramentas **Superfícies** ou **em Inserir** → **Superfície** → **Costurar**.

No PropertyManager, em **Seleções**:

1. Selecione faces e superfícies para **Superfícies e faces a costurar**.
2. Selecione **Tentar formar um sólido** se quiser criar um modelo de sólido a partir das superfícies anexas.
3. Clique em **OK**.

O resultado é uma superfície única na árvore de projeto **FeatureManager** como **Superfície-Costura <n>**.

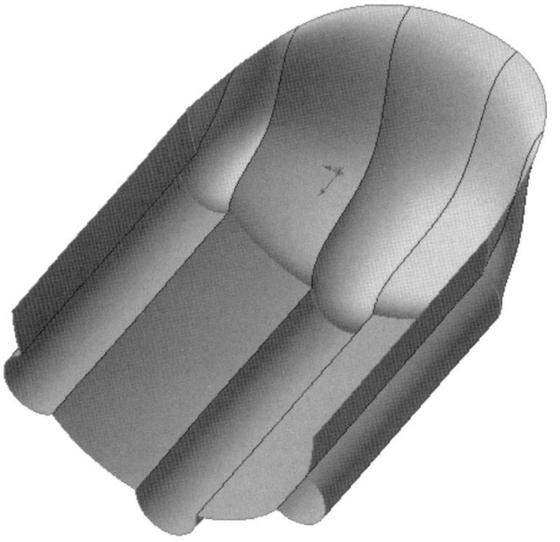

Figura 5.106 - Modelo composto de duas superfícies.

Figura 5.107 - Superfícies costuradas que geram uma única superfície.

5.14.2. Para Usar a Opção Descender Faces

Para costurar superfícies com a opção **Descender faces**, utilize **Superfície radial**.

1. Crie uma superfície radial.
2. Clique em **Costurar superfície** na barra de ferramentas Superfícies ou em **Inserir → Superfície → Costurar**.

No **PropertyManager**, em **Seleções**:

1. Selecione a superfície radial para **Superfícies e faces a costurar**.
2. Clique em **Descender faces** e selecione uma face no modelo para ser costurada com a superfície radial.
3. Clique em **OK**.

A face de origem e todas as faces adjacentes são costuradas na superfície radial.

5.15. Estender Superfície

O comando **Estender superfície** é utilizado para estender uma superfície ao longo de uma aresta ou face selecionada.

1. Para usar essa opção de comando, selecione **Estender superfície** na barra de ferramentas **Superfícies** ou pelo menu *drop-down* **Inserir → Superfícies → Estender superfície**. Abre-se o **PropertyManager** do comando, Figura 5.108.

   É possível configurar três diferentes condições finais de extensão de superfície combinadas com dois tipos de extensão, resultando as seis combinações seguintes.

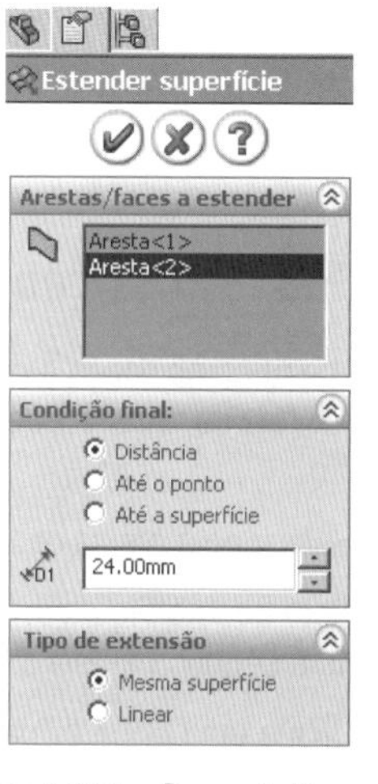

Figura 5.108 - PropertyManager Estender superfície.

5.15.1. Condição Distância e Tipo Mesma Superfície

Nessa primeira combinação a caixa de diálogo **Condição final** é configurada com a opção **Distância**, cujo valor numérico pode ser definido na janela **D1** e a caixa de diálogo **Tipo de extensão** configurada em **Mesma superfície**.

1. Selecione a aresta ou face a ser entendida.

   Surge a seta vetor de direção. Se o cursor for aproximado da outra aresta, o vetor aparece lá também.

2. Clique em **OK** para finalizar o comando, Figuras 5.109 e 5.110.

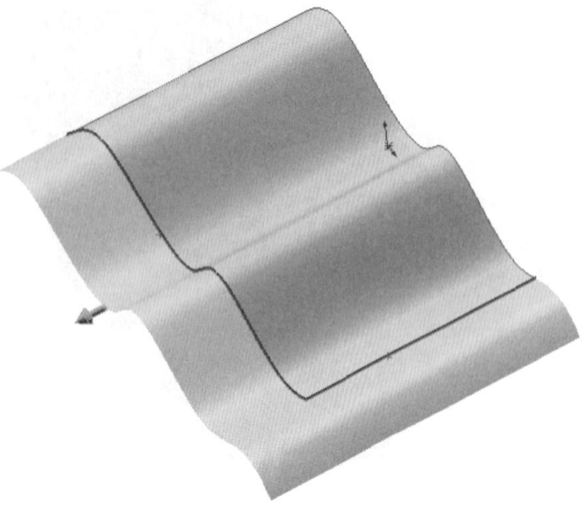

Figura 5.109 - Aresta selecionada para extensão da superfície.

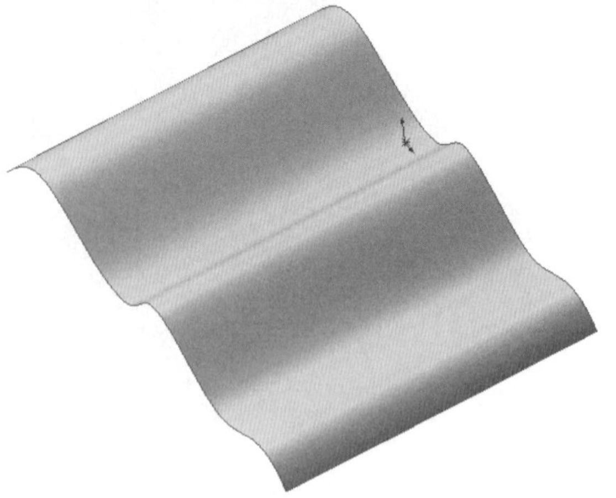

Figura 5.110 - Superfície estendida.

5.15.2. Condição Distância e Tipo Linear

Nessa segunda combinação a caixa de diálogo **Condição final** permanece configurada com a opção **Distância**, cujo valor numérico pode ser definido na janela **D1**, e a caixa de diálogo **Tipo de extensão** é configurada agora em **Linear**.

1. Selecione a aresta ou face a ser entendida.

   A Figura 5.111 ilustra a seta vetor de direção que aparece. Compare com sua posição quando se usa a configuração mostrada anteriormente (Mesma direção), Figura 5.112. Se o cursor for aproximado da outra aresta, o vetor aparece lá também.

Clique em **OK** para finalizar o comando.

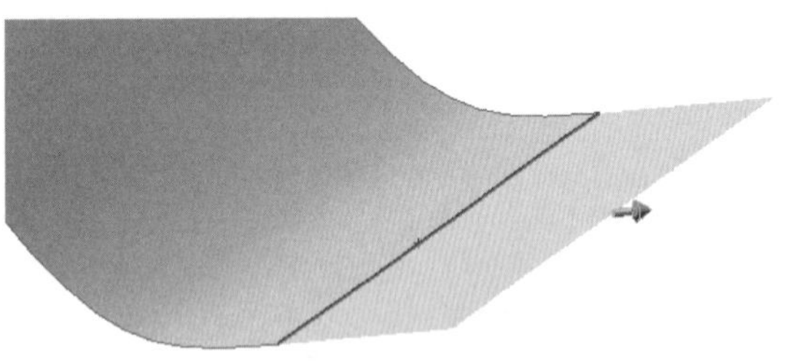

Figura 5.111 - Configuração do tipo de extensão Linear.

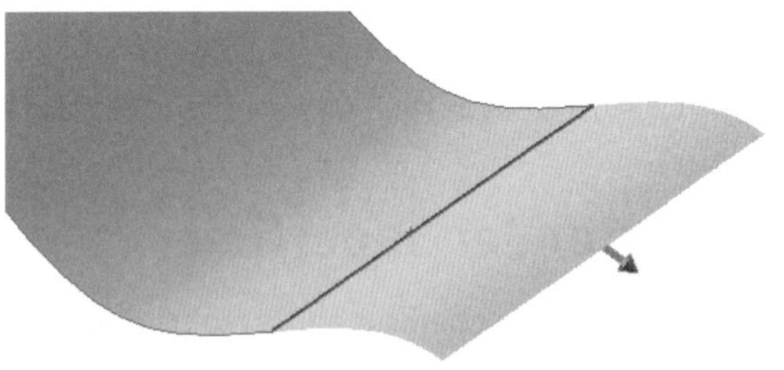

Figura 5.112 - Configuração do tipo de extensão Mesma direção.

5.15.3. Condição Até o Ponto e Tipo Mesma Direção

Na terceira combinação a caixa de diálogo **Condição final** é configurada com a opção **Até o ponto.** No lugar da caixa **D1** aparece a caixa **Vértice**, que recebe o ponto ou vértice selecionado. A caixa de diálogo **Tipo de extensão** é configurada agora em **Mesma direção**.

1. Selecione a aresta ou face a estender.

   Note que na Figura 5.113 é indicada a aresta selecionada da superfície de um setor de calota esférica, bem como o vértice de uma segunda aresta criada em segundo plano mais acima (Plano2).

2. Clique em **OK** para finalizar o comando. A Figura 5.114 revela a superfície estendida em **Mesma direção**.

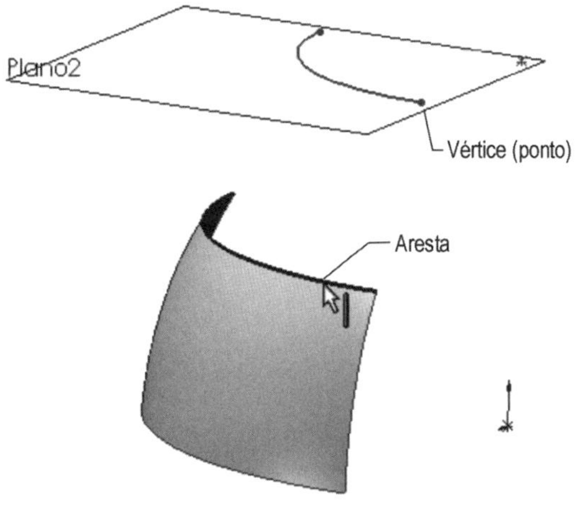

Figura 5.113 - Seleção de aresta e vértice para extensão da superfície.

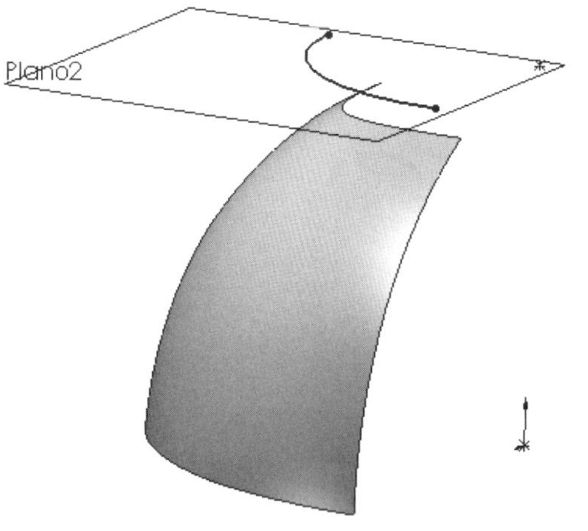

Figura 5.114 - Superfície estendida em Mesma direção.

5.15.4. Condição Até o Ponto e Tipo Linear

Na quarta combinação a caixa de diálogo **Condição final** continua configurada com a opção **Até o ponto**. A caixa de diálogo **Tipo de extensão** é configurada em **Linear**.

1. Selecione a aresta ou face a estender.
2. Clique em **OK** para finalizar o comando.

   Ao estender-se, desta vez a aresta selecionada guia a superfície de forma a alinhar-se com a aresta desenhada no **Plano2**.

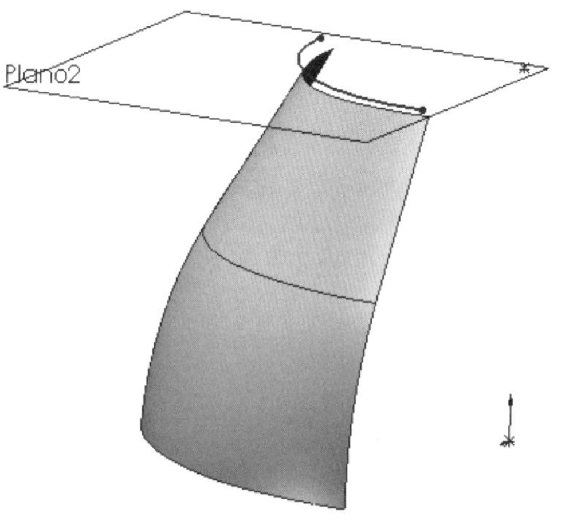

Figura 5.115 - Superfície estendida em Linear.

5.15.5. Condição Até a Superfície e Tipo Mesma Direção

Nessa quinta combinação a caixa de diálogo **Condição final** é configurada com a opção **Até a Superfície.** No lugar da caixa **Vértice** ou **D1** aparece a caixa **Superfície/Face**, que recebe a superfície ou face selecionada. Isso significa que é possível estender uma superfície até outra superfície ou face de um corpo sólido. A caixa de diálogo **Tipo de extensão** é configurada agora em **Mesma direção.**

1. Selecione a aresta ou face a estender.

   A Figura 5.113 indica a aresta selecionada da superfície de um setor de calota esférica, bem como a superfície retangular criada no **Plano3**.

2. Clique em **OK** para finalizar o comando. A Figura 5.117 ilustra a superfície estendida em **Mesma direção**, finalizando exatamente sobre a superfície plana indicada.

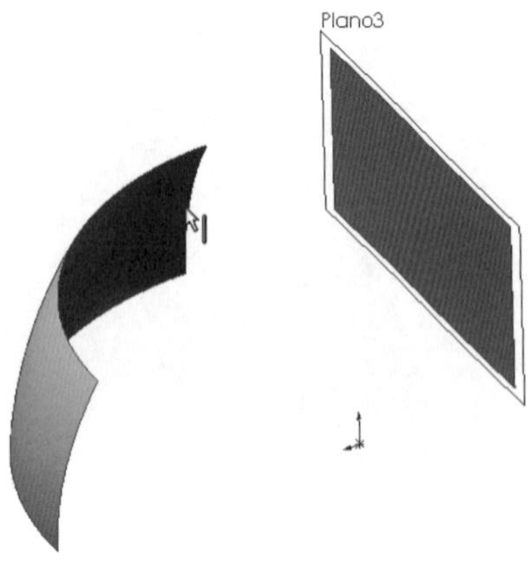

Figura 5.116 - Seleção de aresta e superfície plana para extensão da superfície de setor esférico.

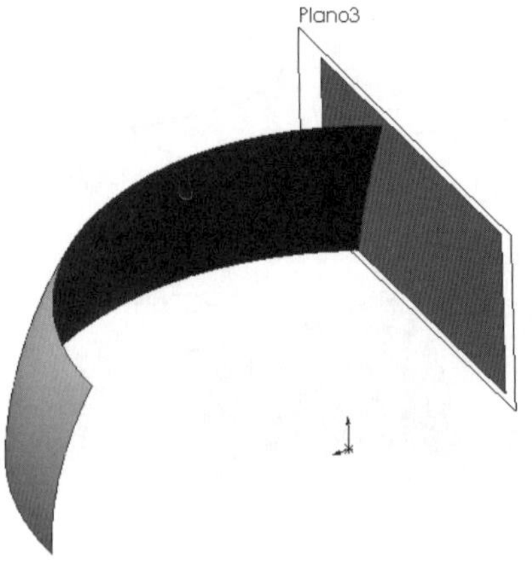

Figura 5.117 - Superfície estendida em Mesma direção.

5.15.6. Condição Até a Superfície e Tipo Linear

Nessa sexta combinação a caixa de diálogo **Condição final** continua configurada com a opção **Até o ponto,** e a caixa de diálogo **Tipo de extensão** é configurada em **Linear**.

1. Selecione a aresta ou face a estender.
2. Clique em **OK** para finalizar o comando.

Desta vez, ao estender-se, a aresta selecionada projeta-se diretamente na superfície plana, fazendo com que a superfície estendida quase forme um ângulo de 90° com ela.

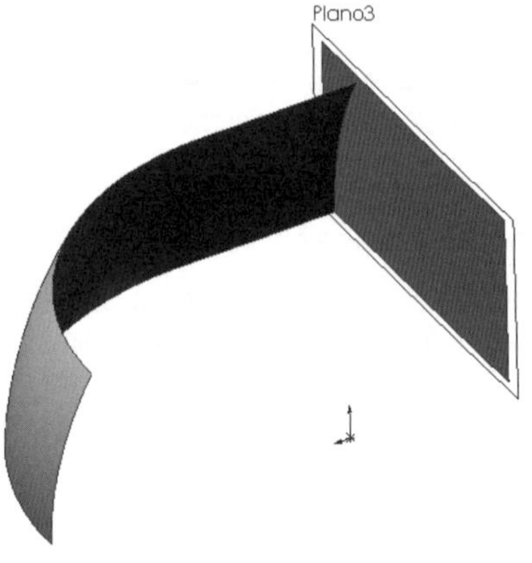

Figura 5.118 - Superfície estendida em Linear.

Observe que em todos os exemplos de extensão, até o momento, somente referenciamos a extensão pela seleção de arestas, porém, como já referido, é possível também selecionar pela face da superfície, conforme as Figuras 5.119 e 5.120. No entanto, esse tipo de seleção expande a superfície em todas as direções quando, por exemplo, são utilizadas as configurações Condição **Distância** e Tipo **Mesma Superfície** ou **Linear**.

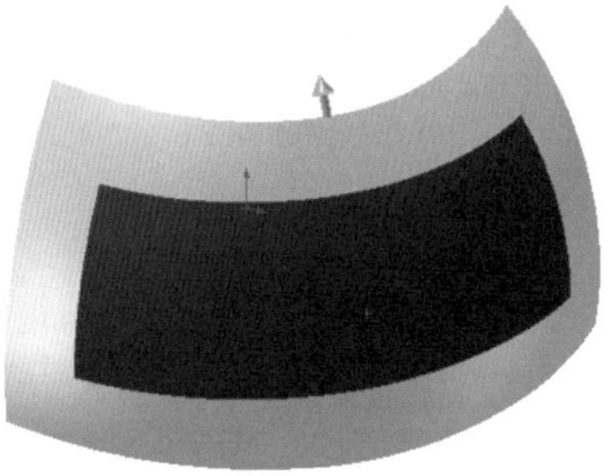

Figura 5.119 - Extensão da superfície em Mesma superfície na condição Distância.

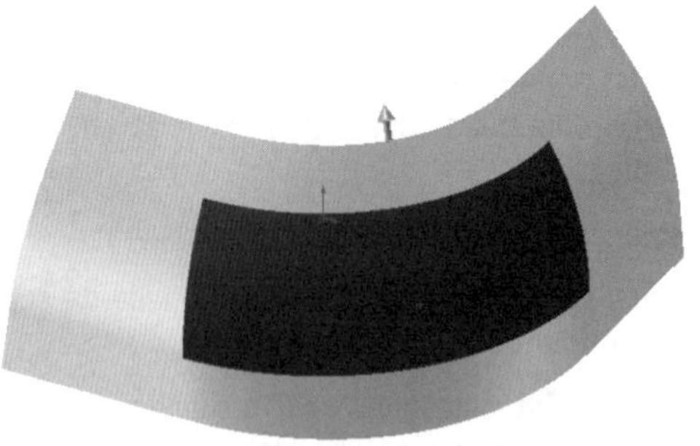

Figura 5.120 - Extensão da superfície em Linear na condição Distância.

As Figuras 5.121 e 5.122, respectivamente, mostram a extensão da superfície para a condição **Até o ponto** e Tipo **Mesma direção** ou **LInear**.

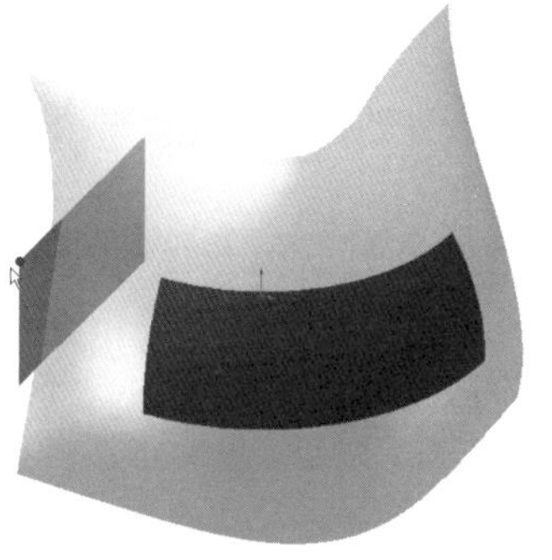

Figura 5.121 - Extensão da superfície em Mesma superfície na condição Até o ponto (vértice da superfície plana).

Figura 5.122 - Extensão da superfície em Linear na condição Até o ponto (vértice da superfície plana).

Finalmente, as Figuras 5.123 e 5.124, respectivamente, apresentam a extensão da superfície para a condição **Até a superfície** e Tipo **Mesma superfície** ou **Linear**.

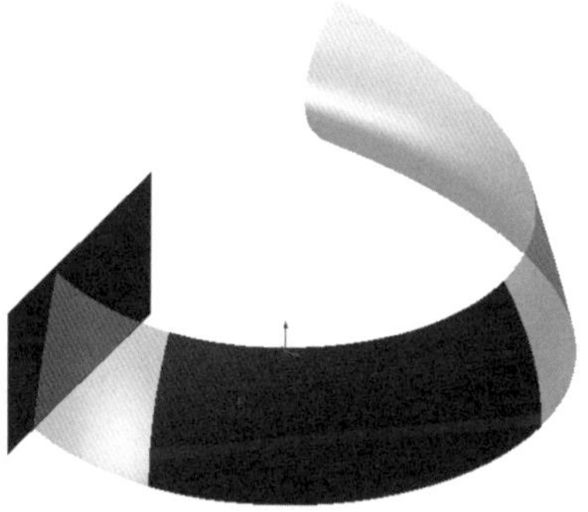

Figura 5.123 - Extensão da superfície em Tipo Mesma superfície na condição Até a superfície.

Figura 5.124 - Extensão da superfície em Tipo Linear na condição Até a superfície.

5.16. Aparar Superfície

Essa ferramenta apara uma superfície onde ela intercepta outra superfície, um plano ou um esboço.

1. Para usar essa opção de comando, selecione **Aparar superfície** na barra de ferramentas **Superfícies** ou pelo menu *drop-down* **Inserir → Superfícies → Aparar superfície**. Será aberto o **PropertyManager** do comando, Figura 5.125.
2. Crie duas ou mais superfícies que se cortem em um ou mais pontos ou uma superfície que se corte com um plano ou tenha um esboço em sua face.
3. Clique em **Aparar superfície** na barra de ferramentas Superfícies ou em **Inserir → Superfície → Aparar**.
4. No PropertyManager, em Tipo de aparagem, selecione um tipo:

- **Padrão** - apara superfícies usando superfícies, entidades de esboço, curvas, planos etc.
- **Mútua** - apara várias superfícies usando as próprias superfícies.

5. Em **Seleções**, escolha entre as seguintes opções:

- **Ferramenta de aparar** - está disponível com **Padrão** selecionado em **Tipo de aparagem**. Selecione uma superfície, entidade de esboço, curva ou plano na área gráfica como a ferramenta que apara outras superfícies.

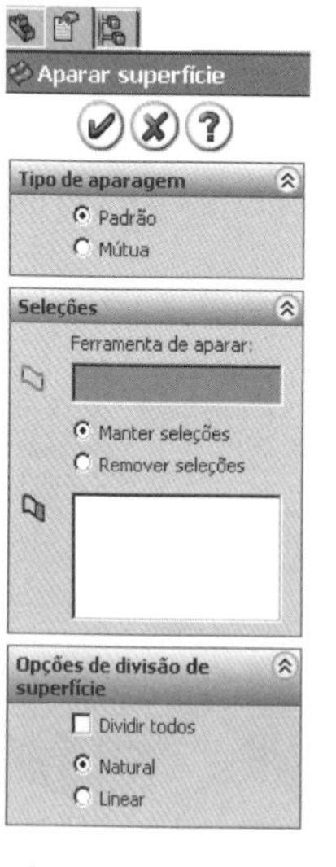

Figura 5.125 - PropertyManager Aparar superfície.

- **Superfícies** - essa opção está disponível com **Mútua** selecionado em **Tipo de aparagem**. Selecione várias superfícies na área de gráficos para aparar as superfícies a serem usadas para apararem elas próprias.
- Selecione uma ação de aparagem:
  - **Manter seleções** - retém as superfícies listadas em **Partes a manter**. As superfícies de interseção não listadas em **Partes a manter** são descartadas.
  - **Remover seleções** - destaca as superfícies listadas em **Partes a remover**. As superfícies de interseção não listadas em **Partes a remover** são retidas.
- Selecione as superfícies em **Partes a manter** ou em **Partes a remover** com base na ação de aparar.

6. Em **Opções de divisão de superfície**, selecione um item:

- **Natural** - força as arestas de delimitação a seguirem a forma da superfície.
- **Linear** - obriga as arestas de delimitação a seguirem uma direção linear a partir do ponto de aparagem.
- **Dividir todos** - exibe todas as divisões na superfície.

7. Clique em **OK**.

As Figuras 5.126 e 5.127 exemplificam uma aparagem de superfície em que a ferramenta de aparar é um esboço gerado em um plano, e a parte a remover de uma superfície de um setor esférico é toda a região interna à projeção do esboço na superfície.

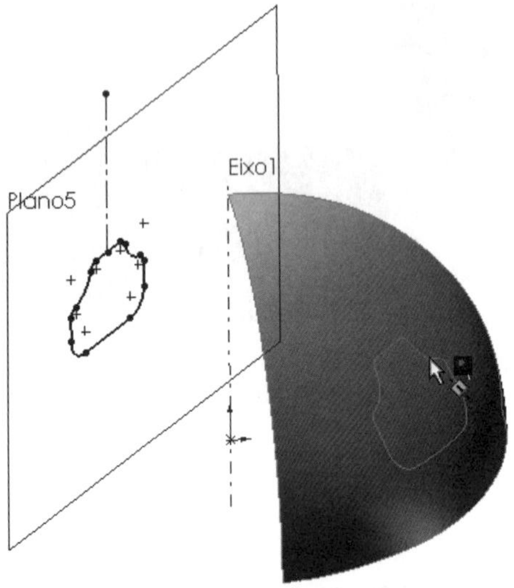

Figura 5.126 - Projeção do esboço e seleção da superfície de aparo.

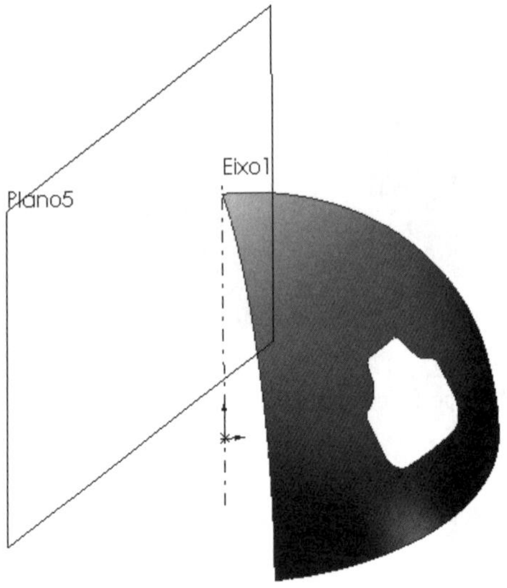

Figura 5.127 - Superfície após o aparo do esboço projetado.

As Figuras 5.128 e 5.129 demonstram outra possibilidade de aparagem entre duas superfícies entrecortadas.

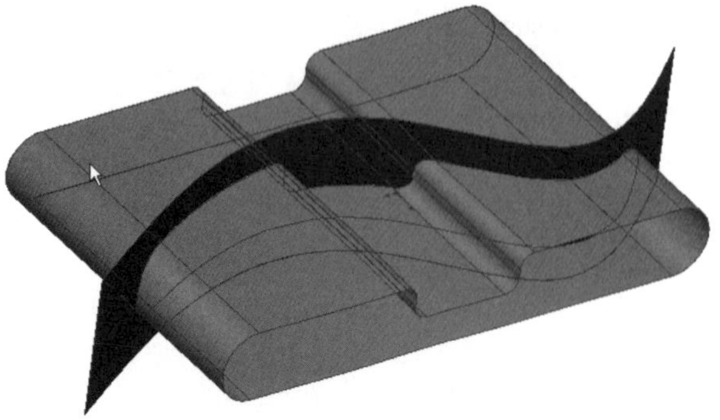

Figura 5.128 - Superfícies entrecortadas.

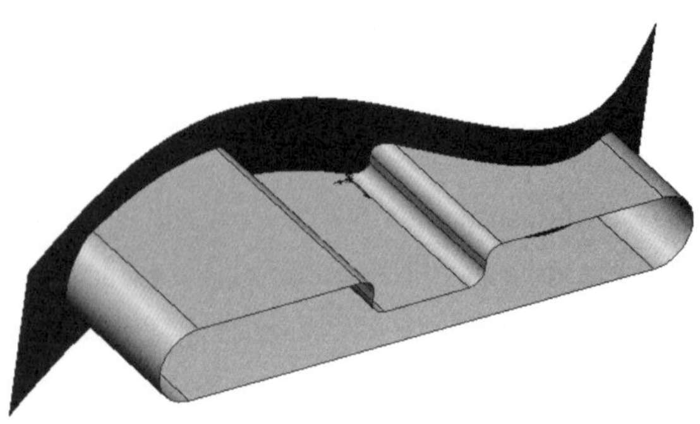

Figura 5.129 - Superfícies após a aparagem da parte posterior à superfície curva.

5.17. Cancelar Aparar Superfície

Com **Cancelar aparar superfície** é possível remendar os furos de superfície e de bordas externas por meio da extensão de uma superfície existente ao longo de seus limites naturais. Também é possível estender os limites naturais de uma superfície por uma determinada porcentagem ou ligar os pontos finais para preencher a superfície. Use a ferramenta **Cancelar aparar superfície** com qualquer superfície importada ou com as superfícies criadas.

Observe que **Cancelar aparar superfície** estende uma superfície existente, ao passo que **Preencher superfície** cria superfícies diferentes, aplica um remendo entre múltiplas faces, usa curvas de restrição etc.

1. Para usar essa opção de comando, selecione **Cancelar aparar superfície** na barra de ferramentas **Superfícies** ou pelo menu *drop-down* **Inserir → Superfícies → Cancelar aparar superfície**. É aberto o **PropertyManager** do comando, Figura 5.130.
2. Em **Seleções**, escolha a face ou as arestas das quais deve ser cancelada a aparagem.

   Dependendo da aresta selecionada, a superfície pode se estender até seu limite natural. Para restringir a aresta, selecione a aresta adjacente, como mostram as Figuras 5.131 e 5.132. Use a opção **Conectar extremidades**.

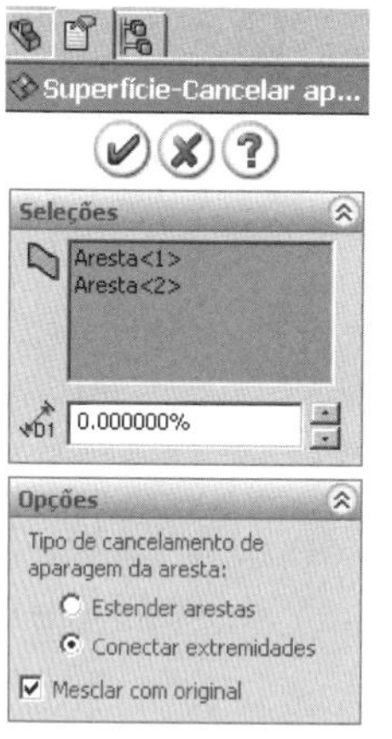

Figura 5.130 - PropertyManager Cancelar aparar superfície.

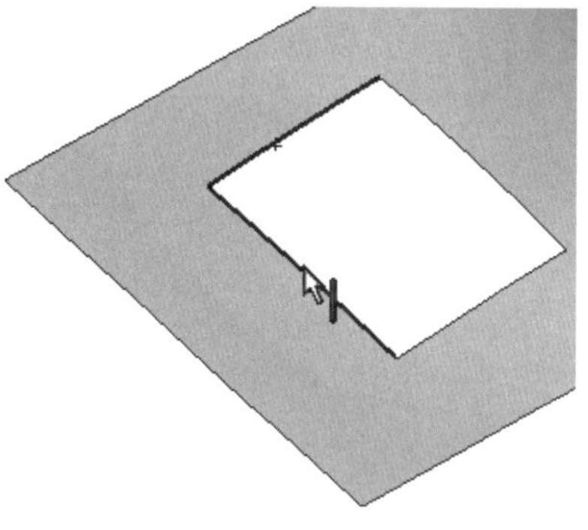

Figura 5.131 - Arestas selecionadas para restringir o cancelamento e resultar em uma forma diagonal.

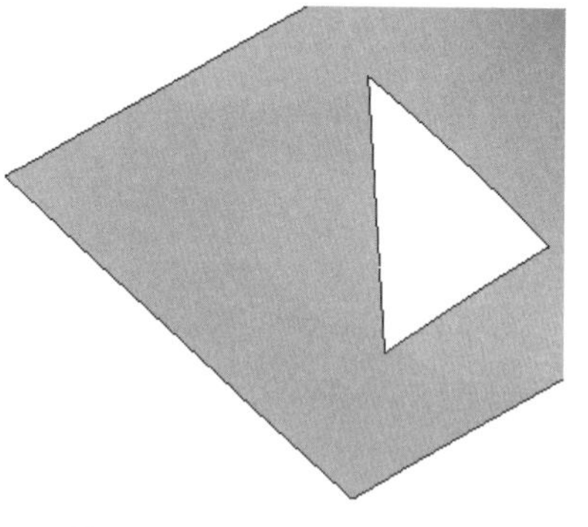

Figura 5.132 - Furo retangular cancelado parcialmente.

5.17.1. Opção Estender Arestas

Se selecionar a face da superfície de acordo com as próximas ilustrações, a superfície é estendida até seus limites naturais. Observe que a caixa de diálogo **Opções** se modifica, conforme a Figura 5.133. Ajuste a **Distância** percentual da caixa **Seleções** para estender a superfície a uma porcentagem de seus limites naturais. No exemplo das Figuras 5.134 e 5.135, a distância percentual foi modificada para 10%. A opção selecionada na caixa foi **Arestas externas**.

As Figuras 5.136 e 137 ilustram a opção **Arestas internas** e as Figuras 5.138 e 5.139 a opção **Todas as arestas**.

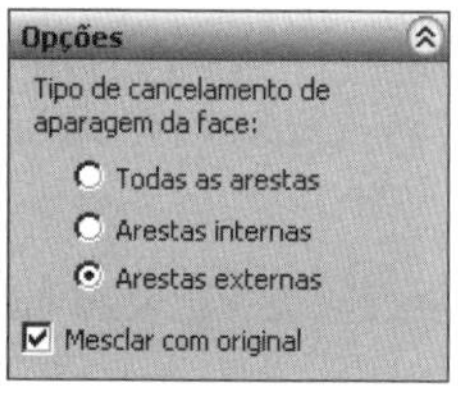

Figura 5.133 - Caixa de diálogo Opções.

Figura 5.134 - Seleção da face da superfície para a opção Arestas externas.

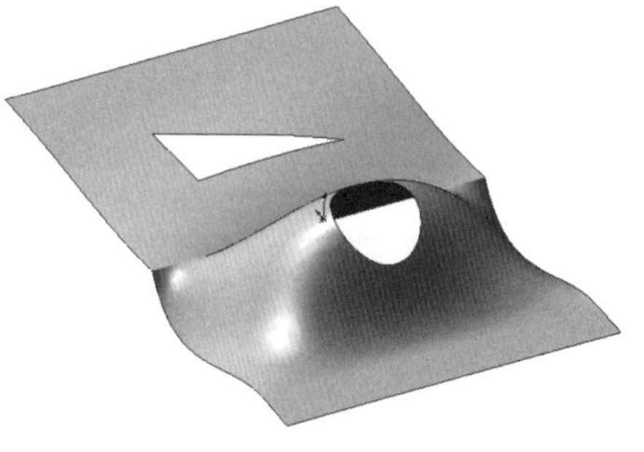

Figura 5.135 - Superfície após a aplicação do comando.

Figura 5.136 - Seleção da face da superfície para a opção Arestas internas.

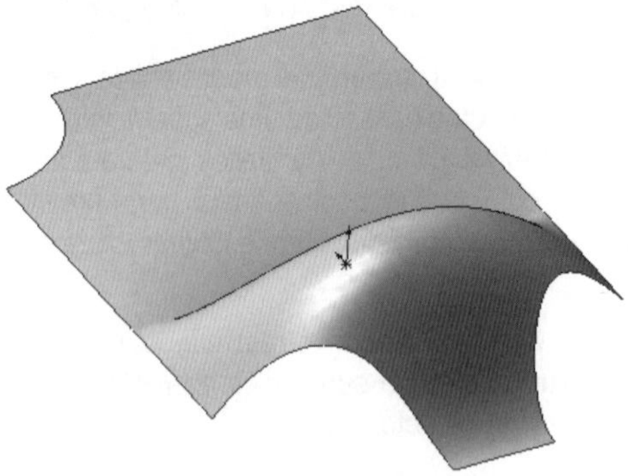

Figura 5.137 - Superfície após a aplicação do comando.

Figura 5.138 - Seleção da face da superfície para a opção Todas as arestas.

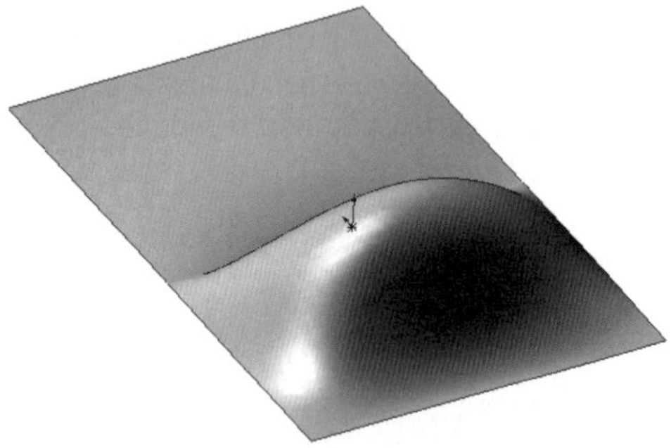

Figura 5.139 - Superfície após a aplicação do comando.

1. Para criar uma extensão de superfície a ser mesclada com a superfície original, marque a caixa de seleção **Mesclar com original** (valor predeterminado).
2. Para criar outro corpo de superfície separada, desmarque a caixa de seleção **Mesclar com original**. Tanto o corpo da nova superfície quando o da superfície original são exibidos na árvore de projeto do **FeatureManager**.
3. Clique em **OK** para cancelar a aparagem da superfície.

5.18. Filete

O procedimento para criar **Filetes** em superfícies é semelhante ao descrito para criação de filetes em sólidos, entretanto existem algumas restrições:

- Não é possível criar filetes de raio variável nas arestas.
- Enquanto aplica um filete na face de uma superfície, é necessário definir a direção na qual deseja adicionar o filete.
- Não é possível utilizar o FeatureManager da árvore de projetos para selecionar todas as arestas e aplicar um filete simultaneamente.

1. Para usar essa opção, selecione **Filete** na barra de ferramentas **Superfícies** ou pelo menu *drop-down* **Inserir** → **Superfícies** → **Filete/arredondamento**. Será aberto o **PropertyManager** do comando Filete, como já conhecido. Em **Tipo de filete** selecione a opção **Filete de face**. A caixa de diálogo **Itens a aplicar filete** aparece com as opções apropriadas, Figura 5.140.
2. Em Itens a aplicar filete, defina um valor de Raio.
3. Selecione a primeira face a aplicar o filete na área de gráficos para **Definição de face 1**. A seta de visualização indica a direção do filete de face.
4. Clique em **Definição de face 1** e selecione a segunda face a aplicar o filete na área de gráficos. Se necessário, clique em **Reverter face normal** para que as setas apontem uma para a outra.

5. Defina as outras opções do **PropertyManager**. Em Opções de filete, Figura 5.141, as opções de Aparar superfícies aplicam-se apenas aos filetes de face que usam superfícies:

- **Aparar e anexar** - apara as faces com filete e costura as superfícies em um corpo de superfície.
- **Não aparar ou anexar** - adiciona uma nova superfície de filete, mas não apara as faces nem costura as superfícies.

6. Clique em **OK**. Observe que a Figura 5.142 exibe duas superfícies curvas próximas uma da outra em que o comando de **Filete** é aplicado. Após o comando aplicado, obtém-se uma superfície única, Figura 5.143.

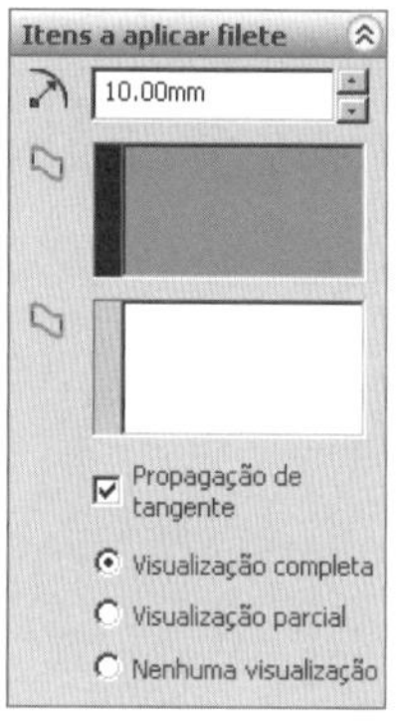

Figura 5.140 - Caixa de diálogo Itens a aplicar filete.

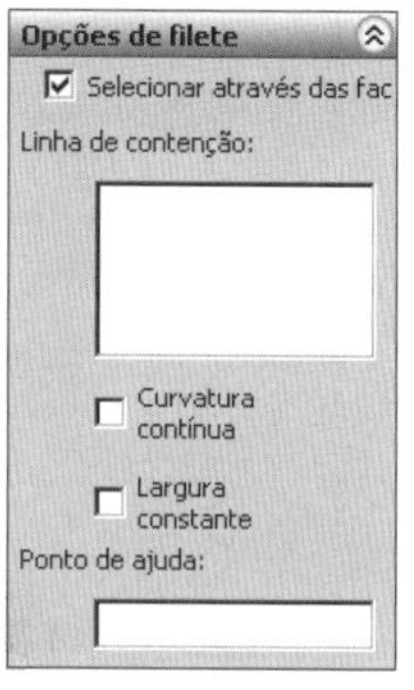

Figura 5.141 - Caixa de diálogo Opções de filete.

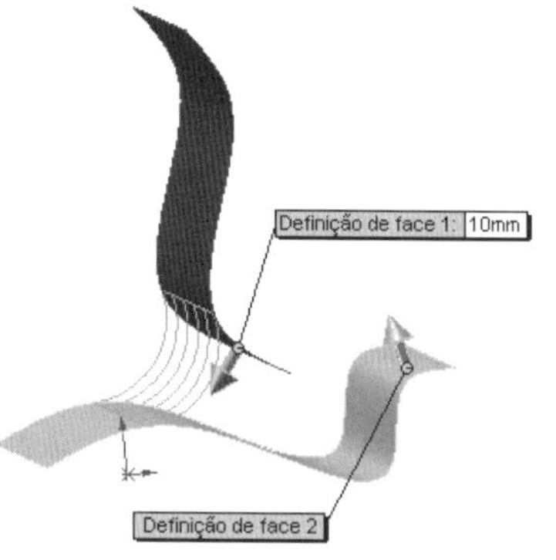

Figura 5.142 - Faces das superfícies selecionadas.

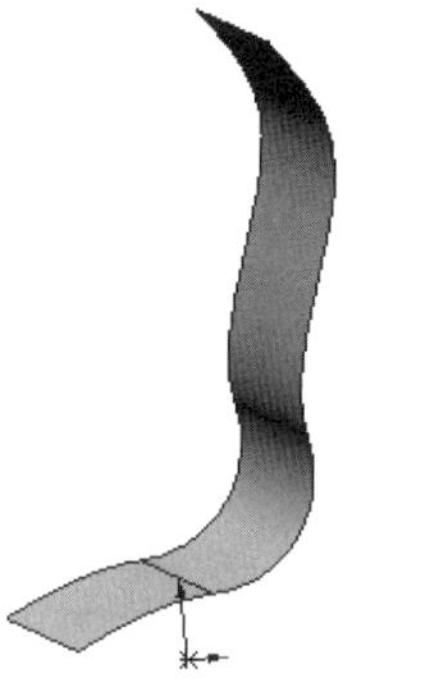

Figura 5.143 - Filete aplicado.

5.19. Espessamento de Superfícies

É possível aumentar a espessura de uma superfície e controlar se o espessamento será apenas para o **Lado1**, para o **Lado2**, ou para **Ambos os lados**.

1. Para aumentar o espessamento de uma superfície, no menu *drop-down* clique no comando **Inserir** → **Ressalto/base** → **Espessamento**. Surge o **PropertyManager**, Figura 5.144.

   O comando **Espessamento** somente é ativado no menu *drop-down* se existir pelo menos uma superfície criada na área de gráficos.

2. Selecione a face da superfície e, em **Espessura**, defina em um dos três botões o posicionamento da adição de espessura. Se para o lado da Face1, Ambos os lados ou Face2.
3. Em **T1** defina o valor da espessura desejada. As Figuras 5.145 a 5.147 exemplificam um caso de aumento de 2mm para **Ambos os lados**.
4. Clique em **OK** para finalizar o comando.

Figura 5.144 - PropertyManager Espessamento1.

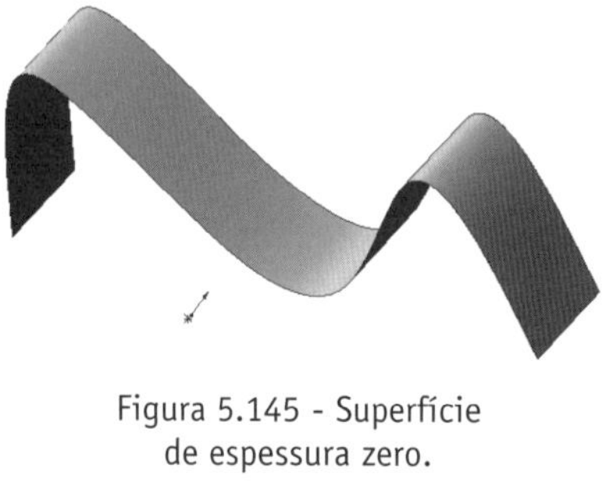

Figura 5.145 - Superfície de espessura zero.

Figura 5.146 - Aplicação do comando para Ambos os lados (botão do meio).

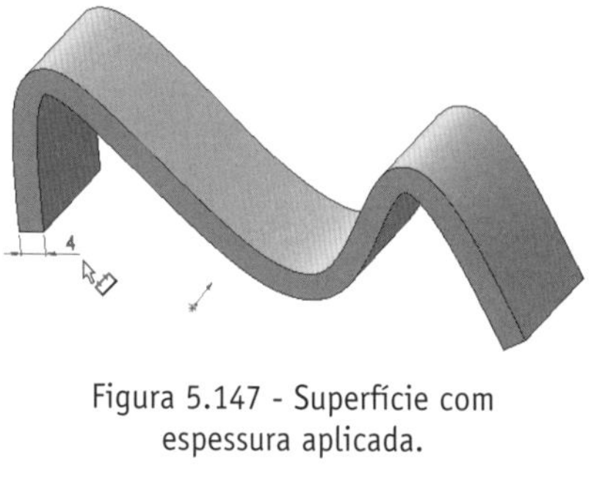

Figura 5.147 - Superfície com espessura aplicada.

5.20. Corte com Superfície

O SolidWorks possibilita utilizar superfícies para recortar corpos sólidos atribuindo-lhes formas desejadas. Superfícies também podem ser recortadas utilizando outras superfícies.

Para recortar um corpo sólido ou superfície utilizando outra superfície, siga o procedimento:

1. Tendo o corpo sólido ou superfície a ser cortada e, definida a superfície de corte, Figura 5.148, selecione o menu *drop-down* **Inserir → Cortar → Com superfície**.
2. Selecione a superfície de corte. Aparece no modelo um vetor de direção de corte, Figura 5.149.

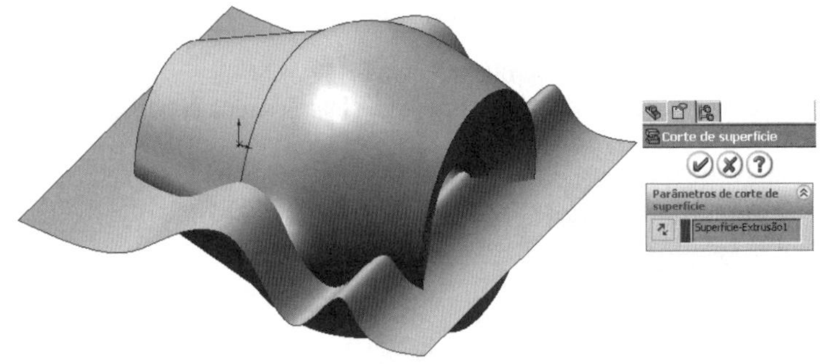

Figura 5.148 - Modelo, superfície de corte e PropertyManager.

3. Se necessário, conforme o lado que deseja recortar, mude a direção do vetor pressionando o botão de comando **Inverter corte**, no **PropertyManager.** A ponta da seta indica o lado recortado.
4. Clique em **OK** para confirmar o comando.
5. A superfície permanece sobre o lado retido, Figura 5.150.
6. Clique com o botão direito do mouse sobre a superfície na área gráfica para abrir o menu de atalhos e selecione a opção **Ocultar** em **Corpo**. O modelo finalizado encontra-se na Figura 5.151.

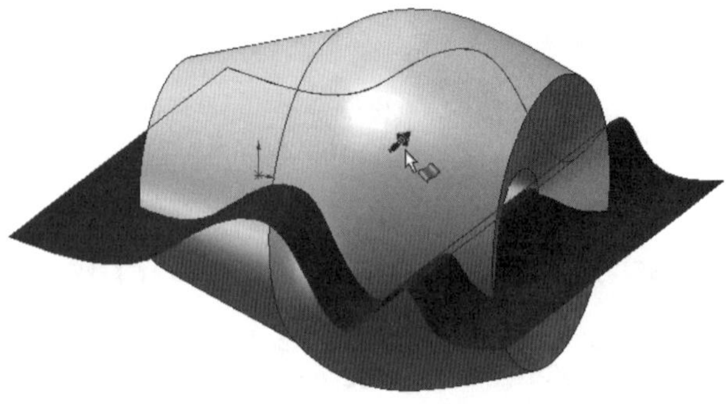

Figura 5.149 - Modelo, superfície de corte e PropertyManager.

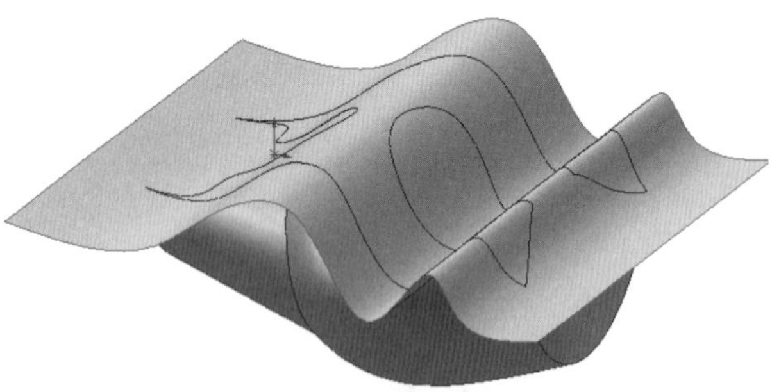

Figura 5.150 - Parte superior do modelo extraída e permanência na superfície de corte.

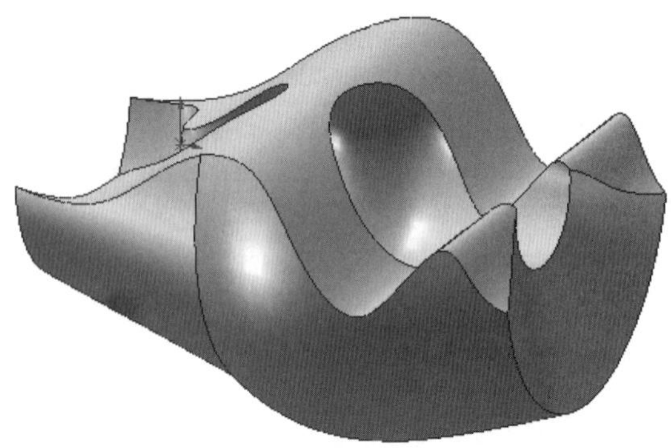

Figura 5.151 - Superfície de corte oculta e modelo finalizado.

5.21. Superfície Radial

No SolidWorks criam-se superfícies a partir da irradiação de uma aresta ou aresta ao longo de uma direção plana selecionada.

A ferramenta é ativada pelo menu *drop-down* **Inserir → Superfície → Radiar**.

O **PropertyManager** solicita a **Referência de direção de radiação**, as **Arestas a radiar** e a **Distância de radiação D1**.

No exemplo das Figuras 5.152 e 5.153, a Referência de direção de radiação foi a face plana do fundo e a Aresta a radiar o contorno sinuoso da extremidade do cilindro.

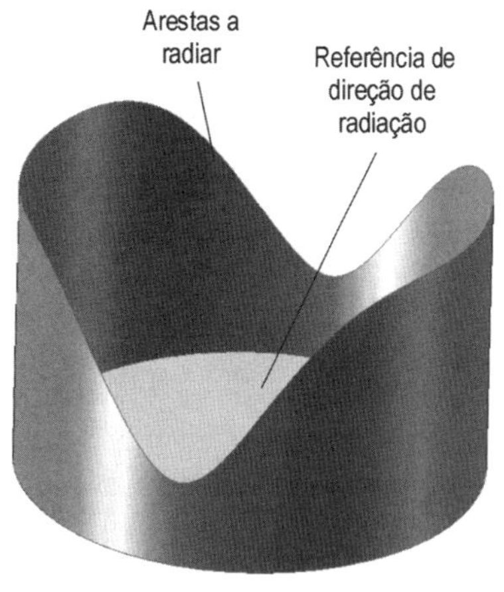

Figura 5.152 - Seleção de entidades.

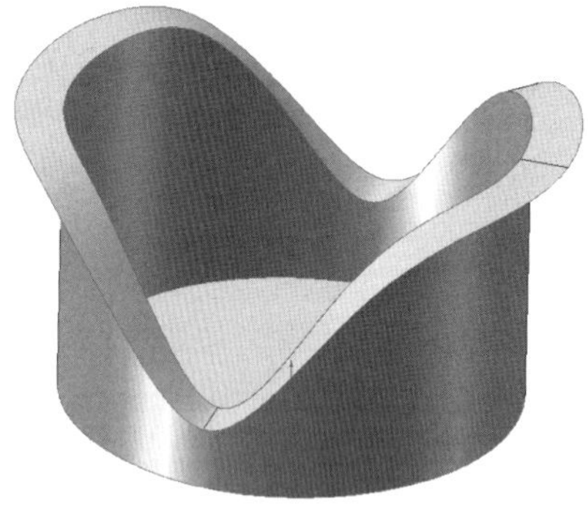

Figura 5.153 - Aresta irradiada.

Exercícios Passo a Passo

Exercício 1

Crie o modelo usando superfícies conforme dimensões exibidas, Figura 5.154. Ao final, adicione a espessura necessária.

(Tempo estimado: 60 minutos)

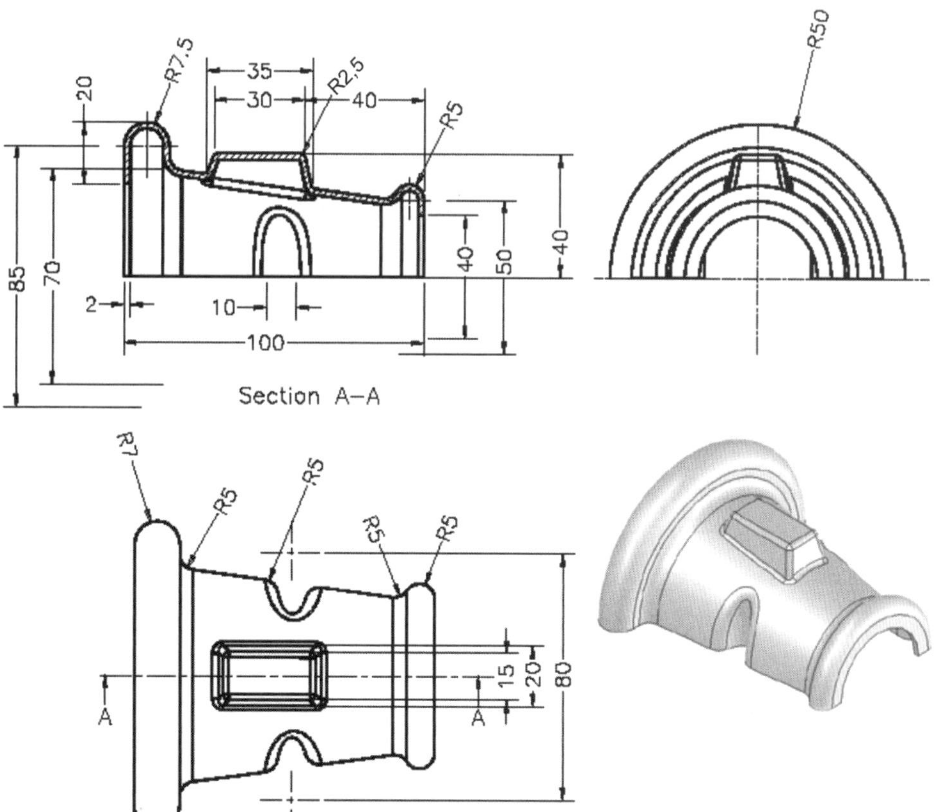

Figura 5.154 - Modelo e detalhes para o exercício passo a passo 1.

Os seguintes passos são necessários para completar este exercício:

1. Abra a seção SolidWorks.
2. Fixe o diretório de trabalho e crie um arquivo de esboço no Plano frontal. Dimensione-o e gere uma superfície de revolução com um ângulo de 180° usando a opção **Plano médio**, Figuras 5.155 e 5.156.
3. Crie o segundo recurso usando o Plano superior como referência. Use o comando **Elipse** e desenhe-a sobre o ponto médio da linha inclinada (o snap mostra automaticamente esse ponto). Em seguida, desenhe uma linha de centro e espelhe a elipse para o lado oposto. Faça a extrusão das elipses com a altura necessária, Figuras 5.157 e 5.158.
4. Usando a ferramenta de Aparar superfícies, apare as superfícies indicadas na Figura 5.159 para que fiquem como na Figura 5.160.
5. Aplique Filete de face às curvaturas mostradas na Figura 5.161, resultando nos perfis indicados na Figura 5.162.
6. Crie um plano Offset de **40mm** do **Plano superior** para gerar os perfis retangulares para um loft, Figuras 5.163, 5.164 e 5.165.
7. Crie uma superfície loft usando os perfis retangulares criados, Figuras 5.166 e 5.167.
8. Crie uma superfície planar no topo do loft fechando-o e, em seguida, usando o comando de aparagem de superfície, recorte o retângulo interno (base do loft criado), Figuras 5.168 a 5.170.
9. Costure todas as superfícies juntas e aplique os filetes de raio **2.5mm**, Figuras 5.171 e 5.172.
10. Adicione a espessura **2mm** à superfície, Figura 5.173.

Iniciar o SolidWorks

Inicie o SolidWorks com um duplo-clique no ícone SolidWorks da tela do computador ou pelo menu Iniciar.

Fixar o Diretório de Trabalho

1. Abra a pasta **EXCERCLSW** e crie a subpasta denominada **Exerc_Cap5**.
2. Todos os exercícios deste quinto capítulo devem ser salvos nessa pasta.

Iniciar um Novo Arquivo

1. Abra o SolidWorks e inicie um **Novo Arquivo**. Selecione o template **Peças**.
2. No SolidWorks, esboço e modelo são criados dentro do modo **Peça**, portanto são salvos com a mesma terminação: ***.Prt**.
3. Clique no comando **Esboço** na barra de ferramentas e selecione o **Plano frontal**.

Desenho do Perfil Geratriz do Recurso Base - Primeira Superfície

Para esse modelo, é preciso inicialmente criar a superfície base, a qual será gerada por revolução parcial do esboço criado no **Plano frontal**.

1. No **Plano frontal**, crie o esboço e dimensione-o, conforme a Figura 5.155.
2. Selecione o comando **Superfície por revolução** na barra de ferramentas **Superfície**. O **PropertyManager** é exibido.
3. Configure-o para **Plano médio** na janela **Tipo de revolução** e defina o ângulo como **180°**.
4. Clique em **OK** para aceitar as configurações e gerar a revolução, Figura 5.156.

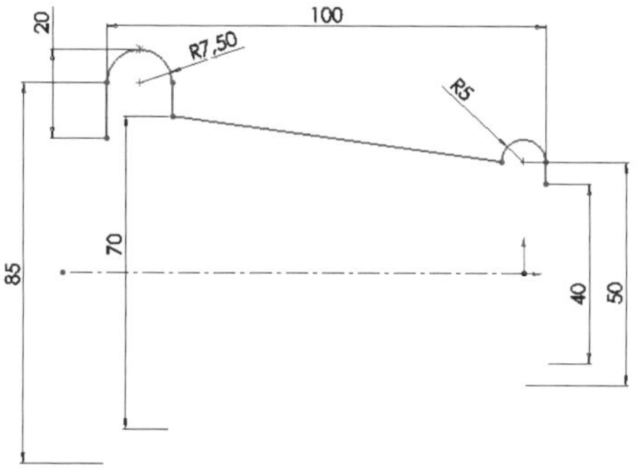

Figura 5.155 - Esboço dimensionado.

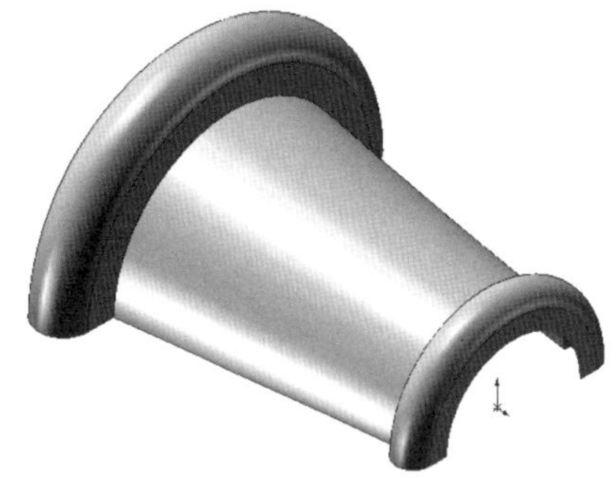

Figura 5.156 - Superfície gerada.

Geração da Segunda Superfície

A segunda é uma **Superfície por extrusão**, obtida a partir da extrusão de duas elipses criadas no plano superior.

1. Inicie um novo esboço e selecione o **Plano superior**.
2. Com o comando **Elipse**, conduza o cursor sobre uma das linhas inclinadas até o **snap** mostrar o seu ponto médio. Clique no ponto e gere a elipse. Aplique relação Horizontal e Vertical entre os pontos da elipse, Figura 5.157. Obtenha a segunda elipse por espelhamento; crie uma **Linha de centro** a partir da **Origem**.
3. Na barra de ferramentas **Superfícies**, selecione o comando **Superfície por extrusão**. O **PropertyManager** é exibido.
4. Configure em profundidade **D1** a dimensão de **40mm**.
5. Clique em **OK** para aceitar as configurações e aplicar o comando, Figura 5.158.

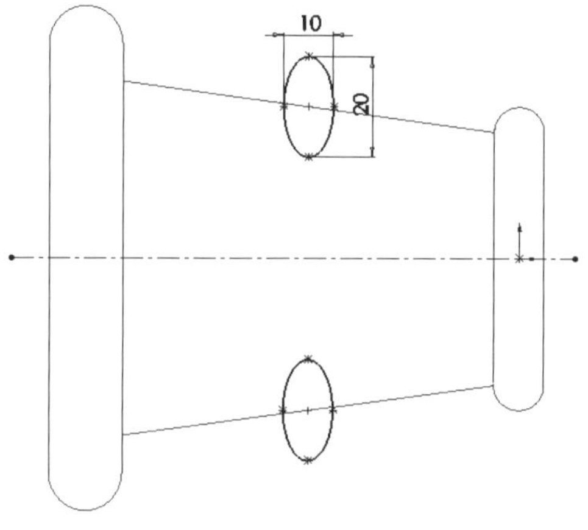

Figura 5.157 - Círculo de diâmetro 20.

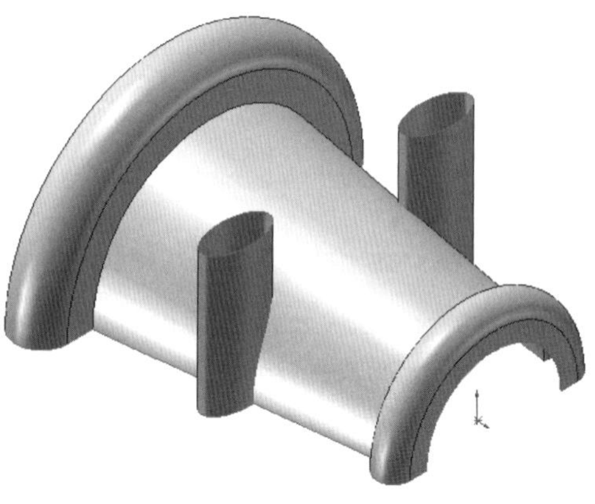

Figura 5.158 - Primeira extrusão.

Aparagem da Superfície Extrudada

O passo seguinte consiste em aplicar o comando Aparar superfície, relacionando as superfícies base e extrudada.

1. Vire o modelo para visualizar o lado interno e ative na barra de ferramentas **Superfícies** o comando **Cortar superfícies**. Aparece o **PropertyManager**.
2. Selecione a opção **Mútua** na caixa de diálogo **Tipo de aparagem**.
3. Selecione as superfícies mostradas na Figura 5.159 como Partes a aparar. Note que as superfícies selecionadas surgem dentro da caixa **Superfícies a aparar**.
4. Clique dentro da caixa **Superfícies a manter** para ativá-la. Selecione as **Partes a manter**, como indica a Figura 5.159.
5. Clique em **OK** para aceitar as configurações. A aparagem ainda não está completa, pois desejamos que ela fique como a Figura 5.160.

6. Repita o comando mudando a opção da caixa do **Tipo de aparagem** para **Padrão**.
7. Na caixa de diálogo **Seleções**, selecione para **Superfície a aparar** uma das duas superfícies internas resultantes da aparagem anterior. Na caixa Parte a manter, selecione a superfície base do modelo.
8. Clique em **OK** para aplicar a aparagem. Repita o procedimento para a outra superfície interna resultante da primeira aparagem. O resultado final está na Figura 5.160.

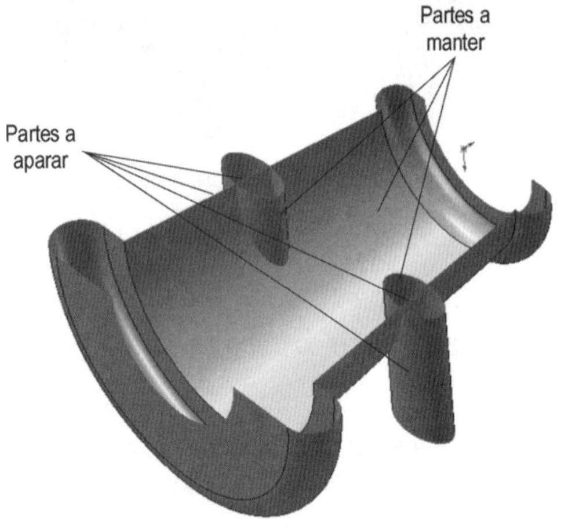

Figura 5.159 - Indicação das superfícies a aparar e a manter.

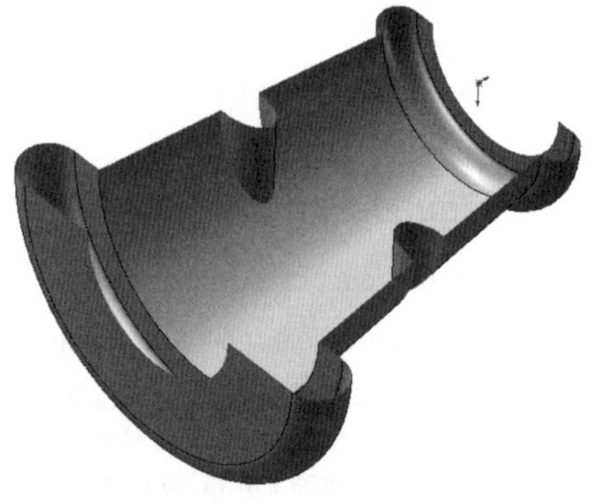

Figura 5.160 - Resultado da aparagem.

Costurar Superfícies

Agora é necessário costurar as três superfícies.

1. Selecione o comando **Costurar superfície** na barra de ferramentas **Superfícies**. O **PropertyManager** é apresentado.
2. Selecione as duas superfícies resultantes da aparagem e a superfície base. Observe que elas aparecem dentro da janela do **PropertyManager**.
3. Clique em **OK** para confirmar o comando. Agora o modelo comporta-se como uma superfície única.

Filetes nas Arestas das Superfícies Aparadas

O próximo passo é criar filetes nas arestas de união entre as superfícies aparada e base.

1. Selecione o comando **Filete** na barra de ferramentas **Superfícies**.
2. Selecione as arestas mostradas na Figura 5.161.
3. Configure o valor do raio em **Raio constante** com dimensão de 5mm.
4. Clique em **OK** para confirmar o comando, Figura 5.162.

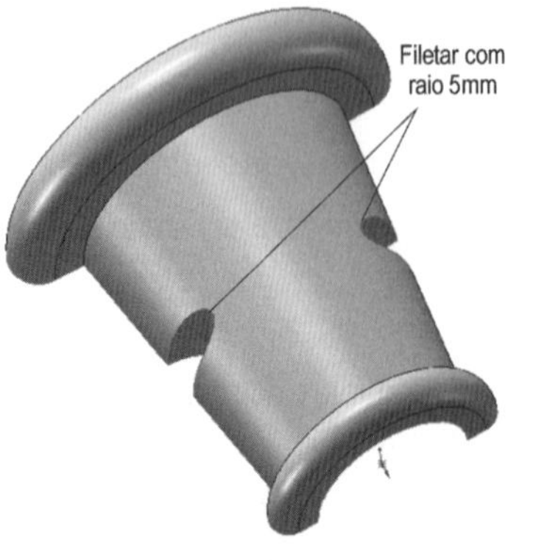

Figura 5.161 - Indicação das arestas para filetar.

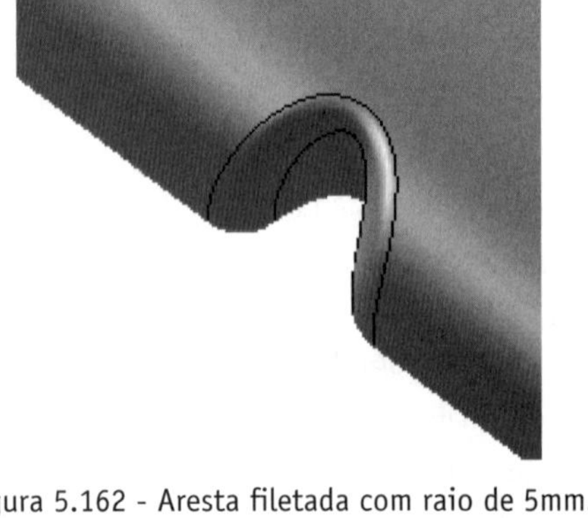

Figura 5.162 - Aresta filetada com raio de 5mm.

Criação de Superfície por Loft

A criação de uma superfície por loft necessita de pelo menos dois esboços 2D criados em diferentes planos, ou que pelo menos um deles seja obtido por projeção sobre uma superfície. O processo adotado no exemplo consiste na criação de um Plano de esboço e de dois esboços, sendo o segundo obtido por offset do primeiro e projeção do segundo esboço sobre a superfície base.

1. Crie um plano de esboço a uma distância **Offset** de 40mm em relação ao **Plano superior**. Defina a vista como **Normal a**.
2. Inicie um novo esboço tendo como **Plano de esboço** o plano criado. Crie uma **Linha de centro** e um retângulo sobre o meio do modelo. Aplique a relação de **Simetria** entre a **Linha de centro** e as horizontais do retângulo.
3. Dimensione esse primeiro esboço, como mostra a Figura 5.163.
4. Inicie um novo esboço novamente definindo como **Plano de esboço** o plano criado.
5. Selecione o comando **Offset de entidades** na barra de ferramentas **Esboço** e configure a distância Offset em 2,5mm.
6. Clique na aresta do retângulo criado anteriormente e verifique se o offset está para fora. Repare que aparece a dimensão **2,50**, Figura 5.164.

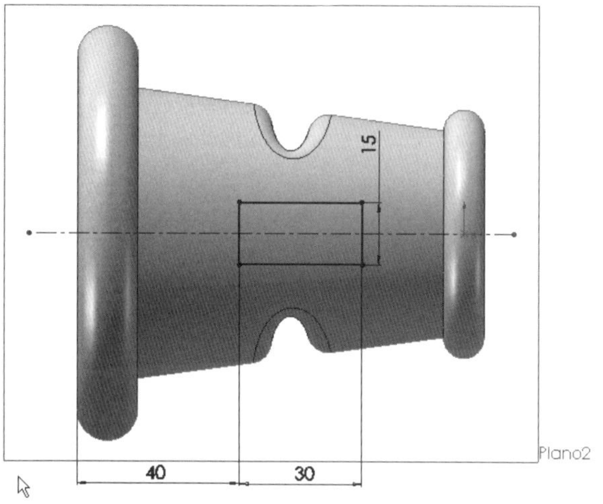

Figura 5.163 - Primeiro esboço criado no novo plano.

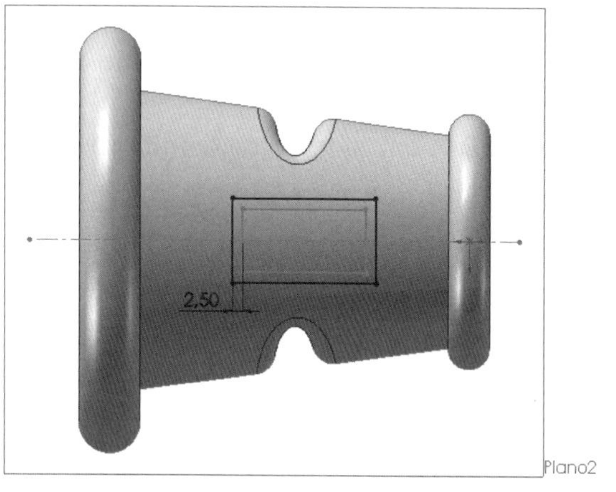

Figura 5.164 - Segundo esboço criado no novo plano e obtido por offset do primeiro.

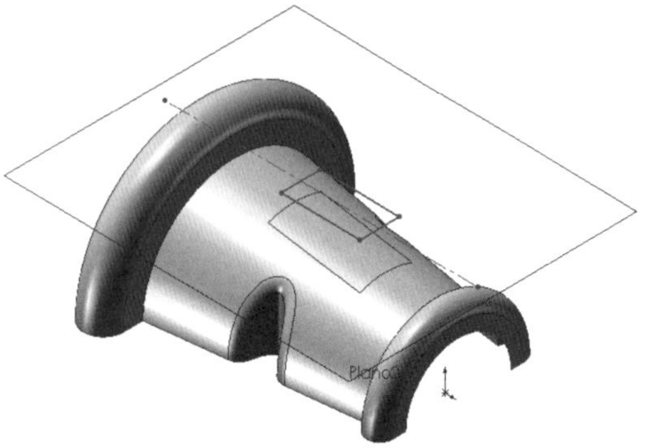

Figura 5.165 - Projeção do segundo esboço sobre a superfície de revolução.

O passo seguinte consiste em projetar o segundo esboço sobre a superfície de revolução.

1. Coloque o modelo em **Vista isomérica** para melhor visualização e na barra de ferramentas do menu *drop-down* selecione **Inserir → Curva → Projetada**. O **PropertyManager** é exibido.
2. Selecione o retângulo maior e clique em **OK**. Ele é projetado sobre a superfície de revolução (superfície base), Figura 5.155.

Crie a superfície por loft. Selecione na barra de comando Superfícies o comando Superfície por loft. Selecione primeiro o esboço superior e depois o projetado, Figuras 5.166 e 5.167.

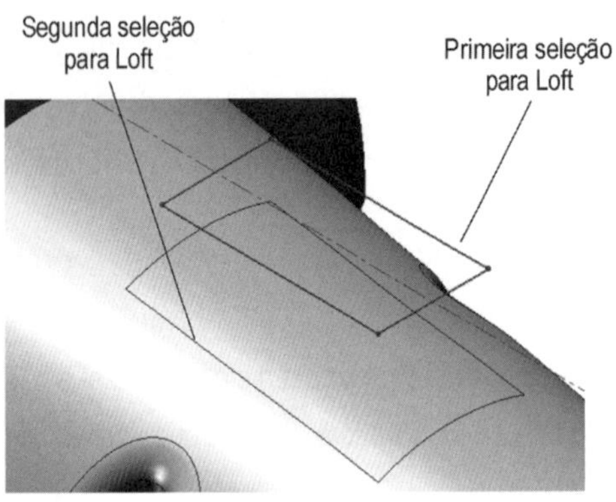

Figura 5.166 - Seleção para aplicar loft.

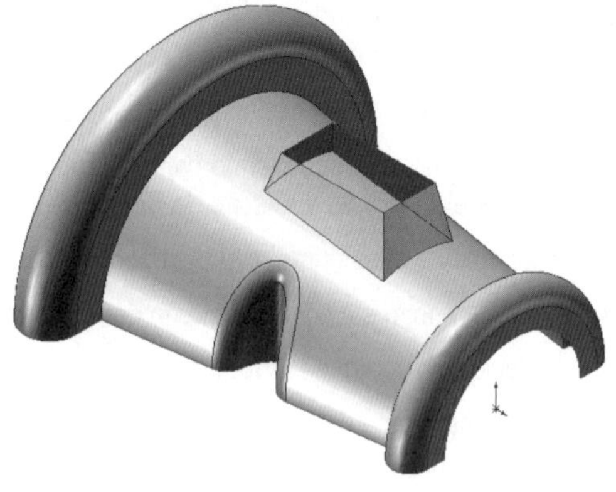

Figura 5.167 - Superfície por loft.

Nesta fase é preciso fechar o loft criando uma superfíce plana em seu topo.

1. Na barra de ferramentas **Superfícies,** selecione o comando **Superfície plana** e, na **Árvore do projeto**, pelo menu **Flyout**, selecione o primeiro esboço que fora criado no novo plano, o qual se encontra dentro do recurso **Superfície-loft**.
2. Clique em **OK** para confirmar o comando, Figuras 5.168 e 5.169.

Figura 5.168 - Arestas selecionadas para criação da superfície plana.

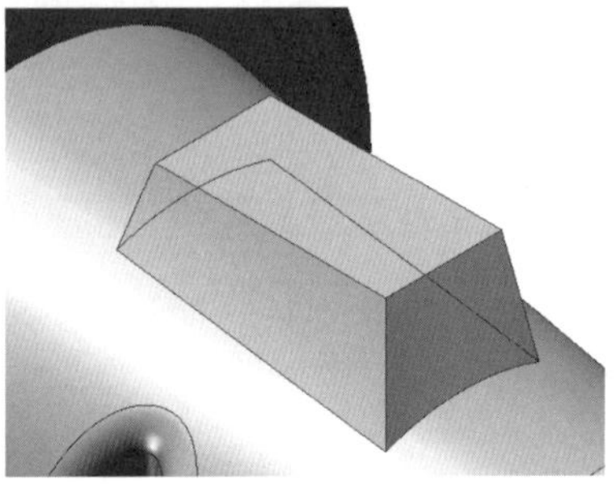

Figura 5.169 - Superfície plana.

Aparagem da Base da Superfície por Loft

Vire o modelo ao contrário para melhor visualização. Observe que o esboço do retângulo maior aparece projetado na superfície de revolução, Figura 1.170.

1. Na barra de ferramentas **Superfícies**, selecione o comando **Aparar superfície**. O **PropertyManager** é exibido.
2. Em **Tipo de aparagem** selecione **Padrão**. Acesse a **Árvore do projeto** pelo menu **Flyout** que aparece na área gráfica e selecione a **Curva** no recurso **Superfície-Loft**. Sua referência surge dentro da janela.
3. Clique na janela **Partes a manter** e selecione com o cursor a superfície de revolução.
4. Clique em **OK** para aceitar o comando. A superfície correspondente à base do loft é aparada, Figura 5.171.

Figura 5.170 - Vista inferior da curva projetada.

Figura 5.171 - Aparagem da base do loft.

Costura, Filete e Espessamento Final

Antes de aplicar os filetes finais de raio **2,5mm**, é necessário costurar a superfície de revolução com a por loft e a plana.

1. Selecione na barra de ferramentas **Superfícies** o comando **Costurar superfície** e escolha *Superfície por loft*, *Superfície plana* e *Superfície por revolução*, Figura 5.172. Clique em **OK** para aceitar o comando, Figura 5.173.

Figura 5.172 - Costura das superfícies.

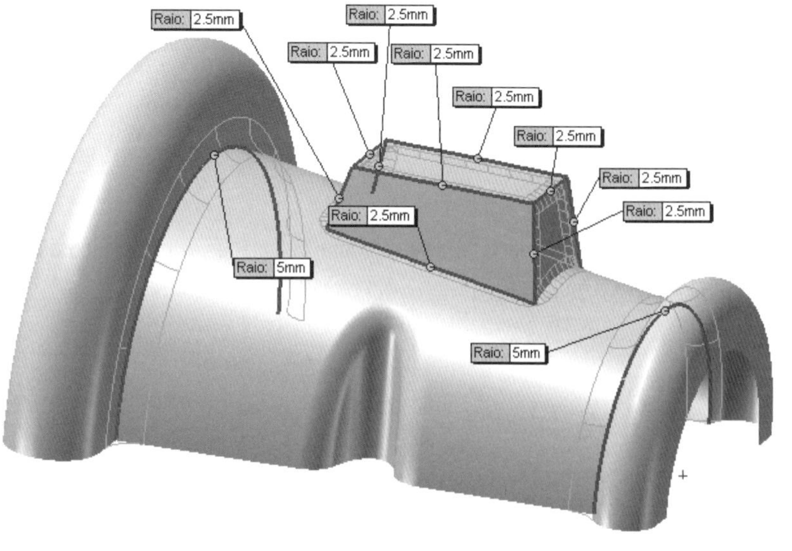

Figura 5.173 - Aplicação do filete.

2. Selecione o comando **Filete** e aplique os filetes de raio **2,5mm** nas arestas do loft e **5mm** nas atestas curvas de ambas as extremidades da face de revolução inclinada. Use Filetes de múltiplos raios, Figura 5.174.

O último passo consiste em aplicar o espessamento à superfície.

1. No menu *drop-down* clique em **Inserir** → **Cortar** → **Espessamento**.
2. Defina no **PropertyManager** a espessura **2mm**.

3. Na área gráfica, selecione o modelo e clique em **OK** para confirmar o comando. A Figura 5.174 ilustra o modelo finalizado e já suavizado, juntamente com a árvore do projeto, apresentando todos os recursos aplicados.

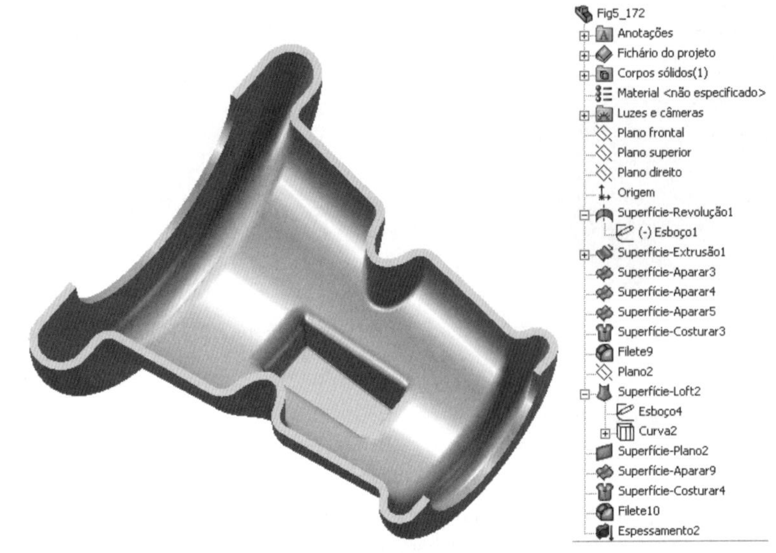

Figura 5.174 - Espessura aplicada e, ao lado, a árvore do projeto.

Salvar e Fechar o Modelo

1. Salve o arquivo na pasta **Exerc_Cap5** com o nome **Exerc_PP1**.

Exercício 2

Neste exercício você vai criar o modelo conforme dimensões exibidas, Figura 5.175.

(Tempo estimado: 90 minutos)

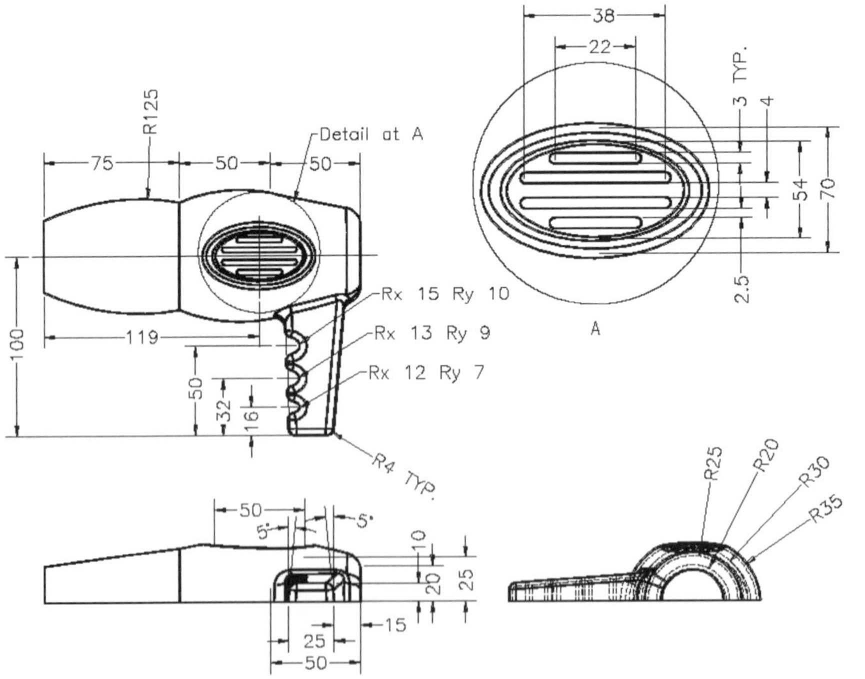

Figura 5.175 - Detalhes do modelo para o exercício passo a passo 2.

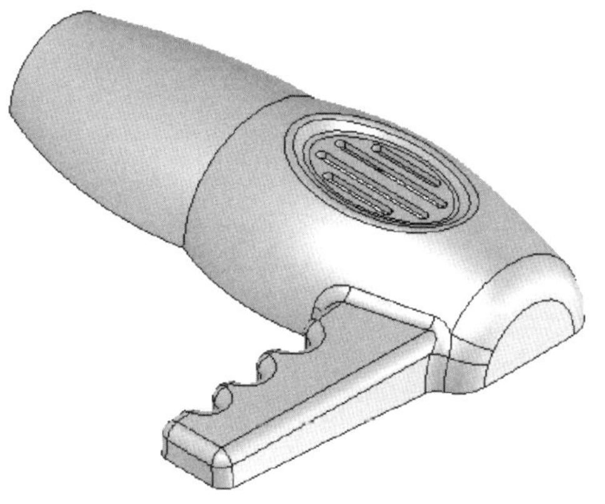

Figura 5.176 - Modelo para o exercício passo a passo 2.

Criação do Recurso Base - Superfície por Loft

O recurso base para esse modelo de superfície será gerado por meio de um Loft. Assim, primeiramente é necessário criar os esboços dos perfis e das curvas-guia.

1. Clique no comando **Inserir geometria de referência** e crie em primeiro lugar os três planos **Offset** em relação ao **Plano esquerdo**, distanciados, respectivamente, a 75mm, 125mm (75+50) e 175mm (75+50+50) em relação a ele.

Os passos seguintes consistem na criação dos arcos sobre cada um dos planos criados.

2. Clique no comando **Esboço** na barra de ferramentas e selecione o **Plano direito**.
3. Com centro na **Origem**, crie o primeiro arco (**Arco de ponto central**) com raio de **20mm**. Feche o esboço.
4. Abra um novo esboço e selecione como **Plano de esboço** o **Plano1**. Com centro na **Origem** crie um **Arco de ponto** central com raio de **30mm**. Feche o esboço.
5. Abra um novo esboço e crie no **Plano2** um **Arco de ponto central**, com centro na **Origem** e de raio **35mm.** Feche o esboço.
6. Por fim, abra um novo esboço selecionando o **Plano3** e crie novamente um **Arco de ponto central** com centro na **Origem** e raio **25mm**. Feche o esboço.

   Agora devem ser criados os arcos que servirão de curvas-guia para o loft.

7. Abra um novo esboço e selecione como plano de esboço o **Plano superior**.
8. Com **Arco por 3 pontos** crie os arcos que devem ligar as extremidades do arco de raio **25**, gerado no **Plano direito**, e as extremidades do arco de raio **30mm** criado no **Plano1**. Dimensione-os para raio de **125mm**.

   Observe que cada arco é criado em um esboço separado, totalizando seis esboços; caso contrário, não funcionam como curvas-guia para o loft.

9. Repita o procedimento criando arcos que ligam as extremidades do arco gerado no **Plano1** e no **Plano3**.
10. Clique em uma das extremidades do arco gerado no **Plano2,** pressione **CTRL** e selecione um dos arcos criados no **item 9**. Abre-se o **PropertyManager** de **Relações**. Selecione a relação **Coincidente** e clique em **OK** para aceitar. Em seguida, repita esse procedimento para o outro extremo do mesmo arco. A Figura 5.177 exemplifica os esboços e as curvas-guia.

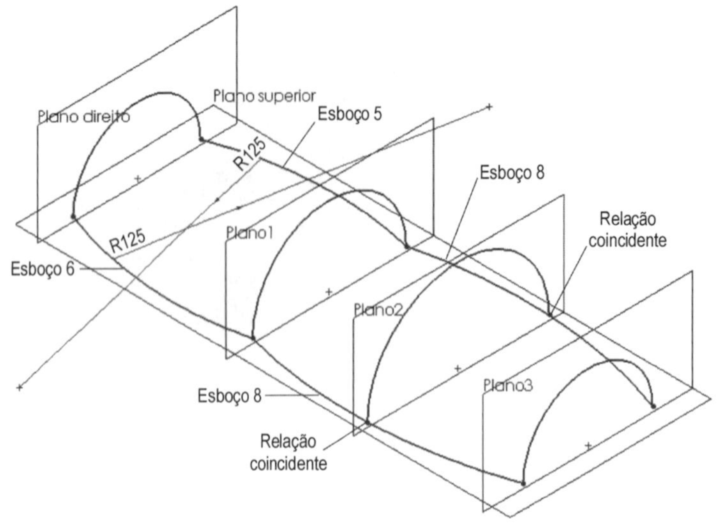

Figura 5.177 - Perfis e curvas-guia para criação do loft.

11. O passo seguinte consiste em criar o loft. Selecione o comando **Superfície por loft** na barra de ferramentas **Superfícies**.
12. Selecione os perfis criados no **Plano direito** e no **Plano1** e as **Curvas-guia** representadas pelo **Esboço5** e **Esboço6**. Clique em **OK** para confirmar, formando a primeira parte do loft.
13. Repita o procedimento selecionando agora os perfis representados pelos arcos gerados no **Plano 1**, **Plano2** e **Plano3**, e as curvas-guias representadas pelo **Esboço7** e **Esboço8**. Clique em **OK** para confirmar o comando.
14. A Figura 5.178 ilustra a superfície loft criada.

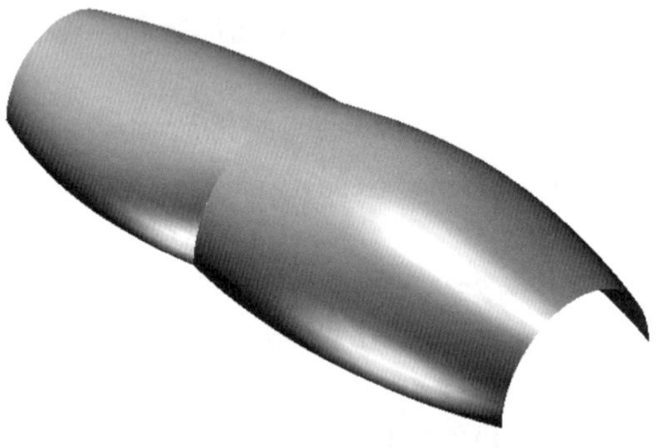

Figura 5.178 - Superfície base gerada por loft.

15. No último passo desta fase feche a extremidade direita da superfície loft com uma superfície plana.
16. Crie um esboço fechado no **Plano 3**, de mesmo formato e dimensão do arco que ali foi desenhado, Figura 5.179. Depois de fechar o esboço, selecione o comando **Superfície plana** na barra de ferramentas **Superfícies.**
17. Selecione o esboço fechado criado e clique em **OK** para confirmar o comando. A Figura 5.180 mostra o fechamento da extremidade citada.

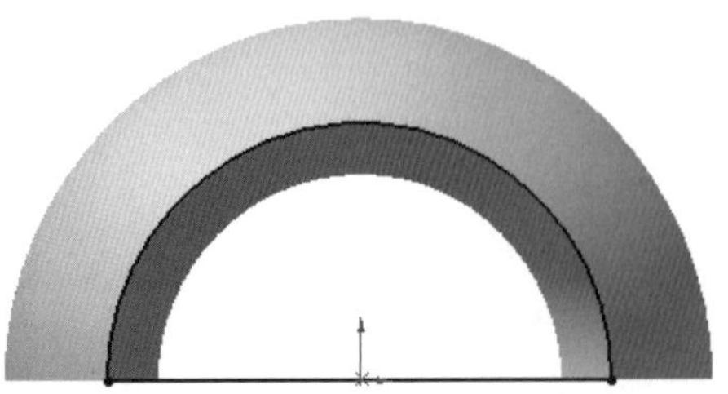

Figura 5.179 - Esboço fechado.

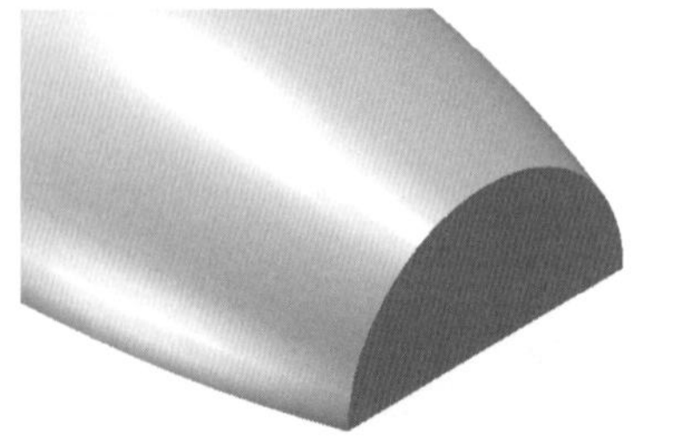

Figura 5.180 - Superfície plana de fechamento.

Criação do Recurso Cabo - Superfície por Loft

O recurso cabo será formado por um loft de duas seções abertas; a primeira seção da superfície por loft em um plano Offset determinada em relação ao **Plano frontal** e a segunda criada no **Plano frontal**. Entretanto, primeiro precisamos criar o plano Offset citado.

1. Crie um plano Offset a uma distância de **100mm** em relação ao **Plano frontal**.
2. Inicie um novo esboço no plano criado.
3. Crie uma seção aberta, como indica a Figura 5.181. Feche o ambiente de esboço.
4. Usando o **Plano frontal** como referência, crie outro esboço.
5. Desenhe e dimensione o esboço de outra seção aberta como mostra a Figura 5.182. Feche o ambiente de esboço.

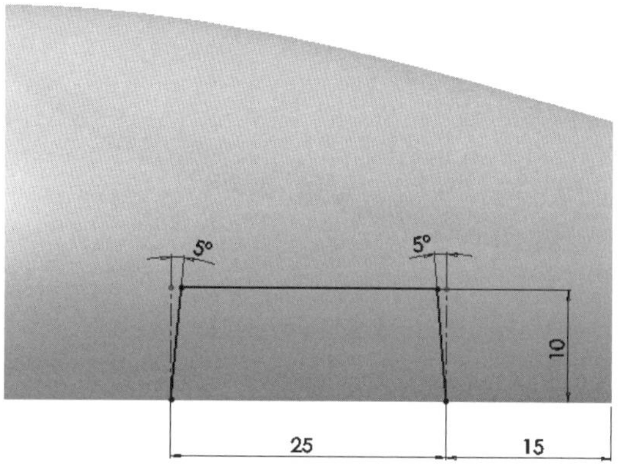

Figura 5.181 - Primeira seção aberta.

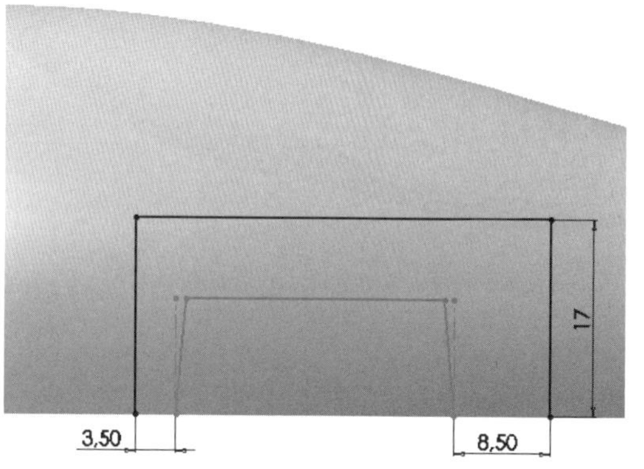

Figura 5.182 - Segunda seção aberta.

6. Com o comando de **Superfície por loft** gere a superfície entre as duas seções abertas criadas, Figura 5.183.

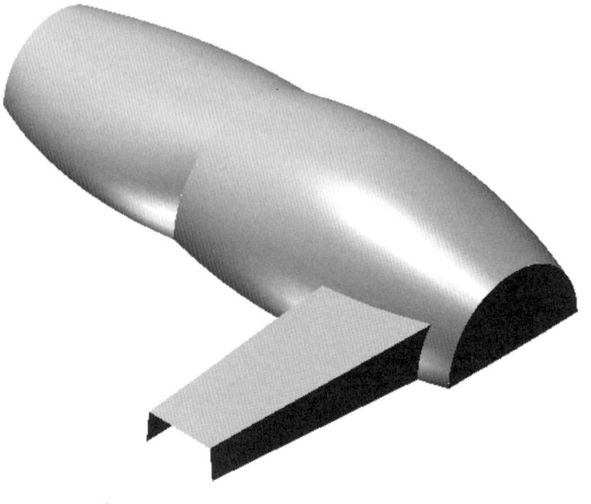

Figura 5.183 - Cabo - Superfície por loft.

Aparagem e Fechamento do Cabo

Os passos seguintes consistem na aparagem das partes da superfície do cabo que se estendem para dentro da superfície base, além do fechamento da extremidade inferior deste.

1. Vire o modelo para visualizar a lado interno.
2. Selecione o comando **Aparar superfície** na barra de ferramentas **Superfícies**. O **PropertyManager** se abre.

3. Em **Tipos de aparagem** selecione a opção **Mútua**.
4. Na caixa de diálogos **Superfícies**, na janela **Aparando superfícies**, são exibidas as **Superfícies cortantes** que devem ser selecionadas, conforme indica a Figura 5.184. Clique na janela **Partes a manter** para ativá-la, localizada mais abaixo.
5. Selecione as partes demarcadas na Figura 5.184. Neste caso são as mesmas indicadas anteriormente. A Figura 5.185 mostra o resultado após a aparagem das superfícies.

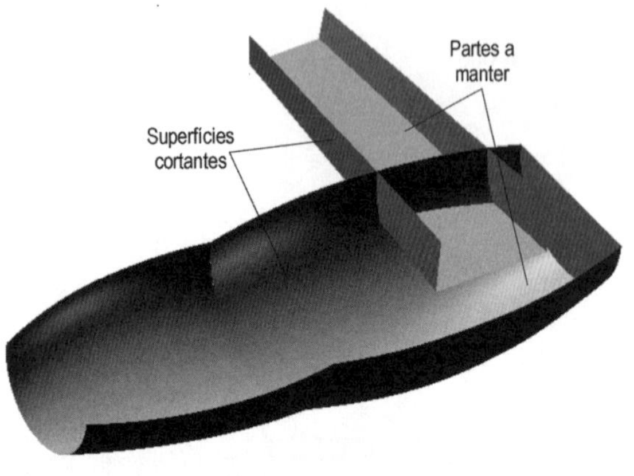

Figura 5.184 - Indicação de superfícies de corte e partes a manter.

Figura 5.185 - Superfície resultante.

Necessitamos fechar a extremidade inferior. Para isso, precisamos criar uma seção fechada nessa extremidade.

6. Abra um novo esboço selecionando como plano de esboço o **Plano4**, plano offset criado. Posicione o modelo em vista **Normal a**.
7. Crie o esboço da seção fechada, conforme a Figura 5.186. Selecione o comando **Superfície plana** na barra de ferramentas **Superfícies** e crie a superfície, como ilustra a Figura 5.187.

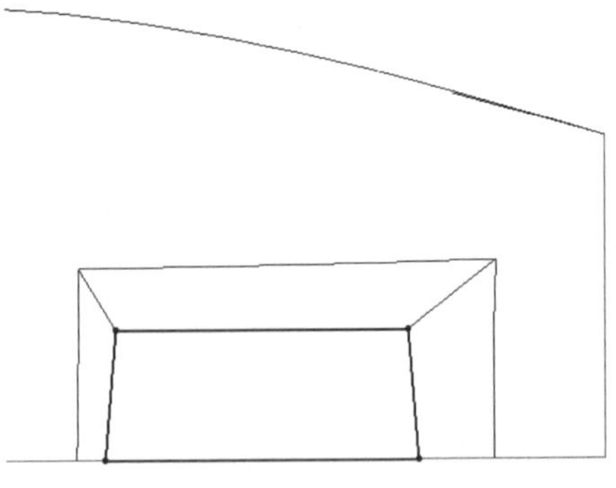

Figura 5.186 - Seção inferior fechada.

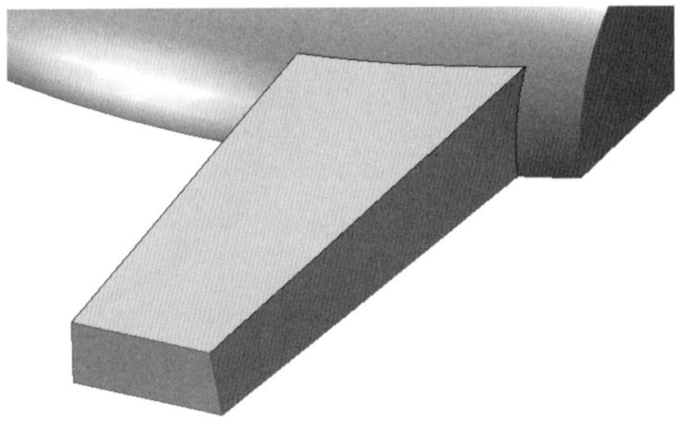

Figura 5.187 - Superfície plana de fechamento.

Criação dos Pegadores do Cabo

A próxima tarefa é a criação dos pegadores do cabo, ou seja, as reentrâncias que servirão para o posicionamento dos dedos indicador, médio e anular. Esses pegadores serão originados de superfícies elípticas geradas por extrusão a partir do plano superior.

1. Abra um novo esboço selecionando como plano de esboço o **Plano superior.** Posicione o modelo em vista **Normal a**.
2. Com o comando **Elipse** crie o esboço e dimensione-o, conforme a Figura 5.188.
3. Selecione na barra de ferramentas **Superfícies** o comando Superfície extrudada e faça a extrusão das elipses com uma profundidade de **25mm**, Figura 5.189.

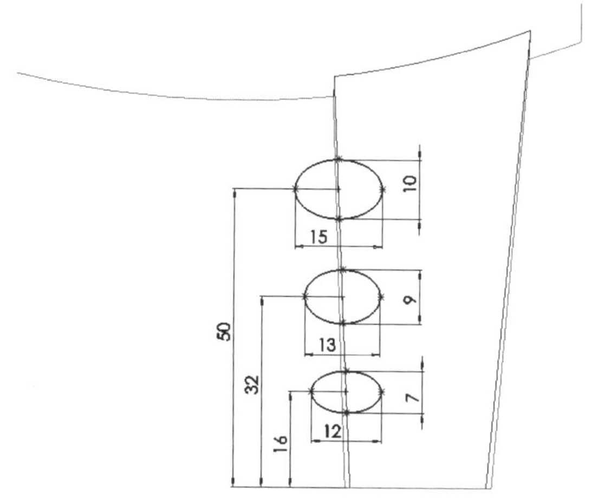

Figura 5.188 - Esboço dos pegadores elípticos.

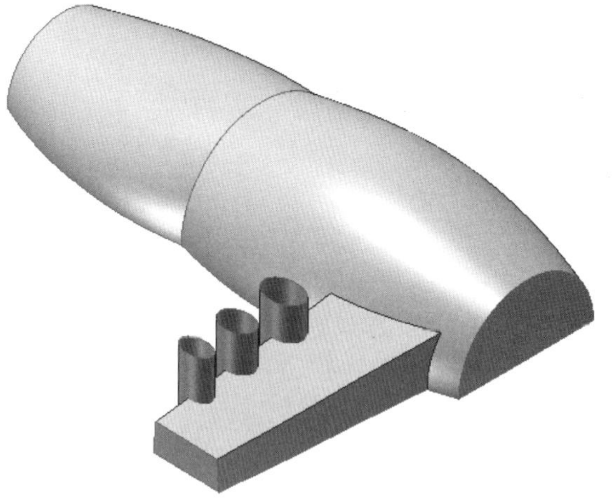

Figura 5.189 - Superfícies elípticas por extrusão.

Em seguida é necessário proceder às aparagens entre as superfícies elípticas geradas e a superfície do cabo.

4. Vire o modelo ao contrário, como mostra a Figura 5.190 e, utilizando o comando **Aparar superfície**, selecione as superfícies e partes. A Figura 591 exibe o modelo após a aparagem.

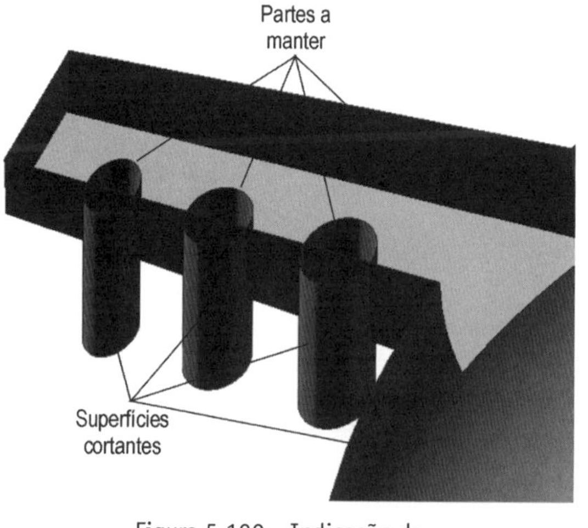

Figura 5.190 - Indicação de superfícies de corte e partes a manter.

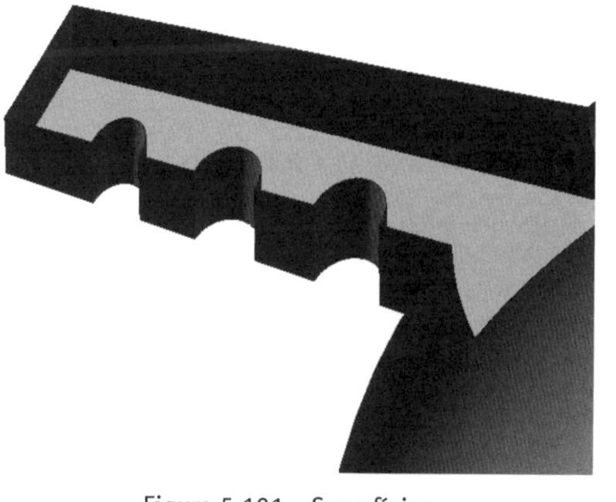

Figura 5.191 - Superfícies resultantes da aparagem.

Criação da Superfície Rebaixada para Rasgos de Ventilação

Vamos criar a superfície rebaixada na qual posteriormente serão feitos os rasgos de ventilação. Utilizaremos várias ferramentas já estudadas. Trabalharemos com plano offset, superfície por loft, aparagem de superfície e superfície planar.

1. Crie um plano offset a uma distância de **35mm** em relação ao **Plano superior**.
2. Inicie um novo esboço tomando como plano de esboço o já criado.
3. Desenhe e dimensione o esboço, conforme demonstra a Figura 5.192. Em seguida, feche o esboço.
4. Selecione no menu *drop-down* o comando **Inserir → Curva → Projetada** e projete o esboço criado na superfície base, Figura 5.193.

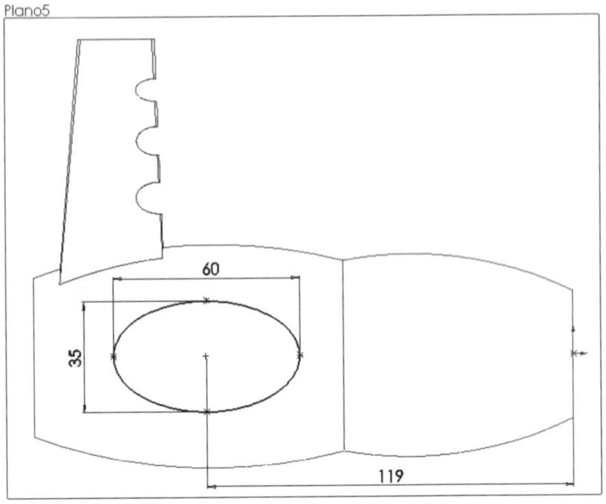

Figura 5.192 - Esboço dimensionado.

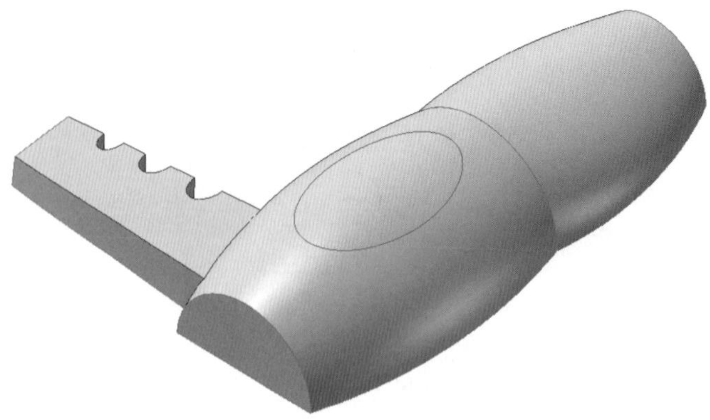

Figura 5.193 - Esboço projetado.

5. O passo seguinte consiste em aparar a superfície delimitada pela elipse projetada. Ative o comando **Aparar superfície** na barra de ferramentas **Superfícies**. O **PropertyManager** é exibido.
6. Para selecionar a entidade de recorte, abra a árvore do projeto pelo menu Flyout na área gráfica e selecione **Curva1**. Para a janela de **Partes a manter**, selecione a superfície base na qual a curva foi projetada.
7. Clique em **OK** para confirmar o comando. A Figura 5.194 exibe o recorte após a finalização.
8. Crie um plano de esboço a uma distância de **6mm** offset abaixo do plano gerado anteriormente (Plano5). Em seguida, inicie um esboço nesse novo plano.

Figura 5.194 - Aparagem da superfície interna à elipse.

9. Gere um esboço semelhante ao anterior com as dimensões da Figura 5.195. Confirme e feche o esboço.
10. Crie uma **Superfície loft** entre o esboço criado e a **Curva1** projetada, Figura 5.196.

O fechamento da parte inferior da superfície por loft é obtido por uma superfície plana.

11. Selecione o comando **Superfície plana** na barra de ferramentas **Superfície**. Em seguida, selecione a aresta inferior do loft.
12. Clique em **OK** para confirmar o comando. Cria-se uma superfície plana como a da Figura 5.197.

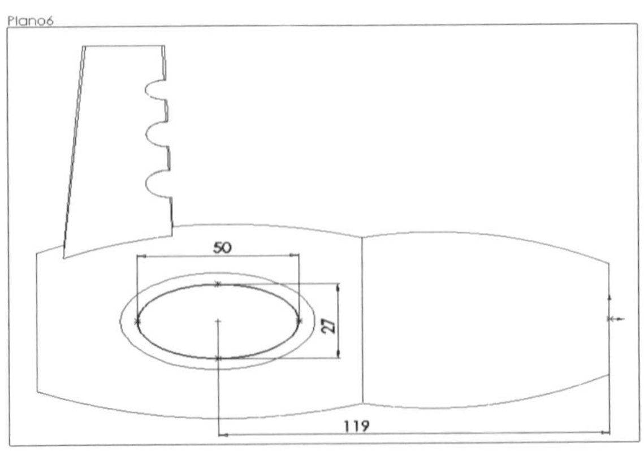

Figura 5.195 - Esboço dimensionado.

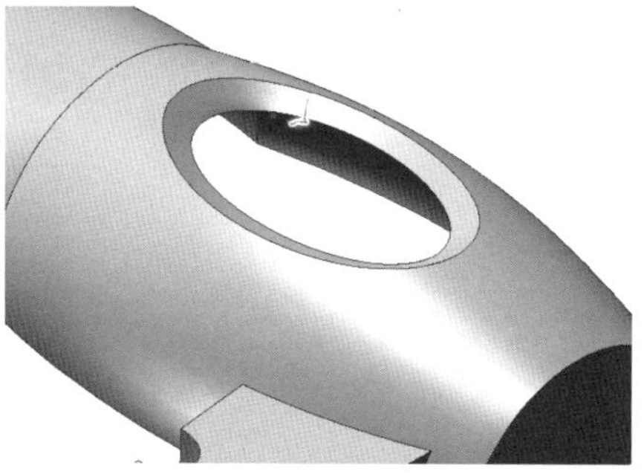

Figura 5.196 - Superfície por loft.

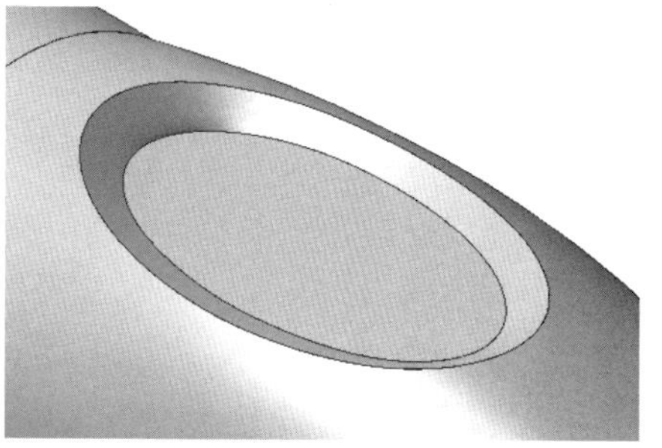

Figura 5.197 - Fechamento da base do loft.

Criação dos Rasgos de Ventilação

1. Inicie um novo esboço e estabeleça como plano de esboço a superfície plana criada há pouco para o fechamento da base do loft. Posicione a visualização em **Normal a**.
2. Crie e dimensione o esboço dos rasgos, conforme a Figura 5.198. Ao terminar, feche o esboço.
3. Com a ferramenta de **Aparar superfície** selecione como **entidades de recorte** o esboço criado e como **peças a manter** a face plana.
4. Clique em **OK** para confirmar o comando. A Figura 5.199 revela os rasgos finalizados.

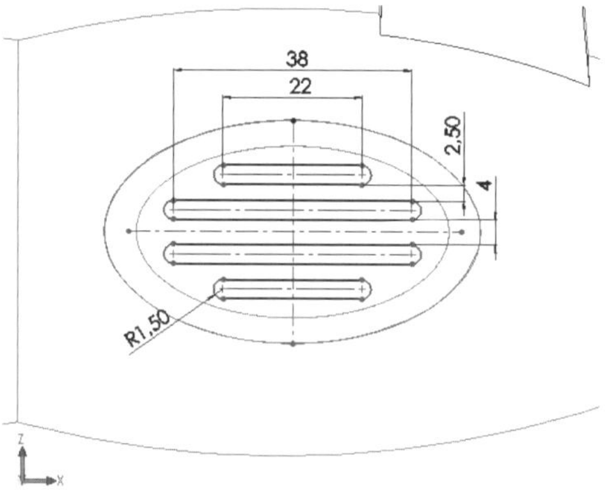

Figura 5.198 - Esboço dimensionado.

Figura 5.199 - Rasgos de ventilação.

Costurar Superfícies, Aplicar Filetes e Espessamento

1. Para aplicar os filetes com os raios especificados, é necessário antes costurar todas as superfícies.
2. Selecione na barra de ferramentas **Superfícies** o comando **Costurar superfície**. Capture com uma janela todas as superfícies que formam o modelo (clique com o cursor em um ponto extremo fora do modelo, mantenha pressionado o botão esquerdo e deslize o cursor em diagonal até o extremo oposto).
3. Ainda no PropertyManager selecione a opção Tentar formar um sólido.
4. Clique em **OK** para confirmar o comando.
5. Ative o comando **Filete** na barra de ferramentas **Superfícies** ou **Recursos** e aplique os filetes com os raios de arredondamentos definidos na Figura 5.175. Use raio de **8mm** para a aresta de interface entre a superfície base e sua face plana de fechamento e raio de **4mm** para as demais arestas, ou seja, as arestas do cabo e da superfície rebaixada para rasgos de ventilação, Figura 5.200.
6. Na última etapa, é preciso aplicar ao modelo de superfície a espessura desejada, que neste caso é 2mm. No menu *drop-down* **Inserir → Ressalto/base → Espessamento**, selecione o modelo e configure no **PropertyManager** a espessura de **2mm**. Use a opção **Espessar lado 1**, ou seja, para dentro.

7. Clique em **OK** para confirmar o comando. O resultado encontra-se na Figura 5.201 juntamente com a **árvore do projeto**.

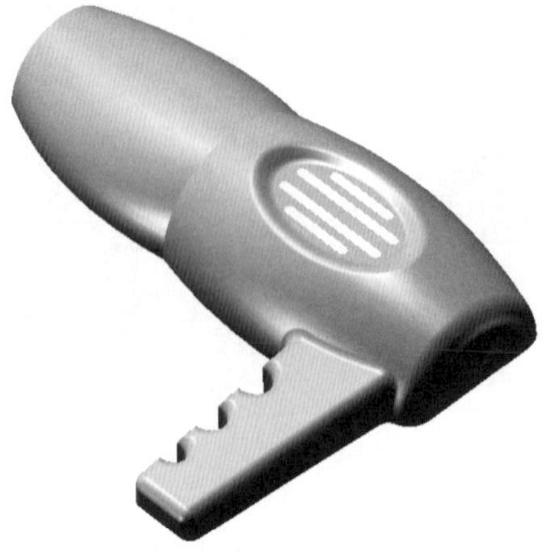

Figura 5.200 - Superfície costurada e filetes aplicados.

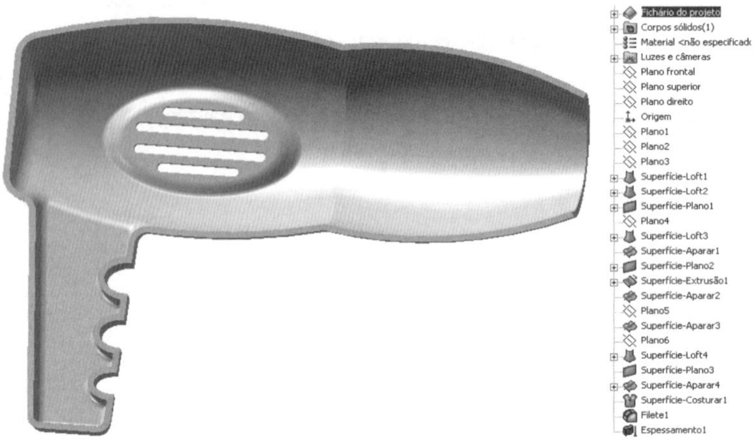

Figura 5.201 - Superfície costurada e filetes aplicados.

Questões de Revisão

1. Descreva o procedimento para aplicar espessura a uma superfície.
2. Qual a finalidade da ferramenta Superfície média? Cite sua importante aplicação na engenharia de projetos.
3. Descreva o procedimento para criar um esboço de uma geometria fechada sobre uma superfície curva e depois como recortá-lo.
4. Descreva a condição de configuração **Até o ponto** e **Mesma direção** na ferramenta **Estender superfície**.
5. O que diferencia uma **Superfície por loft** de uma **Superfície por varredura**?
6. Em um modelo composto por superfícies, que operação é necessária antes de proceder à filetagem das arestas?
7. Explique o procedimento para recortar um sólido e para recortar uma superfície utilizando outra superfície.
8. Qual o nome da **Relação** recomendada para prender uma geometria a uma curva de forma a variar a curva com a dimensão da geometria?
9. Cite os tipos de superfície loft possíveis de ser construídos.
10. Descreva o procedimento para criar um filete de face entre duas superfícies que não se tocam.

Exercício 1

Crie o modelo conforme as dimensões exibidas em suas vistas de detalhes, Figura 5.202.

(Tempo estimado: 60 minutos)

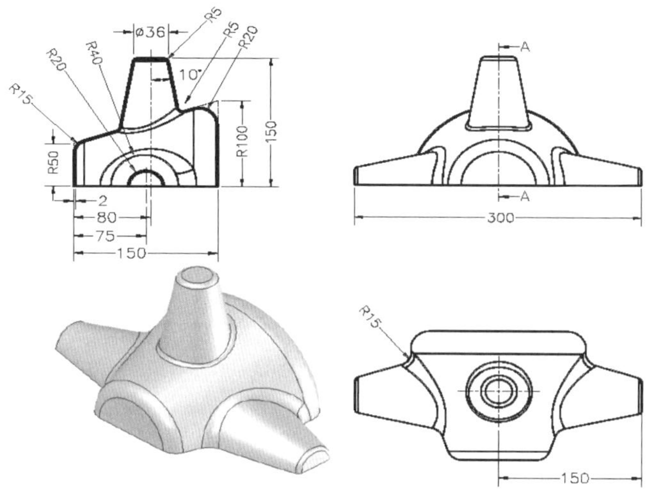

Figura 5.202 - Modelo para o exercício proposto 1.

Exercício 2

Crie o modelo com base nas dimensões descritas em suas vistas de detalhes, Figura 5.203.

(Tempo estimado: 60 minutos)

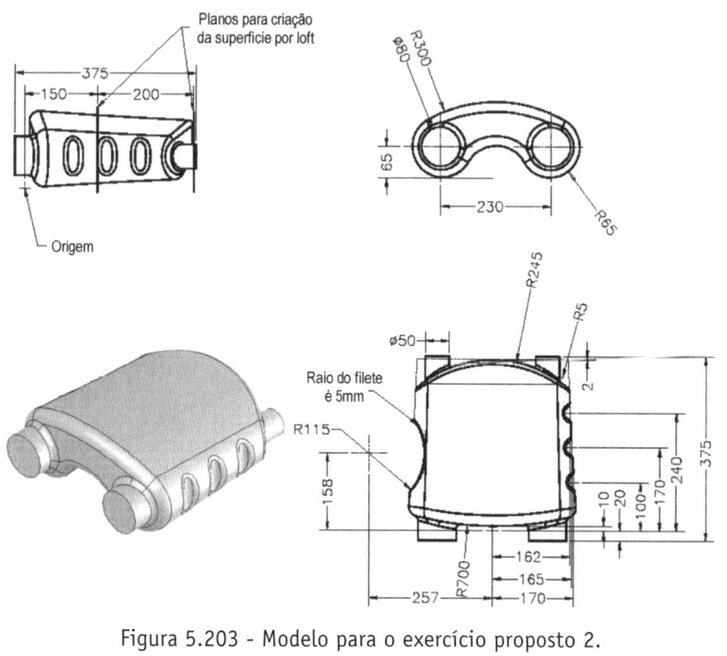

Figura 5.203 - Modelo para o exercício proposto 2.

6

Recursos Avançados

Nos capítulos 2 e 3 estudamos os recursos de protrusão por adição, corte e outros recursos auxiliares para modelagem básica de sólidos no SolidWorks. Entretanto, existem outros recursos que permitem modelar sólido em níveis mais avançados. Estudaremos esses recursos em seguida.

6.1. Recurso de Domo

O SolidWorks permite criar um ou mais recursos de domo simultaneamente no mesmo modelo. Os parâmetros no **PropertyManager** de domo incluem:

- **Faces para o domo** - selecione uma ou mais faces planas ou não-planas (ver nota), Figuras 6.3 e 6.4.

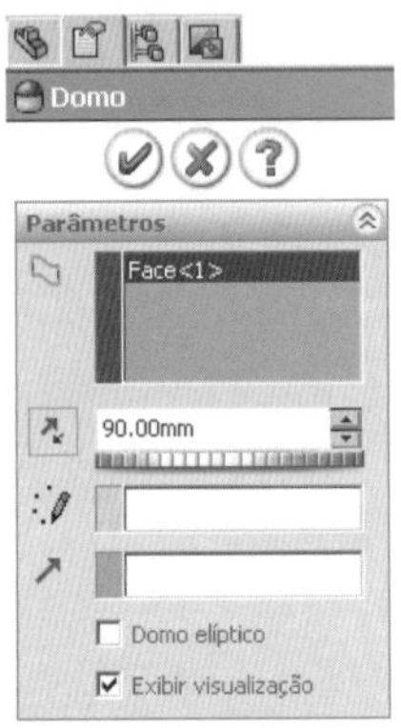

Figura 6.1 - PropertyManager de Domo elíptico.

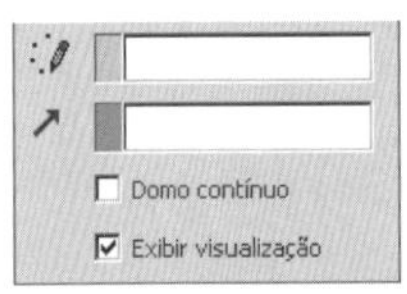

Figura 6.2 - *Checkbox* de opção para Domo contínuo.

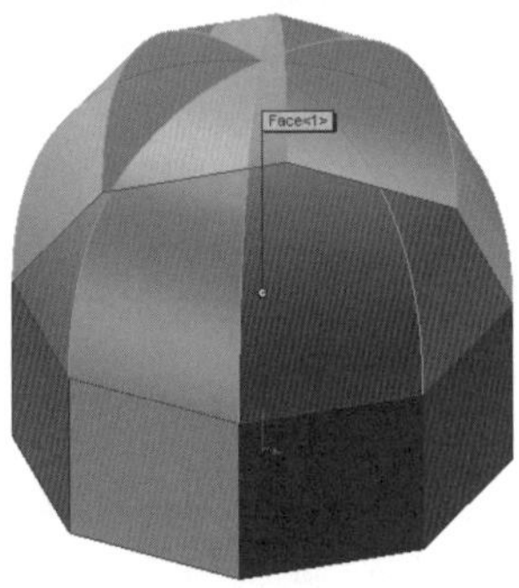

Figura 6.3 - Domo em face plana.

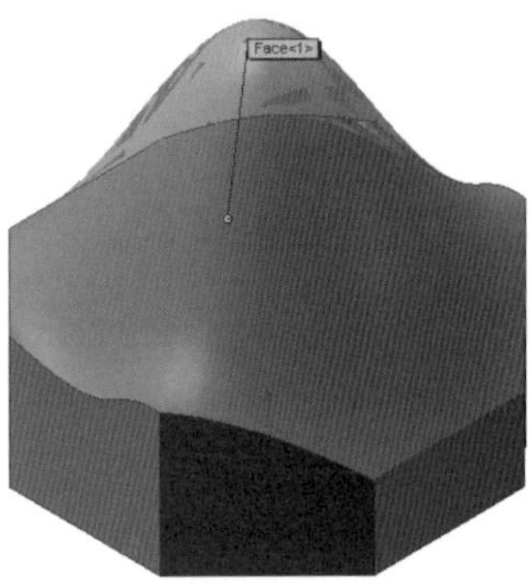

Figura 6.4 - Domo em face não-plana.

- **Ponto de restrição ou esboço** - controle o recurso de domo selecionando um esboço para restringir a forma dele. Quando o esboço é usado como restrição, a **Distância** é desativada, Figuras 6.5 e 6.6.

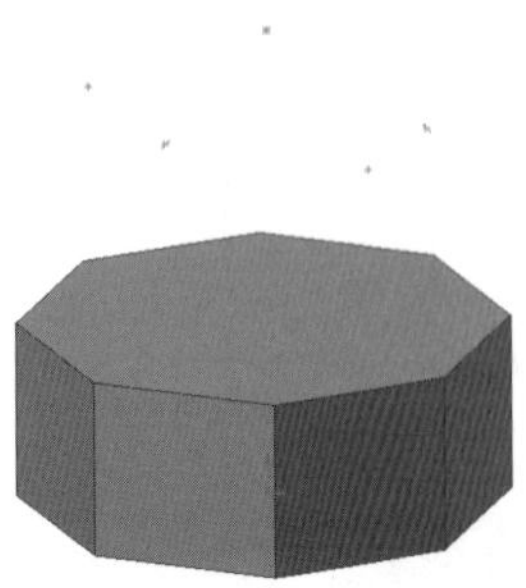

Figura 6.5 - Modelo e pontos de esboço.

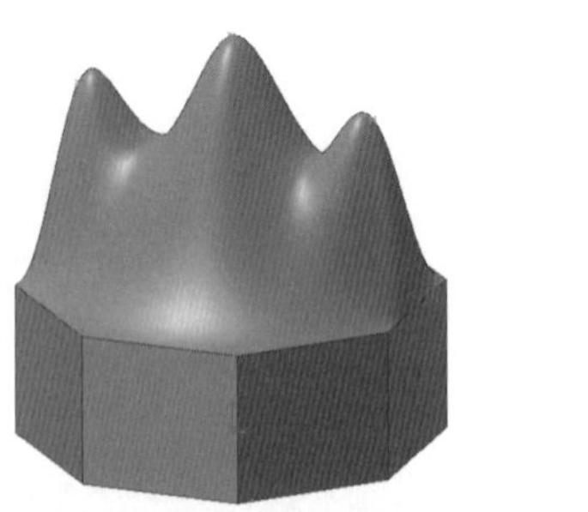

Figura 6.6 - Domo controlado pelos pontos de esboço.

- **Direção** - clique em **Direção** e selecione um vetor de direção na área de gráficos para efetuar a extrusão do domo em uma direção que não seja a normal à face. Como vetor de direção, é possível usar uma aresta linear ou o vetor criado por dois pontos de esboço, Figura 6.7.
- **Domo elíptico** - especifique um domo elíptico para modelos cilíndricos ou cônicos. A forma de domo elíptica é um meio elipsóide com altura igual a um dos raios do elipsóide (ver nota - item 2). As Figuras 6.7 a 6.9 exemplificam o Domo elíptico.

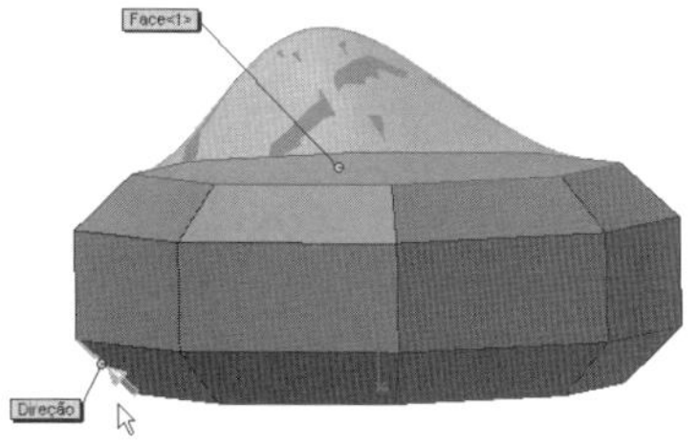

Figura 6.7 - Domo controlado por vetor de direção.

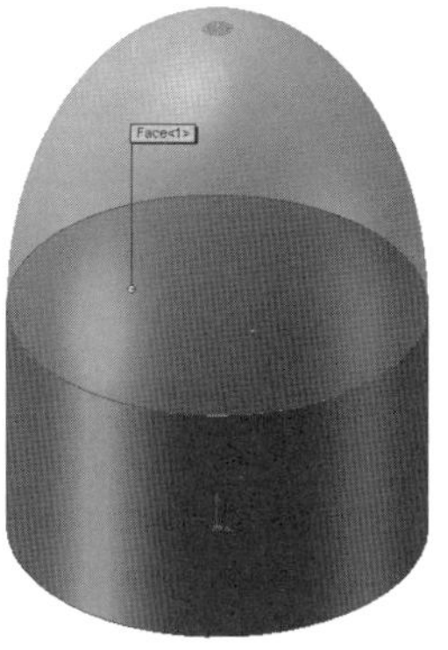

Figura 6.8 - Domo elíptico em modelo cilíndrico.

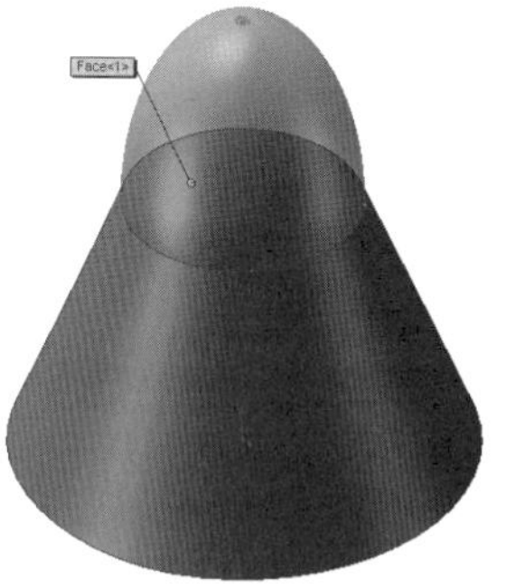

Figura 6.9 - Domo elíptico em modelo cônico.

- **Domo contínuo** - especifique um domo contínuo para modelos poligonais. Uma forma de domo contínua é inclinada para cima e de maneira uniforme em todos os lados. Se a opção **Domo contínuo** for desmarcada, a forma é erguida normalmente em relação às arestas do polígono. As figuras 6.10 e 6.11 exemplificam o Domo contínuo.

  Essa opção de **Domo contínuo** não fica disponível quando se utiliza um **Ponto de restrição ou esboço** ou um vetor **Direção**.

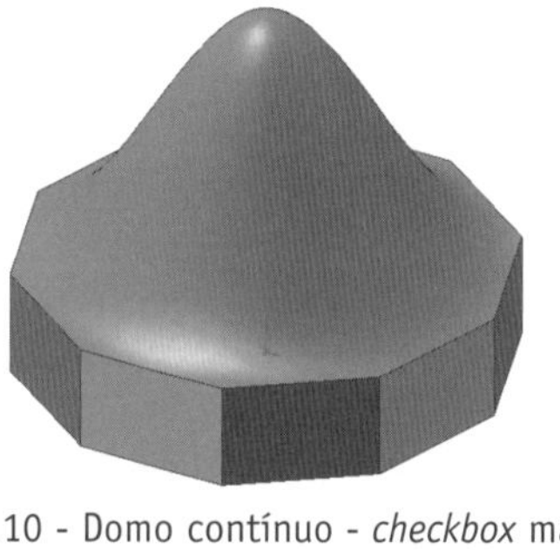

Figura 6.10 - Domo contínuo - *checkbox* marcada.

Figura 6.11 - Domo contínuo - *checkbox* desmarcada.

- **Exibir visualização** - procura uma visualização.

Nota

É possível aplicar domos a faces cujo centróide se encontra fora da face. Isso permite aplicar domos a contornos com forma irregular.

Em modelos cilíndricos e cônicos, é possível definir a **Distância** como **0**. O software calcula a distância usando o raio do arco como a base para o domo. Ele cria um domo tangente à face cilíndrica ou cônica, Figuras 6.12 e 6.13.

Figura 6.12 - Domo em modelo cilíndrico com distância zero.

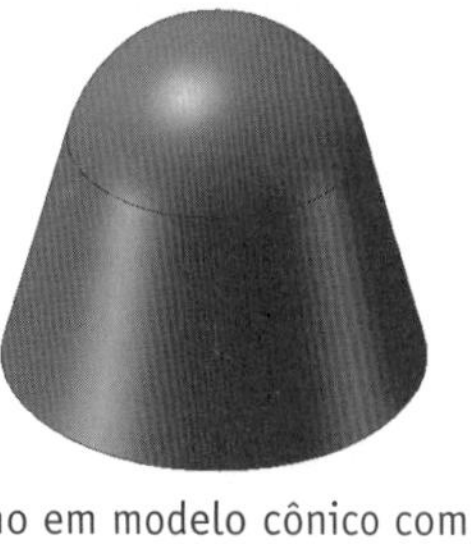

Figura 6.13 - Domo em modelo cônico com distância zero.

6.2. Recurso de Deformar

O recurso **Deformar** altera as formas de modelos complexos de sólido ou superfície, em uma área local ou global, que não tenham relação com as restrições de recurso ou de esboços usadas para criar os modelos.

A deformação é uma maneira simples de alterar praticamente qualquer modelo orgânico ou mecânico, sendo útil para criar conceitos de projeto ou fazer alterações geométricas em modelos complexos que, de outra forma, levariam muito mais tempo com o uso de edições tradicionais de esboços, recursos ou históricos.

Quando o comando é ativado pelo menu *drop-down* **Inserir** → **Recursos** → **Deformar**, o **PropertyManager** é exibido com todas as suas opções.

É possível aplicar o recurso de deformação aos modelos importados e aos do SolidWorks.

Há três tipos de deformação: ponto, curva a curva e inserção de superfície.

6.2.1. Deformar Ponto

A deformação de ponto é a maneira mais simples de alterar formas complexas. Selecione um ponto em uma superfície, face de modelo, aresta, vértice ou selecione um ponto no espaço e escolha uma distância e um raio esférico por meio dos quais a deformação deva ser controlada.

Você pode também selecionar faces e corpos adicionais, se for necessário.

A deformação de **ponto** se baseia em um ponto e em seu vetor de direção de extração.

Selecione, na caixa de diálogo **Tipo de deformação**, a opção **Ponto**. Note que o **PropertyManager** assume a configuração exibida na Figura 6.14, com as seguintes opções:

- **Deformar ponto** - para definir o centro da deformação, selecione um ponto em uma face, uma aresta, um vértice ou um ponto no espaço.
- **Direção de deformação** - escolha a direção da deformação pela seleção de uma aresta linear, uma linha de esboço, uma face plana ou dois pontos ou vértices.
  - Se selecionar uma aresta linear ou uma linha, a direção é paralela à aresta ou à linha.
  - Se selecionar um plano ou uma face plana, a direção é a normal ao plano ou à face.
  - Se selecionar dois pontos ou vértices, a direção segue do primeiro ao segundo ponto ou vértice.
  - É possível utilizar qualquer combinação de pontos de deformação e direções.
  - Se necessário, clique em Inverter direção de deformação.

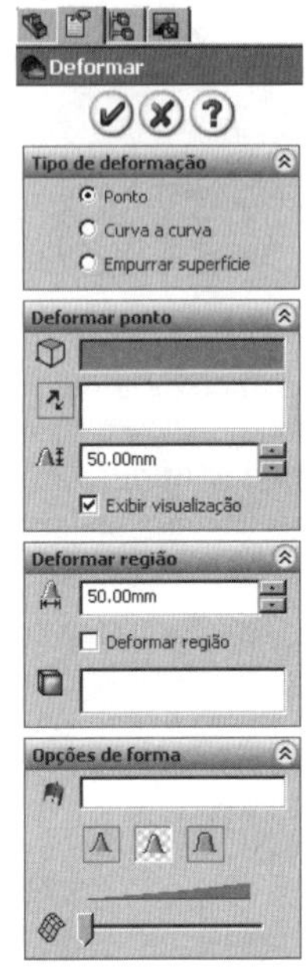

Figura 6.14 - PropertyManager Deformar.

Quando o ponto de deformação estiver localizado em uma face, uma aresta ou um vértice, a direção-padrão deve ser a seguinte:

- **Ponto na face** - a **direção de deformação** é normal à face no plano selecionado. Se selecionar outro ponto, a deformação atualiza-se para o ponto selecionado. A seleção de ponto em face é útil para realizar alterações rápidas em projetos e incluir recursos localizados que não exigem locais exatos para a deformação. Observe no exemplo, Figuras 6.15 e 6.16, o ponto criado no centro da face do modelo e a direção de deformação considerada a aresta lateral da plataforma.

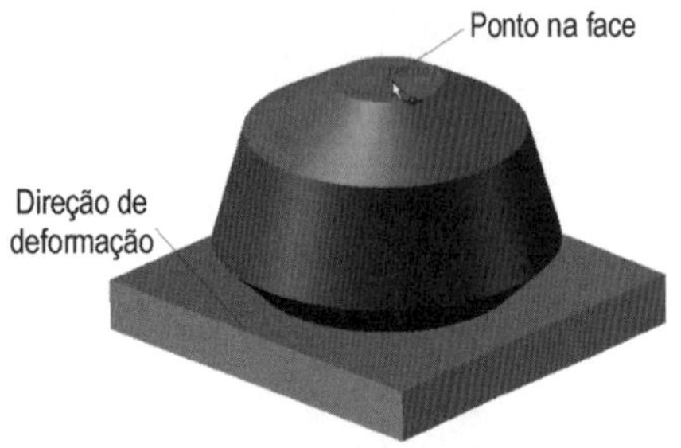

Figura 6.15 - Modelo com um ponto na superfície.

Figura 6.16 - Deformação da região do ponto segundo a direção de deformação escolhida.

- **Ponto na aresta** - a **direção de deformação** é uma média das normais entre duas faces adjacentes no ponto da aresta selecionado, salvo se a mesa for definida segundo uma aresta ou face específica. A localização do ponto na aresta determina o centro da deformação. A seleção de ponto em aresta é útil para criar alterações de projeto mais precisas e previsíveis do que a seleção de ponto em face, Figuras 6.17 e 6.18.

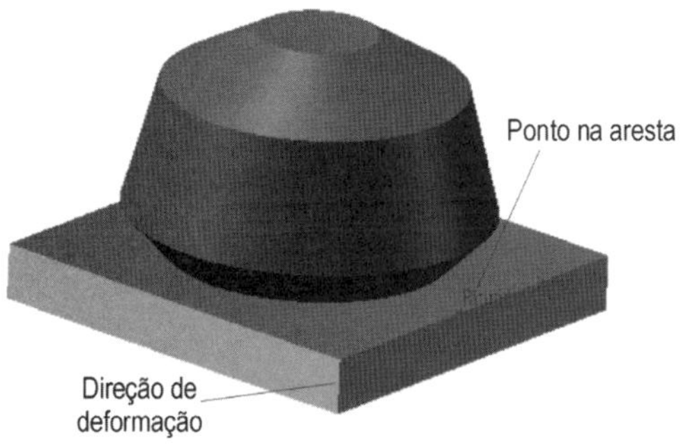

Figura 6.17 - Modelo com um ponto na aresta.

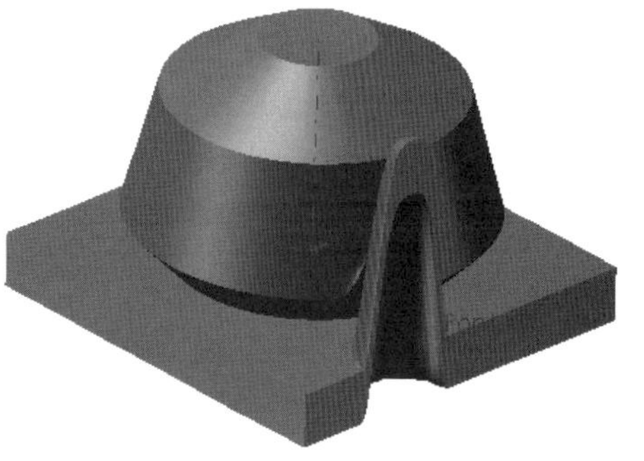

Figura 6.18 - Deformação na região do ponto segundo a direção de deformação escolhida.

- **Vértice** - a **direção de deformação** é uma média das normais às faces que compartilham o vértice selecionado. A deformação centraliza-se no vértice selecionado, Figuras 6.19 e 6.20.

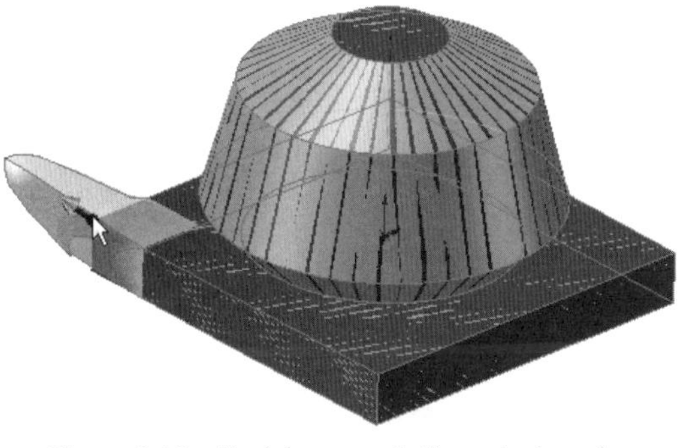

Figura 6.19 - Modelo com vértice selecionado.

Figura 6.20 - Deformação do vértice.

- **Ponto no espaço** - quando você seleciona um ponto no espaço, não existe direção de deformação, portanto é necessário especificar uma pela seleção de dois pontos ou vértices, uma aresta linear ou uma linha de esboço, ou uma face plana ou um plano. A seleção de ponto no espaço permite o controle preciso do ponto e da direção da deformação, útil quando é necessário mais autonomia nas deformações de ponto.

Figura 6.21 - Modelo com ponto no espaço e direção de deformação definidos.

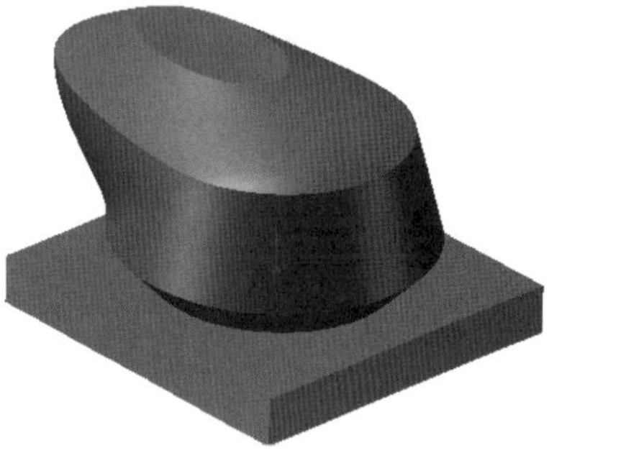

Figura 6.22 - Modelo deformado.

- **Distância da deformação** - especifica a distância da deformação (deslocamento do ponto).
- **Exibir visualização** - visualiza resultados utilizando vistas de estrutura de arame (limpas) ou sombreadas (selecionadas). Para melhorar o desempenho em modelos grandes e complexos, não marque essa opção até a conclusão de todas as seleções.

6.2.1.1. Deformar Região

Essa caixa de diálogo permite alterar a forma pela especificação de um raio de deformação, uma região de deformação e de corpos adicionais para deformar.

É possível utilizar as opções **Curvas/arestas/faces fixas**, **Corpos a deformar** e **Faces adicionais a deformar** em qualquer combinação, dependendo da geometria do modelo e dos resultados desejados. Se as opções selecionadas conflitarem, a última entidade selecionada se sobrepõe a qualquer outra entidade contraditória marcada anteriormente. Por exemplo, se primeiramente tiver especificado uma face a ser deformada e, em seguida, determinado a mesma face como fixa, a face é mantida fixa.

- **Raio da deformação** - altera um valor de raio esférico que passa pelo ponto de deformação.

Selecionar a Região da deformação não afeta o valor de Raio da deformação.

As Figuras 6.23 a 6.27 exemplificam como **Distância da deformação** e **Raio da deformação** afetam o modelo com a deformação de ponto.

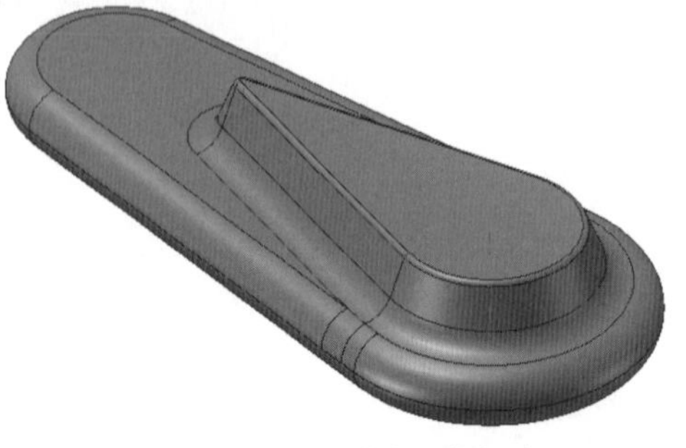

Figura 6.23 - Modelo original.

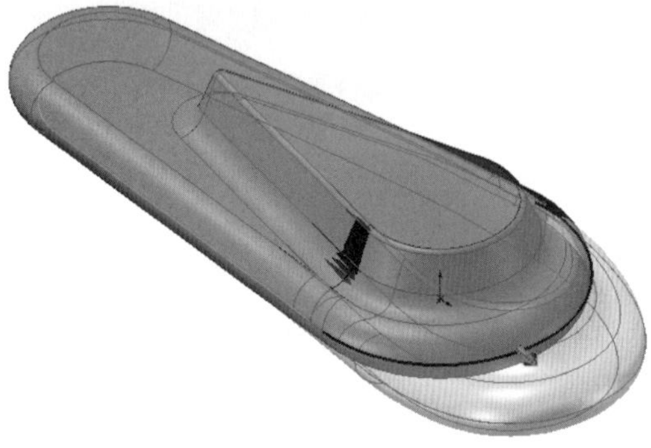

Figura 6.24 - Modelo com Distância de deformação definida como 20mm e Raio de deformação definido como 50mm.

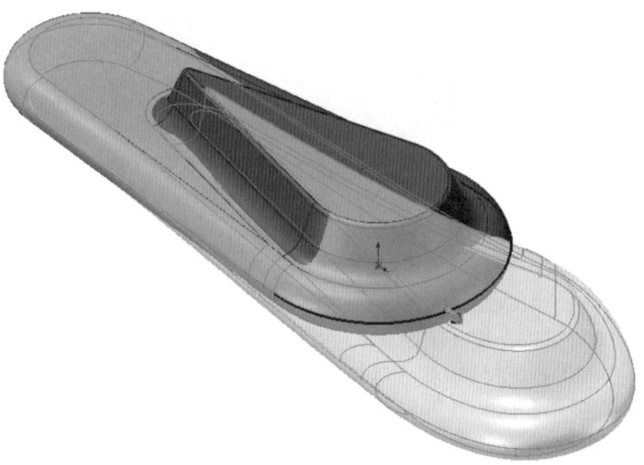

Figura 6.25 - Modelo com Distância de deformação definida como 50mm e Raio de deformação definido como 50mm.

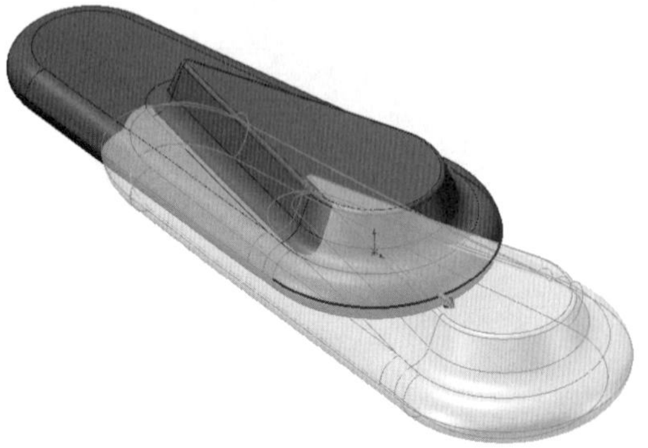

Figura 6.26 - Modelo com Distância de deformação definida como 50mm e Raio de deformação definido como 200mm.

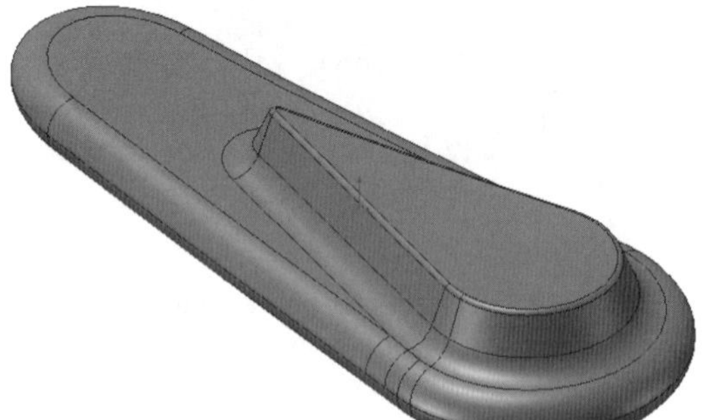

Figura 6.27 - Resultado da deformação.

Observe que o corpo é mais largo se comparado com a imagem que utiliza um raio de 50mm.

- **Região da deformação** - ativa as janelas de opções de **Curvas/arestas/faces fixas** e **Faces adicionais a deformar**, Figura 6.28. A Tabela 6.1 mostra a relação entre as entidades possíveis de seleção, opções e resultados obtidos.

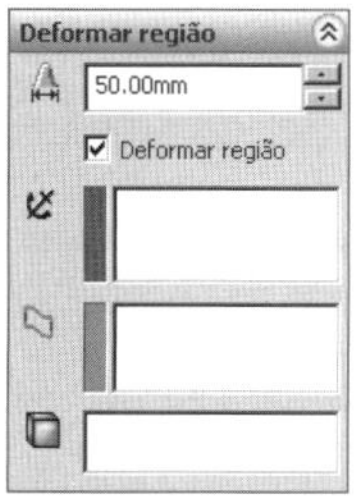

Figura 6.28 - Caixa Deformar região.

Tabela 6.1 - Relação de entidades.

Entidade selecionada para o ponto de deformação	Opção de status da região da deformação	Resultados
Um ponto em uma aresta, um vértice ou no espaço	Selecionado ou desmarcado	A área da deformação não é afetada se Curvas/arestas/faces fixas ou Faces adicionais a deformar estiverem desmarcadas.
Um ponto em uma face	Selecionado	A área da deformação limita-se a essa face se a opção Curvas/arestas/faces fixas ou Faces adicionais a deformar estiver desmarcada.
Um ponto em uma face	Desmarcado	O corpo inteiro é deformado.

As Figuras 6.29 a 6.32 mostram o exemplo de um ponto em face com **Região da deformação** selecionada.

Ambos os exemplos utilizam a mesma face inicial para deformar, com Distância de deformação de 10mm e Raio de deformação de 100mm.

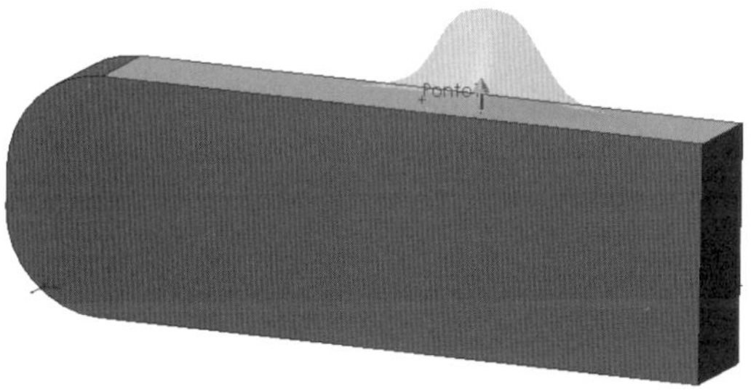

Figura 6.29 - Visualização que mostra a **Região de deformação** selecionada, sem arestas fixas nem faces selecionadas.

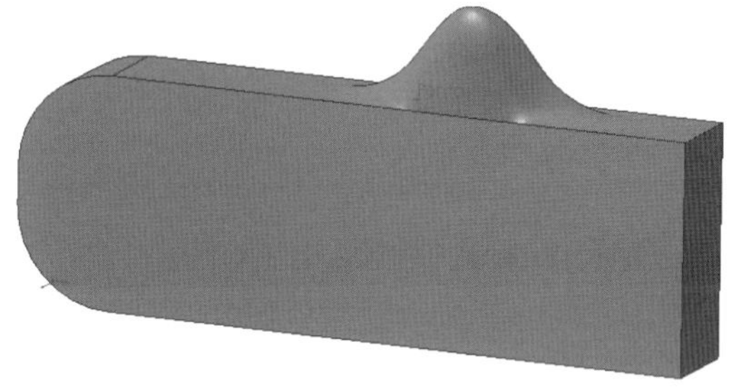

Figura 6.30 - Resultados com a *checkbox* **Região de deformação** selecionada.

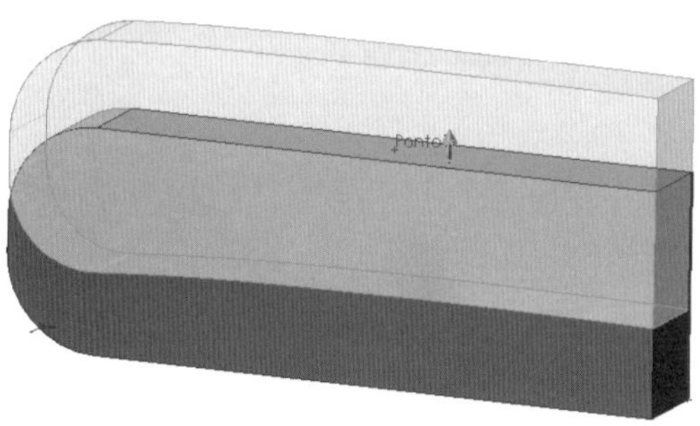

Figura 6.31 - Visualização que mostra a *checkbox* **Região de deformação** desmarcada.

Figura 6.32 - Resultado com a **Região de deformação** desmarcada. O modelo inteiro se deforma.

- **Curvas/arestas/faces fixas** - impede a deformação e o movimento de curvas, arestas e faces selecionadas. Em contornos fechados, o comportamento da deformação depende do seguinte:
  - Se o ponto de deformação (centro da deformação) estiver no interior do contorno fechado (conjunto contíguo de arestas fixas), a deformação é confinada à área dentro do contorno.
  - Se o ponto de deformação estiver fora do contorno fechado, nenhum ponto dentro do contorno deforma-se.
- **Faces adicionais a deformar** - permite selecionar mais de uma face do modelo para deformar.
- **Corpos a deformar** - seleciona vários corpos ou apenas um quando se utiliza a seleção de ponto no espaço. Essa opção é útil para alterar vários corpos em um arquivo de peça.

6.2.1.2. Opções de Forma

Controla a forma das deformações de ponto pela modificação do grau de **rigidez**, pela especificação de um **eixo de deformação** e pela alteração da **exatidão da forma**.

- **Eixo da deformação** - somente está disponível quando a opção **Região da deformação** estiver desmarcada. Controla a forma da deformação pela criação de um eixo de dobra paralelo a uma aresta linear ou a uma linha de esboço, normal a um plano ou a uma face plana, ou seguindo dois pontos ou vértices. Essa opção cria uma deformação do tipo dobra, utilizando o valor do **raio da deformação**, embora não seja uma dobra exata.

É possível controlar a forma das deformações de ponto por meio da modificação do grau de rigidez, da especificação de um eixo de deformação e da alteração da exatidão da forma.

- **Rigidez** - controla a rigidez da forma no processo de deformação. É possível combinar o nível de rigidez com outros controles, como o **eixo de deformação**. Há três níveis de rigidez, descrito ao lado.

	**Rigidez mínima** - a menor rigidez.
	**Rigidez média** - uma intensidade média de rigidez.
	**Rigidez máxima** - a mais intensa.

- **Exatidão da forma** - controla a qualidade da superfície. A qualidade-padrão pode ser inadequada em áreas com grande curvatura. Quando você aumenta a exatidão movendo o controle deslizante para a direita, é possível aumentar a taxa de sucesso do recurso de deformação. Mova o controle deslizante apenas o necessário, porque aumentar a precisão da superfície diminui o desempenho.
- **Manter limite** - somente está disponível quando a opção **Região da deformação** estiver selecionada. Assegura que os limites selecionados em **Curvas/arestas/faces fixas** estejam fixos. Desmarque **Manter limite** para alterar a região de deformação, modificar arestas fixas ou permitir que os limites sejam movidos.
- **Apenas faces adicionais** - somente está disponível quando a opção **Região da deformação** está selecionada e **Manter limite** desmarcada. Faz com que a deformação afete apenas as faces selecionadas em **Faces adicionais a deformar**.

6.2.2. Deformar Curva a Curva

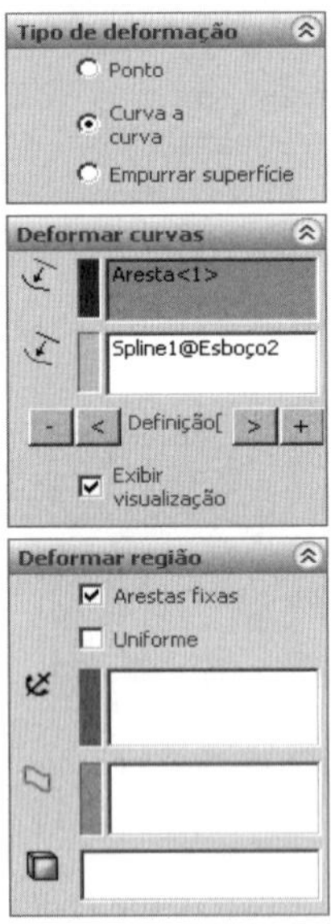

Figura 6.33 - Opção Curva a curva.

A deformação **Curva a curva** é um método preciso para alterar formas complexas que realizam a transição de curvas inicias para curvas-alvo. As curvas **inicial** e **alvo** podem ser arestas de faces, superfícies, curvas de seção ou curvas de esboço livre.

Quando a opção **Curva a curva** da caixa de diálogo Tipo de deformação é selecionada, aparece no **PropertyManager** a caixa de diálogo **Deformar curvas**, Figura 6.33.

As Figuras 6.34 e 6.35 mostram um exemplo de deformação curva a curva.

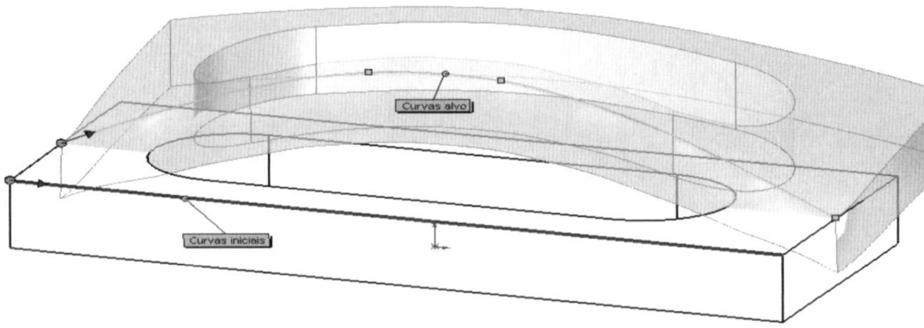

Figura 6.34 - Deformação Curva a curva - a aresta do modelo é definida como curva de origem e a spline curva de um extremo a outro, criada no plano frontal, sobre o modelo, é definida como curva-alvo.

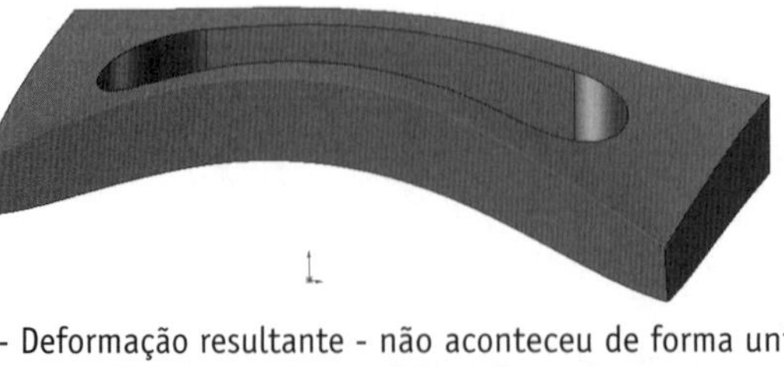

Figura 6.35 - Deformação resultante - não aconteceu de forma uniforme em todo o modelo, pois essa opção não foi configurada para este exemplo.

Nota

Se as curvas-alvo são arestas de face ou de superfície, a transição da deformação pode coincidir com uma transição abrupta (**continuidade de posição**) ou suave (**continuidade de tangência**).

As opções do **PropertyManager** para controlar os recursos de deformação **Curva a curva** se encontram descritos a seguir.

6.2.2.1. Deformar Curvas

- **Curvas iniciais** - define as curvas iniciais do recurso de deformação. Selecione como um conjunto uma ou mais curvas ou arestas conectadas. Elas podem ser curvas únicas ou conjuntos de arestas ou curvas contíguas.
- **Curvas-alvo** - indica as curvas-alvo do recurso de deformação. Selecione como um conjunto uma ou mais curvas ou arestas conectadas. Elas podem ser curvas únicas ou conjuntos de arestas ou curvas contíguas.
- **Definir[*n*]** - permite adicionar, remover e alternar conjuntos para modificação. As curvas podem ser parte de um modelo (arestas ou curvas de seção) ou esboços separados.
- **Exibir visualização** - visualiza resultados utilizando vistas de estrutura de arame (limpas) ou sombreadas (selecionadas). Para melhorar o desempenho em modelos grandes e complexos, não marque essa opção até a conclusão de todas as seleções.

6.2.2.2. Deformar Região

É possível utilizar as opções **Curvas/arestas/faces fixas**, **Corpos a deformar** e **Faces adicionais a deformar** em qualquer combinação, de acordo com a geometria do modelo e dos resultados desejados. Se as opções selecionadas conflitarem, a última entidade selecionada se sobrepõe a qualquer outra entidade contraditória selecionada anteriormente. Por exemplo, se primeiramente tiver especificado uma face a ser deformada e, em seguida, determinado a mesma face como fixa, a face é mantida fixa.

- **Arestas fixas** - impede o movimento de curvas, arestas ou faces selecionadas. Selecione as arestas fixas e as faces adicionais a deformar na área de gráficos. Se a opção **Arestas fixas** estiver desmarcada, é possível selecionar apenas corpos.
- **Uniforme** - é uma tentativa de manter as características da forma original durante a operação de deformação. O comando **Uniforme** pode ajudar a resolver determinadas operações de deformação curva a curva que produzem formas com características abruptas. A Figura 6.36 ilustra o exemplo anterior, porém com a opção **Uniforme** marcada.

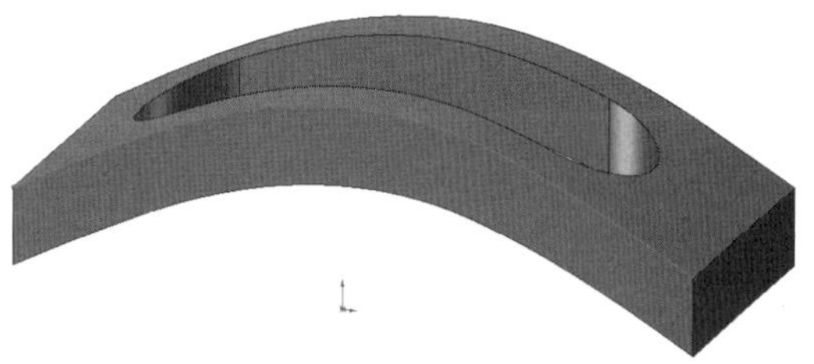

Figura 6.36 - Modelo com deformação curva a curva e opção Uniforme marcada.

- **Curvas/arestas/faces fixas** - impede a deformação e o movimento de curvas, arestas e faces selecionadas, Figuras 6.37 a 6.39.
  - Se as **curvas iniciais** estiverem dentro do contorno fechado, a deformação confina-se ao contorno.
  - Se as **curvas iniciais** estiverem fora do contorno fechado, nenhum ponto dentro do contorno é deformado.
  - A ordem utilizada para definir a curva inicial, a final e a fixa determina também o resultado da deformação.

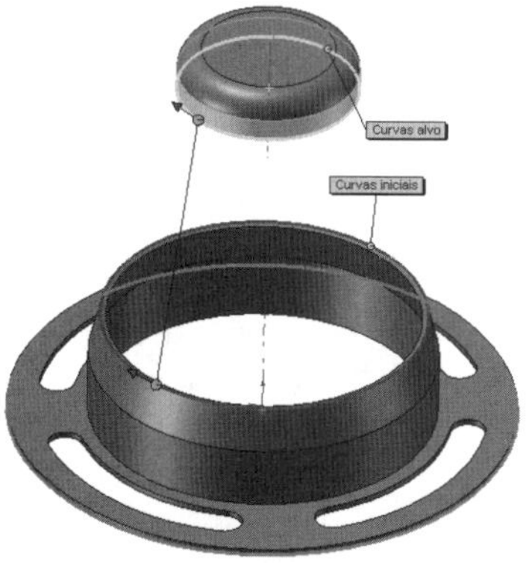

Figura 6.37 - Modelo sem deformação.

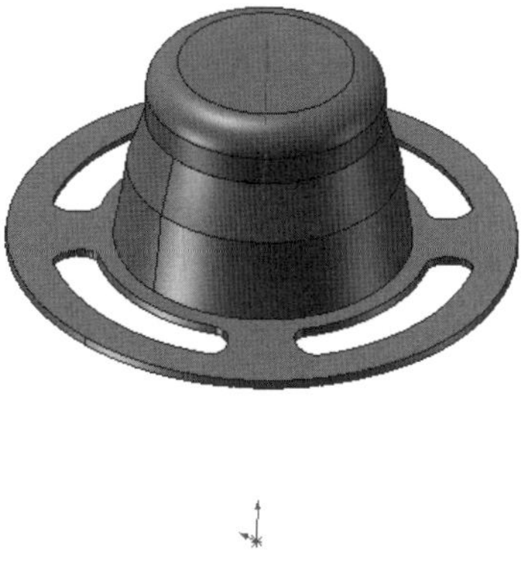

Figura 6.38 - Modelo com deformação e sem seleção de arestas fixas.

Figura 6.39 - Modelo com deformação e seleção de arestas fixas.

- **Faces adicionais a deformar** - adiciona faces específicas à deformação. Se nenhuma face for selecionada, o inteiro é afetado.
  - Se as **curvas iniciais** forem curvas de esboço (e não arestas de face ou de superfície), é necessário selecionar **Corpos a deformar** ou **Faces adicionais a deformar**.
  - Se selecionar uma aresta fixa, ou um corpo, o corpo inteiro é deformado.
  - Se selecionar uma face em **Faces adicionais a deformar** sem fixar as arestas, a deformação limita-se à face selecionada.

Nota

Se tiver uma peça com múltiplos corpos, é possível adicionar **Corpos a deformar** após especificar o corpo inicial. Somente os corpos selecionados são deformados.

6.2.2.3. Opções de Forma

A opção de deformação curva a curva exibe também no PropertyManager, a caixa de diálogo Opções de forma, como indica a Figura 6.40, com as seguintes opções:

- **Rigidez** - controla a rigidez da forma no processo de deformação.

É possível combinar qualquer nível de rigidez com as opções existentes em **Região da deformação**. Os efeitos da rigidez são geralmente mais perceptíveis quando se utiliza a opção **Curvas/arestas/faces fixas**, Figuras 6.41 a 6.43.

 **Rigidez mínima** - a menor rigidez.

 **Rigidez média** - uma intensidade média de rigidez.

 **Rigidez máxima** - a mais intensa.

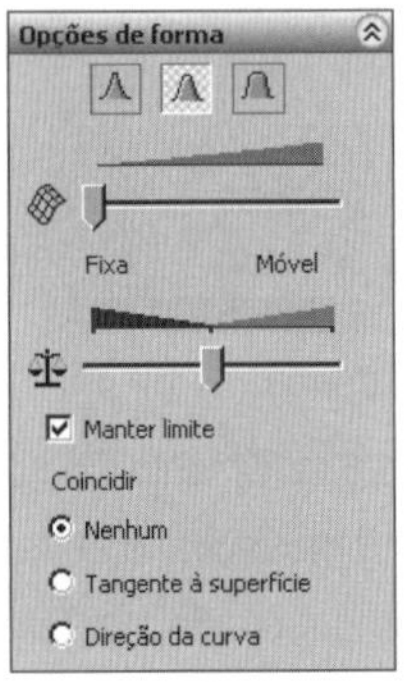

Figura 6.40 - Caixa Opções de forma.

Figura 6.41 - Deformação com Rigidez mínima.

Figura 6.42 - Deformação com Rigidez média.

Figura 6.43 - Deformação com Rigidez máxima.

- **Exatidão da forma** - controla a qualidade da superfície. A qualidade-padrão pode ser inadequada em áreas com grande curvatura. Quando você aumenta a exatidão movendo o controle deslizante para a direita, é possível aumentar a taxa de sucesso do recurso de deformação. Mova o controle deslizante apenas o necessário, porque aumentar a precisão da superfície diminui o desempenho.

- **Apenas faces adicionais** (disponível quando **Manter limite** está desmarcada) - faz com que a deformação afete apenas as faces selecionadas em **Faces adicionais a deformar**. As faces restantes são essencialmente extrudadas para encontrar as faces adicionais.
- **Coincidir** - coincide as superfícies ou faces de deformação com a superfície-alvo ou com as arestas da face utilizando essas condições, Figuras 6.44 a 6.47.
  - **Nenhum** - nenhuma condição de coincidência é aplicada.
  - **Tangente à superfície** - coincide arestas ou faces-alvo com uma transição suave.
  - **Inverter tangente** - altera a direção da transição de superfície ou de face das curvas ou arestas-alvo.
- **Direção da curva** - coincide as **curvas-alvo**, mapeando nelas as **curvas iniciais**, e utiliza as normais das **curvas-alvo** para orientar a deformação, Figuras 6.48 e 6.49.

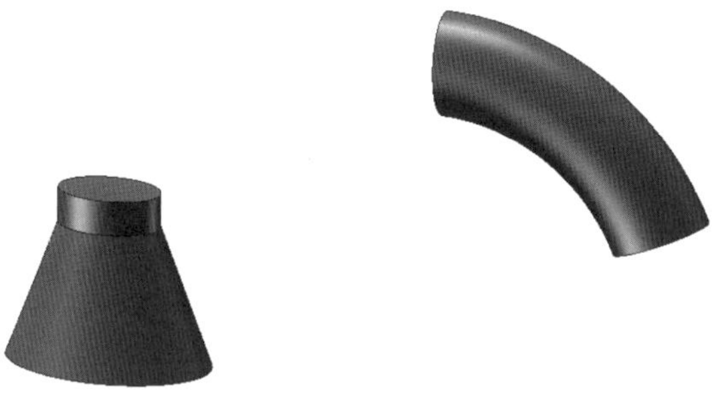

Figura 6.44 - Corpos iniciais.

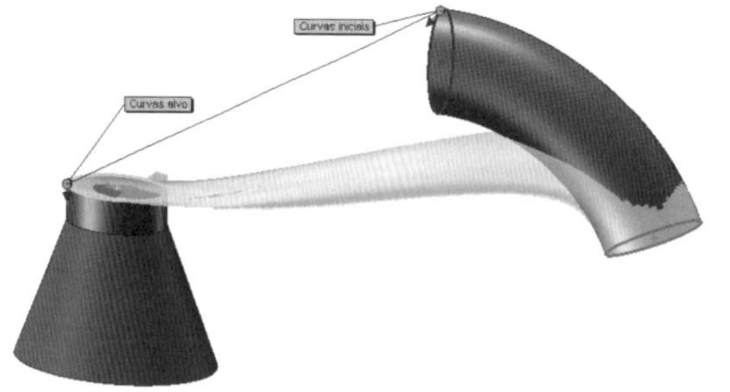

Figura 6.45 - **Curvas iniciais, curvas-alvo** e **Curvas/arestas/faces fixas** com a opção **Nenhuma** selecionada para **Coincidir**. A visualização mostra as coincidências de continuidade e posição.

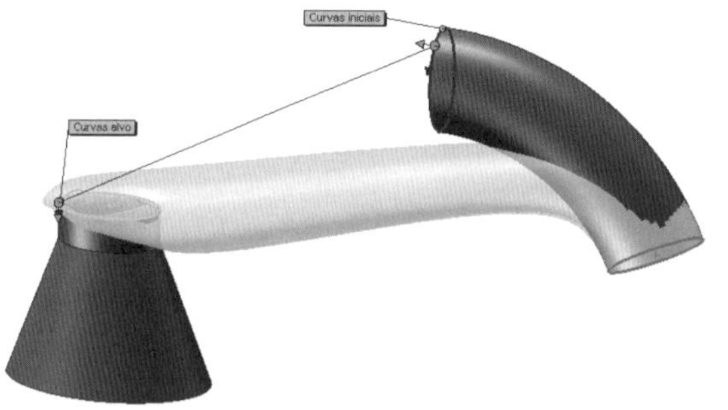

Figura 6.46 - **Curvas iniciais, curvas-alvo** e **Curvas/arestas/faces fixas** com opção **Tangente à superfície** selecionada para **Coincidir.** A visualização mostra as coincidências de continuidade de tangência.

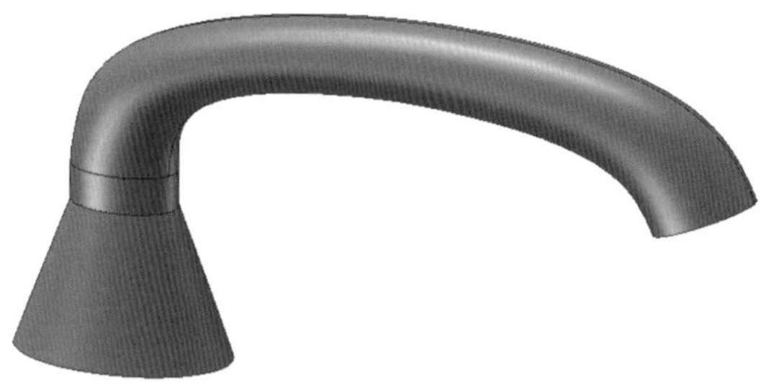

Figura 6.47 - A aplicação da opção **Tangente à superfície** resulta em transição suave de continuidade tangente nas **curvas-alvo.**

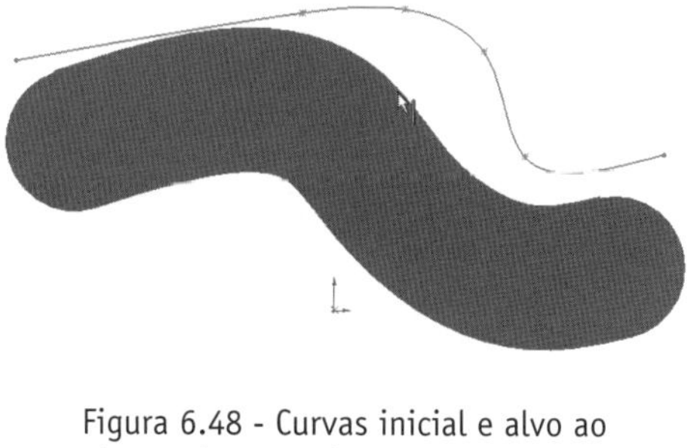

Figura 6.48 - Curvas inicial e alvo ao longo da parte de trás do modelo.

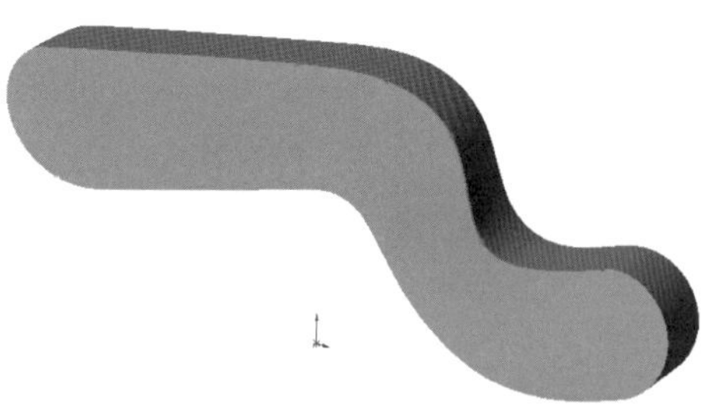

Figura 6.49 - **Direção da curva** selecionada. A parte de trás do modelo é deformada para coincidir com as normais (perpendiculares) à curva tangente.

6.3. Deformar por Empurrar Superfície

Figura 6.50 - PropertyManager Deformar para Empurrar superfície.

A deformação por **Empurrar superfície** modifica superfícies de corpos-alvo inserindo neles corpos de ferramentas. Você seleciona um corpo de ferramenta pré-construído personalizado, como um polígono ou uma esfera, ou utiliza os seus próprios corpos de ferramenta. Utilize a tríade na área de gráficos para dimensionar corpo de ferramenta. Arraste a tríade ou defina valores no **PropertyManager** para controlar o movimento do corpo de ferramenta.

A deformação por esse método aproxima as superfícies dos corpos de ferramenta, enquanto mantém as identidades (número de faces, arestas e vértices) das superfícies desses corpos inalteradas.

Esse método oferece o controle mais eficiente da deformação se comparado com a deformação de ponto. É também uma maneira previsível de criar recursos específicos com base em formas de corpos de ferramentas.

Utilize **Empurrar superfície** para projetar superfícies de forma livre, ferramental, plásticos, embalagens maleáveis, chapas metálicas e outras aplicações em que é útil incorporar as características de corpos de ferramenta em projetos existentes.

Para deformar um modelo com esse método:

1. Clique em **Deformar** na barra de ferramentas **Recursos** ou em **Inserir** → **Recursos** → **Deformar**.
2. No PropertyManager, Figura 6.50, em Tipo de deformação, selecione Empurrar superfície.
3. Defina as opções do **PropertyManager** ou arraste a **tríade** para deformar o modelo.

Se a tríade estiver posicionada fora do corpo do modelo, quando você arrastar iniciando a partir da tríade, apenas o corpo de ferramenta se movimenta; a tríade não se move.

4. Clique em **OK** para finalizar. As Figuras 6.51 a 6.54 exemplificam uma aplicação de deformação por **Empurrar superfície**.

Figura 6.51 - Modelo sem deformação.

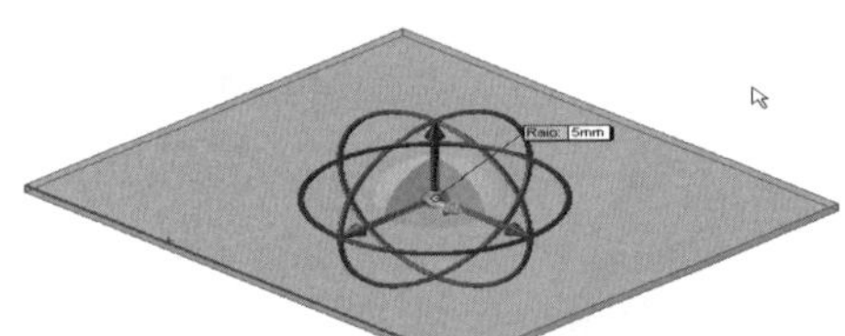

Figura 6.52 - Modelo que exibe ao centro a tríade com seus vetores de arraste para posicionamento e anéis para giro. Ao centro aparece também a seta de direção para empurrar.

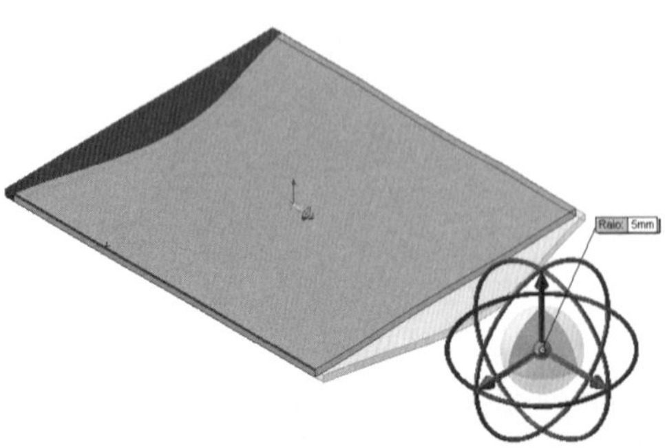

Figura 6.53 - Modelo em deformação - a tríade foi arrastada pelo vetor que aponta para o mesmo sentido da seta de direção exibida na Origem. O raio da esfera da tríade foi definido como 5mm.

Figura 6.54 - Modelo após a deformação.

6.3.1. Caixa de Diálogo Direção de Inserção

- **Direção de inserção** - indica a direção da inserção (deformação). Selecione uma linha de esboço, uma aresta linear, uma face plana ou dois pontos ou vértices. Se necessário, clique em **Inverter direção de deformação**.

Se não visualizar a inserção de superfície, clique em **Inverter direção de deformação**. As falhas na deformação por inserção de superfície normalmente resultam de uma **direção de inserção** incorreta.

- **Exibir visualização** - visualiza resultados utilizando vistas de estrutura de arame (limpas) ou sombreadas (selecionadas). Para melhorar o desempenho em modelos grandes e complexos, não marque essa opção até a conclusão de todas as seleções.

6.3.2. Caixa de Diálogo Região da Deformação

- **Faces adicionais a deformar** - adiciona faces específicas à deformação. Somente as faces selecionadas são deformadas. Se nenhuma face for selecionada, o corpo inteiro é afetado.
- **Corpos a deformar** (corpos-alvo) - determina os corpos a serem deformados pelo corpo de ferramenta. O corpo inteiro é afetado sempre que o corpo de ferramenta corta os corpos-alvo ou, se isso não ocorrer, cria um deslocamento relativo.
- **Corpo de ferramenta** - determina o corpo de ferramenta a ser utilizado em **Corpos a deformar** (corpos-alvo). Selecione um corpo de ferramenta predefinido na lista: **Elipse**, **Elipsóide**, **Polígono**, **Retângulo**, **Esfera**. Defina o tamanho do corpo de ferramenta usando a chamada na área de gráficos. Para usar um corpo de ferramenta criado, selecione **Selecionar corpo** na lista e marque o corpo de ferramenta na área de gráficos.
- **Desvio de deformação** - especifica um valor de raio similar a um filete para o local onde o corpo de ferramenta corta as faces ou corpos-alvo.

6.3.3. Caixa de Diálogo Posição do Corpo da Ferramenta

Essa caixa de diálogo exibe opções que permitem reposicionar o corpo de ferramenta, digitando valores numéricos exatos. Esse método é mais preciso que o uso da tríade.

- **Delta X, Y, Z** - move o corpo de ferramenta ao longo dos eixos X, Y e Z.
- **Ângulo de rotação** - gira o corpo de ferramenta ao longo dos eixos X, Y e Z e da origem da rotação.
- **Origem da rotação** - posiciona o centro de rotação, representado pela tríade na área de gráficos. É possível também posicionar o corpo de ferramenta arrastando-o ou girando com o mouse quando visualizar o símbolo, que aparece quando se move o ponteiro sobre a tríade.

6.3.4. Caixa de Diálogo Opções de Forma

- **Exatidão da forma** - controla a qualidade da superfície. A qualidade-padrão pode ser inadequada em áreas com grande curvatura. Quando você aumenta a exatidão movendo o controle deslizante para a direita, é possível aumentar a taxa de sucesso do recurso de deformação. Mova o controle deslizante apenas o necessário, porque aumentar a precisão da superfície diminui o desempenho.

6.4. Recurso de Recuar (Endentar)

O recurso de endentação ou recuo cria um recurso de bolso ou protrusão de offset em um corpo-alvo que corresponde exatamente ao contorno de um corpo de ferramenta selecionado, usando valores de espessura e folga. Dependendo do corpo selecionado (sólido ou superfície), especifique a folga entre o corpo-alvo e o corpo de ferramenta e a espessura do recurso de endentação, o qual pode deformar ou cortar o material do corpo-alvo.

Esse recurso usa a forma do corpo de ferramenta para criar um bolso ou protrusão no corpo-alvo de maneira que mais faces, arestas e vértices sejam exibidos no corpo final do que no original. É diferente do recurso de deformação, em que o número de faces, arestas e vértices permanece o mesmo no corpo final.

A forma do recurso de endentação é atualizada se você alterar a forma do corpo de ferramenta original usado para criar o bolso.

A endentação é útil nas aplicações em que são necessários offsets complexos com valores de espessura e folga específicos. São exemplos: embalagens, estampas, moldes, encaixes de máquinas etc.

É preciso observar alguns requisitos para aplicação desse recurso. São eles:

- O corpo-alvo ou o corpo de ferramenta deve ser sólido.
- Para endentar, o corpo-alvo deve entrar em contato com o corpo de ferramenta, ou o valor de folga deve permitir uma protrusão através do corpo-alvo.
- Para aplicar o corte, os corpos-alvo e de ferramenta não precisam entrar em contato um com o outro, mas o valor de folga deve ser suficiente para criar uma interseção com o corpo-alvo.
- Para endentar (cortar) um sólido com um corpo de ferramenta de superfície, a superfície deve cortar totalmente o sólido.

As Figuras 6.55 a 6.60 compõem dois exemplos de aplicação do recurso. O primeiro de forma normal e o segundo de forma inversa.

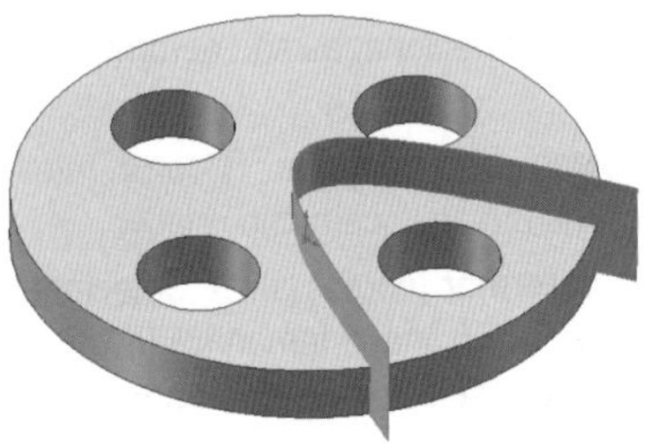

Figura 6.55 - Corpo-alvo do sólido e corpo de ferramenta de superfície.

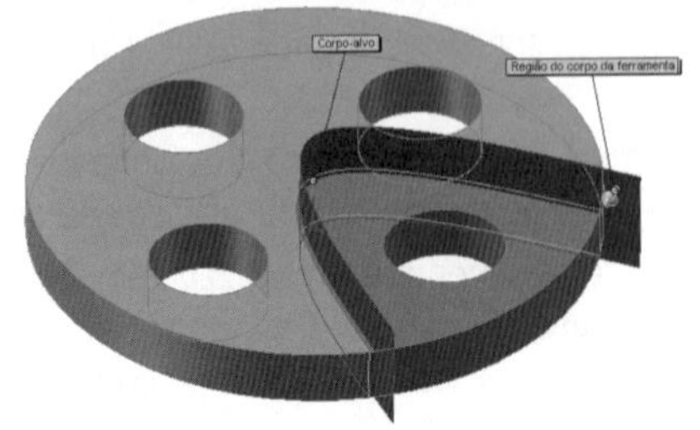

Figura 6.56 - Seleção do lado a ser mantido (lado oposto à seta).

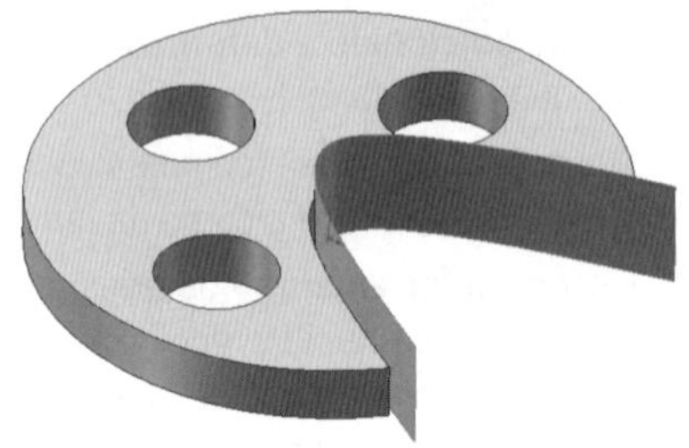

Figura 6.57 - Resultado do corte com valor de 1mm de folga.

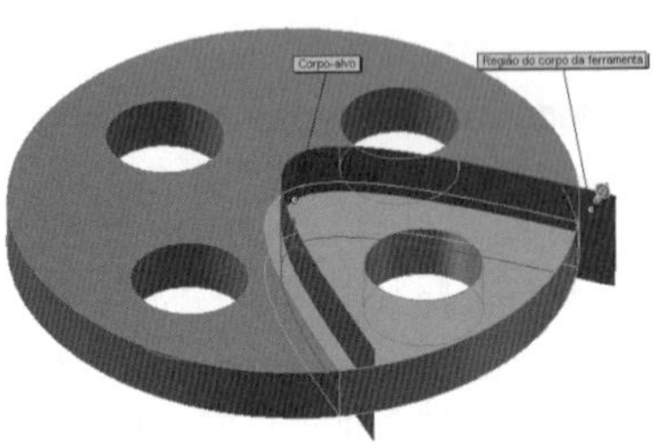

Figura 6.58 - Inversão do lado a ser mantido no recuo - a folga foi redefinida para 3mm.

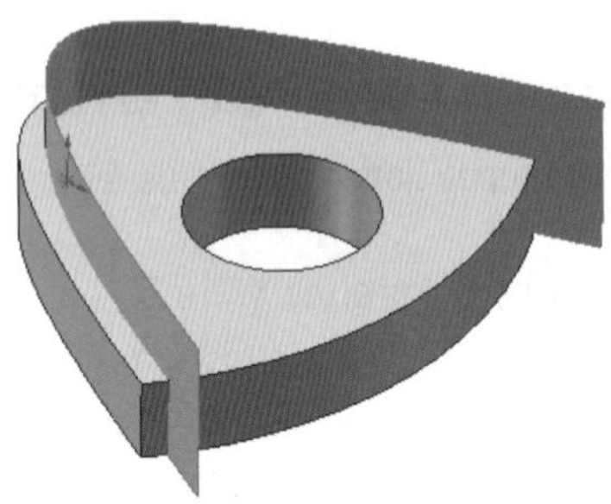

Figura 6.59 - Endentação da superfície resultante com folga - a folga sobressai à superfície e pode ser invertida.

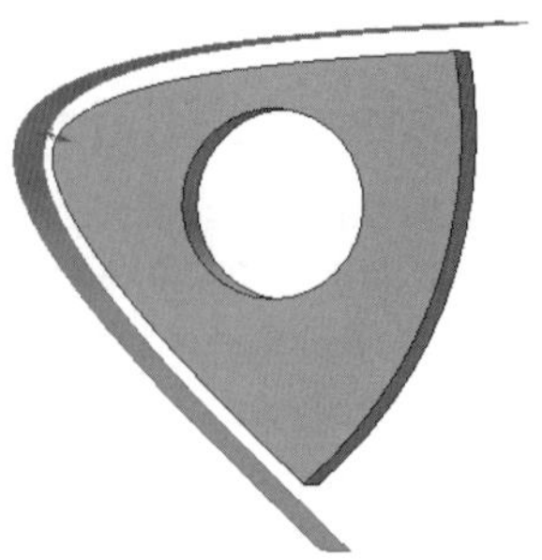

Figura 6.60 - Inversão da folga para o lado interno da superfície.

Para ocultar a superfície de recuo, clique nela com o botão direito do mouse para abrir o menu de atalhos e selecione em **Corpo** a opção **Ocultar**. Observe as Figuras 6.61 e 6.62.

Figura 6.61 - Modelo recuado com superfície oculta.

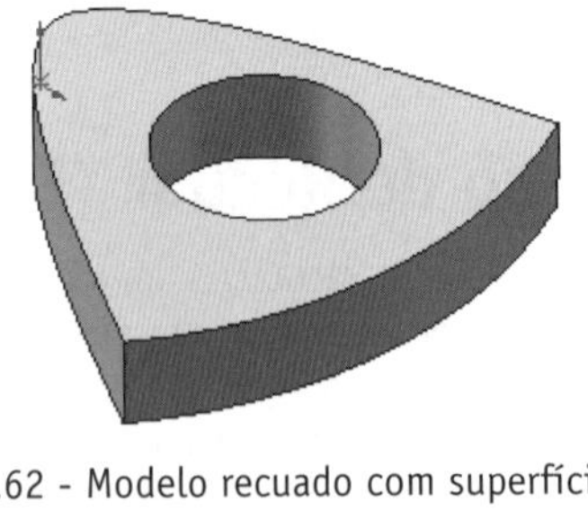

Figura 6.62 - Modelo recuado com superfície oculta.

Para criar recursos de endentação:

1. Clique em **Recuar (Endentar)** na barra de ferramentas **Recursos** ou em **Inserir** → **Recursos** → **Recuar**. Surge o **PropertyManager** do comando, Figura 6.63.
2. No PropertyManager, em **Seleções**:

- Selecione um corpo sólido ou de superfície a ser endentado na área de gráficos para **Corpo-alvo**.
- Selecione um ou mais corpos sólidos ou de superfície na área de gráficos para **Região corpo da ferramenta**.

- Escolha o lado do modelo a ser mantido selecionando **Manter seleções** ou **Remover seleções**. Essas opções invertem o lado do corpo-alvo a ser endentado.
- Selecione **Cortar** para remover a área de interseção do **Corpo-alvo**, seja ele sólido ou de superfície. Neste caso, não há nenhuma **Espessura**, mas a **Folga** ainda é aplicada.

3. Em Parâmetros:

- Defina a Espessura (apenas sólidos) para determinar a espessura do recurso de endentação.
- Defina Folga para determinar a folga entre os corpos-alvo e de ferramenta. Clique em Inverter direção, se necessário.

4. Clique em **OK**.

Figura 6.63 - PropertyManager Recuar.

Nota

Se o corpo de ferramenta for uma superfície e você criar um material de corte, aparece um manipulador para controlar a direção do corte. Para inverter o lado do material a ser cortado, clique no manipulador na área de gráficos ou selecione **Inverter direção de corte** no PropertyManager.

Uma das aplicações apropriadas desse comando é na formação de cavidades para embalagem, como, por exemplo, aquelas produzidas pelo sistema de *Vacum-Form*, em que uma chapa plástica é aquecida entre dois plugues, um macho e um fêmea, posicionados em lados opostos à chapa. Atingida a temperatura de termoformagem da chapa, os plugues aderem um ao outro, obtendo a forma requerida à chapa. As Figuras 6.64 a 6.66 ilustram a criação da embalagem a partir do modelo. A folga definida é de 1mm.

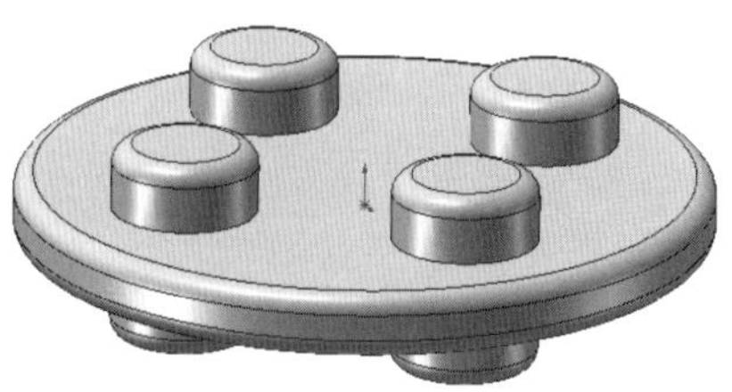

Figura 6.64 - Modelo sólido para formação da cavidade de embalagem.

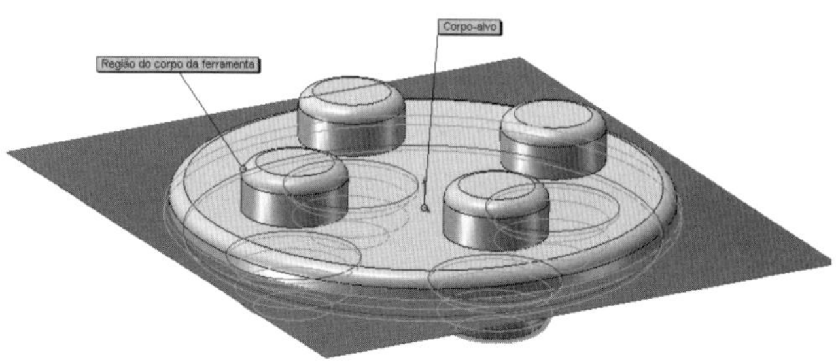

Figura 6.65 - Criação de uma superfície quadrada exatamente sobre a metade da profundidade do modelo - o corpo-alvo é a superfície e a região do corpo da ferramenta o modelo. A face escolhida para manter é a inferior.

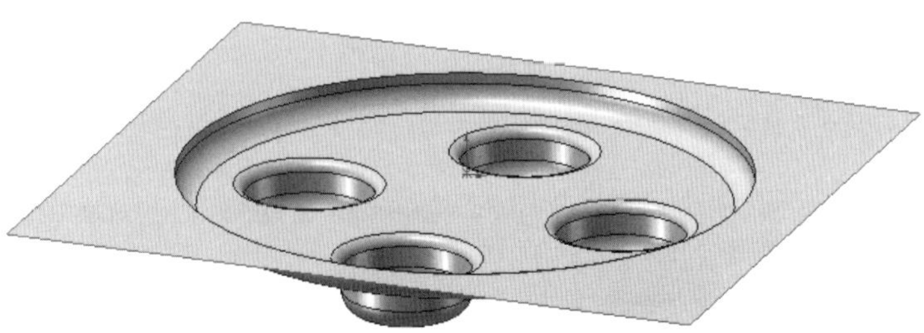

Figura 6.66 - Cavidade de embalagem formada com folga de 1mm - o modelo foi ocultado.

Esse recurso também pode ser aplicado a um corpo-alvo de superfície e, posteriormente, empregado um recurso de **Espessamento** na superfície resultante. Ou seja,

1. Cria-se um corpo-alvo de superfície, como mostra a Figura 6.67.
2. Cria-se um corpo sólido que define a forma a ser modelada no corpo-alvo, Figura 6.68.

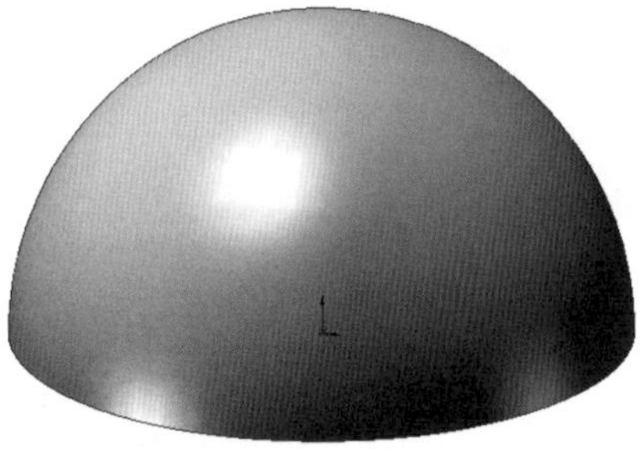

Figura 6.67 - **Corpo-alvo** modelado em superfície (calota esférica).

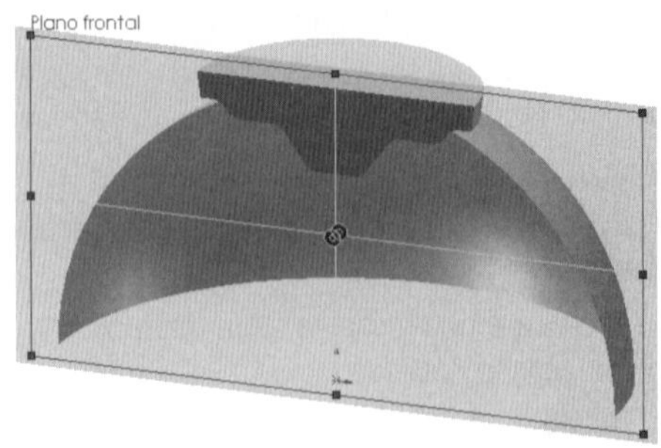

Figura 6.68 - Vista em corte de um corpo sólido criado sobre o corpo-alvo - o corpo sólido é a **Região da ferramenta a remover.**

3. Ativa-se o comando e faz-se a seleção do corpo-alvo e da região da ferramenta a remover, Figura 6.69.
4. Seleciona-se a opção Remover seleções e define-se a folga, neste caso 1mm.
5. Clica-se em **OK** para confirmar, Figura 6.70.

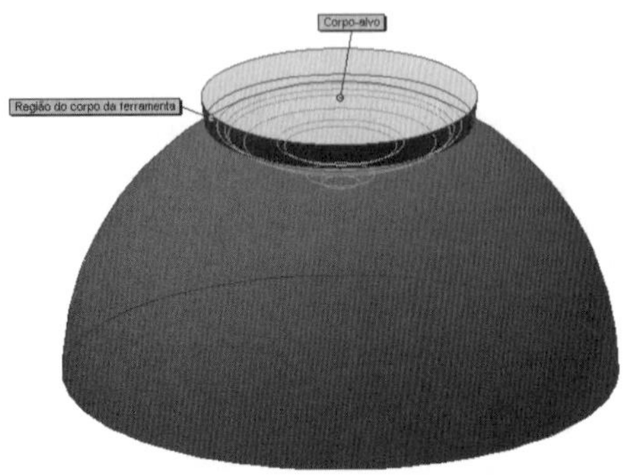

Figura 6.69 - Seleção do Corpo-alvo e Região da ferramenta a remover.

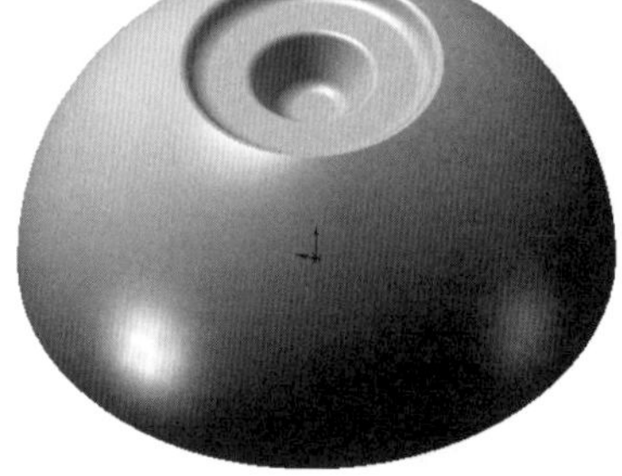

Figura 6.70 - Superfície resultante.

Figura 6.71 - Superfície final após aplicação de espessamento de 2mm.

Depois de obter a superfície resultante, pode-se atribuir uma espessura à superfície, usando o recurso de **Espessamento**, conforme estudado no capítulo anterior, item 5.19.

6. Clica-se em Inserir → Ressalto/base → Espessamento.

6.5. Recurso de Flexionar

O SolidWorks disponibiliza o recurso **Flexionar**, que permite operar quatro diferentes tipos de modificação na geometria de um modelo. São eles:

- Flexionar por dobra
- Flexionar por torção
- Flexionar por conicidade
- Flexionar por alongamento

O recurso de flexão calcula as extensões da peça usando uma caixa delimitadora. Os planos de aparagem inicialmente se encontram nas extensões dos corpos.

Esse recurso afeta somente a região entre os planos de aparagem.

O centro do recurso de flexão encontra-se ao redor do centro do local da tríade.

Para manipular a extensão e o local do recurso de flexão, reposicione a tríade e os planos de aparagem. Para retornar todos os valores do **PropertyManager** ao estado em que se encontravam na abertura do recurso de flexão, clique com o botão direito do mouse na área de gráficos e selecione **Redefinir flexão**.

6.5.1. Flexionar por Dobra

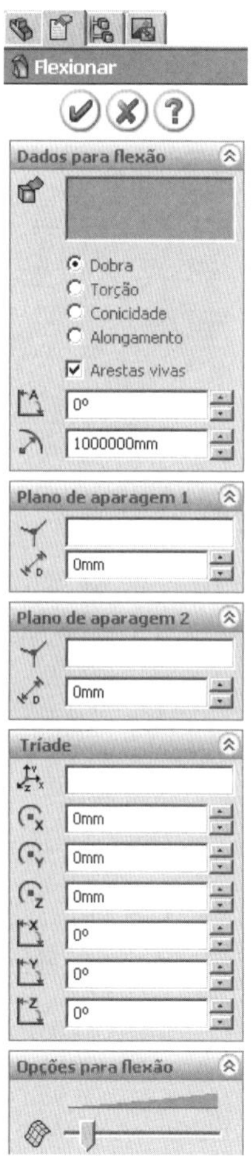

Figura 6.72 - PropertyManager Flexionar (opção Dobra).

A flexão por dobra é a opção-padrão do SolidWorks. Quando o comando é ativado pelo menu *drop-down* **Inserir** → **Recurso** → **Flexionar**, o **PropertyManager** é exibido, como mostra a Figura 6.72.

Essa opção dobra um ou mais corpos sobre o eixo X vermelho da tríade (o eixo da dobra). Posicione a tríade e os planos de aparagem para controlar o grau, o local e a extensão da dobra.

Na janela **Corpos a flexionar** da caixa de diálogo **Dados para flexão**, aparecem os corpos selecionados na flexão por dobra. A Figura 6.73 exibe um modelo.

Essa caixa de diálogo altera a forma pela especificação de um raio de deformação, de uma região de deformação e de corpos adicionais a deformar.

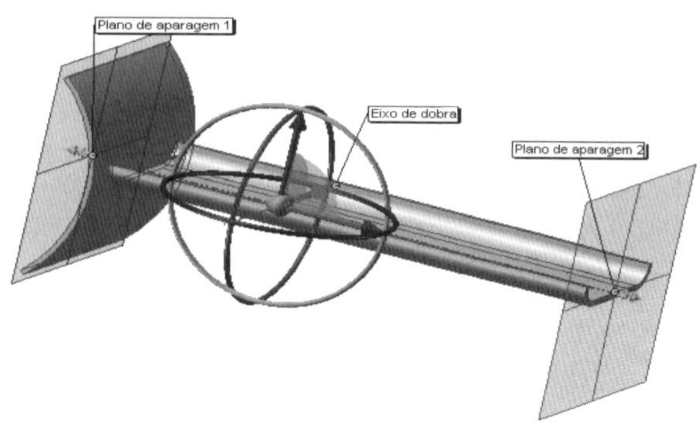

Figura 6.73 - Modelo selecionado para flexão por dobra.

- **Ângulo** - nessa janela é possível definir o ângulo da dobra; funciona com o **Raio** da dobra. O ângulo pode ser modificado grau a grau pelos dois controles localizados no canto direito da janela.
- **Raio** - é possível definir o raio de dobra, o qual pode sofrer incrementos ou decrementos de 10 em 10mm pelos dois controles localizados no canto direito da janela.

A Figura 6.74 exibe o modelo anterior após a aplicação de um ângulo de dobra de 34°. Note que o raio automaticamente modificou-se para 637.89mm.

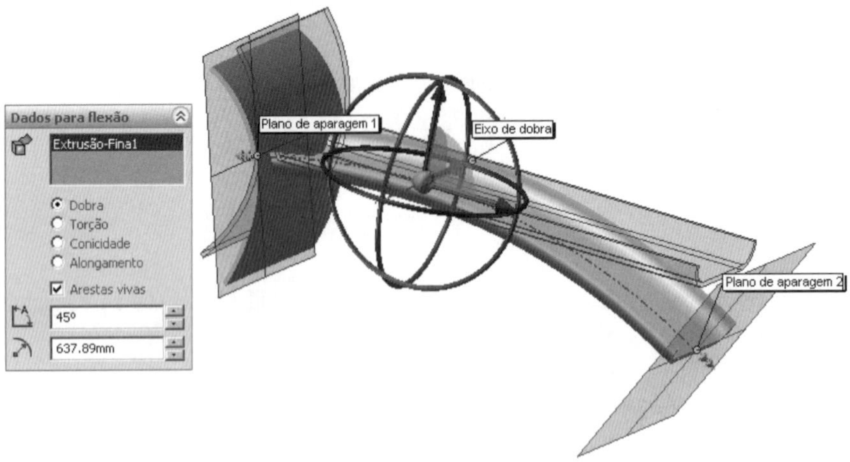

Figura 6.74 - Modelo flexionado com dobra de 45º.

6.5.1.1. Planos de Aparagem 1 e 2

A configuração dos Planos de aparagem é exibida em duas caixas de diálogo. As opções dessas duas caixas de diálogo servem para definir o local dos planos de aparagem:

- **Selecione uma entidade de referência para o plano de aparagem** - localiza a origem do plano de aparagem de um ponto selecionado no modelo.
- **Distância de aparagem** - move um plano de aparagem das extensões externas dos corpos ao longo do eixo do plano de aparagem (eixo azul Z) da tríade. Defina um valor.

A Figura 6.75 exibe o mesmo modelo com ângulo de dobra igual, porém com os planos de aparagem reposicionados a uma distância de 160mm de suas posições originais. Neste caso, o **Raio** automaticamente se modificou para 257.37mm.

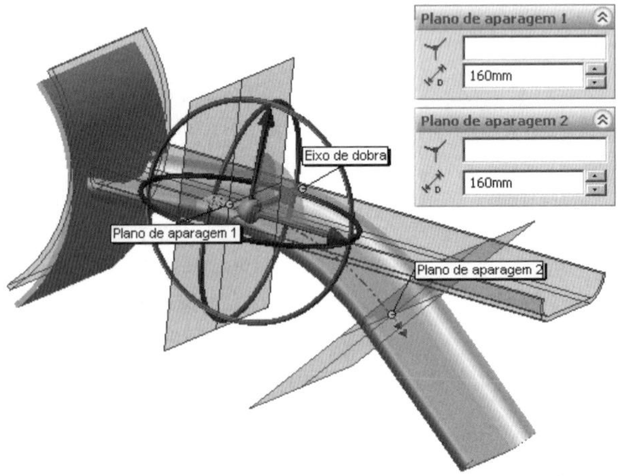

Figura 6.75 - Reposicionamento dos planos de aparagem.

O reposicionamento dos planos de aparagem pode ocorrer em qualquer entidade de referência, normalmente um ponto ou um vértice. A dobra pode ser definida em torno de qualquer um dos eixos ou combinação entre eles, como mostra o exemplo seguinte.

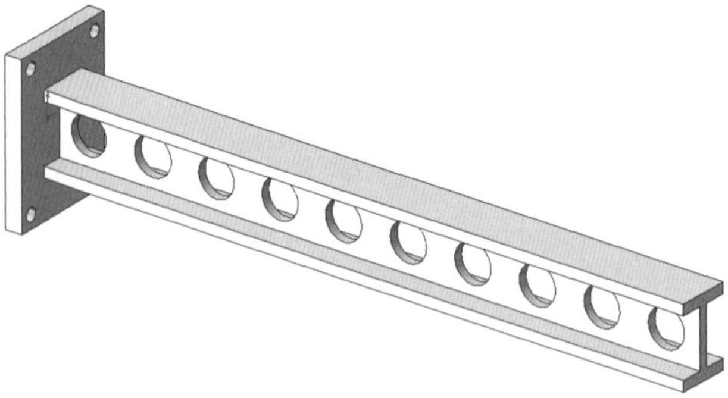

Figura 6.76 - Modelo inicial.

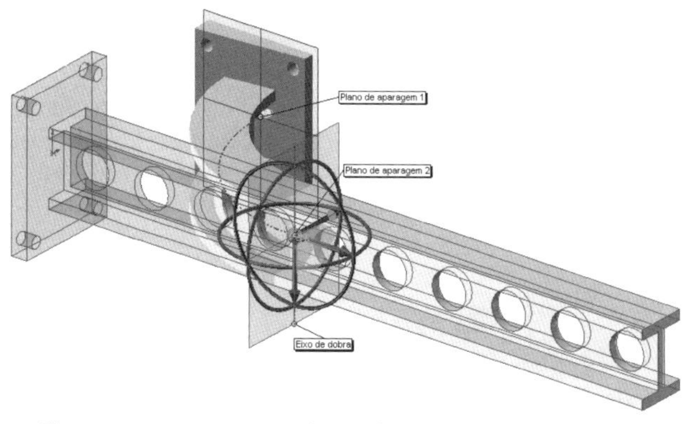

Figura 6.77 - Arraste os planos de aparagem até a posição desejada ou defina os valores no PropertyManager.

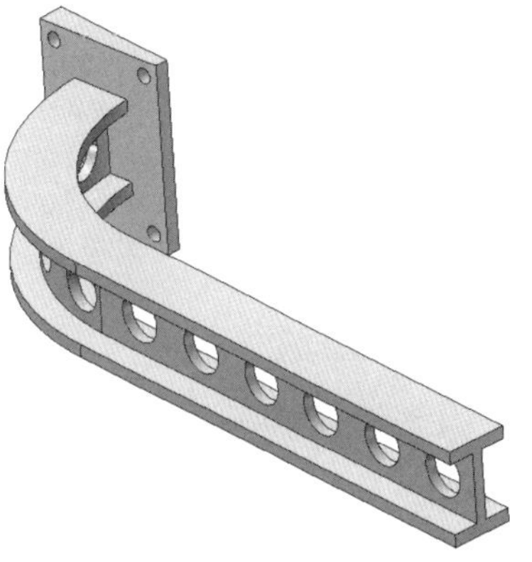

Figura 6.78 - Resultado final após inserção do ângulo de deformação.

6.5.1.2. Tríade

A tríade facilita a manipulação de vários objetos, como entidades de esboço 3D, peças, alguns recursos e componentes em montagens.

Os anéis e asas são exibidos quando é possível girar e arrastar os planos de asas.

Ações de tríade:

- Arrastar a esfera central, arrasta o objeto livremente.
- **Alt** + arrastar a esfera central, empurra a tríade livremente.
- Arrastar um braço também arrasta o objeto na direção X, Y ou Z.
- Arrastar uma asa empurra o objeto ao longo do plano da asa.
- Arrastar um anel gira o objeto ao redor do eixo do anel.

1. Para mover a tríade para uma seleção:

- Clique com o botão direito na tríade (em qualquer parte, exceto nos anéis de rotação) e escolha **Mover para seleção**.
- Selecione uma entidade.

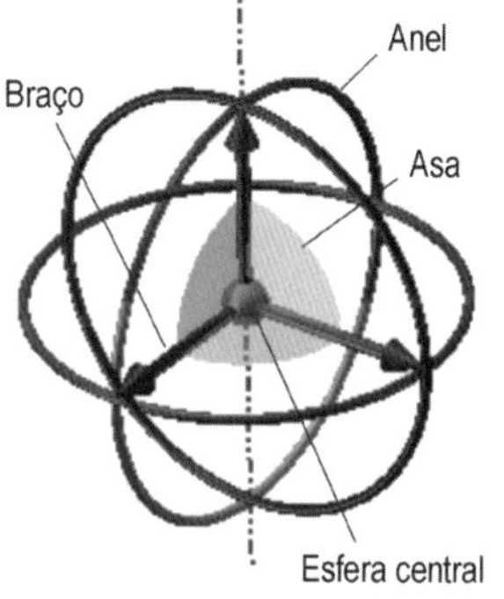

Figura 6.79 - Reposicionamento dos planos de aparagem.

Também é possível alinhar a esfera central com uma origem de componente ou de montagem.

2. Para alinhar um braço ou uma asa com uma seleção:

- Clique com o botão direito no braço ou na asa e escolha **Alinhar com seleção**.
- Selecione uma entidade.

3. Use as opções da caixa de diálogo **Tríade** para definir o local e a orientação da tríade:

- **Selecionar um recurso de sistema de coordenadas** - trava a posição e a orientação da tríade em um sistema de coordenadas. É necessário adicionar um recurso de sistema de coordenadas ao modelo para usar essa opção.

  Se a tríade for travada em um sistema de coordenadas, as opções do **PropertyManager Origem da rotação** e **Ângulo de rotação** não ficam disponíveis.
- **Origem da rotação** - as três primeiras janelas da caixa de diálogo **Tríade** permitem mover a tríade ao longo do eixo especificado (X, Y ou Z) relativo ao local predeterminado da tríade. Defina os valores.
- **Ângulo de rotação** - as três últimas janelas permitem girar a tríade ao redor do eixo especificado (X, Y ou Z) relativo à própria tríade. Defina os valores. O ângulo representa as rotações sobre o sistema de coordenadas do componente, sendo as rotações aplicadas nesta ordem: Z, Y, X.

6.5.1.3. Opções de Flexão

- **Precisão de flexão** - controla a qualidade da superfície. Aumentar a qualidade também amplia a taxa de êxito do recurso de flexão. Por exemplo, se aparecer uma mensagem de erro, mova a barra deslizante para a direita, mas apenas se for necessário; aumentar a precisão da superfície diminui o desempenho.

6.5.2. Flexionar por Torção

A flexão por **Torção** realiza a torção dos corpos sólidos e de superfície. Essa opção elimina da caixa de diálogo **Dados para flexão** a janela **Raio**, permanecendo as demais caixas e opções iguais.

Posicione a tríade e os planos de aparagem para controlar o grau, o local e a extensão da torção. A torção ocorre sobre o eixo Z azul da tríade. As Figuras 6.80 e 6.81 exemplificam uma flexão por torção em que o plano de aparagem 1 foi movido para a metade do corpo, aplicando a torção somente à outra metade.

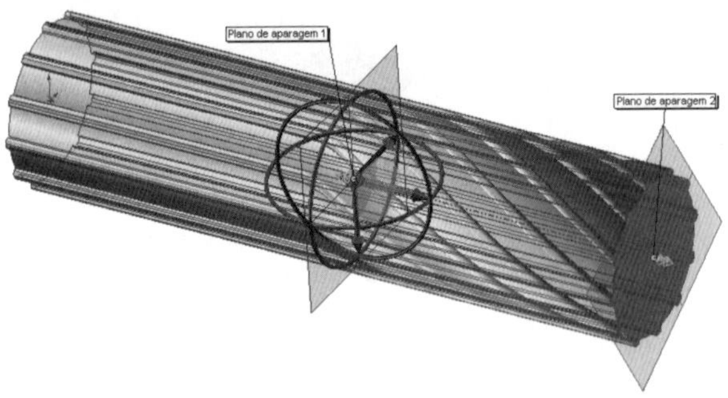

Figura 6.80 - Reposicionamento do plano de aparagem 1 para torção somente da metade do corpo.

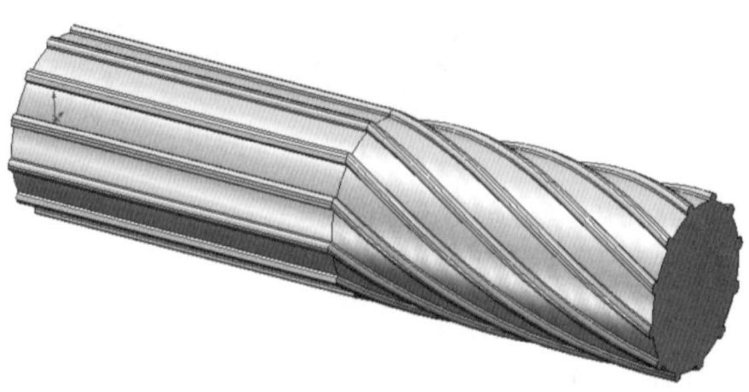

Figura 6.81 - Torção aplicada.

Observe os exemplos das Figuras 6.82 e 6.83, em que a **Torção** é aplicada a uma superfície, gerando uma hélice. Neste exemplo, o plano de aparagem 2 foi movido para o ponto em que inicia a transição do perfil.

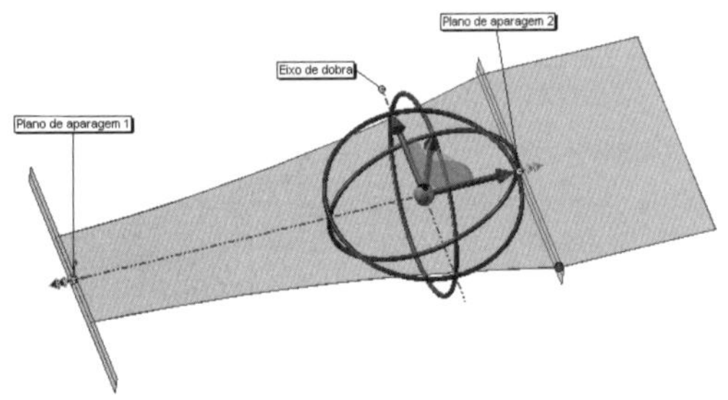

Figura 6.82 - Reposicionamento do plano de aparagem 2 para torção somente da extremidade do corpo.

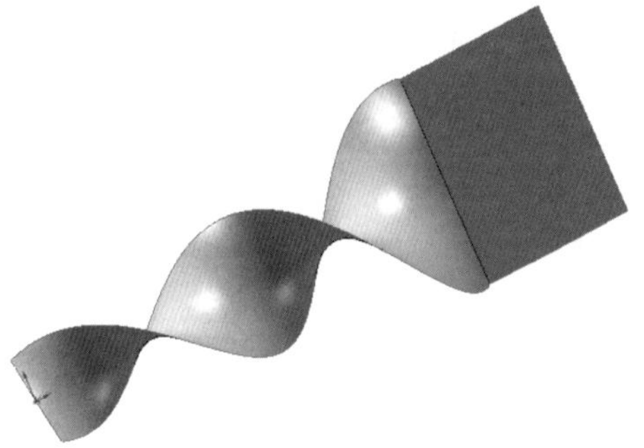

Figura 6.83 - Torção aplicada.

6.5.3. Flexionar por Conicidade (Afunilamento)

A flexão por **Conicidade** ou Afunilamento realiza a gradual conicidade do corpo a partir da referência em que um dos planos de aparagem tiver sido posicionado. Ao selecionar a opção **Conicidade** no **PropertyManager**, a janela **Ângulo** é modificada para **Fator de conicidade**.

O **Fator de conicidade** pode ser um valor positivo ou negativo. Valores positivos abrem a conicidade a partir da referência da Tríade e os negativos fecham a conicidade.

Posicione a tríade e os planos de aparagem para controlar o **Fator de conicidade**, o local e a extensão da conicidade. A conicidade ocorre sobre o eixo Z azul da tríade. As Figuras 6.84 e 6.85 demonstram uma flexão por conicidade em que o plano de aparagem 1 foi movido para a metade do corpo que, neste caso, é uma superfície, fazendo com que a torção fosse aplicada somente à outra metade.

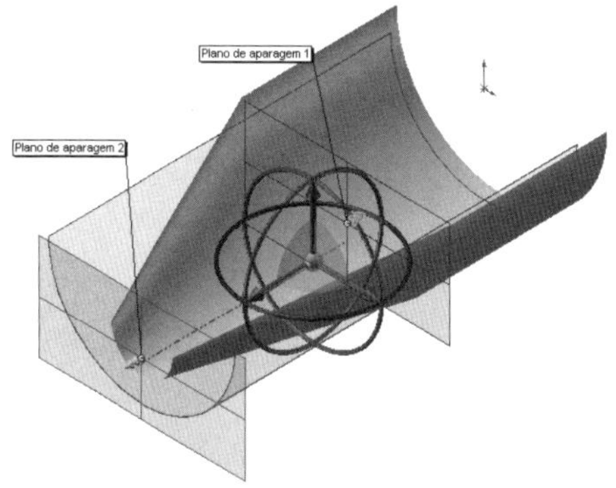

Figura 6.84 - Reposicionamento do plano de aparagem 1 para conicidade somente da metade do corpo.

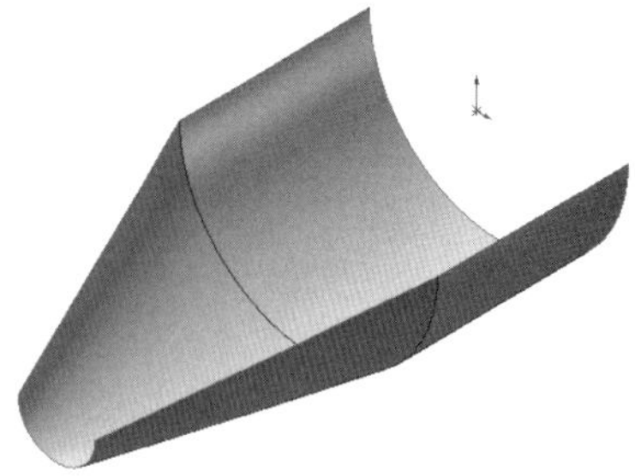

Figura 6.85 - Conicidade aplicada.

6.5.4. Flexionar por Alongamento

A escolha da opção Alongamento na caixa de diálogo Dados para flexão muda a janela Ângulo da opção-padrão dessa caixa para Distância de alongamento.

Posicione a tríade e os planos de aparagem para controlar a **Distância de alongamento**, o local e a extensão do alongamento, que ocorre sobre o eixo Z azul da tríade. As Figuras 6.86 a 6.88 exemplificam um alongamento de uma região específica do corpo. Para isso, ambos os Planos de aparagem, bem como a Tríade, foram movidos para a região desejada, Figura 6.87. Observe que o alongamento ocorre somente entre os dois planos de aparagem.

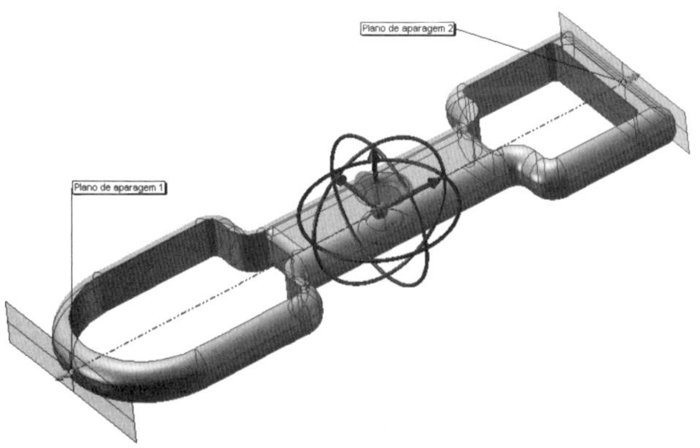

Figura 6.86 - Posição normal dos Planos de aparagem 1 e 2 e da Tríade.

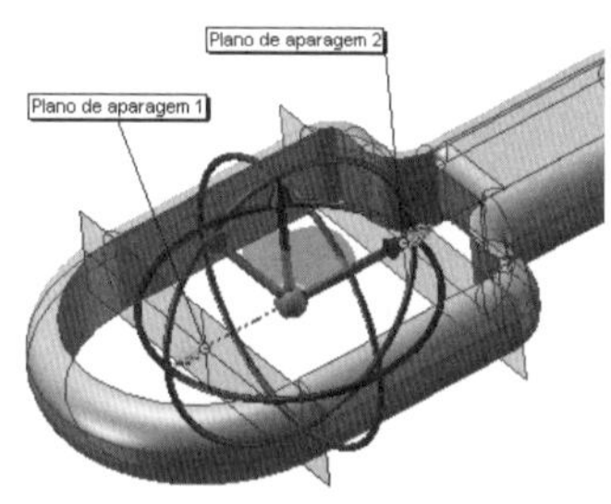

Figura 6.87 - Reposicionamento dos Planos de aparagem e da Tríade para a região de interesse.

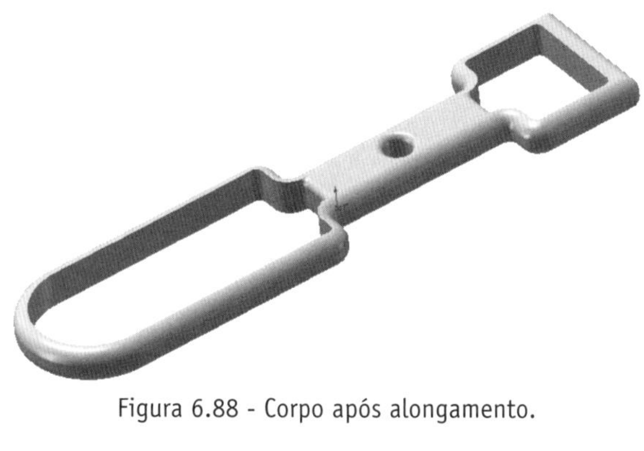

Figura 6.88 - Corpo após alongamento.

6.6. Recurso de Envolver

Esse recurso grava um esboço em uma superfície qualquer não-plana. Ele envolve um esboço em uma face plana ou não-plana. É possível criar uma face plana a partir de modelos cilíndricos, cônicos ou extrudados. Também é possível selecionar um perfil plano para adicionar vários esboços de spline fechados. O recurso Envolver oferece seleção de contorno e reutilização de esboço.

O plano do esboço deve ser tangente à face, permitindo que a face e o esboço normais sejam paralelos ao ponto mais próximo.

Para criar um recurso Envolver, tendo o modelo definido e o esboço traçado:

1. Selecione o comando **Inserir** → **Recursos** → **Envolver** no menu *drop-down*. O **PropertyManager** se abre, Figura 6.89.

Figura 6.89 - PropertyManager Envolver.

Selecione o esboço a ser envolvido na árvore de projetos do **FeatureManager**, o qual pode conter apenas múltiplos contornos fechados. Não é possível criar um recurso **Envolver** a partir de um esboço que possua contornos abertos.

2. No **PropertyManager**, em Parâmetros de envolvimento:

Selecione uma opção:

- **Gravar relevo** - cria um recurso elevado na face.
- **Desfazer relevo** - gera um recurso endentado na face.
- **Traçar** - cria uma estampa dos contornos do esboço na face.

3. Selecione uma face não-plana na área de gráficos **Face para Envolver esboço**.
4. Defina um valor para **Espessura**.
5. Selecione **Inverter direção**, se necessário.
6. Clique em **OK** para finalizar. As Figuras 6.90 e 6.91 exemplificam um bracelete que se deseja criar na superfície, uma forma geométrica em alto-relevo para posterior gravação de um nome, marca ou referência.

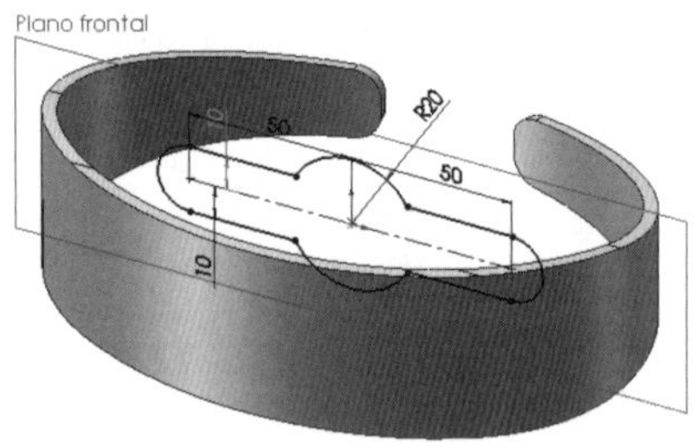

Figura 6.90 - Modelo com esboço no Plano frontal.

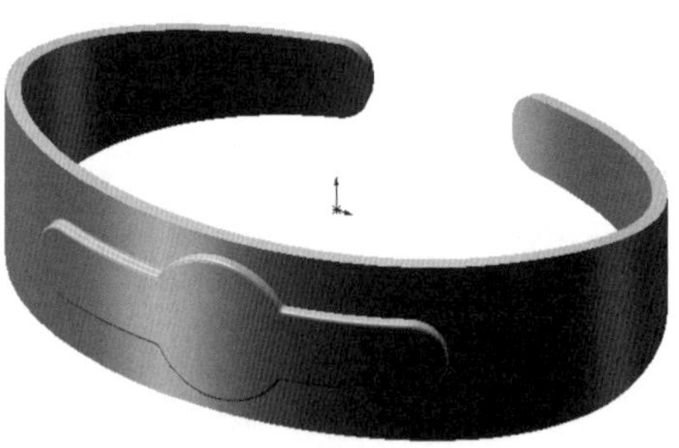

Figura 6.91 - Esboço transferido para a superfície (Face <1>) do modelo com relevo de 2mm.

Nota

Caso a opção **Aplicar relevo** ou **Desfazer relevo** seja marcada, você pode selecionar uma linha, uma aresta linear ou um plano para definir a **Direção de extração.** Para uma linha ou aresta linear, a direção de extração é a da entidade selecionada. Para um plano, a direção de extração é normal ao plano.

Para envolver o esboço normal ao plano de esboço, deixe **Direção de extração** em branco.

As Figuras 6.92 e 6.93 mostram a finalização do exemplo com a aplicação de uma referência em alto-relevo 2mm acima do criado anteriormente. Já as Figuras 6.94 a 6.97 descrevem o uso da janela **Direção de extração**, referenciando-a em planos de esboço.

Figura 6.92 - Esboço da referência a envolver.

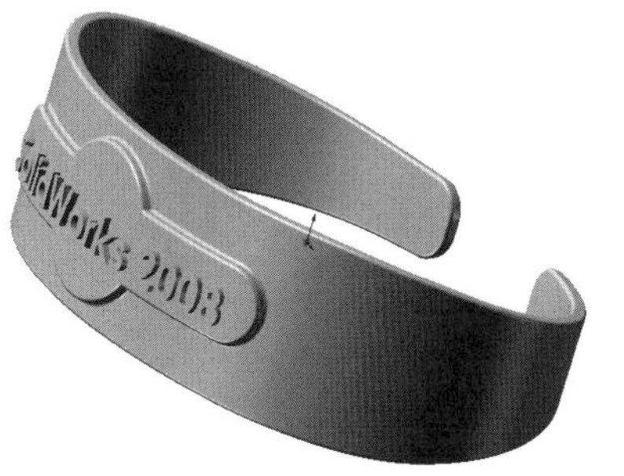

Figura 6.93 - Referência transferida para a superfície do modelo com relevo 2mm acima do relevo anterior.

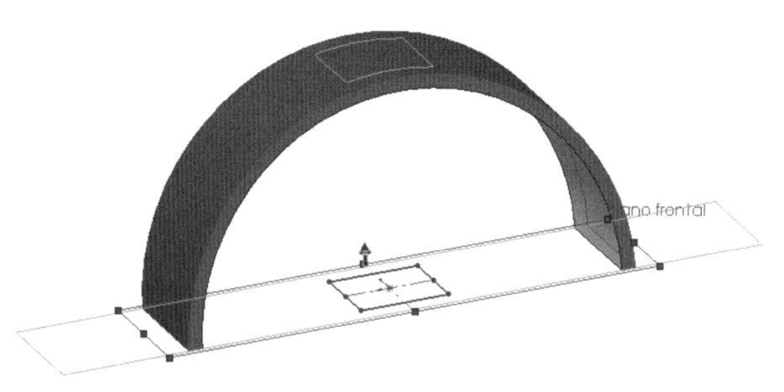

Figura 6.94 - Direção da extração normal ao Plano frontal.

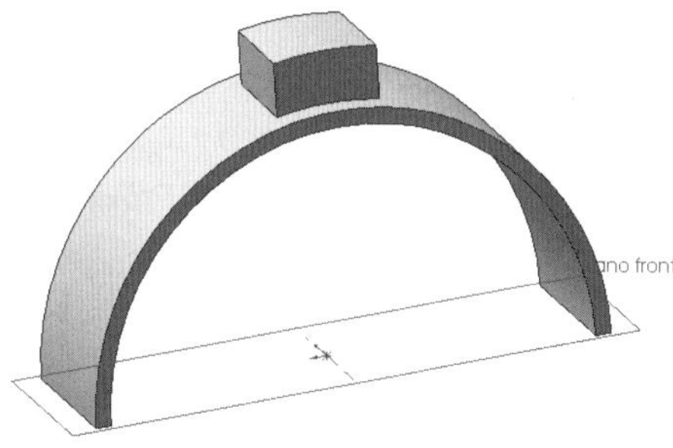

Figura 6.95 - Extração normal ao Plano frontal.

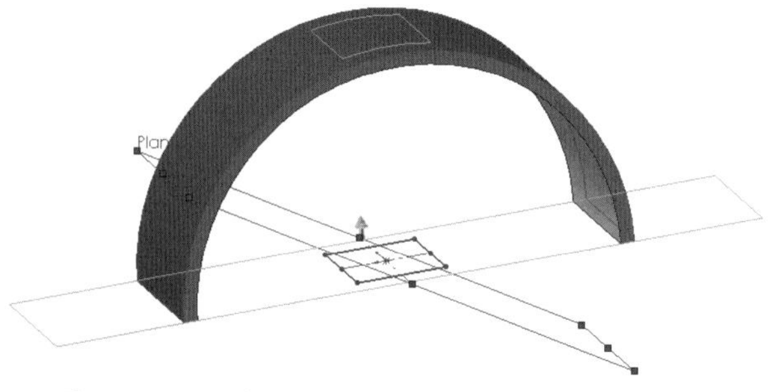

Figura 6.96 - Direção da extração normal ao Plano 1.

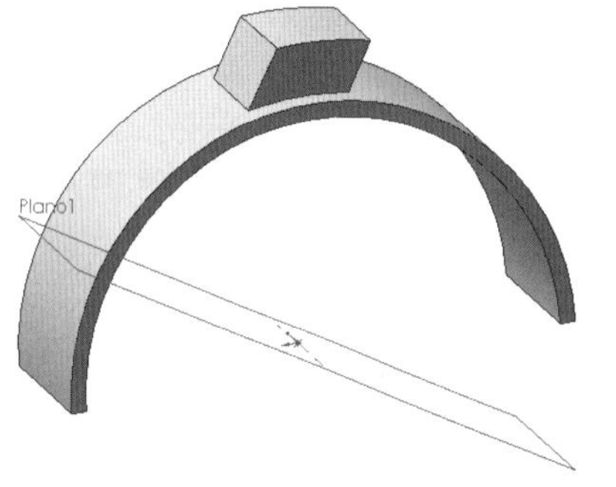

Figura 6.97 - Extração normal ao Plano 1.

6.7. Recurso de Dividir

O recurso **Dividir** é utilizado para criar várias peças a partir de uma já existente. É possível criar arquivos de peça separados e formar uma montagem com as novas peças, além de dividir um documento com uma única peça em outro com várias.

Para dividir uma peça:

1. Clique em **Divisão**, na barra de ferramentas **Recursos**, ou em **Inserir** → **Recursos** → **Divisão** no menu *drop-down*. É exibido o **PropertyManager**, Figura 6.98.
2. Defina as opções no **PropertyManager**:

- Para dividir a peça utilizando as ferramentas de aparar, selecione **Superfícies aparadas** e clique em **Cortar peça**.
- Não é obrigatório selecionar uma ferramenta de aparar. É possível usar **Corpos resultantes** para dividir a peça.

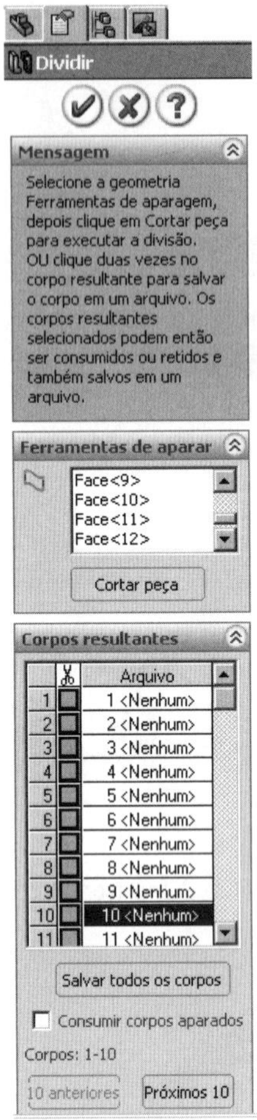

Figura 6.98 - PropertyManager Dividir.

As linhas de separação são exibidas na peça, mostrando os diferentes corpos formados pela divisão, Figura 6.99.

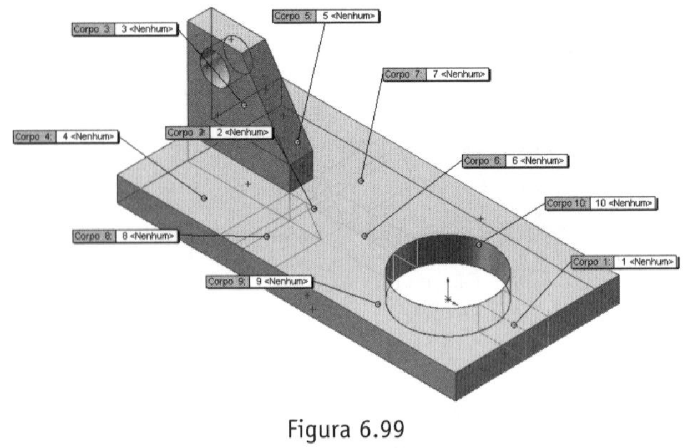

Figura 6.99

3. As caixas de chamada exibem, na área de gráficos, até dez corpos de uma vez. Clique em **Próximos 10** ou **10 anteriores** para ver todas as caixas de chamada de uma peça.
4. Em Corpos **resultantes**, selecione os corpos a serem salvos ou clique em **Salvar todos os corpos**. Note que os corpos resultantes da divisão são listados na caixa de diálogo **Corpos resultantes**.
5. O novo nome da peça aparece na lista **Nomes resultantes** e na caixa de chamada. Corpos que não foram salvos não são divididos e permanecem com a peça original, Figura 6.100.
6. Clique em **OK** para finalizar.

Todos os corpos salvos aparecem na área de gráficos e são listados na árvore de projetos do **FeatureManager** em **Corpos sólidos**.

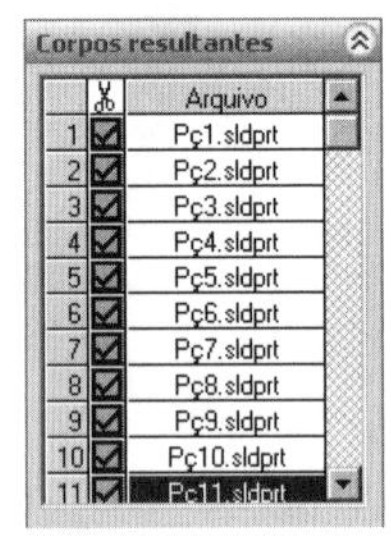

Figura 6.100 - Corpos salvos.

A Figura 6.101 ilustra o modelo e a árvore de projetos do **FeatureManager** após a finalização da operação. O modelo aparece dividido em partes que podem ser ocultadas ou deletadas, Figura 6.102.

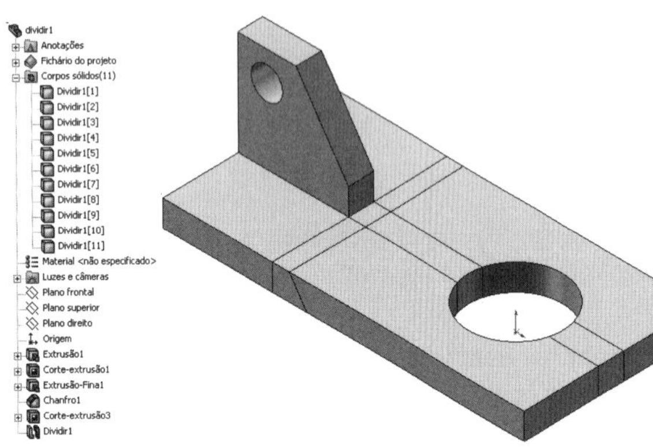

Figura 6.101 - Árvore do projeto e modelo após salvar os corpos criados.

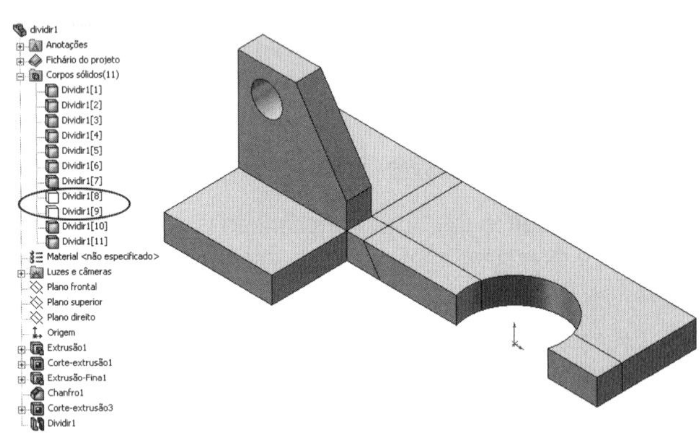

Figura 6.102 - Corpos 8 e 9 ocultados e modelo.

Nota

Se a caixa de seleção de uma peça dividida for desmarcada depois de ter sido salva, essa peça não é mais salva como uma entidade separada; permanece como a peça original.

É possível escolher o mesmo nome para dois corpos se eles forem idênticos.

As novas peças são **derivadas**; elas contêm uma referência à peça pai. Toda peça nova possui um recurso que é denominado **Stock-<*nome da peça pai*>-*n*->**.

Se você alterar a geometria da peça original, as novas peças também serão alteradas.

Contendo peças com múltiplos corpos, as várias peças divididas são exibidas na árvore de projetos do **FeatureManager**, em **Corpos sólidos**.

A peça original possui todos os seus recursos originais, além de um novo denominado **Divisão**.

Caso tenha selecionado **Consumir corpos** em **Estado dos corpos resultantes**, o corpo sólido exibido na área de gráficos será o sólido original sem as novas peças. Se todos os corpos da peça original forem salvos como divididos, nenhum corpo sólido aparece. Para visualizar o corpo sólido original, mova a barra de reversão na árvore de projeto do **FeatureManager** acima do recurso de divisão ou suprima o recurso de divisão.

Se o recurso de divisão for excluído da peça original, as novas peças continuam existindo, mas o status da referência externa nas novas peças fica pendente.

É possível também salvar os corpos sólidos depois de dividir o modelo, usando o recurso Salvar corpos. Isso permite salvar os corpos de uma peça dividida em uma pasta diferente ou corpos com nomes distintos na mesma pasta. Você também pode criar uma montagem com as peças divididas.

1. Clique em **Inserir** → **Recursos** → **Salvar corpos**.
2. Selecione os corpos a serem salvos na área de gráficos ou em **Peças resultantes**.
3. As chamadas exibem o caminho predeterminado, os nomes de arquivo e o local da peça com múltiplos corpos.
4. Em **Peças resultantes**, clique duas vezes em cada nome de arquivo em **Arquivo** para abrir a caixa de diálogo **Salvar como**. É possível selecionar um novo local e nome de arquivo para cada peça.
5. Para criar uma montagem, em **Criar montagem**, clique em **Procurar**, selecione uma pasta para salvar a montagem como tipo **SplitAssembly (*.sldasm)** e digite o nome do arquivo.
6. Clique em **OK**.

6.8. Recurso de Mover/Copiar

Nas **peças com múltiplos corpos**, é possível mover, girar e copiar os corpos sólidos e de superfície ou posicioná-los.

Para mover, copiar, girar ou posicionar um corpo sólido ou de superfície:

1. Clique em **Mover/copiar corpo** na barra de ferramentas **Recursos** ou **Inserir** → **Recursos** → **Mover/Copiar** no menu *drop-down*. O **PropertyManager** de **Mover/copiar corpo** é exibido. Ele possui duas páginas:

- **Transladar/girar** - é possível especificar parâmetros para mover, copiar ou girar corpos.
- **Restrições** - os posicionamentos são aplicados entre os corpos.

2. Clique em **Transladar/girar** ou em **Restrições** na parte inferior **do PropertyManager** (se necessário) a fim de alternar para a página desejada.
3. Defina as opções no **PropertyManager**, conforme descrito a seguir.

Figura 6.103 - PropertyManager Mover/Copiar corpo.

6.8.1. Caixa de Diálogo Corpos a Mover/Copiar

- **Sólido e superfície ou Corpo gráfico para Mover/Copiar** - essa janela exibe na área gráficos os corpos selecionados a serem movidos, copiados ou girados. Os corpos selecionados são movidos como uma única entidade. Os que não estiverem selecionados são tratados como fixos. Uma tríade é exibida no centro de massa dos corpos selecionados.
- **Copiar** - selecione para copiar corpos e definir um valor para **Número de cópias**, Figura 6.104. Desmarque para mover os corpos em vez de copiá-los.

A Figura 6.105 ilustra a cópia múltipla do corpo **Dividir1[8]**, conforme a Figura 6.104.

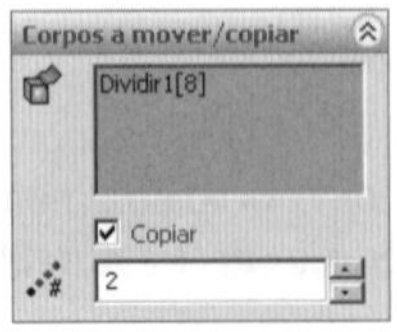

Figura 6.104 - Caixa de diálogo com duas cópias de um corpo definidas.

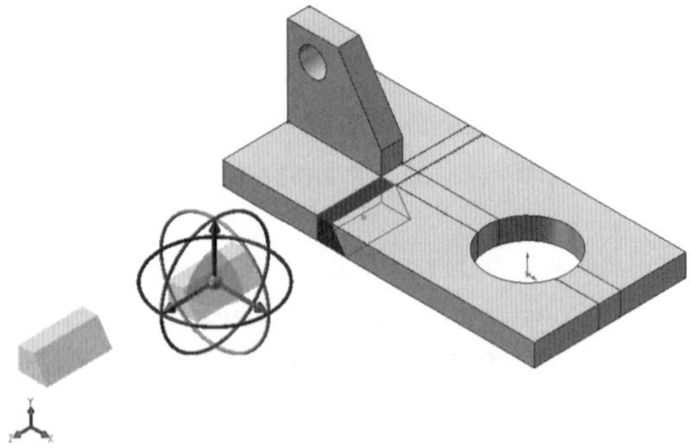

Figura 6.105 - Cópias de um corpo de modelo de múltiplos corpos.

6.8.2. Caixa de Diálogo Transladar

Para transladar corpos, clique em **Transladar** no **PropertyManager** para abrir a caixa de diálogo **Transladar**, Figura 6.106, e siga um destes procedimentos:

1. Defina os valores **Delta X**, **Delta Y** e **Delta Z** para reposicionar os corpos.
2. Arraste as setas da tríade na área de gráficos para reposicionar os corpos, Figuras 6.107 e 6.108.

Os valores **Delta X**, **Delta Y** e **Delta Z** são atualizados dinamicamente.

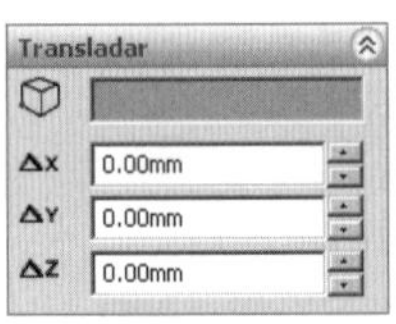

Figura 6.106 - Caixa de diálogo Transladar.

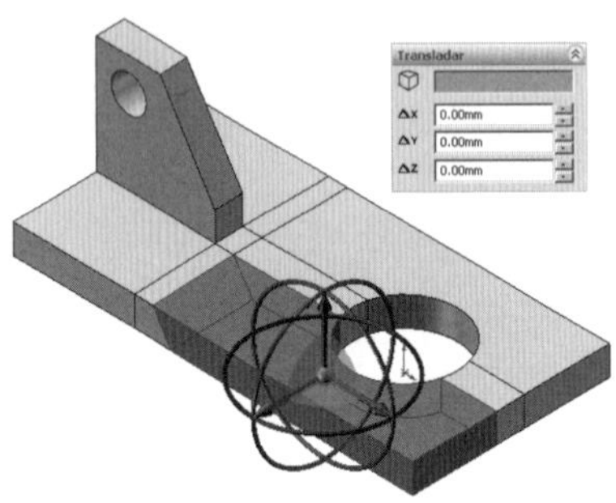

Figura 6.107 - Corpo selecionado para translado.

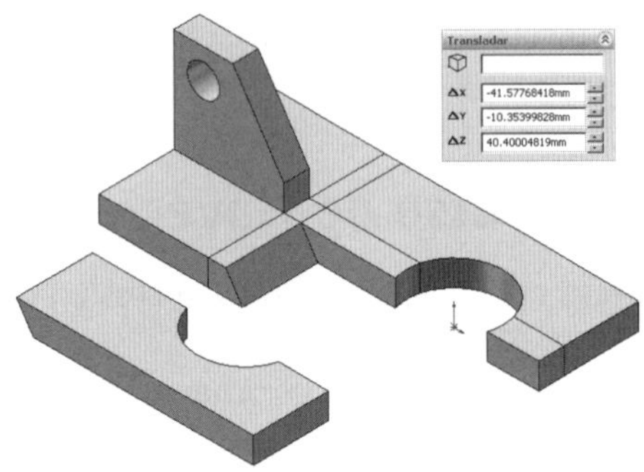

Figura 6.108 - Corpo transladado e caixa de diálogo com novas coordenadas Delta X, Y e Z.

Também é possível transladar o corpo desejado com base em uma referência de conversão. Clique em **Referência de conversão** e realize um dos seguintes procedimentos:

1. Selecione uma aresta na área de gráficos para definir o sentido da translação.
2. Defina um valor para a **distância**. Digite um número negativo para alternar o sentido da translação ou selecione um vértice na área de gráficos, Figuras 6.109 e 6.110.

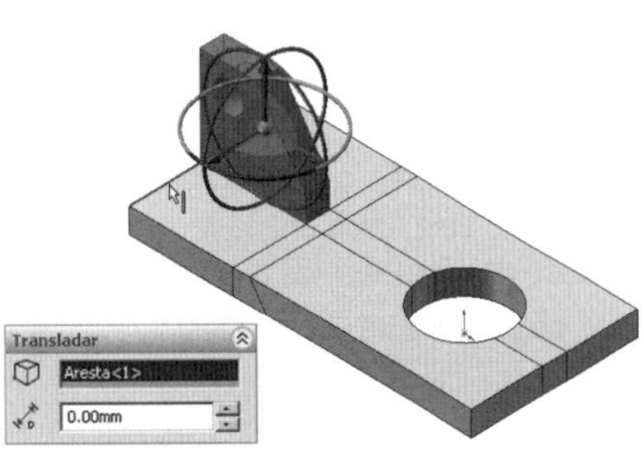

Figura 6.109 - Corpo e aresta de referência selecionada para translado.

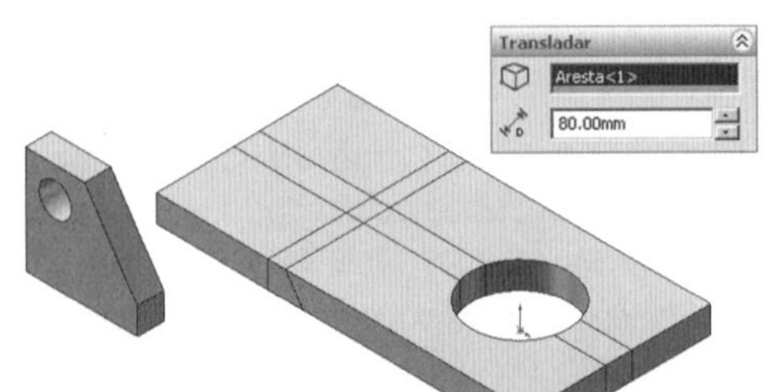

Figura 6.110 - Corpo transladado a uma distância de 80mm no mesmo sentido da aresta selecionada.

3. Se necessário, clique em **Até o vértice** para selecionar um segundo vértice.

Os corpos são movidos no sentido e na distância definidos pelos vértices.

Aparecem os corpos movidos.

4. Clique em **OK** para finalizar.

6.8.3. Caixa de Diálogo Girar

Para girar corpos, clique em **Girar** no **PropertyManager** para abrir a caixa de diálogo **Girar**, Figura 6.111, e siga um destes procedimentos:

1. Defina os valores das coordenadas da origem de rotação (o ponto ao redor do qual os corpos giram). Os valores predeterminados são as coordenadas do centro de massa dos corpos selecionados.

- **Origem da rotação X.**
- **Origem da rotação Y.**
- **Origem da rotação Z.**

A tríade é movida da área de gráficos para o novo local da origem da rotação.

2. Obedeça a um destes procedimentos:

   Defina os valores para:

- **Ângulo de rotação X** - ângulo ao redor do eixo X.
- **Ângulo de rotação Y** - ângulo ao redor do eixo Y.
- **Ângulo de rotação Z** - ângulo ao redor do eixo Z.

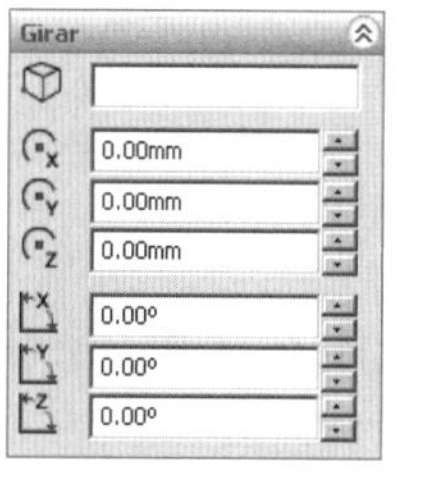

Figura 6.111 - Caixa de diálogo Girar.

3. Clique com o botão direito do mouse nas setas da tríade para atualizar dinamicamente os valores de **Ângulo de rotação X**, **Ângulo de rotação Y** e **Ângulo de rotação Z**.

É possível também girar o corpo desejado com base em uma referência de rotação. Clique em **Referência de rotação** e realize um dos seguintes procedimentos:

1. Selecione uma aresta na área de gráficos para definir o eixo de rotação.
2. Defina um valor para **Ângulo**.
3. Clique em **OK** para finalizar.

Ou:

1. Selecione um vértice na área de gráficos.
2. Defina os valores para Ângulo de rotação X, Ângulo de rotação Y e Ângulo de rotação Z.
3. Aparecem os corpos girados.
4. Clique em **OK** para finalizar.

Nos exemplos seguintes, Figuras 6.112 e 6.113, um dos corpos constituintes do modelo de múltiplos corpos é girado em torno do eixo X da **Tríade**. Já as Figuras 6.114 e 6.115 exemplificam o giro de um corpo em torno de uma aresta de referência (**Referência de rotação**).

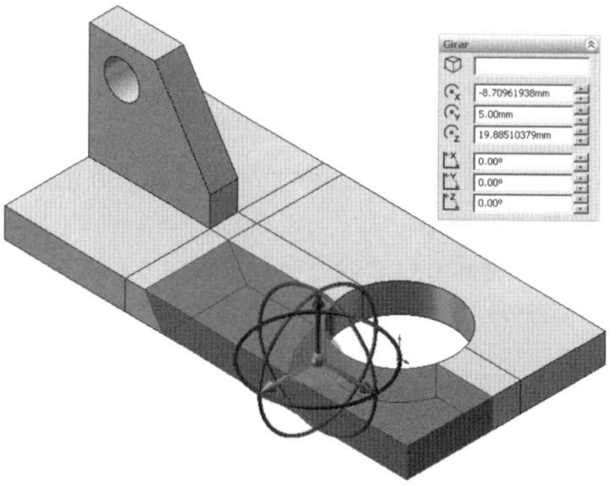

Figura 6.112 - Corpo selecionado para giro pela **Tríade.**

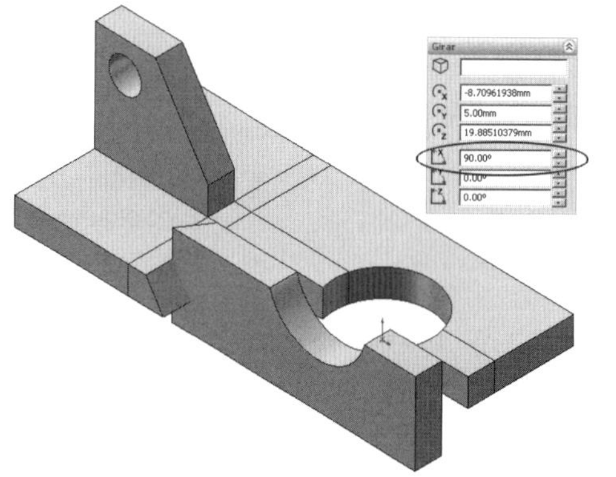

Figura 6.113 - Giro de 90° em torno do eixo X da **Tríade.**

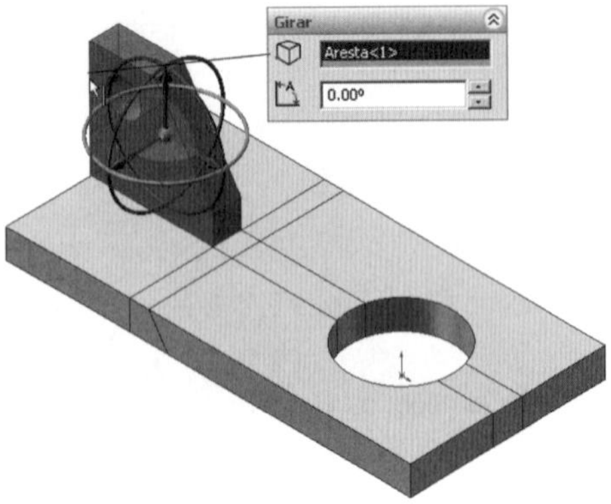

Figura 6.114 - Corpo selecionado para giro em torno da aresta (**Referência de rotação**).

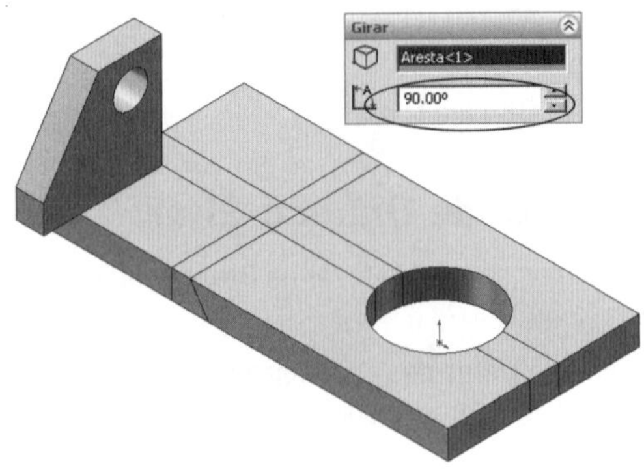

Figura 6.115 - Giro de 90º em torno da aresta selecionada (**Referência de rotação**).

6.8.4. Caixa de Diálogo Restrições

6.8.4.1. Corpos a mover

Sólido e superfície ou Corpo gráfico para Mover/Copiar - exibe os corpos selecionados na área de gráficos a serem movidos como uma única entidade quando o posicionamento for aplicado. Os que não estiverem selecionados, serão tratados como fixos.

6.8.4.2. Configurações de posicionamento

Figura 6.116 - Caixa de diálogo Restrições.

Entidades a posicionar - selecione duas entidades (faces, arestas, planos etc.) a serem posicionadas juntamente.

Adicionar - clique para adicionar um posicionamento depois de selecionar um tipo de posicionamento e os parâmetros de configuração seguintes. Clique em **Desfazer** para desmarcar as seleções.

Selecione um tipo de posicionamento. Todos os tipos de posicionamento são sempre listados no **PropertyManager**, mas somente aqueles aplicáveis às seleções atuais são disponibilizados.

- **Coincidente**
- **Paralelo**
- **Perpendicular**
- **Tangente**
- **Concêntrico**
- **Distância** - selecione e defina a distância. Selecione Inverter dimensão para alterar a direção.
- **Ângulo** - selecione e defina o ângulo.

Alinhamento do posicionador:

- **Alinhado** - posiciona os corpos de forma que os vetores normais ou de eixo das faces selecionadas apontem no mesmo sentido.
- **Antialinhado** - posiciona os corpos de forma que os vetores normais ou de eixo das faces selecionadas apontem em sentidos opostos.

6.8.5. Caixa de Diálogo Posicionamentos

Essa caixa contém todos os posicionamentos adicionados enquanto o PropertyManager está aberto. Quando houver vários tipos na caixa **Posicionamentos**, você pode selecionar um para edição.

Em peças com múltiplos corpos, é possível aplicar vários conjuntos de posicionamento ao mesmo corpo. Aqueles especificados em diferentes conjuntos podem entrar em conflito com os outros. Por exemplo, é possível aplicar um posicionamento perpendicular entre duas faces em um conjunto e, em um conjunto diferente, aplicar um posicionamento paralelo entre as mesmas duas faces.

6.8.6. Caixa de Diálogo Opções

- **Exibir visualização** - quando selecionada, mostra um posicionamento quando você faz seleções suficientes para um posicionamento válido.

6.9. Recurso de Combinar Corpos

O SolidWorks permite combinar vários corpos sólidos para criar uma peça com um único corpo ou outra peça com vários corpos. Há três maneiras de combinar corpos sólidos:

- **Adicionar** - combina os sólidos de todos os corpos selecionados para criar um único corpo.
- **Subtrair** - remove o material de sobreposição de um corpo principal selecionado.
- **Comum** - remove todo o material, exceto o de sobreposição.

6.9.1. Combinar por Adição

Para usar o tipo de operação **Adicionar**:

1. Clique em **Combinar** na barra de ferramentas **Recursos** ou em **Inserir → Recursos → Combinar** no menu *drop-down*. O **PropertyManager** de **Combinar1** é exibido, Figura 6.117.
2. Em Tipo de operação, clique em Adicionar ou Comum.
3. Em **Corpos a combinar**, selecione os corpos na área de gráficos ou na pasta **Corpos sólidos**, na árvore de projeto do **FeatureManager**.
4. Clique em **Exibir visualização** para visualizar o recurso.
5. Clique em **OK**.

As Figuras 6.118 e 6.119 exemplificam essa opção de comando.

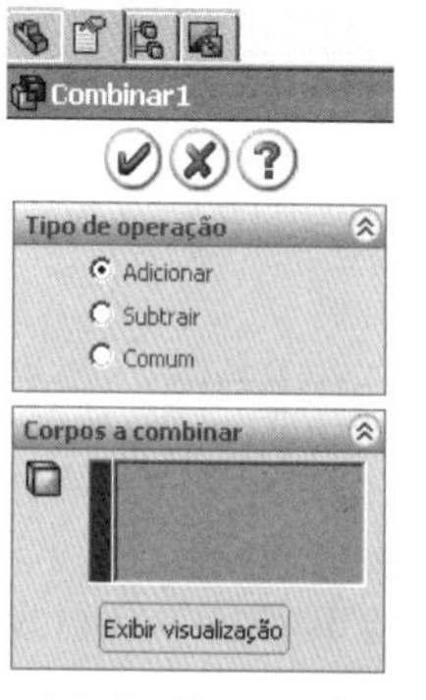

Figura 6.117 - PropertyManager Combinar1 (Adicionar).

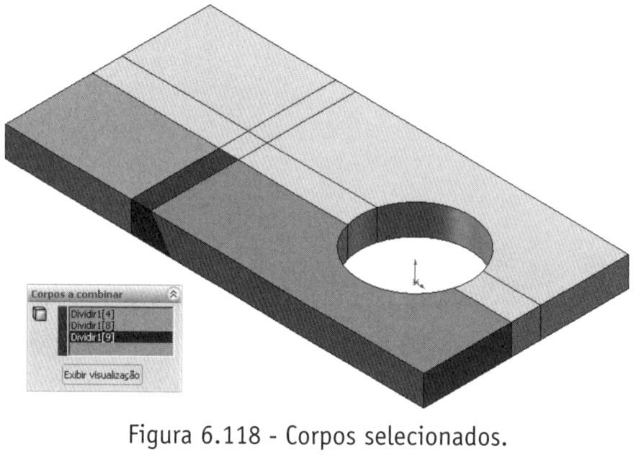

Figura 6.118 - Corpos selecionados.

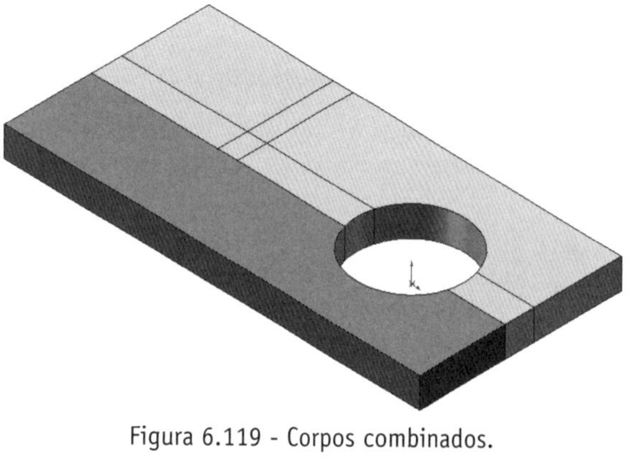

Figura 6.119 - Corpos combinados.

6.9.2. Combinar por Subtração

Para usar o tipo de operação **Subtrair**:

1. Clique em Combinar na barra de ferramentas Recursos ou em **Inserir → Recursos → Combinar**. O **PropertyManager** de **Combinar1** é exibido, Figura 6.120.
2. Em Tipo de operação, clique em Subtrair.
3. Em **Corpo principal**, selecione, na área de gráficos, o corpo a ser mantido como **Corpo sólido** ou o selecione na pasta **Corpos sólidos** na árvore de projeto do **FeatureManager**.
4. Em **Corpos a subtrair**, selecione os corpos cujo material deseja remover para **Corpos sólidos**.
5. Clique em **Exibir visualização** para visualizar o recurso.
6. Clique em **OK**.

As Figuras 6.121 e 6.122 demonstram essa opção de comando.

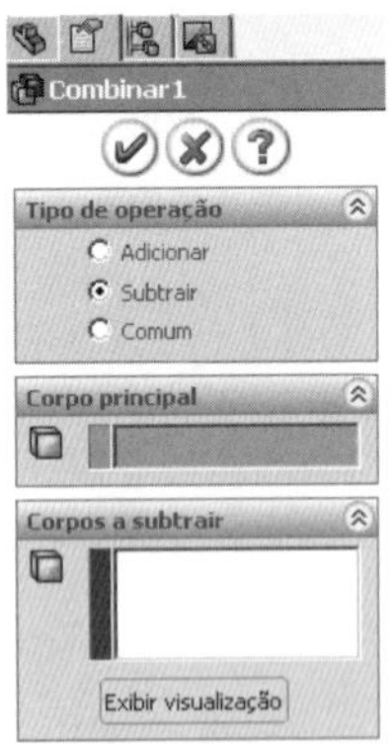

Figura 6.120 - PropertyManager Combinar1 (Subtrair).

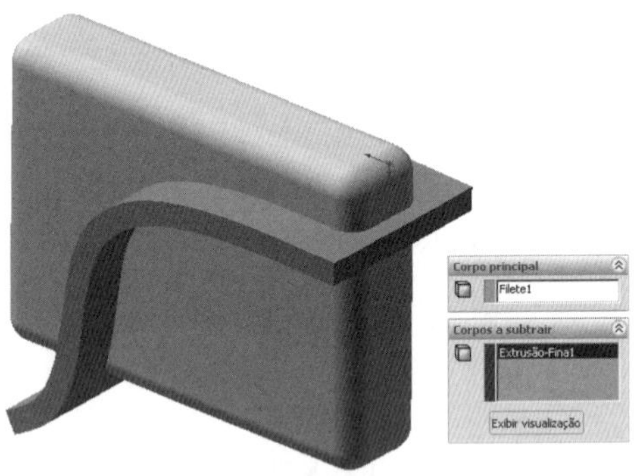

Figura 6.121 - Corpos selecionados.

Figura 6.122 - Corpo subtraído.

6.9.3. Combinar por Comum

Para usar o tipo de operação **Comum**:

1. Clique em **Combinar** na barra de ferramentas **Recursos** ou em **Inserir → Recursos → Combinar** no menu *drop-down*. O **PropertyManager** de **Combinar1** se abre, Figura 6.123.
2. Em Tipo de operação, clique em Comum.
3. Em **Corpos a combinar**, selecione os corpos na área de gráficos ou na pasta **Corpos sólidos**, na árvore de projeto do **FeatureManager**.
4. Clique em **Exibir visualização** para visualizar o recurso.
5. Clique em **OK**.

As Figuras 6.124 e 6.125 ilustram essa opção de comando.

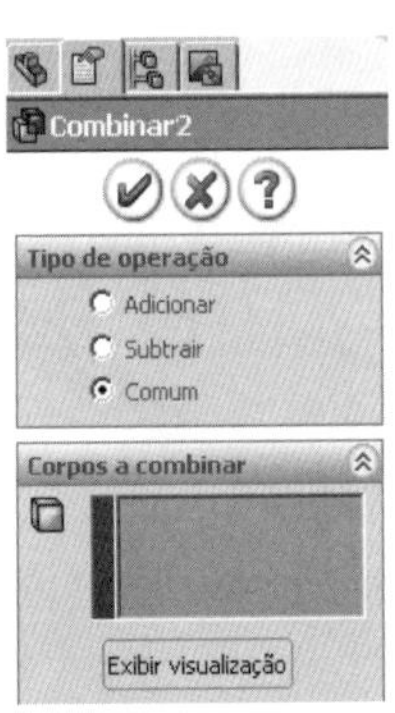

Figura 6.123 - PropertyManager Combinar2 (Comum).

Figura 6.124 - Corpos selecionados.

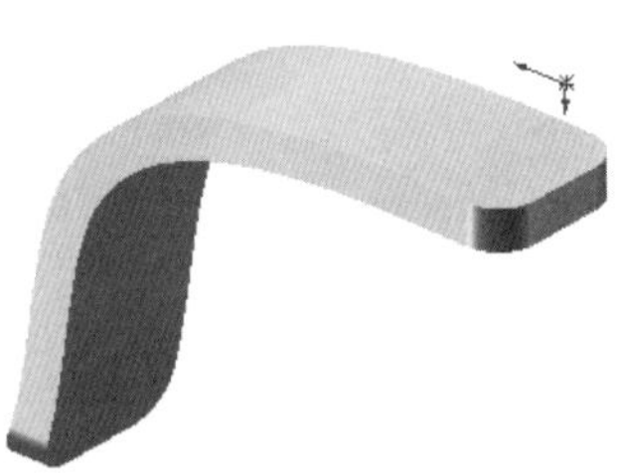

Figura 6.125 - Corpo comum.

6.10. Recurso de Excluir Corpo

Exclui de um modelo de multicorpos ou de uma montagem.

Para usar Excluir corpo:

1. Clique em **Excluir sólido/superfície** na barra de ferramentas **Recursos** ou em **Inserir → Recursos → Excluir corpo** no menu *drop-down*.
2. No PropertyManager, selecione os corpos na área de gráficos ou na pasta Corpos sólidos em Corpos sólidos/superfície a excluir.
3. Clique em **OK**.

6.11. Recurso de Hélice (Criação de Molas e Roscas)

O recurso Hélice permite criar formas helicoidais de passo fixo ou variável. Portanto, é apropriado para a criação de molas, fusos, sem-fins, roscas externas e internas e molas do tipo espiral.

Para utilizar esse comando, vá ao menu *drop-down* e clique em **Inserir → Curva → Hélice/espiral**. É solicitado que você selecione:

"Um plano, uma face plana ou uma aresta onde esboçar um círculo para definir um corte transversal de hélice, ou um esboço que contenha um único círculo."

Uma vez selecionado, surge o **PropertyManager** do comando, como mostra a Figura 6.127.

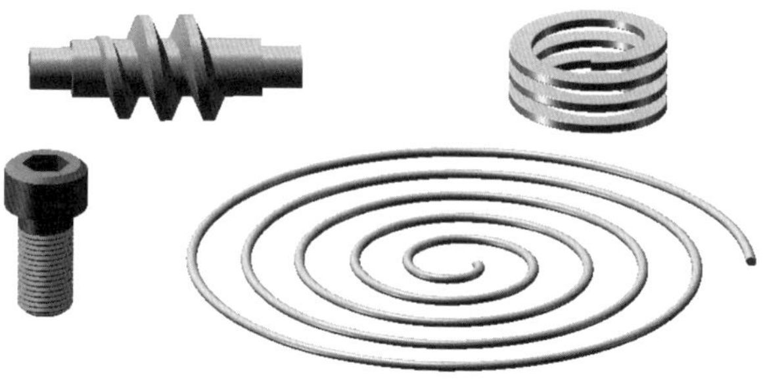

Figura 6.126 - Modelos criados com o recurso Hélice.

6.11.1. Caixa de Diálogo Definido Por

Essa caixa permite, pela seleção na lista *drop-down*, definir uma entre três formas de construção para uma hélice ou optar pela construção de uma espiral.

Cada uma das opções selecionadas modifica as opções de configuração do **PropertyManager**.

- **Passo e Revolução** - essa opção é a padrão do **SolidWorks** e permite modelar uma hélice por passo padrão ou variável, bem como configurar o **Passo**, inverter sua direção, configurar o número de revoluções da hélice, seu ângulo inicial, o sentido horário ou anti-horário e, ainda, defini-la como hélice cônica, configurando o ângulo de conicidade com sua concavidade para dentro ou para fora. As Figuras 6.129 e 6.130 exibem dois exemplos de hélices.

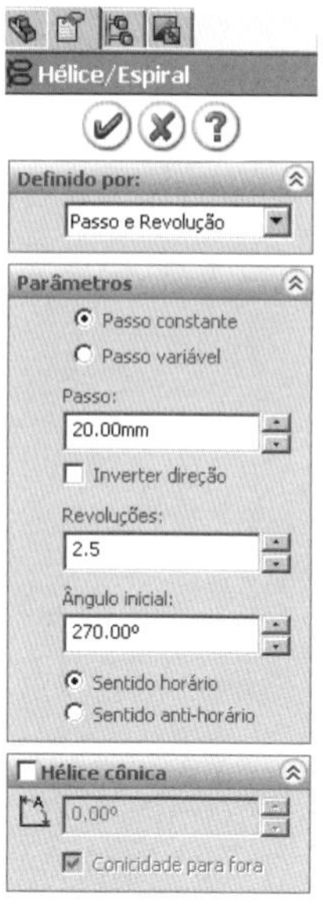

Figura 6.127 - PropertyManager Hélice/Espiral.

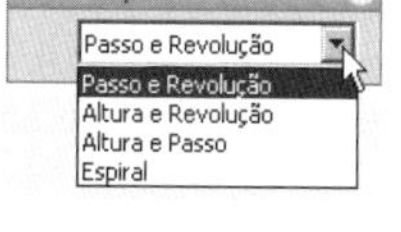

Figura 6.128 - Lista *drop-down* de definição para hélice ou espiral.

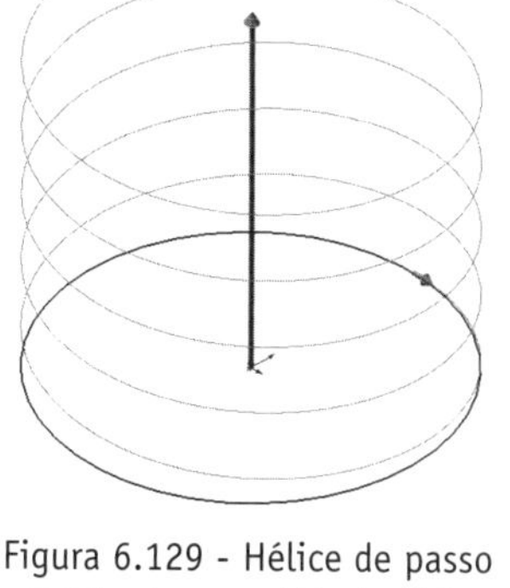

Figura 6.129 - Hélice de passo constante e sentido horário (P = 10mm e Revol = 5).

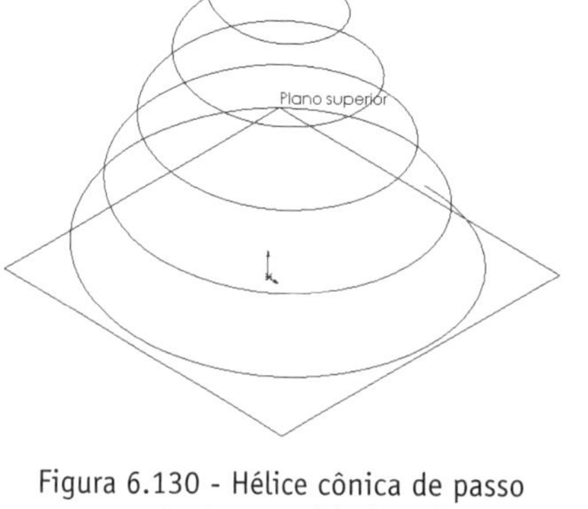

Figura 6.130 - Hélice cônica de passo constante e sentido horário (P=10, Revol, = 5 e Ang. = 25º).

6.11.2. Caixa de Diálogo Parâmetros

Se na caixa de diálogo **Parâmetros** selecionar a opção de **Passo variável**, ela assume a configuração da Figura 6.131, em que é possível configurar o número de revoluções da hélice, seu diâmetro e o passo variável.

Na área gráfica, o perfil da hélice aparece com pequenas caixas de configuração que permitem reconfigurar as variáveis de **Revolução**, **Diâmetro** e **Passo**, Figura 6.132.

Note que a caixa de diálogo **Parâmetros** mantém a possibilidade de inversão da direção da hélice, bem como de definir seu ângulo inicial e seu sentido de rotação.

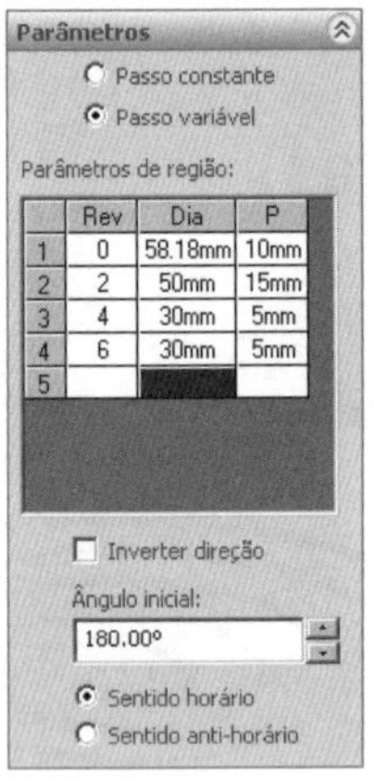

Figura 6.131 - Caixa de diálogo Parâmetros, opção Passo variável.

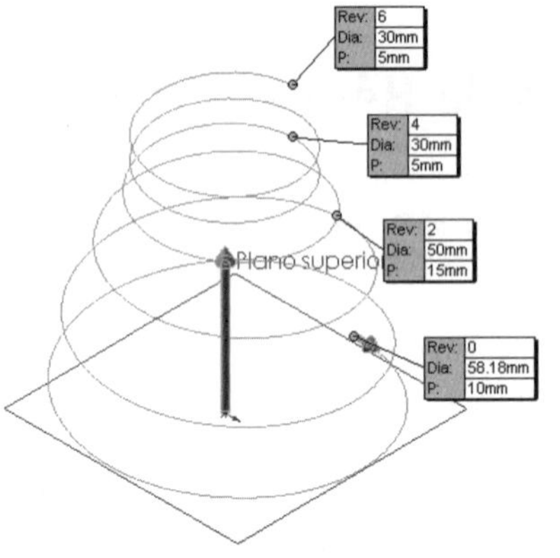

Figura 6.132 - Hélice de passo e diâmetro variáveis.

6.11.3. Hélice Definida por Altura e Revolução

Na lista *drop-down* da caixa de diálogo **Definido por**, ao selecionar a opção **Altura e Revolução**, a caixa de diálogo **Parâmetros** assume a configuração da Figura 6.133. Agora é possível definir a construção de uma hélice por sua **Altura**, **Revoluções** e **Ângulo** e inverter a direção da altura e o sentido de giro da hélice. Essas configurações também podem ser aplicadas à **Hélice cônica**.

A Figura 6.134 mostra duas hélices de alturas iguais com número diferente de revolução.

Figura 6.133 - Caixas de diálogo para opção de hélice por Altura e Revolução.

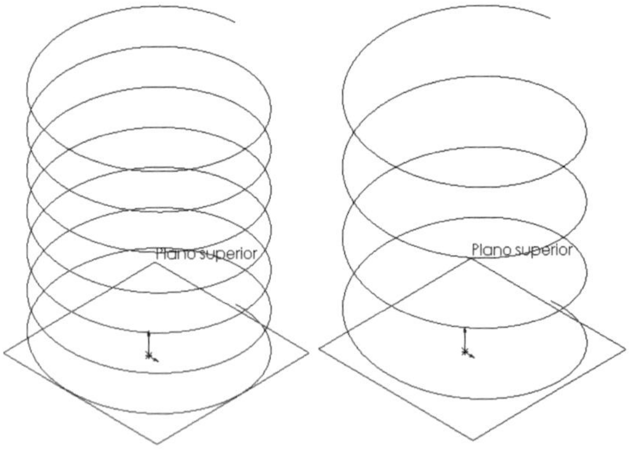

Figura 6.134 - Hélices de mesma altura, porém com número de revoluções diferente.

6.11.4. Hélice Definida por Altura e Passo

Ao selecionar na lista *drop-down* da caixa de diálogo **Definido por** a opção **Altura e Passo**, a caixa de diálogo **Parâmetros** assume a configuração ilustrada na Figura 6.135. Agora é possível definir a construção de uma hélice por sua **Altura**, **Passo** e **Ângulo** e inverter a direção da altura e o sentido de giro da hélice. Essas configurações também podem ser aplicadas à **Hélice cônica**.

A Figura 6.136 apresenta duas hélices de passos iguais com diferentes alturas.

Figura 6.135 - Caixas de diálogo para opção de hélice por Altura e Passo.

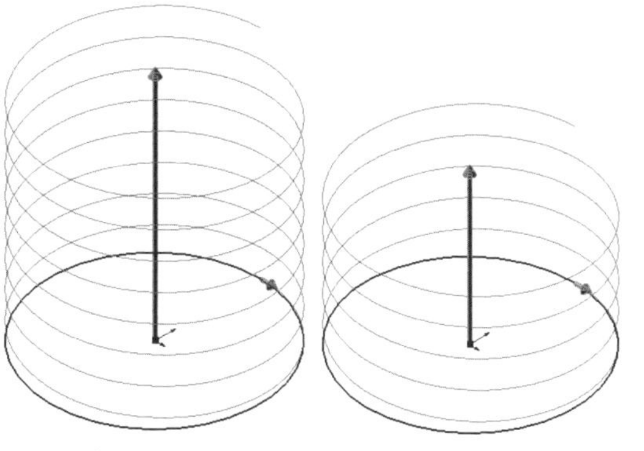

Figura 6.136 - Hélices de mesmo passo, porém com alturas diferentes.

Lembre-se de que essas variáveis são representadas em uma hélice, como mostra a Figura 6.137.

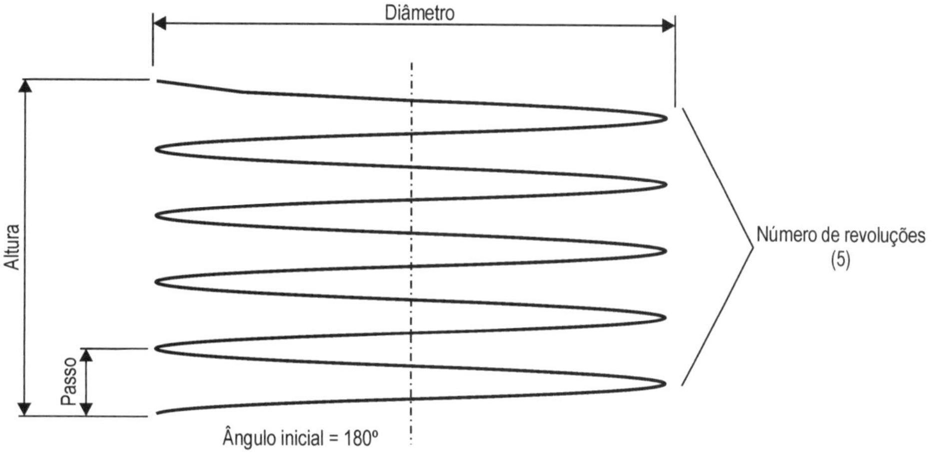

Figura 6.137 - Variáveis dimensionais em uma hélice.

6.11.5. Espiral

Ao selecionar na lista *drop-down* da caixa de diálogo **Definido por** a opção **Espiral**, a caixa de diálogo **Parâmetros** assume a configuração mostrada na Figura 6.138. Note que é possível definir a construção de uma espiral por seu **Passo**, **Número de revoluções** e **Ângulo inicial** e ainda inverter a direção do passo e o sentido de giro da espiral. A Figura 6.139 indica uma espiral de 5 revoluções e passo igual a 10mm.

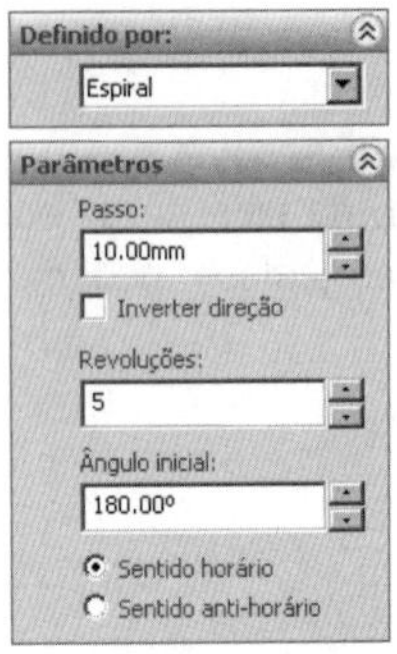

Figura 6.138 - Caixas de diálogo para opção Espiral.

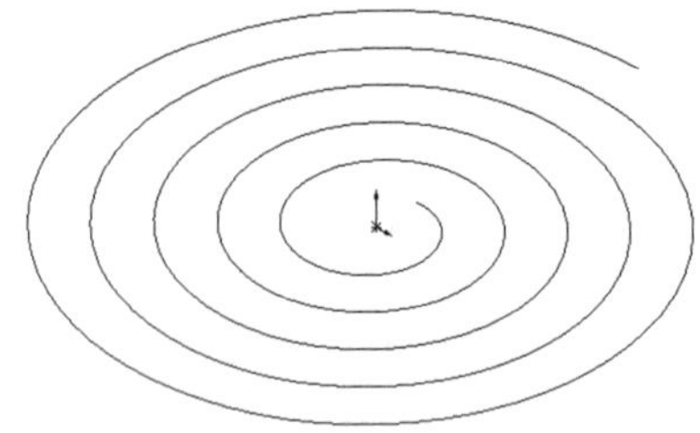

Figura 6.139 - Espiral de Passo = 10 e Revoluções = 5.

6.11.6. Ângulo Inicial de Hélice e Espiral

Todas as representações anteriores fazem referência ao ângulo inicial que pode ser configurado com valores de 0 até < 360°. No SolidWorks, por padrão, esse ângulo aumenta sempre no sentido anti-horário, independente do sentido de giro definido para a hélice ou espiral. As Figuras 6.140 a 6.143 esclarecem esta afirmação.

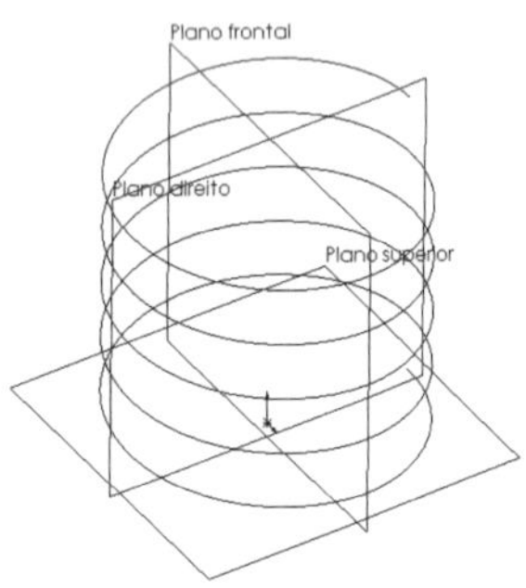

Figura 6.140 - Hélice de Ângulo inicial = 180º no sentido horário.

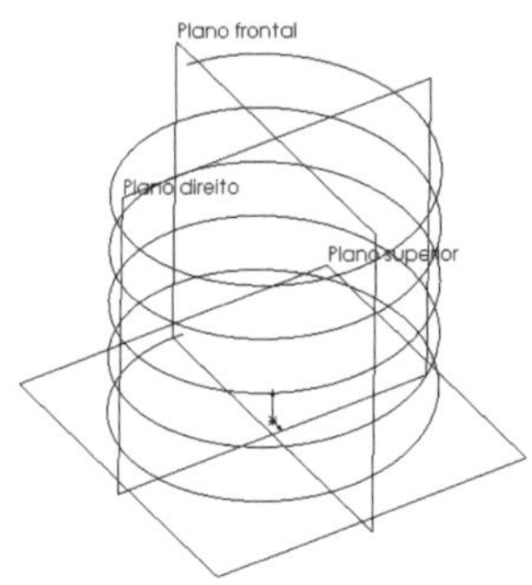

Figura 6.141 - Hélice de Ângulo inicial = 270º no sentido anti-horário.

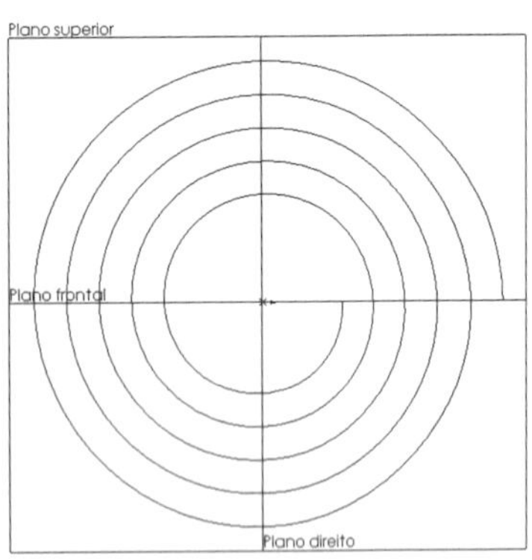

Figura 6.142 - Espiral de Ângulo inicial = 90º no sentido horário.

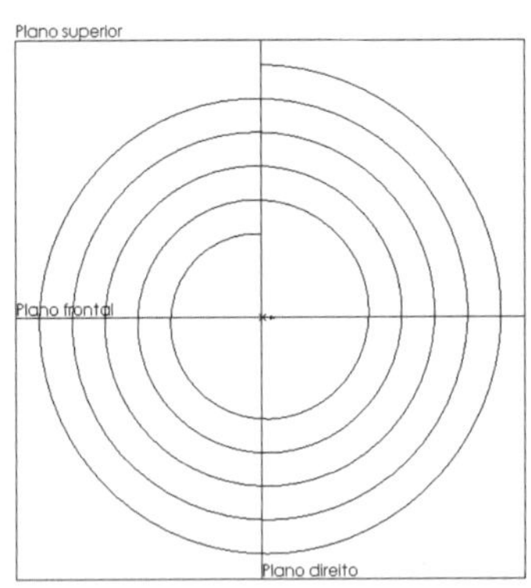

Figura 6.143 - Espiral de Ângulo inicial = 180° no sentido anti-horário.

6.11.7. Criação de Molas

Criar molas no SolidWorks é muito fácil. A partir da hélice ou espiral gerada, cria-se o esboço da seção transversal desejada e, utilizando o comando **Ressalto/base varrido**, definindo o esboço como **Perfil** e a hélice ou espiral como **Caminho**, ao confirmar o comando, a mola é imediatamente gerada, como mostra a seqüência:

1. Crie a hélice ou espiral e inicie um novo esboço.
2. Defina como plano de esboço o plano de início ou fim da hélice ou espiral.
3. Esboce o perfil desejado, Figura 6.144.
4. Clique em **OK** para finalizar o esboço.
5. Clique no comando **Ressalto/base varrido** na barra de ferramentas **Recursos** ou no menu *drop-down* **Inserir → Recursos → Ressalto/base varrido**. Abre-se o **PropertyManager** do comando.
6. Selecione na área gráfica o esboço criado como **Perfil**, em seguida clique na janela **Caminho** para ativá-la e na hélice ou espiral.
7. Clique em **OK** para finalizar o comando e se forma a mola, Figura 6.145.

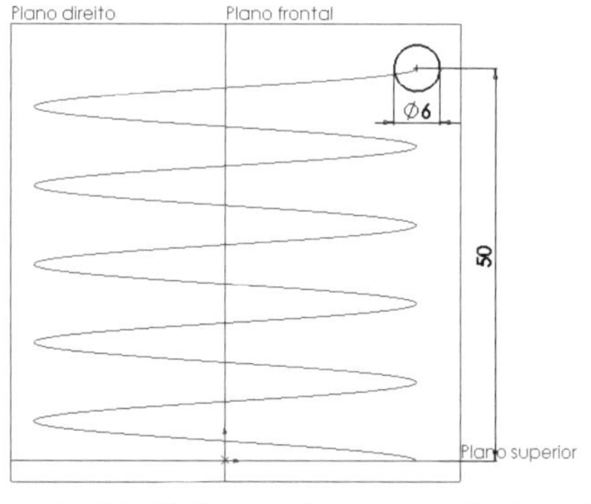

Figura 6.144 - Hélice e esboço da seção da mola.

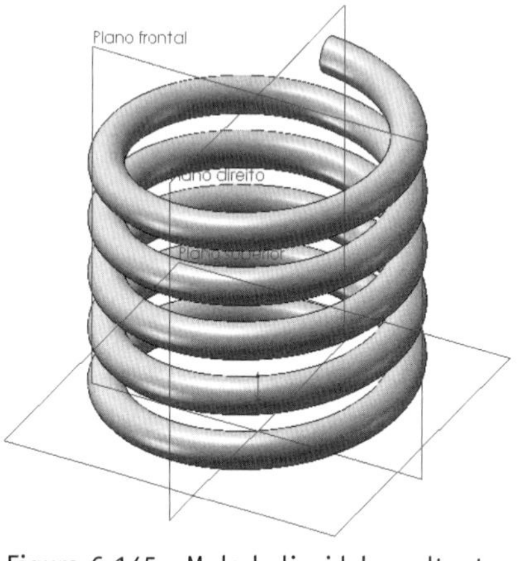

Figura 6.145 - Mola helicoidal resultante.

As Figuras 6.146 e 6.147 mostram o processo construtivo para uma mola helicoidal cônica de seção retangular.

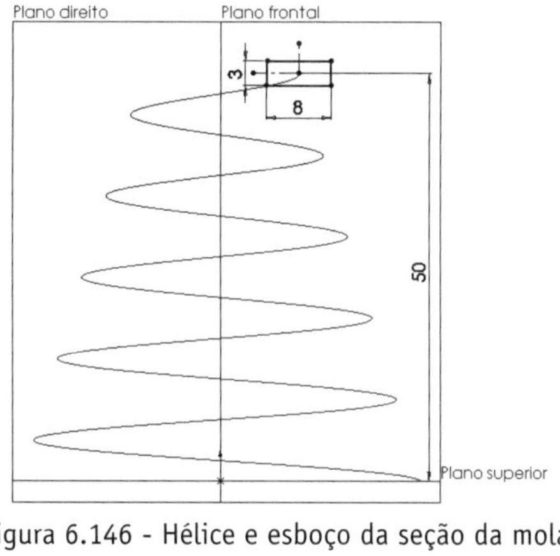

Figura 6.146 - Hélice e esboço da seção da mola.

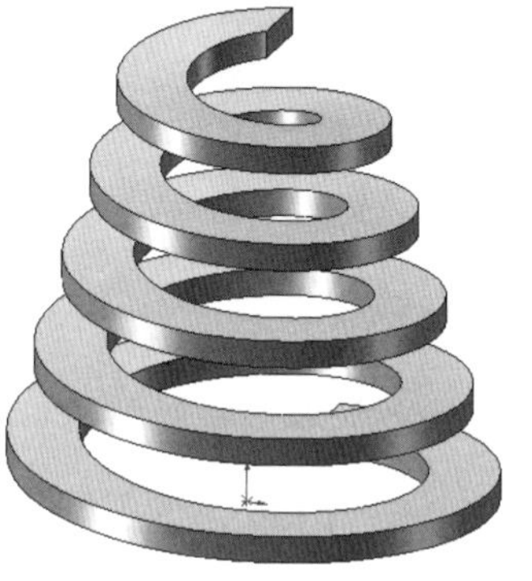

Figura 6.147 - Mola helicoidal resultante.

6.11.8. Alinhamento de Faces em Molas Helicoidais

É comum, em algumas aplicações, após a fabricação das molas helicoidais, esmerilar suas extremidades a fim de promover um alinhamento de faces para que as molas, quando postas em pé, fiquem perfeitamente na vertical. Obviamente, isso gera uma pequena diferença em termos de tensão da mola, entretanto esse tipo de análise não é escopo desta obra.

Para gerar o alinhamento de faces, usamos a opção **Alinhamento de faces** do **PropertyManager** do recurso **Ressalto/base varrido**, aliada à criação de um corpo de revolução, no caso um cilindro, de mesmo diâmetro da hélice e mesma altura. O processo finaliza com a ocultação do corpo cilíndrico.

A opção **Mesclar resultado** deve estar desativada no **PropertyManager** do recurso **Ressalto/base varrido**.

1. Crie o esboço do cilindro com o mesmo diâmetro da hélice e sobre o mesmo plano, como mostra a Figura 6.148.
2. Faça a extrusão do esboço do cilindro com a mesma altura definida para a hélice, Figura 6.149. Em seguida, aplique o recurso de varredura e forme a mola helicóide, selecionando a opção **Alinhamento de faces** já citada e existente no **PropertyManager**. Não se esqueça de demarcar a opção **Mesclar resultado**.

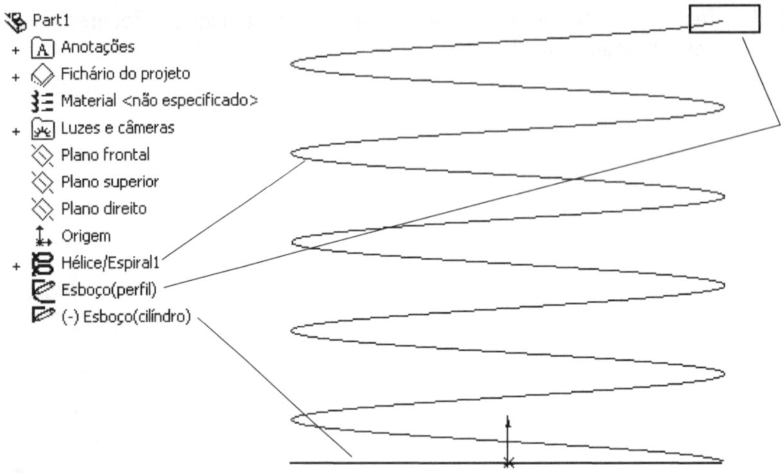

Figura 6.148 - Árvore do projeto e esboços do perfil e cilindro criados nos extremos opostos da hélice.

3. Oculte o cilindro. O resultado é similar ao da Figura 6.151, em que a mola é exibida em vista frontal.

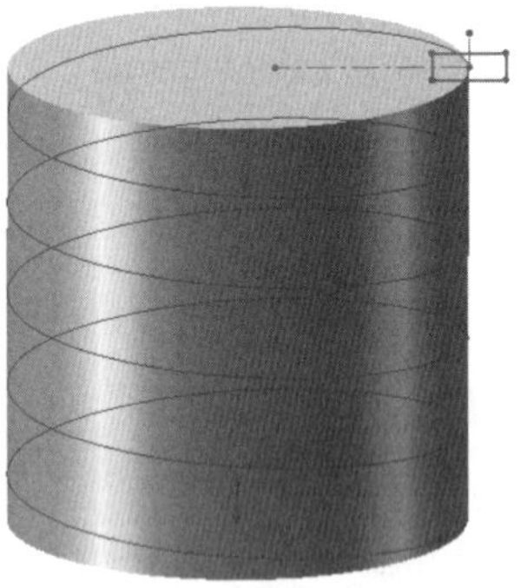

Figura 6.149 - Extrusão do cilindro.

Figura 6.150 - Formação da mola com a opção Alinhamento de faces.

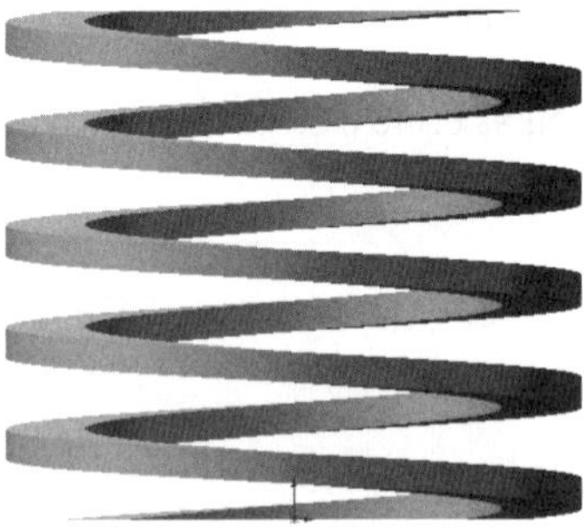

Figura 6.151 - Mola com faces alinhadas.

Note que o centro da seção transversal da mola passa exatamente na aresta do cilindro.

6.11.9. Criação de Roscas

As roscas são criadas de forma análoga às molas helicoidais, entretanto, além de a seção transversal ter dimensões específicas que variam conforme o tipo de rosca e cujos modelos e dimensões são exibidos nas Tabelas 6.2 a 6.5, elas podem ser geradas por adição de material (**Ressalto varrido** de uma seção fechada em torno de um eixo liso) ou por subtração de material (**Corte por varredura**). Pode ser ainda na forma externa ou interna.

Tabela 6.2 - Perfis de roscas e modelos.

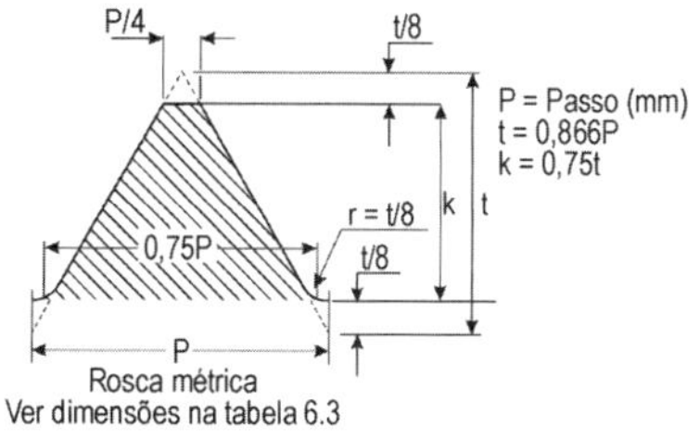

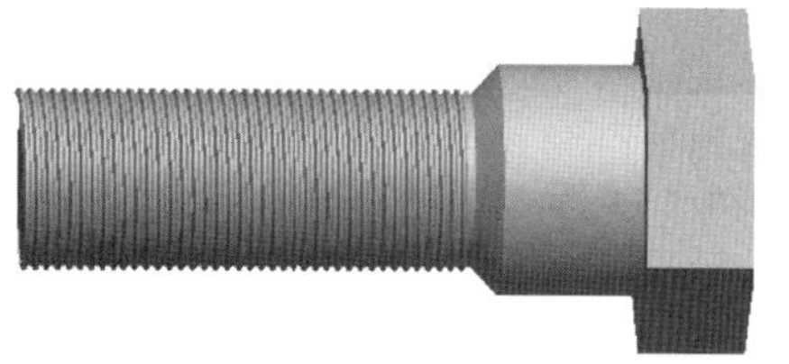

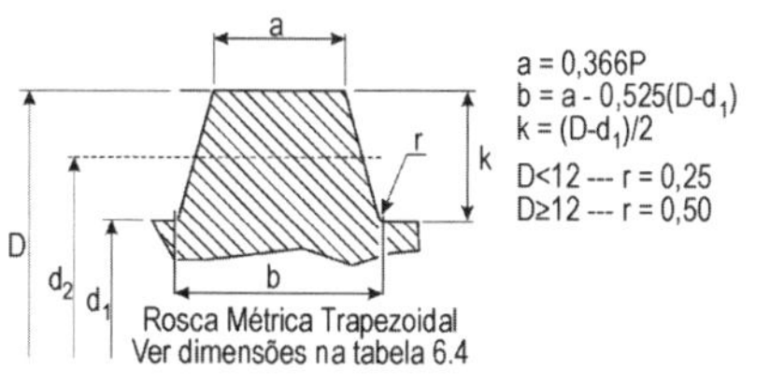

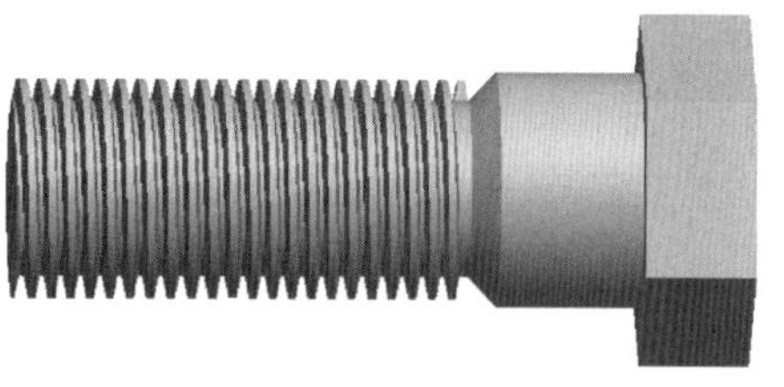

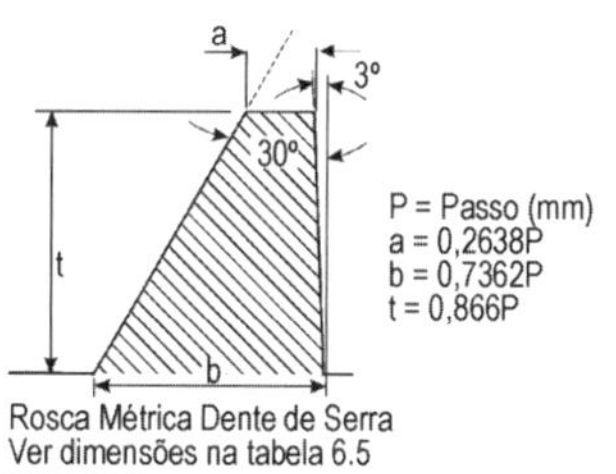

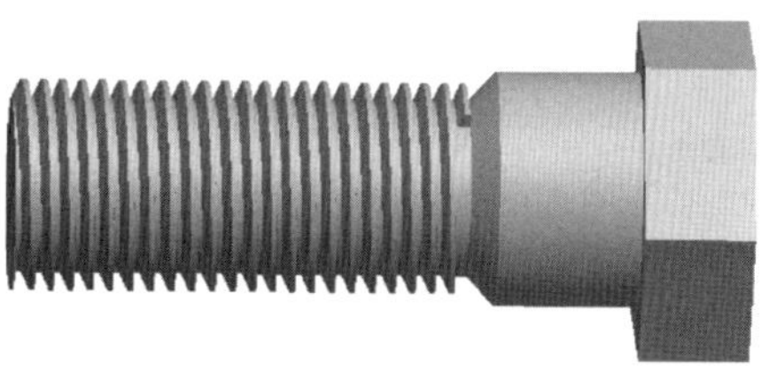

Tabela 6.3 - Rosca métrica - série 2.

D	10	12, 14, 16, 18, 20, 22, 24, 26, 27, 28, 30, 32, 33, 35	36, 38, 39, 40, 42, 45, 48, 50, 52	55, 56, 58, 60
P	1.5	2	3	4
Continuação				
D	62, 64, 65, 68, 70, 75, 76, 80, 85, 90, 95, 100, 105, 110, 115, 120, 125		130, 140 até 300	
P	4		6	

Tabela 6.4 - Rosca métrica trapezoidal - série normal.

D	10	12	16	18	22	24	26	28	30	32	36
d_1	6.5	8.5	11.5	13.5	16.5	18.5	20.5	22.5	23.5	25.5	29.5
P	3		4	4	5				6		
Continuação											
D	40	44	48	50	52	55	60	65	70	80	85
d_1	32.5	36.5	39.5	41.5	43.5	45.5	50.5	54.5	59.5	69.5	72.5
P	7		8			9		10			12

Tabela 6.5 - Rosca métrica dente de serra - série normal.

D	22	24	26	28	30	32	36	40	44	48	50
P	5				6			7		8	
Continuação											
D	52	55	60	65	70	75	80	85	90	95	100
P	8	9		10				12			
Continuação											
D	110	120	130	140	150	160	170	180	190	200	210
P	12	14			16			18			20
Continuação											
D	220	230	240	250	260	270	280	390	300		
P	20		22			24					

6.11.9.1. Rosca Externa por Ressalto Varrido

Para exemplificar este modo de trabalho, criaremos uma rosca métrica trapezoidal com **D = 40mm**, **d_1 = 32,5mm** e **P = 7mm**, conforme a Tabela 6.4. O comprimento da rosca será de **L = 70mm**.

1. Crie, em primeiro lugar, a hélice com diâmetro de valor igual a **d_1**. Em um dos planos perpendiculares ao plano de criação da hélice, crie a seção fechada com as dimensões calculadas, conforme as equações da Tabela 6.2. Os valores das variáveis serão: **a = 2.56mm**, **b = 6.50mm**, **k = 3.75mm** e **r = 0.5mm**, Figuras 6.152 e 6.153.

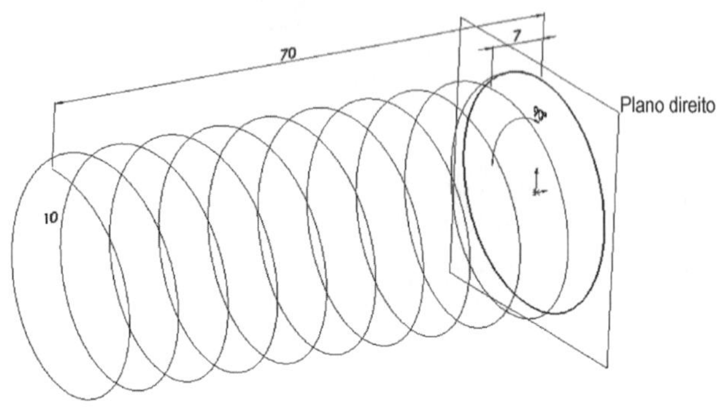

Figura 6.152 - Hélice gerada com **d_1**, **P** e **L**.

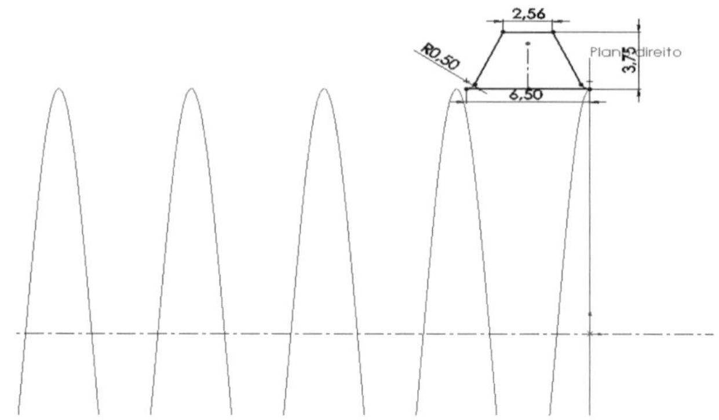

Figura 6.153 - Perfil da rosca gerado e dimensionado.

2. Na seqüência, antes de gerar a varredura do perfil sobre a hélice, crie o perfil do corpo do parafuso que terá essa rosca. O perfil será escalonado com três diâmetros diferentes, um de valor igual a **d_1**, o intermediário de valor igual a **D** e o terceiro de diâmetro **> D**, Figura 6.154.

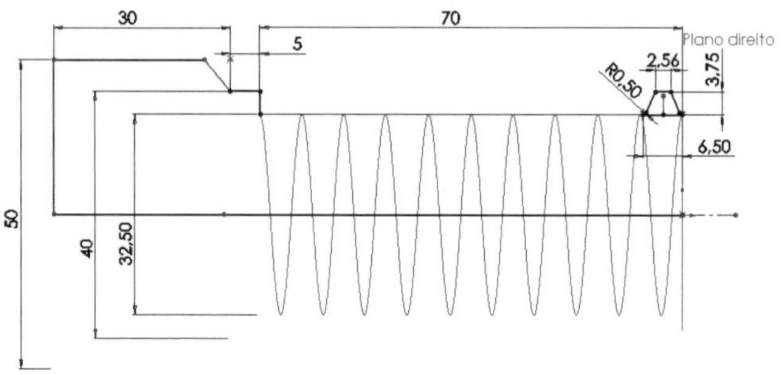

Figura 6.154 - Perfil do corpo do parafuso.

3. Concluído o perfil, gere um sólido de revolução, como mostra a Figura 6.155.
4. O passo seguinte consiste em gerar a varredura do perfil da rosca ao longo da hélice, com a opção **Alinhamento de faces** selecionada, Figura 6.156.

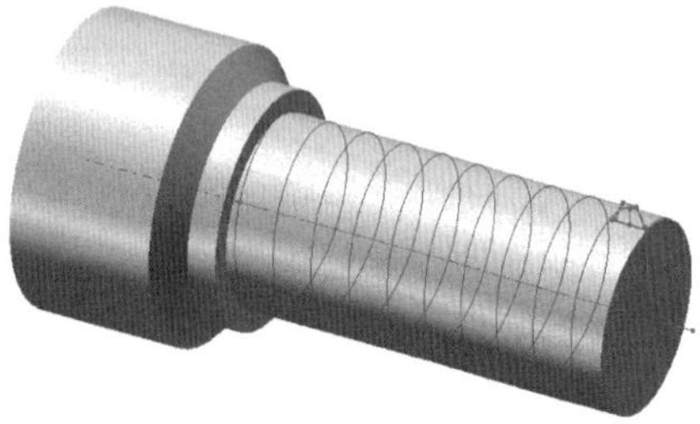

Figura 6.155 - Corpo sólido do parafuso.

Figura 6.156 - Rosca obtida por Ressalto/base varrido.

Para finalizar, na extremidade de maior diâmetro crie o esboço de um sextavado e faça sua extrusão para formar a cabeça do parafuso, Figura 6.157. Na extremidade oposta, na aresta circular, crie um chanfro de 2mm x 45°, Figura 6.158.

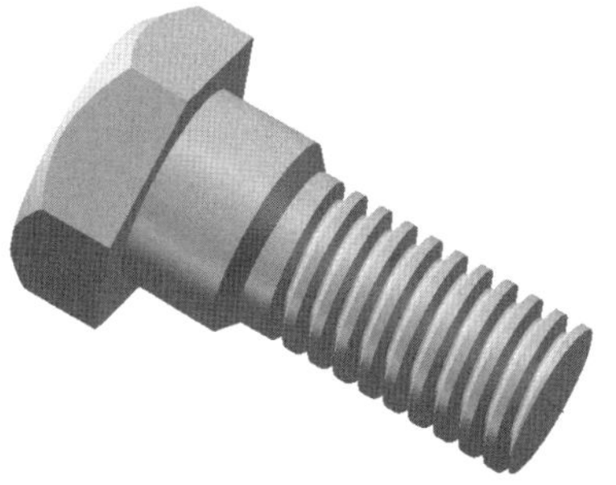

Figura 6.157 - Criação da cabeça sextavada.

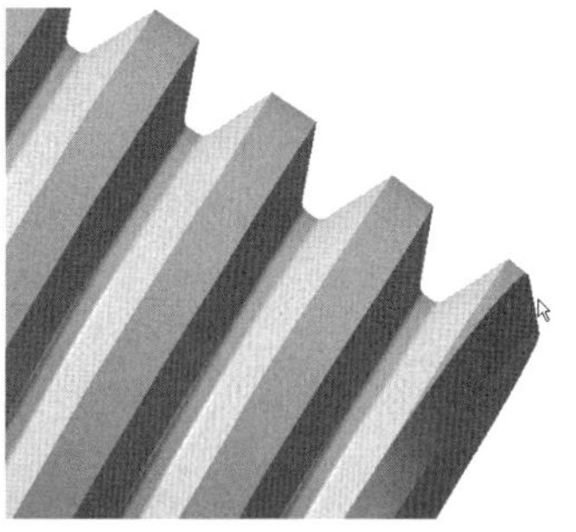

Figura 6.158 - Chanfro da aresta final da rosca.

6.11.9.2. Rosca Externa por Corte por Varredura

O processo criativo para esta forma de trabalho é bastante similar ao anterior, porém a hélice é gerada com o diâmetro **D** e não com **d_1**. Além disso, em vez de utilizar o perfil externo da seção de rosca mostrada na Tabela 6.2, utilizamos a região interna entre duas seções consecutivas de rosca, como indica a Tabela 6.6.

Tabela 6.6 - Perfis internos de roscas.

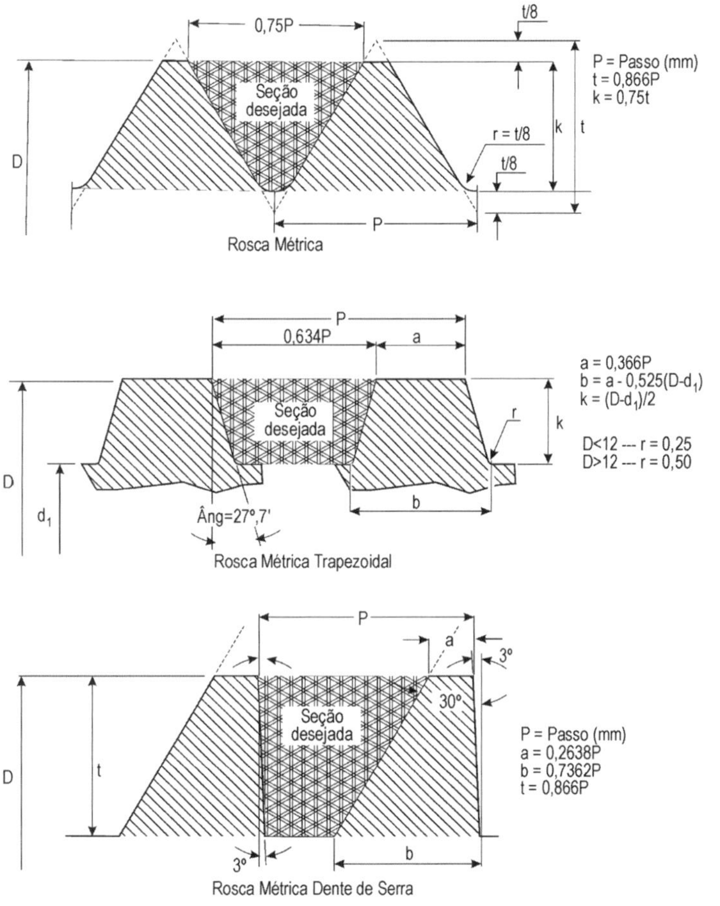

Para exemplificar esta aplicação, criaremos um parafuso com rosca métrica série 2, de diâmetro externo **D = 60mm** e passo **P = 4mm**, conforme a Tabela 6.3. Vamos atribuir a essa rosca um comprimento **L = 70mm**.

1. De acordo com a Tabela 6.6, primeira figura, os dados necessários para a criação da seção geradora da rosca são: **D = 60mm**, **0,75P → 3mm**, **k = 2.598mm** e **r = 0,3247mm**.

2. De forma análoga ao exemplo anterior, criamos a hélice, porém usando o diâmetro externo da rosca que é **D = 60mm**, Figura 6.159.

3. Na seqüência, na extremidade inicial da hélice, no sentido para dentro, criamos a seção de recorte da rosca (seção desejada), conforme a Tabela 6.6 e a Figura 6.160. Ao finalizar a seção, coloque uma relação do tipo **Ponto de penetração (perfurar)** entre o ponto da extremidade direita da seção e o círculo que deu origem à hélice (ver indicação do cursor na figura).

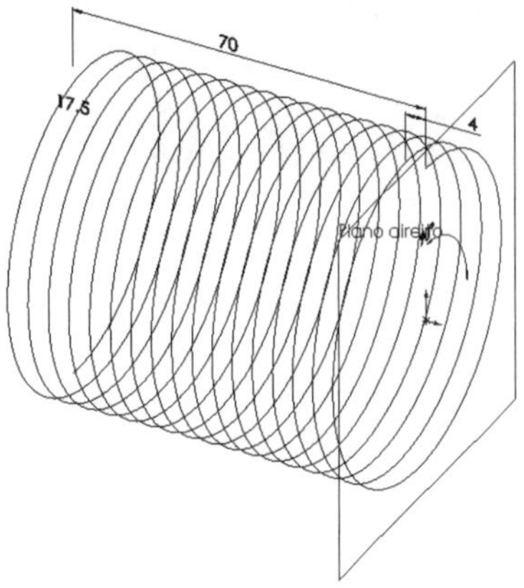

Figura 6.159 - Criação da hélice.

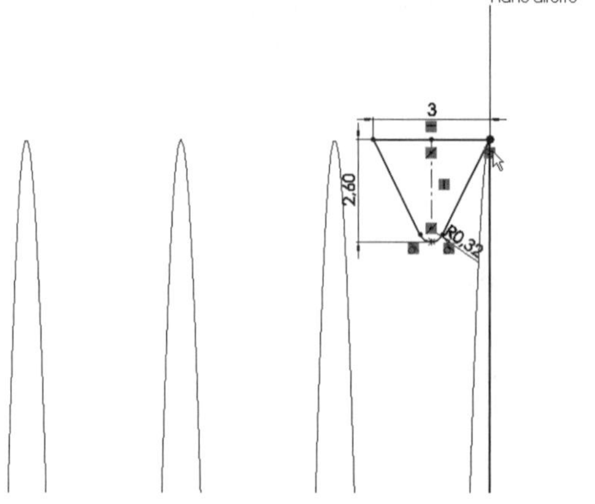

Figura 6.160 - Criação da seção e inserção da relação Ponto de penetração (perfurar).

4. O passo seguinte consiste em criar o corpo para o parafuso e gerar o sólido por rotação, Figuras 6.161 e 6.162. Com o comando Corte por varredura cria-se a rosca, selecionando a seção criada e a hélice como caminho, Figura 6.163.

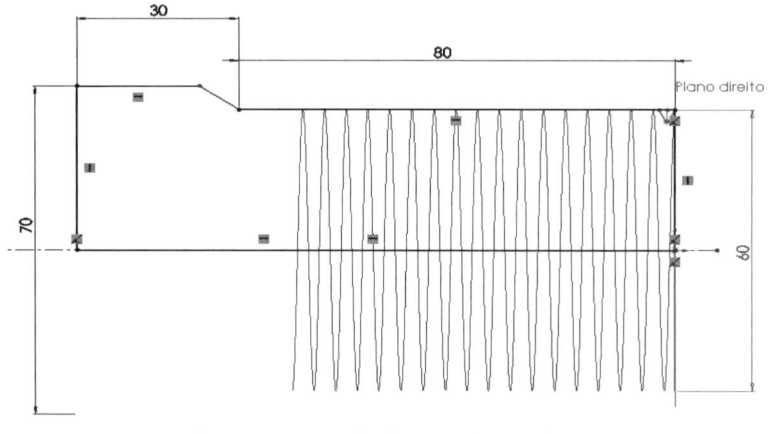

Figura 6.161 - Perfil do corpo do parafuso.

5. Para finalizar, na extremidade de maior diâmetro crie o esboço de um sextavado e faça sua extrusão para formar a cabeça do parafuso, Figura 6.164. Na extremidade oposta, na aresta circular, crie um chanfro de 1mm x 45°, Figura 6.165.

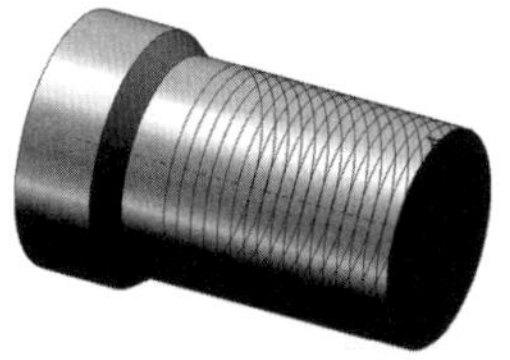

Figura 6.162 - Corpo sólido do parafuso.

Figura 6.163 - Rosca obtida por Ressalto/base varrido.

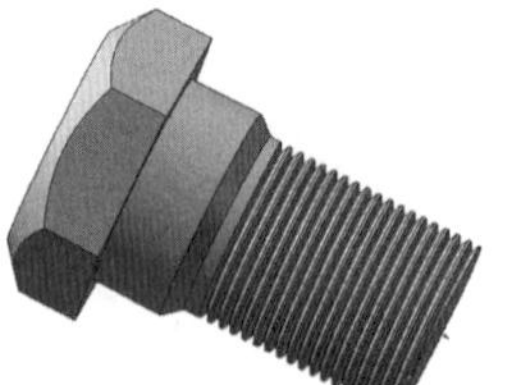

Figura 6.164 - Criação da cabeça sextavada.

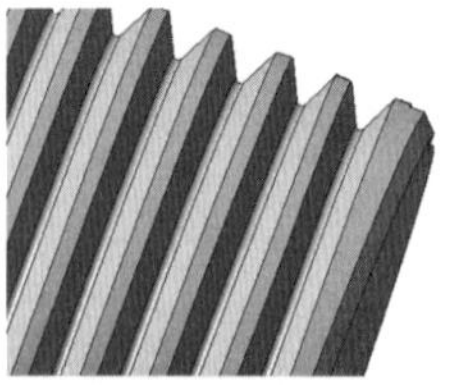

Figura 6.165 - Chanfro da aresta final da rosca.

6.11.9.3. Rosca Interna

O procedimento para criação de roscas internas é exatamente o mesmo demonstrado nos dois exemplos anteriores para criação de roscas externas.

As figuras mostram uma **Rosca Métrica Dente de Serra** com **D = 100mm** e **P = 12mm**.

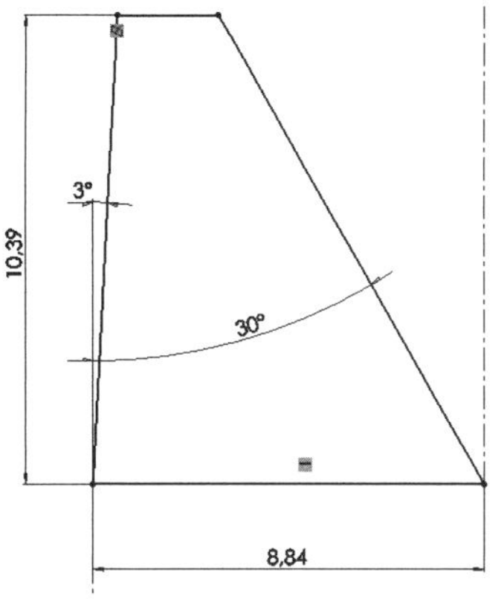

Figura 6.166 - Seção do dente de serra.

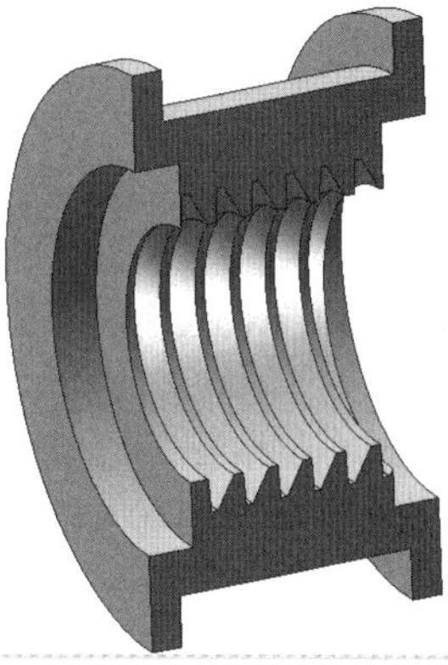

Figura 6.167 - Rosca métrica dente de serra.

Exercícios Passo a Passo

Exercício 1

Crie o modelo conforme dimensões exibidas, Figura 6.168.

(Tempo estimado: 30 minutos)

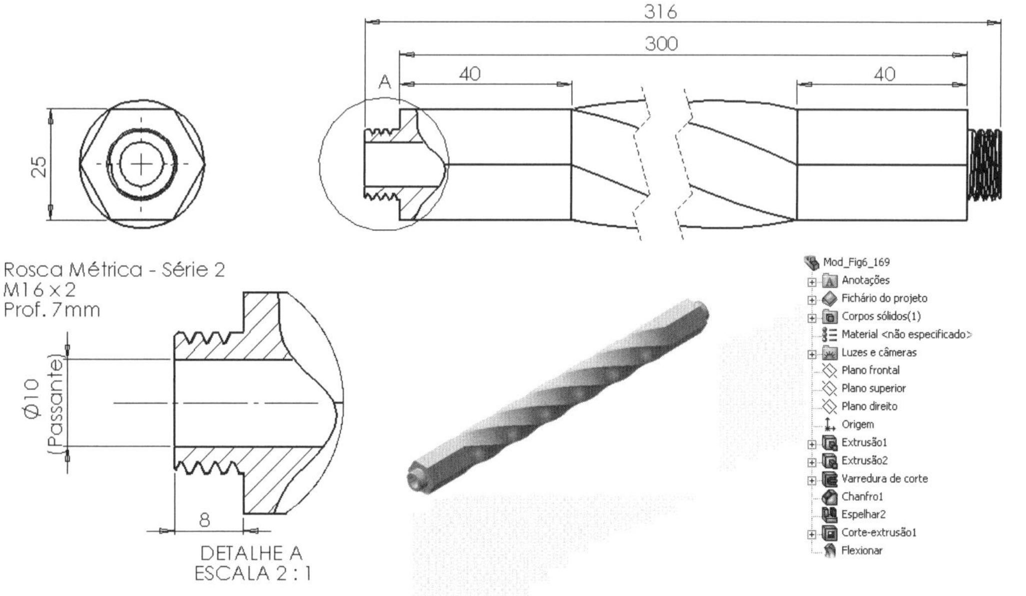

Figura 6.168 - Modelo e detalhes para o exercício passo a passo 1.

Os seguintes passos são necessários para completar este exercício:

1. Abra a seção SolidWorks.
2. Fixe o diretório de trabalho, crie um arquivo de esboço no **Plano frontal** e faça sua extrusão no Plano médio.
3. Crie um pequeno cilindro em uma das faces das extremidades do perfil hexagonal para posterior criação de rosca.

4. Gere uma hélice de passo **2mm**, altura **7mm** e mesmo diâmetro do cilindro criado anteriormente.
5. Desenhe o esboço da seção transversal da rosca, conforme a Tabela 6.3.
6. Gere a rosca por varredura e espelhe para a extremidade oposta do perfil hexagonal.
7. No modelo, crie um furo passante longitudinal de diâmetro 10mm.

Aplique ao modelo uma flexão por torção com ângulo de 360°.

8. Salve o modelo e feche o arquivo.

Iniciar o SolidWorks

Inicie o SolidWorks com um duplo-clique no ícone SolidWorks da tela do computador ou pelo menu Iniciar.

Fixar o Diretório de Trabalho

1. Crie no diretório **C** do computador, em **Meus documentos**, uma pasta que deve conter todas as subpastas referentes aos exercícios dos capítulos deste livro e a nomeie como **EXERCLSW**.
2. Abra a pasta **EXCERCLSW** e crie a subpasta denominada **Exerc_Cap6**.
3. Todos os exercícios deste sexto capítulo devem ser salvos nessa pasta.

Iniciar um Novo Arquivo

1. Abra o SolidWorks e inicie um **Novo Arquivo**. Selecione o template **Peças**.
2. No SolidWorks, esboço e modelo são criados dentro do modo **Peça**, portanto são salvos com a mesma terminação: ***.Prt**.
3. Clique no comando **Esboço** na barra de ferramentas e selecione o **Plano superior**.

Desenho do Hexágono e Extrusão

1. Com o comando **Hexágono**, gere a primeira parte do esboço, como mostra a Figura 6.169. Crie o hexágono na **Origem** (centro da tela). Defina a distância entre faces como **25mm**.
2. Aplique o comando **Ressalto/base extrudado** e faça a extrusão do modelo, escolhendo a opção Plano médio e utilizando uma profundidade de **300mm**, Figura 6.170.

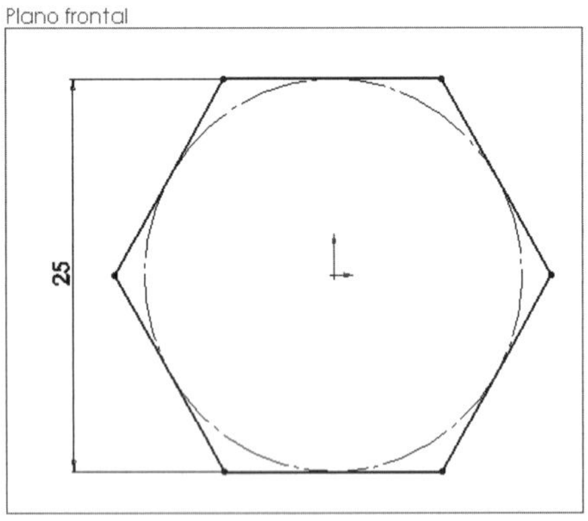

Figura 6.169 - Hexágono.

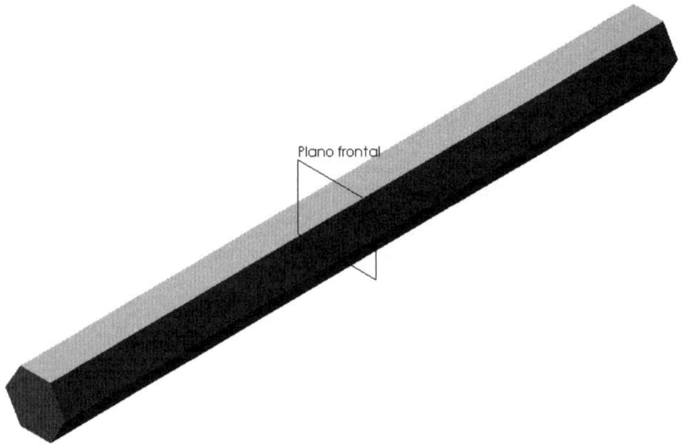

Figura 6.170 - Extrusão do hexágono no Plano médio.

Desenho de Cilindro na Face da Extremidade

1. Abra um novo esboço e defina como plano de esboço a face de uma das extremidades do perfil hexagonal.
2. Crie um círculo com diâmetro de 16mm e faça sua extrusão com profundidade de 8mm, Figura 6.171.

Figura 6.171 - Criação do cilindro.

Criação da Rosca

Para criar a rosca conforme a especificação no desenho de detalhes, Figura 6.168, é necessário criar a hélice que servirá como caminho para o Recorte por varredura e a seção transversal da rosca, de acordo com as dimensões calculadas pelas equações da Tabela 6.2.

1. Crie um círculo de mesmo diâmetro do cilindro, usando como plano de referência a face plana deste. Em seguida, usando o comando **Inserir → Curva → Hélice/espiral**, crie a hélice com passo de **2mm** e altura de **7mm**, Figura 6.172.
2. Com as informações do passo e do diâmetro da hélice, aplique as equações da Tabela 6.2 para **Rosca Métrica** e calcule as dimensões necessárias à criação do esboço da seção transversal da rosca, Figura 6.173. Crie a seção no **Plano direito**.

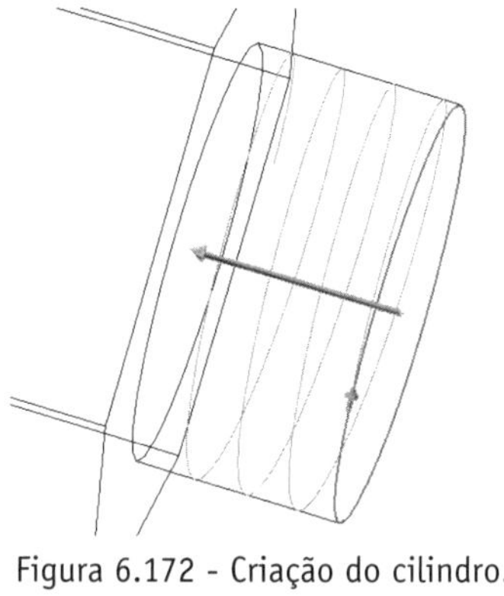

Figura 6.172 - Criação do cilindro.

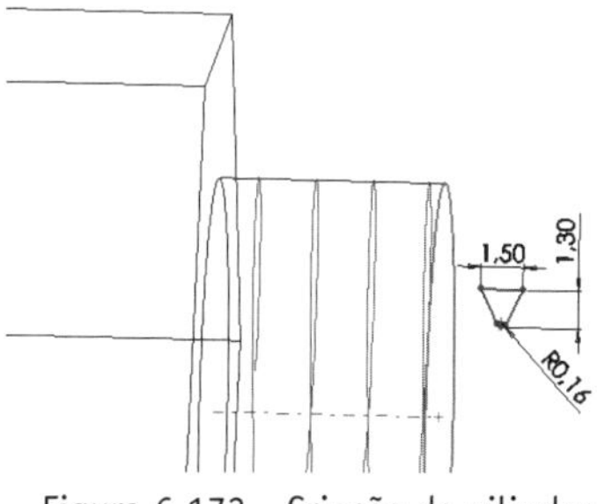

Figura 6.173 - Criação do cilindro.

3. Uma vez definido o esboço da seção transversal da rosca, una-o ao círculo usado para geração da hélice. Essa união é feita pela relação Perfurar.
4. Clique no ponto da direita da seção. Aperte e mantenha pressionada a tecla **CTRL** e clique no círculo (esboço) usado para gerar a hélice. A seção une-se, como mostra a Figura 6.174.
5. Gere o perfil da rosca com o comando Corte por varredura, Figura 6.175.

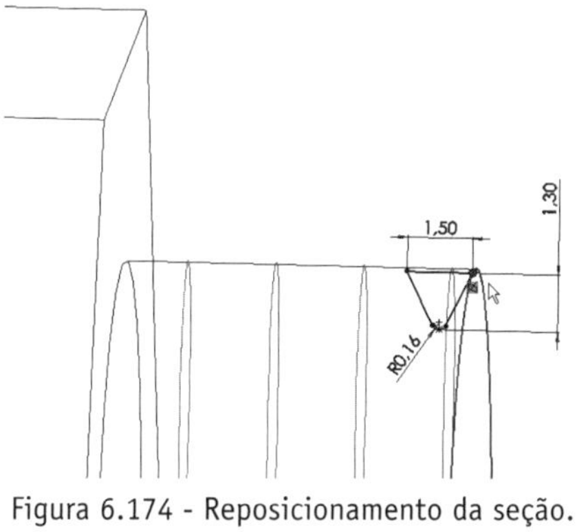

Figura 6.174 - Reposicionamento da seção.

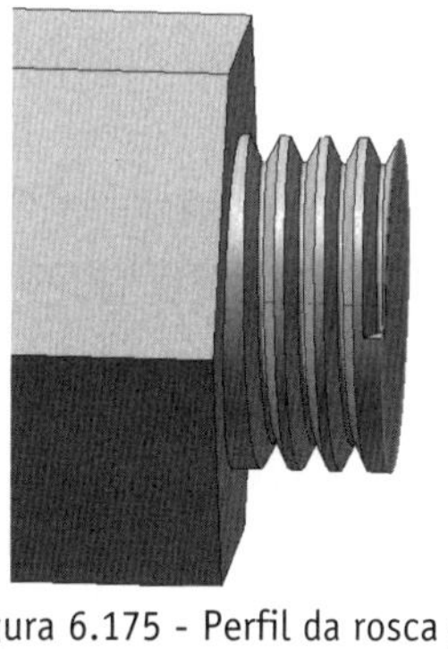

Figura 6.175 - Perfil da rosca gerado.

Espelhamento da Rosca

O passo seguinte consiste em espelhar o cilindro e a rosca.

1. Na árvore do projeto selecione os recursos que compreendem o cilindro extrudado (**extrusão2**) e a varredura (**varredura de corte**).
2. Na barra de ferramentas **Recursos**, selecione o recurso **Espelhar** e defina como plano de espelhamento o **Plano frontal**.

3. Clique em **OK** para confirmar, Figura 6.176.

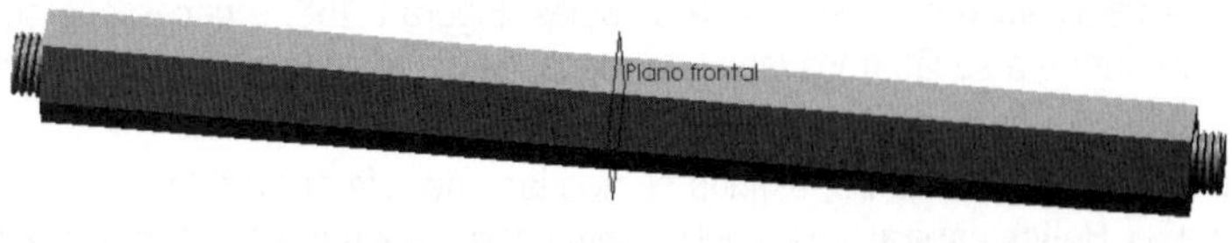

Figura 6.176 - Espelhamento do cilindro e da rosca.

Furação Passante

1. Crie um furo passante de diâmetro **10mm** na face do cilindro, como ilustram as Figuras 6.177 e 6.178.

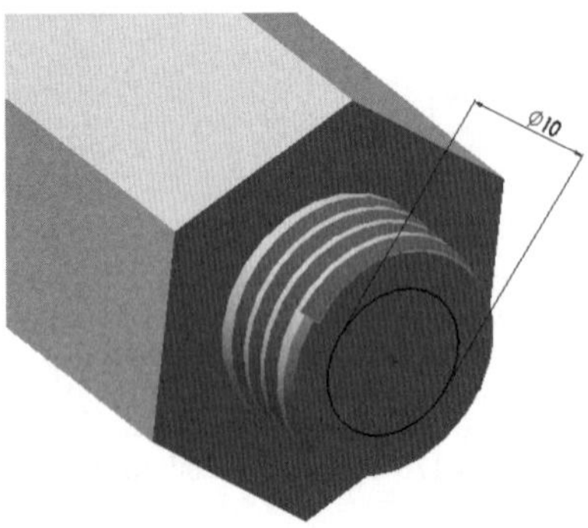

Figura 6.177 - Criação do cilindro.

Figura 6.178 - Criação do cilindro.

Flexionar Modelo por Torção

A finalização do modelo resume-se a aplicar o comando **Flexionar** com a opção de **Torção** selecionada. Defina os seguintes parâmetros:

- Plano de aparagem 1 = **48mm**
- Plano de aparagem 2 = **48mm**
- Ângulo de torção = **360°**

Depois de definir as configurações, clique em **OK** para confirmar.

As Figuras 6.179 e 6.180 revelam a configuração e a definição do comando.

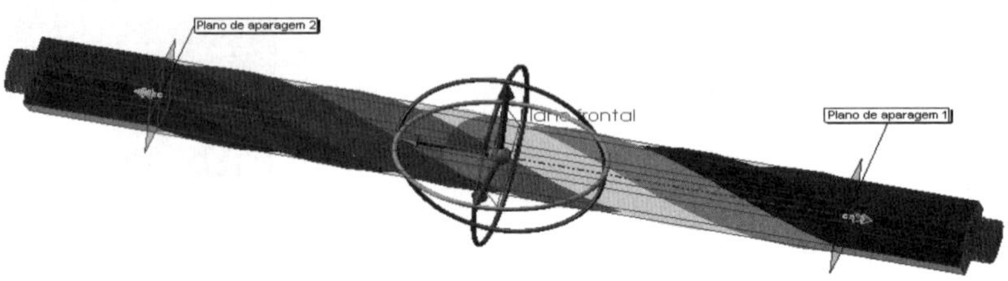

Figura 6.179 - Configuração de flexão com opção de torção.

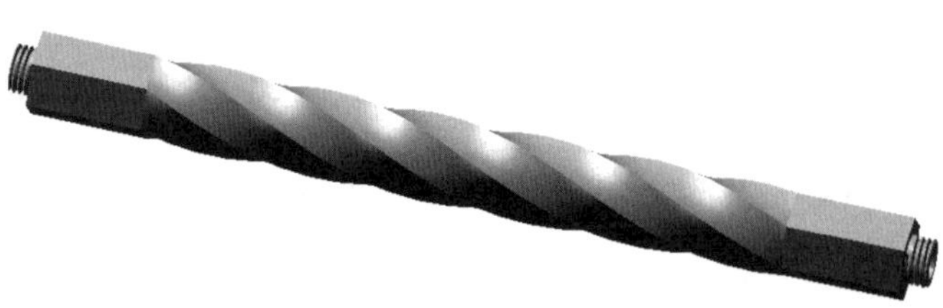

Figura 6.180 - Modelo finalizado.

Salvar e Fechar o Modelo

1. Salve o arquivo na pasta **Exerc_Cap6** com o nome de **Exerc_PP1**. Esse arquivo será usado no capítulo de montagens.

Exercício 2

Neste exercício crie o modelo conforme dimensões exibidas, Figura 6.181.

(Tempo estimado: 30 minutos)

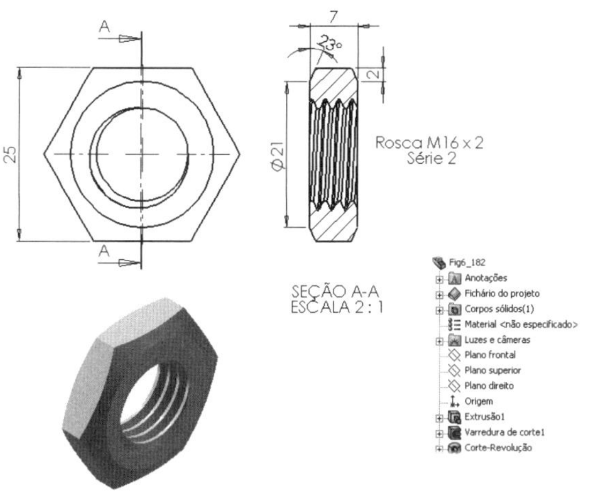

Figura 6.181 - Modelo e detalhes para o exercício passo a passo 2.

Os seguintes passos são necessários para completar este exercício:

1. Abra a seção SolidWorks.
2. Fixe o diretório de trabalho, crie um arquivo de esboço na forma hexagonal no **Plano frontal** e faça sua extrusão no Plano médio.
3. Gere uma hélice de passo **2mm**, altura **7mm** e mesmo diâmetro do furo central do perfil hexagonal.
4. Desenhe o esboço da seção transversal da rosca (M16 x 2), conforme a Tabela 6.3.
5. Gere a rosca por corte por varredura.
6. Crie um esboço com arestas internas em ângulo para gerar o filete em ambos os lados do perfil.
7. Salve o modelo e feche o arquivo.

Iniciar o SolidWorks

Inicie o SolidWorks com um duplo-clique no ícone SolidWorks da tela do computador ou pelo menu Iniciar.

Fixar o Diretório de Trabalho

1. Crie no diretório **C** do computador, em **Meus documentos**, uma pasta que deve conter todas as subpastas referentes aos exercícios dos capítulos deste livro e nomeie-a como **EXERCLSW**.
2. Abra a pasta **EXCERCLSW** e crie a subpasta denominada **Exerc_Cap6**.
3. Todos os exercícios deste sexto capítulo devem ser salvos nessa pasta.

Iniciar um Novo Arquivo

1. Abra o SolidWorks e inicie um **Novo Arquivo**. Selecione o template **Peças**.
2. No SolidWorks, esboço e modelo são criados dentro do modo **Peça**, portanto são salvos com a mesma terminação: ***.Prt**.
3. Clique no comando **Esboço** na barra de ferramentas selecione o **Plano frontal**.

Desenho do Hexágono Perfurado e Extrusão

1. Com o comando **Hexágono**, gere a primeira parte do esboço, como mostra a Figura 6.182. Crie o hexágono na **Origem** (centro da tela). Defina a distância entre faces como **25mm**. Crie também um círculo interno com diâmetro de **13,4mm** que provém da relação (**D-2k**).
2. Aplique o comando **Ressalto/base extrudado** e faça a extrusão do modelo, escolhendo a opção Plano médio e utilizando uma profundidade de **7mm**, Figura 6.183.

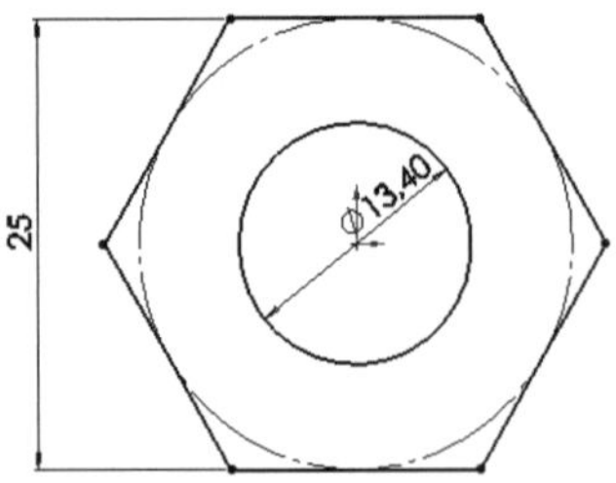

Figura 6.182 - Hexágono com furo central.

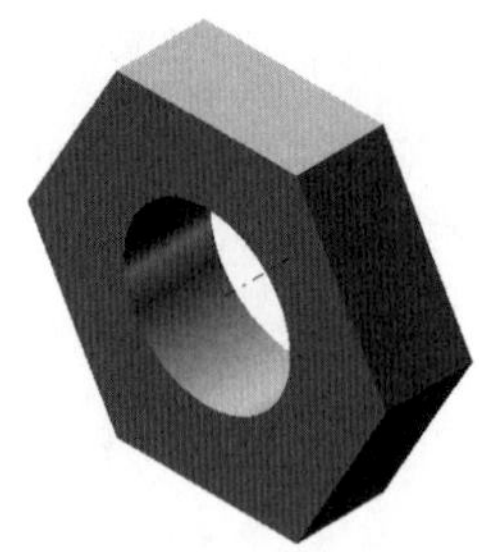

Figura 6.183 - Extrusão no plano médio.

Criação da Rosca

Para criar a rosca com base na especificação no desenho de detalhes, Figura 6.181, é necessário criar a hélice que servirá como caminho para o **Recorte por varredura** e a seção transversal da rosca, conforme dimensões calculadas pelas equações mostradas na Tabela 6.2.

1. Crie um círculo de mesmo diâmetro do furo, usando como plano de referência a face hexagonal do perfil. Em seguida, com o comando **Inserir** → **Curva** → **Hélice/espiral**, crie a hélice com passo de **2mm** e altura de **7mm**, Figura 6.184.
2. Com as informações do passo e do diâmetro da hélice, aplique as equações da **Tabela 6.2** para **Rosca Métrica** e calcule as dimensões necessárias à criação do esboço da seção transversal da rosca, Figura 6.185. Crie a seção no **Plano direito.**

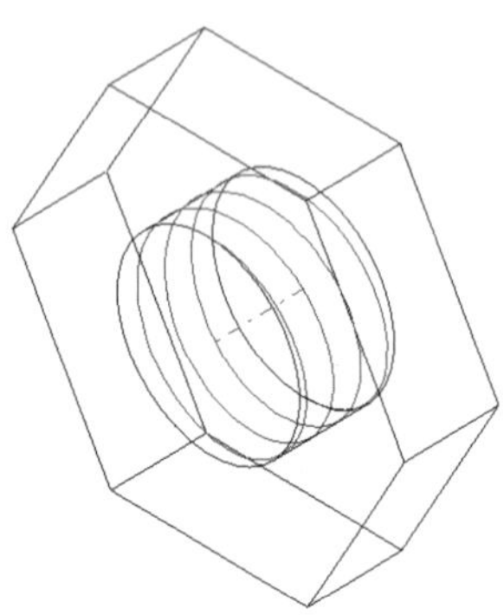

Figura 6.184 - Criação da hélice.

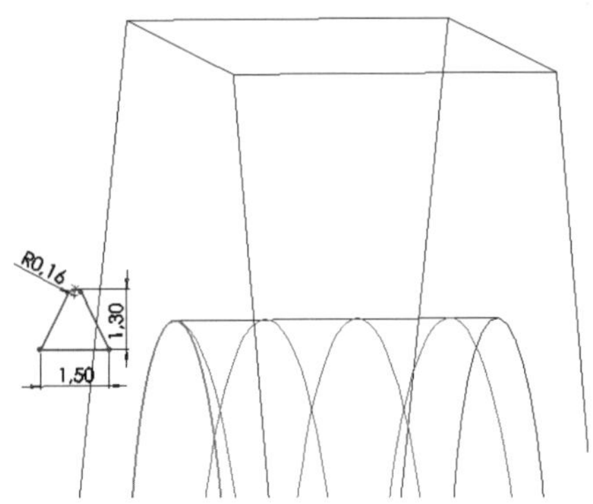

Figura 6.185 - Criação da seção da rosca.

3. Uma vez definido o esboço da seção transversal da rosca, una-o ao círculo usado para geração da hélice.

   Essa união é feita pela relação **Perfurar**.
4. Clique no ponto da direita da seção. Aperte e mantenha pressionada a tecla **CTRL** e clique no círculo (esboço) usado para gerar a hélice. A seção é unida, como indica a Figura 6.186.
5. Gere o perfil da rosca com o comando Corte por varredura, Figura 6.187.

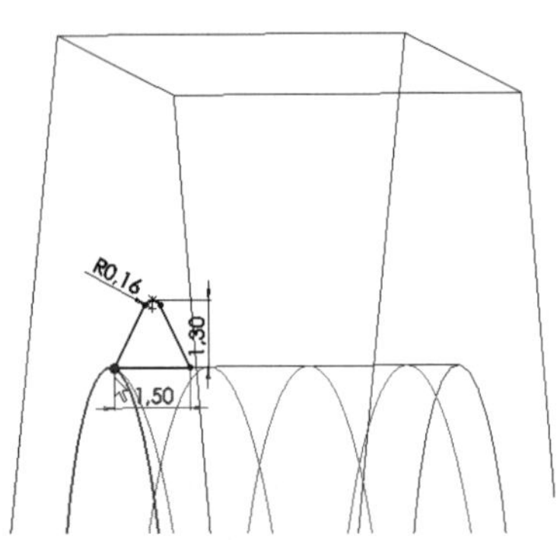

Figura 6.186 - Reposicionamento da seção.

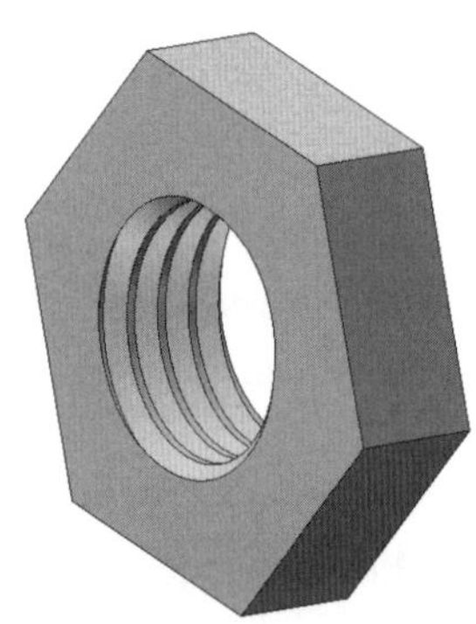

Figura 6.187 - Perfil da rosca gerado.

Criação dos Filetes por Corte por Revolução

Os filetes criados em ambos os lados do perfil devem ser obtidos por **Corte por revolução**, pois se aplicarmos o comando **Filete**, não se obtém o resultado desejado, que consiste em uma face circular em cada um dos lados do perfil hexagonal. Para isso, siga os passos:

1. Abra um novo esboço e defina como plano de esboço o plano direito. Desenhe e dimensione um esboço, como ilustra a Figura 6.188.
2. Na barra de ferramentas **Recursos**, selecione o comando **Corte por revolução**. Em seguida, selecione o esboço desenhado e o eixo temporário.
3. Clique em **OK** para aplicar o comando. O resultado é exibido na Figura 6.189.

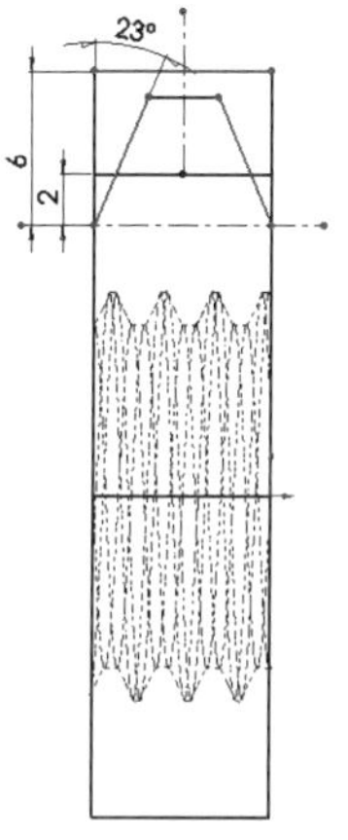

Figura 6.188 - Esboço para Corte por revolução.

Figura 6.189 - Modelo finalizado.

Salvar e Fechar o Modelo

1. Salve o arquivo na pasta **Exerc_Cap6** com o nome de **Exerc_PP2**, o qual será usado no capítulo de montagens.

Questões de Revisão

1. Explique o procedimento de aplicação do comando **Deformar** com a opção **Curva a curva**.
2. Descreva o comando e os procedimentos utilizados para gravar um texto em alto-relevo em um modelo não-plano.
3. Cite as formas e os métodos possíveis para a criação de uma rosca externa ou interna.
4. É possível criar uma espiral com passo variável?
5. Que comando é utilizado para criar várias peças a partir de uma peça existente?
6. Na criação do modelo de uma hélice de avião, que recurso e opção seriam recomendados?
7. Para que servem os planos de aparagem 1 e 2?
8. Que recurso deve ser utilizado para criar embalagens do tipo **Vacum Form**?
9. Para que tipo de geometria de modelo recomenda-se a aplicação de Domo contínuo?
10. Qual a vantagem da aplicação da opção Tangente à superfície no recurso Deformar?

Exercício 1

Crie o modelo conforme as dimensões exibidas em suas vistas de detalhes, Figura 6.190.

(Tempo estimado: 45 minutos)

Este modelo e os três próximos serão utilizados em um exercício de montagem, juntamente com os dois modelos dos exercícios propostos anteriormente.

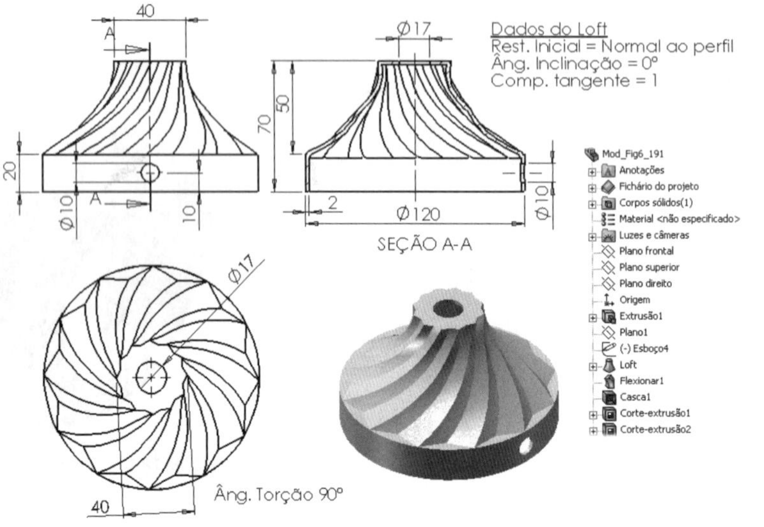

Figura 6.190 - Modelo para o exercício proposto 1.

Exercício 2

Crie o modelo com base nas dimensões exibidas em suas vistas de detalhes, Figura 6.191.

(Tempo estimado: 30 minutos)

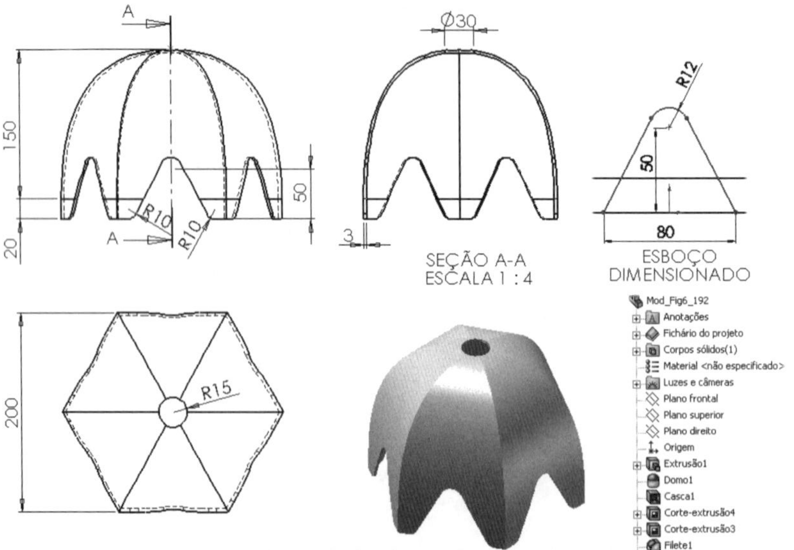

Figura 6.191 - Modelo para o exercício proposto 2.

Exercício 3

Crie o modelo conforme as dimensões listadas em suas vistas de detalhes, Figura 6.192.

(Tempo estimado: 30 minutos)

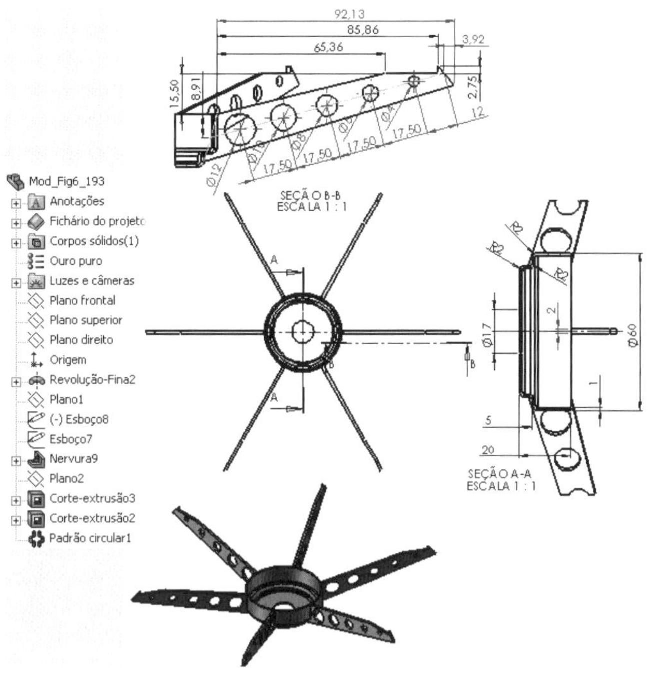

Figura 6.192 - Modelo para o exercício proposto 3.

Exercício 4

Crie o modelo de acordo com as dimensões exibidas em suas vistas de detalhes, Figura 6.193.

(Tempo estimado: 30 minutos)

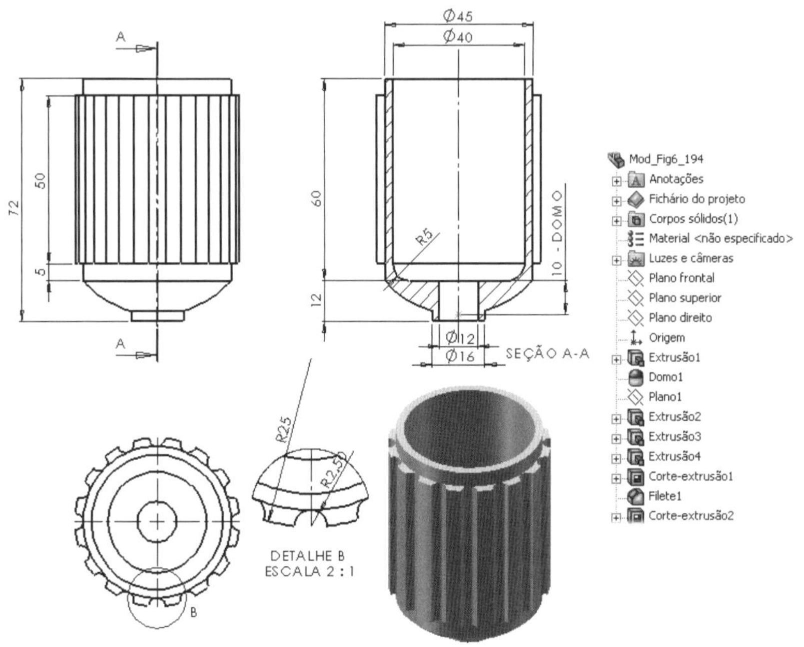

Figura 6.193 - Modelo para o exercício proposto 4.

7

Edição de Recursos

A edição de recursos é um dos mais importantes aspectos no ciclo da criação e do desenvolvimento de um produto no sistema CAD 3D. Pode ocorrer a qualquer tempo, seja na criação separada de cada um dos componentes, na fase de montagem dos subconjuntos e conjuntos ou, ainda, na fase de detalhamento. Como discutido anteriormente, o SolidWorks é um software paramétrico com base em composição de recursos criados em função de referências de planos, faces, arestas, pontos etc. Todos (recursos e referências) podem ser editados individualmente e modificados conforme a necessidade, como mostram as Figuras 7.1 e 7.2 em que, após criado um furo escareado no modelo exibido, decide-se modificá-lo para um furo rebaixado.

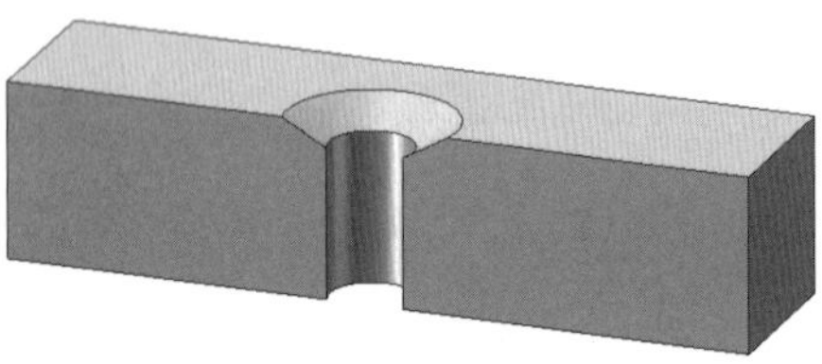

Figura 7.1 - Modelo com furo escareado.

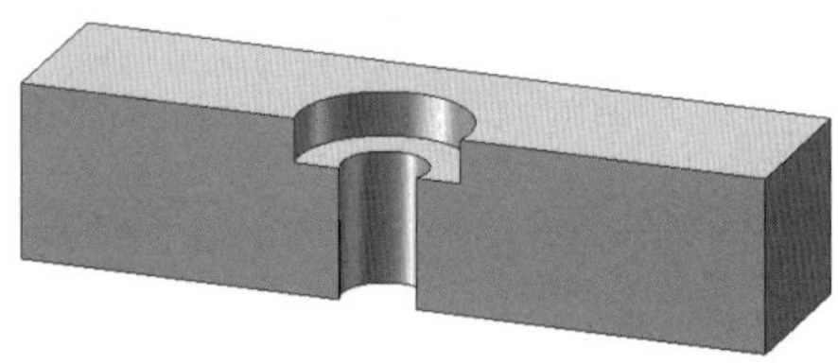

Figura 7.2 - Edição do furo para rebaixado.

Similarmente é possível editar as referências das geometrias, como: esboços, planos de esboço, arestas, pontos etc. O recurso criado a partir de uma determinada referência de geometria também se modifica quando a referência é alterada. Nos itens seguintes, estudaremos os vários modos de edição e observações quanto às referências utilizadas para criação dos esboços.

7.1. Edição com a Opção Editar Recurso

A edição que utiliza a opção **Editar Recurso** é o método mais comum no SolidWorks. Para editar qualquer recurso no SolidWorks utilizando essa opção, selecione o recurso na **Árvore do projeto do FeatureManager** ou diretamente na área gráfica. Em seguida, clique com o botão direito do mouse para abrir o menu de atalhos e selecione a opção **Editar Recurso**, como mostra a Figura 7.3. Dependendo do recurso selecionado, o **PropertyManager**, ou caixa de diálogo, é exibido e você pode modificar os parâmetros do recurso. O **PropertyManager** exibe também recursos sempre em número seqüencial (observe no topo o título **Extrusão3**), Figura 7.4.

Figura 7.3 - Opção **Editar recurso** do menu de atalhos.

Figura 7.4 - PropertyManager para o recurso Extrusão3.

Depois de editar os parâmetros e reconfigurá-los, clique em **OK** para aceitar os novos valores e fechar o **PropertyManager**. A modificação é exibida.

7.2. Edição com a Opção Editar Esboço

Todo recurso criado no SolidWorks surge a partir da criação de um esboço. A edição de um **Esboço** é acessada de forma similar à edição do **Recurso**. Para editar qualquer esboço no SolidWorks, selecione o recurso correspondente na **Árvore do projeto do FeatureManager** ou diretamente na área gráfica. Em seguida, clique com o botão direito do mouse para abrir o menu de atalhos e selecione a opção **Editar esboço**, Figura 7.5. É aberto o ambiente de esboço, disponibilizando todas as ferramentas da barra de ferramentas **Esboço**. Utilize-as para modificar o esboço e, ao final, saia do ambiente de esboço clicando no botão **Sair do esboço**, no **CommandManager**, ou no canto superior direito da área gráfica, ou ainda, clicando **CTRL + B**.

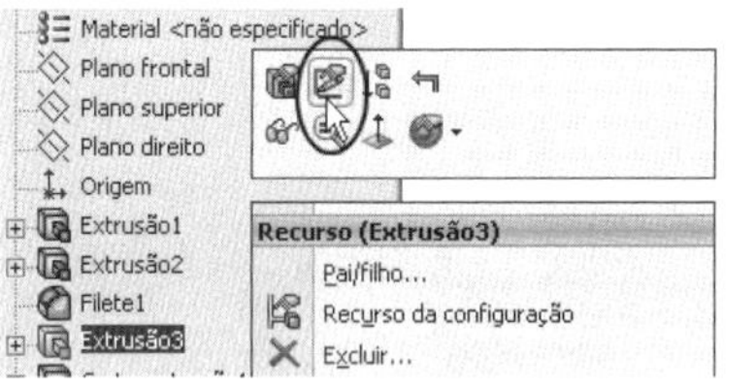

Figura 7.5 - Opção Editar esboço do menu de atalhos.

7.3. Edição de Plano de Esboço

Todo esboço é criado a partir de um plano de referência que pode ser um plano de esboço (frontal, superior, lateral direito ou outro qualquer) ou, ainda, uma superfície ou face. Para editar um plano de esboço, expanda o recurso na **Árvore do projeto do FeatureManager**, selecione o esboço e clique no botão direito do mouse para acessar o menu de atalhos. Observe que aparece a opção **Editar plano de esboço** (circulada na figura), Figura 7.6. O **PropertyManager** de edição de **Plano de esboço** é exibido, Figura 7.7. Dentro da janela aparece a referência atual em que o esboço está desenhado.

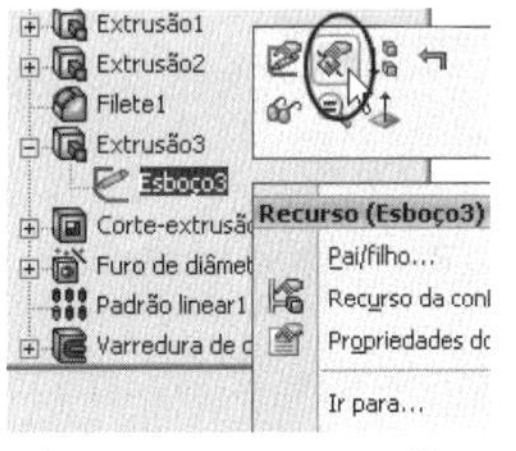

Figura 7.6 - Opção Editar plano de esboço no menu de atalhos.

Figura 7.7 - PropertyManager para edição do Plano de esboço.

Para definir uma nova referência, basta selecioná-la pelo menu **flyout**, utilizando o cursor do mouse. É importante frisar a necessidade da observação quanto à escolha da nova referência para o plano de esboço, pois o recurso é diretamente afetado com a mudança do plano.

As Figuras 7.8 e 7.9 exemplificam a mudança que ocorre na vista em **Perspectiva isométrica** para um mesmo modelo cujo plano de esboço foi modificado de **Plano superior** para **Plano frontal**.

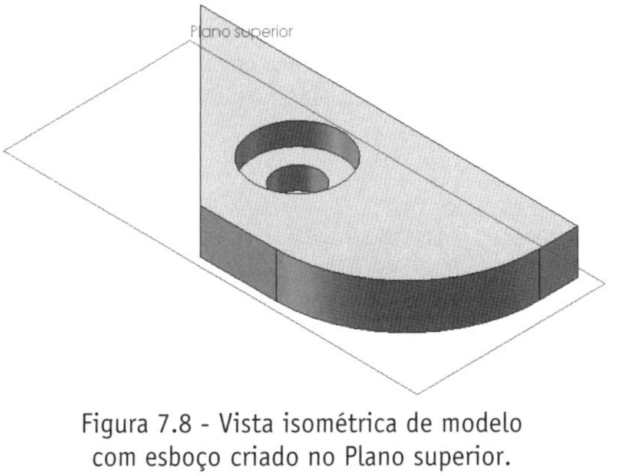

Figura 7.8 - Vista isométrica de modelo com esboço criado no Plano superior.

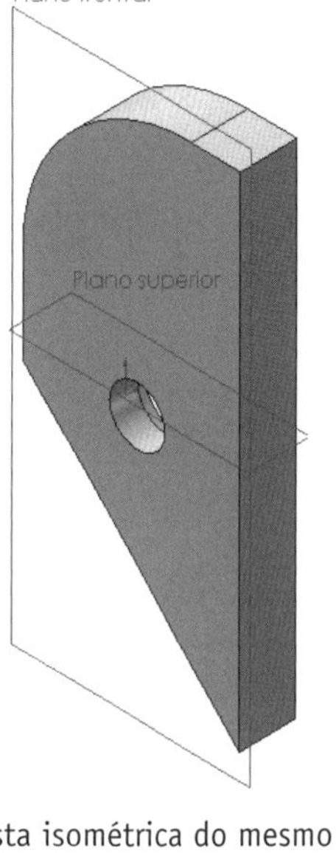

Figura 7.9 - Vista isométrica do mesmo modelo com plano de esboço editado para o Plano frontal.

Observe uma segunda situação exemplificada nas Figuras 7.10 e 7.11, em que um modelo composto por dois recursos, cujo primeiro foi esboçado no **Plano superior** e o segundo no **Plano frontal**, não usa como referência uma das faces do primeiro recurso, como seria o correto. Neste modelo, pretende-se mudar o plano de esboço do primeiro recurso para o **Plano frontal**.

Ao editar o plano de esboço do primeiro recurso, mudando-o conforme anunciado, o segundo não acompanha a mudança.

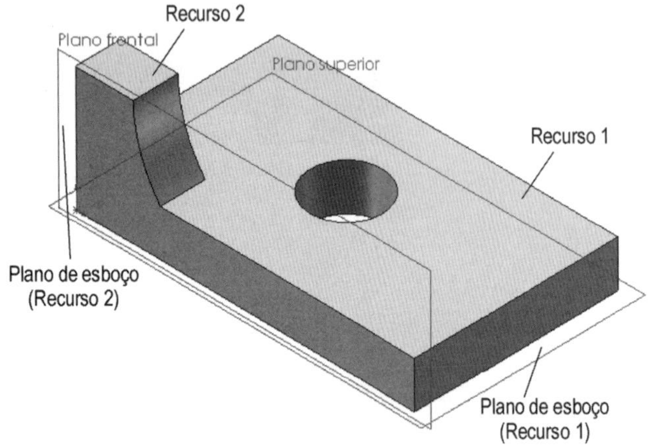

Figura 7.10 - Modelo composto por dois recursos - Recurso 1 no Plano superior e Recurso 2 no Plano frontal.

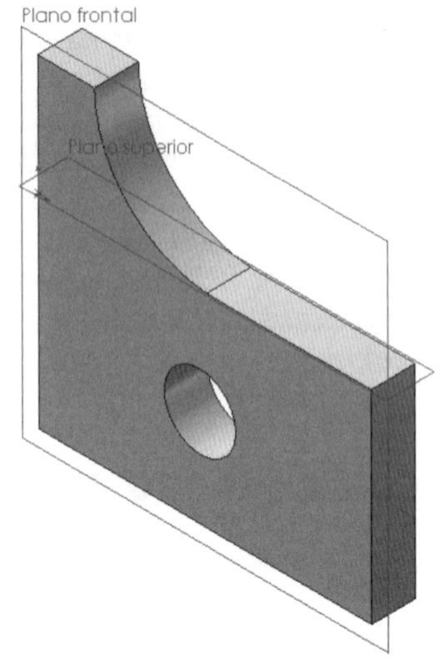

Figura 7.11 - Modelo após o Plano de esboço do Recurso 1 ser modificado para Plano frontal.

Já as Figuras 7.12 e 7.13 exemplificam uma nova situação em que o esboço do **Recurso 2** foi criado usando como referência de **Plano de esboço** a face frontal do **Recurso 1**. Fazendo a mesma edição do plano de esboço que foi aplicada ao exemplo anterior, verificamos que, desta vez, ambos os recursos são modificados, mantendo o posicionamento relativo.

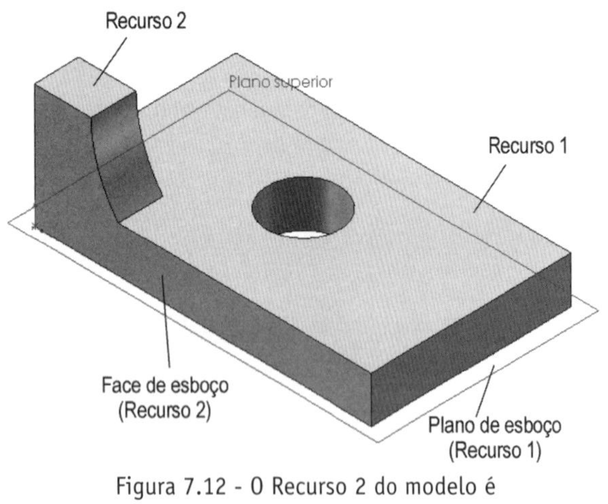

Figura 7.12 - O Recurso 2 do modelo é referenciado na face frontal do Recurso 1.

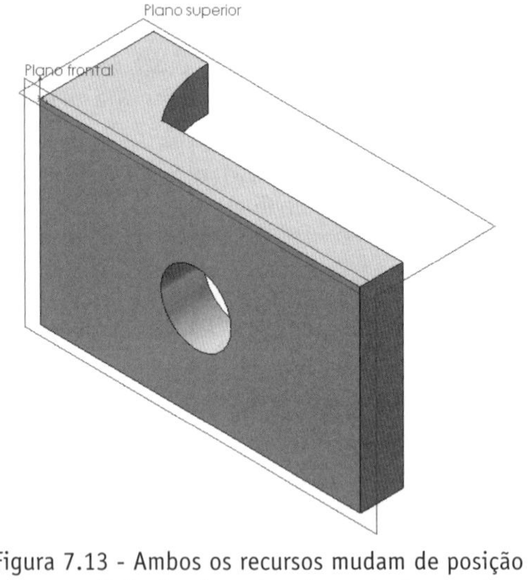

Figura 7.13 - Ambos os recursos mudam de posição com a edição do plano de esboço do Recurso 1.

Nota

Se selecionar um plano de esboço no qual as relações ou dimensões não encontrem nenhuma referência de posicionamento, a caixa de diálogo **O que está errado?** é exibida, Figura 7.14. Você deve desfazer o último passo, utilizando o botão de comando **Desfazer** da barra de ferramentas **Padrão**. Depois, invoque o **PropertyManager** de edição de **Plano de esboço** novamente e selecione o plano apropriado. Mais adiante, neste capítulo, você aprenderá mais sobre a caixa de diálogo **O que está errado?**.

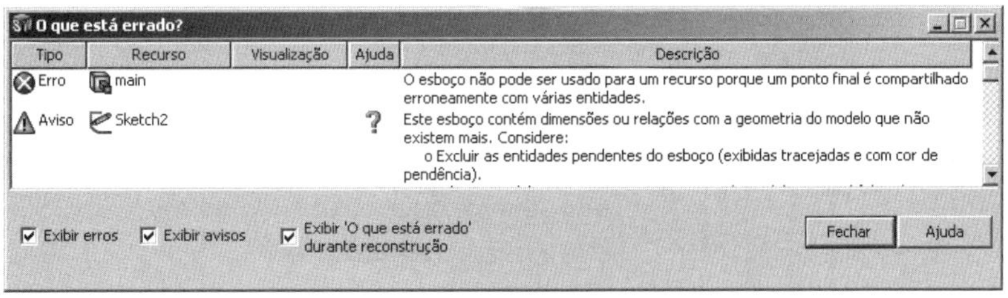

Figura 7.14 - Caixa de diálogo **O que está errado?**.

7.4. Edição por um Clique ou Duplo-Clique em Entidade ou Recurso

É possível ainda editar uma entidade, referência geométrica, recurso ou esboço com apenas um clique ou um duplo-clique sobre ele, diretamente na área gráfica. Por exemplo, se der um clique ou duplo-clique sobre um recurso, ocorrem duas situações. Na primeira, é apresentada a **barra de ferramentas de contexto**, Figura 7.15. Na segunda, é exibida a caixa de diálogo **Modificar**, Figura 7.16.

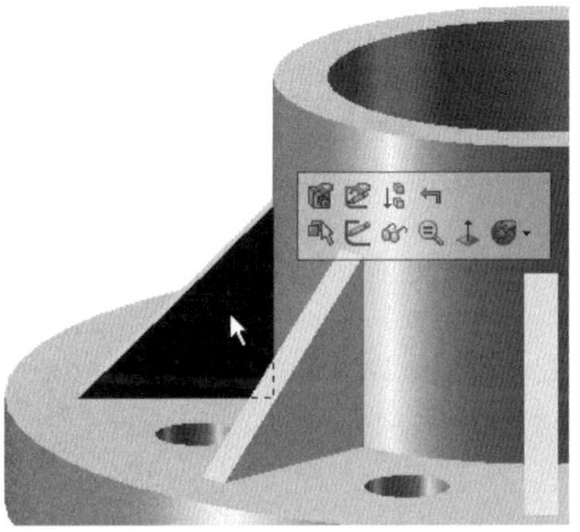

Figura 7.15 - Um clique sobre a nervura exibe a barra de ferramentas de contexto.

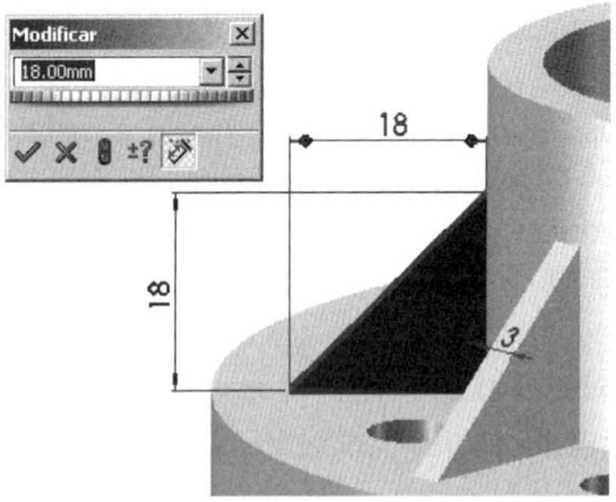

Figura 7.16 - Dois cliques sobre a nervura para exibir a caixa de diálogo Modificar.

7.4.1. Barra de Ferramentas de Contexto

O SolidWorks 2008, visando focar o trabalho no projeto e não em si próprio, implementou a **barra de ferramentas de contexto**, que permite rápido acesso aos controles de **PropertyManager**, como mostram a Figura 7.17 e as descrições em seguida:

1. Editar recurso
2. Editar esboço
3. Suprimir
4. Reverter
5. Normal a
6. Chamada de aparência
7. Selecionar outra
8. Esboço
9. Ocultar
10. Zoom na seleção

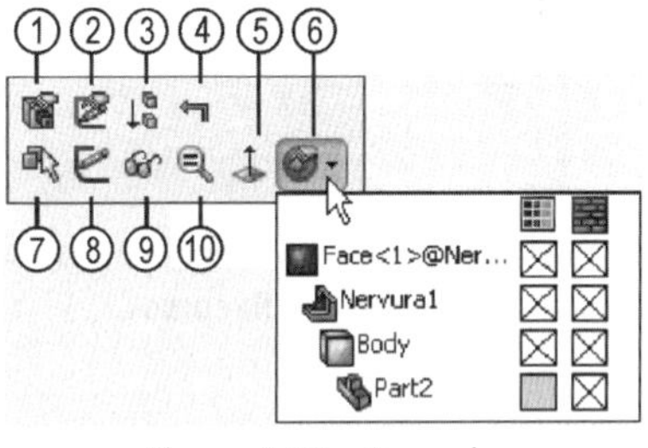

Figura 7.17 - Barra de ferramentas de contexto.

7.4.2. Comandos da Caixa de Diálogo Modificar

Como referido, um duplo-clique sobre um recurso exibe a caixa de diálogo Modificar, cujos comandos são descritos na Figura 7.18.

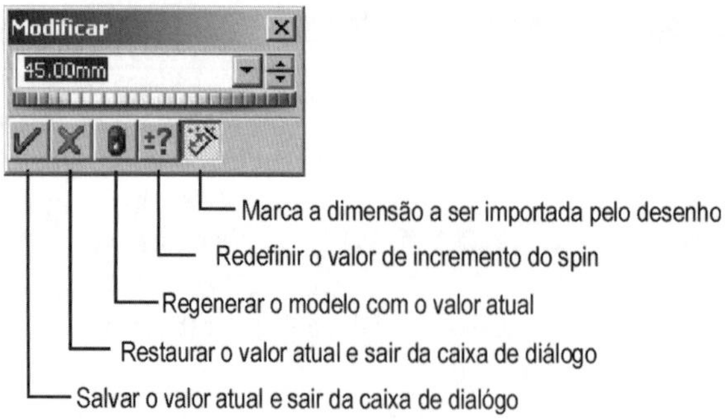

Figura 7.18 - Comandos da caixa de diálogo **Modificar.**

A caixa de diálogo **Modificar** também é utilizada para configuração de peças, como será visto mais adiante.

7.5. Edição pelo Comando Instant 3D

Outra forma de editar esboços ou recursos no SolidWorks é a utilização do comando **Instant 3D**, que pode ser acessado rapidamente pelo **CommandManager Recurso**, Figura 7.19, ou pela barra de ferramentas **Recursos**.

Esse comando, entretanto, geralmente não aparece na forma-padrão da barra **Recursos**, tendo de ser inserido nela por **Ferramentas → Personalizar**, em que é exibida a caixa de diálogo **Personalizar**. Em seguida, clique na aba **Comandos**. Selecione o comando desejado e arraste-o para a barra de ferramentas.

A utilização do comando consiste em selecionar o recurso o qual se deseja editar. Três manipuladores aparecem no modelo, como mostra a Figura 7.20, em que a superfície circular superior foi selecionada.

Os manipuladores têm os seguintes significados e podem ser aplicados sem a necessidade de entrar no ambiente de esboço.

- **Manipulador axial** - redimensionamento axial somente em X, Y ou Z (sentido da extrusão).
- **Manipulador radial** - redimensionamento radial (raio, diâmetro, largura).
- **Manipulador de giro e translação** - permite mover o recurso nas direções X, Y ou girar em torno de X, Y.

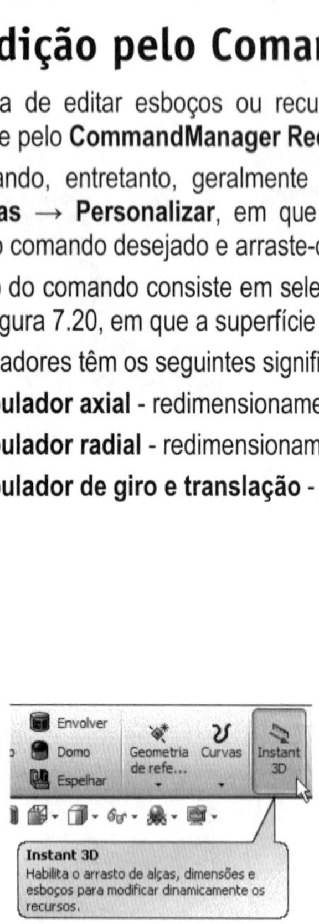

Figura 7.19 - Comando **Mover/dimensionar** inserido na barra de ferramentas **Recursos.**

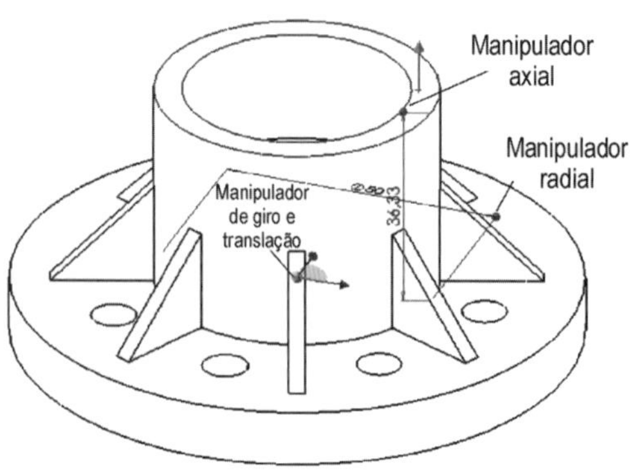

Figura 7.20 - Comando **Mover/dimensionar** inserido na barra de ferramentas **Recursos.**

7.5.1. Manipulador Axial

A Figura 7.21 mostra a seqüência de imagens de aplicação do **Manipulador axial** para modificar a altura da extrusão do corpo cilíndrico central de um modelo.

1. Na primeira imagem o cursor do mouse é posicionado no ponto central do manípulo (esfera) e, ao pressionar o botão esquerdo do mouse deslizando o cursor para cima, a extrusão o acompanha, como mostram a segunda e a terceira imagens. Note que, ao pressionar o cursor sobre a pequena esfera, surge uma régua com ponteiro deslizante e na extremidade dele a medida real da altura, permitindo um movimento de precisão.

   A alteração dimensional só pode ser realizada no sentido representado pelas setas dos manipuladores.

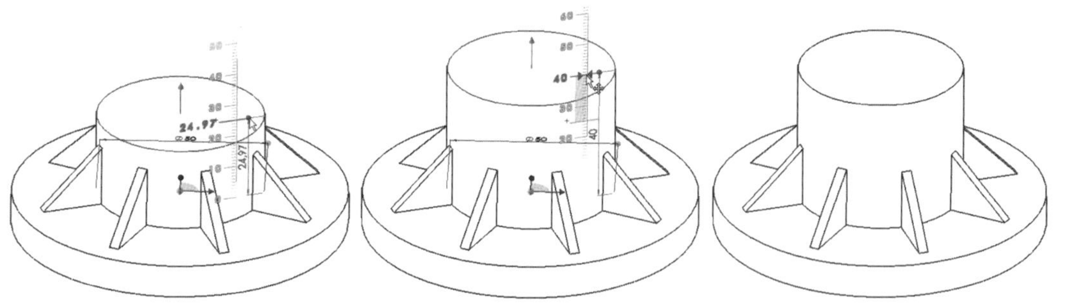

Figura 7.21 - Modelo com extrusão redimensionada.

7.5.2. Manipulador Radial

A Figura 7.22 ilustra a seqüência de imagens na aplicação do **Manipulador radial** para modificar o diâmetro maior do modelo.

1. Na primeira imagem o cursor do mouse é posicionado no ponto central do manípulo que acusa na régua a dimensão de 100mm.
2. Ao pressionar o botão esquerdo do mouse deslizando para longe do modelo, note uma banda elástica amarela sobre a escala da régua. Observe ainda que, ao aproximar mais o cursor da escala da régua, o ponteiro acusa com precisão a variação do diâmetro.
3. Na terceira imagem é possível ver o aumento do diâmetro em relação à primeira imagem.

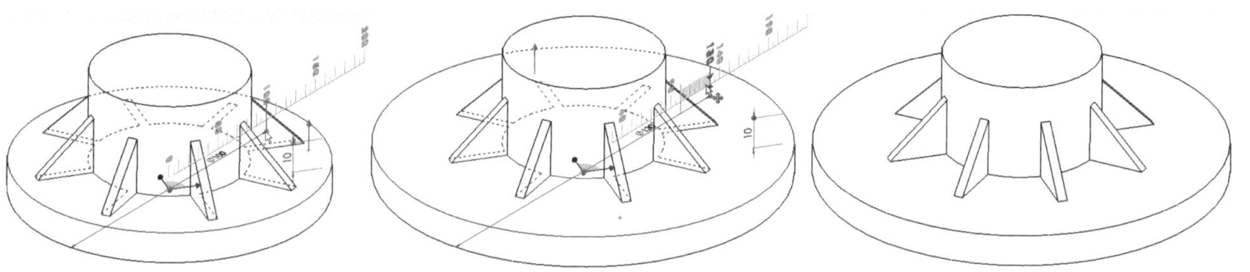

Figura 7.22 - Modificação do diâmetro com uso do manipulador radial.

7.5.3. Manípulo de Giro e Translação

O movimento translacional ao longo de um dos eixos X, Y é obtido de forma bastante simples. No exemplo seguinte, seleciona-se a superfície interna do furo para movê-lo à outra posição no modelo.

1. Ative o comando no **CommandManager** e, após a seleção, observe o aparecimento do manipulador no centro do furo.
2. Selecione a região entre os dois vetores X, Y. Em seguida, clique no botão esquerdo do mouse e mova o furo para onde desejar. Na figura central, o furo foi movido até tangenciar a aresta de recorte do modelo.
3. Solte o mouse para finalizar a operação, como mostra a terceira imagem.

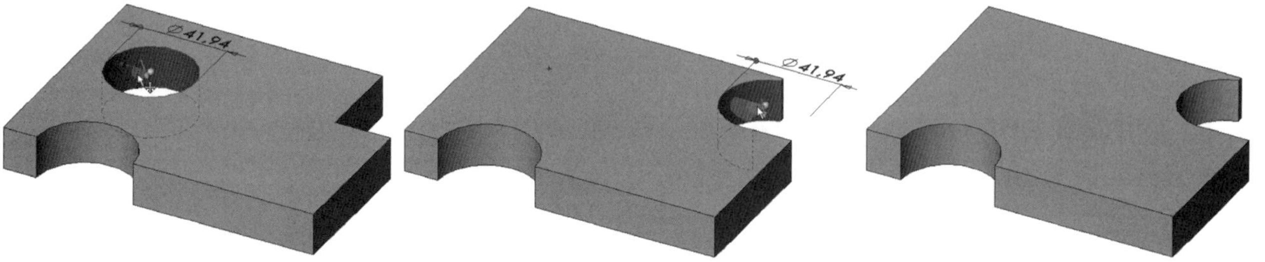

Figura 7.23 - Modelo com reposicionamento translacional relativo aos vetores X, Y.

Quando o recurso a ser movido ou girado possui algum tipo de relação dimensional ou de posição, deixando-o total ou parcialmente definido, ao ativar o manípulo, o sistema exibe a caixa de diálogo de confirmação correspondente, Figura 7.24.

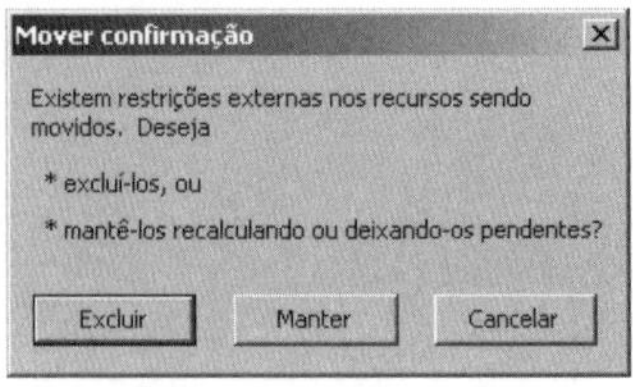

Figura 7.24 - Caixa de confirmação.

7.5.4. Criação de Ressaltos e Cortes com Instant 3D

A ferramenta **Instant 3D** pode ser usada para criar recursos de **Ressaltos** e **Cortes** a partir de esboços. As Figuras 7.25 a 7.28 exemplificam essa aplicação.

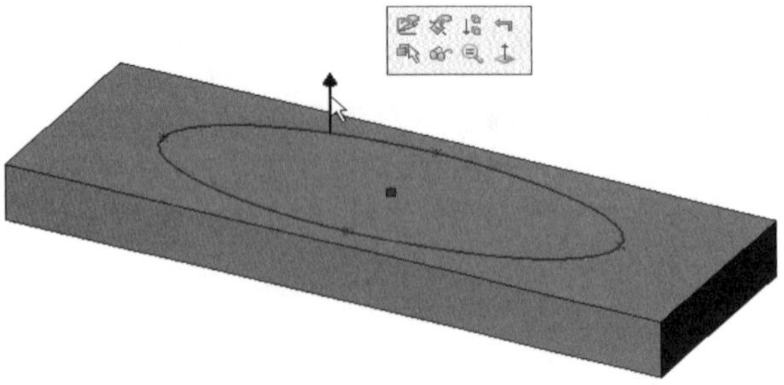

Figura 7.25 - Aplicação do Instant 3D ao esboço.

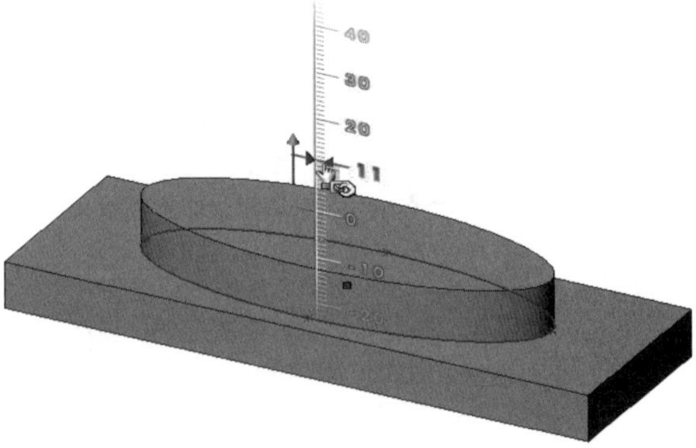

Figura 7.26 - Criação do ressalto.

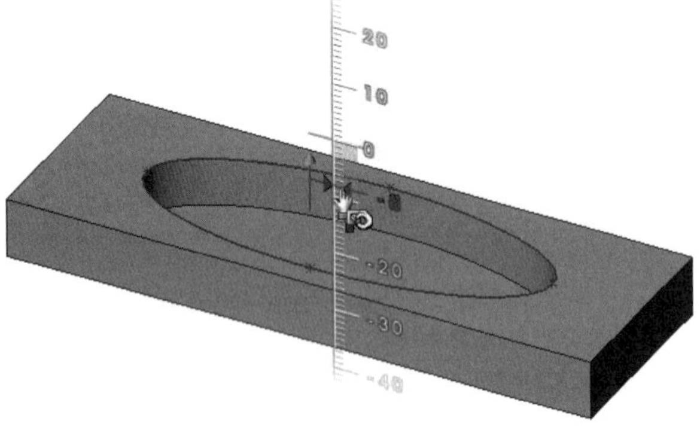

Figura 7.27 - Criação de corte.

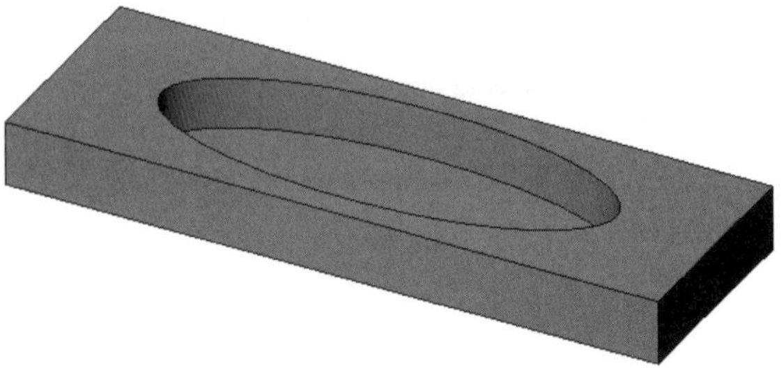

Figura 7.28 - Corte definido.

7.6. Edição por Arraste e Cola

Outro processo de edição possível no SolidWorks é o sistema de *arraste e cola*. Esse modo de edição permite abrir dois arquivos diferentes em janelas lado a lado, na vertical ou na horizontal, e selecionar um ou mais recursos de um dos modelos, arrastá-lo(s) para o modelo da outra janela e colar. Esse procedimento é bastante útil para copiar recursos de um modelo a outro, economizando tempo de criação. Basta fazer, depois, os devidos ajustes de dimensões e posicionamento.

As Figuras 7.29 a 7.32 exemplificam um caso em que se deseja aplicar a um segundo modelo o mesmo recurso e o padrão aplicados a um anterior. Na Figura 7.29 temos, à esquerda, o modelo-fonte de onde se deseja copiar o furo sextavado e o padrão criado na superfície sextavada e, na figura à direita, o modelo em processo de criação, o qual será o destino da cópia.

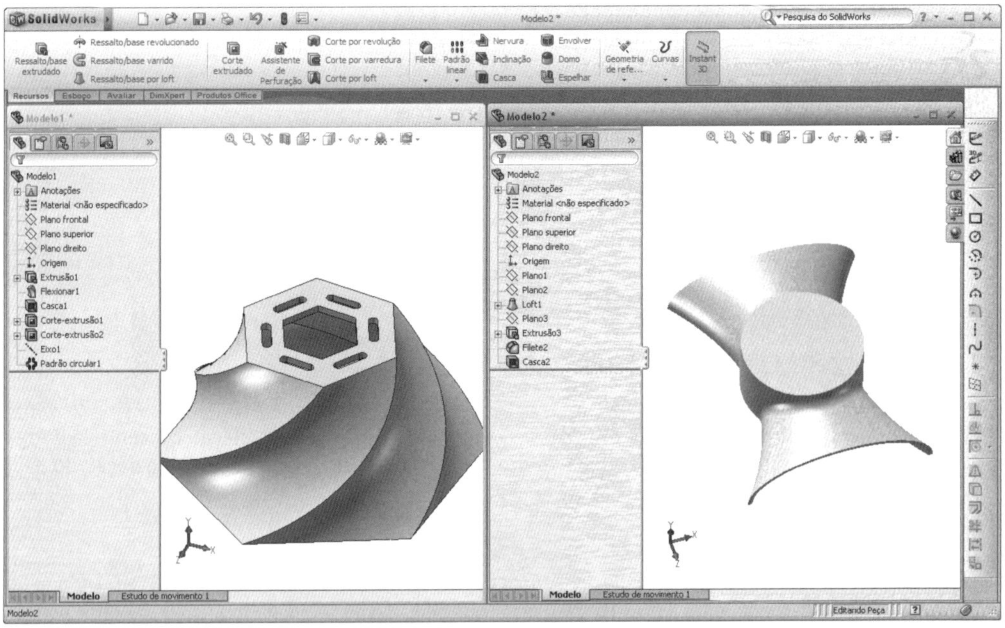

Figura 7.29 - Modelo-fonte e modelo de destino para o arraste e cola dos recursos.

1. Na **Árvore do projeto** do modelo-fonte selecione os recursos desejados e arraste para a superfície do modelo de destino. Note o aparecimento da caixa **Confirmação de cópia**, Figura 7.30.

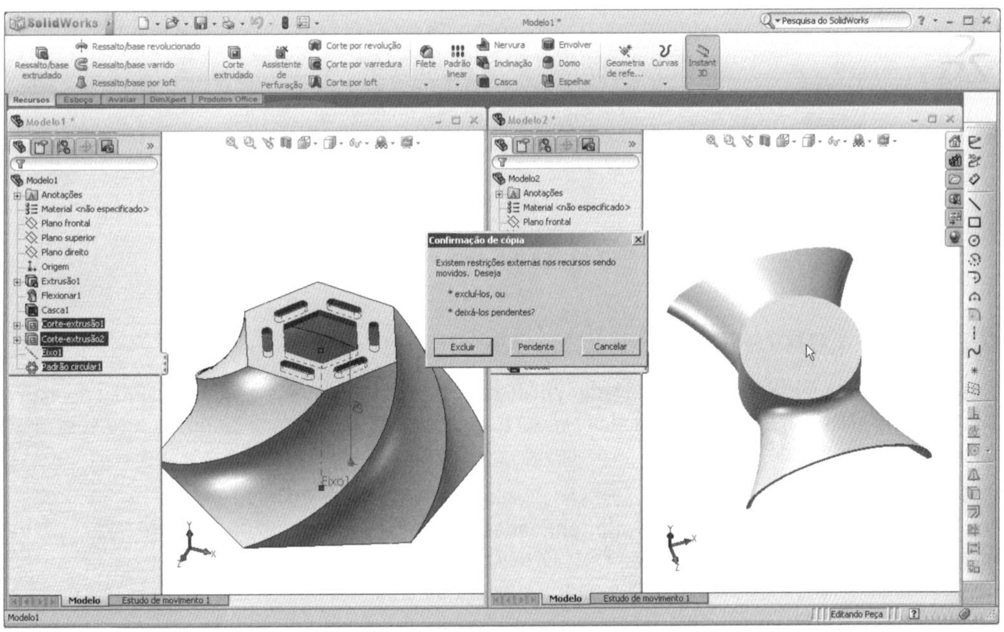

Figura 7.30 - Seleção dos recursos na árvore da figura à esquerda e arraste para a superfície circular à direita.

2. Clique em **Excluir** para excluir as referências dos recursos do modelo de origem. Observe que, mesmo tendo selecionado o padrão na **Árvore de projeto** do modelo-fonte, somente foram arrastados o furo hexagonal, o eixo e o recurso original do padrão, Figura 7.31.
3. Edite o esboço do furo hexagonal e aplique uma relação concêntrica à aresta circular da face.
4. Gere novamente o padrão usando o recurso original do rasgo arrastado e o eixo, Figura 7.32.

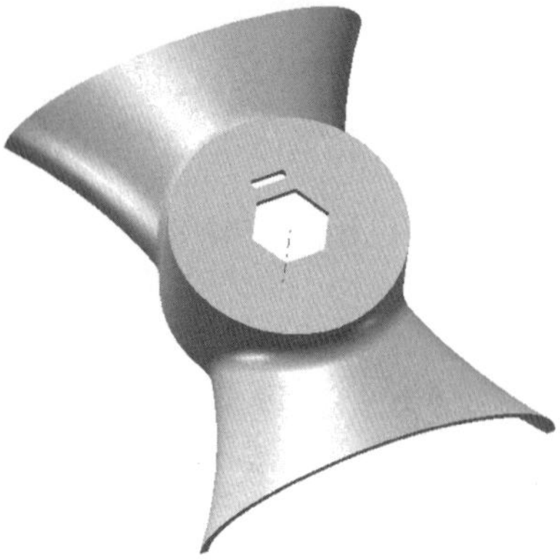

Figura 7.31 - Recursos colados na nova superfície.

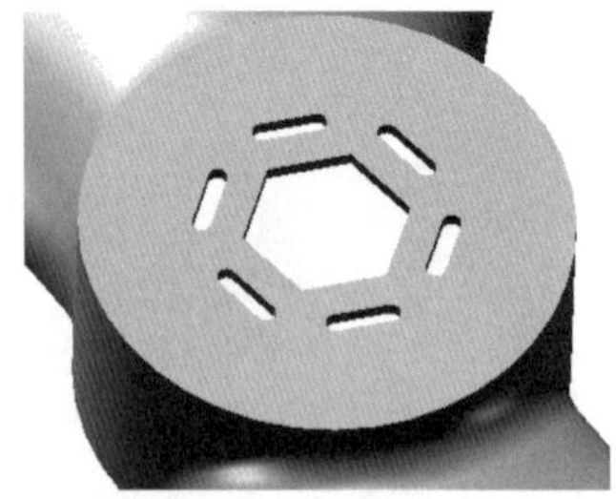

Figura 7.32 - Aplicação da relação concêntrica entre o furo hexagonal e a superfície circular e geração do padrão.

Nota

O comando que permite exibir duas telas lado a lado denomina-se **Lado a lado na vertical** ou **Lado a lado na horizontal**, e faz parte da barra de ferramentas **Padrão**, mais especificamente no menu *drop-down* **Janela**, como mostra a Figura 7.33. Lembre-se de que, para acessar o menu *drop-down*, basta posicionar o mouse sobre o ícone SolidWorks no canto superior da tela.

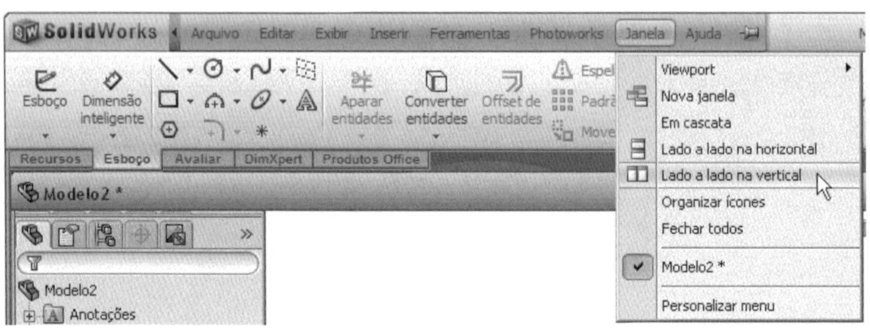

Figura 7.33 - Ferramenta lado a lado na vertical.

7.7. Edição por Conversão de Entidade

O SolidWorks disponibiliza uma ferramenta para converter entidades de esboço. Torna-se bastante útil não apenas nos processos de edição, em que após analisar um determinado modelo, vê-se a necessidade de implementar novos recursos, mas também pode ser usada a qualquer tempo, tornando mais rápidos os processos construtivos do modelo.

A ferramenta **Converter entidades** pode ser acessada pelo menu *drop-down* **Ferramentas → Ferramentas de esboço → Converter entidades**, ou diretamente no **CommandManager** de recursos de **Esboço**, Figura 7.34. Observe as Figuras 7.35 a 7.39, em que se demonstra a seqüência de operações para a inclusão de uma nervura no modelo.

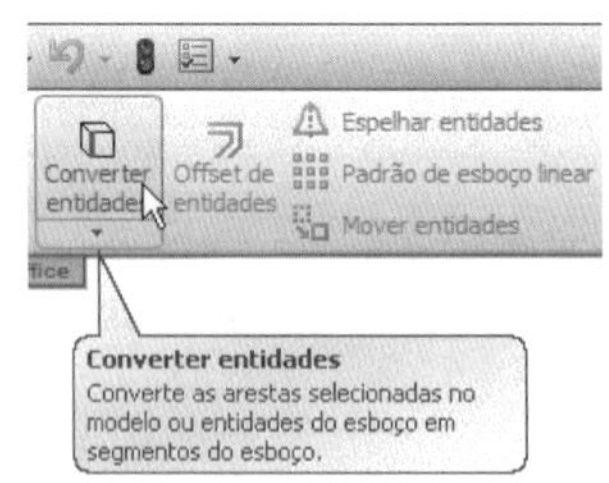

Figura 7.34 - CommandManager.

1. Exiba o modelo da Figura 7.35 em **Estrutura de arames**. Em seguida, abra um novo esboço selecionando como plano de esboço o **Plano frontal,** Figura 7.36 (vista parcial).
2. Selecione com o cursor do mouse a aresta superior da nervura já existente, como mostra a figura.
3. Vá ao menu *drop-down* e selecione a opção **Ferramentas → Ferramentas de esboço → Converter entidades** ou o **CommandManager** de **Esboço**. A entidade selecionada é convertida em uma linha de cor preta com dois pontos nas extremidades, Figura 7.36.

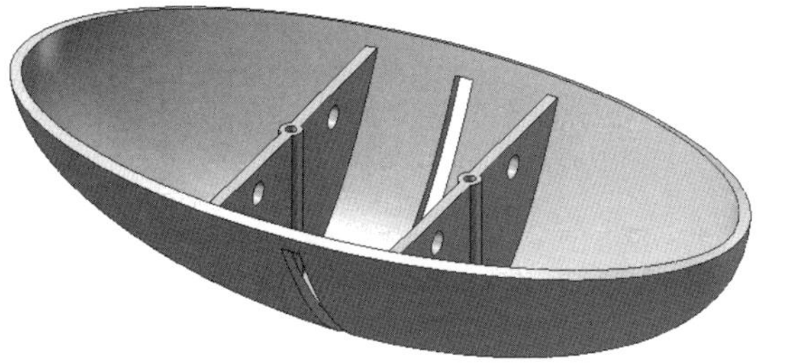

Figura 7.35 - Modelo com duas nervuras internas.

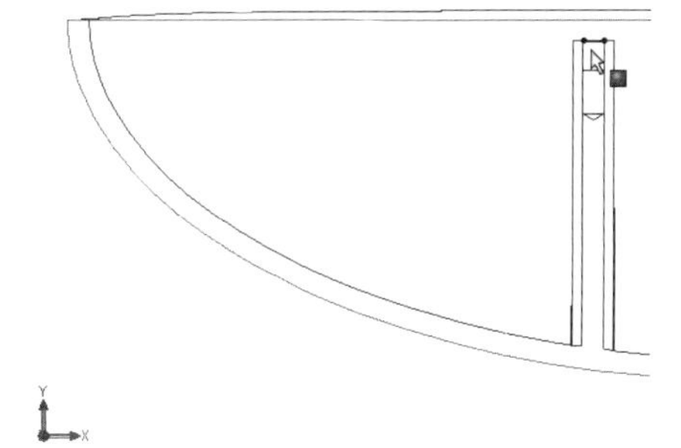

Figura 7.36 - Edição de uma aresta da nervura para conversão em nova entidade.

4. Clique com o mouse sobre cada um dos pontos, esticando-os para o lado esquerdo, como mostra a Figura 7.37. Deixe a linha solta. Suas extremidades não precisam ficar ligadas a nada.
5. Selecione, na barra de ferramentas **Recursos**, o comando **Nervura** e configure a espessura e a direção da extrusão.
6. Clique em **OK** para aceitar o comando, Figura 7.38. Para a nervura do lado oposto, não é preciso repetir o procedimento; apenas aplique um espelhamento ao **Plano direito** que passa ortogonalmente e ao centro do modelo, Figura 7.39.

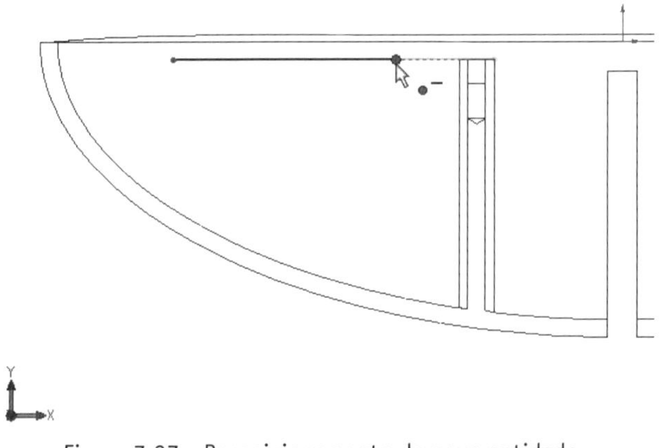

Figura 7.37 - Reposicionamento da nova entidade.

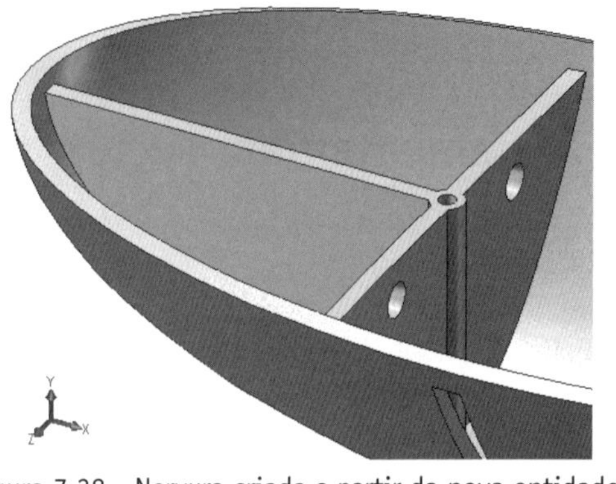

Figura 7.38 - Nervura criada a partir da nova entidade.

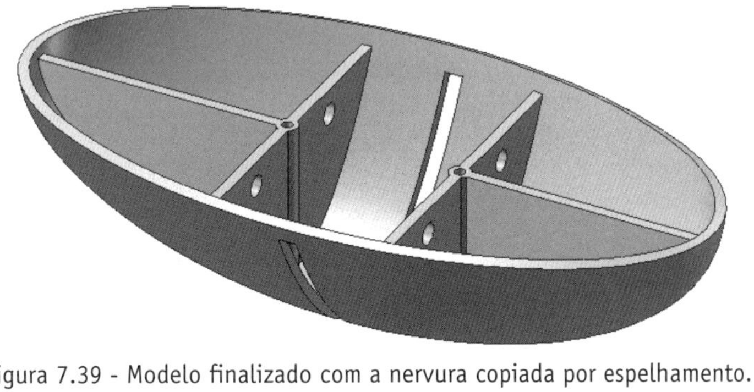

Figura 7.39 - Modelo finalizado com a nervura copiada por espelhamento.

7. As Figuras 7.40 a 7.43 exemplificam uma segunda situação, em que a aresta de contorno externo de um modelo é editada e convertida em entidades de esboço para aplicação do comando de extrusão com altura de 10mm em ângulo de 30°. Para isso, selecione a superfície superior como Plano de esboço e, em seguida, uma das arestas + **CTRL** e as demais arestas. Selecione o comando no **CommandManager** de **Esboço**.

Figura 7.40 - Seleção das arestas.

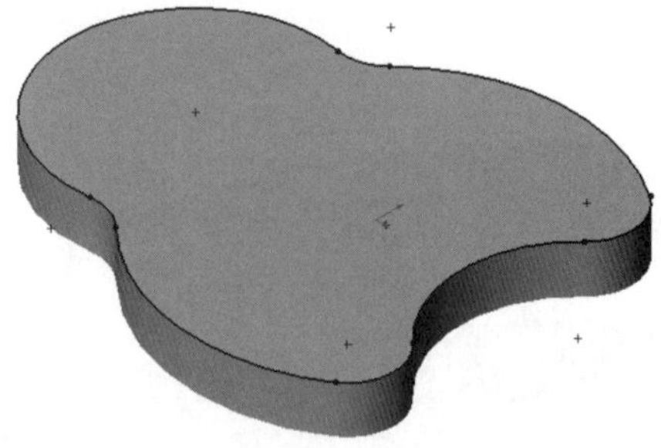

Figura 7.41 - Entidades convertidas (novo esboço).

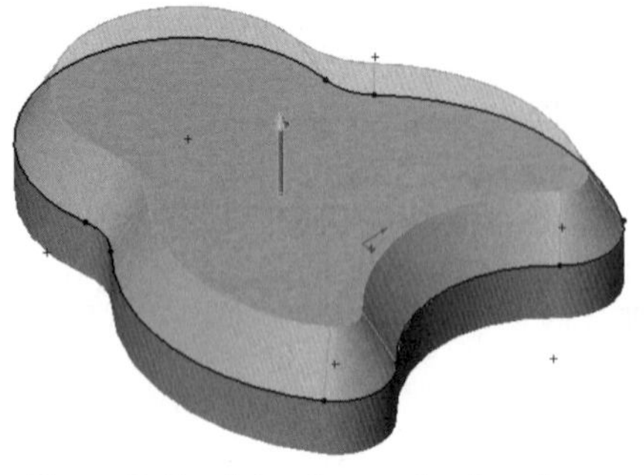

Figura 7.42 - Extrusão angular do esboço.

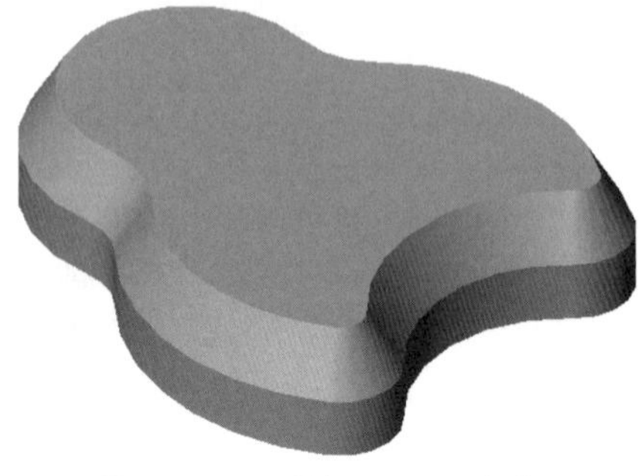

Figura 7.43 - Esboço extrudado.

7.8. Ferramenta para Excluir Recursos

O SolidWorks possibilita a rápida exclusão de recursos, que pode ser feita das seguintes maneiras:

- Seleção do(s) recurso(s) diretamente na **área gráfica** ou na **Árvore do projeto**, pressionando, em seguida, a tecla **DELETE** do computador.
- Seleção do(s) recurso(s) diretamente na **área gráfica** ou na **Árvore do projeto**, pressionando, em seguida, a tecla direita do mouse para acessar o menu de atalhos e selecionar a opção **Excluir**.

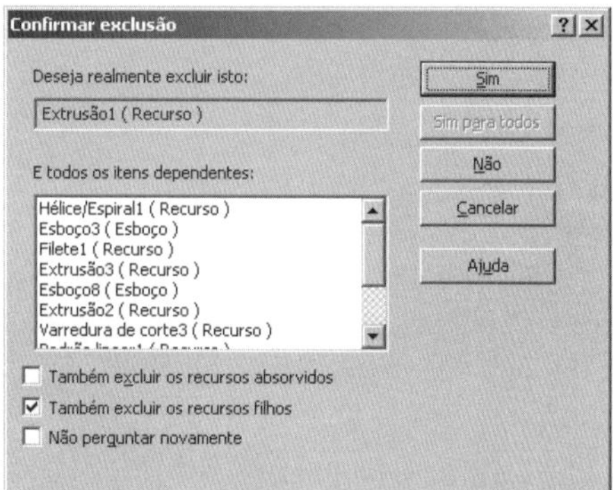

Figura 7.44 - Caixa de diálogo **Confirmar exclusão.**

Quando qualquer uma das soluções anteriores for adotada, é exibida na tela do computador a caixa de diálogo **Confirmar exclusão**, Figura 7.44. Observe que a caixa mostra três *checkboxes*, sendo a central definida como padrão.

Na primeira *checkbox*, **Também excluir os recursos absorvidos**, todos os recursos absorvidos pelos recursos filhos durante o processo de criação do modelo também são excluídos. Na opção-padrão, são excluídos somente os recursos de parentesco direto. Na terceira *checkbox*, quando selecionada, as próximas exclusões seguem o que for definido em umas das duas anteriores.

7.9. Ferramenta para Excluir Corpos

Como visto anteriormente, o SolidWorks trabalha também em ambiente de corpos múltiplos. Para serem excluídos, os corpos precisam ser sólidos ou de superfícies. Para excluir um corpo, selecione o menu *drop-down* **Inserir** → **Recursos** → **Excluir corpo**. É possível também selecionar esse comando diretamente no **CommandManager**, depois de tê-lo configurado (inserido) neste, ou ainda, diretamente na barra de ferramentas **Recursos**. O **PropertyManager Excluir corpo** é então exibido, como mostra a Figura 7.45.

Figura 7.45 - PropertyManager Excluir corpo.

A janela **Corpos a excluir** apresenta os corpos sólidos ou de superfícies selecionados para a exclusão. Ao confirmar o comando, o(s) corpo(s) é(são) excluído(s).

1. Selecione o corpo ou corpos a serem excluídos diretamente na área gráfica ou na Árvore do modelo. Os corpos selecionados são exibidos em cor verde e seus nomes, como já citado, aparecem dentro da janela **Corpos a excluir** do **PropertyManager**.
2. Selecione **OK** para confirmar a exclusão desejada. Um item denominado **Corpo-Excluir1** aparece na **Árvore do projeto do FeartureManager**, Figura 7.46. Esse item define os corpos excluídos. Assim, a qualquer tempo você pode conhecer o histórico dos corpos excluídos durante o ciclo criativo de seu modelo, bem como reverter o comando usando a opção **Reverter** da **barra de ferramentas do contexto**, comando exibido na Figura 7.17.

É possível ainda utilizar o menu de atalhos para fazer a exclusão de um corpo ou corpos. Apenas faça a seleção diretamente na área gráfica ou na **Árvore do modelo do FeatureManager** e clique no botão direito do mouse para acessar o menu de atalhos. Em seguida, selecione a opção **Excluir** e confirme com **OK**.

7.10. Ferramenta para Suprimir Recursos

Algumas vezes, em representações de vistas ortogonais, isométricas, dimétricas ou trimétricas de conjuntos montados, pode ocorrer de você não desejar exibir determinados componentes. Neste caso, é interessante usar o comando de supressão definido como **Suprimir**. Ele está localizado na **barra de ferramentas de contexto**, representado por dois pequenos blocos e uma seta vertical no sentido de cima para baixo.

1. Selecione diretamente na montagem ou na **Árvore do projeto do FeatureManager** e clique no botão direito do mouse para acessar o menu de atalhos.
2. Clique na opção de comando **Ocultar** da **barra de ferramentas de contexto**, Figura 7.47.

Os componentes suprimidos são exibidos em cinza na Árvore do projeto. Na aplicação desse comando, é sempre bom lembrar que, ao suprimir um determinado componente, toda a família de parentesco relacionada diretamente a ele também é suprimida.

7.11. Ferramenta para Cancelar Supressão

O procedimento para cancelar a supressão é análogo ao anterior. Simplesmente selecione na **Árvore do projeto** os componentes suprimidos e clique no botão direito do mouse para acessar a barra de ferramentas de contexto novamente. Então, clique em **Cancelar supressão**, Figura 7.48.

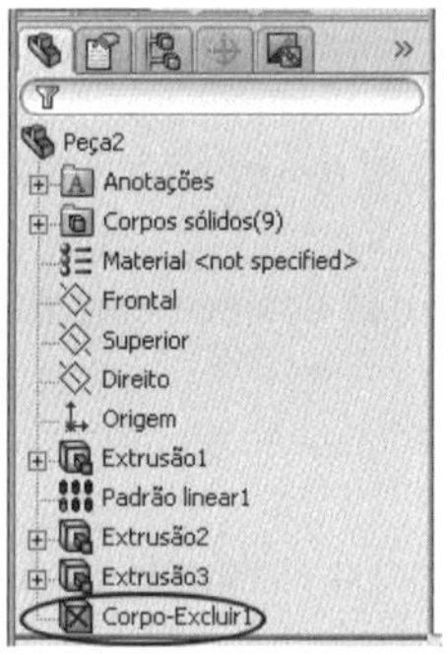

Figura 7.46 - Corpo-Excluir1.

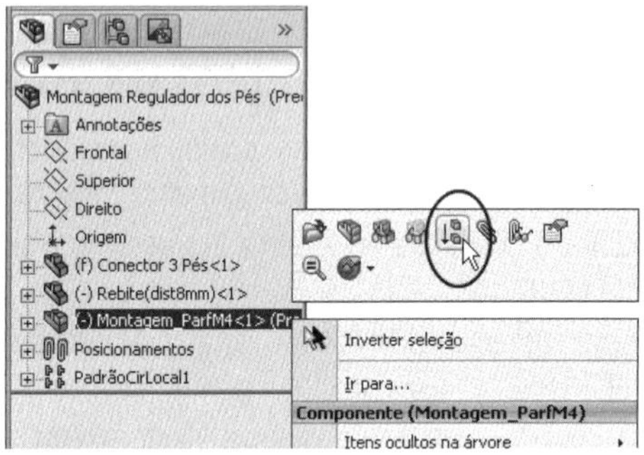

Figura 7.47 - Comando **Suprimir** na barra de ferramentas de contexto.

Figura 7.48 - Comando para cancelar supressão.

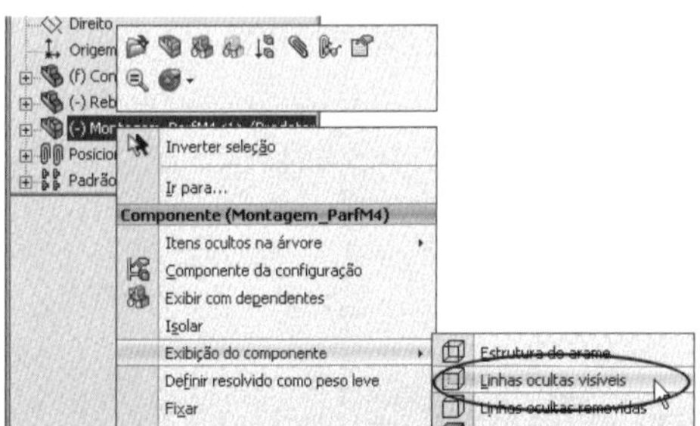

Figura 7.49 - Exibição de componente de uma montagem modificada Linhas ocultas visíveis.

7.12. Forma de Exibição de Componente de Montagem

Uma vez definida a montagem, as cores e os acabamentos dos componentes assumem a condição de **Exibição predeterminada**. Entretanto, se necessário, é possível mudar a forma de exibição de qualquer componente que se deseje dentro da montagem. É possível, por exemplo, exibir o componente desejado em **Estrutura de arame**, **Linhas ocultas visíveis**, **Linha ocultas removidas**, **Sombreado com arestas** e **Sombreado** e, depois, retornar à condição de **Exibição predeterminada**.

Para aplicar essas condições, selecione na **Árvore do projeto** os componentes desejados e clique no botão direito do mouse para acessar os comandos no menu de atalhos, Figura 7.49.

A Figura 7.50 exemplifica uma montagem em que todos os componentes aparecem na condição e **Exibição predeterminada**, pois a definição de cores e de material de cada componente já foi determinada. Já a Figura 7.51 ilustra o componente mostrado na Figura 7.49, modificado para a condição de **Linhas ocultas visíveis**.

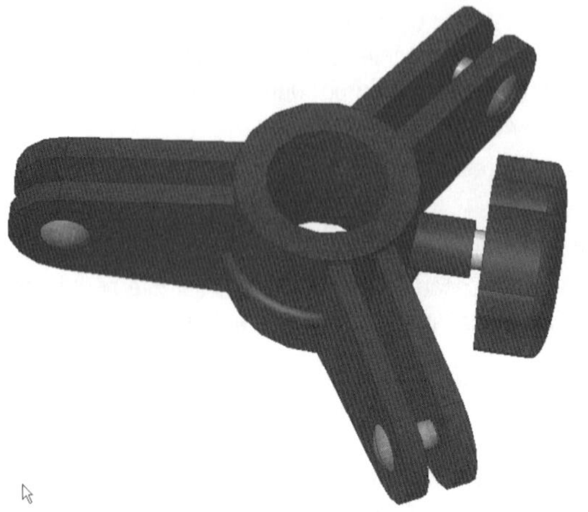

Figura 7.50 - Montagem em Exibição predeterminada.

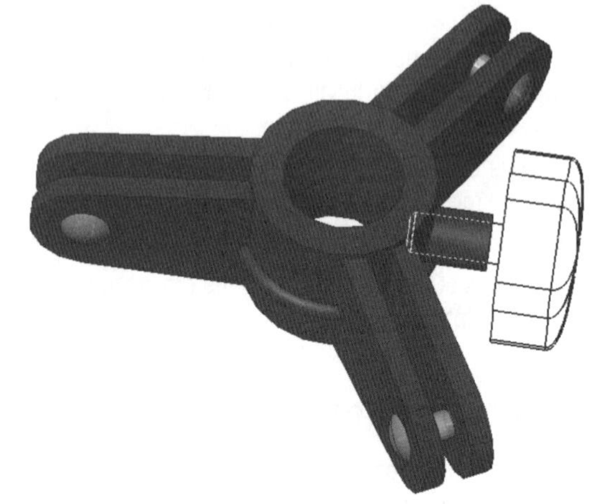

Figura 7.51 - Exibição de componente modificada.

7.13. Barra de Rolagem da Árvore de Projetos

Para inserção de novos recursos em pontos específicos da **Árvore de projetos**, é possível mover a barra de rolagem posicionada horizontalmente ao final desta. O procedimento consiste em:

1. Posicione o cursor sobre a barra e pressione o botão esquerdo do mouse. Note que aparece uma mãozinha segurando a barra, Figura 7.52.
2. Mantendo o mouse pressionado, arraste a barra até a posição desejada, aquela imediatamente anterior ao recurso que servirá de **Pai** ao recurso a ser criado, Figura 7.53.
3. Crie o recurso conforme desejado. Neste exemplo criou-se um recurso de furo com o assistente de furação, usando como referência a superfície do recurso **Extrusão1**, Figura 7.54.

Após a criação do recurso desejado, retorne a barra à posição de origem manualmente ou usando a opção **Reverter até o final** no menu de atalhos.

Essa mobilidade da barra é bastante útil na correção de problemas acusados pela caixa **O que está errado?**.

Figura 7.52 - Seleção da barra de rolagem.

Figura 7.53 - Reposicionamento da barra no local anterior à referência.

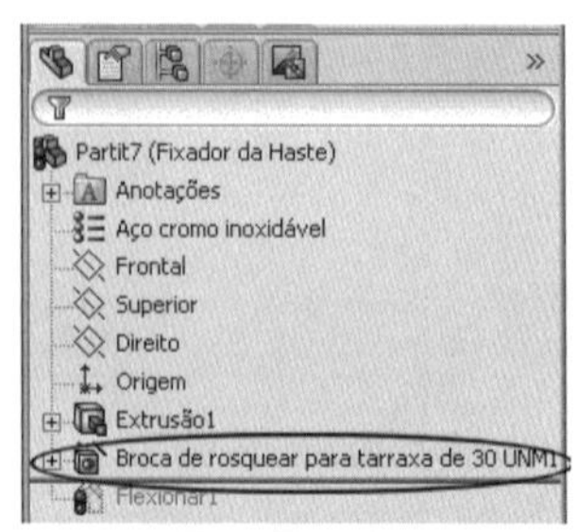

Figura 7.54 - Recurso criado.

7.14. Caixa de Diálogo "O que Está Errado?"

Sempre que houver algum erro de construção em um modelo, a caixa de diálogo **"O que está errado?"** é exibida. Esse erro de construção pode ser em função da mudança inadequada de plano de esboço, exclusão inadequada de recurso ou de parte de esboço, dimensões ou relações não mais existentes etc. A caixa de diálogo é então aberta, listando os tipos de erro e suas possíveis causas, bem como as soluções que podem ser obtidas pelo acionamento do botão **FeatureXpress**. A Figura 7.55 exemplifica uma **Árvore de um projeto** e a caixa de diálogo **"O que está errado?"** correspondente, em função dos erros, e o respectivo modelo.

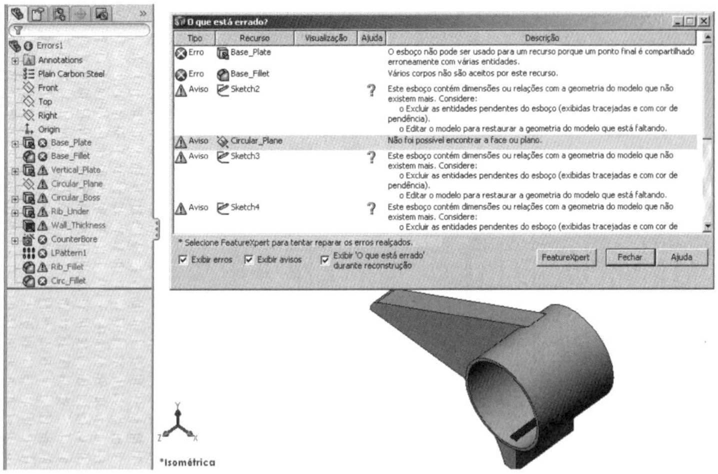

Figura 7.55 - Árvore do projeto, caixa de diálogo e modelo.

O processo de solução consiste em elevar a barra de rolagem até o primeiro erro, editá-lo, corrigir o recurso correspondente ou esboço, seja em termos de geometria, dimensão ou relação, atualizar e descer a barra até o erro seguinte.

Para melhor entendimento, arrumaremos o primeiro erro da **Árvore do projeto** exemplificado anteriormente.

1. Mova a barra de rolagem para a posição imediatamente inferior ao primeiro erro, no recurso **Base_Plate.** Exiba o menu de atalhos e clique na opção **"O que está errado?"** para ver novamente a caixa de diálogo, Figura 7.56. Note que o erro refere-se ao esboço.

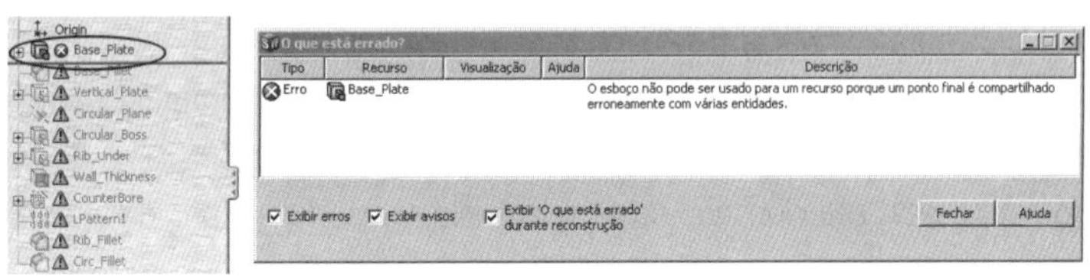

Figura 7.56 - Primeiro erro da Árvore do projeto.

2. Edite o esboço. Observe que ele exibe um pequeno segmento de reta posicionado sobre uma das arestas do esboço, conforme indica a figura. Exclua o segmento de reta e retorne a barra de rolagem à posição de origem. Agora o modelo já aparece diferente do visto anteriormente, Figura 7.58.

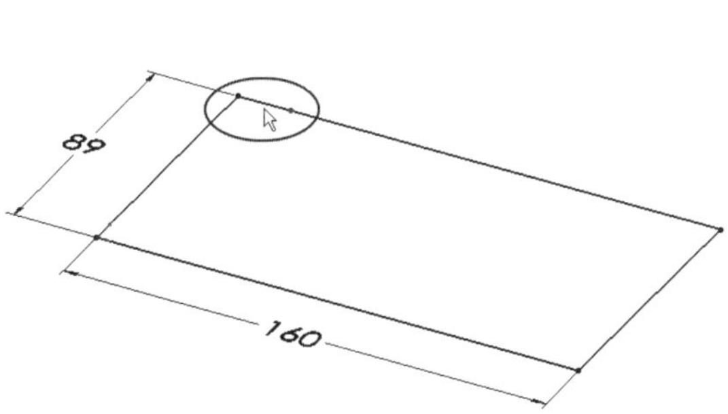

Figura 7.57 - Esboço do recurso Base_plate com erro indicado.

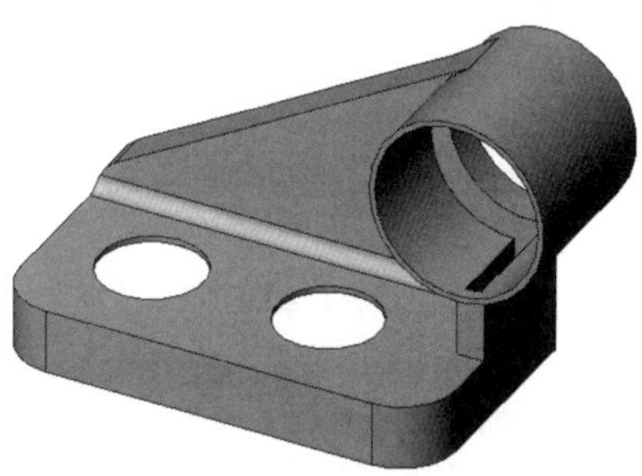

Figura 7.58 - Modelo após a correção do erro.

3. Repita o procedimento para os demais erros.

Exercício 1

Neste exemplo, crie o modelo exibido e detalhado na Figura 7.59. Enquanto criar, alguns dos recursos serão alterados dinamicamente; depois serão desfeitas as alterações.

(Tempo estimado: 30 minutos)

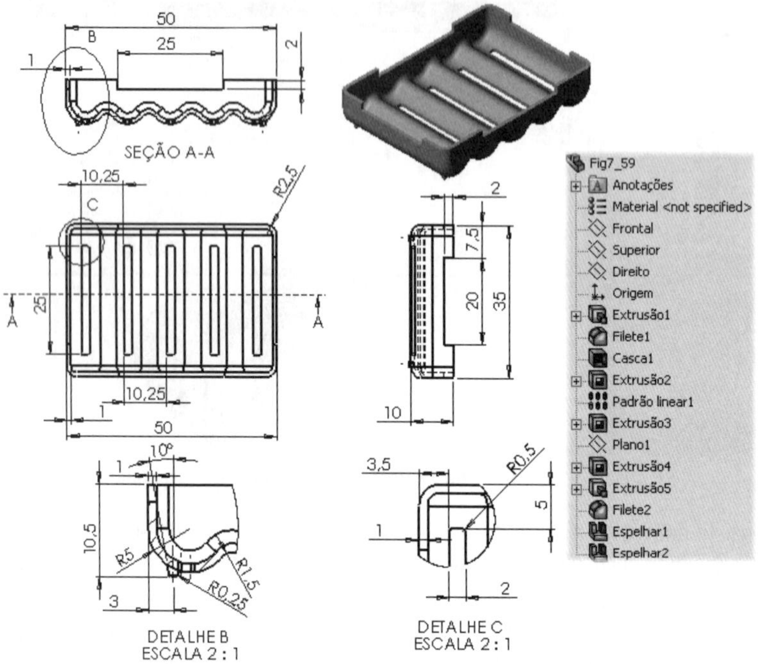

Figura 7.59 - Modelo e detalhes para o exercício passo a passo 1.

Os seguintes passos são necessários para completar este exercício:

1. Crie o recurso de base a partir de um esboço extrudado no plano médio, como mostram as Figuras 7.60 e 7.61.
2. Adicione os filetes às arestas do recurso base, como indicam as Figuras 7.62 e 7.63.
3. Transforme o modelo sólido em casca, selecionando como referência a superfície plana do topo, Figuras 7.64 e 7.65.
4. Faça a modificação dinâmica, conforme as Figuras 7.66 e 7.67.
5. Crie os recortes maiores e menores nas laterais do modelo, Figuras 7.68 a 7.71.
6. Crie os recortes nas faces curvas do fundo da casca, Figuras 7.72 e 7.73.
7. Crie os pezinhos em um plano offset do plano superior, fazendo a extrusão deles em ângulo de 10°, e aplique filete às arestas de suas bases, Figuras 7.74 e 7.75.
8. Salve o modelo e feche o arquivo.

Iniciar o SolidWorks

Inicie o SolidWorks com um duplo-clique no ícone SolidWorks da tela de seu computador ou pelo menu Iniciar.

Fixar o Diretório de Trabalho

1. No diretório **C** de seu computador, crie em **Meus documentos** uma pasta que deve conter todas as subpastas referentes aos exercícios dos capítulos deste livro, e nomeie a pasta como **EXERCLSW**.
2. Abra a pasta **EXCERCLSW** e crie a subpasta denominada **Exerc_Cap7**.
3. Todos os exercícios deste sexto capítulo devem ser salvos nessa pasta.

Iniciar um Novo Arquivo

1. Abra o SolidWorks e inicie um **Novo Arquivo**. Selecione o template **Peças**.
2. No SolidWorks, esboço e modelo são criados dentro do modo **Peça**, portanto são salvos com a mesma terminação: ***.Prt**.
3. Clique no comando **Esboço**, na barra de ferramentas, e selecione o **Plano frontal**.

Desenho do Recurso Base

1. Selecione o Plano frontal como referência para o plano de esboço, desenhe e dimensione o esboço, Figura 7.60.
2. Aplique o comando **Ressalto/base extrudado** e faça a extrusão do modelo, escolhendo a opção Plano médio com uma profundidade de **35mm**, Figura 7.61.

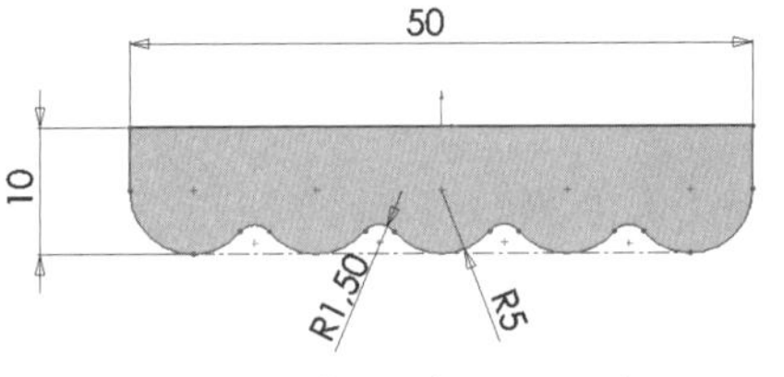

Figura 7.60 - Esboço do Recurso base.

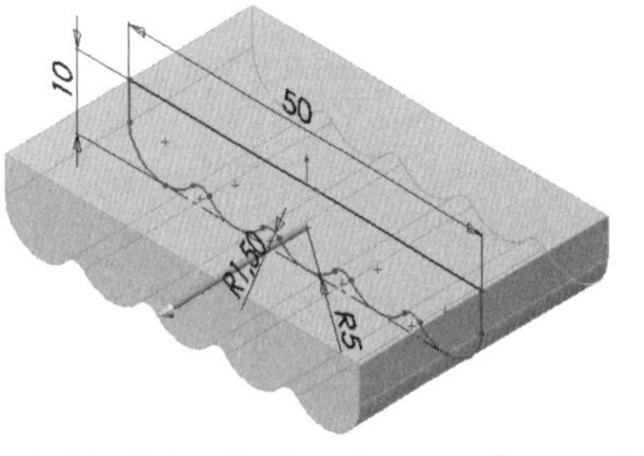

Figura 7.61 - Extrusão do esboço no Plano médio.

Aplicação de Filete às Arestas

Vire o modelo e aplique às arestas curvas de ambas as extremidades filetes de raio **R=2.5mm**, Figuras 7.62 e 7.63.

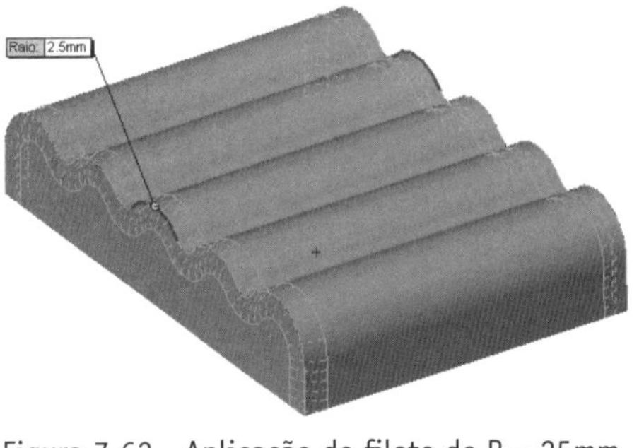

Figura 7.62 - Aplicação de filete de R = 25mm.

Figura 7.63 - Filetes aplicados.

Criação da Casca

Retorne o modelo à vista isométrica normal para criação da casca.

1. Selecione a face superior do modelo e, em seguida, selecione no **CommandManager** de **Recursos** o comando Casca.
2. Defina a espessura da casca como **1mm** e clique em **OK** para confirmar, Figura 7.65.

Figura 7.64 - Seleção da superfície superior.

Figura 7.65 - Casca de espessura 1mm.

Modificação Dinâmica com Instant 3D

Os passos seguintes conduzem à modificação dinâmica do modelo:

1. Selecione, no **CommandManager** de **Recursos**, o comando **Instant 3D**.
2. Clique com o cursor do mouse em uma das faces paralelas ao **Plano frontal** para visualizar os manipuladores.
3. Selecione o manipulador normal à face e mova-o esticando o modelo sobre a régua até atingir a distância de **80mm**, Figura 7.66.
4. Clique em **OK**.
5. Repita o procedimento até retornar a medida real de **35mm**.

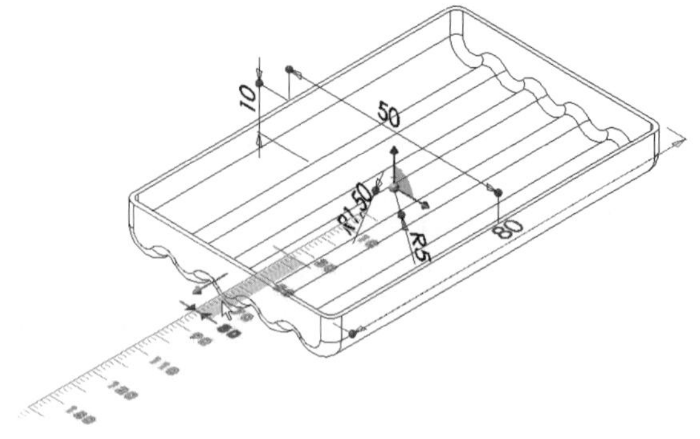

Figura 7.66 - Modificação dinâmica do comprimento.

Furação Passante

1. Crie o esboço do rasgo, como na Figura 7.67, e aplique **Padrão linear** com **D = 10.25mm**, Figura 7.68.

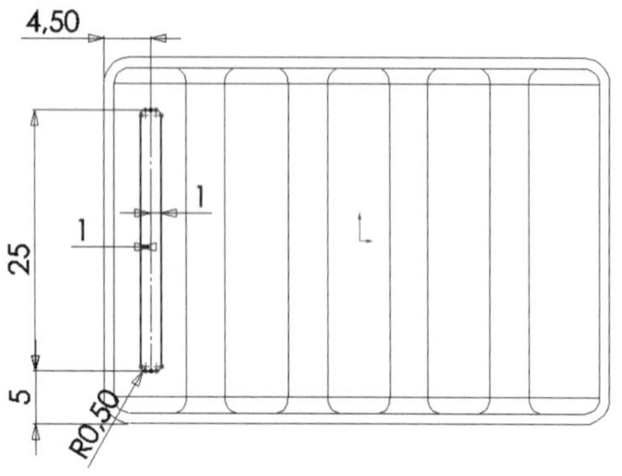

Figura 7.67 - Esboço do rasgo.

Figura 7.68 - Padrão linear do rasgo.

Cortes Menor e Maior das Laterais

Para criar os dois cortes menores nas laterais opostas, siga os passos:

1. Selecione como plano de esboço o **Plano Direito**, coloque-o em vista **Normal a** e desenhe um retângulo dimensionando, como mostra a Figura 7.69. Use a relação de **Simetria** entre os pontos extremos do retângulo e uma linha de centro criada na Origem.
2. Utilizando o comando de **Corte extrudado**, selecione a configuração de **Plano médio** para gerar os dois recortes opostos simultaneamente, Figura 7.70.
3. Crie os cortes maiores de forma análoga, tomando como plano de esboço o Plano frontal, Figuras 7.71 e 7.72.

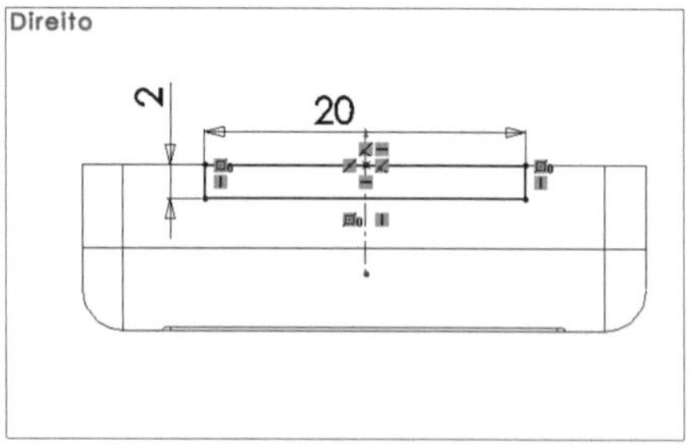

Figura 7.69 - Esboço do corte menor.

Figura 7.70 - Corte extrudado menor.

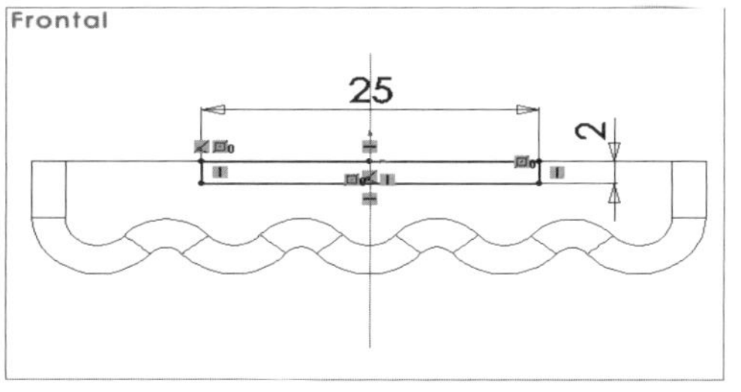

Figura 7.71 - Esboço do corte maior.

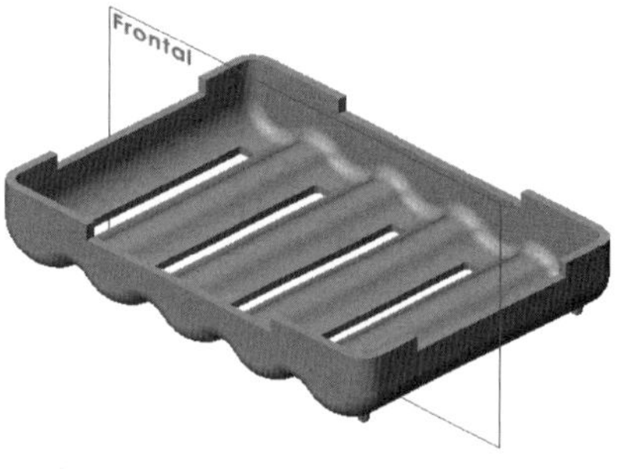

Figura 7.72 - Corte extrudado maior.

Modelagem dos Pezinhos

Para modelar os quatro pezinhos é necessário criar um Plano Offset ao **Plano Superior**, a uma distância de **10.5mm** abaixo. Será criado apenas um pezinho e, em seguida, espelhado sobre o **Plano frontal** e o **Plano direito**.

1. Inicie um novo esboço, selecionando como Plano de esboço o Plano superior. Coloque o modelo em visualização **Normal a**.
2. Desenhe o esboço de um pequeno círculo e dimensione-o, conforme a Figura 7.73.
3. Faça a extrusão do esboço em direção à superfície inferior da casca, configurando a extrusão para ângulo de inclinação de 10°, inclinação para fora e Direção 1 como Até o próximo, Figura 7.74.
4. Aplique à aresta inferior do pezinho um filete de raio R = 0.25mm, Figura 7.75.

Os passos seguintes consistem no espelhamento do pezinho sobre um dos planos e no espelhamento de sua imagem sobre o plano normal ao primeiro.

5. Selecione na **Árvore do projeto** o recurso do pezinho com o recurso do filete a ele acrescido. Selecione no **CommandManager** de **Recursos** o comando **Espelhar**.
6. Selecione, em seguida, o **Plano frontal** e clique em **OK** para confirmar.
7. Repita o procedimento, selecionando a imagem espelhada e depois o **Plano direito**.
8. Clique em **OK** para confirmar. Observe que os quatro pezinhos são construídos, como mostra a Figura 7.76.

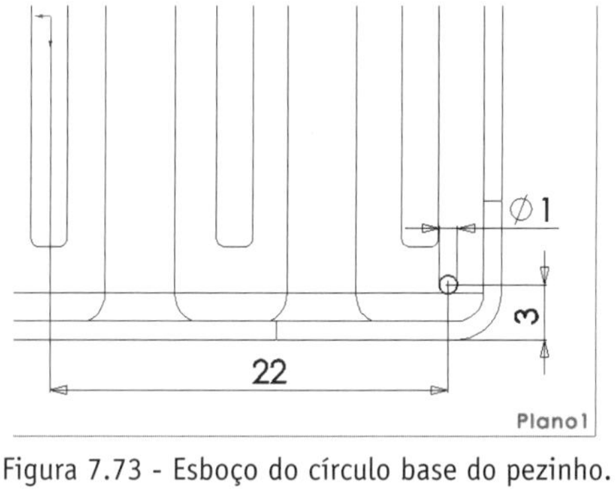

Figura 7.73 - Esboço do círculo base do pezinho.

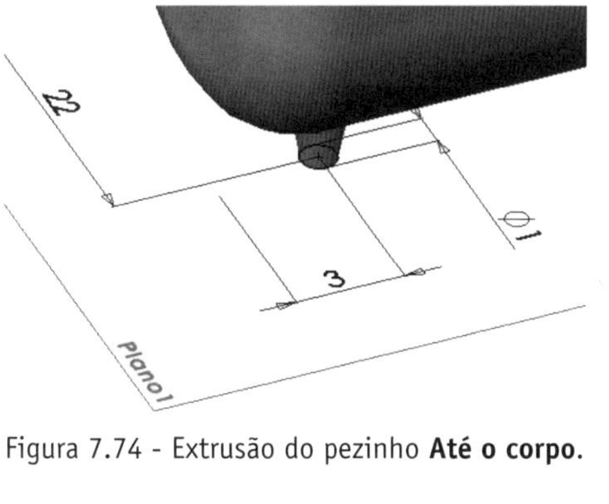

Figura 7.74 - Extrusão do pezinho **Até o corpo.**

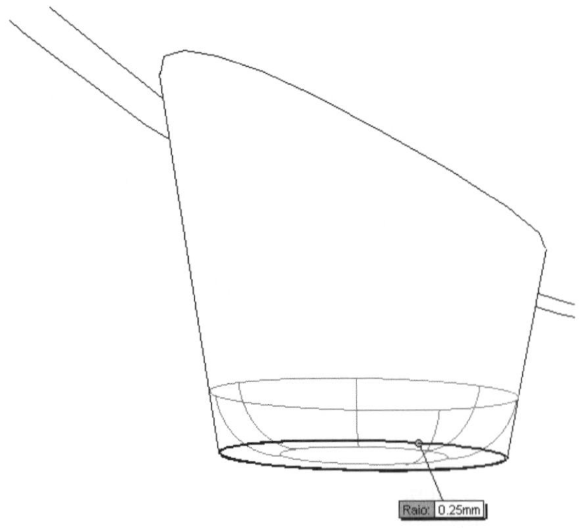

Figura 7.75 - Aplicação de filete de R = 0.25mm.

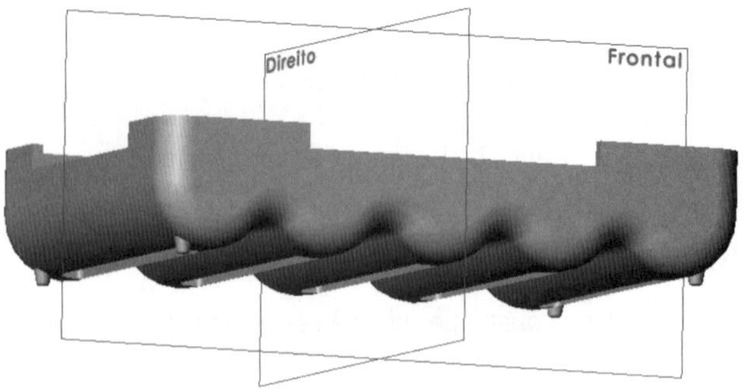

Figura 7.76 - Espelhamento dos pezinhos.

Salvar e Fechar o Modelo

1. Salve o arquivo na pasta **Exerc_Cap7** com o nome de **Exerc_PP1**.

Exercício 2

Neste exemplo, crie o modelo exibido e detalhado na Figura 7.77. Enquanto estiver criando, alguns dos recursos serão alterados dinamicamente; depois serão desfeitas as alterações.

(Tempo estimado: 30 minutos)

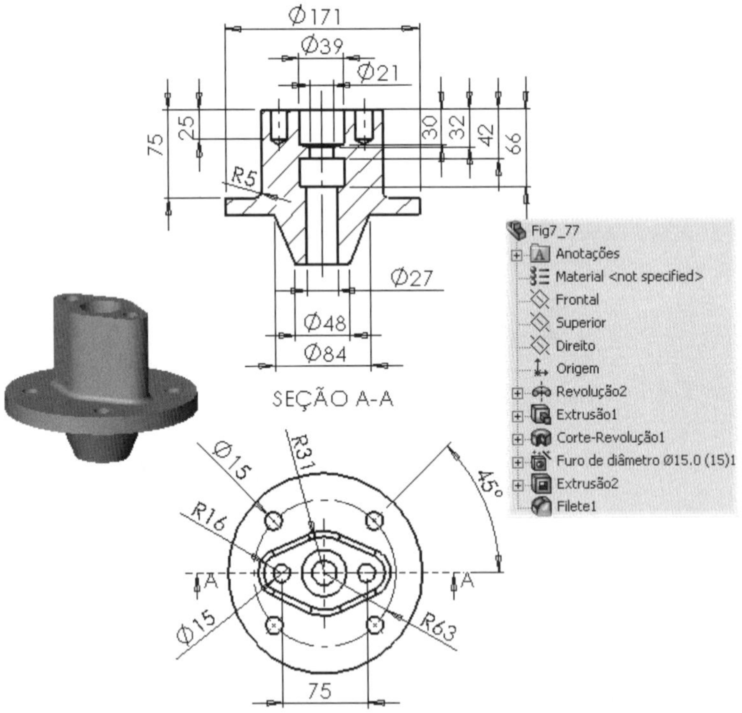

Figura 7.77 - Modelo e detalhes para o exercício passo a passo 2.

Os seguintes passos são necessários para completar este exercício:

1. Crie o recurso base do SolidWorks por revolução do esboço em torno de um eixo central, Figuras 7.78 e 7.79.
2. Crie o esboço do segundo no topo do recurso base e faça sua extrusão com uma profundidade de 75mm, Figuras 7.80 e 7.81.
3. Obtenha o terceiro recurso por corte por revolução esboçado no plano frontal, Figuras 7.82 e 7.83.
4. Utilizando o assistente de perfuração, crie os dois furos de diâmetro 15mm no topo do recurso número 2, Figuras 7.84 e 7.85.
5. Obtenha os quatro furos da face circular por corte extrudado, Figuras 7.86 e 7.87.
6. Crie um filete de R = 5mm na base no recurso número 2, Figuras 7.88 e 7.89.
7. Faça a modificação dinâmica, conforme as Figuras 7.90 e 7.91.
8. Salve o modelo e feche o arquivo.

Criação do Recurso Base

1. Selecione o Plano frontal como referência para o plano de esboço, desenhe e dimensione o esboço, conforme dados da Figura 7.78.
2. Aplique o comando **Ressalto/base revolucionado** e gere o sólido por revolução, Figura 7.79.

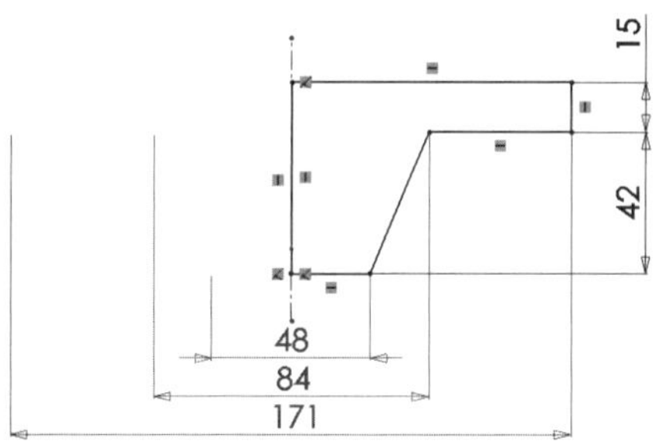

Figura 7.78 - Esboço do Recurso base.

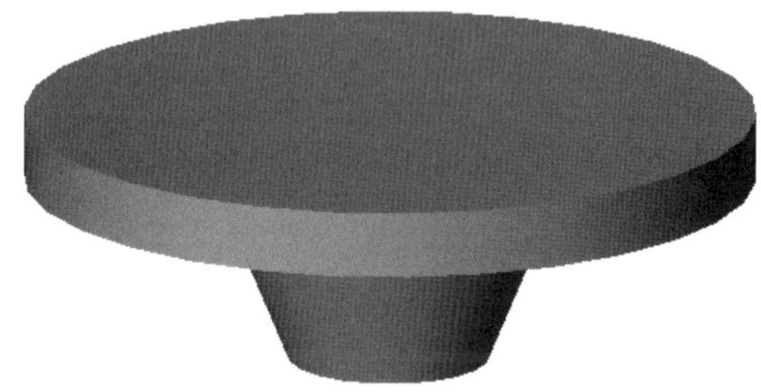
Figura 7.79 - Extrusão do esboço no Plano médio.

Criação do Segundo Recurso

O segundo recurso é obtido pela extrusão de um esboço criado no topo do recurso base.

1. Inicie um novo esboço escolhendo como plano de esboço a face circular do topo do recurso base. Desenhe e dimensione o esboço, como mostra a Figura 7.80.
2. Faça a extrusão do esboço a uma profundidade de **75mm**, como indica a Figura 7.81.
3. Clique em **OK** para confirmar.

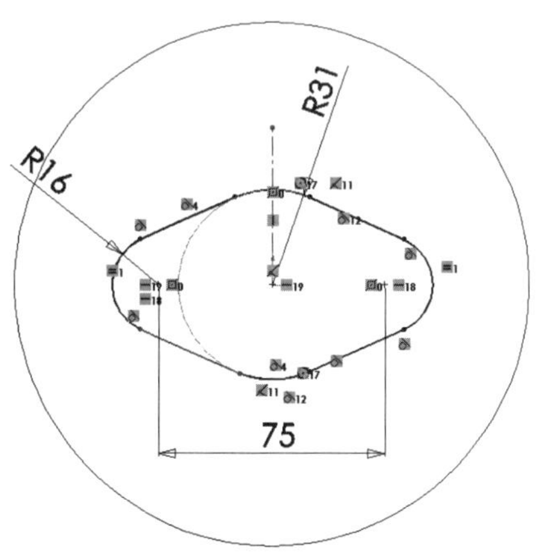

Figura 7.80 - Aplicação de filete de R = 25mm.

Figura 7.81 - Filetes aplicados.

Criação do Furo Central

O furo central é obtido por meio de corte por revolução de um esboço dimensionado.

1. Selecione o Plano frontal como plano de esboço, desenhe e dimensione o esboço do furo central, como mostra a Figura 7.82.

Ative o comando **Corte por revolução** no **CommandManager** de **Recursos** e selecione a linha de centro como referência de giro. Configure o giro para 360°. A Figura 7.83 exibe o modelo resultante visto com a aplicação da ferramenta **Vista de seção**.

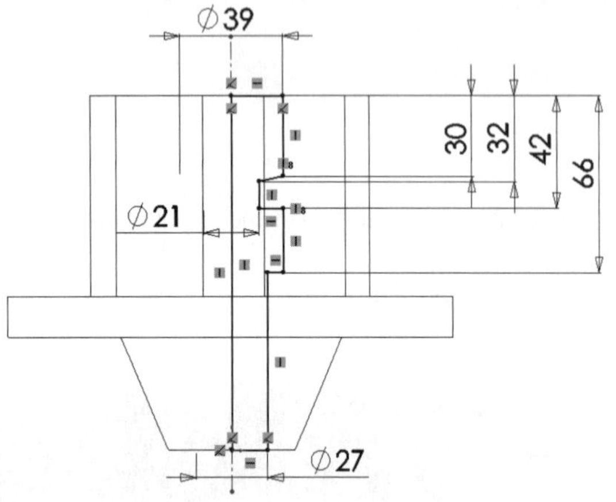

Figura 7.82 - Esboço dimensionado para furo central.

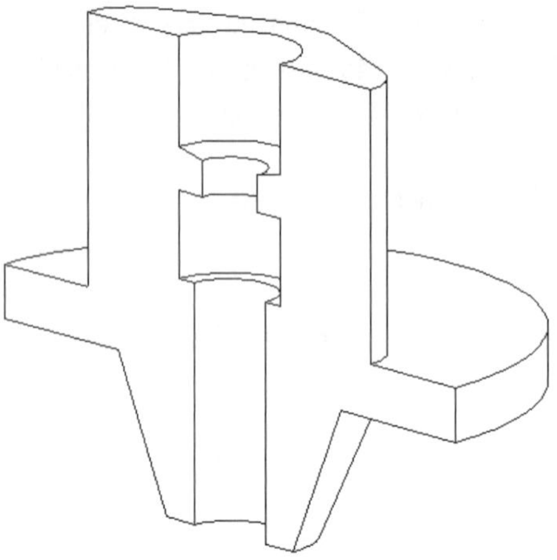

Figura 7.83 - Furo central obtido por Corte por revolução.

Criação dos Furos do Topo do Segundo Recurso

Esses dois furos são obtidos com a ferramenta **Assistente de furação**.

1. No **CommandManager** de **Recursos** selecione o comando **Assistente de furação** e defina no **PropertyManager** os parâmetros do furo, que são: **Tipo de furo =** Furo, **Padrão =** Métrico Ansi, **Tipo =** Tamanhos de broca, **Tamanho =** diâmetro 15, **Distância final =** Cego (25mm).
2. Selecione a **guia Posições** e aproxime o mouse da aresta curva de raio 16mm para visualizar o centro de posição do furo. Clique sobre ele uma vez e repita o processo para o furo oposto, Figura 7.84.
3. Clique em **OK** para confirmar. A Figura 7.85 mostra o modelo com a aplicação da ferramenta **Vista parcial** para visualização interna.

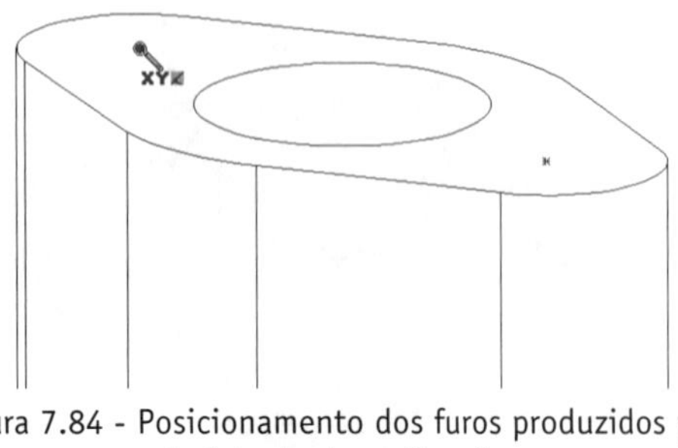

Figura 7.84 - Posicionamento dos furos produzidos pelo Assistente de perfuração.

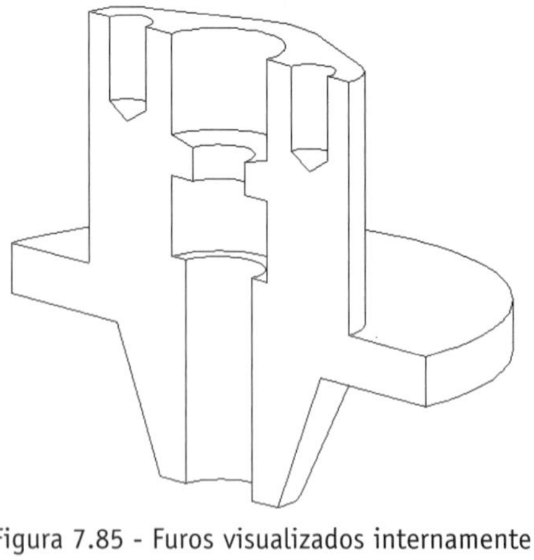

Figura 7.85 - Furos visualizados internamente com a ferramenta **Vista parcial**.

Criação dos Furos na Superfície do Recurso Base

Os furos do recurso base são obtidos por corte extrudado de uma padronização de esboço.

1. Inicie um novo esboço e selecione a face superior circular do recurso base do modelo como **Plano de esboço** e, em seguida, desenhe uma **Linha de centro** para referência de dimensionamento angular.
2. Desenhe um círculo com diâmetro **15 mm** e ligue seu centro ao centro do modelo, usando uma **Linha de centro**.
3. Dimensione essa linha com distância de **63mm**.
4. Dimensione a posição angular do furo, como mostra a Figura 7.86. Aplique uma padronização circular de esboço, usando o comando **Padrão de esboço circular** do **CommandManager** da guia de **Esboços**.
5. Aplique o comando **Corte extrudado** para obter os quatro furos passantes simultaneamente, Figura 7.87.

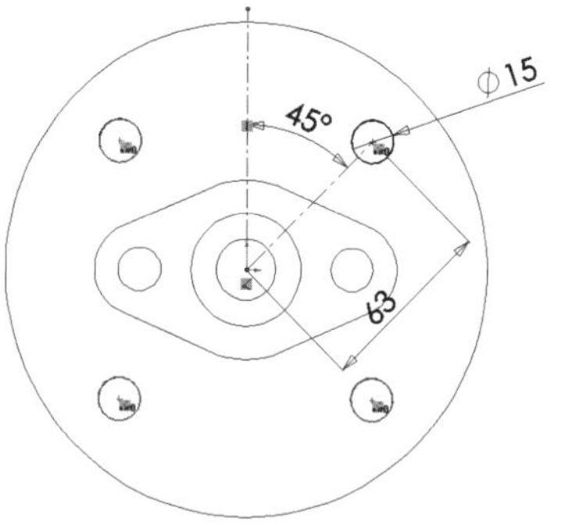

Figura 7.86 - Seleção da superfície superior.

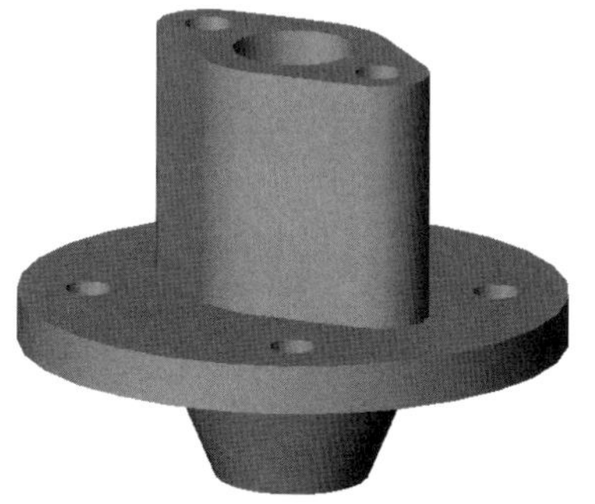

Figura 7.87 - Casca de espessura 1mm.

Criação do Filete de Base

A aresta de junção entre o recurso base e o segundo recurso será usada como referência para a criação de um filete.

1. Ative a guia **Recursos** para acessar os comandos do **CommandManager** e selecione o comando **Filete**.
2. Defina o raio do filete como **5mm** e aplique à aresta de união entre os recursos, como mostra a Figura 7.88.
3. Clique em **OK** para confirmar.

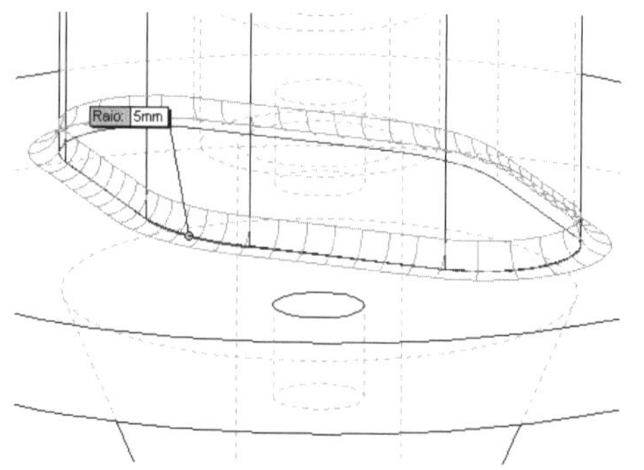

Figura 7.88 - Criação do **Filete**.

Modificação Dinâmica com Instant 3D

Os passos seguintes conduzem à modificação dinâmica do modelo:

1. Selecione no **CommandManager** de **Recursos** o comando Instant 3D.
2. Clique com o cursor do mouse na face superior do segundo recurso do modelo para visualizar os manipuladores.
3. Selecione um dos dois manipuladores localizados na ponta da seta da dimensão entre centros definida como **75mm**. Pressione o botão esquerdo do mouse e arraste o manipulador sobre a régua até atingir a dimensão de **120mm**, Figura 7.89.
4. Clique em **OK**.
5. Repita o procedimento até retornar à medida real de **75mm**.

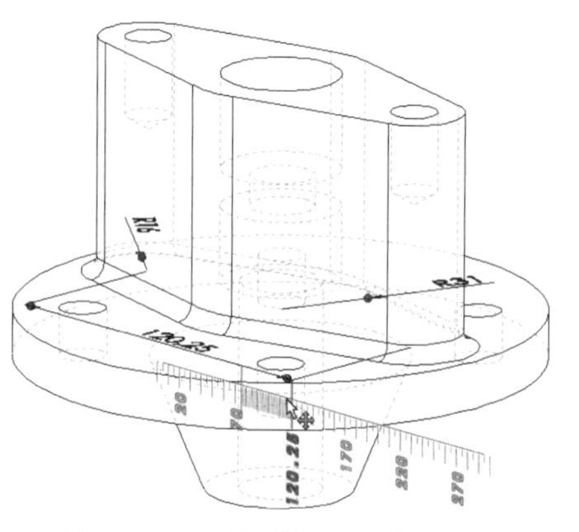

Figura 7.89 - Modificação dinâmica da distância entre centros.

Salvar e Fechar o Modelo

1. Salve o arquivo na pasta **Exerc_Cap7** com o nome de **Exerc_PP2**.

Exercício 3

Neste exemplo, você criará o modelo exibido e detalhado na Figura 7.90. Enquanto estiver criando, alguns dos recursos serão alterados, depois desfeitas as alterações.

(Tempo estimado: 45 minutos)

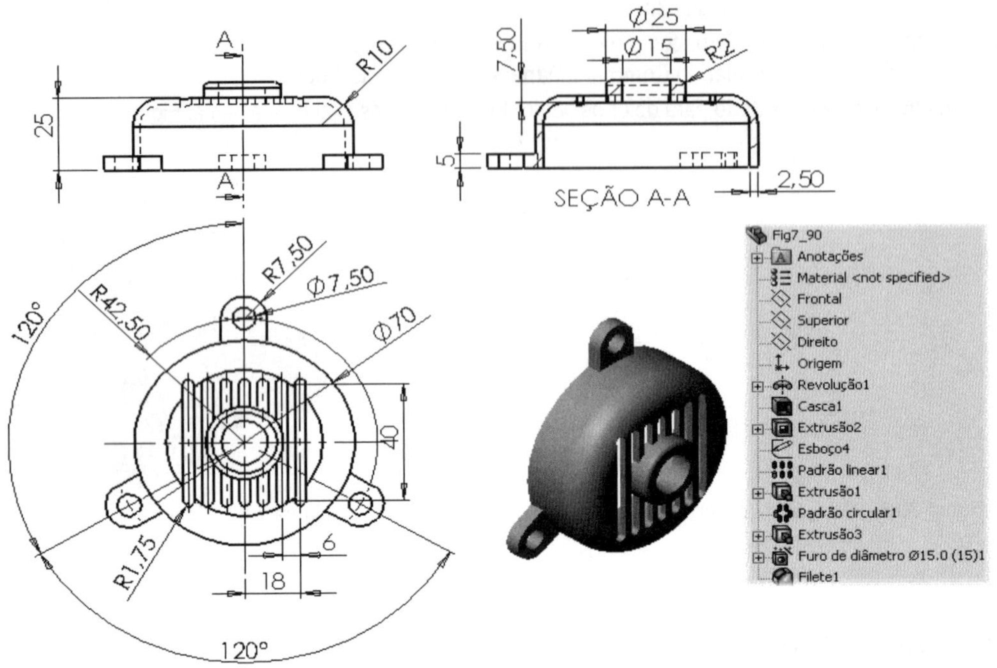

Figura 7.90 - Modelo e detalhes para o exercício passo a passo 2.

Os seguintes passos são necessários para completar este exercício:

1. Crie o recurso base do SolidWorks por revolução do esboço em torno de um eixo central, Figuras 7.91 e 7.92.
2. Transforme o sólido em uma casca de espessura 2,5mm, Figuras 7.93 e 7.94.
3. Crie e faça a extrusão do esboço do olhal de fixação para posterior padronização, Figuras 7.95 e 7.96.
4. Aplique uma padronização circular de cinco elementos a partir do olhal e edite o padrão para reduzir a três elementos, Figuras 7.97 e 7.98.
5. Mova a barra de rolagem da Árvore do projeto para cima, até a posição logo abaixo do recurso **Casca1**.
6. Crie o esboço do rasgo de ventilação e faça o corte extrudado, Figura 7.99.
7. Crie a padronização linear do rasgo de ventilação, Figuras 7.100 e 7.101.
8. Retorne a barra de rolagem à condição anterior, crie e faça a extrusão do esboço do ressalto central, Figuras 7.102 e 7.103.
9. Crie um furo central, Figura 7.104.
10. Gere o filete na borda do ressalto, Figuras 7.105 e 7.106.
11. Salve o modelo e feche o arquivo.

Criação do Recurso Base

Selecione o **Plano frontal** como referência para o plano de esboço, desenhe e dimensione o esboço, conforme dados da Figura 7.91. Em seguida, aplique o comando Ressalto/base revolucionado, Figura 7.92.

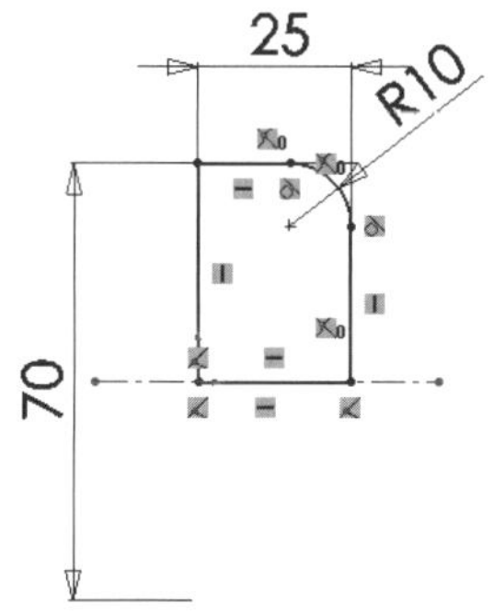

Figura 7.91 - Esboço do Recurso base.

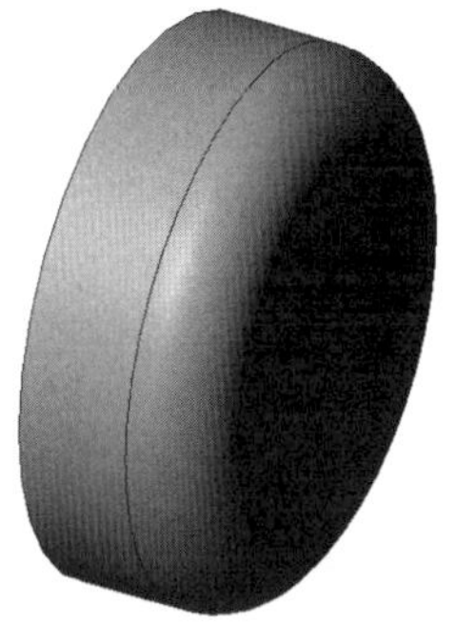

Figura 7.92 - Sólido por revolução resultante.

Criação do Segundo Recurso

Transforme o corpo sólido em casca com espessura de 2,5mm. Use como referência a face plana circular inferior do corpo, Figuras 7.93 e 7.94.

Figura 7.93 - Superfície de referência para Casca.

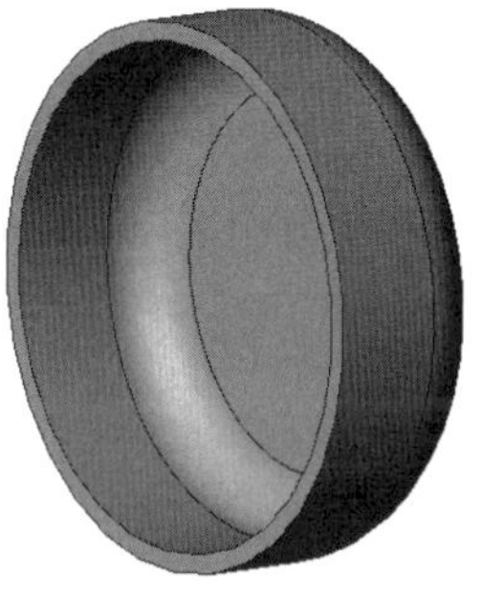

Figura 7.94 - Casca formada.

Criação do Olhal de Fixação

1. Inicie um novo esboço, definindo como **Plano de esboço** a face de espessura da casca, e posicione a vista como **Normal a**.
2. Desenhe o esboço, dimensionado-o, como mostra a figura. Use uma relação **Vertical** entre o centro do furo e a **Origem**, Figura 7.95.
3. Aplique uma extrusão ao esboço selecionando sua região interna, entre o círculo e o arco de raio 7.5mm, Figura 7.96. Se necessário, inverta a seta de sentido de extrusão no **PropertyManager**.

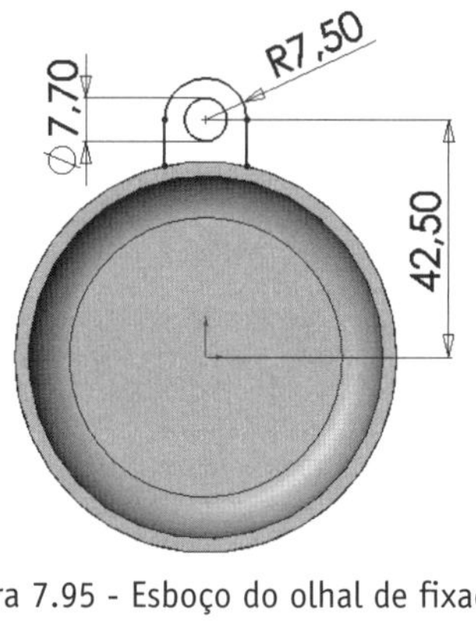

Figura 7.95 - Esboço do olhal de fixação.

Figura 7.96 - Extrusão da região interna do olhal.

Padronização e Edição do Padrão do Recurso Olhal

Para criar esse padrão é necessário ativar o comando **Exibir eixos temporários**.

1. Selecione o recurso do olhal e ative, no **CommandManager**, o comando de **Padrão circular**. Em seguida, defina no **PropertyManager** o número de itens como 5 a 360°. Clique em **OK** para aceitar o comando, Figura 7.97.
2. Edite o recurso de padronização e altere a quantidade de itens de cinco para três. Clique em **OK** para aceitar, Figura 7.98.

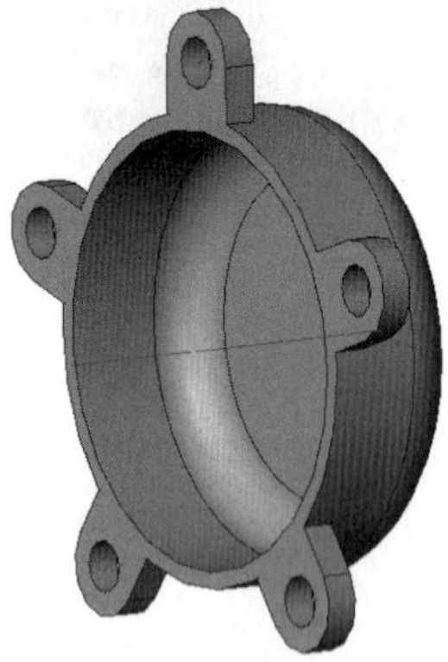

Figura 7.97 - Padronização circular com cinco elementos.

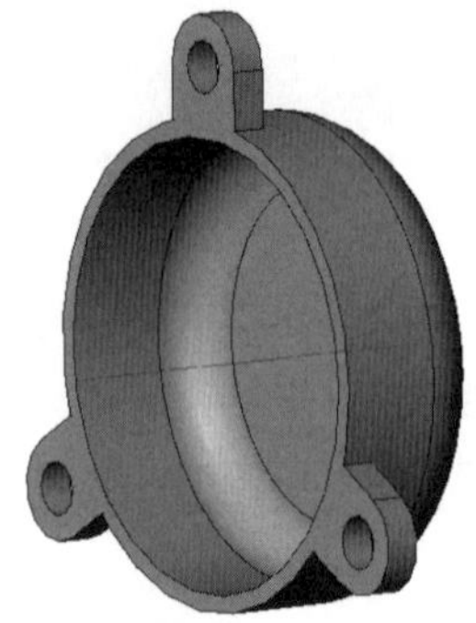

Figura 7.98 - Edição da padronização para três elementos.

Criação dos Rasgos de Ventilação

Antes de criar os rasgos de ventilação, deslize a *barra de rolagem* da **Árvore do modelo** até a posição imediatamente abaixo do recurso **Casca1**. Note que a padronização do olhal, bem como o próprio olhal, é suprimida do modelo.

1. Inicie um novo esboço, selecionando como **Plano de esboço** a face do modelo, desenhe e dimensione uma linha de centro, como mostra a primeira figura da seqüência de imagens da Figura 7.99.
2. Selecione a linha de centro e ative no **CommandManager** da guia **Esboço** o comando **Offset de entidades**. Em seguida, configure no **PropertyManager** a opção **Bidirecional** com **Tampas em Arco nas extremidades**. Defina a distância como **1.75mm**. Clique em **OK** para confirmar, figura central.
3. Aplique o comando de **Corte extrudado** com a opção **Passante** para formar o primeiro rasgo de ventilação, como ilustra a última imagem da Figura 7.99.

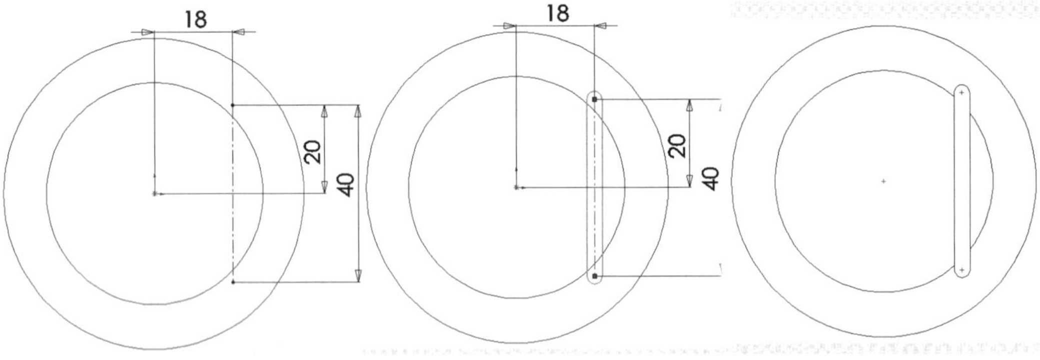

Figura 7.99 - Seqüência de criação do esboço e recurso.

Criação da Padronização do Rasgo de Ventilação

Para replicar o recurso do rasgo de ventilação, utiliza-se o comando de **Padrão linear**, porém é necessário ter uma referência horizontal.

1. Inicie novamente outro esboço com a mesma face de referência. Em seguida, desenhe uma **Linha de centro** que parte da **Origem**, esticando-a para a esquerda, como mostra a Figura 7.100.
2. Crie a padronização linear, selecionando o recurso do rasgo e usando a linha de centro como referência. Defina a distância entre itens como **6mm**.
3. Clique em **OK** para aceitar o comando, Figura 7.101.

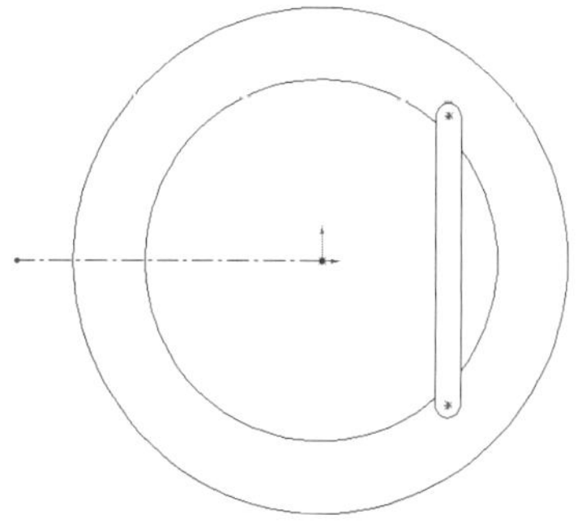

Figura 7.100 - Referência para Padrão linear.

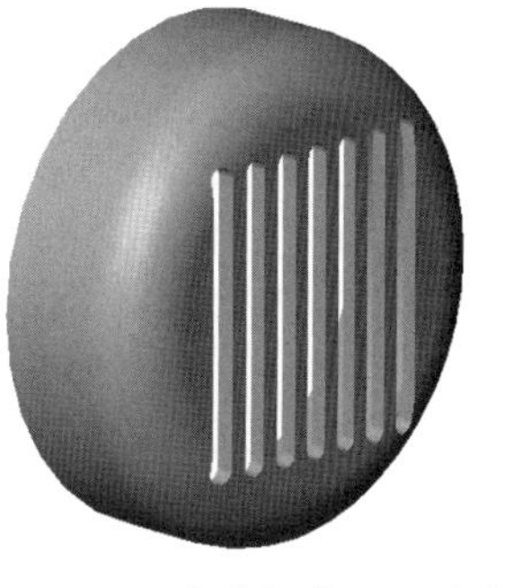

Figura 7.101 - Padrão linear criado.

Criação do Ressalto Circular da Face

Para criar o ressalto circular da face, selecione como plano de referência de esboço a face interna da casca e coloque-a com visualização **Normal a**. Antes, porém, retorne a *barra de rolagem* da **Árvore do projeto** à condição anterior.

1. Desenhe um círculo de diâmetro **25mm** e faça sua extrusão com uma profundidade de **7.5mm**. Se necessário, inverta o sentido de extrusão no **PropertyManager**, Figuras 7.102 e 7.103.
2. Clique em **OK** para finalizar o comando.

Figura 7.102 - Esboço do ressalto central.

Figura 7.103 - Extrusão do esboço.

Criação do Furo Central do Ressalto

Com o comando Assistente de furação, disponibilizado no **CommandManager** da guia **Recursos**, crie o furo passante de diâmetro 15mm, Figura 7.104.

Figura 7.104 - Furo central.

Criação do Filete da Aresta do Ressalto

Utilizando o comando Filete, disponibilizado no **CommandManager** da guia **Esboços**, crie o filete na aresta externa do ressalto, como mostram as Figuras 7.105 e 7.106. Use raio **R = 2mm**.

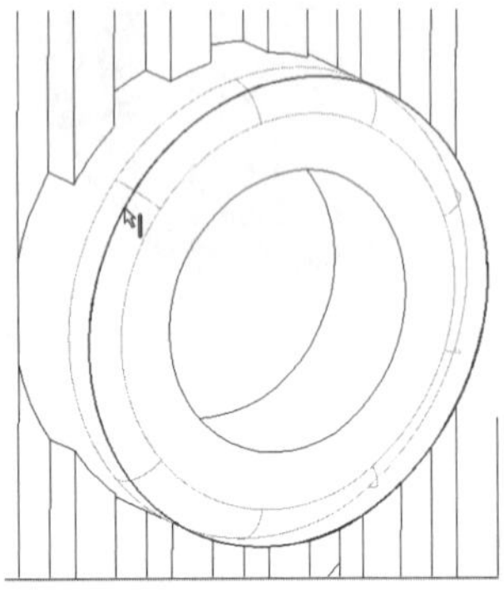

Figura 7.105 - Criação do filete.

Figura 7.106 - Filete definido.

Salvar e Fechar o Modelo

1. Salve o arquivo na pasta **Exerc_Cap7** com o nome de **Exerc_PP3**.

Questões de Revisão

1. Descreva as possibilidades de aplicação do comando **Instant 3D**.
2. O que é e para que serve a **Barra de Contexto**?
3. Qual o nome da caixa de diálogo que aparece quando se pretende editar uma dimensão?
4. Qual a aplicação da barra de rolagem da **Árvore do projeto**?
5. Para que serve a caixa de diálogo **O que está errado**?
6. Qual a finalidade do comando **Converter entidades**?
7. O que ocorre quando um corpo é excluído de uma **Árvore do projeto**?
8. Em um modelo com mais de um recurso referenciado em diferentes planos, o que acontece quando um dos planos é modificado?
9. Qual a vantagem da edição por **Arraste e cola**?
10. Qual o nome da caixa de diálogo que aparece sempre que se deseja excluir qualquer recurso da **Árvore do projeto**?

Exercício 1

Crie o modelo conforme as dimensões exibidas em suas vistas de detalhes, Figura 7.107.

(Tempo estimado: 45 minutos)

Este modelo e os seis próximos serão utilizados posteriormente em um exercício de montagem.

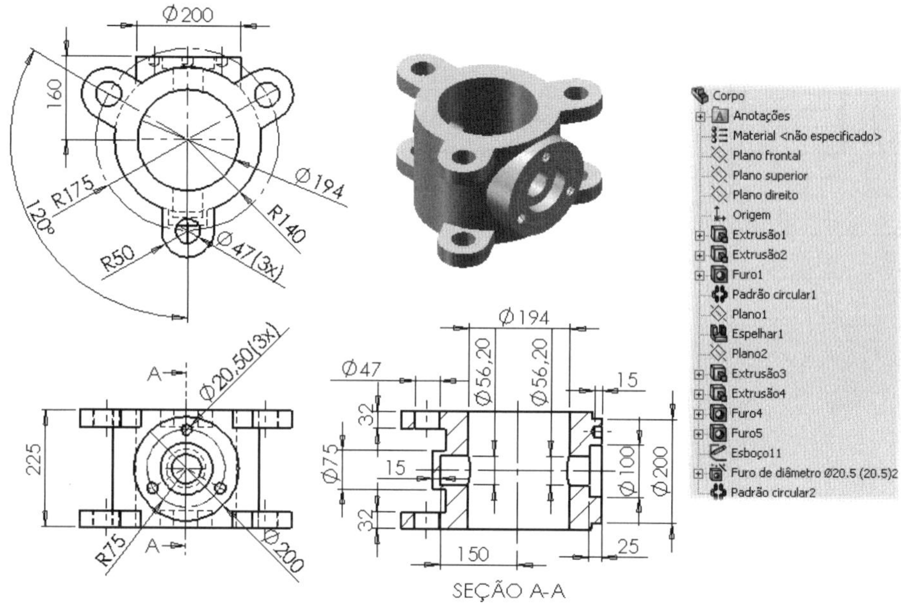

Figura 7.107 - Modelo para o exercício proposto 1.

Exercício 2

Crie o modelo conforme as dimensões indicadas em suas vistas de detalhes, Figura 7.108.

(Tempo estimado: 30 minutos)

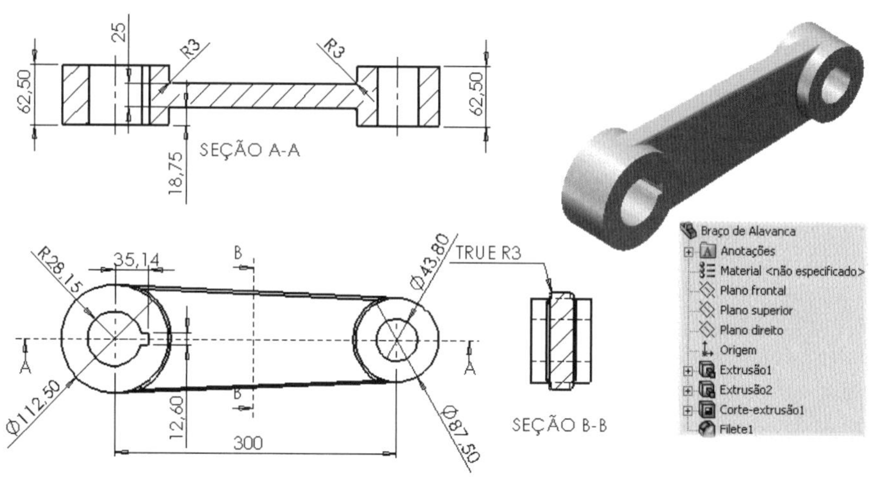

Figura 7.108 - Modelo para o exercício proposto 2.

Exercício 3

Crie o modelo conforme as dimensões exibidas em suas vistas de detalhes, Figura 7.109.

(Tempo estimado: 30 minutos)

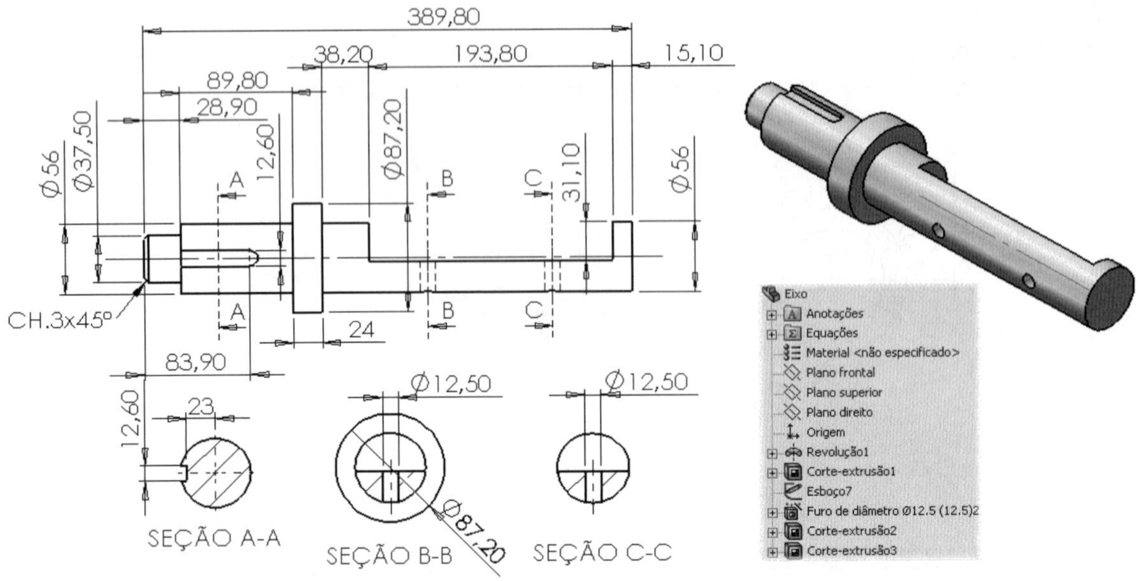

Figura 7.109 - Modelo para o exercício proposto 3.

Exercício 4

Crie o modelo conforme as dimensões exibidas em suas vistas de detalhes, Figura 7.110.

(Tempo estimado: 15 minutos)

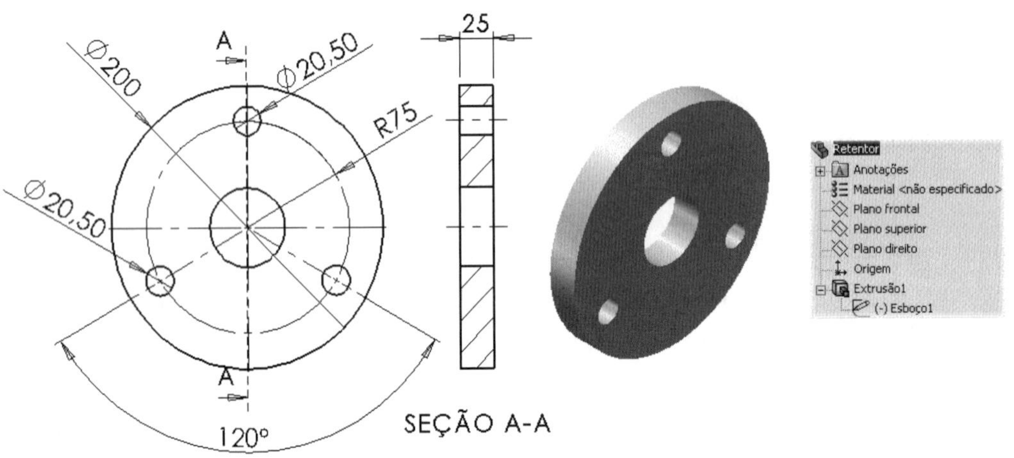

Figura 7.110 - Modelo para o exercício proposto 4.

Exercício 5

Crie o modelo conforme as dimensões descritas em suas vistas de detalhes, Figura 7.111.

(Tempo estimado: 15 minutos)

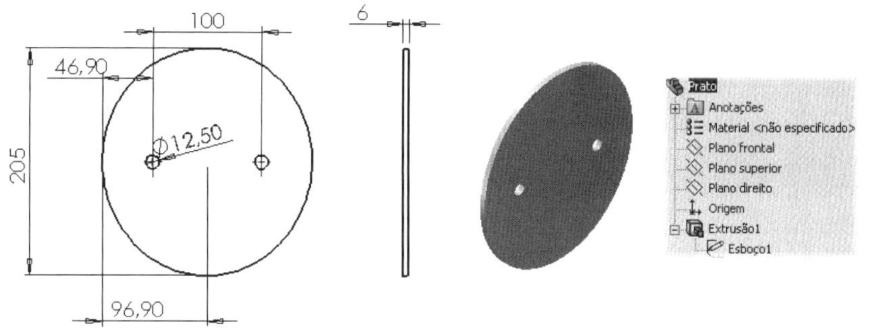

Figura 7.111 - Modelo para o exercício proposto 5.

Exercício 6

Crie o modelo conforme as dimensões exibidas em suas vistas de detalhes, Figura 7.112.

(Tempo estimado: 20 minutos)

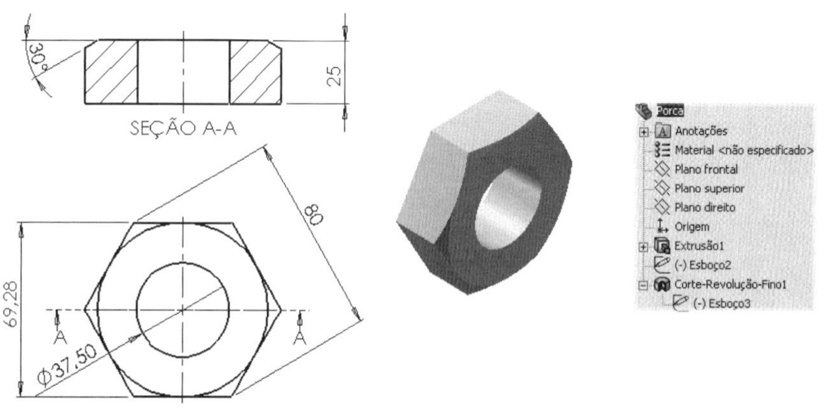

Figura 7.112 - Modelo para o exercício proposto 6.

Exercício 7

Crie o modelo conforme as dimensões exibidas em suas vistas de detalhes, Figura 7.113.

(Tempo estimado: 20 minutos)

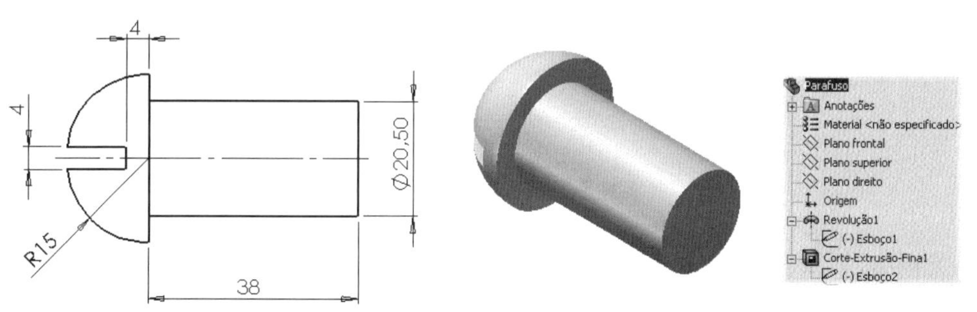

Figura 7.113 - Modelo para o exercício proposto 7.

8

PROJETO DE MOLDES

Neste capítulo vamos estudar as várias ferramentas disponibilizadas pelo SolidWorks 2008 para o projeto de moldes, mais precisamente a obtenção de moldes a partir do modelo do produto desejado.

Os moldes podem ser usados para fundição de produtos metálicos sólidos ou de plástico obtidos por sopro, como é o caso de recipientes PETs como garrafas, tubos de desodorantes etc., Figura 8.1, ou ainda, produtos obtidos por injeção sob pressão em moldes compostos por macho e cavidade, como ilustram as Figuras 8.2, 8.3 e 8.4. Também aprenderemos como criar insertos no modelo para fixação e maior resistência de produtos compostos de duas partes, como, por exemplo, secadores de cabelo e caixas bipartidas, além da criação de postiços ou gavetas.

Antes de dar seqüência ao estudo mais específico das ferramentas, é importante conhecer algumas designações próprias do tema.

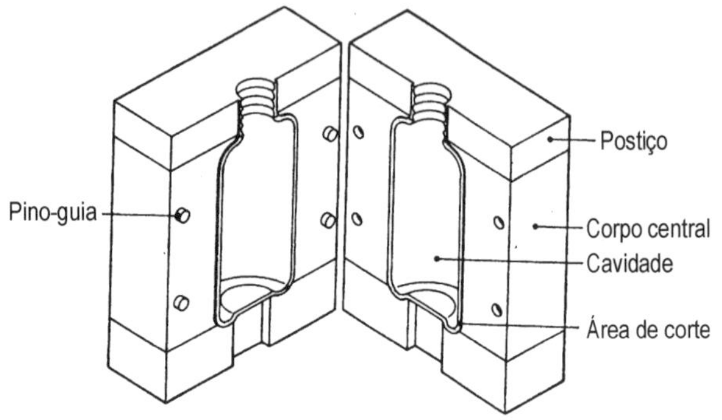

Figura 8.1 - Molde para moldagem por sopro.

Figura 8.2 - Bandeja obtida por injeção sob pressão.

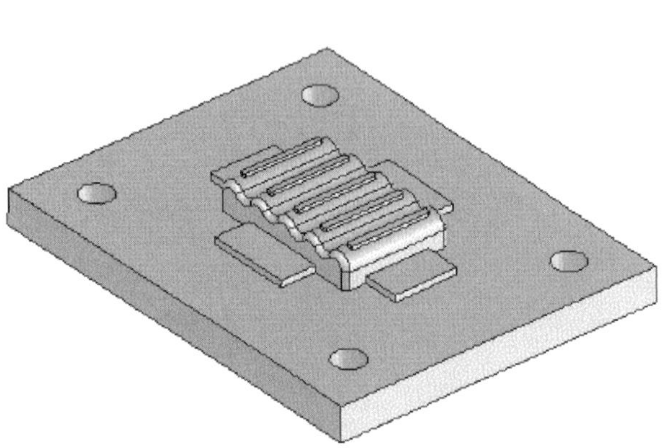

Figura 8.3 - Bandeja obtida por injeção sob pressão.

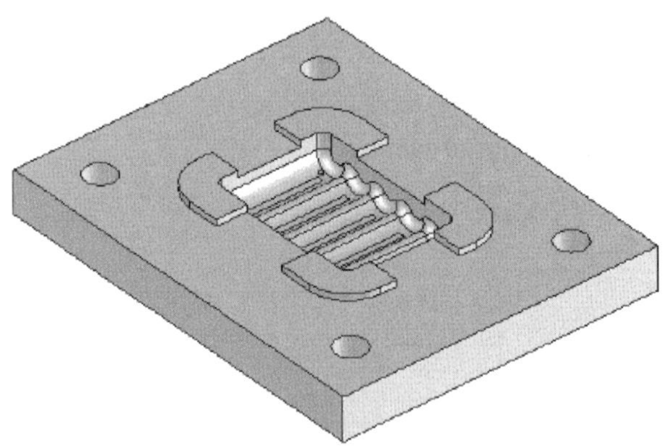

Figura 8.4 - Bandeja obtida por injeção sob pressão.

8.1. Conjunto do Molde

Em se tratando de moldes de injeção sob pressão, geralmente o conjunto do molde é formado por 15 componentes, que são: 1 - placa de fixação inferior; 2 - coluna ou espaçador; 3 - bucha-guia; 4 - coluna-guia; 5 - pino extrator; 6 - extrator do canal; 7 - placa porta-extratores; 8 - placa impulsora; 9 - placa de retorno; 10 - placa suporte; 11 - cavidades postiças; 12 - bucha de injeção; 13 - anel de centragem; 14 - Placa de fixação superior; 15 - placa de montagem das cavidades postiças superior e inferior. Entretanto, como já referido, este capítulo enfoca a obtenção da cavidade, do macho, insertos e gavetas.

8.1.1. Cavidade

A cavidade é a parte negativa do molde. É ela que confere ao produto moldado sua forma externa. Marcas, inscrições, logos etc. geralmente são gravados na cavidade, em alto ou baixo-relevo, para serem reproduzidos no produto. Normalmente a cavidade, assim como o macho, é usinada em um bloco de dimensões um pouco maior e depois montada na placa de montagem (item 15 citado anteriormente).

8.1.2. Macho

O macho é a parte positiva, saliente, do molde de injeção. Ele é responsável pela forma interna do produto moldado. Quando o produto moldado deve apresentar furos ou rasgos normais à direção de injeção, essas formas são modeladas sobre o macho com saliência.

A Figura 8.5 exemplifica um molde aberto que mostra acima o macho, abaixo a cavidade e ao centro o produto moldado.

8.1.3. Linha de Partição

A linha de partição delimita as fronteiras entre macho e cavidade. Para uma perfeita injeção, é importante que não haja irregularidades nessa linha, ou seja, não pode haver fresta nenhuma. A Figura 8.6 ilustra o molde anterior agora fechado, exibindo a linha de partição.

8.1.4. Ângulo de Extração

A existência desse ângulo é de máxima importância para que a desmoldagem do produto dentro da cavidade e também em torno do macho seja possível. Como veremos em seguida, o SolidWorks disponibiliza ferramentas para análise e criação rápida desse ângulo. A Figura 8.7 exemplifica o caso.

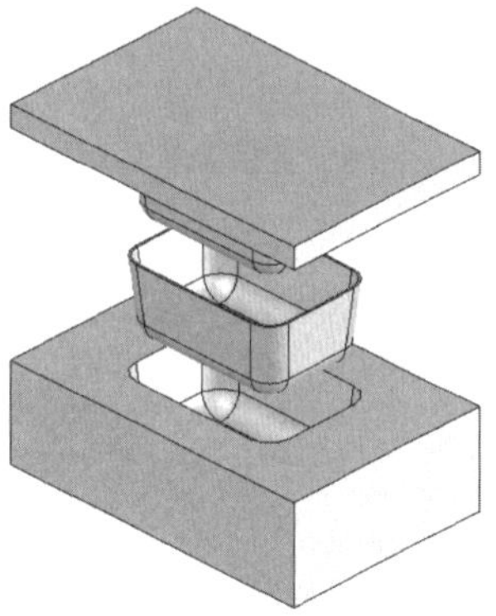

Figura 8.5 - Molde aberto mostra o macho acima, a cavidade abaixo e ao centro o produto.

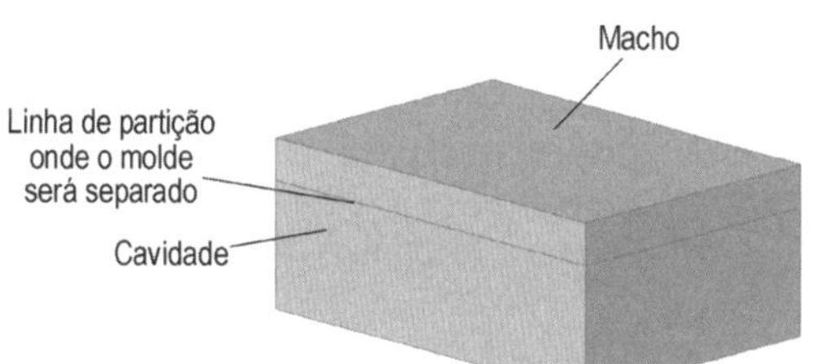

Figura 8.6 - Molde se fecha, mostrando a linha de partição.

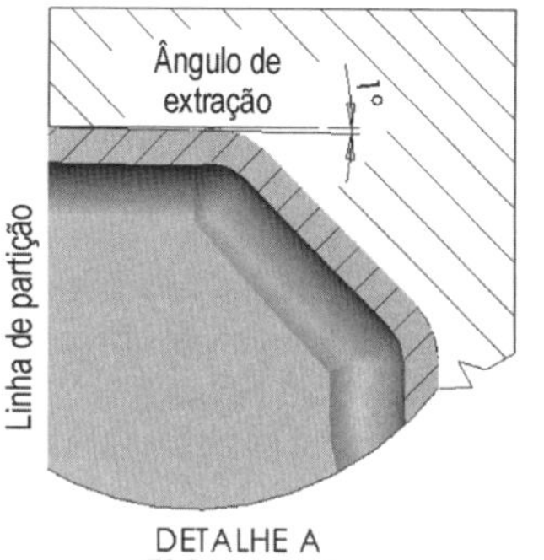

Figura 8.7 - Vista em corte de um modelo dentro da cavidade, mostrando o ângulo de extração.

8.1.5. Fator de Contração ou Escala

Os materiais plásticos, ao serem esfriados na cavidade, sofrem contração, resultando um produto moldado menor que o molde original. Assim, quando o molde é confeccionado, deve-se levar em consideração essa contração do produto para estabelecer a dimensão correspondente à ferramenta (molde).

Os materiais plásticos, em sua variedade, têm diferentes valores de contração que são fornecidos pelos fabricantes. Geralmente, é especificada uma faixa de valores de contração, em que a dimensão final depende do produto e das condições da prensa injetora.

A contração de moldagem é volumétrica. Desta forma, em todas as dimensões do produto deve-se levar em conta um coeficiente para compensar a contração. Esse coeficiente é dado em percentual, assim, por exemplo, um molde projetado para injeção de um produto cujo coeficiente de contração seja 3.0%, tem seu volume redimensionado pela equação:

- Volume do molde = Volume do modelo x [1 + (3.0/100)]

A Tabela 8.1 apresenta uma série de termoplásticos mais comumente injetados e seus respectivos fatores de contração.

Tabela 8.1 - Contração de Moldagem de Materiais Termoplásticos.

Materiais	Abreviaturas	Fator de contração (%)
Acetato de Celulose	CA	0.3 - 0.7
Acetato-Butirato de Celulose	CAB	0.2 - 0.5
Poliamida (Náilon)	PA	1.0 - 2.0
Cloreto de Polivinila (Rígido)	PVC	0.1 - 0.2
Cloreto de Polivinila (Flexível)	PVC	0.2 - 2.0
Metilmetacrilato	PMMA	0.2 - 0.8
Poliestireno	PS	0.2 - 0.6
Acrinolitrino-Butadieno-Estireno	ABS	0.3 - 0.8
Acrinolitrino-Estireno	SAN	0.2 - 0.5
Polietileno Baixa Densidade	PEBD	1.5 - 3.0
Polietileno Alta Densidade	PEAD	1.5 - 3.0
Polipropileno	PP	1.5 - 2.5
Policarbonato	PC	0.5 - 0.7
Polioximetileno	POM	2.5

8.2. Projeto de Moldes com SolidWorks 2008

O SolidWorks 2008 permite a obtenção de dois diferentes tipos de molde a partir do projeto do modelo, ou seja, criado o produto desejado, pode-se aplicar as ferramentas do SolidWorks e obter as cavidades ou molde e cavidade. Dois tipos de molde são possíveis de obter com o SolidWorks. O primeiro é destinado à moldagem de peças em materiais metálicos sólidos, ou recipientes plásticos obtidos por moldagem por sopro. Esse molde não possui macho. É composto por duas cavidades idênticas (molde bipartido) que, quando justapostas, formam a geometria da peça, ou seja, a peça resultante possui simetria radial, como exemplificado na Figura 8.1. O segundo tipo de molde é mais complexo e destinado a moldagens sob pressão. Possui macho e cavidades, além da possibilidade de insertos, gavetas etc. Estudaremos, em seguida, ambos os tipos.

8.2.1. Moldes Bipartidos

Em termos técnicos, moldes bipartidos consistem em duas cavidades idênticas que, quando montadas justapostas, definem a geometria do componente. Seu processo inclui as seguintes etapas:

- **Projeto da peça** - é a peça que se deseja moldar.
- **Base de molde** - peça na forma de um bloco que contém o recurso de cavidade da peça projetada.
- **Montagem temporária** - na qual a cavidade é criada.
- **Formação da cavidade** - consiste em gerar a cavidade em torno da peça ainda da montagem temporária.
- **Peças componentes derivadas** - tornam-se as metades do molde após serem cortadas.

8.2.1.1. Projeto da Peça

Crie o projeto da peça com todas as suas dimensões finais, sem aplicação do fator de contração. Deixaremos para aplicá-lo em outra etapa, Figura 8.8. Se a peça não for circular como a da figura, não esqueça o ângulo de extração.

8.2.1.2. Base de Molde

A base de molde nada mais é do que um bloco sólido de dimensões pouco maior que a peça, algo entre 25% e 50% maior em volume, Figura 8.9.

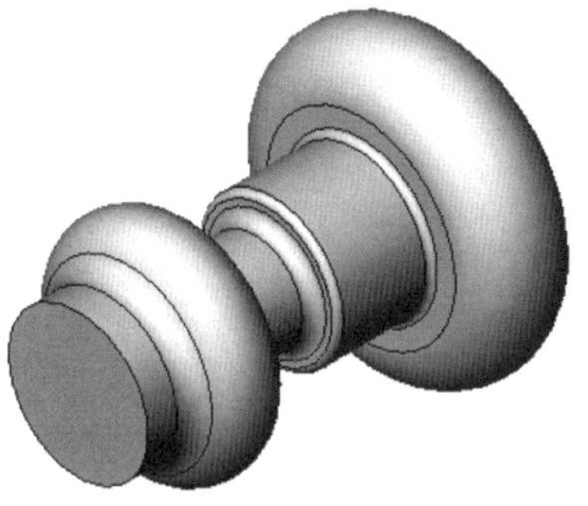

Figura 8.8 - Modelo 3D da peça finalizada.

Figura 8.9 - Base de molde.

8.2.1.3. Montagem Temporária

A montagem temporária, que é a combinação do modelo 3D da peça com a base do molde, pode ser feita no contexto. Ou seja, em vez de criar ambos separadamente como peças e depois combiná-los em uma montagem, crie a base do molde já no contexto a partir do modelo 3D da peça da seguinte forma (estudaremos este tópico mais detalhadamente no capítulo 12):

1. Salve o modelo 3D da peça e abra um desenho de montagem. Vá até **Arquivo → Novo → Montagem**. É exibido o **PropertyManager Iniciar Montagem**.
2. Selecione na caixa de diálogo o nome do arquivo do modelo 3D salvo. Note que ao mover o cursor para a tela o componente aparecerá. Clique **OK** para inseri-lo na **Origem**. Observe que o modelo 3D aparece ali em definitivo.
3. Abra o menu *drop-down* **Inserir componente** do **CommandManager Montar** e selecione a opção **Nova peça**.
4. É criado na **árvore do projeto do FeatureManager** o componente identificado como **[Peça1^Montagem1]<1>**.
5. Renomeie o componente criado como **Base de molde**. O novo nome será **Base de molde<1>**.
6. Edite esse componente e crie um esboço em um plano selecionado, (superior ou frontal, se seu modelo tiver sido extrudado em **Plano médio**; caso contrário, primeiramente crie um plano de referência na metade da espessura de seu modelo e o use como referência para a criação do esboço necessário). Crie um esboço na forma de retângulo ou quadrado em torno do modelo 3D e faça sua extrusão com a opção **Plano médio** até envolver todo o modelo.

Para retornar ao modo de conjunto, clique no comando **Editar componente** no **CommandManager**. Você não verá mais o modelo 3D, pois ele se encontra dentro do bloco sólido. Para visualizá-lo, siga o procedimento:

1. Clique com o botão esquerdo do mouse sobre o componente **Base de molde<1>** na **árvore de projeto do FeatureManager** para exibir a **barra de Contexto** e selecione a opção **Alterar transparência**. Note que a montagem temporária aparece como mostra a Figura 8.10.
2. Clique em **Salvar como** e salve com o nome de **Montagem temporária**. Note que será exibida uma caixa de advertência **Salvar como**. Selecione a opção **Salvar internamente**.

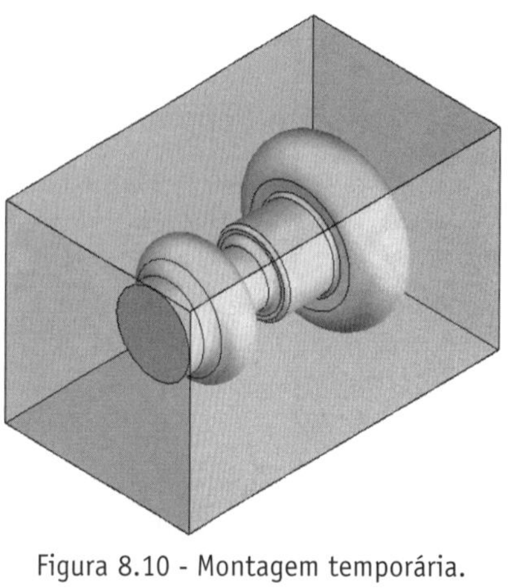

Figura 8.10 - Montagem temporária.

8.2.1.4. Formação da Cavidade

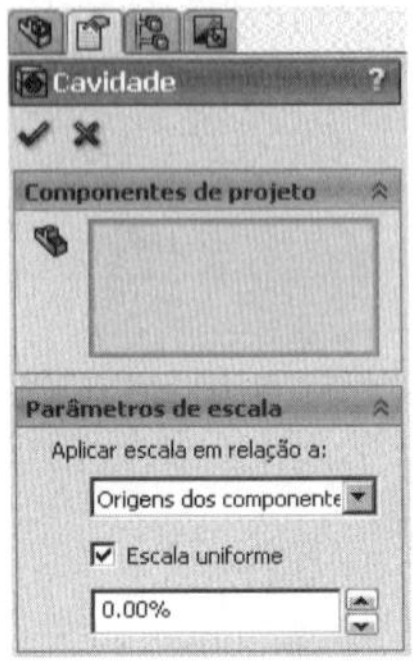

Figura 8.11 - PropertyManager Cavidade.

A formação da cavidade é obtida pela ferramenta **Cavidade** existente na barra de ferramentas **Cavidades** ou acessada pelo menu *drop-down* **Inserir → Recursos → Cavidade**. Para isso, é necessário primeiramente editar a **Base de molde**, selecionando-a na **árvore de projetos do FeatureManager**.

1. Edite a **Base de molde<1>** (ver nota) e selecione o comando **Cavidade**. É aberto o **PropertyManager Cavidade**, como mostra a Figura 8.11.
2. No **PropertyManager**, em **Componentes de projeto**, selecione as peças (modelos 3D que serão moldados) na **árvore de projeto do FeatureManager**.
3. Em Parâmetros de escala:

- Selecione o ponto onde o dimensionamento ocorrerá em **Aplicar escala em relação a**:
  - **Centróides dos componentes** - dimensiona a cavidade de cada peça em relação ao próprio centróide.
  - **Origens dos componentes** - dimensiona a cavidade de cada peça em relação à própria origem.
  - **Origem da base do molde** - dimensiona a cavidade de cada peça em relação à origem da peça da base do molde.
  - **Sistema de coordenadas** - dimensiona a cavidade de cada peça em relação ao sistema de coordenadas selecionado.

4. Digite o fator de escala em **% de escala** (Coeficiente de contração), conforme listado na Tabela 8.1. Um valor positivo expande a cavidade e um valor negativo reduz a cavidade.

- **Escala uniforme** - selecione-a e digite um valor de escala em todas as direções.
- **Escala não uniforme** - desmarque **Escala uniforme** e digite um valor de escala para as direções **X**, **Y** e **Z**.

5. Clique em **OK**. É criada na peça da base do molde uma cavidade com a forma da peça projetada. O tamanho da cavidade corresponde ao fator de escala especificado.
6. Volte ao modo de montagem clicando no comando **Editar componente**, no **CommandManager** da guia **Recursos**.

Nota

Você está editando a *peça*, não a montagem. As alterações realizadas refletem no arquivo original de peça da base do molde. Se não deseja afetar a base original do molde, utilize **Salvar como** no documento da peça base do molde para salvá-lo com um nome diferente para uso em novas montagens do molde. Caso contrário, a base original do molde incluirá a cavidade que está prestes a ser inserida.

As alterações realizadas na peça projetada são automaticamente aplicadas à base do molde, contanto que o caminho de atualização esteja disponível.

Use a ferramenta **Dividir** para separar a peça da base do molde em duas partes.

Não é possível editar o recurso de molde em uma moldagem.

8.2.1.5. Peças e Componentes Derivados

As peças e os componentes derivados consistem na criação e separação das duas cavidades. Para criar os componentes derivados, siga os procedimentos:

1. Selecione a **Base de molde** na **árvore de projetos dos FeatureManager** e clique em **Arquivo → Derivar peça componente**. Abre-se uma nova janela com a montagem, mostrando na **árvore de projetos do FeatureManager** a designação **de Base de molde<1>@Montagem temporária ->**.
2. Mude o Estilo de exibição da montagem para **Visualização de arame**, Figura 8.12.
3. Mude a vista da montagem para **Vista frontal** e, usando a face da **Base de molde** como referência, crie uma **Linha horizontal** sobre a metade da vista, transpassando-a de lado a lado, Figura 8.13.
4. Selecione a linha horizontal e clique no comando **Corte extrudado**, localizado no **CommandManager** da guia **Recursos**.
5. No **PropertyManager** do comando, selecione **Direção1** como passante e clique em **OK**. É criada a **Cavidade**.
6. Salve-a e repita o procedimento para a cavidade oposta.

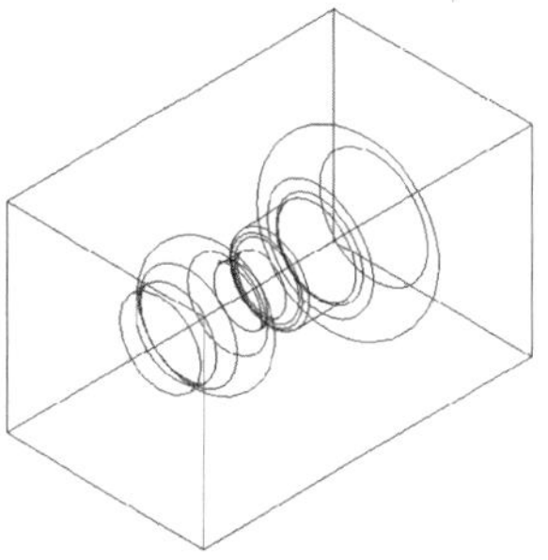

Figura 8.12 - Montagem temporária em Visualização de arame.

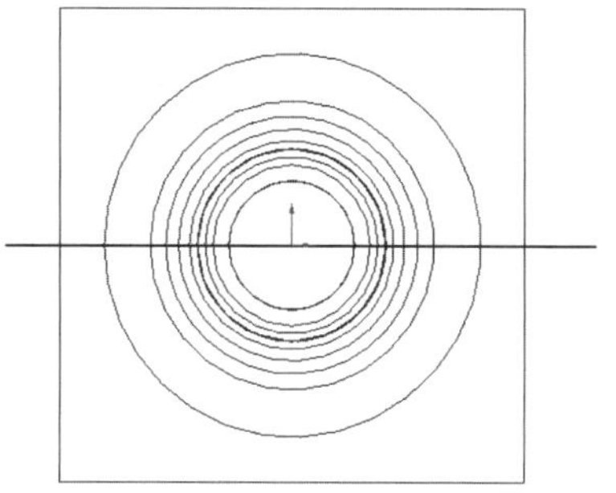

Figura 8.13 - Linha horizontal esboçada na face da Base de molde.

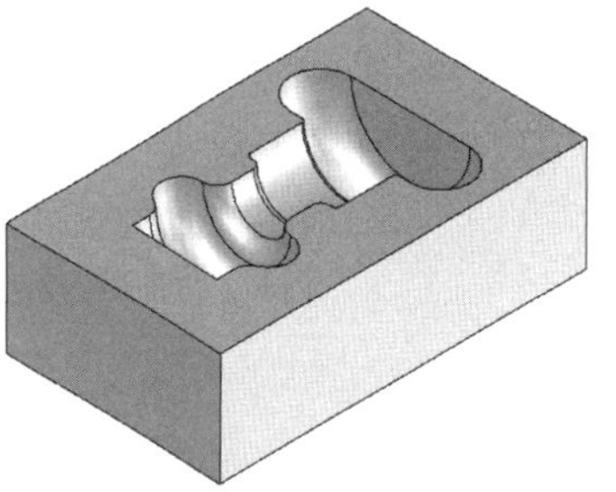

Figura 8.14 - Cavidade.

8.2.2. Moldes com Macho e Cavidade

A obtenção dos moldes com macho e cavidade é um pouco mais complexa do que a estudada para os moldes bipartidos. Esse tipo de molde, como já citado, é uma composição num total de 15 partes. Estudaremos somente a criação de ressaltos, macho, cavidade e gavetas. A Figura 8.15 exemplifica uma peça e seu molde correspondente (macho e cavidade). As Figuras 8.16 e 8.17 permitem melhor visualização da peça moldada.

Ao longo deste capítulo, para melhor entendimento, passo a passo procedemos à criação do molde para o modelo gerado no capítulo 5, como mostra a Figura 8.18.

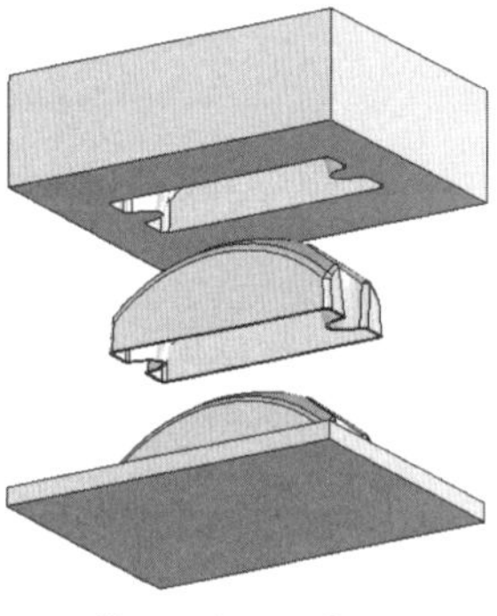

Figura 8.15 - Peça e molde.

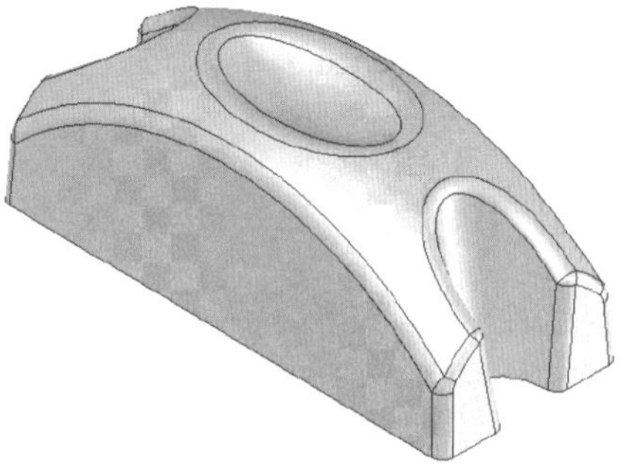

Figura 8.16 - Vista isométrica da peça moldada.

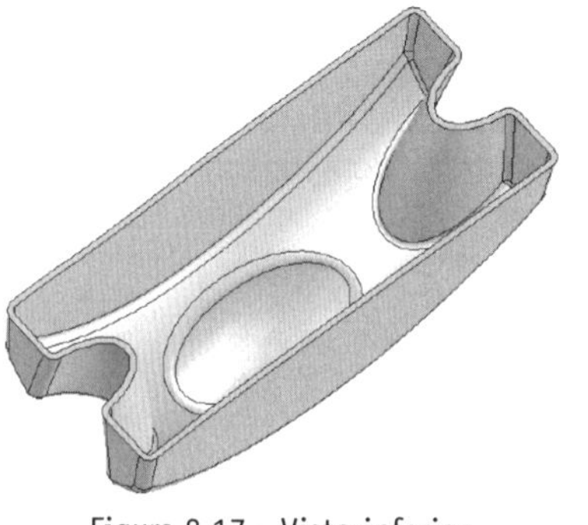

Figura 8.17 - Vista inferior da peça moldada.

Figura 8.18 - Modelo criado no capítulo 5 e utilizado para criação do molde de injeção.

8.2.2.1. Ferramentas de Moldagem

Ao longo desse processo, vamos utilizar as ferramentas da barra **Ferramentas de moldagem**, conforme exibição e descrição dos comandos em seguida.

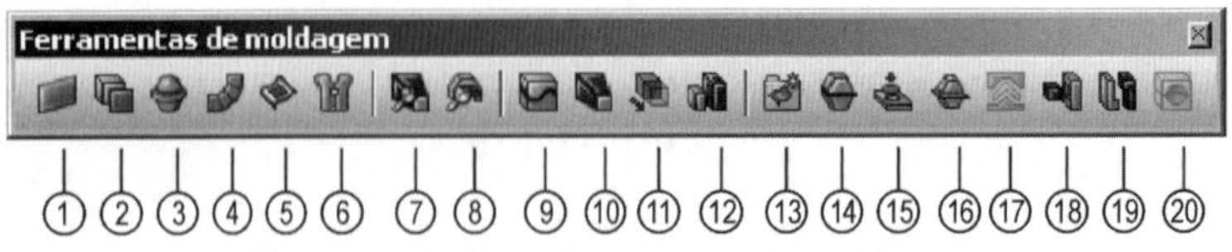

Figura 8.19 - Barra Ferramentas de moldagem.

1. Superfície plana	6. Costurar superfícies	11. Mover face	16. Superfícies de partição
2. Superfície de offset	7. Análise de inclinação	12. Escala	17. Macho/Cavidade
3. Superfície radial	8. Detecção de rebaixo	13. Inserir pastas de molde	18. Núcleo (macho)
4. Superfície regrada	9. Linha de divisão	14. Linha de partição	19. Dividir
5. Superfície preenchida	10. Inclinação	15. Superfícies de fechamento	20. Cavidade

8.2.2.2. Inserção e Espelhamento de Ressaltos de Suporte

Ressaltos de suporte são estruturas macho e fêmea, fixadas internamente na peça moldada, com a função de unir metades opostas, bem como conferir à peça maior resistência.

O comando para inserção de **Ressalto de suporte** pode ser acessado pelo menu *drop-down* **Inserir → Recurso componente de fixação → Ressalto de suporte** ou pela barra de ferramentas **Recurso Componente de Fixação**, que normalmente não aparece ativa, e deve ser ativada em **Ferramentas → Suplementos**.

Figura 8.20 - Barra de ferramentas Recurso Componente de Fixação.

1. Ressalto de suporte
2. Gancho de snap
3. Ranhura de gancho de snap
4. Respiradouro

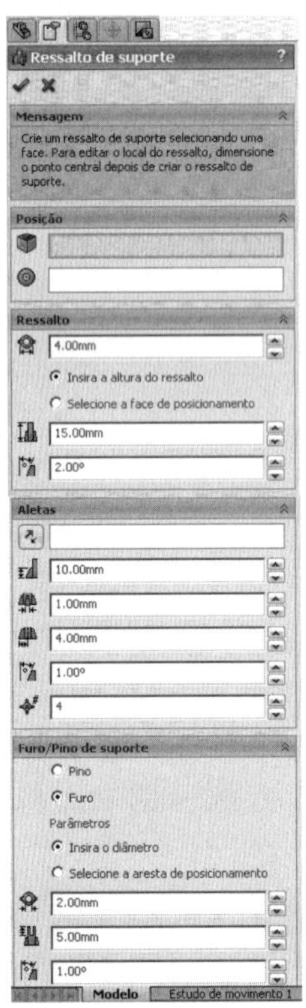

Figura 8.21 - PropertyManager Ressalto de suporte.

Vamos inserir na face interna do modelo quatro ressaltos de suporte que terão, posteriormente, seus afastamentos dimensionados em relação a dois planos de referência. Antes, porém, vamos nos deter alguns minutos no estudo da configuração do Ressalto de suporte.

Quando o comando **Ressalto de suporte** é ativado, conforme mencionado, o **PropertyManager** correspondente se abre, exibindo algumas configurações-padrão, Figura 8.22.

A caixa **Mensagem** indica que uma face da peça moldada deve ser selecionada para criação do ressalto. A referência da face selecionada aparece na primeira janela da caixa **Posição**. Em seguida, para localizar o ressalto, é necessário editá-lo e aplicar as dimensões de afastamento do ponto central do ressalto em relação às referências desejadas. As Figuras 8.22 e 8.23 exemplificam isso:

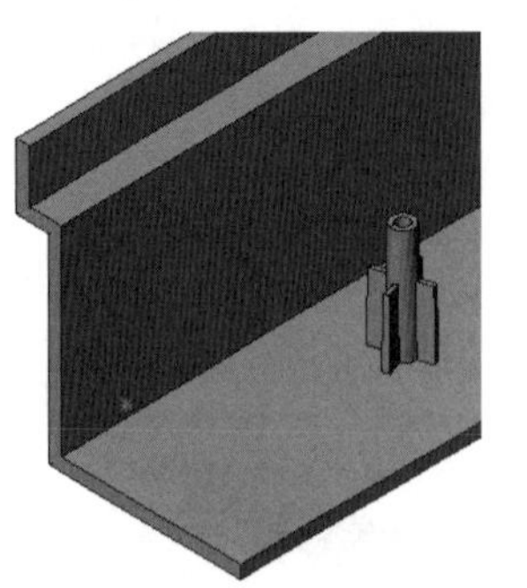

Figura 8.22 - Ressalto de suporte.

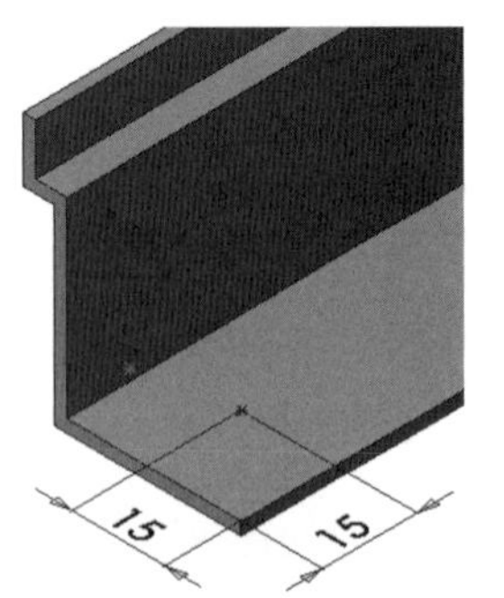

Figura 8.23 - Edição do ressalto e dimensionamento do ponto.

Se a face selecionada for curva, como mostra a Figura 8.24, inicialmente o ressalto fica posicionado normal a uma face tangente à curvatura em seu ponto de inserção, e a caixa de diálogo **Posição** exibe uma terceira janela, posicionada entre as duas existentes, cuja função é a seleção de uma referência de direção para o ressalto.

Na Figura 8.25 a referência selecionada foi uma aresta vertical da peça. Observe que o Ressalto de suporte configurou sua posição de acordo com a direção da aresta.

Se necessário, é possível mudar o sentido, pressionando o botão de inversão.

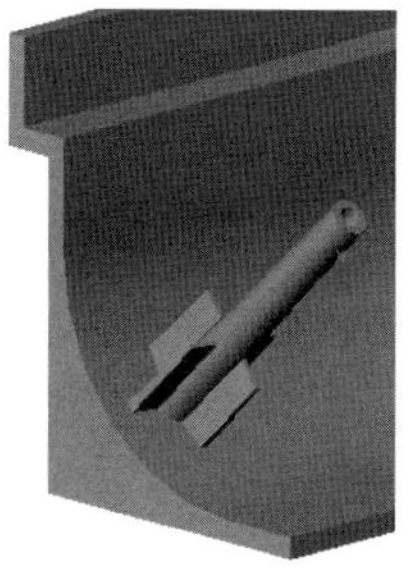

Figura 8.24 - Ressalto em superfície curva.

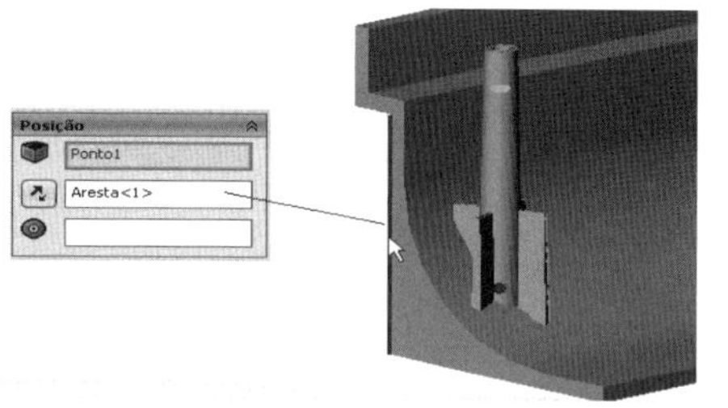

Figura 8.25 - Reposicionamento do Ressalto de suporte.

- Caixa de diálogo **Ressalto** - permite configurar o diâmetro do ressalto, sua altura e o ângulo de inclinação ou desmoldagem. A Figura 8.26 exibe essas dimensões circuladas no desenho, conforme indicadas nas janelas da caixa. Se, entretanto, a opção **Selecione a face de posicionamento** for marcada, a janela de configuração de altura é desativada e uma nova janela exibida na caixa, como mostra a Figura 8.27. Será possível definir a altura do ressalto em função de uma face de posicionamento.

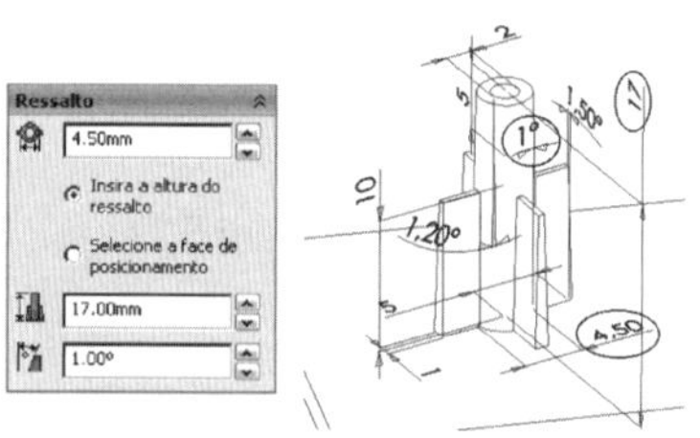

Figura 8.26 - Dimensões de configuração do corpo central do ressalto.

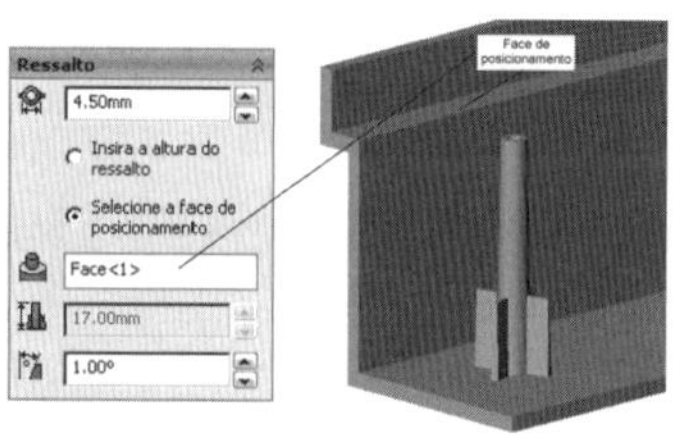

Figura 8.27 - Altura do ressalto definida em função de uma face de posicionamento.

Caixa de diálogo **Aletas** - configura as variáveis de dimensionamento das aletas, sua altura, espessura, distância da aresta externa inferior ao centro do ressalto e quantidade de aletas. A Figura 8.28 ilustra um exemplo de ressalto com **6 aletas**, altura **10mm**, espessura de **1mm** e ângulo de inclinação 1.5°.

As configurações ajustadas na caixa de diálogo aparecem circuladas no ressalto.

- Caixa de diálogo **Furo/Pino de suporte** - permite escolher entre **Ressalto com pino** (macho) e **Ressalto com furo** (fêmea), bem como optar pela inserção de um valor de diâmetro ou configurá-lo em função de uma aresta de posicionamento (**Selecione a aresta de posicionamento**).

A Figura 8.29 exemplifica um **Ressalto de suporte** com pino definido com diâmetro de **2mm**, altura de **5mm** e ângulo de inclinação de **2°**, conforme valores exibidos nas janelas da caixa de diálogo e circuladas no desenho.

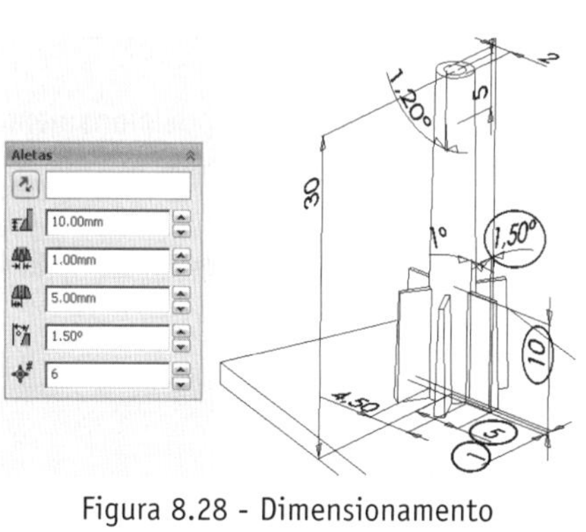

Figura 8.28 - Dimensionamento das aletas.

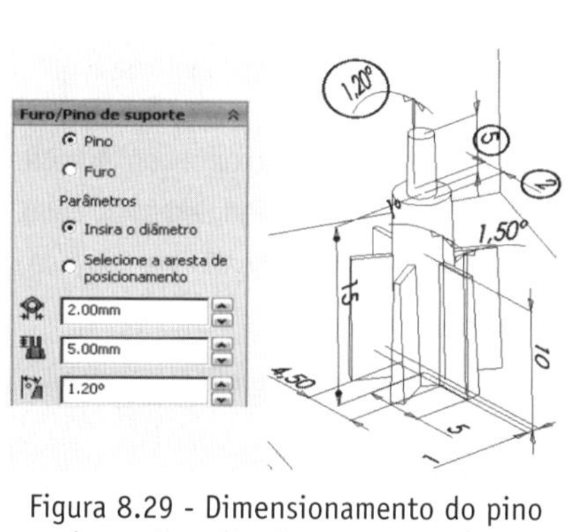

Figura 8.29 - Dimensionamento do pino de um Ressalto de suporte macho.

Para finalizar a introdução ao Ressalto de suporte, a Figura 8.30 exemplifica, em um detalhe, uma aplicação de montagem de ambos os tipos de ressalto.

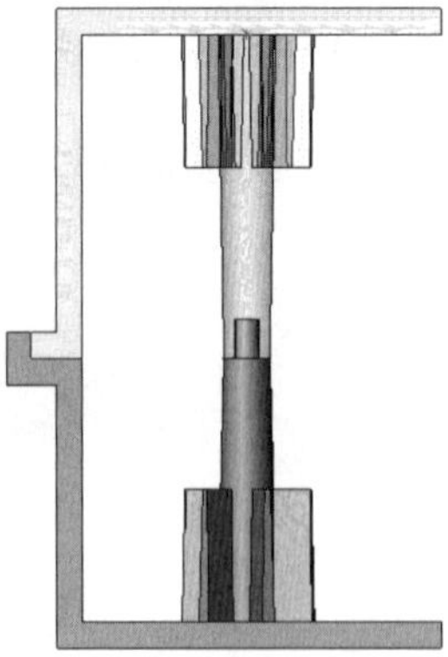

Figura 8.30 - Montagem de duas peças com Ressalto de suporte.
A superior com ressalto fêmea e a inferior com ressalto macho.

Passemos para a inserção dos ressaltos no modelo:

1. Vire o modelo para sua vista inferior, como mostra a Figura 8.31.
2. Na **árvore do modelo do FeatureManager**, ative a visibilidade do **Plano direito** e do **Plano frontal**. Esses planos serão utilizados posteriormente para dimensionar o afastamento dos ressaltos.
3. Crie um eixo (**Eixo 1**) na intersecção dos dois planos, o qual será utilizado posteriormente para referenciar a posição vertical dos **Ressaltos de suporte**.
4. Crie somente três ressaltos, distribuindo-os como mostra a figura. O quarto ressalto será obtido por espelhamento do Ressalto 1 sobre o Plano frontal.

Edite cada um dos ressaltos e dimensione seu afastamento dos planos, conforme as indicações na Figura 8.32.

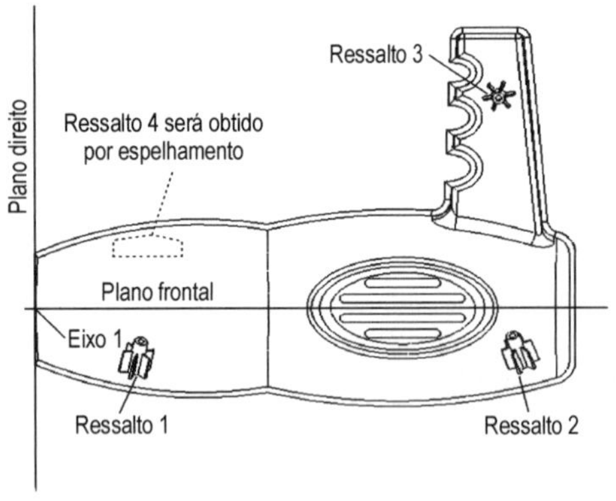

Figura 8.31 - Inserção dos três primeiros ressaltos.

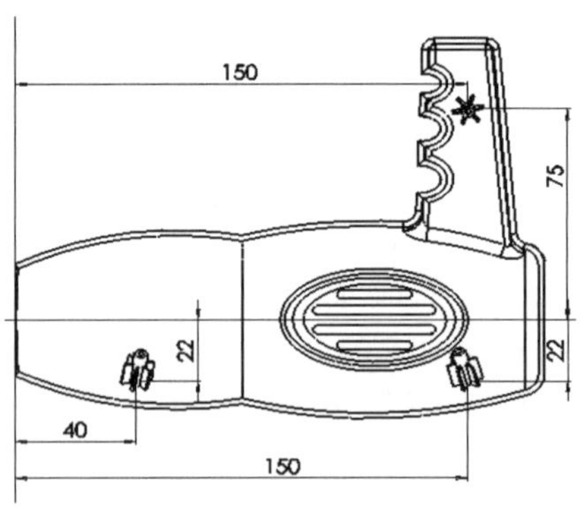

Figura 8.32 - Afastamento dos ressaltos em relação aos planos.

O passo seguinte consiste em configurar a altura dos ressaltos. Para isso, usaremos a opção **Selecione a face de posicionamento**, como exemplificado anteriormente na Figura 8.27.

1. Edite, um por um, os três ressaltos e, para cada um deles, ative a opção **Selecione a face de posicionamento**, definindo como face de posicionamento para configuração da altura, a face horizontal da espessura da parede.
2. Para o **Ressalto 3**, posicionado dentro do cabo, reduza a altura das aletas para **7mm**.
3. Durante a edição de cada ressalto, na caixa de diálogo **Posição**, referencie a posição do ressalto em função do **Eixo 1**.

A Figura 8.33 mostra os três **Ressaltos de suporte** configurados.

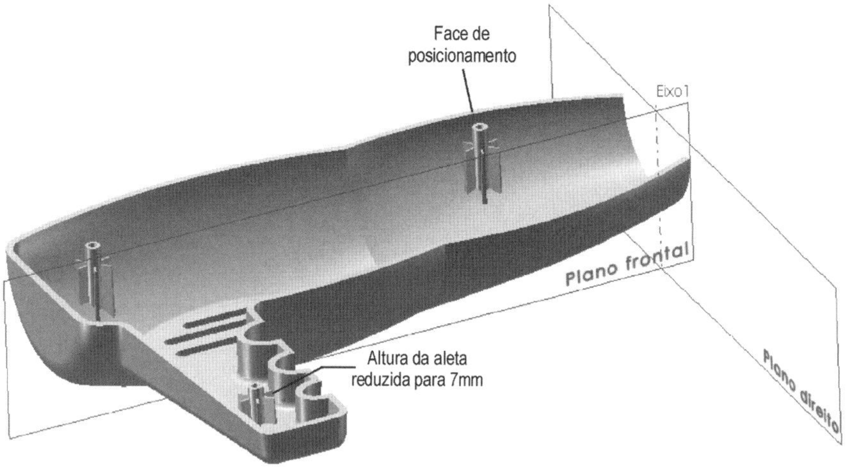

Figura 8.33 - Configuração de altura e posição vertical dos ressaltos.

Vamos gerar o **Ressalto 4** a partir do espelhamento do **Ressalto 1** sobre o **Plano frontal**.

1. Posicione o modelo para melhor visualização, como mostra a Figura 8.34, e selecione na **árvore do projeto do FeatureManager** o **Ressalto 1**. Em seguida, ative o comando para espelhar recursos e selecione como referência de espelhamento o Plano frontal.
2. Clique em **OK** para aceitar. A Figura 8.35 exibe a vista interna do modelo com os quatro recursos criados.

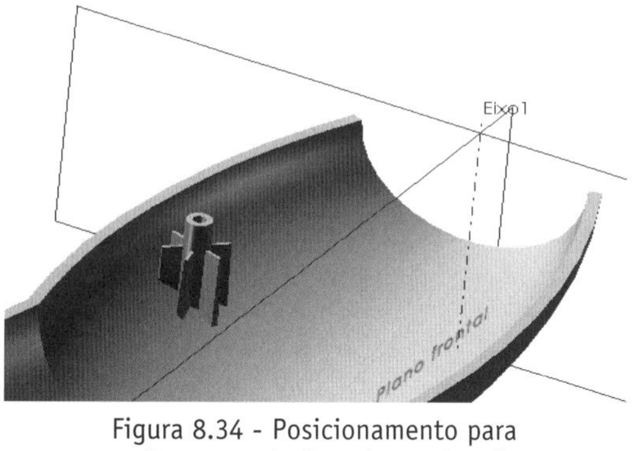

Figura 8.34 - Posicionamento para espelhamento do Ressalto1 - Detalhe.

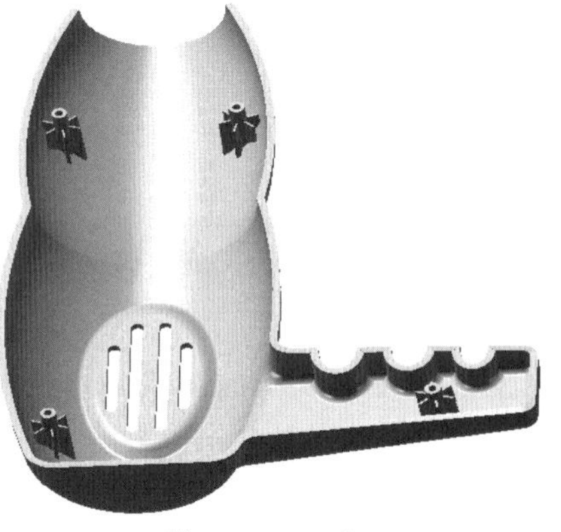

Figura 8.35 - Os quatro ressaltos.

8.2.2.3. Análise de Inclinação

Como mencionamos no início do capítulo, para que haja a desmoldagem da peça injetada da cavidade e em torno do macho, é necessário que ela tenha uma determinada inclinação das paredes. Após a finalização prévia da peça, é importante proceder a uma análise de inclinação. O SolidWorks 2008 disponibiliza uma ferramenta para essa operação.

1. Posicione a peça em **Vista isométrica**, Figura 8.36, e ative na barra de ferramentas **Ferramentas de moldagem** o comando Análise de inclinação. O **PropertyManager** é exibido, Figura 8.37. Observe para que a seta indicativa de lado de extração aponte para cima (circulada na Figura 8.36).
2. Configure o ângulo de inclinação em 0.5° e ative a *checkbox* **Classificação da face**.
3. Clique em **Calcular**. É exibida a caixa de diálogo **Configurações de cor** com o resultado da análise, Figura 8.38.

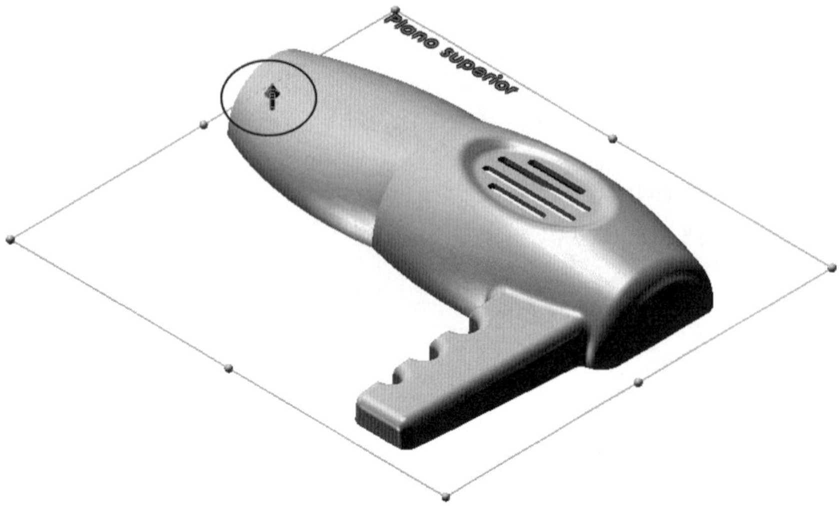

Figura 8.36 - Peça em vista isométrica.

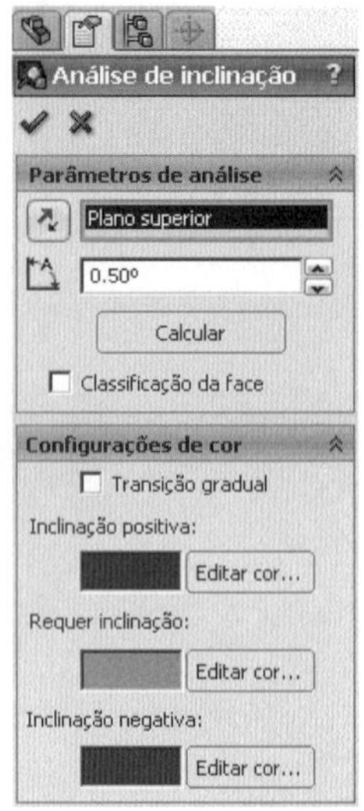

Figura 8.37 - PropertyManager Análise de inclinação.

Após a análise, a peça mostra suas faces em cores diferenciadas, conforme o tipo de inclinação. Uma vez que a impressão não é colorida, a Tabela 8.2 descreve a relação de quantidade de faces, cores e tipo de inclinação. Note que, ao todo, 29 faces necessitam de inclinação.

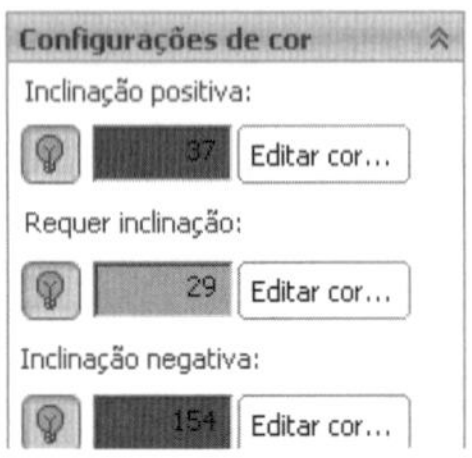

Figura 8.38 - Caixa de diálogo Configurações de cor.

Tabela 8.2 - Configurações de cor.

Tipo de inclinação	Cor	Número de faces
Inclinação positiva	Verde	37
Requer inclinação	Amarelo	29
Inclinação negativa	Vermelho	154
Faces abrangentes	Azul	2

As Figuras 8.39 e 8.40 indicam as faces exibidas em amarelo e cuja inclinação é menor que 0.5°.

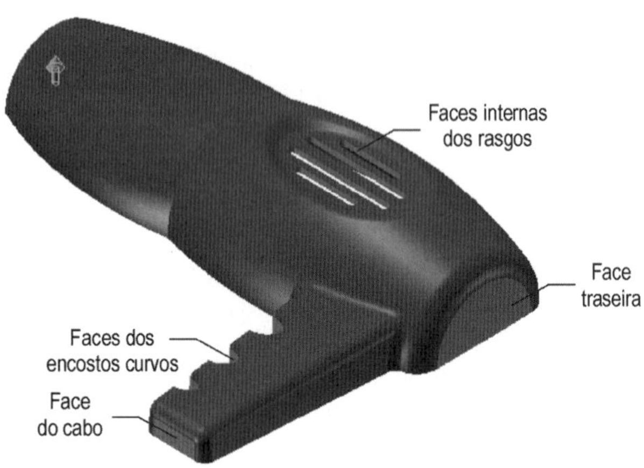

Figura 8.39 - Faces externas que requerem inclinação.

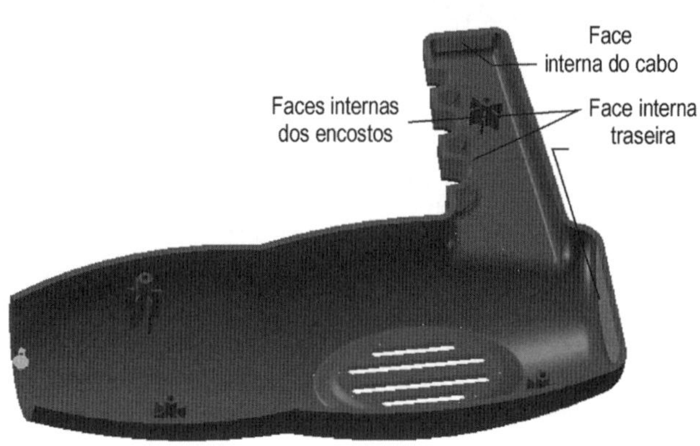

Figura 8.40 - Faces internas que requerem inclinação.

8.2.2.4. Adição de Inclinação

Para melhor entendimento e organização, vamos adicionar o ângulo de inclinação em partes.

1. Ative o comando **Inclinação** na barra de ferramentas **Ferramentas de moldagem**. É exibido o **PropertyManager** do comando.
2. Na caixa **Tipo de inclinação** selecione a opção **Linha de partição**, e configure a caixa **Ângulo de inclinação** com o ângulo de **0.5°**.
3. Na caixa **Direção de extração** selecione o **Plano superior**. Observe para que a seta aponte para cima. Se necessário, clique em **Inverter direção**.
4. Na janela da caixa **Linhas de partição** estão as linhas selecionadas, conforme a Figura 8.41. São elas: as três linhas curvas, a linha da face do fundo do cabo e a linha da base da face semicircular. Note as setas sobre as linhas selecionadas.
5. Clique em **OK** para adicionar a inclinação desejada.

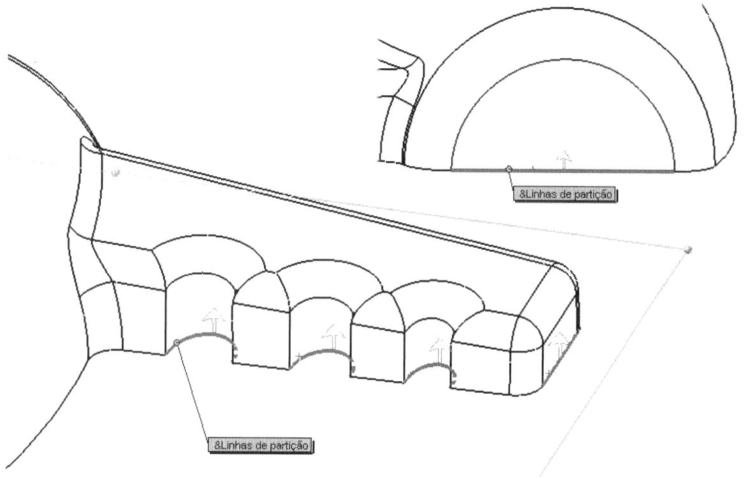

Figura 8.41 - Seleção das linhas de partição.

As próximas faces a receberem a inclinação de **0.5°**, são as faces internas dos rasgos, conforme mostra a Figura 8.42.

1. Ative o comando **Inclinação** na barra de ferramentas **Ferramentas de moldagem**. É exibido o **PropertyManager** do comando.
2. Na caixa **Tipo de inclinação** selecione a opção **Plano neutro** e configure a caixa **Ângulo de inclinação** com o ângulo de **0.5°**.
3. Na caixa **Direção de extração** selecione o **Plano superior**. Observe para que a seta aponte para cima. Se necessário, clique em **Inverter direção**.
4. Na janela da caixa **Faces para aplicar inclinação** são exibidas as faces selecionadas, Figura 8.42.
5. Selecione as faces internas dos rasgos.
6. Clique em **OK** para adicionar a inclinação desejada.

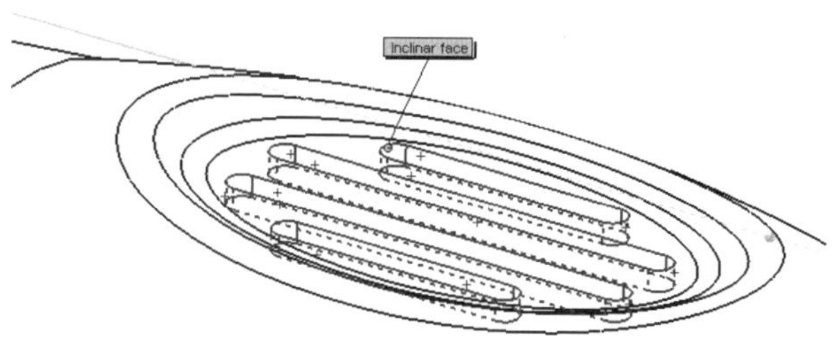

Figura 8.42 - Seleção das faces internas dos rasgos.

Para finalizar, resta aplicar a inclinação às faces internas, conforme indicado na Figura 8.40.

1. Vire a peça com a superfície interna para cima e ative o comando **Inclinação**.
2. Na caixa **Tipo de inclinação** selecione a opção **Linha de partição** e configure a caixa **Ângulo de inclinação** com o ângulo de **0.5°**.
3. Na caixa **Direção de extração** selecione o **Plano superior**. Observe para que a seta aponte para cima, como mostra a Figura 8.43. Se necessário, clique em **Inverter direção**.
4. Na janela da caixa **Linhas de partição** são exibidas as linhas selecionadas, conforme indica a figura. São elas: as três linhas curvas internas, a linha superior interna da face do fundo do cabo e a linha interna superior da face semicircular. Note as setas sobre as linhas selecionadas que apontam para o lado da extração.
5. Clique em **OK** para adicionar a inclinação desejada.

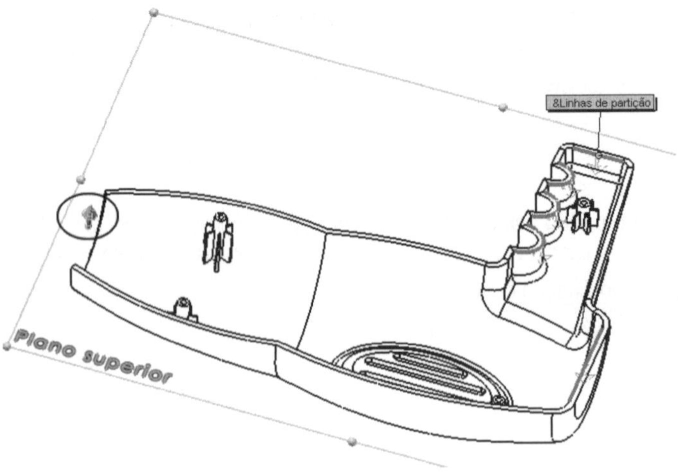

Figura 8.43 - Seleção das linhas de partição.

8.2.2.5. Fator de Contração

Diferentemente do que fizemos no exemplo do molde bipartido, o **Fator de contração** será aplicado em forma de **Escala de ampliação** diretamente à peça para, posteriormente, obtermos o macho e a cavidade a partir desse volume ampliado. Admitamos que o **Fator de contração** para esse termoplástico seja da ordem de **2.25%**, ou seja, o material é um PEAD (polietileno alta densidade). O **Fator de escala** será:

- **Fator de escala** = 1 + (2.25/100) = 1.0225

1. Selecione a peça na **árvore do projeto do FeatureManager** e ative o comando **Escala** na barra de ferramentas **Ferramentas de moldagem**. O **PropertyManager** do comando é exibido.
2. Em Parâmetros de escala configure a janela Aplicar escala em relação a como Centróide.
3. Defina o Fator de escala como 1.0225.
4. Clique em **OK** para aplicar a escala de ampliação.

Para verificar a aplicação do fator de escala, use o comando **Medir** antes e depois da aplicação do **Fator de escala**.

1. Verifique uma determinada dimensão antes de aplicar a escala. Clique em **Ferramentas** → **Medir**. A caixa de ferramentas **Medir** é exibida.
2. Selecione uma aresta, como mostra a Figura 8.44. O comprimento da aresta aparece dentro da caixa (**8.54mm**).
3. Aplique o **Fator de escala** e repita o procedimento com relação à mesma aresta. A nova medida agora é **8.73mm**.
4. Divida o segundo valor pelo primeiro e observe: 8.73mm/8.54mm ≅ 1.025.

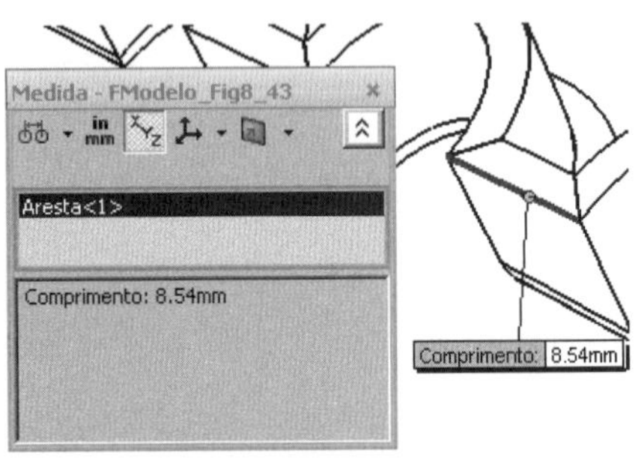

Figura 8.44 - Verificação da medida de uma aresta antes do Fator de escala.

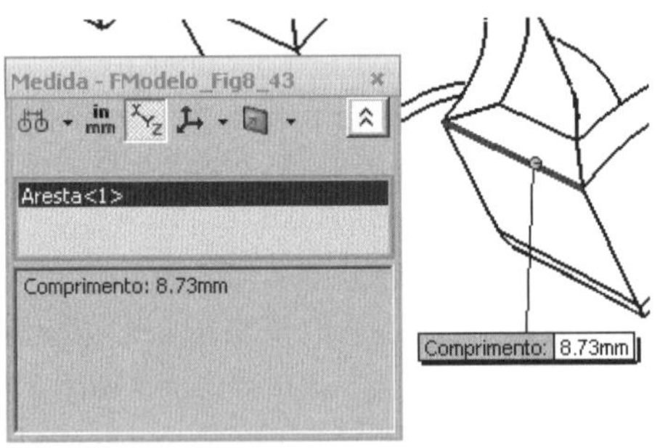

Figura 8.45 - Verificação da medida de uma aresta depois do Fator de escala.

8.2.2.6. Linha de Partição

A ferramenta **Linha de partição** verifica a inclinação e adiciona linhas de partição, as quais separam o macho da cavidade.

Estes requisitos asseguram a ejeção do modelo do molde.

1. Clique em **Linhas de partição** (barra de ferramentas **Ferramentas de moldagem**). O **PropertyManager** do comando é exibido, Figura 8.46.

2. Selecione Plano superior na árvore de projeto do FeatureManager para Direção de extração no PropertyManager, Figura 8.47.
3. Se necessário, clique em **Inverter direção** para que a seta da visualização aponte para cima.
4. Defina **Ângulo de inclinação** como **0,5°**. Clique em **Análise de inclinação** para verificar a inclinação do modelo.

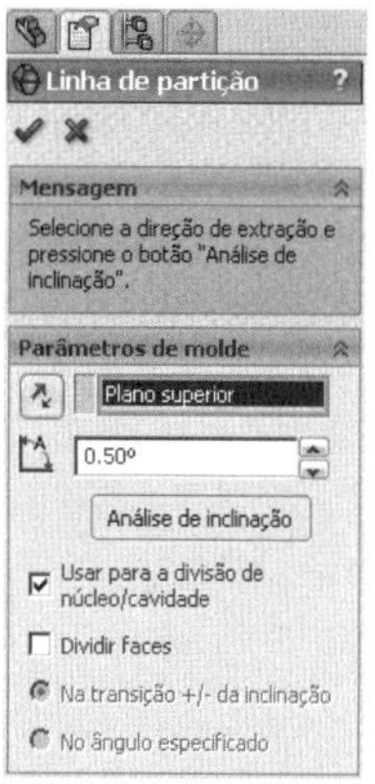

Figura 8.46 - PropertyManager Linha de partição.

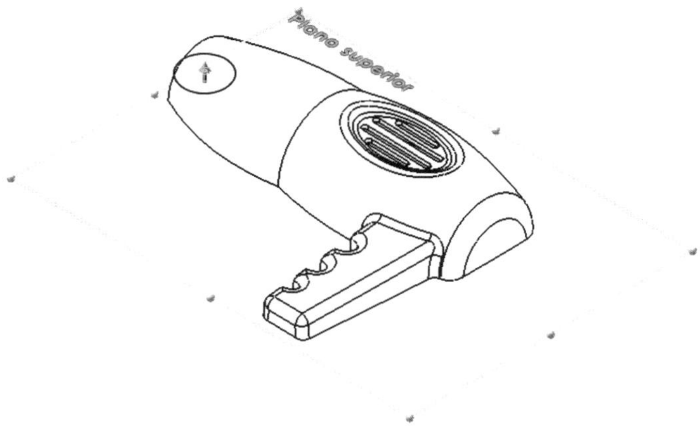

Figura 8.47 - Seleção do plano de referência para linha de partição e direção de extração da peça.

Após a análise de inclinação, o **PropertyManager** exibe a configuração mostrada na Figura 8.48.

1. Selecione as arestas externas da peça que fazem contato com o **Plano superior**, Figura 8.49. Já com relação às arestas referentes à boca semicircular frontal, as selecionadas são as indicadas na Figura 8.50, as quais são exibidas na janela da caixa **Linhas de partição**.

A caixa **Mensagem** avisa que pode precisar criar superfícies de fechamento.

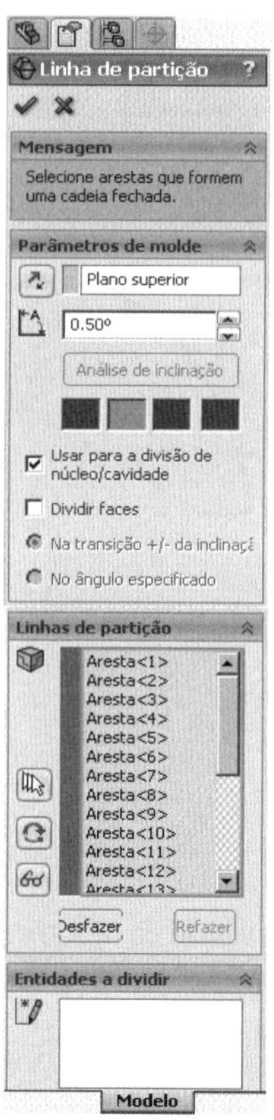

Figura 8.48 - PropertyManager Linha de partição.

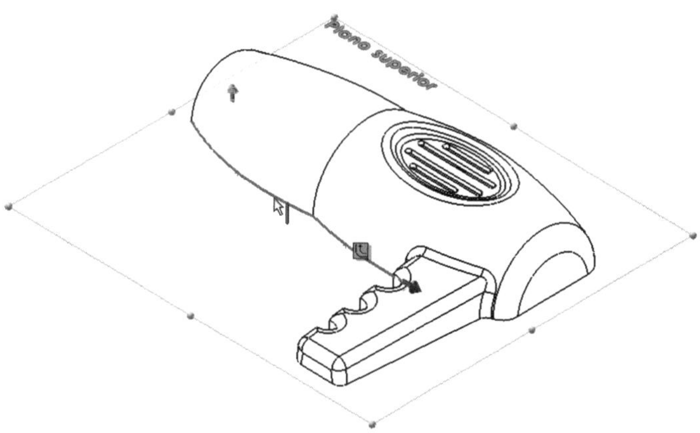

Figura 8.49 - Seleção de arestas para linha de partição.

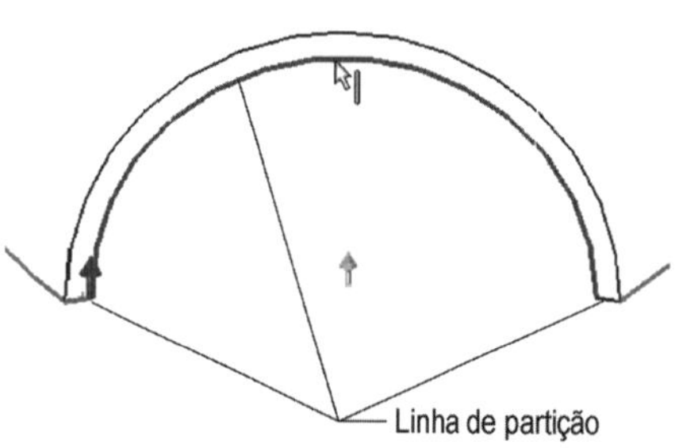

Figura 8.50 - Seleção de arestas para linha de partição.

Nota

Se o modelo inclui uma **cadeia de arestas de loop fechado** entre as faces positiva e negativa sem faces abrangentes, a linha de partição é gerada ao longo da cadeia de arestas. Entretanto, uma linha de partição gerada pelo sistema não garante que todas as faces tenham uma inclinação suficiente.

8.2.2.7. Adicionar a Superfície de Fechamento

Para cortar o bloco de ferramenta em duas partes, é necessário dispor de duas superfícies completas (uma superfície de macho e outra de cavidade) sem nenhum furo trespassante. As superfícies de fechamento tampam furos trespassantes.

As alterações na geometria necessárias para remendar tantas áreas são muito complexas. Dependendo das variáveis, como seu hardware, o número de processos executados etc., essas operações de superfície de fechamento podem demorar alguns minutos.

1. Clique em Superfícies de fechamento (barra de ferramentas Ferramentas de moldagem).
2. **No PropertyManager**, Figura 8.51, todos os furos trespassantes são exibidos em **Arestas**.
3. Na caixa de diálogo **Arestas**, selecione o seguinte:

- **Costurar** - une todas as superfícies de fechamento nas superfícies da cavidade e do núcleo.
- **Filtrar loops** - filtra loops que não parecem ser furos válidos.

4. Exibir chamadas.

Observe que, na área de gráficos, chamadas identificam cada loop com o tipo de preenchimento de superfície predeterminado **Contato**, Figura 8.52.

5. Clique em **OK**. A peça apresenta uma mistura de cores que ocorre porque a superfície da cavidade (verde) é coincidente com as faces do corpo sólido (azul).

Figura 8.51 - PropertyManager Superfície de fechamento.

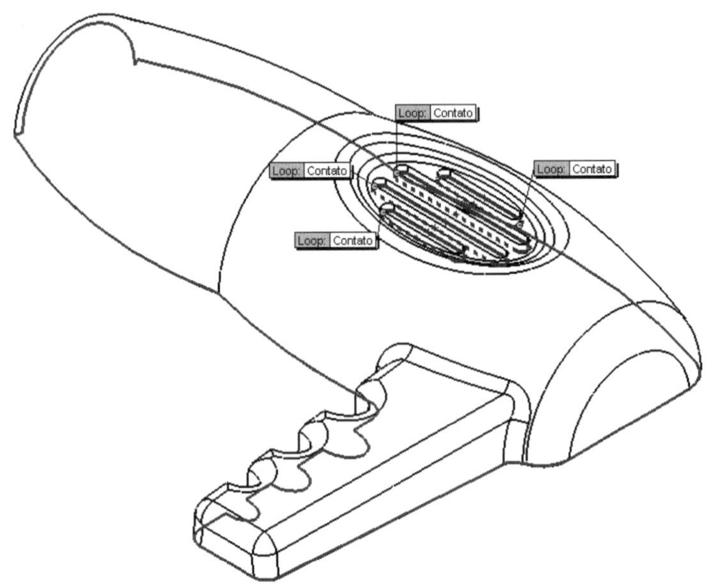

Figura 8.52 - Loops identificados.

8.2.2.8. Superfícies de Partição

As superfícies de partição são extrudadas a partir das linhas de partição e utilizadas para separar a cavidade do molde do macho.

1. Clique em **Superfícies de partição** (barra de ferramentas **Ferramentas de moldagem**).
2. No **PropertyManager**, Figura 8.53, na caixa **Parâmetros de molde**, selecione a opção **Perpendicular à extração**.
3. Na caixa **Superfície de partição**, defina **Distância** como **10mm**.

4. Na caixa **Opções**, selecione **Costurar todas as superfícies** e **Exibir visualização**.
5. Clique em **OK**. É criado um prolongamento de superfície de **10mm** em torno das arestas da peça.

Figura 8.53 - PropertyManager Superfície de partição.

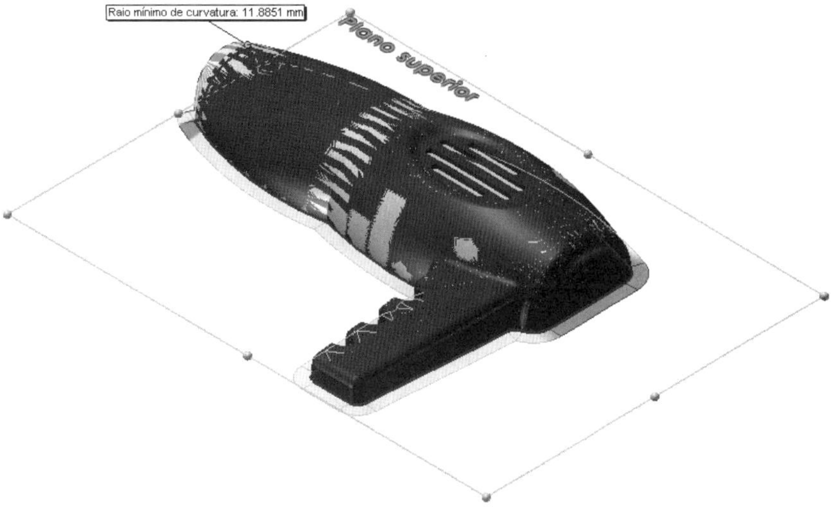

Figura 8.54 - Criação da superfície de partição.

Nota

A superfície de partição aparece em **Corpos de superfície de partição**, que está sob **Corpos de superfície** na **árvore de projeto do FeatureManager**.

8.2.2.9. Preparo do Macho/Cavidade

Crie um plano de partição perpendicular à direção de extração.

1. Clique em **Girar vista** (barra de ferramentas **Vistas padrão**) e vire o modelo para ver o lado inferior com inclinação negativa, Figura 8.55.
2. Clique em **Zoom na área** (barra de ferramentas **Exibir**), aumente o zoom na base do cabo e selecione a face superior da **Superfície de partição**, como mostra a Figura 8.56.

Figura 8.55 - Vista inferior do modelo.

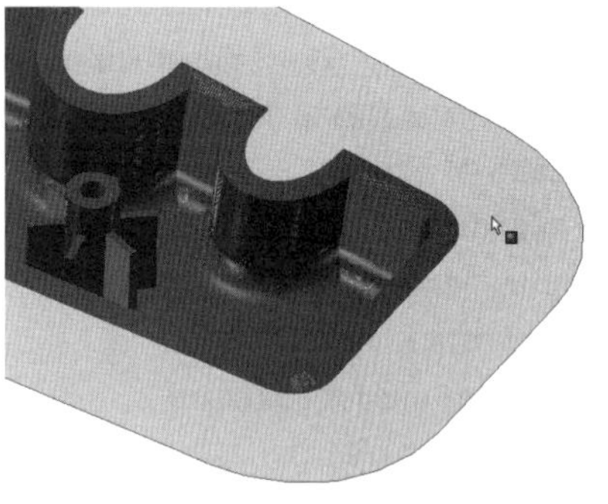

Figura 8.56 - Zoom para seleção da superfície de partição.

3. Clique em **Plano** (barra de ferramentas **Geometria de referência**).
4. Clique em **Vista frontal** (barra de ferramentas **Vistas Padrão**).
5. No PropertyManager, na caixa Seleções, Face<1> aparece na janela Entidades de referência.
6. Defina **Distância** como **20mm**.
7. Se necessário, selecione **Inverter direção** para posicionar o plano abaixo da face de referência.
8. Clique em **OK**. Observe que é criado um plano de referência a uma distância de **20mm** abaixo da **Superfície de partição** selecionada.

Figura 8.57 - Vista frontal do plano criado.

8.2.2.10. Aplicação do Macho/Cavidade

Em seguida, esboce um retângulo no plano para criar uma superfície plana.

1. Clique em **Macho/cavidade** (barra de ferramentas **Ferramentas de moldagem**). O PropertyManager do comando é exibido com suas configurações-padrão e um esboço é aberto.
2. Selecione o plano criado no passo anterior na **árvore de projeto do FeatureManager**.
3. Clique em **Normal a** (barra de ferramentas **Vistas padrão**).
4. Clique em **Linhas ocultas removidas** (barra de ferramentas **Exibir**).
5. Clique em **Retângulo** (barra de ferramentas **Esboço**), esboce um retângulo e dimensione-o como mostrado.

Note que as dimensões **35mm** e **65mm** referenciam o retângulo à **Origem** no modelo.

Saia do esboço.

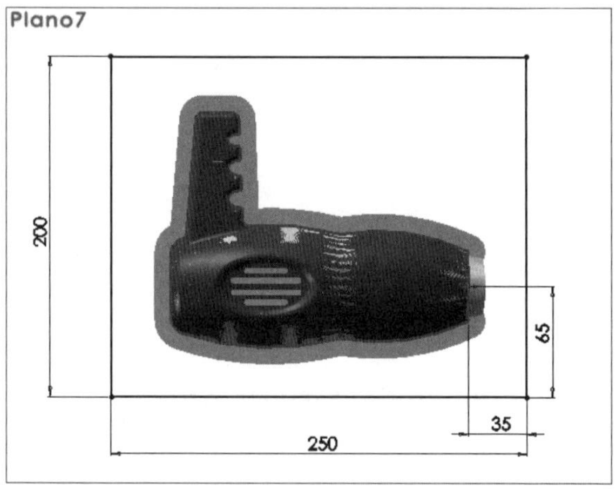

Figura 8.58 - Esboço dimensionado de um retângulo.

No **PropertyManager**, Figura 8.59, além da caixa **Tamanho do bloco**, há ainda as caixas:

- **Núcleo (macho)** - lista a **Superfície de fechamento1[1]**.
- **Cavidade (fêmea)** - lista a **Superfície de fechamento1[2]**.
- **Superfície de partição** - lista a **Superfície de partição1**.

1. Clique em **Isométrica** (barra de ferramentas **Vistas padrão**).

Na caixa **Tamanho do bloco**:

2. Defina **Profundidade na direção1** como **90**.
3. Defina **Profundidade na direção2** como **70**.
4. Selecione **Superfície de interloque**.
5. Defina **Ângulo de inclinação** como **1°**.

A Figura 8.60 ilustra o bloco em processo de formação.

6. Clique em **Sombreado com arestas** (barra de ferramentas **Exibir**).

Clique em **OK** para criar os blocos macho e cavidade, Figura 8.61.

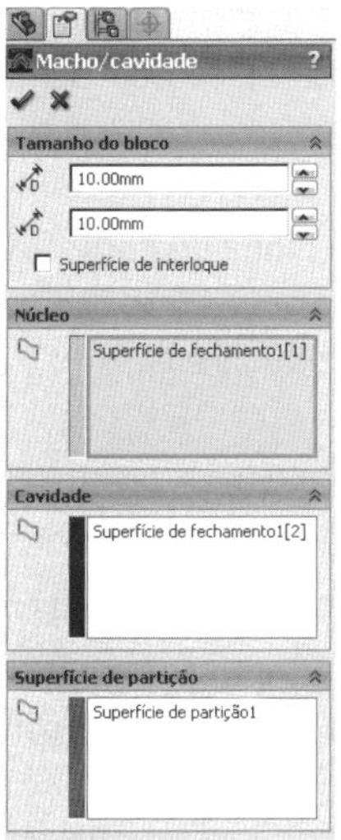

Figura 8.59 - PropertyManager Macho/cavidade.

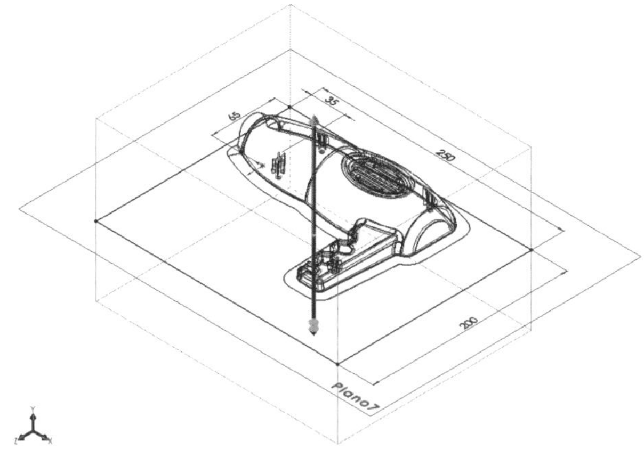

Figura 8.60 - Bloco macho/cavidade em formação.

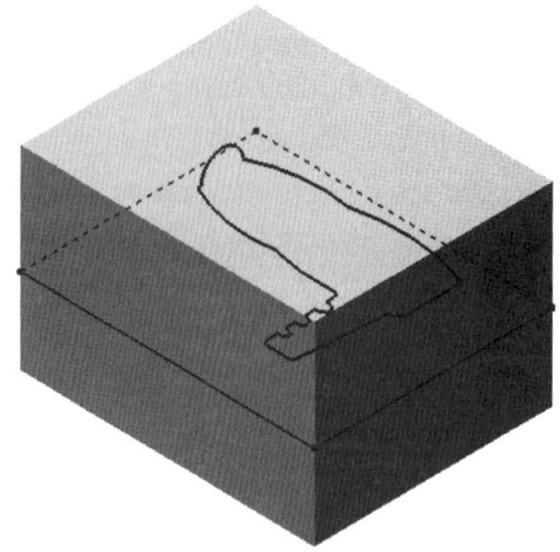

Figura 8.61 - Bloco de macho/cavidade formado.

Nota

Você também pode criar **recursos de núcleo lateral** (gavetas) se o modelo incluir áreas de rebaixo (áreas aprisionadas que impedem que a peça ejete do molde).

8.2.2.11. Separação do Macho da Cavidade

Use o recurso **Mover/Copiar corpo** para separar o núcleo da cavidade.

1. Clique em **Mover/Copiar corpos** (Menu *drop-down* **Recursos**). É exibido o **PropertyManager** do comando, Figura 8.62.

No **PropertyManager**, clique em **Transladar/Girar** se não puder ver a caixa do grupo **Transladar**.

2. Na área de gráficos, selecione o **corpo da cavidade**.
3. A cavidade é realçada, Figura 8.63, e **Corpo sólido<1>**, no caso **(Macho/cavidade2[2])**, aparece para **Sólido e superfície ou corpos gráficos para mover/copiar** no **PropertyManager**.
4. Na janela da caixa **Transladar**, defina **Delta Y** como **160mm**.

Clique em **OK**. Note que ambos, macho e cavidade, podem ser vistos separados, Figura 8.64. O modelo está colocado sobre o macho.

Figura 8.62 - PropertyManager Mover/Copiar corpo.

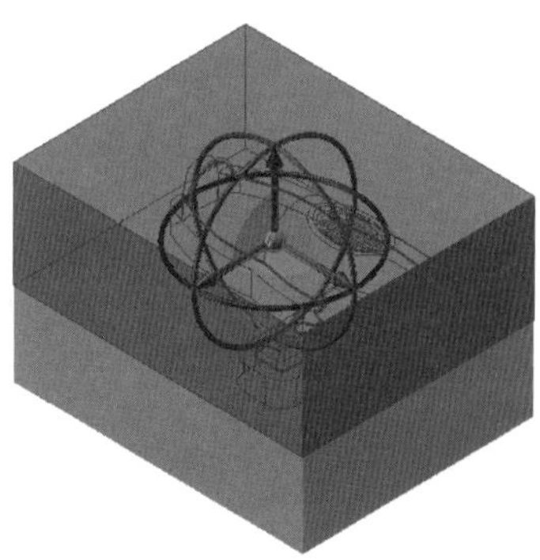

Figura 8.63 - Seleção da parte do bloco correspondente à cavidade.

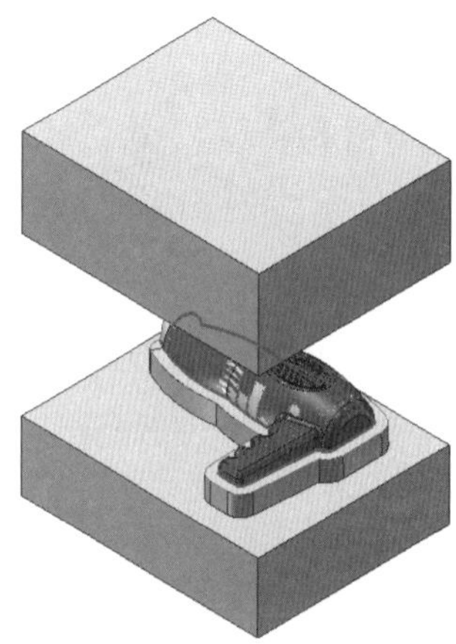

Figura 8.64 - Separação do macho da cavidade.

8.2.2.12. Visualização Final

Na **árvore de projeto do FeatureManager**, escolha entre **Corpos sólidos** e **Corpos de superfície** e use as opções **Ocultar corpo sólido** e **Ocultar corpo de superfície** para exibir as entidades de macho e cavidade sem corpos ou superfícies adicionais.

Para ocultar o corpo sólido ou de superfície do modelo, Figura 8.65, siga o procedimento:

1. No item **Corpos sólidos(3)** da **árvore de projetos do FeatureManager**, clique com o botão direito em **Linha de partição1** e selecione **Ocultar corpo sólido**.

Como o modelo foi gerado com superfícies, expanda também o item **Corpos de superfície(3)**. Note que há três subitens:

- **Corpos de superfície de cavidade(1)**
- **Corpos de superfície de núcleo(1)**
- **Corpos de superfície de partição(1)**

Expanda cada um desses subitens e oculte o arquivo ali exibido. O modelo já não aparece mais no entorno do macho, Figura 8.66.

Para ocultar a cavidade:

2. No item **Corpos de superfície(3)**, clique com o botão direito em cada uma das seguintes pastas e selecione **Ocultar corpo de superfície**:

- **Corpos de superfície de cavidade(1)**
- **Corpos de superfície de núcleo(1)**
- **Corpos de superfície de cavidade(1)**

Em **Corpos sólidos(3)**, clique com o botão direito em **Linha de partição1** e selecione **Ocultar corpo sólido**. Repita o procedimento para **Corpo-Mover/Copiar1**. Somente o macho é exibido, Figura 8.66.

Para ocultar o núcleo (macho):

3. No item **Corpos de superfície(3)**, clique com o botão direito em cada uma das seguintes pastas e selecione **Ocultar corpo de superfície**:

- **Corpos de superfície de cavidade(1)**
- **Corpos de superfície de núcleo(1)**
- **Corpos de superfície de cavidade(1)**

Em **Corpos sólidos(3)**, clique com o botão direito em **Linha de partição1** e selecione **Ocultar corpo sólido**. Repita o procedimento para **Macho/cavidade[1]**. Somente a cavidade é exibida, Figura 8.67.

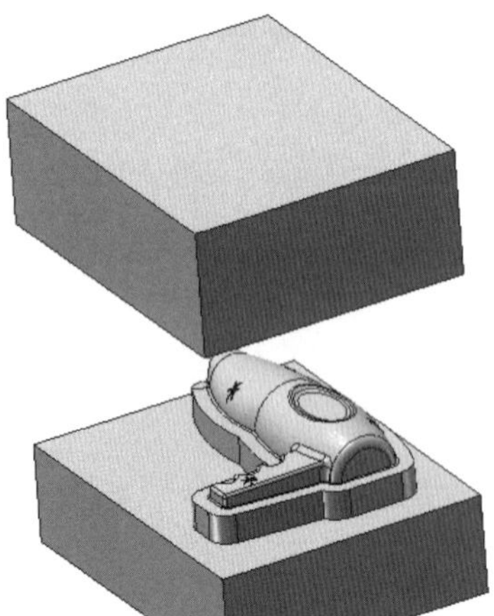

Figura 8.65 - Separação do macho da cavidade.

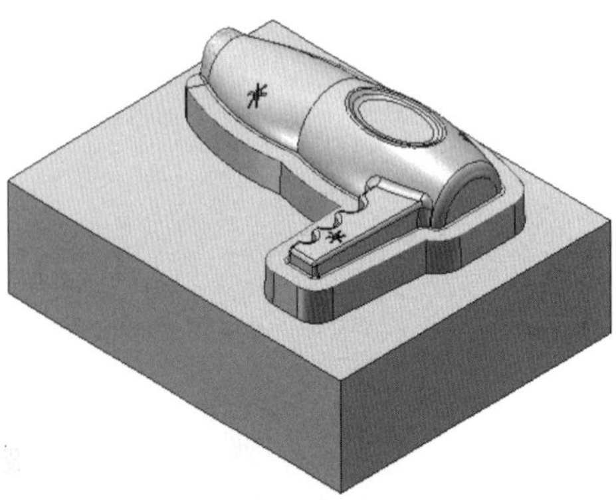

Figura 8.66 - Exibição somente do macho.

Figura 8.67 - Exibição somente da cavidade.

Esta fase de criação do molde está concluída. A fase seguinte consiste na criação dos canais de injeção no lado da cavidade ou do macho, se necessário, ou na entrada direta para a bucha de injeção.

Salve o projeto do molde, atribuindo-lhe um nome, e feche o arquivo.

8.2.3. Moldes com Gavetas (Partes Móveis)

Alguns produtos injetados apresentam reentrâncias laterais ou angulares que impossibilitam sua extração do macho e da cavidade. Nestes casos, torna-se necessária a criação de gavetas (**Recursos de núcleo lateral**), que são ativadas (impulsionadas e retroagidas) por meio de mecanismos deslizantes como pinos ou atuadores hidráulicos/pneumáticos. A Figura 8.68 exemplifica um molde confeccionado para injeção de um elemento dotado de um estriado que impossibilita sua extração de uma cavidade comum. Neste caso, a cavidade é bipartida e sua separação acionada por pinos com deslizamento angular.

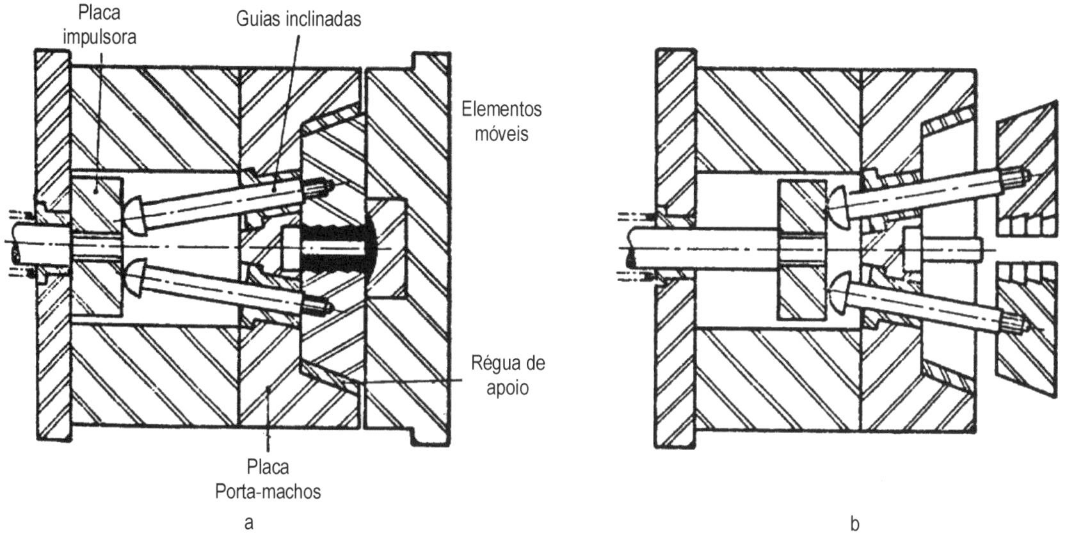

Figura 8.68 - Molde com partes móveis - (a) molde fechado e (b) molde aberto.

Outro exemplo é mostrado na Figura 8.69, em que as partes móveis são acionadas por dispositivo hidráulico.

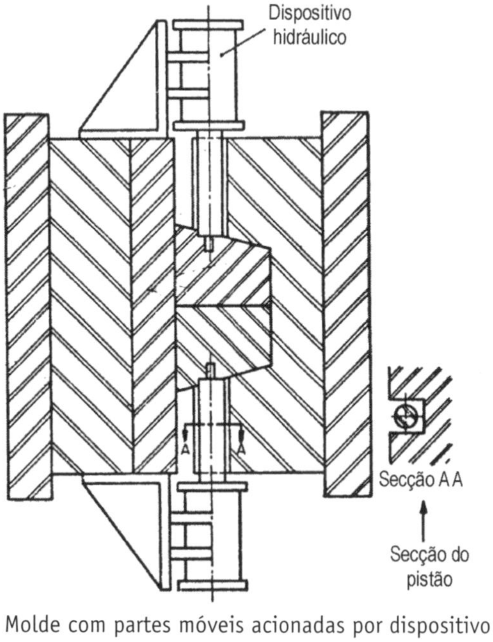

Figura 8.69 - Molde com partes móveis acionadas por dispositivo hidráulico.

8.2.3.1. Criação das Partes Móveis

A criação de partes móveis no projeto de um molde é feita com a aplicação da ferramenta **Núcleo** da barra de ferramentas **Ferramentas de moldagem**. A ferramenta **Núcleo** extrai a geometria da ferramenta de sólido para criar um recurso de núcleo (parte móvel).

Por exemplo, observe a peça mostrada nas Figuras 8.70 e 8.71. Se o macho ou a cavidade tivesse saliências que permitissem a criação dos rasgos laterais, após o término do ciclo de moldagem (esfriamento da peça e abertura do molde), a peça não poderia ser desmoldada.

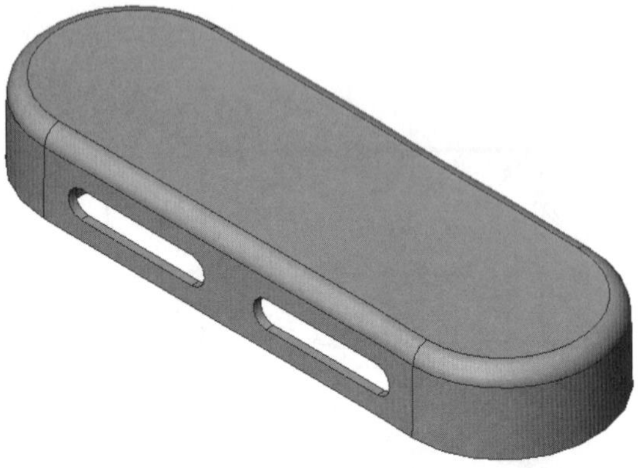

Figura 8.70 - Peça com rasgos laterais.

Figura 8.71 - Vista inferior da peça.

Para casos como este, faz-se necessária a criação de elementos deslizantes que se movimentam pela cavidade para irem ao encontro do macho quando o molde é fechado, a fim de receber o material plástico fundido.

Quando a injeção termina e a fase de resfriamento induzido é concluída, os elementos deslizantes são retraídos por um dos mecanismos citados. A peça então é desmoldada com auxílio de pinos extratores.

Para criar as partes móveis:

1. Crie o modelo e proceda a uma **Análise de inclinação**, como já demonstrado. Em seguida, adicione a inclinação às faces que se apresentem em cor amarela.
2. Aplique o **Fator de escala** para compensar a contração do material.
3. Siga os mesmos passos demonstrados anteriormente até a **Aplicação do Macho/Cavidade** (item 8.2.2.10 - Figura 8.61). As Figuras 8.72, 8.73 e 8.74 mostram o resultado desta fase do trabalho.

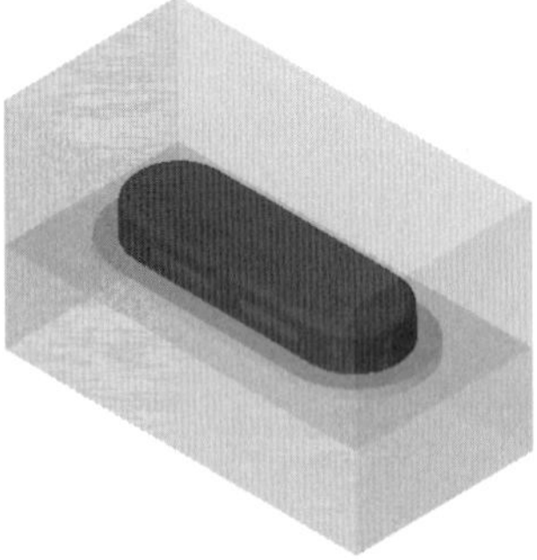

Figura 8.72 - Bloco de macho/cavidade e peça.

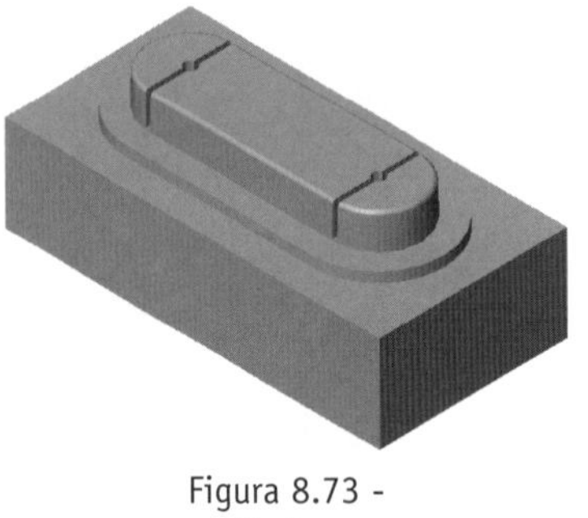

Figura 8.73 - Macho.

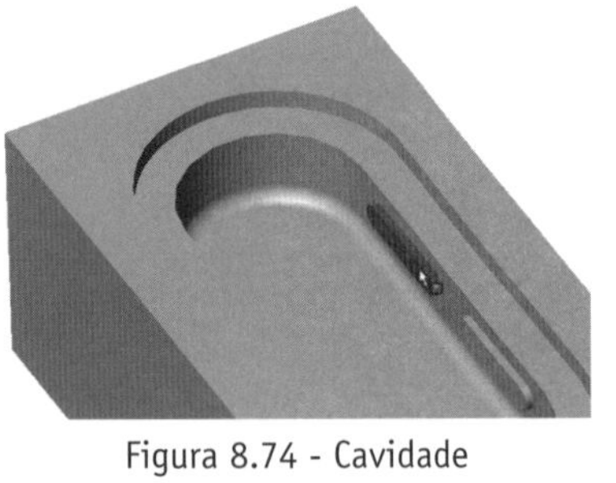

Figura 8.74 - Cavidade em detalhe.

Observe na Figura 8.74, da cavidade em detalhe, que as regiões referentes aos rasgos foram criadas em forma de ressaltos com altura correspondente à espessura da parede da peça. Com isso, demonstra-se que se a peça fosse injetada desta forma, seria impossível retirá-la da cavidade.

1. Para melhor visualização, oculte o macho e a peça e deixe somente a cavidade exibida. Em seguida, clique no comando **Núcleo**, na barra de ferramentas **Ferramentas de moldagem**. O ambiente de esboço é exibido, solicitando que selecione uma face de referência para criação do esboço do núcleo (parte móvel).
2. Selecione a face superior interna do ressalto em forma de rasgo, como mostra a Figura 8.75.
3. Selecione as arestas de contorno da face selecionada do ressalto e clique em **Ferramentas** → **Ferramentas de esboço** → **Converter entidades**. Note que o esboço é criado, reproduzindo o contorno selecionado, Figura 8.76.

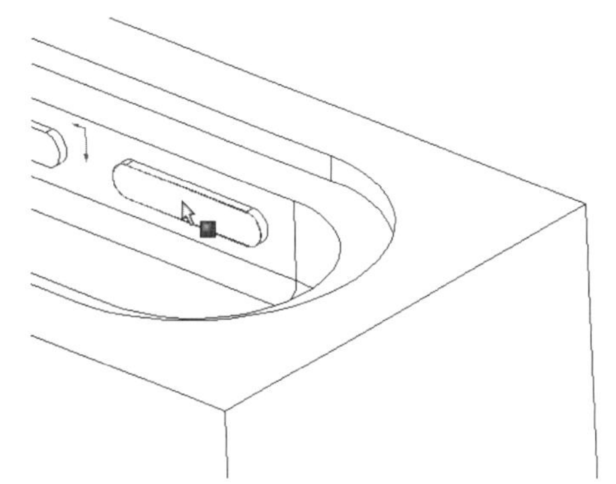

Figura 8.75 - Seleção da face para criação do esboço.

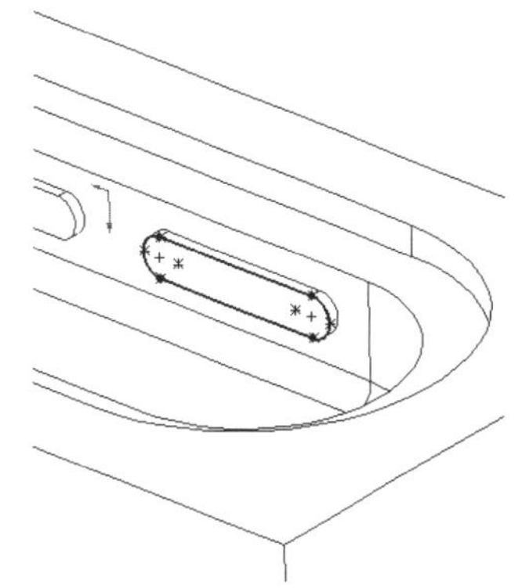

Figura 8.76 - Esboço criado.

4. Feche o ambiente de esboço. É exibido o **PropertyManager Núcleo**, Figura 8.77.
5. Na caixa **Seleções** configure a **Direção** da extrusão para fora. Em **Parâmetros**, configure a primeira janela como **Passante** e ative a opção **Tampas de extremidade**. A Figura 8.78 ilustra o esboço em processo de extrusão.
6. Clique em **OK** para criar o núcleo (peça móvel).
7. Repita o procedimento para os outros três ressaltos internos da cavidade para formar as outras peças móveis. Na **árvore de projeto do FeatureManager**, em **Corpos sólidos**, cria-se o item **Corpos de núcleo(4)**.

Figura 8.77 - PropertyManager Núcleo.

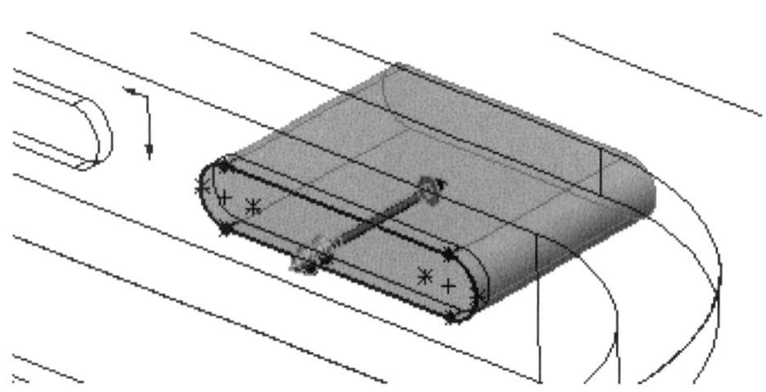

Figura 8.78 - Esboço em processo de extrusão.

A Figura 8.79 mostra o bloco da cavidade com as quatro peças móveis criadas.

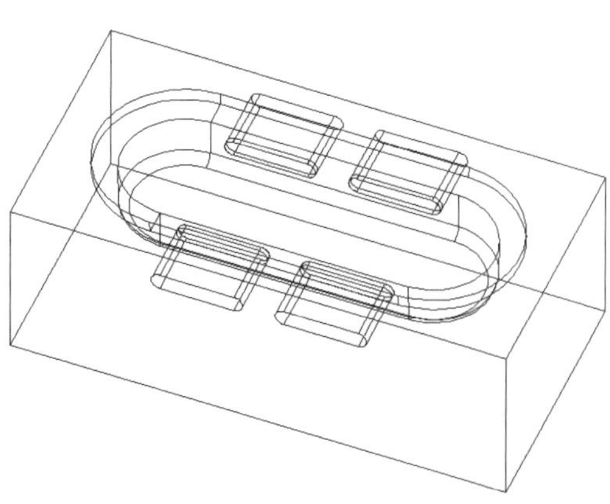

Figura 8.79 - Bloco da cavidade com os quatro núcleos (peças móveis).

Finalizada esta etapa, podemos criar o restante da gaveta (serão duas gavetas), que consiste em tornar solidários em uma mesma peça cada dois núcleos existentes em um mesmo lado.

1. Na **árvore de projeto do FeatureManager**, em **Corpos sólidos**, expanda **Corpos de núcleo** e selecione os dois primeiros **Núcleos**. Em seguida, clique em **Mover/copiar corpo**, na barra de ferramentas **Recursos**. É exibida a **Tríade** sobre ambos e o **PropertyManager** do comando aparece com as opções de configuração, Figura 8.80.
2. Na caixa **Transladar**, entre com o valor **−50** na janela correspondente ao eixo **Delta z**.
3. Clique em **OK** para aceitar a configuração. Observe que ambos os núcleos são transladados para a posição configurada, Figura 8.81. Repita o procedimento para os outros dois núcleos, Figura 8.82. Para esses, observe se **Delta z = 50** (positivo).

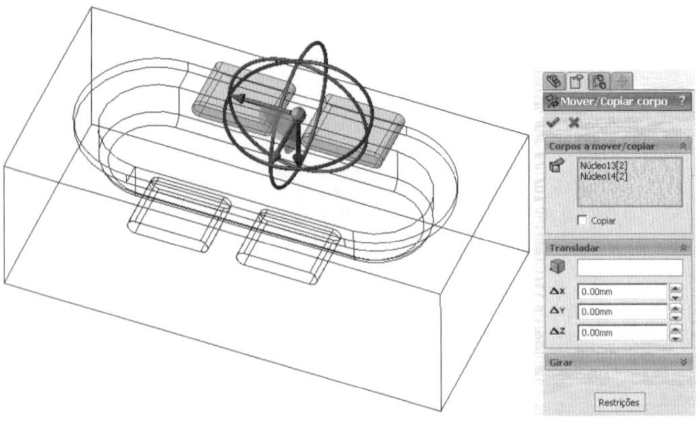

Figura 8.80 - Tríade e PropertyManager para o comando Mover/Copiar corpo.

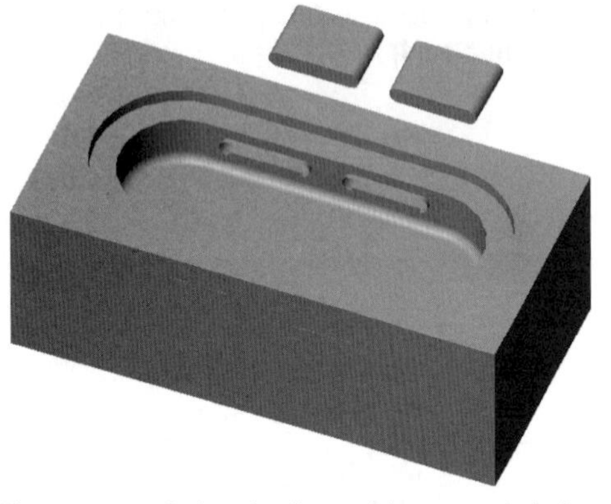
Figura 8.81 - Dois primeiros núcleos transladados.

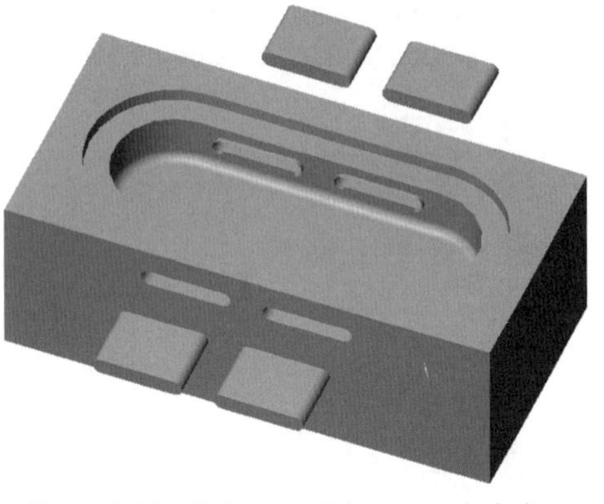
Figura 8.82 - Todos os núcleos transladados.

4. Inicie um novo esboço e selecione como **Plano de esboço** a face de um dos núcleos, como mostra a Figura 8.83. Em seguida, crie e dimensione um esboço de um retângulo, como na figura.
5. Usando o comando de extrusão, faça a extrusão do esboço com uma profundidade de **50mm**, formando uma placa de 12 x 50 x 94mm.

Crie e recorte a forma oblonga na superfície da placa, em seguida crie no centro da face de 12 x 94mm um furo passante de diâmetro **8mm**. A Figura 8.84 exibe a primeira gaveta finalizada. Repita o procedimento a partir do item 4 para os dois outros núcleos opostos, Figura 8.85.

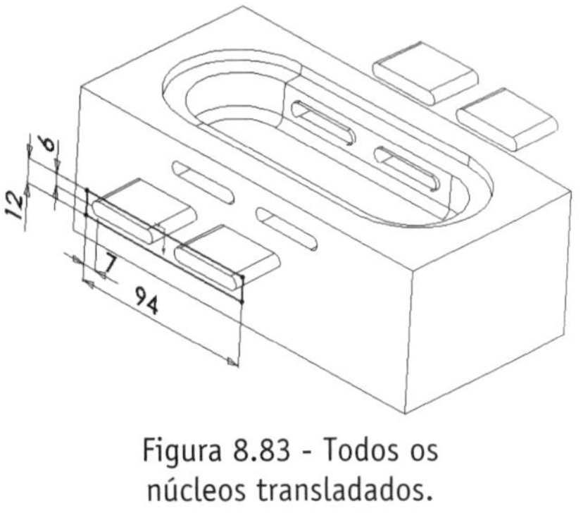

Figura 8.83 - Todos os núcleos transladados.

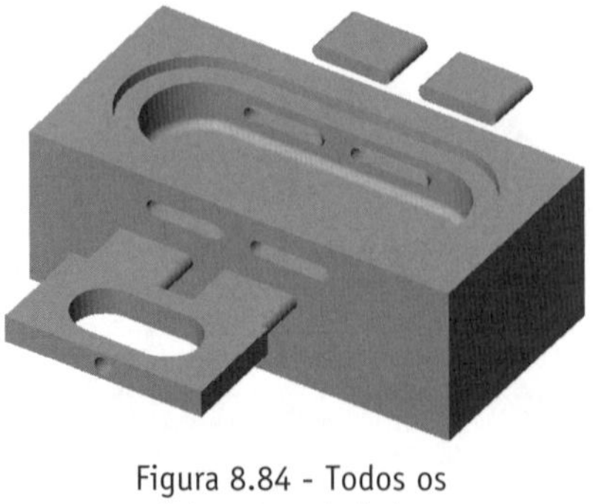
Figura 8.84 - Todos os núcleos transladados.

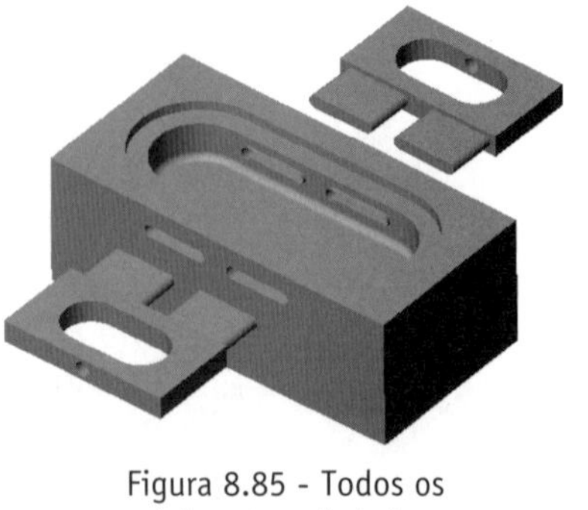
Figura 8.85 - Todos os núcleos transladados.

Após o término das duas gavetas, verifique que a **árvore de projetos do FeatureManager** exibe, em **Corpos sólidos**, mais dois itens referentes às gavetas.

Se selecionarmos um por vez e utilizarmos o comando **Mover/copiar corpo** na barra de ferramentas **Recursos**, será possível retornar cada uma delas à posição anterior dos núcleos, ou seja, fechado nas laterais da cavidade.

As coordenadas de afastamento em Delta z são agora de valores contrários aos digitados anteriormente. Ao fazer isso, são criados na árvore de projetos mais itens ao final: Corpo Mover/copiar1 e Corpo Mover/copiar2.

A Figura 8.86 exibe o molde aberto com a peça injetada dentro e as duas gavetas fechadas. O bloco do molde aparece com certa transparência, porque foi usado um recurso de translúcido, ainda não estudado.

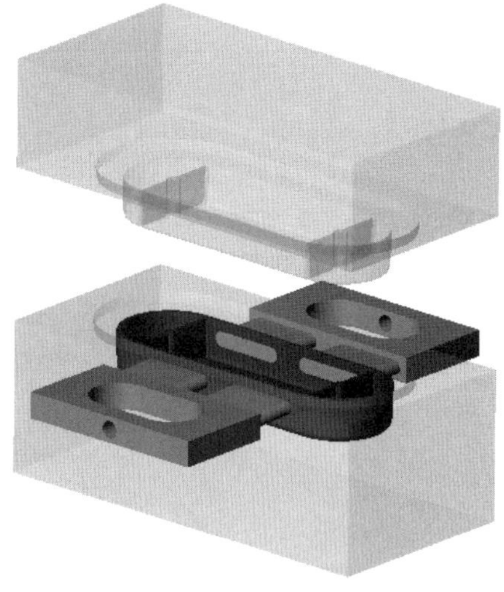

Figura 8.86 - Molde com duas gavetas.

Nota

Dado o enfoque utilizado neste capítulo, não apresentaremos a série de exercícios passo a passo. Passaremos em seguida para as questões de revisão e depois aos exercícios propostos. Entretanto, se desejar, o leitor pode fazer o download dos dois exemplos mostrados (**Molde_Macho-Cavidade** e **Molde_Gavetas**) no site da editora.

Questões de Revisão

1. Descreva a função do comando **Análise de inclinação**.
2. Que tipo de mecanismo é comumente utilizado no acionamento de moldes com gavetas?
3. Qual a função dos **Ressaltos de suporte**?
4. Qual a aplicação do comando **Escala** na barra de ferramentas **Ferramentas de moldagem**?
5. Qual a finalidade de se conhecer o **Fator de contração** dos materiais de injeção?
6. Descreva o procedimento para separar o macho da cavidade.
7. Qual o significado da cor vermelha na análise de inclinação?
8. O que é **Montagem temporária**?
9. Qual a vantagem de criar a **Base de molde** no contexto?
10. Quando um **Ressalto de suporte** é colocado em uma superfície curva, como é possível orientá-lo para a direção horizontal ou vertical?

Exercícios Propostos

Exercício 1

Crie o modelo conforme as dimensões exibidas em suas vistas de detalhes, Figura 8.87. Em seguida, gere o molde bipartido, como mostra a figura, para sua confecção. Considere que a peça será fundida em aço, cujo **Fator de contração** é **7.2%**.

(Tempo estimado: 60 minutos)

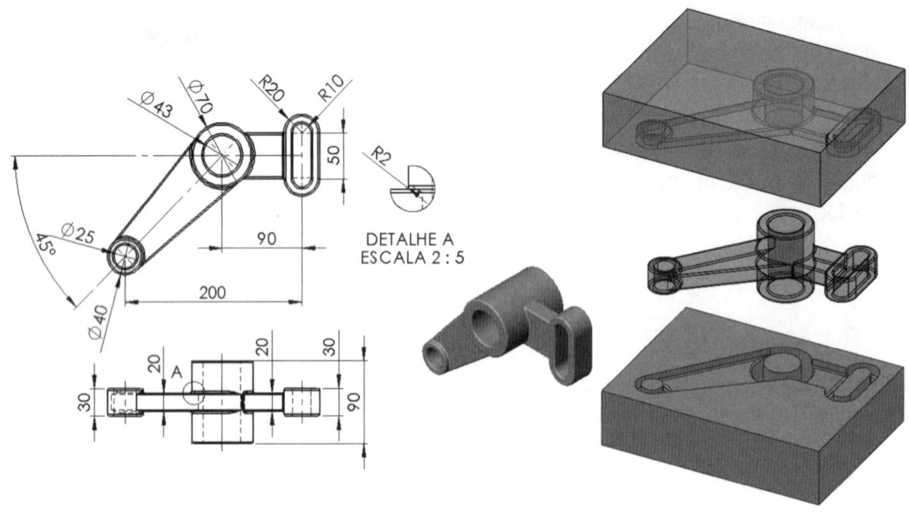

Figura 8.87 - Modelo para o exercício proposto 1.

Exercício 2

Crie o modelo conforme as dimensões exibidas em suas vistas de detalhes, Figura 8.88. Em seguida, gere o molde com gavetas, como mostrado, para injeção do modelo. Considere como material de injeção o termoplástico policarbonato.

(Tempo estimado: 60 minutos)

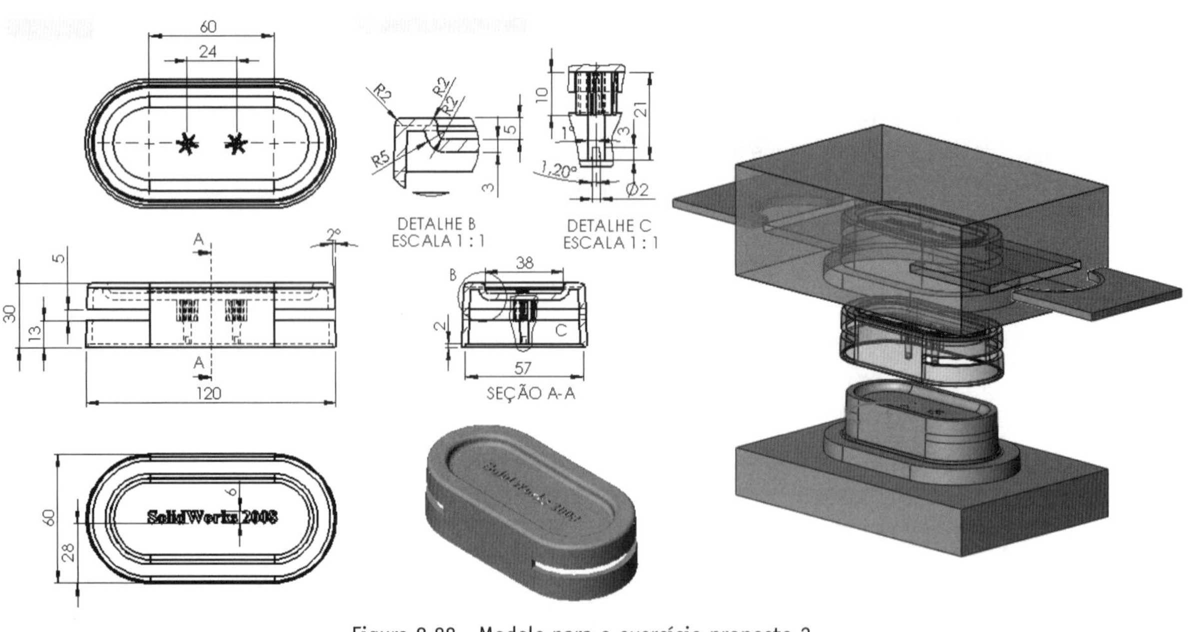

Figura 8.88 - Modelo para o exercício proposto 2.

Exercício 3

Crie o modelo conforme as dimensões descritas em suas vistas de detalhes, Figura 8.89. Em seguida, gere o molde para injeção do modelo como mostra a figura. Considere como material de injeção o termoplástico ABS.

(Tempo estimado: 60 minutos)

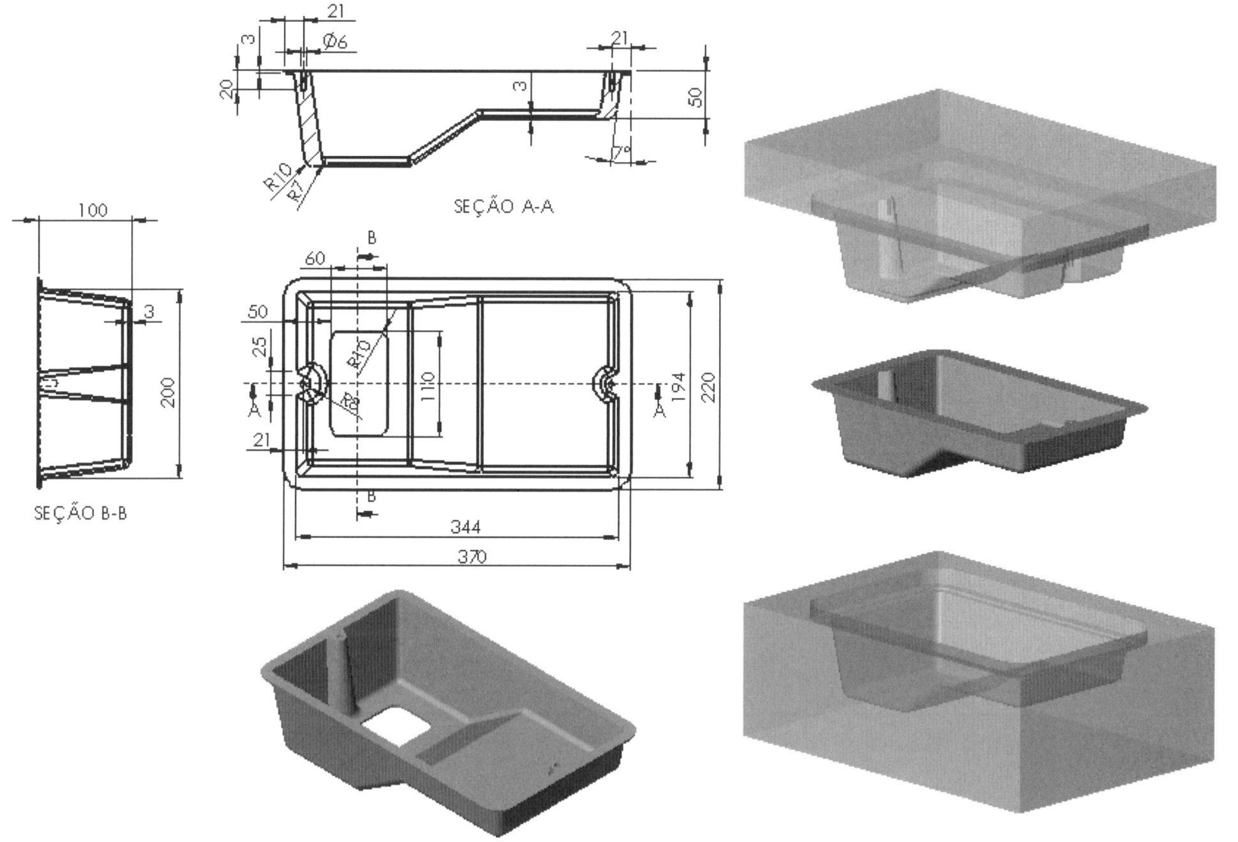

Figura 8.89 - Modelo para o exercício proposto 3.

9

Projeto em Chapas Metálicas

9.1. Barra de Ferramentas

O SolidWorks 2008 disponibiliza uma série de ferramentas que possibilita desenvolver facilmente projetos de peças manufaturadas em chapas metálicas. Essas ferramentas podem ser acessadas pelo menu *drop-down* **Inserir** → **Chapa metálica**, ou pela barra de ferramentas **Chapa metálica**, que por padrão não aparece ativa no SolidWorks. Para ativá-la, clique em **Ferramentas** → **Opções** e ative a *checkbox* **Chapa metálica**. A Figura 9.1 exibe a barra de ferramentas **Chapa metálica**, identificando e apresentando a nomenclatura de cada uma delas. Nos itens seguintes, apresentamos a descrição detalhada dessas ferramentas.

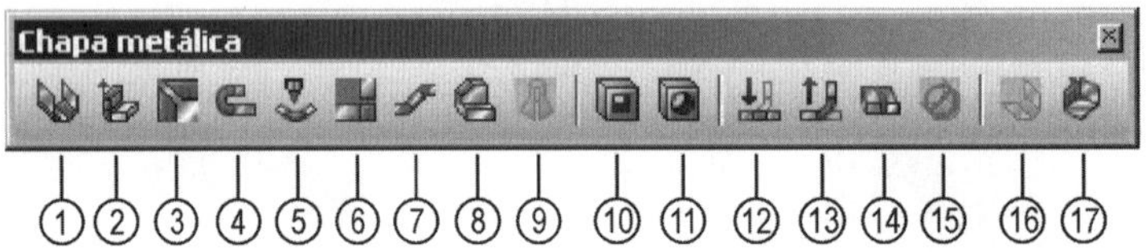

Figura 9.1 - Barra de ferramentas Chapa metálica.

1. Flange-base/Aba	7. Desvio	13. Dobrar
2. Flange de aresta	8. Quebrar canto/aparar canto	14. Planificar
3. Flange contínuo	9. Dobra com loft	15. Sem dobrar
4. Bainha	10. Corte extrudado	16. Inserir dobras
5. Dobra esboçada	11. Furos simples	17. Rasgo
6. Canto fechado	12. Desdobrar	

9.1.1. Ferramenta Flange-Base/Aba

Essa ferramenta permite gerar o primeiro recurso, a partir de um esboço, necessário para a criação de uma peça a ser manufaturada em chapa metálica. Quase todo projeto de peça produzida em chapa metálica inicia com a aplicação dessa ferramenta, exceto quando gerada a partir de um sólido.

Quando um recurso de flange-base é adicionado a uma peça do SolidWorks, essa peça é marcada como de chapa metálica. As dobras são adicionadas onde for apropriado e os recursos específicos de chapa metálica são inseridos na **árvore de projetos do FeatureManager**.

Alguns itens adicionais a serem observados sobre o recurso de flange-base:

- O recurso **Flange-base** é criado a partir de um esboço, que pode ser um perfil aberto, fechado ou vários perfis.
- Pode haver somente um recurso de flange-base por peça do SolidWorks.
- A espessura e o raio de dobra do recurso **Flange-base** se tornam os valores predeterminados de outros recursos de chapa metálicos.

9.1.1.1. Flange-Base por Esboço de Perfil Aberto

Contornos abertos podem ser usados em extrusões, revoluções, seções, caminhos, guias e chapas metálicas. Os típicos são esboçados com linha ou outras entidades de esboço, Figura 9.2. Esse tipo de esboço **não pode ser** produzido em splines.

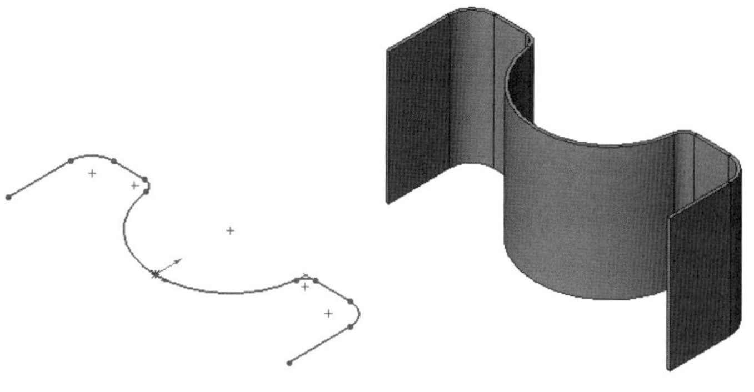

Figura 9.2 - Flange-base produzido a partir de um contorno aberto.

9.1.1.2. Flange-Base por Esboço de Perfil Fechado

Contornos fechados únicos podem ser usados em extrusões, revoluções, seções, caminhos, guias e chapas metálicas. Os típicos são esboçados com círculos, quadrados, splines fechadas e outras formas geométricas fechadas, Figura 9.3.

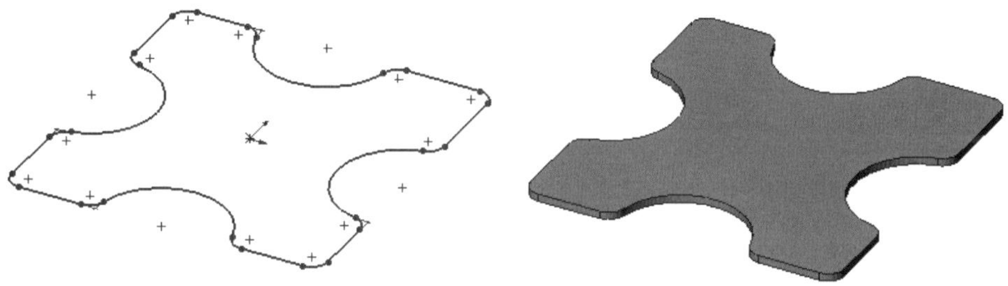

Figura 9.3 - Flange-base produzido a partir de um contorno fechado.

9.1.1.3. Flange-Base por Esboço de Vários Perfis

Vários contornos fechados com contenção múltipla podem ser usados em extrusões, revoluções e chapas metálicas. Se houver mais de um contorno, um deles deve conter os demais. Contornos fechados com contenção múltipla típicos são esboçados com círculos, retângulos e outras formas geométricas fechadas, Figura 9.4.

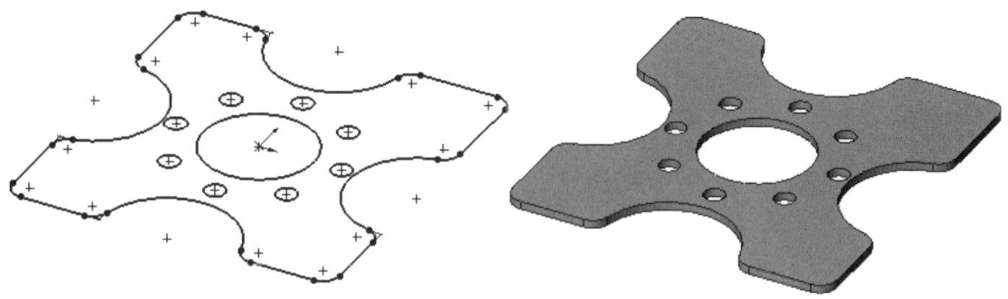

Figura 9.4 - Flange-base produzido a partir de um contorno fechado.

Para criar um recurso **Flange-base**, siga os procedimentos:

1. Crie um esboço que atenda aos requisitos citados. Como alternativa, é possível selecionar o recurso **Flange-base** antes de criar o esboço (mas após selecionar um plano). Quando o recurso **Flange-base** for selecionado, um esboço será aberto no plano.

2. Clique em Flange-base/Aba na barra de ferramentas **Chapa metálica** ou em **Inserir → Chapa metálica → Flange-base**.
3. Os controles do **PropertyManager** de **Flange-base** são atualizados de acordo com o seu esboço. Por exemplo, as caixas **Direção 1** e **Direção 2** não são exibidas para um esboço com apenas um perfil fechado.
4. Se for necessário, em **Direção 1** e **Direção 2** defina os parâmetros para **Condição final** e **Profundidade**.

Em **Parâmetros de chapa metálica**:

5. Defina um valor para **Espessura** a fim de especificar a espessura da chapa metálica.
6. Selecione **Direção inversa** para tornar o esboço mais espesso na direção oposta.
7. Defina um valor para **Raio de dobra**.
8. Em **Tolerância da dobra**, selecione um tipo de tolerância da dobra.
9. Se tiver selecionado **Fator K**, **Tolerância da dobra** ou **Dedução da dobra**, digite um valor.
10. Se tiver selecionado **Usar tabela de calibres**, selecione uma tabela de calibres (dobras) na lista ou clique em **Procurar** para localizar um arquivo de tabela de dobras.
11. Em **Alívio automático**, selecione um tipo de alívio. Caso tenha selecionado **Retangular** ou **Oblongo**:
    - Selecione **Usar taxa de alívio** e defina um valor para **Razão**, ou desmarque Usar taxa de alívio e defina um valor para Largura de alívio e Profundidade de alívio.
12. Clique em **OK**.

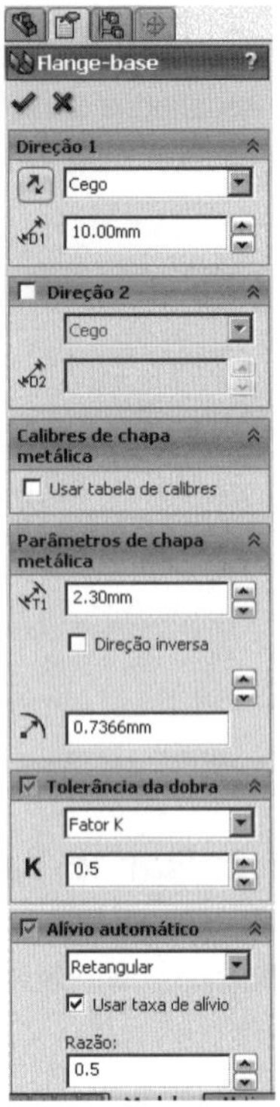

Figura 9.5 - PropertyManager Flange-base.

9.1.2. Ferramenta Flange de Aresta

Figura 9.6 - PropertyManager Aresta-Flange.

A ferramenta **Flange de aresta** permite adicionar flanges a uma ou mais arestas de uma peça produzida em chapa metálica.

Quando o comando é ativado, o **PropertyManager** é exibido com as opções de configuração, Figura 9.6.

9.1.2.1. Caixa de Diálogo Parâmetros do Flange

As Figuras 9.7 e 9.8 exibem uma chapa em formato de L cuja aresta interna superior é selecionada com o mouse após o comando ter sido ativado. Note que a referência da aresta (**Aresta <1>**) aparece dentro da janela da caixa de diálogo **Parâmetros do flange**. Observe ainda, duas setas colineares exibidas. A seta da extremidade do flange, quando pressionado o botão esquerdo do mouse e posicionado o cursor sobre ela, rapidamente exibe o valor da extensão do flange e fornece uma visualização prévia em tom amarelo, Figura 9.9. A seta da base do flange, quando pressionado o botão esquerdo do mouse e posicionado o cursor sobre ela, inverte a sua direção, Figura 9.10.

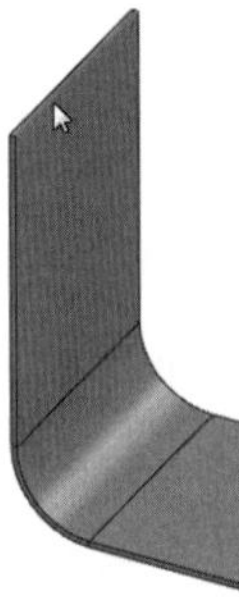

Figura 9.7 - Seleção da aresta superior interna.

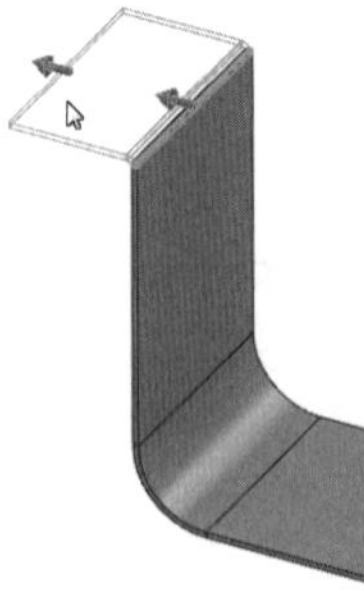

Figura 9.8 - Flange de aresta em definição.

Figura 9.9 - Visualização prévia do flange.

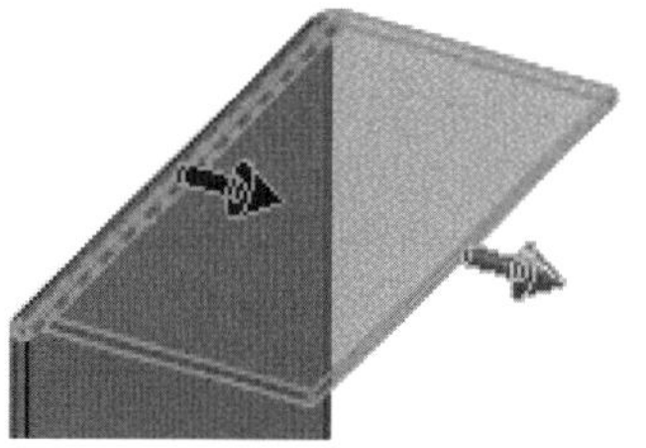

Figura 9.10 - Inversão da direção do flange.

- **Editar perfil do flange** - ao pressionar esse botão, é possível editar o perfil do flange de acordo com os seguintes requisitos:
  - Uma linha de esboço do perfil deve estar na aresta selecionada na criação do flange de aresta. Essa linha esboçada não precisa ter o mesmo comprimento da aresta selecionada.
  - O perfil pode conter vários perfis abertos ou fechados ou vários perfis anexos.

No subitem 9.1.2.7, **Edição de Perfil de Flange**, visualizamos um exemplo.

Nota

Se a aresta for curva, há alguns quesitos importantes a serem observados, entretanto faremos essas considerações mais adiante.

- **Usar raio predeterminado** - quando selecionada, essa *checkbox* confere ao raio de dobradura do flange um valor predeterminado em função da espessura da chapa e tipo de material. Observe que, no exemplo do flange criado na chapa mostrada anteriormente, a janela de raio de dobra indica o valor predeterminado de **0.7366mm**. Quando a *checkbox* é selecionada, o acesso à janela **Raio de dobra** é bloqueado.
- **Raio de dobra** - permite configurar o raio de dobra conforme desejado. Para isso, a *checkbox* Usar raio de dobra deve estar desmarcada.
- **Distância** - configura a distância de separação entre as faces de espessura de dois flanges de aresta em uma dobra. As Figuras 9.11 e 9.12 ilustram o caso. Essa janela somente aparece ativa quando ocorre a situação apresentada.

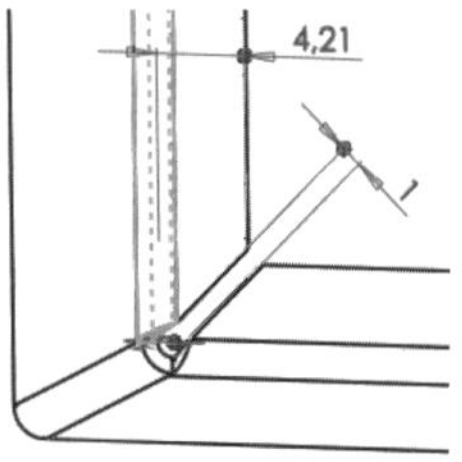

Figura 9.11 - Distância-padrão entre dois flanges de aresta.

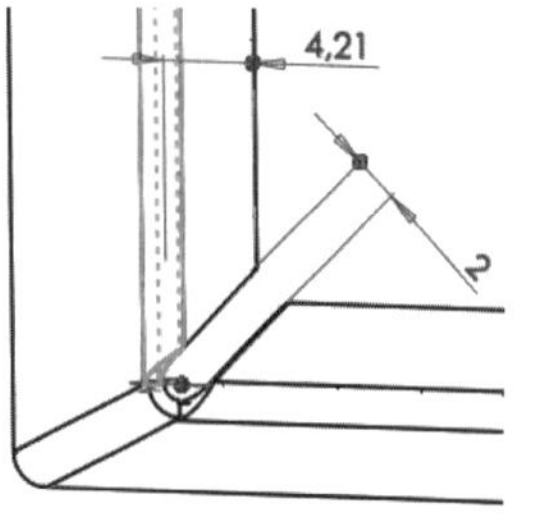

Figura 9.12 - Distância modificada para **2mm.**

9.1.2.2. Caixa de Diálogo Ângulo

Ângulo do flange - entre com o ângulo de inclinação do flange ou configure-o pressionando as pequenas setas indicativas ao canto direito da janela. A Figura 9.13 exibe um flange de aresta configurado para **70°** de inclinação. Esse ângulo é medido no sentido horário, portanto a partir da face vertical. O valor do ângulo deve ser sempre **maior que zero** e **menor que 180°** [0° < Ang < 180°].

- **Selecione a face** - selecionando essa janela e clicando sobre uma face de referência, é possível estabelecer a face como limite de inclinação para o flange. A Figura 9.12 mostra um caso em que a face da espessura da parede ortogonal à do flange é selecionada. Note que o flange de aresta posiciona-se automaticamente segundo a face selecionada, definindo-se, portanto, em um ângulo de 90°.

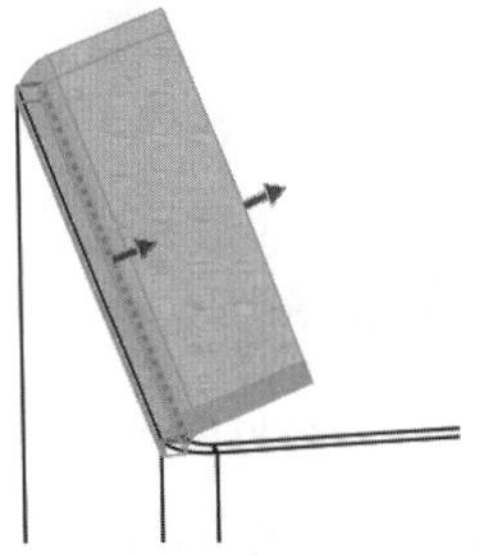

Figura 9.13 - Flange de aresta configurado para 70° de inclinação.

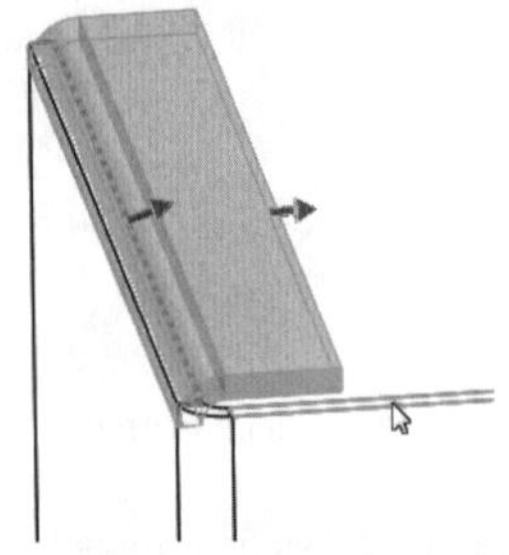

Figura 9.14 - Inclinação do flange definida por uma referência.

Quando uma face de referência é selecionada, duas relações de configuração são exibidas: **Perpendicular à face** e **Paralela à face**. Selecione a relação desejada. Essa opção só está disponível quando uma única aresta é selecionada.

9.1.2.3. Caixa de Diálogo Comprimento do Flange

- **Inverter direção** - inverte a direção do flange. Tem o mesmo efeito demonstrado anteriormente, quando se pressiona sobre a seta de base do flange.
- **Condição final de comprimento** - exibe uma janela *drop-down* com duas opções de configuração. A configuração-padrão é **Cego**, em que é possível digitar na janela mais abaixo, ou configurar pelas setas ao seu canto direito, o comprimento do flange de aresta. A Figura 9.15 exemplifica a alteração do comprimento de um par de flanges de aresta para uma dimensão de **17mm**.

Figura 9.15 - Alteração do comprimento do flange com a opção Cego.

A segunda opção de configuração é **Até o vértice**. Quando selecionada, essa opção modifica a caixa de diálogo, incorporando uma nova opção que possibilita definir o comprimento do flange em função da referência de um vértice selecionado. A Figura 9.16 exemplifica a alteração do comprimento de um flange de aresta, referenciando-o a um vértice da chapa.

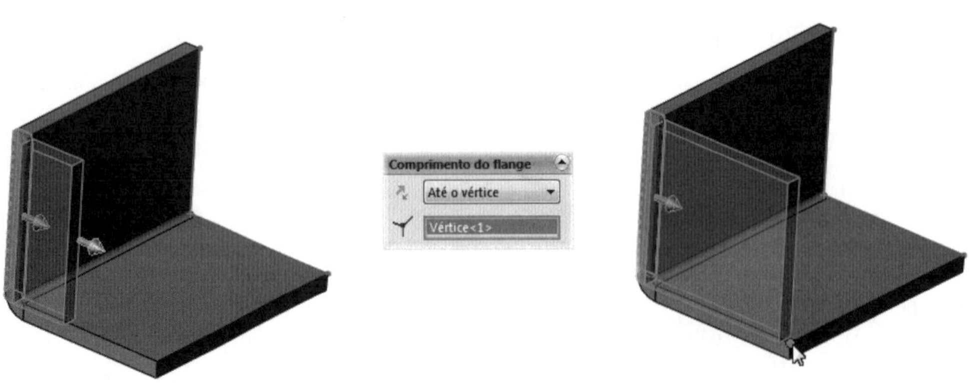

Figura 9.16 - Alteração do comprimento do flange com a opção Até o vértice.

- **Ponto virtual externo** e **Ponto virtual interno** - permitem configurar (definir) a posição de um ponto virtual na curvatura do flange, como externo ou interno, para origem de dimensão de comprimento dele. As Figuras 9.17 e 9.18 demonstram a diferença entre ambos.

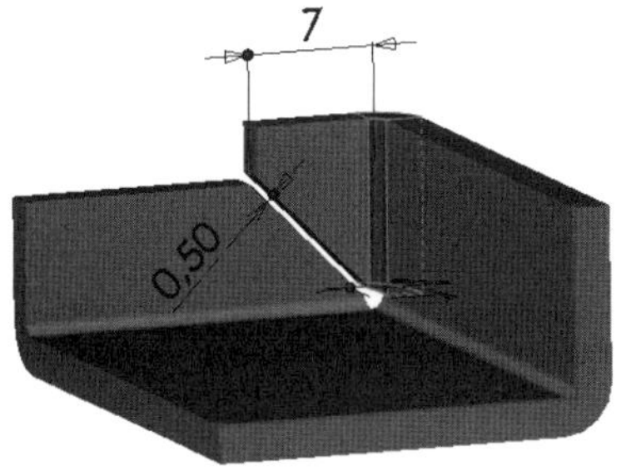

Figura 9.17 - Ponto virtual interno.

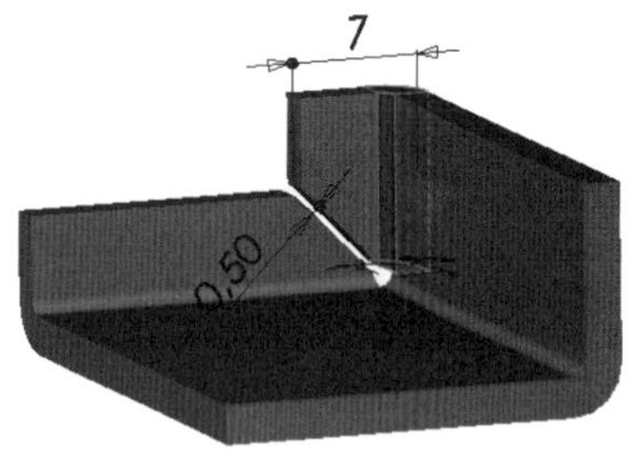

Figura 9.18 - Ponto virtual externo.

9.1.2.4. Caixa de Diálogo Posição do Flange

Essa caixa de diálogo somente é exibida quando há pelo menos dois flanges de arestas na chapa. Suas opções de configuração consistem em cinco botões e duas *checkbox*, Figura 9.19.

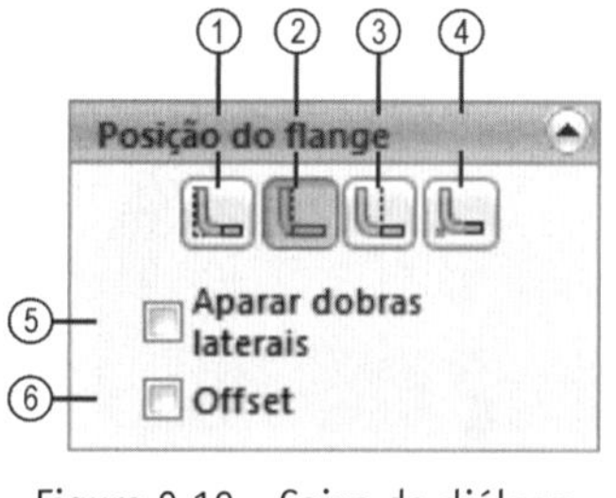

Figura 9.19 - Caixa de diálogo Posição do flange.

1. **Material no interior** - nesse posicionamento a face **externa** do flange fica alinhada à face lateral da chapa base, Figura 9.20.
2. **Material no exterior** - nesse posicionamento a face **interna** do flange fica alinhada à face lateral da chapa base, Figura 9.21.
3. **Dobra para fora** - o raio da dobra aplica offset à parte inferior da visualização sombreada do flange, Figura 9.22.
4. **Dobra a partir do ponto virtual** - preserva a dimensão para a aresta original e varia a condição do material de dobra para que corresponda automaticamente à condição final do flange, Figura 9.23.

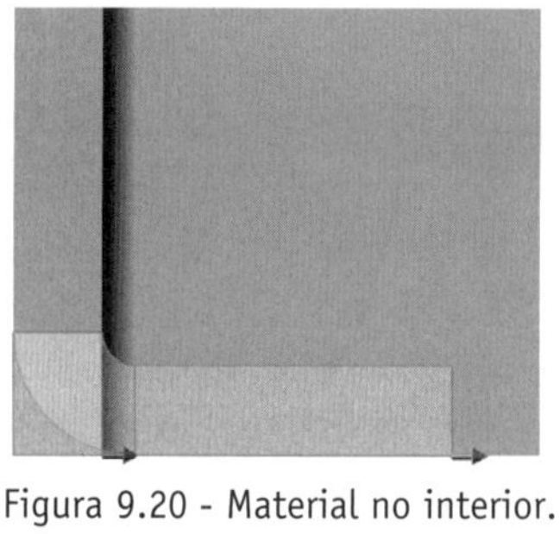

Figura 9.20 - Material no interior.

Figura 9.21 - Material no exterior.

Figura 9.22 - Dobra para fora.

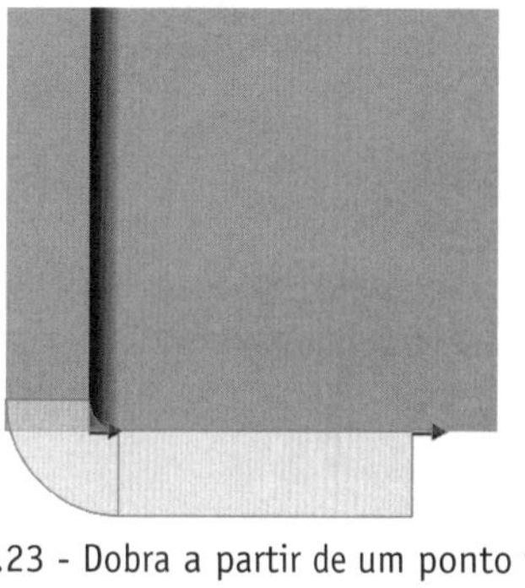

Figura 9.23 - Dobra a partir de um ponto virtual.

5. **Aparar dobras laterais** - *checkbox* utilizada para remover o material extra de dobras vizinhas. Quando selecionada, o material extra é exibido quando uma das dobras de um **Flange contínuo** toca uma dobra existente. O corte que apara as dobras vizinhas é automaticamente dimensionado e não pode ser editado.
6. **Offset** - utilizada para definir a condição final do flange de aresta. Quando selecionada, insere na caixa de diálogos uma lista *drop-down* com quatro opções de offset. A opção-padrão é **Cego**, Figuras 9.24 a 9.27.

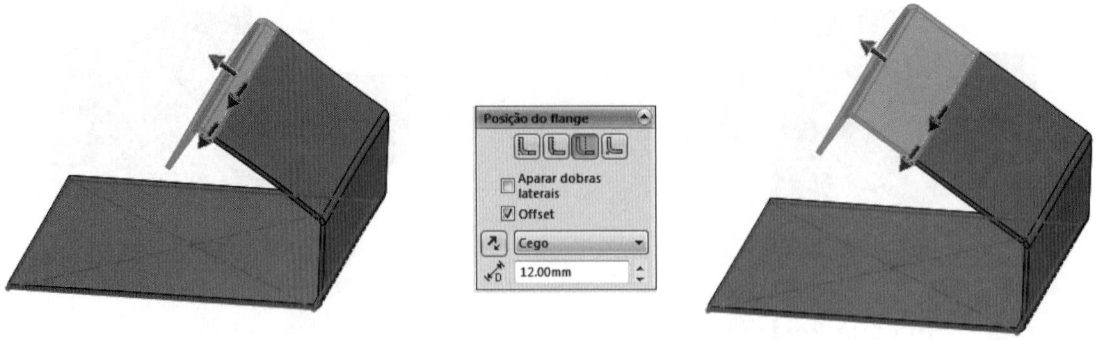

Figura 9.24 - Reposicionamento do flange para Offset de 12mm em relação à posição anterior. Opção Cego.

Figura 9.25 - Condição final Offset conferida ao flange em função de um vértice de referência. Opção Até o vértice.

Figura 9.26 - Condição final Offset conferida ao flange em função de uma superfície de referência. Opção Até a superfície.

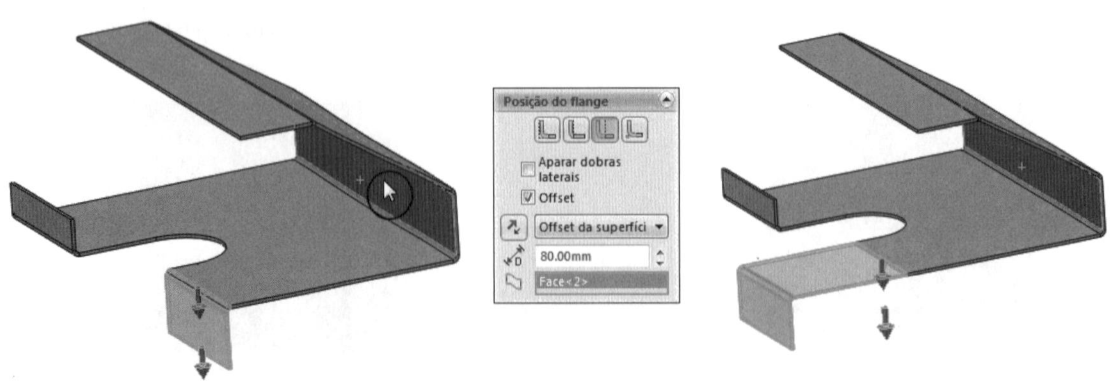

Figura 9.27 - Condição final Offset conferida ao flange em função de uma superfície de referência. Opção Offset da superfície (distância Offset de **80mm** da superfície selecionada com o cursor do mouse).

9.1.2.5. Caixa de Diálogo Tolerância de Dobra Personalizada

Essa caixa de diálogo define outros valores de tolerância de dobra além daqueles predeterminados, como citado anteriormente. Quando a *checkbox* ao canto esquerdo superior da caixa de diálogo é selecionada, suas opções são disponibilizadas. A primeira janela exibe uma lista *drop-down* com quatro opções de seleção, Figura 9.28.

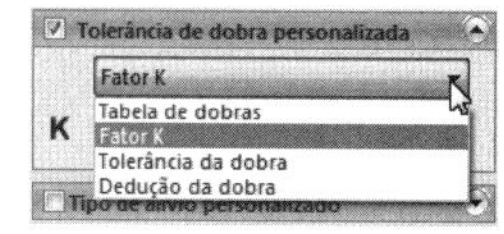

Figura 9.28 - Caixa de diálogo Tolerância de dobra personalizada.

Tabela de dobras - consiste em uma tabela gerada em formato arquivo de texto com extensão *.btl, ou uma planilha no formato Excel. Nessa tabela, além da tolerância de dobra, há ainda valores de raio de dobra, ângulo de dobra e espessura de dobra.

Algumas observações devem ser consideradas quando da escolha do formato da tabela:

- **Tabela gerada em arquivo de texto**
  - Em peças compartilhadas com outros profissionais durante o desenvolvimento de projetos, é necessário compartilhar também a tabela de dobras.
  - Por serem em formato *.btl, podem ser facilmente editadas em vários aplicativos.

Uma tabela de dobras de amostra para operações de chapa metálica é fornecida em **<*diretório_instalação*>\Arquivo de Programas\SolidWorks\lang\Portuguese-Brazilian\Sheetmetal Bend Tables\sample.btl**. Para criar uma tabela de dobras, copie-a e edite-a com qualquer editor de texto. A Figura 9.29 exibe a tabela **Sample.btl** disponibilizada na localização citada.

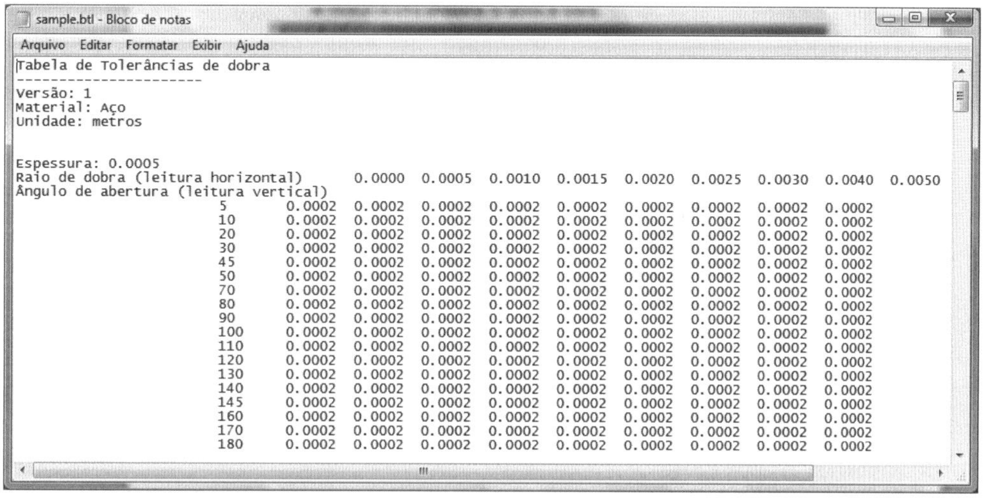

```
sample.btl - Bloco de notas
Arquivo  Editar  Formatar  Exibir  Ajuda
Tabela de Tolerâncias de dobra
----------------------
Versão: 1
Material: Aço
Unidade: metros


Espessura: 0.0005
Raio de dobra (leitura horizontal)      0.0000  0.0005  0.0010  0.0015  0.0020  0.0025  0.0030  0.0040  0.0050
Ângulo de abertura (leitura vertical)
                            5     0.0002  0.0002  0.0002  0.0002  0.0002  0.0002  0.0002  0.0002  0.0002
                            10    0.0002  0.0002  0.0002  0.0002  0.0002  0.0002  0.0002  0.0002  0.0002
                            20    0.0002  0.0002  0.0002  0.0002  0.0002  0.0002  0.0002  0.0002  0.0002
                            30    0.0002  0.0002  0.0002  0.0002  0.0002  0.0002  0.0002  0.0002  0.0002
                            45    0.0002  0.0002  0.0002  0.0002  0.0002  0.0002  0.0002  0.0002  0.0002
                            50    0.0002  0.0002  0.0002  0.0002  0.0002  0.0002  0.0002  0.0002  0.0002
                            70    0.0002  0.0002  0.0002  0.0002  0.0002  0.0002  0.0002  0.0002  0.0002
                            80    0.0002  0.0002  0.0002  0.0002  0.0002  0.0002  0.0002  0.0002  0.0002
                            90    0.0002  0.0002  0.0002  0.0002  0.0002  0.0002  0.0002  0.0002  0.0002
                            100   0.0002  0.0002  0.0002  0.0002  0.0002  0.0002  0.0002  0.0002  0.0002
                            110   0.0002  0.0002  0.0002  0.0002  0.0002  0.0002  0.0002  0.0002  0.0002
                            120   0.0002  0.0002  0.0002  0.0002  0.0002  0.0002  0.0002  0.0002  0.0002
                            130   0.0002  0.0002  0.0002  0.0002  0.0002  0.0002  0.0002  0.0002  0.0002
                            140   0.0002  0.0002  0.0002  0.0002  0.0002  0.0002  0.0002  0.0002  0.0002
                            145   0.0002  0.0002  0.0002  0.0002  0.0002  0.0002  0.0002  0.0002  0.0002
                            160   0.0002  0.0002  0.0002  0.0002  0.0002  0.0002  0.0002  0.0002  0.0002
                            170   0.0002  0.0002  0.0002  0.0002  0.0002  0.0002  0.0002  0.0002  0.0002
                            180   0.0002  0.0002  0.0002  0.0002  0.0002  0.0002  0.0002  0.0002  0.0002
```

Figura 9.29 - Tabela de dobra aberta no Bloco de notas do Windows.

As tabelas de dobras criadas como arquivo de texto oferecem o seguinte:

- Todos os tipos de tabela de dobras (dedução de dobra, tolerância de dobra e fator K).
- Todas as unidades de medida (metros, milímetros, centímetros, polegadas e pés). Defina a unidade de medida na linha **Unidades** da tabela de dobra.

Alguns itens a serem observados com relação às tabelas de dobras em um arquivo de texto:

- A tabela de dobras de amostra é fornecida somente para fins informativos. Os valores dessa tabela não representam tolerâncias de dobra reais.
- Se a espessura da peça ou do ângulo de dobra coincidir com os valores da tabela, o software interpola os valores para calcular a tolerância de dobra.
- Para criar sua tabela de dobras, copie-a e edite-a com qualquer editor de texto.

- **Tabela gerada em arquivo Excel**
  - Seu compartilhamento é automático, pois está embutida no arquivo de desenho.
  - Somente podem ser editadas pelo Microsoft Excel.

As tabelas de dobras criadas no Microsoft Excel oferecem o seguinte:

- Todos os tipos de tabela de dobras (dedução de dobra, tolerância de dobra e fator K).
- Vários ângulos em um único arquivo de tabela de dobras.

Os procedimentos seguintes instruem a criar uma tabela de dobras em arquivo Excel.

1. Em uma peça, clique em Inserir → Chapa metálica → Tabela de dobras → Nova.

   Caso apareça uma mensagem informando que a inserção de uma tabela de dobras pode causar a alteração do comprimento desenvolvido do padrão plano, clique em **Sim**.

2. Na caixa de diálogo:

- Selecione um item em **Unidades** para definir a unidade de medida.
- Selecione um item em **Tipo** para definir a tolerância ou a dedução de dobra.
- Digite o caminho em **Nome do arquivo** ou clique em **Procurar** para localizar um caminho em que a tabela de dobras deva ser salva.

3. Clique em **OK**.

Uma janela do Excel embutida que contém a tabela de dobras é exibida na janela do SolidWorks. Essa planilha possui os valores de raio, espessura e ângulo predeterminados.

1. Digite os valores de tolerância ou dedução de dobra na planilha, dependendo do que foi selecionado em **Tipo**, na etapa 2.
2. Clique fora da tabela, mas dentro da área de gráficos do SolidWorks, para fechar a planilha. A Figura 9.30 exibe a planilha Excel localizada no endereço *<diretório_instalação>***Arquivo de Programas\\SolidWorks\\lang\\Portuguese-Brazilian\\ Sheetmetal Bend Tables\\metric base band table.xls**.

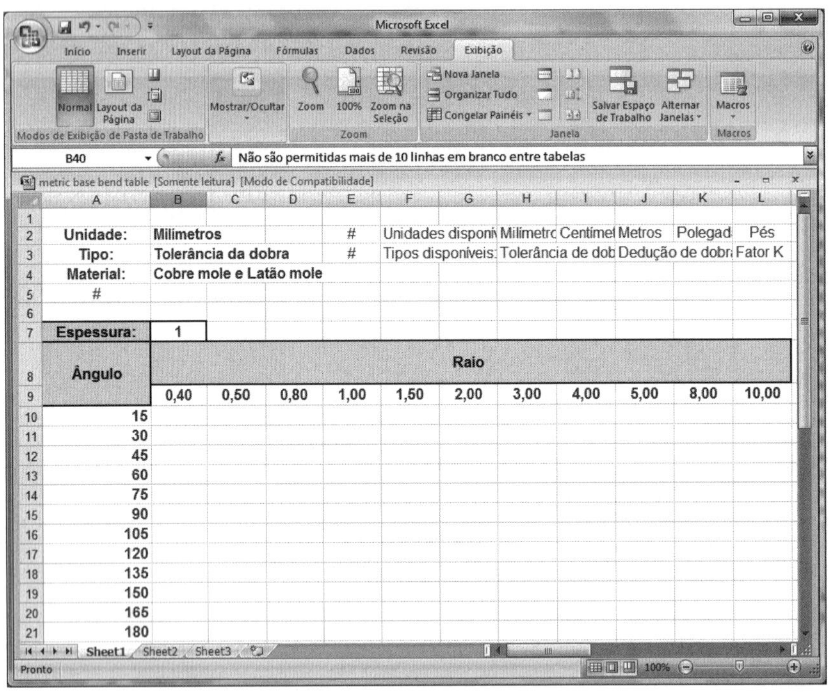

Figura 9.30 - Tabela de dobras aberta no Microsoft Excel.

Nota

Recomenda-se usar a planilha do Excel, a não ser que haja tabelas de dobras legadas do SolidWorks 2000 ou de suas versões anteriores.

Se você editar uma tabela de dobras que tenha várias tabelas de espessuras de dobra, os raios e os ângulos devem ser iguais. Por exemplo, se inserir um novo valor de raio de dobra na tabela de dobras com várias tabelas de espessuras de dobra, é preciso inseri-lo em todas as tabelas.

É possível editar uma tabela de dobras em uma janela separada do Excel. Clique em **Editar → Tabela de dobras → Editar tabela em nova janela.**

- **Fator K** - razão que representa a relação entre a distância t da linha neutra à face interna da dobra e a espessura T da chapa.

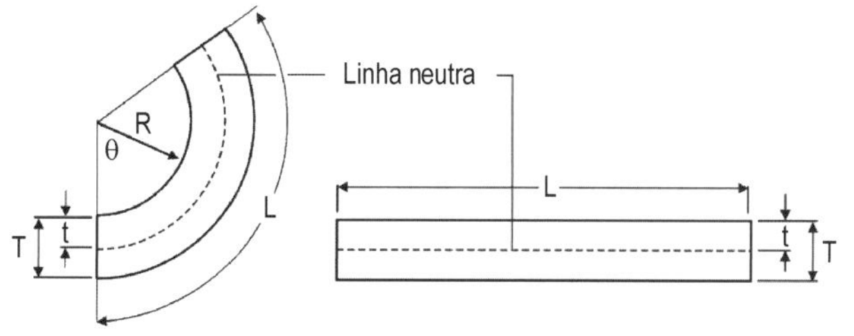

Figura 9.31 - Dobra e planificação.

A tolerância de dobra com um fator K é calculada por:

$$BA = \pi(R+K)\theta/180$$

R = raio de dobra interno

K = Fator K, que é t/T

T = espessura da chapa

t = distância da face interna à linha neutra

θ = ângulo de dobra em graus

Quando o **Fator K** é selecionado como tolerância de dobra, é possível especificar uma tabela de dobras de **Fator K**. O SolidWorks 2008 também possui uma tabela de dobras de Fator K no formato Microsoft Excel. Para localizá-la, vá ao endereço *<diretório_instalação>***Arquivo de Programas\ SolidWorks\ lang\Portuguese-Brazilian\Sheetmetal Bend Tables\ metric base band table.xls**.

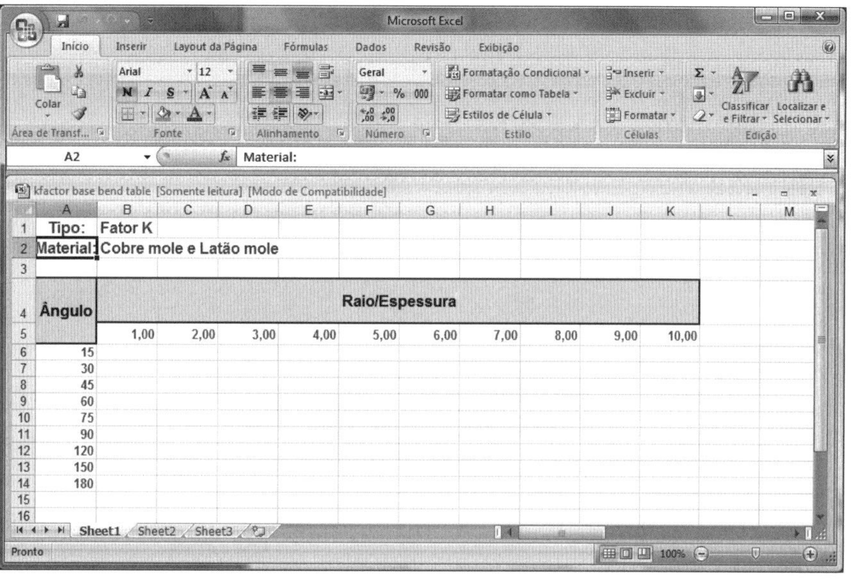

	A	B	C	D	E	F	G	H	I	J	K
1	Tipo:	Fator K									
2	Material:	Cobre mole e Latão mole									
3											
4	Ângulo	Raio/Espessura									
5		1,00	2,00	3,00	4,00	5,00	6,00	7,00	8,00	9,00	10,00
6	15										
7	30										
8	45										
9	60										
10	75										
11	90										
12	120										
13	150										
14	180										

a

Figura 9.32 - Tabela de dobras de Fator K.

- **Tolerância de dobra** - quando a lista *drop-down* é configurada com essa opção, a caixa de diálogo Tolerância de dobra personalizada exibe uma janela coletora para a entrada do valor de tolerância de dobra **BA**, Figura 9.33.

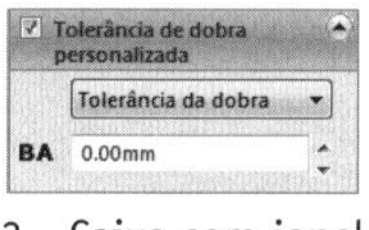

Figura 9.33 - Caixa com janela coletora para tolerância de dobra BA.

É possível especificar uma tolerância de dobra explícita para qualquer chapa metálica, inserindo um valor ao criar a dobra.

Por definição, a tolerância de dobra é o comprimento do arco da dobra medido ao longo do eixo neutro do material.

Figura 9.34 - Caixa com janela coletora para dedução de dobra BD.

- **Dedução de dobra** - é a diferença entre a tolerância de dobra BA e o dobro do recuo externo, Figura 9.34.

$$BD = BA - 2(T-t)$$

9.1.2.6. Caixa de Diálogo Tipo de Alívio Personalizado

Em dobragem de chapas, quando executadas em determinadas geometrias, faz-se necessária a aplicação de recortes de alívio. O SolidWorks 2008 oferece três padrões de alívio possíveis. São eles:

- Alívio **Oblongo**;
- Alívio **Retângulo**;
- Alívio **Ruptura**.

Por padrão, o SolidWorks utiliza o alívio **Retângulo**. Os três tipos de alívio padronizados podem ser configurados pela lista *drop-down* da caixa de diálogo Tipo de alívio padronizado, Figura 9.35.

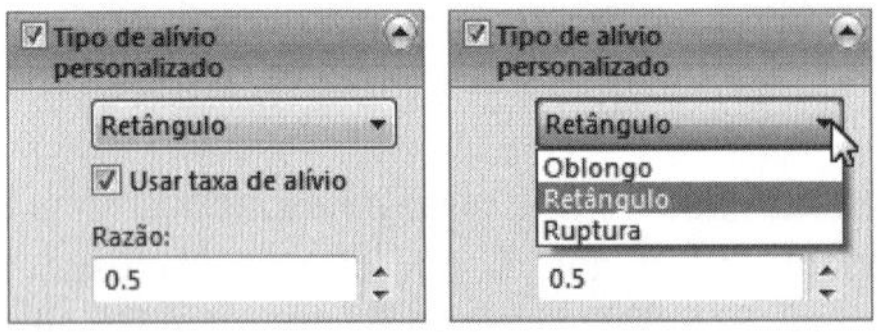

Figura 9.35 - Caixa de diálogo Tipo de alívio personalizado e sua configuração-padrão e reconfiguração.

As Figuras 9.36, 9.37 e 9.38 exemplificam os três tipos de alívio.

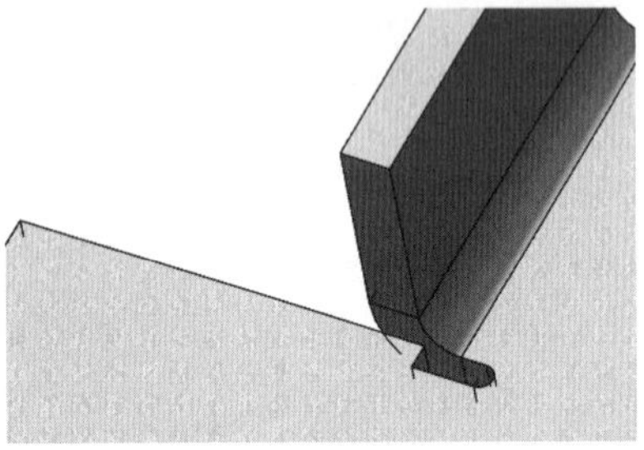

Figura 9.36 - Alívio Oblongo.

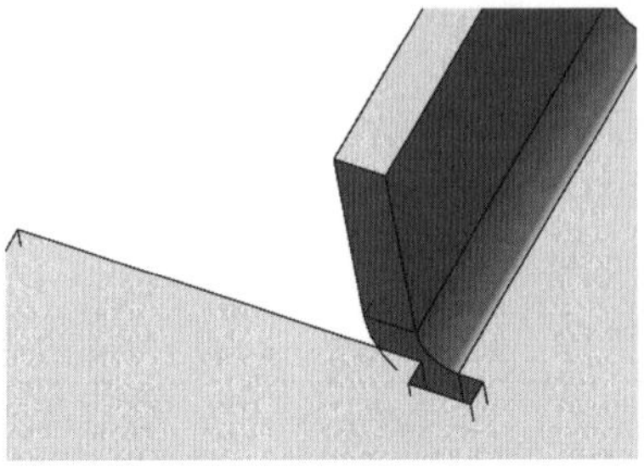

Figura 9.37 - Alívio Retângulo.

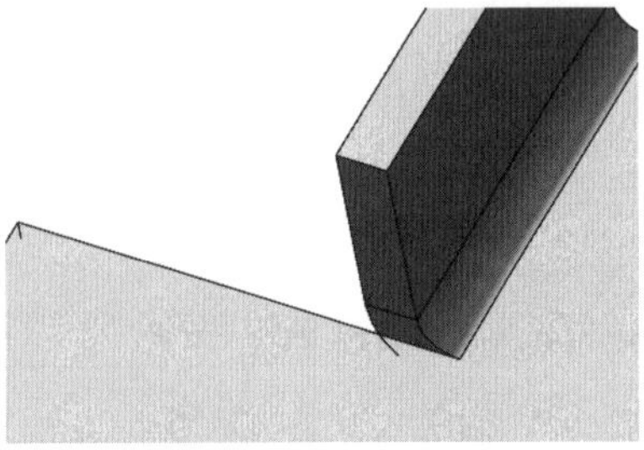

Figura 9.38 - Alívio Ruptura.

- **Usar taxa de alívio** - quando selecionada, é possível utilizar a variável **Razão**, que por padrão é **0.5**. A **Razão** é a relação entre as variáveis **W** e **D**, ou seja, **Razão = W/D**. As Figuras 9.39 e 9.40 exemplificam as relações **W** e **D**.

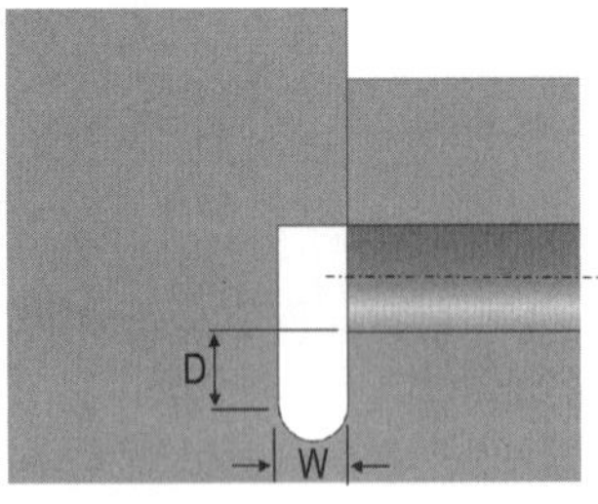

Figura 9.39 - Relação dimensional para alívio Oblongo.

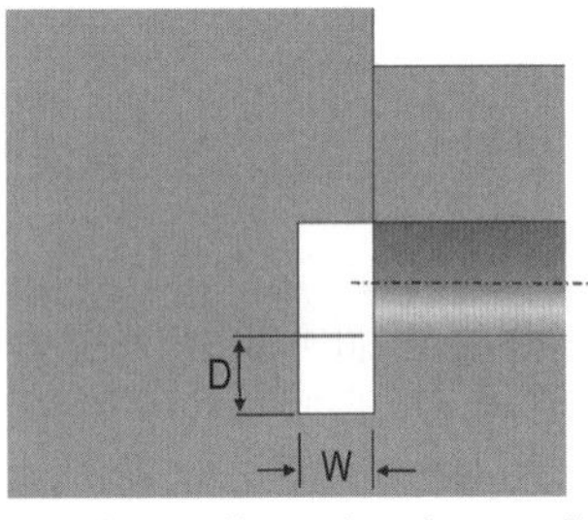

Figura 9.40 - Relação dimensional para alívio Retângulo.

Se, entretanto, a *checkbox* for desmarcada, são exibidas duas janelas coletoras nas quais é possível configurar independentemente as variáveis **W** e **D**, Figura 9.41.

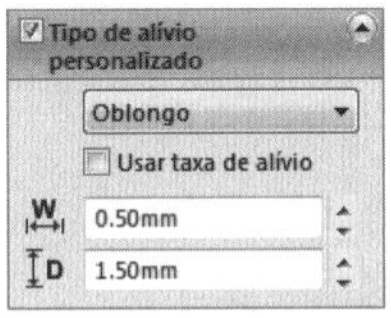

Figura 9.41 - Opções de configuração W e D para alívio personalizado.

9.1.2.7. Edição de Perfil de Flange

Como mencionado anteriormente, é possível editar perfis de flange. Os requisitos são os seguintes:

- Uma linha de esboço do perfil deve estar na aresta selecionada na criação do flange de aresta. Essa linha esboçada não precisa ter o mesmo comprimento da aresta selecionada.
- O perfil pode conter vários perfis abertos ou fechados ou vários perfis anexos.

Os passos seguintes descrevem procedimentos para edição:

1. Ao editar um recurso de flange de aresta, a caixa **Parâmetros de flange** é exibida, Figura 9.42.
2. Clique em Editar perfil de flange em Parâmetros do flange. A caixa de diálogo **Esboço de perfil** se abre, Figura 9.43.
3. Na área de gráficos, arraste uma das entidades de esboço da visualização de flange de aresta para modificar o esboço. Você pode usar as ferramentas de esboço (barra **Ferramentas de esboço**) para modificar o esboço. Por exemplo, é possível gerar um esboço oblongo a fim de criar um furo no centro do flange, como mostram as Figuras 9.44 a 9.46.

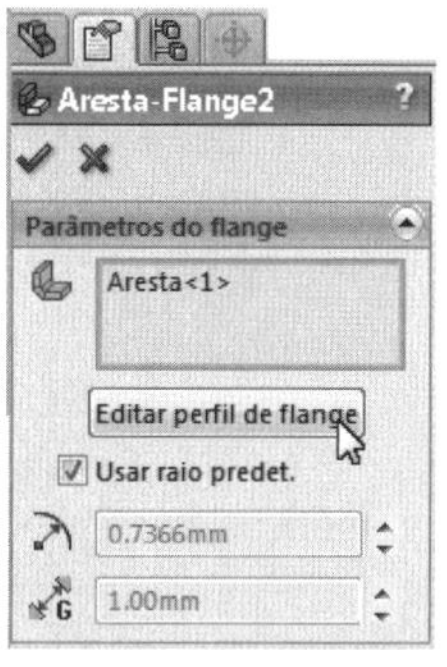

Figura 9.42 - Caixa de diálogo Parâmetros do flange.

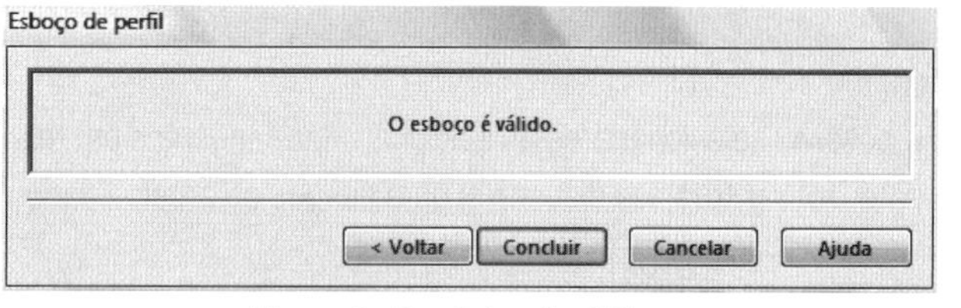

Figura 9.43 - Caixa de diálogo Esboço de perfil.

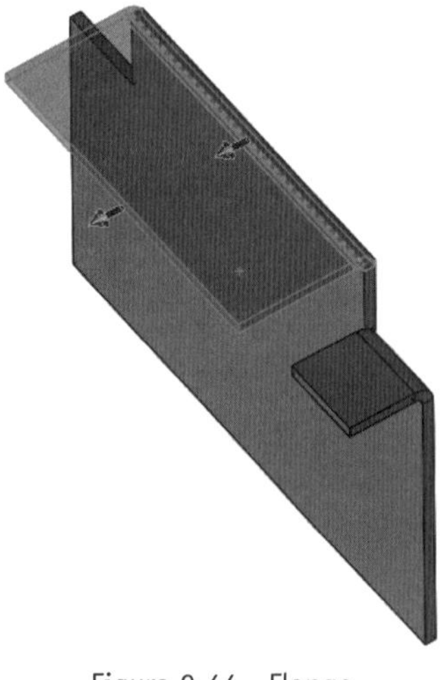
Figura 9.44 - Flange selecionado para edição.

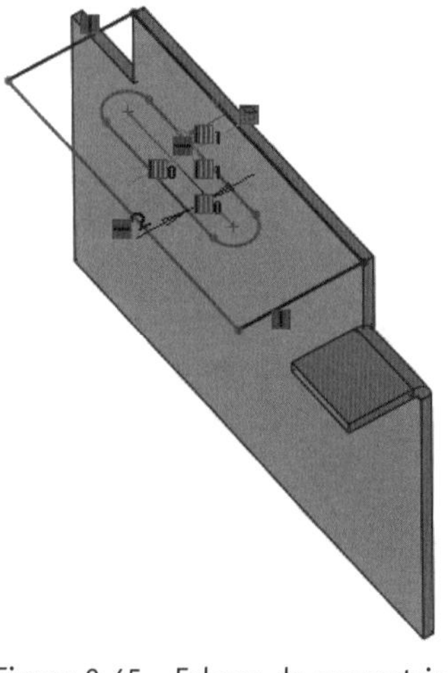
Figura 9.45 - Esboço de geometria em formato oblongo.

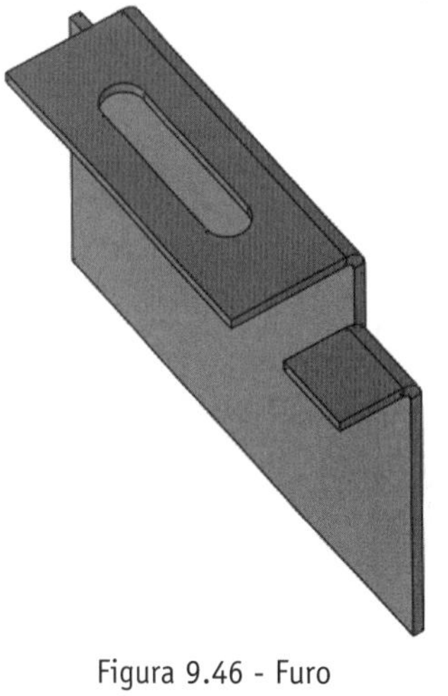
Figura 9.46 - Furo gerado.

4. Na caixa de diálogo **Esboço de perfil**:

- Clique em **Voltar** para aceitar as alterações no esboço de perfil e continuar editando o recurso **Flange de aresta**, ou
- Clique em **Concluir** para aceitar as alterações no esboço de perfil e criar o recurso **Flange de aresta**, ou
- Clique em **Cancelar** para cancelar a alteração no esboço de perfil e fechar o **PropertyManager** de **Flange de aresta**.

9.1.2.8. Flange em Arestas Curvas

É possível adicionar flanges de aresta curva aos flanges de aresta criados fora da base plana, dentro das seguintes condições:

- As arestas curvas devem limitar uma face plana.
- As arestas múltiplas devem ser tangentes, mas podem conter segmentos lineares e curvos.
- Especifique **Sem alívio** ou adicione um alívio usando **Tipo de alívio personalizado** no **PropertyManager**.
- A direção predeterminada do flange de aresta é normal em relação ao flange-base na aresta, Figura 9.49.

- A criação de um flange de aresta ao longo de uma aresta não-plana adiciona um esboço 3D, Figura 9.50.

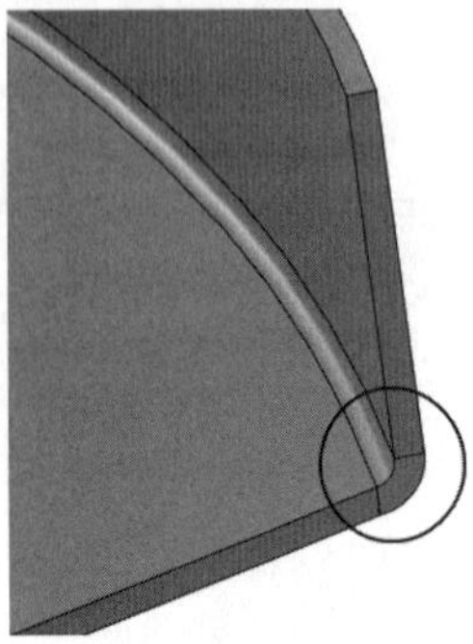

Figura 9.47 - Sem alívio.

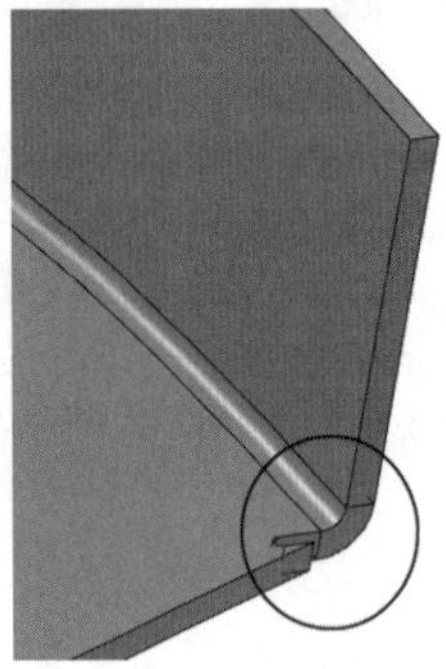

Figura 9.48 - Com alívio Oblongo.

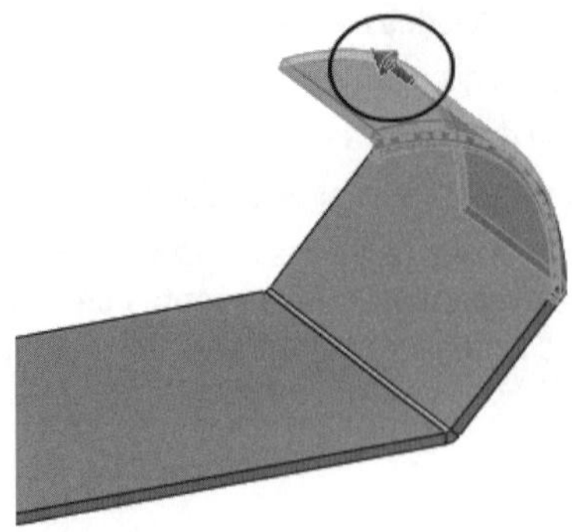

Figura 9.49 - Direção normal ao flange-base.

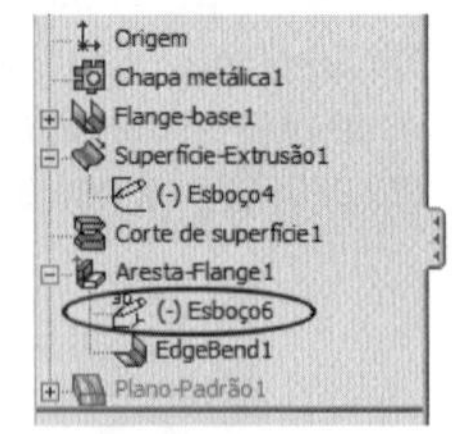

Figura 9.50 - Esboço 3D do flange exibido ao lado.

Limitações:

- Não é possível selecionar arestas adicionais não-tangentes em relação às arestas originais.
- Somente **Dobrar fora** fica disponível para flanges de aresta criados na aresta reta de peças cilíndricas ou com loft.

9.1.3. Ferramenta Flange Contínuo

O esboço para um flange contínuo deve atender às seguintes características:

- Pode conter linhas ou arcos.
- Arcos não podem ser tangentes à aresta de espessura, mas podem ser tangentes à arestas longas. É possível, no caso de arco, adicionar-se uma linha de esboço curta entre o arco e a aresta de espessura, Figura 9.51.

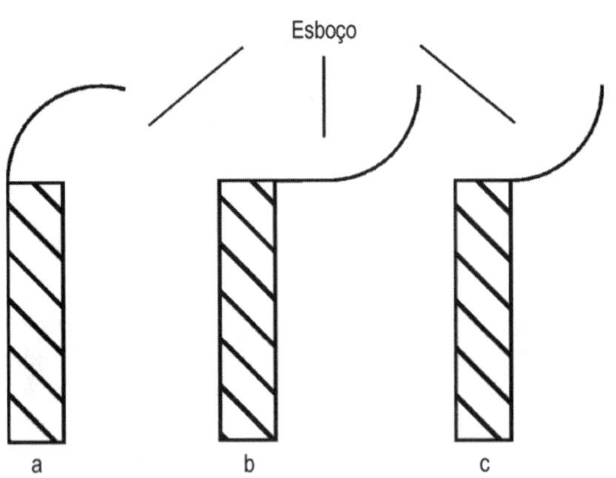

Figura 9.51 - Exemplos de esboço de flange com arco.

a. **Esboço válido -** o arco é tangente à aresta longa.
b. **Esboço válido -** a linha coincide com a aresta de espessura e o arco é tangente à linha.
c. **Esboço inválido -** o arco é tangente à aresta de espessura.

- O perfil **Flange contínuo** pode conter mais de uma linha contínua. Por exemplo, ele pode ser um perfil em forma de L.
- O plano do esboço deve ser normal em relação à primeira aresta em que o **Flange contínuo** é criado. A espessura é automaticamente vinculada à espessura da peça de chapa metálica.

A seqüência descrita a seguir exemplifica a criação de um flange contínuo:

1. Selecione a primeira aresta na série de arestas em que deseja criar um recurso **Flange contínuo**. Certifique-se de clicar na aresta próxima à extremidade no início da série de arestas, Figura 9.52.
2. Clique em **Linha** na barra de ferramentas **Esboço** ou em **Ferramentas** → **Entidades de esboço** → **Linha**. Posicione a chapa em **Normal a**.

É aberto um esboço normal em relação à aresta selecionada. A origem do esboço se encontra na extremidade da aresta que estiver mais próxima de onde você clicou na etapa 1.

3. Crie o esboço do perfil do **Flange contínuo**. Certifique-se de que uma linha inicie na extremidade da aresta em que a origem do esboço se encontra, Figura 9.53.

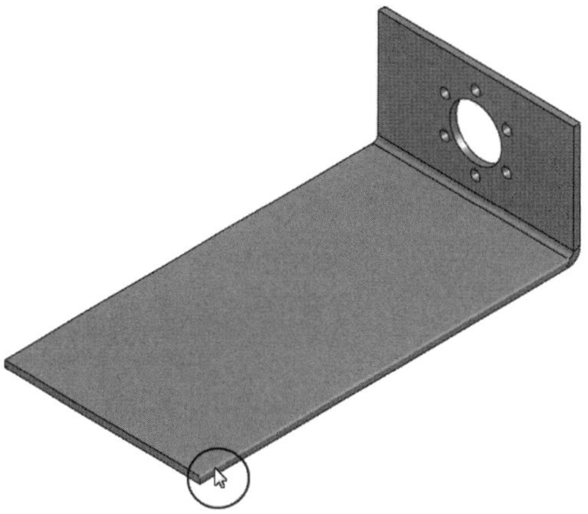

Figura 9.52 - Aresta selecionada.

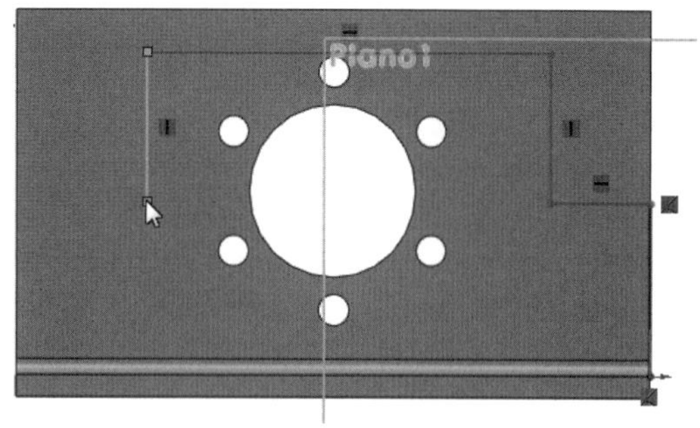

Figura 9.53 - Visualização **Normal a** e esboço.

4. Finalizado o esboço, clique em **OK** para sair do ambiente de esboço. Observe que é exibido o **PropertyManager** do comando, Figura 9.54.

5. Utilize as duas janelas, **D1** e **D2**, da caixa de diálogo Iniciar/finalizar offset para configurar a distância inicial da extrusão em relação ao esboço e a distância final em relação ao ponto final da aresta selecionada. A Figura 9.55 exemplifica o flange contínuo com as distâncias offset definidas como **10mm**.

Figura 9.54 - PropertyManager Flange contínuo.

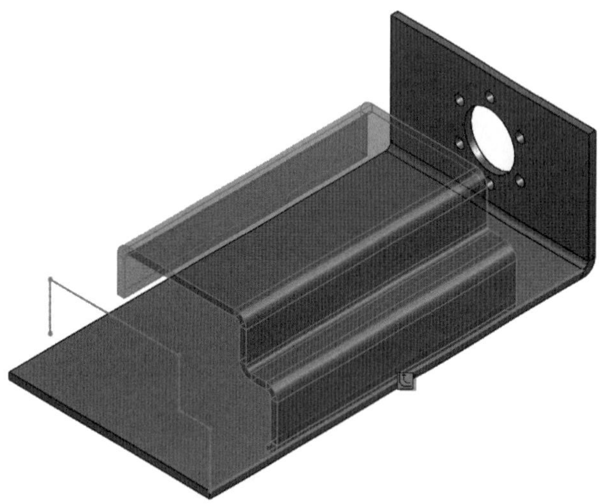

Figura 9.55 - Extrusão e configuração Offset do esboço.

As Figuras 9.56 e 9.57 exibem o modelo após a finalização.

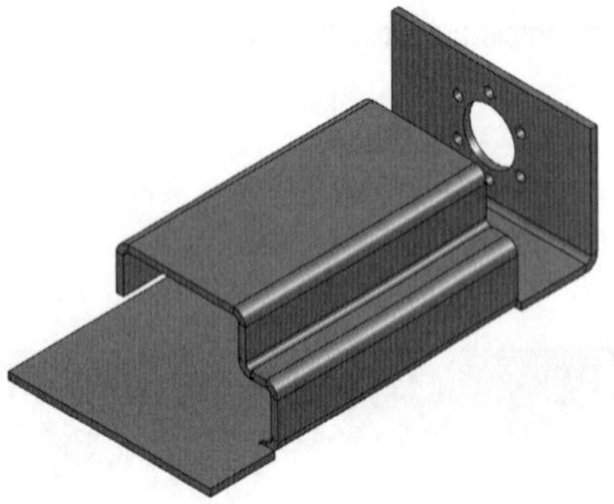

Figura 9.56 - Modelo em vista isométrica.

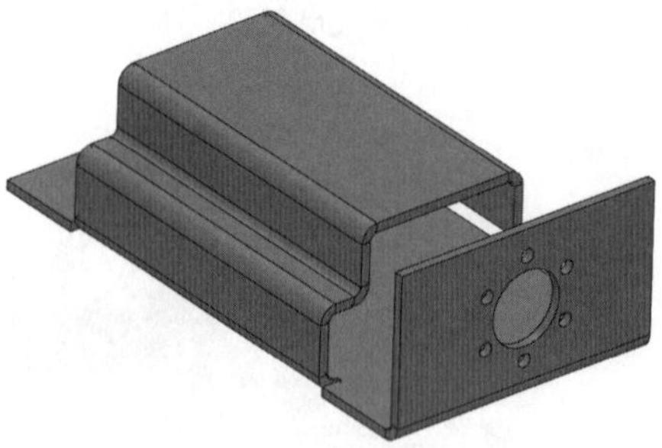

Figura 9.57 - Modelo em vista isométrica oposta.

É possível criar um recurso de flange contínuo em uma série de arestas tangentes e não-tangentes.

1. Selecione a face da espessura como plano de esboço e esboce uma linha definindo a largura e a forma do flange. Feche o esboço, Figura 9.58.
2. Ative o comando **Flange contínuo** e selecione o esboço. Em seguida, selecione uma a uma as arestas internas do perfil. Conforme for selecionando, o flange contínuo se propaga por todo o perfil, Figura 9.59.
3. Depois de propagado por todo o perfil, vá à opção **Distância de**, na caixa de diálogo **Parâmetros de meia esquadria**, e configure o *Espaçamento do rasgo* (**G**), Figura 9.60.
4. Se necessário (desejado), defina um valor para **Iniciar/finalizar offset** e, nesse caso, configure um tipo de alívio.
5. Clique em **OK** para finalizar.

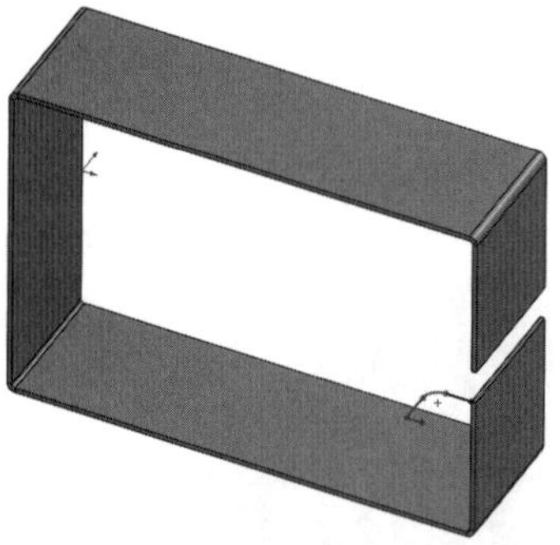

Figura 9.58 - Esboço desenhado no plano da superfície da espessura.

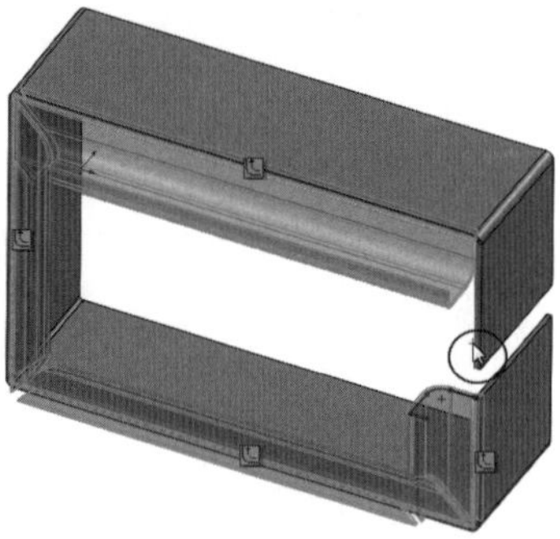

Figura 9.59 - Propagação do flange pelas arestas selecionadas do perfil.

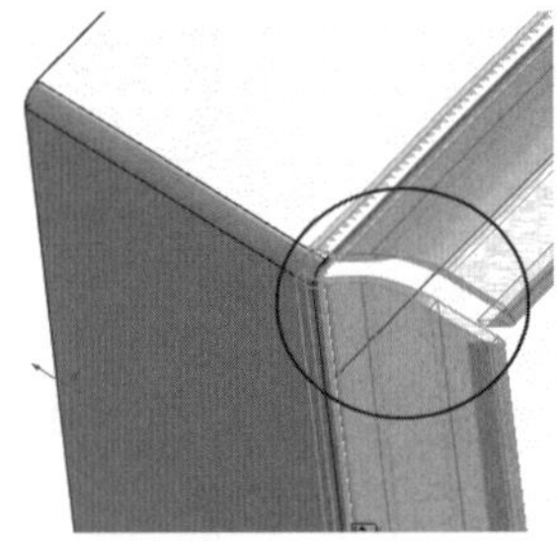

Figura 9.60 - Espaçamento do rasgo.

9.1.4. Ferramenta Bainha

O SolidWorks disponibiliza a ferramenta **Bainha**, cujo propósito é adicionar à extremidade do flange uma bainha que pode ter quatro variações, como mostram as figuras seguintes:

Figura 9.61 - Bainha Fechada.

Figura 9.62 - Bainha Aberta.

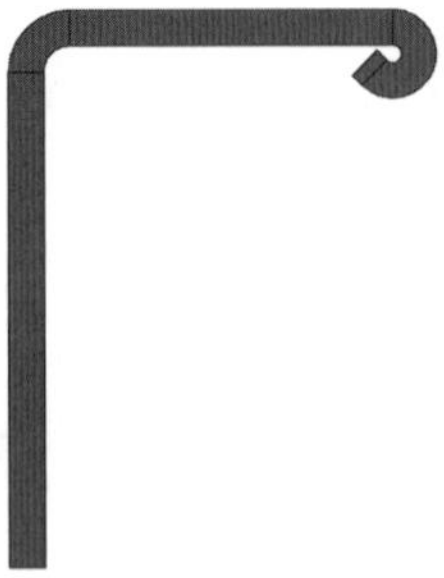

Figura 9.63 - Bainha Arco estendido.

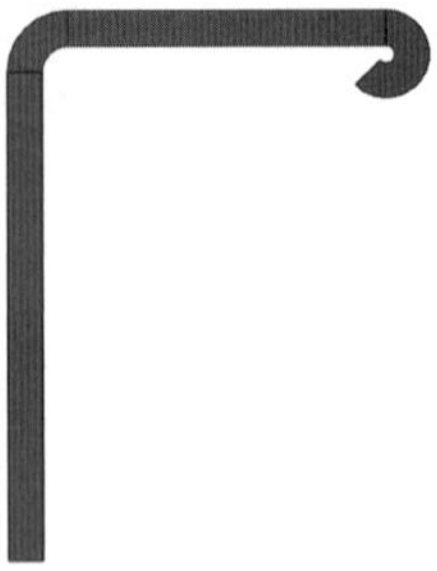

Figura 9.64 - Bainha Arco.

Para aplicar uma bainha à extremidade de um flange:

1. Clique na ferramenta **Bainha** na barra de ferramentas **Chapa metálica**. É aberto o **PropertyManager** do comando, Figura 9.65. A caixa de diálogo **Arestas** exibe na janela as arestas selecionadas e permite a configuração da bainha em dois modos:

Figura 9.65 - PropertyManager Bainha.

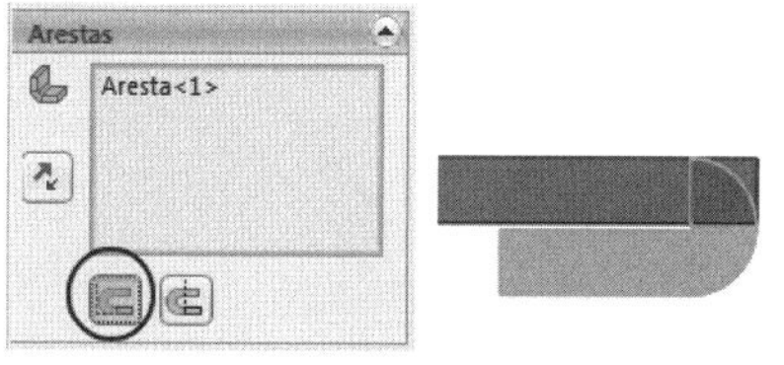

Figura 9.66 - Material no interior.

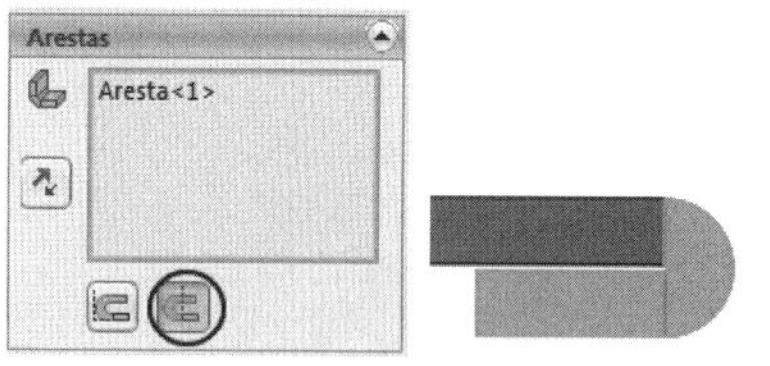

Figura 9.67 - Material no exterior.

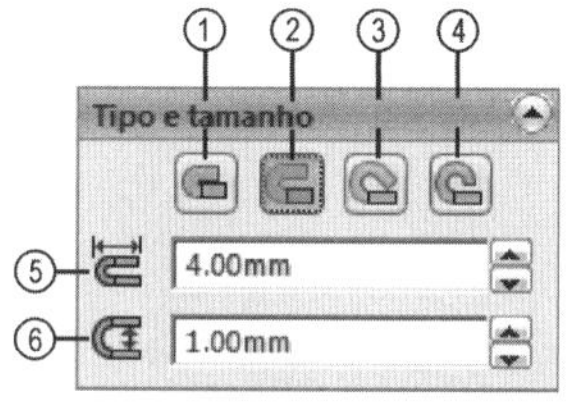

Figura 9.68 - Caixa de diálogo Tipo e tamanho.

1. Bainha **Fechada**
2. Bainha **Aberta**
3. Bainha **Arco estendido**
4. Bainha **Arco**
5. **Comprimento/Ângulo**
6. **Distância do espaçamento/Raio**

2. Na caixa de diálogo Tipo e tamanho selecione a opção desejada.
3. Configure conforme a escolha: **Comprimento/Ângulo** e **Distância do Espaçamento/Raio**.
4. Para usar outros valores que não sejam os predeterminados para tolerância da dobra, selecione **Tolerância de dobra personalizada** e defina um tipo e um valor.
5. Clique em **OK**.

9.1.5. Ferramenta Dobra Esboçada

Essa ferramenta permite adicionar linhas de dobra à peça de chapa metálica enquanto a peça estiver no estado de dobra com um recurso de dobra esboçada. Isso possibilita dimensionar a linha de dobra para outra geometria dobrada.

Alguns itens a serem observados sobre o recurso de dobra esboçada:

- São permitidas somente linhas no esboço. É possível adicionar mais de uma linha por esboço.
- A linha de dobra não precisa ter o comprimento exato das faces que são dobradas.

As Figuras 9.69 a 9.73 ilustram a aplicação da ferramenta.

1. Abra um novo esboço e selecione como plano de esboço a superfície do flange-base em que deseja esboçar a dobra. Em seguida, esboce uma linha e clique em OK para fechar o esboço, Figuras 9.69 e 9.70.
2. Clique em Dobra esboçada na barra de ferramentas Chapa metálica. É exibido o PropertyManager da ferramenta, Figura 9.71.
3. Clique com o mouse na face do esboço e note que sua referência aparece na primeira janela da caixa Parâmetros de dobra.
4. Selecione a opção de posição de dobra desejada.

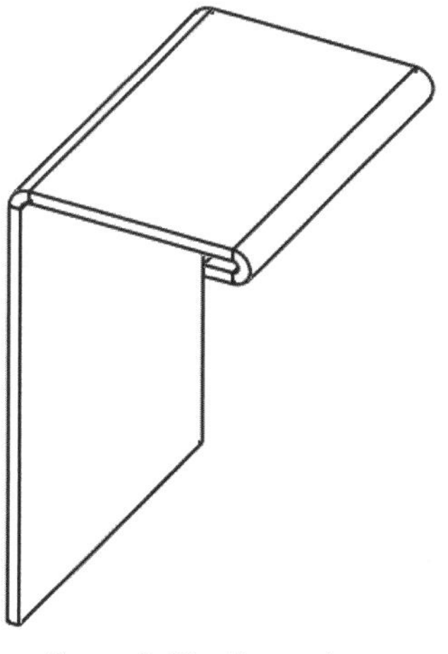

Figura 9.69 - Flange-base.

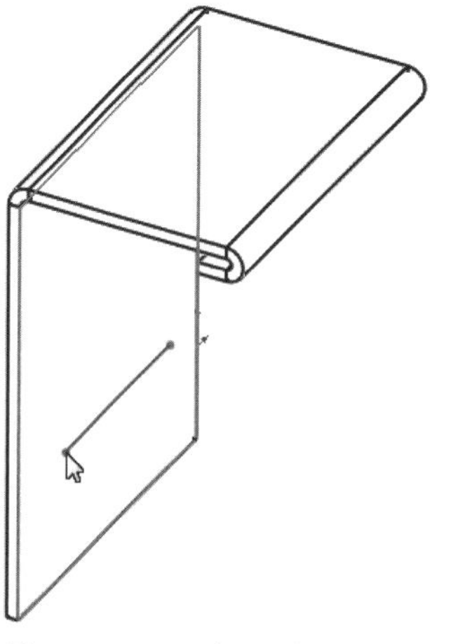

Figura 9.70 - Esboço da dobra.

5. Configure o ângulo de dobra desejado e inverta-o, se necessário, Figura 9.72.
6. Configure, se desejar, um raio para dobra e a tolerância de dobra personalizada.
7. Clique em **OK** para finalizar. A Figura 9.73 exibe o resultado.

Figura 9.71 - PropertyManager Dobra esboçada.

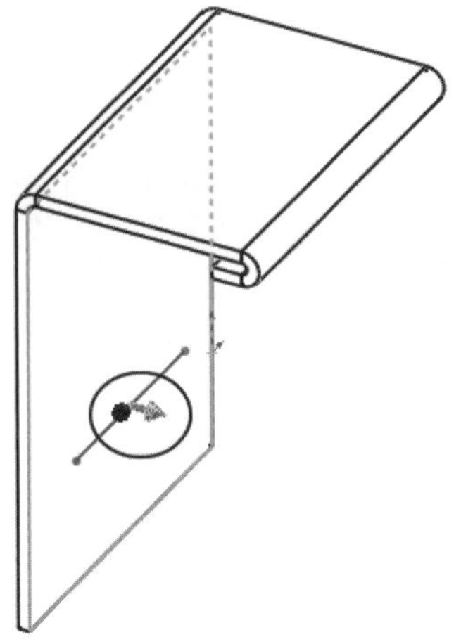

Figura 9.72 - Vetor de direção da dobra.

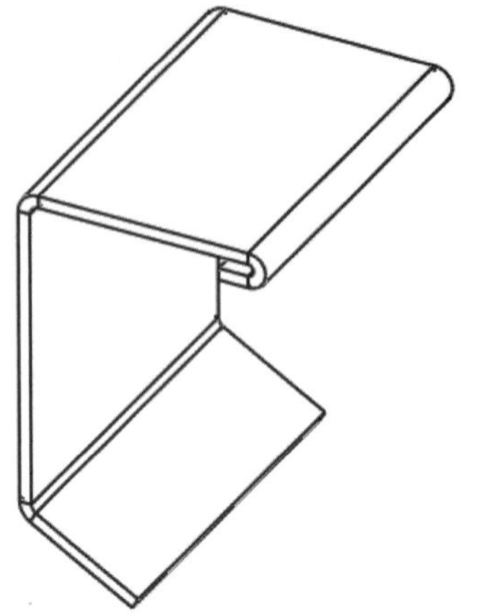

Figura 9.73 - Dobra executada.

9.1.6. Ferramenta Canto Fechado

O recurso **Canto fechado** adiciona material entre os recursos de chapa metálica e possui as seguintes capacidades:

- Fechar vários cantos simultaneamente por meio da seleção de faces para todos os cantos a serem fechados.
- Fechar cantos não perpendiculares.

Aplicar um canto fechado aos flanges com dobras diferentes de **90**°.

- Ajustar a **Distância do espaçamento**, que é a distância entre as duas seções de material da área adicionada pelo recurso **Canto fechado**.
- Ajustar a **Taxa de sobreposição/subposição**. A razão entre o material que se sobrepõe e o que se subpõe. O valor **1** indica que a **sobreposição** e a **subposição** são iguais.
- Fechar ou abrir a região de dobra.

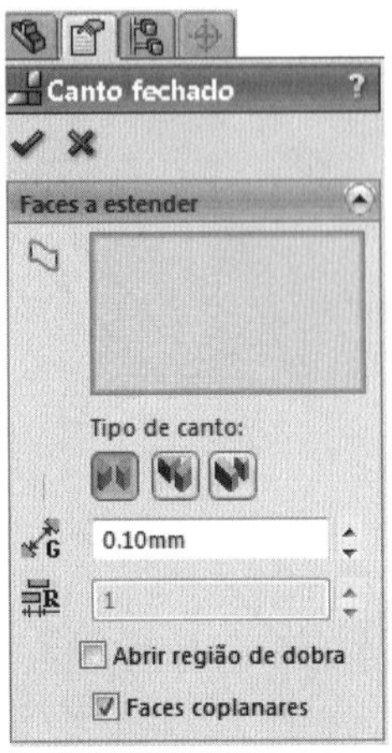

Figura 9.74 - PropertyManager Canto fechado.

1. Crie uma peça de chapa metálica que contenha a área a ser fechada, Figura 9.75.

   Por exemplo, use o recurso **Canto fechado** para fechar o espaço aberto entre flanges de aresta em ângulo e adjacentes.
2. Clique em **Canto fechado** (barra de ferramentas **Chapa metálica**) ou em **Inserir → Chapa metálica → Canto fechado**.
3. Selecione uma ou mais faces planas para **Faces a estender**, Figura 9.76.

Figura 9.75 - Canto a ser fechado.

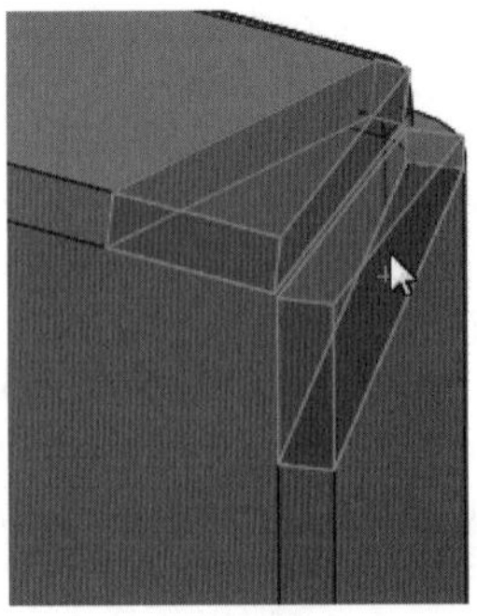

Figura 9.76 - Face selecionada.

4. Selecione um **Tipo de canto**:

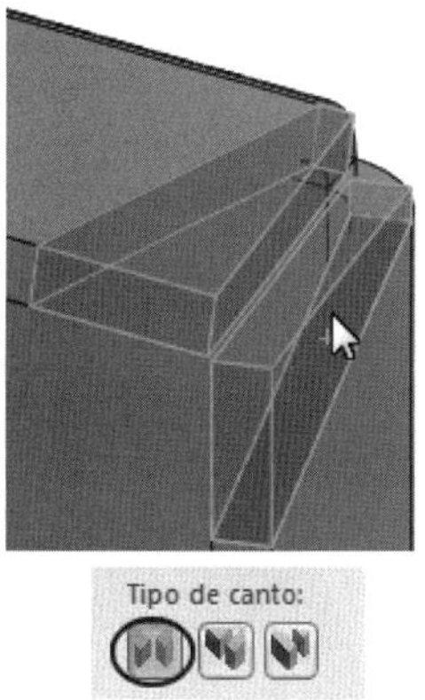

Figura 9.77 - Canto A topo.

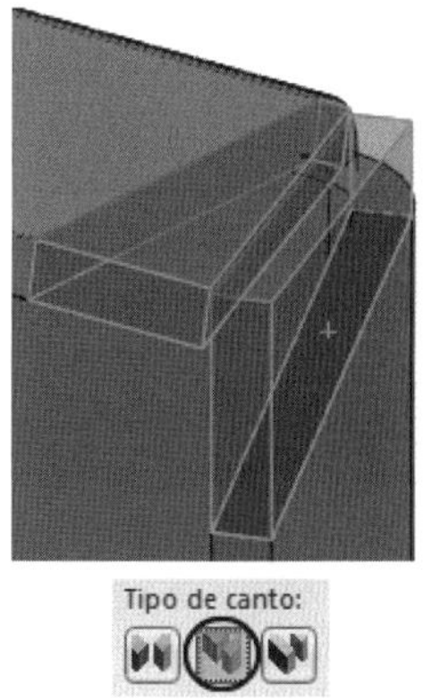

Figura 9.78 - Canto Sobrepor.

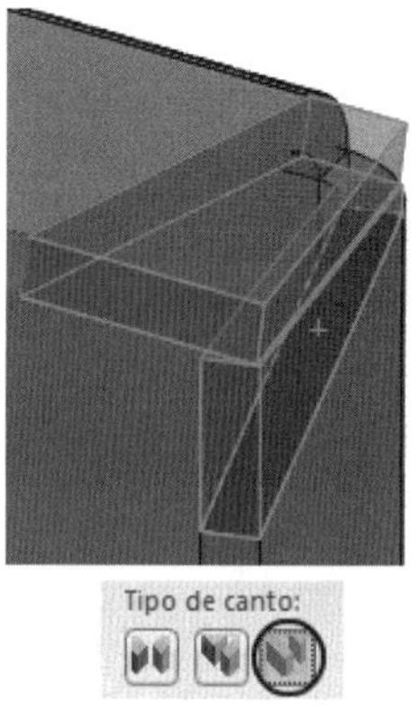

Figura 9.79 - Canto Posicionar por baixo.

5. Defina um valor para **Distância de espaçamento**.
6. Defina um valor para **Taxa de sobreposição/subposição**.
7. Marque ou desmarque a *checkbox*:

- **Abrir região de dobra** - a visualização não é exibida quando essa opção está selecionada.
- **Faces coplanares -** quando desmarcada, todas as faces coplanares são selecionadas automaticamente.

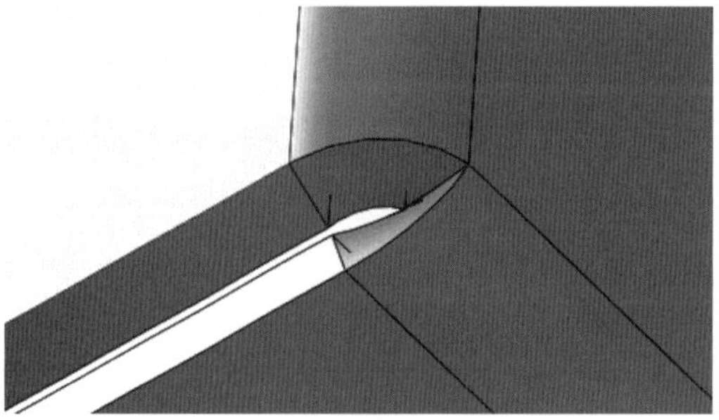

Figura 9.80 - *Checkbox* desmarcada.

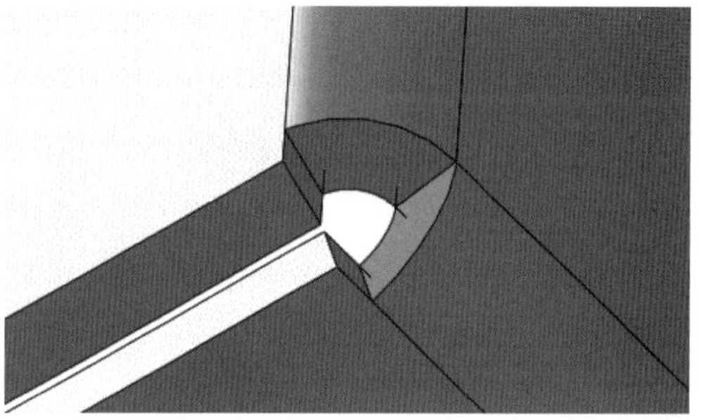

Figura 9.81 - *Checkbox* marcada.

8. Clique em **OK**.

9.1.7. Ferramenta Canto Soldado

A ferramenta **Canto soldado**, de forma análoga à anterior, fecha os cantos de flanges dobrados. Aqui, entretanto, a vedação é total. Essa ferramenta possibilita a criação de recipientes para fluido, como bacias e tanques.

1. Selecione o comando na barra de ferramentas **Chapa metálica**, Figura 9.82. É exibido **o PropertyManager** da ferramenta, Figura 9.83.

Figura 9.82 - Ferramenta Canto soldado.

Figura 9.83 - PropertyManager Canto soldado.

2. Selecione uma das faces do canto, Figura 9.84. Note que a referência da face aparece na primeira janela da caixa de diálogo **Canto a soldar**.
3. Defina as opções do PropertyManager:

- **Selecionar filetes** - adiciona filete à solda, Figuras 9.85 e 9.86.
- **Raio do filete** - o raio do filete precisa ser menor que um arco tangente conectado às arestas internas.
- **Adicionar textura** - adiciona uma textura ao cordão para propósitos de exibição.
- **Adicionar símbolo de solda** - adiciona um símbolo de solda a solda criada, Figura 9.87.

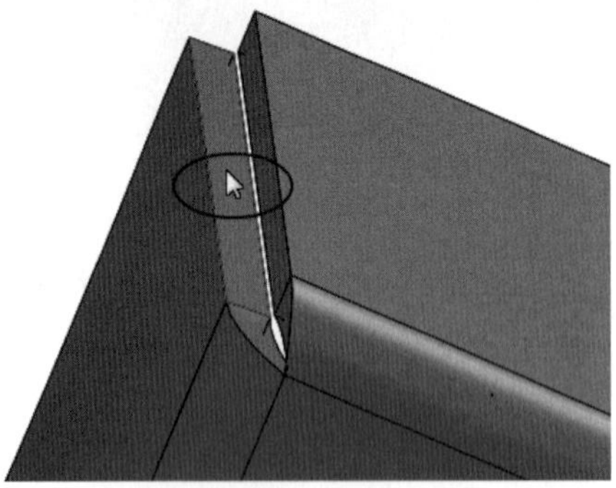
Figura 9.84 - Face do canto selecionada.

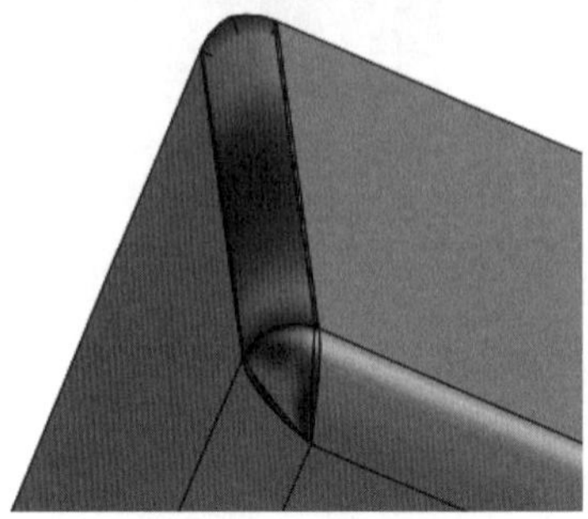
Figura 9.85 - Solda com filete e textura.

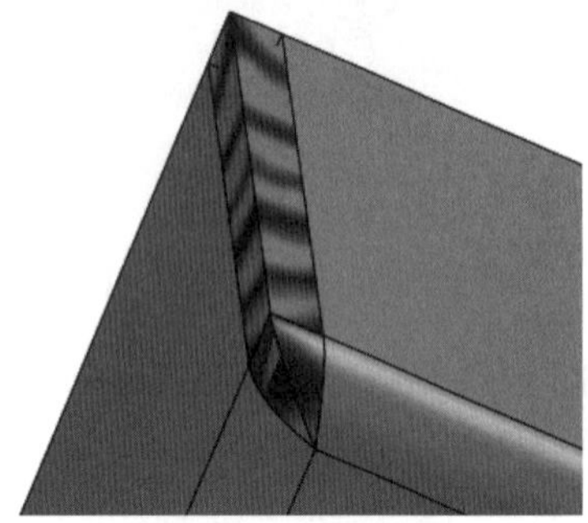
Figura 9.86 - Solda sem filete e com textura.

4. Clique em **OK** para concluir. Depois de finalizado, dê um duplo-clique no símbolo de solda para acessar a caixa de configuração **Propriedades**, Figura 9.88, e configure o símbolo como desejar.

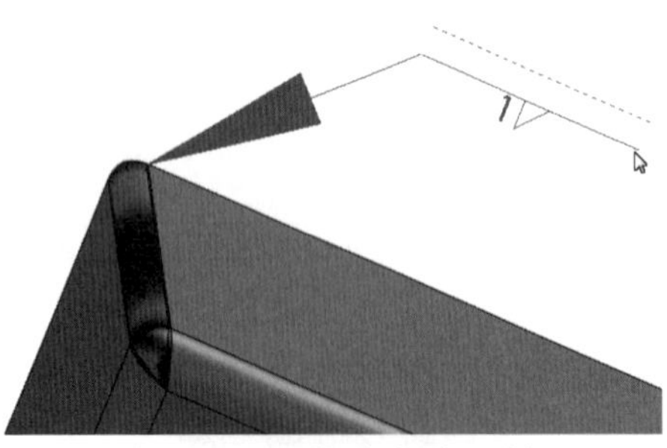
Figura 9.87 - Símbolo de solda impresso com a solda.

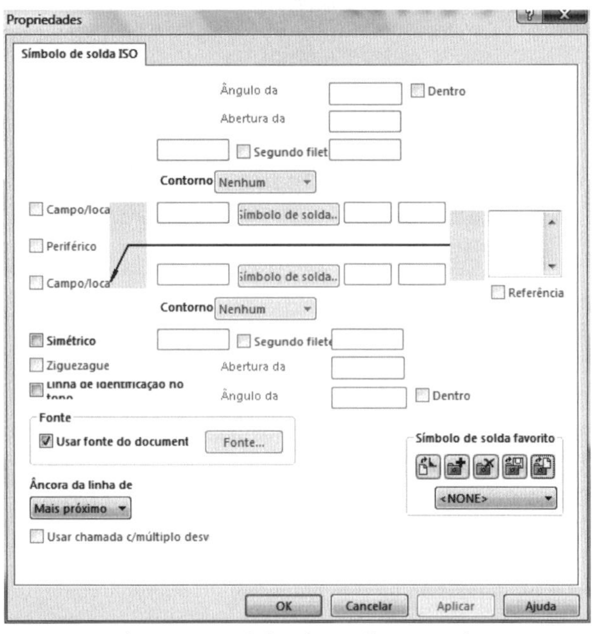

Figura 9.88 - Caixa de configuração de propriedades do símbolo de solda.

A Figura 9.89 exibe um recipiente em chapa metálica com os quatro cantos soldados.

A segunda janela da caixa de diálogo (*Clique um vértice, aresta ou face para definir um ponto de parada*) controla o comprimento do cordão de solda do canto, Figura 9.90.

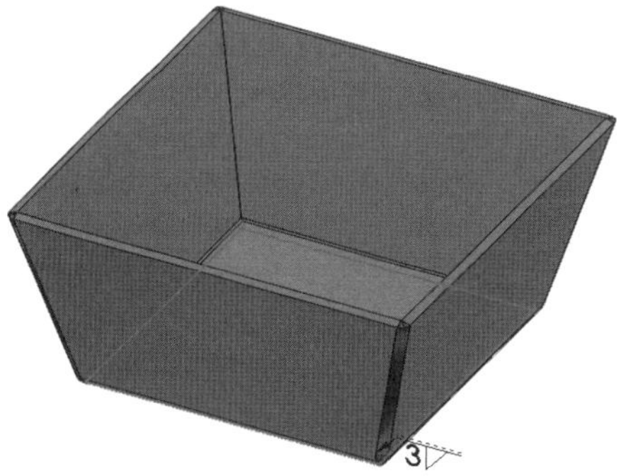

Figura 9.89 - Recipiente com cantos soldados.

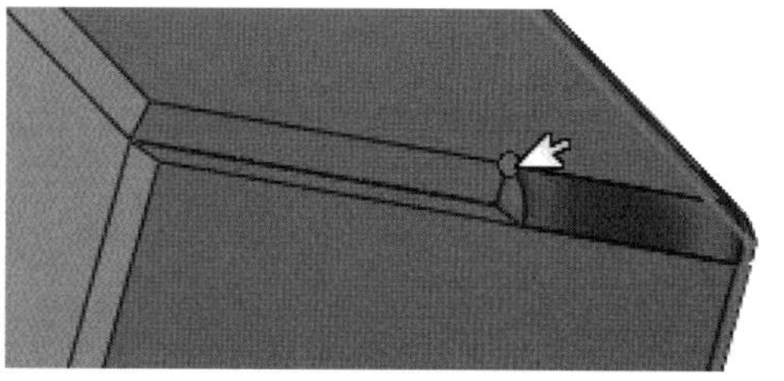

Figura 9.90 - Comprimento do cordão definido.

9.1.8. Ferramenta Quebrar Canto/Aparar Canto

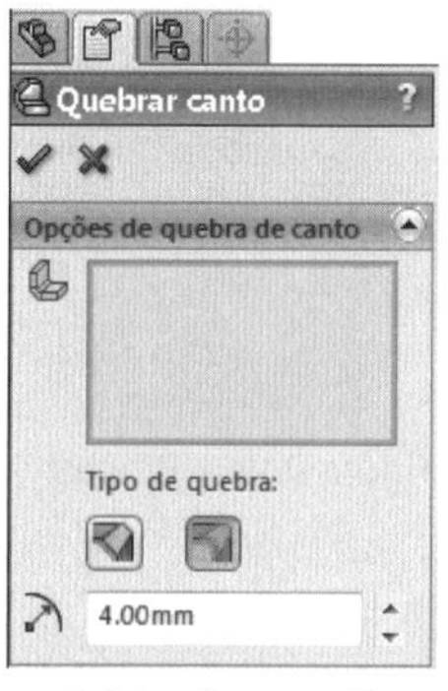

Figura 9.91 - PropertyManager Quebrar canto.

A ferramenta **Quebrar canto/aparar canto** corta ou adiciona um material a uma peça de chapa metálica **dobrada** em arestas e faces.

1. Selecione o comando na barra de ferramentas **Chapa metálica**. É exibido o **PropertyManager** da ferramenta, Figura 9.91.
2. No PropertyManager **Quebrar canto**, defina o seguinte:

- **Arestas de canto e/ou faces de flange** - nessa janela são exibidas as **faces de flange ou arestas** a serem quebradas. É possível selecionar ambas simultaneamente, Figura 9.91.

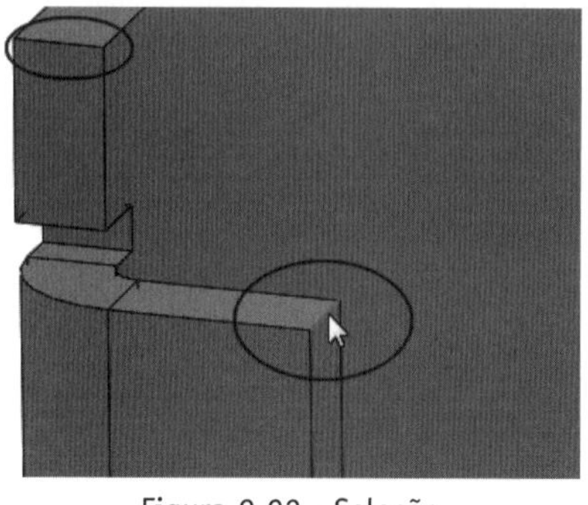

Figura 9.92 - Seleção de arestas.

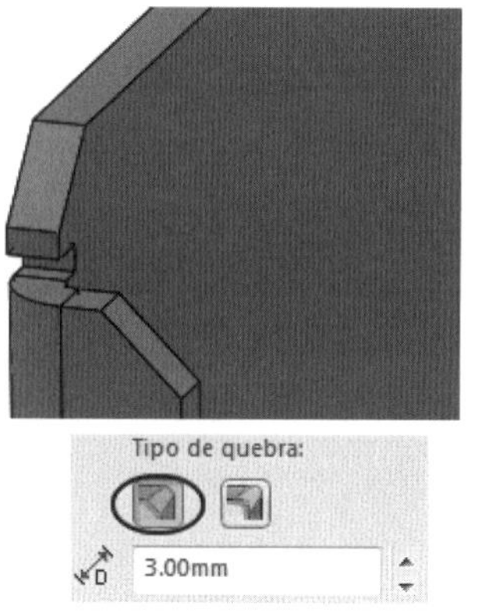

Figura 9.93 - Quebra do tipo Chanfro com Distância = 3mm.

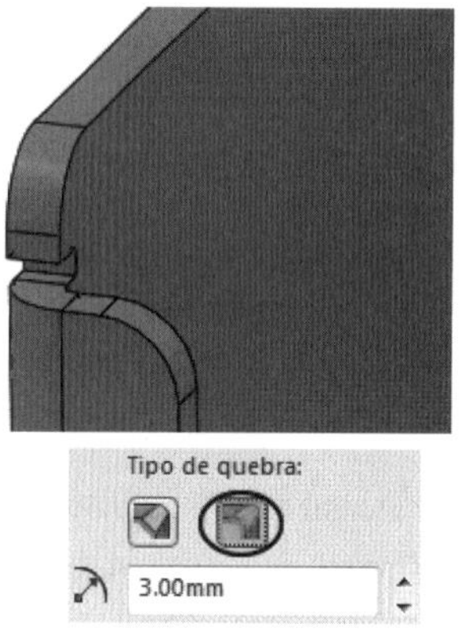

Figura 9.94 - Quebra do tipo Filete com Raio = 3mm.

- **Tipo de quebra** - selecione uma entre as duas opções oferecidas para tipo de quebra.
- **Distância** - distância para o chanfro de 45°.
- **Raio** - raio do filete.

A **Distância** ou o **Raio** deve ser menor que a largura do flange.

3. Clique em **OK** para finalizar.

9.1.9. Ferramenta Desvio

A ferramenta **Desvio** adiciona material a uma peça de chapa metálica, criando duas dobras a partir de uma linha esboçada.

Alguns itens a serem observados sobre a ferramenta Desvio:

- O esboço deve conter somente uma linha.
- A linha não precisa ser horizontal nem vertical.
- A linha de dobra não precisa ter o comprimento exato das faces que são dobradas.

Para aplicar a ferramenta, siga os passos:

1. Esboce uma linha na face de uma peça de chapa metálica em que deseja criar o desvio, Figura 9.95. Como alternativa, é possível selecionar o recurso **Desvio** antes de criar o esboço (mas após selecionar um plano). Quando o recurso **Desvio** for selecionado, um esboço é aberto no plano.

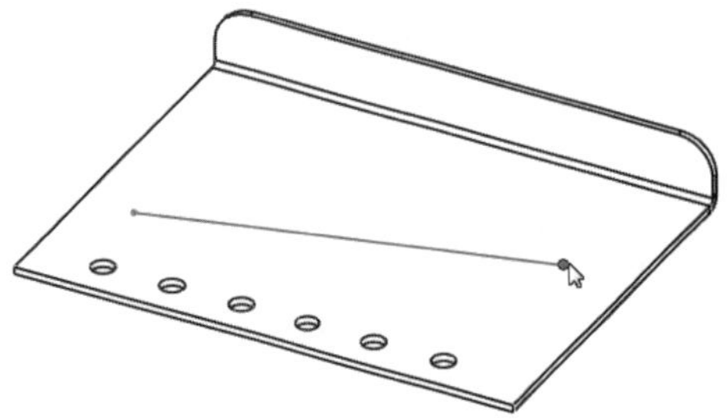

Figura 9.95 - Esboço de desvio sobre a face da chapa.

Figura 9.96 - PropertyManager Desvio.

2. Selecione o esboço. Note que o **PropertyManager** da ferramenta é exibido, Figura 9.96.
3. Selecione uma face da chapa para **Face fixa**.
4. Em **Seleções**, para editar o raio da dobra, desmarque **Usar raio predeterminado** e digite um novo valor para **Raio de dobra**.

9.1.9.1. Caixa de Diálogo Offset do Desvio

1. Esta caixa contém a lista *drop-down* **Condição final** para offset de desvio. Selecione uma condição offset de desvio, Figura 9.97.

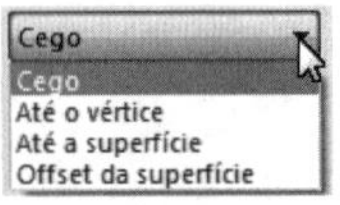

Figura 9.97 - Lista *drop-down* Condição final.

2. Defina um valor para **Distância de offset**.
3. Selecione uma Posição da dimensão:

 Offset para fora

 Offset para dentro

 Dimensão total

4. Selecione a *checkbox* **Fixar comprimento projetado** para manter o mesmo comprimento da face do desvio.

9.1.9.2. Caixa de Diálogo Posição do Desvio

1. Selecione uma das quatro posições possíveis:

	Dobrar linha de dentro		Material externo
	Material interno		Dobra fora

9.1.9.3. Caixa de Diálogo Ângulo de Desvio

1. Configure um ângulo de desvio maior que 0 e menor que 180°.

9.1.9.4. Caixa de Diálogo Tolerância de Dobra Personalizada

1. Configure um valor de tolerância ou utilize o predeterminado.

A Figura 9.98 exemplifica o desvio criado na peça mostrada anteriormente com as configurações-padrão exibidas no **PropertyManager**. Já na Figura 9.99 é possível ver a mesma peça com um **Ângulo de desvio** de **60°** e um **Offset de desvio** de **20mm**.

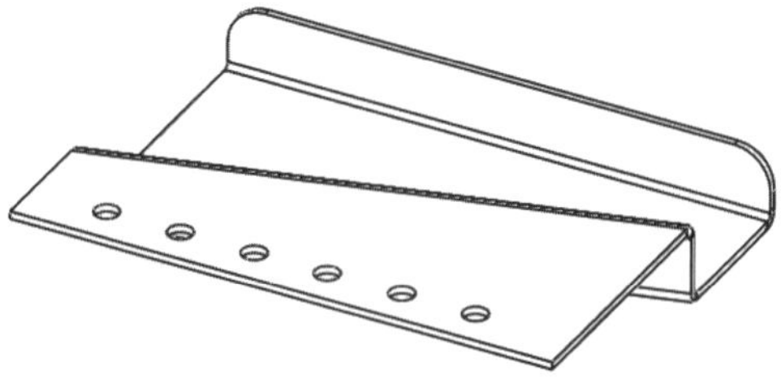

Figura 9.98 - Desvio gerado com as configurações-padrão.

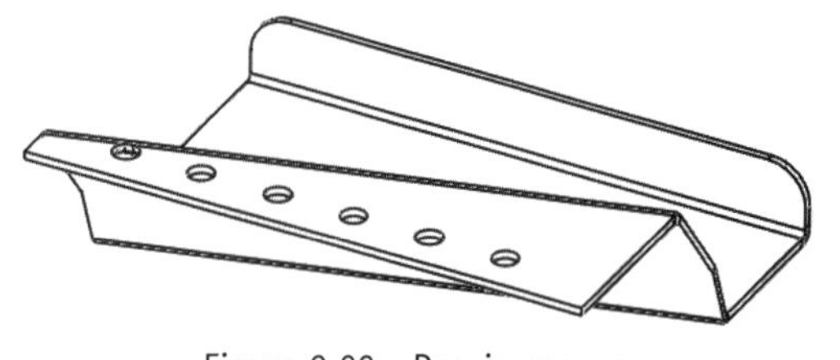

Figura 9.99 - Desvio com as novas configurações.

9.1.10. Ferramenta Corte Extrudado

Essa ferramenta foi estudada em capítulos anteriores e aqui cumpre exatamente a mesma função.

9.1.11. Ferramenta Furo Simples

Foi estudada em capítulos anteriores e aqui cumpre exatamente a mesma função.

9.1.12. Ferramenta Desdobrar

Desdobra as dobras produzidas em uma chapa metálica. A aplicação combinada das ferramentas **Desdobrar** e **Dobrar** (próximo item) são bastante úteis para adicionar um corte a uma dobra.

1. Primeiramente, adicione um recurso **Desdobrar** para planificar a dobra. Em seguida, adicione o corte. Por fim, insira um recurso **Dobrar** para que a dobra retorne ao seu estado dobrado.
2. Para um desempenho mais rápido do sistema, somente dobre e desdobre as dobras necessárias à tarefa executada.

Para utilizar a ferramenta **Desdobrar**:

1. Em uma peça de chapa metálica, clique em **Desdobrar** na barra de ferramentas **Chapa metálica** ou em **Inserir** → **Chapa metálica** → **Desdobrar**. Será exibido o **PropertyManager** da ferramenta, Figura 9.100.

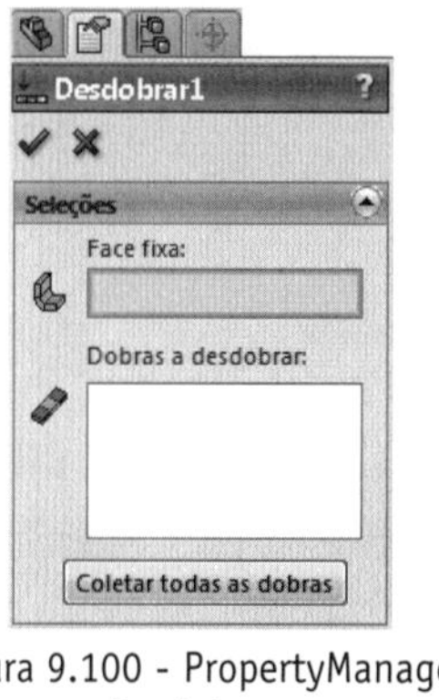

Figura 9.100 - PropertyManager Desdobrar.

2. Na área de gráficos, selecione uma face que não se mova devido ao uso do recurso de **Face fixa**, Figura 9.101.
3. Selecione uma ou mais dobras como as **Dobras a desdobrar** ou clique em **Coletar todas as dobras** para selecionar todas aquelas apropriadas à peça.
4. Clique em **OK**.

As dobras selecionadas são desdobradas, Figura 9.102.

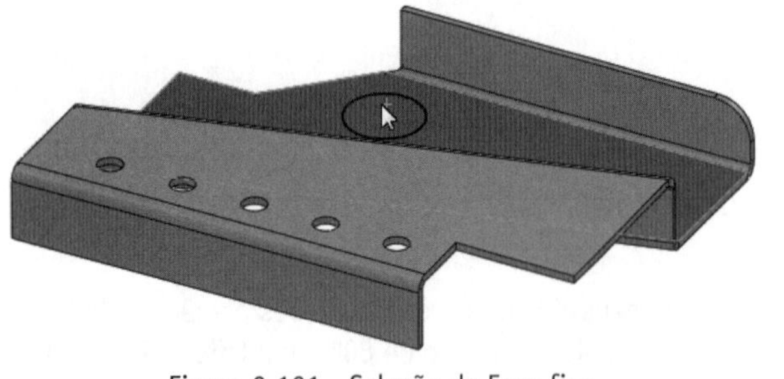

Figura 9.101 - Seleção da Face fixa.

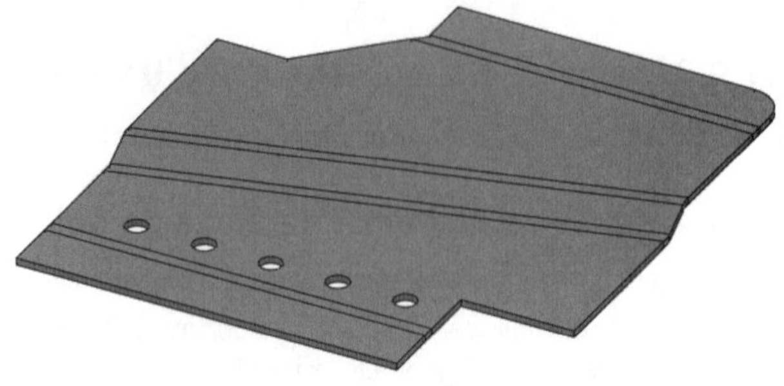

Figura 9.102 - Chapa desdobrada (todas as dobras coletadas).

9.1.13. Ferramenta Dobrar

A ferramenta Dobrar permite desfazer a operação Desdobrar. Mais especificamente, como mencionado, é aplicada quando a ferramenta Desdobrar foi utilizada para possibilitar a criação de recortes, como no exemplo seguinte, em que a chapa desdobrada da figura anterior sofreu dois recortes e depois foi novamente dobrada.

1. Na chapa metálica desdobrada, clique em **Dobrar** na barra de ferramentas **Chapa metálica** ou em **Inserir → Chapa metálica → Dobrar**, Figura 9.103.
2. Na área de gráficos, selecione a face que não se move devido ao uso do recurso de **Face fixa**, Figura 9.104.
3. Selecione uma ou mais dobras como as **Dobras a dobrar** ou clique em **Coletar todas as dobras** para selecionar todas aquelas apropriadas à peça.
4. Clique em **OK**.
5. As dobras selecionadas são dobradas, Figura 9.105.

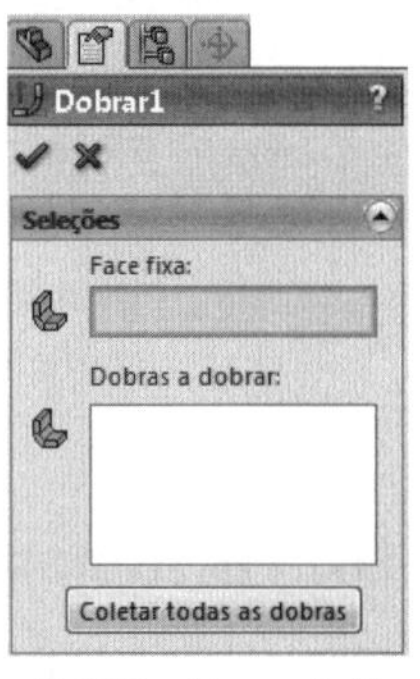

Figura 9.103 - PropertyManager Dobrar.

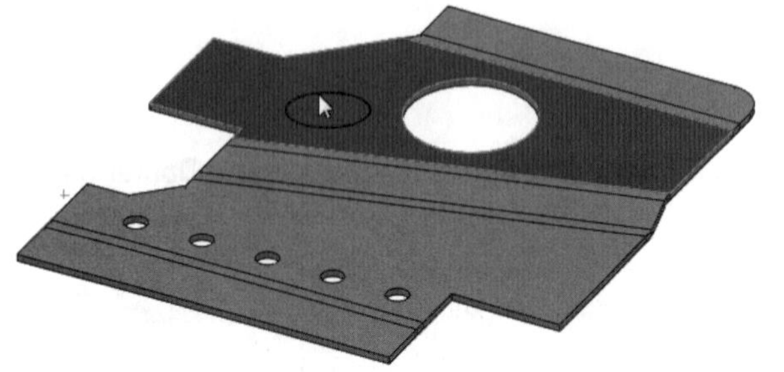

Figura 9.104 - Seleção da Face fixa.

Figura 9.105 - Chapa dobrada (todas as dobras coletadas).

9.1.14. Ferramenta Planificar

O SolidWorks permite planificar as dobras em uma peça de chapa metálica das seguintes formas:

1. Para planificar toda a peça, se o recurso **Padrão-plano1** estiver presente, cancele a supressão de **Padrão-plano1** ou clique em **Planificar** na barra de ferramentas **Chapa metálica**.

As linhas de dobra são exibidas por padrão quando você suprime **Padrão-plano1**, Figura 9.106. Para ocultar as linhas de dobra, expanda **Padrão-plano1**, clique com o botão direito do mouse em **Curvas-Linhas1** e selecione **Ocultar**, Figura 9.107.

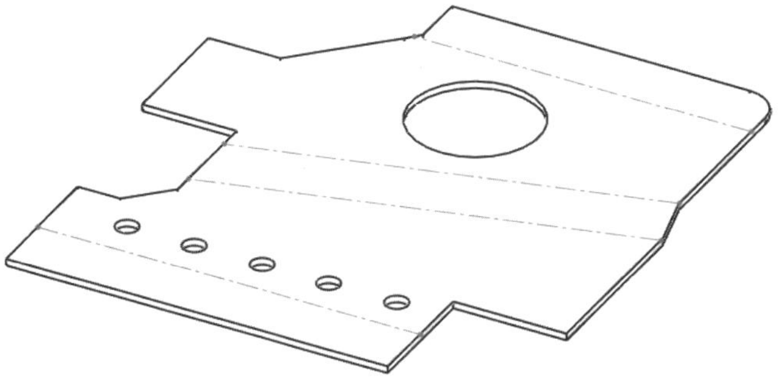

Figura 9.106 - Planificação e Curvas-Linhas1.

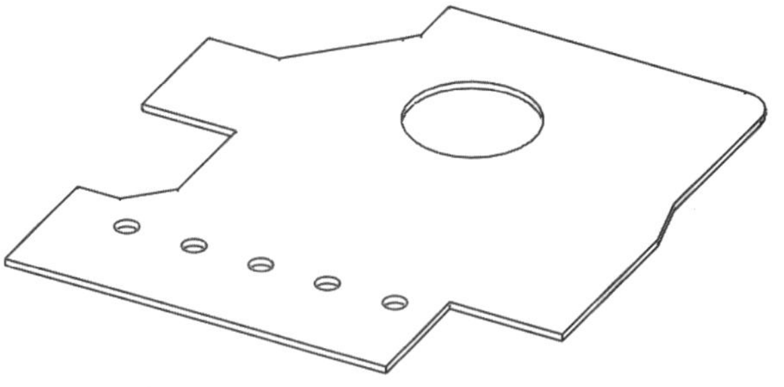

Figura 9.107 - Curvas-Linhas1 ocultadas.

Quando a peça for planificada dessa maneira, os tratamentos de canto são aplicados para criar uma peça de chapa metálica plana e limpa.

2. Para planificar toda a peça, se o recurso **Planificar-Dobras1** estiver presente, suprima **Planificar-Dobras1** ou clique em **Planificar** na barra de ferramentas **Chapa metálica**.
3. Para planificar uma ou mais dobras individualmente, adicione o recurso **Desdobrar**.

Para um desempenho mais rápido do sistema, somente desdobre as dobras necessárias à tarefa que é executada. Por exemplo, ao adicionar um corte à dobra, apenas desdobre essa dobra.

9.1.15. Ferramenta Sem Dobras

Você pode reverter todas as dobras de uma peça de chapa metálica que tenham sido inseridas, de modo que se possa adicionar algo, como uma parede, por exemplo. Isso pode ser feito somente nas peças de chapa metálica com os recursos **Planificar-Dobras1** e **Processar-Dobras1**.

Para reverter todas as dobras de uma peça de chapa metálica:

1. Clique em **Sem dobras** na barra de ferramentas **Chapa metálica** para reverter as dobras até **Chapa metálica1**.
2. O raio e a tolerância da dobra são revertidos (a peça não é planificada).

Para restaurar todas as dobras da peça:

3. Clique em **Sem dobras** novamente.

9.1.16. Ferramenta Inserir Dobras

Essa ferramenta converte uma peça sólida em chapa metálica.

1. Crie um sólido, como mostra a Figura 9.108.
2. Selecione a face superior e aplique a ferramenta **Casca**, especificando a espessura desejada para a parede, Figura 9.109.

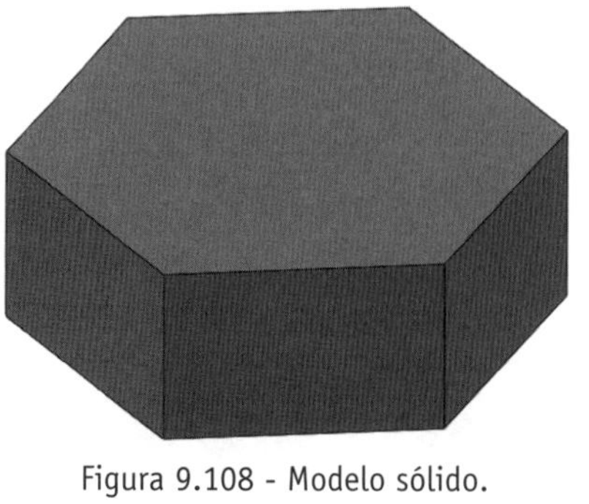

Figura 9.108 - Modelo sólido.

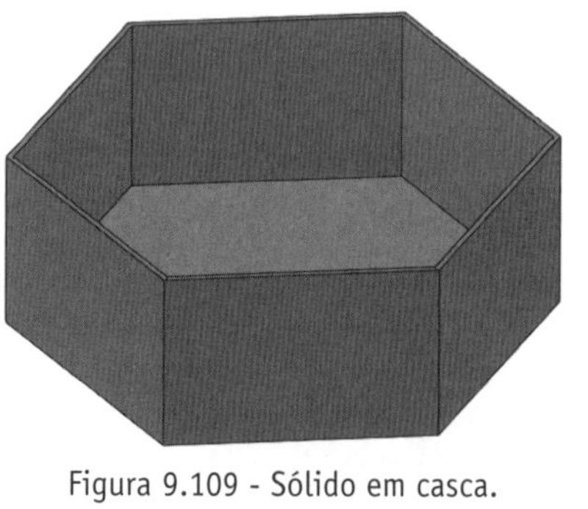

Figura 9.109 - Sólido em casca.

Figura 9.110 - PropertyManager Dobras.

3. Clique na ferramenta Inserir dobras na barra de ferramentas **Chapa metálica**. O **PropertyManager** é exibido, Figura 9.110.
4. Selecione a face interna horizontal do sólido em casca como **Parte fixa**. Note que a janela da caixa de diálogo **Parâmetros de dobra** mostra a referência dessa face selecionada.
5. Defina o **Raio da dobra** ou utilize o predeterminado exibido na janela.
6. Na caixa de diálogo **Tolerância da dobra**, defina na lista *drop-down* a opção de tolerância desejada, Figura 9.111.

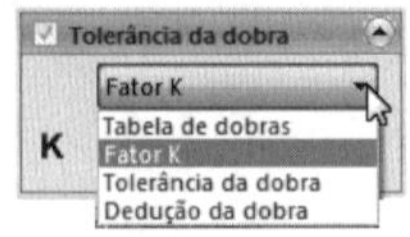

Figura 9.111 - Lista *drop-down* Tolerância da dobra.

7. Na caixa de diálogo **Alívio automático** selecione uma das três opções possíveis na lista *drop-down*:

- Retângulo
- Ruptura
- Oblongo

8. Selecione as arestas que serão rasgadas para possibilitar a planificação da peça, Figura 9.112. As arestas selecionadas são listadas na janela da caixa **Parâmetros de rasgo**. Observe que vetores direcionais aparecem nas arestas selecionadas.
9. Se desejado, configure novo valor ao **Espaçamento do rasgo G**, ou aceite o padrão.
10. Clique em **OK** para aplicar a ferramenta. Uma pequena caixa de mensagem da SolidWorks é exibida, notificando que Cortes de alívio automático foram feitos para uma ou outra dobra, Figura 9.113.

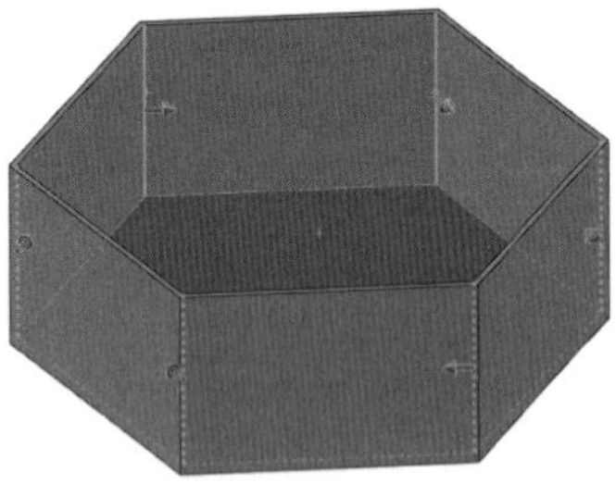

Figura 9.112 - Arestas selecionadas e vetores direcionais.

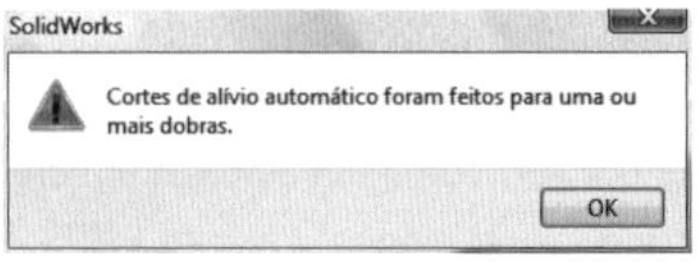

Figura 9.113 - Caixa de mensagem SolidWorks.

A Figura 9.114 exibe o resultado da aplicação da ferramenta **Inserir dobras**. Para ver a planificação da peça, clique na ferramenta **Planificar**, na barra de ferramentas **Chapa metálica**, Figura 9.115.

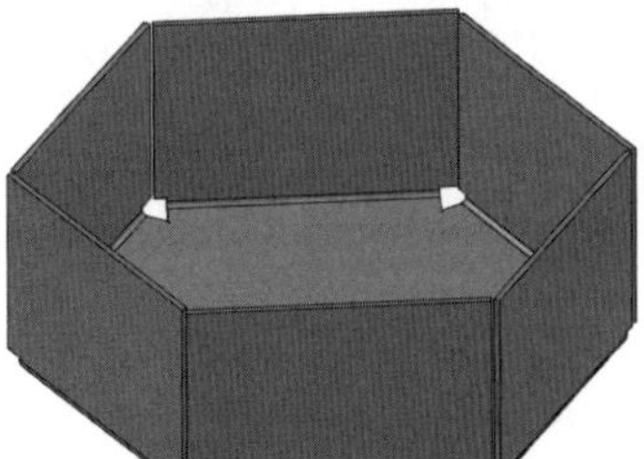

Figura 9.114 - Modelo transformado em chapa dobrada.

Figura 9.115 - Vista planificada.

9.1.17. Ferramenta Rasgo

A ferramenta **Rasgo** cria um recurso de rasgo:

- Nas arestas de modelo internas e externas selecionadas.
- De entidades de esboço lineares.
- Pela combinação de arestas de modelo e de entidades de esboço lineares únicas.

Um recurso de rasgo é geralmente usado para criar peças de chapa metálica, mas você pode aplicá-lo a qualquer peça.

1. Crie uma peça com espessura uniforme que contenha faces planas adjacentes que formem uma ou mais arestas lineares ou uma cadeia de arestas lineares, Figura 9.116.
2. Esboce entidades lineares únicas nas faces planas que iniciem e terminem nos vértices, Figura 9.117.

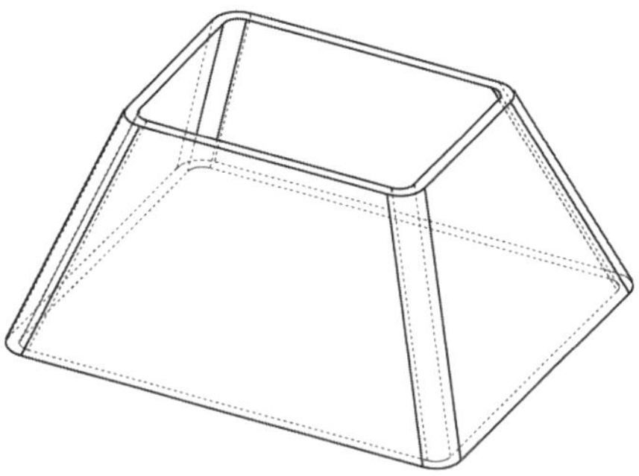

Figura 9.116 - Peça sólida de espessura uniforme.

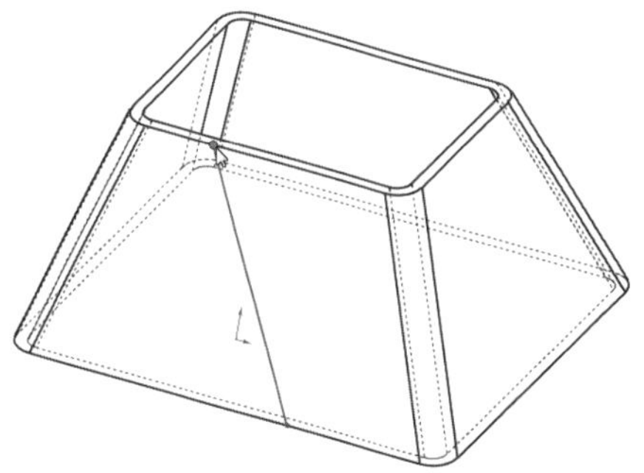

Figura 9.117 - Esboço para rasgo oblíquo.

3. Clique em **Rasgo** (barra de ferramentas **Chapa metálica**) ou em **Inserir** → **Chapa metálica** → **Rasgo**. É exibido o **PropertyManager** da ferramenta, Figura 9.118.
4. No **PropertyManager**, em **Parâmetros de rasgo**:

- Selecione arestas internas ou externas.
- Selecione entidades de esboço lineares, Figura 9.119.

5. Para inserir um rasgo somente em uma direção, clique no nome da aresta exibido em **Arestas a rasgar** e em **Alterar direção** ou nas setas de visualização.
6. Para alterar a distância do espaçamento, digite um valor para **Espaçamento do rasgo** [G].
7. Clique em **OK** para aplicar a ferramenta. A Figura 9.120 mostra a peça com o rasgo oblíquo de **2mm**.
8. Converta a peça sólida em chapa dobrada usando o comando **Inserir dobras** e por fim, planifique-a com a ferramenta **Planificar**, Figura 9.121.

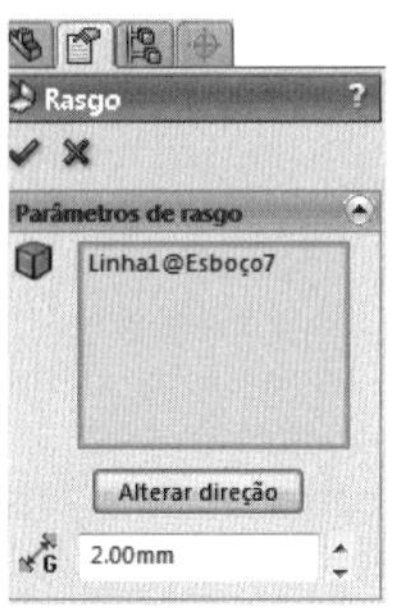

Figura 9.118 - PropertyManager Rasgo.

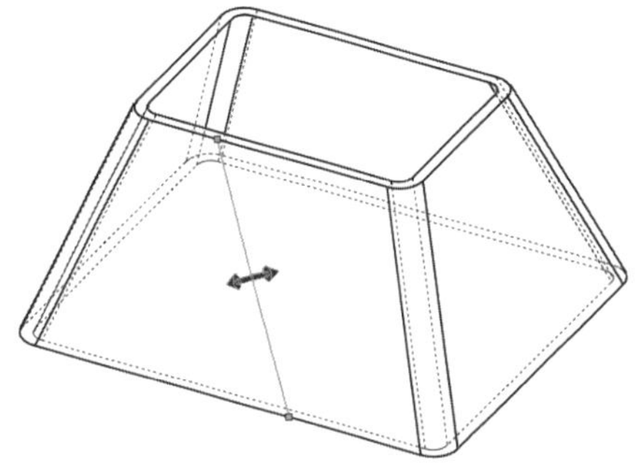

Figura 9.119 - Esboço selecionado e setas de visualização.

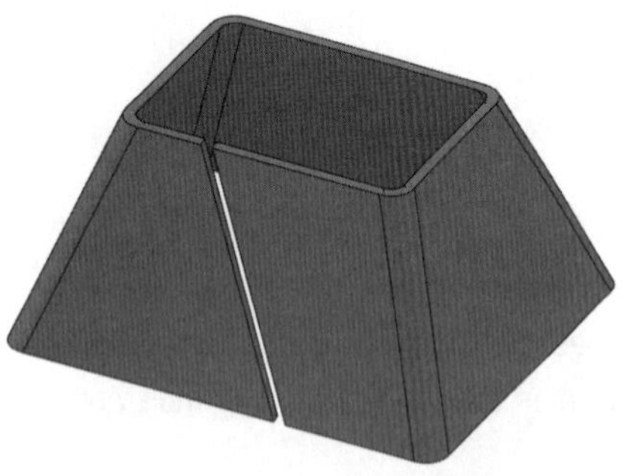

Figura 9.120 - Peça sólida com rasgo definido.

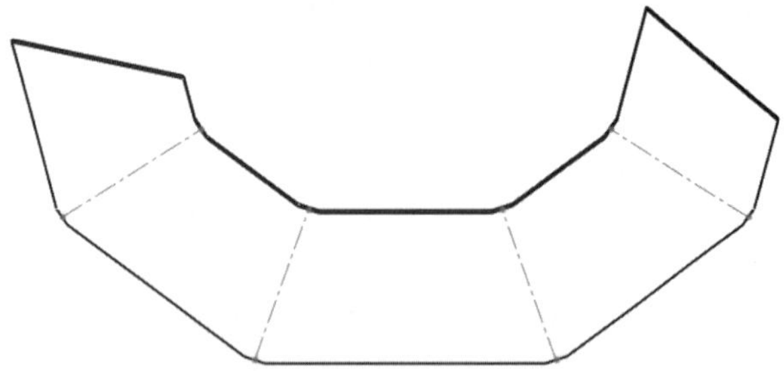

Figura 9.121 - Planificação da chapa (Vista frontal).

Nota

Por padrão, os rasgos são inseridos em ambas as direções. Toda vez que você clicar em **Alterar direção**, a direção do rasgo é organizada em seqüência, de uma direção para a outra, e depois para as duas direções.

9.1.18. Ferramenta Dobra com Loft

Em capítulos anteriores estudamos a criação de sólidos e superfícies com loft. Naquelas lições, os esboços geradores do perfil eram geometrias fechadas para sólidos e abertas ou fechadas para superfícies. Em **Chapas dobradas**, algumas características quanto aos lofts devem ser consideradas:

- O recurso **Flange-base** não é usado com o recurso **Dobra com loft**.
- Uso de **Fator K** ou **Tolerância da dobra** para calcular dobras.
- Requerem dois esboços que contêm:
  - **Perfis abertos** sem arestas agudas.
  - Aberturas de perfil alinhadas para garantir a precisão do padrão plano.

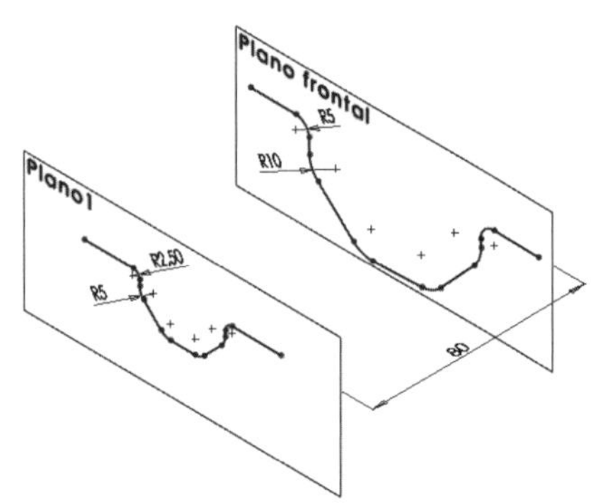

Figura 9.122 - Esboços em planos Offset.

Para criar uma dobra com loft, siga os procedimentos:

1. Crie dois esboços abertos em planos Offset paralelos, Figura 9.122. Observe para que esses esboços cumpram principalmente as duas últimas características listadas anteriormente.
2. Na barra de ferramentas **Chapa metálica**, selecione a ferramenta **Dobra com loft**. É exibido o **PropertyManager** da ferramenta, Figura 9.123.
3. Selecione ambos os esboços e observe que eles aparecem dentro da janela da caixa de diálogos **Perfil**. É exibida a caixa de diálogo **Mensagem** com o seguinte lembrete:

Lembrete

Para linhas de dobra serem exibidas durante a planificação, os perfis selecionados precisam estar em planos paralelos, conter o mesmo número de linhas e curvas correspondentes.

Figura 9.123 - PropertyManager Dobras com loft.

4. Examine a visualização de caminho. Clique em **Mover para cima** ou **Mover para baixo** para ajustar a ordem dos perfis ou selecionar novamente os esboços para conectar os diferentes pontos nos perfis.
5. Na janela da caixa de diálogo **Espessura**, defina a espessura da chapa.
6. Na caixa de diálogo Controle de linha de dobra, em:

- **Número de linhas de dobra** - defina um valor para configuração a fim de controlar quão grosseiras são as linhas de dobra do padrão plano.
- **Desvio máximo** - defina um valor.

7. Clique em **OK** para finalizar. A Figura 9.124 exibe a dobra com loft.

A Figura 9.125 exibe a dobra com loft planificada. Observe as linhas de dobra.

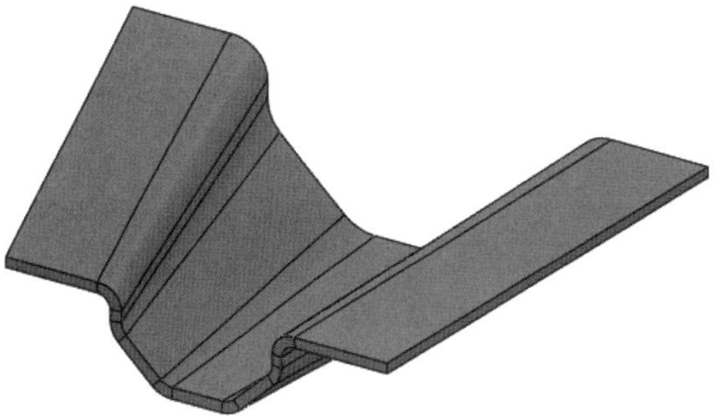

Figura 9.124 - Dobra com loft finalizada.

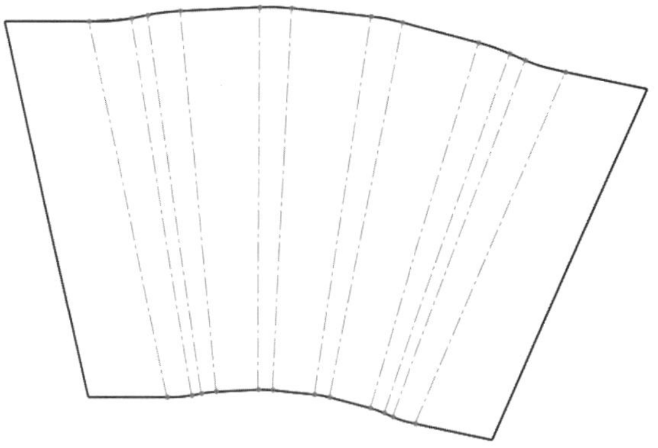

Figura 9.125 - Planificação da dobra com loft.

Nota

O software SolidWorks contém várias peças de chapa metálica prontas, criadas com dobras com loft localizadas em < *diretório_instalação*>\ **ProgramData\ SolidWorks 2008\ design library\ parts\ Sheetmetal\ lofted bends**. Essas peças podem ser acessadas rapidamente pela **Biblioteca de projetos**.

As linhas de dobra são exibidas apenas se a área de dobra com loft estiver bem definida e puder ser criada com o uso de métodos de fabricação de prensa dobradeira. Para gerar áreas de dobra com loft definidas, crie cada face separadamente. Por exemplo, deixe igual o número de elementos retos e curvos em cada perfil.

Figura 9.126 - Dobra loft de chapa metálica da Biblioteca de projetos.

9.1.19. Ferramenta Conformação

Em projetos de peças produzidas em chapas metálicas, é comum que algumas operações, para obtenção de determinadas geometrias, sejam realizadas por **Conformação**.

A **Conformação** consiste na compressão de um punção com a face de compressão confeccionada na forma da geometria desejada, reproduzindo-a na chapa ao final da operação.

Ela pode acontecer por estampo, quando a geometria é recortada da chapa devido à existência de um fio de corte (ângulo de corte) no punção ou apenas deformação da chapa. Conforme sua necessidade, é possível criar uma ferramenta (punção) de conformação.

Nota

O software SolidWorks inclui algumas ferramentas de conformação de amostra para servir de ponto de partida. Elas estão armazenadas em < *diretório_instalação*>\ **ProgramData\ SolidWorks 2008\ design library\ forming tools**. É possível inseri-las somente a partir da **Biblioteca de projetos** e podem ser aplicadas apenas às peças de chapa metálica.

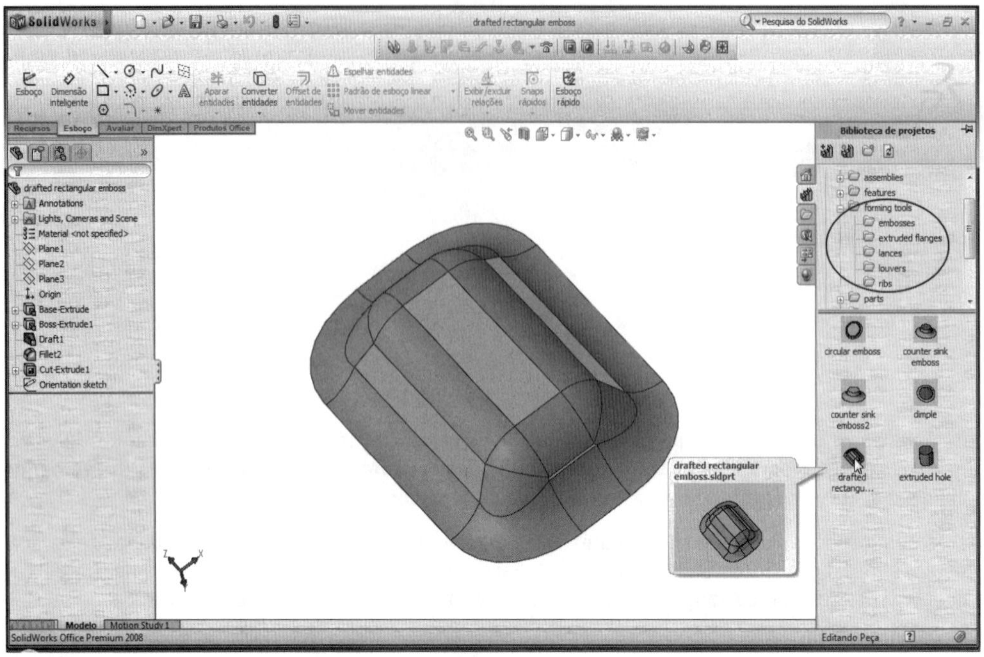

Figura 9.127 - Ferramenta de conformação da Biblioteca de projetos.

Uma peça de chapa metálica contém o recurso **Chapa metálica1** na árvore de projetos do **FeatureManager**. É possível criar ferramentas de conformação, seguindo a maior parte das etapas usadas para criar qualquer peça do SolidWorks.

A edição de uma ferramenta de deformação de amostra pode ajudar bastante na criação de uma ferramenta de conformação que atenda às suas necessidades.

Para melhor entendimento, vamos criar uma ferramenta de conformação.

9.1.19.1. Criação de uma Ferramenta de Conformação

1. Crie inicialmente um esboço retangular e faça sua extrusão no plano médio, formando uma placa de **1mm** de espessura, como mostra a Figura 9.128.
2. No centro da face superior da placa, crie um tronco de cone com as dimensões da Figura 9.129.

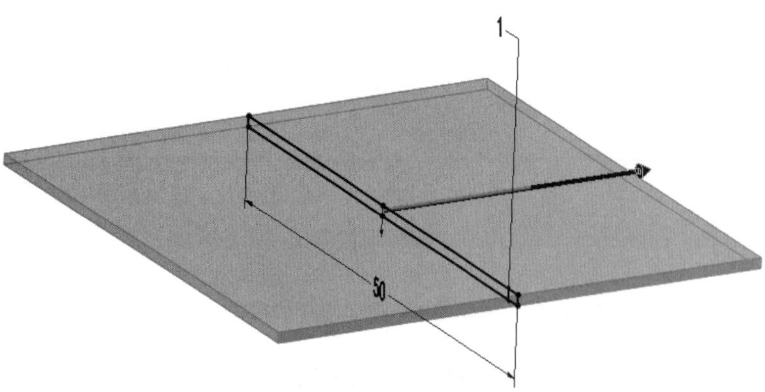

Figura 9.128 - Formação de uma placa pela extrusão de um esboço retangular.

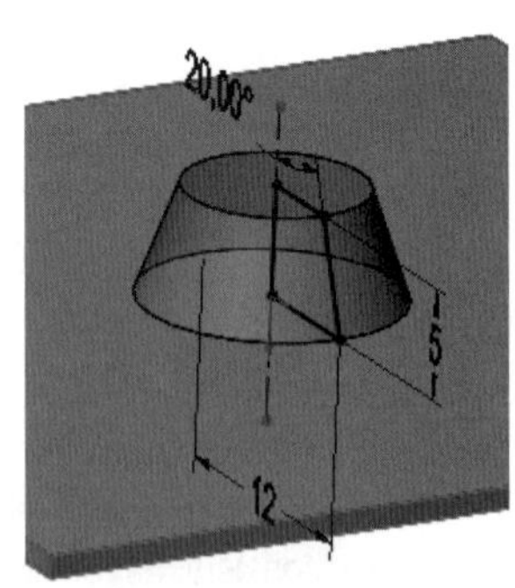

Figura 9.129 - Criação de um tronco de cone.

3. Na seqüência, aplique um filete de raio **4mm** à aresta inferior do tronco de cone. Selecione a *checkbox* **Propagação da tangente** no **PropertyManager** do comando, bem como a opção **Nenhuma visualização**, Figura 9.130.
4. Selecione a face lateral da placa como plano de um novo esboço e clique nas quatro arestas. Em seguida, selecione **Ferramentas → Ferramentas de esboço → Converter entidades**.
5. Clique no comando **Corte extrudado** no **CommandManager** da guia **Recursos**, Figura 9.131. A parte sólida resultante é mostrada na Figura 9.132.

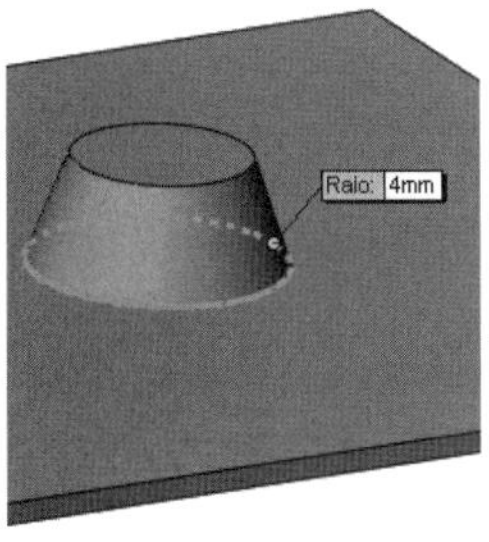

Figura 9.130 - Filete de 4mm.

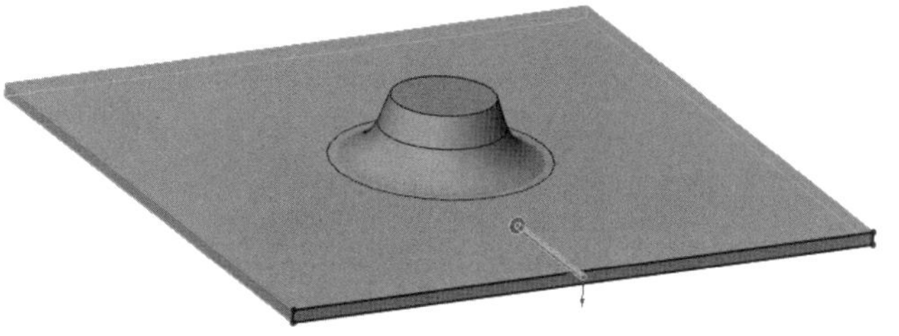

Figura 9.131 - Operação de Corte extrudado com o esboço gerado.

Figura 9.132 - Sólido resultante.

O passo seguinte consiste em transformar o sólido resultante em ferramenta de conformação:

1. Clique em **Ferramenta de conformação** na barra de ferramentas **Chapa metálica**. Essa ferramenta cria um entalhe inverso em uma peça de chapa metálica. É aberto o **PropertyManager** da ferramenta, Figura 9.133, que exibe as caixas de diálogo **Face de parada** e **Faces a remover**. As faces selecionadas aparecem dentro das janelas respectivas. A Figura 9.134 identifica a face a ser selecionada.

- **Face de parada** - corresponde à face externa da chapa; a face de referência de posicionamento do punção sobre a chapa antes de iniciar a compressão.
- **Faces a remover** - corresponde à face que ficará aberta (laterais ou fundo), do volume de material da chapa a ser comprimido pelo punção, produzindo na chapa uma deformação de mesma geometria. Neste exemplo, se a face circular menor fosse selecionada como **Face a remover**, o resultado seria um furo passante com perfil da face lateral.

2. Clique em **OK** para aplicar a ferramenta.
3. Salve o modelo em < *diretório_instalação*>\ **ProgramData\ SolidWorks 2008\ design library\ forming tools**, dentro de uma pasta criada apropriadamente para esse fim e atribuindo-lhe o nome desejado. Depois de salvas, as faces do modelo assumem cores diferentes.

Figura 9.133 - PropertyManager Ferramenta de Conformação.

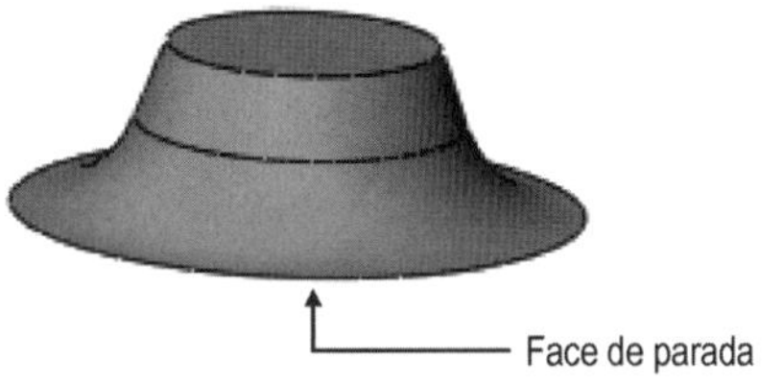

Figura 9.134 - Seleção das faces.

9.1.19.2. Aplicação de uma Ferramenta de Conformação

1. Depois de salvo o modelo, teste-o criando uma chapa base, como mostra a Figura 9.135.
2. Acesse a **Biblioteca de projetos**, selecione o modelo salvo e arraste-o sobre a chapa base, Figura 9.136. Uma caixa de mensagem é exibida, Figura 9.137. Confirme o comando clicando em **Concluir** para fechá-la. A forma puncionada é reproduzida na chapa base, Figura 9.138.

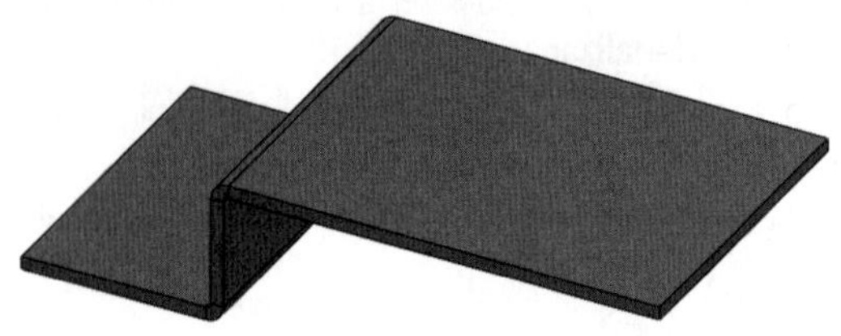

Figura 9.135 - Chapa base.

Figura 9.136 - Chapa base.

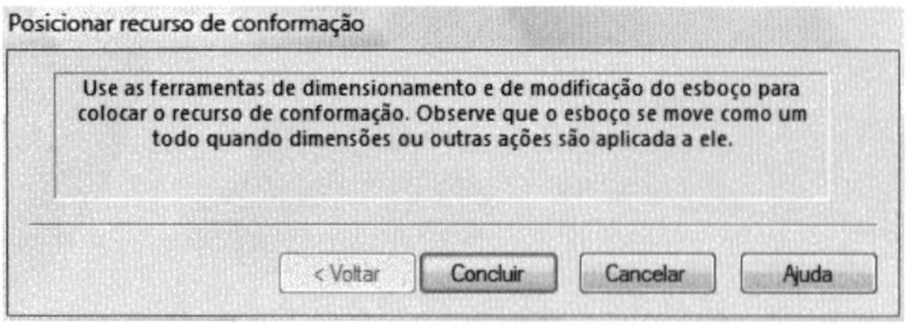

Figura 9.137 - Caixa de mensagem.

Figura 9.138 - Forma puncionada.

Exercícios Passo a Passo

Exercício 1

Neste exemplo, crie o modelo exibido e detalhado na Figura 9.139.

(Tempo estimado: 30 minutos)

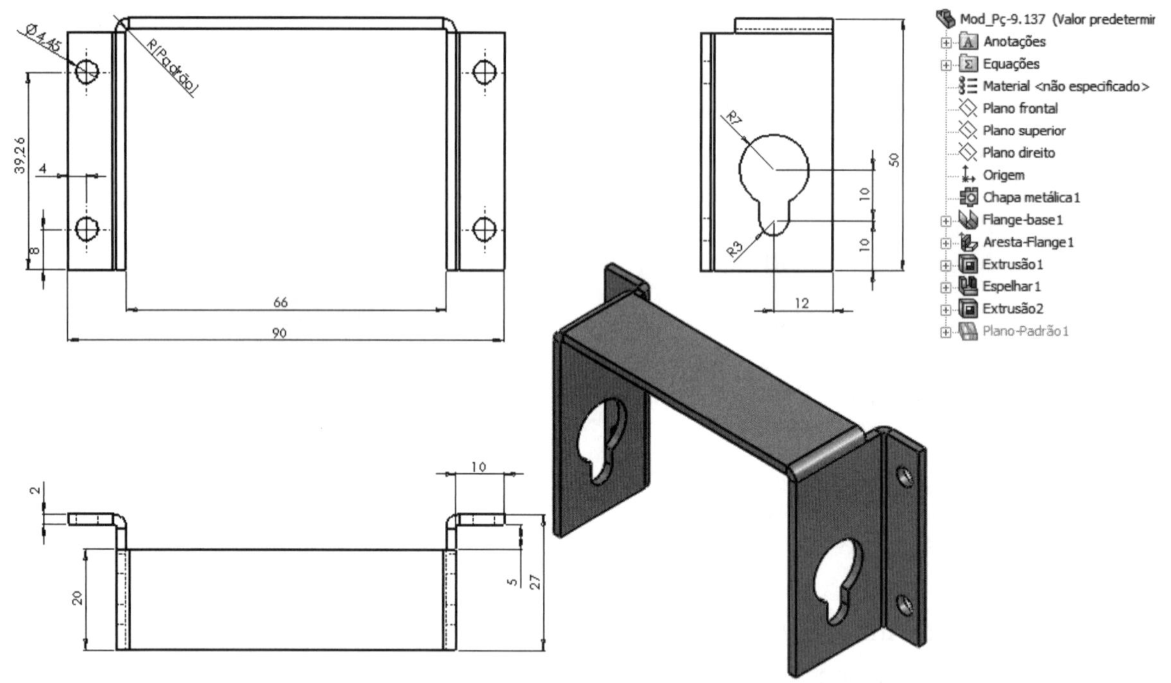

Figura 9.139 - Modelo e detalhes para o exercício passo a passo 1.

Os seguintes passos são necessários para completar este exercício:

1. Crie o recurso Flange-base a partir de um esboço, Figuras 9.140 e 9.141.
2. Crie um Flange de aresta e faça duas perfurações, Figuras 9.142 e 9.143.
3. Faça o espelhamento do flange para lateral oposta, Figuras 9.144 e 9.145.
4. Desenhe um esboço para furação lateral passante do Flange-base e gere seu Corte extrudado, Figuras 9.146 a 9.148.
5. Gere a planificação da peça, Figura 9.149.
6. Salve o modelo e feche o arquivo.

Iniciar o SolidWorks

Inicie o SolidWorks com um duplo-clique no ícone SolidWorks da tela do computador ou pelo menu Iniciar.

Fixar o Diretório de Trabalho

1. Crie no diretório **C** do computador, em **Meus documentos**, uma pasta que deve conter todas as subpastas referentes aos exercícios dos capítulos deste livro e nomeie-a como **EXERCLSW**.

   Seu diretório ficará assim: **C:\Meus documentos\EXERCLSW**.
2. Abra a pasta **EXCERCLSW** e crie a subpasta denominada **Exerc_Cap9**.
3. Todos os exercícios deste sexto capítulo devem ser salvos nessa pasta.

Iniciar um Novo Arquivo

1. Abra o SolidWorks e inicie um **Novo Arquivo**. Selecione o template **Peças**.
2. Clique no comando **Esboço**, na barra de ferramentas, e selecione o **Plano frontal**.

Desenho do Flange-Base

1. Selecione o **Plano frontal** como referência para o plano de esboço e dimensione o esboço conforme dados da Figura 9.140.
2. Aplique a ferramenta **Flange-base** (barra de ferramentas **Chapa metálica**) e configure a **Profundidade** na **Direção1** como **20mm** e a **Espessura** como **2mm**. Clique em **OK**, Figura 9.141.

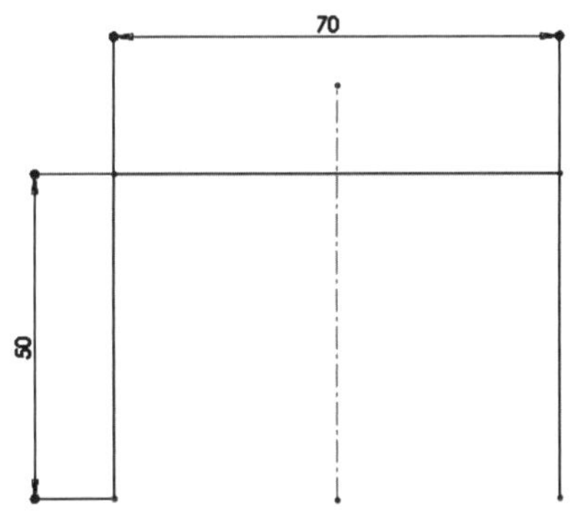

Figura 9.140 - Esboço do Flange-base.

Figura 9.141 - Extrusão do esboço.

Criação do Primeiro Flange Lateral

1. Clique na ferramenta **Flange de aresta** (barra de ferramentas **Chapa metálica**) e selecione a aresta direita da face direita do **Flange-base**. Configure o **Comprimento do flange** como **10mm** e a **Distância Offset do flange** como **5mm**, Figura 9.142.
2. Desenhe e localize na face extrema superior do flange um círculo de diâmetro de **4.45mm**. Em seguida, desenhe uma pequena linha de construção em posição ortogonal à aresta do flange, sobre sua metade (circulada na figura), e espelhe-a para baixo. Utilize o recurso **Corte extrudado** para gerar simultaneamente dois furos, Figura 9.143.

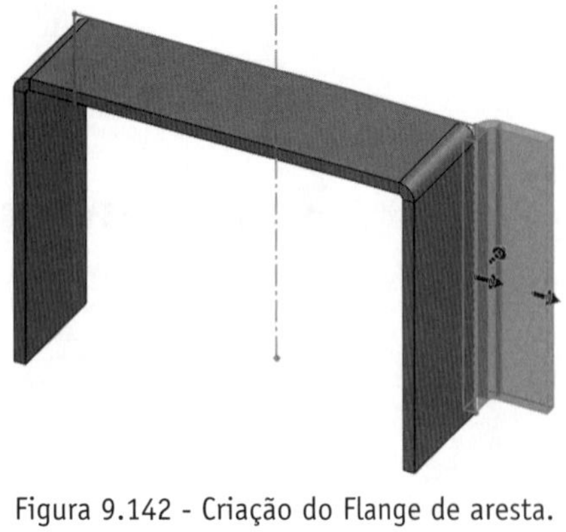

Figura 9.142 - Criação do Flange de aresta.

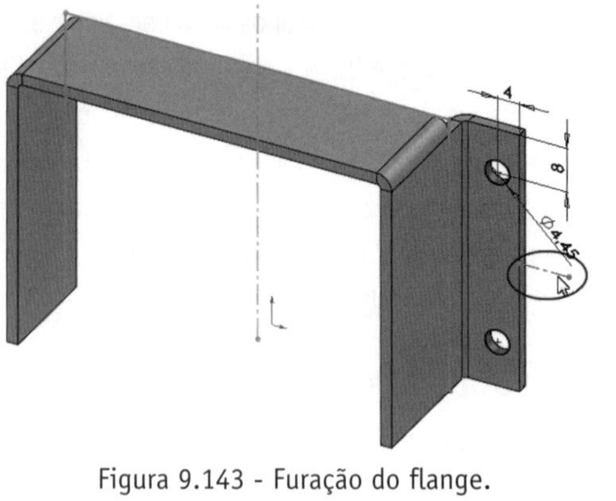

Figura 9.143 - Furação do flange.

Criação do Segundo Flange Lateral

O segundo flange lateral será obtido por espelhamento sobre o **Plano direito**, que passa ao centro do **Flange-base**.

1. No **CommandManager** da guia **Recursos**, selecione o comando **Espelhar**. É exibido o **PropertyManager** do comando.
2. Abra a **árvore do projeto Flyout** e selecione os recursos **Aresta-Flange1** e **Extrusão1**. Note que ambos aparecem dentro da caixa de diálogo **Recursos a espelhar**.
3. Para a janela da caixa de diálogo **Espelhar face/plano**, selecione na **árvore do projeto Flyout** o **Plano direito**, Figura 9.144.
4. Clique em **OK** para finalizar. A Figura 9.145 ilustra o espelhamento concluído.

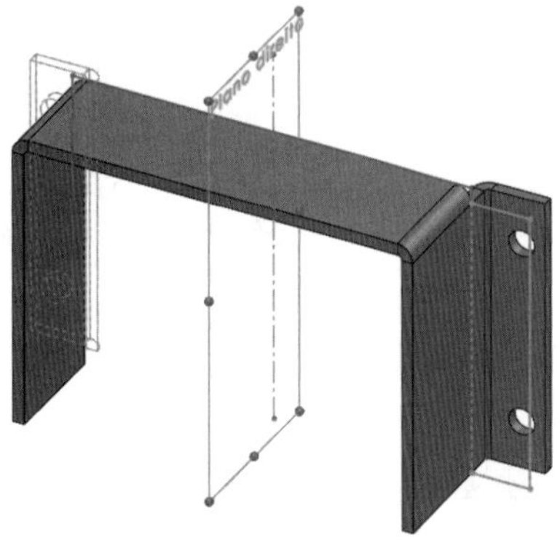

Figura 9.144 - Seleção para espelhamento do flange.

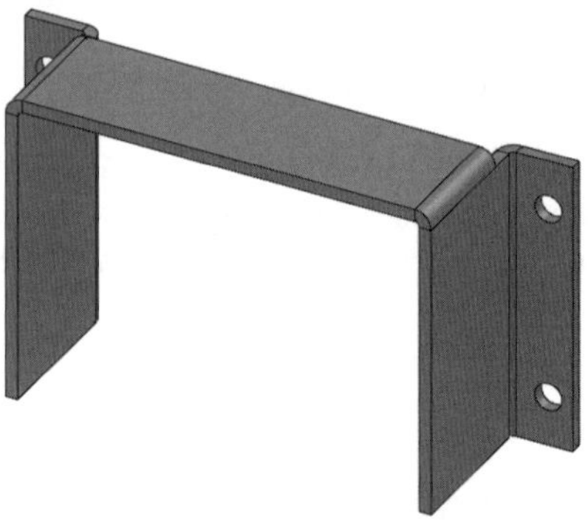

Figura 9.145 - Flange espelhado.

Esboço da Furação Lateral do Flange-Base

Os passos seguintes descrevem o procedimento para criação da furação de ambas as laterais.

1. Posicione a peça em sua vista lateral direita.
2. Inicie um novo esboço e selecione essa face como superfície de esboço.
3. Desenhe e dimensione o esboço, conforme os detalhes na Figura 9.146.

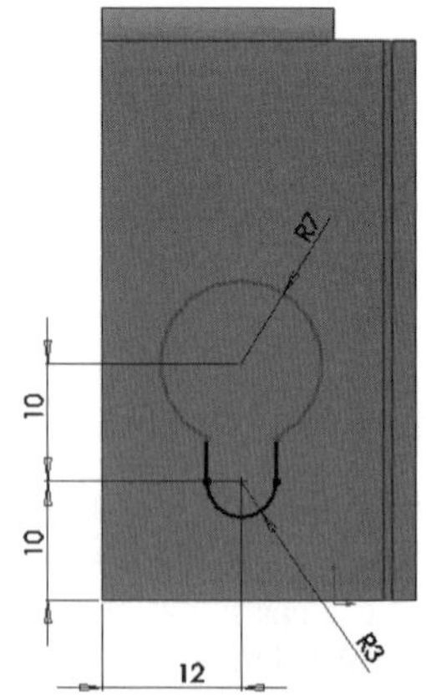

Figura 9.146 - Esboço dimensionado.

Furação Lateral Passante

1. Finalizado o esboço, aplique o recurso **Corte extrudado** para gerar simultaneamente dois furos.
2. Estique o vetor de extrusão até ultrapassar a face externa oposta da peça ou utilize a configuração **Até a superfície** da lista *drop-down* da caixa de diálogo **Direção1**, selecionando em seguida a face oposta externa, Figura 9.147.
3. Clique em **OK** para finalizar. A Figura 9.148 exibe o modelo finalizado.

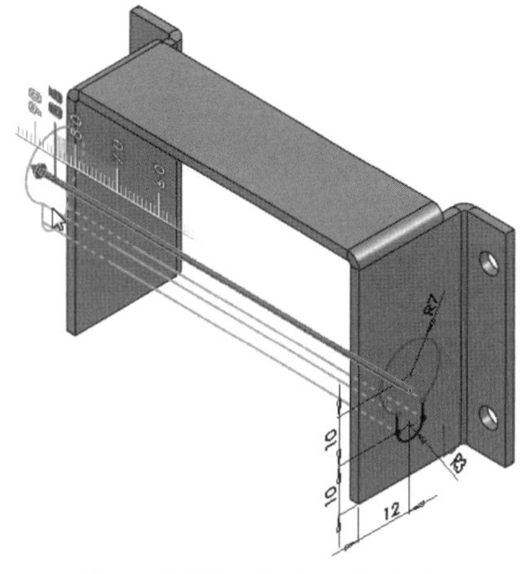

Figura 9.147 - Corte extrudado.

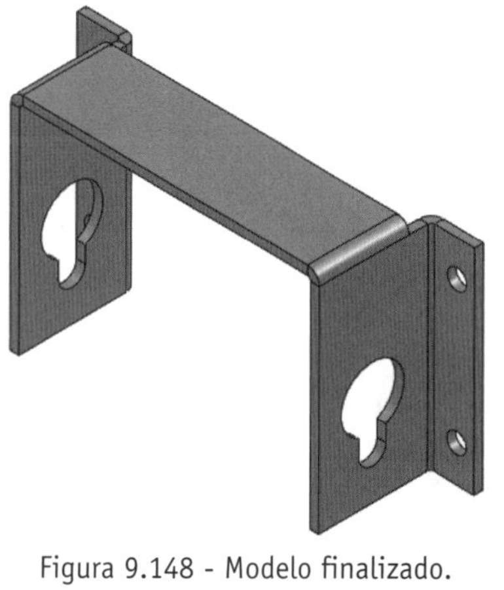

Figura 9.148 - Modelo finalizado.

Planificação do Modelo

Como já visto, a ferramenta **Planificação** permite ver rapidamente a chapa planificada e as respectivas linhas de dobra.

1. Selecione, na barra de ferramentas **Chapa metálica**, a ferramenta **Planificar**. A peça rapidamente assume a configuração exibida na Figura 9.149. Se desejar, use as ferramentas **Desdobrar** e **Dobrar**.

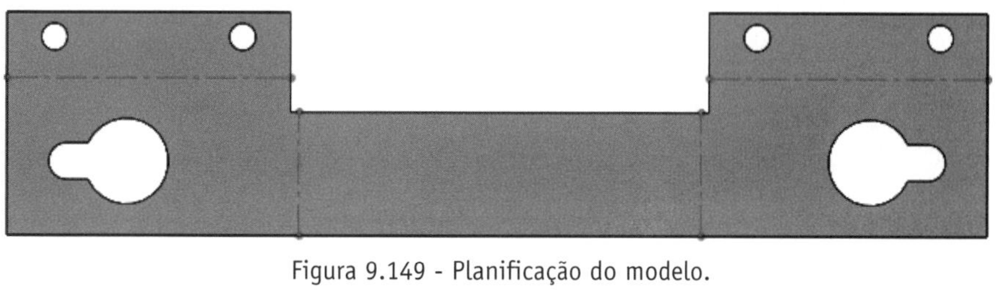

Figura 9.149 - Planificação do modelo.

Salvar e Fechar o Modelo

1. Salve o arquivo na pasta **Exerc_Cap9** com o nome de **Exerc_PP1**.

Exercício 2

Neste exemplo, crie o modelo exibido e detalhado na Figura 9.150.

(Tempo estimado: 30 minutos)

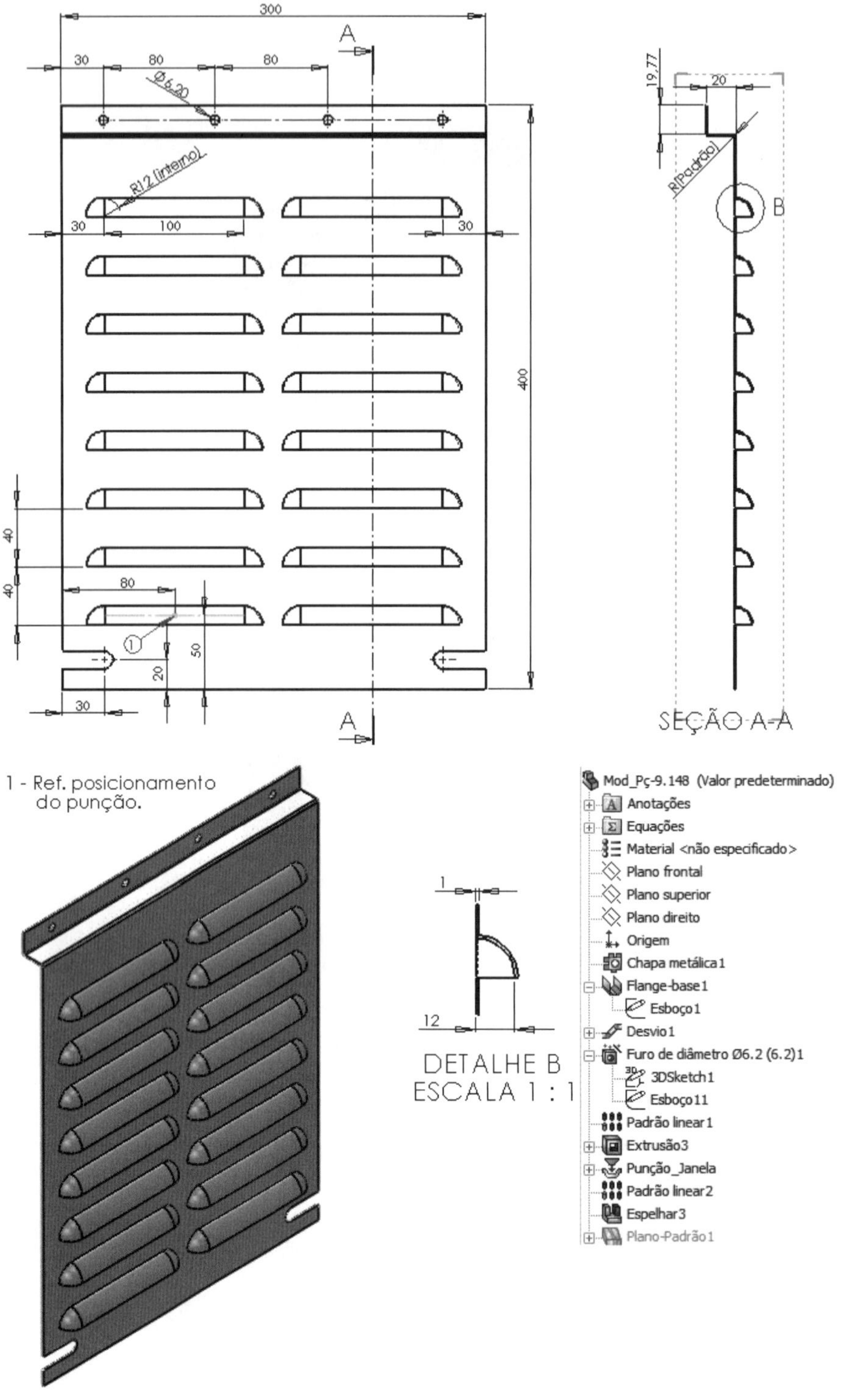

Figura 9.150 - Modelo e detalhes para o exercício passo a passo 2.

Os seguintes passos são necessários para completar este exercício:

1. Crie o recurso **Flange-base** a partir de um esboço de um retângulo e, em seguida, crie uma dobra por **Desvio**, Figuras 9.151 e 9.152.
2. Crie um furo na dobra e gere uma padronização linear dele, Figuras 9.153 e 9.154.
3. Gere um recorte a partir de um esboço produzido por **Offset de entidades**, Figuras 9.155 e 9.156.
4. Crie um punção para a janela de ventilação usando a **Ferramenta para conformação**, Figuras 9.157 e 9.158.
5. Aplique o punção na chapa e crie um padrão linear, Figuras 9.159 a 9.161.
6. Aplique espelhamento na padronização do punção (janela de ventilação) e recorte, Figura 9.162.
7. Salve o modelo e feche o arquivo.

Iniciar o SolidWorks

Inicie o SolidWorks com um duplo-clique no ícone SolidWorks da tela do computador ou pelo menu Iniciar.

Desenho do Flange-Base e Dobra Superior

1. Selecione o **Plano frontal** como referência para plano de esboço e desenhe um **Retângulo de ponto central**. Dimensione-o com largura de **300mm** e comprimento de **400mm**.
2. Clique em **Flange-base**, na barra de ferramentas **Chapa metálica**, e converta-o com espessura de **1mm**.
3. Selecione a face frontal como **Plano de esboço** e desenhe uma linha horizontal a **20mm** da aresta superior, Figura 9.151.
4. Clique em **Desvio**, na barra de ferramentas **Chapa metálica**, e crie o desvio, Figura 9.152.

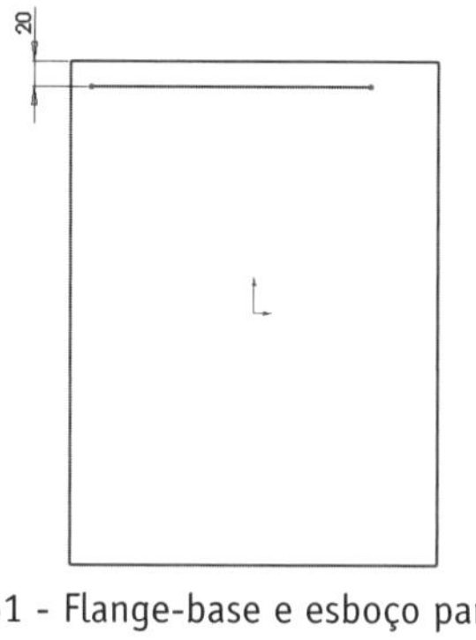

Figura 9.151 - Flange-base e esboço para Desvio.

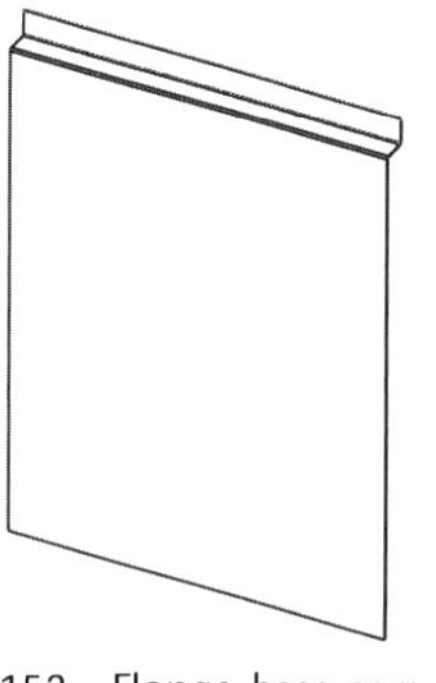

Figura 9.152 - Flange-base com Desvio.

Furação do Flange Superior

1. Selecione a ferramenta **Assistente de Perfuração** no CommandManager da guia Recursos e configure o **PropertyManager** para **Padrão:** *Metrico Ansi*, **Tipo:** *Tamanhos de broca*, **Tamanho:** *Diâm. 6,2mm.*
2. Localize o primeiro furo, como mostra a Figura 9.153.
3. Crie um **Padrão linear**, utilizando como referência de **Direção1** a aresta horizontal da chapa. Estabeleça como distância entre furos **80mm**.
4. Clique em **OK** para aplicar o comando. A Figura 9.154 exibe o padrão finalizado.

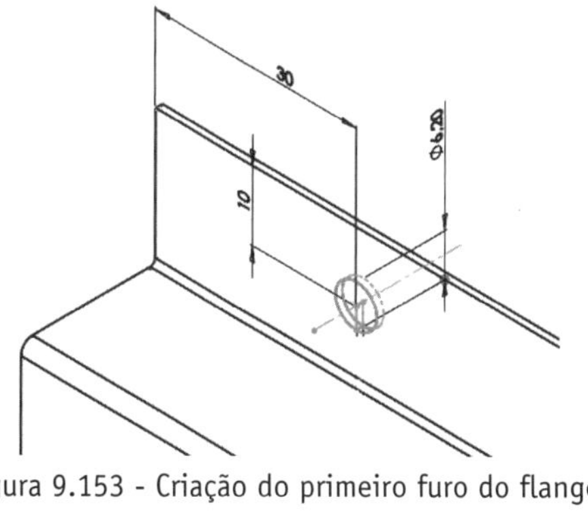

Figura 9.153 - Criação do primeiro furo do flange.

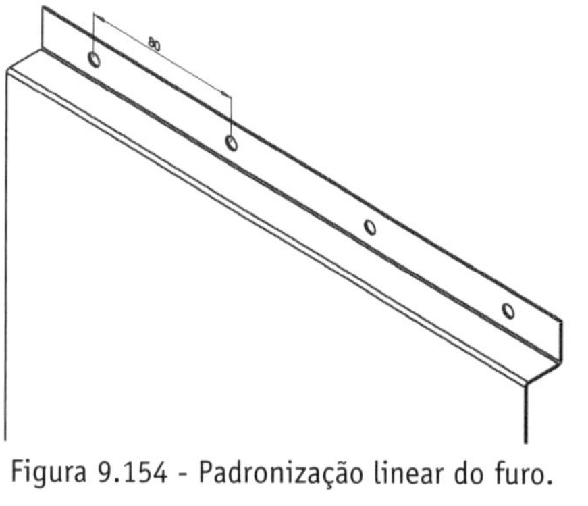

Figura 9.154 - Padronização linear do furo.

Recorte Oblongo Inferior

1. Selecione a face frontal como **Plano de esboço** e desenhe uma linha de centro ou construção na horizontal a **20mm** da aresta inferior, projetando-a um pouco além da aresta lateral esquerda.
2. Selecione o comando **Offset de entidades** no **CommandManager** da guia **Esboços** e configure o **PropertyManager** do comando como **Distância 6.2mm**. Ative as *checkboxes* **Bidirecional** e **Tampas nas extremidades**. Selecione a opção **Arco**.
3. Clique em **OK** para aceitar o comando e configure a distância de afastamento em relação à aresta lateral esquerda como **30mm**. A Figura 9.155 ilustra o resultado.
4. Selecione a ferramenta **Corte extrudado** no **CommandManager** da guia **Recursos** e execute o recorte esboçado, Figura 9.156.

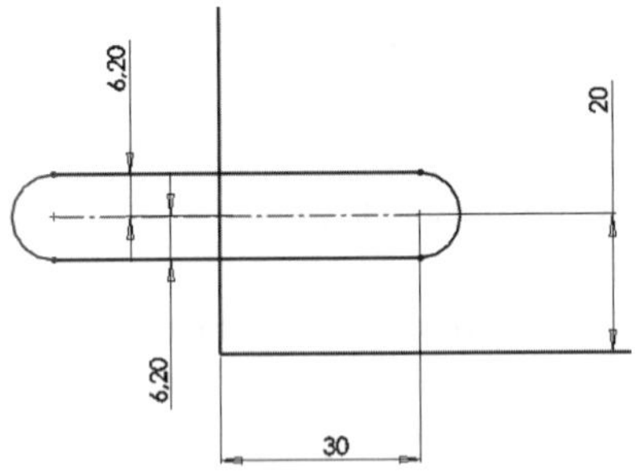

Figura 9.155 - Esboço para o recorte oblongo.

Figura 9.156 - Recorte oblongo.

Criação do Punção para Conformar Janelas de Ventilação

Para criar as janelas de ventilação precisamos, inicialmente, criar o modelo do punção que realizará a operação de conformação na chapa.

1. Mantenha seu arquivo aberto e inicie um novo arquivo de desenho. Selecione o **Plano frontal** como plano de esboço.
2. Desenhe e dimensione o esboço da forma como mostra a Figura 9.157.
3. Selecione o comando **Ressalto/base revolucionado**, no **CommandManager** da guia **Recursos**, e aplique ao esboço uma revolução de 90°. O modelo gerado fica como indica a Figura 9.158.

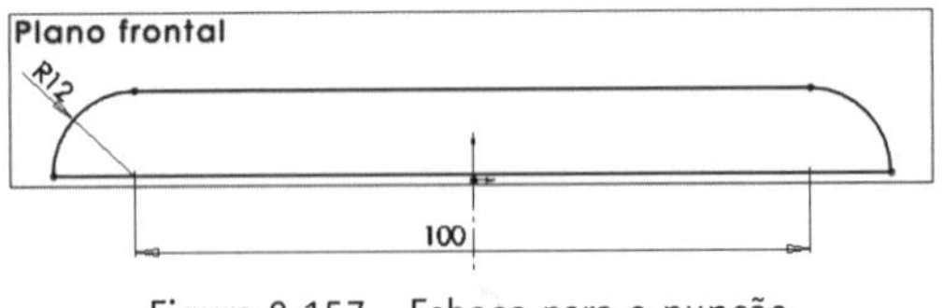

Figura 9.157 - Esboço para o punção.

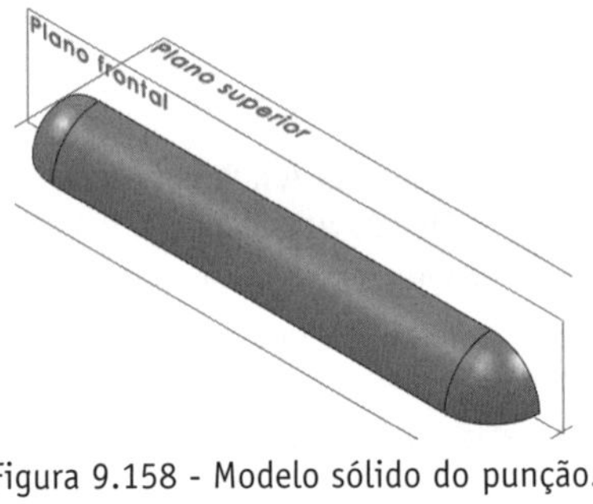

Figura 9.158 - Modelo sólido do punção.

4. Gire manualmente o modelo até ter acesso às duas faces planas e selecione a **Ferramenta de conformação** na barra de ferramentas **Chapa metálica**.
5. Selecione como **Face de parada** a face paralela ao **Plano frontal**, e como **Face a remover** a face paralela ao **Plano superior**, Figura 9.159.
6. Clique em **OK** para aceitar o comando e salve o arquivo, nomeando-o como **Punção_Janela** no endereço da **Design Library**, como referido anteriormente: < *diretório_instalação*>\ ***ProgramData\ SolidWorks 2008\design library\forming tools***.
7. Feche o arquivo.

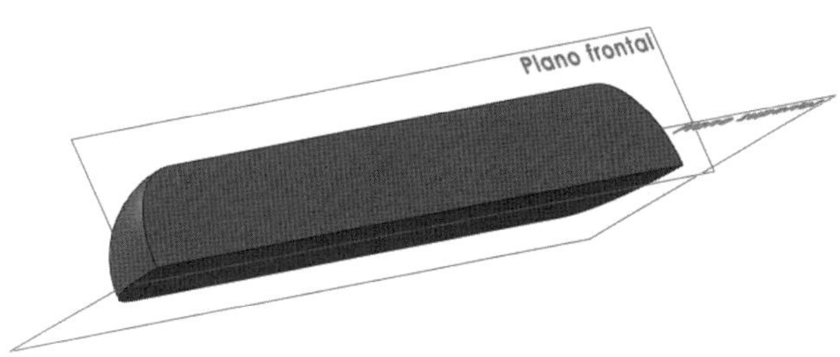

Figura 9.159 - Faces de parada e a remover selecionadas.

Obtenção das Janelas de Ventilação

1. Clique na guia da **Biblioteca de projetos**, no canto direito superior da área gráfica, e acesse a pasta **Forming tools** da pasta **Design Library**.
2. Selecione o arquivo do punção e arraste-o para a superfície frontal da chapa, posicionando-o como mostra a Figura 9.158. As demais janelas serão obtidas por um Padrão linear e depois por espelhamento de padrão com o recorte da extremidade inferior da chapa.
3. Clique no comando **Padrão linear**, no **CommandManager** da guia **Recursos**, e selecione na **árvore do projeto do FeatureManager** o recurso **Punção Janela**.
4. Defina como **Direção1** a aresta vertical esquerda da chapa e configure como **Distância** a dimensão de **40mm**. Inverta a direção, se for necessário.
5. Defina a quantidade de oito elementos para o padrão.
6. Clique em **OK** para aceitar o comando, Figura 9.161.

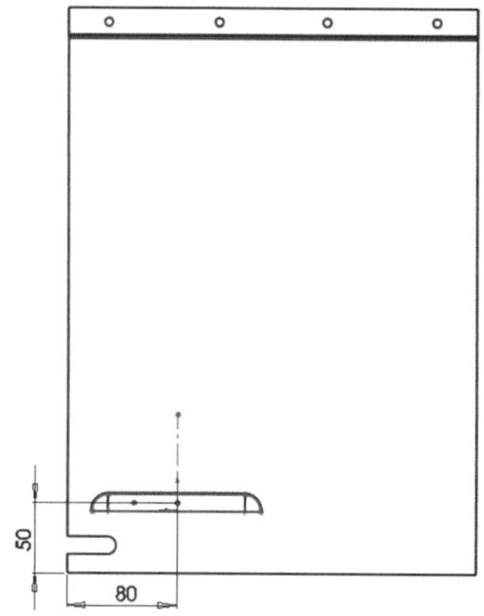

Figura 9.160 - Obtenção e posicionamento da primeira janela de ventilação.

7. Clique no comando Espelhar, no CommandManager da guia Recursos, e selecione na **árvore do projeto do FeatureManager** os recursos **Punção_Janela** e Extrusão1 (correspondente ao recorte). Defina como plano de referência para o espelhamento o Plano direito.
8. Clique em **OK** para confirmar o comando. A Figura 9.162 exibe o resultado final.

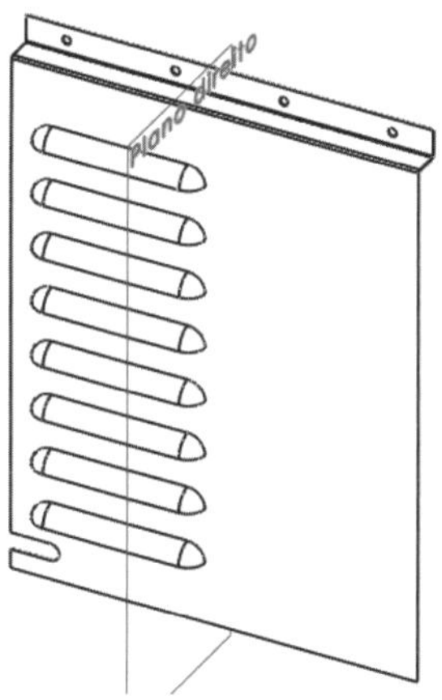

Figura 9.161 - Padrão linear da janela.

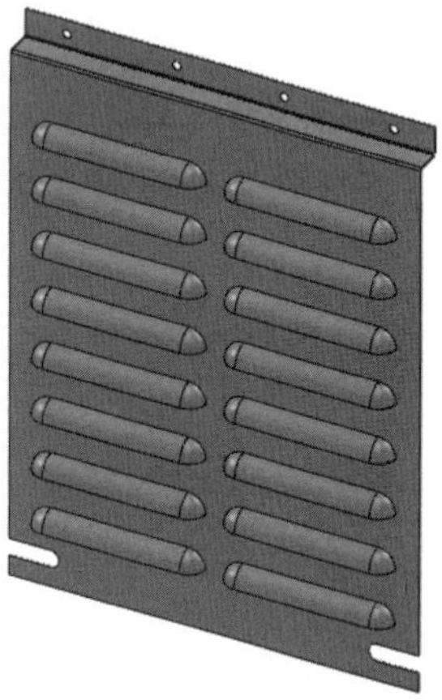

Figura 9.162 - Espelhamento do padrão e recorte.

Salvar e Fechar o Modelo

1. Salve o arquivo na pasta **Exerc_Cap9** com o nome de **Exerc_PP2**.

Questões de Revisão

1. Qual a função da ferramenta **Flange-base**?
2. É possível usar a ferramenta **Desvio** com mais de uma linha simultaneamente?
3. Qual a função da opção de comando **Aparar dobras laterais**?
4. Qual a aplicação da barra de rolagem da **Árvore do projeto**?
5. Em que situação não se exibem as linhas de dobras na **Planificação**?
6. Quais as principais observações com relação à criação dos esboços para uma **Dobra por loft**?
7. Qual a principal diferença entre **Dobra esboçada** e **Desvio**?
8. Para que serve a opção de comando **Iniciar/finalizar offset** na ferramenta **Flange contínuo**?
9. Descreva o procedimento para que, partindo de um sólido em formato Tronco de cone, chegue-se a uma chapa planificada que, quando dobrada, reproduz a geometria do Tronco de cone.
10. Que cuidados é preciso ter com relação ao uso de arcos para criação de **Flange contínuo**?

Exercícios Propostos

Exercício 1

Crie o modelo conforme as dimensões exibidas em suas vistas de detalhes, Figura 9.163.

(Tempo estimado: 45 minutos)

Para obter a geometria de conformação, é necessário criar um punção conforme dimensões no detalhe.

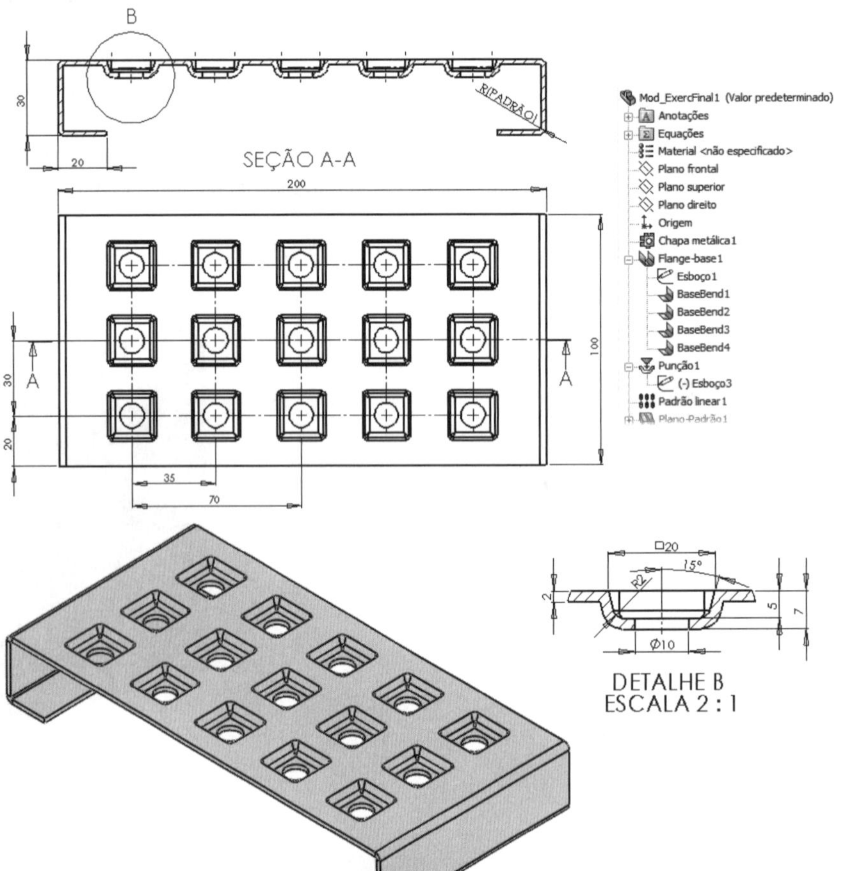

Figura 9.163 - Modelo para o exercício proposto 1.

Exercício 2

Crie o modelo conforme as dimensões exibidas em suas vistas de detalhes, Figura 9.164.

(Tempo estimado: 120 minutos)

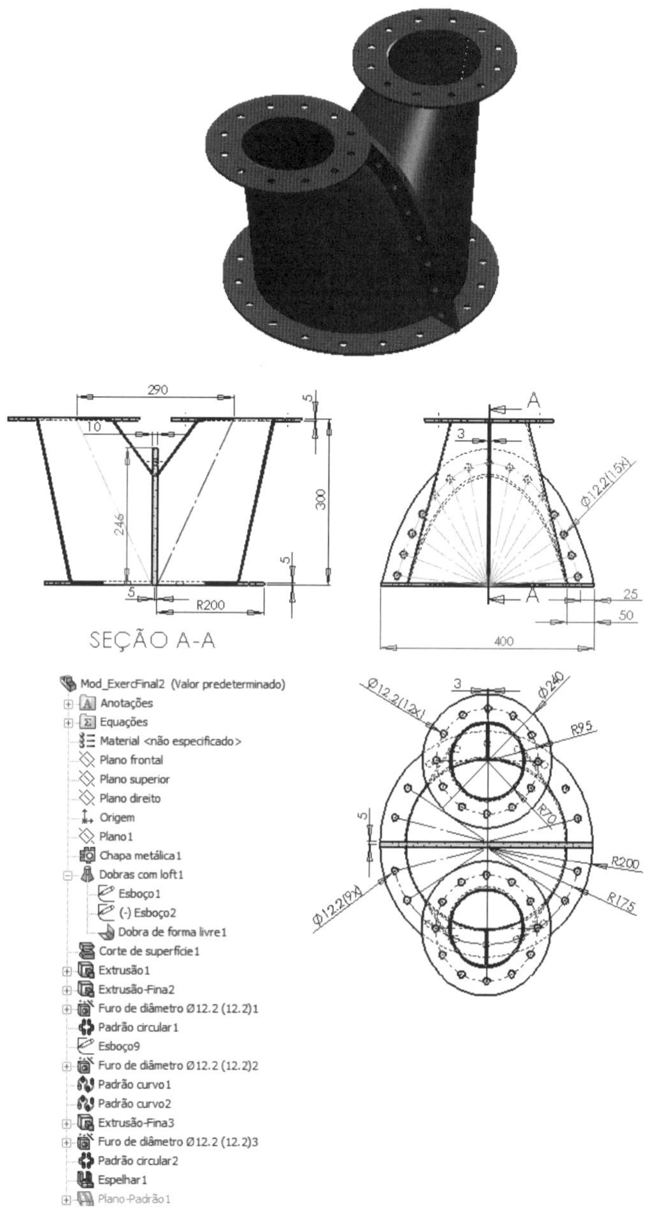

Figura 9.164 - Modelo para o exercício proposto 2.

10

Projeto em Perfis Soldados

O SolidWorks 2008 disponibiliza excelente ferramental para o desenvolvimento de projetos em estruturas de perfis soldados como paletas, marquises, tesouras bi e tridimensionais, pórticos etc. É possível, posteriormente, analisá-los com o ferramental do CosmosWorks Designer, aplicativo para análise por elementos finitos (FEA), que integra a licença do SolidWorks Office Premium.

O SolidWorks trabalha com perfis padronizados pelas normas internacionais **Iso (Métrico)**, **Ansi (Polegadas)**, **BSI**, **CISC**, **DIN**, **GB** e **Unistrut**. Entretanto, por padrão, somente alguns dos perfis **Iso (Métrico)** e **Ansi (Polegadas)** vêm instalados, podendo os demais ser obtidos por download pelo próprio SolidWorks. Além disso, o usuário pode criar perfis, salvá-los e utilizá-los em seus projetos. Ele deve verificar se as dimensões dos perfis padronizados pelas normas citadas correspondem exatamente àqueles produzidos pela indústria nacional. Caso contrário, é possível editar o perfil e adequá-lo ao padrão do fornecedor.

Após definida a composição estrutural desejada, é possível aplicar cordões de solda diretamente aos perfis ou com elementos estruturais como tampas e cantoneiras poligonais ou triangulares.

Outro ponto de grande valia no SolidWorks Office Premium 2008 e também existente em sua versão anterior é a possibilidade de análise de solda. Ou seja, em uma estrutura de perfis soldados, quando submetida a uma análise por elementos finitos (FEA) por meio do aplicativo CosmosWorks Designer, é possível, com grande precisão, obter os níveis de tensão no cordão de solda, bem como seu fator de segurança.

As ferramentas aplicáveis a projetos de perfis soldados estão disponibilizadas na barra de ferramentas **Soldagens**, como mostra a Figura 10.1, que pode ser ativada em **Ferramentas** → **Personalizar** → **Barra de ferramentas** → **Soldagens**.

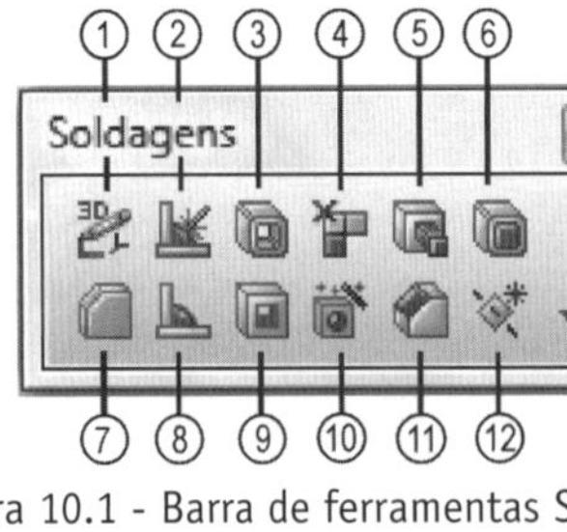

Figura 10.1 - Barra de ferramentas Soldagens.

1. Esboço 3D	7. Cantoneira
2. Soldagem	8. Cordão de filete
3. Componente estrutural	9. Corte extrudado
4. Aparar/estender	10. Assistente de perfuração
5. Ressalto/base extrudado	11. Chanfro
6. Tampa de extremidade	12. Geometria de referência

10.1. Perfis Normalizados

Os perfis normalizados utilizados pelo SolidWorks ficam armazenados na pasta **weldment profiles** em *<dir_instalação>***Arquivo de programas\SolidWorks\data\weldments profiles**, e são acessados rapidamente pelo **PropertyManager** do comando **Componente estrutural**.

Como citamos, é possível fazer o download dos demais perfis normalizados. Para isso, vá à guia de acesso da **Biblioteca de projetos** e expanda o item **Conteúdo do SolidWorks**. Note que três pastas são exibidas. Abra a pasta **Weldments** e observe que surgem oito ícones, cada um deles referente a uma norma específica. Para fazer o download, clique sobre o ícone, pressionando ao mesmo tempo as teclas **Ctrl** e **+**. O download solicita o destino e inicia baixando arquivos compactados. Descompacte-os e mova-os para a pasta **Weldments.** A Figura 10.2 ilustra o procedimento.

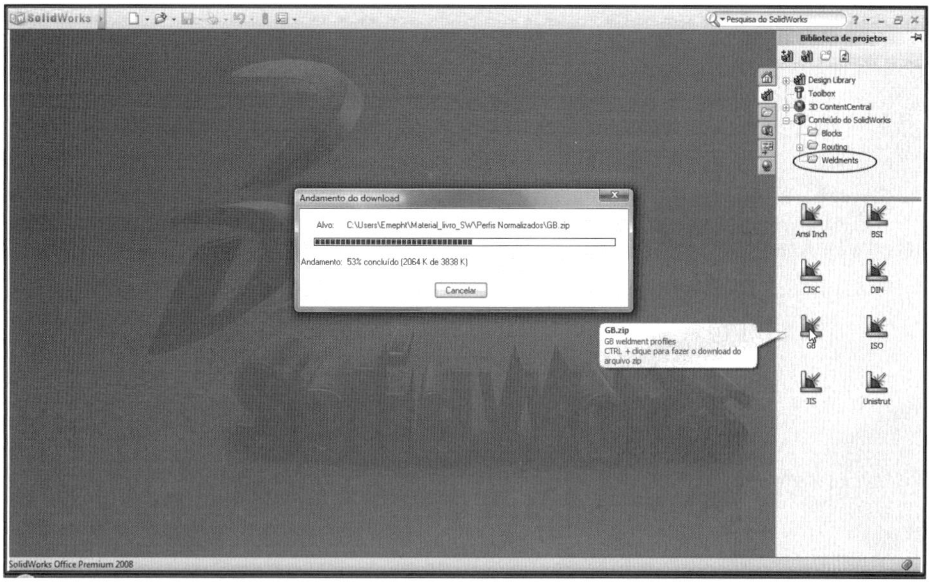

Figura 10.2 - Acesso ao download de perfis normalizados.

Para melhor visualizar o caminho onde estão armazenados os arquivos de perfis de soldagem, siga o procedimento:

Clique em **Ferramentas** → **Opções** → **Opções de sistema** → **Locais de arquivos**. Observe que a caixa de diálogo **Opções de sistema** exibe o controle de lista do tipo *drop-down* **Exibir pastas para:**. Clique nele para expandi-lo e selecione a opção Perfis de soldagem. Na janela abaixo é exibido o endereço de localização da pasta de perfis em seu computador. A Figura 10.3 ilustra essa visualização.

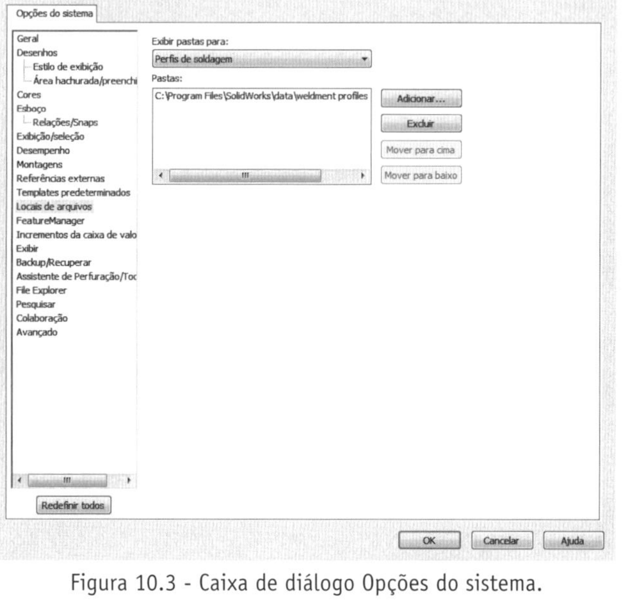

Figura 10.3 - Caixa de diálogo Opções do sistema.

10.1.1. Perfis Iso

Como já mencionado, os perfis **Iso** são originalmente criados em milímetros e suas dimensões podem ser editadas, se for necessário. As Figuras 10.4 a 10.12 mostram um exemplar de cada um dos perfis disponíveis nessa norma.

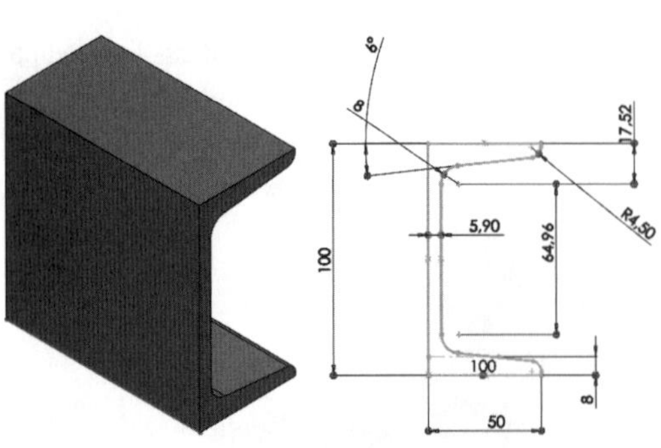

Figura 10.4 - Perfil Canal C (CH100x10).

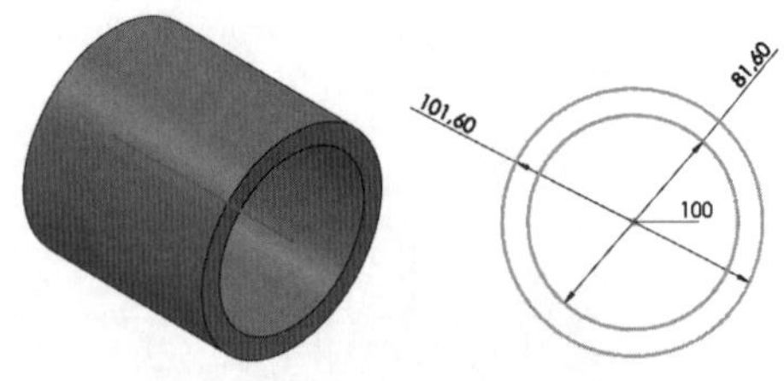

Figura 10.5 - Perfil Tubo Circular (101.6x81.60).

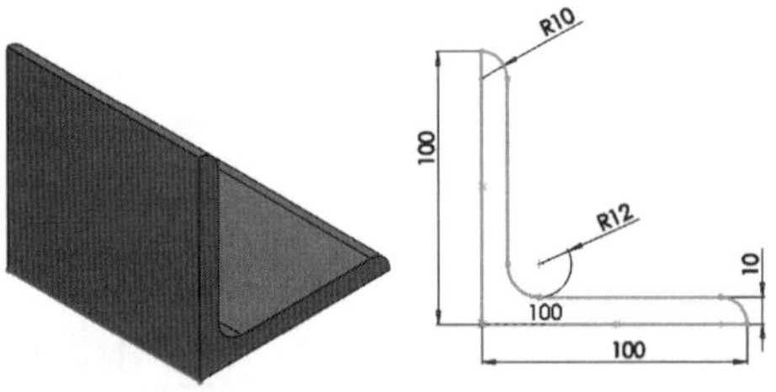

Figura 10.6 - Perfil L Abas Iguais (100x100x10).

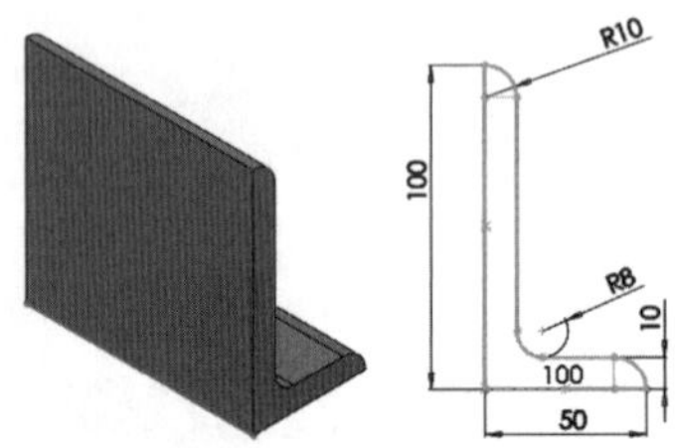

Figura 10.7 - Perfil L Abas Desiguais (100x50x10).

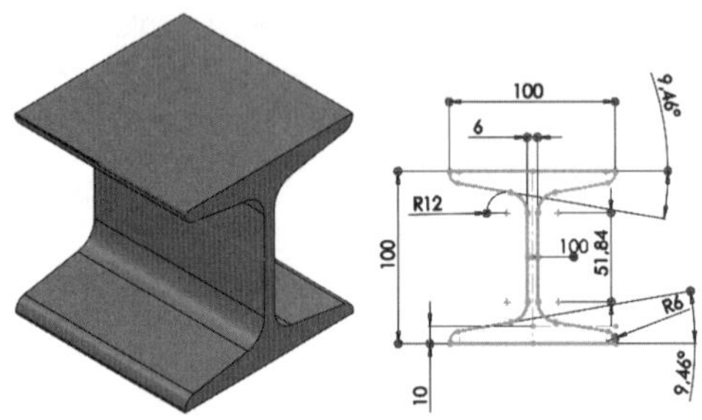

Figura 10.8 - Perfil Viga SC (SC100).

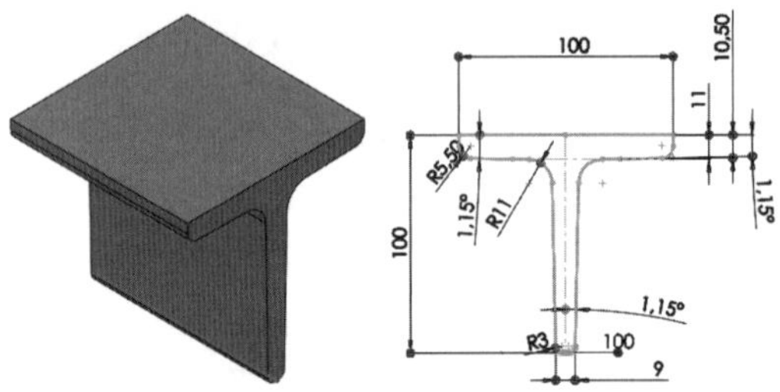

Figura 10.9 - Perfil Seção T (T100x100).

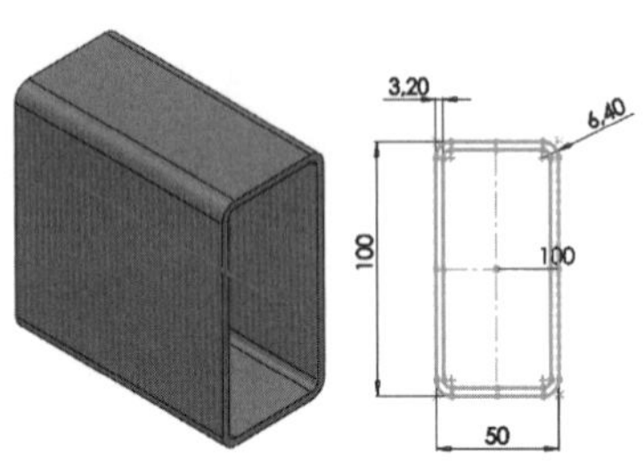

Figura 10.10 - Perfil Tubo Seção Retangular (100x50x3.20).

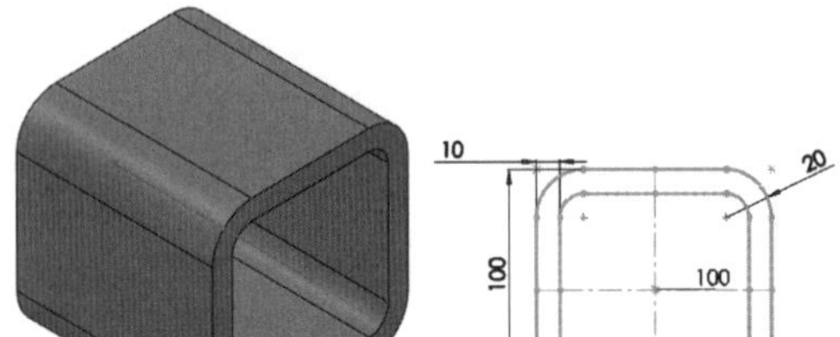

Figura 10.11 - Perfil Tubo Seção Quadrada (100x100x10).

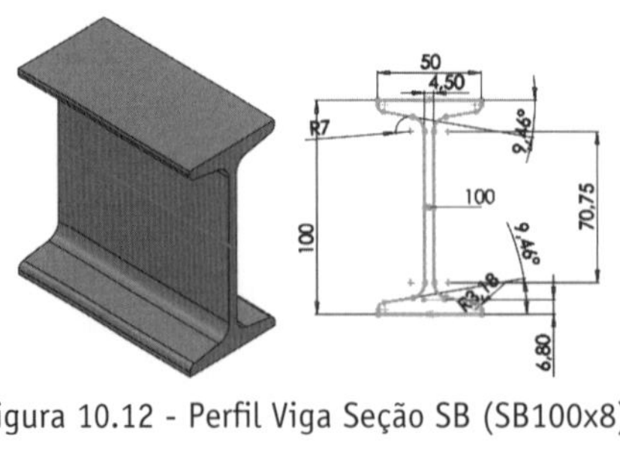

Figura 10.12 - Perfil Viga Seção SB (SB100x8).

10.2. Aplicação de Perfis

A aplicação de perfis a um projeto estrutural processa-se nas seguintes condições:

- Os perfis são aplicados a esboços 2D ou 3D abertos ou fechados.
- Os esboços definem o caminho do perfil.

Após sua aplicação, ajustes são necessários, tais como:

- Tratamento de canto
- Localização do perfil
- Aparagem
- Adição de peças
- Cordões de solda
- Inserção de tampas e cantoneira

10.2.1. Aplicação a Esboço 2D

A Figura 10.13 exemplifica um esboço 2D para criação de uma *mão francesa*, cujo propósito é sustentar uma prateleira.

Depois de criar o esboço e definir suas dimensões, feche-o.

1. Clique no comando **Componente estrutural** na barra de ferramentas **Soldagens** ou no **CommandManager** da guia **Soldagens**. O **PropertyManager** do comando é exibido, Figura 10.14.

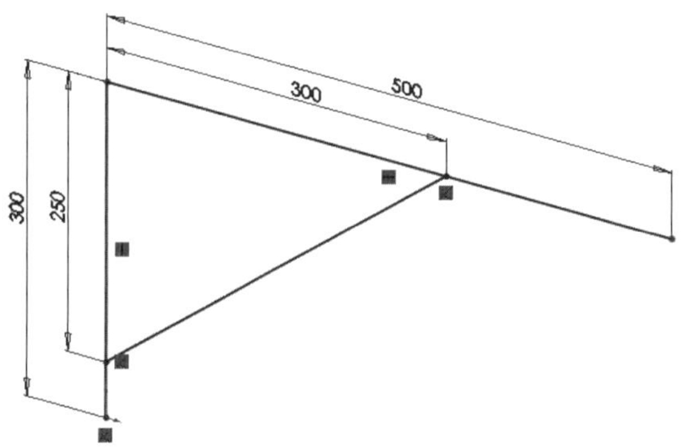

Figura 10.13 - Esboço 2D para aplicação de perfis.

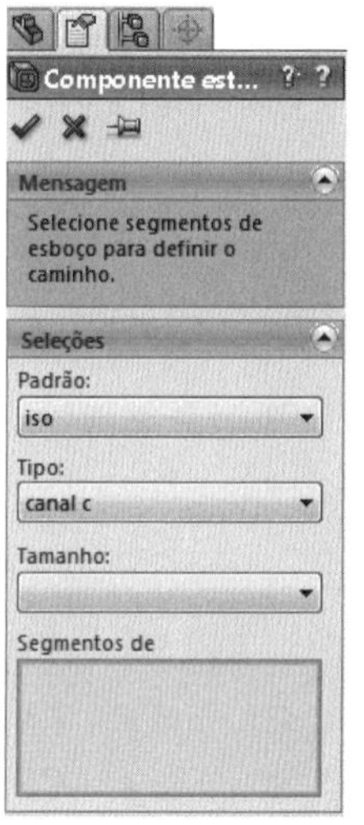

Figura 10.14 - PropertyManager Componente estrutural.

2. Clique na lista *drop-down* **Padrão** para selecionar a **Norma** com a qual deseja trabalhar.
3. Na lista *drop-down* **Tipo**, defina o tipo de perfil desejado. Se a norma escolhida na lista anterior for **Iso**, os tipos possíveis serão os de geometria exibidos nas Figuras 10.4 a 10.12.
4. Defina na lista *drop-down* **Tamanho** as dimensões da geometria escolhida. A janela **Segmentos de** exibirá os segmentos selecionados do esboço.

   A título de exemplo, vamos aplicar às linhas horizontal e vertical o perfil **Padrão**: *Iso*, **Tipo:** *Tube (rectangular),* **Tamanho:** *100x50x3.2.*

   Observando que o esboço foi gerado no **Plano frontal**, note a posição dos perfis em relação ao plano escolhido, Figura 10.15.
5. A maior dimensão do perfil ficou em posição perpendicular ao **Plano frontal**. Sabemos da mecânica que a maior resistência à deformação por uma força aplicada paralela ao plano, para essa geometria, será obtida com sua face maior posicionada paralela ao **Plano frontal**. Para fazermos essa rotação, edite o recurso na **árvore do modelo do FeatureManager** e observe que mais abaixo, no **PropertyManager**, aparece a caixa de diálogo **Configurações**.
6. Observe a janela **Ângulo de rotação**. Mude o valor do ângulo para **90°**. Ao clicar em **OK**, o perfil rotaciona para a nova posição, Figura 10.16.

7. Ative novamente o comando, e para a linha diagonal vamos aplicar um perfil quadrado de 50x50x3.2. Selecione **Tipo:** *Tubo (Quadrado)*, **Tamanho:** *50x50x3.2* e clique em **OK**. As extremidades do tubo quadrado penetram os tubos retangulares, Figura 10.17.
8. Para solucionar este caso, é necessário aparar as extremidades do tubo quadrado.

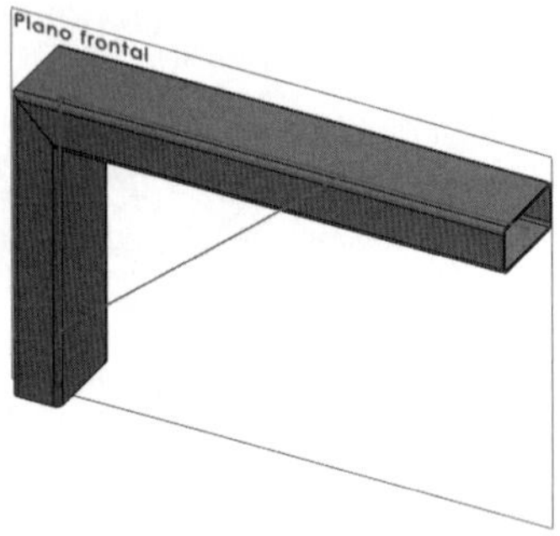

Figura 10.15 - Perfil aplicado às linhas horizontal e vertical.

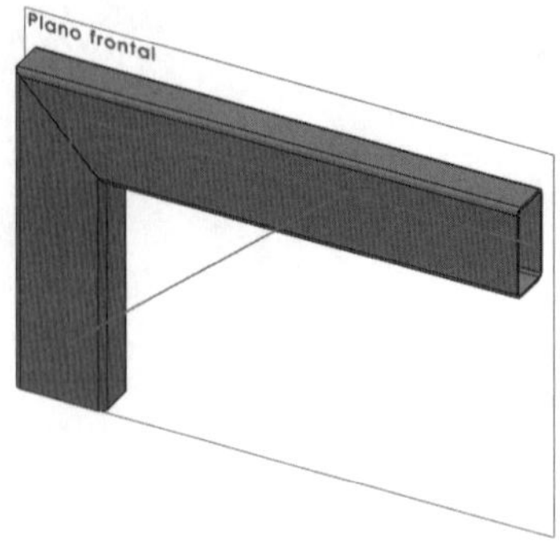

Figura 10.16 - Rotação do perfil sobre o eixo.

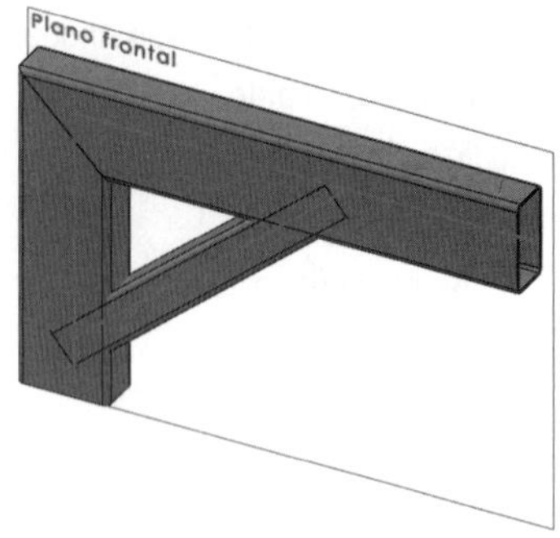

Figura 10.17 - Inserção do tubo quadrado.

10.2.1.1. Aparagem de Perfis em Criação de Estruturas

Para fazer a aparagem do perfil quadrado, utilizamos a ferramenta **Aparar/Estender** da barra de ferramentas **Soldagem**.

1. Selecione a ferramenta **Aparar/Estender** na barra de ferramentas **Soldagem** ou no **CommandManager** da guia **Soldagens**, ou ainda, no menu *drop-down* **Inserir → Soldagens → Aparar/Estender**. É exibido o **PropertyManager** da ferramenta, Figura 10.18.

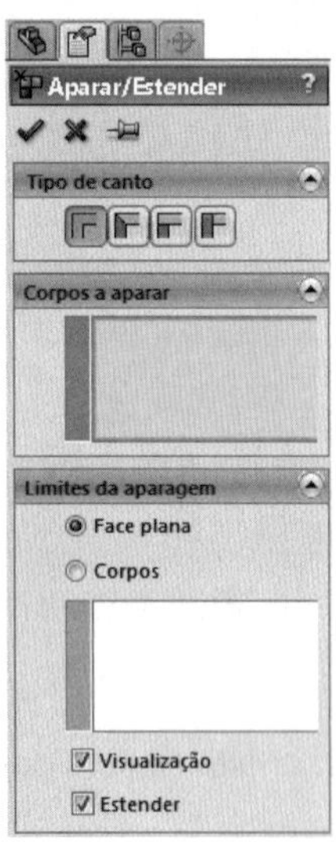

Figura 10.18 - PropertyManager Aparar/Estender.

- Caixa de diálogo **Tipo de canto** - permite definir entre quatro opções o tipo de aparagem desejado para finalização do perfil.

   Finalizar aparagem

   Finalizar meia-esquadria

   Finalizar butt1

   Finalizar butt2

- Caixa de diálogo **Corpos a aparar** - exibe os perfis a serem aparados.
- Caixa de diálogo **Limites de aparagem** - define os limites de aparagem em uma de duas opções possíveis:
  - **Face plana** - usa uma face plana como limite de aparagem.
  - **Corpos** - usa um corpo como limite de aparagem.
- *Checkbox* **Visualização** - quando selecionada, permite visualizar a aparagem na área gráfica.
- *Checkbox* **Estender** - quando selecionada, permite que componentes estruturais sejam estendidos ou aparados. Desmarque para permitir apenas a aparagem.

Nota

Selecionar **Face plana** como o **Limite de aparagem** é normalmente mais eficiente e oferece melhor desempenho. Selecione **Corpos** apenas ao aparar uma entidade não-plana, como uma tubulação arredondada ou uma superfície graduada.

Para os tipos de canto **Finalizar meia-esquadria**, **Finalizar butt1** e **Finalizar butt2**, selecione um componente estrutural adjacente a ser aparado.

Para o tipo de canto **Finalizar aparagem**, selecione uma ou mais faces ou corpos adjacentes a serem aparados. Se você selecionar **Face plana** para **Limites da aparagem**, clique na alça na área de gráficos para escolher qual lado manter.

2. Selecione, para o caso, a opção **Finalizar aparagem**.
3. Para a caixa **Corpos a aparar**, selecione o perfil quadrado. Observe que sua referência é exibida dentro da janela da caixa.
4. Em **Limites de aparagem**, selecione a opção **Face plana** e clique com o cursor do mouse sobre a face dos dois perfis retangulares ortogonais. Observe que ao clicar sobre cada face, um vetor de direção é exibido, Figura 10.19.
5. Clique em **OK** para finalizar o comando. O perfil quadrado é aparado nas faces de contato com os perfis retangulares, Figura 10.20.

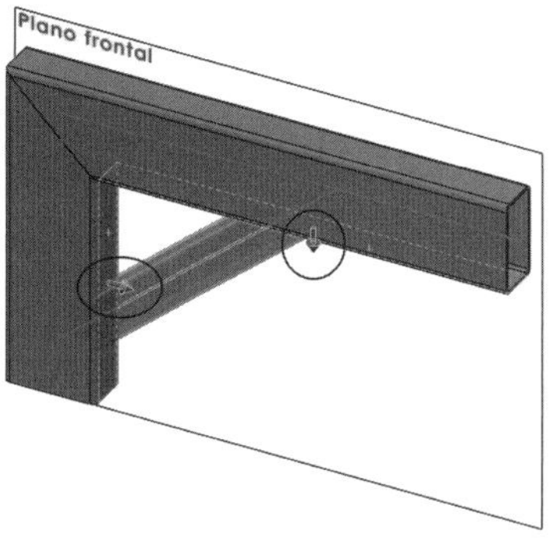

Figura 10.19 - Seleção das faces planas.

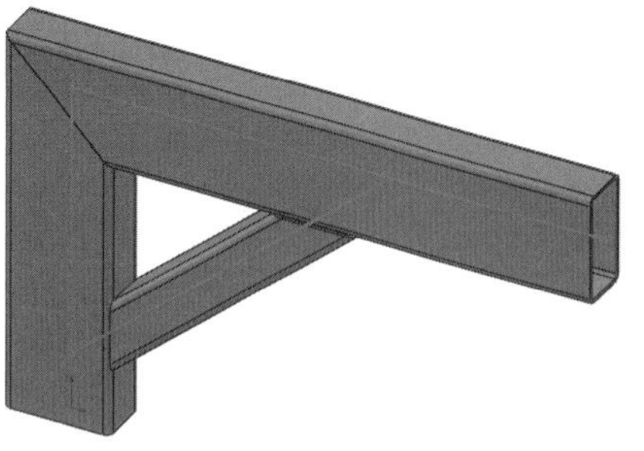

Figura 10.20 - Perfil aparado.

10.2.1.2. Adição de Peças à Estrutura

Para fixação dessa mão francesa a paredes, a face externa do perfil retangular vertical, uma placa com seis furos, será soldada ao perfil.

1. Inicie um novo esboço e selecione a face referida como **Plano de esboço**. Posicione a vista em **Normal a**.
2. Esboce um retângulo e dimensione-o, como mostra a Figura 10.21. Faça sua extrusão com profundidade de 6.35mm.
3. Com a ferramenta **Assistente de furação**, insira um furo **Métrico Ansi**, **Tipo:** *Tamanho de broca*, com **Tamanho:** *8.2*. Dimensione seu afastamento, como mostra a Figura 10.22.
4. Crie um padrão linear para **6 instâncias** na vertical (**Direção1**) a **50mm** de espaçamento, e 2 na horizontal (**Direção2**) a **80mm** de espaçamento, Figura 10.23.

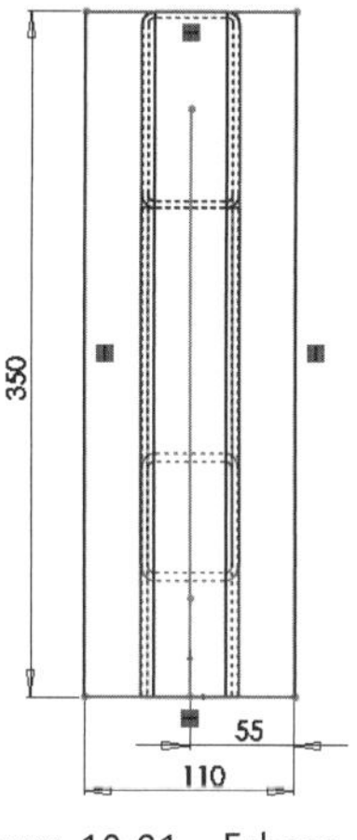

Figura 10.21 - Esboço da chapa de fixação.

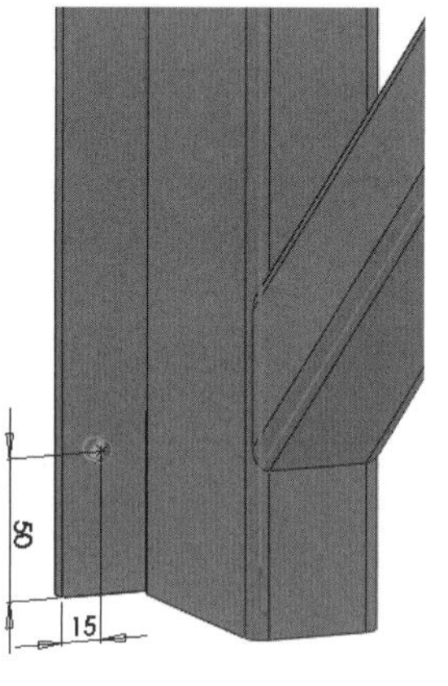

Figura 10.22 - Criação de furo de fixação.

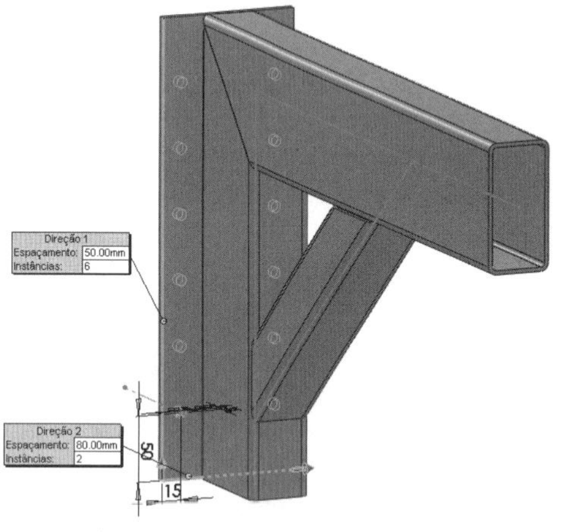

Figura 10.23 - Padronização linear do furo na Direção1 e Direção2.

10.2.1.3. Inserção de Tampas nas Extremidades dos Perfis

Tampas de extremidades são placas de metal soldadas nas aberturas de tubos quadrados ou retangulares. São usadas para fechar as aberturas dos tubos, protegendo contra pó, detritos ou outras substâncias contaminadoras.

Para adicionar uma tampa de extremidade, siga os passos:

1. Clique em **Tampa de extremidade** (barra de ferramentas **Soldagens**) ou no menu *drop-down* **Inserir → Soldagens → Tampa de extremidade**. É exibido o **PropertyManager**, Figura 10.24.
2. No **PropertyManager**, defina as seguintes opções e clique em **OK**.

- **Caixa de diálogo Parâmetros** - permite a seleção da face a qual será aplicada a tampa e sua espessura. Clique na face transversal do perfil retangular, Figura 10.25. A espessura padrão do sistema é 5mm, mas você pode redefini-la como quiser.

Figura 10.24 - PropertyManager Tampa de extremidade.

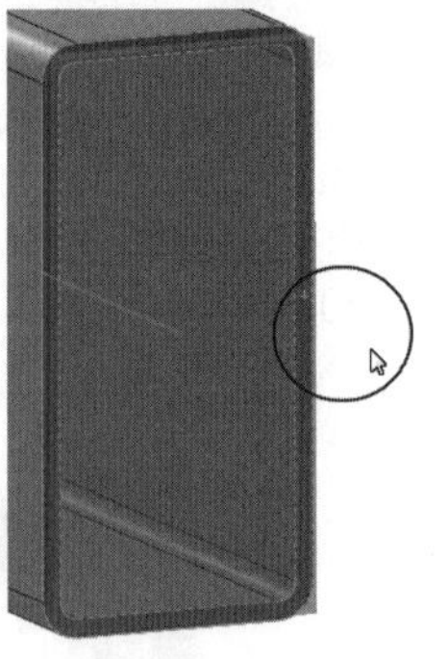

Figura 10.25 - Seleção da face do perfil.

- **Caixa de diálogo Offset** - configura a relação Offset de distância entre a aresta externa da tampa e a aresta externa do perfil. Por padrão, essa relação é 0.5 (*checkbox* **Usar razão de espessura** ativada), ou seja, a aresta da tampa se estende até metade da espessura da parede do perfil. Desativando a *checkbox*, é possível configurar a distância Offset em milímetros, Figura 10.26.
  - **Chanfrar cantos** - ativando essa *checkbox*, é possível chanfrar os cantos da tampa, entrando com os valores desejados, Figura 10.27.

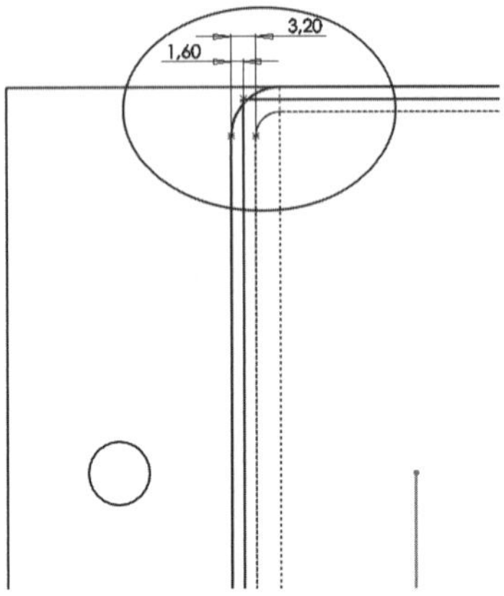

Figura 10.26 - Razão de espessura Offset.

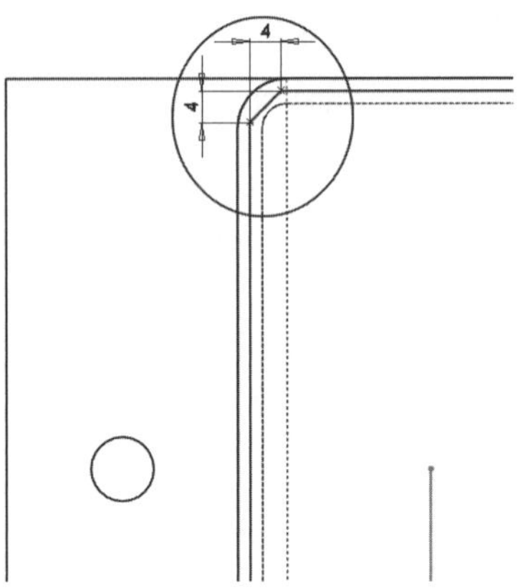

Figura 10.27 - Dimensões de canto chanfrado.

3. Vamos inserir duas tampas, uma em cada extremidade dos perfis retangulares, com cantos quebrados de 4mm, como mostra a Figura 10.27. As Figuras 10.28 e 10.29 mostram a aplicação das tampas com espessura de 6.35mm.

Figura 10.28 - Tampa na extremidade do perfil horizontal.

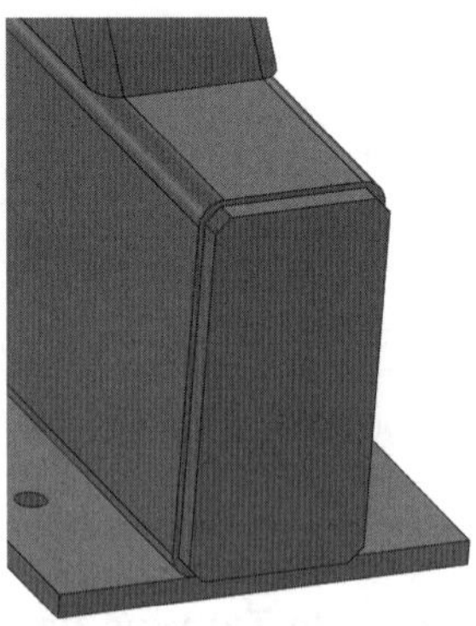

Figura 10.29 - Tampa na extremidade do perfil vertical.

10.2.1.4. Cordões de Solda em Elementos em Contato

O SolidWorks 2008 permite adicionar às estruturas de perfis, ou quaisquer outras entidades que se cortem, três tipos de cordões de solda:

- Cordão de solda de comprimento total
- Cordão de solda intermitente
- Cordão de solda em ziguezague.

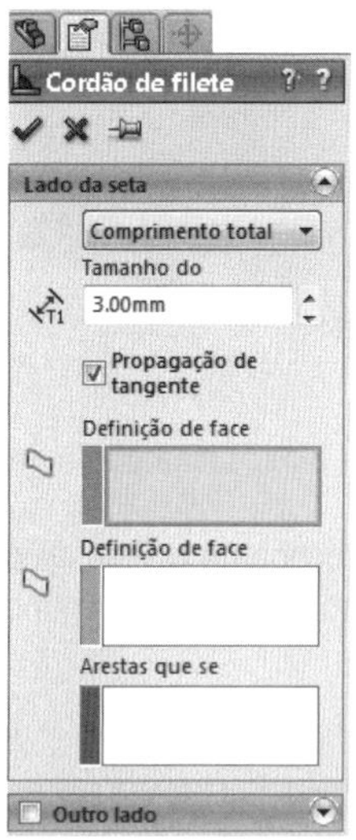

Figura 10.30 - PropertyManager Cordão de filete.

Com o cordão de solta é exibido o símbolo de soldagem que pode ser editado e complementado com informações adicionais.

A inserção de cordões de solda nos projetos estruturais é feita pela ferramenta **Cordão de filete**, acessada na barra de ferramentas **Soldagem** ou pelo **CommandManager** da guia **Soldagens**, ou ainda pelo menu *drop-down* **Inserir → Soldagens → Cordão de solda**.

Quando a ferramenta é selecionada, o **PropertyManager** é exibido, Figura 10.30, o qual é composto por duas caixas de diálogo (Lado da seta e Outro lado) que permitem configurar o cordão para dois lados.

- Caixa de diálogo **Lado da seta** - clique na lista *drop-down* para selecionar o tipo de cordão, Figura 10.31.

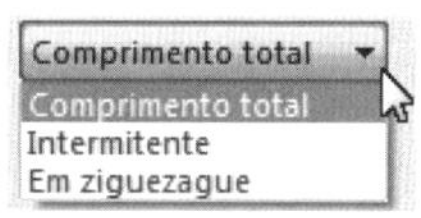

Figura 10.31 - Lista *drop-down* para seleção do tipo de cordão de filete.

- **Tamanho do (T1)** - janela para configuração do tamanho da perna do cordão de filete (T1). Lembramos que esse tamanho a ser definido é uma função da resistência admissível do cordão do filete (Rfil), da resistência mínima à tração do metal de solda (Fw) e do comprimento do cordão (L), como mostra a Tabela 10.1.

Tabela 10.1 - Relação de resistência à tração e tamanho de perna do cordão.

Metal da solda	Resistência à tração Fw (tf/cm^2)	Resistência à tração Fw (Ksi/cm^2)
E60XX; F6X EXXX; E6XT-X	4.22	60
E70XX; F7X-EXXX; E7X-X; ER7OS-X	4.92	70
E80XX; F8X-EXXX	5.62	80

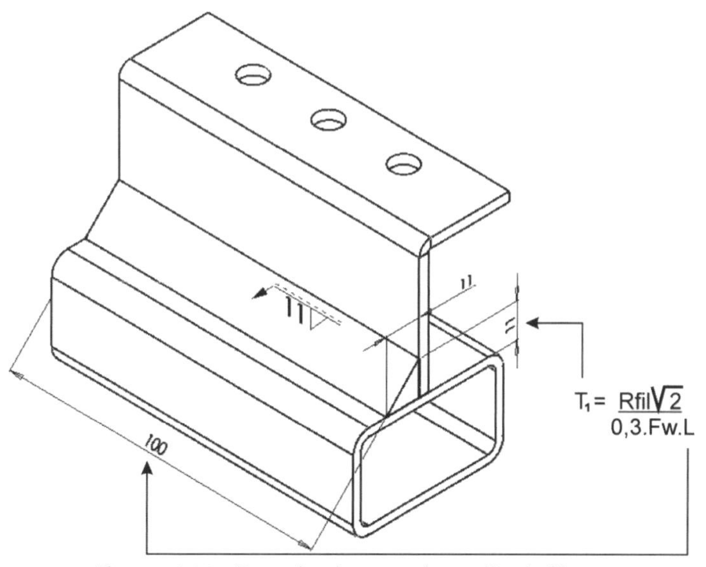

Figura 10.32 - Tamanho de perna do cordão de filete.

- **Propagação da tangente** - quando está marcada, o cordão de filete se propaga pelas arestas curvas do perfil, como mostram as Figuras 10.33 e 10.34.

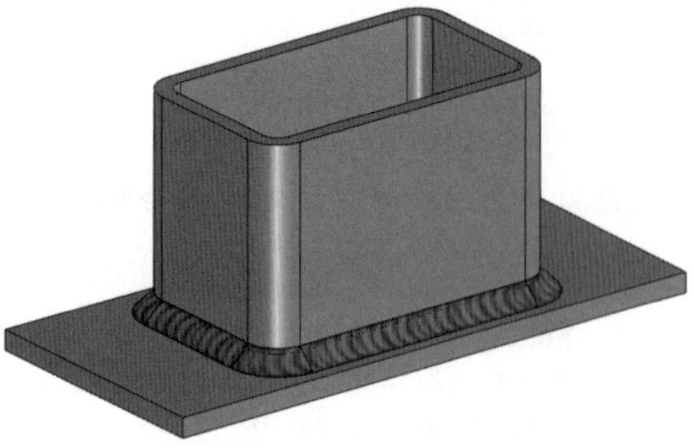

Figura 10.33 - Cordão de filete com propagação da tangente.

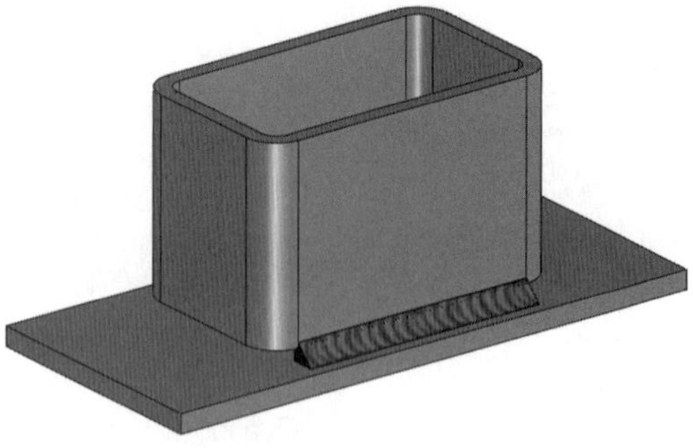

Figura 10.34 - Cordão de filete sem propagação da tangente.

- **Definição de face** - exibe duas janelas coletoras para definição das faces que se cortam e que receberão o filete de cordão. Essas faces devem ser planas. As Figuras 10.35 e 10.36 exibem a seleção das faces. Note que, ao selecionar a segunda face plana, o filete de cordão já é visualizado.

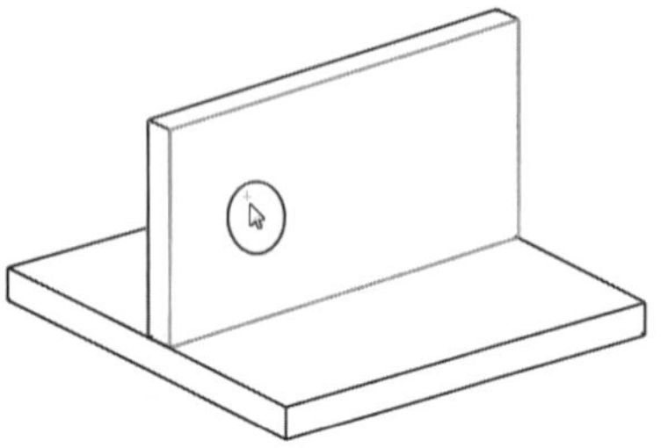

Figura 10.35 - Definição de face (Face1).

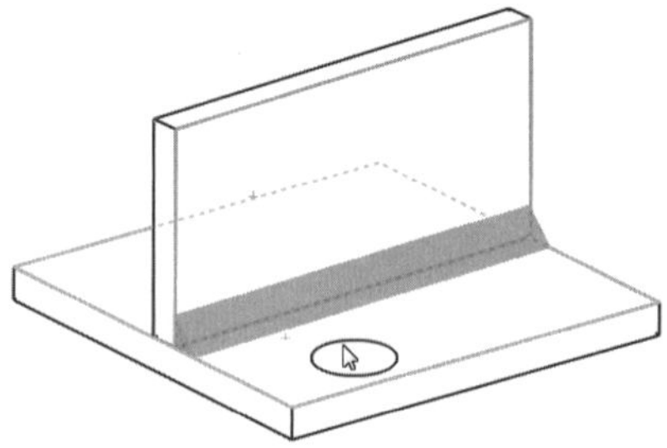

Figura 10.36 - Definição de face (Face2).

- Caixa de diálogo **Outro lado** - fornece as mesmas opções da caixa **Lado da seta**. Quando sua *checkbox* é ativada, é possível configurar as faces 1 e 2 do lado oposto, produzindo neste também um cordão, Figura 10.37. Como ambas as caixas possuem as mesmas configurações, é possível definir para o lado oposto medidas e tipo de cordão diferentes do lado anterior, Figura 10.38.

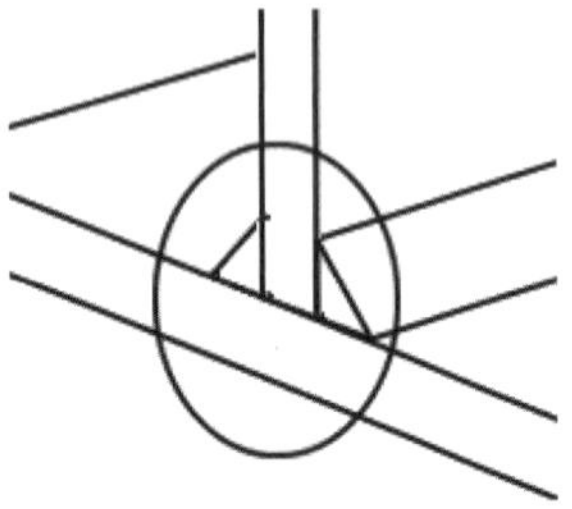

Figura 10.37 - Cordão de filete no outro lado.

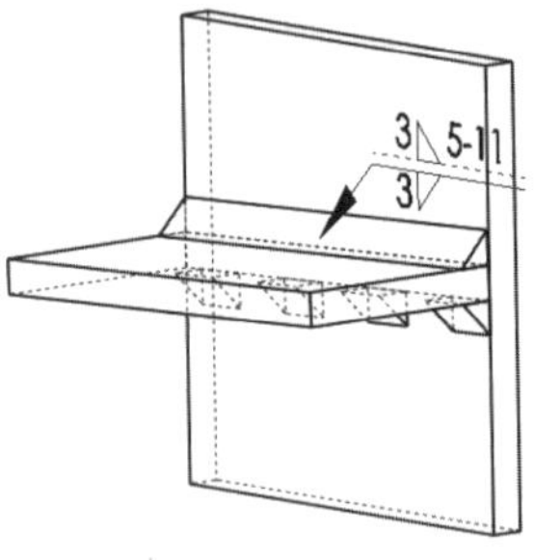

Figura 10.38 - Lados superior e inferior com cordões de filete diferentes.

- **Cordão intermitente** - quando a lista *drop-down* de tipo de cordão de filete é configurada para **Intermitente,** duas novas opções são inseridas nas caixas de diálogo **Lado da seta** e **Outro lado**.
  - **Comprimento de cordão de** - define o comprimento de cada intervalo de cordão de filete.
  - **Passo** - determina a distância entre o início de um cordão e o início do outro.
- **Cordão em ziguezague** - quando a lista *drop-down* de tipo de cordão de filete é configurada para **Em ziguezague**, automaticamente a caixa de diálogo Outro lado se ativa, esperando que a face1 e a face2 sejam selecionadas. Por padrão, as opções **Comprimento de cordão de** e **Passo** repetem os mesmos valores da caixa de diálogo Lado da seta. Entretanto, se desejado, podem ser modificados. A Figura 10.41 exemplifica um cordão em ziguezague.

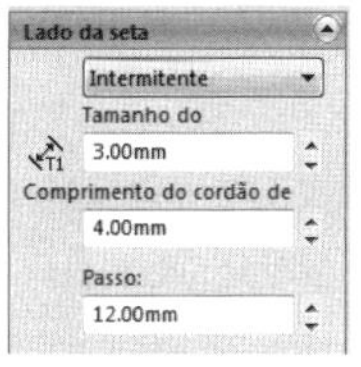

Figura 10.39 - Opções de configuração da caixa.

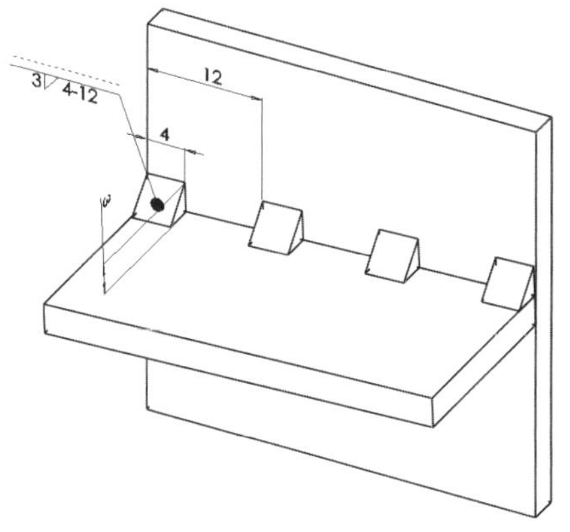

Figura 10.40 - Cordão de filete intermitente.

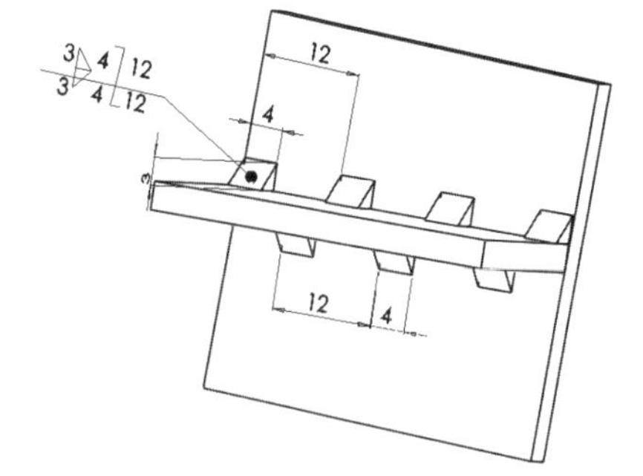

Figura 10.41 - Cordão em ziguezague.

10.2.1.5. Cordões de Solda em Elementos Sem Contato

Quando dois elementos estruturais, sem contato direto (pequeno afastamento), devem ser unidos por um cordão de filete, há a opção de configurar a extensão de solda que penetra no vão entre os dois elementos. São duas as opções oferecidas:

- **Penetração total** - a solda penetra em toda a espessura da chapa, Figura 10.43.
- **Penetração parcial** - a solda penetra até um valor determinado pelo usuário, Figura 10.44.

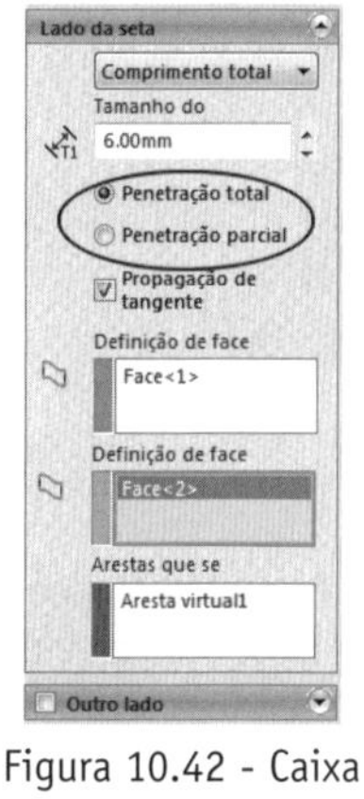

Figura 10.42 - Caixa Lado da seta.

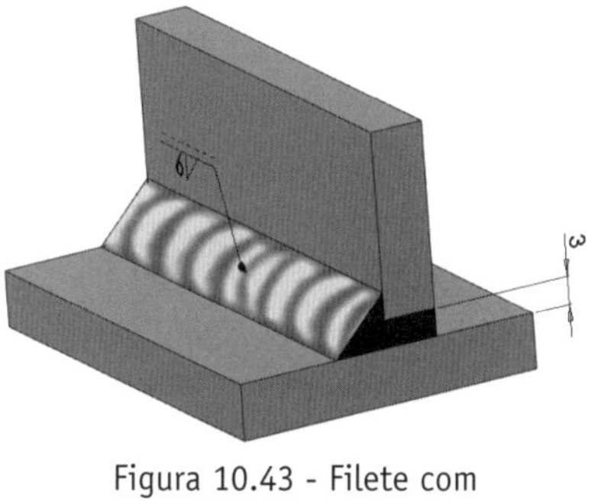

Figura 10.43 - Filete com penetração total.

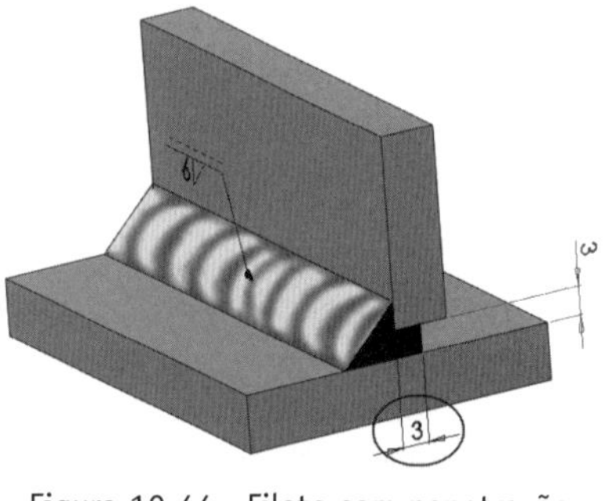

Figura 10.44 - Filete com penetração parcial (profundidade de 3mm).

10.2.1.6. Restrição de Aplicação do Cordão de Filete (Solda)

A ferramenta **Cordão de filete** não pode ser aplicada para unir duas superfícies curvas ou uma superfície curva com uma plana. Para estas situações, faz-se necessário encontrar outra solução. As Figuras 10.45 e 10.46 exemplificam uma solução para cada um desses problemas.

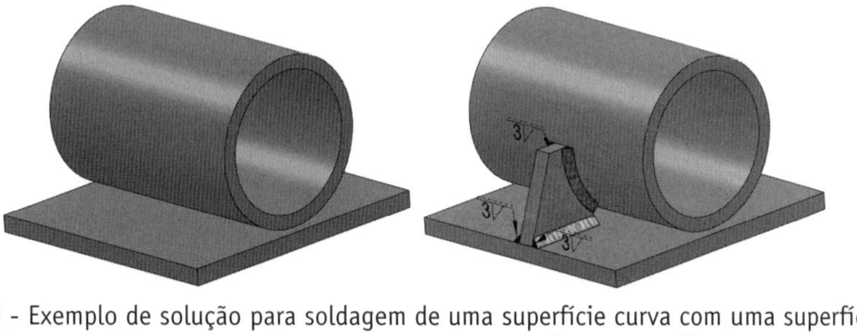

Figura 10.45 - Exemplo de solução para soldagem de uma superfície curva com uma superfície plana. As superfícies estão em contato, mas a soldagem somente é possível com o auxílio de um elemento de ligação.

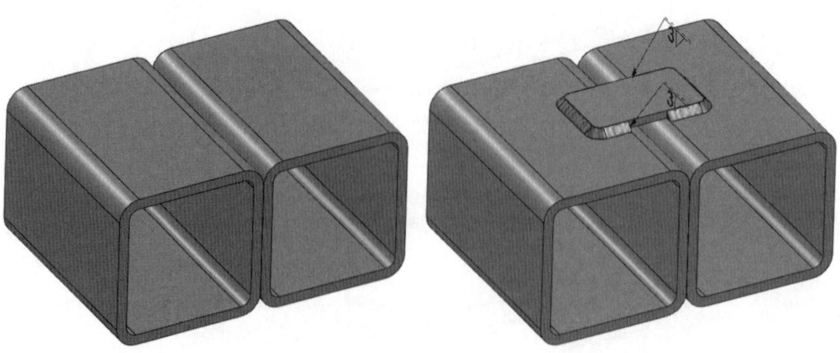

Figura 10.46 - Exemplo de solução para soldagem de duas superfícies curvas (os cantos dos tubos são arredondados). A soldagem somente é possível com o auxílio de um elemento de ligação.

Depois do que vimos nos itens 10.2.1.4 a 10.2.4.6, retomemos o modelo exemplo gerado a partir de um esboço 2D e apliquemos solda às tampas e à chapa de fixação.

As Figuras 10.47 e 10.48 exibem a aplicação da ferramenta Cordão de filete na soldagem das tampas do modelo.

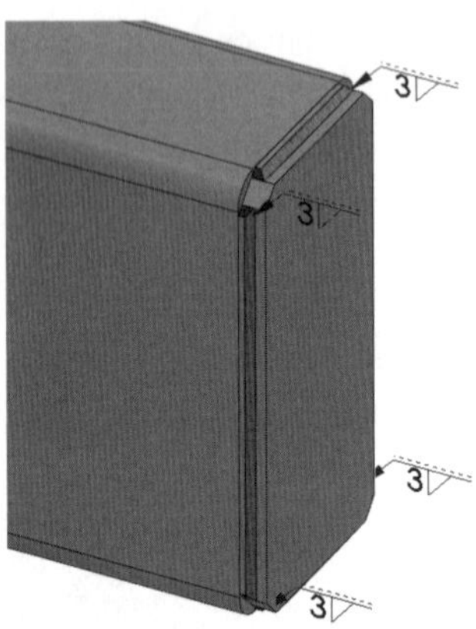

Figura 10.47 - Soldagem da tampa no perfil horizontal.

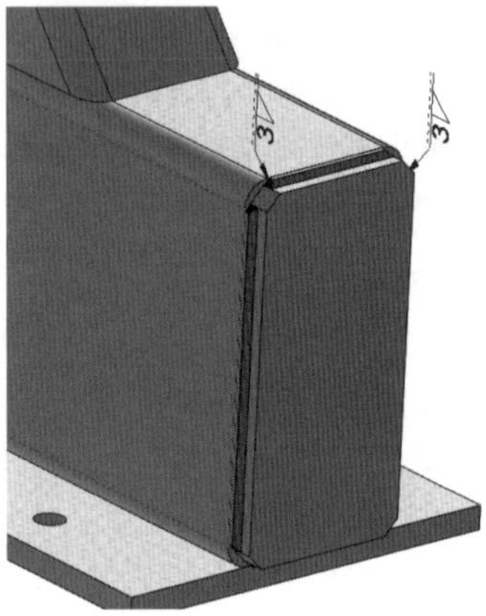

Figura 10.48 - Soldagem da tampa no perfil vertical.

A soldagem da chapa de fixação ao perfil retangular vertical já apresenta algum problema, pois se trata de uma soldagem de superfície curva (canto do tubo) a uma superfície plana, Figura 10.49. Como solução, apresentamos a inserção de um elemento de ligação padronizado ao longo da chapa, Figura 10.50.

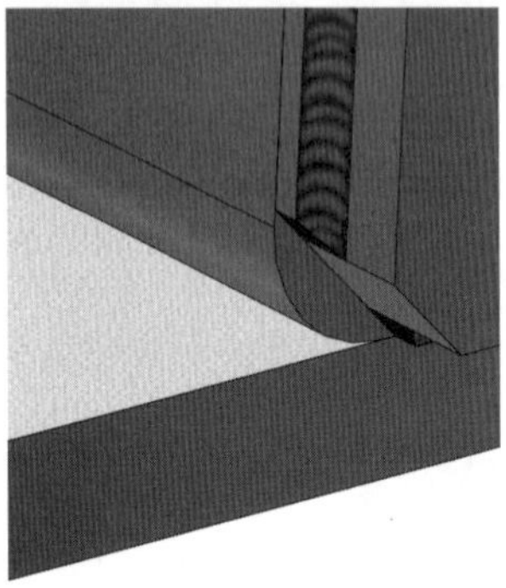

Figura 10.49 - Superfícies curva e plana para soldagem.

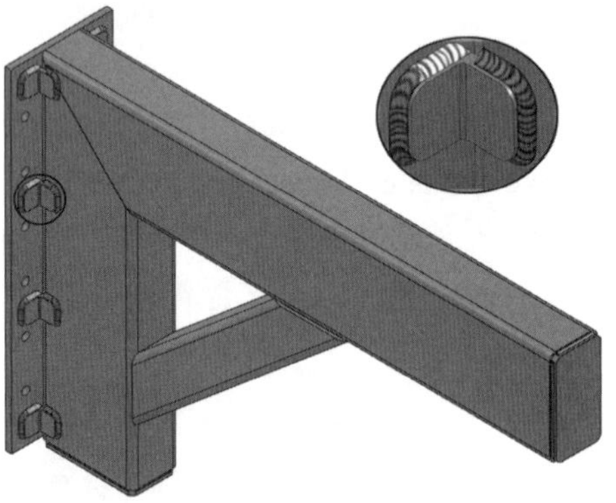

Figura 10.50 - Soldagem da chapa ao perfil por meio de elementos de ligação (ver detalhe ampliado).

Nota

Não é possível aplicar padronização ou espelhamento a cordão de filete. Os cordões de filete foram aplicados um a um aos elementos de ligação exibidos na Figura 10.50.

10.2.2. Aplicação de Perfis e Soldagem a Esboço 3D

O processo de aplicação de perfis e cordões de filete a estruturas geradas a partir de esboços 3D é análogo ao que demonstramos para o esboço 2D. Entretanto, como em capítulos anteriores não abordamos nem fizemos nenhuma aplicação com esboços 3D, faremos a seguir uma introdução aos conceitos de esboço 3D e vamos demonstrar uma aplicação relativa a este tema.

10.2.2.1. Ferramenta Esboço 3D

A ferramenta **Esboço 3D** está presente no **CommandManager** da guia **Soldagens** e pode também ser acessada pela barra de ferramentas **Soldagem**. Quando é ativada, o **CommandManager** se configura com os comandos de **Esboço** que são, em sua maioria, comuns a ambos (2D e 3D).

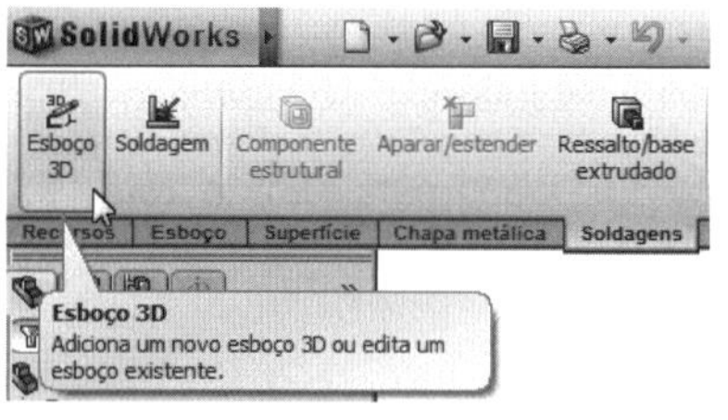

Figura 10.51 - CommandManager da guia Soldagens.

Estas são algumas das ferramentas comuns a 2D e 3D:

- Todas as ferramentas de círculo
- Linhas
- Todas as ferramentas de arco
- Splines
- Todas as ferramentas de retângulo
- Pontos

Além das ferramentas citadas, há também as seguintes ferramentas adicionais:

- Linhas de centro
- Converter entidades
- Curvas de face
- Filete de esboço
- Esboçar chanfro
- Curva de intersecção
- Aparar entidades
- Estender entidades
- Geometria de construção

Nota

A ferramenta **Spline na superfície** somente está disponível para o modo 3D.

As ferramentas de **Padrões** e **Offset** não podem ser utilizadas em esboços 3D.

Um esboço 3D pode ser criado em um plano de trabalho ou em qualquer ponto arbitrário no espaço.

Para criar um esboço 3D:

1. Clique em **Esboço 3D** (barra de ferramentas **Esboço** ou **Soldagem**) ou em **Inserir** → **Esboço 3D** para abrir um esboço 3D no painel **Frontal** na vista **Isométrica**.

   - ou -

2. Selecione um plano e clique em **Esboço 3D no plano** (barra de ferramentas **Esboço**) ou em **Inserir** → **Esboço 3D no plano** para adicionar um esboço 3D à vista **Normal a**.

10.2.2.2. Aplicação Prática de Esboço 3D

Visando melhor entendimento e maior objetividade, vamos criar uma pequena estrutura espacial, em esboço 3D, e aplicar um tipo de perfil com o uso de alguns outros recursos específicos deste capítulo.

1. Inicie um novo arquivo e crie uma peça.
2. Clique na ferramenta **Esboço 3D** no **CommandManager** da guia **Soldagens**. O **CommandManager** da guia **Esboço** é exibido.
3. Selecione o comando **Linha** e esboce uma linha com cerca de **1000mm** de comprimento no **plano XY** (plano Normal da tela), a partir da **Origem**. Em seguida, retorne um pouco descrevendo uma diagonal para cima, depois uma horizontal, e reencontre a **Origem** em nova diagonal. O esboço resultante será um paralelogramo.
4. Aplique uma relação de Igual às duas linhas diagonais.
5. Clique no comando **Esboçar filete**, no **CommandManager** da guia **Esboços**, e configure seu **PropertyManager** para um raio de **200mm**. Aplique o filete, a dimensão de ângulo e a altura, como mostra a Figura 10.52. Por fim, clique em **Selecionar** (barra de ferramentas **Padrão**) e selecione a extremidade inicial. No **PropertyManager**, certifique-se de que a extremidade esteja exatamente na origem (**0**, **0**, **0**, como mostrado em **Parâmetros**), seja **Coincidente** com a origem (como mostrado em **Relações existentes**) e esteja **Totalmente definida** (como apresentado em **Informações**).

   Se a extremidade não estiver na origem:

- Em **Parâmetros**, defina **Coordenada X**, **Coordenada Y** e **Coordenada Z** como **0**.
- Clique em **Fixar**, em **Adicionar relações**.

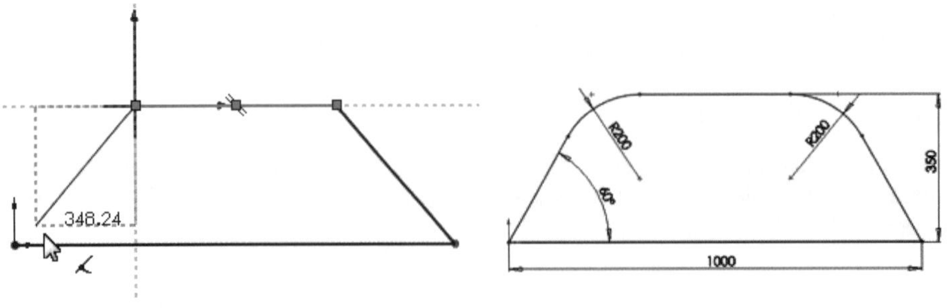

Figura 10.52 - Criação e dimensionamento da primeira parte do esboço.

6. Mude a visualização do esboço para **Superior**. Pressione a barra de espaço do teclado para exibir a caixa de diálogo **Orientação** e selecione com o cursor a opção **Superior**. Dê um duplo-clique com o mouse para aceitar a nova orientação.
7. Novamente, com o comando **Linha**, posicione o cursor do mouse na **Origem** e estenda uma linha ortogonal à primeira com aproximadamente **2000mm**. Na seqüência, estenda-a paralelamente à primeira, também com aproximadamente **1000m**. Finalize o traçado encontrando a extremidade inferior direita do primeiro esboço. Retorne à visualização **Isométrica**.
8. Aplique a dimensão de **2000mm** e uma relação de **Igual** à outra de mesmo tamanho. Aplique também uma relação de **Igual** à linha de **1000m** da outra esboçada, Figura 10.53.
9. Ative novamente o comando **Linha**, posicione o cursor do mouse no ponto médio da linha de dimensão **2000mm** e reproduza a parte superior criada no primeiro paralelogramo. Aplique o filete de raio **200mm** e a altura de **350mm**, como no primeiro.

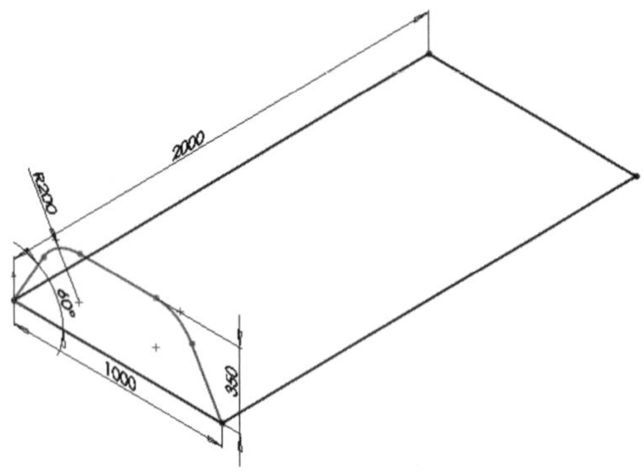

Figura 10.53 - Seqüência do esboço.

10. Repita o procedimento na outra extremidade da base retangular de **1000mm** x **2000mm**. O esboço fica como mostra a Figura 10.54.
11. Para finalizar o esboço, ligue os pontos médios das linhas diagonais, curvas e da reta superior do primeiro e último paralelogramos, como mostra a Figura 10.55.
12. Feche o esboço.

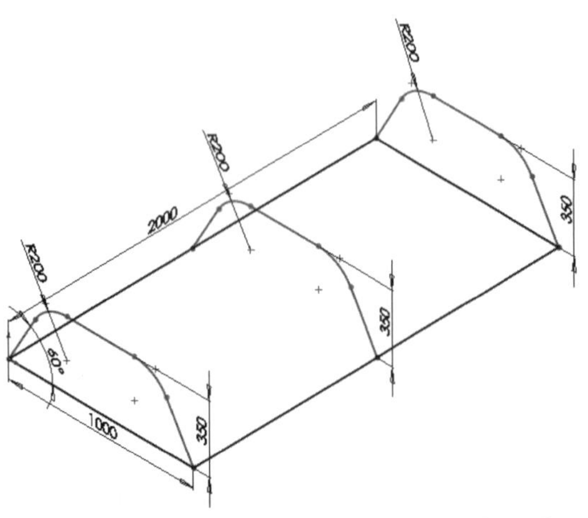

Figura 10.54 - Reprodução das arestas superiores do paralelogramo, nos pontos médio e extremo da base.

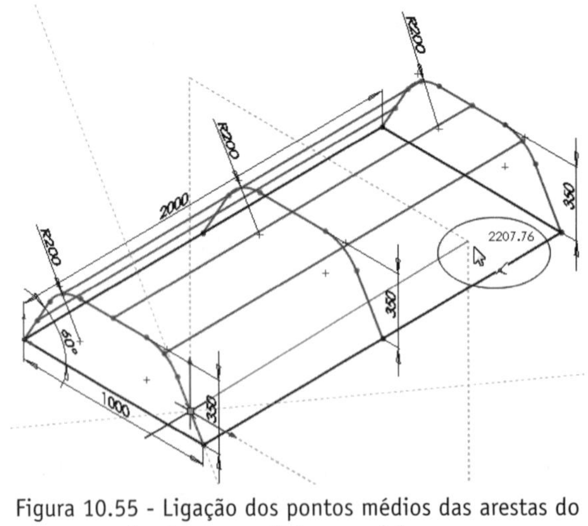

Figura 10.55 - Ligação dos pontos médios das arestas do primeiro com o último paralelogramo.

1. Clique em **Componente estrutural** (**CommandManager** da guia **Soldagens**) e selecione no **PropertyManager** do comando um perfil **Padrão**: Iso, **Tipo**: *canal C*, **Tamanho:** *100x10.*

2. Clique com o mouse nas quatro linhas da base retangular. Note que o perfil aparece, provavelmente, como na Figura 10.56, isto é, com os perfis acima das linhas selecionadas e o lado da abertura para dentro. Pode acontecer também o contrário. No caso, queremos que fiquem abaixo da base retangular esboçada e com a abertura para fora.
3. Configure no **PropertyManager**, na caixa **Configurações**, um ângulo de **180°** na janela **Ângulo de rotação**. Observe que os perfis assumem a posição desejada, Figura 10.57.

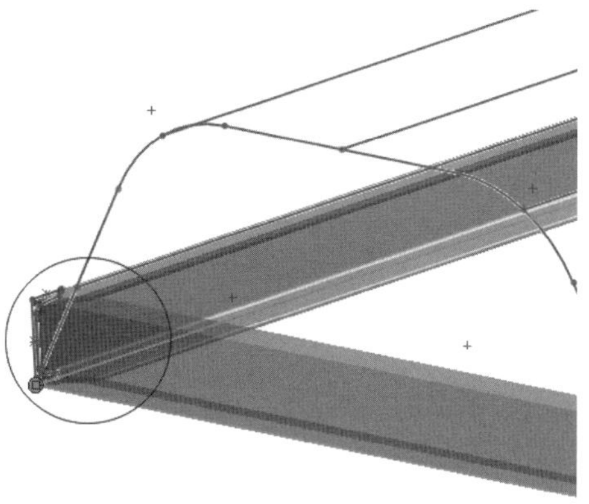

Figura 10.56 - Inserção dos perfis em posição invertida à desejada.

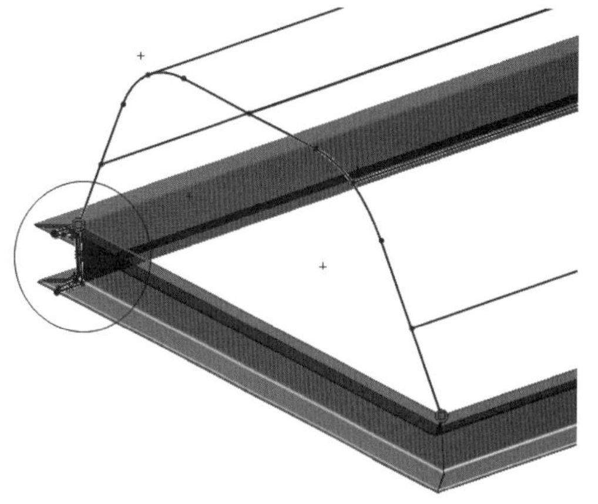

Figura 10.57 - Rotação dos perfis em 180° para correção da posição.

4. Clique em **OK** para aceitar o comando.
5. Clique novamente em **Componente estrutural** (**CommandManager** da guia **Soldagens**) e selecione no **PropertyManager** do comando um perfil **Padrão**: *Iso*, **Tipo**: *viga sb*, **Tamanho:** *SB100x8*.
6. Selecione com o cursor do mouse as arestas do primeiro paralelogramo. Se o perfil for inserido deitado, reconfigure o ângulo de rotação para **90°** e clique em **OK** para aceitar o comando. Repita o procedimento para o segundo e o último paralelogramos. A Figura 10.58 exibe a forma como deve ficar. Note que circulamos as extremidades das vigas sb. A Figura 10.59 exibe o detalhe em escala ampliada.

Observe que as extremidades de todos os perfis inseridos se entrecortam com o perfil C da base. Para solucionar este problema, precisamos recortar essas pontas, ou seja, fazer um corte que deixe as extremidades das vigas sb paralelas à face superior do perfil C. A ferramenta disponibilizada pelo SolidWorks para essa tarefa é a **Aparar/estender**, cujos recursos foram descritos no item 10.2.1.1.

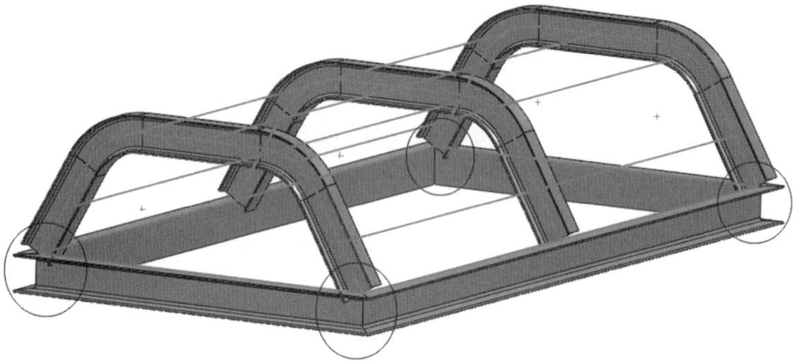

Figura 10.58 - Perfis viga sb (SB100x8) inseridos no modelo.

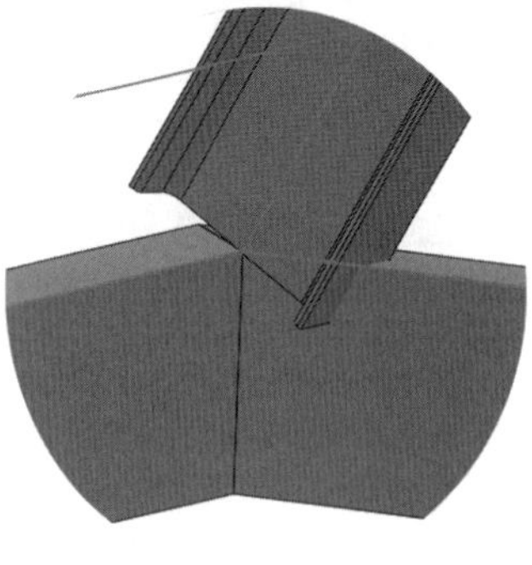

Figura 10.59 - Detalhe ampliado do entrecorte de perfis.

7. Clique na ferramenta **Aparar/estender** (barra de ferramentas **Soldagem**) ou no **CommandManager** da guia **Soldagens**. O **PropertyManager** é exibido.
8. Na caixa de diálogo **Tipo de canto**, selecione o primeiro botão, **Finalizar aparagem**.
9. Inicie um novo esboço e selecione como **Plano de esboço** o **Plano superior**.
10. Em **Corpos a aparar**, selecione as seis extremidades inferiores das três *vigas sb*.
11. Na caixa de diálogo **Limites de aparagem**, selecione a opção **Face plana** e, em seguida, a face superior do *perfil C*. Note que um pequeno vetor vertical, apontando para cima, aparece no centro do perfil, Figura 10.60.

12. Clique em **OK** para aceitar o comando. A Figura 10.61 exibe em detalhe ampliado a aparagem gerada em uma das extremidades da *viga sb* frontal.

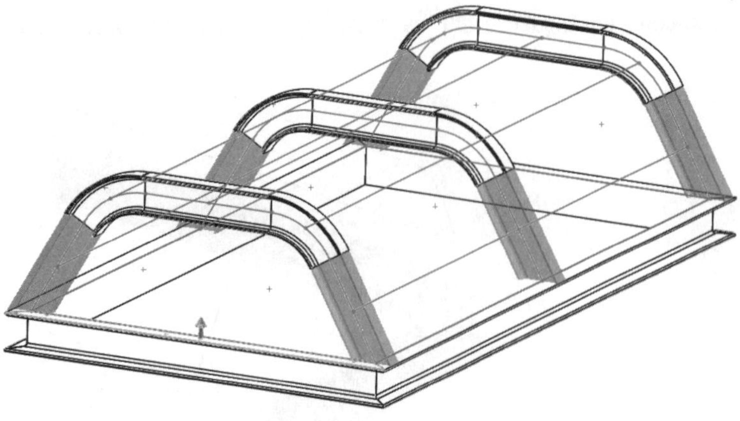

Figura 10.60 - Seleção de corpos e face para aparagem.

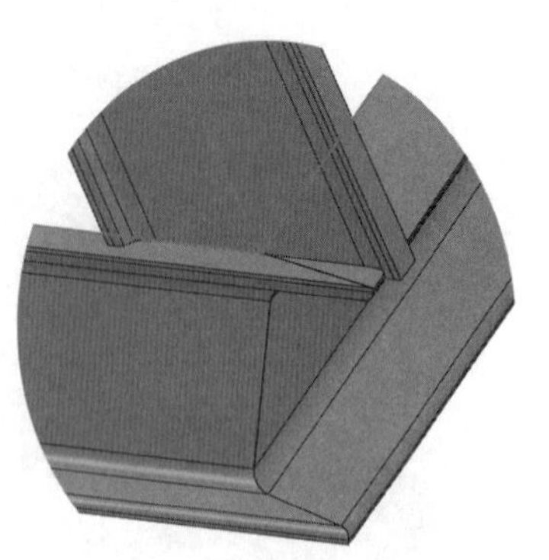

Figura 10.61 - Detalhe ampliado da aparagem.

No detalhe exposto é possível verificar que, devido à aparagem, gerou-se um canto vivo. Esse canto vivo, presente nos demais perfis, pode ser eliminado com a criação de um chanfro.

13. Clique na ferramenta **Chanfro** (barra de ferramentas **Soldagem**) ou no **CommandManager** da guia **Soldagens**. O **PropertyManager** é exibido.
14. Configure o chanfro para um ângulo de 90° e distância de 10mm. Em seguida, selecione a aresta do perfil e clique em **OK** para confirmar. As Figuras 10.62 e 19.63 exibem a operação.
15. Repita o procedimento para as demais arestas.

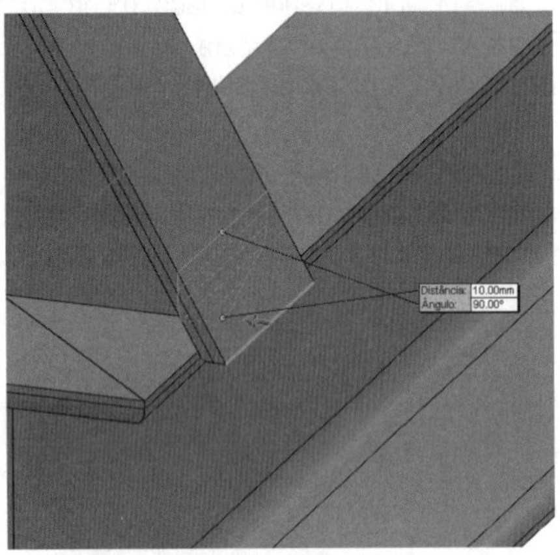

Figura 10.62 - Chanfradura dos cantos.

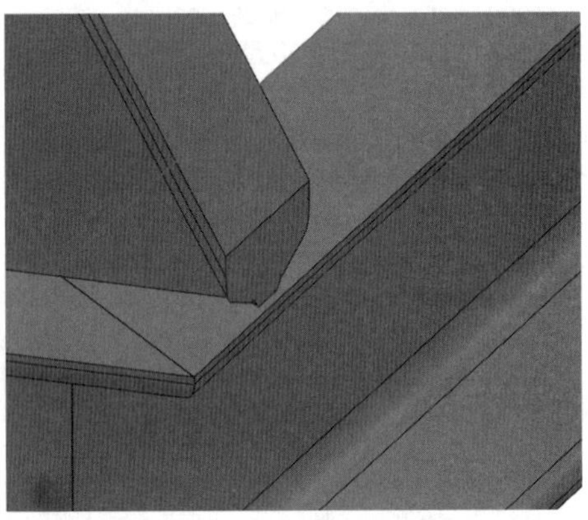

Figura 10.63 - Canto chanfrado.

Precisamos definir a fixação das *vigas sb* no perfil C. Para isso, usaremos o recurso da ferramenta **Cantoneira**, que permite unir elementos estruturais por meio de chapas em formato poligonal ou triangular, com espessura e larguras definidas pelo usuário. Ainda é possível a configuração do posicionamento.

1. Clique na ferramenta **Cantoneira** (barra de ferramentas **Soldagem**) ou no **CommandManager** da guia **Soldagens**. O **PropertyManager** é exibido.
2. A caixa de diálogo **Face de suporte** mostra as duas faces selecionadas a serem ligadas por intermédio da cantoneira. Selecione a face interna da extremidade direita da *viga sb* frontal e a face plana superior do *perfil C*. Note que o perfil da cantoneira já aparece na zona de seleção, Figura 10.65.
3. Na caixa de diálogo **Perfil** selecione o botão de opção **Perfil retangular** e defina as distâncias **d1** e **d2** como **40mm**.
4. Configure a **Espessura T1** em **6.35mm** (chapa de ¼ de polegada). Há três configurações possíveis de posicionamento para a **Espessura**. Clique no botão central (**Ambos os lados**).
5. Na caixa de diálogo **Parâmetros**, em Local, clique no primeiro botão (**Perfil localizado no Ponto inicial**).
6. Clique em **OK** para confirmar o comando. A primeira cantoneira é inserida.

7. Repita o procedimento selecionando novamente a face interna frontal da *viga sb* e depois, a face externa superior do *perfil C* da lateral direita.
8. Em **Parâmetros**, modifique a opção de **Local** para o botão central (**Perfil localizado no Ponto médio**).
9. Clique em **OK** para confirmar o comando. A segunda cantoneira é inserida. A Figura 10.66 ilustra as duas cantoneiras posicionadas.

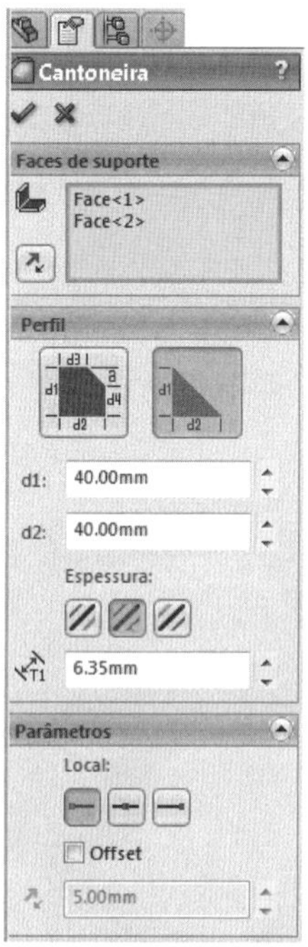

Figura 10.64 - PropertyManager Cantoneira.

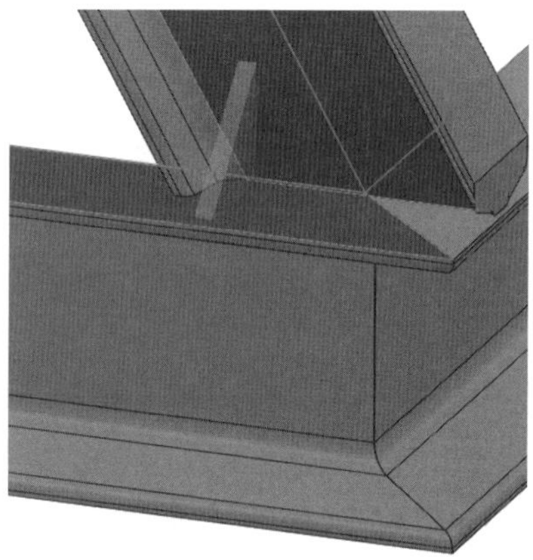

Figura 10.65 - Inserção da primeira cantoneira.

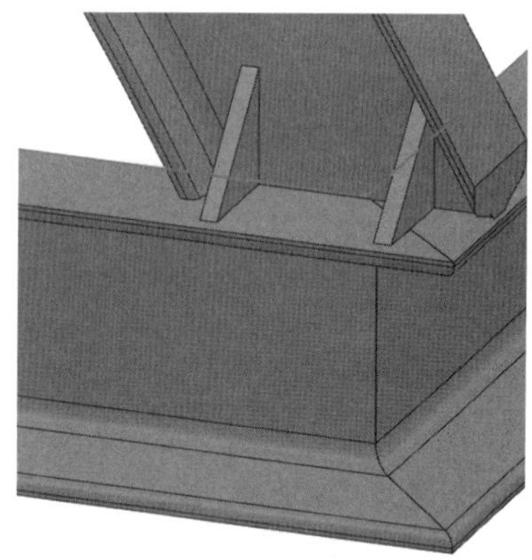

Figura 10.66 - Inserção da segunda cantoneira.

Vamos criar uma chapa de reforço de soldagem na *viga sb*, no lado oposto às duas cantoneiras.

1. Clique em **Exibir** → **Exibição** → **Vista de seção**. Configure para **Plano frontal** a opção de seção da caixa **Seção1**. Defina uma **Distância** suficiente para que o plano de seção apareça, como mostra a Figura 10.67.
2. Clique em **OK** para aceitar a **Vista de seção**.
3. Mude a visualização do modelo para **Vista Posterior** e com o comando **Linha** desenhe e dimensione um esboço, como mostra a Figura 10.68.
4. Faça a extrusão do esboço com profundidade de **100mm** e espessura de **6.35mm**, Figura 10.69. Clique em **OK** para aceitar a configuração.
5. Crie um chanfro de 50x45° na aresta da chapa, como indica a Figura 10.70.

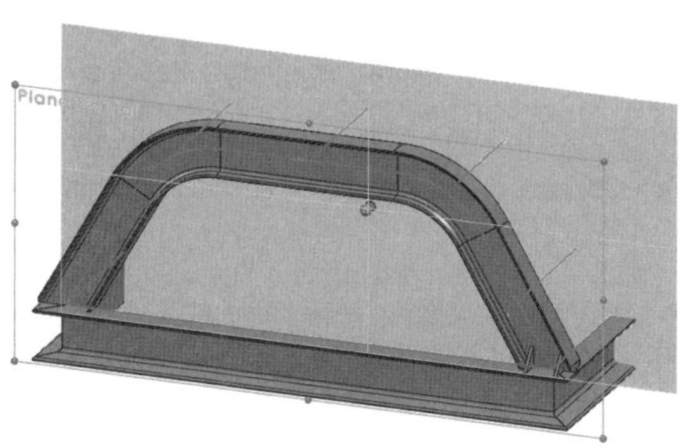

Figura 10.67 - Vista de seção.

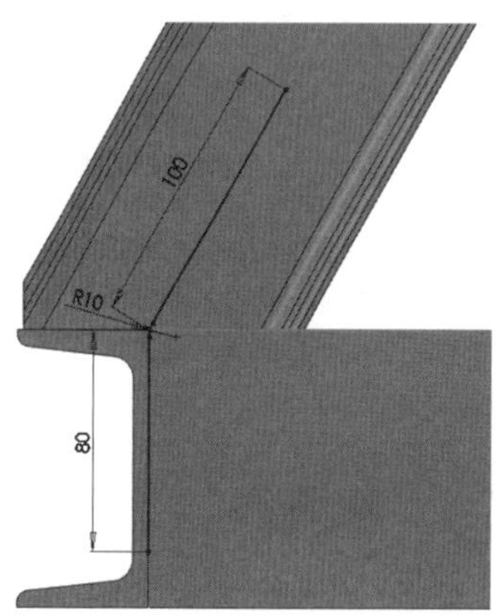

Figura 10.68 - Esboço dimensionado.

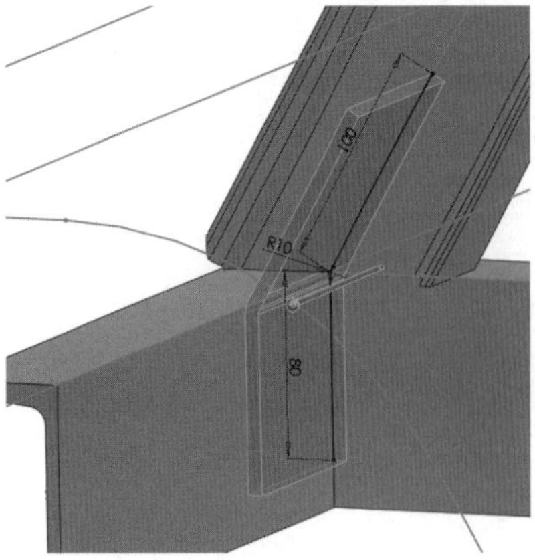

Figura 10.69 - Extrusão fina do esboço.

Figura 10.70 - Chanfro 50x45°.

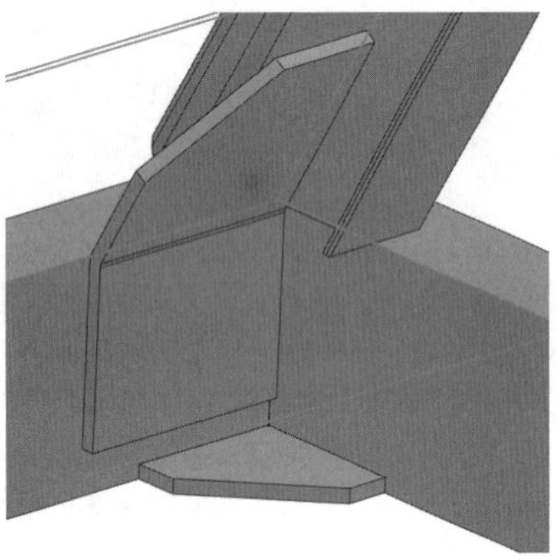

Figura 10.71 - Cantoneira Perfil poligonal.

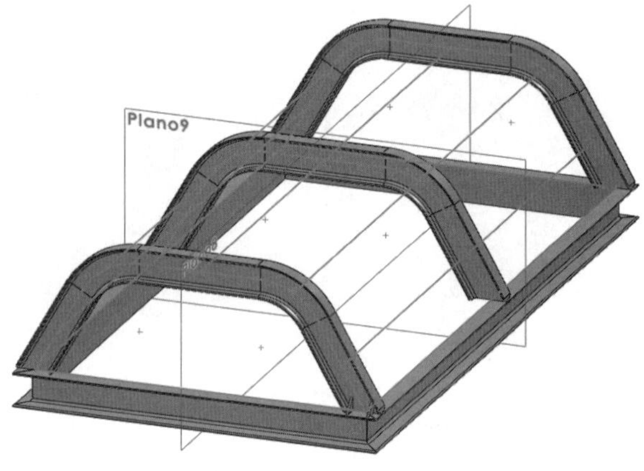

Figura 10.72 - Criação dos Planos 8 e 9.

6. Para finalizar, clique novamente na ferramenta **Cantoneira** e selecione as faces internas dos dois *perfis C* concorrentes. Crie uma cantoneira de modelo **Perfil poligonal** com as dimensões **d1** e **d2** como **70mm** e a dimensão **d3** como **20mm**. Em **Espessura** defina-a como **Lado interno** com **6.35mm**.
7. Clique em **OK** para criar a cantoneira. A Figura 10.71 exibe a cantoneira após sua finalização. As operações de soldagem serão feitas posteriormente à criação nas demais extremidades das vigas sb.

As operações mostradas a partir da Figura 10.65 referem-se exclusivamente à junção da extremidade direita da *viga sb* frontal com os *perfis C* da base. As mesmas operações devem ser realizadas para a extremidade esquerda da mesma *viga sb* e depois para a *viga sb* do outro extremo da base. Somente a *viga sb* do meio da estrutura terá fixação diferente.

Para facilitar o trabalho, podemos realizar estas duas tarefas por meio de espelhamento:

8. Selecione **Inserir** → **Geometria de referência** → **Plano** e crie dois planos. Um ao centro da estrutura no sentido longitudinal (**Plano 8**) e outro também ao centro, no sentido transversal (**Plano 9**). A Figura 10.72 exibe os dois planos criados.
9. Clique em **Espelhar**, no **CommandManager** da guia **Recursos** ou em **Inserir** → **Padrão/espelho** → **Espelhar**. Selecione como plano de referência para o espelhamento o **Plano 8** (plano no sentido longitudinal), e na **árvore do projeto do FeatureManager** selecione os recursos que foram criados a partir do **item 27**, ou seja: **Cantoneira1**, **Cantoneira2**, **Extrusão-Fina1**, **Chanfro7**, como **Recursos a espelhar**. Clique em **OK** para efetuar o espelhamento. É criado na árvore do projeto o recurso **Espelhar1**.
10. Ative novamente o comando **Espelhar** e desta vez selecione como referência de espelhamento o **Plano 9** (plano no sentido transversal). Selecione novamente os mesmos recursos e clique em **OK** para efetuar o espelhamento. É criado o recurso **Espelhar2**. A Figura 10.73 mostra, circuladas, as três extremidades que agora contêm os recursos de união (cantoneiras e chapa curva).

Por questões relatadas no início deste tópico (item 10.1.3.1), o espelhamento dos recursos para a quarta extremidade não é possível, pois os recursos de origem para esse espelhamento seriam, na verdade, ou o recurso **Espelhar1** ou o **Espelhar2**. Isso caracteriza um espelhamento de **Padrão** que, como mencionado, é impossível em esboço 3D. Para este caso, a solução é recriar estes recursos para a quarta extremidade.

O passo seguinte corresponde às barras (tubos iso) que serão criadas nas linhas de esboço longitudinais. Antes, porém, criaremos na posição de cada uma das linhas um furo passante de diâmetro pouco maior que os tubos a serem utilizados.

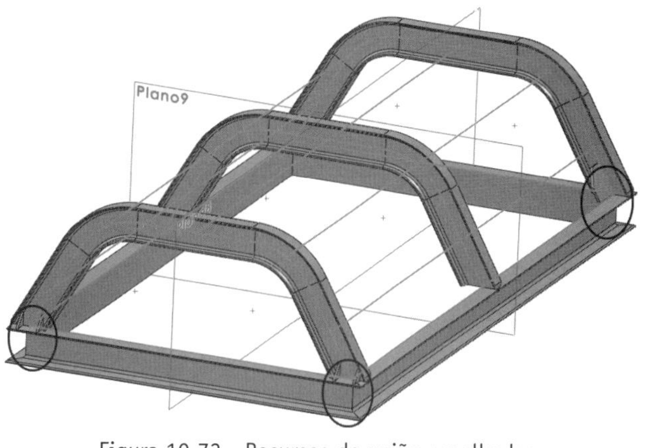

Figura 10.73 - Recursos de união espelhados.

1. Posicione o modelo em **Vista frontal** e inicie um novo esboço, selecionando a face plana interna da *viga sb* como **Plano de esboço**.
2. Clique no comando **Círculo** (**CommandManager** da guia **Esboços**) ou em **Ferramentas** → **Entidades de esboço** → **Círculo** e esboce cinco círculos, um sobre cada ponto médio dos trechos de *viga sb*, Figura 10.74. Aplique uma relação de **Igual** a todos os círculos e dimensione um deles com o diâmetro de **34mm**.
3. Clique no comando **Corte extrudado** (**CommandManager** da guia **Recursos**) ou em **Inserir** → **Cortar** → **Extrusão**. Configure a profundidade **D1** em **1100mm**. A Figura 10.75 exibe o resultado.

Figura 10.74 - Círculos esboçados.

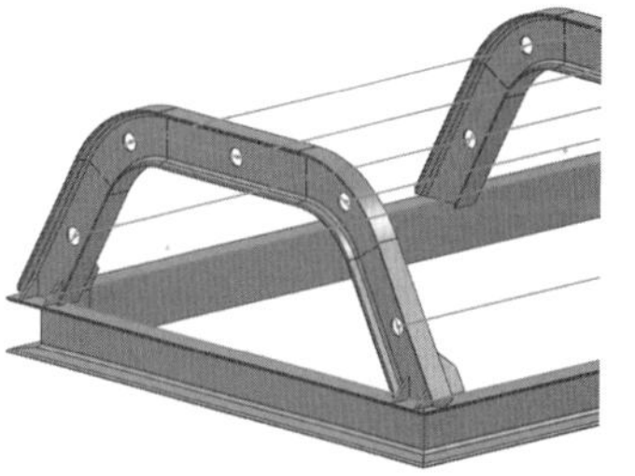

Figura 10.75 - Extrusão dos furos.

4. Selecione a ferramenta **Componente estrutural** (**CommandManager** da guia **Soldagens**) ou **Inserir** → **Soldagens** → **Componente estrutural** e selecione no **PropertyManager** o perfil **Padrão**: *Iso*; **Tipo**: *Circular tube*; **Tamanho**: *33.7 x 2.4*.
5. Selecione as linhas de esboço longitudinais que passam ao centro dos furos para inserir os tubos configurados. Clique em **OK** para efetuar o comando. A Figura 10.76 exibe o modelo com os tubos inseridos.

Para concluir o modelo falta projetar a fixação da *viga sb* posicionada no meio da estrutura. Para esse fim, usaremos o recurso da **Vista de seção**, esboço e extrusão de uma chapa de fixação e espelhamento da chapa de fixação sobre um plano transversal médio (**Plano 9**).

1. Clique em **Exibir** → **Exibição** → **Vista de seção**. Configure para **Plano frontal** a opção de seção da caixa **Seção1**. Defina uma **Distância de –800mm**, suficiente para que o plano de seção apareça como mostra a Figura 10.77.

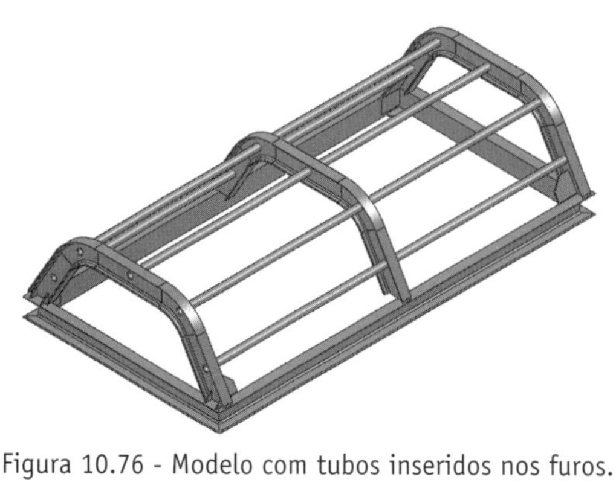

Figura 10.76 - Modelo com tubos inseridos nos furos.

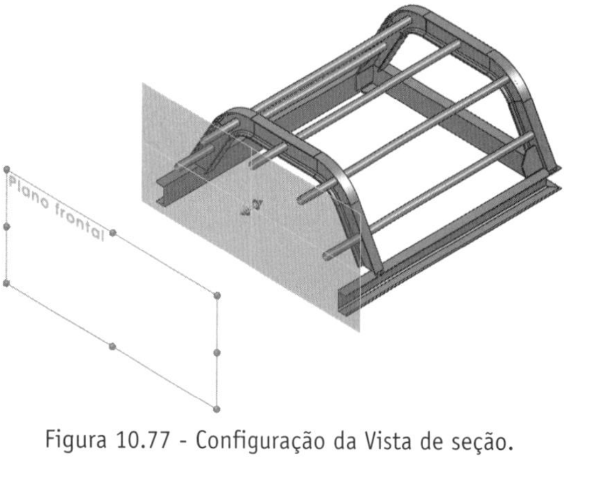

Figura 10.77 - Configuração da Vista de seção.

2. Clique em **OK** para aceitar a **Vista de seção**.
3. Inicie um novo esboço e selecione a face interna da extremidade da *viga sb*.
4. Desenhe e dimensione o esboço de uma chapa de fixação, como mostra a Figura 10.78. As dimensões de importância são os **120mm** e o raio de **30mm**. As outras duas são apenas de referência.
5. Em seguida, trace uma **Linha de centro** partindo do centro do tubo central do modelo, para baixo, e ative o comando **Espelhar entidades** no **CommandManager** da guia **Esboço**. Use a linha de centro como referência de espelhamento e espelhe o esboço da chapa de fixação, Figura 10.79.

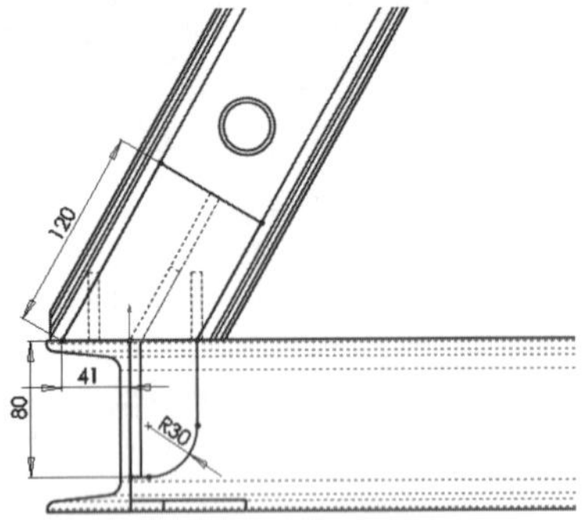

Figura 10.78 - Esboço da chapa de fixação.

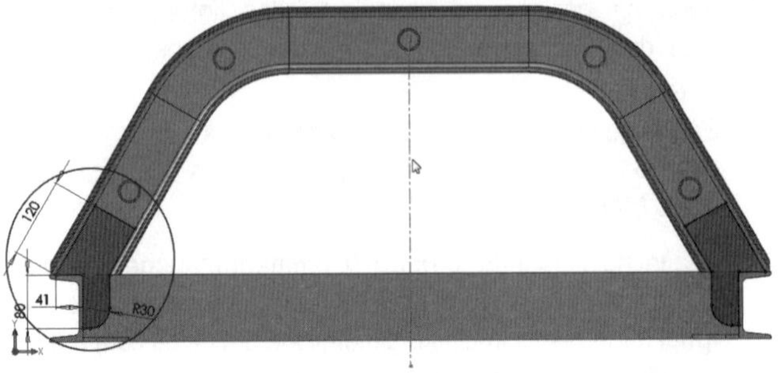

Figura 10.79 - Espelhamento do esboço da chapa de fixação.

6. Faça a extrusão do esboço da chapa de fixação, definindo-lhe uma espessura de **6.35mm**. Note que o esboço e sua imagem espelho são extrudados.
7. Posicione o modelo em **Isométrica** e clique no comando **Espelhar** (**CommandManager** da guia **Recursos**) ou em **Inserir** → **Padrão/espelho** → **Espelhar**. Selecione como plano de referência o **Plano 9** (plano transversal médio), e como **Recursos a espelhar** selecione o recurso criado pela extrusão do esboço da chapa de fixação.
8. Clique em **OK** para confirmar o comando. A Figura 10.80 exibe um detalhe de uma das extremidades da *viga sb*, mostrando o resultado do espelhamento sobre o **Plano 9**.

   Finalizada esta fase, podemos passar à soldagem dos elementos estruturais (cantoneiras, chapas e tubos).
9. Clique na ferramenta **Cordão de filete** (barra de ferramentas **Soldagem**) ou no **CommandManager** da guia **Soldagens**.
10. Especifique a dimensão T1 do cordão de filete como 3mm. Aplique os cordões de filete aos elementos, como mostram as Figuras 10.81 a 10.83.

Observe que os elementos estruturais (Recursos) obtidos pela aplicação do comando **Espelhar** não são passíveis de soldagem.

11. Com essa operação finalizamos o modelo estrutural 3D.

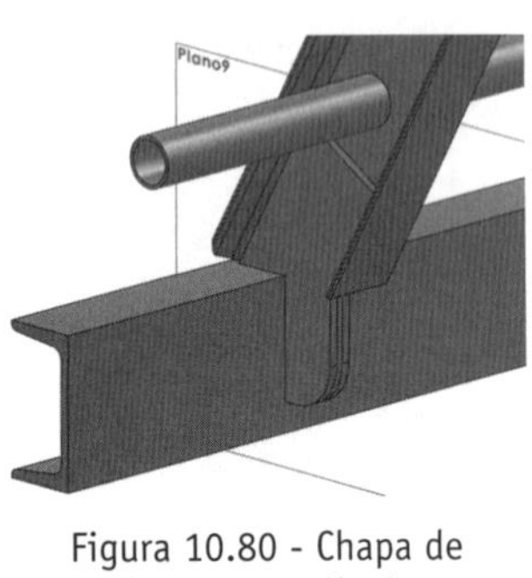

Figura 10.80 - Chapa de fixação espelhada sobre o Plano 9.

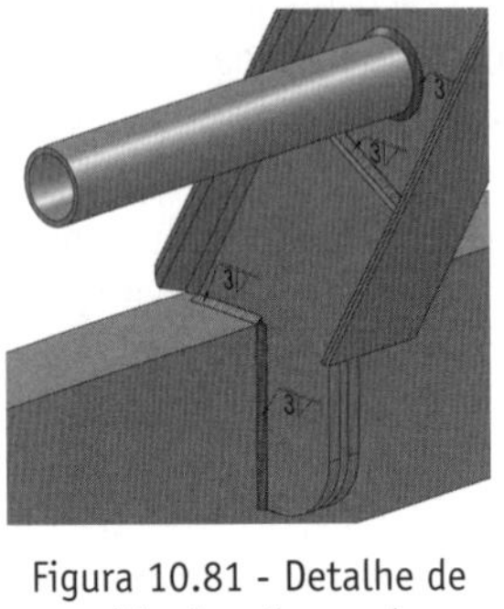

Figura 10.81 - Detalhe de solda das chapas de fixação e tubos (*viga sb* intermediária).

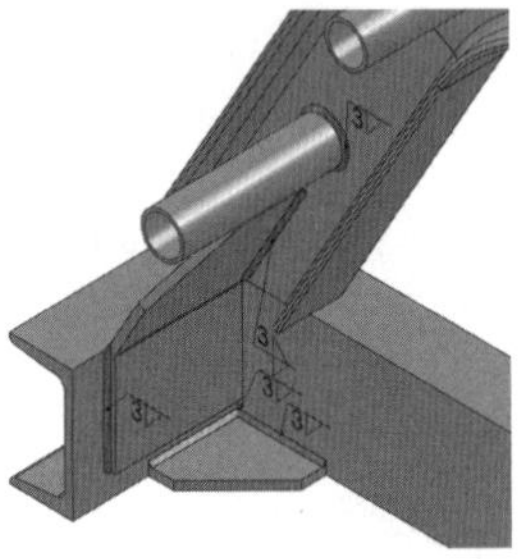

Figura 10.82 - Detalhe de solda das chapas de fixação, tubos e cantoneira interna.

Figura 10.83 - Detalhe de solda das cantoneiras externas.

10.3. Lista de Corte de Soldagem

Quando o primeiro recurso de soldagem for inserido em uma peça, a pasta **Corpos sólidos** será renomeada como **Lista de corte** para indicar os itens a serem incluídos na lista de corte. Os ícones mostrados em seguida indicam a necessidade ou não de atualização da lista.

 **Forma 1** - Lista não atualizada

 **Forma 2** - Lista atualizada

A opção para organizar automaticamente as entidades de soldagem da lista de corte fica ativada por padrão nas novas peças de soldagem. Para desativá-la, clique com o botão direito do mouse em **Lista de corte** e desmarque **Automático**.

Embora a lista de corte seja criada automaticamente, especifique manualmente quando ela deve ser atualizada em um documento de peça de soldagem. Isso permite fazer várias alterações e atualizar a lista de corte uma vez. Entretanto, a lista de corte é atualizada automaticamente quando você abre um desenho que faça referência à lista de corte.

Para atualizar a lista de corte:

1. Na **árvore de projetos do FeatureManager** de um documento de peça de soldagem, clique com o botão direito do mouse em **Lista de corte** e selecione **Atualizar**.
2. O ícone **Lista de corte** muda para **Forma 2** como mostrado acima. Itens idênticos são agrupados em subpastas **Item da lista de corte**. Os cordões de solda são excluídos da lista de corte, Figura 10.84. É possível selecionar outros recursos a serem excluídos também.

Para excluir um recurso da lista de corte:

3. Clique com o botão direito do mouse no recurso.
4. Selecione **Criar cordão de solda**.

Na próxima vez em que a lista de corte for atualizada, o recurso será excluído. Para incluir um recurso anteriormente excluído, clique no botão direito do mouse e selecione **Criar cordão de não solda**.

Para inserir uma lista de corte de soldagem em um desenho:

1. Em um desenho, clique em **Lista de corte de soldagem** (barra de ferramentas **Tabela**) ou em **Inserir → Tabelas → Lista de corte de soldagem**.
2. Selecione uma vista de desenho.
3. Especifique as propriedades no **PropertyManager de Lista de corte de soldagem** e clique em **OK**.
4. Caso a opção **Fixar na âncora** não esteja selecionada no **PropertyManager**, clique na área de gráficos para inserir a tabela. A Figura 10.85 exibe a imagem do desenho de impressão dessa estrutura com sua respectiva lista de corte inserida. Entretanto, quando tratarmos de **Desenhos de impressão**, a questão de listas e tabelas será mais bem estudada.

Para classificar uma coluna na lista de corte de soldagem:

5. Clique com o botão direito do mouse em uma coluna e selecione **Classificar**, **Crescente** ou **Decrescente**.

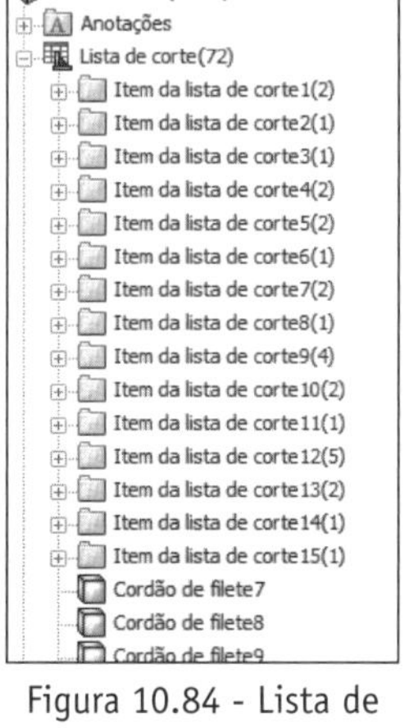

Figura 10.84 - Lista de corte atualizada.

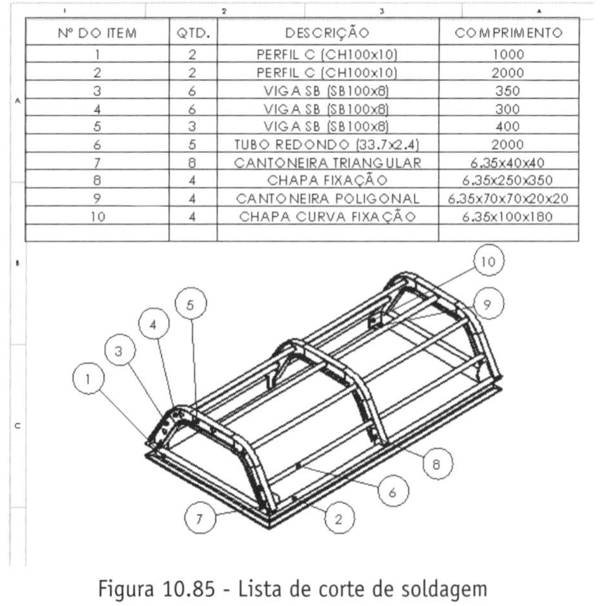

Nº DO ITEM	QTD.	DESCRIÇÃO	COMPRIMENTO
1	2	PERFIL C (CH100x10)	1000
2	2	PERFIL C (CH100x10)	2000
3	6	VIGA SB (SB100x8)	350
4	6	VIGA SB (SB100x8)	300
5	3	VIGA SB (SB100x8)	400
6	5	TUBO REDONDO (33.7x2.4)	2000
7	8	CANTONEIRA TRIANGULAR	6.35x40x40
8	4	CHAPA FIXAÇÃO	6.35x250x350
9	4	CANTONEIRA POLIGONAL	6.35x70x70x20x20
10	4	CHAPA CURVA FIXAÇÃO	6.35x100x180

Figura 10.85 - Lista de corte de soldagem inserida em desenho de impressão.

Nota

Certifique-se de aparar os componentes estruturais no documento de peça de modo que comprimentos corretos sejam exibidos na lista de corte no desenho.

10.3.1. Configurações da Lista

- As soldagens têm duas **configurações predeterminadas**: Predeterminado <**Como usinado**> e Predeterminado <**Como soldado**>.
- Os diferentes estados da mesma soldagem são controlados pelas configurações. O nível mais alto é uma configuração <**Como usinado**> e inclui recursos usinados, como furos. Abaixo do nível mais alto está um estado derivado, que é uma configuração <**Como soldado**>.
- As listas de corte de soldagem sempre se baseiam na configuração <**Como soldado**>.

10.3.2. Propriedades Personalizadas

As listas de corte de soldagem incluem o número do item (**nº do item**) e a quantidade (**Qtd.**), além das propriedades personalizadas da lista de corte.

As **propriedades personalizadas das listas de corte** são diferentes das **propriedades personalizadas** no documento. Nas peças de soldagem, as propriedades são incluídas nos itens de lista de corte criados com componentes estruturais que contêm perfis de peça de recurso de biblioteca:

- DESCRIÇÃO
- COMPRIMENTO
- **Ângulo 1**
- **Ângulo 2**

É possível, ainda, adicionar propriedades aos itens da lista de corte.

Para adicionar propriedades personalizadas aos itens da lista de corte, siga os passos:

1. Em um documento de peça, clique com o botão direito do mouse em um **Item da lista de corte** e selecione **Propriedades**.
2. Na caixa de diálogo Propriedades personalizadas do item da lista de corte:
- Digite ou selecione um **Nome da propriedade**.
- Selecione um **Tipo** de dados.
- Digite um texto ou valor em **Valor/expressão em texto**.
- Pressione **Enter**.
3. Repita a etapa 2 como for necessário e clique em **OK**.

10.3.2.1. Propriedades Personalizadas em Soldagens

Em uma peça de soldagem, as propriedades personalizadas do recurso de soldagens e da **lista de corte** representam uma lista diferente das propriedades personalizadas armazenadas no documento. O local predeterminado para o **Arquivo de propriedades de soldagem** é:

C:\DocumentsandSettings\AllUsers\ApplicationData\SolidWorks\SolidWorks2008\lang<*idioma*>**\weldments\weldmentproperties.txt**

É possível alterar o local da lista em **Opções de locais de arquivos**.

As peças da biblioteca de perfis podem conter qualquer propriedade personalizada utilizada com freqüência. Por exemplo, os perfis fornecidos com o aplicativo SolidWorks contêm a **Descrição** da propriedade personalizada.

Em caso de conflitos de nomes entre o recurso e o perfil de soldagem, o nome do perfil prevalece.

É possível atribuir propriedades personalizadas de três formas:

- **Esboço de perfil** - atribua ao esboço de perfil qualquer propriedade usada com freqüência que seja exclusiva do perfil e que o item de lista de corte correspondente ao recurso de componente estrutural deva herdar. **Descrição** é um exemplo.
- Recurso de **Soldagem** - as propriedades atribuídas ao recurso de soldagem são aplicadas a todos os itens da lista de corte. Esse recurso permite atribuir uma propriedade com valor predeterminado, o qual pode ser depois editado para cada item da lista de corte. Por exemplo, é possível adicionar a propriedade **Custo** com um valor à denominação monetária apropriada.

- **Item da lista de corte -** os itens da lista de corte herdam as propriedades personalizadas do esboço de perfil e do recurso de soldagem. É possível atribuir novas propriedades ou editar existentes. Por exemplo, você pode adicionar a propriedade **Peso** e vinculá-la às **propriedades de massa** do modelo. O estabelecimento do vínculo entre as duas permite ao aplicativo SolidWorks calcular o peso do primeiro corpo sólido no item da lista de corte. O sistema também calcula e adiciona as propriedades **COMPRIMENTO**, **Ângulo1** e **Ângulo2** aos corpos gerados pelos recursos de componente estrutural. Essas propriedades não são editáveis.

Nota

Visto que apenas o peso do primeiro item em uma pasta **Item da lista de corte** é calculado, cada pasta **Item da lista de corte** deve incluir somente itens idênticos.

Os valores atribuídos como propriedades personalizadas podem ser:

- **Constantes** - por exemplo, o **material** atribuído durante a criação do perfil de componente estrutural.
- **Derivados:**
  - Vinculados aos valores de dimensão.
  - Vinculados às propriedades de massa.

As propriedades personalizadas são necessárias para gerar uma **lista de corte** com balões associativos para uma peça com múltiplos corpos.

Para adicionar propriedades personalizadas:

1. Na pasta **Lista de corte**, clique com o botão direito do mouse em um **Item da lista de corte** e selecione **Propriedades**.

   \- ou -

   Para atribuir propriedades personalizadas ao nível mais alto de propagação, clique com o botão direito do mouse no recurso **Soldagem**.
2. Na caixa de diálogo:

- Digite ou selecione um **Nome da propriedade**.
- Digite um texto ou valor em **Valor/expressão em texto**.
- Pressione **Enter**.

3. Repita a etapa 2 como for necessário e clique em **OK**. A propriedade personalizada é adicionada.

10.4. Perfis de Soldagem Personalizados

Citamos, no início deste capítulo, que o usuário pode criar seus próprios perfis ou gerar adaptações aos já existentes, e em seguida guardá-los em local apropriado para posterior utilização.

Para criar um perfil de soldagem:

1. Abra uma nova peça.
2. Esboce um perfil, Figura 10.86. Saiba que, quando você cria um componente estrutural de soldagem usando o perfil:

- A origem do esboço se torna o **ponto de penetração** predeterminado.
- Você pode selecionar qualquer vértice ou ponto de esboço no esboço como um ponto de penetração alternativo (veja o item 10.4.1).

3. Feche o esboço.
4. Na **árvore de projeto do FeatureManager**, selecione **Esboço1**.
5. Clique em **Arquivo** → **Salvar como**.

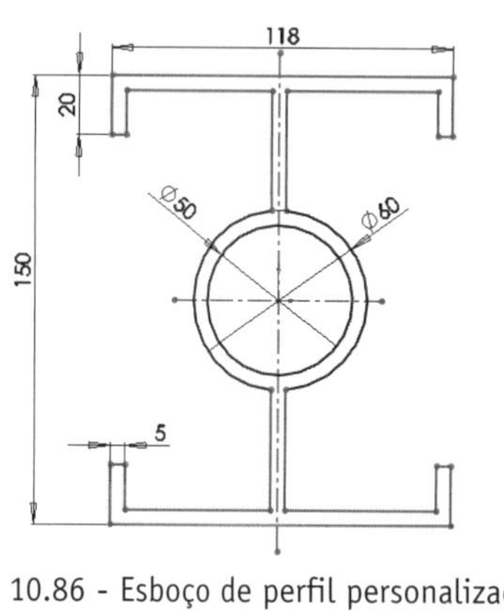

Figura 10.86 - Esboço de perfil personalizado.

6. Na caixa de diálogo:

- Em **Salvar em**, navegue até *<diretório_instalação>***\data\weldment profiles** e selecione ou crie subpastas apropriadas *<standard>* (padrão) e *<type>* (tipo).
- Em Salvar como tipo, selecione Lib Feat Part (*.sldlfp).
- Digite um nome em **Nome do arquivo.**
- Clique em **Salvar**.

Nota

O nome que você dá à peça de recurso de biblioteca é exibido na lista **Tamanho** do **PropertyManager** de **Componente estrutural** quando você cria um componente estrutural de soldagem. Por exemplo, se o nome dado ao perfil for **1x1x.125.sldlfp**, **1x1x.125** é exibido em **Tamanho.** Se o nome dado à peça for **grande.sldlfp**, **grande** aparece em **Tamanho.**

10.4.1. Ponto de Penetração do Perfil

O ponto de penetração define o local do perfil relativo ao segmento de esboço usado para criar o componente estrutural. O ponto de penetração predeterminado é a origem do esboço na peça de recurso de biblioteca de perfil. Qualquer vértice ou ponto de esboço especificado no perfil pode também ser usado como ponto de penetração.

Para alterar um ponto de penetração:

1. Clique com o botão da direita em um componente estrutural e selecione **Editar recurso**.
2. No PropertyManager, em Configurações, clique em Localizar perfil.
3. A exibição aumenta o zoom no perfil do membro estrutural.
4. Selecione quaisquer vértices ou pontos de esboço no perfil.
5. Clique em **OK**.

O perfil é deslocado para alinhar o novo ponto de penetração ao segmento de esboço de componente estrutural. As Figuras 10.87 e 10.88 exemplificam o caso.

Na Figura 10.87 é possível ver o ponto de penetração padrão de um **perfil** *Iso*; **Tipo:** *L Angle (equal);* **Tamanho:** *80x80x10mm*. Em seguida, Figura 10.89, vemos o mesmo perfil com o novo ponto de penetração definido.

Figura 10.87 - Ponto de penetração padrão do perfil.

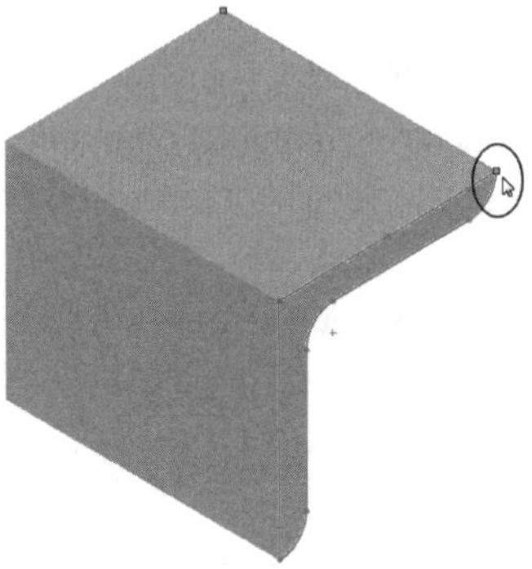

Figura 10.88 - Novo ponto de penetração.

10.4.2. Armazenamento de Perfis Personalizados na Estrutura de Pastas Existentes

Acompanhe um dos procedimentos seguintes:

- Adicione uma nova peça de perfil a qualquer pasta <**tipo**>. Por exemplo, é possível armazenar um perfil personalizado na pasta tubo quadrado, que é a subpasta da pasta **iso**.

  No **PropertyManager**, quando você selecionar **iso** em **Padrões** e **tubo quadrado** em **Tipo**, o nome da sua peça de perfil personalizado aparece como uma das seleções em **Tamanho**.
- Adicione uma nova pasta <**tipo**> a uma pasta <**padrão**> existente e armazene a peça de perfil personalizado na nova pasta <**tipo**>. Por exemplo, na pasta **iso**, crie uma pasta denominada especiais. Em seguida, armazene as peças de perfil personalizadas em especiais.

  No **PropertyManager**, quando você seleciona *iso* em **Padrões**, especiais é exibida como uma das seleções em **Tipo**. Quando se seleciona *especiais* em **Tipo**, os nomes das peças de perfil personalizadas são exibidos em **Tamanho**.
- Adicione uma nova pasta <**padrão**> à pasta **perfis de soldagem**, crie uma pasta <**tipo**> na pasta <**padrão**> e armazene a peça de perfil personalizado na pasta <**tipo**>. Por exemplo, na pasta perfis de soldagem, crie uma pasta denominada **Meus especiais**. Na pasta **Meus especiais**, crie pastas denominadas **Minha tubulação** e **Meu tubo quadrado**. Em seguida, armazene as peças de perfil personalizadas em **Minha tubulação** e em **Meu tubo quadrado**.

No **PropertyManager**, **Meus especiais** é exibida como uma das seleções em **Padrão**. Quando se seleciona **Meus especiais**, as pastas **Minha tubulação** e **Meu tubo quadrado** são exibidas em **Tipo**. Quando se seleciona **Minha tubulação** ou **Meu tubo quadrado**, os nomes das peças de perfil personalizadas são exibidos em **Tamanho**.

Se quiser armazenar seus perfis em um local separado, crie uma estrutura de pastas separada e a especifique como o local de arquivos de perfis de soldagem.

10.4.3. Armazenamento de Perfis Personalizados em Local Separado

1. No **Windows Explorer**, crie uma estrutura de pastas personalizada para seus perfis de soldagem. Crie uma pasta ***<principal>***, uma ou mais pastas ***<padrão>*** e uma ou mais pastas ***<tipo>***, conforme descrito anteriormente.

   É possível criar a pasta ***<principal>*** em qualquer local. Por exemplo, você pode criá-la em *<dir_instalacao>***dados** (onde a pasta **perfis de soldagem** predeterminada se encontra) ou em outros locais do disco rígido, em diferentes unidades de disco do sistema ou em outros computadores de uma rede.

Nota

Se você personalizar os perfis de soldagens ou criar outros, o ideal é armazená-los fora do diretório de instalação do SolidWorks. Ao executar uma instalação completa do SolidWorks, os arquivos no diretório de instalação são eliminados. Se os perfis de soldagem não estiverem armazenados nesse diretório, eles não são excluídos e ficam disponíveis para uso na nova instalação.

As peças da biblioteca de perfis devem possuir todas as propriedades personalizadas exclusivas que são usadas normalmente e que devem ser importadas para a lista de corte. Por exemplo, os perfis fornecidos com o SolidWorks 2008 têm a propriedade personalizada **Descrição.**

2. No SolidWorks, clique em **Ferramentas** → **Opções** → **Opções de sistema** → **Local de arquivo**. Selecione **Perfis de soldagem** em **Exibir pastas para**. O caminho de diretório atual dos perfis de soldagem é exibido em Pastas.
3. Clique em **Adicionar** e navegue até a pasta ***<principal>*** recém-criada.
4. Clique em **OK**. O caminho de diretório para ***<principal>*** é adicionado à lista **Pastas**.

Siga um destes procedimentos com o caminho de diretório anterior, que ainda é exibido em **Pastas**:

- Deixe o caminho de diretório anterior do jeito que está e clique em **OK**.

  Os arquivos do caminho de diretório anterior e do novo são exibidos como seleções no **PropertyManager**.

  \- ou -

- Clique no caminho de diretório anterior e em **Excluir** e depois em **OK**. O caminho de diretório anterior é excluído da caixa **Pastas** e os arquivos do caminho de diretório anterior não são exibidos como seleções no **PropertyManager**.

Na próxima vez em que criar um componente estrutural de soldagem, seus perfis personalizados serão exibidos no **PropertyManager** de **Componente estrutural**.

A Figura 10.89 ilustra um perfil de comprimento **1000mm** gerado com o esboço mostrado na Figura 10.86.

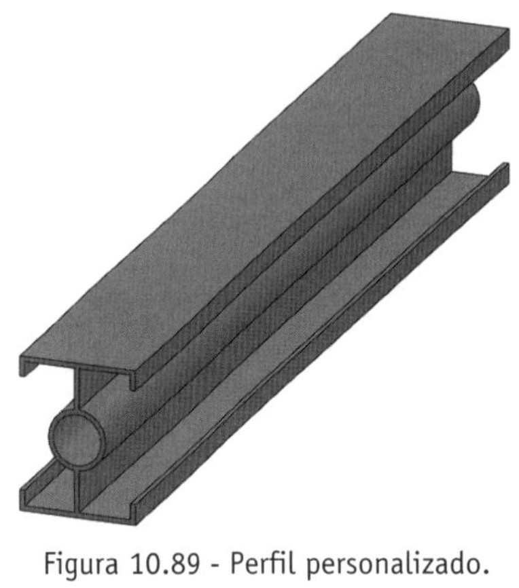

Figura 10.89 - Perfil personalizado.

10.5. Perfis de Soldagem Mesclados

Quando na aplicação de um determinado perfil é requerida uma transição direcional, por padrão o SolidWorks cria o elemento de transição, por exemplo, uma curva, como um pedaço de perfil em separado. Há, entretanto, a possibilidade de mesclar esse elemento aos de suas extremidades. A Figura 10.90 exemplifica o esboço de um caso típico. É adicionado ao esboço um perfil tubular, sem a opção **Mesclar corpos de segmento de arco**, Figura 10.91. Em seguida, edita-se o diâmetro do tubo vertical arrastando-o para fora, com o **Instant 3D** ativado. Note que somente o diâmetro dos tubos vertical e horizontal é modificado, permanecendo o diâmetro da curva o mesmo, Figura 10.92.

Abra o **PropertyManager** do perfil e ative a *checkbox* **Mesclar corpos de segmento de arco**. Repita o procedimento e observe que todo o conjunto terá seu diâmetro modificado, Figura 10.93.

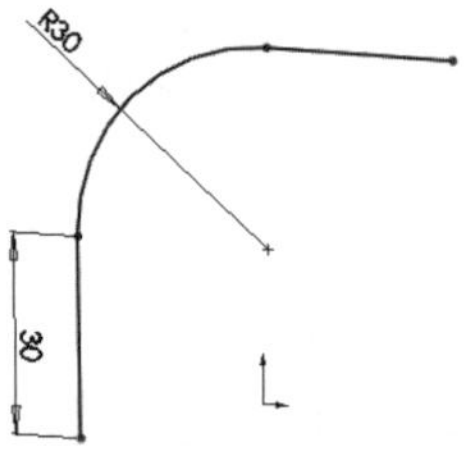

Figura 10.90 - Esboço para tubulação.

Figura 10.91 - Perfil tubular redondo.

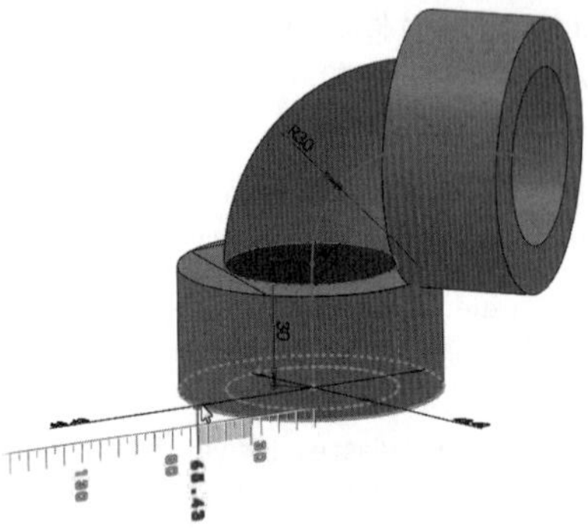

Figura 10.92 - Modificação do diâmetro sem a opção Mesclar corpos de segmento de arco.

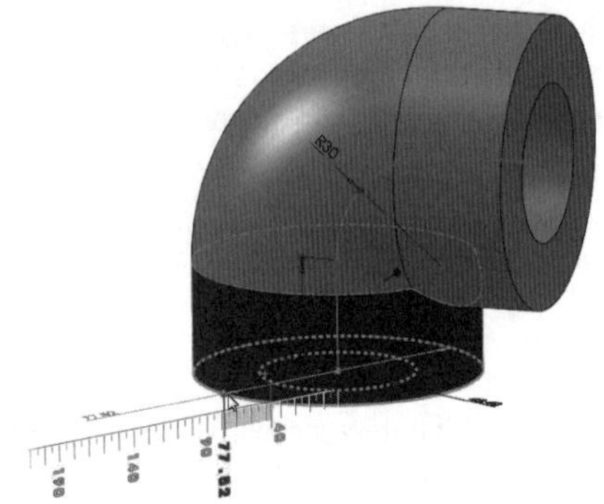

Figura 10.93 - Modificação do diâmetro com a opção Mesclar corpos selecionada.

Exercício Passo a Passo

Crie o modelo da treliça conforme as dimensões exibidas em suas vistas de detalhes, Figuras 10.94a e 10.94b.

(Tempo estimado: 120 minutos)

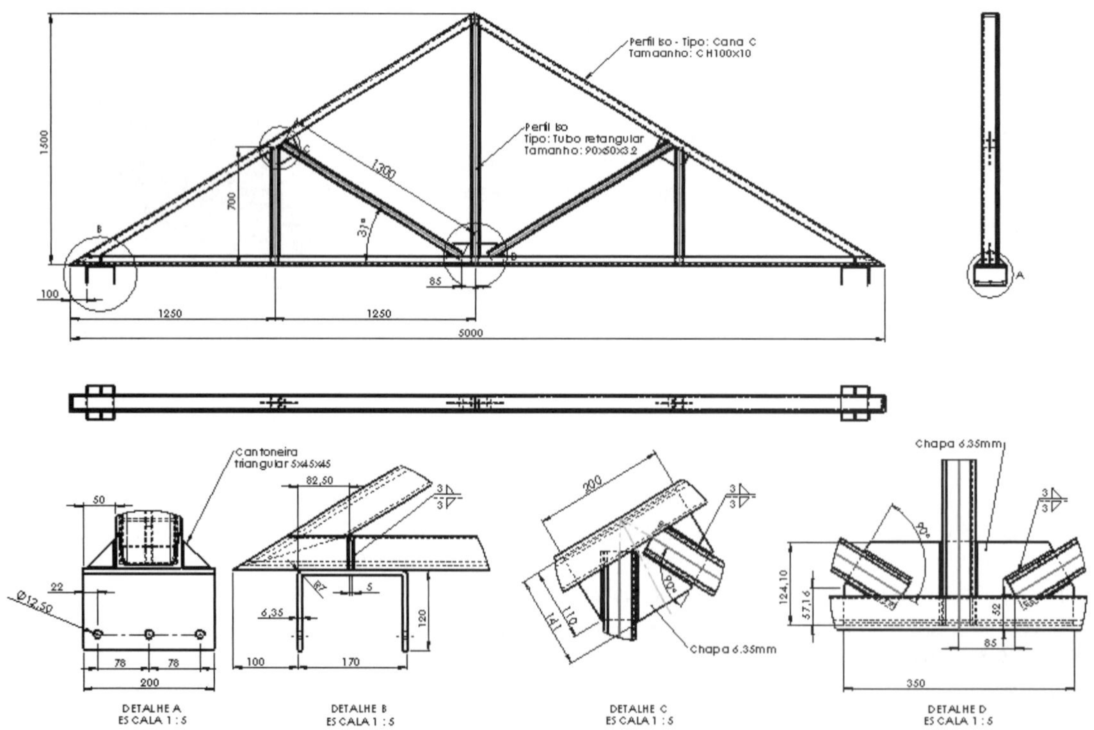

Figura 10.94a - Detalhes construtivos da treliça.

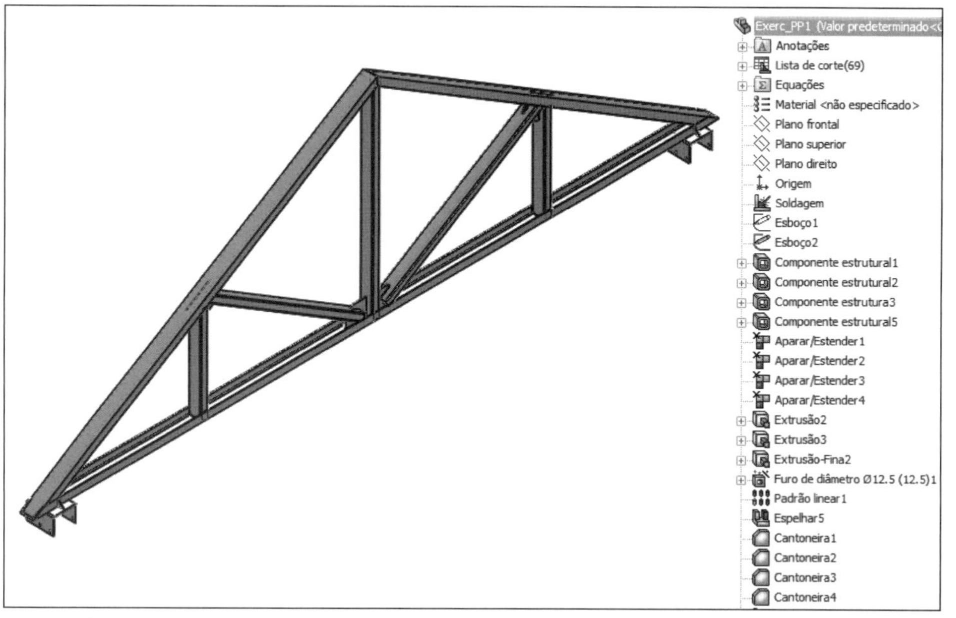

Figura 10.94b - Treliça montada e soldada, e árvore do projeto do FeatureManager.

Os seguintes passos são necessários para completar este exercício:

1. Criação de recurso base a partir de um esboço no plano frontal, como mostra a Figura 10.95.
2. Criação e dimensionamento de um segundo esboço, como mostra a Figura 10.96.
3. Aplicação de perfis específicos ao primeiro e segundo esboços, Figuras 10.97 a 10.101.
4. Criação de chapas de fixação de perfis, Figuras 10.102 e 10.109.
5. Aplicação de cantoneiras triangulares, Figuras 10.110 e 10.111.
6. Aplicação de cordões de filete, Figuras 10.112 a 10.115.

Iniciar o SolidWorks

Inicie o SolidWorks com um duplo-clique no ícone SolidWorks da tela do computador ou pelo menu Iniciar.

Fixar o Diretório de Trabalho

1. Crie no diretório **C** de seu computador, em **Meus documentos**, uma pasta que deve conter todas as subpastas referentes aos exercícios dos capítulos deste livro e nomeie-a como **EXERCLSW**.
2. Abra a pasta **EXCERCLSW** e crie a subpasta denominada **Exerc_Cap10**.
3. Todos os exercícios deste décimo capítulo devem ser salvos nessa pasta.

Iniciar um Novo Arquivo

1. Abra o SolidWorks e inicie um **Novo Arquivo**. Selecione o template **Peças**.
2. No SolidWorks, esboço e modelo são criados dentro do modo **Peça**, portanto são salvos com a mesma terminação: ***.Prt**.
3. Clique no comando **Esboço**, na barra de ferramentas, e selecione o **Plano frontal**.

Esboço do Recurso Base e Segundo Recurso

1. Selecione o **Plano frontal** como referência para plano de esboço, desenhe e dimensione o esboço conforme dados da Figura 10.95. Feche o esboço.
2. Abra um novo esboço, novamente no **Plano frontal**. Crie e dimensione as linhas, conforme a Figura 10.96.
3. Use espelhamento de esboço sobre a linha vertical central para obter as duas linhas da metade direita, não visíveis na figura.
4. Feche o esboço.

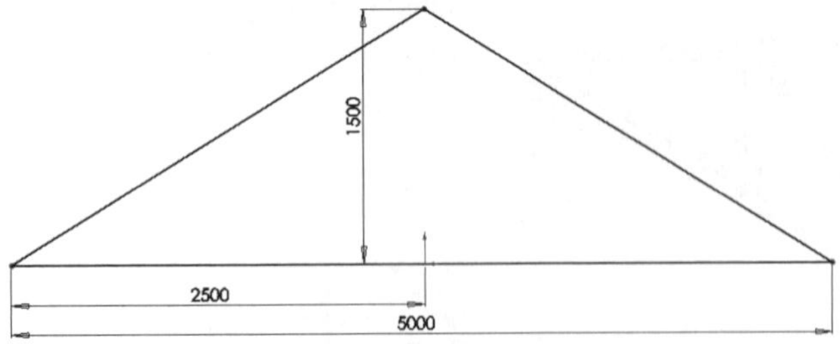

Figura 10.95 - Esboço 1.

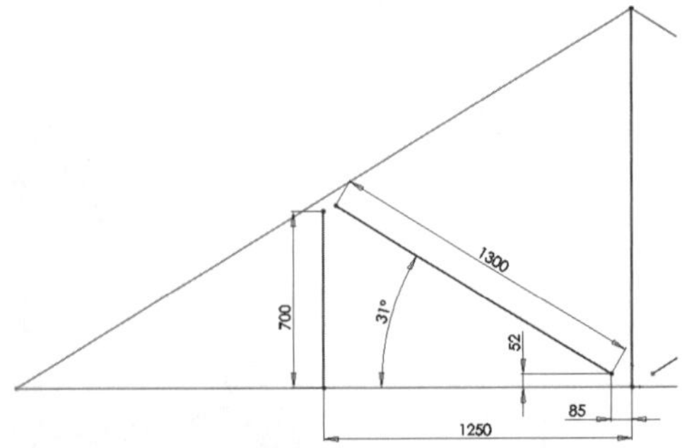

Figura 10.96 - Esboço 2.

Aplicação de Perfis aos Esboços e Aparagem

1. Aplique ao primeiro esboço o perfil *Iso* do **Tipo:** *Canal C*; **Tamanho:** *CH100x10*, Figura 10.97. O detalhe na figura mostra que o **Ponto de penetração** localiza-se no vértice posterior do perfil.
2. Clique em **Visualizar perfil**, no **PropertyManager** do comando. Um zoom mostra a imagem do perfil como na Figura 10.98. Clique no ponto central inferior do perfil para mudar o ponto de penetração para nova posição. A Figura 10.98 mostra que o ponto foi transferido para a posição central. Observe que o cursor do mouse aparece circulado, indicando a nova posição do Plano frontal.

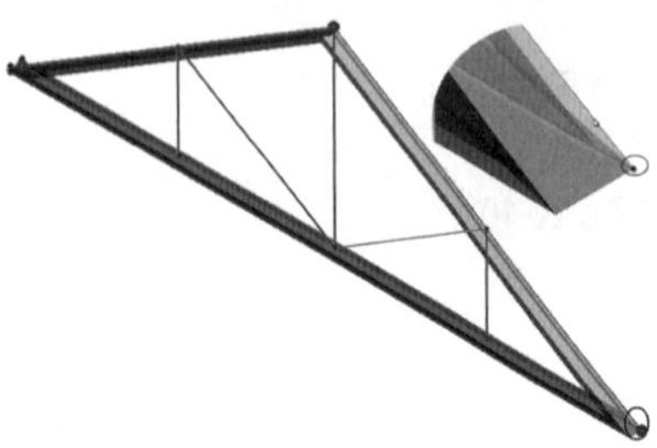

Figura 10.97 - Aplicação do perfil e visualização do Ponto de penetração.

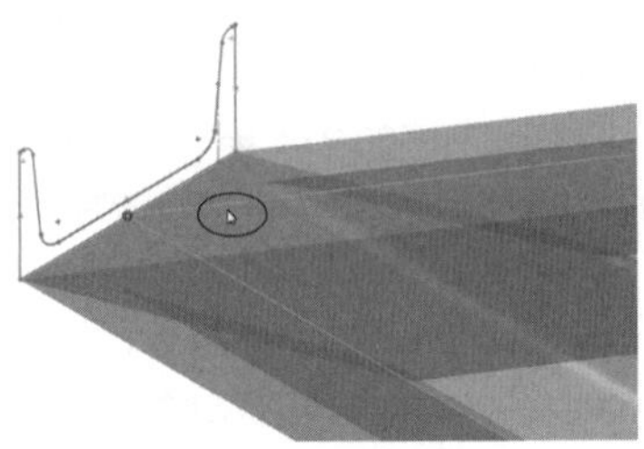

Figura 10.98 - Mudança do Ponto de penetração.

3. Selecione a ferramenta **Aparar/estender** (**CommandManager** da guia **Soldagens**) e os perfis concorrentes do canto esquerdo, como mostra a primeira imagem da Figura 10.99. Clique no ponto que aparece sobre a aresta comum a ambos. É exibida a caixa de diálogo **Tratamento de canto**, figura central.

Figura 10.99 - Aparagem do canto.

4. Selecione o botão central da caixa (**Finalizar Butt1**) e clique em **OK**. Ambos os comandos aparecem circulados na caixa de diálogo.
5. O canto é finalizado, como mostra a imagem da direita. Repita o procedimento para o canto oposto.
6. Clique em **Componente estrutural** (**CommandManager** da guia **Soldagens**) e insira no segundo esboço o perfil *Iso*; **Tipo:** *Tube (rectangular);* **Tamanho:** *90x50x3.2mm*, Figura 10.100.
7. Selecione a ferramenta **Aparar/estender** (**CommandManager** da guia **Soldagens**) e aplique a aparagem entre os três perfis concorrentes no extremo superior, como mostra a primeira imagem da Figura 10.101.
8. Aplique também a aparagem entre os outros dois perfis, sendo o tubular retangular (vertical) e a superfície interna do perfil C horizontal.

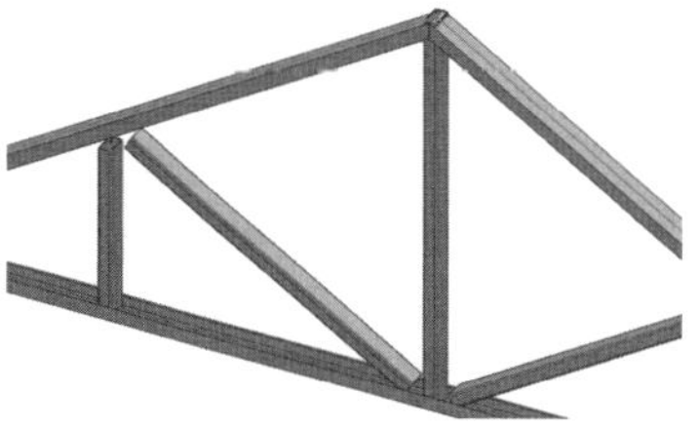

Figura 10.100 - Aplicação do perfil Tubo retangular.

Figura 10.101 - Aparagem entre os perfis C e o perfil tubular retangular central.

Chapa Superior de Fixação de Perfis

1. Em treliças soldadas, é freqüente o uso de chapas como elementos estruturais de ligação entre os perfis, para dar maior resistência e rigidez ao conjunto.
2. Focalize uma janela de zoom (**Zoom para área**) entre os três elementos superiores esquerdos da treliça, desenhe e dimensione no **Plano frontal** uma chapa de fixação, como mostra a Figura 10.102.
3. Faça a extrusão do esboço usando a opção de **Plano médio** em **Direção1**. Aplique uma profundidade de **6.35mm**. A Figura 10.103 exibe o resultado. Note que a chapa atravessa os dois perfis de tubo retangular. Na prática, ambos deveriam receber cortes da espessura da chapa nas extremidades antes da montagem.

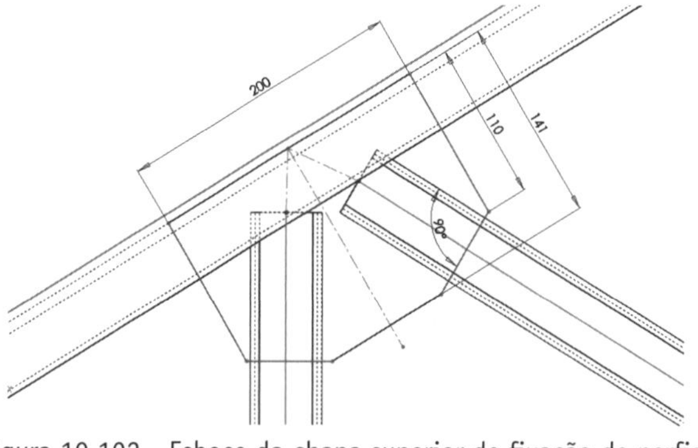

Figura 10.102 - Esboço da chapa superior de fixação de perfis.

Figura 10.103 - Extrusão do esboço da chapa.

4. Repita o procedimento para o canto oposto.

Chapa Inferior de Fixação de Perfis

1. De forma análoga à anterior, crie novamente no **Plano frontal**, na parte central inferior da treliça, uma chapa de fixação de perfis, conforme a Figura 10.104.
2. Faça a extrusão do esboço usando a opção de **Plano médio** em **Direção1**. Aplique uma profundidade de **6.35mm** (1/4 de polegada). A Figura 10.105 exibe o resultado. Essas chapas serão posteriormente soldadas na face interna do perfil C e também nos perfis tubulares retangulares.

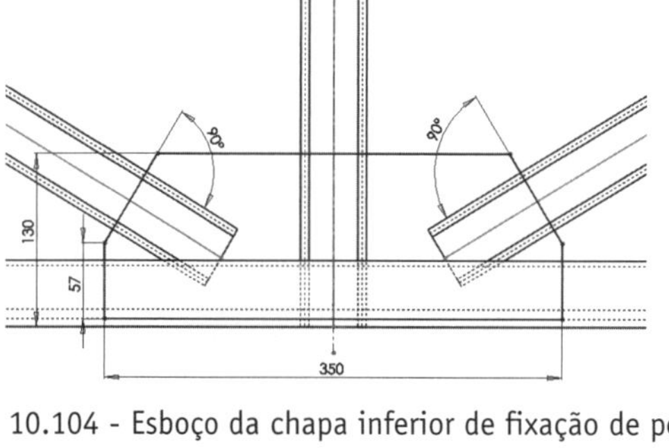

Figura 10.104 - Esboço da chapa inferior de fixação de perfis.

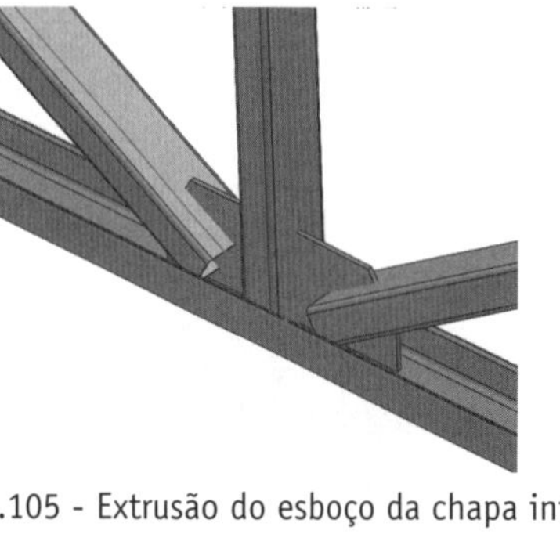

Figura 10.105 - Extrusão do esboço da chapa inferior.

U de Fixação da Treliça

1. Vamos criar na parte inferior de cada uma das extremidades da treliça uma chapa em forma de U, com perfurações laterais para fixação nas vigas de concreto de fechamento das paredes do recinto onde as treliças serão utilizadas.
2. Crie e dimensione no **Plano frontal** o esboço da chapa **U**, como mostra a Figura 10.106. Em seguida, faça a extrusão do esboço (**Extrusão fina**), com uma espessura de **6.35mm** e profundidade de **200mm**. Observe para que a extrusão da dimensão de espessura ocorra dentro do esboço e a profundidade de **200mm** seja no **Plano médio**, Figura 10.107.

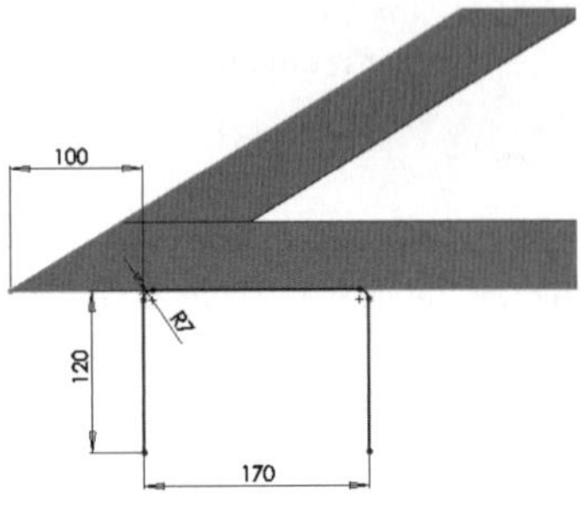

Figura 10.106 - Esboço do U de fixação da treliça.

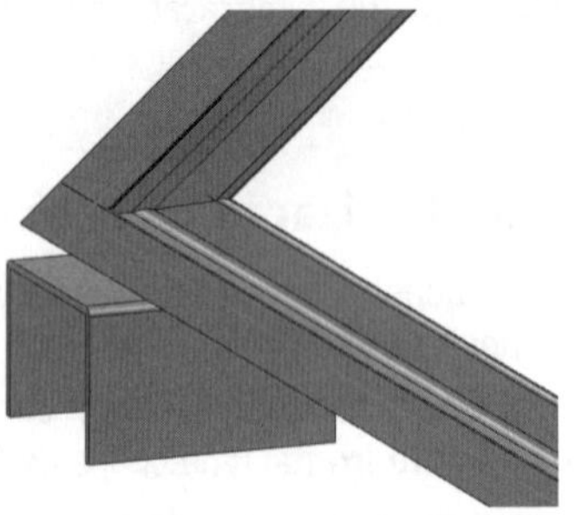

Figura 10.107 - Extrusão do U de fixação.

3. Usando o **Assistente de perfuração** (**CommandManager** da guia **Soldagens** ou **Recursos**), crie um furo passante na posição mostrada na Figura 10.108. Em seguida, estabeleça um padrão linear ao longo da aresta horizontal inferior do U, de três furos distanciados, como mostra a Figura 10.109.
4. Repita os procedimentos 1 e 2 para a extremidade oposta.

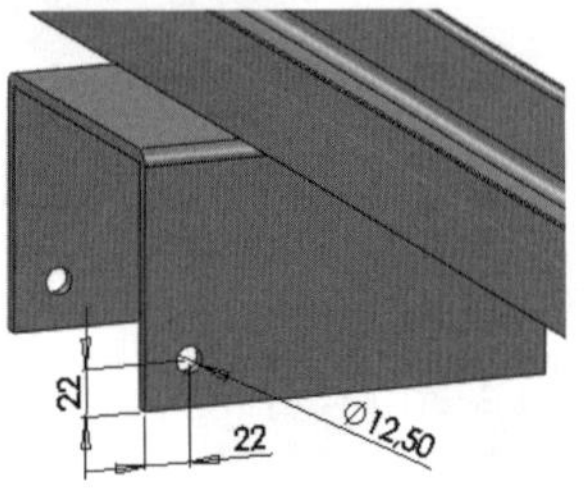

Figura 10.108 - Furo passante de fixação.

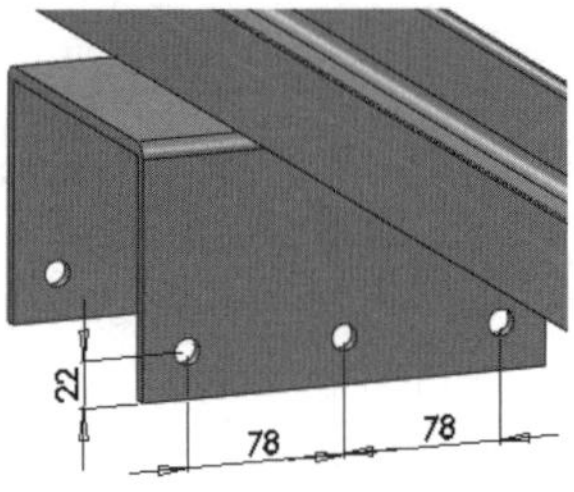

Figura 10.109 - Padronização do furo.

Aplicação e Solda de Cantoneiras de Fixação no U

1. Em virtude das condições de geometria (curvaturas do U), não é possível aplicar **Cordão de filete** diretamente entre as faces ortogonais do **perfil C** horizontal e a chapa U de fixação. Essa limitação é apenas do programa. Em uma situação real, essa operação é possível.
2. Selecione a ferramenta Cantoneira (CommandManager da guia Cantoneira) e escolha o Perfil triangular de cantoneira. Dimensione d1 e d2 como 45mm. Defina Espessura como 5mm (Ambos os lados) e como Local (Perfil localizado no ponto médio).
3. Selecione uma das faces do perfil e, em seguida, a face superior do U para aplicar à primeira cantoneira. Repita o procedimento para o lado oposto, Figura 10.110.
4. Clique na ferramenta **Cordão de filete** (**CommandManager** da guia **Soldagens**) e aplique cordão de filete de 3mm em ambos os lados de cada cantoneira, Figura 10.111. Foram usadas as opções **Lado1** e **Lado2** do **PropertyManager** de **Cordão de filete**.

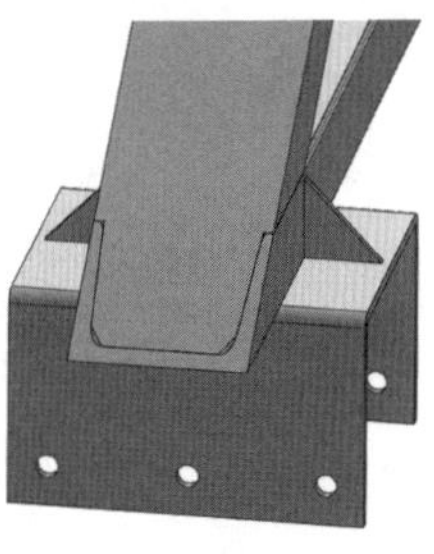

Figura 10.110 - Cantoneiras em ambos os lados.

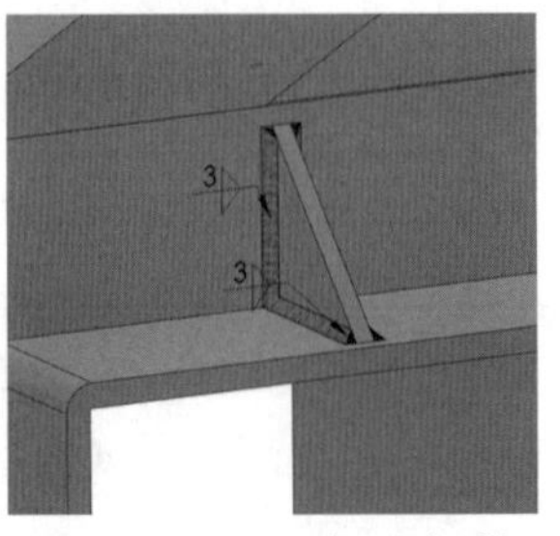

Figura 10.111 - Cordões de filete.

Solda dos Demais Elementos da Estrutura

Aplique cordões de filete de **3mm** aos demais elementos da estrutura de treliça, como mostram as Figuras 10.112 a 10.115.

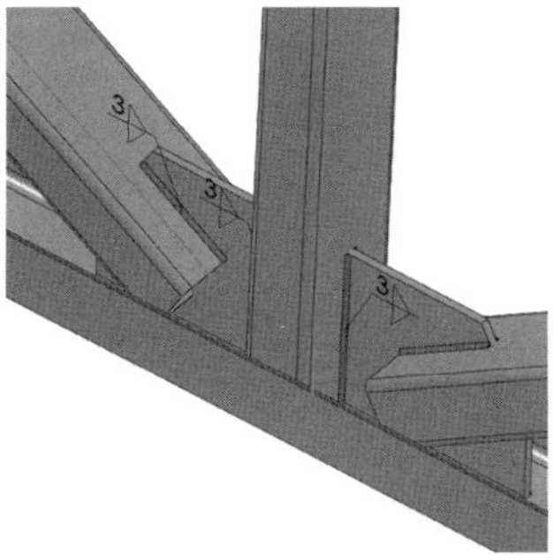

Figura 10.112 - Costura da chapa inferior de fixação dos perfis.

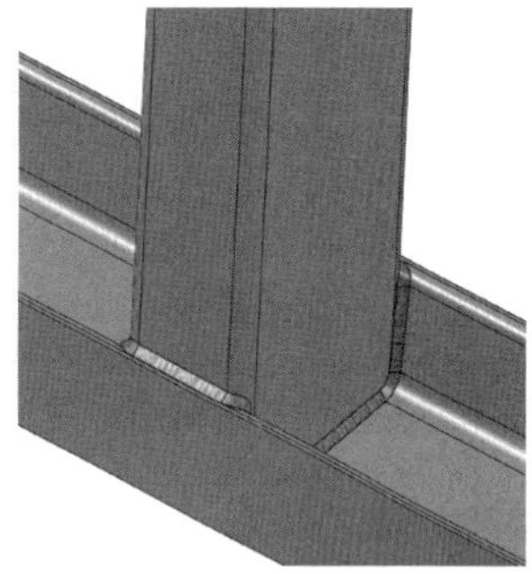

Figura 10.113 - Costura dos tubos retangulares verticais com as faces internas do perfil C horizontal.

Figura 10.114 - Costura da chapa superior de fixação dos perfis.

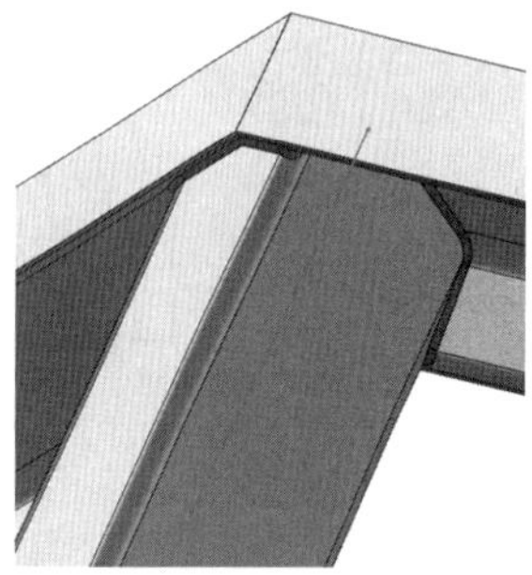

Figura 10.115 - Costura entre o perfil tubular retangular vertical central e os dois perfis C.

Salvar e Fechar o Modelo

1. Salve o arquivo na pasta **Exerc_Cap10** com o nome **Exerc_PP1**.

Questões de Revisão

1. Quais as normas internacionais cujos perfis são disponibilizados para aplicação no SolidWorks?
2. Descreva o procedimento para fazer o **download** dos demais perfis normalizados para aplicação no SolidWorks.
3. O que é **Aparagem** de um perfil?
4. Qual o procedimento para configurar, por inteiro, uma referência de **Cordão de filete**?
5. Qual o procedimento para aplicar **Tampas de extremidades** a um perfil, e que tipo de variação é possível?
6. Descreva o procedimento para criação de uma geometria de perfil e sua inclusão na pasta de perfis do tipo **Iso**.
7. Quais os tipos de **Cordão de filete** possíveis de aplicar?
8. Como se comportam os **Cordões de filete** em uma operação de espelhamento?
9. Cite duas importantes restrições quanto à aplicação de **Cordão de filete** em relação à forma das superfícies.
10. Segundo a Tabela 10.1, que informações são necessárias para definir a espessura mínima de um **Cordão de filete**?

Exercício 1

Crie o modelo conforme as dimensões exibidas em suas vistas de detalhes, Figura 10.116.

(Tempo estimado: 120 minutos)

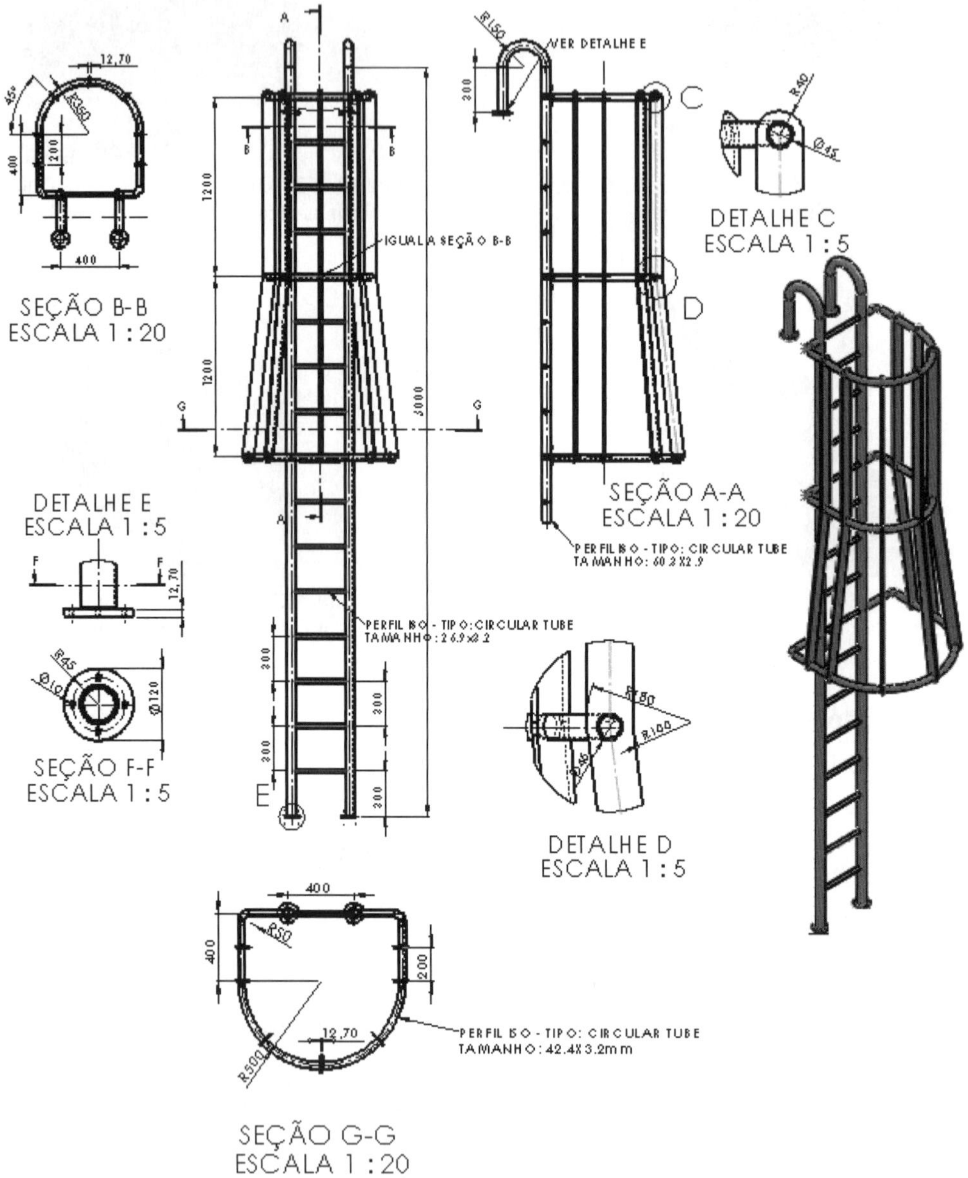

Figura 10.116 - Modelo para o exercício proposto 1.

11

PROJETOS ASCENDENTE E DESCENDENTE

A criação de um projeto mecânico, seja ele gerado em pranchetas (cada vez menos utilizadas) ou em estação de CAD3D, pode seguir uma de duas linhas de desenvolvimento:

- **Projeto ascendente** - as peças são projetadas uma a uma independentes das outras. Por exemplo, o profissional pode ter criado à mão, em uma folha de papel, um esboço totalmente dimensionado do conjunto, e então, na estação de CAD3D, criar separadamente cada um dos componentes do conjunto, seus desenhos de impressão (detalhes) e por fim a montagem do conjunto e seu respectivo desenho de montagem.
- **Projeto descendente** - as peças são projetadas no contexto, ou seja, inicia-se um desenho de montagem e criam-se as peças já em suas posições funcionais, sendo os arquivos das peças gerados automaticamente pelo sistema para posterior detalhamento em desenho de impressão. Nesse modo de projeto há ainda a possibilidade de criar o conjunto em forma de blocos que permitem movimentos (o que é chamado de estudo) e posteriormente a conversão dos blocos em componentes 3D.

Seja qual for a linha de desenvolvimento de projeto escolhida pelo usuário, a composição do conjunto somente pode ser criada no ambiente de montagem. Ao longo deste capítulo estudaremos as duas linhas de trabalho.

11.1. Ambiente de Montagem

Até este momento trabalhamos no ambiente de peças. Aprendemos a modelar componentes sólidos, superfícies, chapas ou perfis, padronizar recursos etc. Para criar montagens, precisamos trabalhar em um novo ambiente cujo acesso é por **Arquivo** → **Novo** → **Montagem**. Note que é exibida a caixa de diálogo **Novo documento do SolidWorks**, Figura 11.1. Na guia **Templates** selecione **Montagem** e clique em **OK**. É obtido acesso ao ambiente de montagem, Figura 11.2.

Figura 11.1 - Caixa de diálogo Novo documento SolidWorks.

Ao canto esquerdo é exibido o **PropertyManager Iniciar montagem** e neste, uma caixa com a seguinte mensagem:

*Selecione um componente a inserir, depois coloque-o na área de gráficos ou pressione **OK** para colocá-lo na **origem**.*

*Ou faça um projeto descendente usando um **layout com blocos**. As peças podem então ser criadas a partir dos blocos.*

Como já citado, nesse momento o usuário pode decidir se utilizará o ambiente de montagem para um projeto ascendente ou para um projeto descendente. Pode ainda definir-se pela utilização de blocos no caso da segunda opção.

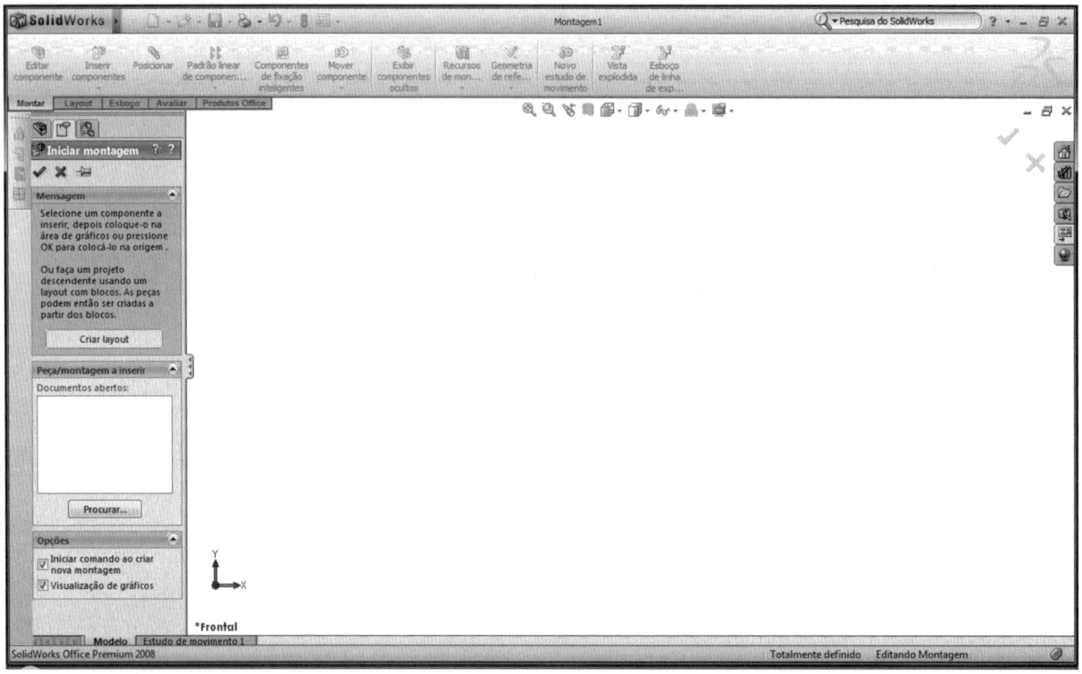

Figura 11.2 - Tela gráfica do ambiente de montagem.

11.2. Projeto Ascendente

Nos cursos de SolidWorks, é comum em seu primeiro módulo e de maior extensão (40 horas) focar apenas o projeto ascendente, embora na prática de projeto de mecanismos, o mais usual seja trabalhar com o projeto descendente.

O fato é explicado pela necessidade de, dentro desse tempo, que quando muito bem explorado pelo instrutor e ainda considerando as naturais deficiências dos alunos que pela primeira vez têm contato com o novo paradigma dos CAD3D, apresentar ao estudante as importantes ferramentas de inserção e posicionamento de componentes, compatibilidade de posicionamentos, inserção de submontagens, uso de configurações de peças etc. Até mesmo porque a estrutura de trabalho com o projeto descendente é de aprendizagem bem mais rápida.

O projeto ascendente é a técnica preferencial para peças pré-construídas e componentes-padrão, como ferragens, polias de motores etc. Essas peças não mudam de forma ou tamanho com base no projeto, a menos que você escolha outro componente.

O projeto ascendente possui a seguinte estrutura:

1. **Inserção do primeiro componente** - esse componente é conhecido como base, sem movimento relativo.
2. **Inserção dos demais componentes um a um ou submontagens** - inseridos e posicionados em relação a faces, aresta, eixos etc. do componente base ou de qualquer outro já inserido. Eles podem ter movimento relativo às suas referências.
3. **Simulação do mecanismo** - simulação cinemática do mecanismo.
4. **Criação do desenho de impressão** - desenho de montagem em formato normalizado.

11.2.1. Inserção do Primeiro Componente

O primeiro componente a ser inserido no ambiente de montagem de um projeto ascendente é o componente base. Normalmente, em se tratando de uma máquina ou dispositivo, corresponde à estrutura fixa na qual serão montados os demais componentes que podem ou não executar movimentos relativos. Depende da relação de posicionamento dada a ele durante sua inserção.

Outro fator de interesse é a posição de inserção do componente base em relação aos planos normais (frontal, direito e superior). Quando estudamos a escolha do plano de criação de um modelo e sua visualização na perspectiva, observamos a importância de uma correta escolha. No ambiente de montagem, o componente base será inserido obedecendo à mesma escolha com relação à sua criação no ambiente de peças. Esse posicionamento é fixo e somente pode ser modificado editando o plano de esboço do componente no ambiente de peças.

Nota

O SolidWorks permite que as unidades dimensionais utilizadas na montagem sejam diferentes das unidades utilizadas na modelagem dos componentes. É possível combinar componentes criados em polegadas, milímetros ou centímetros em uma montagem cujas unidades estão em pés. Entretanto, ao editar qualquer dimensão de componente no contexto da montagem, ela aparecerá na unidade da montagem. Para verificar e modificar, se desejado, as unidades dimensionais da montagem, vá a **Ferramentas** → **Opções**.

Para inserir um componente base:

1. Clique no botão de comando **Procurar**, na caixa de diálogo **Peça/montagem a inserir**, do **PropertyManager Iniciar montagem**. É exibida a caixa de diálogo **Abrir**, Figura 11.3.
2. Busque na árvore **Desktop** de seu computador a pasta e a subpasta em que os arquivos de peças dos exercícios propostos 1 a 7 do capítulo 7 foram salvos.
3. Observe para que a lista *drop-down* no canto inferior direito da caixa de diálogo esteja configurada como Peça (*prt; *slprt).
4. Selecione o componente a ser definido como base e clique em **Abrir**. É então aberta na área gráfica do ambiente de montagem a peça selecionada, Figura 11.4. Note que a peça está fixada ao cursor. Clique em **OK** para sua inserção automática na **Origem**.

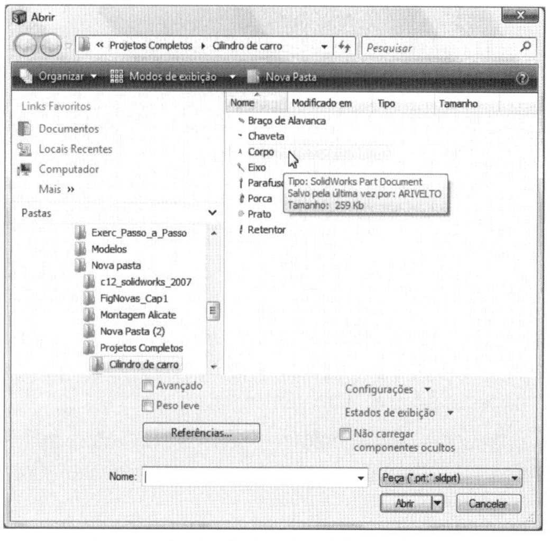

Figura 11.3 - Caixa de diálogo Abrir.

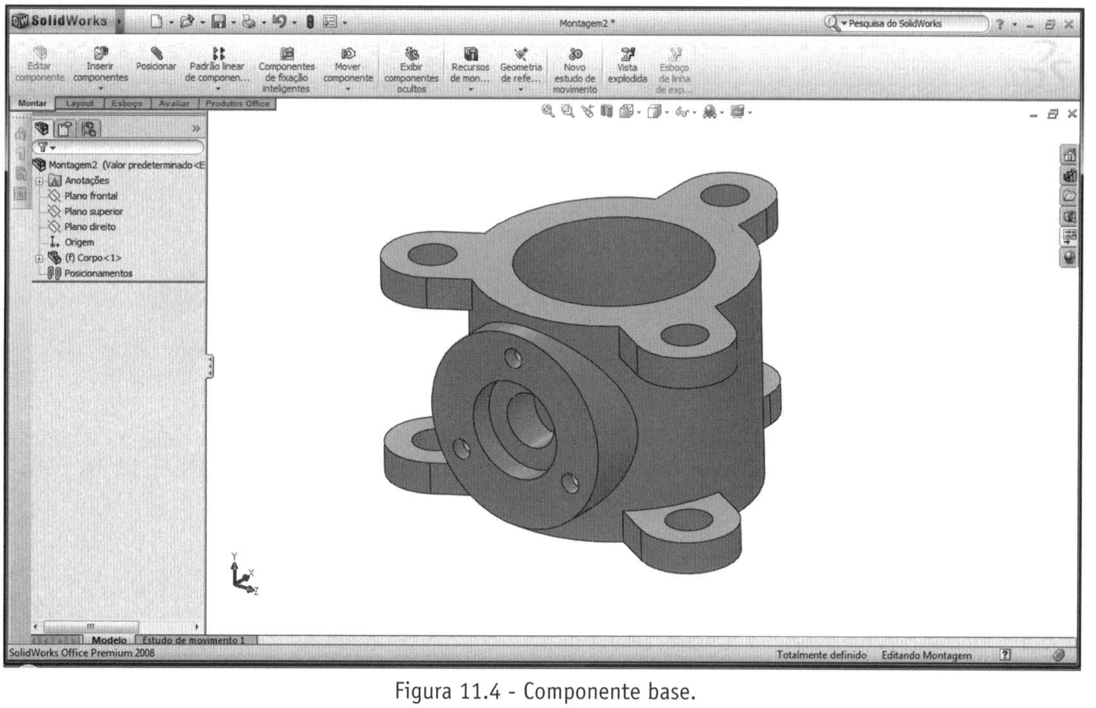

Figura 11.4 - Componente base.

Os passos seguintes consistem na inserção dos demais componentes que formarão o conjunto, a qual é feita pelo comando **Inserir componente**, logo no início do **CommandManager** da guia **Montar**, Figura 11.5. O comando apresenta uma pequena lista *drop-down* que, quando clicada, dá acesso a outras opções de inserção, Figura 11.6.

Ao clicar no comando **Inserir componente**, o **PropertyManager** de mesmo nome é exibido, como mostra a Figura 11.7. Uma caixa de mensagem é mostrada ao topo, solicitando que uma peça ou montagem (submontagem) seja selecionada. Clique em **Procurar** para acessar novamente a caixa de diálogo **Abrir**.

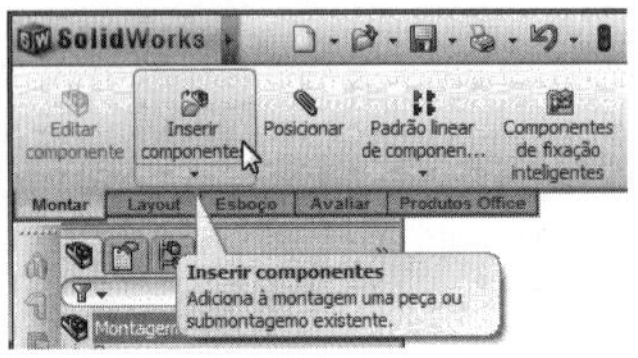

Figura 11.5 - Comando Inserir componentes.

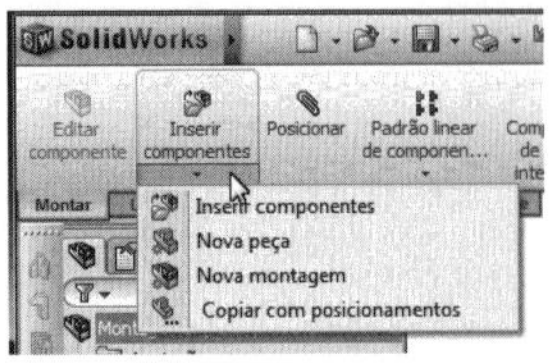

Figura 11.6 - Lista *drop-down* de opções de inserção.

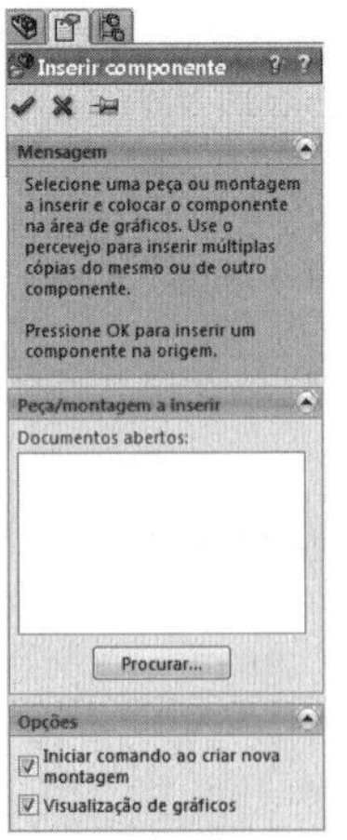

Figura 11.7 - PropertyManager Inserir componente.

Note que, ao selecionar o componente e clicar em **Abrir**, ele aparece na área gráfica, preso ao cursor do mouse e na cor amarelo translúcido. Pode ser deixado em qualquer lugar da tela ao clicar com o cursor na área gráfica, Figura 11.8. Ao clicar na tela, o componente adquire a aparência sólida.

Para melhor entendimento dos passos seguintes, aplicaremos uma **Vista de seção** ao componente base, clicando em **Exibir → Exibição → Vista de seção**. Agora é possível ver o interior do componente base, portanto a geometria do local de posicionamento do eixo, Figura 11.9.

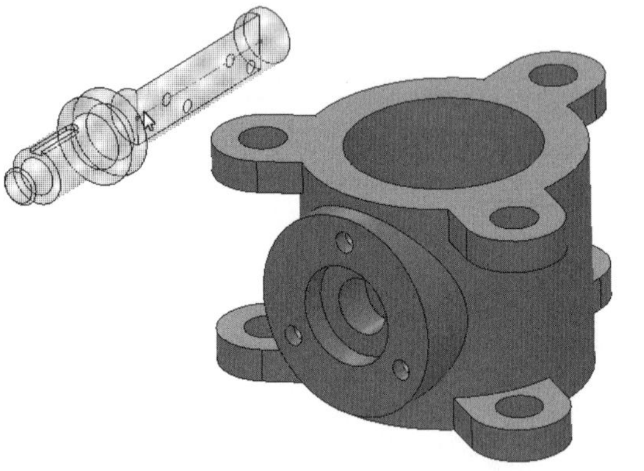
Figura 11.8 - Inserção do componente Eixo.

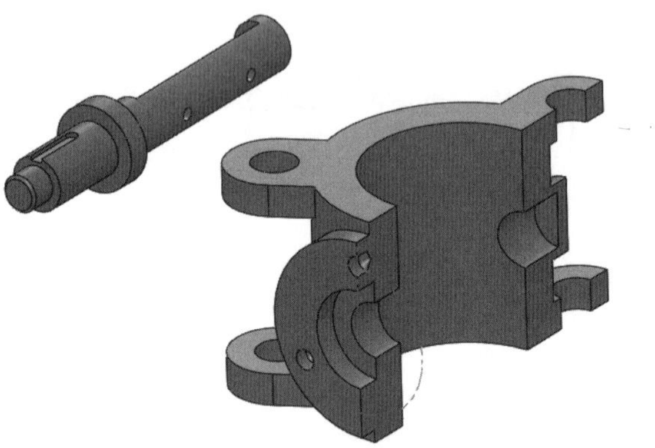
Figura 11.9 - Vista de seção aplicada ao componente base.

Os posicionamentos criam relacionamentos geométricos entre os componentes das montagens. Quando adicionamos posicionamentos, definimos as direções permitidas para o movimento linear ou rotacional dos componentes. Podemos então mover um componente dentro de seus graus de liberdade, visualizando o comportamento da montagem.

Alguns exemplos são:

- Um posicionamento coincidente força duas faces planas a se tornarem coplanares. As faces podem se mover ao longo uma da outra, mas não podem ser separadas.
- Um posicionamento concêntrico força duas faces cilíndricas a se tornarem concêntricas. As faces podem se mover ao longo do eixo comum, mas não podem ser movidas para fora desse eixo.

Os posicionamentos são resolvidos em conjunto, como um sistema. A ordem na qual adicionamos os posicionamentos não importa, pois todos são resolvidos ao mesmo tempo. É possível suprimir posicionamentos da mesma forma que se suprimem recursos.

Para posicionar o componente **Eixo** na montagem, devemos clicar no comando **Posicionar** (**CommandManager** da guia **Montar**), Figura 11.10. É exibido o **PropertyManager Posicionar**, Figura 11.11.

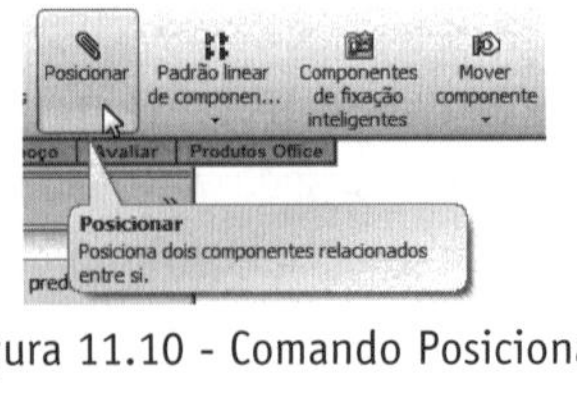

Figura 11.10 - Comando Posicionar.

O **PropertyManager Posicionar** possui duas guias de seleção, sendo a guia **Análise** e a guia **Posicionamentos**.

A guia **Análise** é uma das tantas implementações desta nova versão do SolidWorks. Quando ativada, é possível adicionar aos posicionamentos propriedades do **CosmosMotion**, que é a plataforma avançada do **SolidWorks Office Premium** para análises de **Cinemática** e **Dinâmica** de mecanismos. Entretanto, por ora, vamos nos ater somente aos comandos da guia **Posicionamentos**.

Figura 11.11 - PropertyManager Posicionar.

11.2.1.1. Seleções de Posicionamento

Esta caixa de diálogo, em sua opção-padrão (**Entidades a posicionar**), exibe as entidades selecionadas, como faces, arestas, planos etc.

Os posicionamentos criam relacionamentos geométricos, como coincidente, perpendicular, tangente, entre outros. Cada posicionamento é válido para combinações de geometria específicas. Por exemplo, a Tabela 11.1 mostra os relacionamentos geométricos possíveis de um cilindro.

Tabela 11.1 - Relacionamentos geométricos de um cilindro.

Geometria inserida: Cilindro **Par selecionado**	**Relacionamento geométrico possível entre o par**
Cilindro/Came	Tangente
Cilindro/Cone	Ângulo, Concêntrico, Paralelo, Perpendicular
Cilindro/Cilindro	Ângulo, Concêntrico, Paralelo, Perpendicular, Tangente
Cilindro/Extrusão	Ângulo, Paralelo, Perpendicular, Tangente
Cilindro/Linha	Ângulo, Coincidente, Concêntrico, Distância, Paralelo, Perpendicular, Tangente
Cilindro/Plano	Distância, Tangente
Cilindro/ Ponto	Coincidente, Concêntrico, Distância
Cilindro/Esfera	Concêntrico, Tangente
Cilindro/Aresta circular	Concêntrico, Coincidente
Cilindro/Superfície	Tangente

Existem, ainda, relacionamentos geométricos para as geometrias do tipo:

- Aresta circular ou de arco
- Curvas
- Cone
- Extrusão
- Linha
- Plano
- Ponto
- Esfera
- Superfície
- Came

O botão identificado com o ícone de *um clipe transpassado por um raio* (**Modo de posicionamento múltiplo**) dá acesso à janela **Referências de componentes** e permite posicionar vários componentes para a mesma referência, em uma única operação, Figura 11.12.

- **Referência comum** - selecione a entidade na qual deseja posicionar vários outros componentes.
- **Referências de componentes** - selecione entidades em dois ou mais componentes para adicionar à referência comum. Um posicionamento é adicionado a cada componente.
- **Criar pasta de multiposicionamentos** - selecione para agrupar os posicionamentos resultantes em uma pasta de **Multiposicionamentos**, na qual é possível alterar a referência comum, o tipo de posicionamento ou a distância em todos os posicionamentos da pasta, numa única operação. Caso contrário, uma série de posicionamentos individuais será adicionada ao modelo.

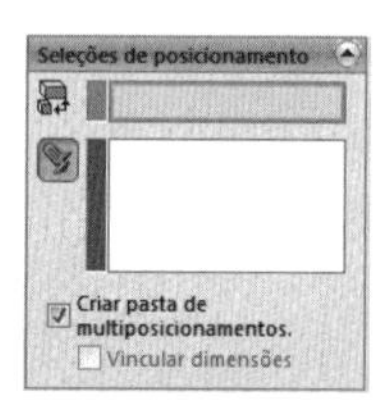

Figura 11.12 - Modo de posicionamento múltiplo.

– **Vincular dimensões** (disponível somente para posicionamentos de **Distância** e **Ângulo** em uma pasta de **Multiposicionamentos**) - selecione para vincular dimensões. O nome é variável na caixa de diálogo Valores compartilhados da pasta de multiposicionamentos.

Nota

É possível remover um posicionamento da pasta de multiposicionamentos clicando nele com o botão direito e selecionando **Remover do multiposicionamento.** Para remover todos os posicionamentos da pasta, clique com o botão direito na pasta e selecione **Dissolver multiposicionamento.** Os posicionamentos são exibidos na pasta **Posicionamentos** e não têm mais uma associação de multiposicionamento entre si.

11.2.1.2. Posicionamentos Padrão

Essa caixa de diálogo exibe as opções-padrão de posicionamento para inserção de componentes em uma montagem. Todos os tipos de posicionamento são sempre exibidos no **PropertyManager**, mas somente aqueles aplicáveis às relações atuais estão disponíveis.

- **Coincidente** - posiciona as faces, arestas e planos selecionados (combinados entre si ou com um único vértice) de modo que compartilhem o mesmo plano infinito. Posiciona dois vértices para que se toquem. As Figuras 11.13 e 11.14 exemplificam o posicionamento coincidente entre as faces selecionadas de um componente de montagem e o componente base.

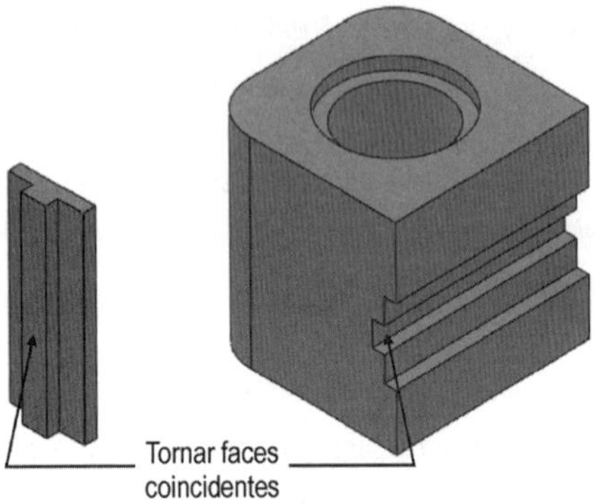

Figura 11.13 - Seleção de faces.

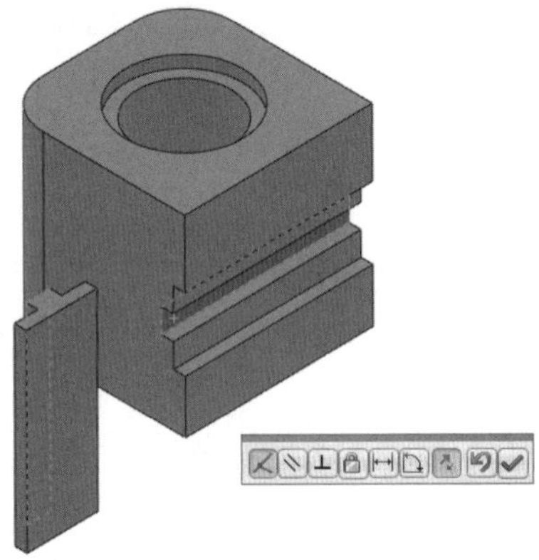

Figura 11.14 - Faces coincidentes.

Observe que a seleção da relação **Coincidente** é automática. Na maioria das vezes, o software define-se pela prioridade da relação. Assim, se em vez dessa relação fosse desejado aplicar primeiramente uma relação de **Paralelo**, seria necessário selecioná-la antes na caixa de diálogo e, posteriormente, fazer a seleção das duas faces.

Antes da confirmação final do comando, uma barra de relações de posicionamentos possíveis às duas faces selecionadas é exibida temporariamente para o caso de o usuário modificar a relação definida automaticamente, ou a de sua primeira escolha.

Para aceitar a relação, clique em **OK**. É criada a relação de posicionamento Coincidente entre as duas faces selecionadas, a qual é exibida na caixa de diálogo **Posicionamentos**, do **PropertyManager** do comando, Figura 11.15.

Para remover o posicionamento, selecione-o, clique no botão direito do mouse para acessar o menu de atalhos e selecione a opção **Excluir**. A seleção do posicionamento também permite sua edição.

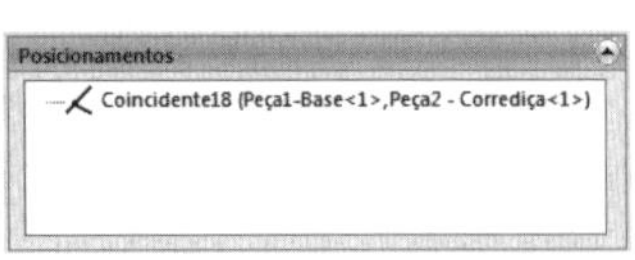

Figura 11.15 - Caixa de diálogo Posicionamentos.

A Tabela 11.2 exibe as possibilidades de aplicação da relação Coincidente entre diferentes geometrias:

Tabela 11.2 - Combinações possíveis de aplicação da relação Coincidente.

	Came	Aresta circular de arco	Cone	Curva	Cilindro	Extrusão	Linha	Plano	Ponto	Esfera	Superfície
Came	-	-	-	-	-	-	-	-	Sim	-	-
Aresta circular de arco	-	Sim	Sim	-	Sim	-	-	Sim	-	-	-
Cone[1]	-	Sim	Sim	-	-	-	-	-	Sim	-	-
Curva[2]	-		-	-	-	-	-	-	Sim	-	-
Cilindro	-	Sim	-	-	-	-	Sim	-	Sim	-	-
Extrusão[3]	-		-	-	-	-	-	-	Sim	-	-
Linha	-		-	-	Sim	-	Sim	Sim	Sim	-	-
Plano	-	Sim	-	-	-	-	Sim	Sim	Sim	-	-
Ponto	Sim	-	Sim	Sim	Sim	Sim	Sim	Sim	Sim	Sim	Sim
Esfera			-	-	-	-	-	-	Sim	-	-
Superfície			-	-	-	-	-	-	Sim	-	-

[1] Os posicionamentos entre dois cones precisam usar cones do mesmo meio ângulo.

[2] Curva de uma única entidade, como arco, spline ou hélice.

[3] Extrusão refere-se à única face de um recurso de sólido ou de superfície extrudado. Não são permitidas extrusões com inclinação.

- **Paralelo** - posiciona os itens selecionados de modo que permaneçam a uma distância constante um do outro. As Figuras 11.16 e 11.17 exibem o mesmo exemplo para a relação Paralelo. Note que a corrediça continua posicionada, porém atrás do componente base, ficando, entretanto, as faces selecionadas paralelas.

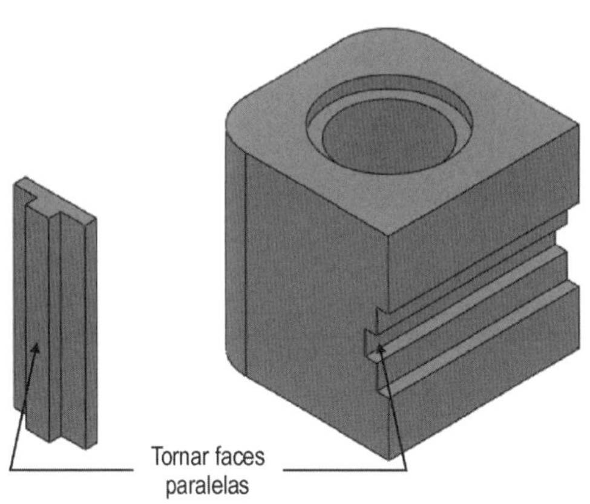

Figura 11.16 - Seleção de faces.

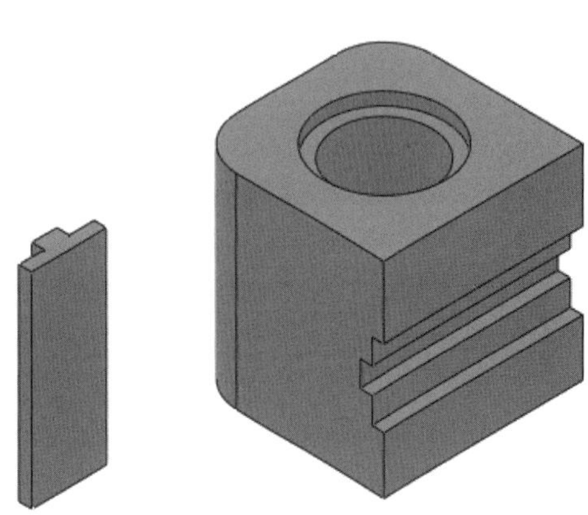

Figura 11.17 - Faces paralelas.

A Tabela 11.3 exibe as possibilidades de aplicação da relação Paralelo entre diferentes geometrias:

Tabela 11.3 - Combinações possíveis de aplicação da relação Paralelo.

	Cone	Cilindro	Extrusão	Linha	Plano
Cone	Sim	Sim	Sim	Sim	-
Cilindro[1]	Sim	Sim	Sim	Sim	-
Extrusão[2]	Sim	Sim	Sim	Sim	-
Linha	Sim	Sim	Sim	Sim	Sim
Plano	-	-	-	-	Sim

[1] Refere-se ao eixo do cilindro.

[2] Refere-se a uma única face de um recurso sólido ou de superfície extrudado. Não são permitidas extrusões com inclinação.

- **Perpendicular** - posiciona os itens selecionados em um ângulo de 90° em relação um ao outro.

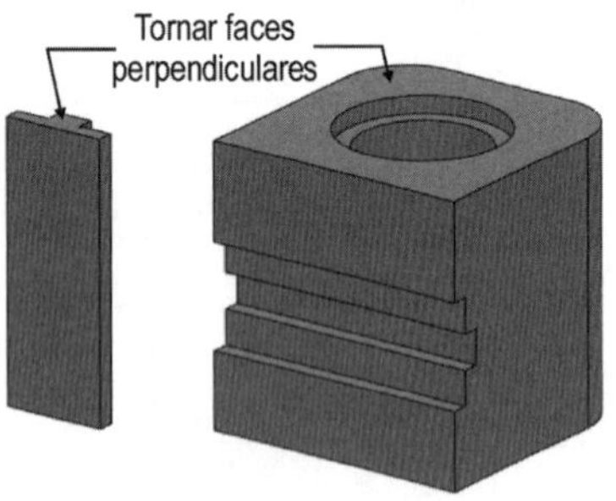

Figura 11.18 - Seleção de faces.

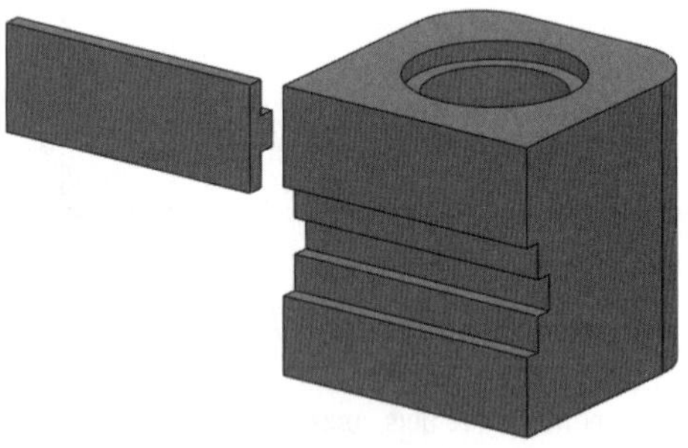

Figura 11.19 - Faces perpendiculares.

A Tabela 11.4 exibe as possibilidades de aplicação da relação Perpendicular entre diferentes geometrias:

Tabela 11.4 - Combinações possíveis de aplicação da relação Perpendicular.

	Cone	Cilindro	Extrusão	Linha	Plano
Cone	Sim	Sim	Sim	Sim	-
Cilindro[1]	Sim	Sim	Sim	Sim	-
Extrusão[2]	Sim	Sim	Sim	Sim	-
Linha	Sim	Sim	Sim	Sim	Sim
Plano	-	-	-	-	Sim

[1] Refere-se ao eixo do cilindro.

[2] Refere-se a uma única face de um recurso sólido ou de superfície extrudado. Não são permitidas extrusões com inclinação.

- **Tangente** - posiciona os itens selecionados tangentes entre si (pelo menos uma seleção precisa ser face cilíndrica, cônica ou esférica).

  A Tabela 11.5 exibe as possibilidades de aplicação da relação **Tangente** entre diferentes geometrias. As Figuras 11.20 e 11.21 exemplificam uma aplicação desta relação.

Tabela 11.5 - Combinações possíveis de aplicação da relação Tangente.

	Came	Cone	Curva	Cilindro	Extrusão	Linha	Plano	Ponto	Esfera	Superfície
Came	-	-	-	-	-	-	-	Sim	-	-
Cone	-	Sim	-	-	-	-	-	Sim	-	-
Cilindro	-	-	-	-	-	Sim	-	Sim	-	-
Extrusão[1]	-	-	-	-	-	-	-	Sim	-	-
Linha	-	-	-	Sim	-	Sim	Sim	Sim	-	-
Plano	-	-	-	-	-	Sim	Sim	Sim	-	-
Esfera		-	-	-	-	-	-	Sim	-	-
Superfície		-	-	-	-	-	-	Sim	-	-

[1] Refere-se a uma única face de um recurso de sólido ou de superfície extrudado. Não são permitidas extrusões com inclinação.

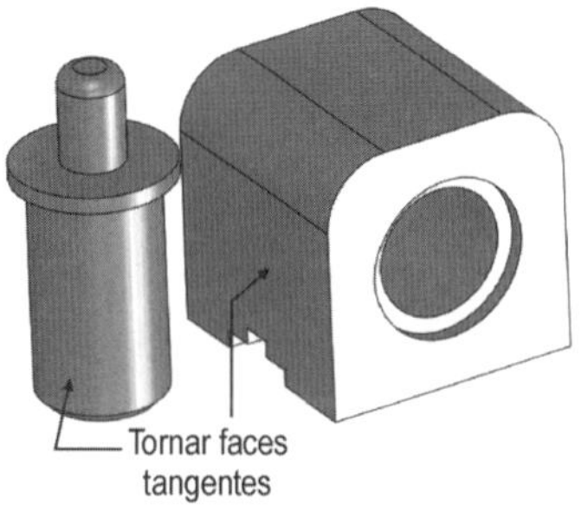

Figura 11.20 - Seleção de faces.

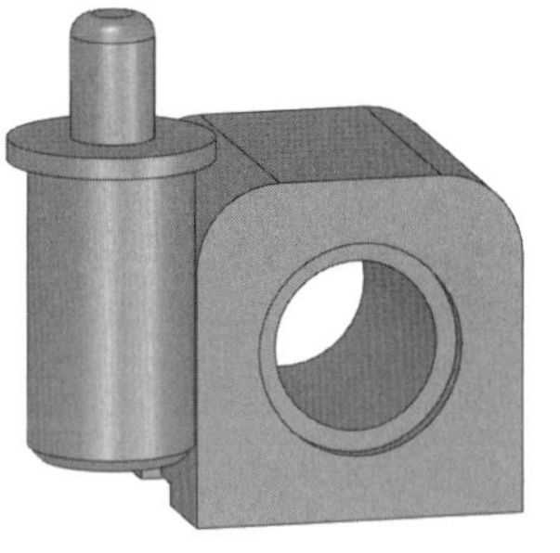

Figura 11.21 - Faces tangentes.

- **Concêntrico** - posiciona as seleções de modo que elas compartilhem a mesma linha de centro. Algumas vezes se faz necessário aplicar com essa relação a opção **Alinhado** em (**Alinhamento do**), última opção de relação da caixa de **Posicionamentos padrão**, para inverter o sentido do componente de montagem.

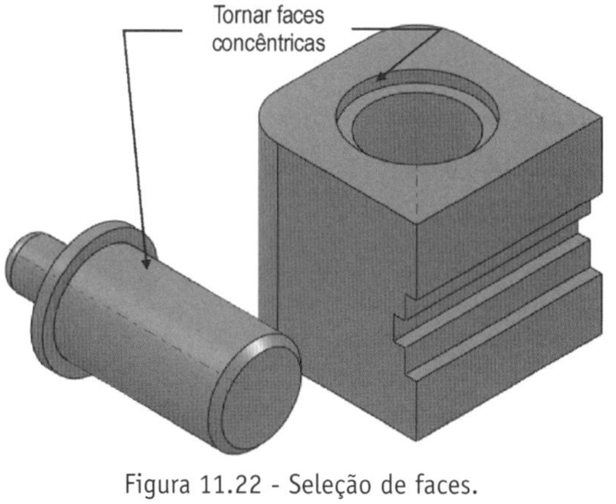

Figura 11.22 - Seleção de faces.

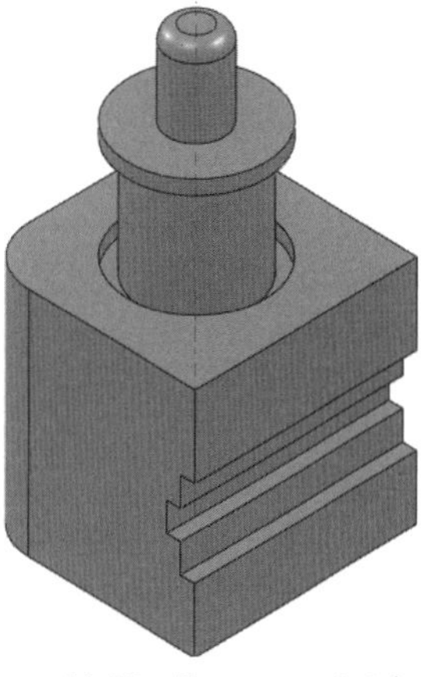

Figura 11.23 - Faces concêntricas.

A Tabela 11.6 exibe as possibilidades de aplicação da relação Concêntrico entre diferentes geometrias:

Tabela 11.6 - Combinações possíveis de aplicação da relação Concêntrico.

	Aresta circular de arco	Cone	Cilindro	Linha	Ponto	Esfera
Aresta circular de arco	Sim	Sim	Sim	Sim	-	-
Cilindro	Sim	Sim	Sim	Sim	Sim	-
Cone	Sim	Sim	Sim	Sim	Sim	Sim
Linha	Sim	Sim	Sim	-	-	Sim
Ponto	-	Sim	Sim	-	-	Sim
Esfera	-	-	-	Sim	Sim	Sim

- **Bloquear** - mantém a posição e a orientação entre dois componentes. Os componentes são totalmente restritos um em relação ao outro. O posicionamento **Bloqueio** produz o mesmo efeito que seria obtido se fosse criada uma submontagem rígida entre os dois componentes.
- **Distância** - posiciona os itens selecionados com a distância especificada entre eles. É possível adicionar posicionamentos de distância entre as combinações de elementos apresentadas na Tabela 11.7. Você precisa digitar um valor de distância na caixa **Distância** do **PropertyManager de Posicionamento**. O valor-padrão é a distância atual entre as entidades selecionadas. As Figuras 11.24 e 11.25 exemplificam a relação de distância entre duas faces selecionadas configurada para **5mm**.

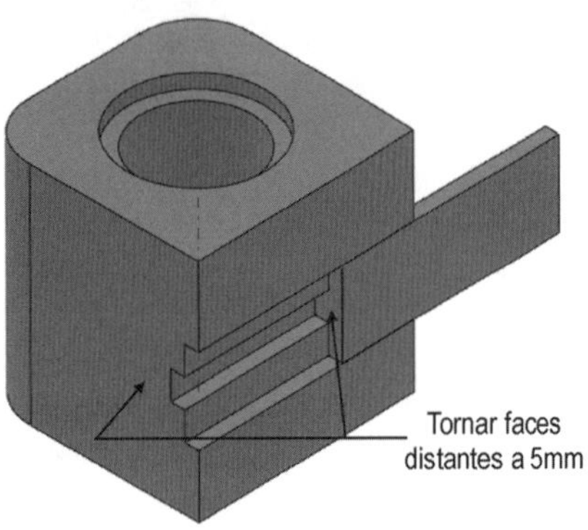

Figura 11.24 - Seleção de faces.

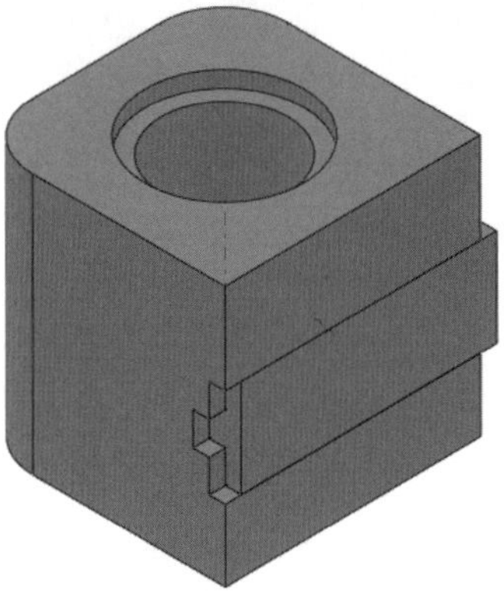

Figura 11.25 - Faces distantes a 5mm.

A Tabela 11.7 exibe as possibilidades de aplicação da relação Distância entre diferentes geometrias:

Tabela 11.7 - Combinações possíveis de aplicação da relação Distância.

	Cone	Curva	Cilindro	Linha	Plano	Ponto	Esfera
Cone[1]	Sim	-	-	-	-	-	-
Curva[2]	-	-	-	-	-	Sim	-
Cilindro	-	-	Sim	Sim	Sim	Sim	-
Linha[3]	-	-	Sim	Sim	Sim	Sim	Sim
Plano	-	-	Sim	Sim	Sim	Sim	Sim
Ponto	-	Sim	Sim	Sim	Sim	Sim	Sim
Esfera	-	-	-	Sim	Sim	Sim	Sim

[1] Os posicionamentos entre dois cones precisam usar cones do mesmo meio ângulo.
[2] Curva de uma única entidade, como arco, spline ou hélice.
[3] Linha também pode referir-se ao eixo nessa instância.

- **Ângulo** - torna possível adicionar um posicionamento em ângulo entre as combinações mostradas a seguir. É necessário digitar o valor do ângulo na caixa **Ângulo** do **PropertyManager** de **Posicionamento**. O valor-padrão é o ângulo atual entre as entidades selecionadas.

Tabela 11.8 - Combinações possíveis de aplicação da relação Ângulo.

	Cone	Cilindro	Extrusão	Linha	Plano
Cone	Sim	Sim	Sim	Sim	-
Cilindro[1]	Sim	Sim	Sim	Sim	-
Extrusão[2]	Sim	Sim	Sim	Sim	-
Linha	Sim	Sim	Sim	Sim	-
Plano	-	-	-	-	Sim

[1] Refere-se ao eixo do cilindro.

[2] Refere-se a uma única face de um recurso sólido ou de superfície extrudado. Não são permitidas extrusões com inclinação.

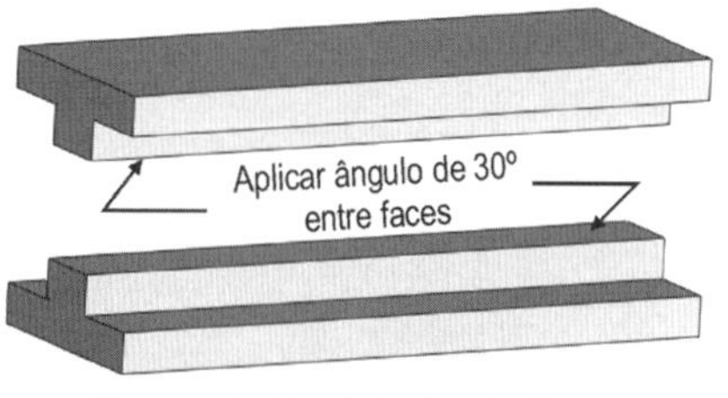

Figura 11.26 - Seleção de faces.

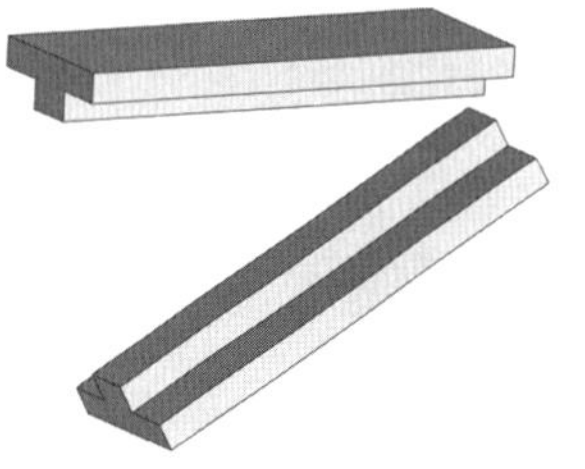

Figura 11.27 - Faces em ângulo de 30°.

- **Alinhamento do posicionamento** - apresenta duas opções que tornam possível alternar o **alinhamento do posicionamento** como necessário. As condições de alinhamento para um posicionamento são:
  - **Alinhado** - os vetores normais as faces apontam na mesma direção.
  - **Antialinhado** - os vetores normais as faces selecionadas apontam em direções opostas.

  Com essas duas opções é possível, quando necessário, inverter a direção de um **componente**. A Figura 11.28 mostra uma situação em que a corrediça está incorretamente posicionada para a montagem no componente base. Ao usar novamente o comando Coincidente para a face do fundo do canal do componente base e a face externa do ressalto do componente de montagem, a opção **Antialinhado** fica disponível na caixa de diálogo. Ao pressioná-la, o componente de montagem tem seu posicionamento corrigido, Figura 11.29.

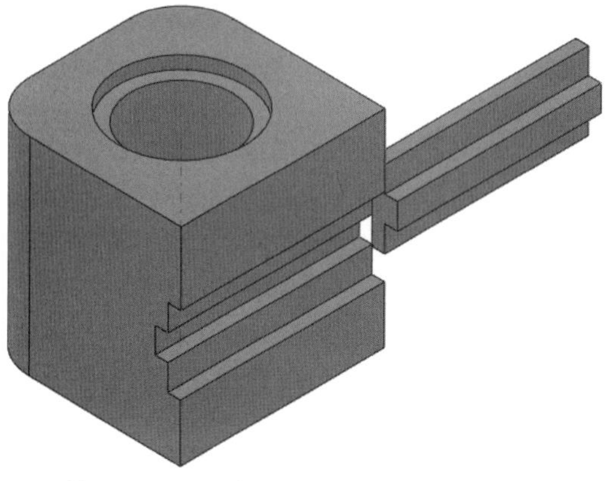

Figura 11.28 - Componente de montagem incorretamente alinhado.

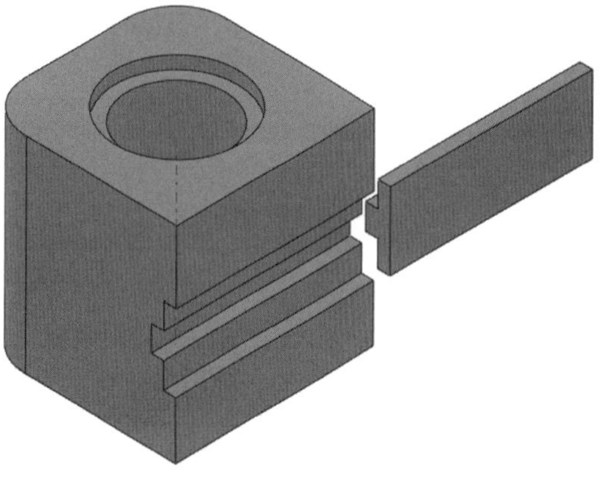

Figura 11.29 - Alinhamento do posicionamento.

Nota

Para recursos cilíndricos, o vetor do eixo (que você não pode ver ou determinar) está alinhado ou antialinhado. Clique em **Alinhado** ou **Antialinhado** para obter o alinhamento de que precisa.

Com essas relações de posicionamentos, podemos retomar a montagem do eixo e das demais peças do conjunto cujo componente base foi mostrado na Figura 11.4. Na seqüência, na Figura 11.9, precisamos de duas relações de posicionamento para definir totalmente a montagem do eixo no componente base.

A seguinte regra deve ser sempre lembrada pelo usuário a respeito da quantidade de relações de posicionamento utilizada:

- **Uma relação de posicionamento** - o componente está *subdefinido*.
- **Duas relações de posicionamento** - o componente está *definido* se precisar de movimento, entretanto, se precisar de montagem fixa, está *subdefinido*.
- **Três relações de posicionamento** - o componente está *definido* se precisar de montagem fixa, entretanto, está *sobredefinido* se precisar de movimento.

1. Clique na ferramenta **Posicionar** (**CommandManager** da guia **Montar**), selecione a face circular frontal do anel de assentamento do eixo e a face circular interna da parede do furo de assentamento do anel do eixo no componente base. Por padrão, é atribuída uma relação **coincidente**.
2. Clique em **OK** para confirmar.
3. Repita o comando e selecione as duas faces indicadas para aplicação de uma relação **concêntrica**. Observe que o eixo será posicionado dentro do componente base. Se você clicar com o cursor do mouse na face externa do eixo, será possível girá-lo para os dois sentidos, entretanto não será possível deslocá-lo no sentido axial.

As Figuras 11.30 e 11.31 ilustram a seleção das faces e o posicionamento do eixo no componente base.

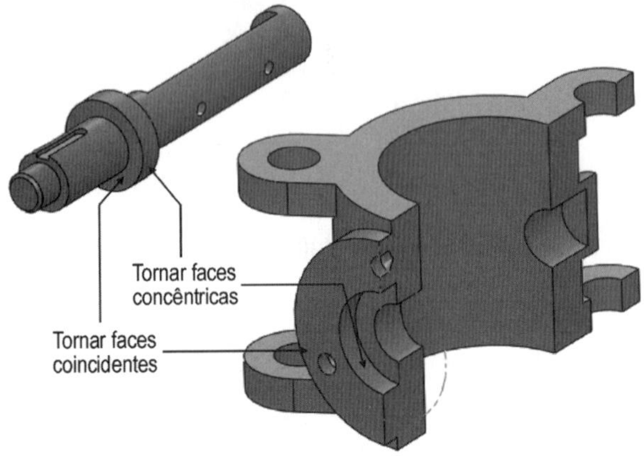

Figura 11.30 - Faces selecionadas (um par por vez).

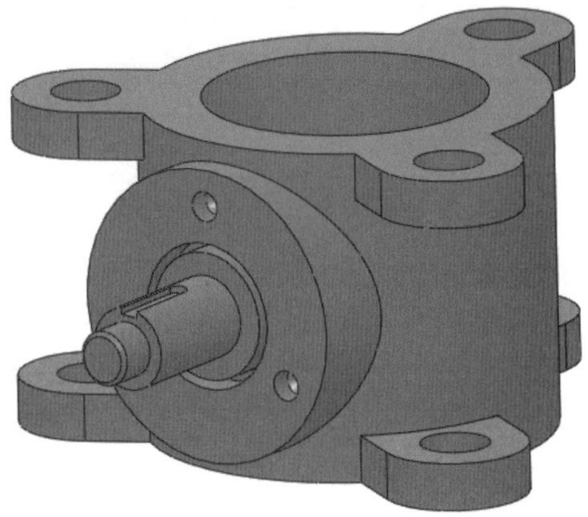

Figura 11.31 - Eixo montado.

O próximo componente a ser inserido nesta montagem é um retentor, incluído na área gráfica da mesma forma que foi o eixo. O retentor precisa também de duas relações de posicionamento. Entretanto, usaremos duas relações de concentricidade, uma entre o furo central do retentor e outra entre um dos furos de fixação do retentor e um dos furos de fixação no componente base. Assim mantemos o posicionamento concêntrico do retentor e permitimos sua mobilidade axial, além de assegurarmos a posição de montagem dos parafusos.

4. Aplique as relações às faces indicadas (um par por vez), como mostram as Figuras 11.32 e 11.33.

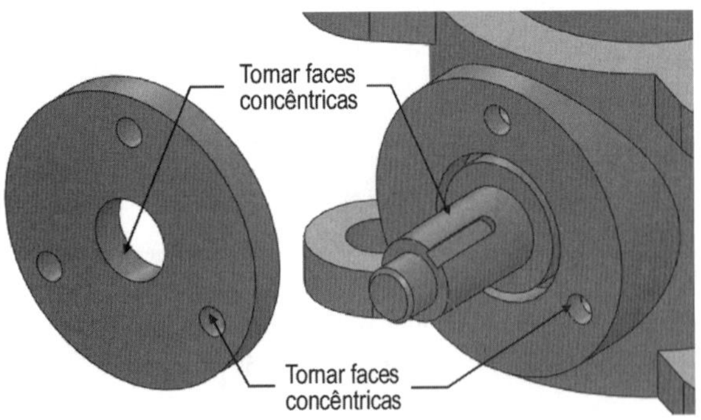

Figura 11.32 - Faces selecionadas (um par por vez).

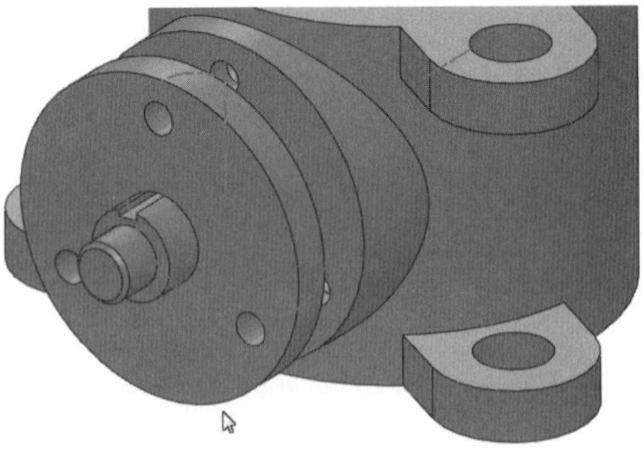

Figura 11.33 - Retentor montado.

O retentor pode ser deslocado no sentido axial para as duas direções e não pode ser girado sobre o eixo. Porém, ao ser deslocado para trás, ele penetra o componente base. Se desejado, pode ser aplicada uma relação **Coincidente** entre as duas faces, resultando, porém, na completa imobilização do retentor, como se estivesse colado ao componente básico, evitando a interpenetração das peças.

5. O componente a ser montado em seguida é a **chaveta do eixo** (que não faz parte dos componentes de exercício do capítulo de origem das demais. Foi criada com erro de dimensão para produzir interferência). Depois de inserida na área gráfica, selecione as faces conforme ordem de indicação numérica.
6. Primeiramente tornamos as faces laterais paralelas (referência 1), em seguida selecionamos a face inferior da chaveta e a face inferior do rasgo no eixo (referência 2). A chaveta fica em posição coincidente, porém ainda fora do rasgo.
7. A inclusão de mais uma relação coincidente (referência 3) posiciona a chaveta em seu local de montagem. Assim, selecionamos a face frontal da chaveta e a face frontal do escalonamento do eixo. Observe que a chaveta se posiciona automaticamente em seu local de montagem, ficando ali fixa.

As Figuras 11.34 e 11.35 ilustram essas seleções e a montagem.

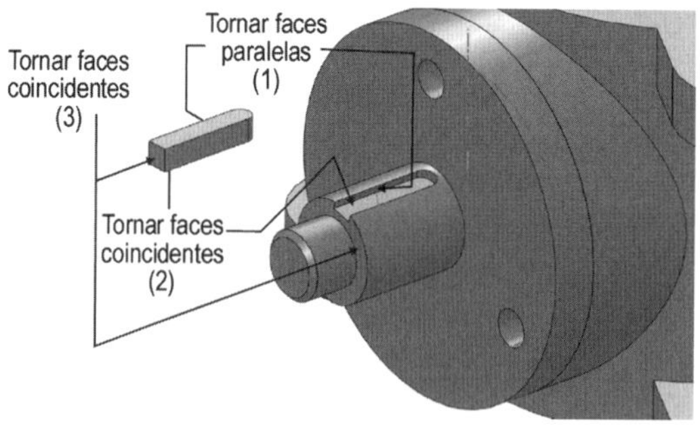

Figura 11.34 - Faces selecionadas (um par por vez).

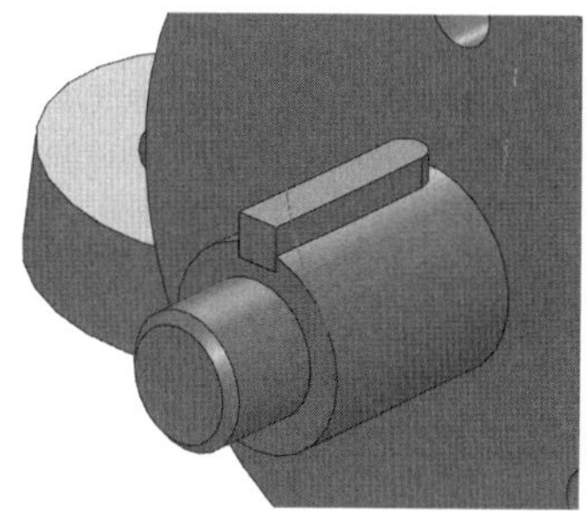

Figura 11.35 - Chaveta montada.

A fase seguinte consiste na montagem dos três parafusos de fixação do retentor, portanto devemos inserir no ambiente gráfico apenas um parafuso, pois os demais serão replicados por padrão. O SolidWorks permite a criação de padrões também no ambiente de montagem.

8. Posicionemos primeiramente o parafuso em um dos furos de montagem do retentor, as faces concêntricas (referência 1) e as faces coincidentes (referência 2), Figura 11.36.
9. Para aplicar o **Padrão circular**, precisamos de um eixo de referência. Clique em **Exibir** → **Eixos temporários**. Os eixos de todas as formas circulares são exibidos.
10. No **CommandManager** da guia **Montar**, observe que ao lado do comando **Posicionar** há o comando de **Padrão linear de componentes** com uma lista *drop-down* abaixo. Clique para abrir a lista e selecione o comando **Padrão circular de componentes**, Figura 11.37. É exibido o **PropertyManager** do comando, Figura 11.38.

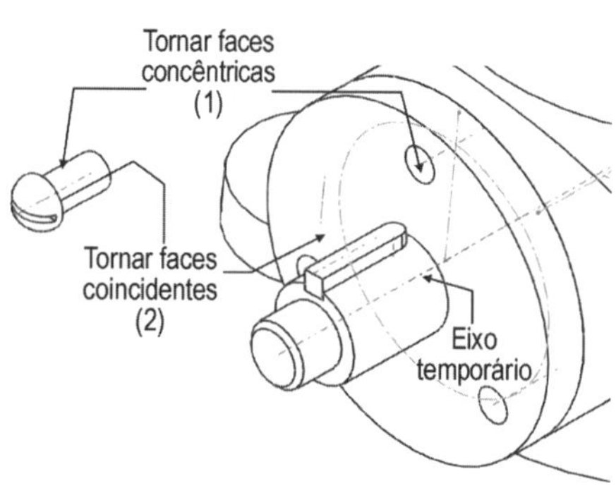

Figura 11.36 - Faces selecionadas (um par por vez).

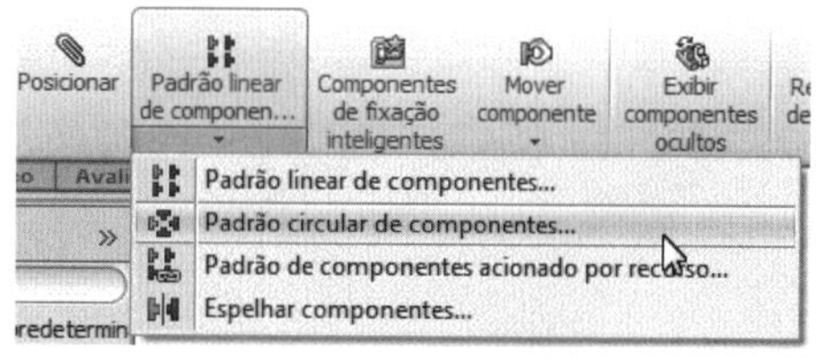

Figura 11.37 - Comando Padrão circular de componentes.

11. Selecione o eixo temporário do componente **Eixo** como referência para o **Padrão circular**.
12. Configure o ângulo de padrão para 120° e o número de instâncias a replicar para 3.
13. Para a janela da caixa de diálogo **Componentes para padrão**, selecione o parafuso que foi montado. Note que outros dois aparecem nas posições relativas aos outros furos.
14. Clique em **OK** para aceitar o comando. A Figura 11.39 exibe o padrão aplicado.

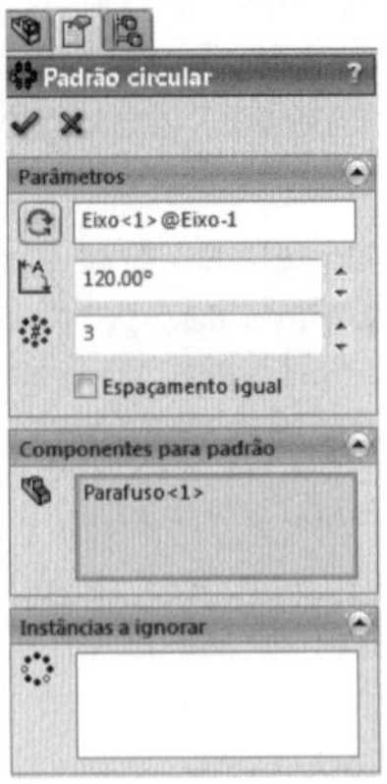

Figura 11.38 - PropertyManager Padrão circular.

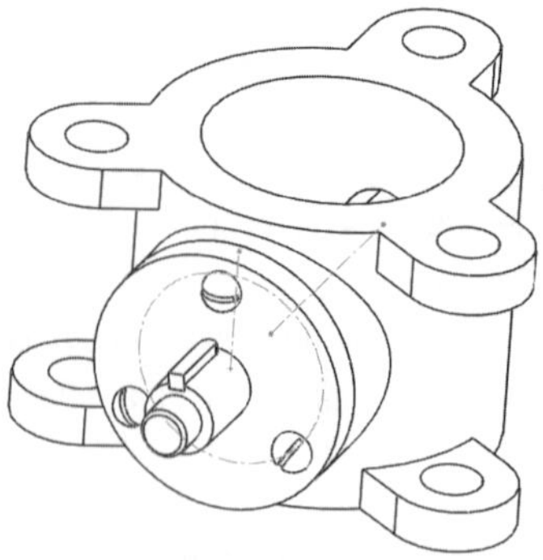
Figura 11.39 - Padrão circular aplicado ao parafuso de fixação do retentor.

15. Na seqüência, devemos montar a **manivela** que, depois de inserida na área gráfica, deve ser posicionada com uma das laterais do rasgo de chaveta paralela a uma das laterais da chaveta e com o furo central concêntrico ao **eixo** (referências 1 e 2). O posicionamento final é obtido pela coincidência entre a face frontal da **manivela** e a face do escalonamento do **eixo**. Note que a **manivela** ficou solidária ao **eixo**, portanto, se girarmos a **manivela**, o **eixo** também será girado. As Figuras 11.40 e 11.41 exemplificam essa montagem.

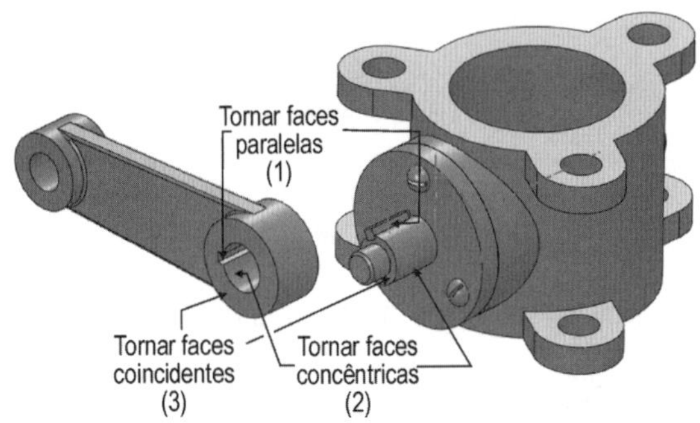

Figura 11.40 - Faces selecionadas (um par por vez).

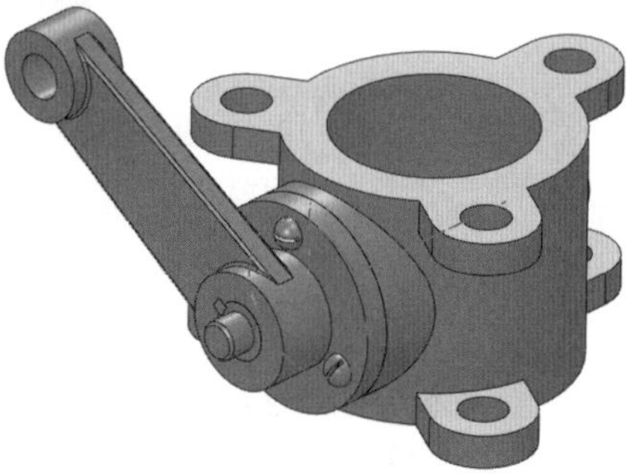
Figura 11.41 - Manivela montada no eixo.

Na fase final dos componentes externos precisamos ainda montar a porca para fixação da manivela. Depois de inserida na área gráfica, duas relações serão suficientes para sua montagem na extremidade do eixo.

16. Selecione a face traseira da porca e a face do escalonamento do eixo para aplicar uma relação coincidente.
17. Selecione a face interna da porca e a face externa circular da extremidade do eixo para aplicar uma relação concêntrica. As Figuras 11.42 e 11.43 exemplificam essa montagem.

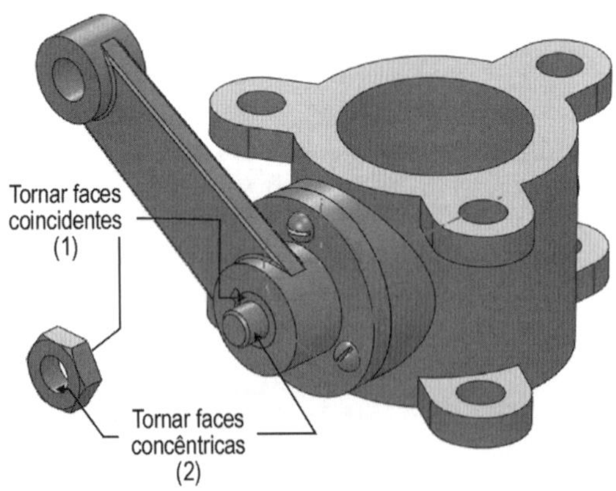

Figura 11.42 - Faces selecionadas.

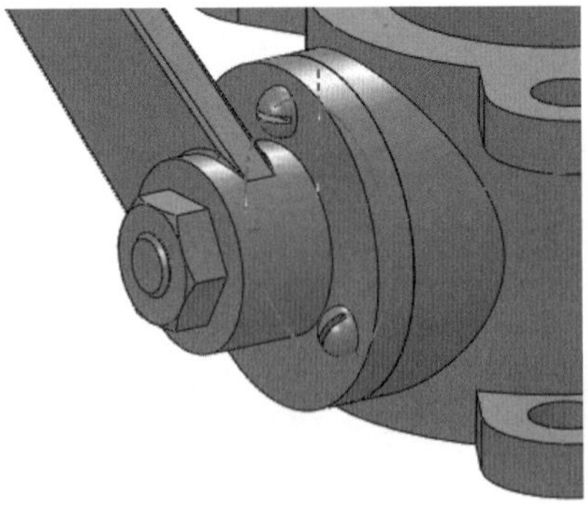
Figura 11.43 - Porca montada no eixo.

Os dois componentes que faltam para concluir este modelo devem ser montados também sobre o eixo, porém dentro do componente base. Para conseguir, usaremos um recurso que o SolidWorks oferece que possibilita inibir a visualização de qualquer componente ou grupos de componentes presentes na **árvore do projeto do FeatureManager** da montagem.

18. Na **árvore do projeto do FeatureManager**, selecione com o cursor do mouse o componente base (**Corpo <1>**). Ao clicar no mouse aparecem o menu de atalhos e a barra de ferramentas de contexto. Clique no comando Ocultar imagem, Figura 11.44. A imagem do componente base será ocultada, como mostra a Figura 11.45.

Figura 11.44 - Comando Ocultar imagem.

Figura 11.45 - Imagem do componente base oculta na montagem.

19. Insira na área gráfica os dois outros componentes faltantes, o prato e um parafuso, Figura 11.46. Monte o prato no eixo, referenciando-o, como mostra a Figura 11.46. Em seguida, posicione o parafuso num dos furos usando as relações de coincidência e concêntrica, como mostra a Figura 11.47. Note que são necessários dois parafusos. O segundo parafuso será obtido por um padrão linear do primeiro.

20. No CommandManager da guia Montar, clique no comando Padrão linear de componentes. É exibido o PropertyManager do comando.

21. Selecione como referência de Direção 1 o **Eixo temporário** do componente **Eixo** e defina como espaçamento entre as estâncias **100mm**. Configure o **PropertyManager** para duas estâncias.

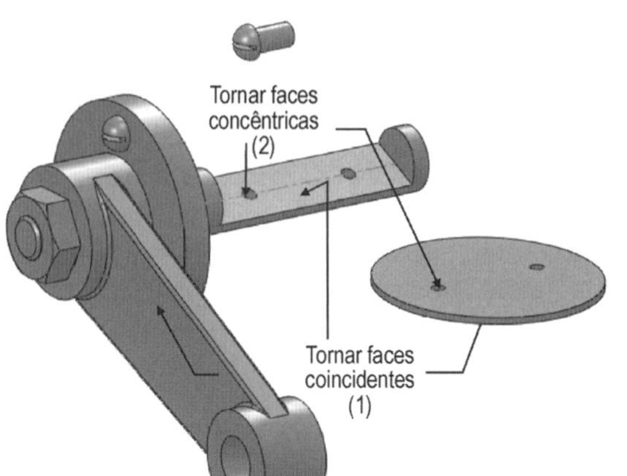

Figuras 11.46 - Componentes finais e referências de montagem de um deles.

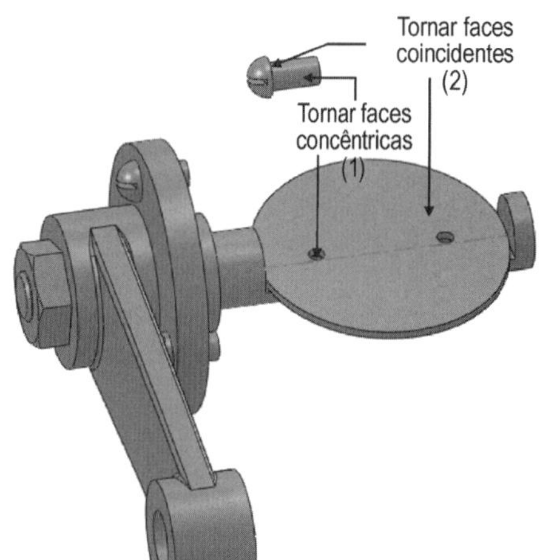

Figura 11.47 - Referências de montagem do outro componente.

22. Selecione o parafuso como estância a replicar e clique em OK. O segundo parafuso é criado por padrão, Figura 11.48.

23. Para concluir a montagem, clique novamente no componente **Corpo <1>** da **árvore do projeto do FeatureManager** e selecione na barra de ferramentas de contexto o comando **Exibir imagem**. Note que o componente base é novamente exibido. Repita o comando e selecione na barra de ferramentas de contexto o comando **Alterar transparência**. O componente base aparece agora em transparência, Figura 11.49.

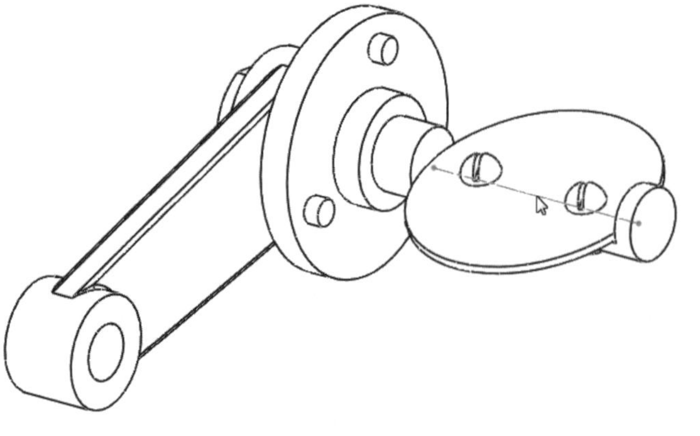

Figura 11.48 - Padrão linear do parafuso.

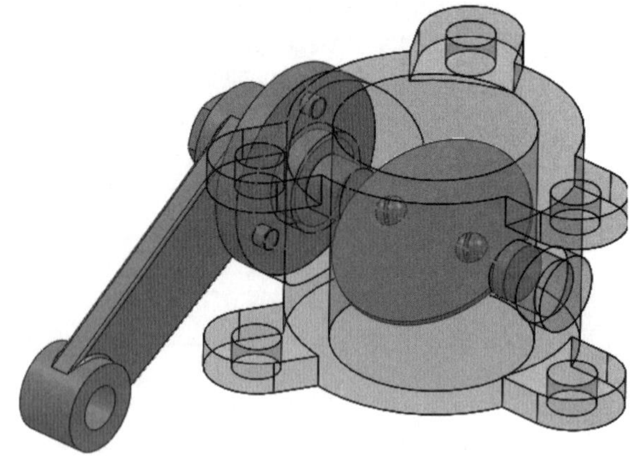

Figura 11.49 - Componente base em modo de transparência.

11.2.2. Detecção de Interferências em Montagens

Em uma montagem complexa, pode ser difícil determinar visualmente se os componentes interferem entre si. Com **Detecção de interferência**, é possível:

- Determinar a interferência entre componentes.
- Exibir o volume real da interferência como um volume sombreado.
- Alterar as configurações de exibição dos componentes com e sem interferência para visualizar melhor a interferência.
- Ignorar interferências que você deseja excluir, como encaixes de pressão, interferências de componentes de fixação rosqueados etc.
- Incluir interferências entre corpos de uma peça com múltiplos corpos.
- Tratar uma submontagem como um componente único, para que as interferências entre os componentes da submontagem não sejam incluídas no relatório.
- Diferenciar entre interferências de coincidência e padrão.

Para verificar se há interferências na montagem recente:

1. Clique em **Detecção de interferência** (barra de ferramentas **Montagem**) ou em **Ferramentas → Detecção de interferência**. É exibido o PropertyManager do comando, Figura 11.50.
2. Defina as opções e configurações descritas a seguir no **PropertyManager**.
3. Em **Componentes selecionados**, clique em **Calcular**. Note que as interferências detectadas são listadas em **Resultados**, Figura 11.51. O volume de cada interferência é exibido à direita de cada lista. Temos uma interferência detectada.

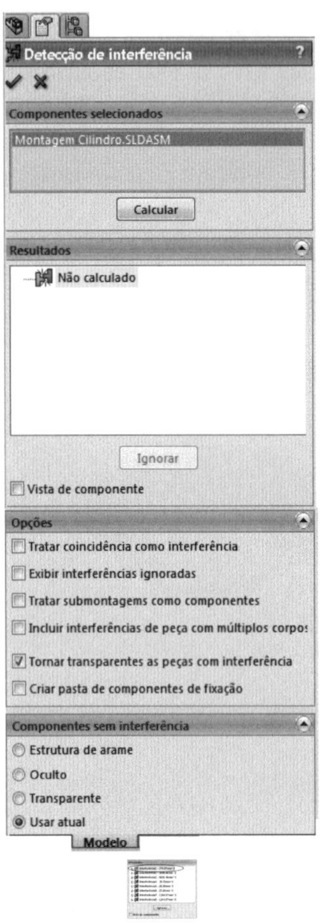

Figura 11.50 - PropertyManager Detecção de interferência.

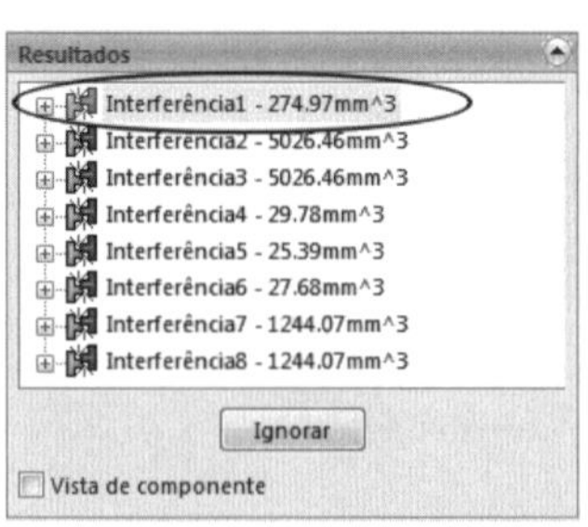

Figura 11.51 - Lista de resultados - uma interferência detectada.

4. Em **Resultados** é possível:

- Selecionar uma interferência para destacá-la em vermelho na área de gráficos.
- Expandir as interferências para exibir os nomes dos componentes envolvidos.
- Clicar com o botão direito na interferência e selecionar **Zoom na seleção** para aplicar zoom à interferência na área de gráficos.
- Clicar com o botão direito em uma interferência e selecionar **Ignorar**.
- Clicar com o botão direito em uma interferência ignorada e selecionar **Cancelar ignorar**.

Quando expandimos a interferência para ver o nome dos componentes envolvidos, vemos que ela reside no encaixe entre o **braço de alavanca** e a **chaveta**. Esse fato também pode ser observado na tela gráfica, pois ambos os componentes ficam transparentes e com a região de interferência exibida em vermelho, Figura 11.52. Deve-se então editar esses componentes e verificar suas dimensões. No caso, é preciso corrigir a dimensão de profundidade de extrusão da chaveta.

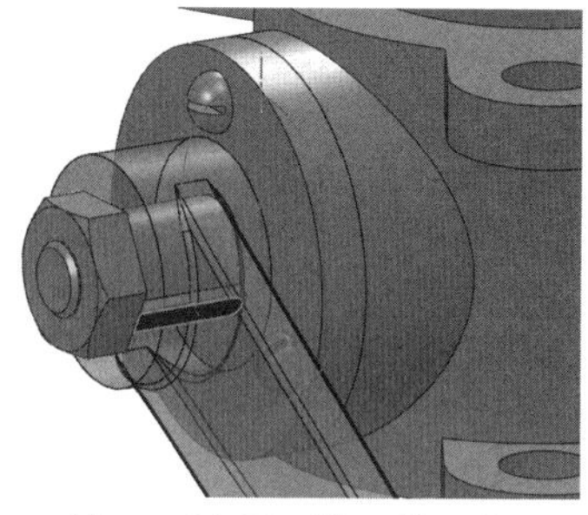

Figura 11.52 - Visualização da interferência.

11.2.2.1. Caixa de Diálogo Componentes Selecionados

- **Componentes a verificar** - exibe os componentes selecionados para verificação de interferência. Por padrão, a montagem de nível superior é exibida, a menos que você tenha selecionado outros componentes. Quando você verifica se há interferências em uma montagem, todos os componentes são verificados. Se você selecionar um só componente, somente as interferências que o envolvem serão incluídas no relatório. Se você selecionar um ou mais componentes, somente as interferências entre eles serão incluídas no relatório.
- **Calcular** - clique para verificar se há interferências.

11.2.2.2. Caixa de Diálogo Resultados

Exibe as interferências detectadas. O volume de cada interferência aparece à direita de cada lista. Quando você seleciona uma interferência em **Resultados**, ela é realçada em vermelho na área de gráficos.

- **Ignorar/Cancelar ignorar** - clique para alternar o modo da interferência selecionado. Se uma interferência estiver definida como **Ignorar**, permanecerá ignorada durante os cálculos de interferência subseqüentes. Consulte **Exibir interferências ignoradas** em **Opções**.
- **Vista de componente** - exibe as interferências por nome do componente em vez do número da interferência.

11.2.2.3. Caixa de Diálogo Opções

- **Tratar coincidência como interferência** - relata as entidades coincidentes como interferências.
- **Exibir interferências ignoradas** - selecione para exibir as interferências ignoradas na lista **Resultados**, com um ícone cinza. Quando essa opção é desmarcada, as interferências ignoradas não são listadas.
- **Tratar submontagens como componentes** - quando selecionada, as submontagens são tratadas como componentes únicos, portanto as interferências entre os componentes da submontagem não são incluídas no relatório.
- **Incluir interferências de peça com múltiplos corpos** - selecione para relatar as interferências entre corpos em peças com múltiplos corpos.
- **Tornar transparentes as peças com interferência** - selecione para exibir os componentes da interferência selecionada no modo transparente.
- **Criar pasta de componentes de fixação** - separa as interferências entre componentes de fixação (como prego e parafuso) em uma pasta independente em **Resultados**.

11.2.2.4. Componentes sem Interferência

Exibe os componentes sem interferência no modo selecionado:

- **Estrutura de arame**
- **Oculto**
- **Transparente**
- **Usar atual** - usa as configurações de exibição atuais da montagem.

11.2.3. Deslocamento ou Rotação de Componentes com Tríade

Em capítulos anteriores, quando tratávamos de peças isoladas em cópias e movimentação de recursos, vimos o uso da tríade como ferramenta de apoio. Na montagem de componentes em um conjunto ela também pode ser de grande utilidade, pois muitas vezes a posição em que criamos um componente, em função dos planos escolhidos, nem sempre corresponde à sua posição de montagem. Vimos isso acontecer na Figura 11.46 com relação ao parafuso de fixação do prato no eixo. Poderíamos, se quiséssemos, usar a tríade para rotacionar o parafuso em torno do eixo Z, deixando em sua posição de montagem. Para aplicar a tríade:

1. Clique com o botão direito do mouse sobre o componente a ser rotacionado ou deslocado. É aberto o menu de atalhos.
2. Selecione **Mover com tríade**, Figura 11.53. Note que a tríade aparece no *centro de massa* do componente. Ela é compôsta por três eixos e três arcos com cores diferenciadas, Figura 11.54.

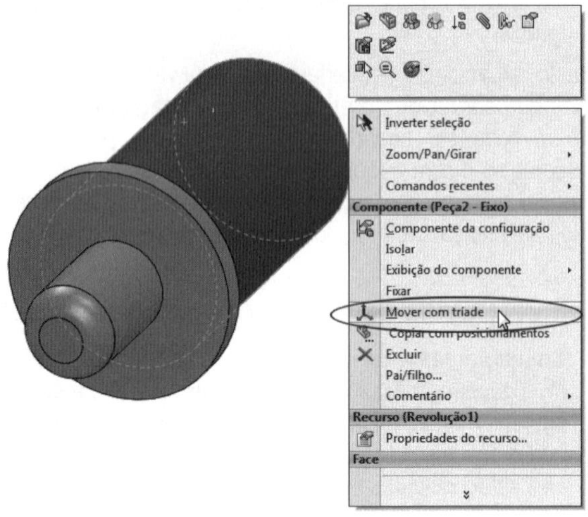

Figura 11.53 - Comando Mover com tríade.

- **Eixo vermelho** - corresponde à direção do eixo **X**. Ao clicar sobre ele, é possível deslocar o componente no sentido positivo ou negativo do eixo, Figura 11.55.
- **Arco vermelho** - corresponde à rotação no em torno do eixo **X**. Ao clicar sobre ele com o cursor e pressionar o botão direito do mouse, a circunferência assume a tonalidade amarela e o menu de atalhos se abre para definir o ângulo de rotação.
- **Eixo verde** - corresponde à direção do eixo **Y**. Ao clicar nele, é possível deslocar o componente no sentido positivo ou negativo do eixo.
- **Arco verde** - corresponde à rotação no em torno do eixo **Y**. Ao clicar sobre ele com o cursor e pressionar o botão direito do mouse, a circunferência assume a tonalidade amarela e o menu de atalhos se abre para definir o ângulo de rotação.
- **Eixo azul** - corresponde à direção do eixo **Z**. Ao clicar sobre ele, é possível deslocar o componente no sentido positivo ou negativo do eixo.
- **Arco azul** - corresponde à rotação em torno do eixo **Z**. Ao clicar sobre ele com o cursor e pressionar o botão direito do mouse, a circunferência assume a tonalidade amarela e abre-se o menu de atalhos para definir o ângulo de rotação, Figura 11.56.

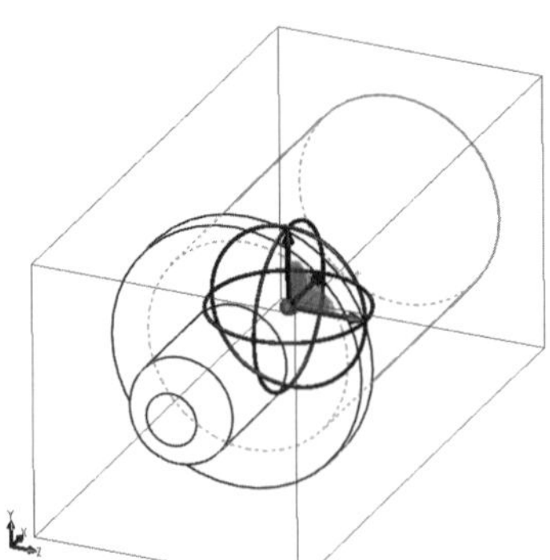

Figura 11.54 - Tríade no centro do componente.

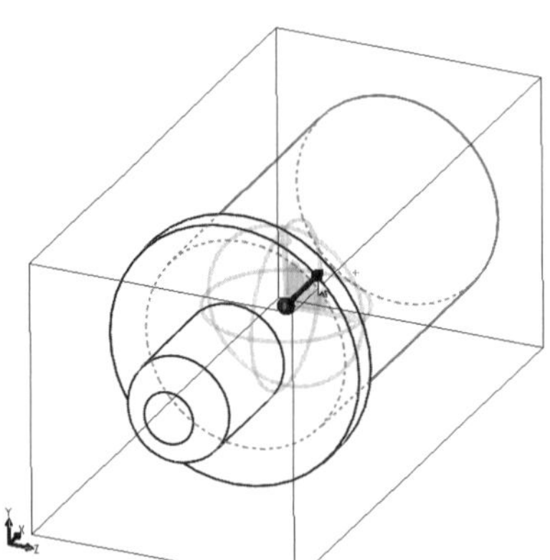

Figura 11.55 - Deslocamento do componente no eixo X.

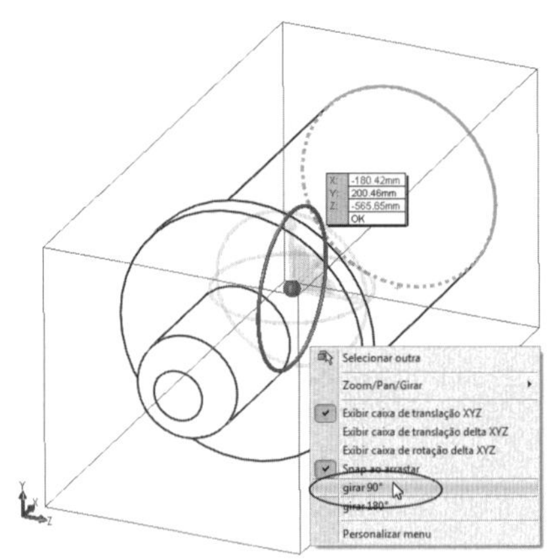

Figura 11.56 - Configuração para giro de 90° do componente em torno do eixo Z.

O menu de atalhos apresenta duas configurações-padrão para rotação. Uma a 90° e outra a 180°. Entretanto, observe que no caso mostrado na Figura 11.56 são disponibilizadas três opções para exibição de controles, sendo duas de translação (deslocamento linear) e uma de rotação, que permitem configurações precisas e em valores fracionados.

11.2.4. Posicionamentos Avançados

- **Simétrico** - um posicionamento de simetria força duas entidades semelhantes a se tornarem simétricas em relação a um plano ou face plana de um componente ou a um plano da montagem. As seguintes entidades são permitidas nos posicionamentos de simetria:
    - Pontos como vértices ou pontos de esboço
    - Linhas como arestas, eixos ou linhas de esboço
    - Planos ou faces planas
    - Esferas de raios iguais
    - Cilindros de raios iguais

Para adicionar um posicionamento de simetria:

- Clique em **Posicionar**, na barra de ferramentas **Montagem**, ou em **Inserir** → **Posicionar**. O **PropertyManager** do comando é exibido.
- Em **Posicionamentos avançados**, clique em **Simétrico**, Figura 11.57.
- Em **Seleções de posicionamento**:
    - Selecione o plano para **Plano de simetria**.
    - Clique em **Entidades a posicionar** e selecione as duas entidades que devem ser simétricas.
    - Clique em **OK**.

Observe o seguinte sobre os posicionamentos de simetria:

- Eles não espelham o componente inteiro em relação ao plano da simetria.
- Apenas relacionam as entidades selecionadas uma a outra.

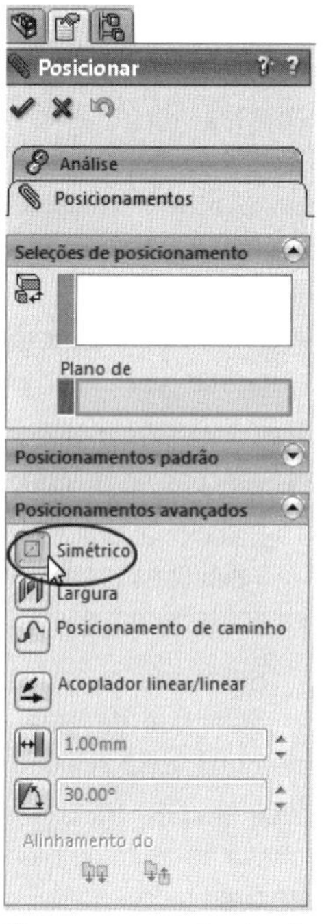

Figura 11.57 - Opção de posicionamento simétrico.

Na ilustração das Figuras 11.58 e 11.59 as duas faces realçadas são simétricas em relação ao plano realçado. Observe na Figura 11.59, **Vista lateral**, que as faces selecionadas ficaram eqüidistantes do plano.

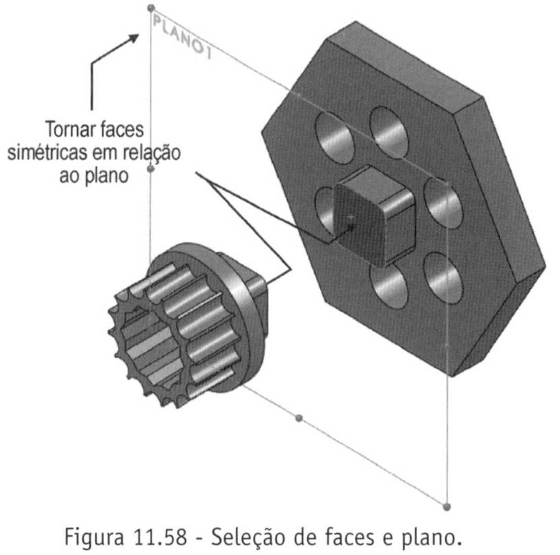

Figura 11.58 - Seleção de faces e plano.

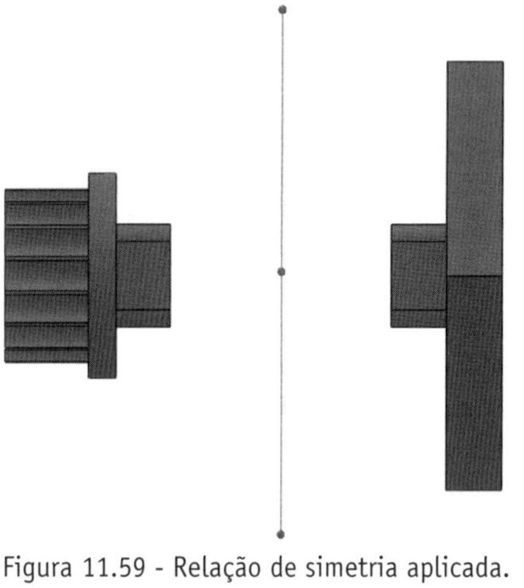

Figura 11.59 - Relação de simetria aplicada.

- **Largura** - um posicionamento de largura centraliza uma guia na largura de uma ranhura.

  As referências da largura da ranhura podem ser:
    - Duas faces planas paralelas
    - Duas faces planas não paralelas (com ou sem inclinação)

As referências da guia podem incluir:

- Duas faces planas paralelas
- Duas faces planas não paralelas (com ou sem inclinação)
- Uma face cilíndrica ou eixo

Para exemplificar o comando, vamos centralizar a peça móvel da Figura 11.61 no componente base. A montagem centralizada permitirá uma folga de **2mm** para cada lado.

1. Clique em **Posicionar** (barra de ferramentas **Montagem**), ou em **Inserir** → **Posicionar**. O **PropertyManager** do comando é exibido, Figura 11.60.
2. Em Posicionamentos avançados, clique em Largura.
3. Em Seleções de posicionamento:
   - Selecione duas faces planas para **Seleções de largura**. Note as indicações (1) e (2) na peça móvel da Figura 11.61. Essa seleção deve aparecer na janela superior.
   - Selecione duas faces planas, ou uma face cilíndrica ou eixo, para **Seleções de guia**. Note indicação (1) e (2) na peça base da Figura 11.61. Esta seleção deverá aparecer na janela inferior.
4. Clique em **OK**. Na Figura 11.62 a peça móvel ficou totalmente centralizada em relação ao trilho da peça base, resultando em uma folga exata de **2mm** para cada lado.

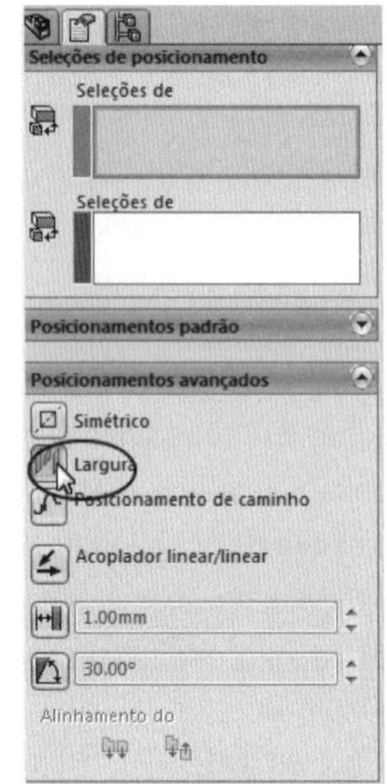

Figura 11.60 - PropertyManager Seleções de posicionamento, Largura.

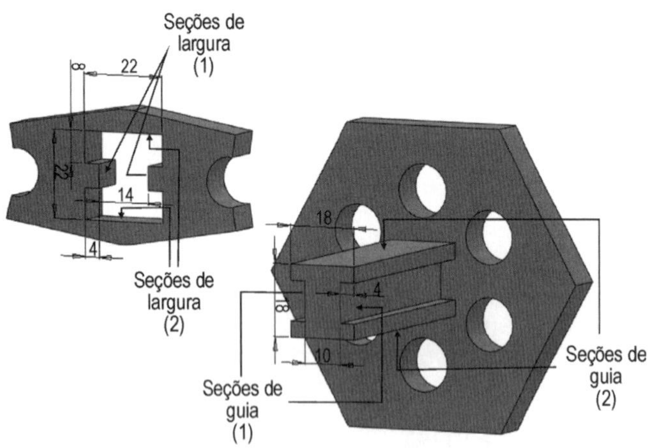

Figura 11.61 - Peça móvel e componente base com faces indicadas.

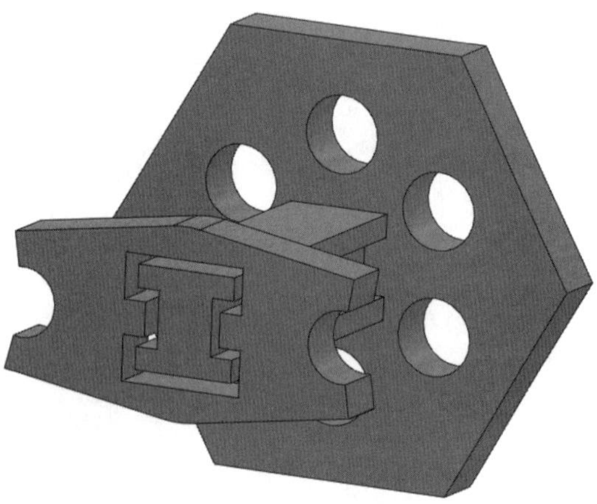

Figura 11.62 - Relação de posicionamento Largura aplicada à montagem.

- **Posicionamento de caminho** - restringe o ponto selecionado de um componente a um caminho. Você define o caminho selecionando uma ou mais entidades na montagem. Pode definir passo, guinada e rolagem do componente, conforme ele percorre o caminho.
- **Acoplador linear/linear** - estabelece um relacionamento entre a translação de um componente e a translação de outro componente.
- **Distância** e **Ângulo** - conhecidos como **posicionamentos limites**, pois permitem condicionar o limite de mobilidade de um componente em uma montagem, seja em deslocamento linear ou angular, a valores definidos como máximo e mínimo.

Quando o posicionamento **Distância** é ativado, a caixa de diálogo **Posicionamentos avançados** do **PropertyManager** exibe as janelas de configuração para valores de deslocamento **máximo** e **mínimo**, Figura 11.63. No exemplo a distância máxima entre faces selecionadas é **20mm** e a mínima, **5mm**.

Quando o posicionamento **Ângulo** é ativado, a caixa de diálogo **Posicionamentos avançados** do **PropertyManager** exibe as janelas de configuração para valores de ângulo **máximo** e **mínimo**, Figura 11.64. No exemplo o ângulo máximo entre as faces selecionadas é **60°** e o mínimo é **15°**.

Figura 11.63 - Adição de relação Limites de deslocamento linear.

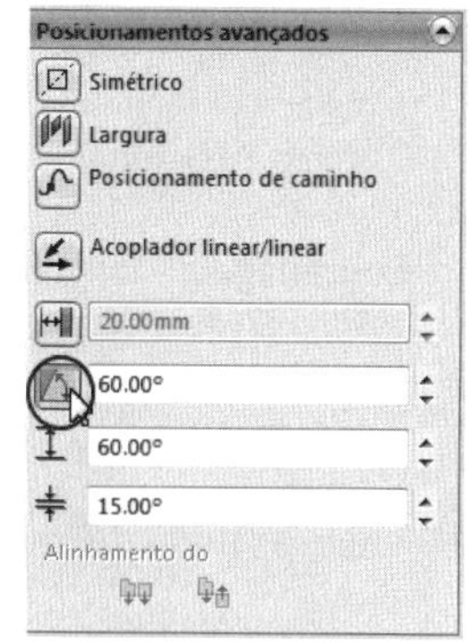

Figura 11.64 - Adição de relação Limites de deslocamento angular.

11.2.5. Posicionamentos Mecânicos

São aplicados especificamente a elementos móveis, transmissores de movimentos, tais como seguidores de cames, engrenagens, cremalheiras, parafusos, junta universal. O SolidWorks disponibiliza cinco tipos de posicionamento mecânico:

- **Came** - um posicionamento seguidor de came é tangente ou coincidente. Ele permite posicionar um cilindro, um plano ou um ponto em uma série de faces tangentes extrudadas, como ocorre em um came. É possível criar o perfil do came a partir de linhas, arcos e splines, desde que sejam tangentes e formem um loop fechado.

  A Figura 11.65 exemplifica um mecanismo came-seguidor, ao qual deve ser aplicado um posicionamento mecânico do tipo came.

1. Clique em **Posicionar** (barra de ferramentas Montagem) ou em **Inserir** → **Posicionar**. É exibido o **PropertyManager** do comando.
2. No **PropertyManager**, em Posicionamentos mecânicos, clique em **Came**. A caixa de diálogo mostra as janelas de seleção de faces do came e do seguidor.
3. Em **Seleções de posicionamento**, selecione as faces tangentes ao came para **Entidades a posicionar**.
4. Clique com o botão direito em uma das faces e em **Selecionar tangência**. Esse procedimento seleciona todas as faces tangentes em uma única etapa.
5. Clique em **Seguidor de came** e selecione uma face ou vértice no seguidor de came. Observe que os itens selecionados são exibidos nas janelas do **PropertyManager**, Figura 11.66.
6. Clique em **OK**.

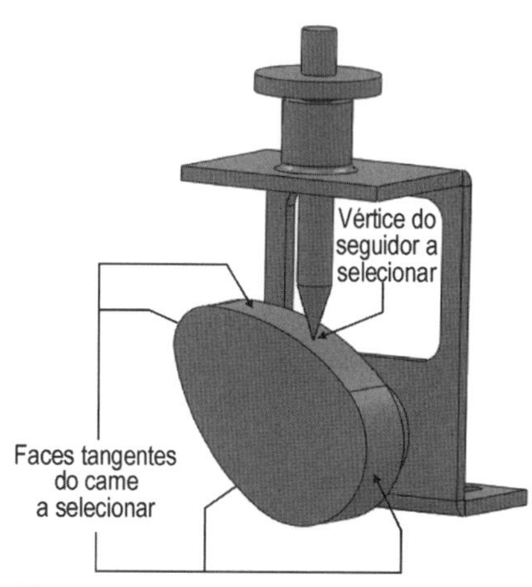

Figura 11.65 - Mecanismo came-seguidor.

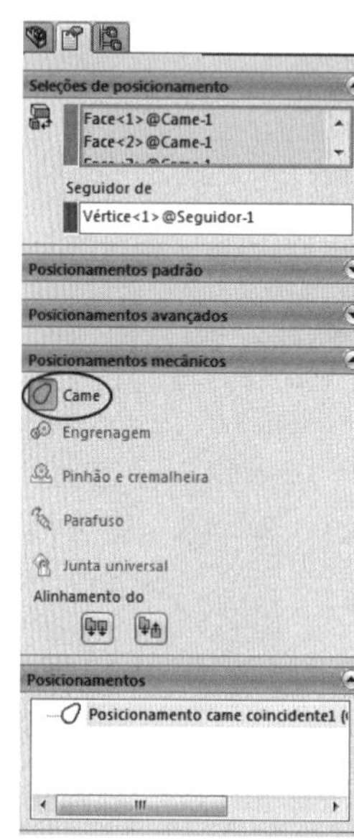

Figura 11.66 - PropertyManager da relação Came.

Nota

O seguidor é posicionado em relação a todas as superfícies do came, de maneira que ele mantenha contato com o came conforme ele é girado. Um posicionamento came-seguidor aparece na **árvore de projeto do FeatureManager** como **Posicionamento came coincidente** ou **Posicionamento came tangente.**

- **Engrenagem** - força dois componentes a girarem um em relação ao outro de acordo com os eixos selecionados. As seleções válidas ao eixo de rotação para posicionamentos de engrenagem incluem faces cilíndricas e cônicas, eixos e arestas lineares. Também:
  - É possível posicionar dois componentes que desejar que girem um em relação ao outro. Não é necessário posicionar duas engrenagens.
  - Assim como outros tipos de posicionamento, os de engrenagem não impedem a interferência ou colisões entre componentes. Para evitar interferências, use a **Detecção de interferência** (conforme item 11.2.2) ou a **Detecção de colisão** (item 11.2.6 em seguida).

A Figura 11.67 exemplifica um mecanismo de transmissão com engrenagem cônica. A engrenagem e os pinhões são representados lisos nas dimensões de seus diâmetros primitivos.

Para adicionar um posicionamento de engrenagem:

7. Clique em **Posicionar** (barra de ferramentas **Montagem**) ou em **Inserir** → **Posicionar**. É exibido o **PropertyManager** do comando.
8. No **PropertyManager**, em **Posicionamentos mecânicos**, clique em **Engrenagem**.
9. Em **Seleções de posicionamento**, selecione os eixos de rotação nas duas engrenagens para **Entidades a posicionar**, Figura 11.68.
10. Em **Posicionamentos mecânicos** defina a razão:
    - **Razão** - o software atribui razões de engrenagem com base nos tamanhos relativos das faces cilíndricas ou arestas circulares selecionadas. Os valores são paramétricos.

      É possível substituir os valores. Para retornar ao valor predeterminado, exclua o valor de substituição. A cor de fundo da caixa é branca para o valor predeterminado e amarela para o valor de substituição.
11. Selecione **Inverter** para alterar o sentido da rotação das engrenagens relacionadas entre si.
12. Clique em **OK**.

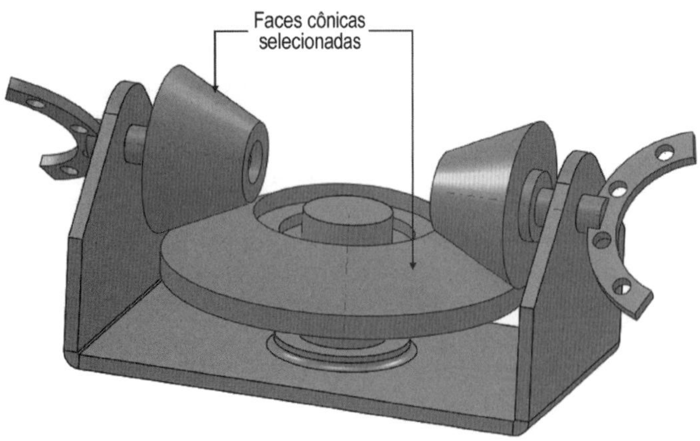

Figura 11.67 - Mecanismo de transmissão.

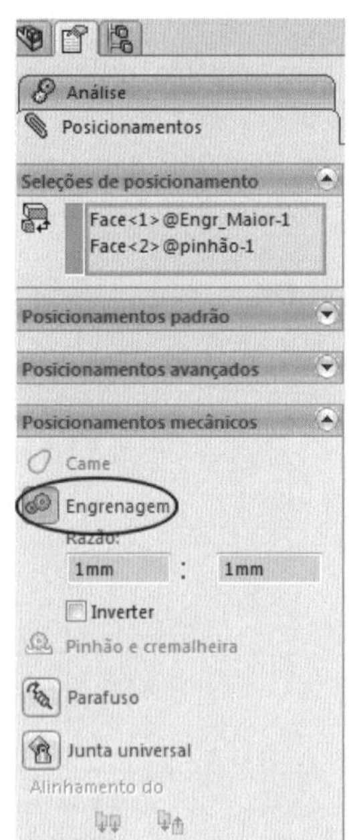

Figura 11.68 - PropertyManager da relação Engrenagem.

- **Pinhão e cremalheira** - a translação linear do componente cremalheira provoca a rotação circular do componente pinhão e vice-versa. É possível posicionar dois componentes quaisquer para que tenham esse tipo de movimento um em relação ao outro. Os componentes não precisam ter dentes de engrenagens.

  Assim como outros tipos de posicionamento, os de pinhão e cremalheira não impedem a interferência ou colisão entre componentes. Para evitar interferências, use a **Detecção de interferência** (conforme item 11.2.2) ou a **Detecção de colisão** (ver item 11.2.6 em seguida).

  A Figura 11.69 exemplifica um mecanismo de transmissão do tipo pinhão e cremalheira. Uma vez posicionados os componentes com a aplicação de relações-padrão, torna-se necessária a aplicação da relação pinhão e cremalheira. Assim:

1. Clique em **Posicionar** (barra de ferramentas **Montagem**) ou em **Inserir** → **Posicionar**.
2. No **PropertyManager**, em **Posicionamentos mecânicos**, clique em **Pinhão e cremalheira**.
3. Em **Seleções de posicionamento**:
   - Para **Cremalheira**, selecione aresta linear, linha de esboço, linha de centro, eixo ou cilindro.
   - Para **Pinhão/cremalheira**, selecione uma face cilíndrica, uma aresta circular ou de arco, um círculo ou arco de esboço, um eixo ou uma superfície revolucionada.
4. Em Posicionamentos mecânicos:

   Para cada rotação completa do pinhão, a cremalheira translada uma distância igual a π vezes o diâmetro do pinhão. Você pode especificar o diâmetro ou a distância selecionando uma das seguintes opções:
   - **Diâmetro de passo do pinhão** - o diâmetro do pinhão selecionado é exibido na caixa.
   - **Curso/revolução da cremalheira** - o diâmetro do pinhão selecionado, multiplicado por π, é exibido na caixa (ver nota), Figura 11.70.
   - **Inverter** - selecione para alterar a direção do movimento da cremalheira e do pinhão em relação um ao outro.
5. Clique em **OK**.

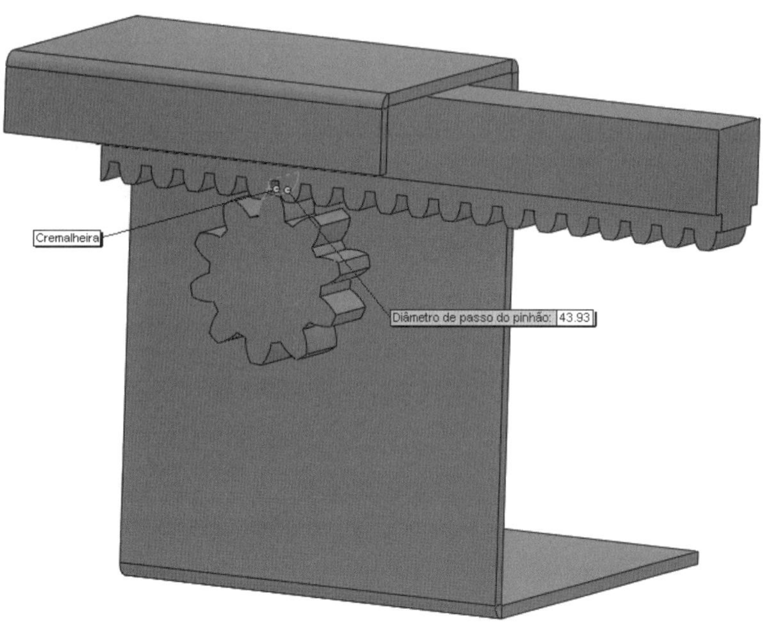

Figura 11.69 - Mecanismo Pinhão e cremalheira.

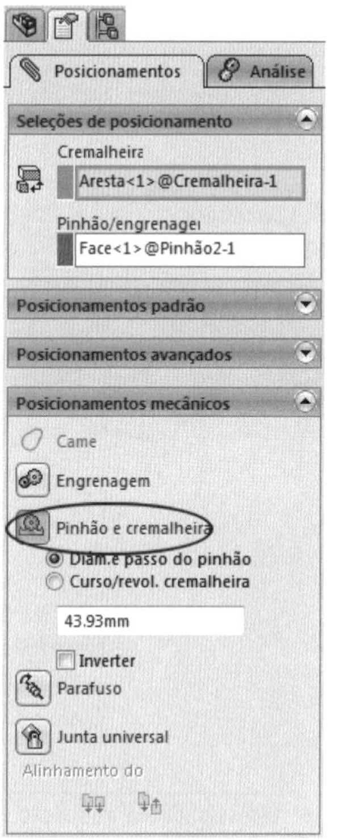

Figura 11.70 - PropertyManager da relação Pinhão e cremalheira.

Nota

É possível sobrescrever o valor na caixa. Para retornar ao valor predeterminado, exclua o valor de substituição. A cor de fundo da caixa é branca para o valor predeterminado e amarela para o valor de substituição.

- **Parafuso** - restringe dois componentes a serem concêntricos e adiciona um relacionamento de passo entre a rotação de um e a translação do outro. A translação de um componente ao longo do eixo causa a rotação do outro, de acordo com o relacionamento de passo. Da mesma maneira, a rotação de um componente causa a translação do outro. Não é necessária a existência da rosca nos componentes.

  Assim como outros tipos de posicionamento, os de parafuso não impedem a interferência ou colisão entre componentes. Para evitar interferências, use a **Detecção de interferência** (conforme item 11.2.2) ou a **Detecção de colisão** (item 11.2.6 em seguida).

  A Figura 11.71 exemplifica um mecanismo de transmissão do tipo parafuso. A aplicação da relação Parafuso obedece ao seguinte procedimento:

1. Clique em **Posicionar** (barra de ferramentas Montagem) ou em **Inserir → Posicionar**.
2. No **PropertyManager**, em **Posicionamentos mecânicos**, clique em **Parafuso**.
3. Em **Seleções de posicionamento**, selecione os eixos de rotação nos dois componentes (eixos temporários) para **Entidades a posicionar**.
4. Em **Posicionamentos mecânicos** defina sua escolha, Figura 11.72:
   - **Revoluções/**<*unidade_de_comprimento*> - define o número de revoluções para cada unidade de comprimento que o outro componente translada.
   - **Distância/revolução** - define a distância que um componente translada para cada revolução do outro.
   - **Inverter** - altera a direção do movimento dos componentes entre si.
5. Clique em **OK**. A Figura 11.73 exibe o mecanismo montado.

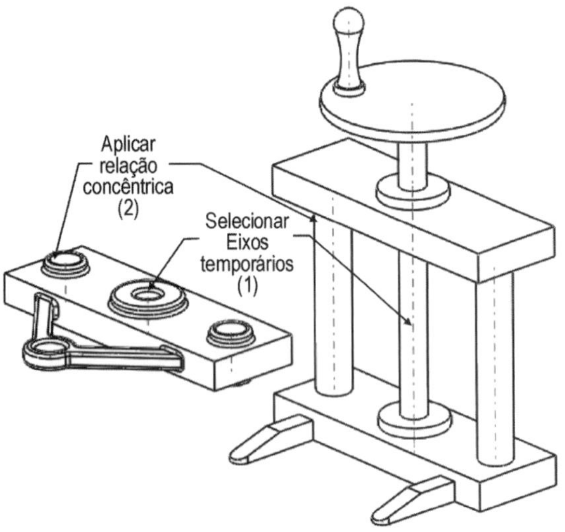

Figura 11.71 - Mecanismo de suspensão por parafuso.

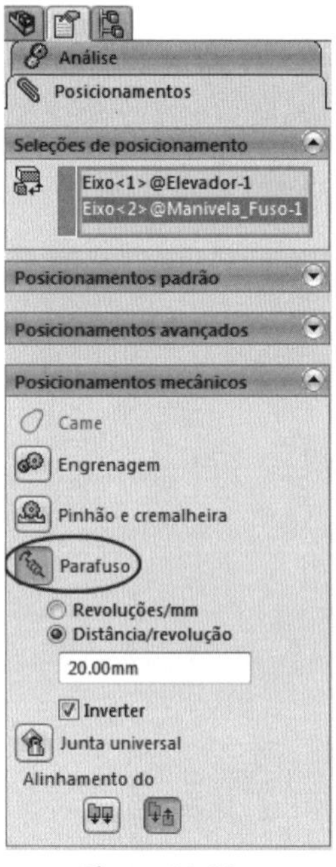

Figura 11.72 - PropertyManager da relação Parafuso.

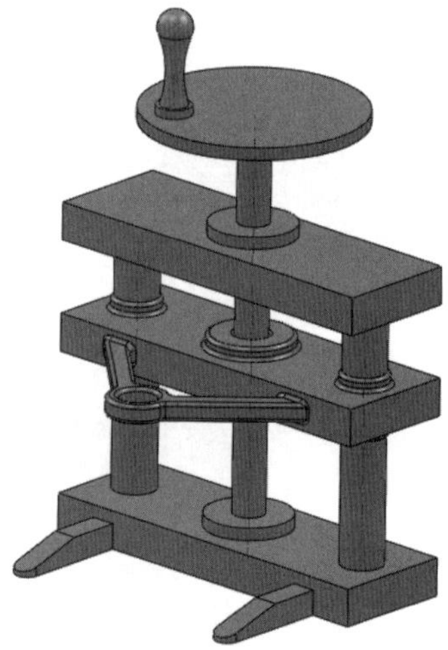
Figura 11.73 - Montagem do mecanismo de suspensão por parafuso.

Nota

A necessidade da aplicação de uma relação concêntrica entre uma das colunas e um dos furos do elemento móvel tem o objetivo de estabilizar o movimento. Poderia ter sido utilizada uma relação de paralelismos entre faces.

- **Junta universal** - a rotação de um componente (o eixo de saída) em torno do seu eixo é acionada pela rotação de outro componente (o eixo de entrada) em torno do seu eixo.

  A Figura 11.75 mostra um mecanismo de transmissão com aplicação de uma junta universal. A aplicação da relação Junta universal obedece ao seguinte procedimento:

1. Clique no comando **Junta universal** na caixa de diálogo **Posicionamentos mecânicos** do **PropertyManager**.
2. Selecione as faces dos eixos de entrada e saída dos componentes de transmissão. As faces selecionadas são exibidas na janela **Seleções de posicionamento** do **PropertyManager**, Figura 11.74. Se desejado, clique na *checkbox* **Definir ponto de junta** para definir o ponto exato da junta (ponto de encontro dos **Eixos temporários**).
3. Clique em **OK**.

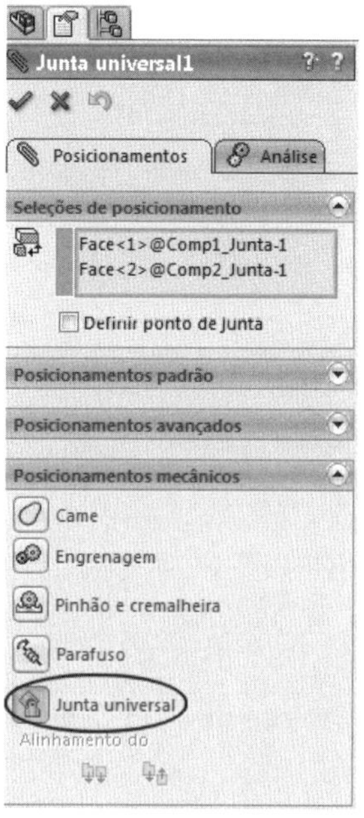

Figura 11.74 - PropertyManager Junta universal.

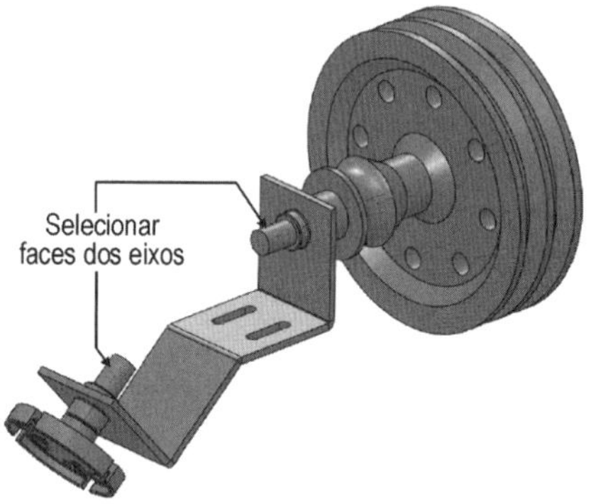

Figura 11.75 - Mecanismo de transmissão com Junta universal.

11.2.6. Detecção de Colisões

É possível detectar colisões com outros componentes ao mover ou girar um componente. O software pode detectar colisões com a montagem inteira ou com um grupo de componentes selecionados. É possível localizar colisões tanto para os componentes selecionados como para todos aqueles movidos como resultado do posicionamento dos componentes selecionados.

Para detectar colisões ao mover ou girar componentes:

1. Clique em **Mover componente** ou **Girar componente** (barra de ferramentas **Montagem**), Figura 11.76. É exibido o **PropertyManager** da opção selecionada, Figura 11.77.
2. No **PropertyManager**, em **Opções**, selecione **Detecção de colisão**.
3. Em **Verificar entre**, selecione:
   - **Todos os componentes** - se o componente que você está movendo tocar qualquer outro componente na montagem, a colisão será detectada.
   - **Esses componentes** - selecione componentes para a caixa **Componentes para verificação de colisão** e, em seguida, clique em **Continuar arrastar**. Se o componente que você está movendo tocar um componente selecionado, a colisão é detectada. As colisões com itens que não estão na caixa são ignoradas.
4. Selecione **Somente a peça arrastada** para verificar colisões apenas com componentes que você marcou para mover. Quando essa opção está desmarcada, são movidos os componentes que você selecionou e qualquer outro cujo posicionamento está relacionado com os componentes selecionados.
5. Selecione **Parar na colisão** para interromper a movimentação do componente quando ele tocar qualquer outra entidade.
6. Em **Opções avançadas**, selecione:
   - **Realçar faces** - as faces que tocam o componente que está em movimento são realçadas.
   - **Som** - o computador emite um som quando uma colisão é detectada.
   - **Ignorar superfícies complexas** - as colisões são detectadas somente nos seguintes tipos de superfície: plana, cilíndrica, cônica, esférica e toróide.

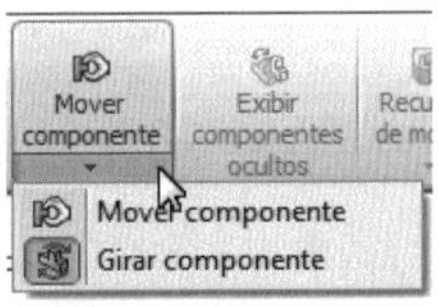

Figura 11.76 - Comandos para detecção de colisão.

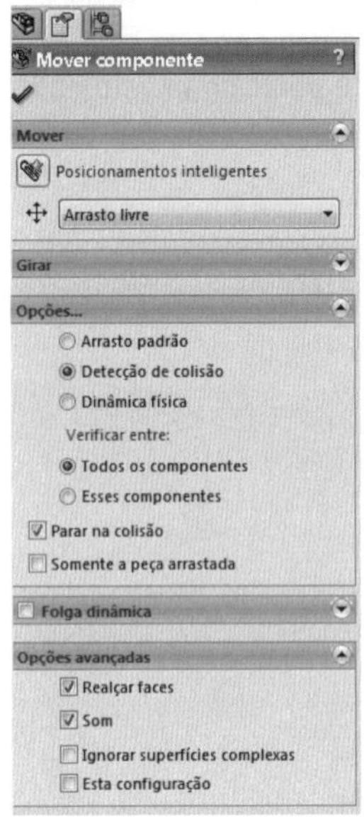

Figura 11.77 - PropertyManager Mover componente.

Nota

A caixa de seleção Esta configuração não se aplica a Detecção de colisão, Dinâmica física e Folga dinâmica. Ela se aplica somente a Mover componente ou Girar componente.

7. Mova ou gire o componente para detectar colisões.
8. Clique em **OK** para finalizar e sair.

11.2.6.1. Detecção por Dinâmica Física

É possível detectar colisões com outros componentes ao mover ou girar um componente utilizando a **Dinâmica física**.

- **Dinâmica física** - opção de **Detecção de colisão** que permite ver a movimentação dos componentes da montagem de forma realista.

  A dinâmica física se propaga por toda a montagem. O componente arrastado pode empurrar um componente que, ao se mover, empurra outro e assim por diante.

  A **Dinâmica física** funciona melhor e é mais significativa em montagens que têm pouca liberdade. Adicione todos os posicionamentos apropriados antes de executar a dinâmica física.

  Não é possível utilizar a **Dinâmica física** e a **Folga dinâmica** ao mesmo tempo.

Para mover um componente utilizando a **Dinâmica física**:

1. Clique em **Mover componente** ou **Girar componente** na barra de ferramentas **Montagem**, Figura 11.76. É exibido o **PropertyManager** da opção selecionada, Figura 11.78.
2. No PropertyManager, em Opções, selecione Dinâmica física.
3. Mova o controle deslizante **Sensibilidade** para alterar a freqüência com que a dinâmica física verifica se há colisões. Mova o controle deslizante para a direita para aumentar a sensibilidade. Na configuração de sensibilidade máxima, o software verifica se há colisões a cada **0,02mm** (nas unidades do modelo). Na configuração de sensibilidade mínima, o intervalo de verificação é de **20mm**.

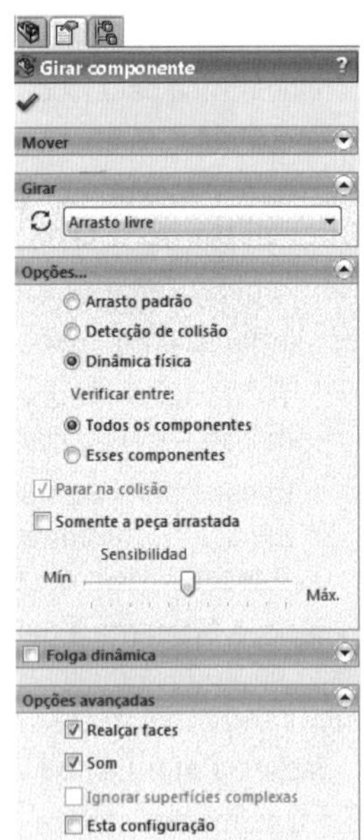

Figura 11.78 - PropertyManager Girar componente.

4. Se necessário, especifique os componentes que participam da colisão:
   - Clique em **Esses componentes**.
   - Selecione para os componentes **Componentes para verificação de colisão**.
   - Clique em **Continuar arrastar**.
5. Selecione **Somente a peça arrastada** para verificar colisões somente entre os componentes que você selecionou para mover. Quando essa opção está desmarcada, são movidos os componentes que você selecionar e qualquer outro cujo posicionamento está relacionado com os componentes selecionados.
6. Arraste o componente na área de gráficos.

   Quando a dinâmica física detecta uma colisão, ela adiciona uma força de contato entre as peças que colidem e permite que a operação de arrastar continue. Essa força continua enquanto as duas peças estiverem em contato. Quando as duas peças não se tocarem mais, a força é removida.

   É possível selecionar vários componentes em seqüência para um único comando.
7. Clique em **OK**.

Nota

Em **Dinâmica física**, use as configurações de sensibilidade máxima somente para componentes muito pequenos ou com geometria complexa na área de colisão. Quando você usa a sensibilidade máxima para verificar colisões entre componentes grandes, o arrasto é muito lento. Use a configuração de sensibilidade que é necessária para ver o movimento na montagem.

Selecionar componentes específicos em **Detecção de colisão** melhora o desempenho da dinâmica física. Selecione somente os componentes diretamente envolvidos na movimentação testada.

11.2.7. Posicionamentos Inteligentes

O propósito dos **Posicionamentos inteligentes** é a economia do tempo nos processos de montagens com grande número de peças que possuam algumas características de fácil customização. Esse processo de montagem torna-se eficiente porque dispensa as configurações via **PropertyManager**.

É possível criar alguns tipos de posicionamento inteligente arrastando componentes para uma montagem que usa determinadas geometrias de modelo. Você infere a geometria dos componentes existentes para criar posicionamentos quando solta os novos componentes.

O procedimento para criar **Posicionamentos inteligentes** consiste nos seguintes passos:

1. Arraste o componente da área de gráficos da janela do componente para a área de gráficos da janela da montagem, mas não o solte imediatamente. Use uma das seguintes entidades para arrastá-lo: uma aresta linear ou circular, um eixo temporário, um vértice, uma face plana ou uma face cilíndrica/cônica.
   - Para uma peça individual, selecione uma entidade e arraste a peça.
   - Para uma submontagem, mantenha a tecla **Shift** pressionada, selecione uma entidade e arraste a submontagem.

Quando o cursor estiver sobre uma entidade do outro componente, que é um parceiro de posicionamento potencial, ele muda para indicar o(s) posicionamento(s) resultante(s) se o componente for solto nesse local. Uma visualização do componente é posicionada no local com snap.

2. Se a visualização indicar que é necessário alterar a condição de alinhamento, pressione a tecla **Tab** para inverter o alinhamento (alinhado/antialinhado).
3. Solte o componente. Os posicionamentos são adicionados automaticamente.

11.2.7.1. Tipos de Posicionamento Inteligente

O quadro seguinte mostra os tipos de posicionamento inteligente possíveis.

Entidades de posicionamento	Tipo de posicionamento	Forma do cursor
Duas arestas lineares	Coincidente	
Duas faces planas	Coincidente	
Duas vértices	Coincidente	
Duas faces cônicas ou dois eixos temporários, ou uma face cônica e um eixo temporário	Concêntrico	
Duas arestas circulares (**Posicionamentos inteligentes pino-furo**). Observação: As arestas não precisam ser círculos completos.	Concêntrico (faces cônicas) e Coincidente (faces planas)	
Dois padrões circulares em flanges (**Posicionamentos inteligentes em flanges**).	Concêntrico e coincidente	

- **Posicionamentos inteligentes pino-furo** - é possível adicionar automaticamente posicionamentos entre recursos que tenham um relacionamento pino-furo. Os requisitos são:
  - Um dos recursos deve ser uma base ou um ressalto e o outro precisa ser um furo ou um corte.
  - Os recursos precisam ser extrudados ou revolucionados.
  - As faces usadas no posicionamento devem ser do mesmo tipo (cones ou cilindros, não um de cada tipo).
  - Uma face plana precisa ser adjacente à face cônica/cilíndrica de ambos os recursos.

  Para criar posicionamentos inteligentes **pino-furo**, siga um destes procedimentos:
  - Na **árvore de projeto do FeatureManager** de um documento de peça, selecione um recurso com uma face cilíndrica ou cônica. Arraste o nome do recurso para a janela de gráficos de uma montagem, Figura 11.79.
  - Na área de gráficos, selecione a aresta circular do pino (eixo, parafuso etc.) e arraste o componente para a janela de gráficos da montagem, Figura 11.79.

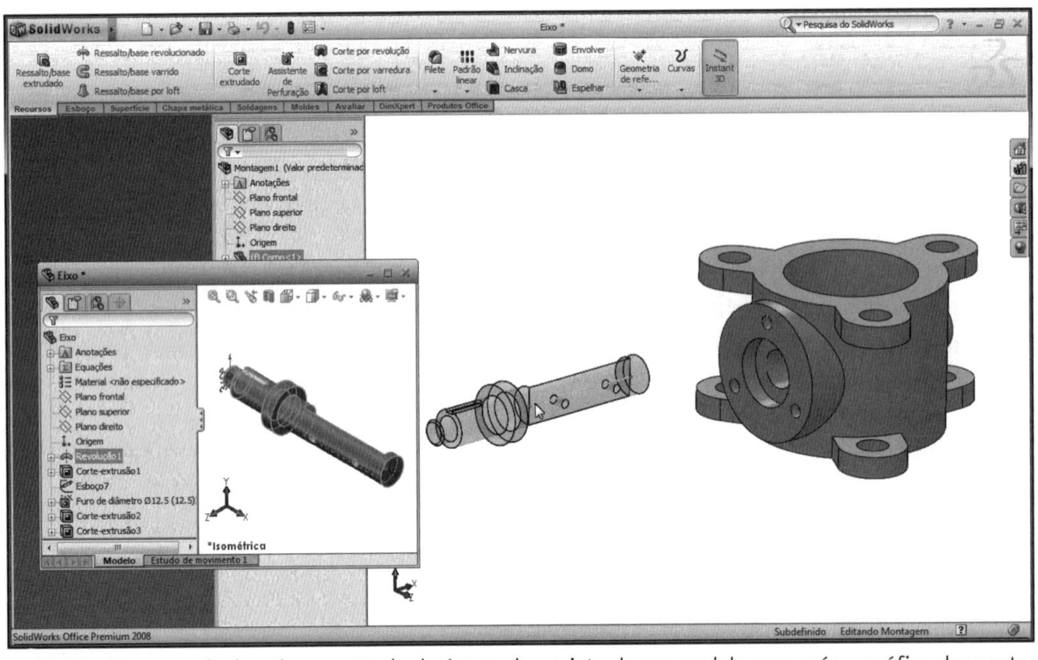

Figura 11.79 - Recurso selecionado e arrastado da árvore de projeto de um modelo para a área gráfica de montagem.

Quando o cursor está sobre uma face cilíndrica ou cônica de um furo ou corte (quando você arrasta o nome do recurso), ou sobre uma aresta circular de um furo ou corte (quando você arrasta o componente), ele muda para a forma mostrada na penúltima célula da coluna **Forma do cursor** do quadro.

Uma visualização da peça é inserida com snap no local. Se a visualização indicar que é necessário alterar a condição de alinhamento, pressione a tecla **Tab** para inverter o alinhamento (alinhado/antialinhado). Solte a peça.

Dois posicionamentos são aplicados: um **Concêntrico** entre as faces cilíndricas ou cônicas e um **Coincidente** entre as faces planas adjacentes às faces cônicas, Figura 11.80.

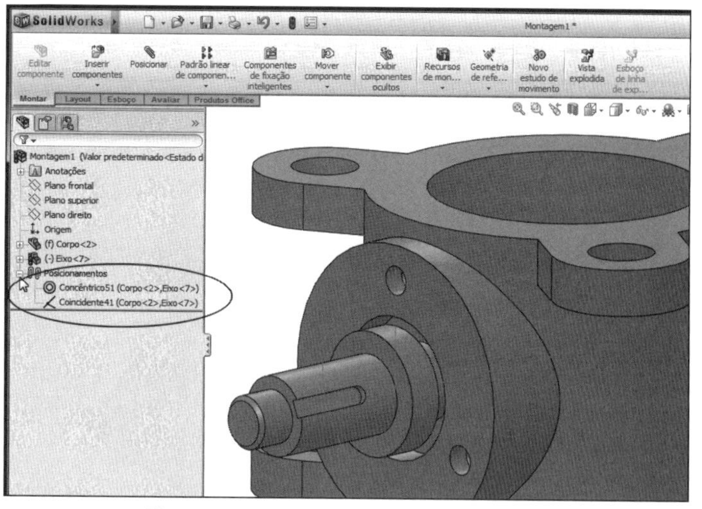

Figura 11.80 - Posicionamentos aplicados.

- **Posicionamentos inteligentes em flanges** - em alguns casos especiais, é possível criar até três posicionamentos inteligentes de uma vez. Cada peça precisa ter um padrão circular de furos cilíndricos (ou ressaltos) em uma face plana com uma aresta circular.

  Para adicionar posicionamentos inteligentes com base em um padrão de recurso:

  - Arraste o componente para a montagem usando a aresta circular.
  - Quando um ponteiro estiver sobre outra aresta circular, ele muda indicando os posicionamentos resultantes se o componente for solto nesse local. Uma visualização da peça é posicionada no local com snap, Figura 11.81.

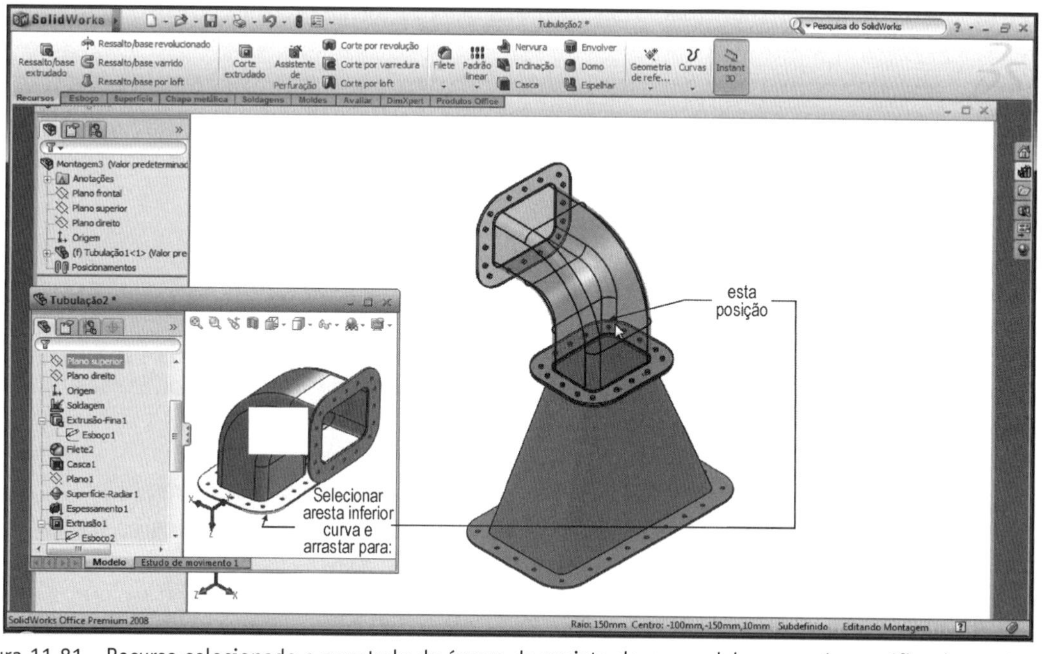

Figura 11.81 - Recurso selecionado e arrastado da árvore de projeto de um modelo para a área gráfica de montagem.

  - Pressione a tecla **Tab** para girar a peça que você está arrastando a fim de criar a orientação correta.
  - Solte o componente.

  São adicionados os seguintes posicionamentos, Figura 11.82:

  - Um posicionamento **Concêntrico** é adicionado entre as faces cilíndricas.
  - Um posicionamento **Coincidente** é adicionado entre as faces planas adjacentes.

Se possível, um posicionamento **Concêntrico** é adicionado entre a instância-padrão da peça que você está arrastando e a peça existente na montagem.

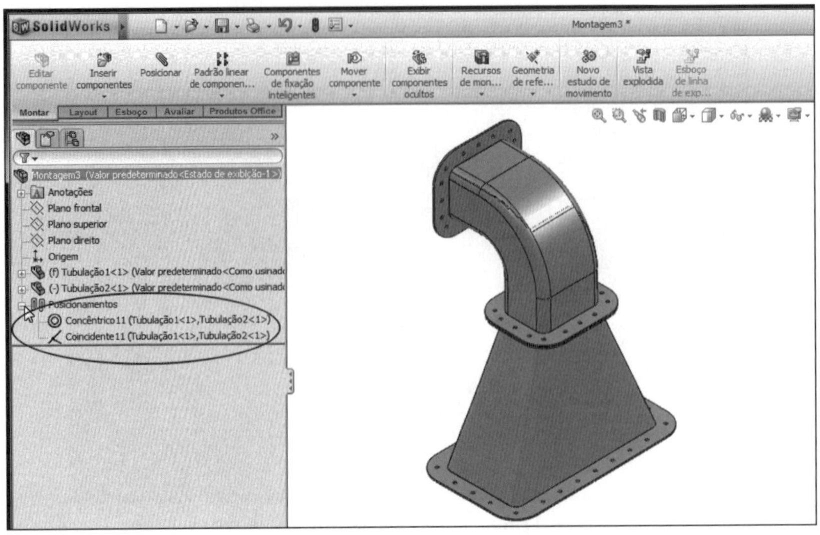

Figura 11.82 - Posicionamentos aplicados.

Nota

O SolidWorks possui a capacidade de inserção de componentes inteligentes criados ou buscados em bibliotecas em um projeto de montagem, tais como parafusos padronizados, furos para parafuso, arruelas, porcas, pinos, rebites, rolamentos etc.

Quando você torna um componente inteligente, associa a ele os outros componentes e recursos. Quando você insere o componente inteligente em uma montagem, pode escolher se os componentes e recursos associados serão ou não inseridos. Os seguintes recursos podem ser associados a um componente inteligente:

É possível mapear configurações do componente inteligente para as configurações dos componentes e recursos associados.

É possível adicionar o autodimensionamento em componentes inteligentes cilíndricos. Quando você insere o componente inteligente em um componente cilíndrico, o tamanho do primeiro se ajusta ao segundo. Entretanto, este tema não será desenvolvido, ficando a critério do leitor buscar a informação na área de Ajuda do SolidWorks.

11.2.8. Dicas de Posicionamento

- Sempre que possível, posicione todos os componentes em relação a um ou dois componentes ou referências fixos. As cadeias de componentes longas levam mais tempo para serem Não crie loops de posicionamentos. Eles causam conflitos quando os posicionamentos subseqüentes forem adicionados.
- Evite posicionamentos redundantes. Embora o SolidWorks permita alguns (todos, exceto distância e ângulo), eles levam mais tempo para serem resolvidos e tornam a compreensão e o diagnóstico do esquema de posicionamentos mais difíceis caso ocorra algum problema.
- Arraste os componentes para testar sua liberdade disponível.
- Use posicionamentos de limite em menor quantidade porque eles levam mais tempo para serem resolvidos.
- Corrija os erros de posicionamento assim que eles ocorrerem. Adicionar posicionamentos nunca corrige os problemas existentes.
- Arraste os componentes para a orientação e o local corretos antes de adicionar posicionamentos, pois isso permite que o aplicativo de solução de posicionamentos tenha maior chance de fazer o snap dos componentes no local correto.
- Se um componente causa problemas, em geral é mais fácil excluir todos os seus posicionamentos e criá-los novamente em vez de tentar diagnosticar cada um. Isso é válido especialmente para os conflitos de direção de dimensão e de componentes alinhados/antialinhados (é possível inverter a direção em que uma dimensão é medida). Use **Exibir posicionamentos** ou expanda o componente na **árvore de projeto do FeatureManager** usando **Exibição em árvore**, **Exibir posicionamentos e dependências** para ver os posicionamentos dos componentes.

- Sempre que possível, defina totalmente a posição de cada peça na montagem, a não ser que a peça precise ser movida para a visualização de movimentos da montagem. Montagens com vários recursos e opções levam mais tempo para serem resolvidas, têm comportamento menos previsível quando as peças são arrastadas e são mais suscetíveis a erros que são corrigidos automaticamente durante a operação de arrastar. Arraste os componentes para verificar os recursos restantes.
- Arrastar um componente pode fazer com que ele assuma o local correto por snap e os erros de posicionamento são corrigidos.
- Suprimir e cancelar a supressão de posicionamentos com erros às vezes corrige os erros de posicionamento.
- Quando você criar posicionamentos para peças com recursos no contexto (recursos cuja geometria está relacionada a outros componentes da montagem), evite referências circulares.

11.2.9. Inserção de Subconjuntos

É comum, para efeitos de organização, identificação, aplicação etc. que a árvore do FeatureManager de montagem de um projeto seja estruturada em subconjuntos e componentes de ligação destes, formando o conjunto principal. Assim, um grande projeto pode ser dividido em quantas partes forem necessárias, denominadas subconjuntos, e distribuídas entre uma série de profissionais que as desenvolverão componente a componente, formando o subconjunto.

Uma vez formado cada subconjunto (procedimento análogo ao feito para montagem) pelo profissional específico, essas várias submontagens são inseridas na montagem principal. Assim, podemos definir que o **eixo**, o **retentor**, a **chaveta** e a **porca** que aparecem montados na Figura 11.45 formam um subconjunto daquela montagem. Desta forma, em vez de inseri-los um a um, poderíamos ter antes criado outra montagem usando, por exemplo, o **eixo** como **peça base**.

A inserção da submontagem na montagem principal fica como indica a Figura 11.84. A Figura 11.83 mostra que é necessário configurar no canto direito inferior da caixa de diálogo **Abrir**, a opção *drop-down* para **Montagem (*.asm, *.sldasm)**. Isso permite a visualização dos arquivos de subconjuntos criados para inserir na montagem.

Na **árvore de projeto do FeatureManager** da montagem o ícone referente ao conjunto do eixo pode ser expandido mediante um clique e exibir os componentes que ao *Eixo base* estão conectados.

Depois de inserido o subconjunto, aplicam-se as relações de posicionamentos, conforme já estudadas.

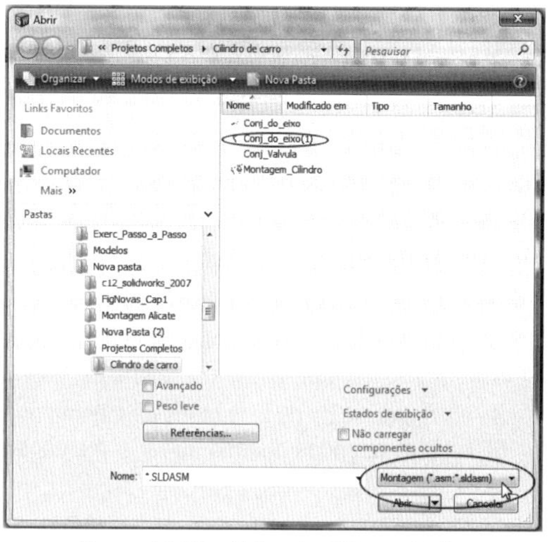

Figura 11.83 - Caixa de diálogo Abrir.

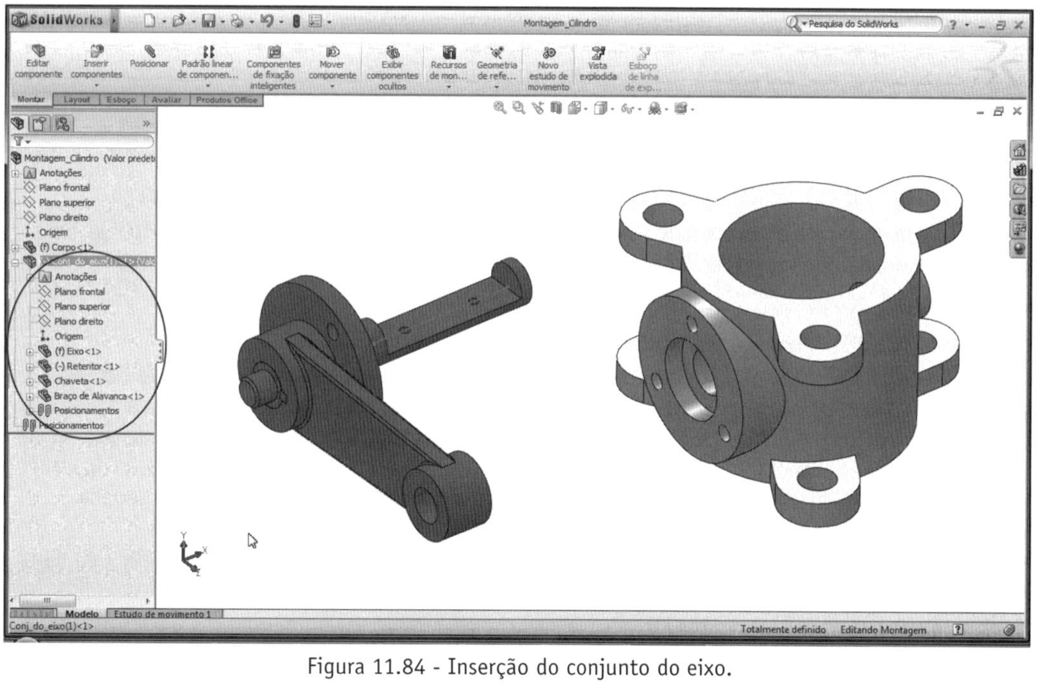

Figura 11.84 - Inserção do conjunto do eixo.

11.3. Projeto Descendente

Em um projeto de montagem descendente, um ou mais recursos de uma peça são definidos por algo que se encontra em uma montagem, como um esboço de layout ou a geometria de outra peça. A intenção do projeto (tamanho dos recursos, posicionamento dos componentes na montagem, proximidade com outras peças etc.) começa no topo da árvore (a montagem) e se move para baixo (até as peças), por isso o termo "descendente" (top-down).

O SolidWorks permite três métodos de trabalho para produção de um projeto descendente. É possível optar pela aplicação de somente um deles, ou ainda, pela aplicação de todos. Varia conforme a necessidade.

11.3.1. Método da Criação por Recursos Individuais

Os recursos individuais podem ser projetados com o método descendente por meio da referência a outras peças na montagem. Em um projeto ascendente (bottom-up), a peça é construída em uma janela separada, na qual somente ela é visível. Entretanto, o SolidWorks também permite editar peças enquanto você trabalha na janela da montagem. Isso torna disponível a geometria de todos os outros componentes para referência (por exemplo, para copiar ou dimensionar). Esse método é útil para peças basicamente estáticas, mas que possuem determinados recursos que fazem interface com outros componentes da montagem.

11.3.2. Método das Peças Completas ou "no Contexto"

No método das peças completas, os novos componentes são criados no contexto da montagem. O componente gerado é, na verdade, anexado (posicionado em relação) a outro componente que já existe na montagem. A geometria do componente criado é baseada no componente existente. Esse método é útil para peças como suportes e de fixação, que dependem totalmente ou em parte de outras peças para definir suas formas e tamanhos.

Utilizamos esse método quando criamos o bloco para cavidade do exemplo de moldes bipartidos, no item 8.2.1 do capítulo 8.

Existem algumas considerações especiais quando você salva uma montagem com recursos no contexto:

- Peças que possuem recursos definidos no contexto de uma montagem precisam manter sua associação com a montagem pai para que sejam atualizadas corretamente, dentro e fora do contexto da montagem.
- Se você precisa de duas versões da mesma peça (uma com os recursos no contexto e outra sem eles), terá de editar os locais de arquivo referidos quando salvar a montagem. Isso impede que os recursos no contexto afetem o documento original da peça.

11.3.2.1. Criação de Peças no Contexto

O projeto de peças no contexto utiliza a geometria dos outros componentes da montagem como referência para a criação da geometria desejada. A nova peça é salva internamente no arquivo da montagem como um componente virtual. Mais tarde, é possível salvar a peça em seu próprio arquivo. A Figura 11.85 mostra um exemplo de peça base, a qual será referência para a criação dos demais componentes no contexto.

Você também pode criar uma submontagem no contexto da montagem de nível superior.

Para criar uma peça no contexto em uma montagem:

1. Clique em **Nova peça** (barra de ferramentas **Montagem**) ou em **Inserir** → **Componente** → **Nova peça**.

   A nova peça aparece na **árvore de projeto do FeatureManager** com um nome no formato **[Peça*n*^*nome_da_montagem*]**. Os colchetes indicam que a peça é um componente virtual.
2. Siga um destes procedimentos:
3. Clique em um plano de trabalho ou face plana do modelo (no caso, clique em **Plano direito**, Figura 11.86).
4. O foco da edição muda para a nova peça e um esboço é aberto nessa peça. Um posicionamento **No local** (coincidente) é adicionado entre o plano **Frontal** da nova peça e a face ou plano selecionado. O posicionamento da nova peça é totalmente definido pelo posicionamento **No local**. Nenhum posicionamento adicional é necessário para posicioná-la. Se você quiser reposicionar o componente, primeiro terá de excluir o posicionamento **No local**. Coloque a visualização da vista em **Normal a**, desenhe e dimensione um esboço, como mostra a Figura 11.87. Observe que esse esboço corresponde a um componente (uma bucha) que será gerado por revolução em torno de uma **Linha centro** também criada.

- Uma peça vazia é adicionada à montagem. Você pode editar ou abrir o arquivo da peça vazia e criar a geometria. A origem da peça é coincidente com a origem da montagem e a posição da peça é **fixa**.
- Construa os recursos da peça com as mesmas técnicas que usou para construir uma peça isolada. Use referências às geometrias dos outros componentes da montagem, como necessário.

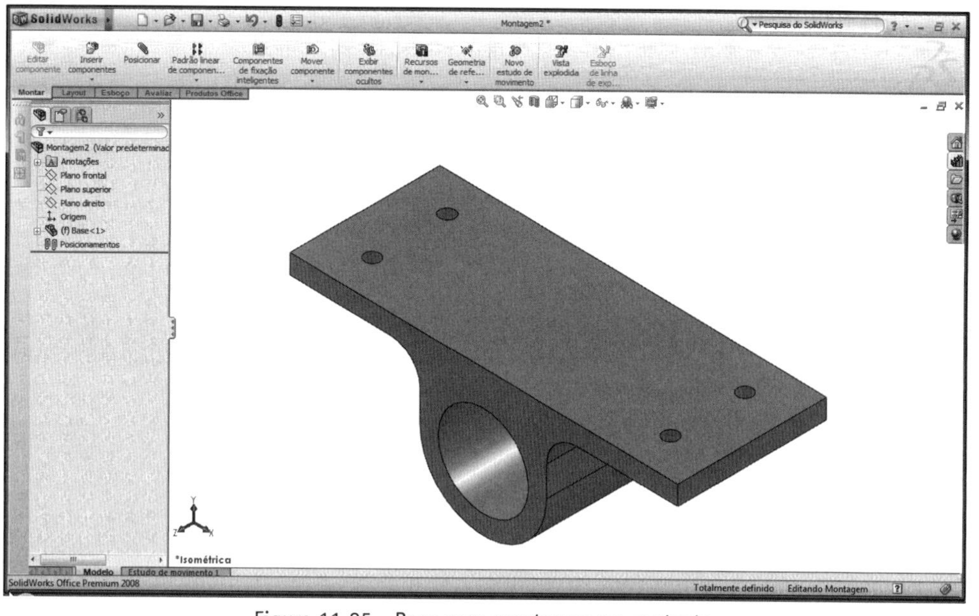

Figura 11.85 - Base para montagem no contexto.

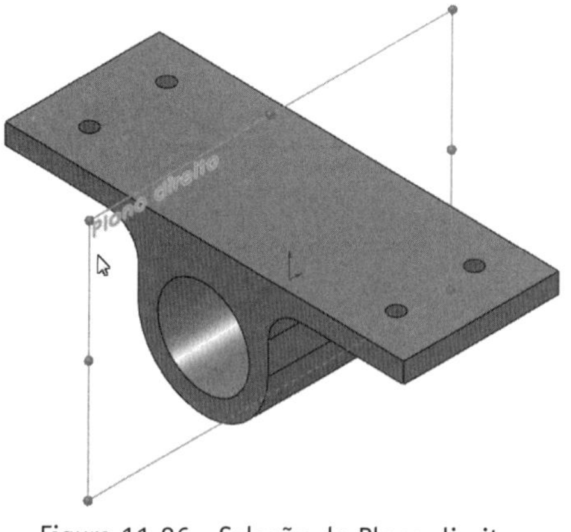

Figura 11.86 - Seleção do Plano direito.

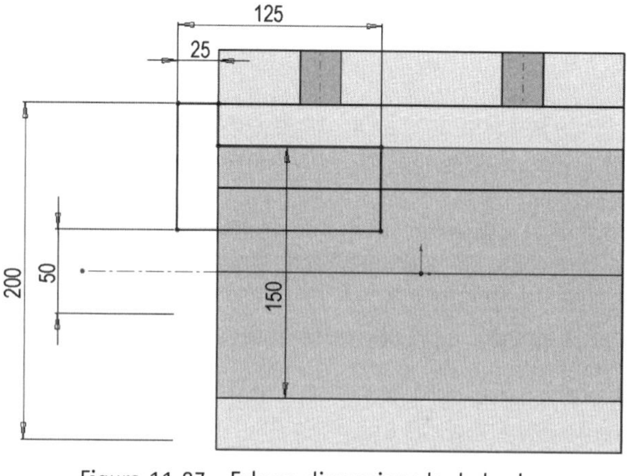

Figura 11.87 - Esboço dimensionado da bucha.

- Se você fizer a extrusão de um recurso usando a opção **Até o próximo**, a geometria que define *próximo* precisa estar na mesma peça. Use **Até a superfície** para criar uma extrusão até a superfície de outro componente da montagem, ou até a superfície de um recurso da montagem.

5. Selecione a guia **Recursos** no **CommandManager** e clique no comando **Ressalto/base revolucionado.** Selecione a **Linha de centro** como referência de revolução. Clique em **OK**. A Figura 11.88 exibe a bucha criada no contexto.
6. Para voltar a editar a peça, clique para desmarcar **Editar componente** (barra de ferramentas **Montagem**).

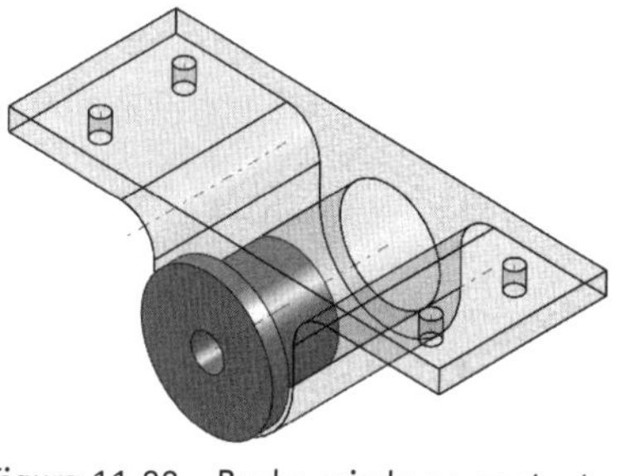

Figura 11.88 - Bucha criada no contexto.

Nota

Para salvar um componente virtual em seu próprio arquivo externo, clique com o botão direito no componente e selecione **Salvar peça (em arquivo externo).** Como alternativa, quando você salva a montagem, pode optar por salvar a peça dentro da montagem ou como um arquivo externo.

A bucha do lado oposto pode ser obtida por espelhamento sobre o **Plano frontal** da primeira, usando a opção **Espelhar corpos** com a *checkbox* **Mesclar peças** desabilitada, Figura 11.89.

A próxima peça a ser criada no contexto dessa montagem será um suporte em U que é conectado às buchas por meio de um parafuso com porca a serem ainda criados. A Figura 11.90 exibe os detalhes do suporte em U e em seguida a descrição do processo criativo no contexto.

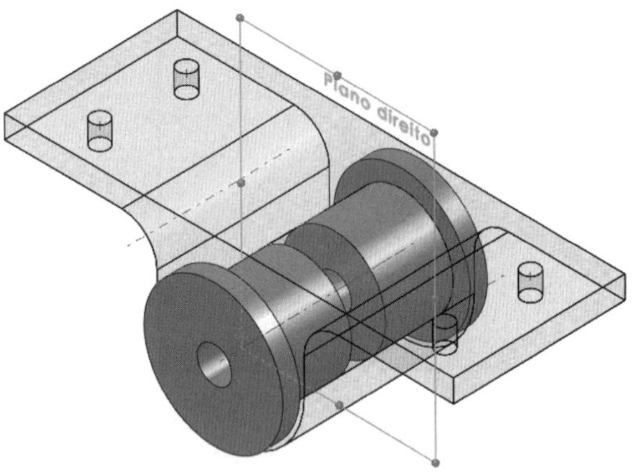

Figura 11.89 - Bucha oposta obtida por espelhamento.

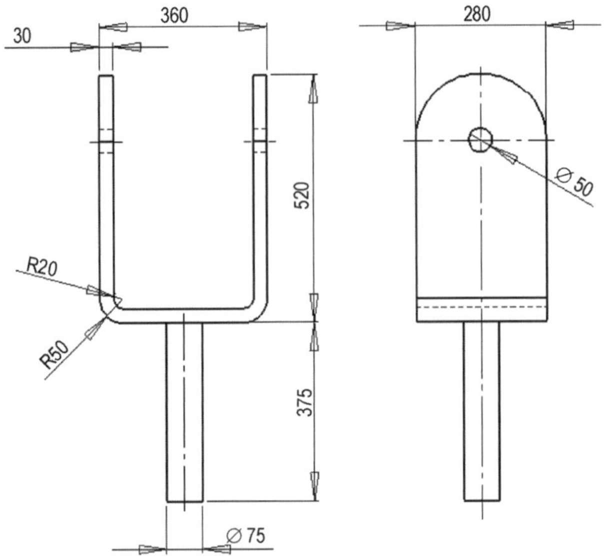

Figura 11.90 - Suporte em U detalhado.

7. De forma análoga à anterior, clique em **Nova peça** (barra de ferramentas **Montagem**) ou em **Inserir** → **Componente** → **Nova peça**.
8. A nova peça aparece na **árvore de projeto do FeatureManager** com um nome no formato **[Peça***n*^*nome_da_montagem***]**. Os colchetes indicam que a peça é um componente virtual.
9. Como já referido, a origem da nova peça é coincidente com a origem da *peça base*. Clique no **Plano frontal** da *peça base* e ajuste a visualização para **Normal a**. Em seguida, crie o esboço como mostra a Figura 11.91.
10. Gere uma extrusão desse esboço usando uma profundidade de **360mm** com a opção de extrusão **Plano médio**, Figura 11.92, em transparência.

Note que foi criada uma peça totalmente sólida com um furo. Precisamos, então, criar a parte interna que será obtida por meio de um **Corte extrudado**. Vamos editar o componente criado e proceder à operação necessária à criação do corte extrudado.

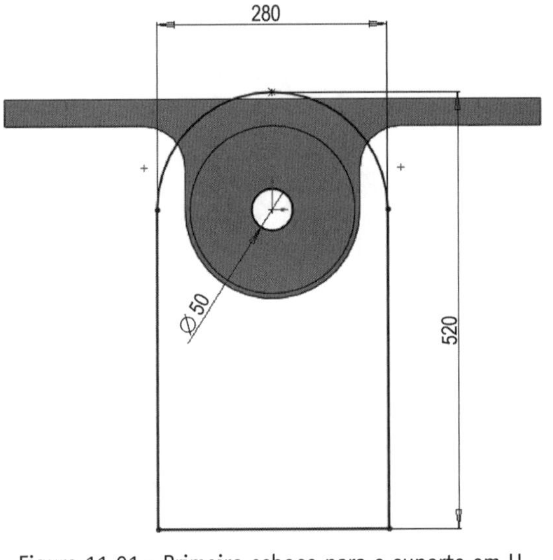

Figura 11.91 - Primeiro esboço para o suporte em U.

11. Selecione o componente na **árvore do projeto do FeatureManager** e clique em **Editar componentes**, na guia **Recursos** do **CommandManager**. O componente será editado dentro da montagem.
12. Selecione a guia **Esboços** do **CommandManager** e clique no comando **Esboço** para criar um esboço.
13. Expanda a árvore do projeto Flyout e selecione o Plano **frontal** como plano de esboço.
14. Defina a visualização como Normal a e crie o esboço da Figura 11.93.
15. Finalizado o esboço, clique em **OK** para sair. Selecione novamente a guia **Recursos** e clique no comando **Corte extrudado**. Faça a extrusão do corte com uma profundidade de **300mm**, utilizando a opção **Plano médio**.
16. Clique em **OK**. O corte foi criado, transformando o bloco sólido em formato de **U**, Figura 11.94.
17. Utilizando o comando **Filete** da guia **Recursos** do **CommandManager**, crie os filetes de raio **20mm** e **50mm**, Figura 11.95.

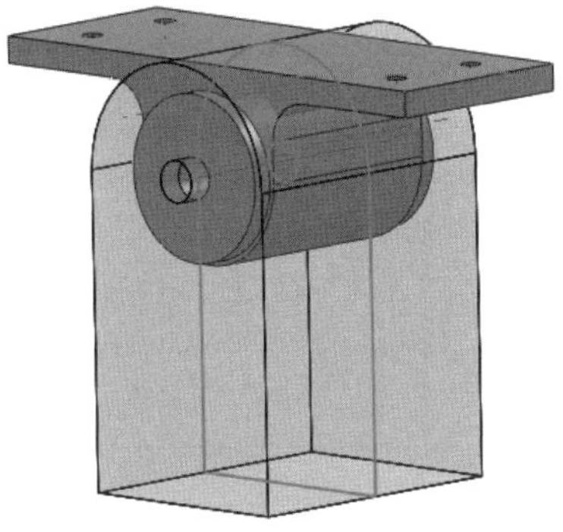

Figura 11.92 - Extrusão do primeiro esboço.

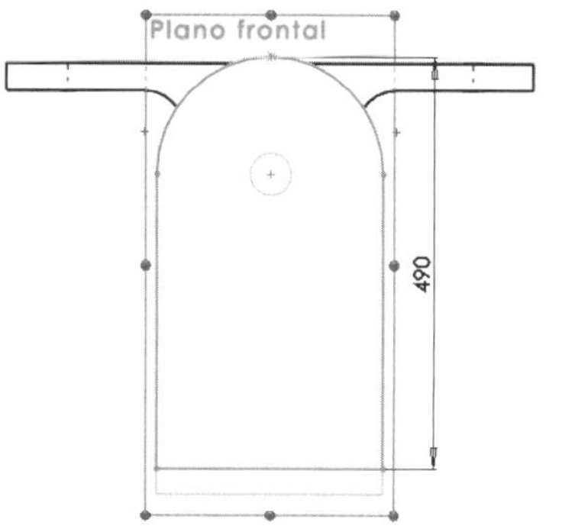

Figura 11.93 - Esboço no plano frontal para Corte extrudado.

Figura 11.94 - Corte extrudado.

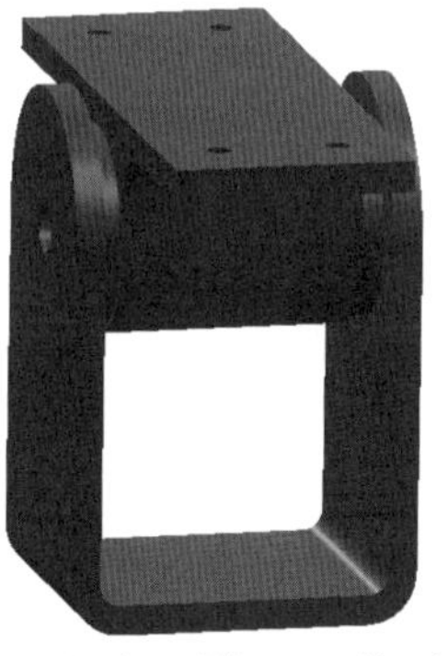

Figura 11.95 - Filetes aplicados.

Finalizado o **Suporte em U**, crie a haste inferior.

18. Clique em **Editar componentes**, na guia **Recursos** do **CommandManager**. O componente será editado dentro da montagem.
19. Selecione a guia **Esboços** do **CommandManager** e clique no comando **Esboço** para criar um esboço.
20. Selecione a face inferior do componente como **Plano de esboço**.
21. Defina a visualização como **Normal a** e crie o esboço da haste, um círculo de diâmetro 75mm, como mostra a Figura 11.96. Em seguida, clique novamente na guia **Recursos** e selecione o comando **Ressalto/base extrudado**. Faça a extrusão do esboço com uma profundidade de **325mm**, Figura 11.97. Clique em **OK** para finalizar.

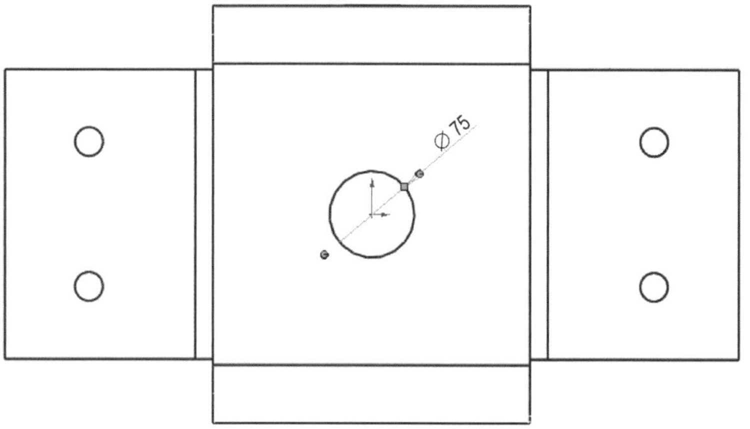

Figura 11.96 - Esboço da haste na superfície inferior.

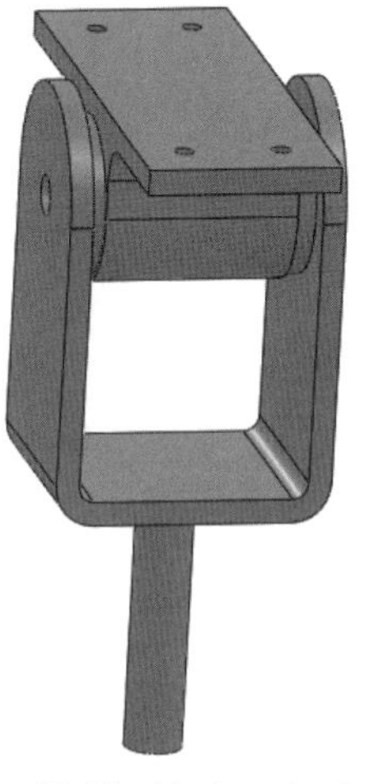

Figura 11.97 - Haste extrudada.

Os dois últimos componentes dessa montagem, como já referido, são o parafuso de conexão entre as partes e a porca, ambos exibidos nas Figuras 11.98 e 11.99.

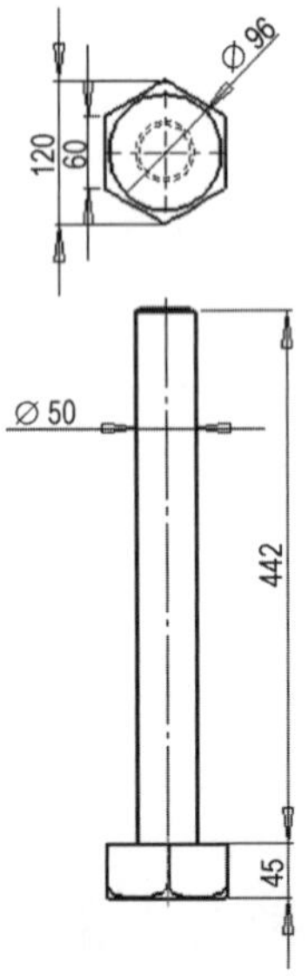

Figura 11.98 - Parafuso de união.

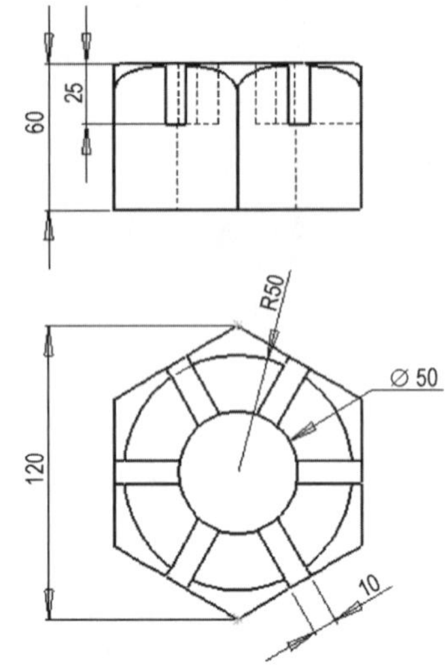

Figura 11.99 - Porca castelo.

22. Clique em **Nova peça** (barra de ferramentas **Montagem**) ou em **Inserir → Componente → Nova peça**.
23. A nova peça aparece na **árvore de projeto do FeatureManager** com um nome no formato **[Peça*n*^*nome_da_montagem*]**. Os colchetes indicam que a peça é um componente virtual.
24. Como já referido, a origem da nova peça é coincidente com a origem da *peça base*. Clique na face lateral externa esquerda do *Suporte em U* e, usando como referência o centro do furo, esboce um círculo de diâmetro **50mm**. Esse diâmetro posteriormente sofrerá extrusão para formar o corpo do parafuso.
25. Clique na guia **Recursos** do **CommandManager** para acessar o comando **Ressalto/base extrudado**. Ative o comando e faça a extrusão do esboço com uma profundidade de 445mm. Clique em Inverter direção, se necessário, Figura 11.100.
26. Para criar a cabeça do parafuso, clique novamente na guia Esboço do CommandManager para acessar os comandos de esboço e no comando Polígono. Aparece a caixa de mensagens, solicitando que uma face ou plano seja selecionado. Selecione a face circular da extremidade do corpo do parafuso. A face indicada pelo cursor encontra-se na Figura 11.100.
27. Usando o mesmo centro, crie um hexágono com as dimensões mostradas na Figura 11.90 e faça sua extrusão com uma profundidade de 45mm, Figura 11.101.

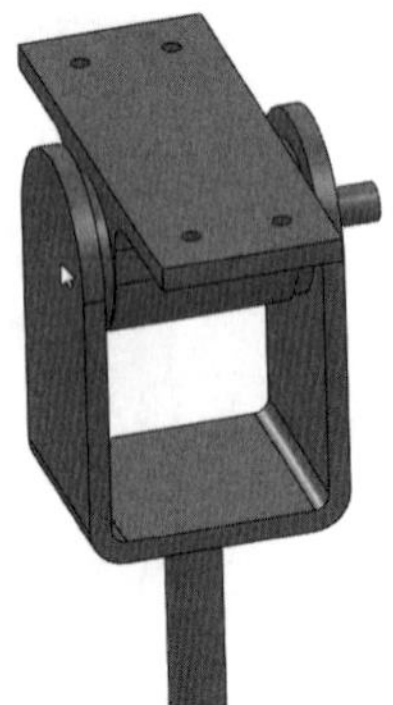

Figura 11.100 - Esboço e extrusão para criação do corpo do parafuso.

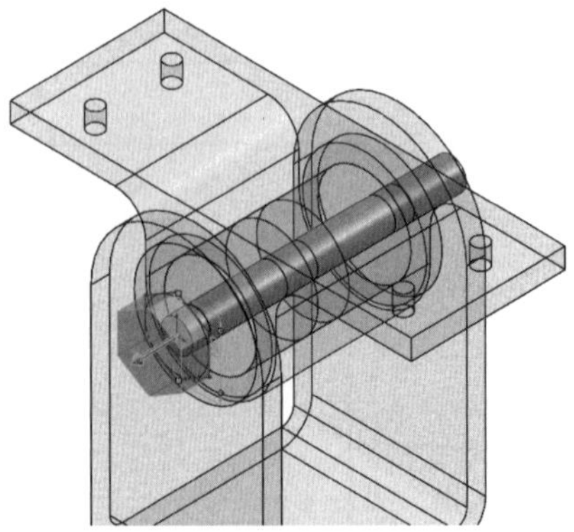

Figura 11.101 - Esboço e extrusão da cabeça do parafuso.

28. Para criar o detalhe de filete na aresta da cabeça, gere um esboço como mostra a Figura 11.102 e uma linha de centro, e aplique em seguida um **Corte revolucionado**, Figura 11.103.
29. Para fechar a edição, clique no botão **Editar componente**, no **CommandManager**.

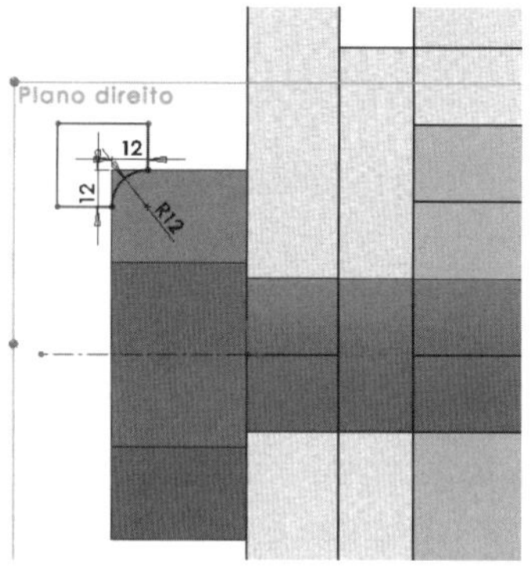

Figura 11.102 - Esboço para detalhe de filete.

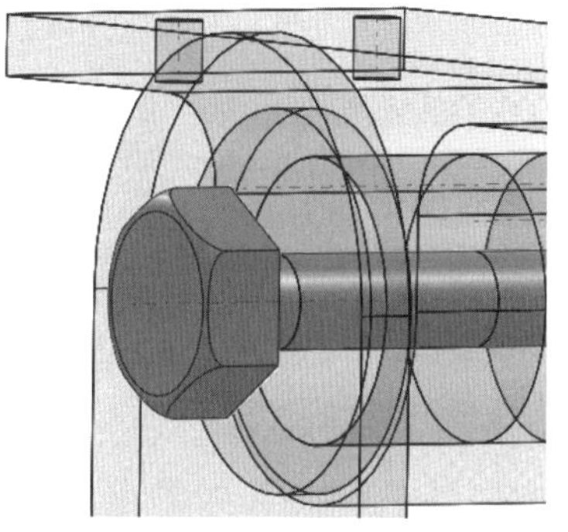

Figura 11.103 - Filete gerado na cabeça.

O último componente a ser criado no contexto da montagem é a porca castelo. O procedimento é análogo ao do parafuso.

30. Clique em **Nova peça** (barra de ferramentas **Montagem**) ou em **Inserir** → **Componente** → **Nova peça**.
31. Como já referido, a origem da nova peça é coincidente com a origem da *peça base*. Clique na face lateral externa direita do *Suporte em U* e, usando como referência o centro do furo, esboce um hexágono com as dimensões da Figura 11.99, com o esboço de um círculo ao centro de diâmetro **50mm**. A região entre os dois esboços posteriormente sofrerá extrusão para formar o corpo da porca, Figura 11.104.
32. Clique na guia **Recursos** do **CommandManager** para acessar o comando **Ressalto/base extrudado**. Ative o comando e faça a extrusão da região com uma profundidade de **60mm**. Clique em Inverter direção, se necessário, Figura 11.105.
33. Para fechar a edição, clique no botão **Editar componente**, no **CommandManager**.

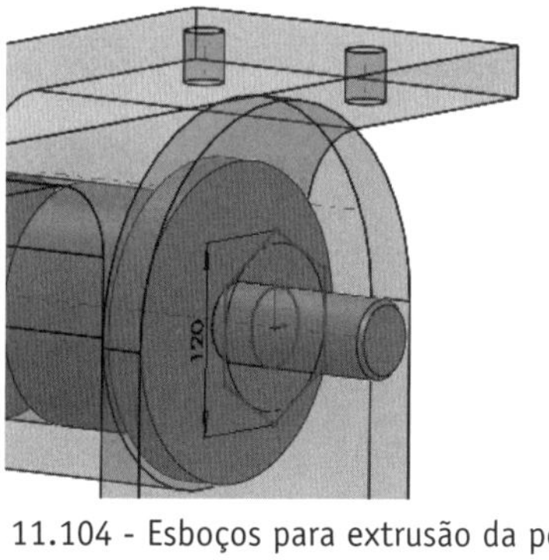

Figura 11.104 - Esboços para extrusão da porca.

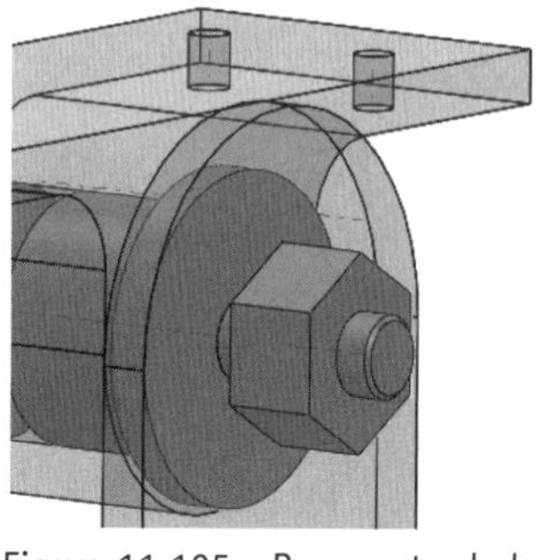

Figura 11.105 - Porca extrudada.

Para criar os recortes retangulares de largura **10mm** e profundidade **25mm** que definem o nome do componente como *porca castelo* (nome atribuído devido à semelhança com as torres dos castelos medievais), é preciso primeiramente ocultar o parafuso e depois acompanhar os seguintes passos:

34. Clique com o mouse sobre o parafuso e selecione na barra de comandos Flyout o comando **Suprimir**. Observe que o parafuso desaparece da montagem.
35. Selecione na **árvore do projeto do FeatureManager** o componente referente à *porca castelo* e na guia **Montar** do **CommandManager** clique em **Editar componente**.
36. Clique na guia **Esboço** e selecione o comando **Esboço**. Defina como **Plano de esboço** a superfície hexagonal da porca e esboce uma **Linha** ligando o ponto médio de dois lados paralelos, Figura 11.106. Em seguida, selecione a guia **Recursos** e gere um **Corte extrudado** de opção **Recurso fino**, definindo Plano médio (10mm) e Direção1 com opção Cego (25mm). Clique em OK. A Figura 11.107 exibe o corte extrudado.

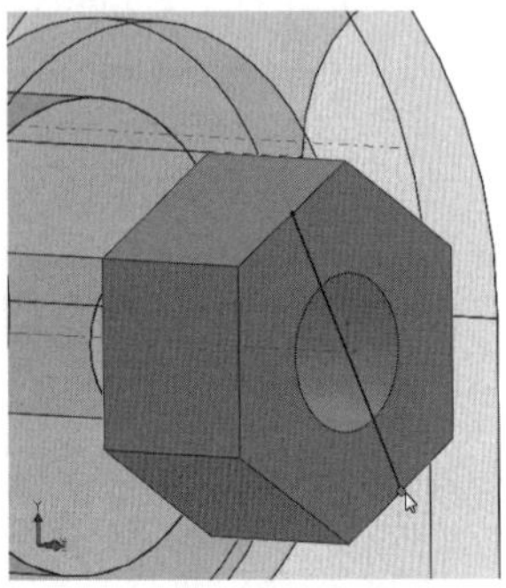

Figura 11.106 - Esboços para corte extrudado.

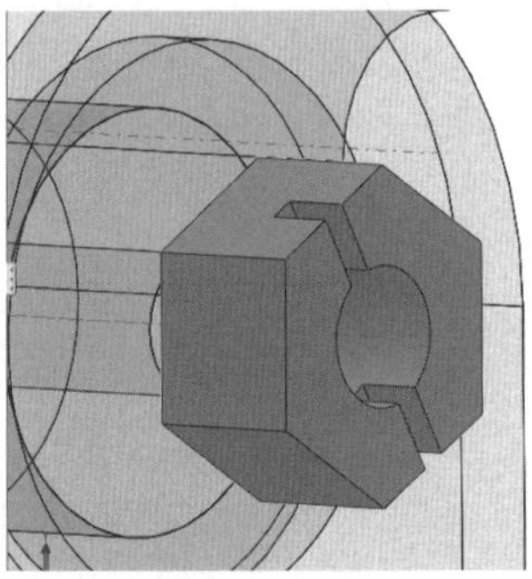

Figura 11.107 - Corte extrudado.

37. Os demais cortes são obtidos por padrão circular, usando como referência Eixo temporário, Figura 11.108.
38. A finalização da modelagem da porca é obtida pela criação de um filete de forma idêntica à citada nos itens 21 e 22. A Figura 11.109 exibe a porca finalizada. Vemos na Figura 11.110 a montagem completa.

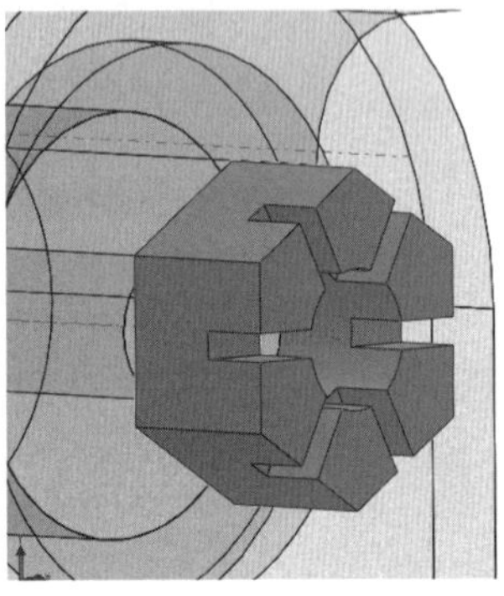

Figura 11.108 - Cortes obtidos por padrão circular.

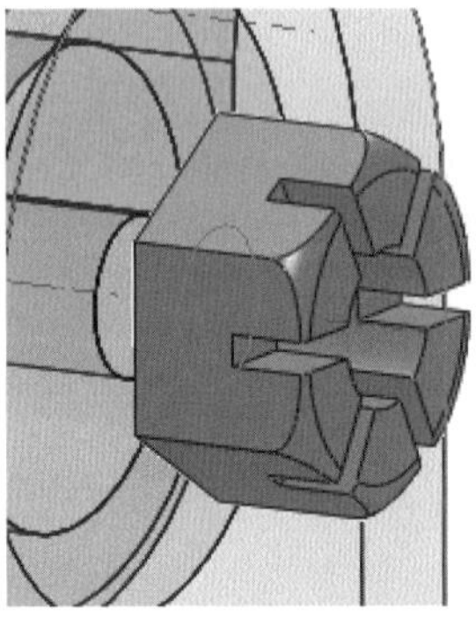

Figura 11.109 - Filete gerado na cabeça.

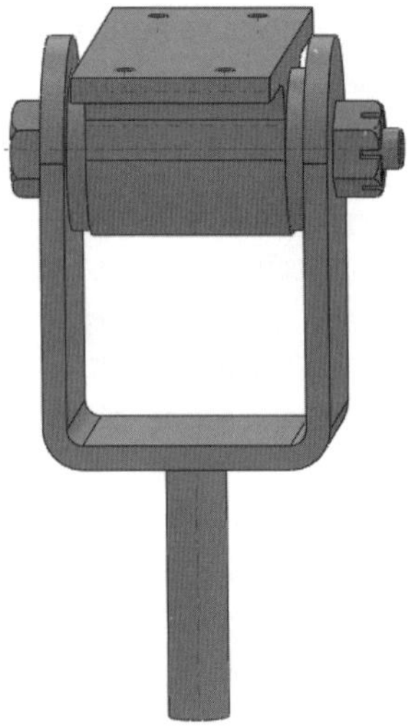

Figura 11.110 - Montagem no contexto.

11.3.2.2. Edição de Peças no Contexto

Em síntese, a maior parte dos relacionamentos descendentes é criada durante a edição de uma peça dentro de uma montagem. Isso também é chamado de edição no contexto, porque o recurso é criado ou editado no contexto da montagem em vez de isoladamente, que é como você normalmente cria as peças. A edição no contexto permite exibir a peça em seu local correto na montagem, enquanto o novo recurso é criado. Além disso, é possível usar a geometria das peças circundantes para definir o tamanho ou a forma do novo recurso.

Mesmo que você não use um método de projeto descendente, ainda pode editar uma peça na janela da montagem, por conveniência. Por exemplo, enquanto trabalha em uma montagem, pode editar a extrusão do componente para inverter sua direção, ou editar um filete para adicionar arestas ao mesmo componente. Isso não é considerado um método de projeto descendente porque não utiliza nenhuma outra peça da montagem.

Quando você edita uma peça no contexto de uma montagem, pode usar **cores para indicar o componente que é editado**. É possível também **alterar a transparência** dos componentes da montagem durante a edição de uma peça.

Para editar uma peça em uma montagem:

1. Clique com o botão direito na peça e selecione **Editar peça**, ou clique em **Editar componente** na barra de ferramentas Montagem.

A barra de títulos exibe o nome da peça na montagem aberta para edição como *<nome_da_peça>* **em** *<nome_da_montagem>***.sldasm**. Observe que a mensagem na barra de status indica que você está editando o documento da peça, embora toda a montagem esteja visível.

Quando uma peça é editada no contexto de uma montagem, a configuração referida na montagem se torna ativa em todas as janelas abertas (por exemplo, se a peça estiver aberta em sua própria janela).

Se a peça for usada em outro documento de montagem aberto, com a opção **Usar configuração do componente "em uso" ou a última configuração salva** selecionada, essas instâncias também são afetadas.

Se um componente (peça individual ou submontagem) tem mais de uma configuração, você pode especificar qual deve ser usada para cada instância da montagem. É possível especificar a configuração a usar para vários componentes de cada vez, se eles tiverem configurações com o mesmo nome.

Também é possível especificar determinadas propriedades da configuração para o componente.

2. Faça as alterações necessárias na peça.
3. Para voltar à edição da montagem, clique com o botão direito no nome da montagem na **árvore de projeto do FeatureManager** ou clique com o botão direito em qualquer lugar da área de gráficos e selecione **Editar montagem**:*<nome_da_montagem>*, ou clique em **Editar componente**.

Nota

Sempre que você cria uma peça ou um recurso utilizando técnicas descendentes, são criadas referências externas à geometria referida.

Em alguns casos, as montagens com grande número de recursos no contexto (que formam a base do projeto descendente) podem levar mais tempo para serem reconstruídas do que a mesma montagem sem esses recursos.

O SolidWorks é otimizado para reconstruir somente as peças que foram alteradas.

Ao criar recursos em contexto, é importante não gerar conflitos de posicionamento porque eles tornam a reconstrução mais demorada e podem resultar em um comportamento inesperado da geometria. De modo geral, é possível impedir esses conflitos, evitando criar posicionamentos para as geometrias geradas por recursos no contexto.

A vantagem do projeto descendente consiste em muito menos retrabalho quando ocorrem alterações no projeto. As peças podem se atualizar automaticamente com base no modo como você as criou.

É possível usar técnicas de projeto descendente em alguns recursos de uma peça, peças completas ou montagens inteiras. Na prática, os projetistas geralmente usam técnicas descendentes para criar as montagens e capturar aspectos importantes de peças personalizadas específicos das montagens.

11.3.3. Método da Montagem Inteira

Inicia com a criação de um esboço de layout para definir a localização dos componentes, principais dimensões etc. Depois você cria as peças 3D utilizando um dos métodos citados anteriormente, de modo que as dimensões e localizações nessas peças sigam o que foi definido no esboço. A rapidez e a flexibilidade do esboço permitem experimentar rapidamente diversas versões do projeto antes de construir qualquer geometria 3D. Mesmo depois de criar a geometria 3D, o esboço permite realizar um grande número de alterações a partir de um local central.

É possível construir um ou mais esboços que mostram a qual local cada componente de montagem pertence. Em seguida, pode-se criar e modificar o projeto antes de gerar qualquer peça. Além disso, é possível ainda usar o esboço para fazer alterações na montagem a qualquer momento.

A principal vantagem de projetar uma montagem utilizando um esboço de layout é que a montagem e suas peças são automaticamente atualizadas se o esboço de layout for alterado. É possível efetuar alterações rapidamente em um único local.

Para usar um esboço de layout de montagem, execute o seguinte procedimento:

- Crie um esboço de layout na montagem em que várias entidades de esboço representem as peças da montagem. Indique um local provisório para cada componente, capturando a intenção geral do projeto.
- Use referências à geometria no esboço de layout quando criar cada componente. Use o esboço de layout para definir o local, a forma e o tamanho do componente na montagem; certifique-se de que cada peça faz referência ao esboço de layout.

No projeto de montagem com base em layout, você pode alternar entre os métodos de projeto descendente e ascendente. Você pode criar, Editar e excluir peças e blocos em qualquer ponto do ciclo do projeto, sem nenhuma restrição baseada no histórico. Isso é particularmente útil durante o processo do projeto conceitual, quando você, com freqüência, faz experiências e alterações na estrutura e nos componentes da montagem.

Para criar um layout:

1. Abra uma nova montagem.
2. No PropertyManager de Iniciar montagem, clique em Criar layout.
3. Um esboço **3D** é exibido e o ícone de **layout** aparece na **árvore de projeto do FeatureManager**. O ambiente para criação de layout é aberto, Figura 11.111.

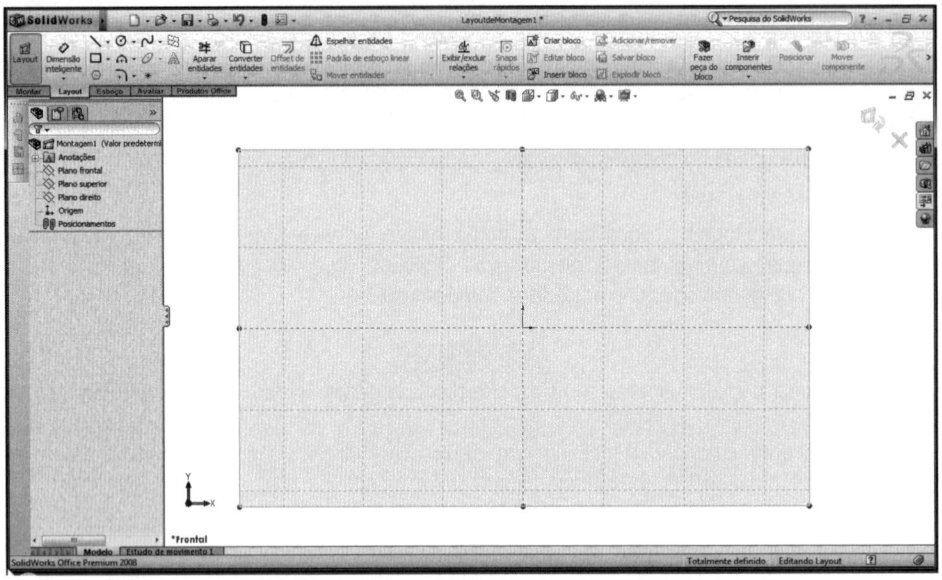

Figura 11.111 - Ambiente para criação de layouts.

4. Crie entidades de esboço e entidades relacionadas a grupos em **blocos**, Figura 11.112.

   É possível criar blocos de uma ou várias entidades de esboço. Os blocos permitem:

   - Criar esboços de layout usando um mínimo de dimensões e relações.
   - Congelar um subconjunto de entidades em um esboço para manipular como uma única entidade.
   - Gerenciar esboços complexos.
   - Editar todas as instâncias de um bloco simultaneamente.
5. Feche os blocos e o esboço.

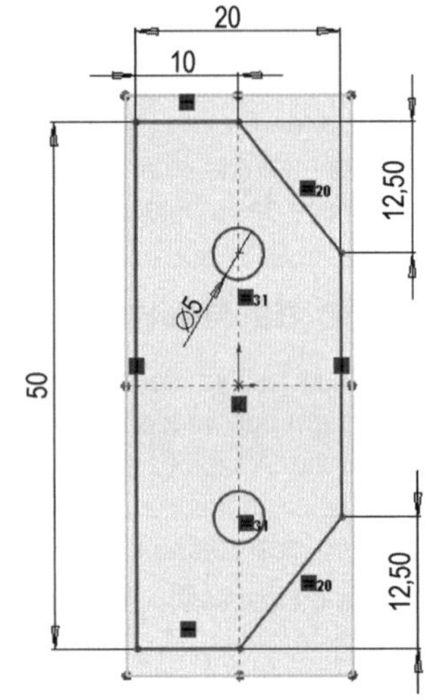

Figura 11.112 - Layout para criação de bloco.

11.3.3.1. Ferramentas para Criação de Blocos

As ferramentas para criação, edição, inserção, adição e remoção do bloco, bem como para salvar, explodir e converter o bloco em peça estão localizadas no **CommandManager** da guia **Layout**, como mostra a Figura 11.113.

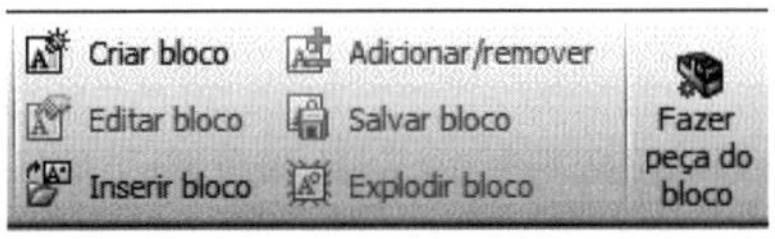

Figura 11.113 - Ferramentas para criação de blocos.

- **Criar bloco** - converte entidades de layouts e esboços em blocos. Um **Bloco** é identificado pelo ícone sob o esboço relevante na **árvore de projetos do FeatureManager**.

  É possível criar um bloco a partir de qualquer entidade ou combinação de entidades de esboço. Salvar os blocos individualmente proporciona grande flexibilidade ao projeto.

  Ao clicar no comando **Criar bloco**, o **PropertyManager** de mesmo nome é exibido. Selecione as entidades que comporão o bloco e arraste o ponto de inserção para a posição desejada.

  Clique em **OK** para criar o bloco.

  Quando você **cria um bloco**, tem a opção de especificar um ponto de inserção. Ao inserir um bloco em um documento, os pontos de inserção:

  – Adicionam um manipulador para arrastar o bloco.

  – Atuam como ponto de rotação e de aplicação de escala.

  – Permitem adicionar relações entre o manipulador e a entidade de esboço.

  A Figura 11.114 ilustra um exemplo de criação de um bloco (elemento de garra) a partir de um esboço de layout. A caixa de diálogo **Entidades do bloco** exibe as entidades selecionadas (todas as entidades deste layout). Observe que a figura mostra o **Ponto de inserção** arrastado para o centro do furo de fixação.

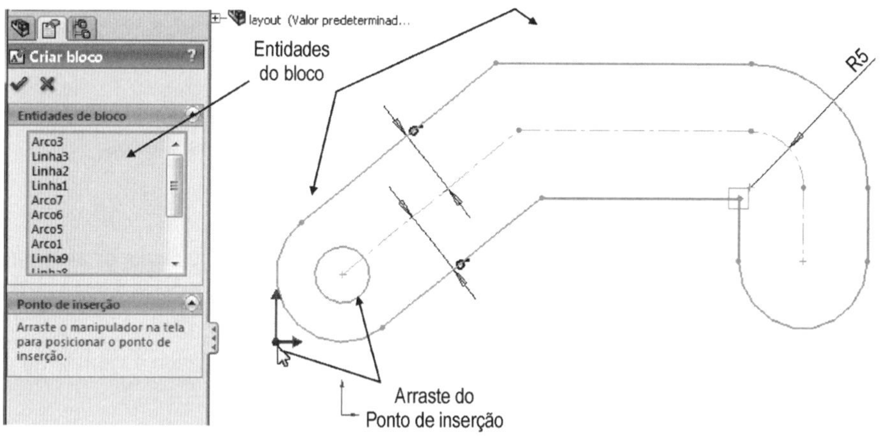

Figura 11.114 - PropertyManager Criar bloco e entidades para sua composição.

A Figura 11.115 mostra um layout de montagem com diversos esboços transformados em blocos.

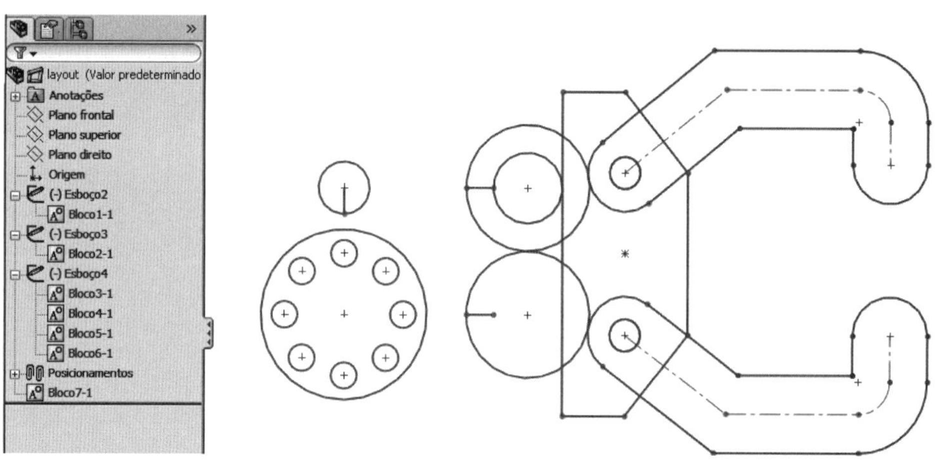

Figura 11.115 - Layout de montagem de garra de robô - composição em blocos.

- **Editar bloco** - cumpre duas funções:

  – Adicionar ou remover entidades de esboço.

  – Alterar dimensões e relações.

  É possível adicionar relações entre entidades de esboço no mesmo bloco, mas não a entidades de esboço externas.

Quando você edita um bloco, é possível adicionar, remover ou modificar entidades de esboço, assim como alterar relações e dimensões existentes.

Para editar um bloco:

1. Clique com o botão direito no esboço e selecione **Editar esboço**.
2. Expanda a pasta para exibir os blocos.
3. Selecione um bloco e clique em **Editar bloco** (barra de ferramentas **Bloco**) ou **Ferramentas** → **Bloco** → **Editar**.
4. O bloco é identificado por um ícone na **árvore de projetos do FeatureManager**.
5. Faça alterações no bloco e clique no canto de confirmação do bloco para fechar a edição.
6. Se desejar salvar o bloco, selecione-o na **árvore de projetos do FeatureManager** e clique em **Salvar bloco** (barra de ferramentas **Bloco**) ou em **Ferramentas** → **Bloco** → **Salvar**. O bloco será salvo com a terminação (*.SLDBLK).

- **Inserir bloco** - cria várias instâncias de blocos existentes ou procura blocos para inserir em peças, montagens.

Para inserir um bloco:

1. No modo **Editar esboço**, clique em **Inserir bloco** (barra de ferramentas **Bloco**) ou em **Ferramentas** → **Blocos** → **Inserir**.
2. No PropertyManager, em Blocos a inserir, é possível:
   - Selecionar um item de **Blocos abertos** para inserir uma instância adicional do bloco atual.
   - Clicar em **Procurar** para localizar um bloco **salvo** anteriormente.

Se o bloco estiver no esboço atual, o seguinte procedimento é necessário:

3. Arraste o bloco e clique para colocá-lo na área gráfica.
4. Repita o procedimento para adicionar outra incidência ou selecione outro item em **Blocos abertos**.

Se o bloco foi salvo anteriormente, o procedimento será:

5. Na caixa de diálogo, selecione o bloco e clique em **Abrir**.

Se você selecionar **Criar referência externa para o arquivo**, as alterações realizadas no arquivo original se propagam para todas as instâncias do bloco. Não é possível editar o bloco no documento atual.

6. Arraste o bloco e clique para posicioná-lo.

No **PropertyManager**, em **Blocos a inserir**, é possível selecionar **Vincular arquivo**. O resultado é idêntico ao de selecionar **Criar referência externa para o arquivo** na caixa de diálogo.

7. Adicione as relações necessárias para assegurar que o movimento está restrito corretamente.
8. No **PropertyManager**, em **Parâmetros**, defina os valores de:
   - **Escala** - o valor predeterminado **1** é o tamanho do bloco original.
   - **Ângulo** - o valor predeterminado **0** é o ângulo na criação do bloco original.

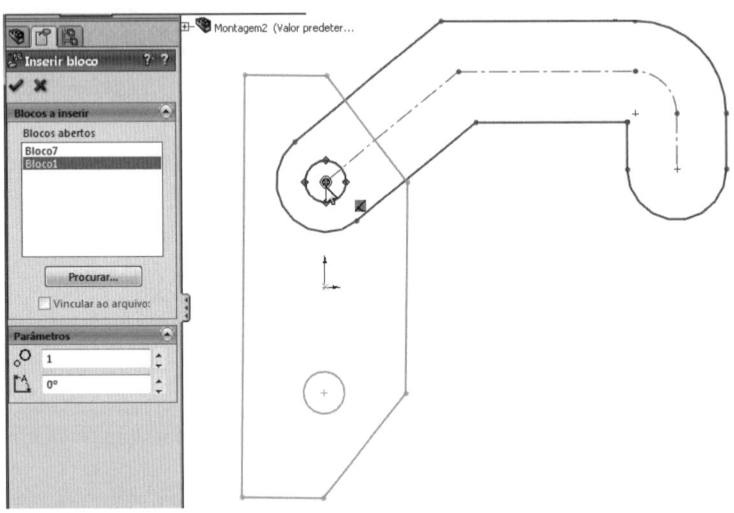

Figura 11.116 - Inserção de blocos.

9. Clique em **OK**.

- **Adicionar/remover** - remove entidades de esboço de um bloco ou adiciona. Quando você remove entidades de esboço de um bloco, elas são promovidas ao próximo nível intermediário do bloco. A adição de um bloco reverte o processo.

O comando **Adicionar/remover bloco** é útil se você possui um esboço complexo, por exemplo, em um arquivo importado, e deseja usar entidades selecionadas do esboço como blocos.

Para adicionar/remover um bloco:

1. No modo Editar esboço, selecione um Bloco na árvore de projetos do FeatureManager.
2. Clique em **Editar bloco** (barra de ferramentas **Bloco**) ou em **Ferramentas** → **Blocos** → **Editar**.
3. Clique em **Adicionar/remover bloco** (barra de ferramentas Bloco) ou em **Ferramentas** → **Blocos** → **Adicionar/remover**.
4. No **PropertyManager**, em **Entidades do bloco**, selecione as entidades que deseja adicionar ou remover. As entidades do esboço serão removidas do bloco (ou adicionadas).
5. Clique em **OK** e no canto de confirmação do bloco. Em seguida, feche o esboço.
6. As entidades selecionadas ainda fazem parte do esboço, porém foram promovidas ao nível do esboço.

- **Reconstruir** - use para reconstruir e atualizar esboços pai por meio do bloco.

O comando **Reconstruir bloco** permite atualizar entidades de esboço sem sair do modo **Editar esboço**. Por exemplo:

Há uma entidade no esboço superior que está restrita por um bloco com uma relação coincidente.

7. Clique em **Editar bloco** (barra de ferramentas **Bloco**) ou em **Ferramentas** → **Blocos** → **Editar**, para mover a posição da entidade de esboço.

O resultado é que o bloco não está mais coincidente com a entidade no esboço do nível superior.

8. Clique em **Reconstruir bloco** (barra de ferramentas **Bloco**) ou em **Ferramentas** → **Blocos** → **Reconstruir** para restabelecer a condição coincidente.

Isso atualiza as entidades no modo de edição de bloco do esboço.

- **Salvar bloco** - permite salvar e adicionar uma extensão **.sldblk**.
- **Explodir bloco** - dissolve o bloco em entidades de esboço.

A explosão da instância de um bloco afeta somente aquela instância do bloco.

11.3.3.2. Relação de Tração e Ferramenta Correia/Polia em Esboços de Layouts

- Relação **Tração** - essa relação e a ferramenta **Correia/Polia** (barra de ferramentas **Blocos**) permitem usar esboços de layout para criar mecanismos, tais como:
  - Conjuntos de múltiplas engrenagens
  - Polias para cabos e correias
  - Sistemas de rodas dentadas para correntes

A relação **Tração** cria restrições de rotação relativa entre entidades de esboço ao adicionar uma relação tangente entre os blocos que representam polias ou rodas dentadas. A Figura 11.117 exemplifica essa aplicação ao acrescentar aos blocos mostrados na figura anterior, o bloco de uma roda de transmissão por contato. As relações necessárias à montagem são descritas na figura.

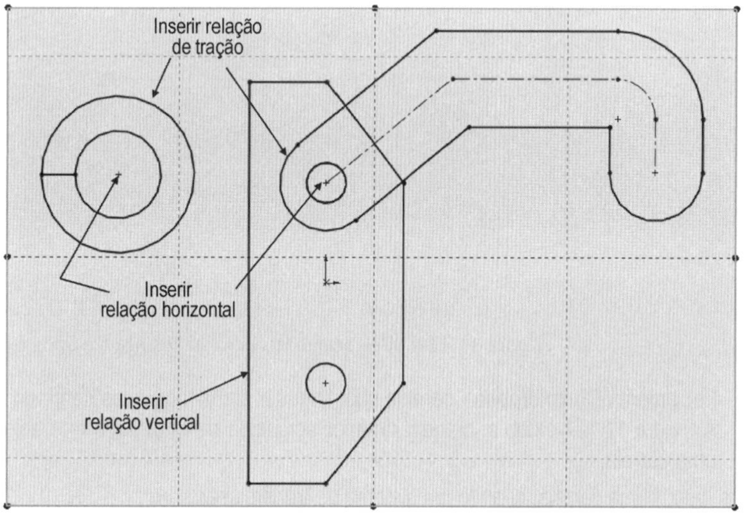

Figura 11.117 - Blocos em montagem com indicações das relações.

A relação vertical é aplicada à aresta do Bloco7 (base da garra) para evitar que ele gire ao redor da **Origem** que está localizada em seu centro.

A relação horizontal entre o centro de fixação do elemento de garra e o centro da roda de contato estabiliza a roda, mantendo seu centro colinear ao elemento de garra.

Para aplicar a relação de tração entre a roda de transmissão por contato e o elemento de garra:

- Selecione a circunferência externa da roda de transmissão por contato, a tecla **CTRL** e o Arco da extremidade do elemento de garra. É exibido o **PropertyManager Propriedades**.
- Na caixa de diálogo Adicionar relações, selecione a relação Tração. Observe que imediatamente a rota de transmissão por contato se desloca para a direita, tangenciando o arco do elemento de garra, Figura 11.118. A roda de transmissão por contato possui uma pequena linha reta que liga as duas circunferências. Seu propósito no bloco é apenas de indicadora visual de movimento. Empurre-a no sentido anti-horário e observe, Figura 11.119.

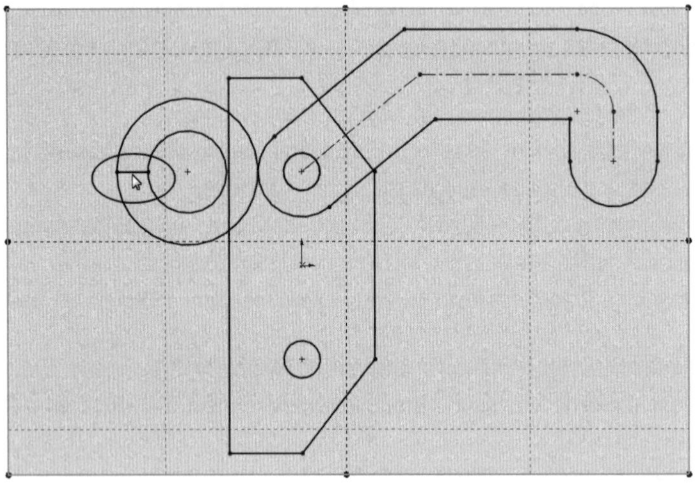

Figura 11.118 - Relação de tração aplicada às arestas dos blocos selecionados.

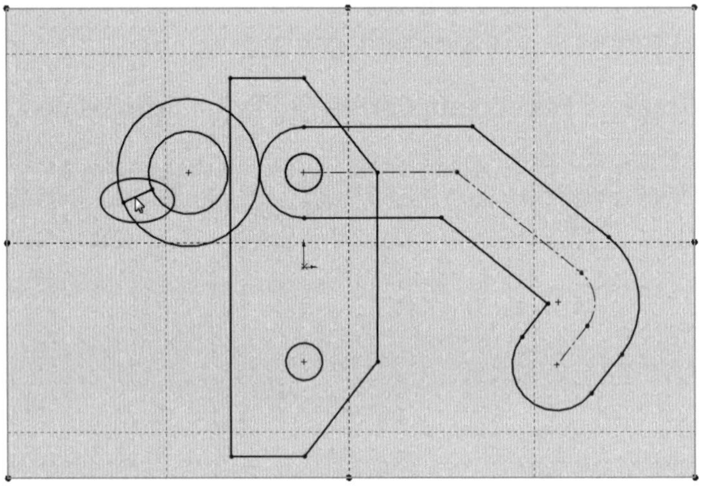

Figura 11.119 - Deslocamento angular resultante após o giro da roda de transmissão.

- Ferramenta **Correia/polia** - permite criar linhas e arcos tangentes contínuos para representar o caminho da correia ou da polia. A Figura 11.121 exibe a imagem anterior acrescida de uma polia que aciona a roda de transmissão por contato por meio de uma correia.

Para inserir uma correia, criando um sistema de transmissão:

- Selecione **Ferramentas → Entidades de esboço → Correia/polia**. O **PropertyManager** do comando é exibido. A caixa de mensagem pede que sejam selecionados os elementos circulares ou arcos que definirão os membros envolvidos pela correia.
- Os elementos selecionados são exibidos na caixa **Componentes da correia**, Figura 11.120.
- Clique em **OK** para confirmar. Ao mover o ponteiro indicado pelo cursor do mouse na figura, o elemento de garra se move em ângulo.

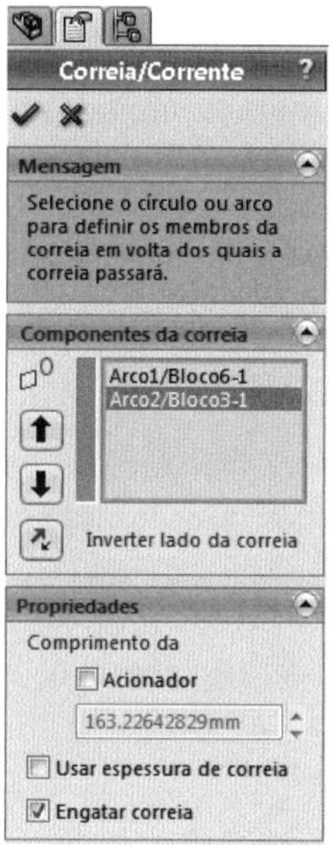

Figura 11.120 - PropertyManager Correia/Corrente.

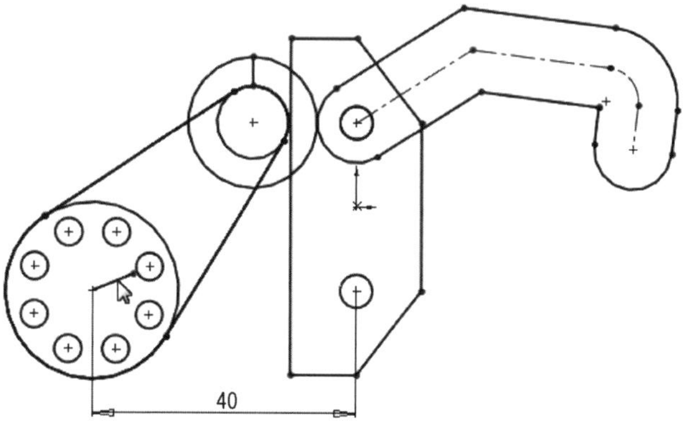

Figura 11.121 - Acionamento do elemento de garra por meio do sistema de transmissão por correia.

Na caixa de diálogo **Componentes de correia** é possível, quando necessário, inverter o lado da correia, Figura 11.122, e ainda, inserindo mais uma polia, outra roda de transmissão por contato e um novo elemento de garra, editar a correia, estendendo-a à nova polia e à roda de transmissão por contato, tornando possível o movimento simultâneo dos dois elementos de garra, Figura 11.123.

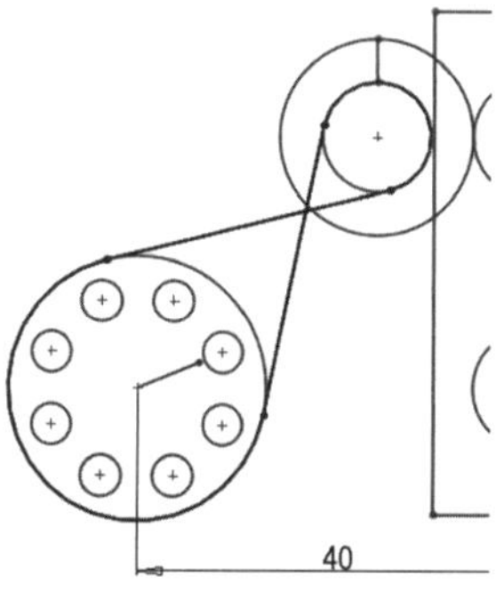

Figura 11.122 - Inversão do lado da correia.

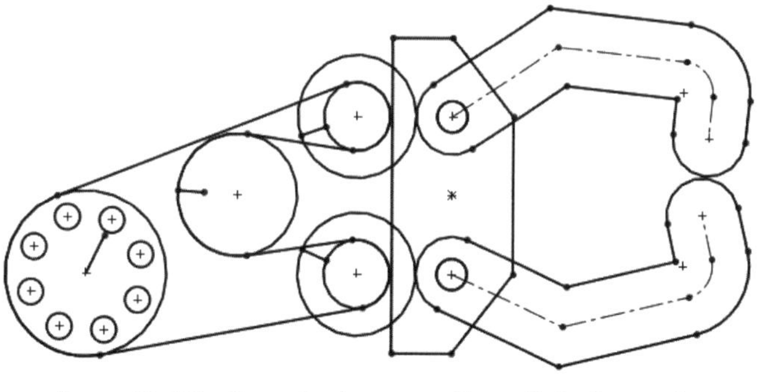

Figura 11.123 - Inserção de nova polia e edição da correia.

O uso da relação **Tração** também permite simular o movimento linear obtido por um sistema de roda dentada e cremalheira. Para isso, usa-se uma relação **Fixa** para o centro da roda dentada e uma relação horizontal na cremalheira. As Figuras 11.124 e 11.125 ilustram o movimento linear de uma mesa retificadora plana. A aresta inferior horizontal da mesa representa a cremalheira em contato por relação do tipo **Tração** com a roda dentada posicionada na **Origem**.

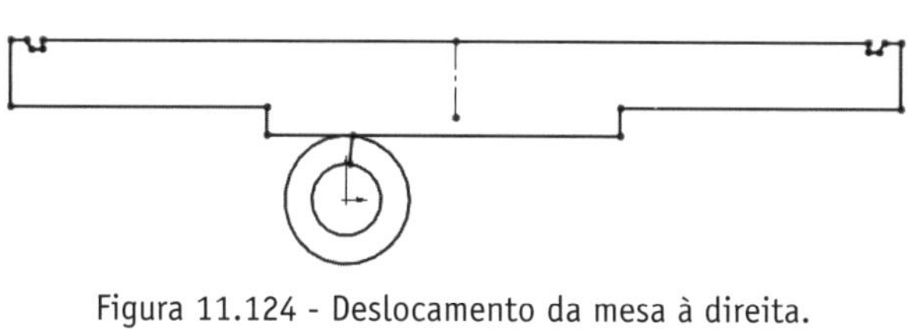

Figura 11.124 - Deslocamento da mesa à direita.

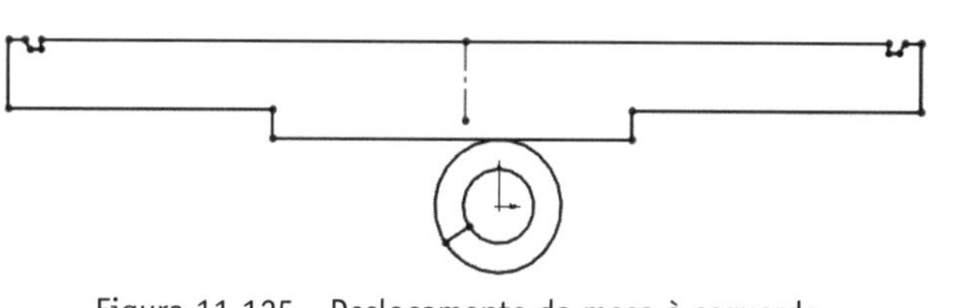

Figura 11.125 - Deslocamento da mesa à esquerda.

11.3.3.3. Ferramenta Criar Caminho

O **SolidWorks** conta com a ferramenta **Criar caminho** para criar esboços de layout em projetos de máquinas. Por exemplo, é possível modelar perfis de cames em que a relação de tangência entre o came e o respectivo seguidor altera-se automaticamente à medida que o came gira. Um caminho permite criar uma relação de tangência entre uma cadeia de entidades de esboço e outra entidade de esboço.

Criado o caminho, todas as entidades de esboço no caminho são selecionadas simultaneamente. Para selecionar uma entidade de esboço individual no caminho, clique com o botão direito e marque **Selecionar outra**.

A seqüência mostra a aplicação dessa ferramenta na criação de um sistema de transmissão por meio de came e seguidor.

1. Crie os esboços de um came e de um seguidor, Figura 11.126.

Transforme cada esboço em um bloco e posicione o seguidor na pista interna do came.

2. Clique no centro do came e do disco do seguidor e adicione uma relação **Horizontal**. Assim, quando o came girar, o seguidor descreverá sempre um movimento horizontal com alternância, Figura 11.127.

   Embora não seja obrigatório, transformar os esboços em **blocos** proporciona mais controle sobre os esboços.

3. Selecione um arco da pista interna no came e clique em **Criar caminho** (barra de ferramentas **Esboço**) ou em **Ferramentas → Ferramentas de esboço → Criar caminho**.
4. No **PropertyManager** de **Propriedades de caminho**, em **Definição**, clique em **Editar caminho**.

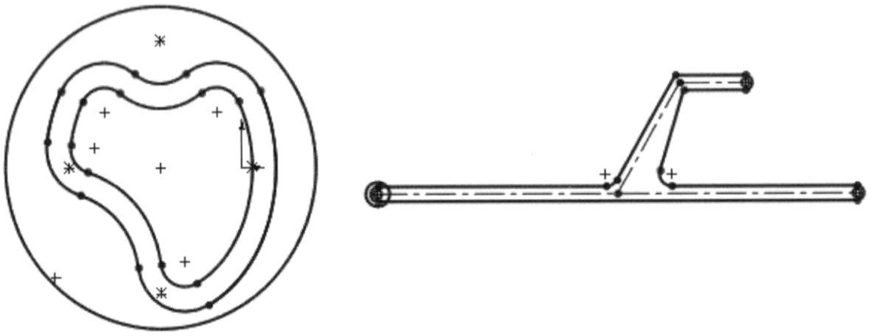

Figura 11.126 - Esboço de came e de seguidor.

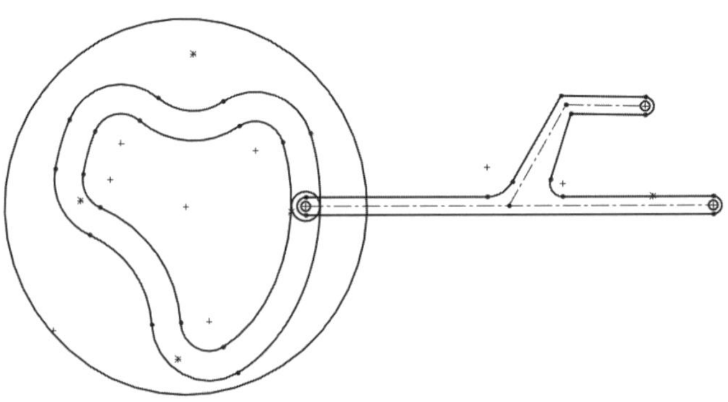

Figura 11.127 - Posicionamento do seguidor na pista do came e configuração da relação Horizontal.

5. Adicione as entidades de esboço restantes que formam a cadeia de **Entidades selecionadas**, em seguida clique em **OK**.
6. Clique em Adicionar relação (barra de ferramentas **Dimensões/Relações**) ou em **Ferramentas → Relações → Adicionar**.
7. Adicione relações ao came e ao seguidor para impedir movimentos estranhos entre os dois.
8. Adicione uma relação **Tangente** entre o arco superior do came (caminho selecionado anteriormente) e o círculo da extremidade do seguidor.
9. Clique em OK para confirmar o comando.
10. Gire o came e observe que o seguidor descreve movimentos lineares. Para melhor visualização, as figuras seguintes mostram o mecanismo acrescido de dois elementos de alavanca conectados às extremidades opostas do seguidor. Note a inclinação dos elementos na comparação das duas figuras.

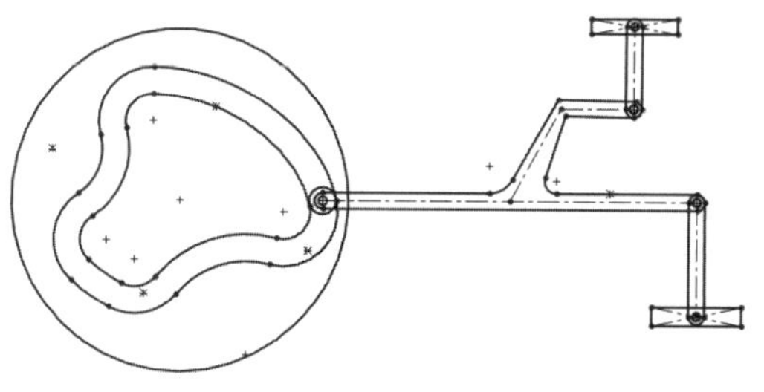

Figura 11.128 - Came e seguidor em posição neutra.

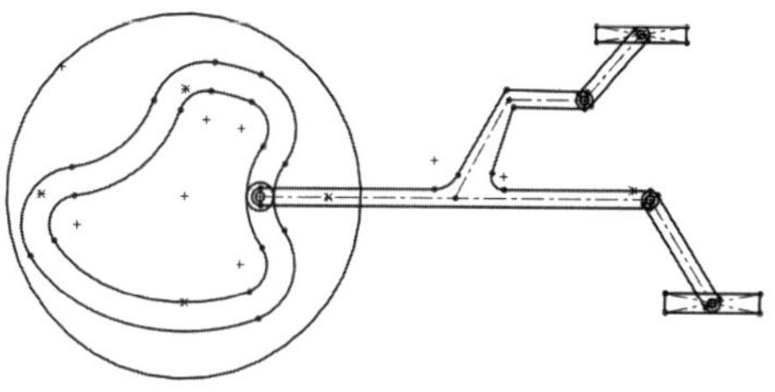

Figura 11.129 - Came e seguidor em movimento.

Por ser um capítulo com razoável detalhamento, não consta da seção de **Exercícios passo a passo**, passando às **Questões de revisão** e, posteriormente, aos **Exercícios propostos**.

Questões de Revisão

1. Defina **projeto ascendente**.
2. Defina **projeto no contexto**.
3. Descreva o procedimento para criação de um componente no modo de trabalho **Projeto no contexto**.
4. Quantas relações são necessárias para fixar um componente sem lhe permitir nenhum movimento?
5. Para aplicar a relação avançada **Junta universal**, é necessário um modelo de junta?
6. Para que serve a relação de posicionamento mecânico **Parafuso**?
7. Qual a utilidade de se proceder a uma análise de **detecção de interferência** ou de **colisão** após efetuar uma montagem?
8. Por que utilizar **Posicionamentos inteligentes** em um processo de montagem?
9. No que consiste o **método da montagem inteira**?
10. Que comando é utilizado para que num sistema **came** e **seguidor**, o seguidor permaneça sempre ligado ao came?

Exercícios Propostos

Exercício 1

Com base nos exercícios resolvidos passo a passo (Exerc_pp1 e Exerc_pp2) e nos propostos de 1 a 4 do capítulo 6, faça a montagem da luminária, como mostra a Figura 11.130. Utilize como peça de base o modelo do exercício proposto 1.

(Tempo estimado: 45 minutos)

*Salve esta montagem, nomeando-a como **Exerc_Prop1**, para posterior uso em renderização com o PhotoWorks.*

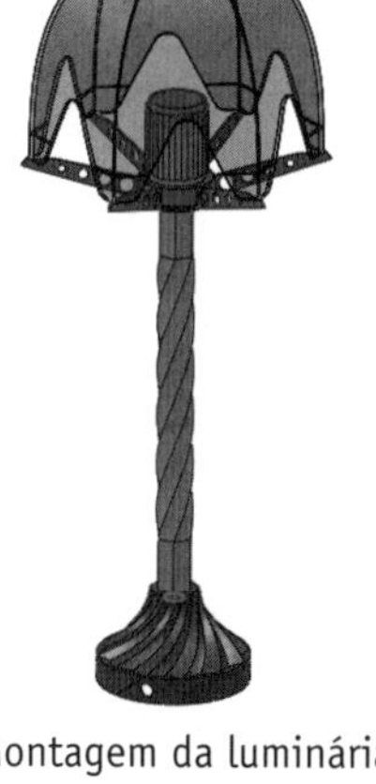

Figura 11.130 - Montagem da luminária do capítulo 6.

Exercício 2

Crie a montagem da **morsa para bancada**, como mostra a Figura 11.131. Os modelos dos componentes são exibidos em seguida.

(Tempo estimado: 3 horas)

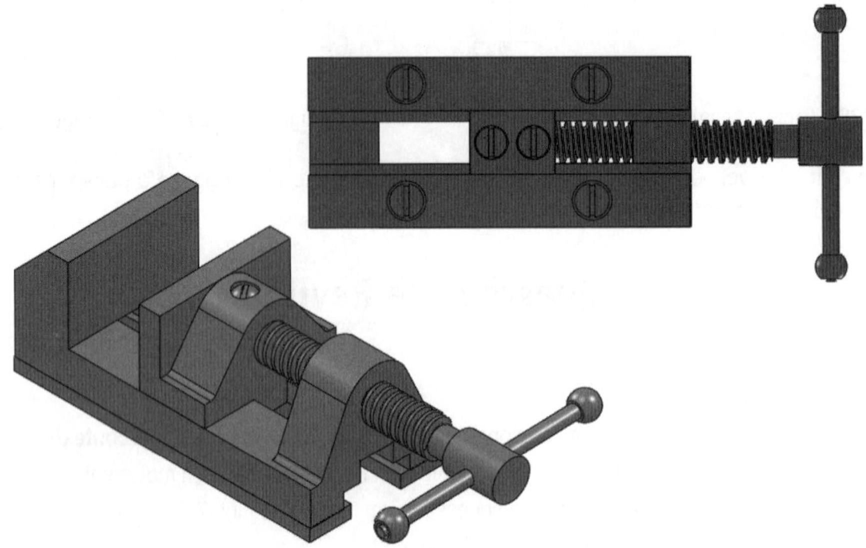

Figura 11.131 - Montagem da morsa.

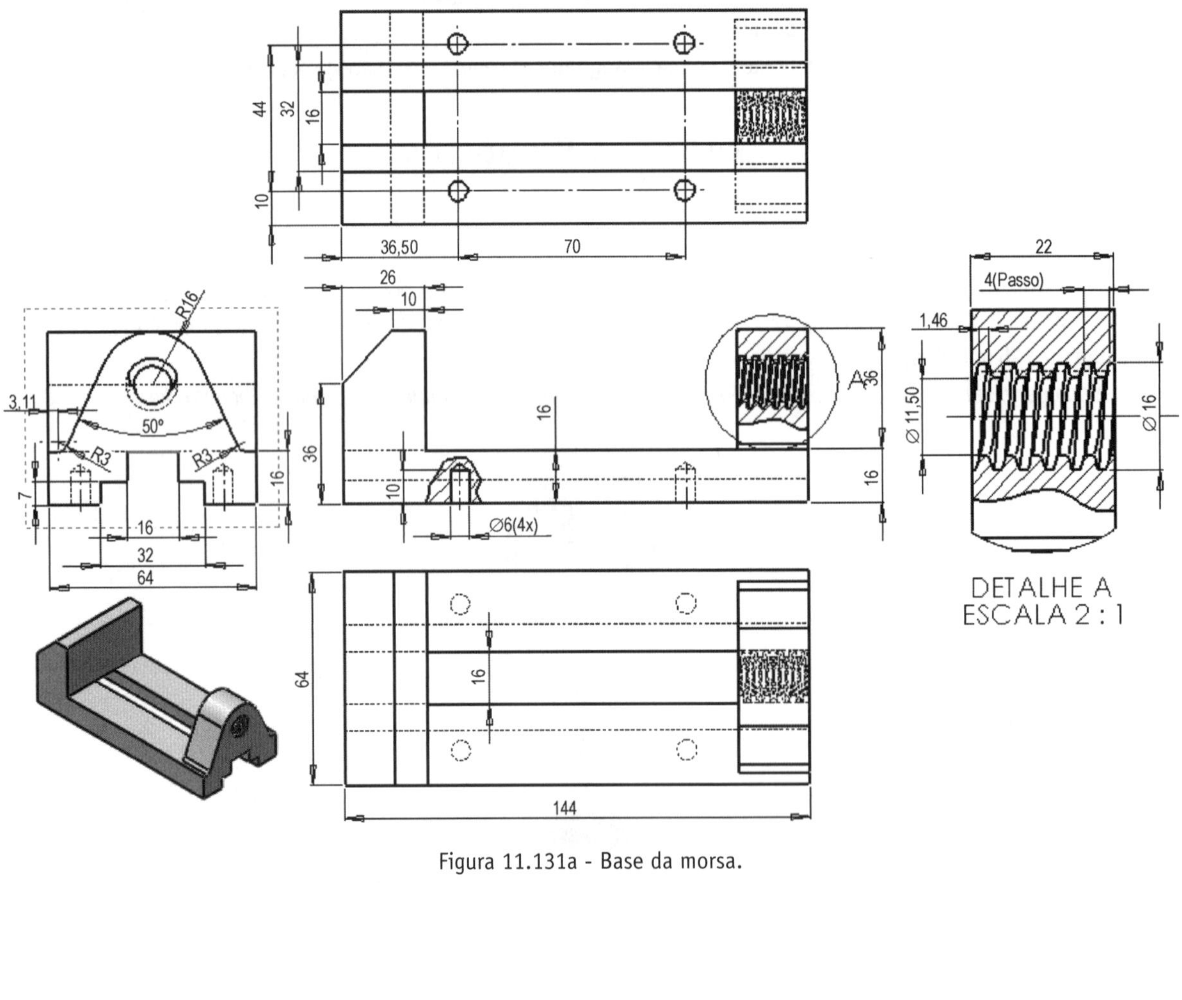

Figura 11.131a - Base da morsa.

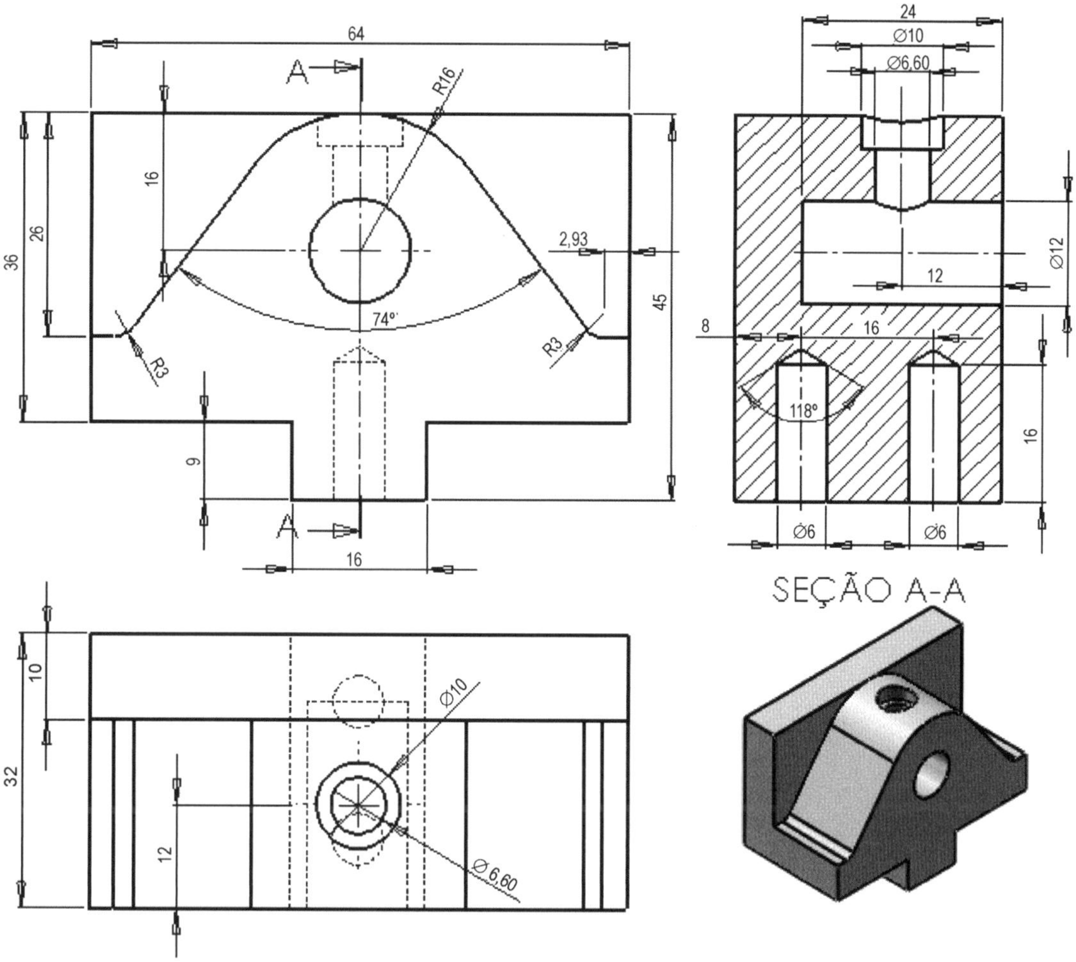

Figura 11.131b - Carro de fixação.

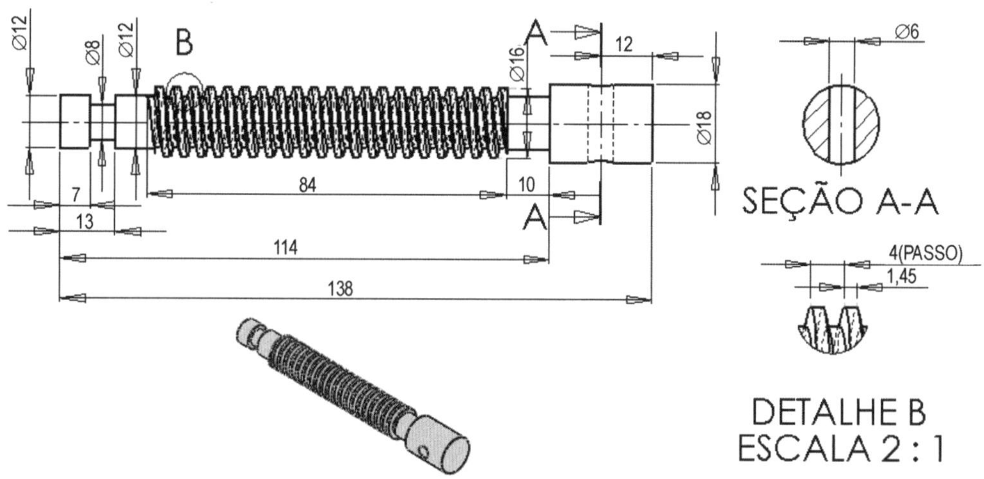

Figura 11.131c - Fuso de aperto.

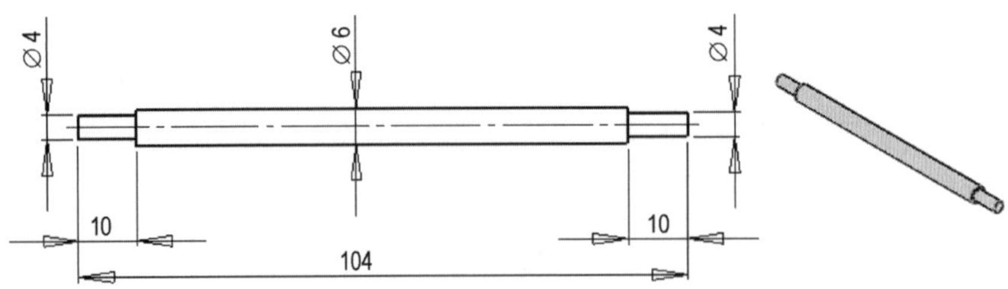

Figura 11.131d - Manípulo do fuso.

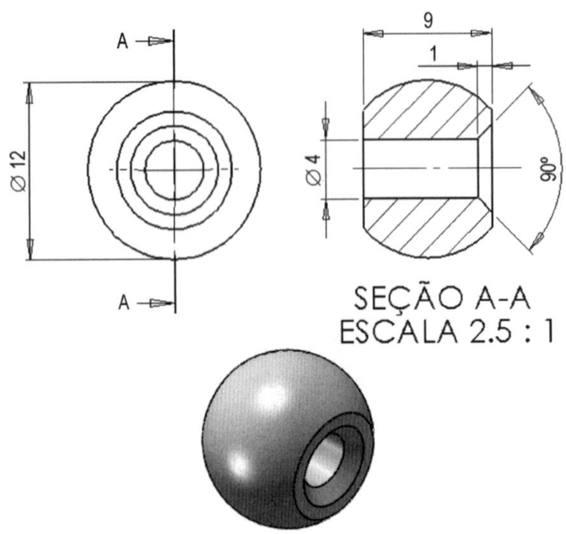

Figura 11.131e - Cabeça do manípulo.

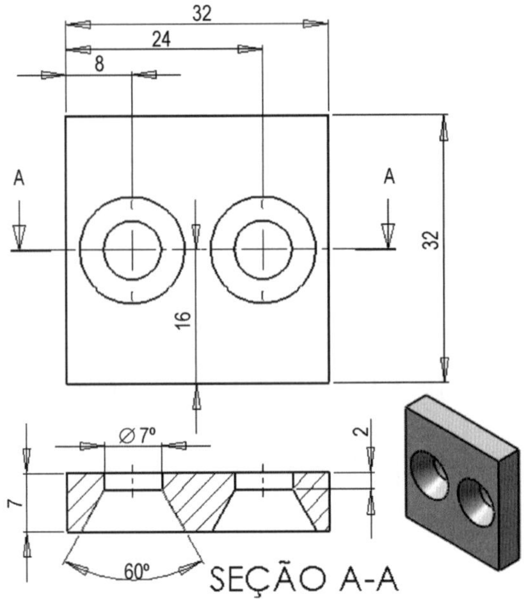

Figura 11.131f - Fixador do carro.

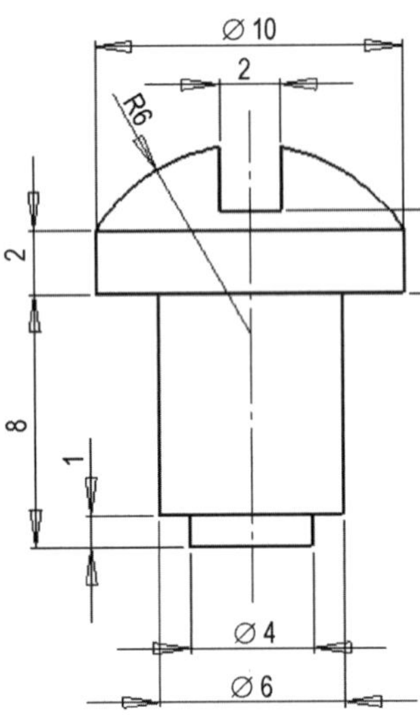

Figura 11.131g - Parafuso de cabeça abaulada.

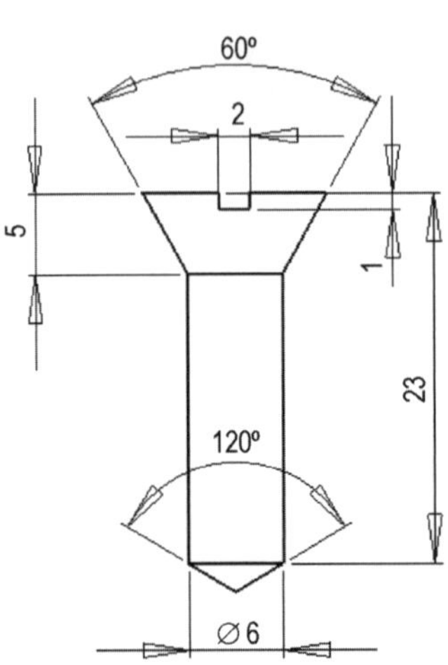

Figura 11.131h - Parafuso de cabeça escareada maior.

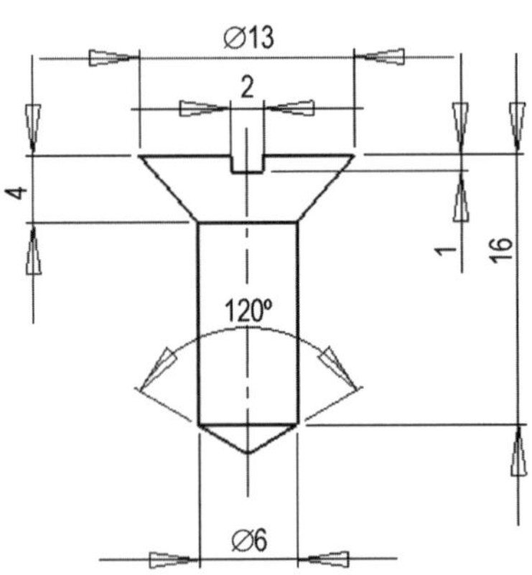

Figura 11.131i - Parafuso de cabeça escareada menor.

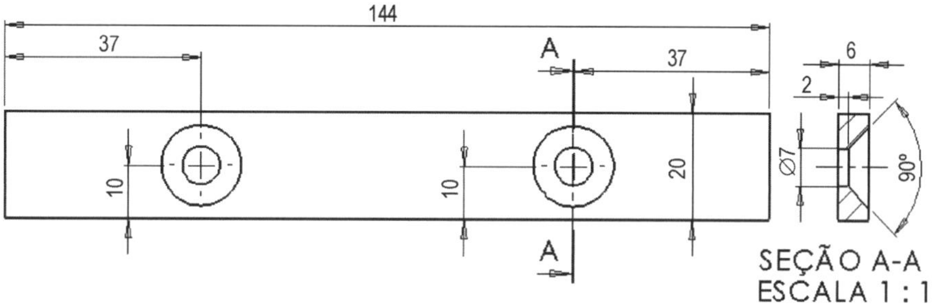

Figura 11.131j - Trilho de fixação das abas.

Exercício 3

Crie a montagem do **Tripé**, como mostra a Figura 11.132. Os modelos dos componentes são exibidos em seguida. Trabalhe com submontagens.

(Tempo estimado: 3 horas)

Figura 11.132 - Montagem do tripé.

Estrutura da montagem	
Peça base	Conector do tripé
Submontagem 1	Perfil pé + pé + rebite 12mm
Submontagem 2	Tubo rosqueado + finalizador + disco condutor + porca

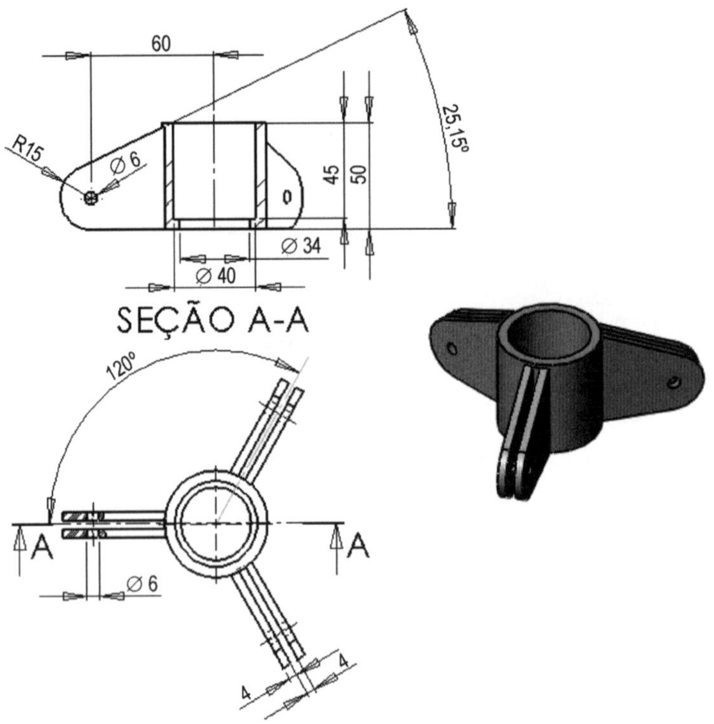

Figura 11.132a - Conector do tripé.

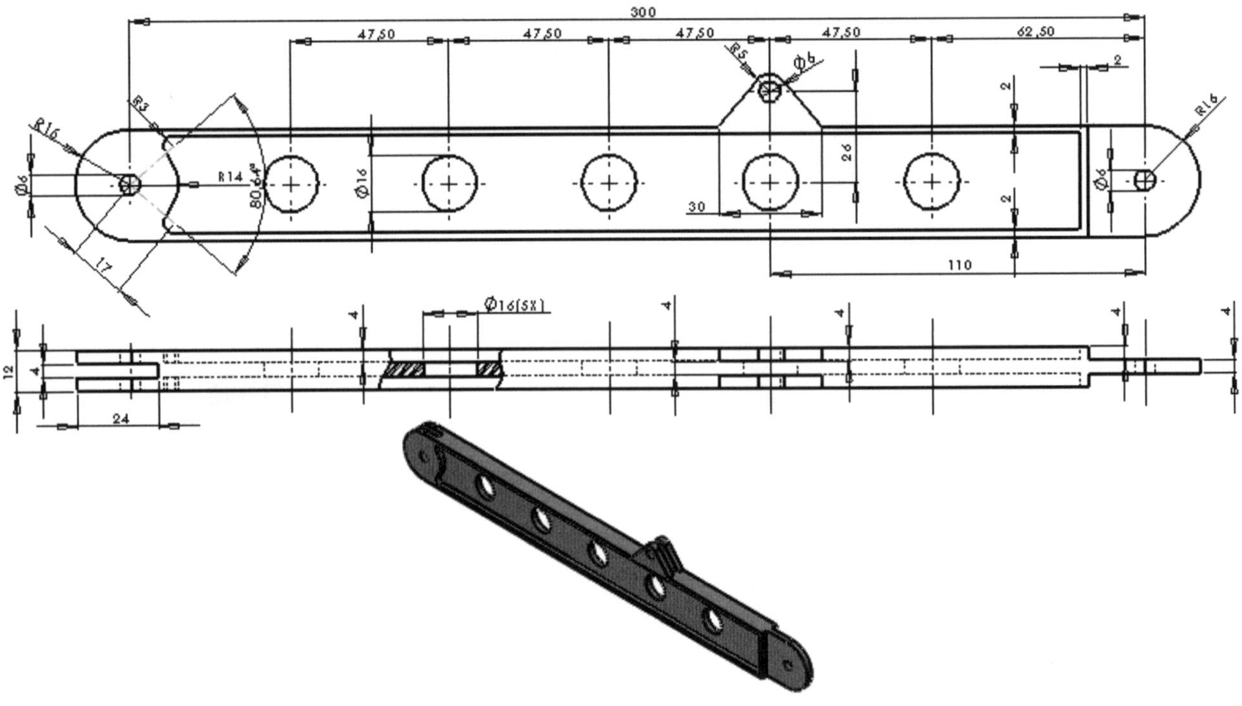

Figura 11.132b - Conector do tripé.

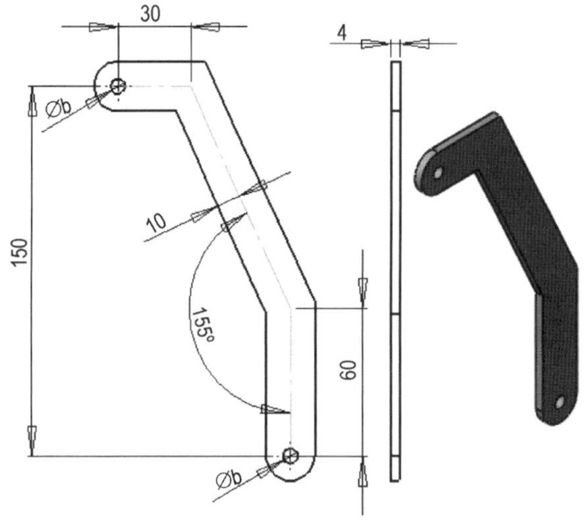

Figura 11.132c - Braço.

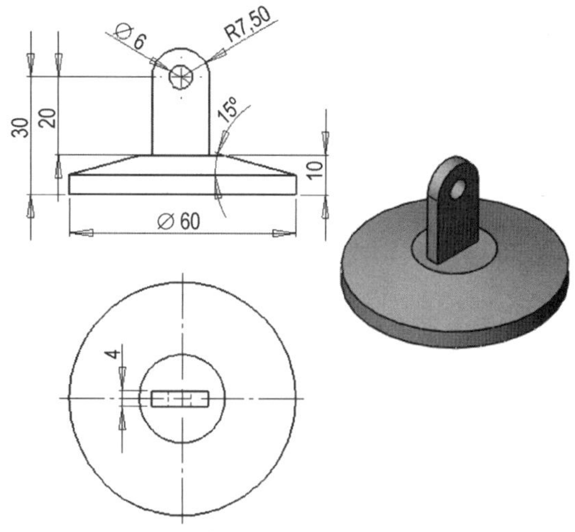

Figura 11.132d - Pé.

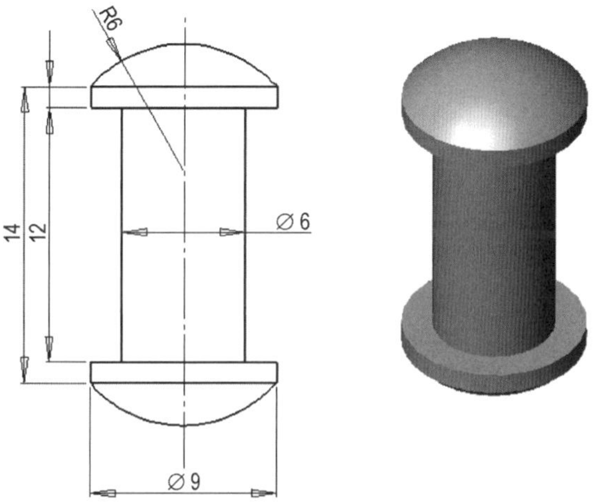

Figura 11.132e - Rebite 12mm.

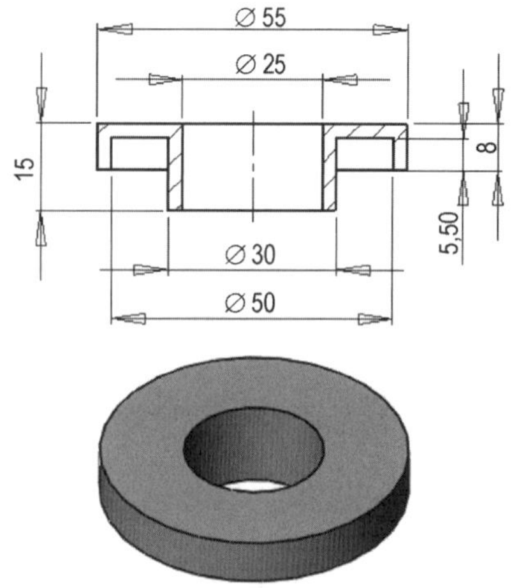

Figura 11.132f - Finalizador.

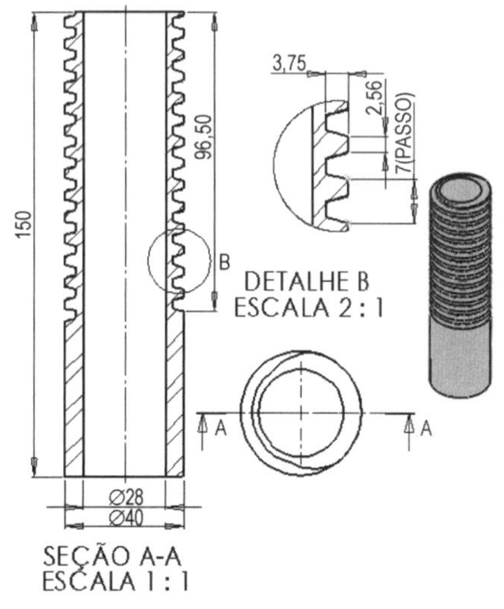

Figura 11.132g - Tubo rosqueado.

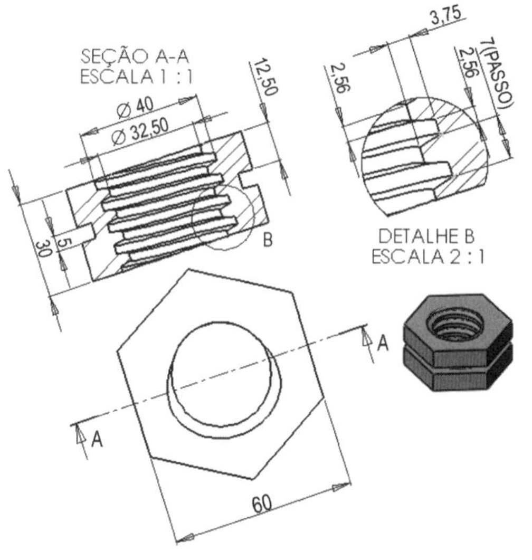

Figura 11.132h - Porca.

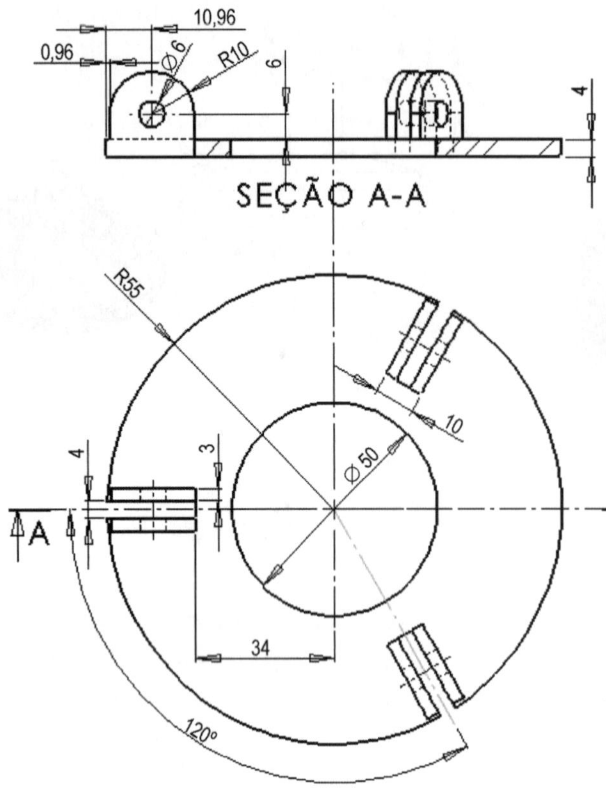

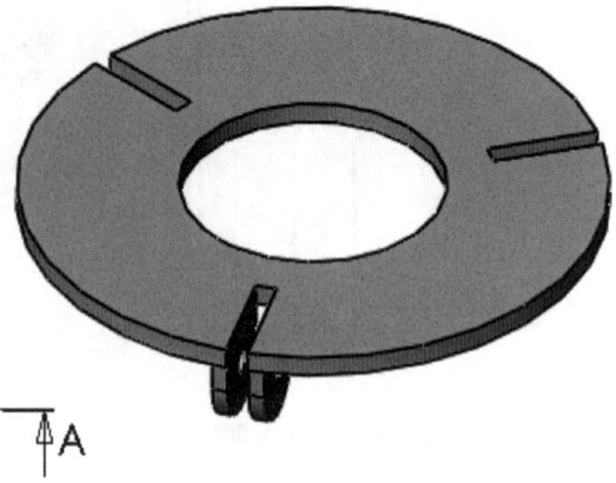

Figura 11.132i - Disco condutor.

Nota

Os tópicos referentes aos temas **Montagens explodidas** e **Esboço de linha de explosão** serão abordados no capítulo 14, quando estudarmos a formatação para plotagem final e a criação de lista de materiais e tabelas de furos.

12

COSMOS - Plataforma CAE do SolidWorks

A mecânica dos meios contínuos, e mais precisamente a teoria da elasticidade, têm como preocupação básica o desenvolvimento de modelos matemáticos que possam representar adequadamente a situação física real de um estudo. Em análise estrutural, o objetivo pode ser a determinação do campo de deslocamentos, as deformações internas ou as tensões atuantes no sistema devido à aplicação de cargas, além de outros. Navier, Cauchy, Poisson, Green, entre outros, são nomes que despontam no desenvolvimento da teoria matemática da elasticidade, que muito tem auxiliado na determinação de variáveis envolvidas em um determinado estudo. Ainda hoje são publicados em formulários técnicos, modelos matemáticos específicos a alguns tipos de perfis com vinculações e cargas aplicados em regiões específicas. Porém, a aplicação de tais teorias a casos práticos traz dificuldades às vezes intransponíveis.

Por exemplo, na análise estrutural, a perfeita representação matemática de carregamentos, geometria, condições de contorno, comportamento dos materiais etc., em muitas situações, apresenta-se de forma complexa, havendo assim a necessidade de introduzir muitas hipóteses simplificativas no problema real, a fim de deixá-lo mais próximo ao modelo matemático e obter alguma solução que certamente ficará distante da solução real. Isso faz com que o profissional de projeto, por muitas vezes não ter um avançado domínio na obtenção de equações para gerar novos modelos matemáticos às suas geometrias, acabe por superdimensioná-las a fim de garantir sua resistência mecânica, podendo comprometer o custo final de seu projeto. As Figuras 12.1 e 12.2 exemplificam isso.

A Figura 12.1 exibe uma **Viga I** de seção transversal constante ao longo do comprimento **L**, e fixada a uma parede por meio de parafusos. A literatura técnica, através dos citados formulários, apresenta, para uma viga qualquer de seção transversal constante, e com uma das extremidades fixas como mostra a figura, o modelo matemático (Equação) para a obtenção da **tensão normal** σ_x, em qualquer ponto ao longo de seu comprimento **L**, a expressão matemática exibida dentro do retângulo. Entretanto, esse mesmo modelo matemático já não serviria para a situação mostrada na Figura 12.2, em que a viga possui seção transversal variável em função dos furos laterais. Ou seja, a seção varia ao longo de **L** e com isso, o seu momento de inércia (I) também varia. Seria necessário calcular para cada incremento de **x** o respectivo momento de inércia.

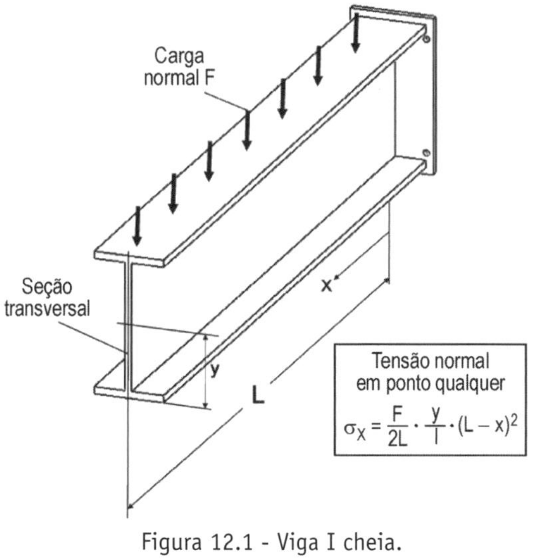

Figura 12.1 - Viga I cheia.

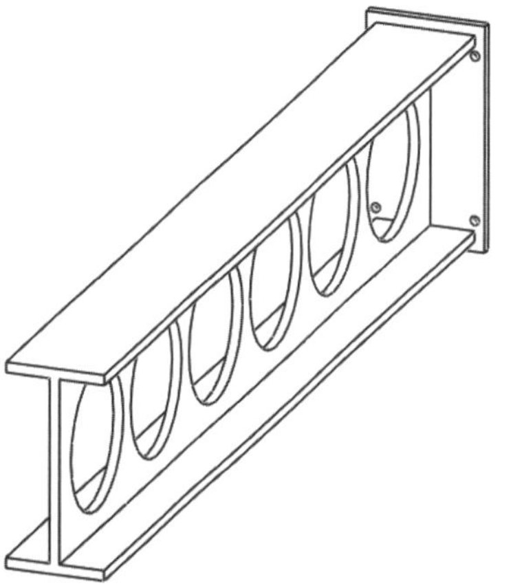

Figura 12.2 - Viga I vazada.

Situações como a citada levaram alguns matemáticos e engenheiros, a partir do final dos anos 30 do século XX, a elaborarem métodos mais sofisticados de cálculo. Entre esses métodos, os mais utilizados são aqueles baseados na discretização do meio contínuo (a estrutura, o fluido, o gás etc.).

O Método dos Elementos Finitos (MEF) é, seguramente, o processo que mais tem sido usado para a discretização dos meios contínuos. Além dos problemas clássicos da mecânica estrutural elástico-linear para os quais o método foi inicialmente desenvolvido, sua larga utilização se deve também a problemas como os descritos a seguir:

- Não-lineares, estáticos ou dinâmicos;
- Mecânica dos sólidos;
- Mecânica dos fluidos;
- Eletromagnetismo;
- Transmissão de calor;
- Filtração de meios porosos;
- Campo elétrico;
- Acústica etc.

Além disso, pode-se afirmar que o MEF é muito utilizado, em razão da analogia física direta que se estabelece com seu emprego, entre o sistema físico real (a estrutura em análise) e o modelo (malha de elementos finitos).

O MEF aplica em sua solução a conhecida sistemática do Método Científico, ou seja, divide-se um problema em tantas partes quantas forem necessárias, resolvem-se as partes, e depois unem-se os resultados, obtendo a solução global do problema. Esse processo, em análises estruturais, é conhecido como Discretização de Sistemas Contínuos. Dada a complexidade das geometrias de análise e a quantidade de equações geradas, somente é possível a solução por meio de sofisticados algoritmos que necessitam de máquinas com boa capacidade de processamento.

A partir da década de 1960, com o advento da computação e o incentivo ao desenvolvimento de programas computacionais capazes de aplicar o método a interfaces gráficas, tornou-se possível desenhar a geometria do componente no computador e atribuir a ela propriedades mecânicas e condições de contorno, e verificar posteriormente a eficácia dos resultados quando comparados aos testes reais. O MEF foi reconhecido como rigorosamente correto e tornou-se uma respeitável área de estudos acadêmicos, dando origem aos softwares CAE (Computer Aided Engering - Engenharia Assistida por Computador).

Nomes como R. Courant, Boing e Clough figuram na história do MEF, que atualmente é mais conhecido como FEA (Finite Element Analysis - Análises por Elementos Finitos), e grandes softwares dos mais variados fabricantes difundem-se pelos departamentos de projetos das empresas pelo mundo todo. Entretanto, somente poucos oferecem uma interface de fácil compreensão e aplicação que pode rapidamente ser aprendida e utilizada por um profissional de projetos que não possua titulação de engenheiro, mestre ou doutor. A plataforma CAE COSMOS é um destes. A SolidWorks, buscando oferecer ao usuário de seu CAD 3D uma ampla ferramenta que não servisse apenas para modelagem de sólidos e criação de fotorrealismo, o incorporou à sua licença SolidWorks Office Premium.

A licença SolidWorks Office Premium conta atualmente com as seguintes ferramentas CAE:

- **COSMOSXpress** - é um assistente de análise de tensão incorporado à interface gráfica do SolidWorks. Basta apontar e clicar para testar os projetos de peças de forma rápida e fácil. O COSMOSXpress permite simular o efeito de cargas de força ou pressão em peças simples, oferecendo ao projetista sem experiência em análises FEA, um guia explicado passo a passo para execução de uma análise. Além disso, ao final da análise, permite gerar relatórios em formato HTML e arquivos eDrawings para compartilhamento de resultados.
- **COSMOSFloXpress** - trata-se de um assistente para análises de fluxo de fluidos com circulação interna ou externa em volumes de controles como tubulações, válvulas e estruturas em geral, das quais se deseja conhecer as perdas de carga, gradiente de pressão, regiões de provável cavitação etc. em função das condições de fluxo de um fluido. Assim como o COSMOSXpress, o COSMOSFloXpress é apenas um assistente de capacidades muito limitadas quando comparadas ao COSMOSFloWorks, que inclui uma variedade de gases, líquidos, líquidos compressíveis e não-Newtonianos, gases reais e vapor, assim como a capacidade de criar fluidos personalizados, bem como exportar os resultados de gradiente de pressão, por exemplo, para o COSMOWorks Designer, e analisar seu efeito mecânico nas superfícies do volume de controle.
- **COSMOSWorks Designer** - permite análises FEA bem mais poderosas, com a aplicação de elementos finitos como elementos sólidos, elementos de cascas, elementos de barras e estrutura de malha mista (sólidos + cascas + barras). Possui ampla variedade de condições de contorno e cargas (forças, pressões, torques, cargas de rolamentos, força centrífuga e gravidade etc.), geração de malhas, análises de montagens etc.
- **COSMOSMotion** - software de simulação baseado em movimentação física que permite melhorar projetos de produtos como montagens motorizadas, guiadas por fusos, atuadores hidráulicos ou pneumáticos etc. Com ele é possível analisar o mecanismo em movimento e obter dados de forças, acelerações, velocidades, potências, visualizações gráficas dessas variáveis e muito mais.

Nesta obra, por questões de limites quanto ao número de páginas, vamos restringir os estudos a apenas dois assistentes citados, o **COSMOSXpress** e o **COSMOSFloXpress**.

12.1. Noção Básica de Elementos Finitos

Para uma noção básica de como opera a plataforma COSMOS e o assistente para análises COSMOSXpress, serão vistos em seguida alguns pontos referentes à ferramenta FEA.

Há basicamente três classes de elementos finitos criados para aplicações específicas, como mostra a Tabela 12.1.

Tabela 12.1 - Família de elementos finitos de várias ordens e Graus de Liberdade (GL).

Elementos			Aplicação
Elementos 1-D	Linhas e arcos	2 Nós 1ª ordem 4GL; 3 Nós 2ª ordem 6GL; 4 Nós 3ª ordem 8GL; 5 Nós 4ª ordem 10GL	Análise de estruturas de treliça com perfis de seção constante, Figura 12.3.
Elementos 2-D	Triangulares	3 Nós 1ª ordem 18GL; 6 Nós 2ª ordem 36GL; 9 Nós 3ª ordem 24GL	Análise de estruturas formadas por chapas, superfícies de espessura muitas vezes menores que as demais dimensões, Figura 12.4.
	Quadriláteros	4 Nós 1ª ordem 24GL; 8 Nós 2ª ordem 48GL; 12 Nós 3ª ordem 72GL	
Elementos 3-D	Tetraédricos	3 Nós 1ª ordem 6GL; 6 Nós 2ª ordem 12GL	Análise de estruturas sólidas. Componentes orgânicos de máquinas, tais como eixos, volantes, bloco de motor, suportes, peças fundidas, forjadas etc., Figura 12.5.
	Pentaédricos	6 Nós 1ª ordem 18GL; 15 Nós 2ª ordem 45GL	
	Hexaédricos	8 Nós 1ª ordem 24GL; 20 Nós 2ª ordem 60GL	

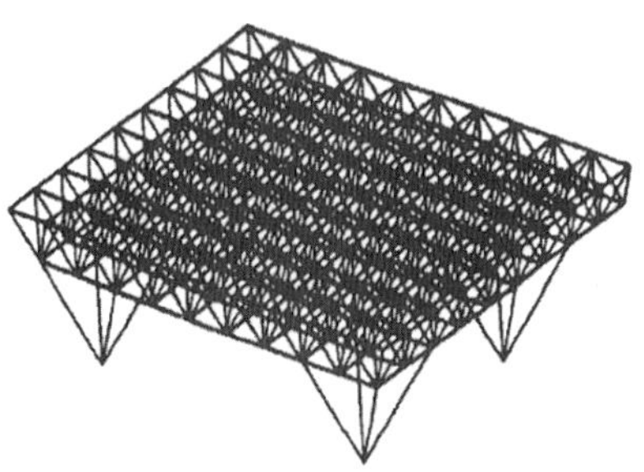

Figura 12.3 - Treliça espacial.

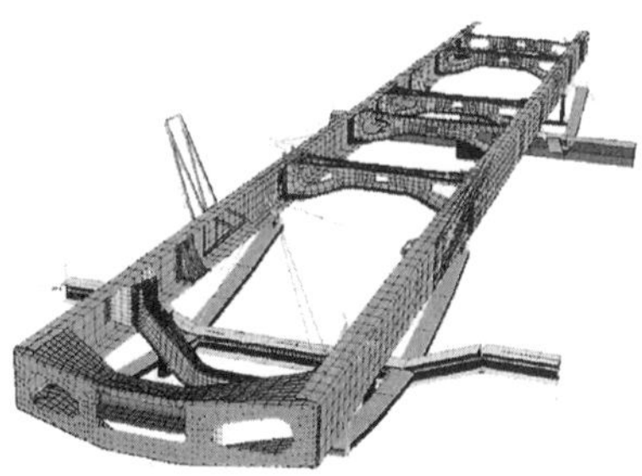

Figura 12.4 - Chassi de ônibus.

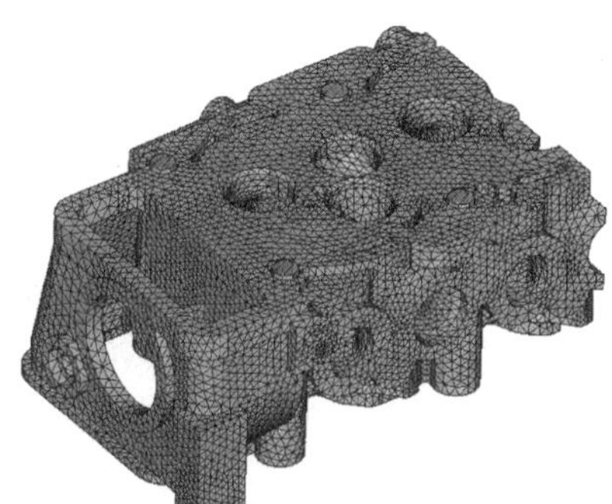

Figura 12.5 - Bloco de motor.

Os elementos dispostos na Tabela 12.1 exibem ao lado informações quanto ao número de nós, ordem e graus de liberdade. Os pontos representam o número de nós, que para cada tipo de elemento possui um número respectivo de graus de liberdade. Os elementos 1-D, por exemplo, têm para cada nó dois graus de liberdade. Já aos elementos 2-D correspondem seis graus de liberdade a cada nó, e aos elementos 3-D, três graus de liberdade por nó. A Figura 12.6 ilustra um elemento 3-D tetraédrico em repouso e após deformação pela ação das forças nodais em virtude de uma carga, ou cargas, aplicada a um modelo sólido.

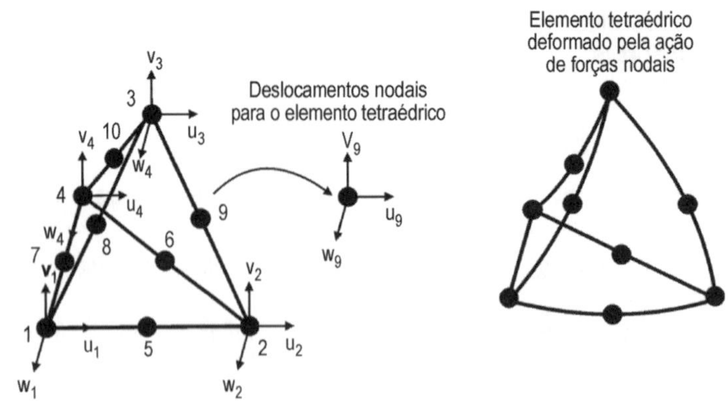

Figura 12.6 - Elemento tetraédrico.

Em elementos finitos, quanto maior a ordem do elemento, melhor será a definição da malha gerada em regiões onde ocorrem descontinuidade, como arestas de furos, cantos vivos e arredondamentos etc. porque um elemento de maior ordem consegue deformar-se melhor, reproduzindo a geometria com mais exatidão, principalmente em geometrias curvas, portanto gerando maior exatidão na resposta. O profissional deve saber identificar quando há necessidade de uma elevada precisão, pois o refinamento de malhas com a elevação da ordem dos elementos implica maior necessidade de processamento e, conseqüentemente, dependendo das configurações disponíveis no PC utilizado, ele pode ficar mais lento. As Figuras 12.7 e 12.8 exibem, respectivamente, sua malha gerada com elementos de 1ª ordem e elementos de 2ª ordem. Os elementos de 2ª ordem descrevem melhor a geometria.

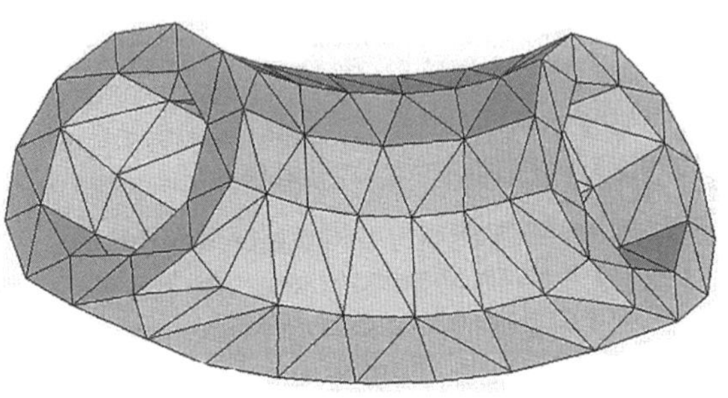

Figura 12.7 - Malha com elementos de 1ª ordem.

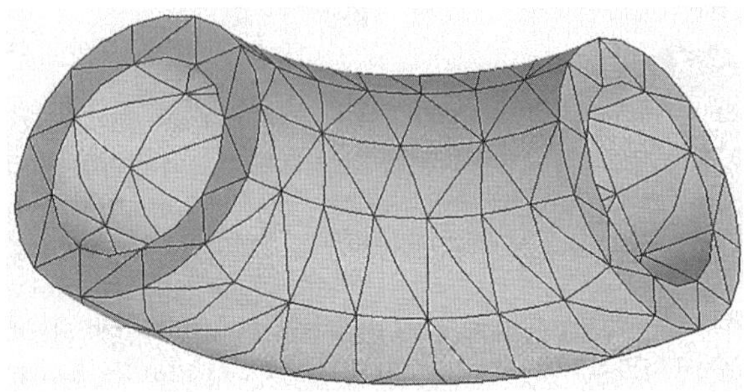

Figura 12.8 - Malha com elementos de 2ª ordem.

12.2. O COSMOSXpress

O COSMOSXpress oferece uma ferramenta de análise de tensão inicial fácil de usar para os usuários do SolidWorks. O COSMOSXpress pode ajudá-lo a reduzir os custos e o tempo até a introdução no mercado, testando seus projetos no computador em vez dos testes de campo, que são custosos e demorados. Ele utiliza a mesma tecnologia de análise de projeto do COSMOSWorks Designer para executar análises de tensão.

Há recursos de análise mais avançados ainda disponíveis na linha de produtos COSMOSWorks, como, por exemplo, o COSMOSWorks Advanced Professional, que é um dos mais abrangentes e sofisticados pacotes de análises CAE disponíveis hoje no mercado. Possui relação **custo x benefício** bastante interessante e dentro das condições da grande maioria das empresas que necessitam de análises mais apuradas com situações que envolvem não-linearidade, dinâmica, análises com materiais compostos etc. A interface do assistente do COSMOSWorks orienta o usuário pelo processo em cinco etapas para especificar o material, as restrições, as cargas, executar a análise e exibir os resultados. Entretanto, dadas suas limitações, tem suporte para a análise de um único corpo sólido. Para peças com múltiplos corpos, é possível analisar um corpo de cada vez. Para montagens, é possível analisar o efeito de uma simulação física em um corpo por vez. Os corpos de superfície não têm suporte.

O assistente do COSMOSXpress orienta o usuário nas etapas de definição das propriedades do material, restrições, cargas, análise do modelo e exibição dos resultados. Quando uma etapa é concluída, o COSMOSXpress salva-a instantaneamente. As informações ficam disponíveis quando o COSMOSXpress é finalizado e reiniciado sem fechar o documento da peça. É preciso salvar o documento da peça para que os dados da análise sejam salvos.

Nota

A precisão dos resultados da análise depende das propriedades do material, das restrições e das cargas. Para que os resultados sejam válidos, as propriedades de material especificadas devem representar com precisão o material da peça e as restrições e cargas devem representar com precisão as condições de trabalho da peça.

Montagens sem elementos de simulação física não têm suporte. Abra o documento da peça em uma janela separada para executar a análise.

Você pode importar cargas dos elementos da simulação física para analisar a peça de uma montagem. Os elementos da simulação física incluem gravidade, motores etc.

12.2.1. Limitações

- Não há suporte para forças de contato. É necessária uma folga entre os componentes.
- As forças de mola são ignoradas porque forças em arestas e vértices não têm suporte no COSMOSXpress.
- As cargas de posicionamento que usam pontos, eixos ou planos de esboço são ignoradas. O COSMOSXpress não pode aceitar cargas em pontos, eixos ou planos de esboço.
- As cargas de posicionamentos de simetria e largura são ignoradas.
- Não é possível executar a análise em componentes de submontagens.

Para importar cargas de uma montagem com elementos de simulação:

1. Abra a montagem.
2. Atribua materiais a todas as peças.
3. Adicione elementos da simulação física e calcule a simulação.
4. Clique em **Assistente de Análise do COSMOSXpress** (barra de ferramentas Padrão) ou em **Ferramentas**, **COSMOSXpress**.
5. Na guia **Bem-vindo**, selecione um componente para análise, clique em **Avançar**, depois em **Obter cargas de movimento**.
6. Quando uma marca de verificação aparecer na guia **Bem-vindo**:
   - Selecione **Exibir símbolos de carga de movimento** para ver as cargas e restrições atuarem no componente.
   - Clique em **Posição de carga máxima** para animar a montagem para uma posição em que suas forças de reação estejam no máximo.
   - Clique em **Avançar** para ir à guia **Análise**.

O COSMOSXpress prepara o modelo para análise e então calcula deslocamentos, esforços e tensões.

Quando os resultados existentes não pertencem à geometria, ao material, às restrições ou às cargas atuais, o botão **Atualizar** aparece no canto inferior esquerdo da janela do COSMOSXpress. Clique em **Atualizar** para refazer a análise do modelo e calcular os novos resultados.

12.2.2. A Análise

Para analisar a peça:

1. Leia as informações exibidas e clique em **Avançar**.
2. Selecione:

- **Sim (recomendado)** para aceitar as configurações de malha predeterminadas (valores de tolerância e tamanho de elemento predeterminados);

  - ou -

- **Não, quero alterar as configurações** para alterar as configurações de malha predeterminadas.

3. Clique em **Avançar**.

- Se você optar por alterar as configurações predeterminadas, digite os valores adequados ou arraste o controle deslizante. A tolerância predeterminada é 5% do tamanho de elemento especificado. Clique em **Avançar**.
- Para uma solução mais exata, arraste o controle deslizante para a direita (maior precisão). Para uma estimativa rápida, arraste o controle para a esquerda (menor precisão).

4. Clique em **Executar**.
5. Quando a análise for concluída, uma marca de verificação aparece na guia **Análise** e a guia **Resultados** é aberta.

12.2.3. Tentativas de Geração de Malha Automáticas

O COSMOSXpress trabalha, basicamente, com elementos sólidos tetraédricos, e tenta automaticamente criar uma malha para o modelo usando três diferentes tamanhos de elemento antes de relatar uma falha de malha. Se a geração de malha com o tamanho de elemento especificado (E) falhar, o COSMOSXpress tenta gerar uma malha usando o tamanho de elemento (0,80*E) na segunda tentativa, e (0,64*E) na terceira tentativa.

12.2.4. Diagnósticos de Falha da Geração de Malha

A geração de malha de um modelo sólido consiste em duas etapas básicas. Na primeira fase, o gerador de malhas coloca os nós no limite. Essa fase é chamada de geração de malha de superfície. Se a primeira fase for bem-sucedida, o gerador de malha inicia a segunda fase, quando cria os nós no interior, preenche o volume com elementos tetraédricos e coloca nós de tamanho médio nas arestas.

Pode ocorrer falha em qualquer uma das duas fases. Quando a geração de malha de uma peça falha, o COSMOSXpress abre a ferramenta de diagnóstico de falha de malha para ajudá-lo a localizar e resolver os problemas. Essa ferramenta lista as faces e arestas que causaram a falha. Para realçar uma face ou aresta na qual a geração de malha falhou, selecione-a na lista.

Com relação a esta questão de geração de malhas, na comparação entre o COSMOSXpress e o COSMOSWorks, o segundo oferece ferramentas adicionais para lidar com a falha da criação de malhas, tais como:

- Especificar elementos com tamanhos diferentes em distintas áreas do modelo (controle de malha). Com esse recurso é possível especificar elementos com tamanhos menores em locais importantes do modelo para melhorar a precisão dos resultados.
- Escolha um dos três solvers para analisar diferentes tipos de problema com graus de dificuldade variados de forma eficiente.
- Importar cargas do COSMOSMotion sem ter de especificar restrições.
- Usar métodos adaptáveis para melhorar automaticamente a precisão da solução da análise de tensão.

12.2.5. Exemplo de Aplicação - Viga I Vazada

Vamos utilizar como exemplo para aplicação do COSMOSXpress a Viga I vazada exibida na Figura 12.2. Depois compararemos os resultados com a mesma análise procedida na Viga I cheia, da Figura 12.1. Crie o modelo conforme as dimensões mostradas na Figura 12.9 e salve-o em uma pasta.

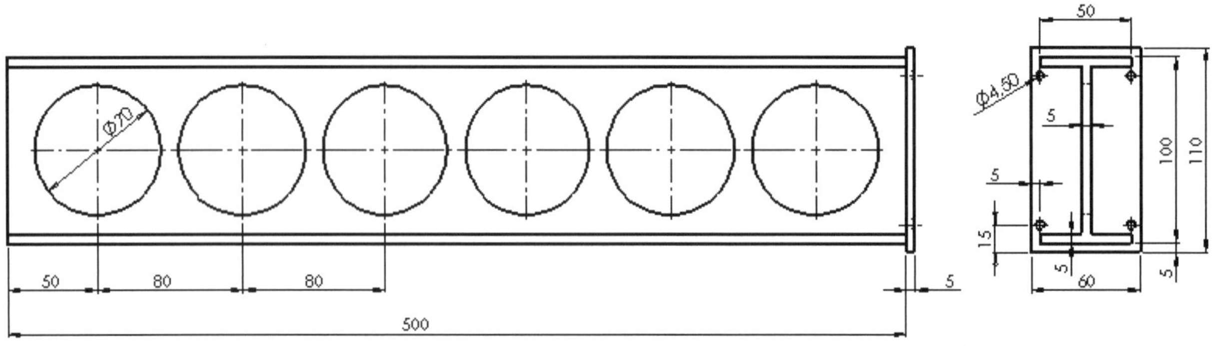

Figura 12.9 - Viga I vazada.

Como citamos, o COSMOSXpress é um assistente de análise de tensões e, quando ativado, o conduz durante todo o processo de análise pelas seguintes guias de configuração:

1. Guia **Material** - atribua o material à peça.
2. Guia **Restrição** - aplique as restrições às faces da peça.
3. Guia **Carga** - aplique forças e pressões às faces da peça.
4. Guia **Análise** - você pode optar por executar a análise com as configurações predeterminadas ou alterá-las.
5. Guia **Otimizar** - otimize uma dimensão do modelo com base em critérios específicos.
6. Guia **Resultados** - exiba os resultados da análise.

12.2.5.1. Ativação do COSMOSXpress

Para ativar o COSMOSXpress, é necessário que a licença COSMOSWorks Designer esteja desabilitada em seu computador. Para isso:

1. Clique em **Ferramentas** → **Suplementos** no menu *drop-down* para exibir a caixa de seleção **Suplementos**.
2. Desmarque a *checkbox* referente ao COSMOSWorks Designer e clique em **OK** para fechar a caixa.
3. Clique em Ferramentas → COSMOSXpress. Será exibida a caixa de diálogo COSMOSXpress com todas as suas guias de configurações, Figura 12.10.
4. Clique primeiramente em **Opções**, na guia **Bem-vindo**, para configurar o **Sistema de Unidades** e a pasta na qual salvar os resultados, Figura 12.11. Em seguida, clique em **Avançar**. É exibida a guia **Material**, Figura 12.12.

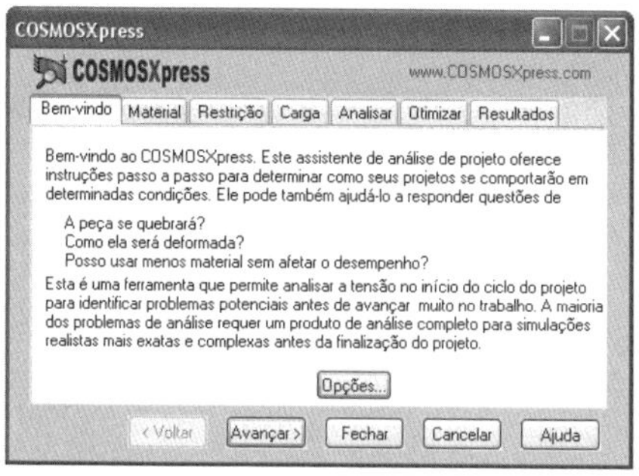

Figura 12.10 - Caixa de diálogo COSMOSXpress.

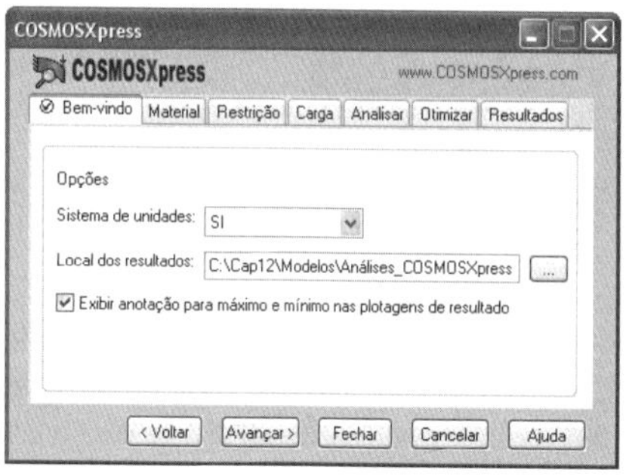

Figura 12.11 - Configuração de opções.

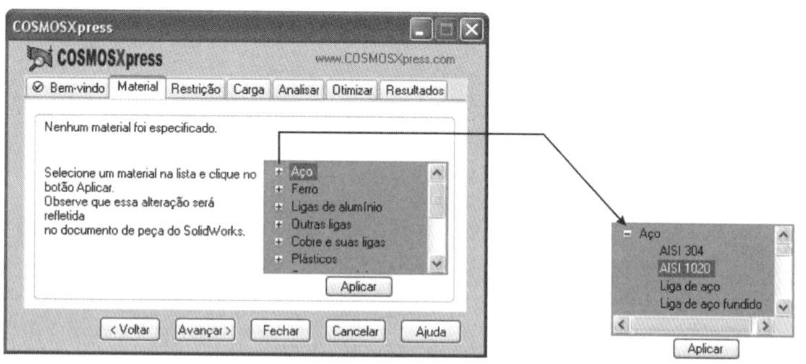

Figura 12.12 - Configuração do material da viga.

12.2.5.2. Seleção do Material

A guia **Material** exibe uma janela com uma lista de materiais metálicos e não metálicos. Vamos considerar que a viga seja feita em **Aço AISI 1020**.

1. Clique no sinal **+** ao lado da referência **Aço** para expandir a sublista.
2. Selecione com o cursor do mouse o material **AISI 1020** e clique em **Aplicar**. O material selecionado é aplicado à viga em análise. Note que, após clicar no botão **Aplicar**, é impressa no painel da guia a mensagem:

   *"**Material atual: AISI 1020** - Para alterar o material da peça, selecione na lista e clique no botão Aplicar. Observe que essa alteração será refletida no documento do SolidWorks."*
3. Clique em **Avançar** para acessar a guia **Restrição**, Figura 12.13.

12.2.5.3. Configuração das Restrições

Restrições são as condições de contorno que geram impedimentos ao movimento, como no caso de fixação de faces por parafusos, soldas etc. O COSMOSXpress permite que mais de uma face seja restringida. Entretanto, sua restrição limita-se ao tipo **Fixa** nos três eixos, enquanto o COSMOSWorks disponibiliza uma série de outras restrições.

1. Clique em **Avançar** para acessar as janelas de configuração de **Restrição**. É exibida a área de configurações, Figura 12.14.
2. Atribua um nome significativo à restrição ou ao conjunto de restrições.
3. Clique nas faces internas dos furos para representar a fixação da viga por parafusos.

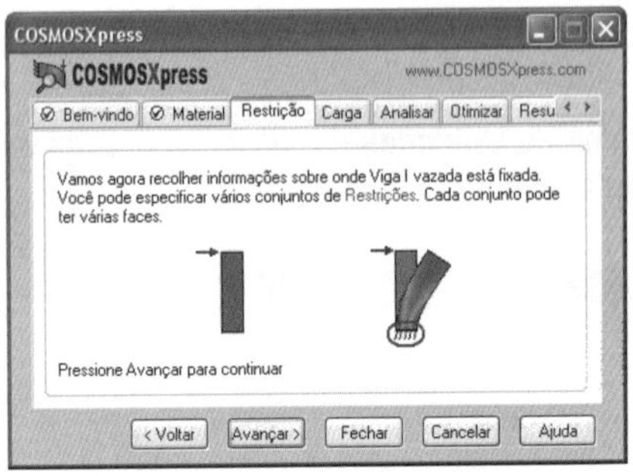

Figura 12.13 - Configuração de opções.

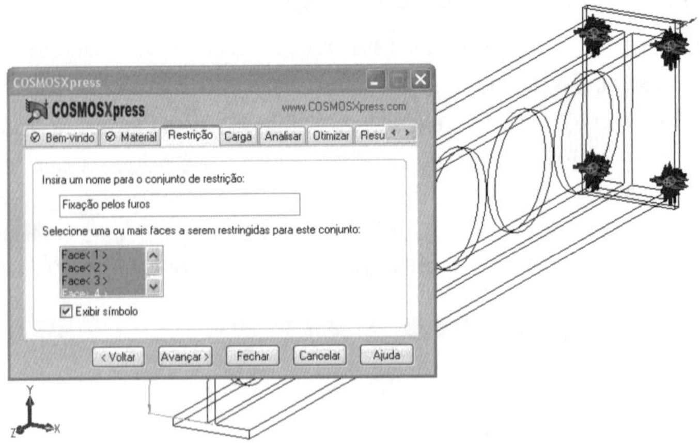

Figura 12.14 - Restrição da viga pelas faces dos furos.

4. Clique em **Avançar**. É exibida uma janela listando a restrição definida, Figura 12.15, e exibe ainda três botões para **Adicionar** nova restrição, **Editar** a restrição existente, ou **Excluir** qualquer restrição definida.
5. Clique em **Avançar** para acessar a guia de configuração de carga, Figura 12.16.

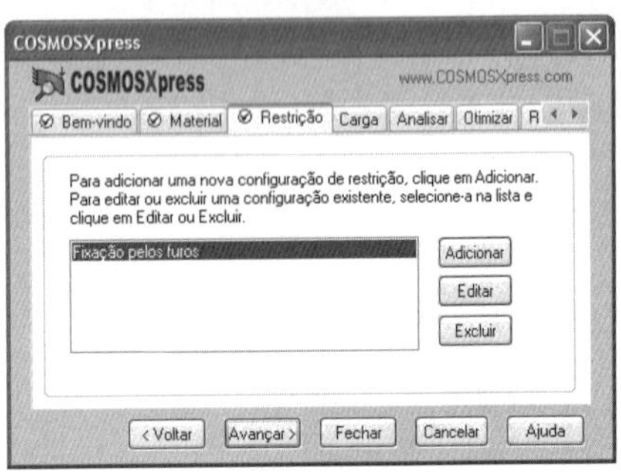

Figura 12.15 - Área de edição da restrição.

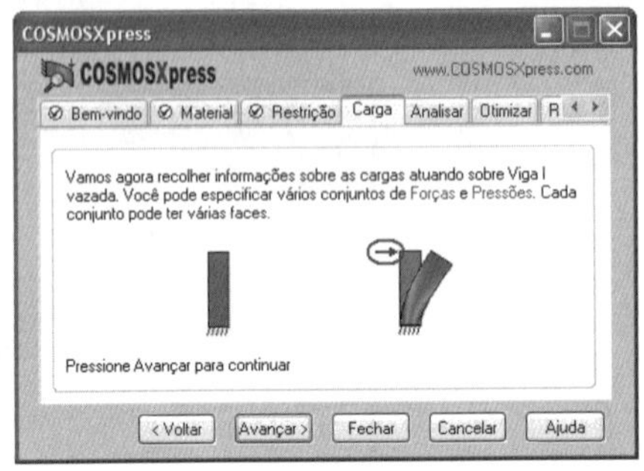

Figura 12.16 - Guia para configuração de cargas.

12.2.5.4. Configuração da Carga

O COSMOSXpress permite a aplicação de dois tipos de cargas, sendo de força e de pressão.

Para aplicar uma carga de força:

1. Clique em **Avançar** para continuar e acessar o painel de opções de carga, Figura 12.17.
2. Selecione **Força** e clique em **Avançar**. São exibidas na guia as janelas de configuração de força, Figura 12.18.
3. Digite um nome para a força ou aceite o nome predeterminado.
4. Na área de gráficos, clique na face adequada e em **Avançar**.

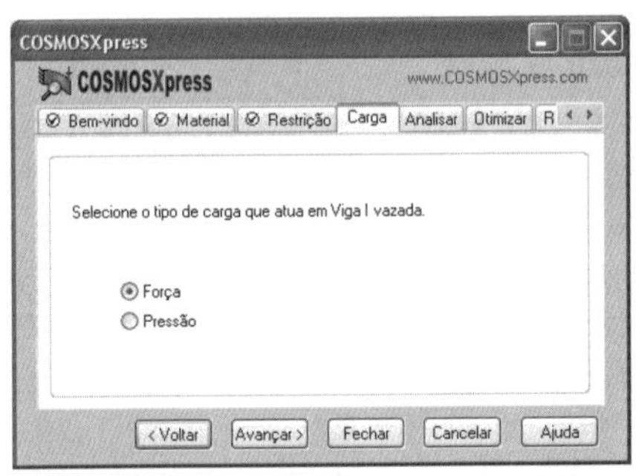

Figura 12.17 - Painel de opções de carga.

5. Selecione a face da mesa superior da viga e clique em Avançar para acessar a configuração de força, Figura 12.19.

   Há duas formas de seleção para a aplicação da força:

   - **Normal a cada face selecionada** para aplicar a força na direção normal a cada face selecionada;

   - ou -

   - **Normal a um plano de referência** para aplicar a força na direção do plano de referência selecionado. Se você selecionar essa opção, precisa selecionar um plano de referência na **árvore de projeto do FeatureManager**.

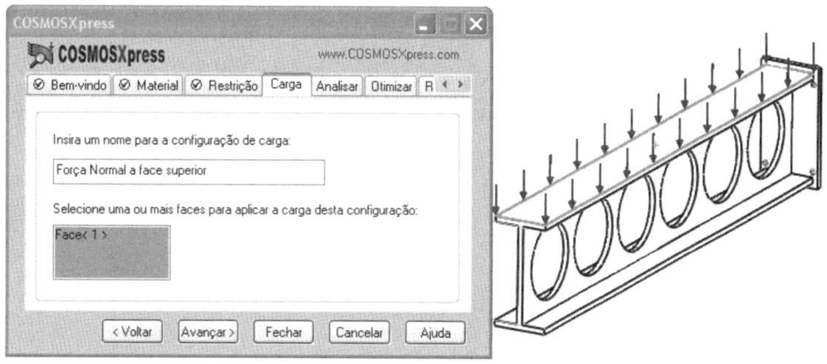

Figura 12.18 - Atribuição de nome à força e seleção da face em que a força será aplicada.

6. Selecione a unidade de força e digite um valor. Neste caso, digite o valor 5000 N (aproximadamente 500 toneladas).

   O valor da força especificado é aplicado a cada face. Por exemplo, se você selecionar três faces e especificar uma força de 500 N, o COSMOSXpress aplica uma força total de 1500 N (500 N em cada face).
7. Se necessário, clique em **Inverter direção** para inverter a direção da força.
8. Clique em **Avançar**. A caixa de lista de forças mostra a força definida. Uma marca de verificação aparece na guia **Carga**.
9. Clique no botão apropriado para **Adicionar**, **Editar** ou **Excluir** uma força, Figura 12.20.
10. Clique em **Avançar**. A guia **Analisar** é aberta, Figura 12.21.

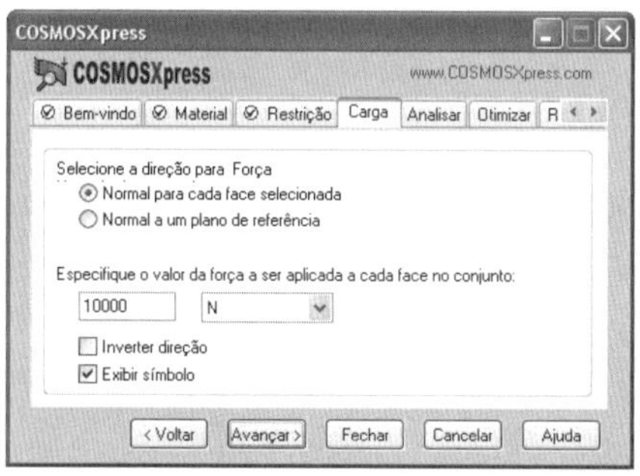

Figura 12.19 - Configuração da carga de força.

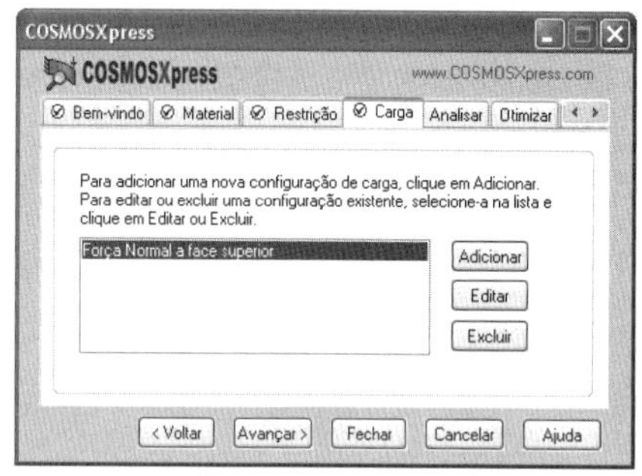

Figura 12.20 - Área de edição da força aplicada.

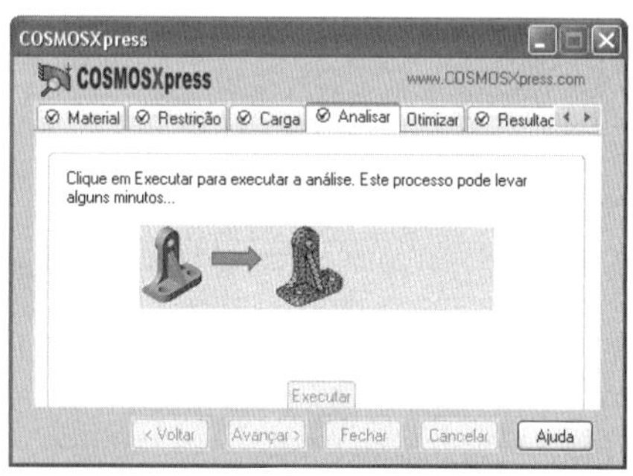

Figura 12.21 - Guia de acesso à análise.

Nota

Você pode aplicar múltiplas pressões a uma ou várias faces. O COSMOSXpress aplica cargas de pressão normais a cada face.

Para aplicar uma pressão:

1. Clique em **Avançar** para continuar.
2. Selecione **Pressão** e clique em **Avançar**.
3. Digite um nome para a pressão ou aceite o nome predeterminado.
4. Na área de gráficos, clique na face adequada e em **Avançar**.
5. Selecione as unidades de pressão, depois digite um valor.

6. Se necessário, clique em **Inverter direção** para inverter a direção da pressão.
7. Clique em **Avançar**. A caixa de lista de pressões mostra a pressão definida. Uma marca de verificação aparece na guia **Carga**.
8. Clique no botão apropriado para **Adicionar**, **Editar** ou **Excluir** uma pressão.
9. Clique em **Avançar**. A guia **Análise** é aberta.

12.2.5.5. Execução da Análise

Uma vez que as condições de contorno foram todas definidas, é possível proceder à análise de tensões e deslocamentos da peça:

1. Clique em **Avançar** para o acesso ao disparo da análise, Figura 12.22.

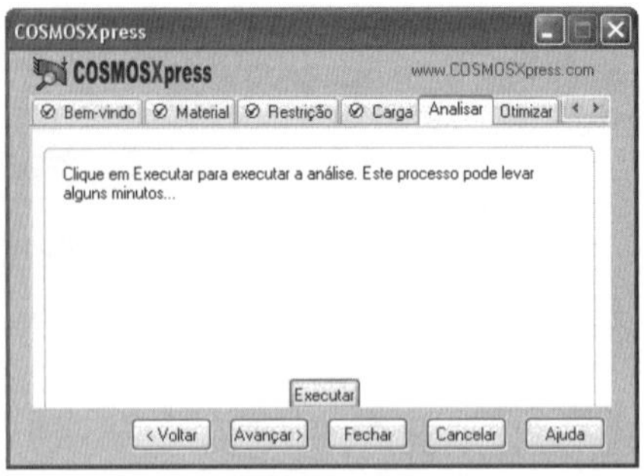

Figura 12.22 - Painel Executar da guia Analisar.

2. Clique em **Executar** para iniciar o processo de análise da viga. Observe que, diferentemente do COSMOSWorks, o COSMOSXpress não exibe a malha gerada, apenas mostra a figura de um sólido e uma seta indicando a geração da malha, Figura 12.23. Em seguida é mostrado o Solver do programa com o número de nós (44811 nós), o número de elementos (25153 elementos tetraédricos), e o número de graus de liberdade - GL ou D.O.F (133641 D.O.F), Figura 12.24. O Solver levou pouco mais de 47 segundos para calcular as tensões e reações.

Figura 12.23 - Guia de acesso à análise.

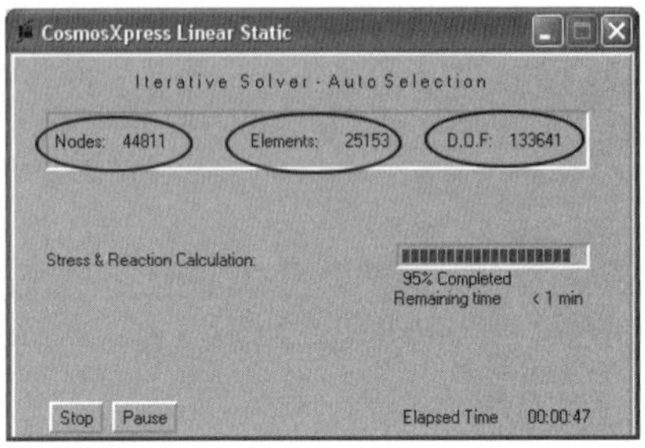

Figura 12.24 - Solver do COSMOSXpress.

12.2.5.6. Exibição de Resultados

Depois que o Solver finaliza a análise, exibe a guia Resultados indicando o menor **Fator de Segurança** obtido na análise, Figura 12.25. Lembramos ao leitor que para o material manter-se dentro do regime elástico, conforme a **Lei de Hooke**, em que há proporcionalidade entre **Tensão** e **Deformação**, ou seja, o material não sofre deformação permanente em função da carga aplicada, a relação entre a tensão de escoamento do material (σ_e) e a tensão de trabalho (σ_{Tr}) deve ser maior que 1. Essa relação chama-se **fator de segurança**, aqui definida como **FOS** (Factor Of Security), Equação 12.1.

$$FOS = \frac{\sigma_e}{\sigma_{Tr}} > 1 \qquad \text{Equação 12.1}$$

A **tensão de trabalho** no COSMOSXpress é obtida em função da **tensão de Von Misses** que leva em consideração as **tensões normais** e **tangenciais**, Equação 12.2.

$$\sigma_{Tr} = \bar{\sigma} = \sqrt{\frac{1}{2}}\left[(\sigma_x - \sigma_y)^2 + (\sigma_y - \sigma_z)^2 + (\sigma_z - \sigma_x)^2\right] + 3\left(\tau_{xy}^2 + \tau_{yz}^2 + \tau_{zx}^2\right) \qquad \text{Equação 12.2}$$

Segundo o resultado exibido, o menor **fator de segurança** obtido na análise é **FOS = 0.319371**, portanto muito menor que 1 (FOS <1). O material escoou, deformando-se permanentemente nessas regiões em que foram verificados valores menores que 1.

1. Clique em **Mostre** para visualizar essas regiões ou **Avançar** para rever mais dos resultados obtidos.

2. Ao clicar em **Avançar**, é exibida a guia **Otimizar**. Deixaremos para abordar essa guia no final do exemplo. Por ora, marque a opção **Não** e clique em **Avançar**. É exibido um painel com cinco tipos de saídas de resultados, Figura 12.26.

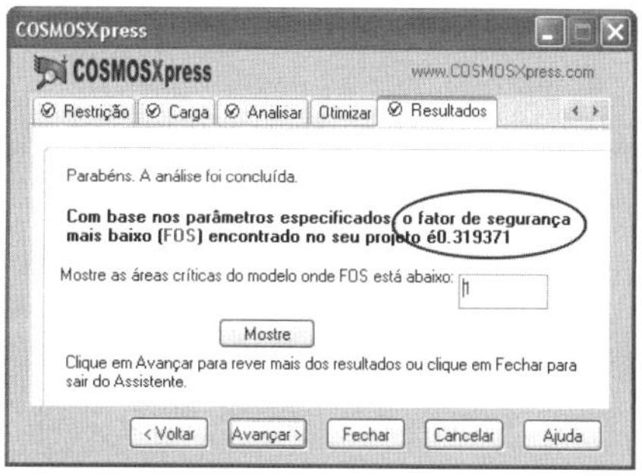

Figura 12.25 - Menor fator de segurança.

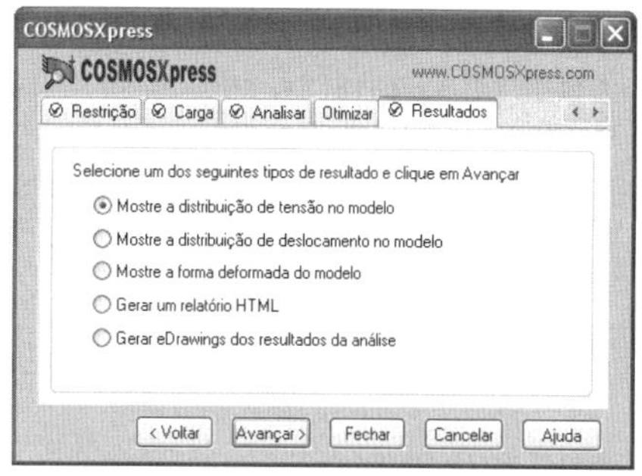

Figuras 12.26 - Saídas de resultados da análise.

Observe que é possível visualizar o resultado da análise em três formas gráficas e gerar dois tipos de relatórios. Por padrão, a primeira opção já aparece selecionada e mostra a distribuição de tensões no componente analisado, segundo **Von Misses**, como já referido. Essa distribuição de tensões ao longo do componente é exibida em escala de valores de **N/m²** ou **lb/in²**, conforme o **Sistema de Unidades** configurado, e em forma de gradiente de cores; quanto mais próximo ao vermelho, maior o nível de tensão atuante na região, Figura 12.27.

A segunda visualização possível permite conhecer a distribuição de deslocamentos ao longo do componente em função das deformações dos milhares de elementos que compõem a malha, devido à ação da carga aplicada. Essa deformação é dada em escala de milímetros ou polegadas, e também em gradiente de cores, valendo a mesma relação, Figura 12.30.

A terceira visualização corresponde à forma deformada do componente. Nessa visualização não há escala de valores, apenas a escala de visualização, no canto superior esquerdo, como ocorre nas duas anteriores, Figura 12.32.

O COSMOSXpress, assim como o COSMOSWorks, permite ainda gerar com os resultados um relatório em formato **HTML** que pode ser publicado na web, bem como gerar o relatório no formato **eDrawings** que permite sua visualização com as imagens da análise, além da manipulação do componente no espaço tridimensional e a visualização em seções definidas pelo usuário, sem a necessidade de ter o SolidWorks instalado na máquina.

- **Distribuição de Tensões no Modelo**

Na Figura 12.27, para melhor visualização, exibimos uma janela com um detalhe ampliado da zona da máxima tensão, que é o valor correspondente ao topo da escala. Nessa zona, como já referido, a cor é o vermelho. Note ainda que na escala aparece circulada uma seta indicando a posição referente à tensão de escoamento do aço **AISI 1020** que corresponde a (**3.516e+008 N/m²**). Assim, toda a gradiente de cores na peça que estiver acima da seta na escala representa zonas em que o redimensionamento se faz necessário.

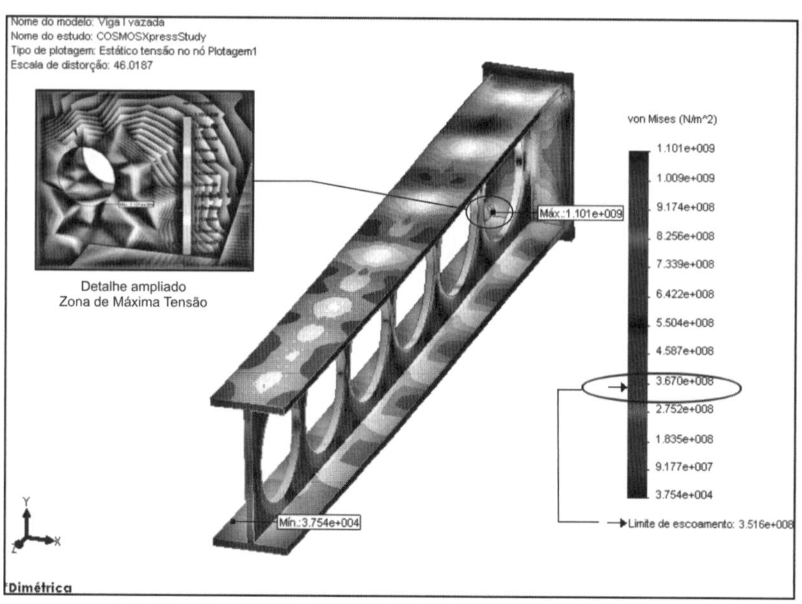

Figura 12.27 - Distribuição de tensões no modelo e ampliação de detalhe.

Na Figura 12.28, que também traz a visualização da distribuição de tensões, mostra o painel que permite simular a viga em movimento, observando a distribuição do campo de tensões se propagar ao longo da peça.

O painel permite ainda parar o movimento e salvá-lo em formato de arquivo de vídeo *.AVI. Pode ser reproduzido pelo Media Player do Windows ou convertido em formato apropriado para DVD.

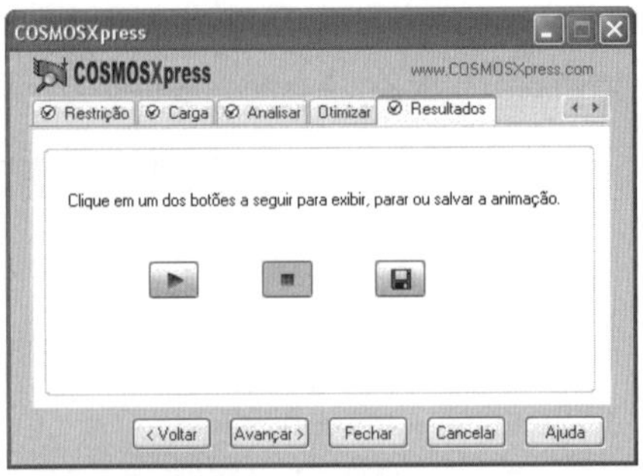

Figura 12.28 - Controles Reproduzir, Parar e Salvar.

- **Distribuição de Deslocamentos no Modelo**

Para exibir a distribuição de deslocamentos do componente analisado, clique em **Voltar** e selecione a segunda opção do painel de resultados, em seguida clique em **Avançar**, Figura 12.29.

Na Figura 12.30 a visualização da distribuição mostrada pela escala também aponta, nas extremidades do componente, os valores de distribuição máxima e mínima para a carga aplicada. A flecha máxima que corresponde à aresta da face frontal atinge somente o valor **1.1mm**. A menor deformação que corresponde à face interna do furo inferior é da ordem de **0,003mm**.

Analogamente à visualização anterior, aqui também é possível ver o gradiente de deslocamentos se propagar ao clicar no botão de comando **Reproduzir**, ou **Parar** o movimento, ou ainda **Salvar** o arquivo em formato *.AVI.

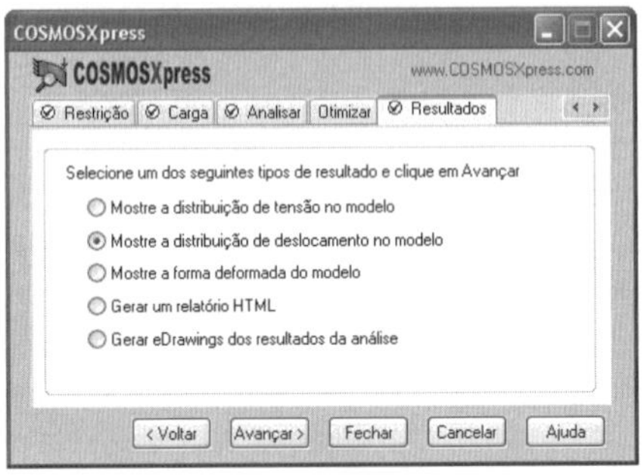

Figura 12.29 - Seleção para visualização da distribuição de deslocamentos.

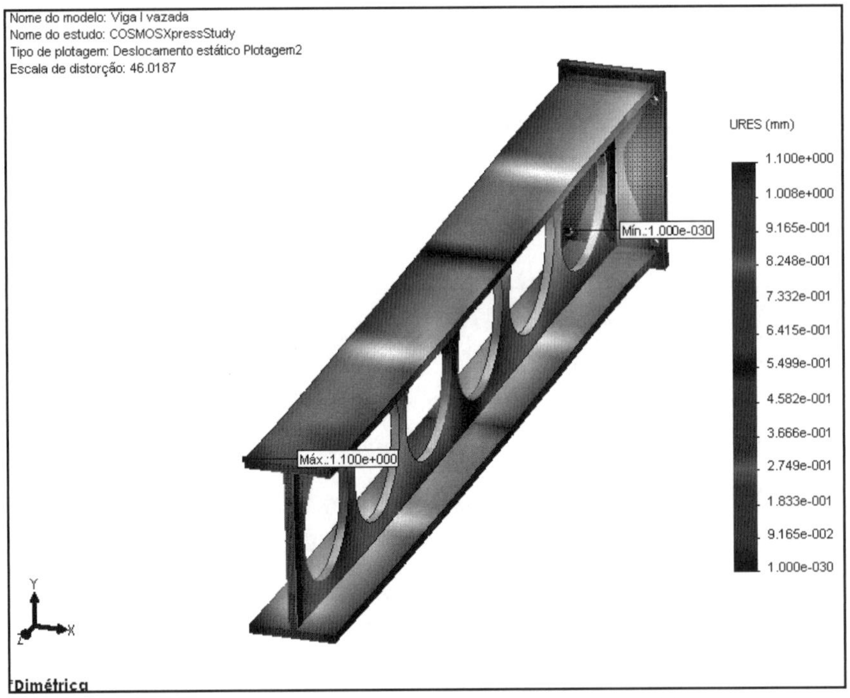

Figura 12.30 - Distribuição de deslocamentos no modelo.

- **Forma Deformada do Modelo**

Para exibir a forma deformada do componente analisado, clique em **Voltar** e selecione a terceira opção do painel de resultados, em seguida clique em **Avançar**, Figura 12.31.

Na Figura 12.32 a visualização da forma deformada aparece bastante acentuada para o valor de flecha de 1.1mm, como anteriormente enunciado. Entretanto, convém lembrar que o COSMOSXpress exibe deformações em uma escala de distorção bastante acentuada para que o usuário possa perceber bem o perfil da deformação. Ao canto esquerdo superior da área gráfica é mostrada, circulada, a escala de distorção, que neste caso é **46, 0187** vezes maior que a deformação real.

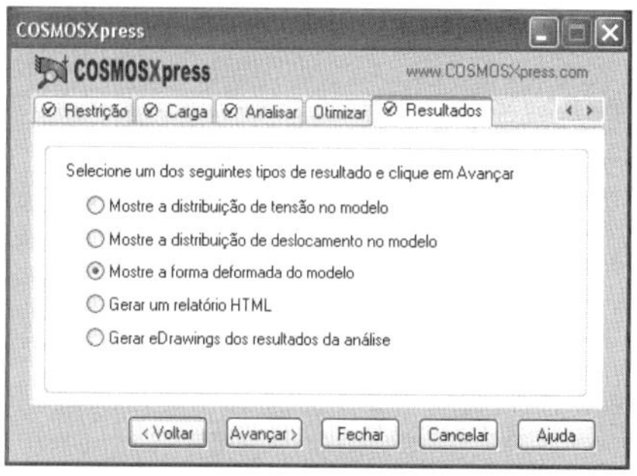

Figura 12.31 - Seleção para visualização da forma deformada do modelo.

Na pequena janela com detalhe ampliado é possível ver a distorção que ocorre no perfil da chapa de fixação, próximo ao furo.

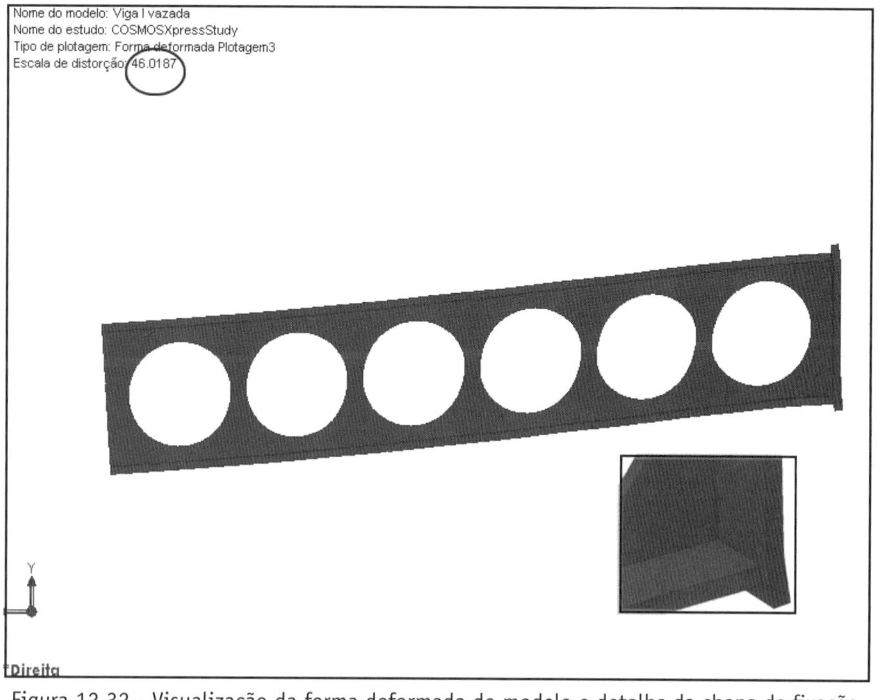

Figura 12.32 - Visualização da forma deformada do modelo e detalhe da chapa de fixação.

- **Relatório HTML**

Para gerar e exibir um relatório da análise do componente em formato HTML, clique em **Voltar** e selecione a quarta opção do painel de resultados, em seguida clique em **Avançar**, Figura 12.33.

É então exibido um novo painel com três opções de seleção, em que é possível definir pela existência de uma capa no relatório, uma introdução e uma conclusão.

Supondo ter selecionado as três opções e clicado em **Avançar**, é exibido o painel de dados para a capa, Figura 12.35. Entre com os dados e o **LOGO** da companhia (formato Bmp ou Jpg) e clique novamente em **Avançar**. O painel seguinte será o de introdução ao relatório, Figura 12.36.

Preencha os dados referentes à introdução do relatório e clique em **Avançar** para acessar o painel de conclusão, Figura 12.37.

Finalizados esses procedimentos de personalização, introdução e conclusão, resta apenas definir o título do relatório e, se desejar uma **Versão para impressão**, selecione a *checkbox*, Figura 12.38.

Ao clicar em **Avançar**, o COSMOSXpres gera o relatório HTML da análise.

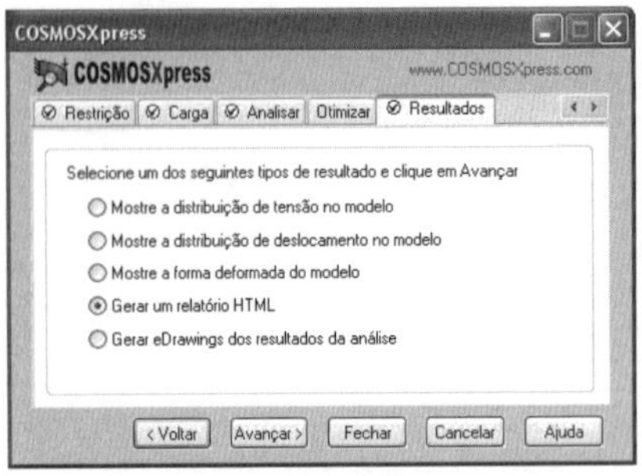

Figura 12.33 - Seleção para gerar relatório HTML.

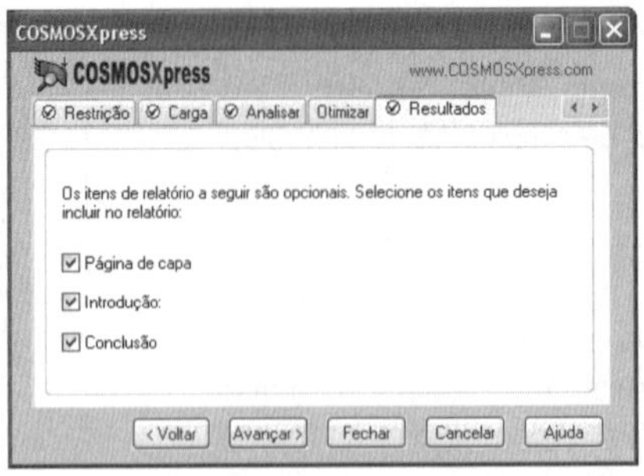

Figura 12.34 - Opções de personalização.

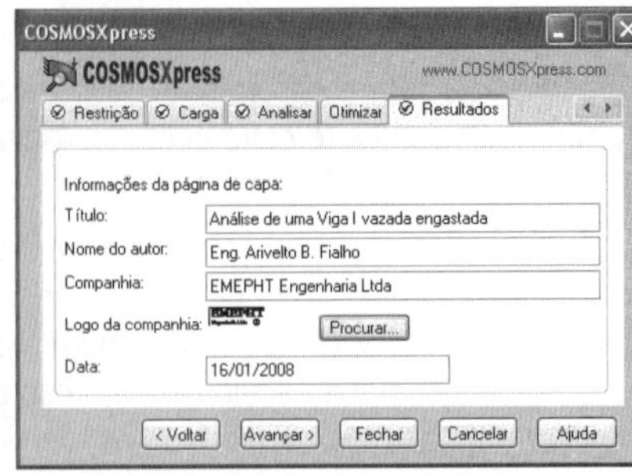

Figura 12.35 - Personalização da capa.

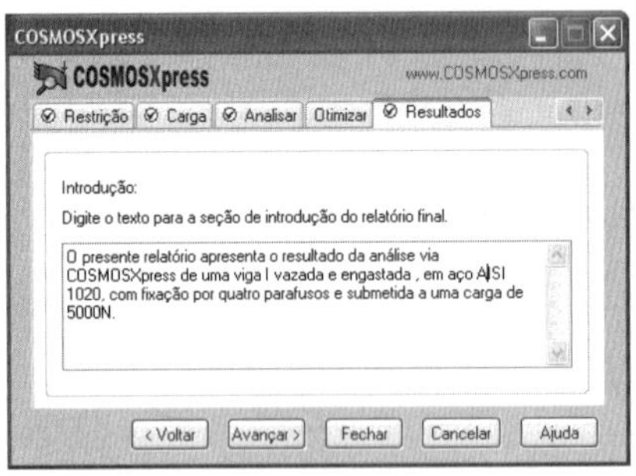

Figura 12.36 - Introdução ao relatório.

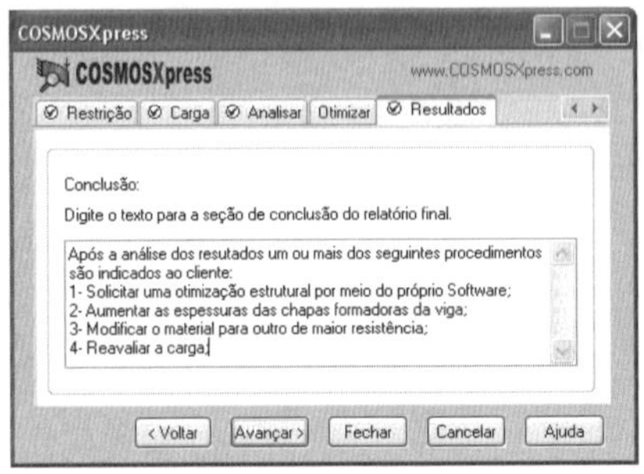

Figura 12.37 - Conclusão do relatório.

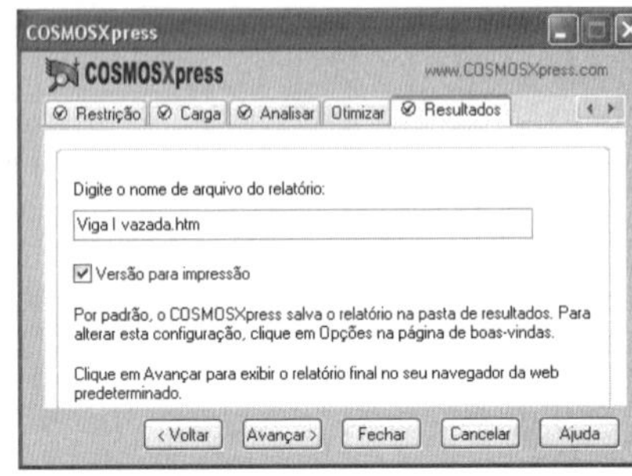

Figura 12.38 - Título e definição final.

- **Arquivo eDrawing**

Para gerar e exibir um arquivo da análise do componente em formato **eDrawings**, clique em **Voltar** e selecione a última opção do painel de resultados, em seguida clique em **Avançar**, Figura 12.39. É exibida a caixa de diálogo **Salvar como**, Figura 12.40.

Atribua o nome desejado ao arquivo e clique em **Salvar**.

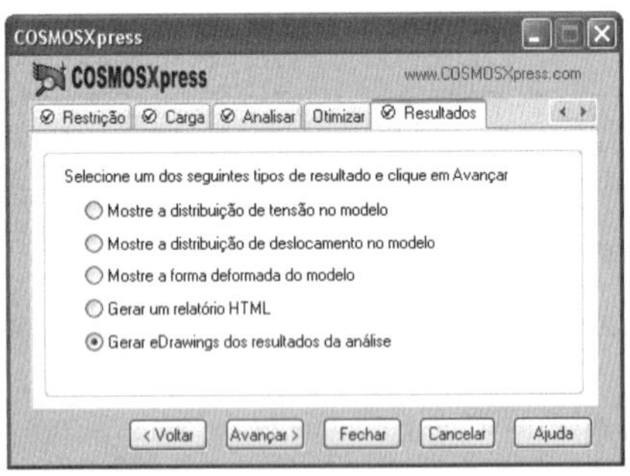

Figura 12.39 - Seleção para gerar arquivo eDrawings.

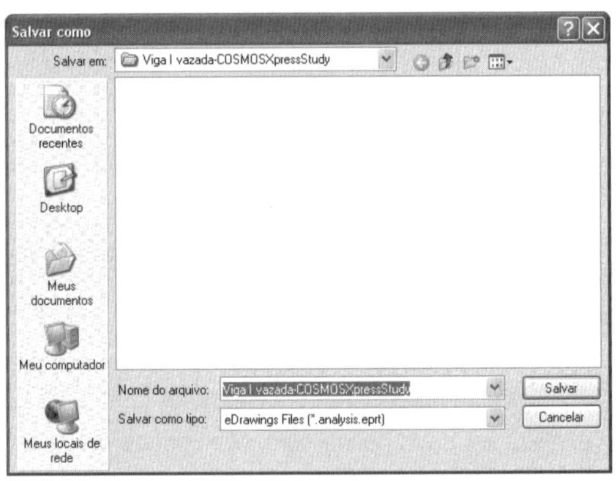

Figura 12.40 - Caixa de diálogo Salvar como.

Como já mencionado, o arquivo pode então ser enviado por e-mail para qualquer lugar do mundo e visualizado pelo **eDrawings Viewer** que permite a visualização, a impressão e o compartilhamento de arquivos nativos do AutoCAD® (DWG e DXF™), bem como de peças, montagens e desenhos do SolidWorks®.

O **eDrawings Viewer** pode ser obtido gratuitamente na Internet pelo site:

http://www.edrawingsviewer.com/pages/programs/download/

12.2.6. Análise Comparativa das Vigas

Para analisar a Viga I sem os furos e com as mesmas condições de contorno, não é preciso criar um modelo, apenas localize na **árvore do projeto do FeatureManager** o recurso referente à furação lateral e suprima-o.

Salve o arquivo com o nome **Análise Viga I cheia**.

Execute novamente o COSMOSXpress. Note que as guias já estão resolvidas. Como as condições de contorno são as mesmas, nada precisa ser mudado.

Clique na guia **Analisar** e em **Executar**. O Solver novamente é exibido. Observe que o número de **Nós**, **Elementos** e **Graus de Liberdade (D.O.F)** aumentou em relação à **Viga I vazada**, Figura 12.41. Observe também que o **Fator de Segurança (FOS)** aumentou mais em relação ao anterior, Figura 12.42.

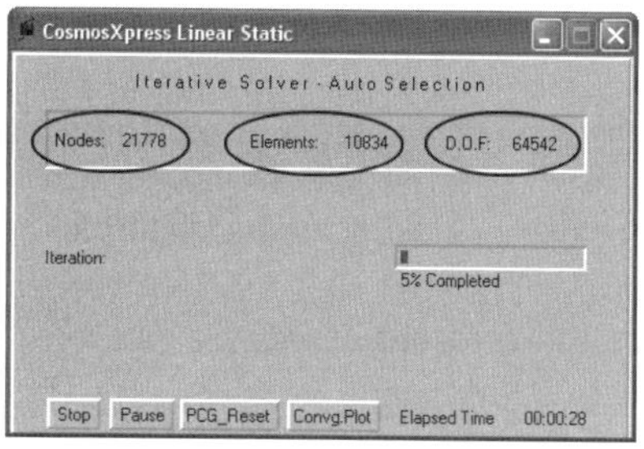

Figura 12.41 - Análises do Solver.

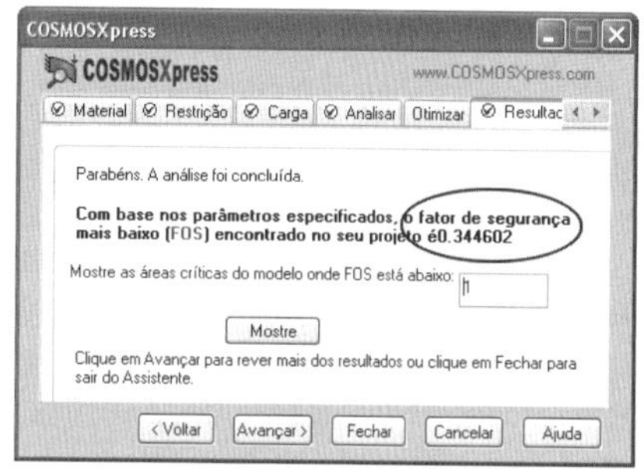

Figura 12.42 - Fator de segurança obtido.

As Figuras 12.43, 12.44 e 12.45 exibem os resultados de saída gráfica para a viga.

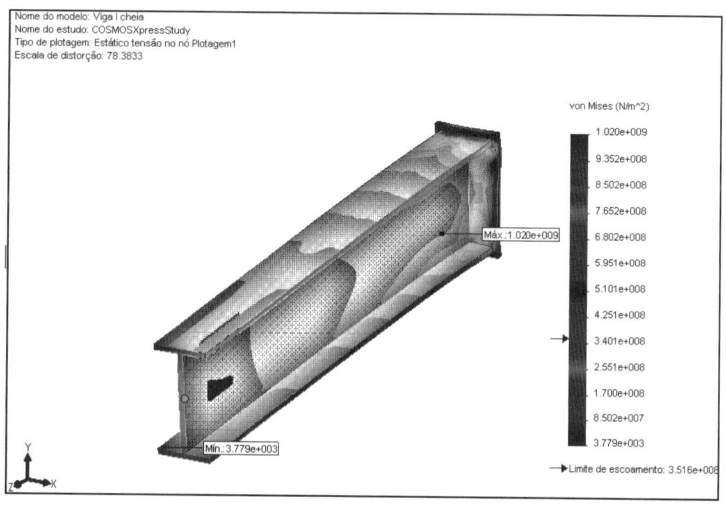

Figura 12.43 - Distribuição de tensões no modelo.

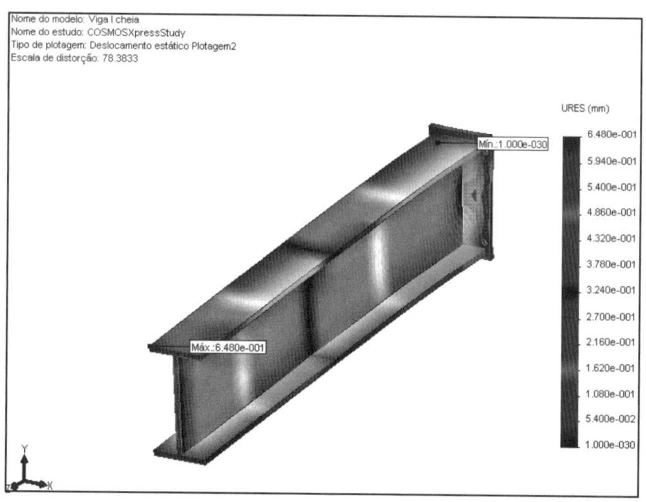

Figura 12.44 - Distribuição de deslocamentos no modelo.

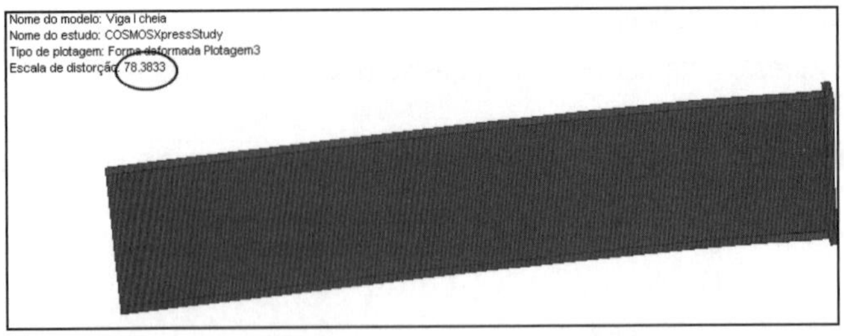

Figura 12.45 - Visualização da forma deformada do modelo.

A gradiente de cores da distribuição de tensões e deslocamentos entre ambas as vigas mostra algumas diferenças, bem como os valores da escala. Observe ainda a forma deformada de ambas. Na viga cheia é possível perceber que a curvatura é mais constante e que, embora pareça a mesma deformação da viga I vazada, é notório que a **Escala de distorção** aplicada pelo software para exibir a forma deformada da viga I cheia é maior.

A Tabela 12.2 compara os valores de tensão e deslocamento entre ambas as configurações de vigas e apresenta a diferença percentual de acréscimo entre a configuração vazada e a cheia.

Tabela 12.2 - Diferenças comparativas entre as duas vigas analisadas.

		Viga I vazada	Viga I cheia	Diferença (%)
Tensão Von Misses (N/m2)	Máx.	1,101e+009	1,020e+009	+7,94
	Mín.	3,754e+004	3,779e+003	+893,38
Deslocamento (mm)	Máx.	1,100e+000	6,480e-001	+69,75
	Mín.	1,000e-030	1,000e-030	0

Na configuração vazada a viga sofre um acréscimo de 7,94% em sua máxima tensão (região dos furos de fixação inferior), enquanto o deslocamento (flecha) na extremidade sofre um aumento de 69,75%.

12.2.7. Otimização Estrutural

Otimizar uma estrutura é chegar a uma configuração dimensional que satisfaça uma condição ou grupos de condições desejados. Em se tratando de resistência dos materiais, é chegar à geometria ótima, que atende aos requisitos de resistência e segurança com a menor quantidade de material possível.

O COSMOSXpress permite otimizar a geometria de um componente, uma dimensão por vez, a partir de parâmetros mínimos e máximos, em função de:

- **Fator de segurança** - (FOS >1) ou qualquer outro valor maior que 1, tomado como referência.
- **Tensão máxima** - qualquer valor máximo de solicitação que esteja abaixo da tensão de escoamento do material.
- **Deslocamento máximo** - valor desejado para flecha máxima admitida.

Retorne ao modelo da Viga I vazada e no COSMOSXpress acesse a guia **Otimizar**. É pedida a confirmação do processo, Figura 12.46.

1. Clique em **Avançar** para acessar o painel de opções de otimização, Figura 12.47.

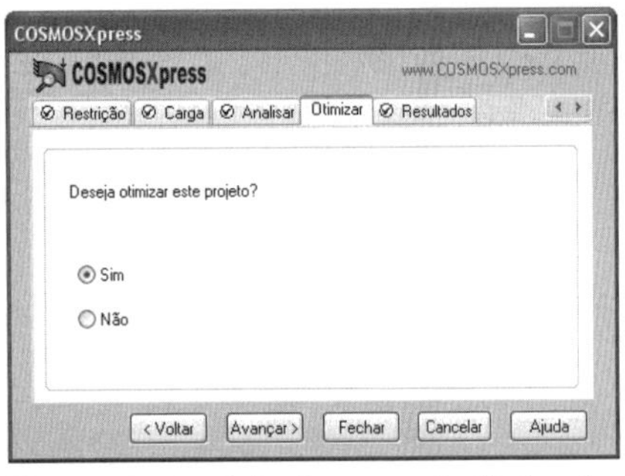

Figura 12.46 - Guia de acesso à otimização.

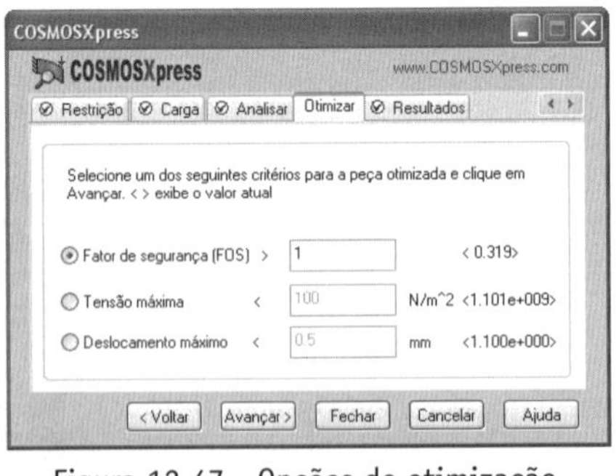

Figura 12.47 - Opções de otimização.

Vamos otimizar a viga pelo critério da segurança com o **Fator de segurança** mínimo de referência igual a 1, já que o menor fator indicado foi na região de aresta dos furos.

2. Clique em **Avançar** para acessar o painel de configuração de campo de dimensões, Figura 12.48. Na janela horizontal aparece a dimensão selecionada a ser otimizada.

   Diferentemente do COSMOSXpress, o COSMOSWorks Advanced Professional permite a otimização simultânea de n variáveis.

3. O painel exibe o valor atual da dimensão, um limite inferior que corresponde à metade da dimensão e um limite superior que corresponde a um acréscimo de 50%.

4. Mude o valor mínimo para **5mm**, o máximo **para 9.52mm** (3/8 de polegada) e clique em **Avançar**. É exibido o botão de partida para a otimização, Figura 12.49.

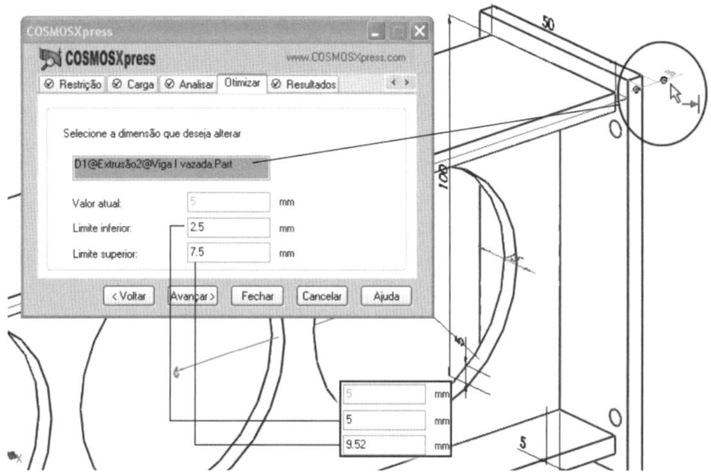

Figura 12.48 - Configuração dos limites mínimo e máximo da dimensão a ser otimizada.

Figura 12.49 - Disparo de otimização.

O sistema inicia um processo de análises pelo **Solver**, executando loops contínuos, testando valores dentro do limite estabelecido até chegar a um que satisfaça a relação de **FOS** Alguns loops após, o sistema, para este caso, mostra uma caixa de mensagens com a observação da Figura 12.50.

Portanto, o limite superior ainda não satisfaz a condição. Podemos elevar mais o valor do limite máximo ou, visando a economia de material, manter a espessura da chapa e fazer mais furos de fixação distribuindo melhor a carga, e/ou otimizar seus diâmetros.

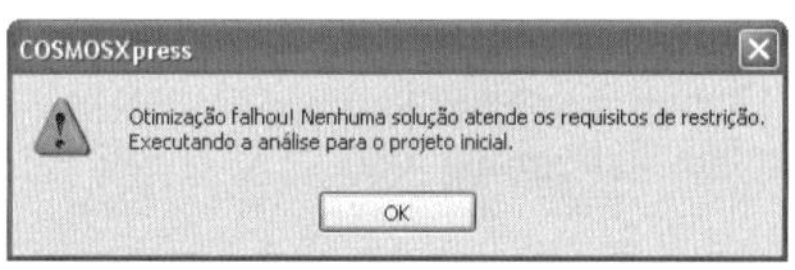

Figura 12.50 - Mensagem de advertência de falha.

Nota

Para o caso de fazer mais furos na chapa, deve-se editar, posteriormente, a guia **Restrição** e marcar os furos acrescidos.

O redimensionamento das chapas que correspondem as mesas (chapa horizontais) e a alma (chapa vertical central) para uma espessura de **6.35mm** e da chapa de fixação para **12.7mm**, com a inserção de mais **2 furos** em cada lado, passando-os para diâmetro **8,5mm**, elevou o **Fator de segurança** mínimo para **1.65**.

12.3. O COSMOSFloXpress

Como já referido na introdução do capítulo, o COSMOSFloXpress é um assistente para análises de fluxo de fluidos bastante simplificado em comparação com o COSMOSFloWorks. Com ele é possível simular efeitos de rajadas de vento em construções, analisar as linhas de fluxo geradas por ventiladores, condicionadores de ar, escoamento em dutos de vários tipos, analisar o perfil de distribuição de pressões em superfícies, obter velocidades-limite, número de Mach, número de Reynolds, prever zonas de cavitação e muitos outros tipos de análise com diferentes tipos de fluido, além de exportar dados para o COSMOSWorks para análises estruturais.

A Figura 12.51 exemplifica uma análise de fluxo externa em que o efeito de uma rajada de vento de 150Km/h sobre a superfície do espelho de uma antena é avaliado. Note que a escala mostra a gradiente de pressão ao longo da superfície. Já na Figura 12.52, é possível ver uma plotagem dos vetores de velocidade em uma seção definida.

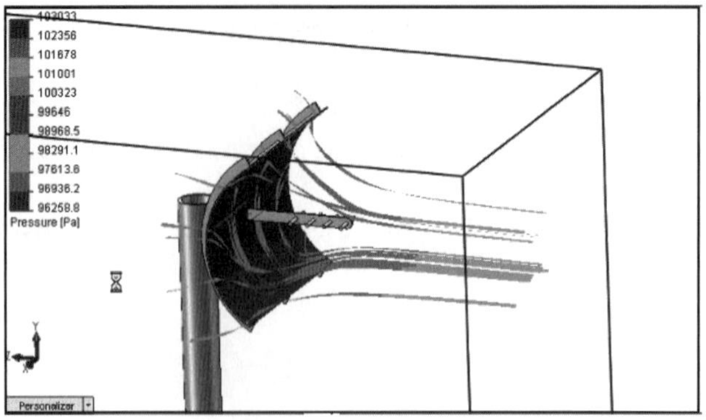

Figura 12.51 - Linhas de fluxo e gradiente de pressão.

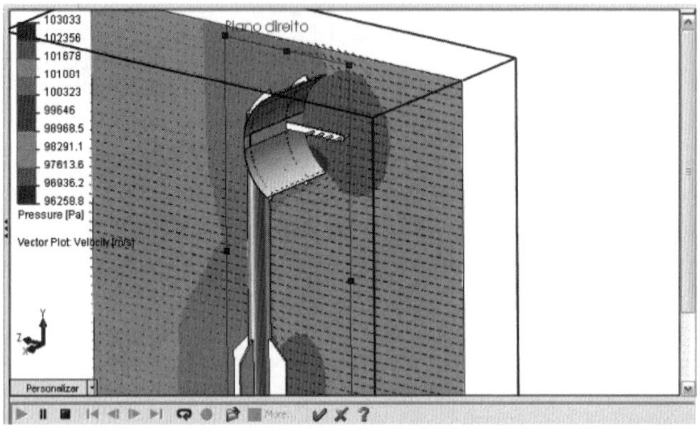

Figura 12.52 - Vetores de velocidade em uma seção definida.

O COSMOSXpress, por suas limitações, permite análises em volumes de controles com apenas uma entrada e uma saída de fluido. Assim, você pode fazer análises em válvulas de registro, reduções em tubulações, coifas, curvas em dutos de forma qualquer etc.

Para melhor entendimento, vamos aplicar o COSMOSXpress para análise e visualização do fluxo de um fluido ao transitar por um tubo de Venturi, Figura 12.53.

Figura 12.53 - Tubo de Venturi.

1. Crie o modelo do **tubo de Venturi** conforme as dimensões seguintes e salve-o.

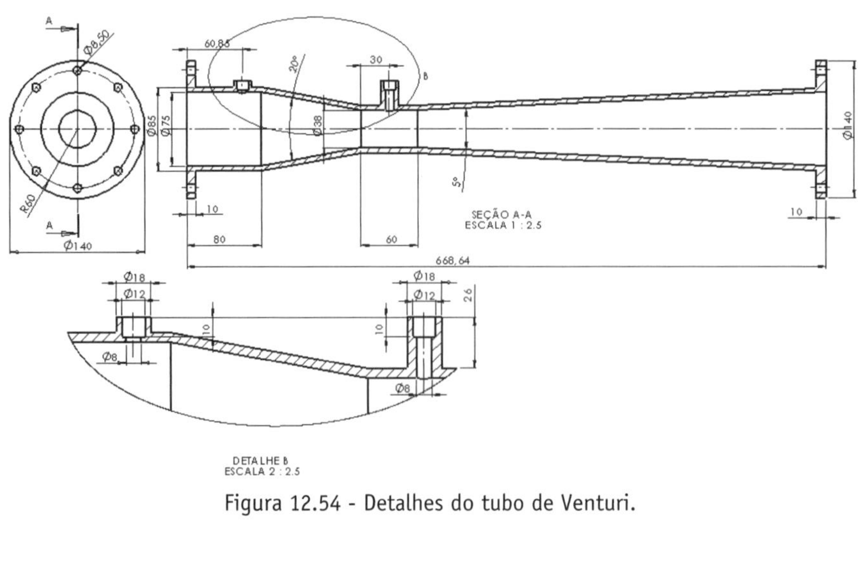

Figura 12.54 - Detalhes do tubo de Venturi.

O **tubo de Venturi** tem a função de medir a **Vazão (Q)** de um fluido circulante em uma tubulação, por meio do diferencial de pressão obtido pela leitura das alturas manométricas das colunas do fluido, que são formadas nos dois tubos verticais, graduados e acoplados aos assentos dos furos de diâmetro **12mm** exibidos no detalhe **B** da figura.

A diferença das colunas definida como **h** é aplicada à Equação 12.3 com a seção transversal $\mathbf{A_2}$ (seção do diâmetro da garganta "$\mathbf{D_2}$"), e a relação entre os diâmetros de entrada $\mathbf{D_1}$ e de garganta $\mathbf{D_2}$. A variável **C** (**Coeficiente de vazão**) é obtida em um gráfico que relaciona o **Número de Reynolds** com diâmetros ($\mathbf{D_1xD_2}$).

A partir da vazão e usando a **Equação da continuidade**, é possível conhecer a velocidade do fluido em qualquer seção da tubulação.

$$Q=C\cdot A_2\sqrt{\frac{2gh}{1-\left(\frac{D_2}{D_1}\right)^4}} \qquad \text{Equação 12.3}$$

O COSMOSFloXpress permite a visualização das linhas de fluxo do fluido e a obtenção de relatório de outras variáveis.

2. Abra o modelo criado como um arquivo de **Montagem** e salve-o, atribuindo o nome **Análise_Venturi**.
3. No menu *drop-down* clique em **Ferramentas → COSMOSFloXpress**. É exibida a caixa de mensagem de abertura do COSMOSFloXpress, instruindo quanto à capacidade de análise dele, Figura 12.55, que inclui:

- Mostrar como um fluido percorre seu modelo.
- Possibilidade de análise de fluxo em uma única cavidade interna com uma única abertura de entrada e uma única abertura de saída.
- Necessidade de manter as aberturas do modelo fechadas com tampas.

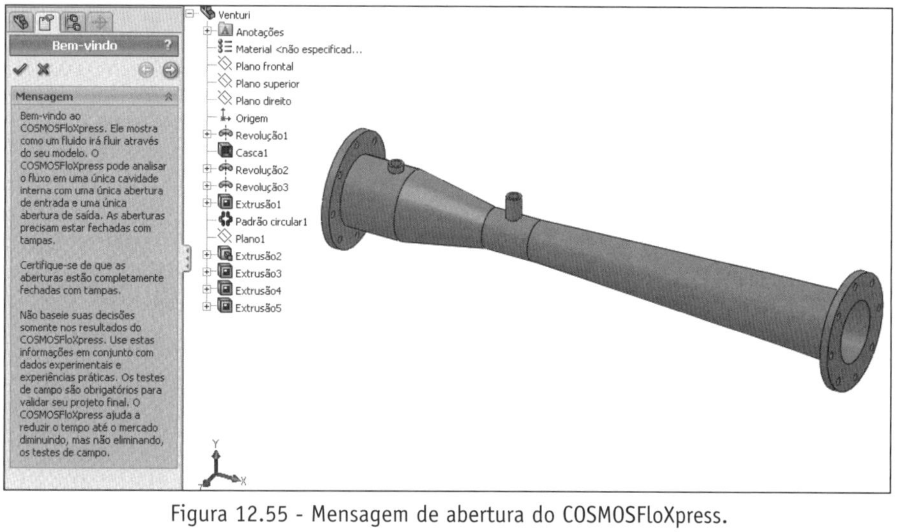

Figura 12.55 - Mensagem de abertura do COSMOSFloXpress.

4. Clique em **OK** para continuar.
5. Crie as tampas nas aberturas usando **Montagem no contexto**, conforme o seguinte procedimento:

- No menu *drop-down*, clique em Inserir → Componente → Nova peça. Um componente chamado Peça1^Análise_Venturi será criado na árvore de projetos do FeatureManager.
- Selecione a face do flange (Lado1), como mostrado. Aparece o **Task Panel**.
- Clique no botão **Esboço** para iniciar um novo esboço, Figura 12.56.
- Selecione a aresta circular interna do flange, Figura 12.57, e clique em **Converter entidades** (guia Esboço do **CommandManager**, ou barra de ferramentas **Esboço**). É criado dentro da família de **Peça1^Análise_Venturi** o item **Esboço1**.
- Selecione a peça **Peça1^Análise_Venturi** e clique em **Editar peça**. Em seguida, selecione **Esboço1** e clique em **Ressalto/base extrudado** (guia **Recursos** do **CommandManager** ou barra de ferramentas **Recursos**). É exibido o **PropertyManager Extrusão**.

- No PropertyManager, em Direção 1:
  - Clique em **Inverter direção** para que a seta aponte para o centro do modelo.
  - Defina **Profundidade** como **2**.
  - Clique em **OK**. É criada a tampa na abertura, Figura 12.58.

6. Clique com o botão direito em **Peça1^Análise Venturi**, selecione **Renomear peça** e mude o nome para **Tampa1**.
7. Clique novamente em **Editar peça** para sair do modo de edição.

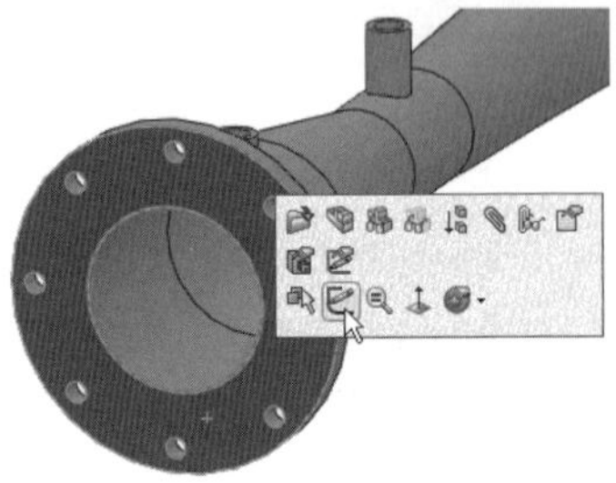

Figura 12.56 - Seleção da face e início de novo esboço.

Figura 12.57 - Seleção da aresta circular interna.

Nota

O COSMOSFloXpress só pode analisar o fluxo de fluidos em um volume totalmente contido, tendo pelo menos uma entrada e uma saída. Antes de analisar o fluxo, você precisa fechar todas as aberturas do modelo, adicionando tampas.

8. Clique em **Arquivo**, **Salvar**. Concorde com a sugestão de salvar a nova peça internamente.
9. Repita as etapas 5.1 a 5.4 para criar a tampa do flange da extremidade oposta. Note que a peça criada na **árvore de projetos do FeatureManager** agora se chama **Peça2^Análise_Venturi**.
10. Selecione a peça **Peça2^Análise_Venturi** e clique em **Editar peça**. Em seguida, selecione **Esboço2** e clique em **Ressalto/base extrudado** (guia **Recursos** do **CommandManager** ou barra de ferramentas **Recursos**). É exibido o **PropertyManager Extrusão**.
    - No PropertyManager, em **Direção 1**:
    - Clique em **Inverter direção**, se necessário, para que a seta aponte para o centro do modelo.
    - Defina **Profundidade** como **2**. Lembre-se de que a saída do Tubo de Venturi tem ângulo de inclinação de 5°. Assim, clique no botão **Inclinação ativada/desativada** para ativar a janela e digite o valor **5** para o ângulo.
    - Clique em **OK**. É criada a tampa na abertura, Figura 12.59.
11. Clique com o botão direito em **Peça2^Análise Venturi**, selecione **Renomear peça** e mude o nome para **Tampa2**.

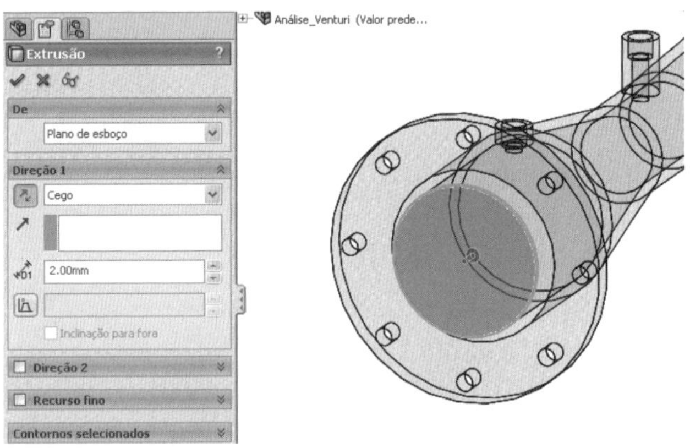

Figura 12.58 - Criação da Tampa1.

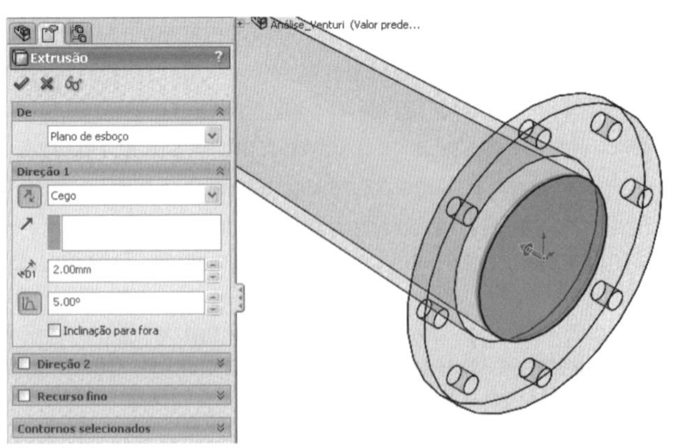

Figura 12.59 - Criação da Tampa2.

12. Clique novamente em **Editar peça** para sair do modo de edição.

Falta ainda criar tampas para os dois furos de diâmetro **12mm**, onde são montados os tubos verticais graduados. Siga o procedimento análogo aos dois anteriores, renomeando os componentes **Peça3^Análise_Venturi** e **Peça4^Análise_Venturi** como **Tampa3** e **Tampa4**.

As Figuras 12.60 e 12.61 ilustram a criação das tampas.

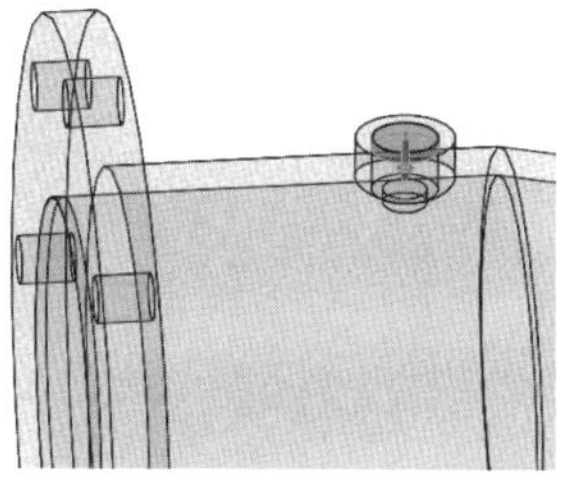

Figura 12.60 - Criação da Tampa3.

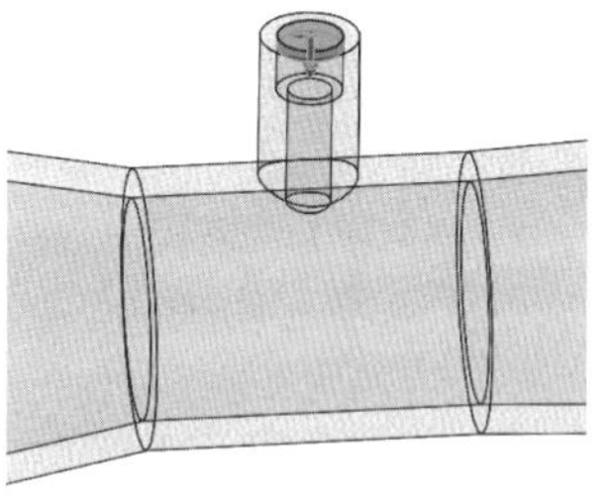

Figura 12.61 - Criação da Tampa4.

Nota

O COSMOSFloXpress pode verificar seu modelo para identificar problemas de geometria, mas para facilitar a análise, mude a aparência do modelo.

Certifique-se de que **Gráficos RealView** (barra de ferramentas **Exibir**) está selecionado.

1. Na **árvore de projeto** do **FeatureManager**, pressione **CTRL** e selecione **Tampa1**, **Tampa2**, **Tampa3** e **Tampa4**.
2. Clique na guia **RealView**.
3. No **TaskManager RealView**, expanda **Aparências** e navegue até **Plástico** → **Plástico transparente** → **Plástico translúcido**, Figura 12.62.
4. Clique duas vezes em **Plástico translúcido** para aplicar a aparência às entidades pré-selecionadas.

Figura 12.62 - Aplicação da aparência Plástico translúcido às tampas.

5. Na **árvore de projeto do FeatureManager**, selecione **Venturi<1>**.

6. No **Task Panel**, selecione e expanda o controle **Chamada de aparência**, Figura 12.63. Em **Venturi** clique em **Cor**. Defina **Transparência** como **0,90** e clique em **OK**, Figura 12.64.
7. Clique na guia Avaliar do CommandManager para acessar o Assistente de Análise do COSMOSFloXpress, Figura 12.65.

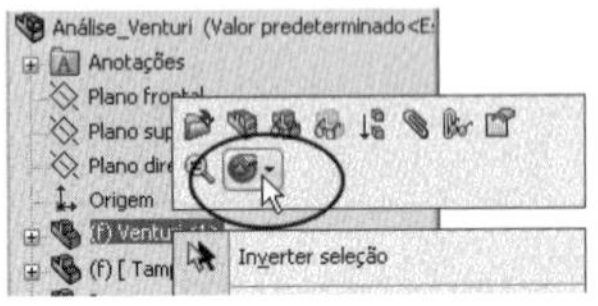

Figura 12.63 - Chamada de aparência.

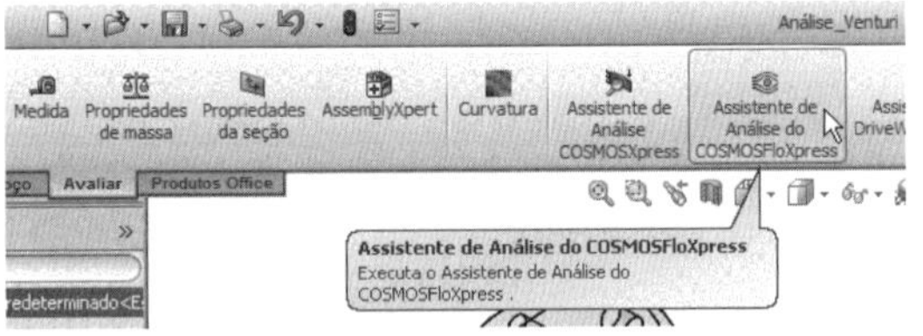

Figura 12.65 - Assistente de Análise do COSMOSFloXpress.

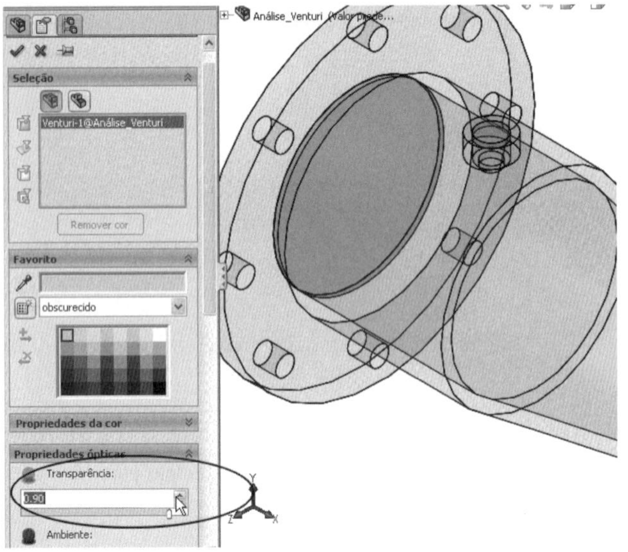

Figura 12.64 - Configuração de aparência em 90%.

Nota

Clique nas setas à esquerda e à direita nos PropertyManagers para navegar pelo processo.

Se você clicar em OK em qualquer PropertyManager, o COSMOSFloXpress fecha a análise e salva os dados dentro do modelo. Quando você abrir o modelo novamente e iniciar o COSMOSFloXpress, suas definições anteriores serão utilizadas.

Se você pressionar ESC ou clicar em X em qualquer PropertyManager, a análise é fechada sem salvar os dados.

Quando a análise estiver concluída, o COSMOSFloXpress automaticamente salva os resultados no modelo. Quando você abrir o modelo novamente e iniciar o COSMOSFloXpress, o PropertyManager de Exibir resultados abre-se automaticamente.

8. Ative o assistente e leia o texto de boas-vindas.
9. No PropertyManager, leia as informações na caixa **Mensagem**.

   A **Mensagem** informa se a geometria é válida para a análise.
10. Faça o seguinte:

- Se a geometria for válida, defina as opções do **PropertyManager** e clique em **Avançar** (seta à direita).
- Se a geometria não for válida, continue com este procedimento para fechar a entrada e a saída.
- Clique em **OK** para sair do COSMOSFloXpress.
- Feche as aberturas de entrada e saída com um recurso sólido, como, por exemplo, uma extrusão.
- Você não pode usar superfícies para fechar a cavidade.
- Clique em Ferramentas, COSMOSFloXpress e avance até o PropertyManager de Verificar geometria.
- A caixa **Mensagem** agora deve informar que a geometria é válida.
- Defina as opções do PropertyManager.
- Clique em **Avançar**.

11. Levando em conta que a geometria foi considerada válida, entre com o dado referente à menor dimensão de passagem do fluido, que neste caso são os dois furos de diâmetro **8mm** que ligam os tubos verticais graduados com o volume de controle interno do Venturi, Figura 12.66.

- **Menor passagem de fluido** - define a geometria usada para a menor passagem de fluido.

  O valor de **Menor passagem de fluido** gerado automaticamente depende do tamanho do modelo e das condições de limite.

Se o modelo tiver um orifício menor do que a **Menor passagem de fluido**, esse orifício talvez não seja bem resolvido pelo software e não será considerado corretamente no cálculo. Por exemplo, o software pode calcular que não haverá nenhuma passagem de fluido através do orifício quando, na verdade, **haverá** passagem de fluido através dele.

O botão acima dessa área de entrada, denominado **Exibir volume do fluido**, tem a função de mudar o modelo para a vista de estrutura de arame e aumenta o zoom para exibir o volume do fluido. Use essa opção para confirmar se o volume do fluido é realmente o que você deseja verificar, Figura 12.67.

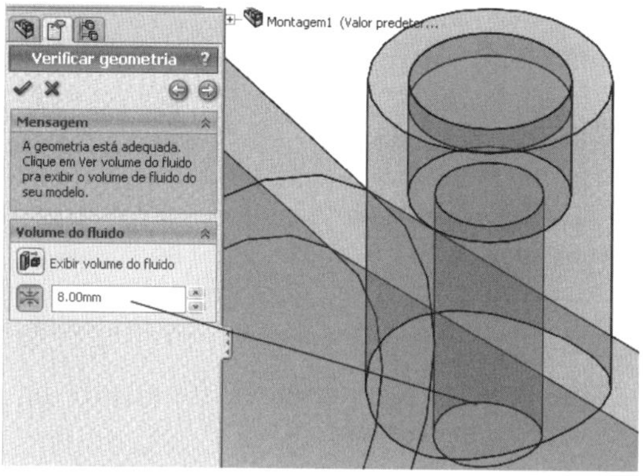

Figura 12.66 - Menor passagem de fluido.

Figura 12.67 - Volume do fluido exibido.

12. Clique em **Avançar**. É exibido o PropertyManager **Fluidos**, Figura 12.68.

- **Selecionar um fluido** - especifique o fluxo de fluido através do modelo. Você não pode usar fluidos diferentes simultaneamente.

  O COSMOSFloXpress permite apenas dois tipos de fluido; Água e Ar. Já o COSMOSFloWorks em sua versão completa possui uma extensa biblioteca e permite a inclusão de novos fluidos.

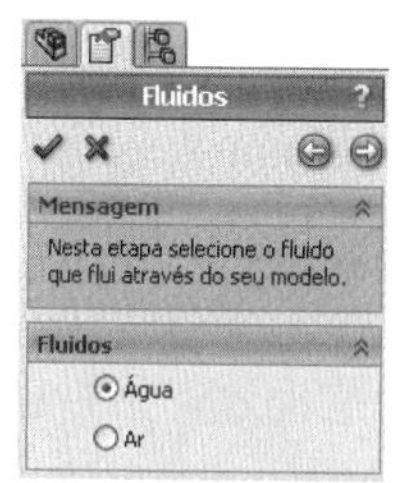

Figura 12.68 - Seleção do tipo de fluido.

13. Clique em **Avançar**. É exibido o **PropertyManager Fluxo de entrada**, Figura 12.69.

    Na caixa de diálogo **Entrada** é possível definir a entrada do fluido como **Pressão**, **Taxa de fluxo de volume**, Figura 12.70, ou **Taxa de fluxo de massa**, Figura 12.71. A opção-padrão é **Pressão**.

    Vamos defini-la como **29,4Kpa** (29400Pa) e a temperatura como **20.05°C** (293.2K).

14. Clique na face interna da **Tampa1** para referenciar a zona de entrada do fluido.

    A face selecionada deve sempre tocar o fluido.

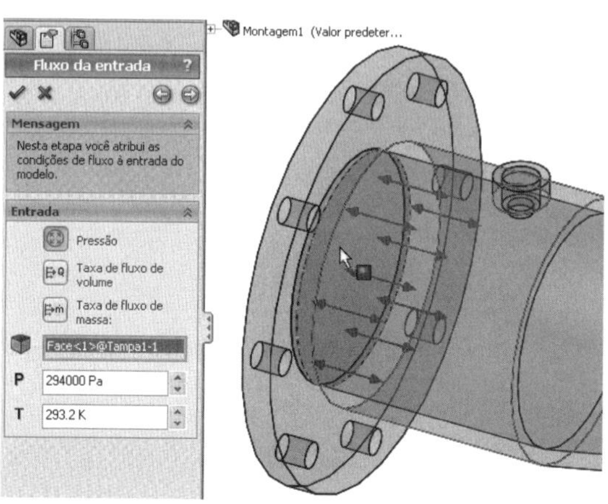

Figura 12.69 - PropertyManager Fluxo da entrada e seleção da face de entrada do fluido.

Figura 12.70 - Entrada em Taxa de fluxo de volume.

Figura 12.71 - Entrada em Taxa de fluxo de massa.

- A **Taxa de fluxo de volume** é comumente conhecida como **Vazão (Q)**, quantidade em metros cúbicos de fluido que circula num trecho **dL** da tubulação em um segundo, e é constante ao longo de toda a tubulação. Além da Equação 12.3 já exibida, pode ainda ser conhecida pela **Equação de Poiseulli** (12.4) que é válida para trechos de raio constante, ou a já também mencionada **Relação de continuidade** (12.5).

$$Q=\frac{\pi \cdot r^4 \cdot \Delta P}{8 \cdot \mu \cdot L}$$ Equação 12.4

$$Q=Q_1=Q_2=Vel_1 \cdot A_1=Vel_2 \cdot A_2$$ Equação 12.5

A **Taxa de fluxo de massa** é a quantidade de massa do fluido por segundo equivalente à vazão anotada. Ela é uma função da massa específica do fluido e da vazão (12.6).

$$m=Q \cdot \rho$$ Equação 12.6

Nota

Use a pressão como medida de fluxo. Defina um valor na caixa Pressão ambiente.

O COSMOSFloXpress interpreta esse valor como a pressão total dos fluxos de entrada e como pressão estática dos fluxos de saída. A mesma interpretação é aplicada se um vértice atravessar a entrada ou a saída.

Se você usar a medida de Pressão na entrada e na saída, a pressão de entrada deve ser maior do que a pressão de saída. Se você não conhecer a pressão de saída, defina a saída como Taxa de fluxo de volume ou Taxa de fluxo de massa que são constantes durante o fluxo, pois a alternância da velocidade ocorre em função da vazão e da seção transversal do tubo.

Defina sempre a temperatura do fluido de entrada, pois ela pode afetar a propriedade de viscosidade do fluido.

O COSMOSFloXpress não considera os efeitos da transferência de calor em sólidos. Ele calcula a distribuição de temperatura correta no fluido, mas não existe uma opção para exibir o resultado.

15. Clique em **Avançar**. É exibido o **PropertyManager Fluxo de saída**, Figura 12.72.

    Na caixa de diálogo **Entrada** é possível definir a saída do fluido como **Pressão** ou **Taxa de fluxo de volume**, Figura 12.70. Vamos defini-la como **0,03m³/s**.
16. Clique na face interna da **Tampa2** para referenciar a zona de saída do fluido.

    A face selecionada deve sempre tocar o fluido.

    As condições de contorno necessárias à análise foram todas satisfeitas.
17. Clique em **Avançar**. É exibido o **PropertyManager Resolver**, Figura 12.73.
18. Clique no controle **Iniciar** na caixa de diálogo **Resolver**. O sistema inicia sua fase de processamento de dados, enquanto são exibidas na caixa de diálogo **Aprenda mais sobre o COSMOSFloWorks**, mais abaixo, seqüências de imagens de análises de possível solução com o **COSMOSFloWorks**.

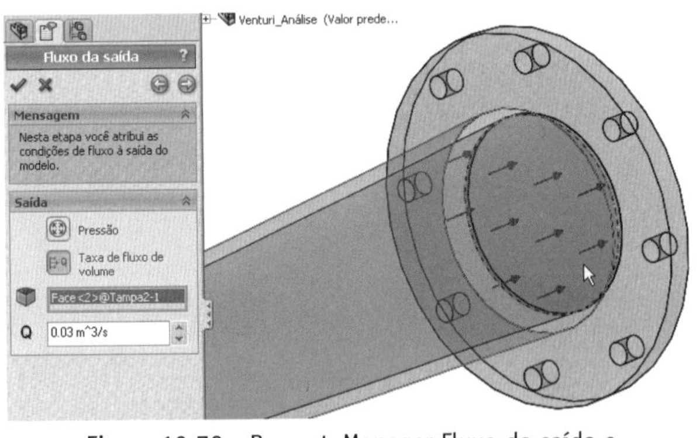

Figura 12.72 - PropertyManager Fluxo da saída e seleção da face de saída do fluido.

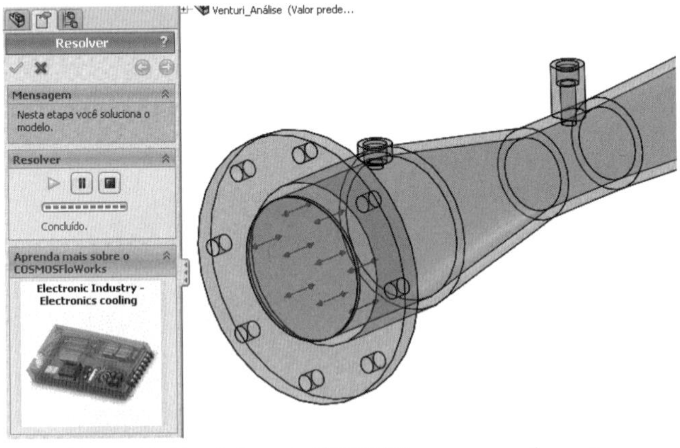

Figura 12.73 - Solver do COSMOSXpress em andamento.

19. Durante a análise, você pode clicar nos botões:

- **Suspender** - faz uma pausa na análise.
- **Parar** - interrompe a análise e salva os resultados. O PropertyManager permanece aberto.

Nota

Quando a análise estiver concluída, o COSMOSFloXpress automaticamente salva os resultados no modelo. Quando você abrir o modelo novamente e iniciar o COSMOSFloXpress, o PropertyManager de Exibir resultados abre-se automaticamente.

Quando o COSMOSFloXpress completa a análise, você pode examinar as trajetórias de fluxo, que são as linhas de fluxo entre as aberturas de entrada e de saída. As trajetórias são tangentes à velocidade de fluxo em cada ponto.

Após o final da análise o COSMOSFloXpress exibe a plotagem do perfil de velocidades dentro do tubo de Venturi e seu gradiente em cores e valores numéricos em m/s. Para as condições de contorno da análise, a maior velocidade obtida na garganta tem valor de **27,7882m/s**.

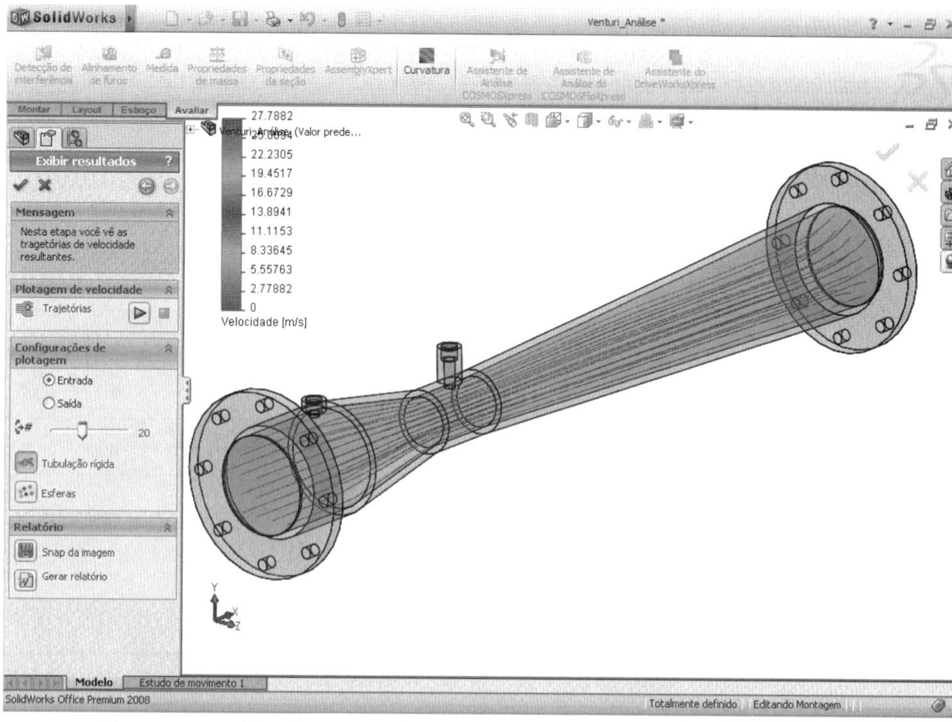

Figura 12.74 - Visualização gráfica do perfil de velocidades ao longo do Venturi.

O **PropertyManager Exibir resultados** possui três caixas de diálogo:

- **Plotagem de velocidade** - permite a visualização animada das trajetórias do perfil de velocidades que pode ser em formato de **Tubulação rígida** ou **Esferas**, conforme configuração na caixa seguinte.
- **Configuração de plotagem** - mostra como o fluxo movimenta-se dentro da peça do ponto de vista de entrada ou de saída e possui as seguintes configurações:
  - **Opção Número de trajetórias** - apresenta um controle deslizante em que é possível configurar a quantidade de trajetória em formato de Tubo rígido ou Esferas. O número-padrão é de 20 trajetórias.
  - **Tubulação rígida** - representa as trajetórias como tubos.
  - **Esferas** - representam as trajetórias como esferas, Figura 12.75.

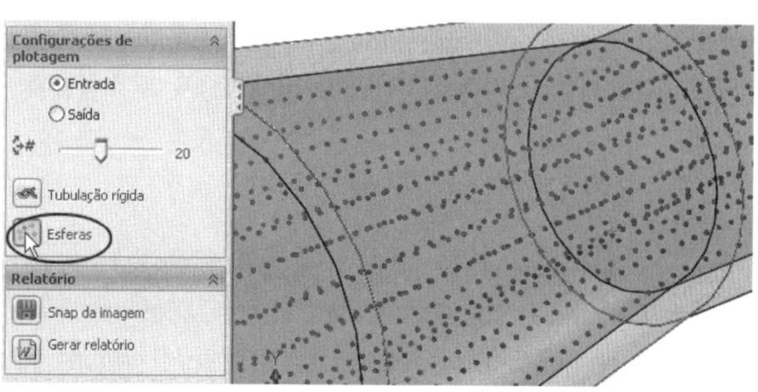

Figura 12.75 - Trajetória representada em esferas

- **Relatório** - essa caixa de diálogo permite dois tipos de saída:
  - **Snap de imagem** - salva o instantâneo das trajetórias de fluxo como imagem JPEG. As imagens são salvas automaticamente em uma pasta denominada **fxp1** localizada na mesma pasta do modelo.
  - **Relatório** - cria um relatório do **Microsoft Word** que contém todas as informações de projeto, os valores máximos de velocidade de fluxo e todos os instantâneos de imagens. Salve o relatório no local desejado. Os parâmetros, referenciados como **Metas**, aparecem como média de valores ou média da massa pelo volume de fluido ou pela superfície de entrada ou de saída, Figura 12.76.

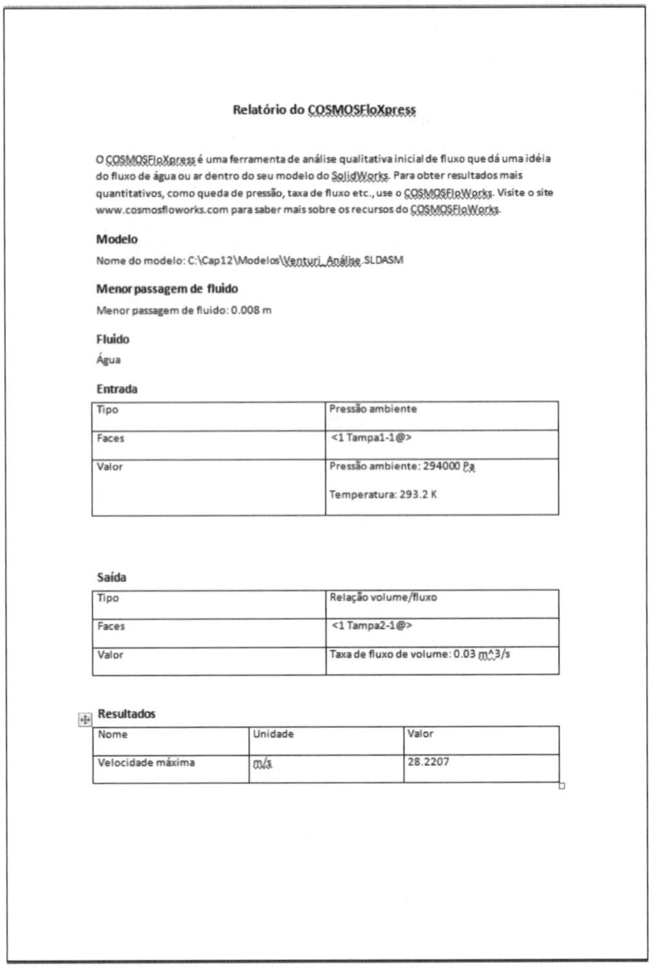

Relatório do COSMOSFloXpress

O COSMOSFloXpress é uma ferramenta de análise qualitativa inicial de fluxo que dá uma idéia do fluxo de água ou ar dentro do seu modelo do SolidWorks. Para obter resultados mais quantitativos, como queda de pressão, taxa de fluxo etc., use o COSMOSFloWorks. Visite o site www.cosmosfloworks.com para saber mais sobre os recursos do COSMOSFloWorks.

Modelo

Nome do modelo: C:\Cap12\Modelos\Venturi_Análise.SLDASM

Menor passagem de fluido

Menor passagem de fluido: 0.008 m

Fluido

Água

Entrada

Tipo	Pressão ambiente
Faces	<1 Tampa1-1@>
Valor	Pressão ambiente: 294000 Pa Temperatura: 293.2 K

Saída

Tipo	Relação volume/fluxo
Faces	<1 Tampa2-1@>
Valor	Taxa de fluxo de volume: 0.03 m^3/s

Resultados

Nome	Unidade	Valor
Velocidade máxima	m/s	28.2207

Figura 12.76 - Relatório em formato *.DOC.

12.4. O COSMOSFloWorks Completo

O produto COSMOSFloWorks completo oferece os seguintes recursos avançados:

12.4.1. Análise de Transferência de Calor

- Calcule o fluxo de calor na aproximação de paredes adiabáticas ou em corpos sólidos.
- Especifique diferentes tipos de fontes de calor.
- Atribua aos modelos uma ampla variedade de materiais sólidos que estão armazenados no banco de dados de engenharia.
- Defina seus próprios materiais, atribuindo-lhes valores para propriedades físicas, como, por exemplo, condutividade térmica, capacidade térmica etc.
- Calcule o calor de radiação. O banco de dados de engenharia contém superfícies irradiantes, como, por exemplo, parede de corpo negro, parede de corpo branco, corpo cinza com um albedo arbitrário e uma ampla variedade de superfícies de materiais reais.

12.4.2. Fluidos e Tipos de Fluxo

- Analise o fluxo de até dez fluidos de diferentes tipos (líquidos, gases/vapor, gases reais, líquidos não-Newtonianos e líquidos compressíveis). O banco de dados contém numerosos fluidos com propriedades predefinidas.
- Analise um problema com vários fluidos de diferentes tipos, desde que você separe as áreas dos diferentes fluidos entre si usando subdomínios de fluidos.

- Analise dissoluções mútuas de fluidos. Os fluidos da mistura devem ser do mesmo tipo.
- Defina seus próprios fluidos.

12.4.3. Configurações Iniciais

Antes que você comece o cálculo, o COSMOSFloWorks oferece configurações adicionais. Se você definir os valores de condição inicial mais próximos dos parâmetros finais previstos, o desempenho de cálculo será aprimorado.

- **Parâmetros iniciais de fluido** - você pode determinar esses parâmetros de forma global. Em uma montagem, você pode defini-los localmente para uma submontagem ou para uma peça individual.
  - Temperatura
  - Pressão
  - Velocidade de fluxo
  - Composição do fluido
- **Temperatura inicial** - indica a temperatura inicial de um sólido.
- **Parâmetros iniciais de malha** - especifique parâmetros adicionais que controlam como a análise resolve a interface sólido/fluido, superfícies curvas, canais estreitos, recursos sólidos pequenos etc. Você pode aplicar essas configurações globalmente ou, em montagens, a uma submontagem ou a uma peça individual.

12.4.4. Condições de Limite

É possível indicar estas condições de limite:

Para entrada e saída:

- Volume de massa
- Fluxo de volume
- Velocidade
- Número Mach
- Pressão estática
- Pressão total
- Pressão ambiente
- Pressão da parede

Para entrada somente:

- Perfil, redemoinho ou vetor de velocidade de fluxo
- Temperatura
- Composição (para montagens)
- Parâmetros de turbulência

12.4.5. Entidades de Caixa Preta

Para reduzir o tempo de análise, o COSMOSFloWorks inclui várias caixas-pretas pré-construídas, as quais possuem tabelas dos parâmetros de entrada e saída integrais e estão incluídas nos cálculos. O COSMOSFloWorks não as resolve durante a análise.

- **Ventilador** - um ventilador idealizado que está totalmente definido por sua curva de ventilador, que representa a dependência tabulada do fluxo de volume em função da queda de pressão. É possível usar o ventilador na entrada, na saída ou internamente. O banco de dados contém as curvas de determinados ventiladores industriais. Você também pode definir as curvas de ventilador.
- **Dissipador de calor** - um ventilador idealizado combinado com o dissipador de calor. O COSMOSFloWorks determina o dissipador de calor pela curva de ventilador e pela curva de resistência ao calor.
- **Resfriador termoelétrico** - um dispositivo de resfriamento **Peltier** idealizado, escolhido pela diferença máxima de temperatura que ele pode obter.

12.4.6. Exibir Resultados

O COSMOSFloWorks inclui estes recursos de exibição de resultados:

- Plotagens
- Plotagens de perfil 3D
- Plotagens de corte
- Plotagens de superfície
- Plotagens XY
- Animações
- Trajetórias de fluxo
- Meta
- Superfícies ISO
- Estudos de partícula
- Relatórios
- Parâmetros de ponto, superfície e volume

Você também pode obter o valor final de qualquer parâmetro físico, incluindo taxa de fluxo, queda de pressão etc., em um determinado ponto ou o valor máximo, mínimo ou médio, ou a média ponderada em uma superfície ou área de volume.

Questões de Revisão

1. Cite a diferença entre o COSMOSXpress e o COSMOSWorks com relação à questão das restrições.
2. O que significa **Otimizar** e qual a limitação do COSMOSXpress quanto a essa capacidade?
3. Para que serve um arquivo **e-Drawing**?
4. Qual a diferença entre um **Elemento Tetraédrico** de primeira ordem e de segunda ordem?
5. Para que servem os elementos 2-D planos?
6. Quantos **Graus de Liberdade** tem um **Elemento Tetraédrico** de primeira ordem?
7. Que tipos de visualização de perfis de velocidade é possível obter no COSMOSFloXpress?
8. Que variável pode ser afetada diretamente pela temperatura em uma análise de fluxo de fluido?
9. Que providência sempre deve ser tomada antes de uma análise de fluxo com o COSMOS em relação às entradas e saídas de fluidos?
10. Se o fluido do exemplo do **tubo de Venturi** passa pela garganta com uma velocidade máxima de **27,7882m/s**, qual sua velocidade média na seção de diâmetro de **75cm**?

Exercícios Propostos

Exercício 1

O tubo cilíndrico mostrado na Figura 12.77 será usado para confeccionar um cilindro hidráulico para trabalhar a uma pressão de **250 bar**. Sabendo que o material selecionado é **Liga de aço**, verifique sua resistência à pressão de trabalho e obtenha a espessura mínima necessária, por otimização, considerando um **Fator de segurança** mínimo de **1**. Fixe o tubo pelas superfícies de espessura de ambas as extremidades.

(Tempo estimado: 45 minutos)

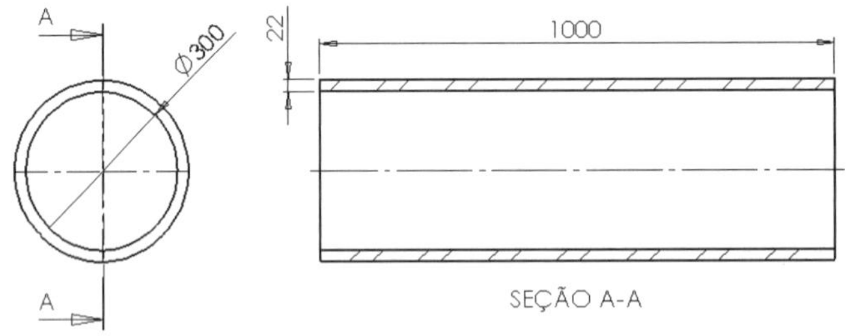

Figura 12.77 - Modelo para o exercício proposto 1.

Exercício 2

Um tubo em formato de mola helicoidal com diâmetro interno de **100mm** e passo de **150mm**, com altura de **750mm** e diâmetro do helicóide de **600mm**, tem um fluxo de **Ar** a uma vazão de **0,5m³/s** injetado por uma das extremidades. Obtenha o perfil de velocidades. Considere uma espessura de parede de **5mm**.

(Tempo estimado: 30 minutos)

13

PHOTOWORKS

O PhotoWorks é um aplicativo do SolidWorks para a geração de imagens fotorrealísticas, permitido assim a obtenção da chamada realidade virtual. Ele oferece muitos efeitos de renderização profissionais e sua funcionalidade é baseada no mecanismo de renderização Mental Ray®. A imagem seguinte é um exemplo de sua aplicação. Note que é possível ver os efeitos de luz e sombra, bem como o brilho exato característico dos materiais especificados.

Figura 13.1 - Imagem fotorrealística obtida com o PhotoWorks.

Neste capítulo, vamos estudar brevemente os seguintes tópicos do PhotoWorks que você pode definir e modificar:

- Opções de renderização
- Propriedades de aparências
- Simulação de iluminação
- Cenário associado
- Propriedades de decalque
- Formato de saída da imagem

Antes de examinarmos cada um dos tópicos, é preciso ativar no **SolidWorks Office Premium** a barra de ferramentas do **PhotoWorks** e personalizar a área de trabalho, inserindo-a.

1. Com um documento de **Peça** ou **Montagem** aberto, clique em **Ferramentas → Suplementos**. É exibida a caixa de diálogo **Suplementos**.
2. Selecione as duas *checkboxes* referentes ao PhotoWorks e clique em **OK**, Figura 13.2. O menu *drop-down* PhotoWorks é habilitado.
3. Para inserir a barra de ferramentas na área gráfica, clique em **Ferramentas → Personalizar**. É exibida a caixa de diálogo **Personalizar**.

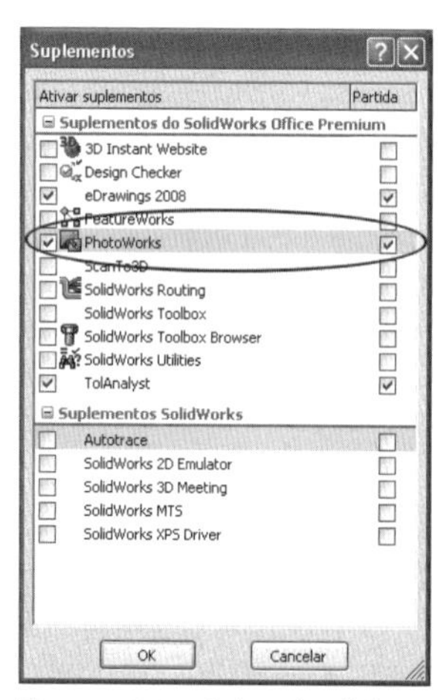

Figura 13.2 - Caixa de diálogo Suplementos.

4. Na janela **Barra de ferramentas**, deslize o cursor para baixo e selecione a *checkbox* **PhotoWorks**. A barra de ferramentas é então exibida na tela.

   A barra de ferramentas **PhotoWorks** pode agora ser acessada, Figura 13.3.

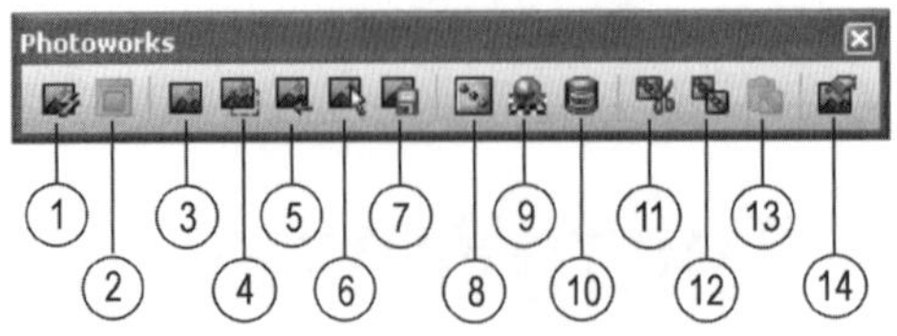

1. PhotoWorks Studio	8. Aparência
2. Janela Visual. PhotoWorks	9. Cena
3. Acabamento	10. Novo decalque
4. Realizar acabamento da área	11. Cortar
5. Renderizar última área	12. Copiar
6. Renderizar seleção	13. Colar
7. Renderizar em arquivo	14. Opções

Figura 13.3 - Barra de ferramentas Photoworks.

13.1. Opções de Renderização

O PhotoWorks oferece uma ampla variedade de ferramentas para as renderizações dos modelos criados. As ferramentas de aplicação no PhotoWorks podem ser acessadas pela barra de ferramentas PhotoWorks.

Para definir as opções de renderização:

1. Clique em **Opções** (barra de ferramentas **PhotoWorks**) ou em **PhotoWorks** → **Opções**. É exibida a caixa de diálogo **Opções de sistema** com as guias de configurações, Figura 13.4.

13.1.1. Opções da Guia Opções do Sistema

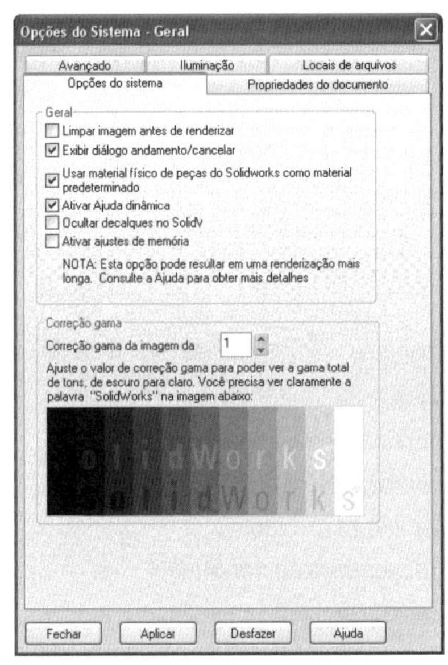

Figura 13.4 - Caixa de diálogo Opções do sistema.

- **Limpar imagem antes de renderizar** - marque para limpar a área de gráficos do SolidWorks antes de cada renderização; desmarque para atualizar a renderização anterior em incrementos.
- **Exibir diálogo andamento/cancelar** - selecione para exibir uma caixa de diálogo de andamento durante o processo de renderização. Para interromper o processo de renderização em qualquer estágio, clique em **Parar** na caixa de diálogo de andamento.
- **Exibição de aparência.**
- **Exibir aparências do PhotoWorks no SolidWorks** - marque para ver uma representação exata da aparência do PhotoWorks antes de renderizar no SolidWorks OGL.
- **Exibir cores do SolidWorks no PhotoWorks** - marque para usar as propriedades de aparências do SolidWorks quando renderizar o modelo. Por exemplo, se você selecionar uma face para aplicar a cor vermelha usando a caixa de diálogo **Propriedades da face** do SolidWorks, a face é renderizada em vermelho no PhotoWorks. Desmarque essa opção para usar somente as aparências do PhotoWorks.
- **Usar aparências físicas de peças do Solidworks como aparência predeterminada** - selecione para usar as aparências físicas do SolidWorks quando renderizar o modelo. Por exemplo, se você selecionar a aparência alumínio no PropertyManager do **Editor de aparências** no SolidWorks, a peça é renderizada com uma aparência metálica.
- **Ocultar decalques no SolidWorks** - os decalques são visíveis quando os adiciona, mas quando você fecha o PropertyManager de **Decalques**, eles ficam ocultos, exceto quando são renderizados.

- **Ativar ajustes de memória** - ativa os ajustes de memória. As vantagens são as seguintes:
  - Tempo de renderização reduzido para modelos grandes;
  - Limites maiores para tamanho de arquivo;
  - Alerta ao usuário quando os modelos são muito complexos para os recursos do sistema.
- **Correção gama da imagem da tela** - processo de correção que considera o dispositivo de saída. A saída é a imagem renderizada e o dispositivo de saída em geral é um monitor ou impressora. Como a exibição de uma imagem em um monitor perde um pouco do brilho, a correção gama é necessária para apresentá-la corretamente. A imagem é dinâmica.

  Clique em **Aplicar** para adicionar alterações. Você não precisa fechar a caixa de diálogo para executar a renderização.

13.1.2. Opções da Guia Avançado

A guia **Avançado**, Figura 13.5, exibe a área **Renderização de contornos** com as seguintes opções:

- **Renderizar somente o modelo (sem contornos)** - a renderização de contornos não está disponível e o contorno não é calculado. Essa opção é definida como padrão do SolidWorks.
- **Renderizar modelo e contornos** - renderiza primeiramente a imagem, em seguida calcula as linhas de contorno adicionais e depois exibe a imagem renderizada e as linhas de contorno.

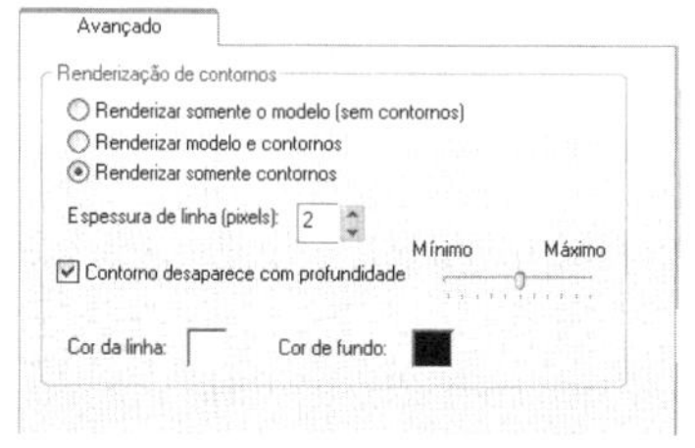

Figura 13.5 - Opções da guia Avançado.

- **Renderizar somente contornos** - renderiza primeiramente a imagem, em seguida calcula as linhas de contorno adicionais e depois exibe somente as linhas de contorno. Os contornos mostram a distância começando com linhas brancas no observador e combinando-as com linhas observar no plano de fundo. A opção **Câmeras** mostra o campo de visão começando com linhas nítidas no plano de foco e tornando as linhas do contorno menos nítidas conforme elas saem do foco.

  Quando você seleciona essa opção, pode usar **Renderizar em arquivo** para armazenar a imagem de contorno resultante no formato PostScript.

  Se a renderização do contorno estiver ativa, você pode modificar o seguinte:
  - **Espessura de linha (pixels)** - define a espessura da linha de contorno.
  - **Contorno desaparece com profundidade** - selecione para reduzir o tamanho das linhas de contorno conforme a profundidade do modelo, de acordo com a distância do observador. Mova a barra deslizante para **Mínimo** para reduzir o efeito; **Máximo** para aumentar o efeito.
  - **Cor da linha** - define a cor da linha de contorno.
  - **Cor de fundo** - determina a cor do plano de fundo se você tiver selecionado **Renderizar somente contornos**.

  Clique em **Aplicar** para aceitar as alterações ou em **Desfazer** para reverter as alterações e em **Fechar** para fechar a caixa de diálogo.

  A renderização de contornos permite renderizar tanto os contornos do modelo como o próprio modelo.

13.1.3. Opções da Guia Iluminação

A guia **Iluminação**, Figura 13.6, exibe três caixas de opções de iluminação:

- Iluminação indireta
- Cáusticas
- Iluminação global

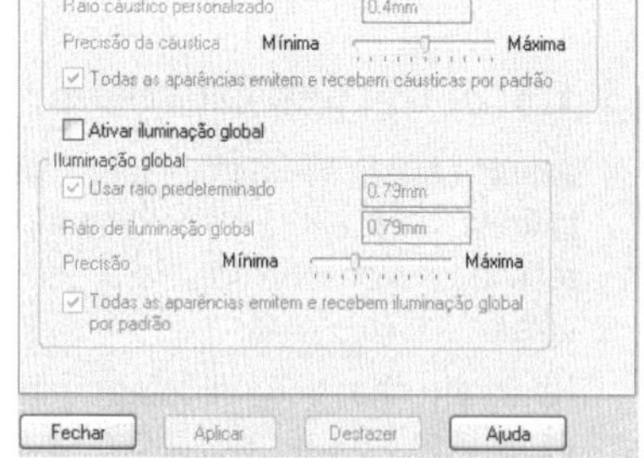

Figura 13.6 - Opções da guia Iluminação.

13.1.3.1. Iluminação Indireta

- **Ativar iluminação indireta** - selecione essa *checkbox* para permitir a iluminação indireta do modelo, a qual ocorre quando um modelo iluminado reflete raios em outras entidades do modelo ou da cena. Por exemplo, se você iluminar um modelo vermelho-brilhante, as outras entidades na cena terão vestígios de rosa. As Figuras 13.7 e 13.8 exemplificam a aplicação dessa iluminação. Observe que a gradação de cor não é ideal na imagem da direita porque na Ajuda on-line as imagens são restritas a 256 cores.

Figura 13.7 - Iluminação indireta desativada.

Figura 13.8 - Iluminação indireta ativada.

É possível aplicar opções de configurações específicas de qualidade da iluminação indireta. Ao clicar na seta à direita da janela, em **Qualidade de iluminação indireta**, é exibida uma lista *drop-down* de opções, Figura 13.9.

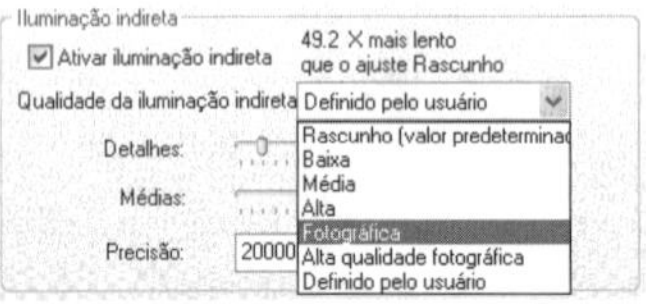

Figura 13.9 - Opções de qualidade de iluminação indireta.

As opções são:

- Rascunho
- Fotográfica
- Baixa
- Alta qualidade fotográfica
- Média
- Definido pelo usuário
- Alta

Nota

Conforme você seleciona cada configuração, as velocidades médias de renderização são exibidas usando a configuração **Rascunho** (predeterminada) como linha de base.

As luzes, as aparências e as opções que você define afetam a velocidade de renderização. Portanto, as comparações com a configuração Rascunho (predeterminada) são indicações relativas.

A renderização com a iluminação indireta ativada pode ser demorada. Use a menor quantidade de iluminação indireta necessária em suas imagens.

13.1.3.2. Opções Cáusticas

- **Ativar cáustica** - marque essa caixa de seleção para permitir efeitos cáusticos no modelo, que são resultado da iluminação indireta. A luz é emitida de uma fonte, passa por um ou mais reflexos especulares ou transmissões, atinge um objeto difuso e é refletida no observador. Para que os efeitos cáusticos apareçam, você precisa definir opções adicionais para aparências e luzes.
- **Usar raio cáustico predeterminado** - selecione para permitir ao PhotoWorks determinar o raio ideal com base no tamanho da cena. O raio é calculado a cada ponto na cena. Somente os **fótons cáusticos** dentro do raio de cada ponto são renderizados.
- **Raio cáustico personalizado** - quando **Usar raio cáustico predeterminado** estiver desmarcado, digite um valor para o raio.
- **Precisão da cáustica** - determina o número máximo de fótons usados para o cálculo das cáusticas.

Nota

Se o número de fótons dentro do raio cáustico exceder o limite permitido pela precisão da cáustica, os fótons em excesso não serão considerados na imagem final.

- **Todas as aparências emitem e recebem cáusticas por padrão** - selecione essa opção para forçar todas as aparências a emitirem e receberem cáusticas. Isso sobrescreve as configurações das aparências individuais.

13.1.3.3. Iluminação Global

- **Ativar iluminação global** - selecione para permitir efeitos de iluminação global no modelo. A iluminação global inclui todas as formas de iluminação indireta que não são causadas por efeitos cáusticos e normalmente afeta a maioria dos objetos na cena. Para que os efeitos da iluminação global apareçam, você precisa definir opções adicionais para aparências e luzes.
- **Usar raio predeterminado** - marque para permitir ao PhotoWorks determinar o raio ideal com base no tamanho da cena. O raio é calculado a cada ponto na cena. Somente os **fótons da iluminação global** dentro do raio de cada ponto são renderizados.
- **Raio de iluminação global personalizado** - quando Usar raio predeterminado estiver desmarcado, digite um valor para o raio.
- **Precisão** - determina o número máximo de fótons usados para o cálculo da iluminação global.
- **Todas as aparências emitem e recebem iluminação global por padrão** - selecione para forçar todas as aparências a emitirem e receberem iluminação global. Isso sobrescreve as configurações das aparências individuais.

13.1.4. Opções da Guia Locais de Arquivos

A guia **Locais de arquivos**, Figura 13.10, exibe duas caixas de opções: Pastas ativas e Locais de arquivos.

13.1.4.1. Pastas Ativas

- **Pastas personalizadas ativas** - o aplicativo PhotoWorks usa primeiramente os arquivos de aparência (*.p2m) nessa pasta mesmo que eles estejam em seu local original. Isso permite alternar diferentes aparências com o mesmo nome para um modelo quando você troca de pasta.
  - **Adicionar** - adiciona uma pasta ao caminho de pesquisa.
  - **Remover** - exclui a pasta selecionada do caminho de pesquisa.
- **Carregar automaticamente a pasta selecionada** - exibe a pasta personalizada ativa na árvore da caixa de diálogo **Editor de aparências**.
- **Suprimir aparências padrão** - oculta as pastas predeterminadas na árvore da caixa de diálogo **Editor de aparências** de forma que somente pastas personalizadas são exibidas.

  Se uma aparência do estoque é atribuída às caixas de diálogo **Editor de aparências** ou **Editor de cena**, o software não oculta as pastas personalizadas mesmo que você selecione essa opção. Você precisa atribuir aparências personalizadas para que as pastas predeterminadas desapareçam.

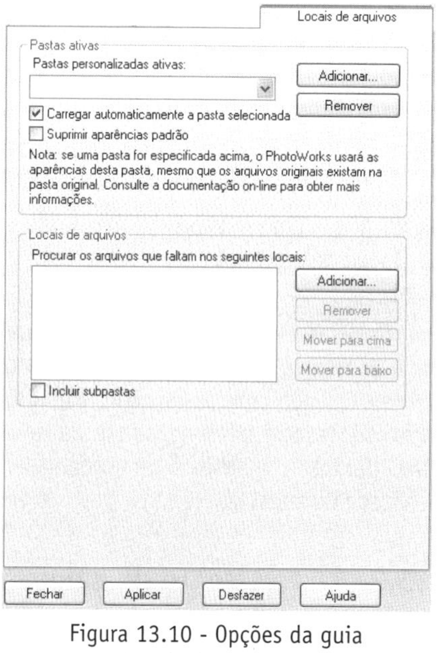

Figura 13.10 - Opções da guia Locais de arquivos.

13.1.4.2. Locais de Arquivos

Você pode definir pastas adicionais para o aplicativo PhotoWorks pesquisar quando um arquivo de aparência, cena ou decalque não é encontrado. As opções são:

- **Adicionar** - adiciona uma pasta ao caminho de pesquisa.
- **Remover** - exclui uma pasta selecionada do caminho de pesquisa.
- **Mover ara cima** ou **Mover para baixo** - alterna a ordem da pasta selecionada.
- **Incluir subpastas** - inclui as subpastas das pastas na lista do caminho de pesquisa.

Quando o aplicativo PhotoWorks carrega um arquivo, ele o procura na seguinte ordem:

1. O último local do arquivo;
2. A lista de pastas de substituição;
3. A pasta na qual você abriu um documento pela última vez;

4. A pasta do documento de referência;
5. As pastas definidas na lista **Locais de arquivos**.

Nota

Em uma peça, as etapas 3 e 4 se referem à mesma pasta. Em uma montagem com aparência atribuída a uma peça, a etapa 3 é a pasta da montagem que você abriu. A etapa 4 é a pasta da peça que faz referência à aparência.

13.1.5. Opções da Guia Propriedades do Documento

A guia **Propriedades do documento**, Figura 13.11, exibe quatro caixas de opções:

- Qualidade do antialias
- Rastreamento de raio
- Ajuste de imagem
- Dados do PhotoWorks

13.1.5.1. Qualidade do Antialias

Algumas imagens renderizadas contêm "serrilhados" (quadriculado visível em linhas diagonais que deveriam ser suaves), "cording" (linhas finas cuja largura muda incorretamente a intervalos regulares) ou outros artefatos de aliasing.

Os níveis de qualidade do antialias são:

- **Médio** - renderiza mais depressa e é bom para uma primeira prova. Os artefatos de aliasing estão visíveis.
- **Alta** - produz imagens com uma velocidade de renderização razoável. Os artefatos de aliasing geralmente não estão visíveis.
- **Muito alta** - produz imagens com a mais alta qualidade. Use essa opção na renderização final se a cena tiver aparências altamente refletivas, como espelhos, e se a imagem for usada em uma palestra.
- **Personalizada** - permite personalizar a qualidade do antialias. Mova a barra deslizante **Ajustes personalizados** de **Mín. (rápida)** para **Máx. (lenta)**. Quando definida em **Mín. (rápida)**, a imagem é renderizada rapidamente com baixa qualidade de antialias. Quando definida em **Máx. (lenta)**, a imagem é renderizada lentamente com a mais alta qualidade de antialias.

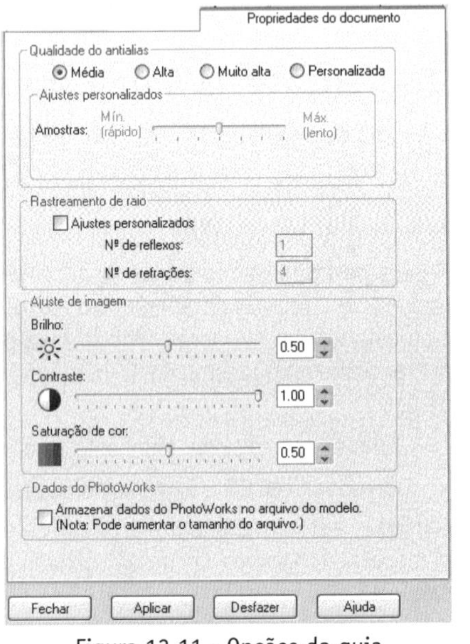

Figura 13.11 - Opções da guia Propriedades do documento.

13.1.5.2. Rastreamento de Raio

- **Ajustes personalizados** - define a **profundidade do ray tracing** por documento. A profundidade do ray trace determina como o PhotoWorks trata os raios de luz quando eles atingem um objeto refletivo ou refrativo.

  Por exemplo, se você definir o valor de **Número de reflexos** como 0 para um objeto altamente refletivo, o objeto é renderizado com uma aparência fosca. Nenhum raio refletivo é emitido porque o valor é 0. Se você alterar o valor para 1, o objeto é renderizado com uma aparência refletiva porque raios refletivos são emitidos do objeto.

  No esquema da ilustração seguinte, Figura 13.12, os retângulos representam objetos refrativos e as setas representam os raios que são emitidos. O raio 0 vem do observador à esquerda. O raio 1 refrata quando entra no objeto. O raio 2 refrata quando sai do objeto. Os raios 3 e 4 agem no segundo objeto da mesma maneira que os raios 1 e 2. Se você definir o valor de **Número de refrações** como 2, a luz que entra e sai do primeiro objeto torna o segundo objeto opaco porque o limite para o número de raios foi atingido.

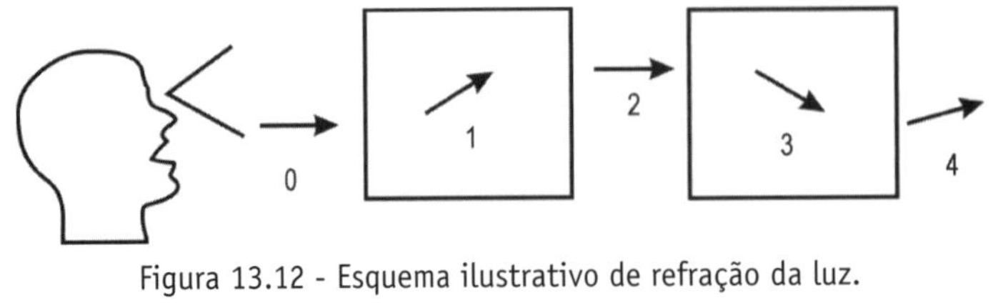

Figura 13.12 - Esquema ilustrativo de refração da luz.

- A Figura 13.13 mostra um exemplo prático da questão do número de reflexos e de refrações. É possível observar claramente:
  - **Imagem 1** - todas as aparências embotadas e foscas.
  - **Imagem 2** - a diferença entre as aparências altamente reflexivas aplicadas à esfera à direita e a parede à direita.
  - **Imagem 3** - a diferença da aparência altamente refrativa aplicada à esfera à esquerda.

Número de reflexos = 0
Número de refrações = 0

Número de reflexos = 1
Número de refrações = 0

Número de reflexos = 1
Número de refrações = 2

Figura 13.13 - Exemplo comparativo entre imagens com diferentes configurações quanto ao número de reflexos e número de refrações.

- **Número de reflexos** - limita o número de raios refletidos. Se for definido como 0, nenhum raio de reflexo é emitido. Se definido como 1, um nível é emitido, mas um raio de reflexo não pode ser refletido novamente e assim por diante.
- **Número de refrações** - limita o número de raios de refração e transparência. A refração se aplica a aparências transparentes.

Nota

Se a cena do SolidWorks contém aparências transparentes, o PhotoWorks automaticamente incrementa o **Número de refrações** em quatro.

13.1.5.3. Ajuste de Imagem

Os controles deslizantes de **Ajuste de imagem** controlam o mapeamento de tons, que resulta em imagens "**High Dynamic Range Images**" e é sinônimo dos tipos de ajuste encontrados na maioria dos aplicativos gráficos.

As configurações para **Ajuste de imagem** são:

- **Brilho** - controla a radiância da imagem.
- **Contraste** - controla o nível de diferença entre áreas claras e escuras.
- **Saturação de cor** - controla o nível de intensidade das cores. Na maioria das cenas, você pode definir **Saturação de cor** como 100%. Em algumas cenas, isso faz as cores reluzirem. Se a definição for muito baixa, as cores ficam desbotadas.

13.1.5.4. Dados do PhotoWorks

Marque ou desmarque a *checkbox* **Armazenar dados do PhotoWorks no arquivo do modelo (nota: pode aumentar o tamanho do arquivo)**. Para compartilhar os dados do PhotoWorks a fim de que outros usuários possam reproduzir as mesmas renderizações, essa opção armazena as imagens usadas para aparências, decalques e cenas.

13.2. Propriedades de Aparência

As aparências definem como a superfície de um objeto reage a um raio visível. Determinam as propriedades de superfície, como iluminação, reflexo e transparência. Aparências típicas para modelos geométricos usam cores simples e uniformes especificadas em suas propriedades de **ambiente**, **difusão** e **transparência**, cujos significados são:

- **Transparência da aparência** - controla os realces na superfície. A transparência depende da posição da fonte de luz e da posição do observador.
- **Aparência difusa** - controla a intensidade (brilho) da luz na superfície. A difusão depende de seu ângulo em relação à fonte de luz, mas independe da posição do observador.
- **Ambiência da aparência** - aproxima a intensidade de uma fonte de luz, iluminando uma superfície de todas as direções sem atenuação ou sombra.

Os objetos no mundo real normalmente não têm cores uniformes. Eles têm a aparência de madeira, pedra ou tecido, ou ainda podem apresentar decalques, textos ou sujidades. Não é viável modelar uma estrada pavimentada usando geometria e ajustando cuidadosamente as cores individuais. Um método melhor é modelar a estrada como um único objeto e aplicar uma aparência mapeada com textura **2D**.

O PhotoWorks permite a aplicação de três ferramentas para geração de aparência nos objetos. Acompanhe a descrição de cada uma a seguir.

13.2.1. Mapeamento com Textura 2D

Mapeamentos com textura 2D são baseados nos arquivos de imagens que você utiliza para cobrir qualquer tipo de geometria, sem restrições. As texturas 2D parecem envolver e cobrir os objetos, com as arestas ajustadas como um papel de parede. Para aplicar uma textura 2D, você precisa decidir o local e a orientação em relação ao modelo.

A ferramenta **Mapeamento** está disponível no **PropertyManager Aparências**. Para acessá-la, clique em **Aparências** na barra de ferramentas **PhotoWorks**. É exibido o **PropertyManager Aparências**, Figura 13.14. Note que à direita da tela gráfica surge a paleta **RealWiew/PhotoWorks** que permite rápida seleção e aplicação de **Aparências**, **Cenas**, **Decalque** e **Luzes**.

Use a guia **Mapeamento** no **PropertyManager Aparências** para mapear texturas em documentos de peça ou de montagem. O mapeamento controla tamanho, orientação e localização de materiais como tecidos, grés (ladrilhos, mármore etc.) e plásticos (com padrões, compostos etc.).

Ao clicar na guia **Mapeamento** que se localiza no modo **Avançado** do **PropertyManager Aparências**, ela adquire a seguinte configuração, exibindo uma janela e quatro comandos de seleção, Figura 13.15.

A caixa **Mensagem** alerta quanto à obrigatoriedade da definição da **Aparência** que é realizada selecionando uma no painel de tarefas ou pressionando "**Procurar...**" para encontrar um arquivo de aparência ou imagem no disco. A Figura 13.16 mostra a seleção da aparência num dos subitens de **Aparência** na paleta **RealView/PhoWorks**.

Você tem a possibilidade de aplicar o mapeamento a faces selecionadas quando o modelo é gerado em sólido. Pode aplicar a superfícies quando o modelo é gerado em superfícies ou no corpo todo, ou ainda, somente em determinados recursos.

O Modo **Avançado** só fica disponível com o aplicativo PhotoWorks. Ele contém as guias **Iluminação** e **Acabamento de superfície** e opções adicionais nas guias **Cor/Imagem** e **Mapeamento**. Para exibir a interface simplificada de **Mapeamento**, clique na guia **Básico**.

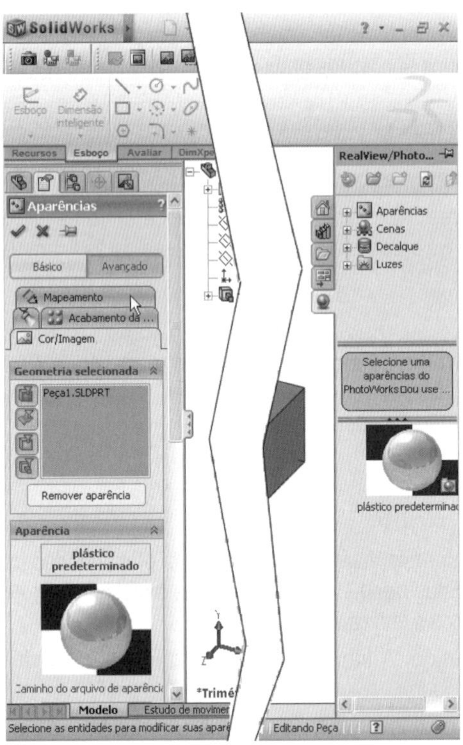

Figura 13.14 - PropertyManager Aparências e paleta RealView/PhotoWorks.

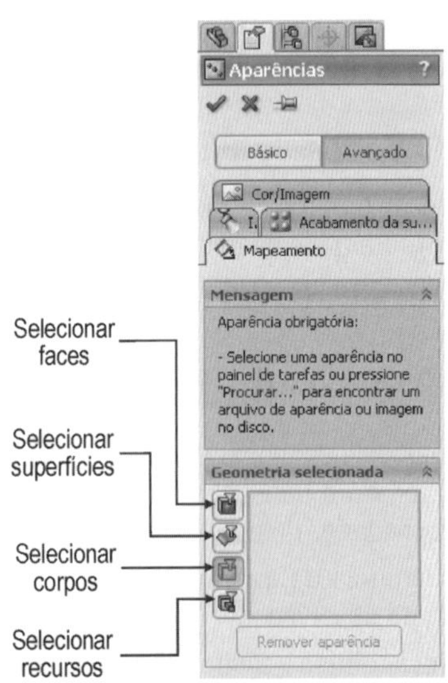

Figura 13.15 - Guia Mapeamento.

Ao acessar a paleta **RealView/PhotoWorks** e estender o ícone **Aparências**, observe que elas estão agrupadas em pastas de acordo com a natureza dos materiais que representam.

A Figura 13.16 mostra que a aparência selecionada para mapeamento no modelo é **tijolo inglês antigo**, obtida na pasta **Pedra → Tijolo**.

Selecionada a aparência, você pode escolher uma das quatro formas de aplicação mostradas na caixa de diálogo **Geometria selecionada**, Figuras 13.15 e 13.17.

Em seguida aparecem novas opções de configuração do mapeamento (caixa de diálogo **Tamanho/orientação**) no **PropertyManager Aparências**, Figura 13.17.

Perceba que a caixa de diálogo **Mapeamento**, Figura 13.18, exibe uma lista *drop-down* que permite selecionar o **Tipo de mapeamento** desejado, que deve ser aplicado segundo a natureza da geometria a ser mapeada. A Figura 13.19 ilustra o caso.

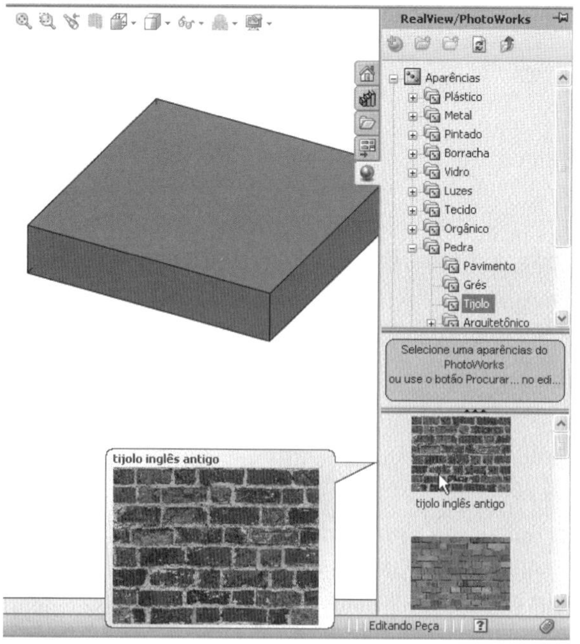

Figura 13.16 - Seleção de uma aparência.

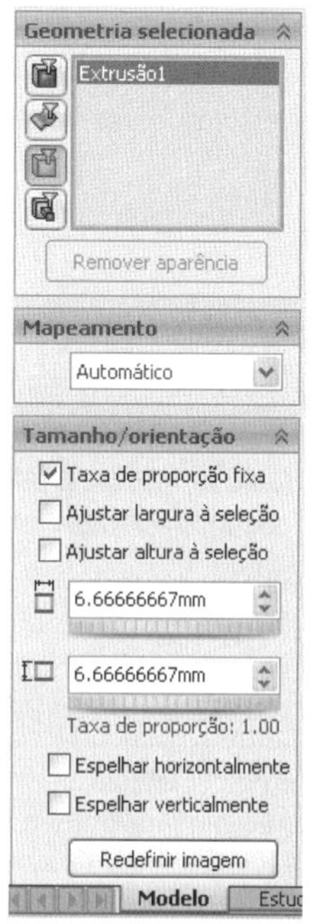

Figura 13.17 - Novas opções de mapeamento.

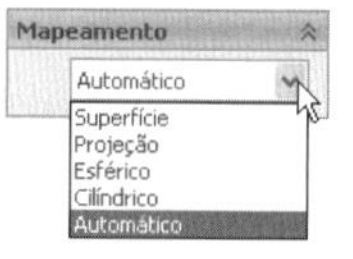

Figura 13.18 - Caixa de diálogo Mapeamento.

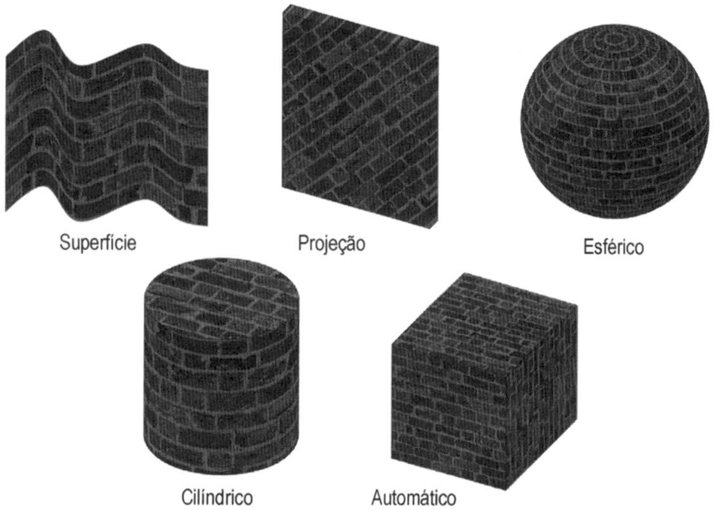

Figura 13.19 - Tipos de mapeamento aplicados segundo a natureza da geometria.

Com relação à ação do mapeamento sobre a natureza da geometria, pode-se afirmar que:

- **Superfície** - o espaço de textura mapeia todos os pontos na superfície conforme suas irregularidades.
- **Projeção** - o espaço da textura mapeia todos os pontos com base em uma direção de projeção.
- **Esférico** - o espaço da textura mapeia todos os pontos na superfície de uma esfera.
- **Cilíndrico** - o espaço da textura mapeia todos os pontos em um cilindro.
- **Automático** - o espaço da textura mapeia para um dos eixos **X**, **Y** e **Z**. O espaço de textura **Automático** é apropriado para a maioria das geometrias planas.

Com relação às pastas principais e subpastas da **Biblioteca de Aparências**, elas apresentam os seguintes detalhes:

- **Plástico** - variedades de plásticos de alto brilho, texturizados, transparentes, com acabamento acetinado, EDM, padronizados, compostos e de malha.
- **Metal** - variedades de aço, cromo, alumínio, bronze, latão, cobre, níquel, zinco, magnésio, ferro, titânio, tungstênio, ouro, prata, platina, chumbo e galvanizados.
- **Pintado** - com pintura automotiva, pulverizada, revestimento pulverizado.
- **Borracha** - fosca, brilhante, texturizada.
- **Vidro** - brilhante e texturizado.
- **Luzes** - aparências emissivas.
- **Tecido** - diversos tecidos (algodão, lona, estopa) e carpete.
- **Orgânica** - variedades de madeira (freixo, cerejeira etc.), água (parada e ondulada), céu (com e sem nuvens) e diversos (couro, areia etc.).
- **Pedra** - variedades de pavimentos (asfalto, concreto etc.), grés (porcelana de ossos, cerâmica etc.), tijolo (envelhecido, refratário etc.) e elementos arquitetônicos (granito, mármore etc.).
- **Diversos** - materiais e padrões de estúdio.
- **Padrão** - representação de furos.

Nota

A pasta Padrão contém a representação de padrão de furos usada para criar os recursos de padrão de furos.

O recurso de representação de padrão permite definir e exibir uma representação dos padrões de furos em vez de modelos sólidos totalmente tesselados. O tempo de reconstrução é muito reduzido porque a geometria do padrão é somente representada.

13.2.2. Aparências Procedurais (Textura 3D)

As **Aparências procedurais** são definidas em 3D, fazendo o objeto parecer esculpido na textura, embora ela esteja somente na superfície. Uma textura 3D define uma cor para cada ponto no espaço 3D. Texturas 3D são definidas em coordenadas 3D (cada ponto tem coordenadas X, Y e Z) - o mesmo sistema de coordenadas do objeto geométrico. As aparências procedurais não têm padrões que podem ser repetidos.

Somente **Aparências procedurais** têm propriedades de cor que você pode editar. A cor de uma aparência com textura 2D mapeada é determinada pelo seu arquivo de imagem associado.

As visualizações das **Aparências procedurais** têm formato de esferas em uma vitrine. Assim, são **Aparências procedurais** as do tipo:

- **Plástico** - exceto os do tipo **Composto**
- **Metal** - todos
- **Borracha** - todas
- **Vidro** - todos
- **Luzes** - todas
- **Madeiras** - alguns tipos
- **Água** - exceto **água parada 2D**
- **Pedra** - alguns tipos

A Figura 13.20 exemplifica alguns casos.

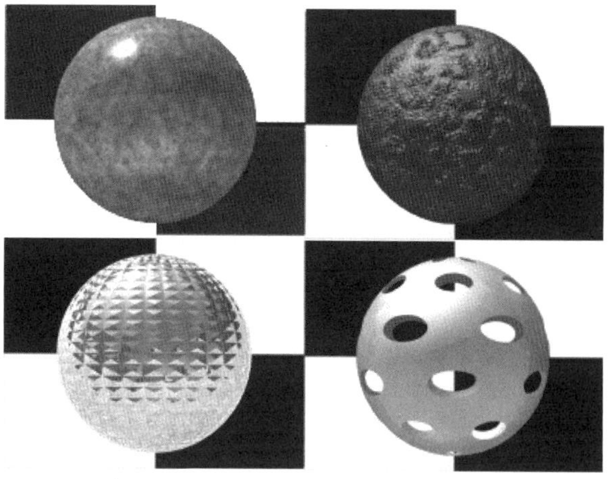

Figura 13.20 - Exemplos de texturas 3D.

Nota

Os modelos são apresentados com uma aparência semelhante à do material sem aplicar a eles as propriedades físicas da aparência.

13.2.3. Aparências Híbridas

São formadas por padrões repetidos, como em azulejos de cerâmica e madeira, em que você pode especificar as cores do padrão, mas não outra imagem de padrão, como poderia se eles fossem aparências com textura mapeada verdadeiras. Os padrões híbridos permitem alterar somente as proporções do padrão. A Figura 13.21 exibe dois exemplos, em que a esfera à esquerda representa tijolos refratários e a esfera à direita, azulejos vermelhos.

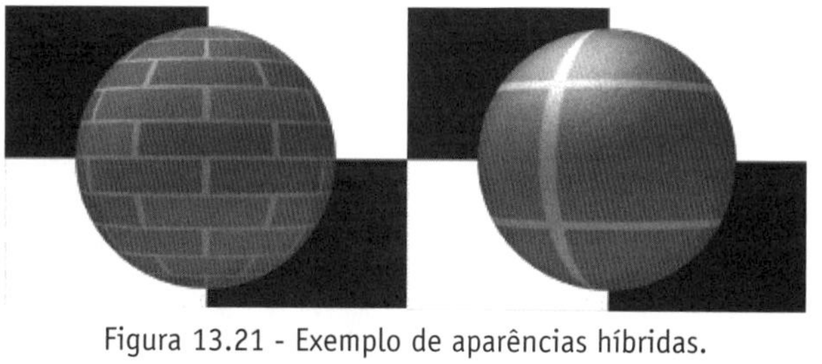

Figura 13.21 - Exemplo de aparências híbridas.

13.3. Simulação de Iluminação

A simulação de iluminação no PhotoWorks é feita a partir da modificação das propriedades de três diferentes tipos de luzes do SolidWorks: **Direcional**, **Pontual** e **Spot**.

As propriedades de sombra de fonte de luz fornecem controle de sombras local. Somente as sombras da fonte de luz selecionada são criadas. Além disso, o PhotoWorks fornece o controle de sombras global.

O controle de sombras local tem prioridade sobre o controle de sombras global.

Você pode adicionar fontes de luz predefinidas e controlar as sombras globais na cena. As diversas classes de fontes de luz predefinidas são descritas em **Biblioteca de fontes de luz**.

13.3.1. Biblioteca de Fontes de Luz

O PhotoWorks fornece uma biblioteca com vários cenários de fontes de luz predefinidos. Para selecionar um cenário, clique em **Selecionar esquema de iluminação** na guia **Iluminação** da caixa de diálogo **Editor de cena**.

Os cenários de fonte de luz predefinidos são agrupados da seguinte maneira:

- **Luz Ambiente** - ilumina o modelo uniformemente em todas as direções. Em uma sala com paredes brancas, o nível de luz ambiente é elevado porque a luz é refletida nas paredes e em outros objetos.
- **Luz Direcional** - tem origem em uma fonte infinitamente distante do modelo. Ela é uma fonte de luz em coluna que consiste em raios paralelos de uma única direção, tal como o Sol.
- **Luz Spot** - restrita e focalizada com um feixe cônico mais brilhante no centro. A luz spot pode ser direcionada para uma área específica do modelo. É possível ajustar a posição e a distância da fonte de luz em relação ao modelo, e também o ângulo de abertura do feixe.
- **Luz Múltipla** - o PhotoWorks fornece cenários com luzes direcional e spot ou com várias luzes direcionais ou spot.
- **Luz Pontual** - tem origem em uma fonte de luz muito pequena localizada em uma coordenada específica no espaço do modelo. Esse tipo de fonte emite luz em todas as direções. O efeito é similar ao de uma pequena lâmpada flutuando no espaço. O PhotoWorks fornece cenários com uma luz pontual em conjunto com uma fonte de luz direcional.
- **Luz Predeterminada** - o PhotoWorks fornece um cenário com uma fonte de luz direcional predeterminada como o SolidWorks.
- **Luz Estúdio** - disponível no **PhotoWorks Studio**.

Você pode acessar rapidamente a Biblioteca de fontes de luz com a paleta **RealView/PhotoWorks**, como mostra a Figura 13.22.

Figura 13.22 - Biblioteca de fontes de luz.

Após ter mapeado o modelo com a textura desejada, bem como o ambiente, você pode inserir rapidamente qualquer uma das luzes da Biblioteca de fontes de luz, simplesmente selecionando-a numa das cinco pastas e arrastando-a para área gráfica. Após a renderização você pode observar o efeito, Figura 13.23. Observe a projeção da sombra no solo.

Na parte inferior da paleta **RealView/PhotoWorks**, para cada uma das pastas de tipos de luzes obtém-se a visualização de seu efeito quando incide sobre uma esfera em repouso em um plano. As visualizações na figura correspondem às variações disponíveis para a luz **Pontual**.

Figura 13.23 - Exemplo de aplicação de luz.

13.4. Cenário Associado

Para criação das realidades virtuais, o PhotoWorks foi equipado com um **Editor de Cena** que deve ser utilizado para selecionar e editar cenas da **Biblioteca de cenas**.

Há duas formas de acessar a **Biblioteca de cenas**:

- Com a paleta **RealView/PhotoWorks**, abrindo a opção **Cenas** que mostra as três pastas da **Biblioteca de cenas**. Cada uma delas contém uma série de cenas predefinidas com ambiente, texturas de fundo, luzes e sombras. A Figura 13.24 ilustra esse acesso. Note que a cena selecionada pelo cursor do mouse representa o ambiente arquitetônico de uma cozinha, já com iluminação e sombras definidas de forma a representar melhor o ambiente em questão. Essa cena pode ser utilizada, por exemplo, para expor um móvel como uma mesa e cadeiras, um fogão, um projeto de estande ou qualquer outro do gênero. Também é possível fazer modificações nos parâmetros de configuração do ambiente e sua iluminação.
- O comando **Cena**, indicado com o número 9 na Figura 13.3 que exibe a barra de ferramentas **PhotoWorks**, dá acesso à caixa de diálogo **Editor de Cena**, Figura 13.25.

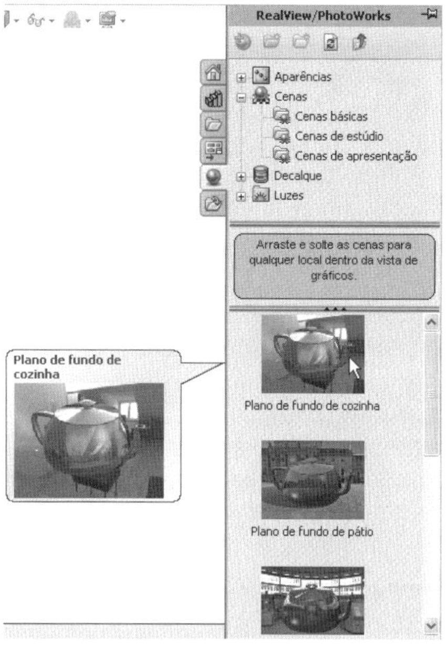

Figura 13.24 - Biblioteca de cenas.

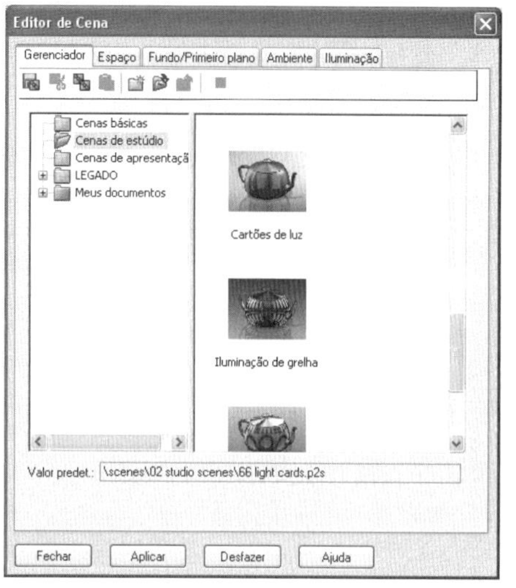

Figura 13.25 - Caixa de diálogo Editor de Cena.

Use o **Editor de Cena** para selecionar e editar cenas da **Biblioteca de cenas**.

Uma cena consiste em uma caixa ou **esfera** virtual que envolve o modelo do SolidWorks. Você pode redimensionar e mover as paredes da cena. Além disso, pode alternar a visibilidade e a refletividade de cada parede da cena e adicionar um plano de fundo. Um documento do SolidWorks pode ter somente uma cena atribuída.

Para adicionar a cena e torná-la parte integrante do modelo, apenas selecione-a com o cursor do mouse e arraste-a para a tela gráfica. Observe que há três pastas de cenas na **Biblioteca de cenas**:

- **Cenas básicas** - caracterizadas por um plano de fundo e uma iluminação simples. As figuras seguintes exemplificam esse tipo de cena. Note que o modelo usado pelo PhotoWorks é sempre o mesmo, variando, entretanto, o ambiente e a iluminação.

Figura 13.26 - Cena básica **Escritório.**

Figura 13.27 - Cena básica **Cozinha quente.**

- **Cenas de apresentação** - caracterizadas por um plano de fundo que se torna parte do ambiente. As figuras seguintes exemplificam esse tipo de cena.

Figura 13.28 - Cena de apresentação **Sala com piso de madeira.**

Figura 13.29 - Cena de apresentação **Garagem.**

- **Cenas de estúdio** - combinam elementos dos dois tipos anteriores. As figuras seguintes exemplificam esse tipo de cena.

Figura 13.30 - Cena de estúdio **Piso reflexivo xadrez.**

Figura 13.31 - Cena de estúdio **Iluminação de grelha.**

A cena pode ser também selecionada pelo comando **Aplicar cena** da barra de seleção imediata ou barra transparente **Exibir**, Figura 13.32. Essa barra possui uma pequena seta próximo do comando que permite a abertura de uma lista *drop-down* com os nomes das cenas, Figura 13.33. Para configurar a inserção de novos comandos na barra, clique no botão direito do mouse para acessar a caixa de inserção de comandos, Figura 13.34. A inserção se dá pela simples ativação da *checkbox* referente ao comando.

Figura 13.32 - Barra transparente **Exibir.**

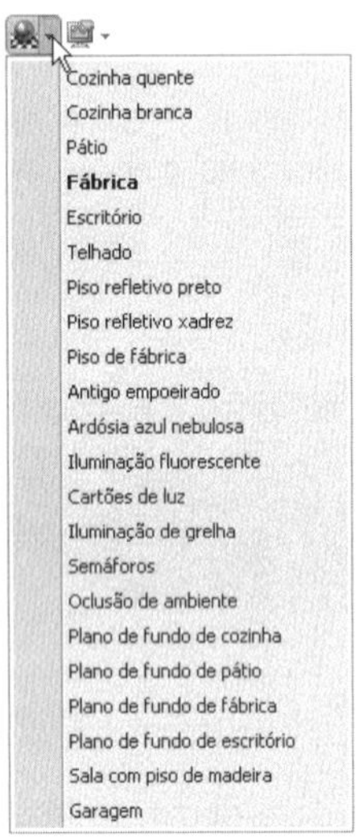

Figura 13.33 - Lista *drop-down* de cenas.

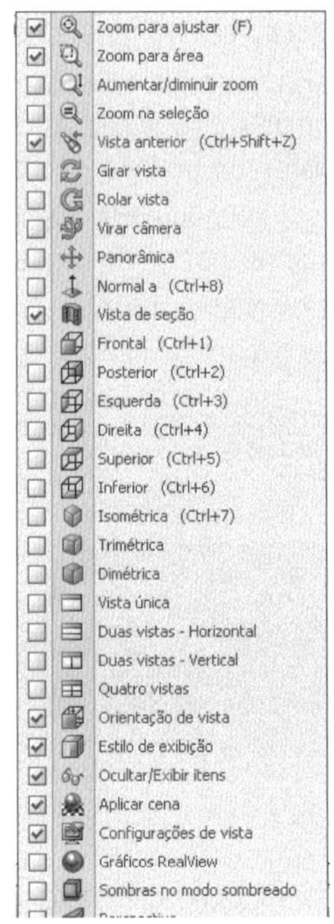

Figura 13.34 - Caixa de inserção de comandos.

Com relação à caixa de diálogo **Editor de Cena**, observe que ela apresenta, além da guia **Gerenciador** mostrada na Figura 13.25, as guias:

- Espaço
- Fundo/Primeiro plano
- Ambiente
- Iluminação

13.4.1. Configurações da Guia Espaço

A guia **Espaço** edita o tamanho, a visibilidade e as aparências da cena selecionada. Os controles de Espaço são:

13.4.1.1. Tamanho/Alinhamento

- **Comprimento** - controla o comprimento do piso em uma cena cúbica.
- **Largura** - determina a largura do piso em uma cena cúbica.
- **Altura** - controla a altura das paredes em uma cena cúbica.
- **Offset do piso** - aplica um offset à geometria do modelo em relação ao piso da cena.
- **Rotação do piso** - gira o piso.
- **Redimensionar automaticamente** - dimensiona o espaço ao modelo.
- **Preservar proporção comprimento/largura** - preserva a proporção entre as dimensões do piso em uma cena cúbica.

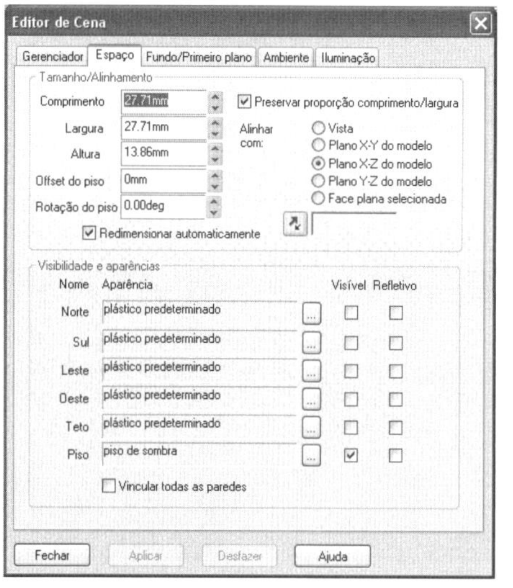

Figura 13.35 - Opções de configuração da guia **Espaço.**

- **Alinhar com** - define o alinhamento do espaço em relação a uma das opções seguintes:
  - Vista
  - Plano X-Y do modelo
  - Plano X-Z do modelo
  - Plano Y-Z do modelo
  - Face plana selecionada
- **Controle de inversão da face plana selecionada -** inverte a face plana selecionada.

13.4.1.2. Visibilidade e Aparências

- **Aparência** - veja e edite as aparências associadas às paredes, teto e piso da cena selecionada. Para editar a seleção de aparências, clique no botão marcado com três pontos e altere as propriedades no PropertyManager **Aparências**.
- **Vincular todas as paredes** - selecione para usar a mesma aparência nas paredes **Norte**, **Sul**, **Leste** e **Oeste**. Quando selecionada, as alterações feitas na aparência de uma parede são aplicadas às outras.
- **Visível** - marque ou desmarque para controlar a exibição dos lados individuais da cena.
- Se uma parede marcada como **Visível** bloqueia o modelo, a parede é oculta na imagem renderizada.
- **Refletivo** - marque ou desmarque para controlar a reflexão dos lados individuais da cena. Por exemplo, você pode desmarcar **Visível** (a parede não é visível), mas selecionar **Refletivo**.
- Com a refletividade use o algoritmo **Ray tracing** e associe o modelo do SolidWorks a aparências **Refletivas**.

Clique em **Aplicar** para aceitar as alterações, depois em **Fechar**.

Nota

O PhotoWorks aplica as alterações quando você clica em **Aplicar.** Você não precisa fechar a caixa de diálogo para executar a renderização.

13.4.2. Configurações da Guia Fundo/Primeiro Plano

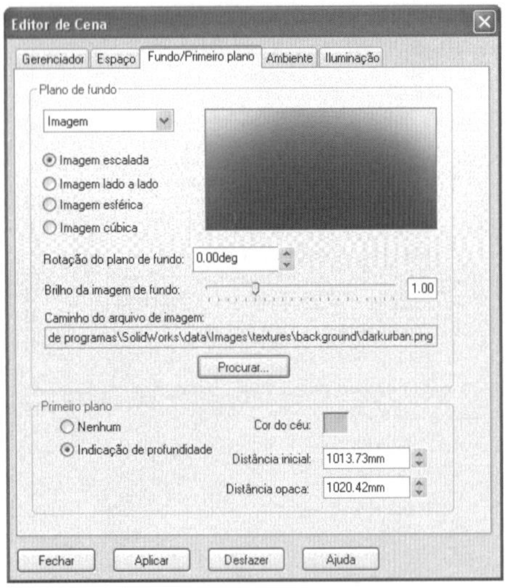

Figura 13.36 - Opções de configuração da guia Fundo/Primeiro plano.

Você pode adicionar imagens, cores e texturas ao plano de fundo e ao primeiro plano de uma cena renderizada.

A área que não é coberta pelo modelo ou a cena é o plano de fundo, que inclui os itens descritos a seguir.

13.4.2.1. Plano de Fundo

Essa área exibe uma lista *drop-down*, Figura 13.37, de opções de plano de fundo.

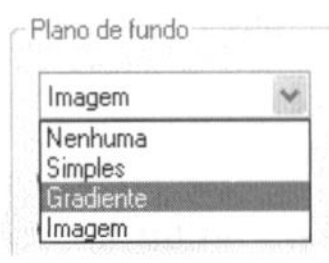

Figura 13.37 - Lista *drop-down* de opções de plano de fundo.

- **Nenhum** - define um plano de fundo preto.
- **Simples** - indica uma cor constante para o plano de fundo. Para editar a cor do plano de fundo, clique na caixa **Cor** e selecione uma cor na Paleta de **cores**.
- **Gradiente** - define uma mistura de cores graduada entre duas cores que aparecem no alto e na base do plano de fundo da imagem. Para editar as cores do plano de fundo, clique nas caixas **Cor de gradiente superior** e **Cor de gradiente inferior** e selecione a cor na **Paleta de cores**.
- **Imagem** - exibe a imagem de plano de fundo a partir de um arquivo. Clique em **Procurar** e selecione um dos seguintes:
  - **Imagem escalada** - define a escala da imagem, Figura 13.38.
  - **Imagem lado a lado** - organiza a imagem lado a lado, Figura 13.39.
  - **Imagem esférica** - cria uma imagem curva, Figura 13.40.
  - **Imagem cúbica** - gera reflexo usando as seis faces projetadas, Figura 13.41.

Nota

Para exibir imagens esféricas, selecione **Perspectiva** (barra de ferramentas Exibir) ou na **árvore de projeto do FeatureManager**, clique com o botão direito na pasta **Luzes, câmeras e cenas**. Selecione **Adicionar câmera**, clique com o botão direito na câmera e selecione **Vista de câmera.** No **Editor de cena**, selecione a guia **Espaço** e desmarque **Visível para todas as instâncias de Nome.**

Figura 13.38 - Imagem escalada.

Figura 13.39 - Imagem lado a lado.

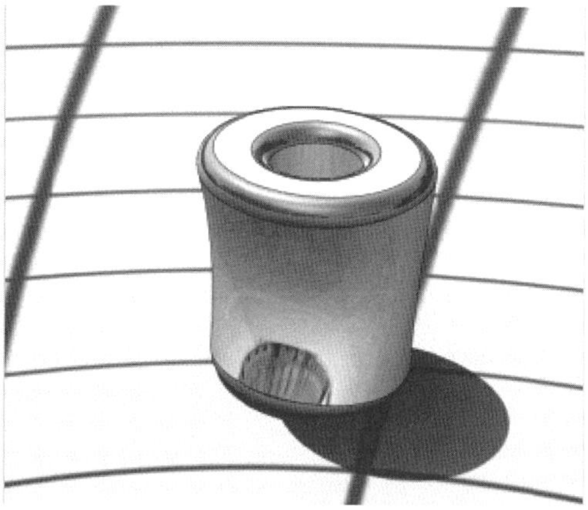

Figura 13.40 - Imagem esférica.

Figura 13.41 - Imagem cúbica.

- **Cores do sistema** - usada com **Simples** e **Gradiente**, essa opção define as cores com base nas cores do sistema do aplicativo.
- **Rotação do plano de fundo** - define um valor para a **Rotação do plano de fundo** com **Imagem esférica** ou **Imagem cúbica** selecionada (veja Rotação de ambiente).
- **Brilho da imagem de fundo** - permite graduar o brilho da imagem de fundo. O valor máximo numérico corresponde a 4. As Figuras 13.42 e 13.43 exemplificam a aplicação desse comando.
- **Caminho do arquivo de imagem** - clique em **Procurar** para obter a imagem de plano de fundo. As imagens em geral estão localizadas em *<diretório_instalação>***data\images\textures\background\Primeiro plano**.

Figura 13.42 - Brilho da imagem de fundo graduada em 1.

Figura 13.43 - Brilho da imagem de fundo graduada em 4.

13.4.2.2. Primeiro plano

As propriedades de primeiro plano permitem simular um efeito de névoa em qualquer cor. O primeiro plano recorta o modelo, adicionando um plano a uma determinada distância da posição de visualização. O resultado, que simula um objeto envolvido em névoa, é diferente de adicionar névoa usando luzes de spot.

- **Nenhum** - sem efeito de névoa.
- **Indicação de profundidade** - ativa o efeito de névoa. Você pode modificar as seguintes propriedades:
  - **Cor do céu** - clique em **Cor do céu** - a cor da névoa - e selecione uma cor na paleta **Cor**. A transparência da névoa varia de 100% transparente na **Distância inicial** até 100% opaca na **Distância opaca**.
  - **Distância inicial** - mostra a distância entre o observador e a posição em que o efeito de profundidade **Cor do céu** começa e a névoa 100% transparente termina.

- **Distância opaca** - mostra a distância entre o observador e a posição em que o efeito de profundidade **Cor do céu** é 100% opaco. Além da **Distância opaca**, toda a cena é coberta pela **Cor do céu**.

Nota

Use a câmera para controlar a posição de visualização em relação ao modelo. Quando uma câmera é usada, a **Distância inicial** e a **Distância opaca** são medidas a partir da câmera.

Entre a **Distância inicial** e a **Distância opaca**, a cor resultante é interpolada linearmente entre a cor do modelo e a **Cor do céu**.

Clique em **Aplicar** para aceitar as alterações, depois em **Fechar** para fechar a caixa de diálogo.

O PhotoWorks aplica as alterações quando você clica em **Aplicar**. Não é necessário fechar a caixa de diálogo para executar a renderização.

13.4.3. Configurações da Guia Ambiente

13.4.3.1. Ambiente

- **Nenhum ambiente** - define o plano de fundo da cena como preto.
- **Usar imagem de segundo plano** - especifica o plano de fundo da cena a partir dos valores selecionados em **Plano de fundo** na guia **Fundo/Primeiro plano**.
- **Imagem de ambiente** - clique em **Procurar** para localizar as imagens, **incluindo imagens HDRI**, listadas em **Caminho do arquivo de imagem**.
- **Mapeamento do ambiente** - selecione uma das seguintes opções:
  - **Plano**
  - **Esférico** - o plano de fundo da cena é invisível e reflete o modelo. A imagem do plano de fundo se estende para envolver o modelo como uma esfera. Essa opção está disponível se você selecionar **Imagem escalada** ou **Imagem lado a lado** em **Plano de fundo**.
  - **Cúbico** - o plano de fundo da cena é invisível e reflete o modelo. O mapeamento de ambientes cúbicos captura os reflexos usando as **seis faces projetadas** que rodeiam um objeto. Para estabelecer um ambiente refletivo, as imagens 2D são mapeadas nas seis paredes virtuais do ambiente. Essa opção está disponível se você selecionar **Imagem escalada** ou **Imagem lado a lado** em **Plano de fundo**.
- **Rotação de ambiente** - defina um valor para girar a **imagem de plano de fundo** em relação a um eixo normal ao piso.

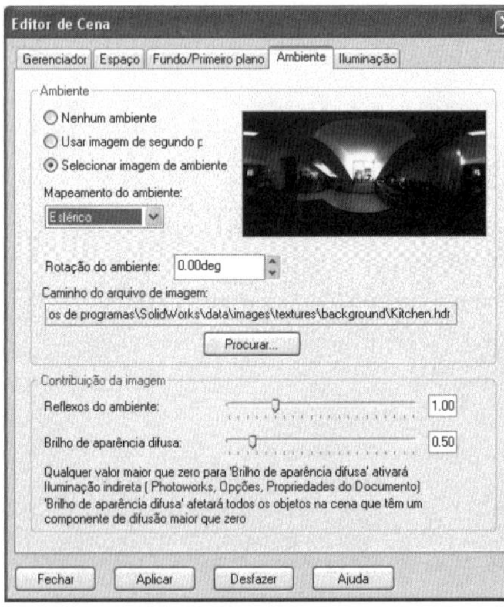

Figura 13.44 - Opções de configuração da guia Ambiente.

Nota

Use uma imagem panorâmica de 360° para envolver seu modelo sem emendas.

Os ambientes **esférico** e **cúbico** usam a "iluminação com base em imagem". A imagem do plano de fundo ilumina as entidades refletivas da cena, de forma que uma imagem mais brilhante resulta em uma cena mais brilhante.

13.4.3.2. Contribuição da imagem

- **Reflexos do ambiente** - controla os reflexos do ambiente nos objetos. Com um valor baixo, você obtém um reflexo embotado; com um valor alto, os reflexos são brilhantes. Em aparências tais qual cromo polido esse intervalo é muito evidente. A opção **Reflexos do ambiente** manipula os valores RGB (vermelho-verde-azul) e HDR (**High Dynamic Range**). As Figuras 13.45, 13.46 e 13.47 exemplificam diferentes configurações de reflexos.

Figura 13.45 - Reflexo do ambiente. Valor: 0.44.

Figura 13.46 - Reflexo do ambiente. Valor: 1.00 (predeterminado).

Figura 13.47 - Reflexo do ambiente. Valor: 1.70.

- **Brilho de aparência difusa** - controla o brilho geral de uma cena (os objetos e o ambiente) sem afetar os reflexos, Figura 13.48.

Figura 13.48 - Reflexos uniformes.

13.4.4. Configurações da Guia Iluminação

13.4.4.1. Fontes de Luz Predefinidas

- **Selecionar esquema de iluminação** - clique para adicionar as fontes de luz predefinidas na Biblioteca de fontes de luz à sua cena. As fontes de luz existentes do documento do SolidWorks, exceto a luz Ambiente, são substituídas pelas novas fontes de luz predefinidas.

  Para evitar substituir uma luz do SolidWorks, selecione **Manter luz** no **PropertyManager de Propriedades do PhotoWorks** para cada luz.
- **Salvar luzes** - clique para salvar o esquema de iluminação atual como um arquivo de luz do PhotoWorks.

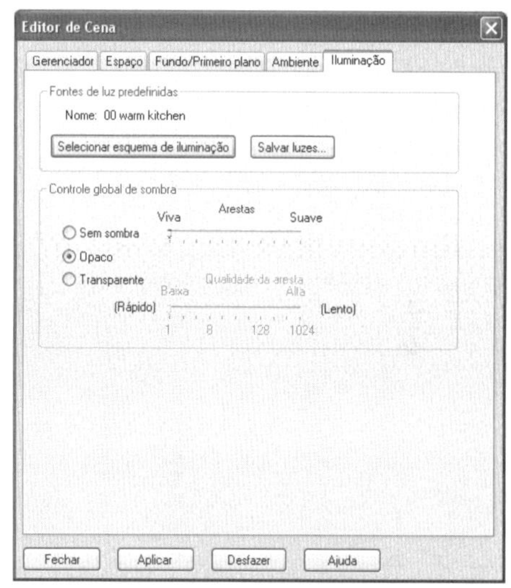

Figura 13.49 - Opções de configuração da guia **Iluminação.**

13.4.4.2. Controle Global de Sombra

As sombras melhoram a qualidade das imagens renderizadas. Sem sombras, as imagens parecem chapadas e irreais, e os objetos parecem flutuar no espaço. Você pode escolher entre três controles de sombras:

- **Sem sombra** - nenhuma sombra é exibida para nenhuma das fontes de luz.
- **Opaco** - sombras opacas são mostradas para todas as fontes de luz.
- **Transparente** - sombras de alta qualidade são exibidas para todas as fontes de luz. As aparências transparentes são levadas em conta durante o cálculo das sombras.

Com **Opaco** ou **Transparente**, ajuste as barras deslizantes para arestas:

- **Arestas** - o ajuste para arestas vivas produz sombras com arestas bem definidas e para arestas suaves produz sombras com arestas menos definidas.
- **Qualidade da aresta** - as definições de baixa qualidade produzem limites de sombras serrilhados. As definições de alta qualidade produzem limites de sombras com antialias (esse controle deslizante está disponível somente se você posicionar o controle de **Arestas** em qualquer ponto que não o extremo **Viva**).

Nota

Cálculos de sombras suaves com alta qualidade de arestas podem reduzir significativamente o desempenho, mas imagens com sombras suaves têm uma aparência mais realística.

13.5. Propriedades de Decalque

A configuração e a inserção de decalques, adesivos, como logomarcas em modelos e produtos acabados em geral, podem ser feitas pelo comando **Novo decalque** na barra de ferramentas **PhotoWorks**, referência de número 10 da Figura 13.3. Ao clicar no comando, é exibido o **PropertyManager Decalques**, Figura 13.50. A caixa **Mensagem** adverte que Decalque e Referência são requeridos, sendo necessário selecionar o decalque no painel de tarefas (paleta **RealView/PhotoWorks**) ou pressionar o botão **Procurar** para encontrar um arquivo de decalque ou imagem em alguma pasta específica do computador. Em segundo lugar, a **Mensagem** adverte para que sejam selecionadas as referências às quais a imagem será aplicada.

Você pode criar decalques, ou mesmo modificar os existentes usando um programa como o **CorelDraw**, por exemplo, e salvar em qualquer um dos formatos de imagens usualmente utilizados, como JPEG, TGA, BMP, TFF etc.

Uma **Biblioteca de decalques** está disponível na guia **Itens do PhotoWorks** do **Painel de tarefas**. Os **arquivos de imagem** e seus arquivos de máscara residem em *<diretório_instalação>***\data\images\textures\decals**.

É possível acessar rapidamente essa biblioteca de imagens com a paleta **RealView/PhotoWorks**, Figura 13.51. Observe que, abrindo a pasta **Decalque**, diversas imagens da **Biblioteca de decalques** são exibidas. O cursor do mouse seleciona, para aplicação, o decalque do SolidWorks. Dentro da pasta de decalque existe a pasta de logotipo.

Selecionado o decalque ou logotipo desejado, basta arrastá-lo para a superfície de aplicação no modelo. Em seguida, mapeie-o conforme um dos tipos de mapeamento existentes, detalhados a seguir.

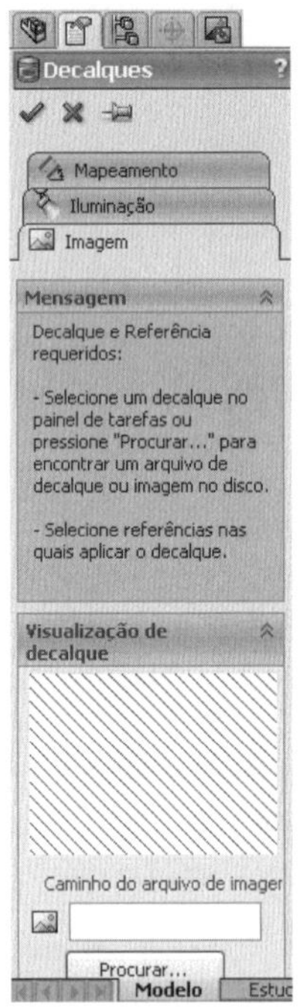

Figura 13.50 - PropertyManager Decalques.

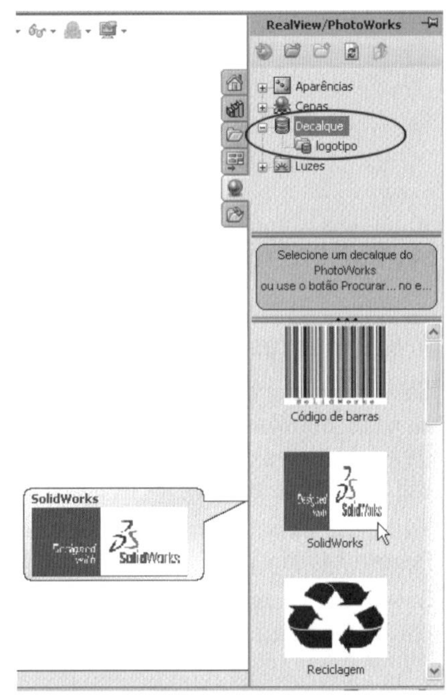

Figura 13.51 - Seleção de um decalque.

13.5.1. Mapeamento Cilíndrico de Decalques

O mapeamento cilíndrico se aplica a objetos cilíndricos, incluindo aqueles com superfície periódica, ponto inicial e final; por exemplo, cones e lofts. O eixo para posicionamento do decalque é calculado a partir de linhas UV (as letras UV são adotadas em função de essas coordenadas serem independentes das coordenadas XY, freqüentemente utilizadas para descrever as geometrias do SolidWorks). A escala das imagens **2D** aplicadas é sempre de acordo com a unidade-padrão em que estiver o modelo. A Figura 13.52 exemplifica um corpo cilíndrico em que o decalque do SolidWorks foi arrastado sobre a superfície de revolução.

Depois que a imagem selecionada é arrastada para a superfície do modelo, a guia **Mapeamento** do **PropertyManager Decalques** exibe opções de configuração, como mostra a Figura 13.53. Note que a caixa exibe ao topo uma lista *drop-down* com os tipos de mapeamento de decalques possíveis, Figura 13.54.

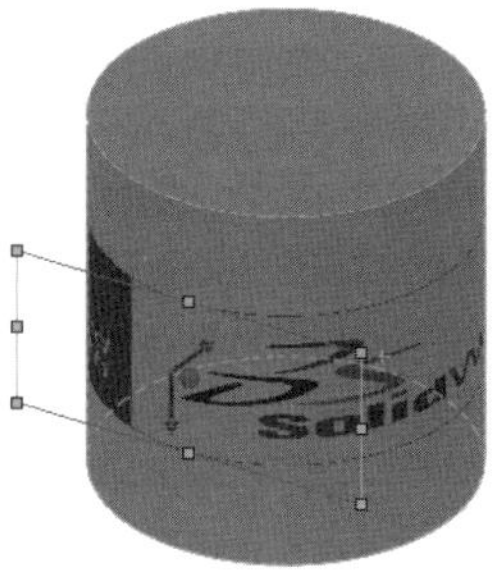

Figura 13.52 - Decalque para mapeamento.

Figura 13.53 - Caixa de diálogo Mapeamento.

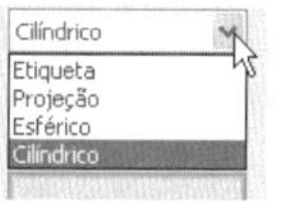

Figura 13.54 - Lista *drop-down* de tipos de mapeamentos de decalque.

- **Tipo de mapeamento** - quando você seleciona **Cilíndrico**, é possível especificar a direção do eixo de referência e a posição do decalque em relação a ele.
- **Direção do eixo** - especifique a direção do eixo de referência do decalque como **XY**, **ZX**, **YZ**, **Vista atual** ou **Referência selecionada**.
  - Quando você seleciona **Vista atual**, o eixo do decalque se volta para cima na orientação atual da vista. Se você alterar a orientação da vista, clique em **Atualizar para atual** a fim de atualizar a direção da projeção sobre o cilindro de acordo com a vista atual.
  - Quando você escolher **Referência selecionada**, uma caixa de seleção fica disponível. Selecione uma face, um plano, um eixo ou uma aresta na área de gráficos. Se selecionar um eixo ou uma aresta, é criado um plano de referência normal ao eixo ou à aresta em seu ponto final.
- **Em relação ao eixo** - move o decalque em torno do cilindro no ângulo especificado em relação ao eixo de referência.
- **Ao longo do eixo** - move o decalque verticalmente na distância especificada ao longo do eixo de referência.

O **PropertyManager Decalques** exibe ainda a caixa de diálogo **Tamanho/orientação** que permite posicionar e ajustar o decalque da superfície até a configuração desejada.

As opções de **Tamanho/orientação** são as mesmas para todos os tipos de mapeamento.

Você pode selecionar uma ou duas das seguintes opções:

- **Taxa de proporção fixa**
- **Ajustar largura à seleção**
- **Ajustar altura à seleção**

Pode especificar ambos os tamanhos apresentados a seguir se todas as opções anteriores estiverem desmarcadas, ou um tamanho se uma delas estiver selecionada.

- **Largura** - especifique a largura do decalque.
- **Altura** - indique a altura do decalque.
- **Taxa de proporção** (somente para leitura) - exibe a taxa de proporção atual.
- **Rotação** - digite um número, mova o controle deslizante ou arraste na área de gráficos para especificar o ângulo de rotação do decalque.
- **Espelhar horizontalmente** - inverte a imagem do decalque horizontalmente.
- **Espelhar verticalmente** - inverte a imagem do decalque verticalmente.
- **Redefinir imagem** - a taxa de proporção reassume o valor original da imagem do decalque.

A Figura 13.56 exibe novamente o modelo cilíndrico com o decalque do SolidWorks, agora completamente definido com relação a tamanho e orientação.

Figura 13.55 - Caixa de diálogo Tamanho/orientação.

Figura 13.56 - Decalque completamente definido.

13.5.2. Mapeamento Esférico de Decalques

O mapeamento esférico se aplica a objetos esféricos, incluindo esferas parciais. As imagens possuem essencialmente dimensão zero no centro da esfera, expandindo de acordo com o tamanho da esfera à medida que são projetadas no interior desta. As imagens convergem à medida que se aproximam de um pólo.

Quando você seleciona **Esférico**, linhas de latitude e longitude aparecem na área de gráficos, circunscrevendo uma caixa delimitadora em torno do objeto. O eixo de referência do decalque vai do pólo sul ao pólo norte, Figura 13.57.

A caixa de diálogo **Mapeamento** também sofre modificações quando a superfície de aplicação do decalque passa a ser esférica, Figura 13.58.

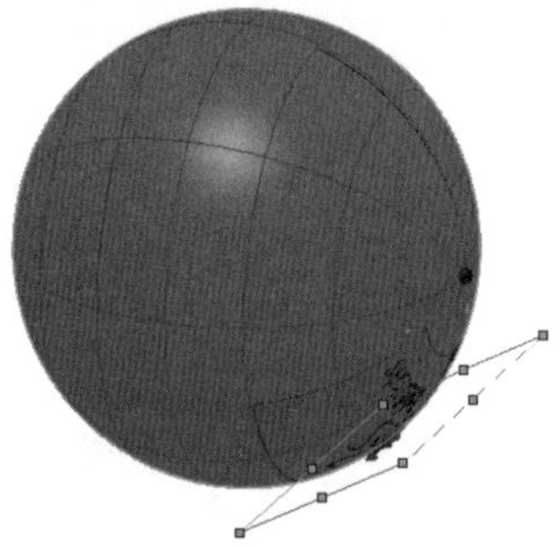

Figura 13.57 - Linhas de latitude e longitude em torno da esfera.

Figura 13.58 - Caixa de diálogo Mapeamento Esférico.

- **Offset de latitude** - especifique o ângulo do decalque, da latitude zero até 360° em torno da esfera.
- **Offset de longitude** - indique o ângulo do decalque, da longitude zero até 180° para cima e para baixo (de pólo a pólo).

Além das opções de todos os tipos de mapeamento, o mapeamento esférico inclui o controle da estrutura (ou seja, a orientação das linhas de latitude e de longitude, incluindo a posição dos pólos). A posição-padrão dos pólos está alinhada com o eixo X do espaço do globo (mostrado na **tríade de referência**).

Figura 13.59 - Decalque sobre a esfera.

- **Direção do eixo 1** - gira as linhas de longitude em torno do eixo Z, que podem ter sido giradas pela **Direção do eixo 2**.
- **Direção do eixo 2** - gira as linhas de latitude em torno do eixo Y.

A Figura 13.59 exibe o mesmo decalque do SolidWorks, agora aplicado sobre a superfície esférica.

13.5.3. Mapeamento de Projeção de Decalques

O mapeamento de projeção coloca o decalque em um plano normal à vista e projeta todos os pixels da imagem por meio de raios retos e paralelos correspondentes à vista do objeto especificado.

Quando você seleciona **Projeção**, é possível especificar a direção do eixo de referência e a posição do decalque em relação a ele. A Figura 13.60 exibe a caixa de diálogo **Mapeamento** e a Figura 13.61, um exemplo de aplicação.

- **Direção do eixo** - especifique a direção do eixo de referência do decalque como **XY**, **ZX**, **YZ**, **Vista atual** ou **Referência selecionada**.
  - Quando você seleciona **Vista atual**, o eixo do decalque se volta para cima na orientação atual da vista. Se você alterar a orientação da vista, clique em **Atualizar para atual** a fim de atualizar a direção da projeção de acordo com a vista atual.
  - Quando você escolher **Referência selecionada**, uma caixa de seleção fica disponível. Selecione uma face, um plano, um eixo ou uma aresta na área de gráficos. Se selecionar um eixo ou uma aresta, é criado um plano de referência normal ao eixo ou à aresta em seu ponto final.

- **Local horizontal** - move o decalque horizontalmente ao longo do plano na distância especificada do eixo de referência.
- **Local vertical** - move o decalque verticalmente ao longo do plano na distância especificada do eixo de referência.

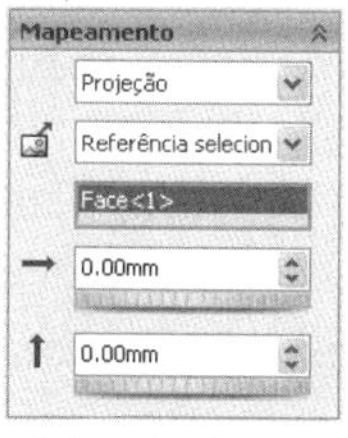

Figura 13.60 - Caixa de diálogo Mapeamento.

Figura 13.61 - Decalque sobre uma face plana.

13.6. Renderização da Imagem

A finalização do processo de criação da realidade virtual, após definidos ambiente, texturas, iluminação, decalques etc., dá-se pelo processo de renderização.

13.6.1. Renderização de Imagem em um Arquivo

1. Clique em **Renderizar em arquivo** (barra de ferramentas **PhotoWorks**) ou **PhotoWorks** → **Renderizar em arquivo**. É exibida a caixa de diálogo **Renderizar em arquivo**, Figura 13.62.
2. Defina as seguintes opções:

- **Nome de arquivo** - digite um nome para o arquivo.
- **Formatar** - selecione o formato de saída.
- **Tamanho da imagem** - especifique o tamanho da imagem exportada, definindo o seguinte:
  - Selecione **Pixels**, **Centímetros** ou **Polegadas** para definir a unidade. Se você selecionar **Polegadas**, pode também definir a resolução na caixa **pontos por polegada**.
  - Digite um valor nas caixas **Largura** e **Altura** para definir o tamanho. Marque a caixa de seleção **Taxa de proporção fixa** para manter as proporções originais da imagem. O valor da taxa de proporção aparece ao lado de **Taxa de proporção fixa**.
- **Qualidade da imagem** - os controles de **Qualidade da imagem** estão disponíveis para determinados tipos de formatos, como descrito a seguir:
  - **JPEG** - defina a qualidade como **Baixa**, **Média**, **Alta** ou **Personalizada**. Quando você seleciona **Personalizada**, pode arrastar a barra deslizante entre **Baixa** e **Alta**.
  - **Targa** ou **TIFF** - marque a caixa de seleção **Compactar usando codificação de comprimento de varredura** se quiser compactar o arquivo de imagem.
  - **Encapsulated Postscript ou Postscript** - selecione Cor ou Tons de cinza.

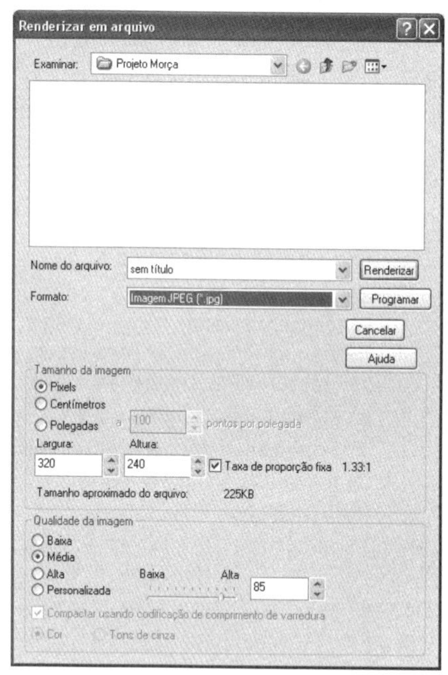

Figura 13.62 - Caixa de diálogo Renderizar em arquivo.

3. Clique em **Renderizar** para exportar a imagem renderizada para o tipo de arquivo selecionado.

13.6.2. Renderização de Documento Ativo

1. Clique em **Acabamento** (barra de ferramentas **PhotoWorks**) ou **PhotoWorks** → **Acabamento**. O documento exibido na tela é renderizado, mas não salvo.

13.6.3. Renderização de uma Cena em um Arquivo

1. Clique em **Acabamento** (barra de ferramentas PhotoWorks) ou **PhotoWorks** → **Acabamento**. É exibida a caixa de diálogo **Renderizar em arquivo**, Figura 13.62.
2. Digite um nome na caixa **Nome do arquivo** e defina o formato como **Arquivo de cena Mental ray (*.mi)**.
3. Clique em **Renderizar** para criar um arquivo com a geometria do SolidWorks e as aparências, luzes e cenas associadas.

A Figura 13.63 ilustra um exemplo de renderização no PhotoWorks com aplicação de acabamentos, texturas, decalque, e iluminação.

Figura 13.63 - Renderização final de componentes criados no PhotoWorks.

Nota

Você deve escolher o tipo de arquivo com base nos recursos do seu software de pós-produção e no resultado final desejado. Por exemplo, se quiser usar um programa gráfico de qualidade, como o Adobe® PhotoShop®, para criar imagens compostas, deve escolher um formato de arquivo que tenha suporte de canal alfa para transparências. Quando as imagens do PhotoWorks são renderizadas no formato de arquivo adequado, as informações de canal alfa são capturadas e armazenadas no arquivo.

O canal alfa possui 8 bits, o que significa que ele tem 256 níveis de cinza, de 0 (preto) a 255 (branco). O nível de cinza no canal alfa determina o nível de transparência. Por exemplo, 50% de cinza permite 50% de transparência. Os formatos de arquivo **TARGA** e **TIFF** têm suporte para canal alfa. Além disso, o formato Portable Network Graphics (**PNG**), embora tenha suporte para canal alfa, não possui suporte para transparências.

14

LAYOUTS DE PLOTAGEM

14.1. Formatação Normalizada e Layout de Plotagem

Todo modelo ou montagem produzida no CAD 3D Paramétrico SolidWorks é sempre gerado em escala natural, ou seja, (1:1), não importando se as dimensões estão na ordem de poucos milímetros, como é o caso de alguns componentes utilizados pela indústria eletromecânica, ou na ordem de muitos metros, como na indústria de construção civil com os projetos de estruturas metálicas como treliças, pontes etc.

Finalizados os modelos e montagens, as análises e fotocomposição, parte-se para a elaboração dos layouts de plotagem, aos quais serão acrescentadas informações dimensionais, representações em escalas específicas, visualização de detalhes de importância, cortes, seções, notas descritivas, e tudo o mais que o designer achar importante para o perfeito entendimento e execução do projeto.

O SolidWorks permite que para um mesmo projeto sejam criados tantos layouts de plotagem quantos forem necessários para total representação dos detalhes construtivos, com a vantagem de condensá-los todos em um único arquivo, Figura 14.1.

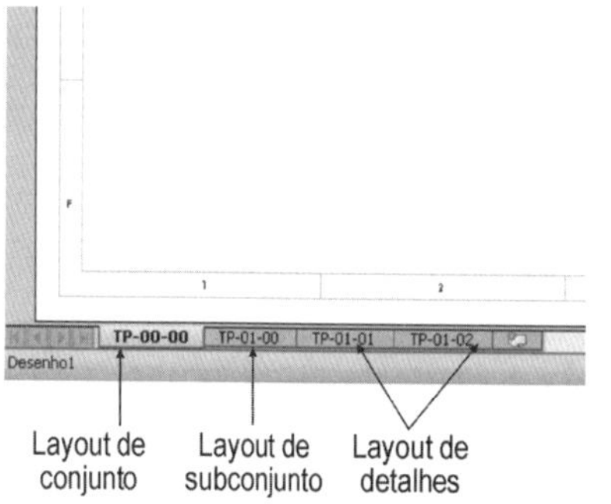

Figura 14.1 - Arquivo de layouts de um projeto.

A criação dos layouts de plotagem normalmente é feita já dentro de um formato normalizado (A0... A4), contendo o selo da empresa (legenda própria ao formato, com a logomarca da empresa).

Como já vimos anteriormente, quando clicamos em **Arquivo** → **Novo**, acessamos a caixa de diálogo **Novo documento SolidWorks**. Ao clicar no ícone **Desenho**, Figura 14.2, abrimos a segunda caixa de diálogo, **Formato/tamanho da folha**, que permite selecionar ou configurar o formato desejado, Figura 14.3. Note que é possível definir por um tamanho-padrão, normalizado, ou por tamanho personalizado de folha. Nesse caso, as janelas Largura e Altura serão ativadas para entrada das dimensões desejadas.

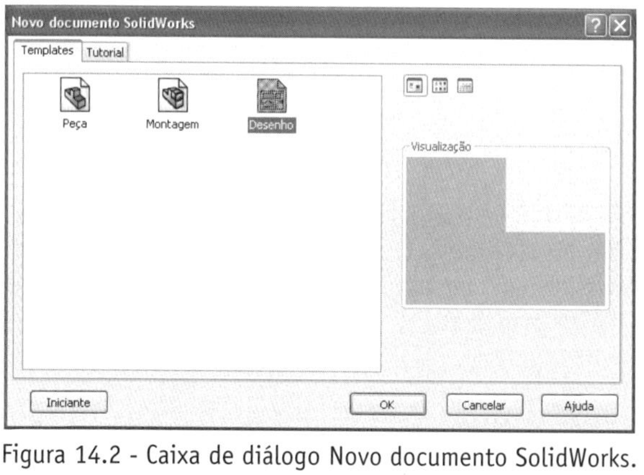

Figura 14.2 - Caixa de diálogo Novo documento SolidWorks.

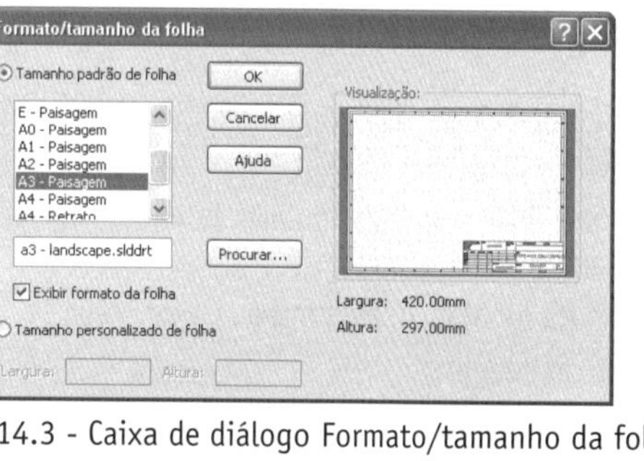

Figura 14.3 - Caixa de diálogo Formato/tamanho da folha.

Após seleção ou configuração do tamanho da folha, ao clicar no botão **OK** é permitido o acesso ao formato definido, Figura 14.4.

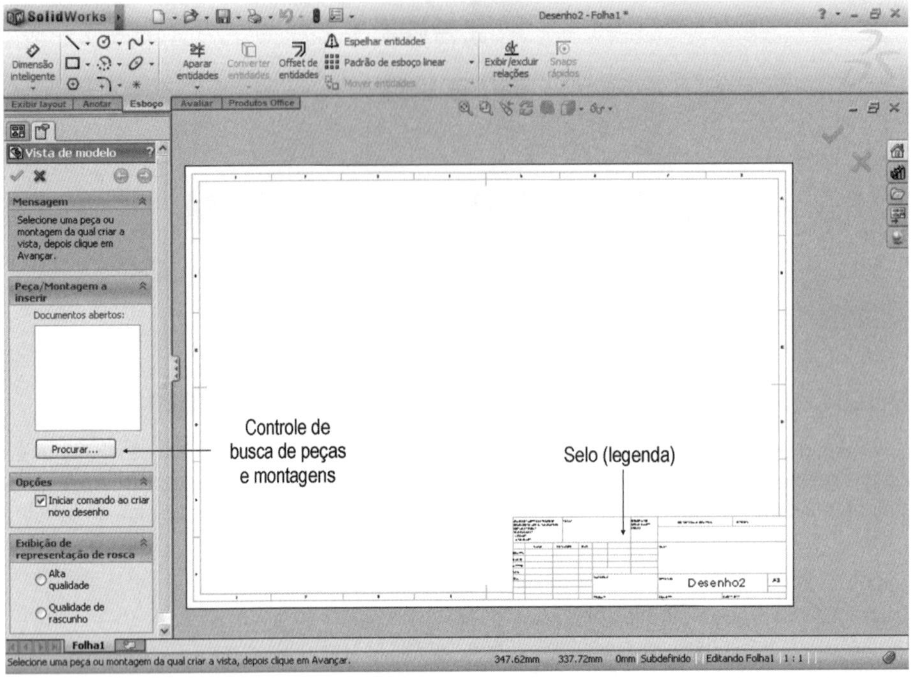

Figura 14.4 - Exibição de um formato normalizado A3.

No gerenciador de propriedades exibido à esquerda há o botão de controle de busca de peças e montagens **Procurar**.

14.1.1. Criação do Próprio Formato Normalizado

Se o usuário desejar criar seus próprios formatos e selo, deve observar as dimensões padronizadas pela ABNT e apresentadas pela Tabela 14.1 e Figura 14.5.

Tabela 14.1 - Formatos ABNT.

Formato	Dimensão	Margem
A0	841x1189	10
A1	594x841	10
A2	420x594	10
A3	297x420	10
A4	210x297	5
A5	148x210	5
Nota: A margem esquerda é de 25mm.		

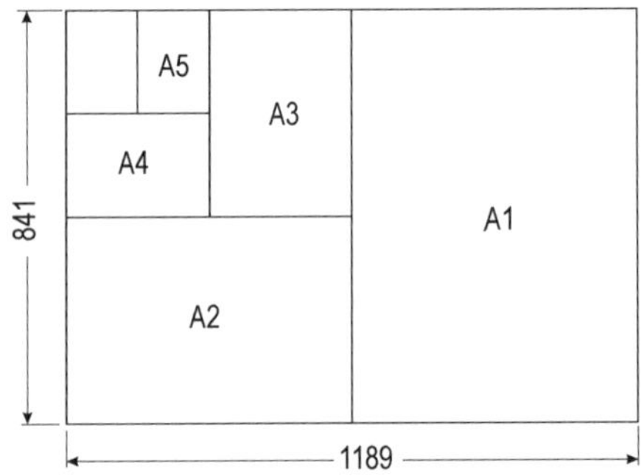

Figura 14.5 - Relação entre formatos.

A legenda (selo) deve ficar no canto inferior direito nos formatos A3, A2, A1 e A0, ou ao longo da largura da folha de desenho no formato A4.

As legendas dos desenhos industriais variam de acordo com as necessidades internas de cada empresa, mas devem conter obrigatoriamente:

- Nome da repartição, da firma ou da empresa;
- Título do desenho;
- Escala;
- Número do desenho;

- Data e assinaturas dos responsáveis pela execução, verificação e aprovação;
- Número da peça, quantidade, denominação, material e dimensões em bruto.

Exemplos:

A Figura 14.6 em seguida exemplifica um modelo de legenda englobando os itens mínimos necessários conforme listados anteriormente.

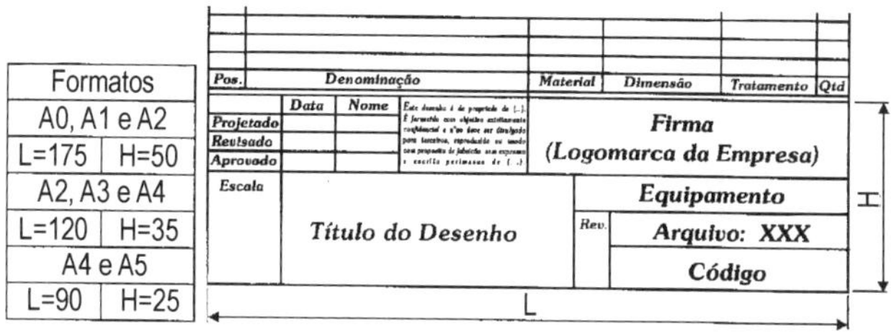

Figura 14.6 - Exemplo-padrão de legenda.

As Figuras 14.7 e 14.8 exemplificam os formatos A3 e A4 com suas respectivas dimensões de formatação.

Criado o formato desejado, salve-o com a opção **Template de desenho (*.drwdot)** de **Salvar como**. O formato será salvo diretamente na pasta **Templates** do SolidWorks.

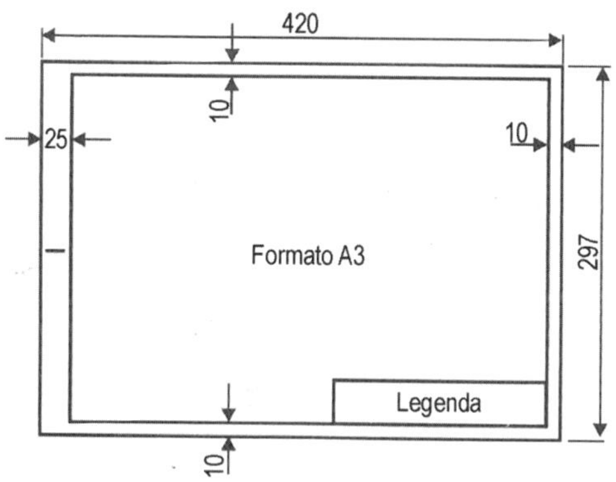

Figura 14.7 - Detalhes de um formato A3.

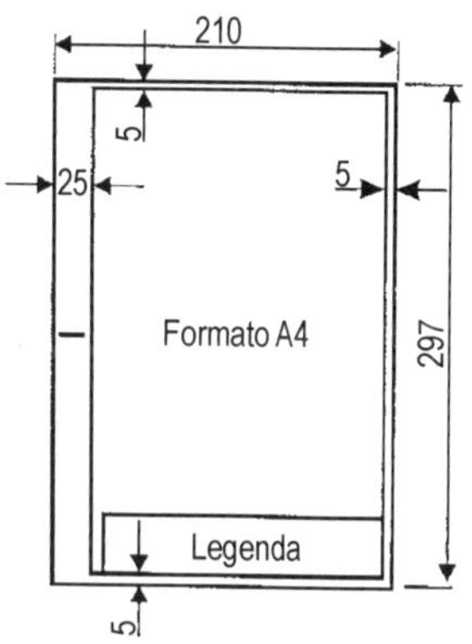

Figura 14.8 - Detalhes de um formato A4.

14.1.2. Busca e Inserção de Peça ou Montagem

Retomando a questão do botão de controle de busca de peças e montagens **Procurar**, citado na Figura 14.4, ao clicar nele é exibida a caixa de diálogo **Abrir**, Figura 14.9, em que é possível localizar a peça ou montagem desejada para inserção no modelo escolhido.

Uma vez selecionada, clique em Abrir. A peça ou montagem será inserida no modelo conforme a configuração escolhida nas opções apresentadas.

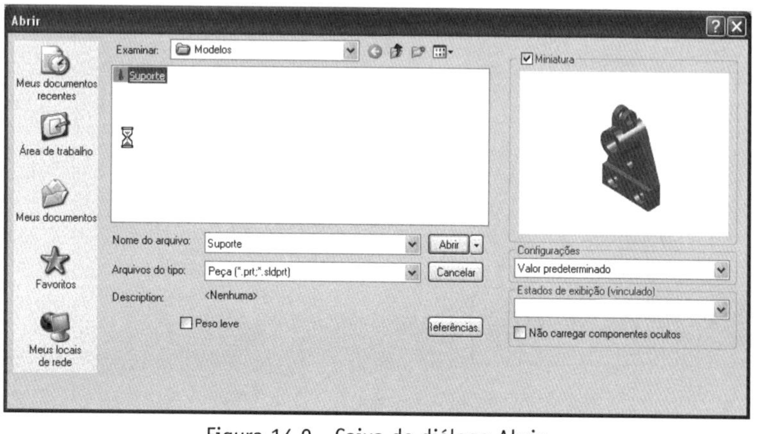

Figura 14.9 - Caixa de diálogo Abrir.

14.1.2.1. Opções de Inserção

Após clicar no botão de comando **Abrir**, a tela gráfica do formato selecionado é exibida juntamente com um gerenciador de propriedades à esquerda, com opções de inserção, Figura 14.10.

O gerenciador disponibiliza na caixa de diálogo **Número de vistas** duas opções de inserção:

- **Vista única** - é definida como padrão para inserção do modelo no formato e opera conforme a orientação selecionada na caixa de diálogo **Orientação**. Quando o cursor do mouse é colocado sobre o formato e dado um clique, a vista única a ser inserida será aquela definida (botão da vista pressionado) na caixa de diálogo **Orientação**. Somente depois de inserida a vista única é que as demais serão definidas e exibidas no formato ao deslizar o cursor do mouse nas direções para formá-las. A isométrica surge ao deslizar o cursor nas direções diagonais.
- **Vistas múltiplas** - essa opção faz com que as vistas ortogonais selecionadas na caixa de diálogo **Orientação** e a vista isométrica sejam criadas simultaneamente no formato ao clicar como mouse.

Com relação à vista isométrica, note ainda que é possível substituir a **Isométrica** por uma vista **Dimétrica** ou **Trimétrica** selecionando a *checkbox* no gerenciador de propriedades.

A opção **Visualização**, quando selecionada, permite uma prévia da vista antes de sua inserção em definitivo no formato. É o que mostram as Figuras 14.11 e 14.12.

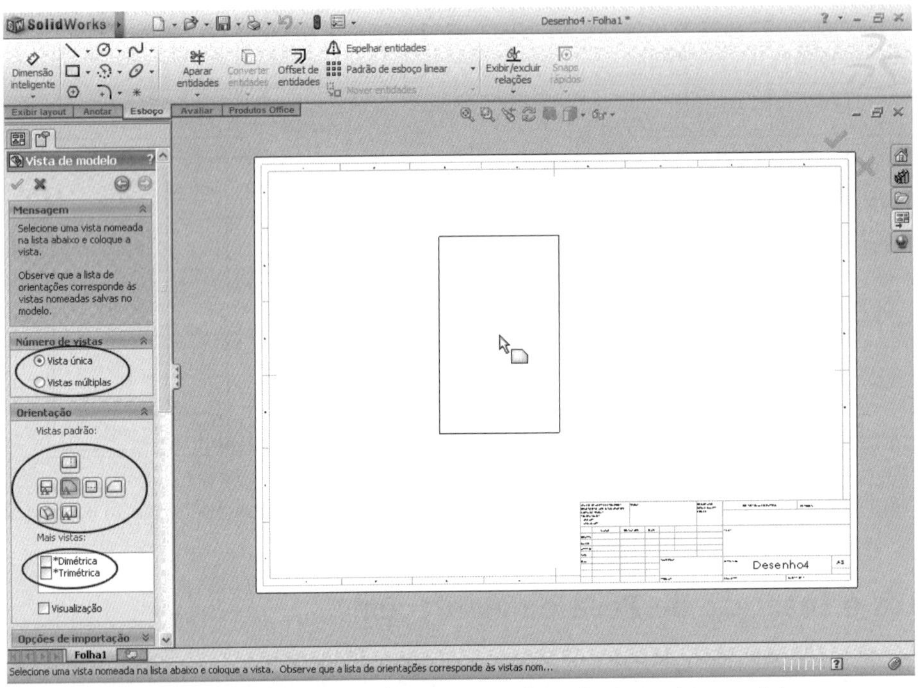

Figura 14.10 - Opções de configuração para inserção do modelo em vistas.

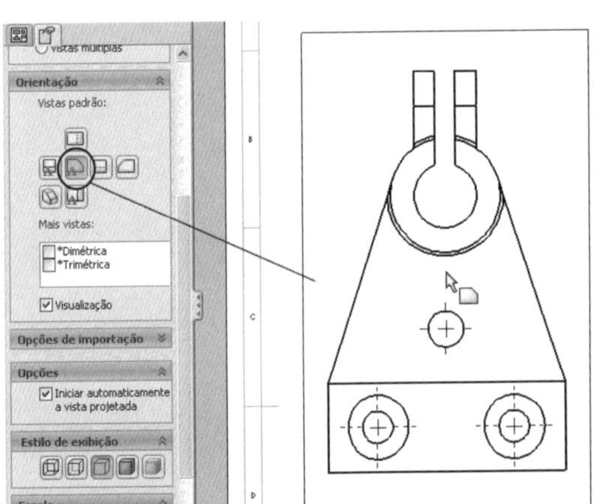

Figura 14.11 - Vista única definida como frontal.

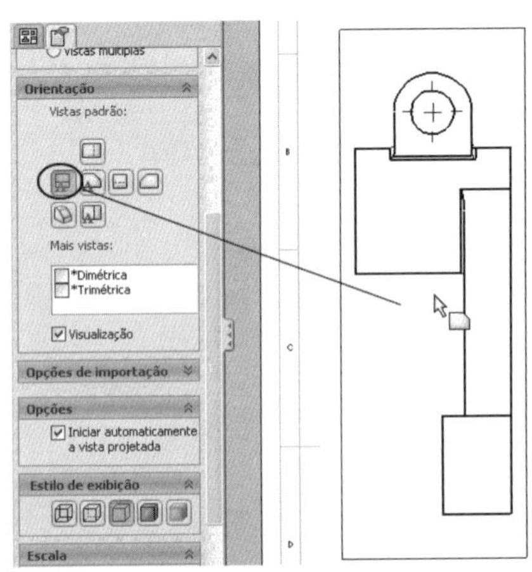

Figura 14.12 - Vista única definida como lateral direita.

A Figura 14.13 exibe o exemplo da opção **Vistas múltiplas**, em que as vistas selecionadas como padrão na caixa de diálogo **Orientação** são criadas simultaneamente. Note que a distribuição de vistas é automaticamente feita de acordo com a norma da ABNT.

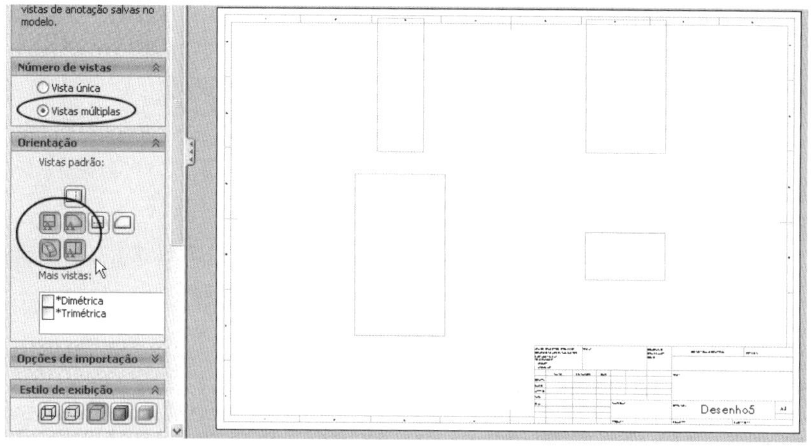

Figura 14.13 - Inserção de vistas múltiplas.

Se deslizarmos o trilho do gerenciador de propriedades mais para baixo, será possível observar outras opções de configuração, como indica a Figura 14.14.

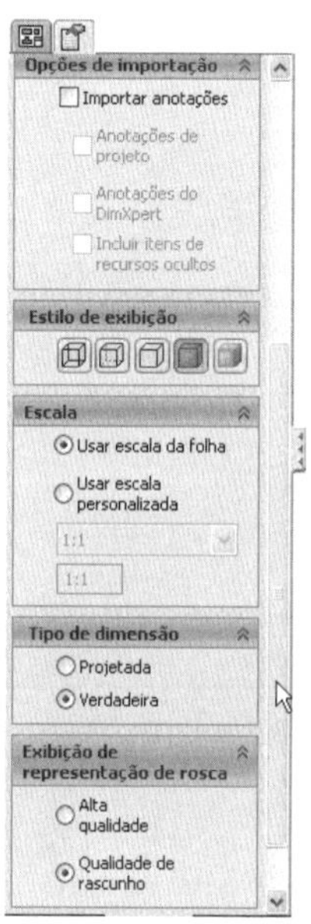

Figura 14.14 - Demais opções do gerenciador de propriedades.

- **Opções de importação** - permite selecionar três tipos diferentes de anotações para importar e exibir no formato.
- **Estilo de exibição** - define a exibição da vista no formato, de cinco formas diferentes. Por padrão, o estilo adotado pelo SolidWorks é Linhas ocultas removidas.
  - a. Estrutura de arame
  - b. Linhas ocultas visíveis
  - c. Linhas ocultas removidas
  - d. Sombreado com arestas
  - e. Sombreado

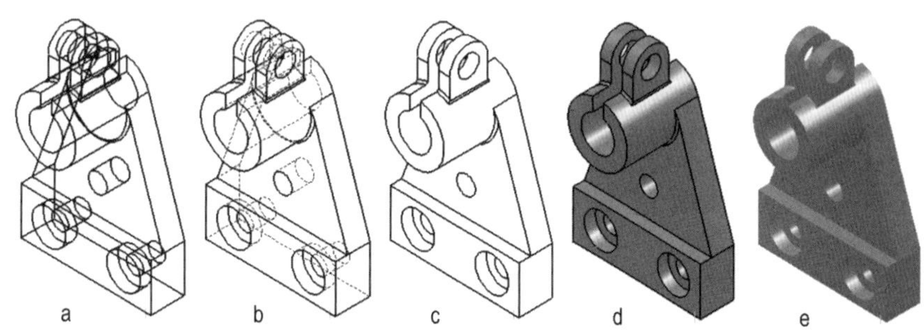

Figura 14.15 - Estilos de exibição da vista.

- **Tipo de dimensão** - a escala de inserção no formato pode ser feita automaticamente com a opção **Usar escala da folha**. Nessa opção o software aplica a mesma escala usada na folha de desenho, ou pela opção **Usar escala personalizada**, em que é possível selecionar uma entre as escalas de aumento ou diminuição padronizadas, Figura 14.16, ou ainda, dentro dessa opção selecionar **Definido pelo usuário**, Figura 14.17, ou **Usar escala de texto**, Figura 14.18.
- Quando você seleciona uma das vistas "filho", a caixa de diálogo **Escala** aparece como na Figura 14.19, em que a opção **Usar escala do pai** aplica a mesma escala usada na vista pai. Quando você altera a escala de uma vista pai, a escala de todos os filhos que usam a escala do pai é atualizada.

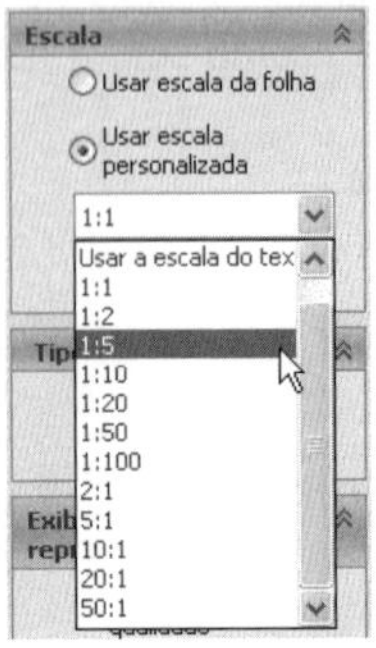

Figura 14.16 - Lista *drop-down* de escalas normalizadas.

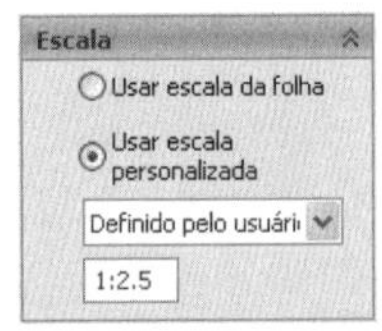

Figura 14.17 - Opção de escala Definido pelo usuário.

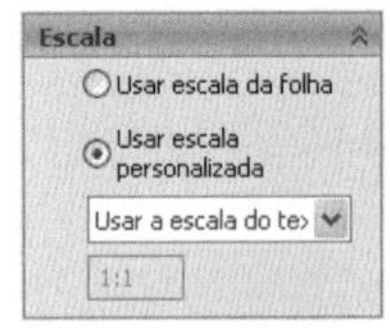

Figura 14.18 - Opção Usar escala do texto.

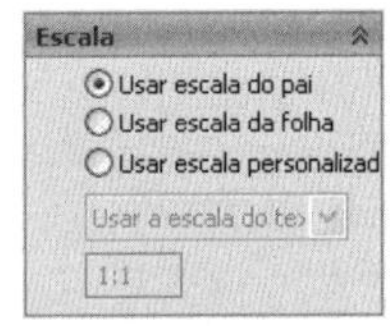

Figura 14.19 - Opção Usar escala do pai.

- **Tipo de dimensão** - no desenho as dimensões podem ser:
  - **Projetada** - dimensões 2D.
  - **Verdadeira** - valores precisos do modelo.

  O tipo de dimensão é definido quando você insere uma vista de desenho. Você pode exibir e alterar o tipo de dimensão nos **PropertyManagers** das vistas de desenho.

  As regras para o tipo de dimensão são as seguintes:
  - O SolidWorks especifica dimensões do tipo **Projetada** para as vistas ortogonais padrão e personalizadas e **Verdadeira** para as vistas isométrica, dimétrica e trimétrica.
  - Se você criar uma vista projetada ou auxiliar a partir de outra vista, a nova vista usará as dimensões do tipo **Projetada**, mesmo que a vista original tenha usado o tipo **Verdadeira**.
- **Exibição de representação de rosca** - as configurações seguintes sobrescrevem a opção **Exibição de representação de rosca** em **Ferramentas → Opções → Propriedades do documento → Detalhamento**, Figura 14.20.

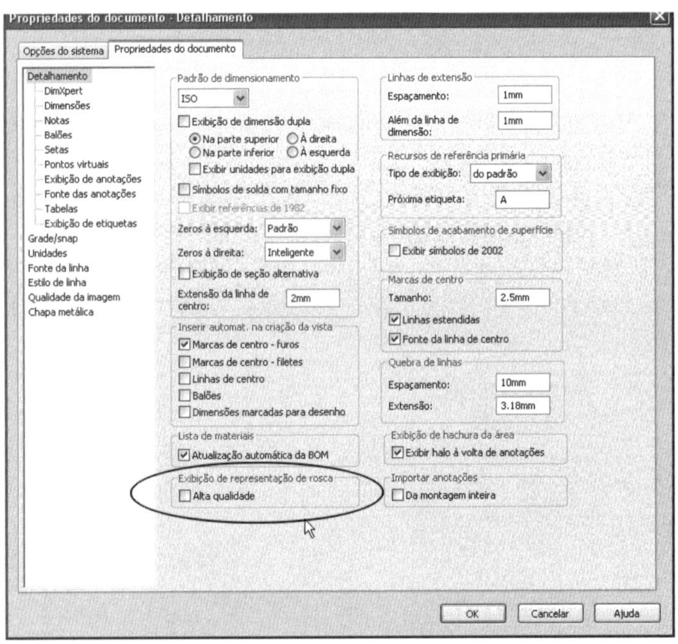

Figura 14.20 - Exibição de representação de rosca.

  - **Alta qualidade** - verifica todas as representações de rosca para determinar se devem ficar visíveis ou ocultas. Por exemplo, se houver um furo (que não é passante) na parte traseira do modelo e o modelo está na vista frontal, a representação de rosca é oculta. Você pode definir a exibição de cada vista de desenho individualmente no **PropertyManager** da vista de desenho sob **Exibição de representação de rosca**.
  - **Qualidade de rascunho** - exibe representações de rosca com menos detalhes. Se uma representação de rosca estiver apenas parcialmente visível, **Qualidade de rascunho** exibe todo o recurso.

Nota

O desempenho do sistema é mais lento com representações de rosca de Alta qualidade. É recomendado deixar essa opção desmarcada até terminar de inserir todas as anotações.

Após criar uma vista ou selecionar uma vista existente, clique em **Mais propriedades** para abrir a caixa de diálogo **Propriedades da vista de desenho**, Figura 14.21, em que é possível alterar informações de listas de materiais, exibir arestas ocultas etc.

A caixa de diálogo **Propriedades da vista de desenho** fornece informações sobre a vista de desenho e seu modelo associado.

Para visualizar e editar as propriedades da vista de desenho:

1. Clique com o botão direito em uma vista de desenho e selecione **Propriedades**.

   - ou -

   No **PropertyManager** de uma vista de desenho, clique em **Mais propriedades**.
2. Edite as propriedades e clique em **OK**.
3. Clique em **Atualizar vista** (barra de ferramentas Desenho) ou em **Reconstruir** (barra de ferramentas **Padrão**).

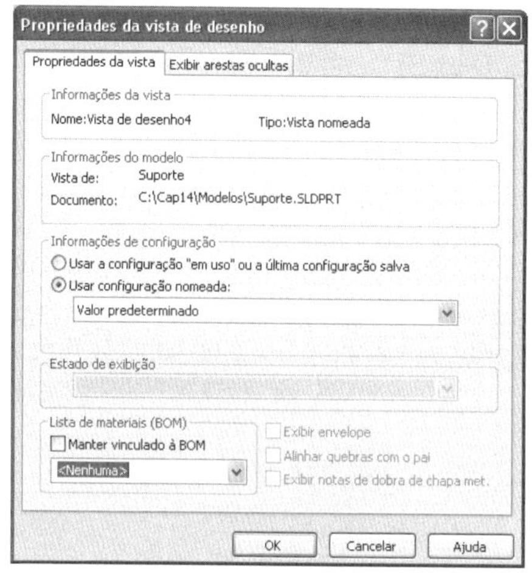

Figura 14.21 - Propriedades da vista de desenho.

- Guia Propriedades da vista
  - **Informações da vista** (somente para leitura).
  - **Informações do modelo** (somente para leitura) - as informações do modelo não estão disponíveis para vistas que não estiverem anexadas.
  - **Informações de configuração.**

4. Selecione uma das seguintes opções:
   - **Usar a configuração "em uso" ou a última configuração salva**.
   - **Usar configuração nomeada** - usa uma configuração que você criou anteriormente.

- **Exibir no estado explodido** - (somente para montagens com uma **vista explodida** definida).
- **Estado de exibição** - (somente para montagens).
- **Lista de materiais (BOM)** - **Manter vinculado à BOM**. Substitui a vinculação automática de uma BOM a uma vista de desenho. Enquanto a BOM existir e **Manter vinculado à BOM** estiver selecionado, o software SolidWorks utiliza a BOM selecionada para atribuir números de balões. Se você anexar um balão a um componente que não se encontra na configuração da BOM, o balão é exibido com um asterisco (*).

Nota

Para desvincular a BOM de uma vista de desenho, selecione **Nenhum** na lista da BOM.

- **Exibir envelope** (somente para montagens) - exibe componentes de envelope de montagem na vista de desenho.
- **Alinhar quebras com o pai** - se a vista for uma **vista quebrada** que foi criada a partir de outra vista quebrada, marque essa caixa de seleção para alinhar as quebras nas duas vistas.
- **Exibir notas de dobra de chapa metálica**.

14.1.3. Arquivo com Múltiplos Layouts

Na Figura 14.1 foi exibido um arquivo com múltiplos layouts. A vantagem da geração desse tipo de arquivo reside no fato de que um conjunto (montagem) pode ser totalmente detalhado em vários layouts de diferentes formatos normalizados compondo um único arquivo de Desenho, evitando assim que arquivos de detalhes componentes sejam extraviados.

O procedimento para criação de um arquivo com múltiplos layouts consiste em:

1. Uma vez criada a montagem e salva, seja ela criada no contexto ou a partir da inserção das peças criadas isoladamente, feche o arquivo.

2. Inicie um novo arquivo selecionando a opção **Desenho** na caixa de diálogo **Novo documento do SolidWorks**.
3. Selecione o formato normalizado desejado, na caixa de diálogo **Formato/tamanho da folha**, para a criação do **Desenho de Montagem**.
4. Clique no botão de controle **Procurar** do gerenciador de propriedades. Localize o arquivo de montagem e insira no formato definindo as vistas principal e secundarias da montagem e todas as informações necessárias, que ainda serão estudadas.
5. Concluído o desenho de montagem, clique na guia inferior do formato (**Folha1**) e pressione a tecla direita do mouse para acessar o menu de atalhos, selecionar a opção **Adicionar folha** e inserir um novo formato no arquivo, como mostram as Figuras 14.22 e 14.23. Observe que na guia da folha criada será exibido o nome **Folha2**.
6. Para inserir um componente da montagem nesse novo formato criado, selecione **Inserir** → **Vista de desenho** → **Modelo**. Em seguida, pressione o botão de controle **Procurar** do gerenciador de propriedades. Localize o arquivo de componente e insira no formato definindo as vistas principal e secundárias e todas as informações.

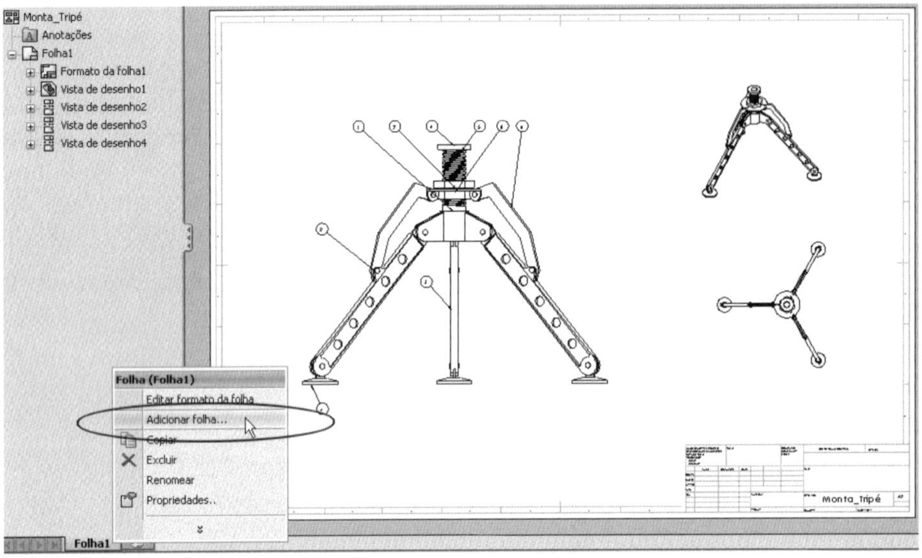

Figura 14.22 - Adição de uma nova folha de desenho.

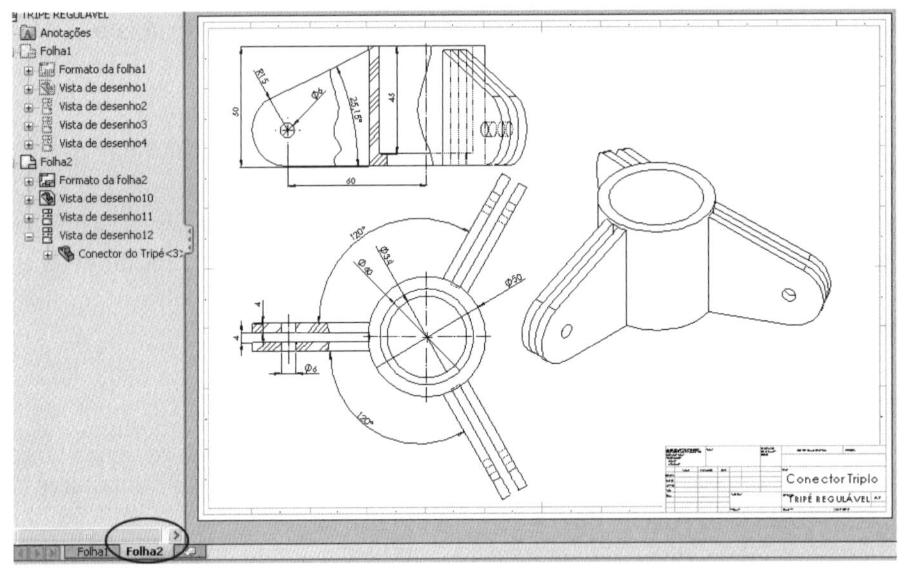

Figura 14.23 - Folha2 adicionada com componente inserido e detalhado.

7. Para atribuir-lhe nome ou código desejado, clique novamente sobre a guia para acessar o menu de atalhos e selecione a opção **Renomear**. A Figura 14.24 e exibe o caso.

Figura 14.24 - Renomeação da Folha2.

14.1.4. Inserção em Formato a partir dos Modos Peça e Montagem

Dentro dos modos de trabalho **Peça** ou **Montagem**, após sua finalização, é possível abrir o modo **Desenho** diretamente sem precisar fechar o modo de trabalho ativo inicialmente.

1. Clique em **Arquivo → Criar desenho a partir da peça**. A Figura 14.25 em seguida ilustra o comando.

   Será aberta em seguida a caixa de diálogo Novo documento do SolidWorks exibindo a lista de Templates **Desenho** que contém todos os formatos normalizados padrão do SolidWorks, Figura 14.26.

2. Clique em **OK** para acessar a seleção de formatos, Figura 14.27.

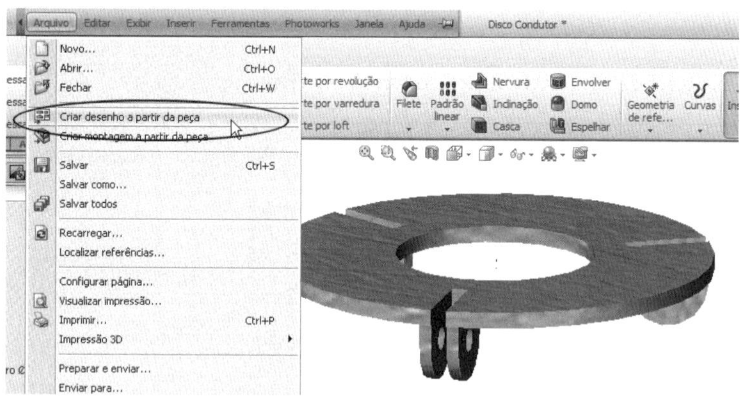

Figura 14.25 - Entrada para criação de desenho a partir do modo Peça.

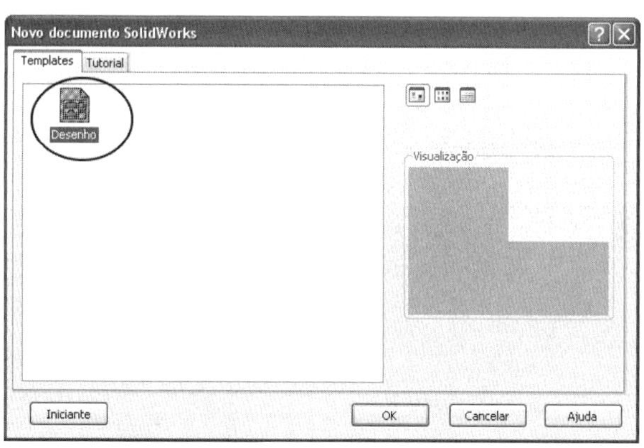

Figura 14.26 - Caixa de diálogo Novo documento SolidWorks.

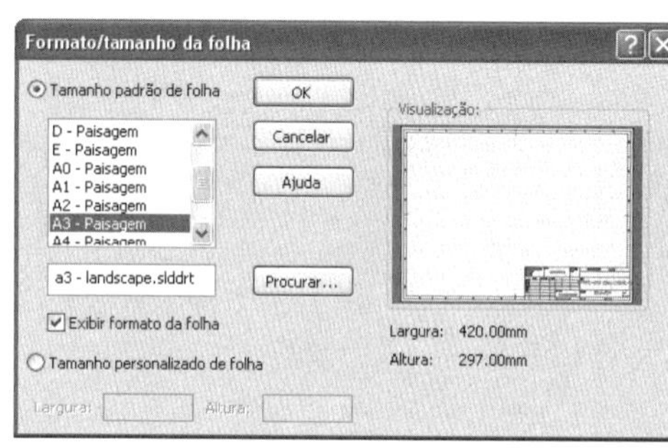

Figura 14.27 - Caixa de diálogo Formato/tamanho da folha.

3. Selecionado o formato, clique em **OK** para abri-lo na área gráfica. Ao lado direito da tela, automaticamente a guia **Paleta de vistas** será exibida com diversas possibilidades de visualização ortogonal e também isométrica.
4. Selecione as vistas desejadas, uma por vez, e arraste para o formato posicionando-a onde queira. A Figura 14.28 ilustra o procedimento.

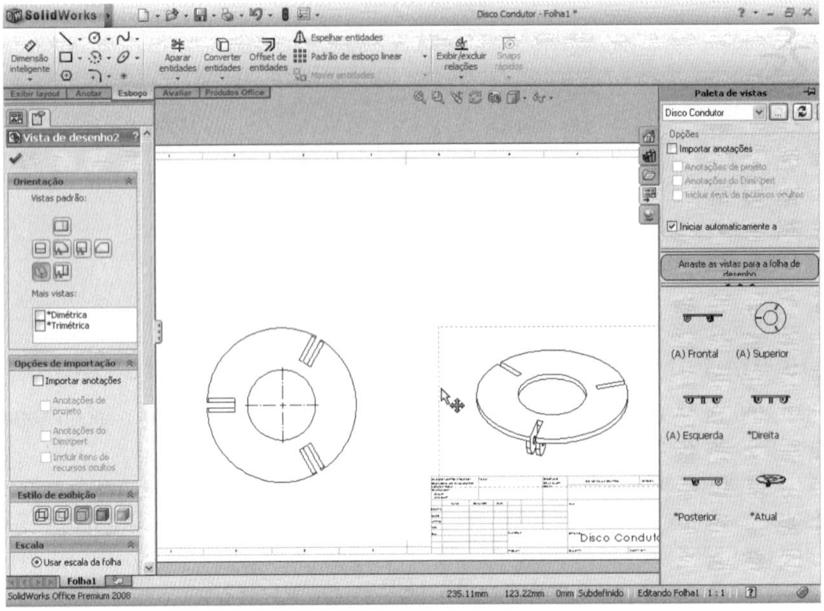

Figura 14.28 - Vista selecionada na Paleta de vistas e arrastada para o formato.

14.1.5. Vistas Ortogonal e Isométrica

As vistas ortogonal e isométrica de um modelo ou montagem podem ser definidas e inseridas no formato arrastando-as diretamente da **Paleta de vistas**, ou definidas na caixa de diálogo **Orientação** do Painel de gerenciamentos **Vista de desenho**.

A Figura 14.29 mostra a configuração do padrão de disposição da **Vista principal** e **Secundárias**. Note que a configuração está de acordo com o 1º Diedro, conforme determina a Norma Brasileira **NB-8**.

Após a inserção da primeira vista (**Vista principal**), as demais, que consistem na lista ao lado da figura, são formadas automaticamente pelo posicionamento do cursor do mouse no formato.

Figura 14.29 - Configuração de vistas-padrão na caixa de diálogo Orientação.

1. Vista principal (inserção ou arraste)
2. Lateral esquerda
3. Superior
4. Lateral direita
5. Posterior
6. Inferior
7. Isométrica

Nota

Observe na Figura 14.29 que três vistas ortogonais, referenciadas com a letra **A**, e a vista isométrica, foram definidas como padrão. Você pode mudar aquela configuração conforme desejado.

As Figuras 14.30 e 14.31 em seguida exibem dois exmplos de formação de vistas a partir da **Vista principal**, simplemente arrastando o cursor do mouse para a posição desejada e clicando.

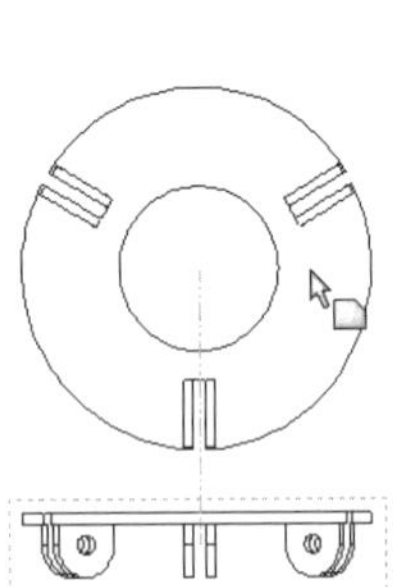

Figura 14.30 - Formação da Vista inferior a partir da Vista frontal (principal).

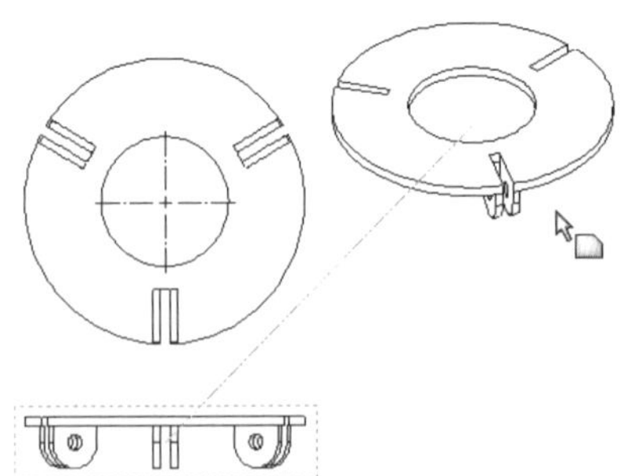

Figura 14.31 - Formação da Isométrica a partir da Vista frontal (principal).

14.1.6. Vistas Auxiliares

Há casos de geometrias que para serem detalhadas em verdadeira grandeza precisam ser representadas com vistas especiais, conhecidas como **Vistas auxiliares**.

A vista auxiliar pode ser de dois tipos, a saber:

- **Vista auxiliar primária (VAP)** - obtida em plano auxiliar perpendicular ao plano principal, Figura 14.32.
- **Vista auxiliar secundária (VAS)** - obtida em plano auxiliar de projeção inclinada em relação a todos os planos principais, Figura 14.33.

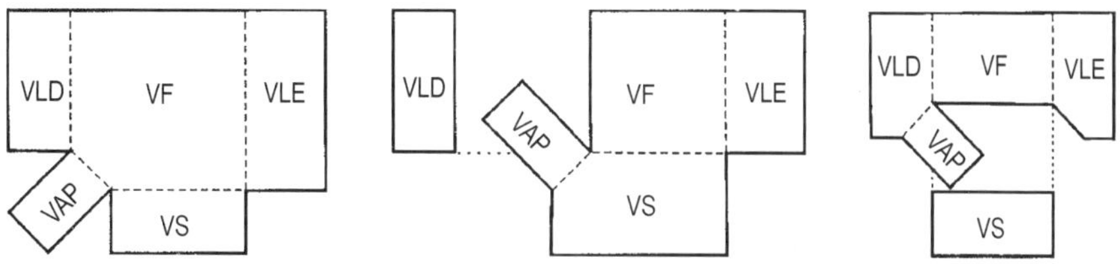

Figura 14.32 - Disposições possíveis de Vista auxiliar primária (VAP) para o primeiro diedro.

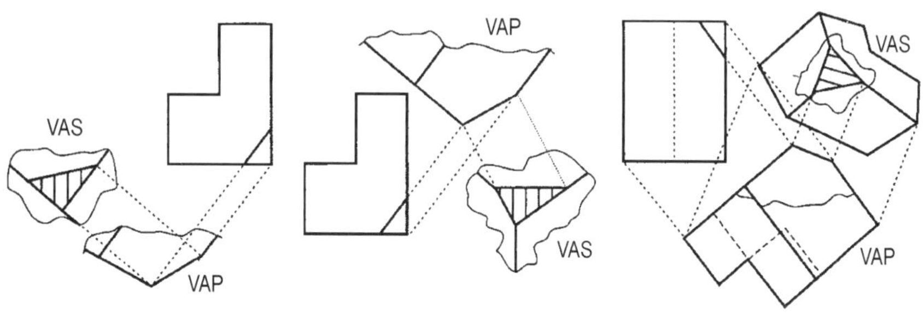

Figura 14.33 - Disposições possíveis de Vista auxiliar secundária (VAS) para o primeiro diedro.

O modelo da Figura 14.34 requer uma vista auxiliar primária para exibir, em verdadeira grandeza, a furação criada na face inclinada.

1. Para criar a **Vista auxiliar**, crie primeiramente as vista ortogonais necessárias ou desejadas.
2. Clique em **Inserir** → **Vista de desenho** → **Auxiliar**. A caixa de mensagens do gerenciador de propriedades pede para selecionar uma aresta de referência.
3. Clique na aresta inclinada mostrada na **Vista frontal** (principal) do modelo. Note agora que quando você arrasta o cursor do mouse em direção ortogonal à aresta selecionada, para cima ou para baixo dela, a **Vista auxiliar** aparece dinamicamente, mostrando a face superior ou inferior.
4. Clique no local desejado. A vista será exibida, Figura 14.35.

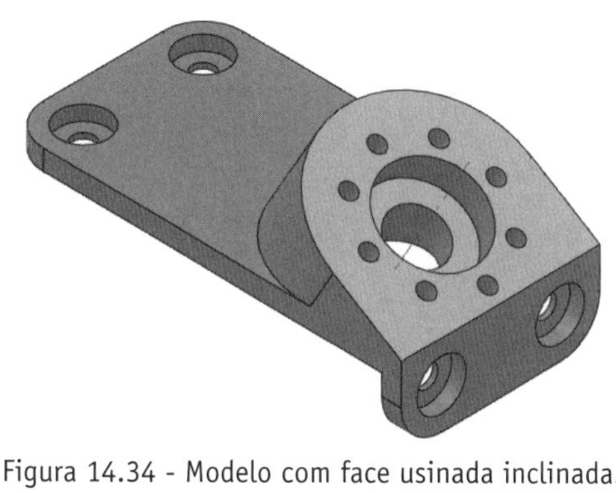

Figura 14.34 - Modelo com face usinada inclinada.

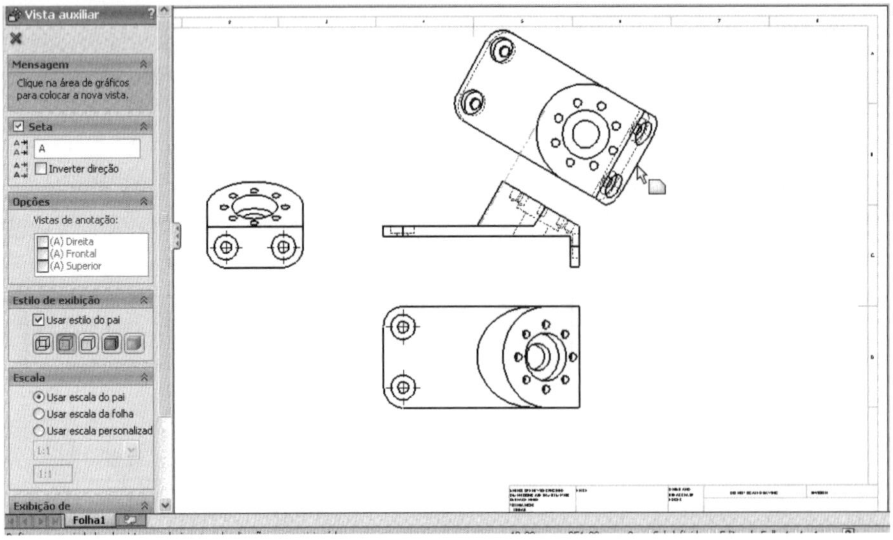

Figura 14.35 - Criação de vista auxiliar primária (VAS).

14.1.7. Reposicionamento de Vistas

As vistas ortogonais e auxiliares são criadas vinculadas e alinhadas à **Vista principal**. Se a orientação desta for modificada, todas as demais também serão.

Algumas vezes, durante o detalhamento do modelo, a fim melhor distribuir as informações no formato, torna-se necessário o reposicionamento de uma ou mais vistas. Se você tentar mover as vistas secundárias, como no caso do modelo exemplificado, perceberá que elas se moverão sempre ortogonais à **Vista principal**. Assim, a **Vista lateral direita**, por exemplo, somente se moverá na direção horizontal, afastando-se ou aproximando-se da **Vista frontal** (principal). Com a **Vista superior**, mostrada abaixo da **Vista frontal**, ocorre de forma análoga, permitindo, entretanto, o movimento somente no eixo vertical. E a **Vista auxiliar**, somente no sentido ortogonal à sua aresta de referência. Para conseguir o reposicionamento da vista, é necessário quebrar o alinhamento em relação à **Vista principal**.

1. Selecione a vista que deseja mudar de posição e clique no botão direito do mouse para acessar o menu de atalhos.
2. Clique em **Alinhamento → Quebra o alinhamento**. O alinhamento com a **Vista principal** é quebrado e então é possível mover a vista selecionada para qualquer posição.
3. As Figuras 14.36 e 14.37 em seguida exibem o processo de reposicionamento da **Vista auxiliar** do modelo anterior.

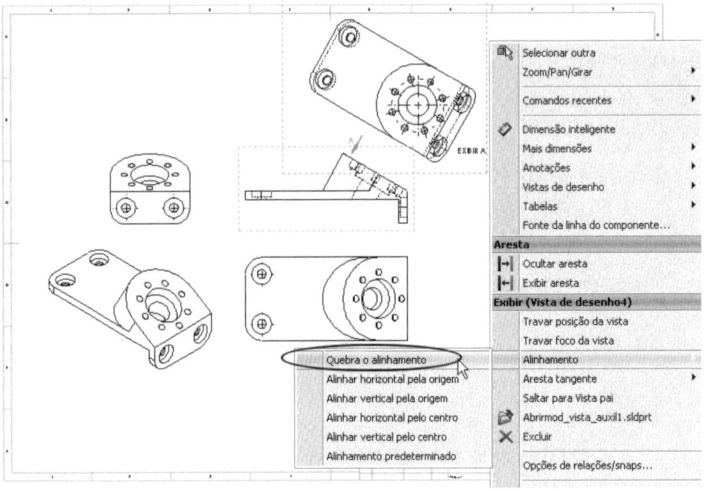

Figura 14.36 - Comando Quebra o alinhamento.

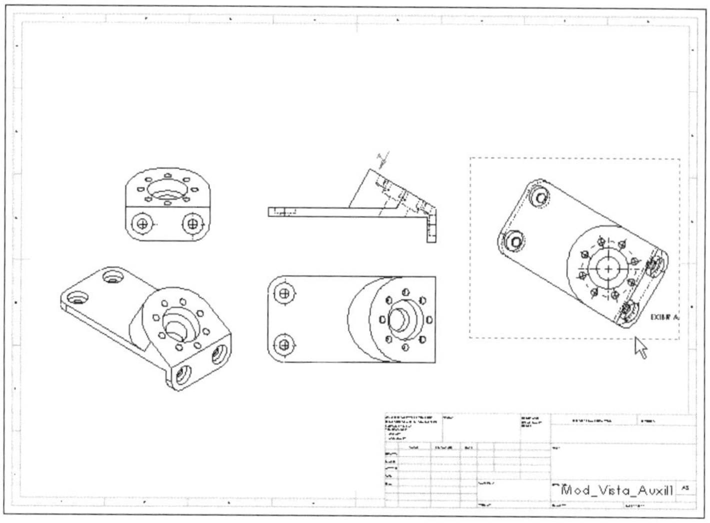

Figura 14.37 - Vista auxiliar reposicionada.

14.1.8. Vistas de Seção

É possível criar uma **Vista de seção** em um desenho através do corte de uma vista-pai por uma linha de seção. A vista de seção pode ser uma seção de corte reto ou uma seção em offset definida por uma linha de seção graduada, a qual também pode conter arcos concêntricos.

- No SolidWorks é possível criar vistas de seção de outras vistas de seção. Uma nova seção é calculada a partir do modelo sólido original, e a vista é atualizada se houver alteração no modelo.
- É possível exibir arestas ocultas em vistas de seção.
- Vistas de seção se expandem na **árvore de projeto do FeatureManager** para que todos os componentes e recursos fiquem disponíveis.
- É possível adicionar dimensões a linhas de seção sem editar o esboço da linha de seção, ou dimensionar entre uma linha de seção e outra linha ou aresta.
- É possível pré-selecionar entidades de esboço que pertencem à folha de desenho para criar vistas de seção. As entidades de esboço não precisam pertencer a uma vista de desenho existente.
- Quando cria uma vista de seção (ou de seção alinhada de um desenho de montagem) você pode:
  - Especificar a distância do corte da vista de seção de modo que a vista de desenho inteira não seja cortada (não disponível em vistas de seção alinhadas).
  - Excluir componentes selecionados.
  - Excluir componentes de fixação (deixa sem corte todos os itens inseridos do SolidWorks Toolbox ou itens designados como componentes de fixação).
  - Controlar o hachuramento automático.
  - Altere a orientação da vista para isométrica.

  Use estas sugestões para solucionar problemas em vistas de seção.

  Se uma vista de seção for exibida com partes do modelo sem corte, e com o modelo na cor pendente (marrom), verifique as seguintes condições:

  - A linha de seção pode não se estender pelo modelo inteiro. Estenda a linha de seção como necessário, ou use a opção **Seção parcial**.
  - O corte pode resultar em geometrias com espessura zero, que não podem ser exibidas corretamente na vista. Modifique a posição da linha de seção para corrigir esse problema.
  - Pode haver um problema na geometria do modelo. Use **Ferramentas, Verificar** para identificar a geometria inválida.

14.1.8.1. Vista de Seção Total

Para criar uma vista de seção total:

1. Clique em **Vista de seção** na barra de ferramentas **Desenho**, ou clique em **Inserir** → **Vista de desenho** → **Seção**.
2. O **PropertyManager de Vista de seção** é exibido com a ferramenta **Linha** ativa.
3. Esboce uma linha de seção que atravesse todo o modelo, como mostra a Figura 14.38.
4. Ao clicar no ponto final da linha, você pode definir na caixa de diálogo se deseja Inverter direção. Isso muda as setas para o sentido oposto, invertendo a direção da seção. Note que é possível definir na janela a letra identificadora da seção.
5. Arraste a janela da seção até a posição desejada, Figura 14.39.

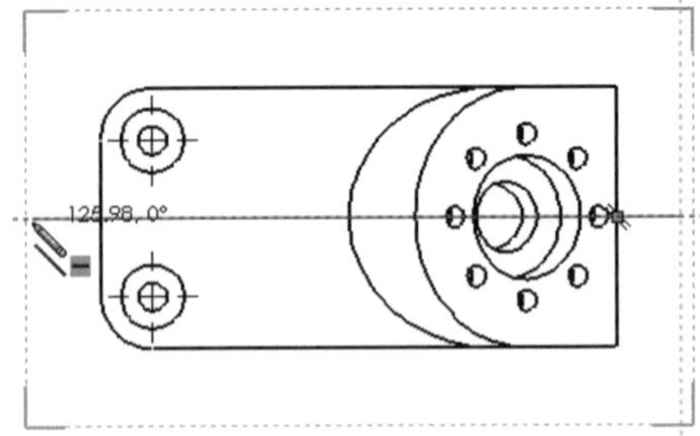

Figura 14.38 - Esboço de linha para seção total.

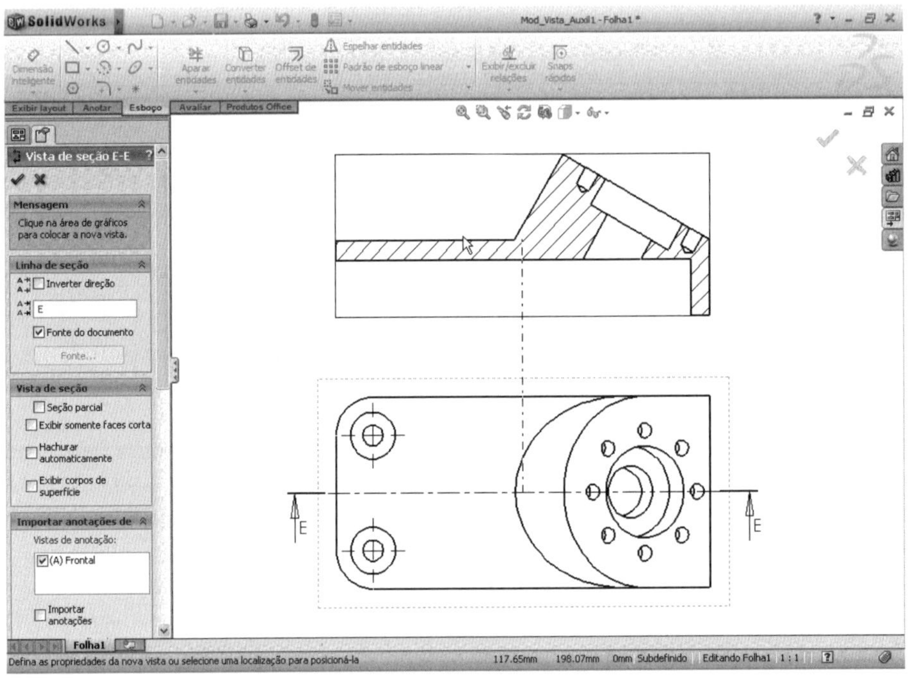

Figura 14.39 - Posicionamento da seção total.

14.1.8.2. Vista de Seção Parcial

Se a linha de seção não cortar inteiramente através da caixa delimitadora do modelo na vista, será perguntado se você quer que o corte seja uma seção parcial. Se clicar em **Sim**, a vista de seção será criada como uma vista de seção parcial.

O recurso de vista de seção parcial é normalmente aplicado a peças com simetria em que se deseja mostrar detalhes internos, Figura 14.40.

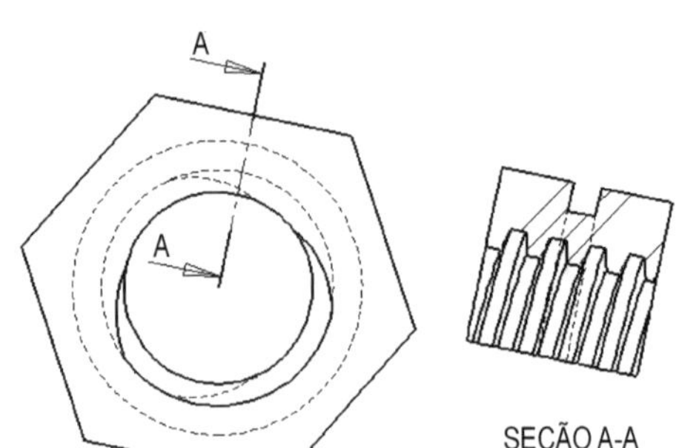

Figura 14.40 - Vista de seção parcial.

14.1.8.3. Vista de Seção em Desvio

Para criar uma vista de seção com múltiplas linhas (em desvio), ou para usar uma linha de centro como a de seção, esboce a linha de seção antes de clicar na ferramenta **Vista de seção**. Múltiplas linhas de seção podem ter a mesma etiqueta. Uma mensagem de alerta será exibida se o padrão de desenho utilizado não permitir essa ação.

Para exemplificar esse tipo de seção, utilizaremos novamente o modelo da Figura 14.34.

1. Defina como **Vista principal** a **Vista superior** do modelo e trace uma linha com desvio, como indica a Figura 14.41.
2. Selecione o primeiro segmento de reta, clique na tecla **CTRL** e selecione os outros dois.
3. Clique em **Inserir → Vista de desenho → Seção**.

   O SolidWorks gera a seção ao longo da linha com desvio.

Configure a direção desejada marcando ou não a *checkbox* **Inverter direção** e clique no local para definir a posição. Observe que em seguida aparece a notação da seção, neste exemplo, SEÇÃO H-H, Figura 14.42.

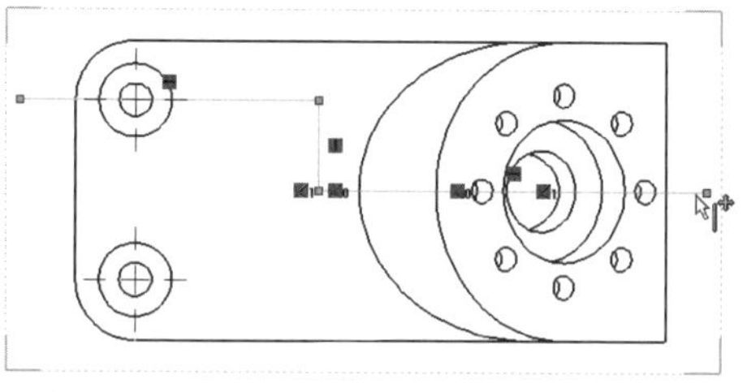

Figura 14.41 - Seleção da linha com desvio.

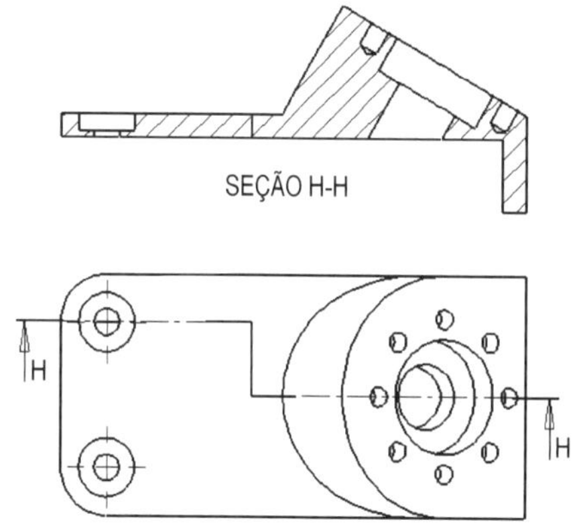

Figura 14.42 - Vista de seção em desvio.

14.1.8.4. Vista de Seção Alinhada

É possível criar uma vista de seção alinhada em um desenho por meio de um modelo, ou parte de um modelo, que esteja alinhado com um segmento de linha de seção selecionado. A vista de seção alinhada é similar a uma **Vista de seção**, mas a linha de seção em uma seção alinhada compreende duas ou mais linhas conectadas em ângulo.

A vista de seção alinhada é também denominada de Corte rebatido, porque as arestas que compreendem o segmento em ângulo são projetadas com rotação em torno do ponto central, formando um ângulo final de 180°, fazendo parecer uma **Vista de seção total**.

É possível pré-selecionar entidades de esboço que pertencem à folha de desenho para criar vistas de seção alinhadas. As entidades de esboço não precisam pertencer a uma vista de desenho existente.

Para criar uma vista de seção alinhada:

1. Clique em **Vista de seção alinhada** na barra de ferramentas Desenho, ou clique em **Inserir → Vista de desenho → Seção alinhada**.
2. Para criar uma vista de seção alinhada com mais de duas linhas, é necessário selecionar as linhas esboçadas antes de clicar em **Vista de seção alinhada**. As linhas devem estar conectadas em ângulo e não podem formar contornos múltiplos.
3. Esboce a linha de seção que deve consistir em duas linhas conectadas formando um ângulo entre si.
4. Se estiver trabalhando no desenho de uma montagem, defina as opções na caixa de diálogo **Vista de seção**.
5. Defina as opções no **PropertyManager Vista de seção**.

- É exibida uma visualização da vista enquanto você movimenta o ponteiro, se **Exibir conteúdo ao arrastar vista de desenho** tiver sido selecionado.
- É possível controlar o **alinhamento** da vista que é alinhada ao segmento do esboço selecionado quando você criou a linha de seção; as faces cortadas de outros segmentos são projetadas no mesmo plano.
- A orientação da vista é invertida se Inverter direção for selecionado no **PropertyManager**.
- Não é possível alterar o ângulo da linha selecionada para alinhar a vista.

6. Clique para posicionar a vista.

As Figuras 14.43 e 14.44 exemplificam dois casos típicos dessa aplicação. O segundo caso é obtido com múltiplas linhas.

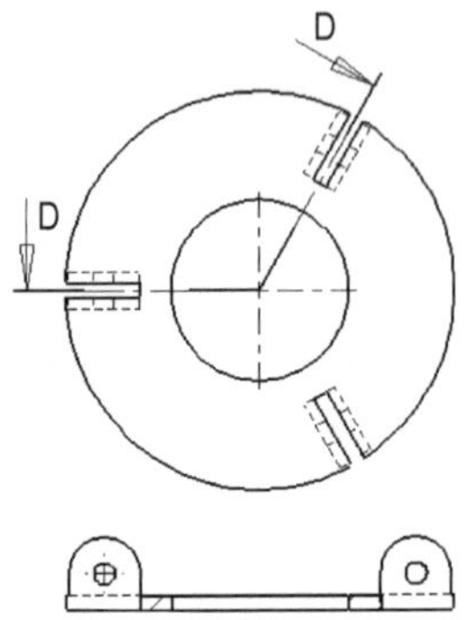

Figura 14.43 - Vista de seção alinhada D-D.

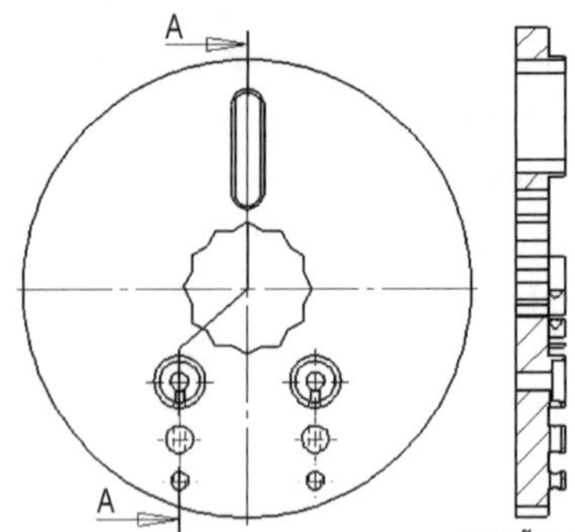

Figura 14.44 - Vista de seção alinhada A-A, gerada a partir de múltiplas linhas.

Nota

Se a linha de seção tiver vários segmentos, a vista será alinhada ao segmento de esboço selecionado por último quando você clicou na ferramenta **Vista de seção.**

Clique para posicionar a vista. É possível **editar as etiquetas da vista** ou **estilos de fonte, mudar o alinhamento** ou **modificar a vista de seção**, se necessário.

14.1.8.5. Vista de Seção Isométrica

Para alterar a orientação de uma vista de seção ou vista de seção alinhada para isométrica:

- Clique com o botão direito na vista para abrir o menu de atalhos e selecione **Vista de seção isométrica**, Figura 14.45.
- Para remover a orientação isométrica, clique com o botão direito na vista e selecione **Remover vista isométrica**.

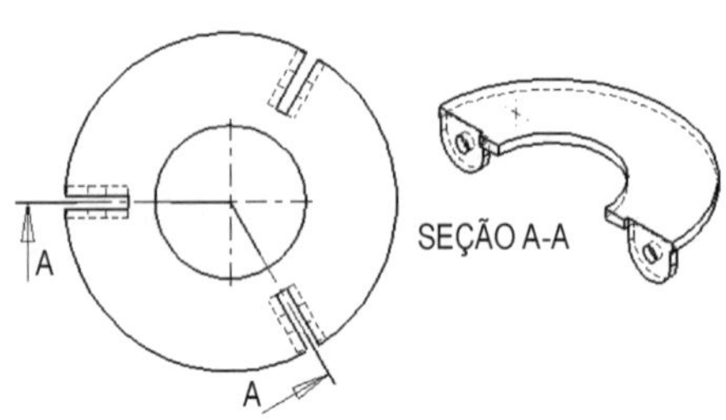

Figura 14.45 - Vista de seção isométrica.

14.1.9. Vista de Detalhe

A **Vista de detalhe** é um recurso de janela de dimensionamento em que uma região de interesse é demarcada por um contorno fechado e referenciada, geralmente um círculo, ou mesmo qualquer forma geométrica fechada, capturada, reposicionada em local apropriado na folha de desenho, e exibida em escala maior, possibilitando assim melhor dimensionamento e visualização.

Esse detalhe pode ser uma vista ortográfica, uma vista não-plana (isométrica), uma vista de seção, uma vista recortada, uma vista de montagem explodida ou uma outra vista de detalhe.

Vistas de detalhes se expandem na **árvore de projeto do FeatureManager** para que todos os componentes e recursos fiquem disponíveis.

Para criar uma vista de detalhe:

1. Clique em **Vista de detalhes** na barra de ferramentas Desenho, ou clique em **Inserir → Vista de desenho → Detalhe**.
2. O **PropertyManager de Vista de detalhe** é exibido com a ferramenta **Círculo** ativa.
3. Esboce um círculo.
4. Quando a vista estiver no local desejado, clique para colocá-la. Você pode **editar as etiquetas da vista** e **estilos de fonte**, além de **modificar a vista** como desejada. Para remover os esboços importados para o desenho, exclua-os da **árvore de projeto do FeatureManager**. A Figura 14.46 exemplifica a aplicação do comando.

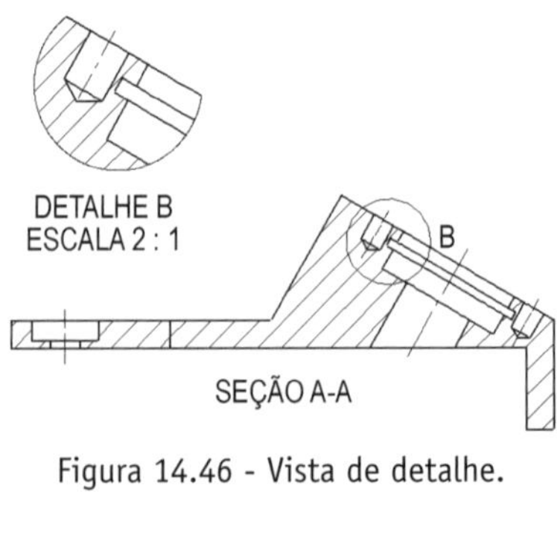

Figura 14.46 - Vista de detalhe.

Nota

Para criar um perfil diferente de um círculo, esboce o perfil antes de clicar na ferramenta **Vista de detalhes.** Utilizando uma ferramenta de entidade de esboço, crie um perfil fechado em torno da área a ser detalhada. É possível adicionar dimensões ou relações às entidades de esboço para posicionar o perfil com precisão em relação ao modelo.

Se você tiver selecionado Exibir conteúdo ao arrastar vista de desenho, uma visualização da vista será exibida conforme você move o ponteiro.

Outros estilos de contorno para detalhes podem ser configurados para a criação da **Vista de detalhe** no SolidWorks. Ao abrir o **PropertyManager** do comando, é possível configurar um dos cinco estilos disponíveis na lista *drop-down* da caixa de diálogo **Círculo de detalhe**, como mostra a Figura 14.47.

As Figuras 14.48 a 14.50 exibem os demais estilos.

- O estilo **Sem linha de chamada** é idêntico ao seu oposto, Figura 14.49, entretanto sem a linha de chamada.

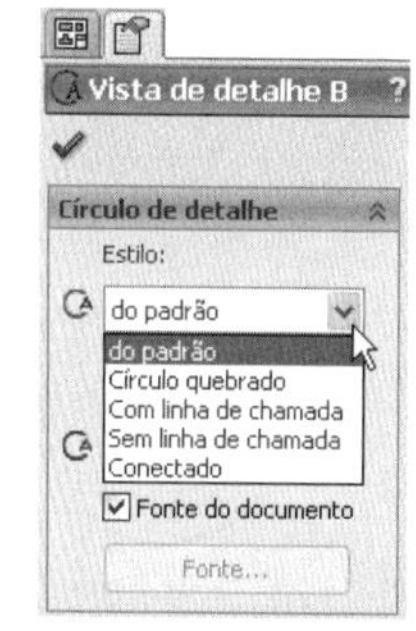

Figura 14.47 - Caixa de diálogo Círculo de detalhe.

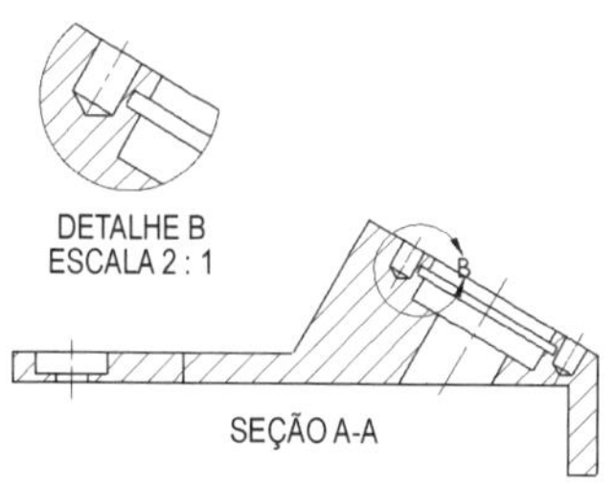

Figura 14.48 - Vista de detalhe com estilo Círculo quebrado.

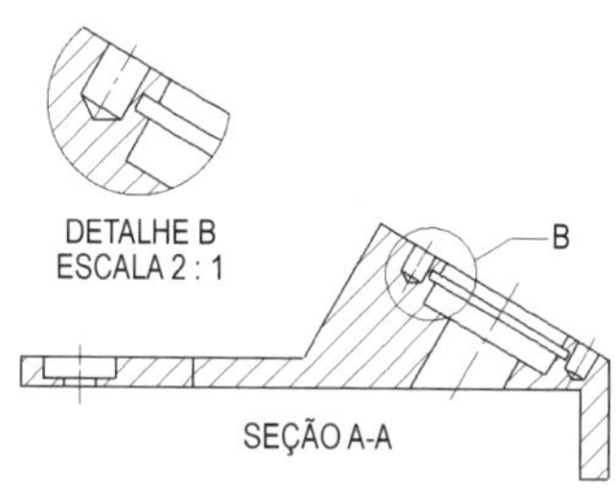

Figura 14.49 - Vista de detalhe em estilo Com linha de chamada.

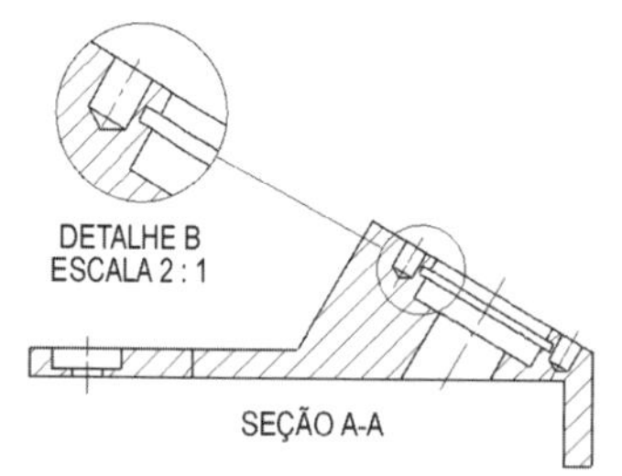

Figura 14.50 - Vista de detalhe com estilo Conectado.

14.1.10. Inserção de Seção de Corte Parcial

A seção de corte parcial é parte de uma vista de desenho, não uma vista separada. Um perfil fechado, geralmente um spline, define a seção de corte parcial. O material é removido até uma profundidade especificada para expor detalhes internos. Especifique a profundidade através de um número ou selecionando uma geometria em uma vista de desenho.

A seção de corte parcial é comumente recomendada para exibir detalhes internos de um componente ou montagem, sobre a própria vista. A Figura 14.51 ilustra o procedimento descrito.

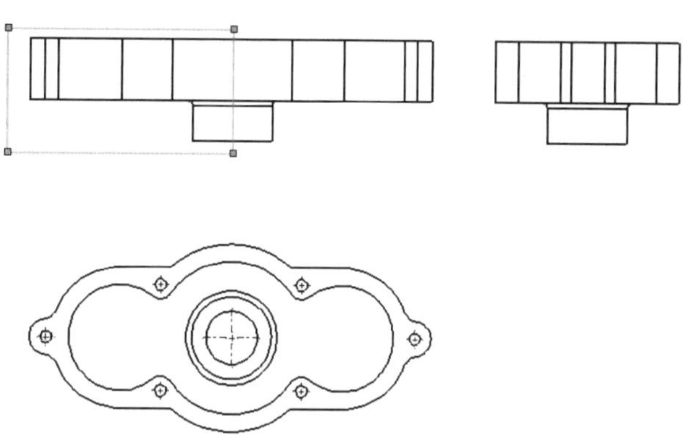

Figura 14.51 - Esboço de um perfil retangular.

1. Clique em Seção de corte parcial na barra de ferramentas Desenho, ou clique em Inserir, Vista de desenho, Seção de corte parcial.
2. Note que o ponteiro do mouse se modifica.
3. Se desejar um perfil diferente de um spline, crie e selecione um perfil fechado antes de clicar na ferramenta **Seção de corte parcial**.
4. Esboce um perfil. No exemplo, Figura 14.51, esboçou-se um retângulo.

5. Defina as opções na **caixa de diálogo Vista de seção**. Se não desejar excluir componentes ou componentes de fixação da vista de seção de corte parcial, clique em **OK**.
6. Defina as opções no **PropertyManager de Seção de corte parcial**. A profundidade configurada foi de **80mm**. Observe os vetores de corte, circulados nas duas vistas, Figura 14.52.

Clique em **OK**. O corte será criado, Figura 14.53.

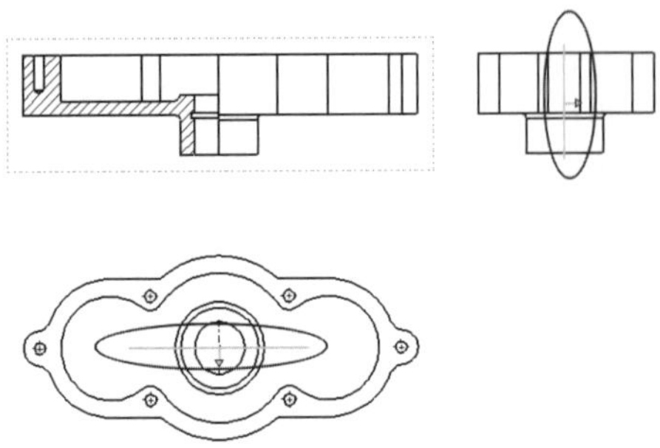

Figura 14.52 - Configuração da profundidade da seção de corte parcial - Vetores indicativos de corte.

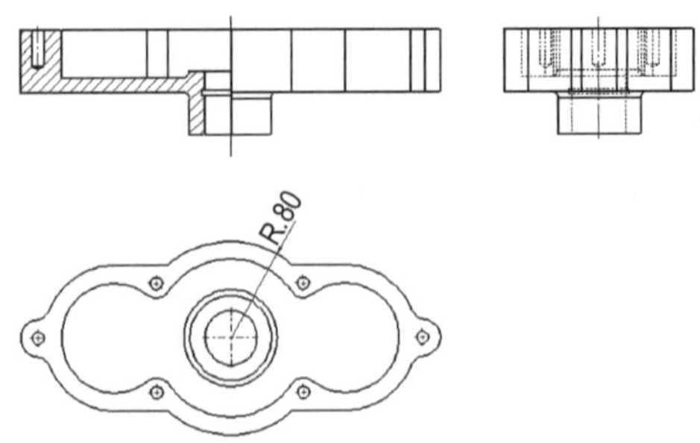

Figura 14.53 - Seção de corte parcial definida.

Nota

Não é possível criar uma seção de corte parcial em uma vista de detalhes, de seção ou de posição alternativa. Se você criar uma seção de corte parcial em uma vista explodida, não poderá recolher aquela vista.

Use o **modo de vista de desenho 3D** para selecionar uma aresta oculta na profundidade de uma vista de seção de corte parcial.

Para excluir ou editar uma seção de corte parcial:

Clique com o botão direito na seção de corte parcial na **árvore de projeto do FeatureManager** e selecione uma das opções seguintes.

- **Excluir**.
- **Editar definição** - defina as opções no **PropertyManager de Seção de corte parcial**, em seguida clique em **OK**.
- **Editar esboço** - selecione a entidade de esboço e edite-a, em seguida feche o esboço.

14.1.11. Inserção de Quebra (Ruptura)

A **Quebra** ou **Ruptura** é um recurso de detalhamento que possibilita exibir a vista do desenho em uma escala maior em uma folha de desenho menor. As dimensões de referência e do modelo associadas à área quebrada refletem os valores reais do modelo.

As opções de vista quebrada incluem:

- É possível especificar o espaçamento entre a quebra de linhas e a extensão das linhas além da geometria da peça em **Ferramentas → Opções → Propriedades do documento → Detalhamento**.
- Você pode travar as linhas de quebra no local, para que não possam ser movidas. Após quebrar a vista, dimensione as linhas de quebra em relação a uma parte conhecida da geometria. Essas dimensões são usadas somente no documento de desenho e não aparecem no desenho impresso.
- É possível especificar a fonte da quebra de linhas em **Ferramentas → Opções → Propriedades do documento → Fonte da linha**.
- É possível exibir as linhas de dimensão em ziguezague por meio da seleção de **Exibir dimensões como quebradas em vistas quebradas** em **Ferramentas → Opções → Propriedades do documento → Dimensões**.
- É possível aplicar os comandos **Quebrar vista** e **Desfazer quebrar vista** às várias vistas.

Para criar uma vista quebrada siga o procedimento:

1. Selecione uma vista de desenho, Figura 14.54, e clique em **Quebrar** (barra de ferramentas **Desenho**) ou em **Inserir → Vista de desenho → Quebrar**.
2. Defina as opções na caixa de diálogo **Configurações de vista quebrada**, Figura 14.55, no **PropertyManager**:

- **Adicionar linha quebrada vertical**.
- **Adicionar linha quebrada horizontal**.

- **Tamanho do espaçamento** - define o tamanho do espaçamento.
- **Estilo da linha de quebra** - define o **tipo** de linha de quebra.

Nas vistas com múltiplas quebras, o **estilo da linha de quebra** deve ser o mesmo.

Uma linha de quebra é anexada ao ponteiro.

3. Clique na vista duas vezes para colocar duas linhas de quebra, criando a quebra.

   A vista é exibida com um espaçamento na geometria. Além da geometria do modelo, vistas quebradas também aceitam representações de rosca e eixos.

4. Clique em **OK**. A Figura 14.56 exibe o componente com a ruptura definida.

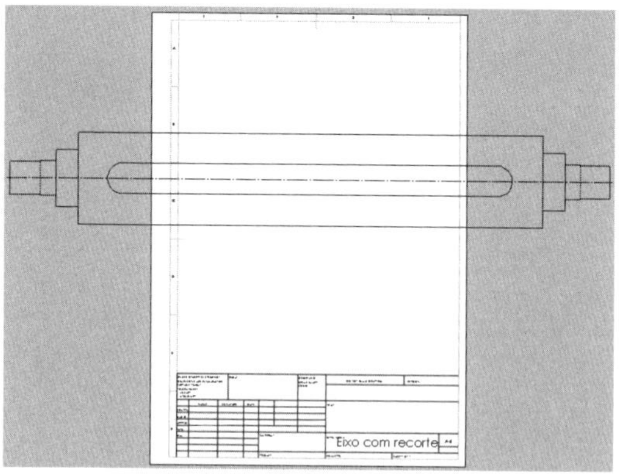

Figura 14.54 - Peça sobre o formato.

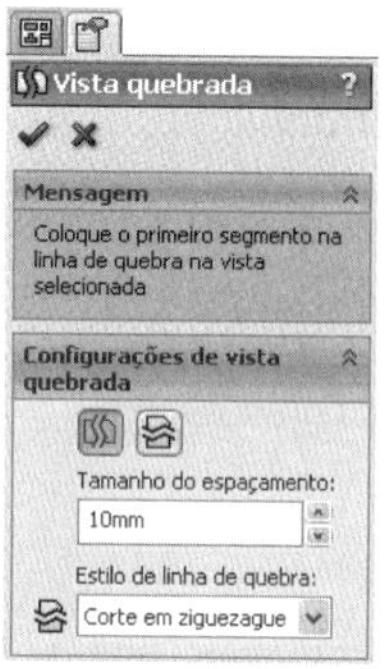

Figura 14.55 - Gerenciador de propriedades.

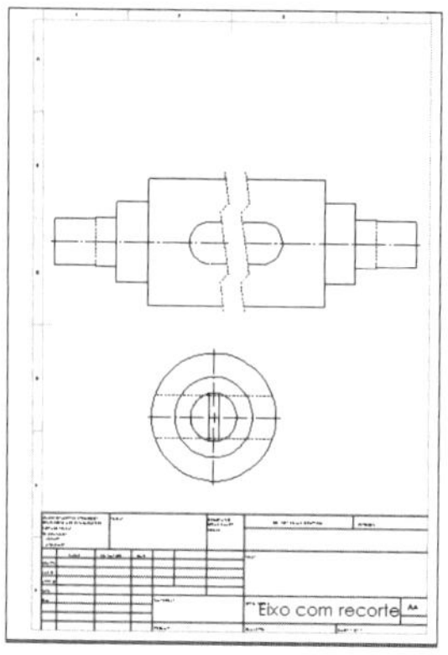

Figura 14.56 - Vista quebrada estilo Corte em ziguezague.

A lista *drop-down* exibida em **Estilo de linha de quebra**, na caixa de diálogo **Configurações de vista quebrada**, mostra outras opções de estilo. Observe-as nas figuras em seguida.

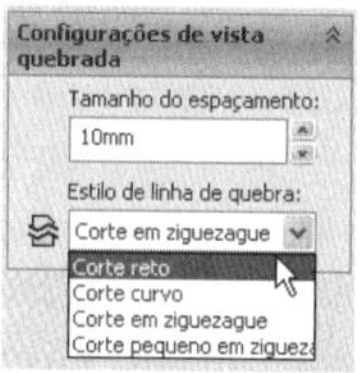

Figura 14.57 - Caixa de diálogo Configurações de vista quebrada.

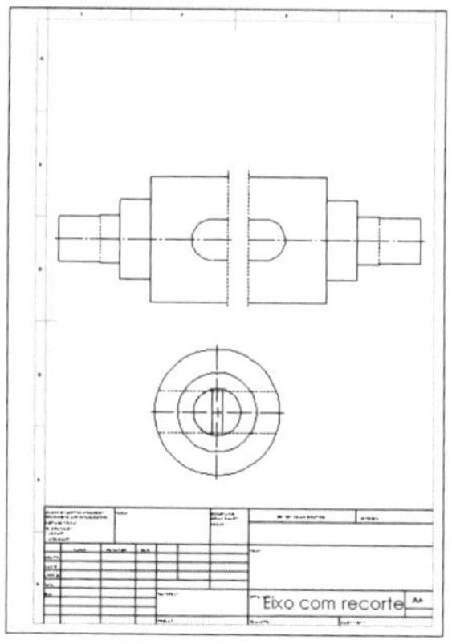

Figura 14.58 - Vista quebrada estilo Corte reto.

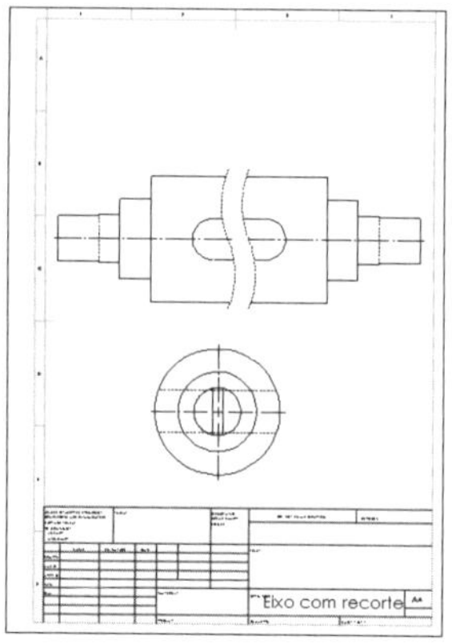

Figura 14.59 - Vista quebrada estilo Corte curvo.

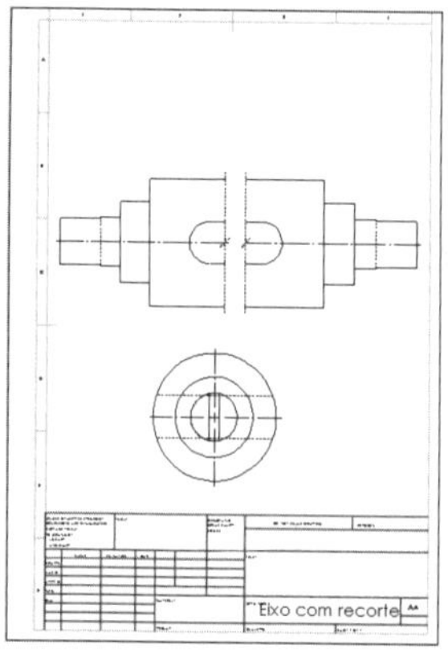

Figura 14.60 - Vista quebrada estilo Corte pequeno em ziguezague.

Para restaurar uma vista quebrada ao seu estado sem quebras:

- Clique com o botão direito na vista quebrada e selecione **Desfazer quebrar vista**.

Para modificar uma vista quebrada:

- Para alterar a forma da quebra de linhas, clique na linha com o botão direito e selecione um estilo no menu de atalho.

Para alterar a posição da quebra:

- Arraste as quebras de linha.

Para alterar a largura do espaçamento da quebra:

- Selecione uma linha de quebra e digite um valor no **PropertyManager**.

Nota

É possível selecionar a área hachurada de uma vista quebrada somente em seu estado sem quebra.

Não é possível selecionar uma área hachurada que cruza uma quebra.

14.2. Inserção de Anotações

O SolidWorks classifica como **Anotações** não apenas notas descritivas comumente inseridas nos layouts de detalhamentos, mas também símbolos como balões, simbologia de solda, tratamentos, tolerâncias etc. A Figura 14.61 exibe o acesso aos comandos de inserção de anotações.

Figura 14.61 - Submenu Anotações.

14.2.1. Nota

Uma nota pode ser flutuante ou fixa e inserida com uma linha de chamada que aponte para um item (face, aresta ou vértice) no documento. Ela pode conter texto simples, símbolos, texto paramétrico e hiperlinks. A linha de chamada pode ser plana, curva ou **com múltiplo desvio**.

Para definir as opções de **Nota** para o documento atual, clique em **Opções Propriedades do documento → Notas** ou em **Ferramentas → Opções → Propriedades do documento → Notas**.

Os itens em seguida descrevem algumas possibilidades com relação à inserção de notas no documento:

- É possível **inserir hiperlinks** nas notas.
- Você pode **vincular notas a propriedades específicas de configuração, personalizadas ou de documento**.
- Você pode adicionar balões às notas.
- É possível inserir anotações nas notas. Ao inserir uma anotação em uma nota, você pode criar uma anotação no **PropertyManager** de **Nota** ou selecionar uma existente no desenho.
- Quando uma nota que contenha uma variável for editada, será possível exibir o nome ou o conteúdo da variável. Clique em **Exibir → Variáveis de vínculo de anotação** para exibir o nome da variável.
- É possível redimensionar a caixa delimitadora ao redor de uma nota digitando a nota primeiramente e redimensionando a caixa delimitadora ou vice-versa.
- Quando você arrastar o texto existente para alinhá-lo com outro texto, o ponteiro muda para alinhamento à esquerda, alinhamento centralizado ou alinhamento à direita, dependendo de onde a nota foi selecionada. Por exemplo, caso seja selecionado o lado mais à esquerda de uma nota, o ponteiro muda para alinhamento à esquerda.
- Pressione **Tab** no começo de uma nota para aplicar-lhe recuo. Esse procedimento, porém, não funciona no meio de uma nota.
- **Notas de dobra** são exibidas em vistas de desenho com padrões planos de peças de chapa metálica.
- As notas vazias, exibidas na tela, não são exibidas nas visualizações de impressão ou nas páginas impressas.

Figura 14.62 - PropertyManager Nota.

Para criar notas:

1. Clique em **Nota** na barra de ferramentas Anotação ou em **Inserir → Anotações → Nota**. É exibido o **PropertyManager de Nota**, Figura 14.62.
2. Defina as opções no **PropertyManager**.
3. Se a nota tiver uma linha de chamada, clique para inserir essa linha.
4. Clique novamente para inserir a nota ou clique e arraste uma caixa delimitadora.
5. Clique na área de gráficos fora da nota para concluí-la. A Figura 14.63 exibe um exemplo de nota referenciando um chanfro na usinagem de um eixo.

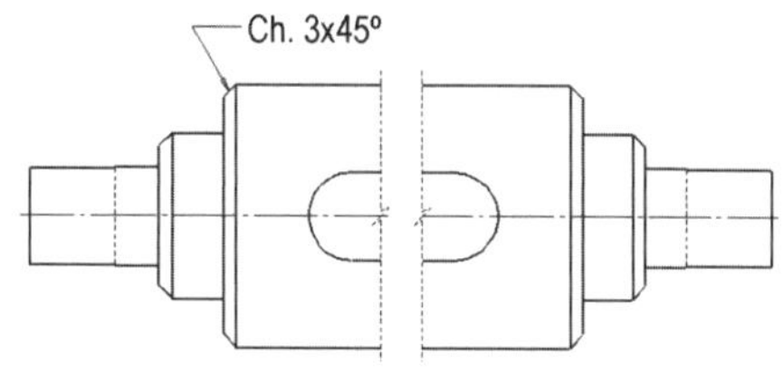

Figura 14.63 - Nota de referência de chanfro.

Nesta nota de referência foi utilizada uma linha de chamada do tipo **Linha de chamada com múltiplo desvio** cujo botão está localizado na primeira linha da segunda coluna (esquerda para direita) da caixa de diálogo **Linha de chamada**.

Note que é possível inserir borda nas notas ou defini-las em um layer específico, que pode ser desativado ou reativado quando for conveniente.

Nota

É possível alterar o texto, as propriedades e a formatação de cada instância da nota.

Para adicionar várias linhas de chamada, pressione **CTRL** enquanto arrasta a nota e antes de posicioná-la. A nota pára de mover, e uma segunda linha de chamada é exibida. Mantenha a tecla **CTRL** pressionada e clique para inserir a linha de chamada. Clique quantas vezes forem necessárias para inserir linhas de chamada adicionais. Solte a tecla **CTRL** e clique para inserir a nota.

Para alterar o recuo de listas com números e marcadores, clique com o botão direito do mouse na nota enquanto estiver no modo de edição e selecione **Marcadores e numeração.**

14.2.1.1. Criação de Lista Automática

Para criar automaticamente uma lista sem clicar em **Número** na barra de ferramentas **Formatação**:

1. Digite o número ou caractere inicial para a lista (por exemplo, 1, a, A, i, I).
2. Digite um ponto final.
3. Digite o texto da primeira linha e pressione **ENTER**. A lista continua em ordem seqüencial.

14.2.1.2. Criação de Texto Empilhado

Para criar texto empilhado:

1. Clique em **Nota** na barra de ferramentas **Anotação** ou em **Inserir → Anotações → Nota**.
2. Clique na área de gráficos para inserir a nota.
3. Clique em **Pilha** na barra de ferramentas instantânea **Formatação**.
4. Defina as opções na caixa de diálogo **Empilhar nota** e clique em **OK**.
5. Clique em **OK**. As Figuras 14.64 e 14.65 exibem exemplos de texto empilhado.

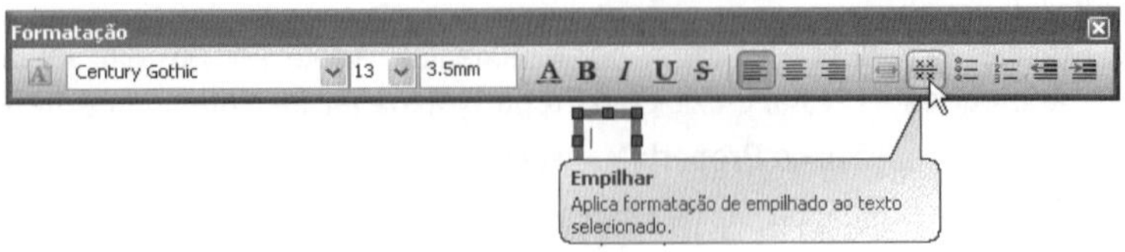

Figura 14.64 - Setagem de texto empilhado na barra Formatação.

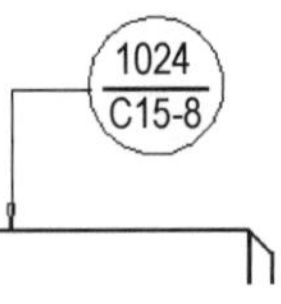

Figura 14.65 - Texto empilhado com borda circular.

14.2.1.3. Inserção de Anotação no PropertyManager de Nota

1. Crie ou edite uma nota existente.
2. No **PropertyManager**, em **Formato do texto**, clique em **Inserir Tolerância geométrica** → **Inserir símbolo de acabamento de superfície** ou em **Inserir Recurso de referência primária**.
3. Defina as propriedades do símbolo selecionado e clique em **OK**.
4. Clique em **OK**.

Para editar a anotação, clique duas vezes nela e edite-a no **PropertyManager** ou na caixa de diálogo.

14.2.1.4. Inserção de Anotação na Nota de um Desenho

1. Crie ou edite uma nota existente.
2. Selecione uma anotação existente na área de gráficos.
3. Clique em **OK**.

14.2.1.5. Edição de Anotação

Você não pode editar anotações nas notas se elas tiverem sido inseridas a partir de uma anotação existente. Quando uma anotação existente for editada, todas as instâncias da anotação serão atualizadas na folha.

14.2.1.6. Edição de Propriedades de Nota

Siga um destes procedimentos:

- Selecione uma ou mais notas e edite as propriedades no **PropertyManager de Nota**.
- Clique com o botão direito do mouse em uma ou mais notas (mantenha a tecla **CTRL** pressionada enquanto seleciona um grupo de notas).

14.2.2. Uso de Balonamento

É possível criar balões em um documento de desenho ou em uma nota. Os balões colocam uma etiqueta nas peças da montagem e as relacionam a números de item na lista de materiais (**BOM - Bill Of Material**).

Entretanto, não é necessário inserir uma **BOM** para adicionar balões. Se o desenho não tem uma **BOM**, os números do item são os valores predeterminados que o software usaria se você tivesse inserido uma **BOM**. Se a folha ativa não tiver uma **BOM** mas existir uma em outra folha, serão usados os números da **BOM** da outra folha.

Para definir as propriedades predeterminadas de balão de **BOM,** clique em **Ferramentas** → **Opções** → **Propriedades do documento** → **Balões**. Se o **Estilo** predeterminado de balão de **BOM** for **Linha de divisão circular**, você pode escolher que tipo de texto será exibido nas partes **Superior** e **Inferior** do balão. Para outros estilos, somente **Superior** está disponível. O tipo de texto pode ser **Texto**, **Número do item**, **Quantidade** ou **Propriedades personalizadas**. Se você tiver definido uma propriedade personalizada, ela será exibida automaticamente no **PropertyManager** de **Balão**.

Os balões são suprimidos automaticamente quando os componentes de referência são suprimidos.

Os balões são exibidos com um asterisco (*) se:

- Um componente estiver definido como **Excluir da lista de materiais**.

  - ou -

- A vista de desenho estiver definida como **Manter vinculado a BOM** e o componente não estiver na configuração exibida na **BOM**.

Também é possível adicionar balões a documentos de montagem. Para importar balões de um documento de montagem para uma vista de desenho, clique em **Notas** no **PropertyManager de Itens do modelo**.

Você pode anexar balões às entidades de esboço. Isso é útil quando esboços (sem extrusão) são combinados para formar uma montagem e depois inseridos em um desenho.

Se você alterar o **Número do item** em um balão, o número do item na lista de materiais também será alterado.

14.2.2.1. Balonamento Manual

1. Clique em **Balão** na barra de ferramentas **Anotação** ou clique em **Inserir → Anotações → Balão**.
2. O **PropertyManager de Balão** é exibido, Figura 14.66.

   Edite as propriedades no **PropertyManager** como necessário e, em seguida, clique em um componente na vista de desenho de uma montagem, ou em um componente de modelo da montagem, para colocar a linha de chamada, então clique novamente para colocar o balão.

   Quando você insere balões, é preciso posicionar o ponteiro sobre a entidade para realçá-la e anexar a linha de chamada. A linha de chamada não aparece até que você coloque o ponteiro sobre a entidade. Desta forma, a linha de chamada e as entidades destacadas não obstruem a vista do modelo ou do desenho.

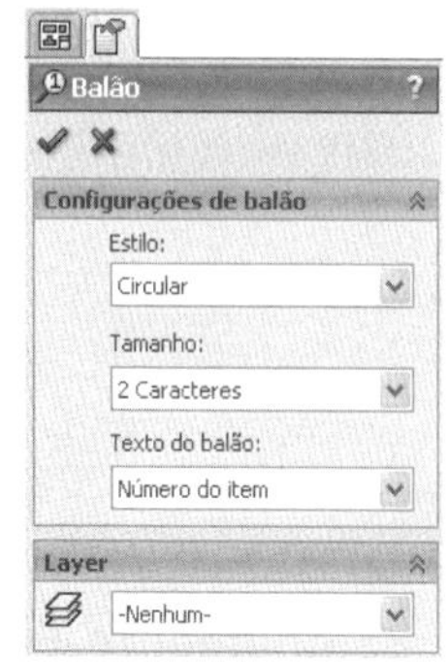

Figura 14.66 - PropertyManager Balão.

   Um balão contendo um número de item é anexado à peça. Se você tiver especificado o texto como **Número do item**, o número no balão corresponderá ao número do item na lista de materiais.
3. Continue inserindo quantos balões forem necessários. Edite as propriedades para cada balão no **PropertyManager** antes de inserir o balão.
4. Clique em **OK**.
5. Para mover o balão ou a seta da linha de chamada, selecione e arraste o balão ou a linha pela alça.

Para alterar as propriedades, textos ou adicionar linhas de chamada ao balão:

6. Selecione o balão e edite as propriedades no **PropertyManager** de **Balão**.
7. Clique duas vezes no texto do balão e edite-o no local.

Você pode adicionar mais linhas de chamada a um balão existente mantendo a tecla **CTRL** pressionada enquanto arrasta um ponto de anexação.

14.2.2.2. Balonamento Automático

O SolidWorks permite a inserção de balões em desenhos de montagem usando também o modo automático.

Para inserir balões pelo modo automático:

1. Selecione a folha de desenho ou vista desejada da montagem e clique em **Inserir → Anotações → Balão automático**. Será exibido o **PropertyManager** do comando, Figura 14.67.
2. Configure na caixa de diálogo **Layout de balão** a disposição destes em relação à vista selecionada.
3. Na caixa de diálogo **Configurações de balão** selecione **Estilo**, **Tamanho**, e **Texto do item**.
4. Clique em **OK** para aceitar. A Figura 14.68 exibe um exemplo de balonamento automático em uma vista isométrica.

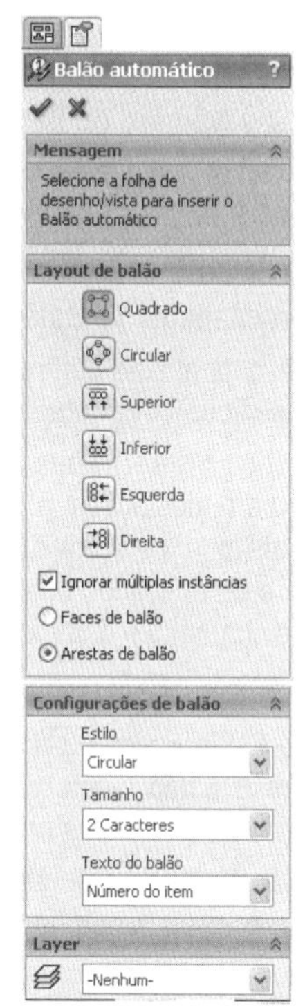

Figura 14.67 - PropertyManager Balão automático.

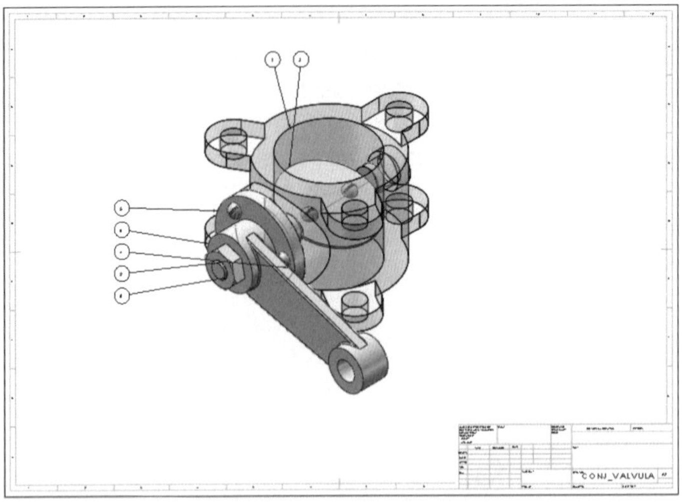

Figura 14.68 - Balonamento estilo circular em vista isométrica.

14.2.2.3. Balonamento Empilhado

Os balões empilhados possuem somente uma linha de chamada para um conjunto. Você pode empilhar os balões horizontal ou verticalmente. É possível inserir balões empilhados nos desenhos de montagens e nos documentos de montagem.

Para importar balões de um documento de montagem para uma vista de desenho, selecione **Notas** no **PropertyManager de Itens de modelo**.

Para definir as propriedades de balão empilhado predeterminado, clique em **Ferramentas** → **Opções** → **Propriedades do documento** → **Balões**. Em **Balões empilhados**, defina **Estilo** e **Tamanho**. Em **Texto do balão**, escolha o conteúdo do balão: **Texto**, **Número do item**, **Quantidade** ou **Propriedades personalizadas**.

É possível inserir um balão empilhado sem selecionar um componente, de modo que se possa anotar um item que faça parte de uma montagem, mas que não esteja de fato modelado, como cola ou um líquido.

Se você alterar o **Número do item** em um balão empilhado, o número do item na lista de materiais também será alterado.

Para inserir balões empilhados:

1. Clique em **Inserir** → **Anotações** → **Balão empilhado**.
2. O **PropertyManager de Balão empilhado**, Figura 14.69.
3. Selecione o ponto no componente em que a linha de chamada do balão deve ser anexada e clique novamente para inserir o primeiro balão.
4. Quando você insere balões empilhados, é necessário posicionar o ponteiro sobre a entidade para destacá-la e anexar a linha de chamada. A linha de chamada não aparece até que você coloque o ponteiro sobre a entidade. Desta forma, a linha de chamada e as entidades destacadas não obstruem a vista do modelo ou do desenho. A linha de chamada e o primeiro balão são exibidos.
5. Continue selecionando componentes.
6. Um balão é adicionado à pilha para cada componente selecionado. À medida que adiciona os balões empilhados, você pode clicar com o botão direito do mouse em qualquer balão da pilha, selecionar **Direção da pilha** (disponível somente em desenhos) e escolher uma nova direção da pilha ou selecionar a direção da pilha no **PropertyManager**.

   Cada balão é uma nota separada que pode ser selecionada para exclusão ou edição.
7. Clique em **OK** para fechar o **PropertyManager**. A Figura 14.70 exemplifica o comando.

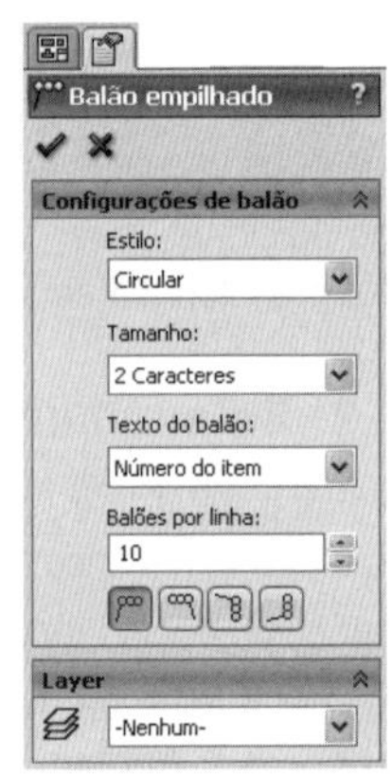

Figura 14.69 - PropertyManager Balão empilhado.

 Para cima

 Para a esquerda

 Para baixo

 Para a direita

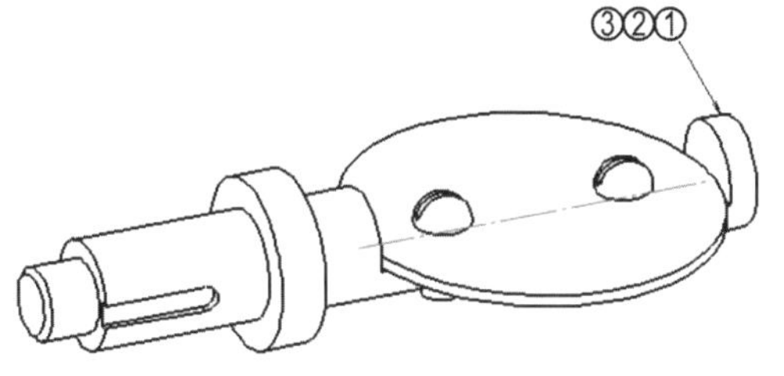

Figura 14.70 - Balonamento empilhado referenciando subconjunto.

Para adicionar balões à pilha depois:

- Clique com o botão direito do mouse em um dos balões empilhados e selecione **Adicionar à pilha**.

Para editar o texto do balão:

Você pode editar o texto do balão apenas se o tipo de balão estiver definido como **Personalizado**.

- Siga um destes procedimentos:
  - Clique duas vezes no texto do balão e edite-o no local.
  - Selecione o balão e edite o texto no PropertyManager.
  - Clique com o botão direito no balão e selecione **Propriedades**.

Para alterar as propriedades dos balões empilhados:

- Siga um destes procedimentos:
  - Selecione um balão ou vários balões na pilha e altere as propriedades no PropertyManager. Para propriedades adicionais, clique em **Mais propriedades** para acessar o **PropertyManager de Nota**.
  - Selecione um ou mais balões, clique com o botão direito em um balão selecionado e clique em **Propriedades**.

Nota

As alterações feitas nas propriedades aplicam-se somente aos balões selecionados. Para alterar os balões na pilha, selecione todos eles.

14.2.3. Símbolo de Acabamento de Superfície

O SolidWorks possui uma completa biblioteca para simbologia de acabamento superficial comumente aplicados a representação da rugosidade de superfícies usinadas ou mesmo em bruto.

Dois sistemas básicos de medida são usados nos diversos países, o da linha média **M** e o da envolvente **E**. O sistema da linha média é o mais utilizado, porém alguns países padronizam ambos os sistemas. A norma ABNT, através da P-NB-13 (1963), adota para o Brasil o sistema M.

A rugosidade superficial é função do tipo de acabamento ou da máquina-ferramenta. E como as superfícies reais distinguem-se das superfícies geométricas através de suas diferenças de forma, para que houvesse a possibilidade de separações mais exatas, essas diferenças foram divididas em seis ordens, em que rugosidade superficial corresponde a *Diferenças de forma de 3ª a 5ª ordens*, que resultam da ação inerente ao processo de usinagem. São diferenças que se repetem, regular ou irregularmente, cujas distâncias são um múltiplo reduzido de sua profundidade.

Para aplicar os sinais de acabamento superficial resultantes dos processos de usinagem:

1. Clique em **Inserir** → **Anotações** → **Símbolo de acabamento de superfície**. Será exibido o PropertyManager do comando, Figura 14.71.
2. Na caixa de diálogo **Símbolo**, selecione o símbolo desejado em uma das opções oferecidas, Figura 14.72.
3. Na caixa de diálogo **Layout de símbolo**, entre com as informações necessárias às janelas, como ilustra a Figura 14.73. Se **JIS básico** ou **Usinagem JIS necessária** for selecionado, diversas texturas de superfície estarão disponíveis.

Figura 14.71 - PropertyManager Acabamento de superfície.

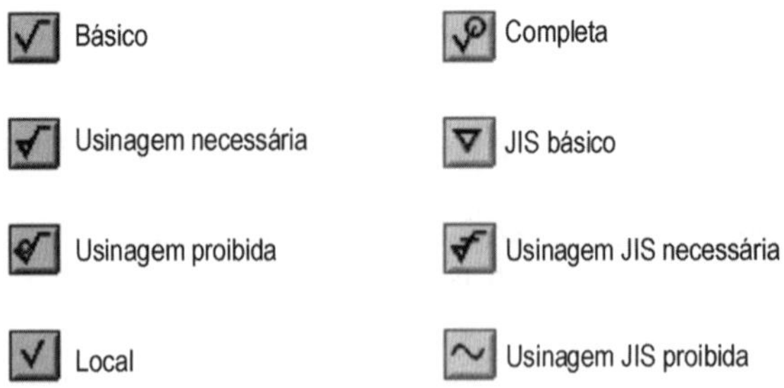

Figura 14.72 - Opções da caixa de diálogo Símbolo.

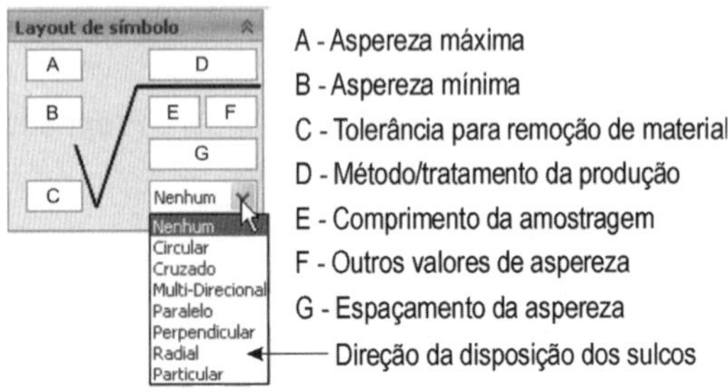

Figura 14.73 - Configurações na caixa de diálogo Layout de símbolo.

4. Na caixa de diálogo **Ângulo** defina o ângulo de rotação de aplicação do símbolo para coincidir com a superfície desejada. Os quatro botões definem posições preestabelecidas.
5. Na caixa de diálogo **Linha de chamada**, selecione a linha de chamada desejada para ligação do símbolo com a superfície de referência. A Figura 14.74 exemplifica uma aplicação do comando.

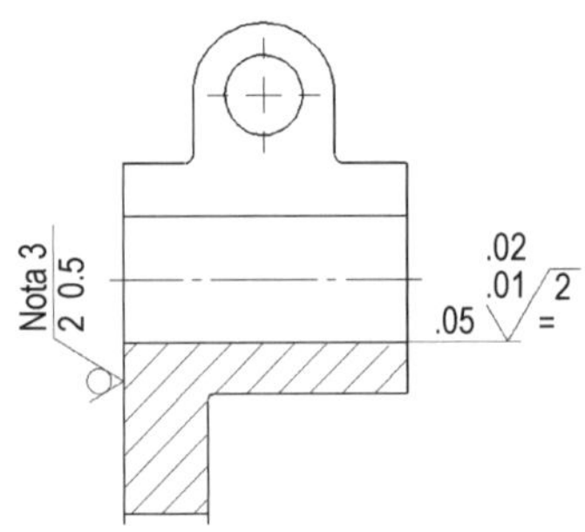

Figura 14.74 - Exemplo de aplicação dos sinais de acabamento de superfície.

14.2.4. Símbolo de Solda

Nas criações de montagem ou também no modo de **Peças**, quando se cria uma solda, um símbolo de solda é automaticamente anexado ao componente de cordão de solda.

Para adicionar especificações mais detalhadas ao símbolo de solda padrão:

1. No documento da montagem ou no documento do desenho, clique com o botão direito do mouse no símbolo e selecione **Propriedades** ou clique duas vezes no símbolo.

Você pode também construir símbolos de solda de maneira independente em um documento de peça, montagem ou desenho.

Quando cria ou edita um símbolo de solda, você pode:

- Adicionar informações secundárias de filete de solda ao símbolo para determinados tipos de solda (**Quadrado** ou **Oblíquo**, por exemplo).
- Escolher a opção **Nenhuma** para **Âncora de linha de chamada**.
- Escolher a fonte do texto para cada símbolo de solda.

Para inserir um símbolo de solda:

2. Clique em **Símbolo de solda** (barra de ferramentas **Anotação**) ou em **Inserir** → **Anotações** → **Símbolo de solda**. A caixa de diálogo **Propriedade** de símbolo de solda é exibida para os padrões **ISO**, **BSI**, **DIN**, **JIS** e **GB**. Caixas de diálogo diferentes são exibidas para os padrões **ANSI** e **GOST**. Note que ao pressionar o botão **Símbolo de solda**, a caixa de diálogo **Símbolo** é exibida, Figura 14.75.
3. Digite os valores e selecione os símbolos e as opções. Uma visualização é exibida.
4. Clique na face ou aresta em que deseja indicar uma junta soldada. Se o símbolo de solda contém uma linha de chamada, clique uma vez para inserir a linha de chamada primeiro, clique uma segunda vez para inserir o símbolo.

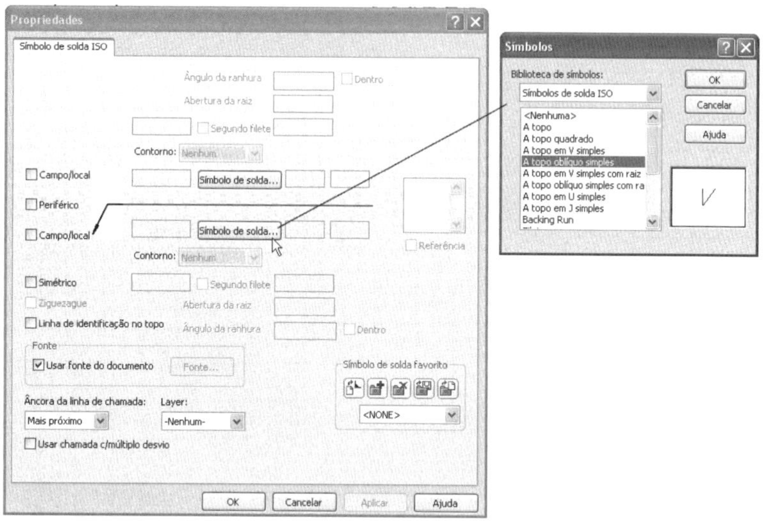

Figura 14.75 - Caixas de diálogo Propriedades e Símbolos.

5. Se você selecionou uma face ou aresta antes de clicar em **Símbolo de solda**, a linha de chamada já estará inserida; clique uma vez para inserir o símbolo.
6. Clique quantas vezes forem necessárias para inserir vários símbolos de solda.
7. Clique em **OK**. A Figura 14.76 exemplifica uma aplicação de filete de solda descontínua de 3mm e comprimento de 5mm com intervalo de 20mm.

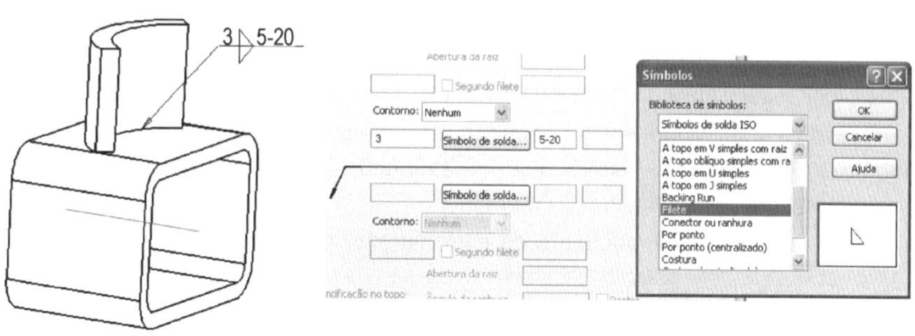

Figura 14.76 - Exemplo de solda descontínua.

Para editar um símbolo de solda:

1. Clique duas vezes no símbolo.
2. Clique com o botão direito do mouse no símbolo e selecione **Propriedades**.

14.2.5. Carreira

Figura 14.77 - PropertyManager Carreira.

O SolidWorks permite que cordões de solda sejam inseridos como tratamentos de extremidades ou símbolos de carreira em documentos de desenho.

Para inserir um símbolo de carreira na soldagem:

1. Em um desenho, clique em **Carreira** na barra de ferramentas **Anotação** ou clique em **Inserir → Anotações → Carreira.** Será exibido o **PropertyManager** do comando, Figura 14.77.
2. Defina as propriedades desejadas. Você pode arrastar as alças da carreira para alterar o comprimento do símbolo.
3. Clique em **OK** para finalizar.

   Se você mudar a opção em **Parâmetros**, de **Comprimento total** para **Intermitentes** ou **Parciais**, poderá exibir e alterar as dimensões soldadas. Se você as alterar, os símbolos serão atualizados.

   As Figuras 14.78 e 14.79 exemplificam uma aplicação do comando para as duas opções de configuração.

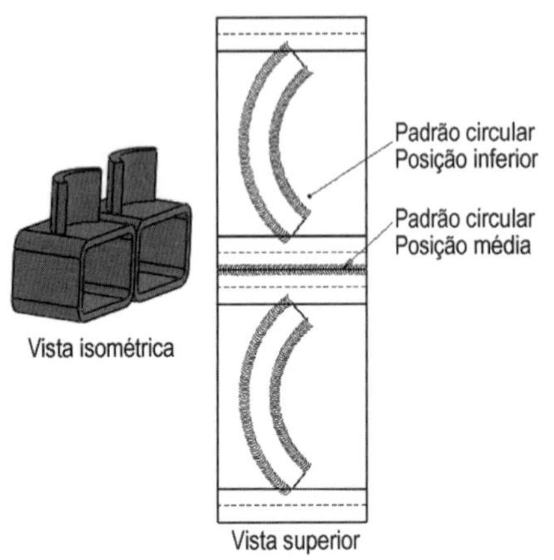

Figura 14.78 - Carreira de comprimento total.

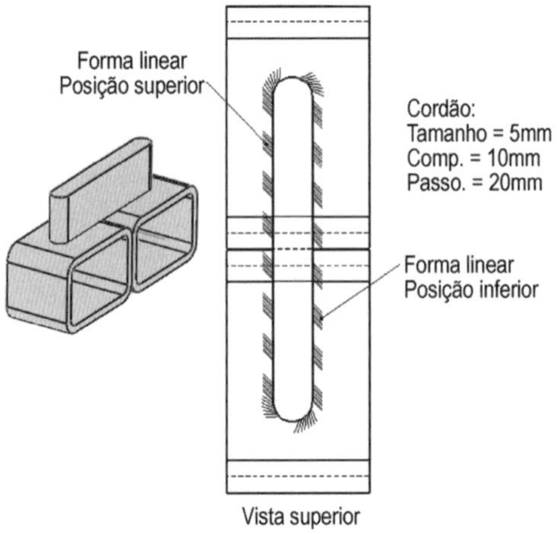

Figura 14.79 - Carreira de comprimento intermitente.

14.2.6. Tratamento de Extremidade

Figura 14.80 - PropertyManager Tratamento de extremidade.

O tratamento de extremidade é um recurso gráfico do SolidWorks, aplicado à ilustração de detalhes com o propósito de expressar a idéia de solda em ângulo nas junções ortogonais.

1. Em um documento de desenho, clique em **Tratamento de extremidade** (barra de ferramentas **Anotação**) ou em **Inserir → Anotações → Tratamento de extremidade**. Será exibido o **PropertyManager** do comando, Figura 14.80.
2. Defina as opções no **PropertyManager Tratamento de extremidade**, em seguida clique em **OK**.

    Tratamento de extremidade do **tipo ANSI**

- **Comprimento de perna de cordão 1** (somente para o **tipo ANSI**) - define o comprimento do tratamento de extremidade para a primeira aresta.
- **Comprimento de perna de cordão 2** (somente para o **tipo ANSI**) - se **Comprimento de perna igual** estiver desmarcado, define o comprimento do tratamento de extremidade para a segunda aresta.

 Tratamento de extremidade **tipo ISO**

- **Espessura de garganta de cordão de solda** (somente para o **tipo ISO**) - define o tratamento de extremidade determinando a espessura da garganta.
- **Comprimento de perna de cordão de solda** (somente para o **tipo ISO**) - define o tratamento de extremidade determinando o comprimento da perna.
- **Arestas** - janela que exibe as duas arestas selecionadas que criam os limites do tratamento de extremidade.
- **Exibir dimensões** - *checkbox* para exibir os valores de **Comprimento de perna de cordão de solda** ou de **Espessura de garganta de cordão de solda** na área de gráficos.
- **Usar preenchimento sólido** - *checkbox* para exibir o tratamento de extremidade em uma cor sólida.

A Figura 4.81 exibe uma aplicação do comando com os dois tipos de tratamento.

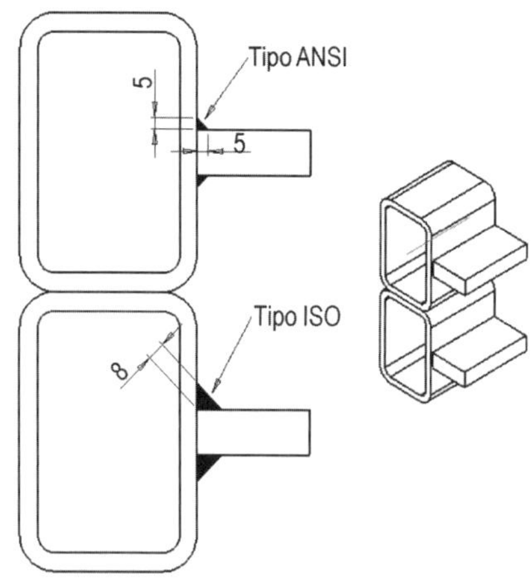

Figura 14.81 - Tratamento de extremidade dos tipos ANSI e ISO.

Nota

É possível exibir e alterar as dimensões das áreas soldadas. Se você alterar as dimensões, os símbolos serão atualizados.

14.2.7. Tolerância Geométrica

O software SolidWorks oferece suporte para as diretrizes **ANSI Y14.5** (Geometric and True Position Tolerancing).

- É possível posicionar símbolos de tolerância geométrica, com ou sem linhas de chamada, em qualquer lugar em um desenho, peça, montagem ou esboço. Também é possível anexar um símbolo em qualquer lugar numa linha de dimensão.
- A caixa de diálogo **Propriedades** para símbolos de tolerância geométrica oferece opções com base no símbolo selecionado. Ficam disponíveis somente os atributos apropriados para o símbolo selecionado.
- Um símbolo de tolerância geométrica pode ter qualquer número de quadros.
- O ponteiro muda quando está sobre um símbolo de tolerância geométrica.
- É possível adicionar vários símbolos sem fechar a caixa de diálogo.
- Várias linhas de chamada podem ser exibidas.
- Você pode adicionar mais linhas de chamada a um símbolo existente mantendo a tecla **CTRL** pressionada e arrastando um ponto de anexação de linha de chamada.
- Para editar um símbolo existente, clique duas vezes no símbolo, ou clique com o botão direito e selecione **Propriedades**.
- Quando você arrasta a linha de chamada de um símbolo de tolerância geométrica para fora das bordas do modelo, é criada uma linha indicadora automática.

14.2.7.1. Tolerância no Modo Peça

As tolerâncias geométricas podem ser aplicadas ao modo **Peça**. Acompanhe:

1. Clique em **Tolerância geométrica** (barra de ferramentas **DimXpert**) ou em **Ferramentas → DimXpert → Tolerância geométrica**. O **PropertyManager** do comando será exibido juntamente com a caixa de diálogo Propriedades, Figura 14.82.
2. Defina as opções na caixa de diálogo **Propriedades** e no **PropertyManager de Tolerância geométrica**.
3. Uma visualização é exibida à medida que os itens são adicionados. Clique para posicionar o símbolo.
4. Clique quantas vezes forem necessárias para inserir várias cópias.
5. Se o símbolo tiver uma linha de chamada, clique uma vez para inserir a linha de chamada e uma segunda vez para inserir o símbolo. A Figura 14.83 exemplifica uma peça 3D com a tolerância geométrica aplicada.

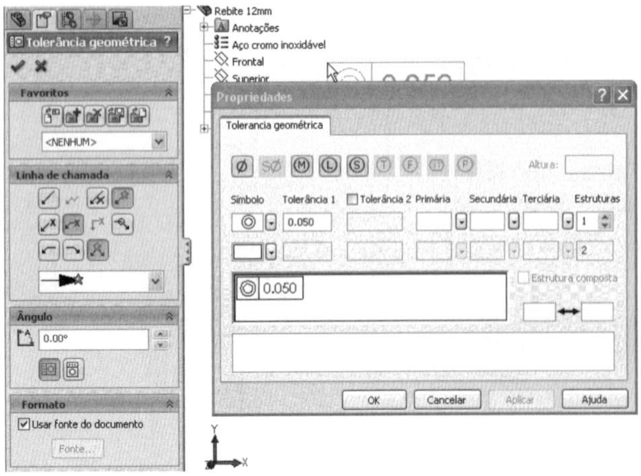

Figura 14.82 - PropertyManager Tolerância geométrica e caixa de diálogo Propriedades.

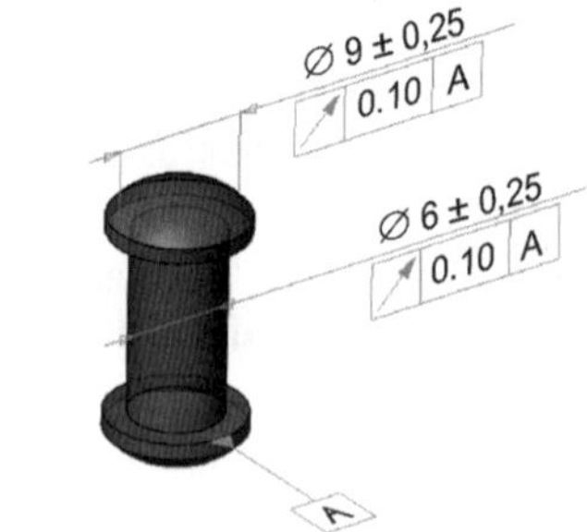

Figura 14.83 - Tolerâncias geométricas em 3D.

14.2.7.2. Tolerância no Modo Desenho

Para o modo desenho, clique em **Tolerância geométrica** (barra de ferramentas Anotação) ou em **Inserir** → **Anotações** → **Tolerância geométrica**. Será exibida a caixa de diálogo **Propriedades**.

1. Selecione a aresta do modelo na vista desejada, então clique no ícone Tolerância.
2. Selecione na lista *drop-down* **Símbolo** da caixa de **Propriedades** o símbolo desejado e escreva o valor da tolerância na janela **Tolerância1**.
3. Clique em **OK**.

   A Figura 14.84 exemplifica a aplicação do comando.

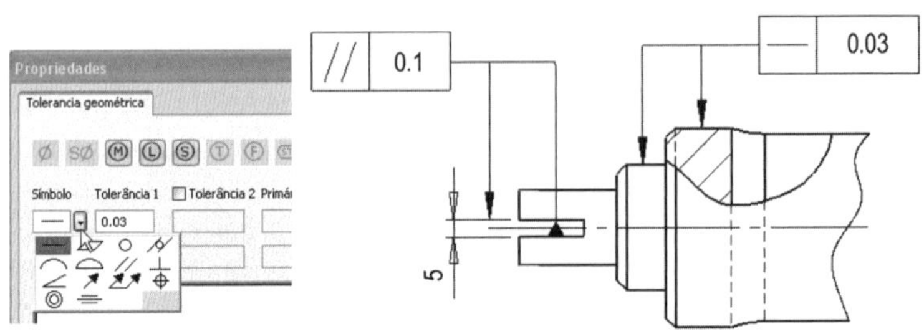

Figura 14.84 - Tolerâncias geométricas em 2D.

14.2.8. Símbolo de Recurso de Referência Primária

Para situações em que o quadro contendo o símbolo de **Tolerância geométrica** e seu valor, não puder ser ligado ao elemento de referência de maneira simples e clara, uma letra maiúscula (diferente para cada elemento de referência) é utilizada.

O símbolo de recurso de referência primária também pode ser usado no modo peças. Para peças clique em **Referência primária** (barra de ferramentas **DimXpert**) ou em **Ferramentas** → **DimXpert** → **Referência primária**.

14.2.8.1. Tolerância no Modo Desenho

Para desenhos clique em:

Recurso de referência primária (barra de ferramentas **Anotação**) ou **Inserir** → **Anotações** → **Símbolo de recurso de referência primária**. Será aberto o PropertyManager do comando.

Selecione o tipo de símbolo de recursos desejado, clicando nas das opções da caixa de diálogo, e digite na janela a letra maiúscula de referência.

Selecione na vista do desenho a aresta a referenciar. O símbolo será exibido na posição selecionada.

Clique em **OK**. A Figura 14.85 exemplifica uma aplicação do comando.

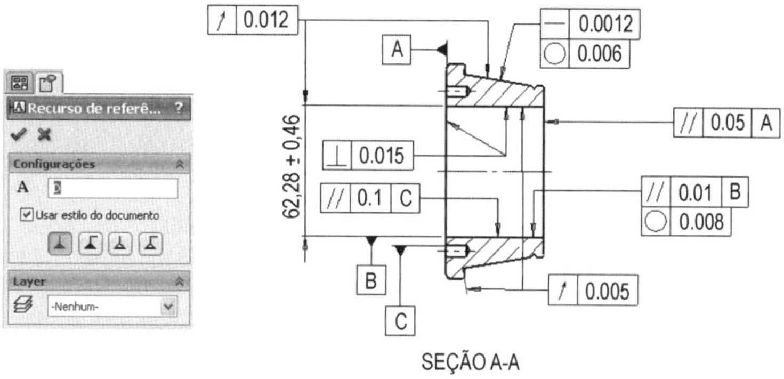

Figura 14.85 - Aplicação do símbolo de recurso de referência primária.

Nota

Você pode selecionar previamente uma dimensão ou símbolo de tolerância geométrica para anexar o símbolo de referência primária à anotação, ou criar o símbolo de referência primária e então arrastá-lo até a dimensão ou símbolo de tolerância geométrica.

Se você arrastar um símbolo de recurso de referência primária para fora da aresta do modelo, uma linha de extensão será adicionada.

Para editar um símbolo de recurso de referência primária, selecione o símbolo.

Você pode usar padrões de dimensionamento ANSI para exibir os símbolos de recurso de referência primária no estilo 1982. Para selecionar essa opção para o documento ativo, clique em **Ferramentas** → **Opções**, **Propriedades do documento** → **Detalhamento**. Na seção **Padrão de dimensionamento**, selecione **ANSI** na lista e marque a caixa de seleção **Exibir referências de 1982**.

14.2.9. Alvo de Referência Primária

É possível anexar um alvo e um símbolo de referência primária a uma aresta ou face de modelo em qualquer documento.

Para criar um alvo ou um símbolo de referência primária:

1. Clique em **Alvo de referência primária** na barra de ferramentas **Anotação**, ou em **Inserir** → **Anotações** → **Alvo de referência primária**. O **PropertyManager** do comando é exibido, Figura 14.86.
2. Defina as propriedades no **PropertyManager**.
3. Clique na área de gráficos para colocar o alvo e depois o símbolo. É possível inserir vários símbolos.

   Se você marcou **Sem símbolo de alvo** no **PropertyManager**, clique somente uma vez para colocar a anotação.
4. Clique em **OK**. A Figura 14.87 exemplifica a aplicação do comando.

Para mover um símbolo de referência primária (o balão ou o ponto), selecione o símbolo e arraste o item.

Para editar um símbolo de alvo de referência primária, selecione o símbolo.

Figura 14.86 - PropertyManager.

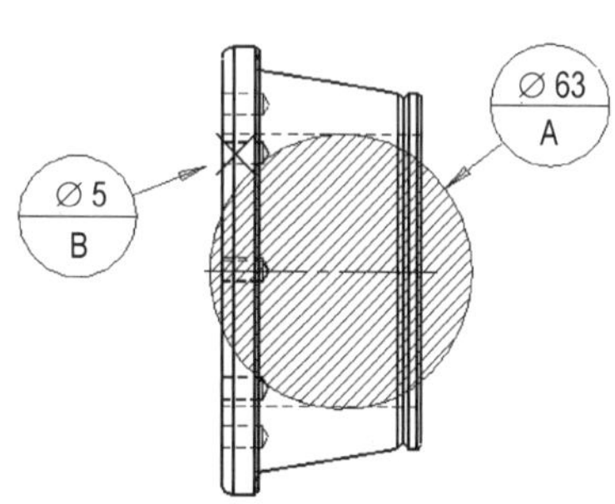

Figura 14.87 - Alvo de referência primária.

14.2.10. Chamada de Furo

As chamadas de furo permitem identificar diâmetro, profundidade, quantidade de furos de uma mesma geometria em uma face do modelo representado na vista. Suas possibilidades são:

- As chamadas de furo estão disponíveis nos desenhos. Se uma dimensão for alterada no modelo, a chamada será atualizada automaticamente.
- As chamadas de furo usam as informações do **Assistente de Perfuração** quando você cria um furo com o assistente. Os formatos predeterminados para os tipos do **Assistente de Perfuração** são armazenados no seguinte endereço: <*diretório_instalação*>**\solidworks\lang**<*idioma*>**\calloutformat.txt**. Um segundo arquivo, **calloutformat_2.txt**, é uma versão simplificada. Você pode editar qualquer um dos arquivos. Se quiser usar o segundo arquivo, será preciso renomeá-lo como **calloutformat.txt**, que é o nome de arquivo ao qual o software SolidWorks faz referência. Você pode definir o local da pasta predeterminada para **Arquivo de formato de chamada de furo** em **Ferramentas → Opções → Opções do sistema → Locais de arquivos**.
- O número de instâncias será calculado na chamada de furo se um furo em um padrão linear ou circular for criado no **Assistente de perfuração**. No padrão **JIS** você pode alterar o indicador de número de instâncias para "x" ou "-".
- O eixo do furo deve ser normal à folha de desenho.

Para adicionar chamadas de furo em um desenho:

1. Clique em Chamada de furo na barra de ferramentas Anotação ou em **Inserir**, **Anotações**, Chamada de furo. O ponteiro muda para um novo ícone.
2. Clique na aresta de um furo e, em seguida, na área de gráficos para posicionar a chamada de furo.
3. Uma **Chamada de furo** é inserida, e o **PropertyManager de Dimensão** é exibido, Figura 14.88. A chamada contém um símbolo de dimensão e a dimensão do diâmetro do furo. Se a profundidade do furo for conhecida, a chamada também conterá um símbolo e a dimensão da profundidade. Se o furo for criado no **Assistente de perfuração**, a chamada terá informações adicionais (as dimensões de um furo escareado ou o número de instâncias de furo, por exemplo).
4. Edite a chamada no PropertyManager de Dimensão.

   É possível especificar a precisão, selecionar um estilo de seta ou adicionar texto. Entretanto, é preciso reter as dimensões e símbolos relacionados ao tamanho e tipo de furo.

   Se o furo tiver sido criado pelo **Assistente de Perfuração**, você poderá também clicar em **Variáveis** no **PropertyManager de Dimensão** para acessar uma lista de **Variáveis de chamada** a inserir na chamada de furo.

   Se você anexar uma chamada de furo a um furo roscado no padrão de **polegada ANSI**, e as unidades do desenho atual forem em milímetros, o diâmetro da broca e as profundidades do furo serão mencionados em mm, mas a descrição da rosca reterá a designação de tamanho de **polegada ANSI**. É conveniente substituir a descrição da rosca por outras variáveis na caixa de diálogo **Variáveis de chamada**.
5. Repita as etapas 2 a 4 para inserir chamadas de furo adicionais e clique em **OK**. A Figura 14.89 exemplifica uma aplicação do comando.

Figura 14.88 - PropertyManager Dimensão.

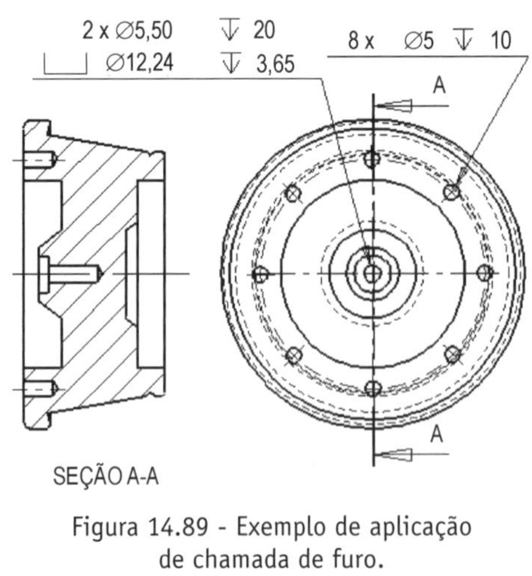

Figura 14.89 - Exemplo de aplicação de chamada de furo.

14.2.10.1. Edição de Chamada de Furo

Para editar as propriedades de uma chamada de furo:

- Selecione a chamada e faça as alterações no **PropertyManager de Dimensão**.

  Se uma parte do texto da chama for alterada manualmente, será preciso quebrar o vínculo dessa parte com o modelo. O SolidWorks exibe uma mensagem de aviso perguntando se deseja quebrar o vínculo.

14.2.10.2. Inclusão de Tolerâncias em Chamada de Furo

É possível criar uma vista de seção alinhada em um desenho Para modificar as chamadas de furo a fim de incluir tolerâncias:

1. Selecione uma chamada de furo.
2. No **PropertyManager**, selecione um **Tipo de tolerância**.
3. Digite um valor para **Variação máxima** e **Variação mínima** de acordo com a necessidade.
4. Clique em **OK**.

14.2.10.3. Definição pela Geometria ou pelo Assistente de Perfuração

Para alternar entre o **Assistente de perfuração** e as **definições de geometria**:

1. Clique com o botão direito do mouse em uma chamada de furo e selecione **Opções de exibição** → **Definir por geometria**.
2. Para retornar à definição do **Assistente de perfuração**, clique com o botão direito do mouse na chamada de furo e selecione **Opções de exibição** → **Definir pelo Assistente de Perfuração**.

14.2.10.4. Alteração do Indicador do Número de Instância

Para alterar o indicador de número de instâncias:

1. Abra **calloutformat.txt** em um editor de texto. Veja que esse arquivo geralmente está localizado no seguinte diretório: <*diretório_instalação*> **\solidworks\lang**<*idioma*>.

   No arquivo:

2. No começo do arquivo, certifique-se de que **NO-NUMBER-OF-INSTANCES** é precedido por um asterisco (*).
3. Procure a seção **JIS**. No início da seção, defina **JIS-COUNT-DELIMITER** como um traço ou um "x":
   - **JIS-COUNT-DELIMITER=-**
   - **JIS-COUNT-DELIMITER=x**
4. Salve e feche o arquivo.
5. Certifique-se de que o arquivo **calloutformat.txt** é referido pelo **Arquivo de formato de chamada de furo** em Locais de arquivos.

14.2.11. Representação de Rosca

Representa o diâmetro interno de uma rosca em um ressalto ou o diâmetro externo de uma rosca em um furo, podendo incluir uma chamada em desenhos.

As propriedades das representações rosca são:

- É possível representar roscas em uma peça, montagem ou desenho e anexar uma nota de chamada de rosca em desenhos. Você pode adicionar representações de rosca a furos cônicos. Se a rosca cônica não terminar em uma face plana, ela será aparada pela face curva.
- Uma representação de rosca difere das outras anotações, pois é um recurso absorvido do item ao qual está anexada. Por exemplo, a representação de rosca em um furo aparece na árvore de projetos do **FeatureManager** sob o recurso **Furo**, junto com os esboços usados para criar o furo.
- As representações de rosca nos documentos de peça são inseridas automaticamente nas vistas de desenho. Uma chamada de rosca também é inserida se o documento de desenho estiver no **padrão ANSI**. (Você insere chamadas de rosca no **PropertyManager de Representação de rosca**, mas elas são exibidas somente nos documentos de desenho.) As chamadas de rosca não são usadas no **padrão ISO**, **JIS** ou em outros padrões, mas você pode exibi-las com a opção **Inserir chamadas** no menu de atalho (leia o próximo parágrafo). Para inserir representações de rosca a partir de documentos de montagem nos desenhos, clique em **Inserir**, **Itens do modelo** e em **Representação de rosca**.

- Nos desenhos, **Inserir chamada** é exibido no menu de atalho. Se uma chamada de representação de rosca está definida em uma peça ou montagem, mas não é exibida no desenho, você pode exibir a chamada selecionando este item do menu. Uma linha de chamada é anexada à rosca por padrão. A chamada é uma nota. Você pode editar a chamada como editaria uma nota.
- Se você adicionar uma representação de rosca enquanto trabalha em uma vista de desenho, a peça ou montagem será atualizada para incluir um recurso de representação de rosca.
- Você pode dimensionar a representação de rosca circular e as dimensões lineares laterais em desenhos. Não é possível dimensionar representações de rosca em documentos de peça ou montagem.
- A visibilidade das representações de rosca segue a do recurso pai. Quando você alterar o modo de exibição, adicionar recursos à lista **Mostrar arestas ocultas** ou ocultar um componente, a visibilidade das representações de rosca é alterada automaticamente.
- É possível **definir representações de rosca de alta qualidade** para marcar todas as representações de rosca e determinar se elas devem ser exibidas ou ocultas.
- É possível fazer referência a padrões de representações de rosca.
- Para furos de tarraxa ou de tarraxa de tubo rígido, você pode adicionar representações de rosca ao **Assistente de perfuração**.

Nota

Para furos roscados com representação de rosca criada no **Assistente de perfuração**, o diâmetro do furo é o mesmo da broca de rosquear. Para furos roscados sem representação de rosca, o diâmetro do furo é o diâmetro externo da rosca.

Para exibição sombreada de representações de rosca, clique em **Ferramentas** → **Opções** → **Propriedades do documento** → **Exibição de anotações.** Em **Filtro de exibição**, selecione **Representações de rosca sombreadas.**

Para inserir representações de rosca:

1. Em um recurso cilíndrico (ressalto, corte ou furo), selecione a aresta circular onde começa a rosca. Se o recurso for um furo cônico, selecione o diâmetro maior. Se o recurso for um ressalto cônico, selecione o diâmetro menor.
2. Também é possível selecionar o recurso depois de clicar na ferramenta.
3. Clique em **Representação de rosca** na barra de ferramentas **Anotação** ou clique em **Inserir** → **Anotações** → **Representação de rosca**. O **PropertyManager do** comando será exibido, Figura 14.90.
4. Defina as propriedades no **PropertyManager de Representação de rosca**.
5. Clique em **OK**. As Figuras 14.91 e 14.92 exibem um exemplo de aplicação de uma representação de rosca **M22x2** com profundidade de **40mm**.

Figura 14.90 - PropertyManager Representação de rosca.

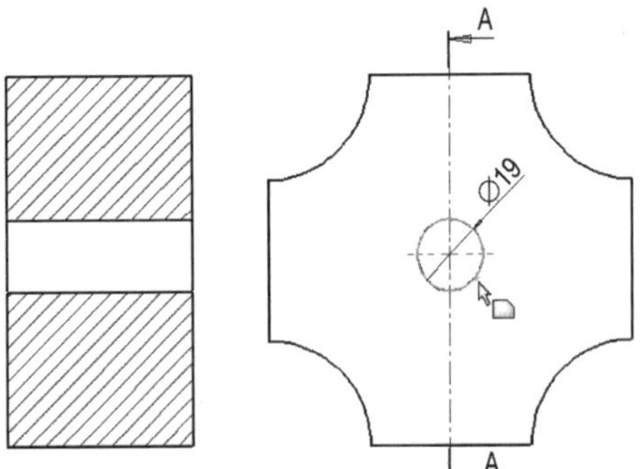

Figura 14.91 - Modelo com pré-furo passante.

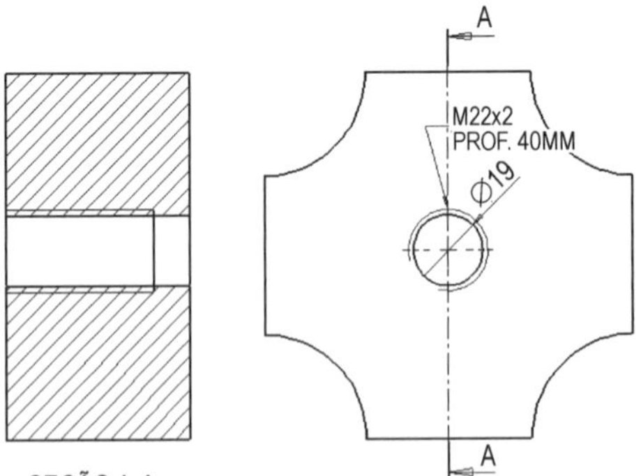

Figura 14.92 - Inserção da representação de rosca.

Nota

As chamadas de rosca não são usadas em determinados padrões de dimensionamento. Se uma chamada de representação de rosca está definida na peça ou na montagem, mas não aparece na exibição do desenho, é possível exibi-la selecionando **Exibir chamada** no menu de atalho.

Observe que a representação de rosca reflete também na vista em corte, atingindo a profundidade **D** configurada no **PropertyManager**.

14.2.12. Marcas de Centro

Em vista em que arcos ou círculos têm seu eixo normal à folha de desenho, é possível inserir marca de centro. As linhas de marca de centro podem servir de referência para o dimensionamento.

Alguns dos itens a serem observados em relação às marcas de centro são:

- O eixo do círculo ou arco precisa ser normal à folha de desenho.
- As marcas de centro estão disponíveis como marcas únicas nos padrões lineares ou circulares. Os padrões lineares podem incluir linhas de conexão. Os padrões circulares podem incluir linhas circulares, linhas radiais e marcas de centro da base. Os atributos de exibição incluem tamanho da marca, linhas estendidas e especificação de fonte de linha de centro para as linhas de marca de centro.
- É possível definir uma opção para que as marcas de centro sejam inseridas automaticamente nas novas vistas de desenho para furos ou filetes.
- As marcas de centro são propagadas ou inseridas automaticamente nos padrões criados a partir de um recurso e não de uma face ou corpo.
- Você pode girar as marcas de centro individualmente, especificando a rotação em graus. Na caixa de diálogo **Girar vista de desenho**, você pode escolher girar as marcas de centro automaticamente quando a vista for girada.
- As marcas de centro em Vistas auxiliares são orientadas na direção da visualização, de forma que uma das linhas da marca de centro fica paralela à direção da seta da vista.

14.2.12.1. Inserção Automática e Opções para Marcas de Centro

1. Clique em **Ferramentas → Opções → Propriedades do documento → Detalhamento** para abrir a caixa de configuração, Figura 14.93.
2. Em **Marcas de centro**, digite um valor para **Tamanho** e marque ou desmarque as caixas de seleção para **Linhas estendidas** e **Fonte da linha de centro**.
3. Em **Inserir automaticamente na criação da vista**, marque ou desmarque a caixa de seleção para **Marcas de centro - furos** ou **Marcas de centro - filetes**.
4. Quando selecionadas, marcas de centro são inseridas automaticamente em todos os círculos, arcos e filetes apropriados nas novas vistas de desenho.
5. Clique em **OK**.

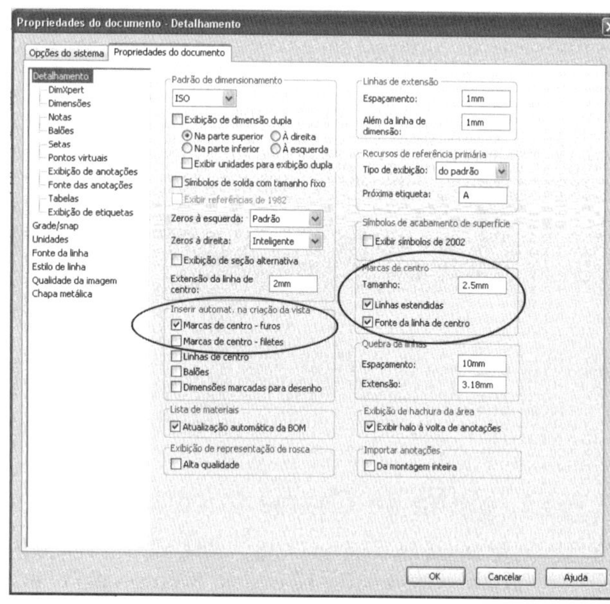

Figura 14.93 - Caixa de diálogo Propriedades do documento - Detalhamento.

14.2.12.2. Inserção Manual para Marcas de Centro

1. Clique em **Marca de centro** na barra de ferramentas **Anotação** ou em **Inserir → Anotações → Marca de centro**.
2. O ponteiro muda o ícone.

Figura 14.94 - PropertyManager Marca de centro.

3. Defina as opções no **PropertyManager de Marca de centro**, Figura 14.94. Note que há três opções de marcas:
   - Marca de centro única (opção-padrão)
   - Marca de centro linear
   - Marca de centro circular
4. Clique nas arestas ou silhuetas de modelo dos círculos ou arcos.
5. Clique em **OK.** As Figuras 14.95, 14.96 e 14.97 exibem as opções aplicadas.

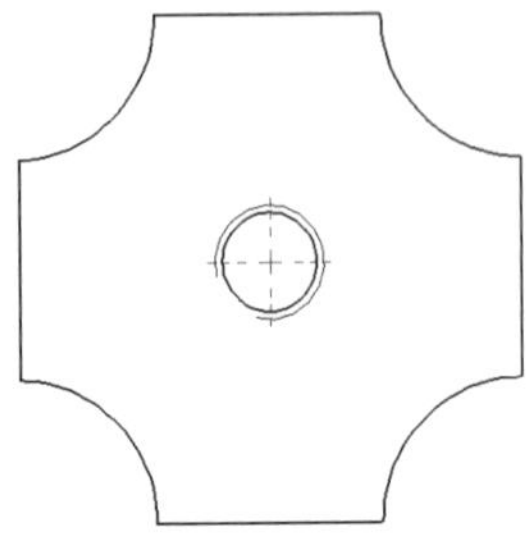

Figura 14.95 - Marca de centro única.

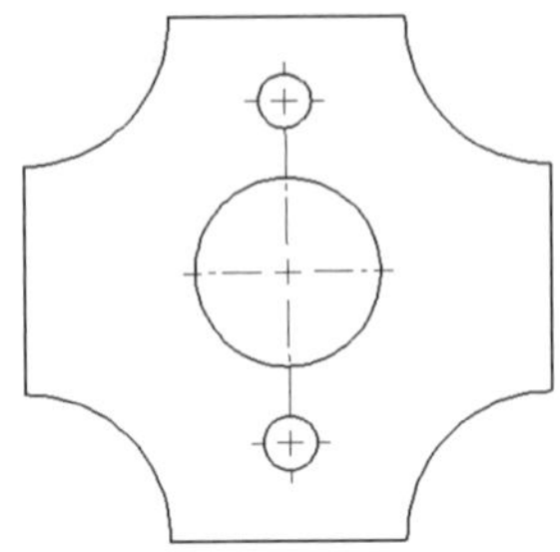

Figura 14.96 - Marca de centro linear.

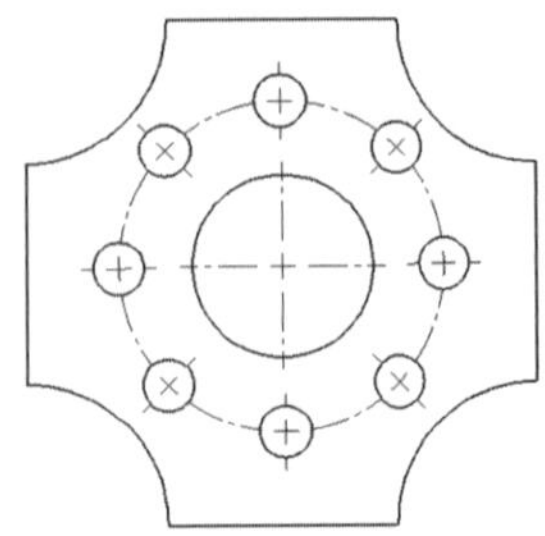

Figura 14.97 - Marca de centro circular.

Nota

Você não pode aplicar uma marca de centro a uma elipse nem a um toro.

Se **Marca de centro linear** ou **Marca de centro circular** estiver selecionada, clique em **Propagar** para aplicar as marcas de centro a todas as entidades do padrão.

14.2.13. Linha de Centro

Para inserir linha de centro em um furo:

1. Clique em **Linha de centro** na barra de ferramentas **Anotação** ou em **Inserir** → **Anotações** → **Linha de centro**.
2. O ponteiro muda o ícone. Será exibido o **PropertyManager** do comando com a caixa de diálogo **Mensagem** solicitando que dois segmentos de aresta/esboço ou uma única face cilíndrica/cônica/toroidal sejam selecionados para inserção da linha de centro. A Figura 14.98 exemplifica o comando.

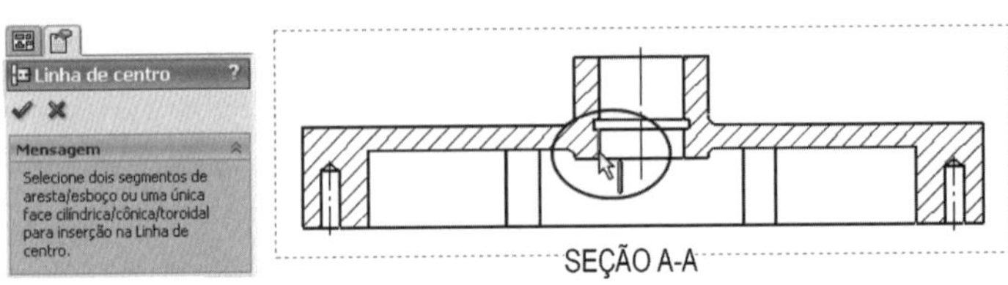

Figura 14.98 - Inserção de linha de centro em furos.

14.2.14. Linha de Chamada com Múltiplo Desvio

Você pode usar linhas de chamada com múltiplo desvio em desenhos para criar linhas de chamada com a quantidade de dobras necessária ou criar setas simples ou diagramas de bloco. Por exemplo, uma linha de chamada com múltiplo desvio pode apontar uma nota para uma entidade no desenho que seja de difícil alcance com uma linha de chamada plana ou curva. Alguns itens a serem observados sobre linhas de chamada com múltiplo desvio:

- Você pode anexar linhas de chamada com múltiplo desvio a anotações, entidades de esboço, faces ou arestas de modelo, ou ainda inserir uma linha de chamada sem anexá-la a nada.
- Será exibida uma visualização de cada segmento da linha de chamada à medida que o ponteiro for movido.
- É possível adicionar pontos de desvio e derivações a segmentos de linha de chamada com múltiplo desvio.

- Você pode iniciar uma linha de chamada com múltiplo desvio em qualquer parte de uma folha de desenho. Clique duas vezes na linha de chamada em qualquer lugar da folha de desenho para finalizá-la. Quando uma linha de chamada não estiver anexada a uma entidade, a seta no ponto final seguirá a opção **Não-anexado** em **Ferramentas** → **Opções** → **Propriedades do documento** → **Setas**. É possível selecionar manualmente uma seta diferente no ponto final com um menu de atalho.

  A Figura 14.99 exemplifica uma aplicação do comando que pode ser acessado por **Inserir** → **Anotações** → **Linha de chamada com múltiplo desvio**.

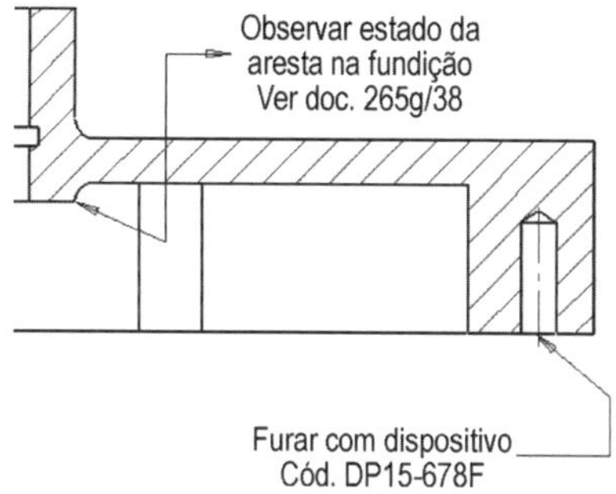

Figura 14.99 - Linha de chamada com múltiplo desvio.

14.2.15. Pino-Guia

É possível adicionar símbolos de pino-guia a furos (arestas circulares ou círculos esboçados) em desenhos. O símbolo se ajusta ao tamanho do furo selecionado.

As seguintes restrições se aplicam aos símbolos de pino-guia:

- A face que contém o furo deve ser normal ao plano da vista atualmente ativa.
- Não é possível mover símbolos de pino-guia com as operações de **copiar** ou **cortar** e **colar**, exceto se o símbolo for definido por entidades de esboço.

14.2.15.1 - Inserção de símbolo de pino-guia

1. Clique em **Símbolo de pino-guia** na barra de ferramentas **Anotação**, ou clique em **Inserir** → **Anotações** → **Símbolo de pino-guia** e selecione uma aresta circular.
2. Símbolos de pino-guia aparecem nos furos selecionados, e o **PropertyManager** do comando é exibido. Você pode continuar a selecionar arestas circulares para inserir símbolos de pino-guia adicionais.
3. Se desejar inverter o símbolo, no **PropertyManager** em **Atributos de exibição**, selecione **Inverter símbolo**. Os símbolos de pino-guia selecionados são girados 90°.
4. Clique em **OK**. A Figura 14.100 exemplifica uma aplicação do comando.

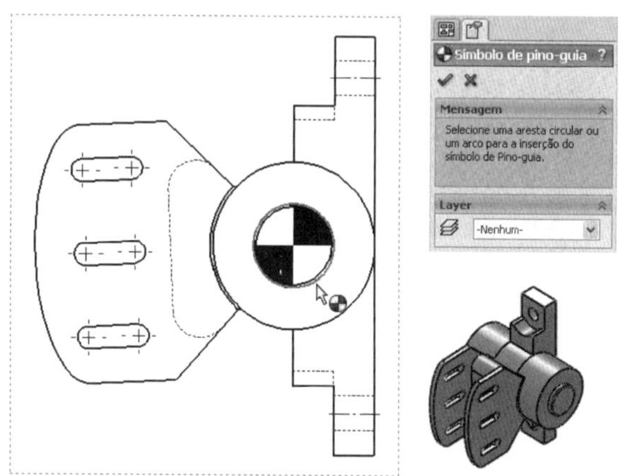

Figura 14.100 - Inserção de símbolo de pino-guia em montagem de suporte giratório.

Nota

Para inverter um símbolo de pino-guia depois de inseri-lo, clique nele com o botão direito (o ponteiro muda quando está sobre o símbolo) e selecione **Inverter símbolo**.

14.3. Inserção de Tabelas

O SolidWorks 2008 permite a inserção de tabelas no ambiente de layout de plotagem.

As seguintes tabelas podem ser inseridas no formato de layout:

- Tabela geral
- Tabela de furos
- Lista de materiais (**BOM - Bill Of Material**)
- Tabela de revisão

As tabelas podem ser inseridas pelo menu *drop-down* **Inserir** → **Tabelas**, ou pela barra de ferramentas **Tabelas**, que pode ser ativada na caixa de diálogo **Tabelas** em **Ferramentas** → **Personalizar** → **Tabelas**.

Figura 14.101 - Menu *drop-down* Tabelas e barra de ferramentas.

14.3.1. Tabela Geral

É possível criar tabelas gerais para utilização em desenhos, as quais possuem recursos similares às outras **tabelas do SolidWorks**, como dividir, mesclar, classificar e equações.

14.3.1.1. Inserção de uma Tabela Geral

Em um desenho, clique em **Tabela geral** (barra de ferramentas **Tabela**) ou em **Inserir** → **Tabelas** → **Tabela geral**. O **PropertyManager** do comando é exibido, Figura 14.102.

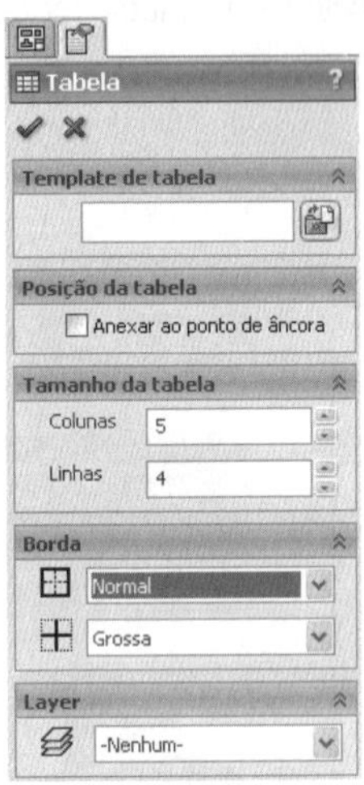

Figura 14.102 - PropertyManager Tabela.

Na caixa de diálogo **Template de tabela** é possível buscar a inserção de um **Template** previamente definido.

Especifique as propriedades listadas a seguir, depois clique em **OK**.

Posição de tabela - ao marcar a *checkbox*, é possível definir o canto estacionário da tabela com uma das seguintes opções:

Superior esquerdo

Superior direito

Inferior esquerdo

Inferior direito

Tamanho da tabela - configuração do número de linhas e colunas desejado para a tabela.

Borda - permite configurar a espessura da borda da grade e de linha e colunas.

Layer - em desenho com layers nomeadas, selecione uma layer.

A Figura 14.103 exemplifica a inserção de uma tabela geral com cinco colunas, quatro linhas, grade Normal e Linhas grossas.

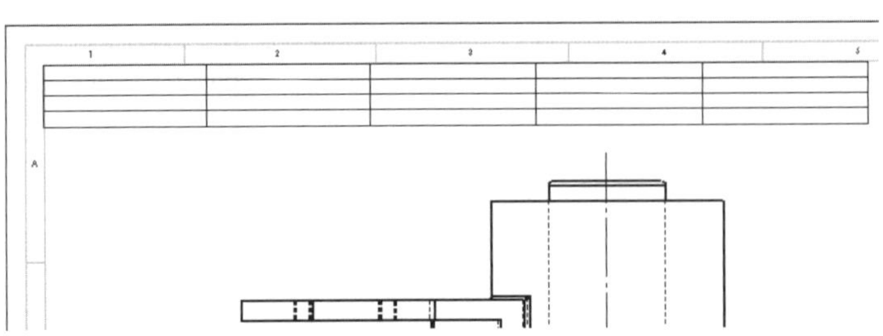

Figura 14.103 - Tabela geral inserida no canto estacionário **Superior esquerdo** de um layout.

14.3.2. Tabela de Furos

As tabelas de furos nos documentos de desenho medem as posições dos furos selecionados de uma origem de referência especificada. O software identifica cada furo com um rótulo que corresponde a uma linha da tabela.

Furos não circulares, como retângulos e ranhuras, são reconhecidos como furos. A tabela lista as coordenadas X e Y das entidades, mas é necessário inserir o tamanho.

Além da funcionalidade de todas as tabelas é possível especificar o seguinte nas **opções** e no **PropertyManager de Tabela de furos**:

- Os rótulos em ordem alfabética ou numérica;
- As células com rótulos iguais a serem combinados;
- As células dos furos de mesmo tamanho a serem combinadas;
- A precisão dos locais dos furos.

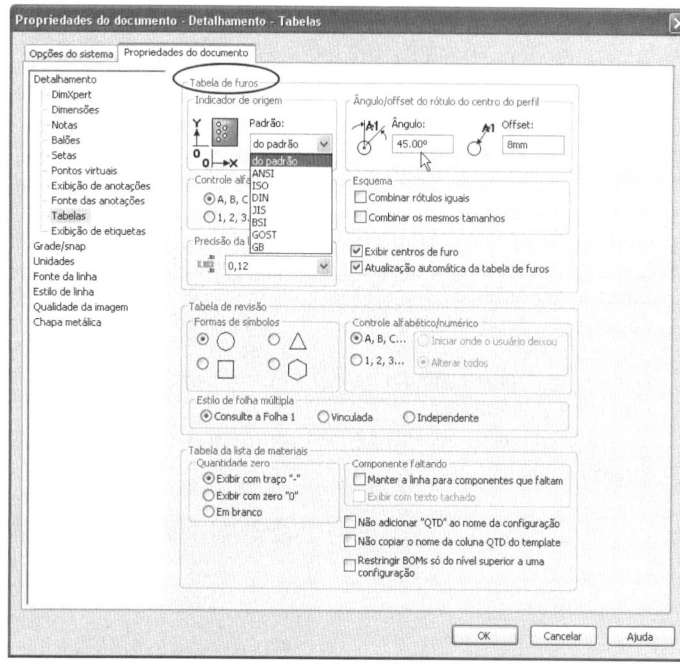

Figura 14.104 - Caixa de diálogo Tabelas.

14.3.2.1. Configuração das Opções das Tabelas de Furos no Documento Ativo

1. Clique em **Ferramentas** → **Opções** → **Propriedades do documento** → **Tabelas** Figura 14.104.
2. Defina as opções em **Tabela de furos** e clique em **OK**.

14.3.2.2. Para Criar uma Tabela de Furos

1. Clique em **Tabela de furos** (barra de ferramentas **Tabela**) ou em **Inserir** → **Tabelas** → **Tabela de furos**. Será exibido o PropertyManager **do comando**, Figura 14.105.
2. No **PropertyManager**, selecione um **template** ou uma **âncora**.
3. Na área de gráficos, selecione um vértice para especificar a **Origem**. Note na Figura 14.106 um ponto de referência criado coincidente com a intersecção do prolongamento das arestas vertical esquerda e horizontal inferior da figura.

   Você pode selecionar um eixo X e um Y para definir o vértice da referência. Também é possível arrastar a referência de origem na posição correta depois de inserir a tabela.
4. Selecione as arestas do furo ou uma face de modelo a ser incluída em todos os furos da face (Face <1> e Face <2> selecionadas), Figura 14.107. Observe ainda o aparecimento dos eixos X, Y com as coordenadas (0, 0) referentes ao ponto selecionado.

   Se a vista de desenho for exibida em **Estrutura de arame** ou **Linhas ocultas visíveis**, você pode selecionar os furos trespassantes na face oposta para incluir a tabela de furos. Esses furos são denominados **LADO MAIS DISTANTE**.

   Para adicionar vistas de desenho à tabela, clique em **Próxima vista** no **PropertyManager** e repita as etapas 3 e 4.
5. Clique em **OK**.
6. Se você não tiver selecionado **Fixar na âncora**, clique na área de gráficos para colocar a tabela. A Figura 14.108 exibe um layout de plotagem com a tabela de furos inserida.

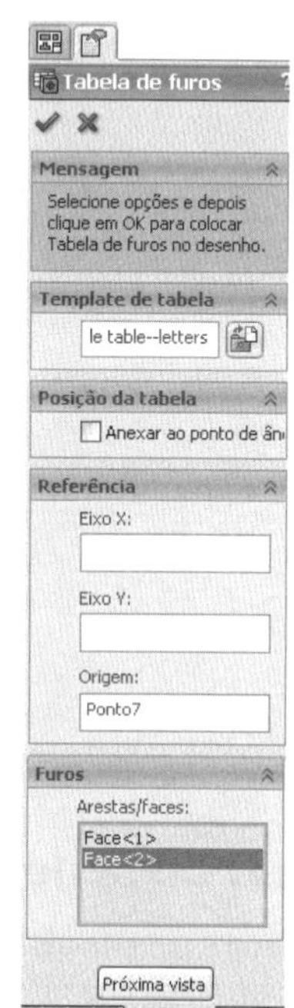

Figura 14.105 - PropertyManager Tabela de furos.

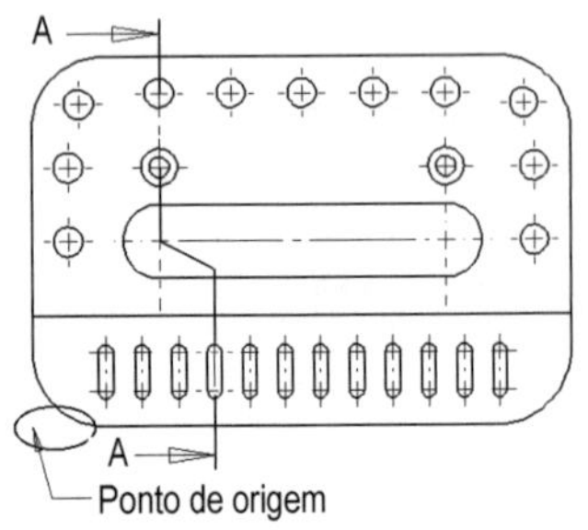

Figura 14.106 - Localização de ponto de origem.

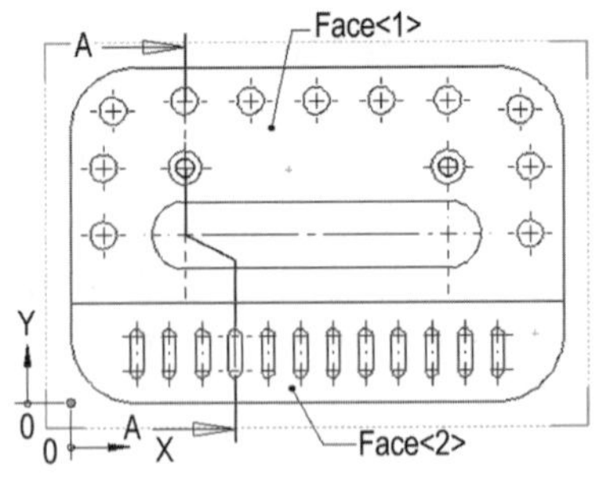

Figura 14.107 - Referência de origem.

Nota

Observe que antes do aparecimento da tabela de furos, para este caso, é exibida na tela a caixa de advertência **SolidWorks 2008** informando que os pontos centrais para esses furos (oblongos verticais e oblongo horizontal) não estão restritos. A tabela mostra a coordenada 14,99mm, correspondente à posição Y do ponto médio, entre centros, dos furos oblongos verticais, assim como a coordenada X de 75mm, correspondente ao ponto médio do furo oblongo horizontal.

As cotas mostradas na vista frontal do modelo foram inseridas manualmente para ilustrar sua correspondência citada na tabela.

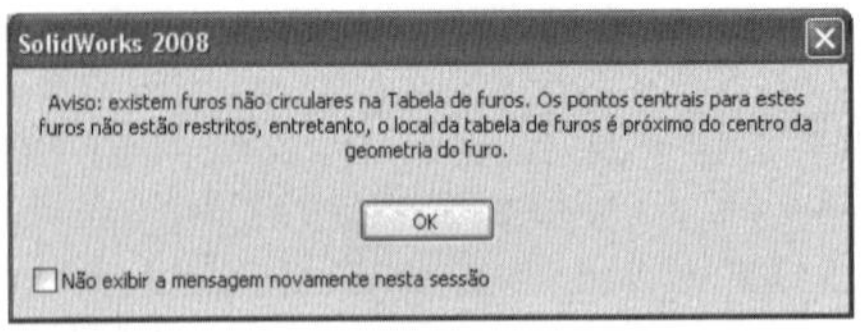

Figura 14.108 - Caixa de advertência SolidWorks 2008.

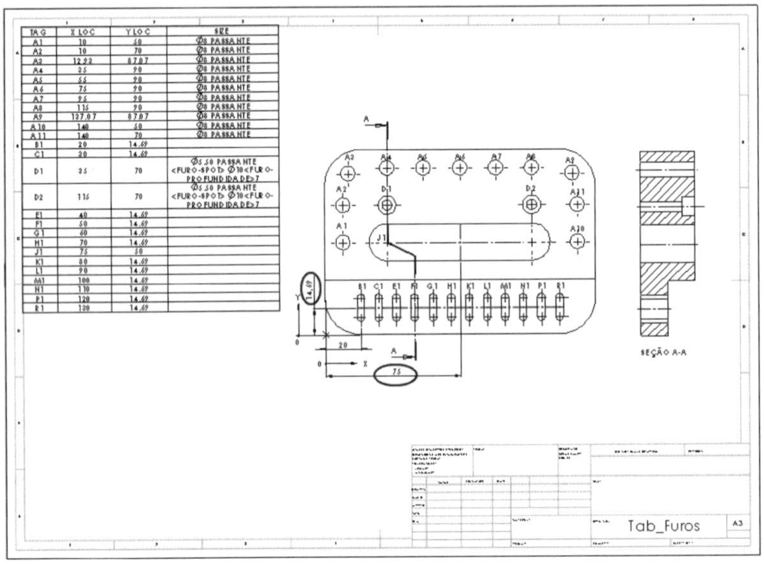

Figura 14.109 - Layout de plotagem com tabela de furos.

14.3.3. Lista de Materiais

O SolidWorks permite inserção de listas de materiais de dois diferentes tipos nos desenhos de montagem, porém, não é possível a inserção de ambas no mesmo desenho. São elas:

- Lista de materiais baseada em **Tabelas**;
- Lista de materiais baseada no **Excel** do pacote **Office** da ***Microsoft***.

14.3.3.1. Lista de Materiais Baseada em Tabelas

É baseada nas tabelas do SolidWorks e inclui:

- Templates
- Âncoras
- Quantidades para configurações
- Opção para manter ou não os itens que foram excluídos da montagem
- Exibição de quantidade zero
- Exclusão de componentes da montagem
- Opção de seguir a ordem da montagem
- Controle de números de itens
- A capacidade de abrir peças e montagens a partir da tabela. (Clique com o botão direito em uma linha e selecione **Abrir <modelo>**.)

Você pode especificar um **Número do item** inicial, depois definir o valor do **Incremento** pelo qual os números serão aumentados.

Você pode alterar o texto em qualquer célula clicando duas vezes e editando na tela (o ponteiro muda quando está sobre o texto), mas se editar dados gerados pelo SolidWorks (**Número do item**, **Quantidade** etc.), você quebra o vínculo entre os dados e a **Lista de materiais**.

Para definir opções para uma lista de materiais no documento ativo:

1. Clique em **Opções** ou em **Ferramentas** → **Opções**, depois em **Propriedades do documento** → **Tabelas**, Figura 14.110.
2. Defina as opções em **Tabela da lista de materiais** e clique em **OK**.

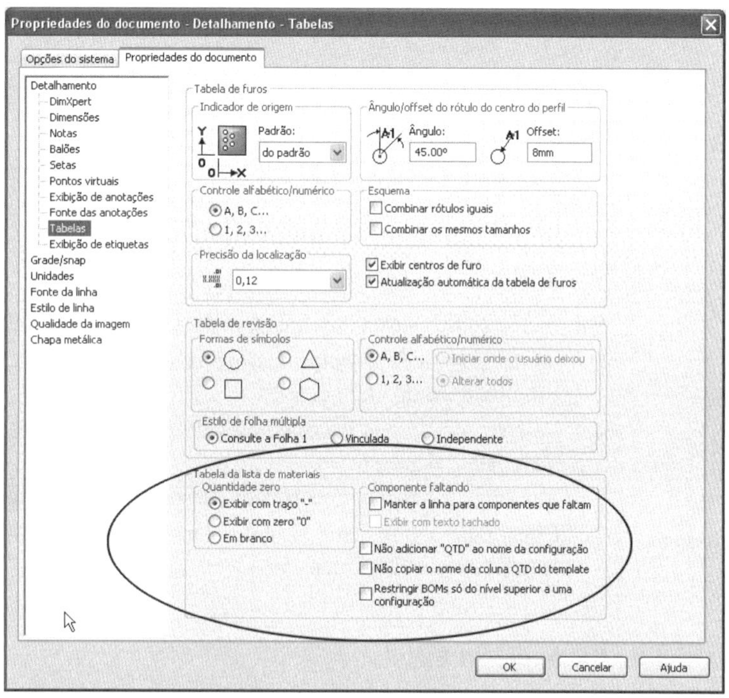

Figura 14.110 - Caixa de diálogo Tabelas.

Para inserir uma lista de materiais em um documento de desenho:

1. Clique em **Lista de materiais** (barra de ferramentas **Tabela**) ou **Inserir** → **Tabelas** → **Lista de materiais**.
2. Selecione uma vista de desenho para especificar o modelo.
3. Defina as propriedades no **PropertyManager de Lista de materiais**, Figura 14.111, e clique em **OK**.

Se você não tiver selecionado **Fixar na âncora**, clique na área de gráficos para colocar a tabela. A Figura 14.112 exibe, parcialmente, um exemplo de **Lista de materiais** inserida em um layout de plotagem de um mecanismo articulável.

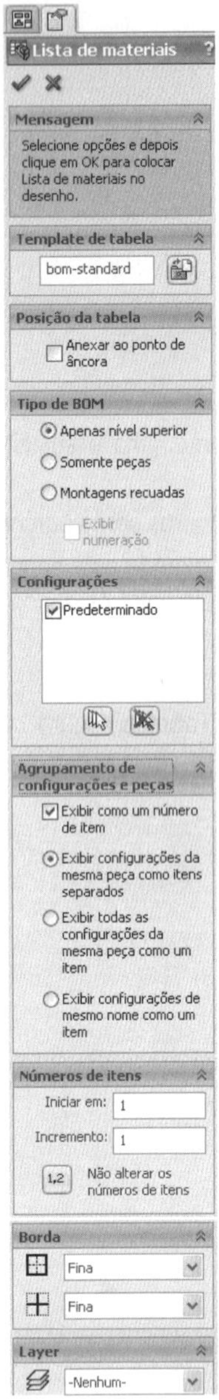

Figura 14.111 - PropertyManager Lista de materiais.

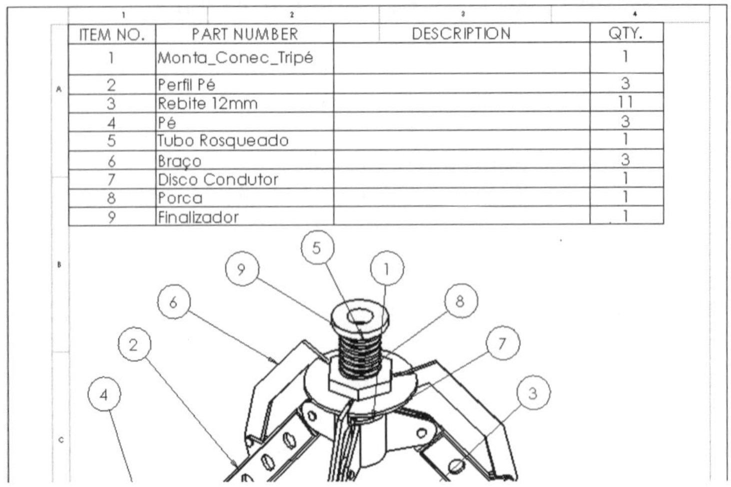

Figura 14.112 - Lista de materiais.

A coluna **ITEM NO** lista, em ordem crescente, os mesmos números exibidos nos balões que podem ser inseridos pelo método de balonamento automático, como já estudado anteriormente.

Para inserir descrições (notações etc.) nas linhas da coluna **DESCRIPTION**, dê um duplo--clique na linha desejada para exibir a barra de edição, como mostra a Figura 14.113, em seguida entre com a descrição. Clique em **OK** ao finalizar.

Figura 14.113 - Edição de linha na coluna DESCRIPTION.

Para excluir componentes da montagem a partir da lista de materiais:

1. No documento da montagem, clique com o botão direito no componente e selecione **Propriedades do componente**.
2. Na caixa de diálogo **Propriedades do componente**, selecione **Excluir da lista de materiais** e clique em **OK**.

Para mudar o valor de uma propriedade personalizada em uma **BOM**:

1. Clique duas vezes numa célula de uma coluna da **BOM** que está vinculada a uma propriedade personalizada.

14.3.3.2. Lista de Materiais Baseada no Excel

Para inserir uma lista de materiais em um desenho, você precisa ter o ***Microsoft*** **Excel 2000**, ou posterior, instalado no seu computador.

Para inserir uma lista de materiais:

1. Com uma vista de desenho selecionada, clique em **Inserir** → **Tabelas** → Lista de materiais **com base em Excel**. Será exibida a caixa de diálogo **Selecionar templates de BOM**, Figura 14.114.
2. Na caixa de diálogo, selecione um template do Excel para a **BOM** e clique em **Abrir**.

   O template de **BOM** predefinido está em <*diretório_instalação*>**\solidworks\lang**<*idioma*>**\bomtemp.xls**. Há vários outros **templates de BOM** disponíveis no mesmo diretório. Você pode personalizar os templates, incluindo colunas ou alterando a formatação do texto. Pode também criar templates para atender aos requisitos da empresa. Ao selecionar o template desejado, será exibida a caixa de diálogo Propriedades da lista de materiais, Figura 14.115.

3. Na caixa de diálogo **Propriedades da lista de materiais**, selecione propriedades nas guias **Configuração**, **Conteúdo** e **Controle**.
4. Clique em **OK**. A lista de materiais será inserida na área gráfica do formato, Figura 14.116, conforme a configuração definida na área **Ponto de âncora**, da guia **Configuração**.

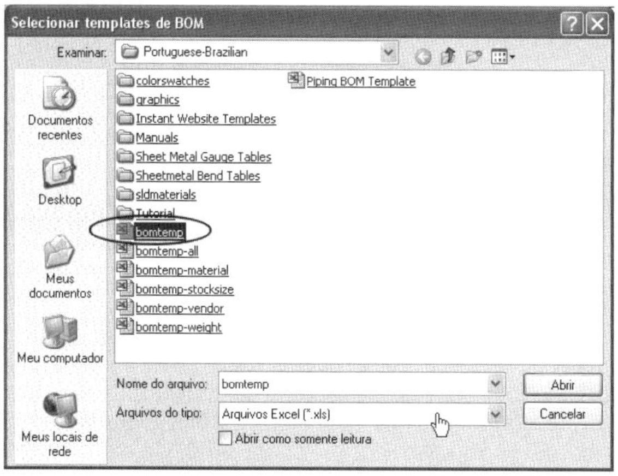

Figura 14.114 - Caixa de diálogo Selecionar templates de BOM.

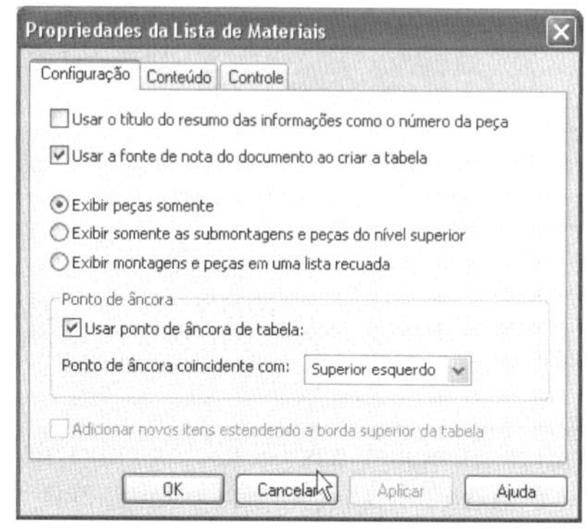

Figura 14.115 - Caixa de diálogo Propriedades da Lista de Materiais.

Nota

Quando você adiciona componentes à montagem ou exclui, a lista de materiais é atualizada automaticamente se a opção **Atualização automática da BOM** estiver selecionada em **Ferramentas** → **Opções** → **Propriedades do documento** → **Detalhamento.**

Para ocultar uma lista de materiais:

1. Clique com o botão direito na lista de materiais, na área de gráficos ou na **árvore de projeto do FeatureManager**, depois selecione **Ocultar**. Para reexibi-la, clique com o botão direito na lista de materiais **na árvore de projeto do FeatureManager** e selecione **Exibir**.

Para adicionar colunas personalizadas à lista de materiais:

1. Abra o arquivo de template da **BOM**. Para adicionar as colunas ao template da **BOM** padrão, abra *<diretório_instalação>* **\solidworks\lang** *<idioma>***\Bomtemp.xls**.
2. Para criar um template de **BOM**, é recomendável fazer uma cópia do modelo predeterminado e abrir a cópia.
3. Insira uma nova coluna onde deseja que as informações sejam exibidas. A nova coluna precisa estar à esquerda da coluna marcada como **$$END**.
4. Digite o cabeçalho da coluna para a propriedade a ser exibida nessa coluna e pressione a tecla **Enter**. O nome é exibido na **Barra de fórmulas**, na barra de ferramentas do **Excel**. Esse cabeçalho da coluna não precisa corresponder ao nome da propriedade personalizada.
5. Clique na célula para selecioná-la, então clique em **Inserir** → **Nome** → **Definir** e digite o nome da propriedade que deseja exibir nessa coluna. O nome dessa célula substitui o nome alfanumérico predeterminado da célula que é exibido na **caixa do nome** na barra de ferramentas do **Excel** sempre que você clicar na célula.

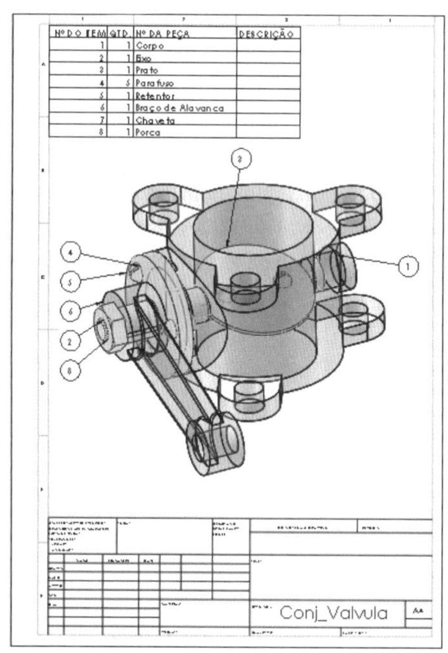

Figura 14.116 - Lista de materiais baseada em Excel.

6. O nome da célula é listado em **Nomes na pasta de trabalho** para a célula selecionada. Esse nome precisa corresponder ao nome da propriedade do documento de peça ou submontagem e não deve conter nenhum espaço.
7. Clique em **Adicionar** e em **OK**. A Figura 14.117 ilustra a nova lista com a alteração de uma nova coluna.

Quando você adicionar uma lista de materiais a um desenho, ela incluirá a coluna adicionada. As células são preenchidas com os valores das propriedades personalizadas do documento ou os valores das propriedades específicas da configuração do item.

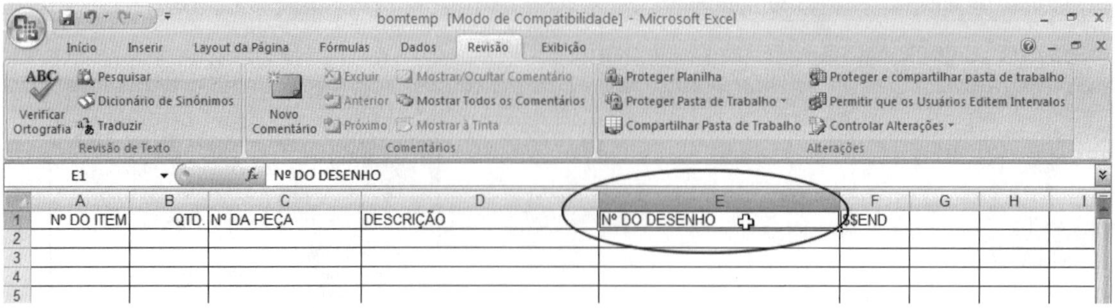

Figura 14.117 - Janela do Excel e edição da lista de materiais.

Nota

Não altere os nomes das células na **caixa do nome** das colunas predeterminadas no template de **BOM.** É possível alterar o **texto** no cabeçalho da coluna, mas **não** o nome da célula.

14.4. Dimensionamento de Vistas

O dimensionamento das vistas no layout de plotagem pode ser realizado de três diferentes formas:

- Dimensionamento manual
- Autodimensionamento
- DimXpert

14.4.1. Dimensionamento Manual

Você pode usar as ferramentas de dimensionamento manual ou a ferramenta **Dimensão inteligente** para inserir dimensões de referência em vistas de desenho como dimensões de linha de base, de cadeia e de ordenada.

Para dimensionar manualmente um desenho:

1. Em um documento de desenho, clique em **Dimensão inteligente** na barra de ferramentas **Dimensões/Relações**, ou na guia **Esboço** do **CommandManager**. Note que clicando na pequena seta na base do botão **Dimensão inteligente**, é possível acessar o menu de opções de padrões de dimensionamento, Figura 14.118.
2. Após a seleção da ferramenta desejada, aplique-a no dimensionamento das entidades.

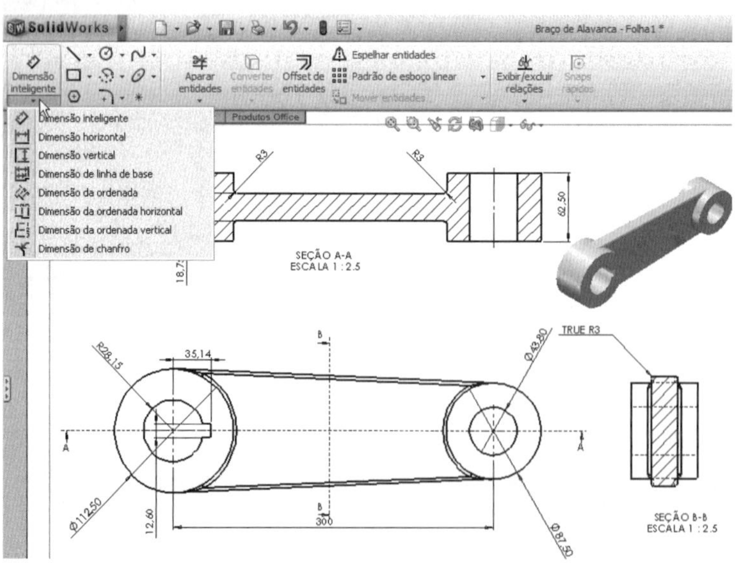

Figura 14.118 - Menu de dimensionamento manual da guia Esboço do CommandManager.

14.4.2. Autodimensionamento

Você pode usar a ferramenta **Autodimensionamento** para inserir dimensões de referência em vistas de desenho como dimensões de linha de base, de cadeia e de ordenada.

Para autodimensionar um desenho:

1. Em um documento de desenho, clique em **Dimensão inteligente** na barra de ferramentas **Dimensões/ Relações**. Será exibido o **PropertyManager** de configuração **Autodimensionamento**.
2. Selecione a guia **Autodimensionamento**, Figura 14.119.
3. Defina as propriedades no **PropertyManager de Autodimensionamento** e clique em **OK**.
4. Clique na vista que deseja aplicar o **Autodimensionamento**.

Se a opção **Todas as entidades da vista estiver selecionada**, opção-padrão do SolidWorks, o software distribui dimensões por todas elas. Entretanto, se a opção **Entidades selecionadas** estiver marcada, somente aquelas em que você clicar com o mouse serão dimensionadas automaticamente quando pressionar **OK**. As Figuras 14.120 e 14.121 exemplificam a opção de **Entidades selecionadas**.

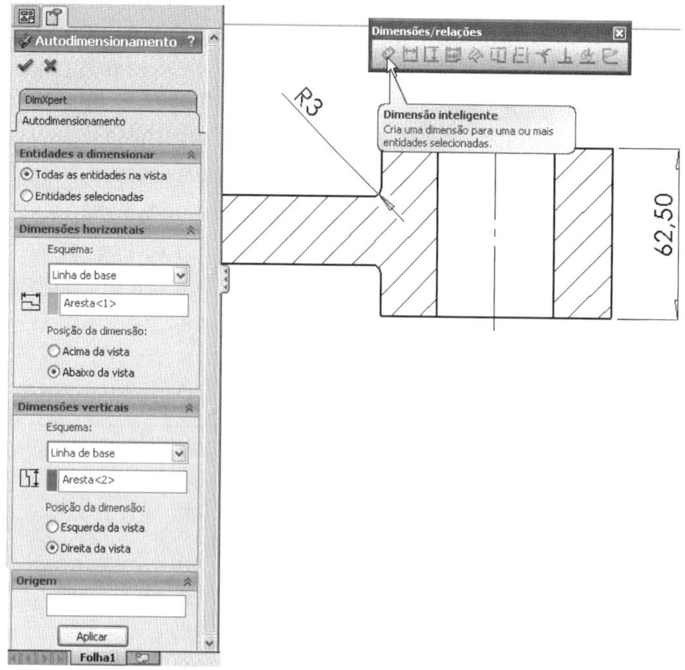

Figura 14.119 - Barra de ferramentas Dimensões/relações e PropertyManager Autodimensionamento.

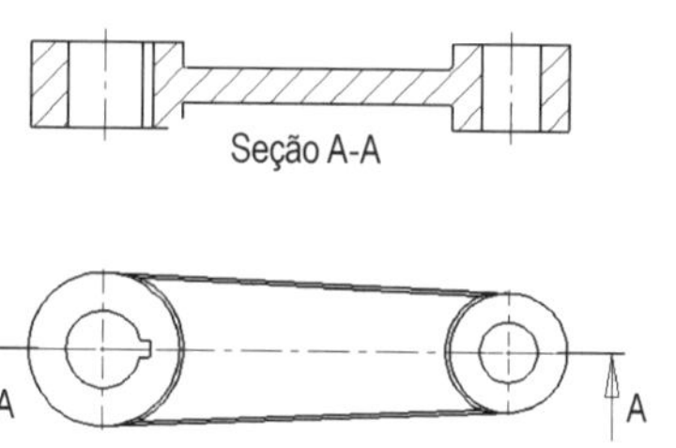

Figura 14.120 - Vistas sem dimensões.

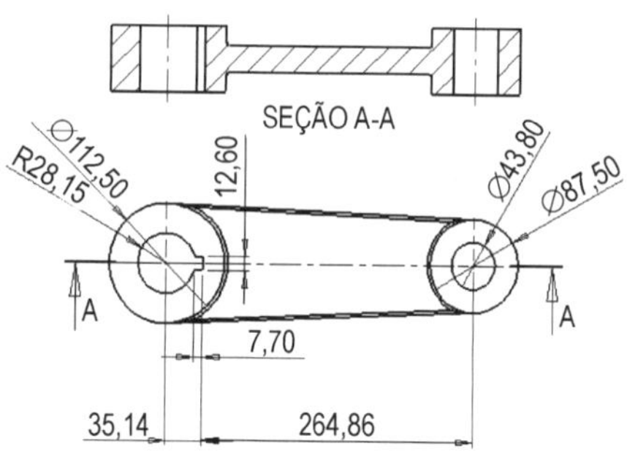

Figura 14.121 - Autodimensionamento aplicado a uma das vistas.

14.4.3. DimXpert

O comando **DimXpert** aplica dimensões em desenhos de modo que os recursos de manufatura (padrões, ranhuras, bolsos etc.) ficam totalmente definidos. A ferramenta **DimXpert** pode ser acessada no **PropertyManager** de **Dimensão**. Você seleciona a aresta de um recurso a ser dimensionado e o **DimXpert** aplica todas as dimensões associadas à vista desenho do recurso, Figura 14.122.

O **DimXpert** é diferente do **Autodimensionamento** porque:

1. Reconhece padrões (dimensões lineares e polares com contagem de instâncias) e furos escareados.
2. Produz resultados previsíveis. Por exemplo, quando uma aresta é selecionada no **DimXpert,** somente o recurso representado pela aresta é dimensionado. Com o **autodimensionamento** você pode obter dimensões indesejadas para vários recursos.

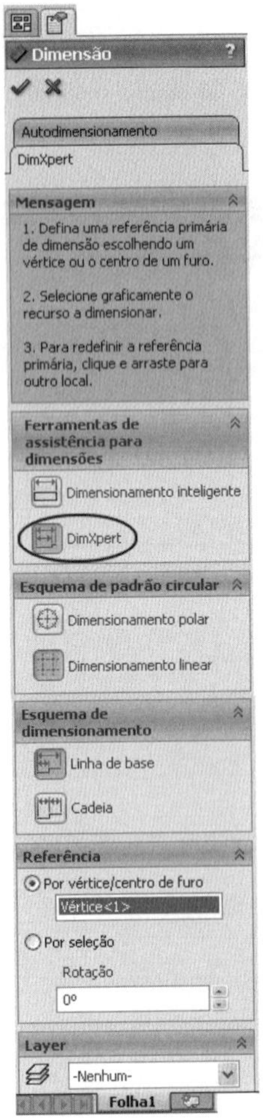

Figura 14.122 - PropertyManager Dimensão.

Quando usa o **DimXpert** para dimensionar padrões de furos, você pode receber uma mensagem informando que a chamada dos furos não será atualizada parametricamente se os recursos subjacentes forem alterados. Se o padrão de furos não foi criado como do **Assistente de Perfuração,** qualquer alteração que você fizer no modelo não atualiza a chamada dos furos.

Para aplicar dimensões usando o **DimXpert**:

1. Em um desenho, clique em **Dimensão inteligente** ou em **Ferramentas → Dimensões → Inteligente**. Será aberto o **PropertyManager Dimensão**.
2. No **PropertyManager**, clique em **DimXpert**.
3. Defina as opções desejadas no **PropertyManager**.
4. No **PropertyManager**, na caixa de diálogo **Referência**, se você tiver selecionado:
   - **Por vértice** - selecione um vértice na vista de desenho.
   - **Por seleção** - selecione uma aresta para os valores **X** e **Y**.

As Figuras 14.123 e 14.124 exemplificam a aplicação do comando com a opção **Por vértice**.

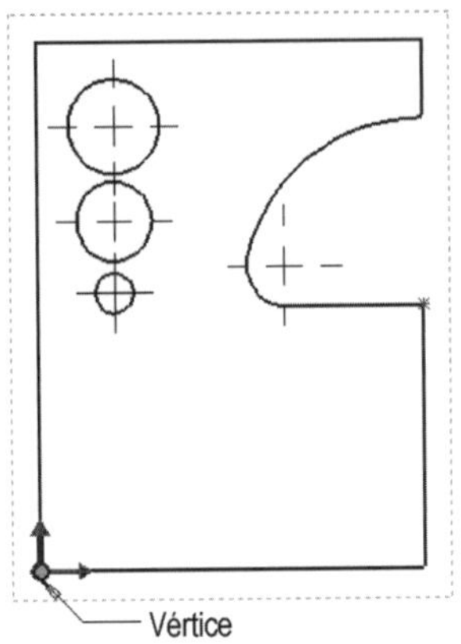

Figura 14.123 - Seleção do vértice de referência.

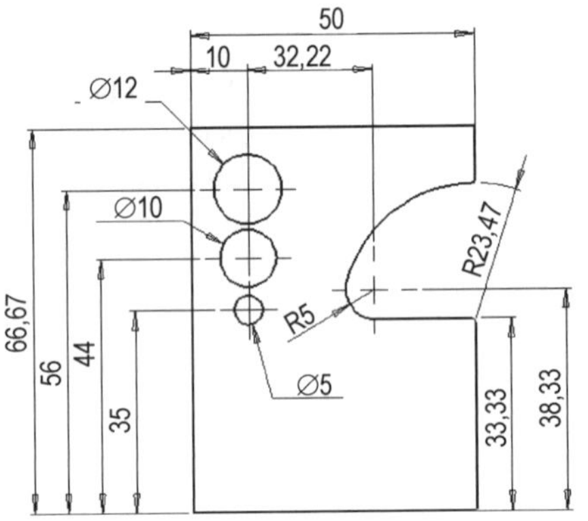

Figura 14.124 - Dimensionamento com DimXpert.

Você pode também arrastar a referência primária da origem para um vértice, centro de furo ou ponto de esboço virtual criado pelas arestas que escolheu em **Por seleção**.

1. Na área de gráficos, selecione o recurso de manufatura a ser dimensionado.
2. Repita a etapa 5 para outros recursos de manufatura, como necessário.
3. Clique em **OK**.

14.5. Vista Explodida de Montagem

Vistas explodidas de montagem podem ser criadas automaticamente ou explodindo a montagem componente a componente. Criada a vista, ela pode ser alternada entre os estados de vista normal e explodida, bem como reproduzida em um formato de plotagem.

É recomendado que antes da criação da vista explodida, seja criada uma configuração para o armazenamento da vista e também, adicionado um posicionamento que mantenha a montagem em uma "posição inicial".

14.5.1. Configuração de Armazenamento

1. Abra a montagem **Morça para bancada**, do exercício proposto 2 do capítulo 11, para criar a explosão e posteriormente o desenho de plotagem.
2. Clique na guia do **ConfigurationManager** para acessá-lo e em **Adicionar configuração**.

3. Crie a nova configuração com o nome **Vista Explodida**.
4. Clique em **OK** para confirmar.
5. Clique novamente na guia do **ConfigurationManager** e verifique que a nova configuração criada está ativa, Figura 14.125.

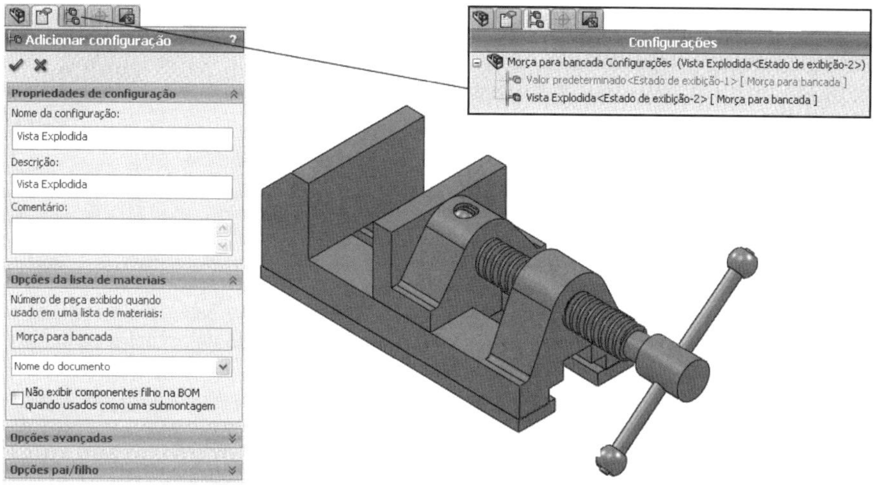

Figura 14.125 - Criação da configuração Vista Explodida.

14.5.2. Criação da Vista Explodida

Para criar uma vista explodida:

1. Clique no menu *drop-down* em **Inserir** → **Vista explodida** ou na barra de ferramentas **Montagem**, Figura 14.126, ou ainda em **Vista explodida** na guia **Montar** do **CommandManager**. Será exibido o **PropertyManager Explodir**, Figura 14.127.

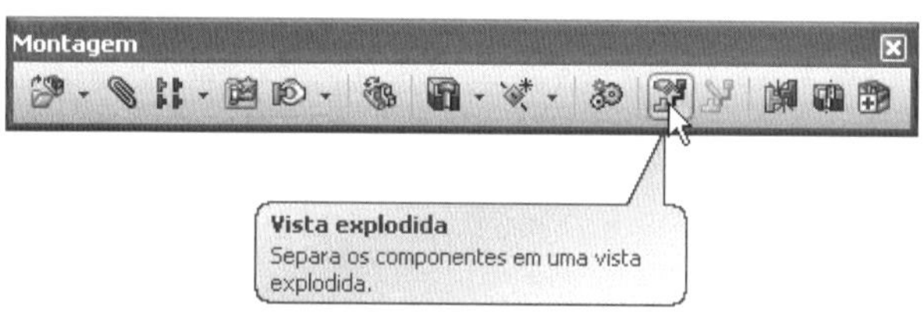

Figura 14.126 - Barra de ferramentas Montagem.

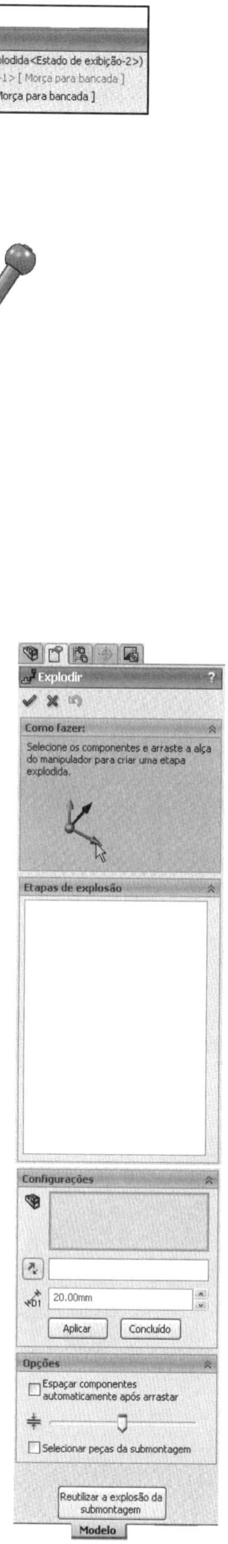

Figura 14.127 - PropertyManager Explodir.

No **PropertyManager**, a caixa de diálogo **Como fazer** solicita que você selecione os componentes e arraste a alça do manipulador para criar uma etapa explodida. Cada uma das etapas criadas é listada na caixa **Etapas de explosão**.

Observe ainda que mais abaixo há a caixa **Configurações** que relaciona os componentes explodidos no passo atual junto com a direção e a distância.

A caixa de grupo **Opções** contém a automação de espaçamento e opções de submontagens.

Ao clicar em um componente para arrastá-lo, o manipulador de movimentação exibe três eixos direcionadores cuja finalidade é servirem de vetores para o passo de explosão Uma vez criado, a distância do passo de explosão pode ser modificada pelo arrasto da seta azul ao longo da linha de explosão.

2. Para concluir o passo clique no(s) componente(s) ou em **Concluir**. A Figura 14.128 exibe um exemplo da criação da primeira etapa de explosão em que os componentes listados na etapa foram todos selecionados juntos e arrastados de uma única vez.

Devido ao posicionamento de alguns componentes, pode ser que os vetores de arraste apareçam em posição não concorrente ao arraste desejado. Nesse caso, é necessário alinhar o vetor com a referência da direção desejada.

A Figura 14.129 exibe um exemplo em que o componente **CAB_MANIP_FUSO-1** deve ser arrastado de sua posição de montagem no **MANÍPULO_FUSO-1**, mantendo-se, porém, colinear ao eixo deste. Observe que o vetor de arraste não está concorrente.

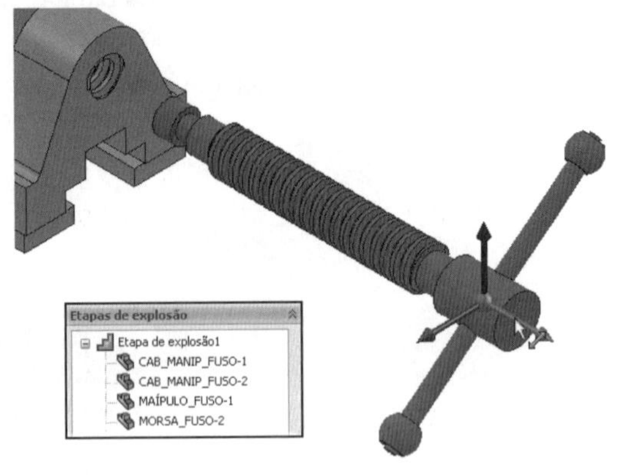

Figura 14.128 - Seleção e arraste de componentes para criação da primeira etapa de explosão.

3. Clique no vetor, no botão direito do mouse para acessar o menu de atalho e selecione a opção Alinhar com seleção, Figura 14.130.
4. Clique como objeto de referência o **MANÍPULO_FUSO-1**. Note que o vetor se alinha colinear à linha de centro deste, Figura 14.131. Em seguida, arraste o componente **CAB_MANIP_FUSO-1** para a distância desejada.
5. Repita o procedimento para o componente oposto **CAB_MANIP_FUSO-2**. Observe na caixa **Etapas de explosão** que até o momento o histórico mostra-se como exibido na Figura 14.132.
6. Continue gerando novas etapas para os demais componentes.
7. Clique em **OK** para finalizar. Observe que será criado na área de **Configurações** o arquivo **Vista Expl<1>**.

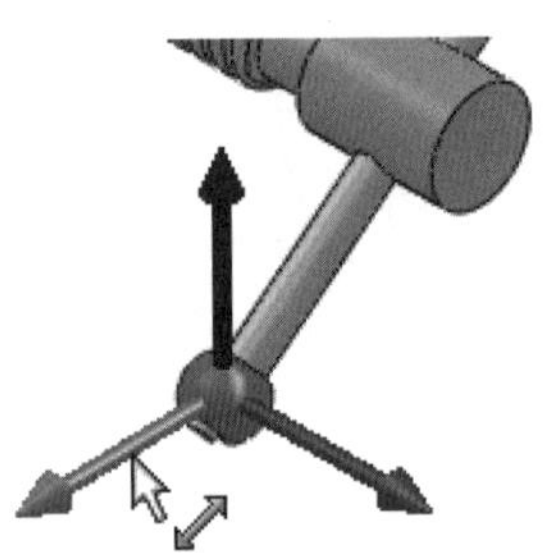

Figura 14.129 - Vetor de arraste em posição não concorrente.

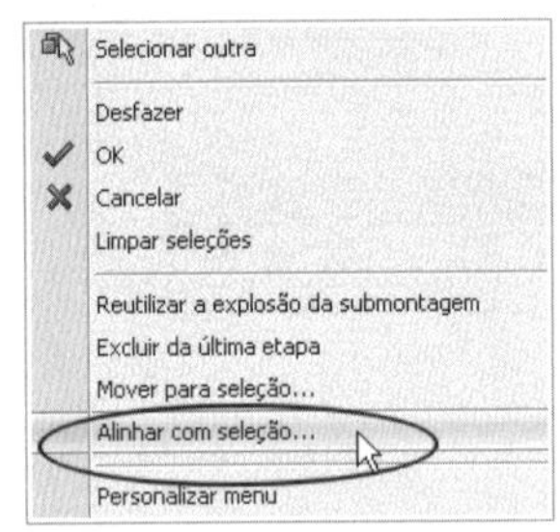

Figura 14.130 - Menu de atalho e opção de reorientação do vetor.

Figura 14.131 - Vetor alinhado com a referência.

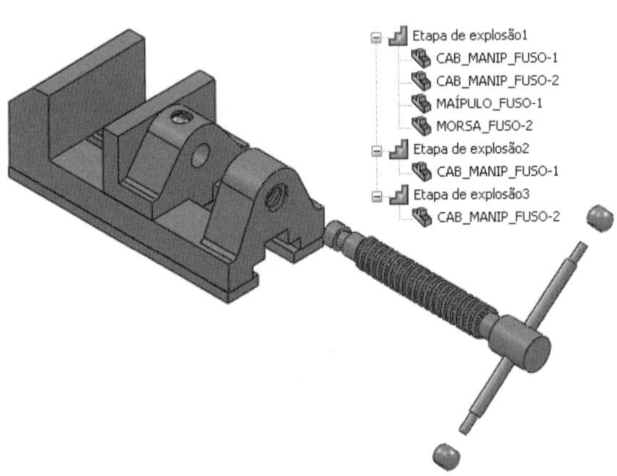

Figura 14.132 - Histórico parcial da explosão.

Você pode copiar uma vista explodida da configuração ativa para outra configuração arrastando **VistaExpl<1>** no **ConfigurationManager**. A cópia da vista explodida pode ser acessada quando você ativar a segunda configuração.

14.5.2.1. Espaçamento Automático

Antes de darmos seqüência à criação da vista de explosão determinada, vejamos a ferramenta de espaçamento automático que é bastante interessante em explosões que comungam de um eixo simples, ou seja, todos os componentes concorrerão em direções colineares a um único eixo. O espaçamento pode ser definido com um controle deslizante, após a criação.

Essa opção é apropriada a submontagens.

1. Após selecionar peças da submontagem trate cada componente da submontagem com o individual.
2. Na caixa de diálogo **Opções** clique em **Selecionar peças de submontagem** e **Espaçar automaticamente após arrastar**.
3. Selecione os componentes da submontagem individualmente.
4. Arraste ao longo da seta vermelha e solte para espaçar os componentes. Um passo **Chain** é adicionado.
5. Mova a submontagem desmarcando primeiramente as duas opções marcadas anteriormente.

Nota

As vistas explodidas criadas nas submontagens podem ser importadas e reutilizadas.

14.5.2.2. Linhas de Trajetória de Explosão

Após a finalização dos posicionamentos e, portanto, criação das **Etapas de explosão**, é possível inserir linhas que representam as trajetórias dos componentes, durante a explosão, em relação a suas posições originais na montagem.

A Figura 14.133 exibe a montagem com suas etapas concluídas.

Para adicionar linhas de explosão a uma **vista explodida**, use um **Esboço de linha de explosão** (um tipo de esboço 3D).

Para inserir um esboço de linha de explosão:

1. Clique em **Esboço de linha de explosão** (barra de ferramentas **Montagem**) ou em **Inserir** → **Esboço de linha de explosão**, ou ainda em **Esboço de linha de explosão** na guia **Montar** do **CommandManager**, Figura 14.134. O **PropertyManager** de **Linha de rota** é exibido, Figura 14.135.
2. Adicione as linhas de explosão usando:
   - **Linha de rota** e **Linha com desvio** (barra de ferramentas **Explodir esboço**), Figura 14.136.
   - Ferramentas de **esboço 3D**.
   - Todas as linhas são exibidas na fonte de linha mista dupla.
3. Se necessário, ao criar a linha de rota, configure na caixa de diálogo **Opções**:
   - **Inverter** - inverte a direção da linha de rota. Uma seta de visualização exibe a direção da linha.
   - **Caminho alternativo** - exibe outro caminho possível para a linha de rota.
   - **Ao longo de XYZ** - cria um caminho paralelo às direções dos eixos X, Y e Z. Desmarque para usar a rota mais curta.
4. Feche o esboço.
   - O esboço é exibido no **ConfigurationManager** em **VistaExpl<*n*>**.

A Figura 14.137 exibe a vista de explosão com as linhas de rota.

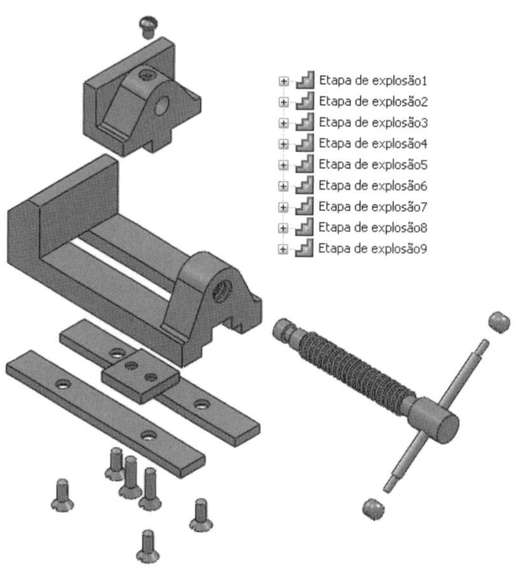

Figura 14.133 - Explosão da montagem.

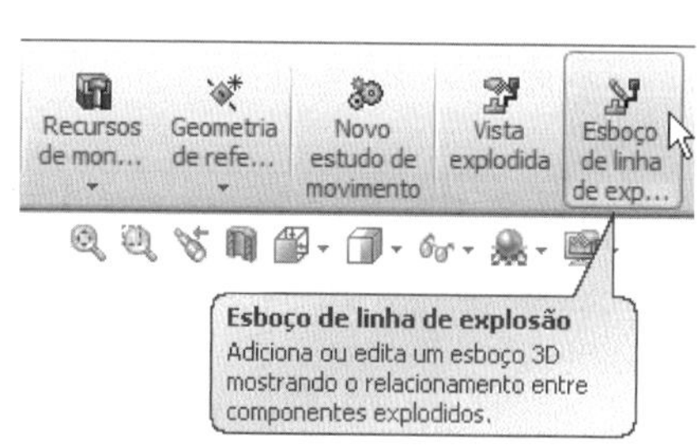

Figura 14.134 - Comando Esboço de linha de explosão.

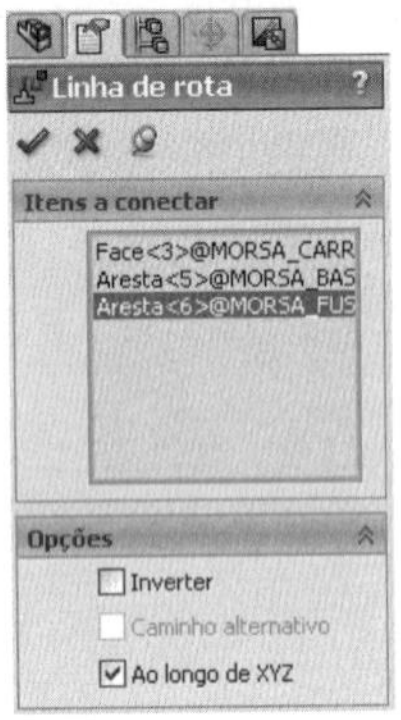

Figura 14.135 - PropertyManager Linha de rota.

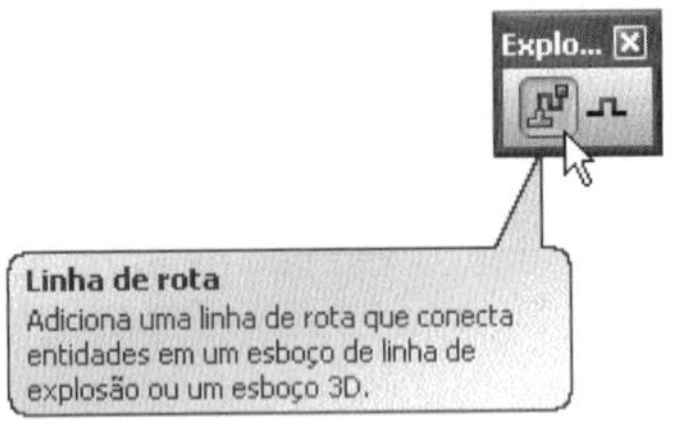

Figura 14.136 - Barra de ferramentas Explodir esboço.

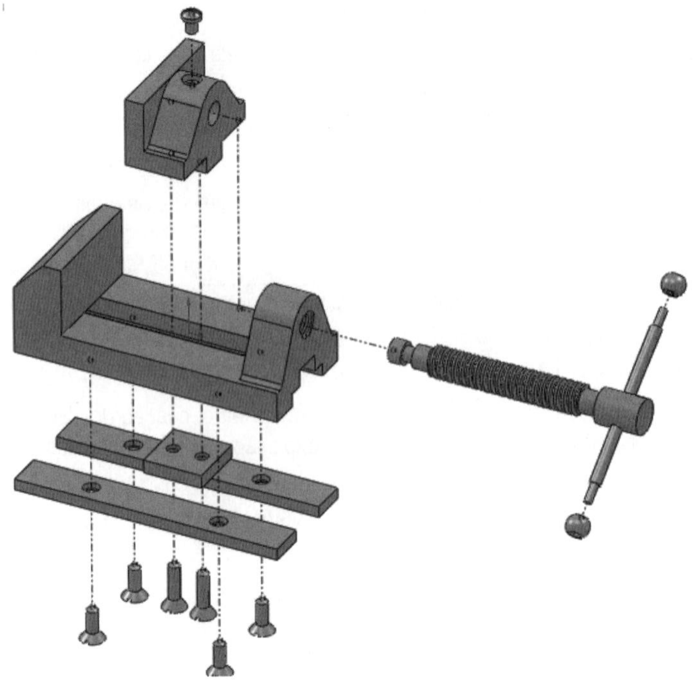

Figura 14.137 - Vista explodida da montagem com linhas de rota.

14.5.2.3. Edição de Esboço de Linha de Explosão

Para editar um esboço de linha de explosão:

1. No **ConfigurationManager**, clique no ícone " +" para expandir **VistaExpl<*n*>**.
2. Clique com o botão direito em **Explosão3D<*n*>** e selecione **Editar esboço**.
3. Edite o esboço como qualquer esboço 3D ou adicione mais linhas de explosão.
4. Feche o esboço.

14.5.3. Explodir e Recolher a Vista Explodida

Para explodir e recolher uma vista explodida:

1. Na guia **ConfigurationManager**, expanda a configuração desejada.
2. Clique duas vezes no recurso **VistaExpl**.
3. Clique com o botão direito no recurso **VistaExpl** e selecione **Explodir** (ou **Recolher**).
4. Clique com o botão direito no recurso **VistaExpl** e selecione **Animar explosão** (ou **Animar recolhimento**) para exibir a barra de ferramentas instantânea **Controle de animação** enquanto a montagem explode ou é recolhida.

Nota

Uma **vista explodida** é armazenada com a configuração da montagem na qual foi criada.

Você pode reposicionar os componentes em uma vista explodida clicando com o botão direito e selecionando **Exibir etapas de explosão**, arrastando os componentes pelas alças em formato de seta azul.

14.6. Layout de Plotagem de Vista Explodida

Um layout de plotagem de vista explodida pode conter os seguintes itens:

- Vista explodida
- Vista de detalhes
- Lista de materiais
- Balões automáticos

Para criar um layout de plotagem de vista explodida:

1. Com a vista explodida aberta na área gráfica, defina em **Orientação** se a desejar em **Isométrica**, **Dimétrica**, ou **Trimétrica** e defina a orientação.
2. Clique em **Criar desenho a partir da montagem**. Será exibida a caixa de **diálogo Novo documento SolidWorks**.
3. Clique em **OK**. Será exibida a caixa de diálogo **Formato/tamanho da folha**.
4. Selecione o tamanho da folha apropriada para a plotagem desejada e clique em **OK**.
5. Se a vista configurada na **Orientação** foi a **Dimétrica** ou **Trimétrica**, selecione na **Paleta de vistas** a opção ***Vista atual** e arraste-a para o centro da folha. Se a **Orientação** for a **Isométrica**, selecione ***Isométrica** na **Paleta de vistas**.
6. Note que a vista selecionada não aparece explodida.
7. Na caixa de diálogo Escala selecione a escala desejada.
8. Na base do PropertyManager **Orientação** clique no botão **Mais propriedades**. Será exibida a caixa de diálogo **Propriedades da vista de desenho**.
9. Na área Informações de configuração clique em:
   - Usar configuração nomeada.
   - Exibir no estado explodido.
10. A opção **Exibir no estado explodido** estará disponível somente se existir uma vista explodida na configuração selecionada.
11. Insira uma lista de materiais do tipo Tabelas ou em formato Excel, clicando em:
    - **Lista de materiais** na barra de ferramentas **Tabela**, ou em **Inserir** → **Tabelas** → **Lista de Materiais**.
    - Ou clique na vista e selecione **Inserir** → **Tabelas** → **Lista de materiais baseada em Excel**.
12. Adicione ao layout uma vista de detalhe, se desejado.
13. Selecione a Vista explodida, pressione a tecla **CTRL** e selecione a Vista de detalhe. Clique em **Inserir** → **Anotações** → **Balão automático**. Clique em **OK** para finalizar. A Figura 14.139 exibe o layout de plotagem da Vista explodida.

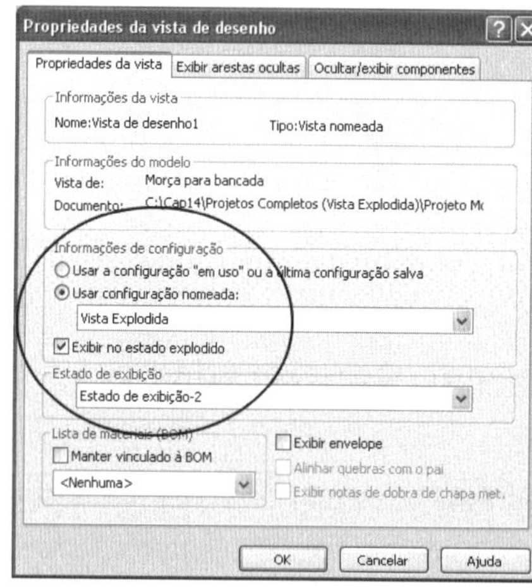

Figura 14.138 - Caixa de diálogo Propriedades da vista de desenho.

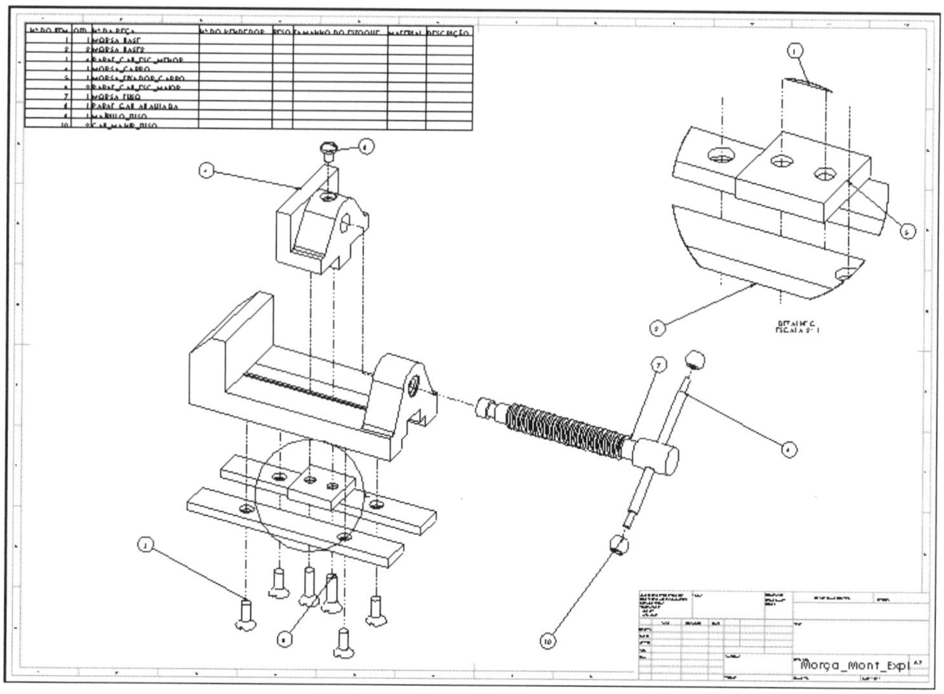

Figura 14.139 - Layout de plotagem da Vista explodida.

Referências Bibliográficas

AGOSTINHO, O.L.; RODRIGUES, A.C.; LIRANI, J. **Princípios de Engenharia de Fabricação Mecânica**. São Paulo: Edgard Blücher, 1977. 295p.

COOK, MALKUS, PLESHA. **Concepts and applications of finite element analysis**. Canada: John Wiley & Sons, Inc.

FIALHO, A. B. **AutoCAD 2004:** ***Teoria e prática 3D no desenvolvimento de produtos industriais***. São Paulo: Érica, 2004. 348p.

______. **Pro/Engineer:** ***Teoria e prática 3D no desenvolvimento de produtos industriais***. São Paulo: Érica, 2007. 592p.

I.N.L - DSU - PIPMO - MEC. **Desenho Mecânico**. São Paulo: Expressão e Cultura, 1973. 201p.

Manual de Treinamento do SolidWorks 2007. 484p.

TICKOO, S. **SolidWorks 2008**: *for Designer*. ed. CADCIM Technologies. CADCIM, 2007. 880p.

Sites

www.solidworks.com

www.solidworksbrasil.com.br

Marcas Registradas